De la religión considerada
en sus fuentes, formas y desarrollo

Benjamin Constant
De la religión considerada
en sus fuentes, formas y desarrollo

texto íntegro presentado por
Tzvetan Todorov y Étienne Hofmann
traducción de Agustín Neira

EDITORIAL TROTTA • LIBERTY FUND

Esta publicación ha sido posible gracias al esfuerzo
conjunto de Liberty Fund, Inc., y Editorial Trotta

COLECCIÓN
LIBERTAD DE LOS ANTIGUOS
LIBERTAD DE LOS MODERNOS

Título original:
De la religion considérée dans sa source, ses formes et ses développements
Publicado por Actes Sud, 1999

© 2008 Liberty Fund, Inc.

8335 Allison Pointe Trail, Suite 300
Indianapolis, IN 46250-1684
Tel.: 00-1-317-842-0880
Fax: 00-1-317-579-6060
http://www.libertyfund.org

Diseño: Estudio Joaquín Gallego

Quedan reservados todos los derechos para las ediciones en lengua española

Editorial Trotta, S.A., 2008
Ferraz, 55. 28008 Madrid
Tel.: 915 430 361
Fax: 915 431 488
e-mail: editorial@trotta.es
http://www.trotta.es

ISBN: 978-84-9879-015-3
Depósito legal: S. 1.342-2008
Impresión: Gráficas Varona, S.A.

CONTENIDO

UNA OBRA MAESTRA OLVIDADA

Tzvetan Todorov

Benjamin Constant, el gran teórico de la democracia liberal, el incomparable conocedor de la vida psíquica de los individuos, tenía una tercera ambición, que prevalecía sobre su vocación de político y de escritor, la de analizar uno de los aspectos más importantes de la existencia humana, la *religión*. Concibe el proyecto de esta investigación a los dieciocho años, en 1785, cuando apenas ha terminado sus estudios, y corrige todavía su manuscrito en octubre de 1830, un mes antes de su muerte. Entre las dos fechas, con interrupciones sin duda, trabaja y transforma continuamente esta idea y esta obra. Se inicia la publicación del libro en 1824; los últimos volúmenes, el IV y el V, se publican al día siguiente de su muerte, en 1831.

Obra de una vida, *De la religión* no provocará, sin embargo, un gran debate en el momento de su aparición, y pronto se olvidará; sólo los historiadores eruditos y los constantianos incondicionales conocen todavía su existencia. Nunca se volvió a publicar en su integridad. ¿Cómo se explica esta acogida? Debemos reconocer que la obra no llegó en un buen momento. En el siglo XIX, en Francia, devotos y anticlericales libran una lucha encarnizada a favor o en contra de la religión; la posición de Constant, inclasificable respecto a este conflicto, no podía tomarse en consideración. En el siglo XX, cuando se constituyen progresivamente la historia y la antropología de la religión, la obra parece anacrónica: su erudición ha envejecido, y ya nadie mantiene ambiciones tan desmesuradas, ¡hablar de las religiones de todos los pueblos y de todos los tiempos! En realidad, el proyecto de Constant es un poco más limitado de lo que anuncia su título: el autor sólo estudia las religiones politeístas, y sólo indirectamente evoca el (mono)teísmo; y además, no llega al estadio que él considera decadente, el politeísmo romano. No por ello el objeto deja de ser inmenso y general, precisamente cuando las creencias nuevas optaron por la especialización. Sólo los filósofos se atreven aún a disertar

9

sobre la religión en general; los eruditos ya sólo quieren hablar de religiones particulares, preferentemente dentro de un breve período.

Hay que decir que este olvido es profundamente injusto. No sólo porque Constant representó, desde numerosos puntos de vista, un papel de pionero que merece el reconocimiento, sino también porque sus consideraciones sobre la religión y su destino histórico están entre las más luminosas que puedan existir. Es posible que hablen más a sus lectores de comienzos del siglo XXI que a sus antepasados, doscientos años antes. Contrariamente a lo que se pueda pensar, la religión no es un fenómeno moribundo; Benjamin Constant puede ayudarnos a comprender por qué.

La novedad del pensamiento constantiano se establece sobre tres planos: el del método de estudio, el del análisis y la evaluación de las formas religiosas antiguas, y, finalmente, el de las ideas sobre el lugar de la religión en el mundo de hoy.

Un método revolucionario

Para comprender la novedad del proyecto de Constant, hay que situarse por un momento en su época. Entra en la edad adulta en vísperas de la Revolución, cuando la religión sufre los repetidos ataques de los que algunos llaman filósofos, que la consideran como el primer enemigo de las Luces. Después de 1789, el conflicto abandonará los libros y se instalará en las calles; se profanarán las iglesias y se vilipendiará al cristianismo. Con el Imperio, vuelven los sacerdotes y triunfan con la Restauración. Algunos extremistas elaboran proyectos teocráticos; otros escritores llaman a una renovación de la fe, transformada y puesta al día.

En medio de estos conflictos tumultuosos, llega Constant que propone, no estar a favor o en contra de la religión, simplemente, comenzar a estudiarla. Lo que hoy puede parecernos una evidencia causa sorpresa entonces, y se considerará de inmediato incurso en el conflicto existente, para ser condenado: los anticlericales consideran a Constant demasiado tibio, y los devotos, demasiado ateo. Pero su intención no es la de atacar o defender, sino la de comprender.

Para comenzar, se debe, pues, plantear la existencia misma del objeto; Constant lo llama el «sentimiento religioso». Parte de una constatación empírica: por muy lejos que nos remontemos en la historia, nunca encontraremos una sociedad sin prácticas religiosas. Pero ninguna otra especie animal las conoce; poseer un sentimiento religioso es, por tanto, un rasgo inherente a la especie humana, que permite distinguirla de las demás. Si se quiere comprender lo que son los hombres, no podemos permitirnos ignorar este sentimiento. En el fondo, devotos y ateos tienen en común, paradójicamente, el no ver en lo religioso lo propio del hombre, sino en buscarle un origen exterior: en la intervención divina (la revelación), para los primeros; en el miedo, la necesidad, las circunstancias, para los segundos. Por su parte, Constant se propone, mediante el estudio de las religiones existentes, intentar conocer «el corazón humano y la naturaleza del hombre» (Libro I, cap. 9, nota 34); de este modo, se convierte en el fundador de la antropología religiosa.

Sin embargo, Constant examinará este sentimiento religioso, intemporal y que forma parte de la definición del hombre, no como filósofo, sino como historiador. No existe ningún lugar en Constant para esas ficciones por las que se vuelven locos los filósofos de la época, el estado de naturaleza, el contrato social, el hombre anterior a la religión; él sólo se interesa por los hechos. Plantea, pues, de entrada una distinción que le permite articular lo permanente y lo cambiante: si el sentimiento es inmutable, las «formas», en cambio, están en perpetua evolución. Estas formas provienen del encuentro del sentimiento con las circunstancias variables, las del clima, instituciones, encadenamientos históricos. Los cambios son inevitables: en cuanto se crea una forma, ésta tiende a inmovilizarse, a convertirse en un obstáculo para lo que, supuestamente, debía expresar; por tanto, será rechazada ineluctablemente al cabo de un tiempo. La historia es, no menos que la religión, lo propio del hombre, pues consiste en la sustitución de una forma por otra. He aquí una conclusión muy difícil de admitir por un creyente.

Constant no es el primer historiador de las religiones, desde luego. Pero, además de que introduce en su enfoque una perspectiva antropológica, se distingue de sus predecesores por una elección muy específica. La diferencia respecto a los autores famosos del siglo XVIII, un Warburton, un presidente Des Brosses o un Court de Gébelin, salta a la vista: éstos todavía no distinguen bien entre ficción e historia; Constant se limita sólo a los hechos. Sin embargo, tampoco se lo puede confundir con los eruditos alemanes que, en su época, comienzan a publicar sus grandes trabajos; pensemos, fundamentalmente, en la monumental obra de Friedrich Creuzer, *Simbólica y mitología de los pueblos de la Antigüedad* (1810), que, por lo demás, se traducirá enseguida al francés. Creuzer, un poco como los psicoanalistas hoy, quiere unificar las religiones, descifrar los símbolos, descubrir el verdadero sentido de todos estos ritos y mitos del pasado. Constant sigue más bien el ejemplo de Montesquieu (en muchos aspectos, *El espíritu de las leyes* es el modelo de *De la religión*) y su enfoque es, ante todo, contextual y estructural: toda forma religiosa se debe relacionar, ante todo, con sus contextos, histórico y social, en los que sólo encuentra sentido. Estructura social y representaciones ideológicas evolucionan juntas: ésta es la «verdad principal» que intenta demostrar Constant en su obra: «De todas las revoluciones que tienen lugar en las diversas coyunturas de la especie humana, una de ellas se produce en las ideas religiosas» (Libro XII, cap. 1).

Al caminar en el sentido de Montesquieu, Constant se ve obligado a distanciarse de los historiadores; sin embargo debe separarse de Montesquieu también, por ser demasiado sistemático. Constant busca un camino intermedio, que aún no tiene nombre, entre la historia y el sistema, vinculado a la abstracción de los principios y, sin embargo, apoyado sólidamente en los hechos. Es lo que Max Weber, casi un siglo más tarde, llamará *Idealtypus*, para hacer de él el objeto por excelencia de las ciencias sociales. Constant llama a este mismo concepto «combinación» y lo utiliza continuamente: una combinación posee un núcleo estable de rasgos fundamentales, que acepta una serie de diferencias en los detalles. Es este concepto el que le permite afirmar que la misma combinación se encuentra entre los egipcios y entre los hindúes; este concepto precisamente le permite redactar los análisis de la «trinidad» en las diferentes religiones, que uno esperaría encontrar más bien en la pluma de Georges Dumézil.

Todos estos rasgos del enfoque científico de Constant fueron adoptados por sus sucesores (que, a menudo, ignoraban su nombre); un poco como sus ideas sobre la democracia política forman parte hoy de un bagaje intelectual común que no sentimos la necesidad de atribuir a alguien —pero no ocurría así en el momento de su formulación—. El grano que da fruto muere. En cambio, donde el sentido común de nuestro tiempo se ha separado de Constant es en la renuncia al marco universalista que era el suyo. Hoy dudamos en calificar a una sociedad de «primitiva», en declarar que una práctica es más «avanzada» que otra: nos contentamos con decir que son «diferentes». Constant no conoce estos escrúpulos. Presenta, desde el inicio, la unidad de la especie humana: «Salvaje o civilizado, el hombre posee la misma naturaleza, las mismas facultades primitivas, la misma tendencia a utilizarlas» (Libro II, cap. 8). Mantiene, por tanto, los mismos criterios de juicio; los términos «salvaje», «bárbaro» y «civilizado» no tienen para él un contenido relativo. Cree también, como Lessing o Condorcet, que el curso de la historia es un movimiento de progreso, aun cuando los retrocesos o las superposiciones de los ciclos lo hacen a veces imperceptible.

Evidentemente, la erudición de Constant ha envejecido también. Sin embargo, es inmensa para su época; bucea en la literatura escrita en griego, latín, alemán, inglés y francés y la mantiene siempre al día. Hoy no iríamos a buscar en el libro de Constant los detalles de las creencias de los indios de América o de los escandinavos. Pero ¿no es éste el destino de cualquier erudición? Como dice él mismo, «la profundidad no está en la erudición que compila, sino en la perspicacia que aprecia» (Libro XII, cap. 5). Lo que Constant continúa enseñándonos es a reflexionar. Si éstos son los hechos, éstas son las preguntas que se deben plantear y las respuestas que se les pueden dar. Esta lección sigue estando de actualidad. ¿Y cómo dejar de admirar el arte con que Constant sabe extraer lo esencial del pensamiento de sus contemporáneos, Lamennais, Chateaubriand o de Maistre, y someterlo al análisis crítico? O su capacidad para bosquejar brillantes retratos paralelos, tanto de Esquilo y de Sófocles, como del *Ramayana* y de la *Ilíada* o, más sorprendentemente, de Eurípides y de Voltaire?

Antropología de lo religioso

Se debe establecer, en primer lugar, que el sentimiento religioso no puede desaparecer. No se afirma sólo que la historia no conoce pueblo alguno sin religión. También se dice que la religión es la expresión de un rasgo irreductible de la especie humana, un rasgo tan general que Constant no sabe cómo llamarlo o se contenta con hablar de «sentimiento», de «entusiasmo», de «perfeccionamiento». Esto quiere decir que el ser humano no coincide nunca totalmente consigo mismo, que está hecho de sensaciones y de experiencias y, también, de una conciencia de sí, que le permite imaginarse siempre distinto de lo que es, por tanto, imaginar un «mejor» fuera de él y aspirar o renunciar a él. Conscientes de sí mismos y, por ello, dobles, los hombres conocen la libertad y pueden actuar en función de otra cosa distinta de su identidad de origen o de su interés inmediato. En el fondo, la religión y la historia existen por la misma razón, a saber, por esa capacidad que tienen los hombres de trascenderse a sí mismos, de imaginar un «otro lugar» que les empuja a cambiar.

El sentimiento religioso y la movilidad de la especie no son las únicas instancias de esta capacidad y de esta necesidad de superación. A la misma familia pertenecen el amor (aunque Constant nos recuerde que, a veces, es el disfraz de nuestro egoísmo), la ternura, la simpatía, la abnegación, la piedad, la contemplación de la naturaleza. Se podría decir que todas estas actividades revelan una aptitud para el sacrificio, ya que implican que se pueda preferir, a los intereses del yo egoísta, a la afirmación de su propia voluntad de poder, a los valores puramente vitales, algo que se encuentra más allá del individuo: por encima de él, como en la religión; o al lado, como en las relaciones humanas; o en otro lugar, como en la naturaleza.

El primer adversario de Constant en este libro son, pues, los que niegan la necesidad del sentimiento religioso y, más allá, la necesidad de esa exigencia humana de superarse y, a veces, de sacrificarse. Hablamos no sólo de los utilitaristas contemporáneos que, siguiendo la huella de Bentham, creen que basta con proporcionar a la humanidad como ideal el «interés bien entendido», hasta Demócrito y Epicuro en la Antigüedad, pasando por los enciclopedistas materialistas, por Hume y Helvétius (a los que Constant había admirado de joven). Y el primer paso no debe ser el de declarar que la religión es inútil, que es, como se dirá más tarde, el opio del pueblo o una ilusión del pasado; se trata de comprobar que la religión *existe* allí donde existen hombres. Nuestros contemporáneos tienen tendencia a calumniarse, a describirse como animales o como máquinas, totalmente determinados por su ser y por la persecución de sus intereses; en realidad, no pueden vivir sin plantear un más allá de sí mismos. Por eso, el hombre difiere de los animales en naturaleza, y no sólo en grado.

Pero este adversario no es el único. Contra los materialistas ateos, se debe afirmar la existencia irreductible del sentimiento religioso; pero una vez admitido éste, hay que escoger entre las diferentes formas religiosas. Constant no elige aquí como blanco a Voltaire y al barón de Holbach, sino a Bossuet y a de Maistre. No obstante, más que atacarlos frontalmente, traslada el debate dentro del politeísmo. Éste conoce, más allá de la infinita variedad de formas históricamente atestadas, dos grandes tipos: las religiones *sacerdotales*, es decir, las que conocen una casta de sacerdotes, y las religiones *libres*, o independientes, en las que no es necesaria la mediación de sacerdotes. La religión de los egipcios, de los hindúes, de los persas ilustra el primer caso; la de los griegos, el segundo. Lo que sugiere Constant, sin desarrollarlo demasiado, es que, dentro del monoteísmo, los católicos se oponen de modo parecido a los protestantes que, de este modo, permanecen fieles a la inspiración inicial del cristianismo: «Todos somos sacerdotes», decía Tertuliano. Y Constant no se contenta con estudiar estas dos variedades; las juzga también: las religiones libres son incontestablemente superiores. Si hay perjuicio en la religión, sólo puede provenir del sacerdocio, de los sacerdotes, de la Iglesia.

El plan mismo del libro se vincula a esta oposición de base. Después de la introducción general que constituye el Libro I y la introducción histórica del Libro II, consagrado a las religiones primitivas, comienza el estudio alternado de las religiones sacerdotales (Libros III, IV, VI, X y XI) y no sacerdotales, por tanto, libres (Libros V, VII, XII y XIII); el Libro IX está consagrado a su comparación, y el Libro XV contiene la conclusión de la obra. Sólo dos libros constituyen una excepción a este plan: el VIII, que contiene una digresión sobre Homero, y el XIV, que recapitula las informaciones sobre las religiones escandinavas. Lo esencial del debate se refiere, sin duda, a esta oposición entre dos formas de religión y a la superioridad de la segunda.

La razón de esta preferencia es doble. En primer lugar, la casta de los sacerdotes impone siempre un orden fijo, rituales comunes, y se opone a su transformación, ya que se convierten en su signo distintivo.

Con otras palabras, las religiones sacerdotales tienden, por su propia estructura, al inmovilismo. Pero la especie humana está necesariamente en la Historia, está condenada al cambio, pues las condiciones de vida se modifican y las respuestas de ayer ya no se ajustan a las necesidades de hoy. En este sentido, las religiones libres son más verdaderas (respecto a la naturaleza humana), pues están abiertas al perfeccionamiento, a la búsqueda de lo mejor, mientras que las sacerdotales son estacionarias y están siempre amenazadas por el dogmatismo. Por eso, también, la descripción de la religión libre de los griegos se convierte en un capítulo de otra historia, la de la conquista de la autonomía, del derecho a participar en la elaboración de la ley común, en vez de someterse pasivamente a una ley impuesta desde el exterior.

En segundo lugar, las religiones libres son preferibles a las sacerdotales porque los sacerdotes tienden a introducirse en el aparato del Estado; lo teológico y lo político aspiran a formar una categoría única, y esto, incluso más allá de las teocracias. Los sacerdotes no se pueden contentar, como los demás hombres, con intentar conocer a los dioses; quieren, además, descubrir los medios para gobernar a esos «otros hombres». Pero los dos términos de la relación pierden en esta amalgama. El sentimiento religioso termina por transformarse en su contrario: el interés se coloca en el lugar del desinterés, el egoísmo de una casta remplaza el espíritu de sacrificio, lo temporal suplanta a lo espiritual. Más vale dejar a Dios y la religión libres de estos compromisos y no responsabilizar a Dios de las imperfecciones de este bajo mundo. Los hombres, al contrario, tienen interés en gobernarse a sí mismos y en sentirse responsables de sus conductas en la tierra, más que en apoyarse en una ley llegada desde otra parte.

Constant se inscribe así en la gran tradición de la Modernidad, la que comienza en la Edad Media con Marsilio de Padua y Guillermo de Occam, pidiendo la separación del poder temporal y del espiritual; esta tradición culminará un día en la separación legal entre la Iglesia y el Estado. La religión del futuro, sugiere Constant, no debe mezclarse con la política, la cual, a su vez, no se ocupará de la religión. La buena política, como la buena religión, saben limitarse a sí mismas; no aspiran a un reino compartido. En este sentido, *De la religión* es un instrumento de lucha, y no sólo un estudio del pasado.

El futuro de la religión

El sentimiento que incita al hombre a no limitarse a sus intereses inmediatos, a no contentarse con afirmar su ser, ese sentimiento es irreductible. Pero no necesariamente es religioso. La misma necesidad puede satisfacerse mediante la abnegación a favor de otro ser humano. Constant nos dice cuál es el género próximo de la religión, pero no su diferencia específica. ¿En qué consiste ésta? ¿No corre el riesgo la religión de desaparecer hoy en beneficio de otras formas de este mismo sentimiento?

El pasado no nos sirve, en este caso, de gran ayuda, pues la religión pudo tomar, en ciertos momentos de su historia, prácticas o saberes que luego se consideraron como cuerpos extraños. Las religiones antiguas hicieron las veces de ciencia, explicando el origen del mundo y la naturaleza de las cosas; luego se ocuparon de ello la física y la biología. La religión pudo contar el pasado; hoy esta responsabilidad incumbe a la historia. La religión, al hacerse magia, intentó influir en el desarrollo de los procesos naturales y de las prácticas humanas; luego, tomaron el relevo la técnica y la medicina. A veces, la religión se confundió con la política, pero, según Constant, ningún bien, o casi, nació de ello, y mejor les sería permanecer separadas. ¿Qué le queda, pues, a la religión?

Los hombres modernos han pensado a veces que podría confundirse con la moral, o, al menos, servirle de fundamento. Constant no está lejos de retomar este argumento por su cuenta. Teme que la desaparición de la religión entregue a los hombres al único cálculo de sus intereses; que la ausencia de una vida después de la muerte nos exponga a someter todo a las necesidades de la vida de aquí abajo; que la ausencia de una sanción última sobrenatural haga que las leyes humanas sean mucho más frágiles. Pero ofrece, en realidad, contra-argumentos para cada una de estas amenazas. Para encontrar un más allá al individuo viviente, no hace falta postular la inmortalidad del alma; basta con pensar en los otros hombres que lo rodean y sin los cuales no es nada; y la preocupación por toda la humanidad puede servir de base a la ley de cada país. La moral, para establecerse, no necesita la religión. A la inversa, cuando a menudo queremos evaluar las diferentes religiones del pasado, lo hacemos con ayuda de criterios morales. Es lo que nos permite decir que tal religión es pacífica; tal otra, severa; ésta, generosa, y aquélla, buena, sólo para los que la practican. Es la moral la que nos permite hacer una selección dentro de las enseñanzas de una religión y preferir, por ejemplo, el precepto «Ama a tu prójimo como a ti mismo» a los principios «Fuera de la Iglesia no hay salvación» o «Quien no está conmigo está contra mí». En este sentido, como dice Constant, «la moral se convierte, pues, en una especie de piedra de toque, en una prueba a la que se someten las nociones religiosas» (Libro XII, cap. 2).

Hay que decir también que Constant no participa en el proyecto, desarrollado en la misma época dentro de la filosofía alemana, que consiste en remplazar la religión por la moral, incluso por la filosofía, por tanto, en hacer de la filosofía una religión laica. Él diría más bien que la religión no es competente para decir el bien y el mal, ni para formular el deber

—como tampoco para describir la estructura del átomo o el origen de la vida, para impulsar el crecimiento del grano o dirigir los asuntos del Estado—. Sin embargo, por eso la religión no debe ni puede desaparecer.

Aunque los hombres obtengan satisfacción de todos sus deseos inmediatos, aunque sus intereses estén defendidos, aunque sus relaciones obedezcan a las reglas de la moral, aunque conozcan la ternura, la abnegación y el amor, siempre les faltará algo. ¿Qué? Se podría decir, de un modo general, que no siempre tendrían la impresión de que *su vida tenga un sentido*. Pero ¿qué puede ser este sentido? El hombre se desgarra entre su ser finito y su conciencia que le abre horizontes infinitos; el sentido de una vida es la posibilidad de inscribir lo finito en lo infinito. Sabemos que sólo somos un grano de arena en medio del universo, que sólo vivimos un instante en la eternidad del tiempo; sentimos la necesidad de situarnos con relación a lo absoluto, a lo infinito, a lo ilimitado; queremos sentirnos incluidos en una red de relaciones. Pero ni siquiera el universo nos entrega la llave del enigma; debemos creárnosla nosotros. Cuando vislumbramos su cercanía, sentimos que algo interno se realiza en nosotros y nuestra vida encuentra sentido.

Es esta aspiración al contacto con lo ilimitado, a la armonía con la naturaleza, a un lugar en el flujo del tiempo lo que designa, en su acepción más amplia, el «sentimiento religioso» de Benjamin Constant. Ni la ciencia ni la moral nos conducen a él, pues ninguna de las dos nos ayuda a situarnos en el cosmos, a encontrar un lugar en el transcurso de la vida. La ciencia produce saberes particulares; sólo puede subsistir si renuncia explícitamente a las cuestiones sobre los fundamentos últimos. La moral, cuando logra superar el egoísmo de los intereses particulares, regula las relaciones entre los hombres. Ningún desarrollo de la ciencia, ninguna sumisión a las normas del deber podrá saciar nunca la necesidad de sentido. Se accede a él más fácilmente a través de otras prácticas: la experiencia religiosa, en el sentido estricto esta vez, de entrada en contacto con los seres invisibles que animan el mundo (por eso, sin duda, las religiones nos narran la creación del mundo y describen la estructura del cosmos); y también la contemplación de la naturaleza o el éxtasis ante la belleza de una obra de arte. Todas nos ponen en contacto con lo ilimitado. «La contemplación de lo bello en todo género nos aparta de nosotros mismos haciéndonos sentir que la perfección nos inspira el olvido de nuestros intereses estrechos, nos transporta a una esfera de pureza mayor y de perfeccionamiento inesperado» (Libro VII, cap. 5). Por eso, el sentimiento religioso existirá mientras haya hombres, sean salvajes, amedrentados por el fragor del trueno, o individualistas modernos para quienes sólo existe la ciencia.

Las mejores condiciones para entrar en contacto con lo ilimitado se unen cuando nuestros sentidos perciben ese ilimitado encarnado fuera de nosotros. Esto sucede ante un cuadro, una escultura o también ante la naturaleza: «en el silencio de la noche, a la orilla del mar, en la soledad de los campos» (Libro I, cap. 1). La noche, cuando se borran las fronteras de los objetos; en la soledad, cuando se olvidan las coacciones impuestas por los que nos rodean; frente al cielo estrellado. El sentimiento religioso, en otras palabras, es asunto de cada uno considerado aisladamente, frente al universo y a la eternidad. Aquí la religión pierde su función de vínculo entre los hombres, que frecuentemente se quiere descubrir en la etimología de su mismo nombre. Por supuesto, las religiones colectivas conducen al mismo fin; pero esta función de medio de unión de la comunidad, que, a menudo, nos parece tan característica no es más necesaria a la religión de lo que lo era la de una fuente de las normas morales. El individuo aislado puede acceder a la armonía con la creación incluso cuando siga un camino que no sea el suyo.

La consecuencia de esta clarificación del sentimiento religioso, convertido en sinónimo de una aspiración a la espiritualidad, es que las sociedades modernas conocen la pluralidad de las religiones —lo que es cualquier cosa menos desaparición—. La época contemporánea está destinada, diría Constant, a ser pluralista, no atea. No se ve en ello inconveniente alguno: en primer lugar, porque ninguna religión podrá confundirse con el poder temporal, y, por tanto, dejarse corromper por él, ni podrá convertirse en la base de un fanatismo identitario o de un proselitismo intolerante; en segundo lugar, porque el individuo tendrá así más posibilidades de encontrar el camino hacia lo ilimitado que le convenga. «¿Existe, en la tupida noche que nos rodea, un resplandor que podamos rechazar?», se preguntaba ya Adolfo (Libro X). Constant añade: dejar la búsqueda religiosa al individuo es dejarle la posibilidad de perfeccionarse hasta el infinito. «Dividid el torrente, o, mejor, dejadlo que se divida en mil riachuelos. Fertilizarán la tierra que el torrente habría devastado»: con estas palabras concluye *De la religión* (Libro XV, cap. 4).

¿Es esta una elección que se puede realizar libremente? Tengo mis dudas. El hombre libre puede obrar como quiere, pero no puede querer como quiere. Para ser distinto de lo que se es, no basta con quererlo; «no se cree porque se quisiera creer», escribe Constant (Libro I, cap. 1). Pero se puede saber que acceder a lo que él llama el «sentimiento religioso» permite la realización del hombre. Uno puede, pues, dejarse invadir por este sentimiento y esta necesidad, antes que resistirse a ellos; uno puede decirse que el mayor dominio de sí consiste en desprenderse de este mismo sí. Aquí se confunden el futuro de la religión y el del hombre.

LA PRESENTE EDICIÓN

De la religión, publicado entre 1824 y 1831 en cinco volúmenes —los dos últimos póstumos—, nunca se volvió a publicar íntegramente. El tomo I se reeditó cuando aún vivía Constant (1826). El Libro I y una selección de diversas partes los publicó Pierre Déguise en la Bibliothèque romande (Lausana, 1971). Los dos primeros capítulos de este mismo Libro I se retoman en la edición de la Pléiade de las *Œuvres* de Benjamin Constant (París, 1957, 1979).

Mientras se publica la edición crítica de *De la religión*, que aparecerá con las *Œuvres complètes* de Constant (en Max Niemeyer Verlag, Tubinga, Alemania), nos hemos propuesto poner en las manos del lector el texto de la obra, tal como lo había preparado Constant para la primera edición: todo el texto de los cinco volúmenes y nada más que ese texto. Igualmente, las referencias y el índice analítico se han dejado tal como los había redactado el autor.

Constant se lamentaba de que presiones del exterior lo habían obligado a publicar su obra fragmentariamente. El tomo I (1824) contenía los Libros I y II; el tomo II (1825), los Libros III al V; el tomo III (1827), los Libros VI al VIII; finalmente, los tomos IV y V (1831, póstumos), respectivamente, los Libros IX a XII y XIII a XV, seguidos de un índice alfabético y analítico, establecido por el propio Constant, y que es más un resumen que un simple índice. Por tanto, en el presente volumen se encontrarán reunidos los cinco tomos.

Esta reunión de los cinco tomos en uno ha supuesto algunas modificaciones menores del texto. En primer lugar, hemos agrupado todas las notas en la segunda parte de la obra; ahora aparecen numeradas sucesivamente, dentro de cada capítulo. El prefacio y las diversas advertencias se ofrecen al principio de la obra. Al haberse recompuesto el texto, nos hemos permitido algunas ligeras correcciones: uniformización de la puntuación, unificación tipográfica de las referencias, modernización de la ortografía. Las remisiones interiores, de una parte de la obra a otra, se hacen por Libro, capítulo y, eventualmente, por número de nota.

E. H. Y T. T.

NOTA A LA EDICIÓN ESPAÑOLA

La presente traducción ha contado con la colaboración de la Asociación Benjamin Constant y del Instituto Benjamin Constant. Agradecemos el apoyo de ambas instituciones y en especial el de los profesores Roger Francillon y Étienne Hofmann.

La realización de la traducción también ha sido posible gracias a la ayuda de Pro-Helvetia, Fundación suiza para la cultura.

DE LA RELIGIÓN
considerada en sus fuentes, formas y desarrollo

Μεμνημένον ὡς ὁ λέγων, ὑμεῖς τε οἱ κριταὶ
φύσιν ἀνθρωπίνην ἔχομεν

«[...] recordándonos que yo que hablo y
vosotros que juzgáis no somos más
que hombres».

(Platón, *Timeo*, 29d)

PREFACIO

El modo de publicación que adoptamos para esta obra ha sido objeto de varias críticas. Estas críticas son fundadas. Un libro como éste necesita, para ser juzgado, contemplarse en su conjunto. Parcelarlo es afrontar gratuitamente muchas objeciones, que el sucesivo desarrollo prevendría, y que podrían parecer victoriosas al no ser refutadas en el mismo instante.

Por eso, nunca hubiésemos elegido este modo, si una desconfianza bastante natural no nos hubiese hecho dudar de la atención del público, en medio de las graves circunstancias que rodean y agitan todos los destinos, y cuando se trata de investigaciones que no se dirigen a ninguna pasión, y que no pueden alarmar ni servir a los intereses del momento.

Tranquilizados sobre este punto, hubiésemos cambiado gustosamente de método si no nos pareciesen obligatorios los compromisos adquiridos. Cuanto creímos poder permitirnos fue reunir dos entregas y publicarlas juntas. De este modo, esperamos tratar con amplitud cada época, y pensamos que este primer volumen dará ya una idea clara del enfoque con que abordaremos el objeto importante de nuestra investigación.

El inconveniente, sin embargo, sólo aparece atenuado. Censores impacientes invocarán quizá el hecho de que sólo podemos hablar de cada cosa en el lugar que le corresponde.

Así, cuando establezcamos, en este primer volumen, que la mayoría de las nociones que constituyen el culto de los salvajes se hallan registradas y consolidadas en las religiones de Egipto, de la India o de la Galia, se nos opondrán los conocimientos profundos que complacientemente se atribuyen a los sacerdotes de Menfis, la filosofía a menudo sutil de los brahmanes o la doctrina sublime de los druidas; y sólo desaparecerá la objeción cuando, en una entrega posterior, haya podido tratar de esta filosofía, de estos conocimientos y de esta doctrina.

Igualmente, cuando más tarde, al hablar con profundidad del ateísmo griego, mostremos que las opiniones sacadas de las religiones sacerdotales, y presentadas a los griegos por los viajeros, los filósofos y los propios sacerdotes, fueron rechazadas continuamente por el genio de esta nación, se nos pondrán como objeción los misterios; y nuestra respuesta sólo será completa cuando, posteriormente también, hayamos probado que los misterios fueron el depósito de las doctrinas, de las tradiciones y de las ceremonias extranjeras, precisamente porque había repugnancia entre estas cosas y la religión pública.

Sobre estos puntos y sobre muchos otros, no menos importantes para el devenir de las opiniones, y para la historia de las ideas religiosas, debemos reclamar la equidad de nuestros lectores; y como los volúmenes se sucederán con rapidez, la demora que pedimos, para hacer evidentes las hipótesis que serían contestadas, no pasará de un período bastante corto.

Contamos también con esta equidad para rechazar, si hay lugar, cualquier inculpación de otro tipo.

Experimentaríamos una gran tristeza, reconozcámoslo, si se nos confundiera con esta turba de escritores que, impregnados de una violencia brutal o de una vanidad poco escrupulosa en la elección de sus medios de éxito, se lanza sobre todos los objetos creados por el género humano. No obstante, la evidencia de los hechos nos ha obligado a expresarnos con una severidad que creemos justa sobre la influencia del sacerdocio en varios pueblos de la Antigüedad.

Recordar que sólo hablamos de las naciones antiguas y de los pontífices del politeísmo sería eludir los ataques en lugar de rechazarlos. Es mejor para nosotros expresar todo nuestro pensamiento; en él no existe nada que temamos confesar, y ganaremos si no somos sospechosos de refugiarnos en las alusiones, tipo de agresión siempre un poco tímida y que añade, al inconveniente de desnaturalizar los hechos, el de dar a la hostilidad una enojosa impronta de miedo.

Entre las acusaciones que dirigimos contra el sacerdocio de los antiguos, y su acción sobre la civilización de esa época, varias no se pueden aplicar en absoluto a los sacerdotes de las religiones modernas.

En primer lugar, los de la Antigüedad estaban condenados a la impostura por sus funciones mismas. El mantenimiento de comunicaciones maravillosas con los dioses, la realización de prestigios y la emisión de oráculos convertían el fraude en una necesidad. Nuestras creencias, más depuradas, han liberado a los sacerdotes de nuestros días de estas obligaciones corruptoras. Órganos de la oración, consoladores de la aflicción, depositarios del arrepentimiento, carecen, felizmente para ellos, de atribuciones milagrosas. Tal es el progreso de nuestras luces, y la tranquilidad que doctrinas menos materialistas han expandido en todos los espíritus, que el fanatismo mismo, si existe, se ve obligado a respetar las barreras que debía salvar perentoriamente el antiguo sacerdocio, y más allá de las cuales se situaba el foco de su influencia.

26

Y si algunos individuos intentan salvar estas barreras, estos ensayos parciales, interrumpidos, suprimidos, son errores y no peligros, motivos de censura y no medios de dominio.

En segundo lugar, el poder ilimitado de los druidas o de los magos no puede convertirse nunca en herencia de nuestros sacerdotes. Propensos como somos a concebir e incluso a encontrar razonables y fundadas las alarmas de estas razones previsoras que se quejan de que el sacerdocio tiende a constituirse en cuerpo dentro del Estado, creeríamos, sin embargo, que sería demasiado desconfiado si supusiéramos que las prerrogativas que posee, o las que momentáneamente usurpase, lo colocarían a la altura de las castas que dominaban la realeza, echaban del trono a los reyes, acaparaban todos los conocimientos, creaban para sí mismos una lengua aparte, monopolizaban la escritura y, jueces, médicos, historiadores, poetas, filósofos, cerraban el santuario de la creencia a todo lo que no participaba de su privilegio, es decir, a la inmensa mayoría de la especie humana.

Contra las tendencias individuales que aspirasen a la resurrección de lo que un intervalo de veinte siglos hace imposible de resucitar, podemos contar con las prudencias colectivas. Hay en los cuerpos un instinto que les advierte de lo que no es factible; y si el cálculo permite algunos intentos aventureros, este mismo cálculo se apresura a desautorizarlos al menor asomo de peligro.

Por otra parte, si el poder político, engañado, a nuestro entender, sobre sus intereses, parece prestarse algunas veces a extender más de la cuenta la autoridad llamada espiritual, las condiciones del tratado son claras y precisas. Si hay monarcas que desean que León XII excomulgue doctrinas políticas, nadie querría ver en manos de León XII los rayos que Gregorio VII lanzaba contra los tronos; y en el momento en que escribimos, una corporación, antiguamente temible, y que se creía aplaudida, acaba de ser expulsada de los Estados de un príncipe sobre el que, probablemente, ella había puesto grandes esperanzas. Confiemos en el tiempo y no exageremos la negrura de las nubes que dos vientos opuestos agrupan y que dos vientos opuestos deben dispersar.

Por tanto, nada de lo que pudimos decir del inmenso poder de las corporaciones teocráticas de la India, de Etiopía o de Occidente puede disfrazarse, con la mejor intención del mundo y el talento más ejercitado de interpretación, por ninguno de nuestros lectores, en ataques contra los sacerdotes de las comuniones a las que debemos respeto como ciudadanos, o miramiento como protestantes.

Nuestra censura contra el sacerdocio de algunos politeísmos fue incluso mucho menos amarga que el juicio emitido contra él por los Padres de la Iglesia o por los teólogos que siguieron sus huellas. Suavizamos algunas veces el rigor de sus sentencias; indicamos el bien relativo que pudieron hacer los ministros de un culto erróneo, porque, en materia de sentimiento religioso, el error, a nuestro parecer, es mejor que la ausencia.

En este sentido, nuestra disposición quizá nos hubiese granjeado, hace un siglo, reproches de naturaleza bien diferente. Probablemente, se nos hubiera criminalizado por demasiada indulgencia; y sería, al parecer, un acto impolítico e irreflexivo, en los sacerdotes de un culto que reina, declarar que hace causa común con los órganos de un culto derrocado.

En cuanto a la parte de censura que, independientemente de las creencias, de las épocas y de la forma de las instituciones, pudiese recaer sobre el sacerdocio de todas las religiones, será evidente, a quien sepa leer y comprender, que esta censura sólo podría referirse a individuos que desconociesen las atribuciones de su ministerio.

Los brahmanes querían verter aceite ardiendo en la boca de cualquier profano que abriese los Vedas; ¡tanto temían la instrucción del pueblo y lo que ellos llaman la indisciplina, resultado de la instrucción! Evidentemente, al revelar esta doctrina estricta y astuta, no ofendemos en absoluto a un clero que reclama el honor de haber favorecido poderosamente el renacimiento de las letras; y si había individuos que proscribían los medios de expandir los conocimientos a todas las clases y mejorar a los ciudadanos mediante la ilustración, este clero rechazaría con nosotros a estos brahmanes resucitados.

Los sacerdotes de Meroe despojaban a sus reyes de la corona o los asesinaban. Al alzarnos contra estos pontífices regicidas, sólo escandalizaríamos a los que hiciesen del trono el trampolín del altar.

Los magos declaraban a Cambises que sus voluntades estaban por encima de las leyes. Nuestra reprobación de esta alianza del sacerdocio y del despotismo no alcanza a la Iglesia en cuyo nombre Fénelon, Massillon, Fléchier no dejaron de repetir a los monarcas que las leyes eran el fundamento y el límite de su poder.

Creímos necesarias estas explicaciones. Como historiadores fieles, no desnaturalizamos hecho alguno, ni sacrificamos a consideraciones secundarias verdad alguna. Tratamos de olvidar, al escribir, el siglo, las circunstancias y las opiniones contemporáneas. A esta determinación, observada escrupulosamente, debimos el tipo de coraje que era para nosotros el más difícil de todos, el de alejarnos, en cuestiones de gran importancia, de muchos hombres cuyos principios, por otra parte, compartimos y cuyo noble carácter honramos.

Afectados por los peligros de un sentimiento que se exalta y se extravía, y en cuyo nombre se cometieron innumerables crímenes, estos hombres desconfían de las emociones religiosas y querrían sustituirlas por los cálculos exactos, impasibles, invariables, del interés bien entendido. Este interés basta, dicen, para establecer el orden y hacer que se respeten las leyes de la moral.

Es cierto que estamos lejos de compartir la piadosa exageración que atribuye todos los crímenes de las épocas incrédulas a la ausencia del sentimiento religioso. Estos efectos deplorables de pasiones ciegas, efectos independientes de las creencias, son comunes a los siglos irreligiosos y a los siglos devotos. Bajo Alejandro VI, la comunión precedía al asesinato y la confesión lo seguía.

Reconocemos igualmente que la necesidad del sentimiento religioso no se demostraría suficientemente por los excesos de las revoluciones durante las cuales los pueblos sublevados disfrutaron pisoteando las veneraciones antiguas. Las revoluciones son momentos de tormenta en los que el hombre, obligado a emitir bruscamente sus juicios y sus actos, en medio del choque de todas las violencias desencadenadas, sin guías para dirigirlo, sin espectadores para contenerlo, puede equivocarse con intenciones rectas y convertirse en criminal por los motivos más puros. Las revoluciones causadas por las convicciones religiosas no estuvieron más exentas de acciones condenables y feroces que los cambios profundos cuya causa fue la libertad. La anarquía de la guerra del protestantismo, y sus treinta años de masacres, igualaron las fechorías y la anarquía que mancillaron las páginas de la Revolución francesa, y la piedad violenta de los puritanos no se mostró menos sanguinaria que el ateísmo descarado de nuestros demagogos.

Pero, después de haber comenzado por estas concesiones bien entendidas, nos veremos obligados a preguntar también si, al rechazar el sentimiento religioso, que distinguimos de las formas religiosas, y comportándose según la única norma de su interés bien entendido, la especie humana no prescinde de cuanto constituye su primacía, abdicando así de sus títulos más hermosos, apartándose de su verdadero destino, concentrándose en una esfera que no es la suya y condenándose a un envilecimiento que va contra su naturaleza.

El interés bien entendido debe destruir todo lo que es contrario al interés bien entendido. Si el hombre, dirigido por este móvil, triunfa de las pasiones que lo arrastrarían en sentido contrario a este interés, debe superar igualmente todas las emociones que podrían apartarlo de él. Si el interés bien entendido es lo suficientemente poderoso para vencer el delirio de los sentidos, la sed de riquezas, los furores de la venganza, prevalecerá aún más fácilmente sobre los movimientos de piedad, de ternura, de abnegación, combatidos continuamente por consideraciones de prudencia, de egoísmo y de miedo. Podremos, sin duda, al escuchar los preceptos del interés bien entendido, renunciar a disfrutes presentes; pero será para obtener ventajas futuras. Deberemos abstenernos de cuanto pudiera perjudicarnos de una manera duradera; y esta regla, la única moral del interés bien entendido, deberá aplicarse, tanto a nuestras emociones generosas y a nuestras virtudes, como a nuestras pasiones personales y a nuestros vicios.

No existe un noble movimiento del corazón contra el que no pueda protegerse la lógica del interés bien entendido. No hay ninguno que, según esta lógica, no sea debilidad u obcecación. No hay ninguno al que el interés bien entendido no fulmine con sus cálculos exactos y sus ecuaciones victoriosas.

¿Me diréis que el propio interés bien entendido se opone a esta depravación de nuestra naturaleza, ya que nos invita a buscar la satisfacción interior que da, en medio del infortunio, el cumplimiento de un intrépido valor? Pero ¿no os dais cuenta de que, por estas palabras, volvéis a esas emociones involuntarias que os trasportan a otro orden de ideas? Pues, ajenas como son a cualquier cálculo, llenan de incertidumbre, por sus resultados, las doctrinas áridas del interés bien entendido. Para eludir las consecuencias del sistema que adoptáis, falseáis este sistema indigno de vosotros; introducís en él un elemento que él rechaza; entregáis al alma humana la falsedad, pues es una facultad, y, de todas, la más preciosa, la facultad de ser subyugada, dominada, exaltada, independientemente e incluso en sentido contrario a su interés. Si este interés triunfase completamente, el hombre sólo se lamentaría de haberse equivocado sobre este interés. Sólo sentiría satisfacción de haber observado cuidadosamente sus preceptos.

No, la naturaleza no colocó nuestro guía en nuestro interés bien entendido, sino en nuestro sentimiento íntimo. Este sentimiento nos advierte de lo que está mal o de lo que está bien. El interés bien entendido sólo nos da a conocer lo que es ventajoso o perjudicial.

Por tanto, si no queréis destruir la obra de la naturaleza, respetad este sentimiento en cada una de sus emociones. No podéis aplicar el hacha a una de las ramas del árbol sin que enseguida llegue la muerte al tronco.

Si consideráis una quimera la emoción indefinible que parece revelarnos a un ser infinito, alma, creador, esencia del mundo (¿qué importan las denominaciones imperfectas que sirven para designarlo?), vuestra dialéctica irá mas lejos, sin daros cuenta y a vuestro pesar.

Cuanto sucede en el fondo de nuestra alma es inexplicable; y si exigís siempre demostraciones matemáticas, sólo obtendréis siempre negaciones.

Si el sentimiento religioso es una locura, porque la prueba no está ahí al lado, el amor es una locura; el entusiasmo, un delirio; la simpatía, una debilidad; la abnegación, un acto insensato.

Si hay que sofocar el sentimiento religioso porque, decís, nos extravía, se deberá vencer también la piedad, pues tiene sus peligros y nos atormenta y desasosiega. Habrá que reprimir esta efervescencia de la sangre que nos hace volar en ayuda del oprimido, pues no es de nuestro interés reclamar sobre nuestras cabezas los golpes cuyo destino no somos nosotros. Sobre todo, no olvidéis, se deberá renunciar a esa libertad que tanto amáis, pues, desde un extremo al otro de la tierra, cadáveres de sus defensores cubren el suelo que holla la raza humana. No será el interés bien entendido el que levante los altares a esta divinidad de las almas orgullosas y nobles. Esperará que, levantados por otros, le ofrezcan una protección sólida; y, si los vientos impetuosos los hacen tambalear, lo veréis, infiel o tímido, desertar de un culto proscrito y, como máximo, vanagloriarse de una vergonzosa neutralidad.

¿Y qué nos dice la experiencia sobre esto? ¿Qué hemos visto en Europa en los últimos veinte años? El interés bien entendido reinando sin rival. ¿Y cuál fue el fruto de este reinado? Tampoco ahora hablamos de crímenes. Reconocemos que el interés bien entendido los condena, y que sus consejos los hubiesen reprimido[1]. Pero esta indiferencia, este servilismo, esta persistencia en el cálculo, esta versatilidad en los pretextos, ¿qué otra cosa era sino el interés bien entendido?

Sirvió para mantener el orden en tiempos de desastres. El orden es necesario al bienestar; pero sacrificó al orden exterior todos los sentimientos cuya explosión podría crear problemas. El orden está siempre, en apariencia, del lado de la fuerza; el interés bien entendido se colocó también del lado de esta fuerza, si no para secundarla, al menos para allanarle los obstáculos. Compadeció a las víctimas; pero, cuando las llevaban al suplicio, procuró que no se perturbara el orden. Dejó de interesarse por las cabezas, y garantizó las propiedades. Impidió el pillaje, y facilitó el asesinato legal.

Sirvió al desarrollo de las facultades intelectuales: sí, pero al desarrollarlas, las degradó. Apoyó lo espiritual, pero el espíritu se dirigió contra cualquier sentimiento que no fuera egoísta. La abnegación de sí mismo se convirtió en objeto de escarnio. Se mancilló con la ironía la naturaleza humana y se la rebajó con el desorden, y se dijo que era una apreciación razonable de las cosas o una punzante alegría.

Por el mismo hecho de que era espiritual, la gente se complació en una especie de oposición. Mientras no hubo peligro, el interés bien entendido permitió a la vanidad criticar indiferentemente tanto el bien como el mal. Apareció el peligro y el interés bien entendido aconsejó aplaudir prudentemente, tanto al mal como al bien: de modo que, con el poder moderado, algunos se mostraron críticos impenitentes, y, con el poder violento, serviles.

Las virtudes sufrieron las mismas degradaciones que las facultades. Éstas perdieron el encanto que muestra su origen celeste; y, al verlas tan prudentes, reservadas, inquietas del excesivo trabajo, se pudo adivinar

31

que el alma nada tenía que ver en ello y que el verdadero manantial estaba agotado.

Se era caritativo, porque el interés bien entendido dice al rico que la abnegación sin recursos es formidable. Pero se humilló a la caridad. Se prohibió la limosna que surge de la ternura y de la piedad; se robó al pobre la libertad a cambio de su subsistencia; nos creímos benefactores cuando, entre rejas, le dábamos pan.

El cálculo ni siquiera acabó aquí. Importunado, por anticipado, por las generaciones aún en germen, se le reprocharon al indigente sus inclinaciones naturales y, a sus hijos, su existencia. Se suputó cuántos brazos pueden ejecutar los trabajos necesarios. Se proscribió al resto del género humano como superfluo, y se transformó la vida en un parque, al que sus propietarios pueden cercar con paredes y cuya entrada sólo se permite por voluntad de su tolerancia.

Se practicaron las virtudes domésticas. Es más conforme al interés bien entendido vivir en paz en casa que en hostilidad, y es escándalo perturbar la vida. Pero se rebajaron totalmente las virtudes domésticas a la mitad. Hubo egoísmo de familia, como antes lo hubo de sí mismo. Se rechazó al amigo amenazado para no alarmar a la esposa inquieta. Se desertó de la patria porque el interés bien entendido quería que no se comprometiese la dote de una joven. Se sirvió al poder injusto porque el interés bien entendido no quería que se pusiesen trabas a la carrera de un hijo.

No había vicios en todo esto; había prudencia, aritmética moral; había la parte lógica y razonable del hombre, separada de su parte noble y elevada; había, en una palabra, el interés bien entendido.

Honrosas excepciones sirven de consuelo a nuestras miradas; pero ¿no eran estas excepciones inconsecuencias, desviaciones del sistema del egoísmo, homenajes rendidos al poder de las emociones?

Y observadlo bien: el cuadro que acabamos de describir supone la prosperidad, la calma, un estado de cosas en el que nada perturba el cálculo; en el que el interés bien entendido, tranquilo y sin miedo, sabe siempre lo que debe querer, y siempre llega a dejarse oír. Es el hermoso ideal de una sociedad gobernada por este interés bien entendido. ¿Qué hay mejor que la agrupación laboriosa de los castores o la asociación perfectamente ordenada de las abejas? Pero si circunstancias más graves vienen a perturbar esta sociedad ordenada tan metódicamente, esta colección de huesos clasificados con arte y de petrificaciones dispuestas por orden, entonces el sistema tendrá otras consecuencias.

Su efecto natural es hacer que cada individuo sea su propio centro. Pero, cuando cada uno es su propio centro, todos están aislados. Cuando todos están aislados, no hay más que polvo. Cuando llega la tormenta, el polvo es fango.

Amigos de la libertad, no es con semejantes elementos como un pueblo la obtiene, la fundamenta o la conserva. Hábitos que no se deben a vuestro sistema, la elevación del alma que este sistema no puede destruir, una susceptibilidad generosa que os inflama y que os arrebata a pesar de vuestras doctrinas, os engañan sobre la especie humana y, quizá, sobre vosotros. Contemplad al hombre dominado por sus sentidos, asediado por sus necesidades, enmollecido por la civilización y tanto más esclavo de sus placeres cuanto más fáciles se los hace esta civilización. Ved cuántas ocasiones ofrece para la corrupción. Pensad en esa flexibilidad del lenguaje que la envuelve en mil excusas y pone a cubierto el pudor del egoísmo. No destruyáis, pues, en él el único móvil desinteresado que lucha contra tantas causas de envilecimiento.

Todos los sistemas se reducen a dos. Uno nos asigna el interés como guía y el bienestar como meta. El otro nos propone como fin el perfeccionamiento y como guía el sentimiento íntimo, la abnegación de nosotros mismos y la facultad del sacrificio.

Al adoptar el primero, haréis del hombre el más hábil, el más diestro, el más sagaz de los animales; pero lo colocaréis inútilmente en la cima de esta jerarquía material: no por eso dejará de estar por debajo del último peldaño de cualquier jerarquía moral. Lo arrojaréis a una esfera distinta de aquella a la que creéis convocarlo; y cuando lo hayáis circunscrito a esa esfera de degradación, vuestras instituciones, vuestros esfuerzos, vuestras exhortaciones serán inútiles; triunfaríais de todos los enemigos exteriores, pero el enemigo interior sería invencible.

Las instituciones son formas vanas cuando nadie quiere sacrificarse por las instituciones. Cuando es el egoísmo el que derriba la tiranía, sólo sabe repartirse los despojos de los tiranos.

Ya una vez la especie humana parecía hundida en el abismo. También entonces una larga civilización la había debilitado[2]. La inteligencia que había analizado todo había sembrado la duda sobre las verdades y sobre los errores.

El interés y el cálculo reunían bajo sus estandartes a las clases ilustradas. Un yugo de hierro mantenía inmóviles a las clases trabajadoras. Por eso, ¡cuántos esfuerzos inútiles! ¡Cuántas víctimas en esta minoría tan poco numerosa que recordaba un pasado menos abyecto y cuyo corazón se lanzaba hacia un futuro menos miserable! Todo resultó infructuoso: hasta los éxitos fueron estériles. Después de Calígula, después de Nerón, mucho más tarde aún, bajo los reinados de Galba, de Probo, de Tácito, generosos ciudadanos creyeron por un momento que la libertad podía renacer. Pero la libertad herida de muerte veía que sus defensores caían con ella. El siglo no las comprendía. El interés bien entendido los abandonaba[3]. El mundo estaba lleno de esclavos, que explotaban la servidumbre o la padecían. Aparecieron los cristianos: ellos colocaron su punto de apoyo fuera del egoísmo. No disputaron el universo material, que la fuerza material tenía encadenado. No mataron, murieron, y triunfaron muriendo.

Amigos de la libertad, proscritos unas veces por Mario y otras, por Sila, sed los primeros cristianos de un nuevo Bajo Imperio. La libertad se nutre de sacrificios. Devolved el poder del sacrificio a la raza irritada que lo perdió. La libertad quiere siempre ciudadanos, algunas veces héroes. No destruyáis las convicciones que sirven de base a las virtudes de los ciudadanos, y que crean los héroes, dándoles la fuerza de ser mártires.

ADVERTENCIA AL TOMO II

[1825]

Para prevenir, en cuanto de nosotros depende, ciertas objeciones que no dejarán de plantearnos cierta clase de nuestros adversarios cuyo arte consiste en realzar lo minucioso para desacreditar lo esencial, creemos un deber advertir a nuestros lectores que, al realizar nuestras investigaciones en diferentes tiempos y países diversos, tuvimos que recurrir, por eso mismo, a menudo a ediciones diferentes de las mismas obras y sacar los hechos que relatamos de libros escritos en diversas lenguas, algunas veces incluso de traducciones de obras francesas en inglés o en alemán. De aquí provienen la diversidad en las citas y la variedad ortográfica de los nombres propios. Así, por ejemplo, al hablar de los judíos, citamos los Libros de Samuel, unas veces con este mismo nombre y, otras, con el menos usado de Libro de los Reyes; y cuando, para demostrar lo absurdo de ciertos razonamientos teológicos, extrajimos ciertos pasajes de la *Monarchie des Hébreux*, obra traducida del español, del marqués de San Felipe, no siempre pudimos indicar las páginas. También, al hablar de los indios, escribimos unas veces *Bhagavad Geeta*, y otras, *Bhagavad Gita*, o Petrees o Pitris*. Nuestra intención era suprimir todas estas diversidades por poco importantes que fuesen. Pero varias de ellas se nos han escapado a nuestra atención y nos dimos cuenta de ello demasiado tarde. A menudo preferimos las denominaciones admitidas de modo general a las que hubiesen tenido una apariencia más científica, y la ortografía menos rara a la que hubiera sido más exacta. Utilizamos el término *paria*, en lugar del de *chandala*. Escribimos la mayoría de las veces

---

* Como se verá a lo largo de la obra, nosotros fijamos, de modo definitivo, la traducción castellana de los numerosos nombres que aparecen en ella. [*N. del T.*]

Oromazo en lugar de Ormuz, y siempre *cuttery*, en vez de *kshatrya*. Sin duda, esta observación carecería de utilidad para los hombres exentos de prevenciones favorables o desfavorables. Pero de otros prevemos la malevolencia y la mala fe. Nos pareció, pues, necesario privarles del placer fácil de hacer erudición en lo que sabemos tanto como ellos.

ADVERTENCIA AL TOMO IV

[Mayo de 1830]

Publicamos los dos últimos volúmenes de una obra que no pudimos acabar antes. Deberes políticos nos impidieron presentarla con menos imperfecciones de las que, sin duda, tiene; no decimos esto como excusa; el lector juzga el mérito intrínseco de un libro, no la posición personal del autor.

Una observación es necesaria, sobre todo para la primera mitad del cuarto volumen.

En él sólo presentamos el exterior de las religiones sacerdotales, y reunimos indiferentemente los hechos que pertenecen a estas religiones y las caracterizan.

Es que su exterior era, para los pueblos dominados por los sacerdotes, toda la religión, y al ser el interés de los sacerdotes idéntico en todas partes, tuvieron en todos los lugares los mismos dogmas y los mismos ritos, salvo las modificaciones introducidas por el clima y las circunstancias.

Si hubiéramos desdeñado esta parte vulgar y sólo nos hubiéramos ocupado del sentido místico, hubiéramos presumido de una hondura que hubiera hecho las delicias de más de uno.

Hay quienes todavía se sorprenden cuando se les habla de los sacerdotes de Egipto, o de los brahmanes, o de los magos; se diría que, al admirar a estos supuestos sabios, se hacen tan sabios como ellos.

Decimos esto de la parte tonta; pues hay algunos a los que no acusamos de necedad.

Alaban lo que existía; porque lo que existía les convendría mucho; lo que existe, y sobre todo lo que se anuncia, les conviene poco.

Se nos reprochó haber tomado como punto de partida el estado salvaje, porque no se ha demostrado, se nos dice, que haya sido el primer estado del hombre.

Habíamos admitido ante nuestros adversarios que el origen de nuestra especie estaba envuelta en tinieblas imposibles de disipar; pero habíamos declarado que, queriendo seguir la inteligencia en sus progresos, habíamos tenido que partir desde el punto en el que habían comenzado estos progresos. Que el estado salvaje fuera el primer estado, poco nos importa: el hombre cayó en él. Todas las naciones indican una época en la que este estado fue el suyo; eso nos basta.

Se ha asegurado que hubiéramos debido tomar como base una revelación universal, mostrarla mientras se iba perdiendo gradualmente y ver sus huellas a través de sus degradaciones y sus manchas.

Si existió una revelación universal, fue sucesiva, individual y totalmente interior. ¿Se nos quiere más ortodoxos? La revelación limitada a un pueblo permaneció ajena a otros pueblos. Se agitaron en medio de los errores de la ignorancia más profunda, de las barbaries, de las supersticiones más feroces o las más licenciosas; ¡Dios nos libre de buscar huellas de una revelación en los sacrificios humanos de Tiro o en los desenfrenos de Ecbatana!

TERCERA ADVERTENCIA

[Octubre de 1830]

Estos dos volúmenes debían aparecer a finales de julio último. Los felices acontecimientos de esta época atrasaron su publicación; pero, como la totalidad estaba impresa, salvo el índice analítico, nada se cambió, salvo una nota de cinco o seis líneas (Libro XV, cap. 3, nota 2). Nuestros lectores no deben, pues, extrañarse ni de algunas expresiones que, hace tres años, eran quizá una muestra de valor y que hoy sólo serían un anacronismo, ni de algunos juicios un tanto severos sobre algunos hombres que, en esta época, pedían nuestra cabeza. Están vencidos, pero una cosa es el olvido de las injurias y otra, la estima; y si nos imponemos el primero como un deber, no nos creemos obligados a fingir la segunda, cuando no la sentimos.

LIBRO I

INTRODUCCIÓN GENERAL

CAPÍTULO 1

Del sentimiento religioso

El autor de *El espíritu de las leyes* dijo, con razón, que todos los seres tenían sus leyes: la divinidad y el mundo; el mundo y los hombres, y los hombres y las demás especies animadas[1].

Estas leyes constituyen la naturaleza de cada especie; son la causa general y permanente del modo de existencia de cada una; y cuando causas exteriores aportan algún cambio parcial a este modo de existencia, el fondo resiste y reacciona siempre contra las modificaciones.

No se debe, pues, querer que se asignen causas a estas leyes primordiales: hay que partir de su existencia para explicar los fenómenos parciales.

¿Por qué tal clase de animales vive en manada, mientras en tal otra clase cada individuo vive aislado? ¿Por qué en ésta la unión de los sexos es más o menos duradera, mientras al lado el instinto salvaje retoma su fuerza apenas satisfecho el deseo?

No se puede decir otra cosa sino que estas especies son así. Es un hecho cuya verdad está comprobada y cuyas explicaciones son arbitrarias. Pues las más débiles de estas especies no son las más sociables. Cuando se reúnen, no se prestan asistencia alguna: obedecen a su naturaleza, que les impuso leyes, es decir, una disposición que las caracteriza y que determina su modo de existir.

Por tanto, si hay en el corazón del hombre un sentimiento que sea ajeno a todo el resto de los seres vivientes, que se reproduce siempre, cualquiera que sea la posición en que el hombre se encuentre, ¿no es probable que este sentimiento sea una ley fundamental de su naturaleza?

Tal es, a nuestro parecer, el sentimiento religioso. Las hordas salvajes, las tribus bárbaras, las naciones que están en el momento álgido del estado social, las que languidecen en la decrepitud de la civilización, todas sienten el poder de este sentimiento indestructible.

Triunfa sobre todos los intereses. El salvaje al que la pesca o la caza laboriosa sólo le proporcionan una subsistencia insuficiente consagra a su fetiche una parte de esta subsistencia precaria. La tribu belicosa depone sus armas para reunirse al pie de los altares. Las naciones libres interrumpen sus deliberaciones para invocar a los dioses en los templos. Los déspotas conceden a sus esclavos días de descanso.

Las pasiones se someten igual que los intereses. Cuando los suplicantes abrazan las rodillas de las estatuas sagradas, cesa la venganza y se calma el odio. El hombre impone silencio a sus inclinaciones más imperiosas. Se prohíbe a sí mismo el placer, abjura del amor, se echa en manos de los sufrimientos y de la muerte.

Sin embargo, este sentimiento se asocia a todas nuestras necesidades. Pedimos a los dioses todo lo que no les sacrificamos. El ciudadano les pide por su patria; el amante, separado de lo que ama, les confía este objeto querido. La plegaria del prisionero atraviesa los muros de la prisión que lo mantiene encerrado. Y el tirano se agita en su trono, importunado por los poderes invisibles, y apenas se tranquiliza pensando que son mercenarios.

¿Opondremos a estos ejemplos algunas tribus miserables que se nos presentan errantes, sin ideas religiosas, en los confines del globo? Su existencia descansa en el dudoso testimonio de algunos viajeros, probablemente inexactos: pues, ciertamente, se puede sospechar de la inexactitud de algunos escritores: algunos afirmaron por boca de otros el ateísmo de pueblos que no habían visitado[2]; otros, al desconocer la religión del lugar donde se encontraban, concluyeron, de la ausencia de tal o cual forma, que el fondo no existía[3]. ¿Constituiría, por otra parte, una excepción considerable la que proporcionarían las hordas que se alimentan con carne humana y cuyo estado se parece al de los brutos?

Podemos considerar, pues, este sentimiento como universal; ¿sería sólo un gran error?

Algunos hombres lo afirman de cuando en cuando. El miedo, la ignorancia, la autoridad, la astucia: éstas son, si se los cree, las primeras causas de la religión[4]; así, causas totalmente pasajeras, exteriores y accidentales, habrían cambiado la naturaleza interior y permanente del hombre y le habrían dado otra naturaleza, y, cosa extraña, una naturaleza de la que no puede librarse ¡aun cuando estas causas ya no existen!

Pues inútilmente se amplían sus conocimientos y, al explicarle las leyes físicas del mundo, éstas le enseñan a no asignar como motores a seres a los que importuna con sus adoraciones o doblega con sus rezos. Las enseñanzas de la experiencia rechazan la religión en otro campo, pero no la expulsan del corazón del hombre. A medida que se informa, se agranda el círculo del que la religión se aleja. Retrocede, pero no desaparece. Lo que los mortales creen, y lo que esperan, se coloca siempre, por así decirlo, en la circunferencia de lo que saben. La impostura y la autoridad pueden abusar de la religión, pero no habrían podido crearla. Si no existiese antes en el fondo de nuestra alma, el poder no hubiera hecho un instrumento de ella, y las castas ambiciosas, un oficio.

Pero si ella existe en el fondo del alma de todos, ¿de dónde viene la oposición de algunos a esta convicción general? ¿Dudaremos de sus motivos o de sus luces? ¿Los tacharemos de ignorancia presuntuosa o los acusaremos de estar interesados en rechazar una doctrina que, portadora de tranquilidad para la virtud, sólo es una amenaza para el vicio?

No, estos hombres son, en varias épocas, los más instruidos, los más ilustrados, los más apreciados de su siglo. Entre ellos se hallan generosos defensores de la libertad, ciudadanos irreprochables, filósofos consagrados a la búsqueda de la verdad, ardientes enemigos de todo poder arbitrario u opresor. La mayoría de ellos, entregados a asiduas meditaciones, son preservados de las tentaciones corruptoras por los placeres del estudio y el hábito del pensamiento. ¿Cómo la religión, que no tiene nada de horroroso para semejantes hombres, se convierte para ellos en objeto de repugnancia y de hostilidad? ¿Podría demostrárseles su absurdidad? Pero ellos mismos admiten que el razonamiento sólo conduce a la duda. ¿Por qué cambio singular de ideas, el recurso inocente y natural de un ser desdichado a seres compasivos provocó algunas veces su odio, en lugar de excitar en ellos la simpatía que parece reclamar?

¿Quién se atrevería, al echar una mirada al camino que se nos presenta, a declarar el recurso inútil o superfluo? Numerosas son las causas de nuestros dolores. La autoridad puede perseguirnos; la mentira, calumniarnos. Nos hieren los vínculos de una sociedad totalmente facticia. El destino nos lastima en lo que más queremos. La vejez se acerca a nosotros, época sombría y solemne en la que los objetos se nublan y parecen alejarse, y en la que no sé qué de frío y tierno envuelve cuanto nos rodea. Buscamos por todas partes consuelo, y casi todos ellos son religiosos. Cuando el mundo nos abandona, construimos una alianza más allá del mundo. Cuando los hombres nos persiguen, nos creamos una llamada más allá de los hombres. Cuando vemos que se desvanecen nuestras ilusiones más queridas, la justicia, la libertad, la patria, nos preciamos de que existe, en algún lugar, un ser que nos agradecerá haber sido fieles, a pesar de nuestro siglo, a la justicia, a la libertad, a la patria. Cuando echamos de menos a un objeto amado, tendemos un puente sobre el abismo y lo atravesamos con el pensamiento. En fin, cuando la vida se nos escapa, nos lanzamos hacia otra vida. Así, la religión es la compañera fiel, la amiga ingeniosa e infatigable del infortunio. El que considera errores todas sus esperanzas debería sentirse, en mi opinión, emocionado más profundamente que cualquier otro por ese concurso universal de todos los seres sufrientes, por esas preguntas del dolor, que se elevan hacia un cielo de plomo desde todos los puntos de la tierra, para quedar sin respuesta, y por la ilusión compasiva que nos trasmite como una respuesta el ruido confuso de tantas plegarias, repetidas a lo lejos en el aire. Pero se desnaturalizó la religión. Se persiguió al hombre en ese último refugio, en ese santuario íntimo de su existencia. La persecución provoca la rebelión. La autoridad, desplegando sus rigores contra cualquier opinión, excita a la manifestación de esta opinión a todos los espíritus que tienen algún valor. Existe en nosotros un principio que se indigna por cualquier coacción intelectual. Este principio puede llegar hasta el furor: puede ser la causa de muchos crímenes; pero mira por todo lo que es noble en nuestra naturaleza.

De ahí proviene, en todos los siglos en que los hombres reclamaron su independencia moral, esa resistencia a la religión que pareció dirigida contra el más delicado de los afectos, y que sólo lo era, en efecto, contra la más opresora de las tiranías. Al colocar la fuerza del lado de la fe, se había puesto el valor del lado de la duda. El furor de los creyentes había exaltado la vanidad de los incrédulos, y el hombre había llegado así a enorgullecerse de una doctrina cuyo mérito principal estaba en la audacia que había en profesarla.

A menudo me sentí horrorizado y sorprendido al leer el conocido *Sistema de la naturaleza*. Ese largo ensañamiento de un anciano por cerrar cualquier futuro para él, esa inexplicable sed de destrucción, ese entusiasmo contra cualquier idea de bondad y de consuelo, me parecían un extraño delirio; pero enseguida encontré explicación al recordar que la autoridad prestaba a esta idea un apoyo violento y facticio; y de una especie de repugnancia por el escritor, que me presentaba triunfalmente la nada como término de mí mismo y de los objetos de mis afectos, yo pasaba a alguna estima por el antagonista intrépido de una autoridad arrogante.

Pasó el reinado de la intolerancia. Ya no volveremos a ver que los enfermos de una política rigurosa y caduca intenten restablecerlo en algunas regiones de nuestra vieja Europa. Lo rechaza la civilización de hoy: es incompatible con ella. Para llevar la especie humana a sus leyes inicuas, sería necesario que una nueva invasión de pueblos bárbaros cambiase y destruyese nuestras sociedades actuales. No hay que temer este peligro. Ninguna parte del globo oculta, como en otros tiempos, a los vencedores salvajes de las naciones civilizadas; y si las verosimilitudes no son engañosas, el único peligro que debemos temer es el exceso de la civilización.

Con el imperio de la intolerancia debe desaparecer también la irritación que la opresión engendra, y que se enorgullece de resistirle. La incredulidad perdió su gran encanto, el del peligro. Ya no existe atracción donde no hay peligro.

El momento es, pues, favorable para ocuparnos de este vasto tema, sin parcialidad y sin odio. El momento es favorable para juzgar la religión como un hecho cuya realidad no se puede discutir y cuya naturaleza y modificaciones sucesivas es importante conocer.

La investigación es inmensa. Incluso quienes lo creen así no la han apreciado en toda su extensión. Aunque se haya escrito mucho sobre esta materia, la cuestión principal sigue inadvertida. Un país puede ser durante mucho tiempo el teatro de la guerra y permanecer desconocido, desde todos los puntos de vista, para las tropas que lo recorren. En las llanuras, sólo ven campos de batalla; en las montañas, postes; en los valles, desfiles. Sólo con la paz se examina el país como el país mismo.

Así ocurrió con la religión, vasta región, atacada y defendida con igual violencia y tenacidad, pero a la que no visitó ningún viajero desinteresado para darnos una descripción fiel de ella.

Hasta ahora, sólo se consideró la parte exterior de la religión. Todo queda por hacer y concebir sobre la historia del sentimiento interior. Los dogmas, las creencias, las prácticas, las ceremonias son formas que toma el sentimiento interior y que luego él mismo deshace[5]. ¿Qué leyes guían la manifestación de estas formas? ¿Qué leyes las cambian? Son preguntas que nadie ha examinado todavía. Se describió el exterior del laberinto, pero nadie se adentró en su interior, nadie podía hacerlo. Todos buscaban el origen de la religión en circunstancias ajenas al hombre, tanto los devotos como los filósofos. Los primeros no querían que el hombre pudiera ser religioso sin una revelación particular y local; los segundos, sin la acción de los objetos exteriores. De ahí deriva el primer error, de ahí, una serie de numerosos errores. Sí, sin duda, existe una revelación, pero esta revelación es universal, permanente, tiene su origen en el corazón humano. El hombre sólo necesita escucharse a sí mismo, sólo necesita escuchar a la naturaleza que le habla por miles de voces para llegar invenciblemente a la religión. Sin duda también, los objetos exteriores influyen en las creencias; pero, al modificar las formas, éstos no crean el sentimiento interior que le sirve de base.

Sin embargo, es esto lo que muchos se obstinan en ignorar. Se nos presentó al salvaje lleno de temor ante los fenómenos de la naturaleza a menudo maléficos, y que convertía en dioses, sin el menor temor, las piedras, los troncos de los árboles, la piel de los animales salvajes, en una palabra, cuantos objetos se presentaban ante sus ojos. Se concluyó de ello que el temor era la única fuente de la religión. Pero, al razonar así, se dejaba de lado la cuestión fundamental. No se explicaba de dónde procedía este temor del hombre a la idea de poderes ocultos que actúan sobre él. No se explicaba la necesidad que el hombre tiene de descubrir y adorar a estos poderes ocultos.

Cuanto más se acerca uno a los sistemas contrarios a cualquier idea religiosa, más difícil de explicar se hace esta disposición. Si el hombre no difiere de los animales más que porque posee, en un grado superior, las facultades de las que está dotado; si su inteligencia es de la misma naturaleza que la suya, y sólo más ejercitada y más comprensiva, todo cuanto esta inteligencia produce en él, debería producirlo en ellos, en un grado, sin duda, inferior, pero en algún grado.

Si la religión proviene del miedo, ¿por qué los animales, algunos de los cuales son más tímidos que nosotros, no son religiosos? Si proviene del reconocimiento, al ser tanto las ventajas como los rigores de la naturaleza física los mismos para todos los seres vivos, ¿por qué la religión sólo pertenece a la especie humana? Si se indica como fuente de la religión la ignorancia de las causas, estamos obligados a reproducir continuamente el mismo razonamiento. La ignorancia de las causas existe para los animales más que para el hombre; ¿de dónde procede que sólo el hombre intente descubrir las causas desconocidas? Por otra parte, al otro extremo de la civilización, en una época en la que la ignorancia de las causas físicas ya no existe, y en la que el hombre ya no tiene miedo ante la naturaleza subyugada por él, y ya no tiene interés en dominar esta naturaleza, ¿no veis que se reproduce la misma necesidad de una correspondencia misteriosa con un mundo y con seres invisibles?

Cuando se atribuye la religión a nuestra organización más perfecta, se desconoce una distinción muy fundamental. ¿Entendéis por organización el conjunto de todas nuestras facultades, nuestros órganos, nuestro juicio, nuestro poder de reflexionar y de combinar, nuestro sentimiento en fin? Estamos de acuerdo; pero lo que llamáis nuestra organización no es otra cosa que nuestra naturaleza, y entonces reconocéis que la religión está en nuestra naturaleza. ¿Entendéis por organización sólo la superioridad de los medios físicos con que el hombre está investido? Pero si la superioridad de la organización física era decisiva respecto al sentimiento religioso, como hay unos animales mejor organizados que otros, se deberían observar en ellos síntomas de esta tendencia, síntomas que serían proporcionados a la perfección más o menos grande de su organización.

Si, como consecuencia de su previsión y de su memoria, el hombre combina sus ideas y saca de los hechos que observa las consecuencias que se derivan de ellos, también los animales tienen memoria y previsión: el perro, corregido por su dueño, evita caer en la misma falta; ¿cómo es que, menos expuesto que el hombre a los accidentes físicos, no intenta conjurar sus causas, mientras que sí intenta evitar o desarmar la cólera de su dueño ofendido?

Por otra parte, ¡qué previsión otorgáis al salvaje, la más olvidadiza, la más despreocupada de todas las criaturas, incluso para sus intereses presentes! El esquimal, cuando tiene sus necesidades satisfechas, duerme en la hendidura de las rocas, no piensa en nada, no observa nada; el caribe no lleva sus reflexiones más allá del día siguiente; y sin embargo, cuando se trata de la religión, el esquimal se torna curioso, y el caribe, previsor: es que la religión es para ellos una necesidad más viva y más imperiosa que todas las demás, una necesidad que prevalece sobre todo el resto de su naturaleza, sobre su indiferencia, sobre su apatía, sobre su falta de curiosidad.

Suponiendo que el sentimiento religioso, las esperanzas religiosas, el entusiasmo que ellas inspiran, fueran ilusiones vanas, serían, en todo caso, ilusiones propias del hombre; estas ilusiones lo distinguirían del resto de los seres vivos, y de esto provendría para él una segunda excepción, no menos singular. Todos los seres se perfeccionan tanto más cuanto que obedecen a su naturaleza. El hombre se perfeccionaría tanto más cuanto más se alejase de la suya. La perfección de todos los seres está en la verdad; ¡la del hombre estaría en el error!

Iremos más lejos; si la religión no estuviese en la naturaleza del hombre, la superioridad de su organización lo alejaría de ella en lugar de conducirlo a ella; pues al ser el resultado de esta organización superior el hecho de satisfacer mejor a sus necesidades por las fuerzas que conoce y que ha llegado a utilizar, tendría por ello menos motivos para suponer o invocar a fuerzas desconocidas. Se halla mejor sobre la tierra: no tendría por qué dirigir sus ojos al cielo.

Esta observación se aplica a todos los estados de la sociedad humana. No existe ninguno en el que, si no reconocéis la religión como inherente al hombre, no sea un elemento prominente en su existencia. Considerad nuestras asociaciones civilizadas. El cultivo de la tierra subviene a nuestro alimento. Nuestras paredes y nuestros tejados nos protegen contra las estaciones. Hay leyes para defendernos de la violencia. Hay gobiernos encargados de hacer que estas leyes se cumplan, y que, bien o mal, cumplen con este deber. Hay suplicios para los que las conculcan. Hay lujo, refinamientos, placeres para los ricos. Existen las ciencias para explicarnos los fenómenos que nos rodean y para desviar los que nos amenazan. Existen médicos para curar las enfermedades. En cuanto a la muerte, es un accidente inevitable, del que es superfluo ocuparse. ¿No está todo ordenado maravillosamente para el hombre? ¿Qué necesidad queda sin satisfacer? ¿Qué temor sin solventar? ¿Dónde, pues, está la causa exterior que nos hace necesaria la religión? Sin embargo, es necesaria; lo sentimos: unos, siempre; otros, a intervalos. Es que esta causa no está fuera de nosotros: está en nosotros, forma parte de nosotros mismos.

Nunca se quiso reconocer lo que era el hombre. Se preguntó a los objetos exteriores sobre las disposiciones inherentes a su ser. No es extraño que no hayan podido responder. Se buscó el origen de la religión como se buscó el de la sociedad, el del lenguaje. El error fue el mismo en todas estas investigaciones. Se comenzó por suponer que el hombre había existido sin sociedad, sin lenguaje, sin religión. Pero esta suposición implicaba que podía prescindir de todas estas cosas, ya que había podido existir sin ellas. Partiendo de este principio, era fácil la equivocación. La sociedad, el lenguaje, la religión son inherentes al hombre: las formas varían. Podemos preguntarnos por las causas de estas variedades. Podemos intentar descubrir por qué el hombre en sociedad tiene tal modo de gobierno; por qué, en una religión, existe tal práctica o tal dogma; por qué una lengua dada posee tal afinidad con aquella otra. Pero pretender remontarnos más arriba es un intento quimérico, un medio seguro para no llegar a ninguna verdad. Asignar a la religión, a la sociabilidad, a la facultad del lenguaje, otras causas distintas de la naturaleza del hombre es engañarse voluntariamente. El hombre no es religioso por ser tímido; es religioso porque es hombre. No es sociable por ser débil; es sociable porque la sociabilidad está en su esencia. Preguntar por qué es religioso, por qué es sociable, es preguntar la razón de su estructura física y de lo que constituye su modo de existir[6].

Se cayó en un segundo error. Por tratarse de una cosa que tiene mucha influencia sobre los hombres, se creyó que había que destruirla o mantenerla; tanto en los proyectos de destrucción como en los de conservación, se confundió lo que era necesariamente pasajero y perecedero con lo que era necesariamente eterno e indestructible.

Ya dijimos que hay algo indestructible en la religión. Ésta no es ni un descubrimiento ilustrado que sea ajeno al hombre ignorante, ni un error del hombre ignorante del que el hombre ilustrado se pueda liberar. Pero se debe distinguir el fondo de las formas, y el sentimiento religioso de las instituciones religiosas; no significa esto que pretendamos hablar mal de estas formas o de estas instituciones. Veremos, a lo largo de nuestra obra, que el sentimiento religioso no puede prescindir de ellas. Veremos más: en cada época, la forma que se estableció naturalmente es buena y útil; sólo se hace funesta cuando individuos o castas se apoderan de ella y la pervierten para prolongar su duración. Pero no es menos cierto que, mientras el fondo es siempre el mismo, inmutable, eterno, la forma es variable y transitoria.

Así, por el hecho de que se ataque tal forma religiosa; que la filosofía dirija sus razonamientos; la ironía, sus sarcasmos; la independencia intelectual, su indignación, contra esta forma; que en Grecia, por ejemplo, Evémero destrone a los dioses del Olimpo; que en Roma Lucrecio proclame la mortalidad del alma y la vanidad de nuestras esperanzas; que, más tarde, Luciano insulte a los dogmas homéricos o Voltaire a otros dogmas; en fin, que toda una generación parezca aplaudir el desprecio con que se aplasta una creencia largo tiempo respetada, de ello

44

no se deriva en absoluto que el hombre esté dispuesto a prescindir de la religión. Es sólo una prueba de que, al no convenir ya al espíritu humano la forma así amenazada, el sentimiento religioso se separó de ella. Pero, se dirá, ¿cómo hacerse una idea del sentimiento religioso, independientemente de las formas que reviste? Sin duda, nunca lo encontramos de este modo en la realidad; pero, si bajamos al fondo de nuestra alma, nos será posible, así lo creemos, concebirlo de esta suerte por el pensamiento.

Cuando se examina a la especie humana desde perspectivas puramente relativas al lugar que ocupa y al fin al que parece destinada sobre la tierra, sorprende la armonía y la justa proporción que existen entre esta finalidad y los medios que posee el hombre para llegar a ella. Dominar las otras especies; utilizar para su provecho un gran número de ellas; destruir o alejar a las que se niegan a obedecerlo; obligar al suelo en el que vive a subvenir con abundancia a sus necesidades y a satisfacer de forma variada a su bienestar; escalar la cima de las montañas para someter las piedras al cultivo; abrir los abismos y arrancarles los metales y darles forma para su uso; dominar las olas y el fuego para que colaboren en estas maravillosas transformaciones; afrontar los efectos del clima y del tiempo mediante las edificaciones; en una palabra, someter la naturaleza física; hacerla su esclava y controlarla con sus fuerzas: éstos sólo son los primeros pasos del hombre hacia la conquista del universo. Pronto, elevándose aún más arriba, dirige contra sus propias pasiones su razón instruida por la experiencia. Impone un yugo uniforme a estos enemigos interiores, más rebeldes que todos los obstáculos exteriores que venció. Obtiene de sí mismo y de sus semejantes sacrificios casi imposibles. Consigue que se respete la propiedad por parte de aquel al que ella excluye, la ley por aquel al que ella condena. Pequeñas excepciones fácilmente reprimidas no perturban en absoluto el orden general.

Entonces, el hombre, considerado siempre desde puntos de vista puramente terrestres, parece haber llegado al culmen de su perfeccionamiento moral y físico. Sus facultades están combinadas admirablemente para guiarle hacia la meta. Sus sentidos, más perfectos que los de las especies inferiores, si no cada uno en particular, al menos todos juntos, por la unión y asistencia mutua que se prestan; su memoria, tan fiel, que le recuerda los diversos objetos sin permitir que se confunda; su juicio, que los clasifica y los compara; su espíritu que, cada día, le descubre en ellos nuevas relaciones: todo concurre a conducirlo con rapidez a descubrimientos sucesivos y a consolidar así su dominio.

Sin embargo, en medio de sus éxitos y de sus triunfos, no llenan su alma ni este universo dominado por él, ni esas organizaciones sociales por él fundadas, ni esas leyes proclamadas, ni esas necesidades satisfechas, ni esos placeres tan diversificados. Un deseo surge continuamente en él que le pide otra cosa. Él examinó, recorrió, conquistó, decoró la morada que lo acoge, y su mirada busca otra esfera. Se hizo dueño de la naturaleza visible y limitada y tiene sed de otra naturaleza invisible y sin límites. Se ocupó de intereses que, más complicados y más facticios, parecen de un género más noble. Conoció todo, calculó todo, y siente hastío de haberse ocupado sólo de intereses y de cálculos. Se oye una voz en su interior; le dice que estas cosas no son más que un mecanismo, más o menos ingenioso, más o menos perfecto, pero que no puede servir de término ni de circunscripción a su existencia, y que lo que consideró un fin no era más que una serie de medios.

Sin duda, esta disposición es inherente al hombre, pues no existe nadie a quien, con más o menos fuerza, no lo haya cautivado y que no haya sentido su presencia, en el silencio de la noche, a la orilla del mar, en la soledad de los campos. No existe nadie que, por un instante, no se haya olvidado de sí mismo, o sentido como arrastrado al oleaje de una contemplación vaga, y sumido en un océano de pensamientos nuevos, desinteresados, sin relación con las combinaciones estrechas de esta vida. Hasta el hombre más dominado por pasiones activas y personales, ha sentido, a su pesar y súbitamente, movimientos como estos que lo levantan sobre todas las ideas particulares e individuales. Surgen en él cuando menos lo espera. Todo cuanto, en el aspecto físico, existe en la naturaleza, en el universo, en la inmensidad; todo lo que, en lo moral, excita la ternura y el entusiasmo; el espectáculo de una acción virtuosa, de un sacrifico generoso, de un peligro afrontado con valor, del dolor de otro socorrido o aliviado, el alejamiento del vicio, la abnegación ante la desgracia, la resistencia a la tiranía, despiertan y alimentan en el alma del hombre esta disposición misteriosa; y si los hábitos del egoísmo lo llevan a sonreír ante esa exaltación momentánea, sin embargo, su sonrisa oculta una vergüenza secreta bajo la apariencia de la ironía, porque un instinto silencioso le advierte que está ultrajando a la parte más noble de su ser.

Añadamos que, si nos estudiamos con seriedad en esas horas tan cortas y tan poco semejantes a todo el resto de nuestra existencia, veremos que, en el instante en que salimos de ese ensueño y nos dejamos llevar por los intereses que nos agitan, sentimos como si descendiéramos de un lugar elevado a una atmósfera más densa y menos pura, y necesitamos violentarnos para retomar lo que llamamos la realidad.

Existe, pues, en nosotros una tendencia que está en contradicción con nuestro objetivo aparente y con todas nuestras facultades que nos ayudan a caminar hacia ese fin. Estas facultades, adaptadas todas para nuestro uso, se armonizan entre sí para servirnos, se dirigen hacia nuestra mayor utilidad y nos toman como único centro. La tendencia que acabamos de describir nos impulsa, por el contrario, fuera de nosotros, nos imprime un movimiento que no tiene como fin nuestra utilidad y parece llevarnos hacia un centro desconocido, invisible, sin analogía alguna con la vida habitual y los intereses de cada día.

Esta tendencia proyecta frecuentemente en nuestro interior un gran desorden; se alimenta de lo que nuestra lógica llama quimeras; se complace en emociones que nuestra inteligencia no puede explicar; nos aleja de nuestros intereses; nos obliga a creer a pesar de nuestras dudas, a afligirnos en medio de las fiestas, a gemir cuando somos felices; y hay que destacar que huellas de esta disposición se encuentran en todas nuestras pasiones nobles y delicadas. Todas estas pasiones tienen como algo misterioso, contradictorio. La razón común no las puede explicar de una manera satisfactoria. El amor, esa preferencia exclusiva por un objeto del que habíamos podido prescindir durante largo tiempo, y al que tantos otros se asemejan[7]; la necesidad de la gloria, esa sed de celebridad que debe prolongarse después de nosotros; el gozo que encontramos en la abnegación, gozo contrario al instinto habitual de nuestra naturaleza; la melancolía, esa tristeza sin causa, en cuyo interior existe un placer que se sustrae al análisis; mil otras sensaciones imposibles de describir son inexplicables para el rigor del razonamiento.

No indagaremos aquí sobre el origen de esta disposición que hace del hombre un ser doble y enigmático, y, algunas veces, como desterrado en este mundo. Los creyentes pueden ver en ella el recuerdo de una caída; los filósofos, el germen de un perfeccionamiento futuro. Es una cuestión sobre la que no nos definimos.

Pero afirmamos que si relacionamos esta disposición del sentimiento universal de la que hablamos anteriormente con este sentimiento que lleva al hombre a dirigirse a seres invisibles, a poner en ellos su destino, a dar más importancia a sus relaciones con el mundo donde viven que a las ventajas más inmediatas del mundo actual, no se podrá negar que estas dos cosas parecen estar unidas estrechamente, y que la segunda es, de alguna forma, la aplicación práctica de la primera.

Sentimos un deseo confuso de algo mejor que lo que conocemos: el sentimiento religioso nos ofrece algo mejor. Nos molestan los límites que nos oprimen y lastiman: el sentimiento religioso nos anuncia una época en la que superaremos estos límites; nos cansan estas agitaciones de la vida, que, sin calmarse nunca, se parecen de tal manera que hacen, a la vez, inevitable la saciedad e imposible el reposo: el sentimiento religioso nos da la idea de un reposo inefable siempre exento de saciedad. En una palabra, el sentimiento religioso es la respuesta a este grito del alma que nadie puede acallar, a este impulso hacia lo desconocido, hacia el infinito, que nadie consigue domeñar del todo, por muchas distracciones con que se rodee o por mucha habilidad con que intente aturdirse o degradarse.

Si se acusase a esta definición de oscura y vaga, preguntaríamos: ¿cómo se define con precisión lo que, en cada individuo, en cada país, en cada época diferente, se metamorfosea y se modifica? Todos nuestros sentimientos parecen burlarse de los esfuerzos del lenguaje: palabra rebelde, por el solo hecho de generalizar lo que expresa, sirve para designar, para distinguir, más que para definir. Instrumento del espíritu, sólo expresa bien las nociones del espíritu. Fracasa en todo lo que se refiere, por una parte, a los sentidos, y, por otra, al alma. Definid la emoción que os causan la meditación sobre la muerte, el viento que gime entre las ruinas o entre las tumbas, la armonía de los sonidos o de las formas. Definid el ensueño, ese estremecimiento interior del alma, donde vienen a reunirse y como a perderse, en una confusión misteriosa, todos los goces de los sentidos y del pensamiento.

Al colocar el sentimiento religioso en un plano superior, pero en la misma categoría que nuestras emociones más profundas y más puras, estamos muy lejos de expresar algo contra la realidad de lo que él revela o de lo que supone. Para negar a este sentimiento una base real, habría que suponer en nuestra naturaleza una inconsecuencia tanto más extraña cuanto que sería la única en su especie. Nada, al parecer, existe en vano. Todo síntoma indica una causa, toda causa produce su efecto. Nuestros cuerpos están destinados a perecer: por eso, contienen gérmenes de destrucción. Estos gérmenes, combatidos algún tiempo por el principio vital que garantiza nuestra duración pasajera, triunfan a pesar de todo. ¿Por qué la tendencia que hemos descrito y que quizá está determinada por un germen de inmortalidad, no triunfaría también? Sentimos que nuestros cuerpos son arrastrados hacia la tumba: la tumba se abre para ellos. Sentimos que otra parte de nosotros, una parte más íntima, aunque menos conocida, es atraída hacia otra esfera: ¿quién se atreverá a decir que esta esfera no existe o que permanece cerrada para nosotros?

Si erraseis en la noche, teniendo sólo la noción de la oscuridad y, sin embargo, encontrando en ella un dolor secreto y amargo, y si, de repente, en la lejanía, la bóveda tenebrosa se entreabriese a intervalos dejando escapar un súbito resplandor que desapareciese enseguida, ¿no pensaríais que, detrás de esa bóveda opaca, está el universo luminoso cuyo deseo inexplicable os devoraba sin daros cuenta?

Por tanto, aunque el sentimiento religioso nunca existe sin alguna forma, podemos concebirlo independientemente de cualquier forma, descartando lo que varía, según las situaciones, las circunstancias, las luces relativas, y reuniendo todo lo que permanece inmutable, en las situaciones y circunstancias más diferentes.

Pues, por el hecho mismo de que este sentimiento guarda importancia y proporción con todos los estados, todos los siglos y con todas las concepciones, las apariencias que reviste son a menudo groseras. Pero, a pesar de este deterioro exterior, se hallan siempre en él rasgos que lo caracterizan y lo dan a conocer. Como mostramos antes, se asocia con los intereses comunes, con los cálculos vulgares; sin embargo, odia esta alianza; como un enviado celeste, que, para civilizar las tribus bárbaras, se plegase a sus costumbres, a su lengua imperfecta, pero cuya voz y mirada atestiguasen siempre que él es de una raza superior y nació en climas llenos de felicidad. ¿Qué más ignorante y más supersticioso que el salvaje embrutecido, que recubre con barro y sangre su informe fetiche? Pero seguidle junto a la tumba de sus muertos; escuchad los lamentos de los guerreros por sus jefes, de la madre por el hijo que perdió. Descubriréis en ellos algo que penetrará en vuestra alma, que despertará vuestras emociones, que reanimará vuestra esperanza. Os parecerá que el sentimiento religioso planea, por así decirlo, sobre su propia forma.

CAPÍTULO 2

De la necesidad de distinguir el sentimiento religioso
de las formas religiosas, para comprender el discurrir de las religiones

La distinción que tratamos de establecer en el capítulo anterior permaneció desconocida hasta ahora. Sin embargo, es la clave de multitud de problemas cuya solución no fue posible hasta ahora a pesar de los esfuerzos. Es inexplicable el origen de las ideas religiosas, si no admitimos la existencia del sentimiento religioso; además, surgen al tiempo, en el discurrir de todas las religiones, mil fenómenos que es imposible percibir si no distinguimos entre el sentimiento y la forma. Por tanto, no se debe descuidar nada para esclarecer esta verdad manifiesta y hacerla evidente.

El sentimiento religioso nace de la necesidad que siente el hombre de ponerse en contacto con los poderes invisibles.

La forma nace de la necesidad que siente igualmente de convertir en regulares y permanentes los medios de comunicación que cree haber descubierto.

La consagración de estos medios, su regularidad, su permanencia son cosas de las que no puede prescindir. Quiere poder contar con su creencia; debe encontrar hoy en ella lo que fue ayer, y no pensar que, en cada momento, se le pueda desvanecer y evaporársele como una nube. Además, debe verla sustentada en el sufragio de aquellos con quienes tiene en común intereses, hábitos y afectos: destinado como está a existir con sus semejantes y a comunicarse con ellos, sólo disfruta de su propio sentimiento cuando se vincula con el sentimiento universal. No le gusta alimentar opiniones que nadie comparte; aspira, para su pensamiento y su conducta, a la aprobación de los demás, y la sanción desde el exterior es necesaria para su satisfacción interior[1].

De ahí nace, en cada época, el establecimiento de una forma positiva, proporcionada al estado de cada época.

Pero toda forma positiva, por satisfactoria que sea para el presente, contiene un germen de oposición a los progresos del futuro. Contrae, por el efecto mismo de su duración, un carácter dogmático y estacionario que rechaza seguir a la inteligencia en sus descubrimientos, y al alma en sus emociones que la forma cada día depura y clarifica más. Para impresionar a sus seguidores, se ve obligada a utilizar imágenes casi materiales y, en poco tiempo, la forma religiosa sólo ofrece al hombre cansado de este mundo otro mundo casi semejante. Las ideas que sugiere se hacen cada vez más limitadas, como las ideas terrestres de las que no son más que una copia, y llega la época en que sólo ofrece al espíritu aserciones que éste no puede admitir, y al alma, prácticas que no le llenan. El sentimiento religioso se aleja entonces de esta forma, por así decir, petrificada. Reclama otra que no le hiera, y no para hasta encontrarla.

Ésta es la historia de la religión; se debe ver ahora que, si se confunde el sentimiento y la forma, nunca llegaremos a entendernos.

En efecto, ¿cómo explicaréis, sin esta distinción, la serie de fenómenos religiosos que contemplamos en los anales de los diferentes pueblos?

¿Por qué, por ejemplo, cuando establece una forma religiosa, y la civilización alcanzó cierta altura, se manifiesta la incredulidad infaliblemente con una audacia cada vez más creciente? Grecia, Roma, la Europa moderna nos demuestran este hecho.

Querer explicarlo por el ascendiente de algunos individuos que, de repente y sin saber por qué, disfrutan socavando en su base dogmas respetados, es tomar el efecto por la causa, y el síntoma por la enfermedad.

Los escritores no son más que los órganos de las opiniones dominantes. Su sintonía con estas opiniones, su fidelidad en expresarlas son la base de su éxito. Situad a Luciano en el siglo de Homero, o sólo en el de Píndaro, colocad a Voltaire en tiempos de Luis IX o de Luis XI; Luciano y Voltaire no intentarán socavar la creencia de sus contemporáneos. Sería un intento inútil. Los aplausos que obtuvieron de su tiempo, los elogios que los alentaron se deben, no tanto a su mérito, como a la conformidad de sus doctrinas con las que comenzaron a acreditarse. Dijeron sin contemplaciones y sin reservas lo que todo el mundo pensaba. Cada uno, al reconocerse en ellos, se deleitó en su intérprete.

No es una fantasía que los pueblos sean devotos o irreligiosos; la lógica es una necesidad del espíritu, igual que la religión es una necesi-

50

dad del alma. Nadie duda porque se quiera dudar, igual que nadie cree porque se quiera creer.

¿De dónde proceden estas imposibilidades en sentidos opuestos? Es que la inteligencia ha hecho progresos y, al mantenerse la forma siempre la misma, ya sólo es, en algún sentido, una decepción. El sentimiento religioso lucha contra esta decepción. Se desliza, a veces sin que se dé cuenta el que lo experimenta, hacia las religiones positivas, pero el instinto de sus ministros lo descubre y lo combate.

La mayoría de los filósofos de la Antigüedad, hasta Epicuro exclusivamente, no hicieron más que expresar esta tendencia del sentimiento religioso[2]. No tenían intenciones irreligiosas. Sus esfuerzos para purificar la creencia eran tan poco hostiles que defendía con convicción el conjunto del que hubiesen querido modificar o más bien suprimir algunos detalles. Pero las religiones positivas no agradecen en absoluto esta especie de benevolencia. Para ellas, los reformadores son enemigos. Conocemos la muerte de Sócrates y el exilio de Anaxágoras. Dos mil años más tarde, el amor puro de Fénelon, que no era más que el sentimiento religioso que intenta acomodarse a los dogmas fijos y buscar la armonía con ellos, fue condenado como una herejía[3].

Pero la persecución tiene efectos que son infalibles. El deseo de romper el yugo de una forma que se muestra opresora y vejatoria se convierte en el único objeto hacia el que se dirige el esfuerzo del pensamiento.

La actividad de la imaginación, la sutileza del razonamiento se vuelven contra lo que el razonamiento encontraba en otro tiempo plausible, contra lo que la imaginación se complacía en venerar, en una palabra, el sentimiento religioso se separa de su forma.

Pero como entonces las persecuciones arrecian, engendran en las almas indignadas una especie de fanatismo de incredulidad que afecta y enajena a los grupos ilustrados, las clases superiores de la sociedad, y esta incredulidad ataca enseguida al sentimiento religioso mismo. Ahogado, hasta entonces, por la forma material, encuentra más descrédito aún durante la lucha que libran la incredulidad y la religión. Como a las revoluciones contra el despotismo suele seguir ordinariamente un momento de anarquía, la alteración de las creencias populares va acompañada de un odio y de un desprecio hacia todas las ideas religiosas; y, aunque en el fondo y pese a este impulso desordenado, el sentimiento religioso conserva sus derechos; aunque este entusiasmo por la naturaleza, por el gran todo, que observamos en los escritores más incrédulos y que, con razón, nos parece extraño, no sea más que el sentimiento religioso que se reproduce con otro nombre en el seno del ateísmo mismo, no por eso las apariencias dejan de indicar la más completa incredulidad, y podría decirse que el hombre abjuró para siempre de cuanto se relaciona con la religión.

Pero aquí surge un nuevo problema: la distinción entre el sentimiento y la forma, que sólo ella puede explicar.

¿Cómo es que siempre que se desacreditan totalmente las religiones positivas, el hombre se precipita en las supersticiones más espantosas? Contemplad los moradores del mundo civilizado durante los tres primeros siglos de nuestra era. Contempladlos tal como los describe Plutarco, honrado escritor que hubiera deseado ser devoto, que, algunas veces, se imaginaba que lo era, pero al que perseguían a su pesar la incredulidad contemporánea y el contagio del escepticismo.

Al lado de este escepticismo, invencible en sus argumentos, perentorio en sus negaciones, triunfante en su ironía, un diluvio de supersticiones groseras y a menudo feroces invadió el universo civilizado. Cayó el antiguo politeísmo y otro lo sustituyó, oculto, sombrío, extraño, al que todos se entregan y del que todos se sonrojan. A las ceremonias religiosas de los pontífices, suceden las carreras tumultuosas de los sacerdotes isiacos, últimos auxiliares y aliados sospechosos de un culto que se muere, unas veces rechazados y otras, llamados por sus ministros, con pocas esperanzas por su causa. Misioneros turbulentos y despreciados, danzantes indecentes, profetas fanáticos, mendigos inoportunos, con los cabellos en desorden, el cuerpo lastimado, el pecho sangrando, privados de su sexo del que abjuraron, de su razón embrutecida, pasean simulacros o reliquias de divinidades por los burgos y ciudades. Llenan los aires de alaridos; asombran a la multitud con sus contorsiones grotescas; la asustan con horribles convulsiones: y esta multitud, a la que ya no llaman la atención las pompas antiguas, siente que su devoción se reanima con esta irrupción de juglares salvajes, en pueblos que se considera ilustrados[4]. Las prácticas ordinarias, que ya no bastan para la superstición que se ha hecho bárbara, son remplazadas por el horrible tauróbolo, en el que el suplicante aparece cubierto con la sangre de la víctima. En todas partes, penetran en los templos, pese a los esfuerzos de los magistrados, los ritos provocadores de las tribus primitivas más despreciadas. Los sacrificios humanos vuelven a introducirse en la religión y deshonran su caída, como habían mancillado su nacimiento. Los dioses intercambian sus formas elegantes por horrorosas deformidades; estos dioses, tomados de cualquier lugar, reunidos, amontonados, confundidos, son tanto mejor acogidos cuanto más extrañas son sus apariencias. Se invoca precisamente a su multitud, y de su multitud quiere nutrirse la imaginación. Tiene sed de repoblar, no importa con qué seres, el cielo del que siente horror de verlo mudo y vacío. Las sectas se multiplican, los inspirados recorren la tierra, la autoridad política no acierta a conjurar a la vez la incredulidad que amenaza lo que existe y las doctrinas delirantes que quieren remplazar lo que existía. Contrae con los pontífices del culto que se tambalea alianzas sin fuerza ni poder.

Se agota en exhortaciones inútiles y más que patéticas. Acude al pasado para protegerse[5], pero sólo logra conservar una apariencia engañosa, mientras que la razón disputa el futuro a los errores inesperados que lo reclaman como su conquista.

Estos errores no son algo exclusivo de la clase ignorante. El delirio invade todos los rangos de la sociedad. Los romanos más afeminados, las mujeres más delicadas, ascienden prosternados las gradas del Capitolio y se felicitan de llegar al pináculo con las rodillas ensangrentadas[6]. En el palacio de los emperadores y en los aposentos de las damas romanas, se ven todos los monstruos de Egipto, simulacros con cabeza de perro, de lobo, de gavilán; y estos escandalosos símbolos mostrados antiguamente en los misterios como emblemas de la fuerza creadora, pero convertidos ahora en objetos a la vez de burla y de adoración pública, y estas estatuas llamadas *panteas* muestran la enigmática reunión y la mezcla de todos los dioses[7].

Sin embargo, todo esto no satisface a la especie humana. Halla el terror, pero busca en vano la creencia, y ella necesita la creencia. El mismo Plutarco nos describe a los hombres de todos los estados, ricos, pobres, ancianos, jóvenes, unas veces presos, sin causa visible, de una desesperanza frenética, mientras desgarran sus vestidos, envueltos en fango, y claman que son malditos de los dioses[8]; otras veces, toman, al hablar de estos dioses, por hábito y variedad, el tono de la chifla y de la ironía; luego, consultan, en algún lugar oscuro, a brujos, a vendedores de amuletos y de talismanes, recorren en la noche los cementerios para desenterrar los huesos de los muertos; degüellan a los hijos o los matan de hambre sobre las tumbas para leer el destino en sus entrañas; en fin, pese a su naturaleza debilitada, afrontan el dolor como el crimen y someten a maceraciones increíbles sus cuerpos fatigados por los placeres, como queriendo violentar el poder desconocido, al que parecen buscar a ciegas, y arrancar a los infiernos lo que no esperan obtener de los cielos.

¿De dónde procede este desorden moral en una época en la que la filosofía extendió por todas partes sus enseñanzas y en la que las luces parecen haber disipado las tinieblas de la ignorancia?

El hombre se alegra de haber rechazado todos los prejuicios, todos los errores, todos los temores, y parece que se desencadenan todos los temores, todos los prejuicios, todos los errores. Se proclamó el imperio de la razón, y todo el universo aparece aquejado de delirio; todos los sistemas se basan en el cálculo, tienen como mira el interés, permiten el placer, recomiendan el descanso, y nunca los extravíos fueron tan vergonzosos, las agitaciones tan desordenadas, los dolores tan punzantes: es que, en sus ataques contra la forma a la que se redujo a polvo, el escepticismo perjudicó al sentimiento del que la especie humana no puede prescindir. El hombre, vencedor de los combates librados por él, echa una mirada sobre el mundo libre de poderes protectores y se queda sorprendido de su victoria. La agitación de la lucha, la idea del peligro que le gustaba afrontar, la sed por conquistar derechos discutidos, todas estas causas de exaltación ya no lo sustentan ni apoyan. Su imaginación, ocupada en todo tiempo en un éxito que aún se le disputaba, ahora ociosa y como vacía, se vuelve sobre sí misma. El hombre se encuentra solo en la tierra que debe engullirlo. Sobre la tierra, las generaciones se suceden, pasajeras, fortuitas, aisladas; aparecen, sufren, mueren; ninguna unión existe entre ellas. Ninguna voz de las razas que fueron se prolonga en las razas vivientes, y la voz de las razas vivientes pronto se sumirá en el mismo silencio eterno. ¿Qué hará el hombre sin recuerdo, sin esperanza, entre el pasado que lo abandona y el futuro cerrado ante él? Ya no se escuchan sus invocaciones; sus plegarias no tienen respuesta. Rechazó todos los apoyos con que lo habían rodeado sus predecesores, se redujo a sus propias fuerzas. Con ellas debe afrontar en soledad la saciedad, la vejez, el remordimiento, los innumerables males que lo asedian. En este estado violento y contra natura, sus acciones son un desmentido perpetuo de sus razonamientos; su pavor, una constante expiación de sus burlas. Se diría que lo golpea un doble vértigo: o por insultar a lo que reverencia, o por el temblor ante lo que acaba de pisotear.

Una ley eterna que no se debe ignorar, cualquiera que sea la opinión que tengamos, por otra parte, de las cuestiones que, lo reconocemos, son insolubles, parece que una ley eterna quiso que la tierra fuera inhabitable, cuando toda una generación ya no cree que un poder sabio y bienhechor cuide de los hombres. Esta tierra, separada del cielo, se convierte en una prisión para sus moradores, y el prisionero golpea con su cabeza los muros de la prisión que lo mantiene encerrado. El sentimiento religioso se agita con frenesí sobre formas fracasadas y rotas, porque le falta una forma que la inteligencia perfeccionada pueda admitir.

Si esta forma aparece, la opinión la envuelve, la moral se une a ella, la autoridad, algún tiempo rebelde, acaba por ceder; todo vuelve al orden, los espíritus inquietos y las almas horrorizadas encuentran el descanso.

Esto es, en efecto, lo que sucede con la aparición de la religión cristiana. El sentimiento religioso se apodera de esta forma depurada; su parte vaga, melancólica y conmovedora encuentra refugio en ella, en el momento en que el hombre, habiendo adquirido conocimientos sobre las leyes de las cosas físicas, la religión existente perdió el apoyo que le prestaba la ignorancia.

Bajo el imperio de la forma antigua, la religión se había elevado de la tierra al cielo; pero su base estaba desmoronada. La forma nueva, al proporcionarle una base, la traslada del cielo a la tierra. Se puede considerar esta época como la resurrección moral del género humano.

El mundo político permanece preso del caos; el mundo intelectual se reorganiza para varios siglos.

Todavía hay que observar una cosa. En esta época, el sentimiento religioso, poseído del recuerdo de lo que sufrió en los vínculos de una forma positiva, teme, en la forma nueva, todo lo que sugieren los obstáculos que le imponía la que acaba de desmoronarse. Goza de toda su libertad. Feliz de haber encontrado axiomas que creía infalibles, saborea con arrebato las dulzuras de creer, pero rechaza símbolos de los que no siente necesidad, prácticas que son para él indiferentes o superfluas, jerarquías que le recuerdan el yugo material que tanto daño le hizo. No quiere sacerdocio. Todos somos sacerdotes, dice Tertuliano. Todos estamos consagrados como tales ante el Padre celestial[9].

Desdeña la magnificencia de las ceremonias. Sólo se ocupa del Ser infinito, universal, invisible, al que cada hombre debe levantar un templo en el fondo de su corazón[10]. Vestidos con los ropajes más humildes, y a veces semidesnudos, los cristianos desprecian las pompas paganas, los decorados de los edificios sagrados y los ornamentos de los pontífices; no levantan altares ni adoran simulacros. Tolerante por sincero, el sentimiento religioso abre con gozo a todas las naciones, a todas las plegarias, la gran puerta de los cielos[11]. Se complace en compartir su felicidad con todo el género humano, porque esta felicidad es totalmente espiritual. Vendrá un tiempo en el que, en la forma que ya se prepara, al ser los bienes temporales de nuevo el objeto de deseo, la religión será pródiga en exclusiones y avara en favores, porque sus ministros estarán ávidos de oro y de poder. El sentimiento religioso reivindica esta misma libertad en lo que se refiere a los ritos y las abstinencias. Proclama al hombre libre de cualquier obligación facticia; nadie puede imponerle un deber imaginario[12]. Nada exterior puede mancharlo, ningún ayuno le obliga, ningún alimento le está prohibido[13]; pues el sentimiento religioso se cuida mucho, en esta época de su renacimiento, en declararse independiente de las formas y no se atreve a empañar su pureza con prácticas que pudieran relacionarlo con los viejos cultos que había desdeñado.

CAPÍTULO 3

Que el efecto moral de las mitologías prueba la distinción que queremos establecer

Se debe distinguir el sentimiento religioso de sus formas, no sólo para comprender el desarrollo general de la religión, sino también para resolver cuestiones de detalle que presentaron hasta hoy dificultades insalvables.

Naciones poderosas y civilizadas adoraron a dioses que les daban el ejemplo de todos los vicios. ¿Quién no hubiera pensado que este escandaloso ejemplo debía corromper a los adoradores? Al contrario, estas naciones, mientras permanecieron fieles a este culto, ofrecieron un espectáculo de las más altas virtudes.

No es todo. Estas mismas naciones, cuando se alejaron de sus creencias, cayeron en todos los abismos de la corrupción. Los romanos, castos, austeros, desinteresados, cuando incensaban a Marte el despiadado, a Júpiter el adúltero, a Venus la impúdica o a Mercurio el protector del fraude, se mostraron depravados en sus costumbres, insaciables en su codicia, bárbaros en su egoísmo cuando abandonaron los altares de estas divinidades feroces o licenciosas.

¿De dónde proviene este extraño fenómeno? ¿Mejorarían los hombres adorando al vicio? ¿Se pervertirían dejándolo de adorar?

No, sin duda: pero mientras el sentimiento religioso domine la forma, ejerce sobre ella su fuerza reparadora. La razón de esto es sencilla: el sentimiento religioso es una emoción del mismo género que todas nuestras emociones naturales; está, por tanto, siempre de acuerdo con ellas. Sintoniza siempre con la simpatía, la piedad, la justicia, en una palabra, con todas las virtudes[1]. De ello se sigue que, mientras permanezca unido a esta forma religiosa, las fábulas de esta religión pueden ser escandalosas, sus dioses pueden ser corruptos, y, sin embargo, esta forma puede tener un efecto benéfico para la moral.

Las fábulas son objeto de una incredulidad que no exige ni provoca la reflexión. Se diría que se hospedan en un lugar aparte de las cabezas humanas y no se mezclan en absoluto con el resto de las ideas. Como la aritmética es en la India igual que en otros lugares, a pesar de la Trimurti india, la moral era en Roma la misma que en otros lugares, a pesar de las tradiciones que parecían socavarla. El pueblo que atribuía su origen a los amores de Marte y de una vestal no por eso infligía a cualquier vestal un suplicio riguroso.

El carácter moral de los dioses tampoco tiene la influencia que se le supone. Cualquiera que sea este carácter, la relación establecida entre los dioses y los hombres es siempre la misma. Sus extravíos particulares son ajenos a esta relación, como los desórdenes de los reyes no cambian en nada las leyes contra los desórdenes de los individuos. En el ejército del hijo de Filipo, al soldado macedonio, convicto de asesinato, lo hubiese condenado Alejandro, aunque su juez fuera el asesino de Clito. Semejantes a los grandes de este mundo, los dioses tienen un carácter público y otro privado. En su carácter público, son el apoyo de la moral; en su carácter privado, sólo se atienen a sus pasiones; pero sólo se relacionan con los hombres en su carácter público[2]. El sentimiento religioso se vincula únicamente a este último: como se complace en respetar y estimar lo que adora, corre un velo sobre lo que pudiera atentar contra su estima y su respeto.

Pero todo cambia cuando se aleja de la forma que él purificaba con su acción poderosa, aunque desapercibida. Las tradiciones corruptas que relegaba al olvido, o que interpretaba de modo que pudiese eludir sus consecuencias, reaparecen y vienen a apoyar con su letra muerta la depravación que, desde entonces, se vale de su ejemplo; y podría decirse que, por una singular combinación, cuanto menos cree el hombre en sus dioses, más los imita.

CAPÍTULO 4

Que sólo esta distinción explica por qué varias formas religiosas parecen enemigas de la libertad, mientras que el sentimiento religioso siempre le es favorable

Existe otro problema más difícil de resolver todavía, y el error sobre él sería de extremo peligro.

Tomad al pie de la letra los preceptos fundamentales de todas las religiones; encontraréis que siempre están de acuerdo con los principios de libertad más amplios, se podría decir con principios de libertad tan extendidos que, hasta hoy, no se pudieron aplicar aún en nuestras asociaciones políticas.

Pero recorred la historia de las civilizaciones: encontraréis, a menudo, la autoridad que crearon, trabajando de concierto con las autoridades de la tierra en la aniquilación de la libertad. La India, Etiopía, Egipto nos muestran la especie humana esclavizada, diezmada y, por así decirlo, acorralada por los sacerdotes. Algunas épocas de nuestros tiempos modernos nos presentan, con rasgos más suaves, un espectáculo poco diferente; y no ha mucho, el despotismo más completo que hayamos conocido se había apoderado de la religión como de un auxiliar complaciente y celoso. Durante catorce años de esclavitud, la religión dejó de ser ese poder divino que desciende del cielo para asombrar o reformar la tierra: humilde dependiente, órgano tímido, se echó a los pies del poder a cambio del desprecio; no se atrevía a proclamar, bajo las antiguas bóvedas, el lenguaje del valor y de la conciencia; farfullaba, al pie de los altares, palabras entrecortadas, y lejos de conversar con los grandes de este mundo sobre el dios severo que juzga a los reyes, buscaba atemorizado, en las moradas altivas de su dueño, cómo debía hablar de su dios; dichosa ella aún si no se la hubiese obligado a ordenar, en nombre de una doctrina de paz, las invasiones y las guerras, a convertir sus predicaciones en manifiestos, a manchar sus sublimes preceptos con los sofismas de la política, a bendecir el cielo con los éxitos de la injusticia y a calumniar la voluntad divina acusándola de complicidad.

Estas contradicciones entre la teoría y la práctica de la mayor parte de los sistemas religiosos propagaron dos opiniones que pueden ser singularmente funestas y que son ambas igualmente falsas: la primera es que la religión es una aliada natural del despotismo; la segunda, que la ausencia del sentimiento religioso es favorable a la libertad.

Nuestra distinción entre el sentimiento y las formas religiosas puede por sí sola liberarnos de este doble prejuicio.

Considerando el sentimiento religioso en sí mismo e independientemente de todas las formas que pueda revestir, es evidente que no contiene ningún principio, ningún elemento de esclavitud.

La libertad, la igualdad, la justicia, que no es la igualdad, son, por el contrario, sus conceptos favoritos. Criaturas que salen de las manos de un dios cuya bondad dirige el poder, al estar sometidas al mismo destino físico, y dotadas de las mismas facultades morales, deben gozar de los mismos derechos.

Al estudiar todas las épocas en que triunfó el sentimiento religioso, vemos que por doquier la libertad fue su compañera.

En medio de la esclavitud universal, con emperadores a los que la embriaguez del poder absoluto había colocado por debajo de sus propios esclavos, lo que es mucho decir, los primeros cristianos resucitaron las nobles doctrinas de la igualdad y de la fraternidad entre todos los hombres[1]. Nada era más independiente, diríamos gustosamente que nada más democrático, que los árabes, mientras el islamismo se mantuvo en su fervor[2]. El protestantismo preservó a Alemania, bajo Carlos V, de la monarquía universal. La Inglaterra actual le debe su constitución.

Por el contrario, la ausencia del sentimiento religioso favorece todas las pretensiones de la tiranía. Si los destinos de la especie humana son entregados a la eventualidad de una fatalidad material y ciega, ¿debe extrañarnos que, a menudo, dependan de los más ineptos, de los más feroces o de los más viles de los hombres? Si las recompensas de la virtud, los castigos del crimen no son más que ilusiones vanas de imaginaciones débiles y tímidas, ¿por qué lamentarnos cuando el crimen es recompensado y la virtud proscrita? Si la vida no es, en el fondo, más que una aparición singular, sin futuro y sin pasado, y tan corta que apenas parece real, ¿por qué inmolarse a principios cuya aplicación, cuando menos, está lejos? ¿No es mejor aprovechar cada hora, no estando seguro de la hora que sigue, embriagarse con cada placer mientras es posible, y, cerrando los ojos ante el abismo inevitable, arrastrarse servilmente en lugar de combatir, ser dueño y señor si se puede o, en su ausencia, ser esclavo, delator para que no se nos denuncie, verdugo para no ser víctima? La época en que el sentimiento religioso desaparece del alma de los hombres está siempre próxima de la de su esclavitud. Pueblos religiosos pudieron ser esclavos; ningún pueblo irreligioso permaneció libre. La libertad no puede establecerse ni conservarse sin el desinterés, y cualquier moral ajena al sentimiento religioso sólo puede fundarse en el cálculo. Para defender la libertad, hay que saber inmolar su vida; ¿pero qué existe más importante que la vida para quien no ve en el más allá sino la nada? Por eso, cuando el despotismo se encuentra con la ausencia del sentimiento religioso, la especie humana se hunde en el polvo, allí donde interviene la fuerza. Los hombres que se dicen ilustrados buscan en su desdén, en cuanto se refiere a las ideas religiosas, una miserable compensación de su esclavitud. Podría decirse que la certeza de que no existe otro mundo les sirve de consuelo de su oprobio en éste. No creáis que lo que llamáis luces salga ganador en esto. Cuando desaparezca el látigo de los inquisidores, esta turba incrédula volverá a arrodillarse al pie de los altares, y el ateísmo mendigará, al salir de los templos, el salario de la hipocresía. ¡Situación deplorable de una nación que ha llegado a este término! Sólo pide al poder riquezas, y a la ley, impunidad; separa la acción del discurso, y el discurso, del pensamiento. Se cree libre de traicionar su opinión, con tal de vanagloriarse incluso ante los indiferentes de su propia duplicidad; considera la fuerza como legitimadora de todo lo que sirve para agradarle. La adulación, la calumnia, la bajeza, se dicen inocentes, afirmando que alguien las ordenó. Todos se proclaman obligados y, por eso, se consideran absueltos. El valor, creado por el cielo para resistencias magnánimas, se constituye ejecutor de indignos fallos y sentencias. Arriesgan su vida, no para derrocar a los opresores, sino para aplastar a las víctimas. Se combate con heroísmo por causas que se desprecian. La palabra deshonrada vuela de boca en boca, rumor ocioso, inoportuno, que, sin partir de ninguna fuente real y sin expresar en absoluto la convicción, no deja a la verdad y a la justicia ninguna expresión que no sea mancillada. El espíritu, el más agudo de los instrumentos cuando se separa de la conciencia, el espíritu, orgulloso aún de su flexibilidad miserable, pasa en silencio con elegancia en medio de la degradación general. Ríen de su propia esclavitud y de su propia corrupción, sin, por ello, dejar de ser esclavos, sin ser menos corruptos; y esta misma broma, sin discernimiento y sin límites, especie de vértigo de una raza envilecida, es el síntoma ridículo de una incurable degeneración.

Cuando una nación soportó una religión errónea en sí misma o desfigurada por sus ministros, los amigos de la libertad pueden hacerse incrédulos, y estos incrédulos son entonces los hombres más distinguidos de esta nación. Cuando un gobierno vejatorio mantuvo por la fuerza la superstición que apoyaba sus injusticias, los amigos de la libertad pueden hacerse incrédulos, y éstos son entonces héroes y mártires; pero sus virtudes mismas son recuerdos de otra doctrina. Es, en su sistema, una noble inconsecuencia; es una herencia del sentimiento religioso. Deben a esta herencia su fuerza interior. En efecto, ¿no es este sentimiento el refugio en el que reúnen, por encima de la acción del tiempo y del alcance del vicio, las ideas que crean el culto de los hombres virtuosos en esta tierra? ¿No es el centro en el que se conserva la tradición de lo que es bueno, grande y hermoso, en medio del envilecimiento y la iniquidad de los siglos? ¿No responde a la virtud en su lengua, cuando el lenguaje de cuanto lo rodea es el de la bajeza y la abyección? Por eso, cuando se priva a los amigos de la libertad de estos consuelos y de esta esperanza, ved cómo su alma intenta siempre recuperar el apoyo que se le escapa. Casio, alimentado con las máximas de Epicuro y rechazando como él cualquier existencia después de esta vida, invocaba, en medio de los combates, a los manes del gran Pompeyo y, en sus últimas conversaciones con Bruto, decía: «Sí, sería bueno que hubiese genios que se interesasen por las cosas humanas. Sería hermoso que fuésemos fuertes, no sólo por nuestros soldados de infantería y nuestra flota, sino también por la ayuda de los inmortales en una causa tan noble y tan santa»[3].

Ésta es, pues, la tendencia invariable del sentimiento religioso. La naturaleza idéntica, el principio homogéneo existen precisamente entre él y la libertad, entre la ausencia de este sentimiento y la tiranía.

Pero otro elemento de naturaleza opuesta se desliza algunas veces en las formas religiosas. Un poder espiritual, nacido de la necesidad de establecer comunicaciones regulares entre la tierra y el cielo, puede coligarse con el poder político: y la religión que había proclamado la libertad y la igualdad de todos se convierte, muy a menudo, en el auxiliar de la tiranía de algunos.

Sin embargo, no lo olvidéis: incluso entonces no son hombres religiosos los que firman este pacto. Los miembros de las corporaciones sacerdotales que, en Egipto, tiranizaban a los pueblos, o que, en otros países, como en Persia, prestaban su apoyo a la opresión política, no consideraban como una cosa divina el culto del que abusaban. El sentimiento religioso no era, en absoluto, culpable de este abuso. No se especula con las cosas que se creen divinas.

Así, para resolver esta cuestión, como todas las demás, debe admitirse, una vez más, la distinción entre el sentimiento religioso y las formas religiosas.

Lejos de ser el autor del mal que algunos cultos pueden hacer a los hombres, este sentimiento es su víctima; lejos de sancionar estas formas opresoras, las rechaza y protesta contra ellas.

CAPÍTULO 5

*Que el triunfo de las creencias nuevas sobre las creencias antiguas
es una prueba de la diferencia que existe entre el sentimiento
religioso y las formas religiosas*

Finalmente, preguntamos a cualquier lector que busca de buena fe la
verdad, si no se admite la diferencia entre el sentimiento y la forma,
¿cómo explicar la enorme ventaja de las formas nuevas en su lucha contra las formas deterioradas por el tiempo?

Trasladémonos otra vez a la época que ya nos proporcionó varios
ejemplos.

Dos religiones se disputan el universo.

Una es apoyada por la autoridad; tiene diez siglos, o mejor dicho,
su origen se pierde en la noche de los tiempos. Los poetas la embellecieron, los filósofos la purificaron, se desprendió de cuanto podía asustar
a la razón[1]. Es la religión de todas las naciones ilustradas; es el culto del
pueblo dominador.

La otra no tiene ni la protección del poder ni el apoyo de las tradiciones antiguas. La poesía no le prodigó ningún ornato. No la acompaña
el cortejo brillante de la filosofía. Ni contrajo alianza alguna con las
profundidades imponentes de la metafísica. Nació en una región oscura,
en un pueblo odioso para el resto de los hombres e, incluso, en la parte
más desdeñada de este pueblo, objeto del desprecio universal.

¿Quién no creería que la primera debe triunfar sin dificultad? Todos los hombres ilustrados lo piensan; todos sonríen cuando un rumor
sordo y confuso les enseña la existencia de algunos fanáticos, dispersos,
desconocidos, perseguidos.

¿De dónde procede que el acontecimiento frustre estas soberbias
previsiones? ¿Es porque el sentimiento religioso, separado de la forma
antigua, se refugió en la nueva, y por qué? Porque la forma antigua,
pese a las depuraciones que todos anhelaban que sufriera, le recuerda
las épocas en las que la rechazó, inquieto como estaba por sus vicios e
imperfecciones. El nombre de los dioses se relaciona con recuerdos de
vulgaridad y de ignominia. Vejada, en todos los sentidos, por las investigaciones humanas, se la despoja de su encanto y, por así decirlo, se la
profana. Por el contrario, la forma nueva es virgen de todo recuerdo
molesto. El nombre de su fundador y del dios que predica no recuerda
ninguna época en la que haya herido el sentimiento religioso. Se entrega
a ella con entusiasmo; adopta su estandarte; habla por boca de sus partidarios. Le deben esta conciencia de fuerza y de certeza que contrasta en
su lenguaje con la timidez y vacilación del lenguaje de sus adversarios.

Los milagros envuelven a los apóstoles de la nueva forma: son incontestables porque quienes los afirman están llenos de una convicción inquebrantable. Los defensores de la forma antigua se apoyan con desagrado en prodigios de los que ellos mismos dudan, copias desdibujadas de modelos inimitables. Los primeros se sirven sin temor de la razón y de la fe: de la razón, contra sus enemigos; de la fe, para su propia doctrina; no temen comprometer por la dialéctica una causa que no puede estar comprometida: su arma ofensiva es el examen; su égida, una persuasión íntima y profunda. Los segundos se mueven entre la razón que los amenaza y un entusiasmo que palidece entre el entusiasmo opuesto. El escepticismo que quieren proyectar contra sus adversarios reacciona contra ellos, y precisamente porque no son firmes en sus creencias, son tímidos en sus negaciones. Sus alegatos más o menos hábiles se impregnan de condescendencias, de confesiones arrancadas y retractadas, de insinuaciones que dejan ver que la religión que recomiendan sólo es un apoyo para los débiles, y que los fuertes pueden prescindir de ella. Pero se colocan entre los fuertes, y se es mal misionero cuando uno se sitúa por encima de su propia profesión de fe.

Se podría creer que ellos tienen más celo porque tienen un motivo más. Su interés los excita, mientras que los mártires de la opinión que se levanta están lejos del momento en que su victoria proporcione ventajas personales a sus partidarios. Pero el desinterés es el primero de los poderes, y cuando hay que atraer, persuadir, convencer, el interés debilita, en lugar de fortificar.

Observad que todas las nociones se agrupan en torno al sentimiento y, dóciles a su menor señal, se modifican y se transforman para servirlo. En la creencia antigua subyugada por la filosofía, el hombre era rebajado al rango de átomo imperceptible en la inmensidad de este universo. La forma nueva le devuelve su lugar de centro del mundo, que sólo para él se creó: él es, a la vez, obra y fin de Dios. La noción filosófica es quizá más verdadera; pero la otra está más llena de calor y de vida; y, desde cierto punto de vista, también ella posee su verdad más alta y más sublime. Si colocamos la grandeza en lo que la constituye realmente, hay más grandeza en un pensamiento elevado, en una emoción profunda, en un acto de abnegación, que en todo el mecanismo de las esferas celestes.

Por eso, contemplad cómo la vieja forma propone continuamente transacciones; pero estos ofrecimientos no obtienen más que un rechazo cargado de desdén. ¡Cosa notable! Si sólo se cree en las apariencias, es la fuerza la que transige, es la debilidad la que quiere la lucha. Es que la verdadera fuerza se sitúa totalmente del lado de la debilidad aparente. La forma antigua está muerta; sólo aspira al reposo de los muertos. La forma nueva quiere luchar y vencer porque, llena del sentimiento religioso, ha reanimado la vida del alma y reavivado el polvo de las tumbas.

CAPÍTULO 6

Del modo como hasta ahora se enfocó la religión

Si ahora aplicamos las reflexiones que acabamos de leer al modo como, hasta ahora, se escribió sobre la religión, apenas nos sorprenderá que casi todos los que quisieron abordar este vasto tema hayan errado el camino. Se formaron tres grupos que, por no haber ignorado la naturaleza y el discurrir progresivo del sentimiento religioso, cayeron los tres en graves errores[1].

El primero considera que la religión es inaccesible al hombre abandonado a sus propias fuerzas y a sus propias luces, y que fue comunicada al hombre por el Ser supremo de una manera positiva e inmutable; que no puede más que perder si el espíritu humano intenta modificarla, y que, si el tiempo la modifica de alguna forma, debe volver, lo más posible, a su estado primero y a su pureza primitiva. Por eso, deben consolidarse, a toda costa, las creencias iniciales. Pero no se preocupa de indagar si esta empresa está en poder de cualquier autoridad. La historia nos nuestra todas las precauciones inútiles, toda la severidad ineficaz. Ni Sócrates envenenado ni Diágoras proscrito, detuvieron la incredulidad de Atenas. La filosofía griega, expulsada de Roma, retornó bien pronto para triunfar de nuevo, y la austeridad de Luis XIV en su vejez no hizo más que preparar la Francia impaciente a la irreligión más clara y más atrevida.

El segundo grupo, aterrorizado con razón de los males que producen el fanatismo y la intolerancia, sólo vio en la religión un error, vulgar, refinado, material o abstracto, pero siempre más o menos funesto. De ello concluyó que sería deseable fundar la moral sobre una base puramente terrestre y extirpar cualquier sentimiento religioso. Pero si hubiera consultado la experiencia, la religión se le hubiese mostrado, siempre nueva, en el momento en que las luces se enorgullecían de haberla sofocado. Juvenal escribía que sólo los niños creían en otra vida; y, sin embargo, una secta ignorada se infiltraba en el imperio con la mirada puesta en un mundo futuro, y el mundo presente debía ser su conquista. Y en efecto, si la religión nos es necesaria, existe en nosotros una facultad que pide que la ejerzamos; si nuestra imaginación necesita salir de los límites que nos encierran, si esta parte sufriente y agitada de nosotros mismos precisa de un mundo del que puede disponer y que pueda embellecer a su antojo, sería inútil que se reprochase a la religión sus inconvenientes o sus peligros. La necesidad vencerá siempre a la prudencia. Quien no puede soportar la tierra debe hacer frente al oleaje, por muy sembrado de escollos que pueda estar el mar.

Finalmente, el tercer grupo, considerándose como un medio entre dos extremos, creyó necesario no admitir más que una doctrina que llamaba religión natural y que reducía a los dogmas más puros y a las nociones más simples. Pero este grupo intermedio no se distinguió de los dos primeros, de los ortodoxos y de los incrédulos, más que en su finalidad y no en su camino. Supuso, como ellos, que el hombre podía estar en posesión de una verdad absoluta y, por consiguiente, siempre la misma y siempre estacionaria. Quienquiera que profesase estricta y exclusivamente los dogmas a los que se había restringido, creyó que se hallaba en posesión de esta verdad. Quien permaneciese sin llegar a esos dogmas por causa del ateísmo, o iba más allá reconociendo revelaciones milagrosas, pensó que se equivocaba igualmente.

De estas tres maneras de enfocar la religión, se deduce, nos atrevemos a decirlo, que nadie hasta ahora la consideró desde su verdadera perspectiva. Una rápida mirada a los escritos religiosos o incrédulos de Francia, Inglaterra y Alemania nos proporcionará pruebas irrecusables de esta afirmación.

Antes de comienzos del siglo XVIII, todas las obras publicadas en Francia por los defensores de las diversas comuniones no estaban consagradas más que al triunfo de su secta. Partían todas de un punto convenido que les prohibía las cuestiones fundamentales, o los liberaba de ocuparse de ellas.

Origen fecundo de disputas, la herejía era considerada por los católicos como un error voluntario y tratada como un crimen[2]. Sus partidarios, de acuerdo con sus enemigos sobre las bases, sólo contestaban algunas secuencias de principios admitidos por todos.

Más desacreditada, aunque expuesta a menos persecuciones que la herejía, la incredulidad era censurada, de alguna manera, por una opinión que se componía, no sólo del vivo interés que habían creado las guerras religiosas, sino también del prestigio de la corte de un rey que había hecho de la creencia un asunto de moda y un medio de crédito.

Bossuet, cuando fulmina a los paganos en su *Historia* o persigue a los protestantes en su *Polémique*, se asemeja más a un juez que, desde lo alto de su tribunal, condena a los culpables, que a un narrador imparcial de los acontecimientos o a un investigador sosegado de las doctrinas; y cuando dirige sus dardos contra los incrédulos, son sentencias lo que pronuncia, sentencias acompañadas de argumentación, pero en las que la autoridad ocupa un lugar mucho más importante que el razonamiento.

Lejos de nosotros el rebajar el mérito de un gran hombre. Si el punto de vista con el que Bossuet contemplaba la religión carecía necesariamente de imparcialidad y de amplitud, era admirable por su nobleza y su altura. La religión en su boca hablaba un lenguaje digno y noble, del que ella abjuró después. A espaldas del propio orador al que podía su genio, los últimos destellos de la libertad se habían refugiado en su elocuencia. Lo que no decía a un monarca absoluto en nombre de las leyes y del interés de los pueblos, lo decía en nombre de un dios, ante el cual todas las criaturas vuelven a su igualdad primitiva[3].

Sin embargo, al hacer justicia a un escritor al que sus panegiristas sólo alaban por cuanto hubo de violento y de odioso, creemos igualmente poder afirmar que nada de lo que nos dejó Bossuet y, con mayor razón, nada de lo que encontramos en otras obras de la misma época puede aplicarse útilmente a las nuevas cuestiones que presentamos, a esta distinción entre el fondo y las formas, a este discurrir de las ideas, a esta alteración gradual de las creencias, a esos avances, a esas modificaciones progresivas e irresistibles, cuestiones inadvertidas entonces y totalmente ajenas a los debates religiosos.

Después de Luis XIV, el escenario cambió. Liberada de la autoridad de un viejo monarca y de la etiqueta de una vieja corte, Francia, por un efecto natural de una opresión larga y penosa, se precipitó en la licencia. Como se vio a la señora de Prie suceder a la de Maintenon, y las dignidades de la Iglesia pasar de Bossuet a Dubois, vimos surgir la incredulidad de la tumba de la hipocresía.

No presentamos a los incrédulos del siglo último como los herederos de las orgías de la Regencia. Más nobles motivos inspiraron a varios de ellos. Una reacción lenta pero segura se preparaba en Francia desde hacía tiempo. La Noche de San Bartolomé había sublevado a todas las almas. Las muertes de Enrique III y de Enrique IV habían levantado la opinión contra el asesinato religioso. Luis XIV, por las crueldades con que acompañó la revocación del edicto de Nantes y, al ordenar las dragonadas, las confiscaciones, el suplicio de los padres, la encarcelación de las mujeres, el rapto de los niños, había terminado por agitar contra la opresión sacerdotal todos los sentimientos de humanidad. La indignación de los filósofos fue justa y sincera. Pero esta misma indignación, los esfuerzos que ella les dictó, el tipo de asociación que formaron para declarar en común la guerra a las doctrinas a las que acusaban de tantos crímenes y de tantos males, todas estas cosas les inculcaron un espíritu de secta; y donde domina este espíritu, emplea los medios que le son propios.

Voltaire había dicho que era mejor golpear fuerte que en el blanco; y todos los imitadores de Voltaire, raza innumerable, activa y que, desde las cimas de la literatura, descendía hasta sus rangos más inferiores, se ensañaron con la religión con un furor casi siempre en razón inversa de los conocimientos que habían adquirido y del talento del que estaban dotados.

El axioma de Voltaire tenía, sin duda, su utilidad de circunstancia. Acababan de cesar las persecuciones violentas; quedaban por destruir las persecuciones sordas. Todo parecía legítimo para inspirar el horror de todo tipo de persecución. Pero era desarmar el fanatismo, no apreciar el sentimiento religioso. De esto resultaba, por otra parte, una manera ultrajante y amarga de hablar de una cosa querida para la mayoría de la especie humana, y este estilo, que siempre está seguro de obtener un éxito momentáneo en una nación vieja y corrompida, debía de inspirar una especie de repugnancia a las almas delicadas y sensibles, minoría inadvertida, pero poderosa, que terminó siempre por dictar la ley en medio de la degradación general.

Los filósofos que, al atacar la religión existente, querían conservar los principios que sirven de base a toda religión, no consideraban estos principios más que desde el punto de vista más innoble y más vulgar, como sustitución de las leyes penales.

Al leer sus escritos, se ve que quieren que la religión les sirva enseguida, como una especie de gendarmería, que garantice sus propiedades, defienda su vida, ponga orden en sus hijos, mantenga el orden en su familia. Se diría que, en cierto modo, tienen miedo de creer para nada[4]. La religión debe pagarles en servicios lo que ellos conceden en creencia.

Este modo de cortos alcances e incompleto de enfocarla tiene más de un inconveniente.

Así como al buscar en todas las bellezas de la naturaleza un uso inmediato, una aplicación directa a la vida común, se marchita todo el encanto de su magnífico conjunto, de igual modo al no perder nunca de vista que la religión debe ser útil, se degrada la religión; en segundo lugar, al no implicar la utilidad práctica la verdad de la teoría, el hombre no es más religioso porque se le diga que la religión es útil, pues no se cree en una meta; en fin, la utilidad de la religión sirve de pretexto a los que gobiernan para violentar las conciencias de los que son gobernados, de modo que, de un plumazo, se crean maestros perseguidores de los pueblos incrédulos.

Esta necesidad de utilidad inmediata y, por así decir, material es, por lo demás, el vicio inherente a nuestro espíritu nacional[5]. Tiene sus ventajas, sin duda. Da más regularidad, más continuidad al encadenamiento de las ideas. Se camina más directamente a la meta, al no perderla de vista. Pero también, cuando se examinan todas las cuestiones con la vista puesta sólo en la meta, se corre gran riesgo de no percibir todos los lados de la cuestión. Se rechazan todos los sentimientos, todas las impresiones, todas las emociones involuntarias, que son, a veces, más propias que el razonamiento riguroso para arrojar una claridad nueva sobre los objetos de las meditaciones humanas, y que contienen quizá la clave de la mayoría de los enigmas que pedimos únicamente a la lógica que nos explique.

Sin embargo, tres escritores se levantaron a veces por encima de esta visión limitada y mezquina. El primero, y ya hablamos anteriormente de él, es Fénelon; pero vimos que, desde los primeros pasos, fue detenido por la Iglesia romana, que, cosa extraña, lo censuró por haber creído que el hombre podía amar a Dios sin pensar en sí mismo, sin visiones egoístas y sin cálculos personales. El segundo es J.-J. Rousseau. Algunas de sus frases están impregnadas de un sentimiento religioso puro, desinteresado, sin mezcla de motivos terrestres. Pero Rousseau, agitándose en medio de mil pensamientos contrarios, reunió sobre la religión, no menos que sobre la política, hipótesis discordantes y confusas. Llevó la inestabilidad y la vacilación a lo más afirmativo de los hombres y a lo más impaciente de la afirmación de los otros, no porque quisiese, como se dijo, destruir todo, sino porque pensaba que nada estaba en su lugar. Con su fuerza prodigiosa, arrancó de sus fundamentos antiguos las columnas sobre las que descansaba, mal que bien, la existencia humana; pero, arquitecto ciego, no pudo construir, con estos materiales dispersos, un nuevo edificio. De sus esfuerzos, sólo surgieron destrucciones, y de estas destrucciones, un caos en el que dejó su poderosa impronta.

El señor de Montesquieu, finalmente, más por su carácter que por su alma, hubiera podido difundir, en el campo de la religión, nuevas luces. No podía acercarse a objeto alguno sin entrever nuevas verdades, y como todas las verdades están formadas de elementos coherentes, remontándose desde los hechos que él desentrañaba con admirable sagacidad hasta la causa común de estos numerosos efectos, quizá hubiera percibido el principio general a través de las modificaciones infinitamente variadas. Pero, además de que el genio mismo sólo va por delante de su siglo a una corta distancia, el señor de Montesquieu, en *El espíritu de las leyes*, sólo trató de la religión accidentalmente: sólo dice de ella lo que estaba obligado a decir. Al leer esta obra maestra del siglo XVIII, uno cree ver al autor apartando las ideas que le acosan hasta la importunidad, como Eneas alejaba las sombras con su espada para abrirse paso entre la multitud.

La Revolución francesa, producida porque teníamos demasiadas luces para vivir bajo la arbitrariedad, se desvió de su camino porque no teníamos suficientes luces para sacar provecho de la libertad. Sublevó a una multitud a la que ninguna meditación había preparado para esta súbita liberación. No tardó en transformarse en una fuerza material, sin freno y sin regla, dirigida contra todas las instituciones cuyas imperfecciones la habían provocado. La religión fue el blanco de la persecución más execrable. De ello sólo resultó lo que tenía que resultar; la reacción fue tanto más fuerte cuanto más injusta y violenta había sido la acción. Entre los escritores actuales de Francia, varios de los que se dicen defensores de la religión, hombres no menos ignorantes de la historia como los demagogos sus predecesores, y no menos ciegos sobre las consecuencias de todas las medidas tiránicas, proponen, como un descubrimiento a favor de la religión, antiguos atentados que fracasaron con Francisco I, con Felipe II, con María de Inglaterra y con Luis XIV. ¡Miserables sofistas, no menos pérfidos con los gobiernos que con los pueblos!

Así, en Francia, el modo de tratar la religión fue siempre parcial y a menudo superficial. Unas veces se la defendió con pedantería virulenta y hostil; otras, con animosidad sin discernimiento.

¿Y en Inglaterra? ¿Encontramos partidarios menos apasionados o enemigos más equitativos?

Por un feliz cúmulo de circunstancias, el protestantismo, aunque establecido por la fuerza bajo Enrique VIII, se identificó, gracias a las crueldades de María y a los intentos ineficaces de los Estuardo, con la constitución que fue durante largo tiempo el orgullo de Inglaterra. Pero de todo ello resultó que allí, más que en ninguna otra nación ilustrada, la religión es una cosa dogmática[6], inaccesible a cualquier discusión libre e imparcial.

Warburton, Hurd, Tillotson poseen el espíritu dominador de Bossuet sin tener su genio. La Iglesia anglicana es para ellos lo que era para el obispo de Meaux la Iglesia de Roma, con una diferencia, que en ellos la intolerancia es más absurda, ya que, al discutir a otros el derecho a ser heréticos, abdican del de ser protestantes. Los escritores de un orden inferior tienen, en general, más erudición clásica que nuestros teólogos, pero su punto de vista no es más amplio. No es más profundo su conocimiento del espíritu de los siglos antiguos y de los pueblos lejanos; su filosofía no es más liberal, y su lógica se mueve en un círculo no menos vicioso.

Los partidarios ingleses arrojaron, sin duda, alguna claridad sobre la historia de los primeros siglos del cristianismo. Toda lucha ayuda a ello. Pero estos disidentes, sometidos tanto como los ortodoxos al espíritu dogmático que caracteriza a toda la nación, no salen del recinto trazado por el dogma; ellos actúan dentro de este recinto. Se pelean por interpretaciones, y, como todos adoptan, en estas disputas, bases comunes, nadie se ocupa de las verdades primordiales, ya que el tema de la disputa sólo es una consecuencia de más o de menos que hay que sacar de lo que se proclamó por adelantado como la verdad.

Entre los incrédulos, peor vistos en Inglaterra que en otros sitios, porque los ingleses recuerdan que uno de los medios empleados por Carlos II para destruir la libertad nacional era ridiculizar la religión, entre los incrédulos, decimos, Collins, Tindall, Woolston y, más tarde, Toulmin sólo ocupan un rango subalterno. Pasamos por alto intencionadamente a Hobbes: pensaba que la religión era un medio de tiranía, y la trataba con miramiento, pero sin creer en ella. No se puede considerar como su amigo, pues la deshonra; ni como enemigo, pues la recomienda. Toland debe todo su mérito a Spinoza. Shaftesbury, Bolingbroke, Cherbury y Hume son los únicos escritores de esta clase que tienen un valor real. Pero poseen también todos los defectos de los filósofos franceses, la declamación, los epigramas, la amargura, las insinuaciones malévolas, los relatos alterados sin escrúpulo o mutilados con artificio.

En su *Historia natural de la religión*, Hume mostró mucho carácter, pocos conocimientos serios, una ironía bastante hábil por su aparente amabilidad y una burla a veces mordaz; pero su obra es también muy indigna de la importancia del tema.

Gibbon echó a perder su inmensa erudición, sus incansables investigaciones, la sutileza a menudo notable de sus apreciaciones y la imparcialidad que se impone cuando la parcialidad podría adivinarse, por una habilidad, algunas veces, pérfida, cuando cree que puede utilizarla impunemente, por la carencia total de simpatía con el entusiasmo, condición sin la cual uno es incapaz de describir una religión nueva, y por una escandalosa indiferencia para el valor y la desgracia.

Thomas Paine no hizo más que reproducir, en un estilo trivial y a menudo vulgar, la metafísica superficial del barón de Holbach. Por un error muy común, creyó ver en la religión un enemigo de la libertad que amaba sin comprenderla bien, y, como exageraba los principios de la primera, no supo valorar la naturaleza de la segunda.

Godwin, mucho más profundo y más ingenioso que Paine en el desarrollo de las ideas políticas, a veces quiméricas, apenas lo supera cuando escribe sobre la religión. Dominado por los prejuicios de una filosofía vulgar, podría decirse que abdica de la penetración que le es habitual y, en sus ataques contra un sentimiento que no puede destruir, parece ignorar el corazón humano que describe, por otra parte, con una fidelidad notable.

El dogma y la incredulidad brutal o frívola se reparten, pues, hoy los espíritus en Inglaterra; pero ni el dogma ni la incredulidad hablan al alma, y la esencia de la religión no reside ni en las sutilezas del primero ni en las abstracciones de la segunda.

Al examinar con atención la disposición religiosa de los dos países sobre los que acabamos de dirigir nuestra mirada, se podría observar cierta analogía; pero hay que mirarla de cerca para descubrirla: los partidarios ingleses se encuentran molestos en la agitación religiosa que origina la letra del dogma de la que no quisieran apartarse. La generación que surge en Francia se fija en la necesidad religiosa que comienza a sentir, por un lado, por una tradición de incredulidad que se ha convertido en una especie de dogma filosófico del que esta generación no se atreve a liberarse, y, por otro, por la alianza enojosa de la religión y de la política. Estas causas son un obstáculo, para nosotros y para nuestros vecinos, en el desarrollo del sentimiento religioso.

La Alemania protestante nos ofrece un espectáculo más satisfactorio. Los alemanes tiene el gran mérito, o la gran dicha, de reconocer, casi todos, una verdad fundamental, sin la cual no se descubre nada verdadero ni se establece nada bueno. Esta verdad es que todo es progresivo en el hombre. Ninguna de sus nociones permanece en el mismo punto, se desarrollan a pesar de las resistencias, se abren paso a través de los obstáculos; y, al final de cierto espacio de tiempo un poco largo, sufren siempre, por diversas circunstancias, modificaciones y mejoras esenciales.

De todas las verdades, ésta es la más rechazada en Francia. Sentimos cierta satisfacción de nosotros mismos que nos hace creer que, precisamente en un momento dado, llegamos a la perfección y que, en adelante, la especie humana debe detenerse y admirarnos.

Los alemanes, menos contentos de sí mismos en el presente, menos envidiosos de sus sucesores en el futuro, saben que cada generación se sitúa como un punto en la vasta serie de las cosas humanas para aprovechar cuanto se hizo y preparar lo que se debe hacer. Las formas sociales, políticas, religiosas se les muestran como son: ayudas indispensables al hombre, pero que deben modificarse cuando él mismo se modifica; y esto es un excelente dato para juzgar una religión.

Una circunstancia particular contribuyó, desde hace cien años, a confirmarlos en esta disposición y hacerlos avanzar por este camino.

El protestantismo era, en otro tiempo, en Alemania lo que es hoy en Inglaterra, una creencia tan dogmática como el catolicismo de la que se habían separado los reformadores. Los ministros de las dos comuniones disidentes olvidaban que sus jefes no habían podido justificar su reforma más que proclamando la libertad de las opiniones en materia de culto. Por una inconsecuencia absurda y cruel, de la que, por lo demás, sus modelos les habían dado el ejemplo, se indignaban por los límites que quería imponer la Iglesia romana; pero se creían autorizados a establecer otros no menos arbitrarios. Reclamaban la libertad para ellos y la negaban para sus enemigos. Clamaban contra la injusticia y la ridícula intolerancia, pero se servían de ellas.

Federico II subió al trono. La literatura de su país estaba en la infancia. Concedió todos sus favores a los letrados franceses. Estos letrados, si se exceptúa a Voltaire, que no pudo vivir mucho tiempo en una atmósfera de protección y dependencia, eran mediocres y subalternos, como todos los escritores que se avienen a cortejar al poder. Raza vanidosa y amante de sensaciones, había basado su fama en Francia en una incredulidad superficial y desprovista de ese espíritu de investigación seria que, según como se enfoque la cuestión, motiva o excusa la incredulidad. Llamados a una corte extranjera, llevaron con ellos, como artistas, esta incredulidad, parte obligada de su equipaje, instrumento de sus éxitos. El cristianismo fue el blanco de los asaltos continuos por parte del monarca filósofo, de sus dóciles adoradores y de sus imitadores solícitos. Se atacaron sin miramientos los aspectos que parecían más débiles; y se ridiculizaron amargamente todas las leyendas.

A estos letrados franceses, audaces por orden, impíos por culto al poder, se unieron algunos literatos alemanes, muy superiores a sus tristes modelos. De ahí nació esta escuela de Wieland, en verso, de Nicolai, en prosa, y el propio Lessing, que nos ruborizaría si lo comparásemos, desde el punto de vista de la buena fe, de la erudición y del genio, con los marqueses de Argens y con los de La Mettrie, pareció acercarse a esta misma escuela. Las vejaciones de la autoridad en varios principados alemanes proporcionaban a los adversarios de la religión más que pretextos. Profesores denunciados por sus opiniones, predicadores perseguidos por heterodoxia, indicaban la necesidad de más libertad intelectual; lo odioso de las persecuciones repercutía en las ideas que los perseguidores pretendían vengar. Pero al espíritu alemán, meditativo por naturaleza, demasiado grave para permanecer mucho tiempo distraído en bromas y bagatelas, demasiado candoroso para sacrificar a los aplausos lo que le parecía verdadero, y al carácter alemán propenso al entusiasmo y que sólo encuentra felicidad en la religión como en el amor mediante la exaltación y el ensueño, les repugnaban las doctrinas áridas, tajantes, dogmáticas y que sólo alegan como pruebas sarcasmos, cuya injusticia hería a cualquier hombre equitativo, y hechos que cualquier hombre instruido sabía que no eran exactos.

Por ello, se presentaron muchos defensores de la creencia amenazada. Como consecuencia de la libertad que Federico dejaba a los escritos, los nuevos apologistas de la religión defendieron su causa, cada uno a su manera. De ahí surgieron disidencias esenciales, aunque inadvertidas, entre estos soldados de un ejército sin mando.

Unos se unieron al antiguo sistema y lo apoyaron, como pudieron, en sus columnas ordinarias, los milagros y las profecías.

Los otros, renunciando a estos recursos, se limitaron a la parte puramente moral, y arrojaron a una especie de oscura lejanía la parte histórica, tradicional y, sobre todo, milagrosa.

Sin embargo, esto no se hizo de repente. Este camino no era más que una retirada honorable en la que sólo se abandonaban los diferentes puestos de modo sucesivo, para poder guardar mejor los otros. Lo que, más tarde, se llamó perfeccionamientos, entonces parecían sacrificios.

Pero al morir Federico II, la autoridad adoptó, sobre la religión, un sistema contrario al de este príncipe. Quiso reunir bajo un estandarte común a los teólogos dispersos. Quienes se negaron a seguirlo fueron blanco de los reproches de los hombres que permanecieron fieles a los dogmas antiguos. Se criminalizaron sus transacciones y hete aquí que sus sacrificios se les imputaron como apostasía. Los partidos exagerados son en religión como en política; aparecieron edictos de persecución dictados por espectros y emanados del fondo de un serrallo.

De este modo, muchos auxiliares celosos del cristianismo fueron declarados sus enemigos. No aceptaron este título y, de sus esfuerzos por rechazarlo, combinados con la imposibilidad en la que estaban de retomar las doctrinas que habían, si no rechazado, al menos abandonado, se formó un sistema, en el que se encuentra, oscuro e informe, el germen de una idea que creemos muy justa.

El hombre, en este sistema, nacido de las manos del supremo poder, fue guiado por ella desde sus primeros pasos. Pero el creador proporcionó su ayuda a la posición y a las facultades de sus criaturas. La religión judía condujo a los hebreos hasta el momento en que ella logró hacerlos capaces de una creencia más depurada. El cristianismo, pues, remplazó a la ley de Moisés. La Reforma colocó al cristianismo según las luces de un siglo posterior. Otras mejoras vendrán un día a reformar también a la Reforma[7].

Dejamos de lado lo sobrenatural admitido por este sistema, sobrenatural restringido, que debe dejar descontentos a los devotos y complacidos a los filósofos. Pero pensamos que contiene, como dijimos, el germen del pensamiento nuevo e importante: lo desarrollaremos más tarde. Terminemos ahora indagando en qué situación religiosa se encuentra Alemania.

El sistema que acabamos de exponer es consolador y noble. No habría más que dar un paso para apartar de la religión esa tendencia hostil y de cortos alcances que supone que la verdad es un don del azar o del capricho, y condena a penas eternas a los que, sin falta por su parte, fueron privados de esta verdad[8].

Pero, independientemente de la ausencia de todas las pruebas históricas, metafísicas y morales, este sistema, impronta del antropomorfismo, que es el punto débil de todas las creencias, no puede satisfacer, ni al espíritu que exige la demostración, ni al sentimiento que gusta revestir al ser que adora de una benevolencia y de una bondad sin límites. Anunciado como una revelación, podría triunfar de las objeciones y de las dudas; y el más belicoso de los profetas proclamó, como fuente de su misión divina, una idea casi análoga. Pero propuesto por un hombre a otros hombres, debe fluctuar al azar, como todas las conjeturas humanas, en este océano de suposiciones en el que se hallan inmersas, para reaparecer cuando el olvido les haya devuelto el aspecto de novedad.

Por eso, los alemanes, al cabo de algunos años, superaron esta hipótesis para abrazar una más vasta y, en ciertos aspectos, más satisfactoria.

Obligados a expresarla en pocas palabras, para hacerla más accesible, pedimos a nuestros lectores franceses perdón por la oscuridad que puedan encontrar en esta primera mirada. Esta oscuridad se disipará quizá y esperamos que vean que la nube encierra una idea.

La religión, dicen los partidarios de este nuevo sistema, es la lengua universal de la naturaleza, expresada por diferentes signos, diferentes dogmas, símbolos y ritos. Todos los pueblos, o, al menos, en todos los pueblos, la clase ilustrada, es decir, los sacerdotes, hablaron esta lengua. Las diversidades que se puedan observar no son más que anomalías pasajeras, formas poco importantes, que quien quiera conocer y juzgar la religión debe descartar, para que aflore la unidad real y misteriosa en la que vienen a confundirse como en un centro.

Esta perspectiva nueva, con la que la Alemania erudita considera hoy la religión, fue de una inmensa utilidad. Se le deben, desde hace algunos años, descubrimientos admirables sobre las relaciones de las religiones entre sí, sobre las comunicaciones de los pueblos, sobre el vínculo común de las mitologías. Se le debe el conocimiento profundo y el encanto de la Antigüedad. Nuestros eruditos habían estudiado los monumentos y las tradiciones de los tiempos remotos, como los estratos de un mundo sin vida o los esqueletos de especies destruidas. Los alemanes reencontraron, en estas tradiciones y en estos monumentos, la naturaleza del hombre; esta naturaleza, siempre idéntica, aunque diversificada y que, en consecuencia, debe tomarse como la base viviente de todas las investigaciones y de todos los sistemas. Grecia y el Oriente en los escritos de Fréret, de Dupuis, de Sainte-Croix, parecen momias desecadas. Con Creuzer y Goerres, esas áridas momias se convierten en elegantes y admirables estatuas, dignas del cincel de Praxíteles y de Fidias.

Todo sirve a la inteligencia en su marcha eterna. Los sistemas son instrumentos con cuya ayuda el hombre descubre verdades accesorias, pero equivocándose en el conjunto; y cuando los sistemas han pasado, las verdades continúan.

Hay, además, un lado justo en esta hipótesis que, por otra parte, en el momento en el que la incredulidad dogmática inspira una especie de fatiga, debe halagar, como el teísmo y como el panteísmo, el sentimiento religioso expulsado de su asilo y que busca un refugio. Y no dudamos en predecir, lo veremos pronto en Francia, que remplazará al sistema rígido y árido de Dupuis. Será un triunfo para la imaginación y, desde ciertos puntos de vista, un beneficio para la ciencia[9].

Sin embargo, los sabios que la adoptaron, desconocieron, a nuestro parecer, una verdad correlativa sin la cual este sistema tiene el fallo característico de todos los sistemas.

Sin duda, la religión es la lengua en la que la naturaleza habla al hombre; pero esta lengua varía, no siempre fue la misma en todas las épocas, en boca de los pueblos o de la clase ilustrada que gobernaba estos pueblos. La religión está sometida, para esta clase como para el vulgo, a una progresión regular a la que los sacerdotes obedecen como las tribus dominadas por ellos. Esta progresión es más misteriosa en las doctrinas sacerdotales, porque, bajo el yugo sacerdotal, todo es misterioso. Algunas veces, también es más lenta, porque los sacerdotes hacen todos los esfuerzos para retardarla. Pero no por ello es menos inevitable y determinada por leyes fijas, que tienen su origen en el corazón humano. Se equivocan pues, cuando, en lugar de considerar la doctrina más pura como el resultado de los trabajos, de los progresos, en una palabra, de la mejora moral e intelectual de la especie humana, suponen que esta doctrina precedió, no se sabe cómo, a todas las doctrinas, y cuando la sitúan en una época en la que el hombre era incapaz de concebirla, para hacer honor a los colegios de sacerdotes; estos sacerdotes, más sabios y, sobre todo, más astutos que la masa del pueblo, estaban muy lejos de haber podido elevarse a concepciones que no pueden ser más que el lento y gradual resultado de una serie de esfuerzos asiduos, de descubrimientos acumulados y de meditaciones ininterrumpidas.

Querer hacer de la religión una unidad inmutable y sólo oculta a las miradas profanas, jactarse de que se descubrirá esta lengua única y que, entonces, los cultos, los dogmas, los símbolos de todas las naciones se revelarán a nuestros ojos como un parte de esta lengua sagrada, es ilusionarse con una esperanza quimérica. Esta unidad no puede encontrarse ni en los símbolos ni en las doctrinas. Pero adentraros en la naturaleza del hombre; allí percibiréis, si la estudiáis bien, la fuente única de todas las religiones y el germen de todas las modificaciones que sufren.

CAPÍTULO 7

Plan de nuestra obra

El cuadro que acabamos de presentar de las diversas maneras en que se consideró la religión hasta ahora, demuestra, a nuestro parecer, que existe aún una laguna sobre este importante punto. Intentamos llenarla según lo permitieron nuestras fuerzas.

No declaramos la guerra a ningún dogma; no atacamos la divinidad de ninguna de las creencias que prodiga la veneración pública. Pero pensamos que se podía descartar con respeto, pues todo cuanto afecta a la religión merece respeto, pensamos, decimos, que se podía descartar con respeto cuestiones espinosas, y partir de un hecho que nos parece evidente. Este hecho es que el sentimiento religioso[1] es un atributo esencial, una cualidad inherente a nuestra naturaleza.

Hemos observado las formas que este sentimiento podía revestir. Las encontramos proporcionadas necesariamente a la situación de los individuos o de los pueblos que profesan una religión.

¿No es claro, en efecto, que el salvaje que sólo subviene a su subsistencia como los moradores de los bosques, no puede tener las mismas nociones religiosas que el hombre civilizado? Cuando la sociedad está constituida, pero se ignoran aún las leyes físicas del mundo, ¿no es fácil que las fuerzas físicas sean los objetos de adoración? En una época más avanzada y desveladas las leyes de la naturaleza física, la adoración se retira al campo de la moral. Más tarde, descubierto el encadenamiento de las causas y de los efectos en moral, la religión se escuda en la metafísica y la espiritualidad. Más tarde aún, cuando se abandonan las sutilezas de la metafísica, como impotentes para explicar algo, es en el santuario de nuestra alma donde la religión encuentra felizmente su inexpugnable refugio.

Éste fue, pues, nuestro primer principio. Dijimos: al ser la civilización progresiva, las formas religiosas deben resentirse de esta progresión; y la historia nos ha confirmado este primer resultado de nuestras investigaciones.

Examinamos cuáles eran las épocas de la progresión y creímos observar que cada forma religiosa se divide en tres períodos distintos.

El hombre se lanza primero hacia una religión, es decir, intenta, según su instinto y sus luces, descubrir las relaciones que existen entre él y los poderes invisibles. Cuando cree haber descubierto estas relaciones, les da una forma regular y determinada.

Habiendo provisto de este modo a esta primera necesidad de su naturaleza, desarrolla y perfecciona sus demás facultades. Pero sus éxitos mismos hacen que no guarde proporción con sus facultades desarrolladas y perfeccionadas la forma que había dado a sus ideas religiosas.

Desde ese momento, es inevitable la destrucción de esta forma. Al no convenir ya al siglo de Pericles el politeísmo de la *Ilíada*, Eurípides, en sus tragedias, se hace el órgano de la irreligión naciente.

Si, como ocurre en la naturaleza de las cosas, las instituciones retardan la caída de la creencia envejecida, esta prolongación facticia sólo produce para la especie humana una existencia de puro mecanismo, durante la cual todo parece privado de vida. El entusiasmo y la creencia abandonan la religión. Sólo hay fórmulas, prácticas y sacerdotes.

Pero esta situación forzada también tiene su término. Surge una lucha, no sólo entre la religión establecida y la inteligencia a la que ella hiere, sino también entre esta religión y el sentimiento que ya no logra satisfacer.

Esta lucha introduce la tercera época, la destrucción de la forma rebelde y, de ahí, las crisis de incredulidad completa, crisis desordenadas y, algunas veces, terribles, pero inevitables, cuando el hombre debe librarse de lo que, en lo sucesivo, no será más un obstáculo. Estas crisis van siempre seguidas de una forma de ideas religiosas, mejor adaptadas a las facultades del espíritu humano, y la religión sale rejuvenecida, más pura y más hermosa de sus cenizas.

Desde el estado más bruto, el hombre sigue su marcha; pero encuentra en su camino obstáculos de diferente tipo. De éstos, unos son interiores y otros exteriores.

Los obstáculos interiores son, en primer lugar, su ignorancia, la tiranía de los sentidos, el imperio de los objetos que lo rodean, su egoísmo y, finalmente, en algunos aspectos, una parte de su misma razón.

Existe en la razón separada del sentimiento una parte material, si se quiere hablar así, que se opone a todos los impulsos del alma[2]. Vimos anteriormente que ella no podía explicar ninguna de nuestras emociones íntimas. Aplicarla, con su aridez y sus límites, a la religión, es aplicar la aritmética a la poesía. Se la desnaturaliza y se la falsea cuando se sale de su esfera. Ella nos muestra perfectamente, en nuestro caminar cotidiano, las rocas con las que podríamos tropezar, los abismos en los que podríamos caer; pero, dirigida hacia el cielo, sólo es una antorcha terrestre que nos oculta el esplendor de los astros[3].

Los obstáculos exteriores son las calamidades que trastornan la existencia física del hombre y, por ello, retrasan los avances de su existencia moral y los intereses que llevan a otros hombres a tomar, de grado o por fuerza, el camino opuesto.

El hombre aparece, pues, colocado entre tres fuerzas contrarias, que se lo disputan: se diría que el cielo lo llama desde lo alto; la tierra lo retiene aquí abajo y hay seres, semejantes a él, que lo arrastran de lado. Sin embargo, él avanza según el impulso que su naturaleza le imprime y en medio de los obstáculos que debe vencer. Su marcha es regulada, es necesaria. Su dirección puede ser contrariada o suspendida; pero nada puede llevarle, por mucho tiempo, en una dirección contraria.

Ésta es, pues, la serie de ideas, o más bien de hechos, que nos proponemos probar. Si lo logramos, creemos que el resultado de esta demostración debe de ser saludable.

La religión es inherente al hombre y siempre renace con una forma nueva cuando la antigua fracasa, y la marcha de la religión adquiere, de modo natural, una importancia proporcional a los progresos de cada época: de ello se deriva, por un lado, que la filosofía, al trabajar por purificar las ideas religiosas, debe renunciar a entablar una lucha con el sentimiento religioso y a querer destruir lo que no está sujeto a la destrucción; pero, por otro lado, resulta que la autoridad no puede ni debe intentar obstaculizar, desviar y ni siquiera acelerar las mejoras aportadas a la religión por los esfuerzos de la inteligencia[4].

Decimos que ni siquiera debe acelerarlas: pues cuanto más deseables nos parecen los perfeccionamientos libres y graduales, tanto más rechazamos todas las reformas violentas y prematuras. Detestamos el poder intolerante, pero tememos un poco el poder filósofo. Las persecuciones de Luis XIV hicieron mucho daño. Las supuestas luces de José II hicieron otro tanto. Los decretos imprudentes de la Asamblea constituyente no hicieron menos, si no por su tenor inmediato, sí por sus consecuencias bastante cercanas.

Que la autoridad sea neutral. La inteligencia del hombre, esa inteligencia con que lo dotó el cielo para que hiciera uso de ella, se encargará del resto. Ella sólo es enemiga de la religión cuando la religión es perseguidora. Cumplirá tanto mejor la misión de imparcialidad y de mejora que se le ha confiado cuantos menos obstáculos se le opongan y menos se le impida, con peligros y coacciones, tomar un impulso para superar resistencias rebeldes.

Esta neutralidad del poder servirá incluso para conservar, durante más tiempo, las formas religiosas, a las que la costumbre o la convicción deben atribuir una importancia justa. Estas formas pueden durar tanto más cuanto menos resisten los perfeccionamientos insensibles. De ordinario, se deshacen precisamente en medio del combate. Los sacerdotes de Atenas fueron los primeros en romper la armonía que subsistía entre la filosofía y el politeísmo y que la filosofía quería respetar; y la inflexibilidad de León X decidió la Reforma en la que ni el propio Lutero había pensado, al comenzar sus ataques contra los abusos de la Iglesia romana[5].

CAPÍTULO 8

De las cuestiones que serían una parte necesaria de una historia de la religión y que, sin embargo, son ajenas a nuestras investigaciones

Hemos expuesto a los lectores nuestras intenciones y nuestro plan; ahora queremos explicarles, antes de concluir esta introducción, por qué varias cuestiones que, por otra parte, entrarían naturalmente en una obra histórica, las descartaremos de nuestras investigaciones, e indicarles las precauciones que deberemos tomar para conseguir la meta que nos propusimos alcanzar.

Para descubrir cómo el hombre se eleva de una creencia tosca y rudimentaria a otra más depurada, tuvimos que remontarnos al estado menos avanzado de las sociedades humanas, al estado salvaje.

Aquí parece surgir una pregunta.

¿Era el estado salvaje el estado primitivo de nuestra especie? Los filósofos del siglo XVIII, con una gran ligereza, se decidieron por la respuesta afirmativa.

Todos sus sistemas religiosos y políticos parten de la hipótesis de una raza reducida primitivamente a la condición de los brutos, errando por los bosques y disputándose el fruto de las encinas y la carne de los animales; pero, si éste era el estado natural del hombre, ¿por qué medios el hombre habría salido de él?

Los razonamientos que se presentan para que el hombre adoptase el estado social, ¿no contienen una clara petición de principio? ¿No se agitan en un círculo vicioso? Estos razonamientos suponen un estado social que ya existe. Sólo se pueden conocer sus beneficios después de haber disfrutado de ellos. La sociedad, en este sistema, sería el resultado del desarrollo de la inteligencia, mientras que el propio desarrollo de la inteligencia no es más que el resultado de la sociedad.

Invocar el azar es tomar como causa una palabra vacía de sentido. El azar no triunfa sobre la naturaleza. El azar no civilizó especies inferiores, que, en la hipótesis de nuestros filósofos, habrían debido de encontrar muy buenas oportunidades.

La civilización por parte de los extranjeros deja el problema intacto. Me presentáis a maestros instruyendo a los alumnos; pero no me decís quién instruyó a los maestros: es una cadena suspendida en el aire. Hay más; los salvajes rechazan la civilización cuando alguien se la presenta.

Cuanto más próximo está el hombre al estado salvaje, más estacionario es. Las hordas errantes que descubrimos, desparramadas por los confines del mundo conocido, no dieron un solo paso hacia la civilización. Los moradores de las costas que visitó Nearco son todavía hoy lo que eran hace dos mil años. Hoy, como entonces, estas hordas arrancan al mar una subsistencia incierta. Hoy, como entonces, sus riquezas se componen de osamenta acuática, arrojada por el mar a la orilla. La necesidad no los ha instruido; ni la miseria, iluminado; los viajeros modernos los han encontrado tal como los observaba, hace veinte siglos, el almirante de Alejandro[1].

Lo mismo sucede con los salvajes descritos en la Antigüedad por Agatárquides[2] y, en nuestros días, por el caballero Bruce[3]. Rodeadas de naciones civilizadas, próximas a ese reino de Meroe tan conocido por el sacerdocio, con igual poder y conocimientos que el sacerdocio egipcio, estas hordas permanecieron en su embrutecimiento: unas moraban bajo los árboles, contentándose con doblar las ramas y fijarlas en el suelo; otras tienden emboscadas a los rinocerontes y a los elefantes, cuya piel secan al sol; otras persiguen el vuelo pesado de los avestruces; otras, finalmente, recogen enjambres de saltamontes traídos por los vientos del desierto, o los restos de cocodrilos y de caballos marinos que la muerte les entrega; y las enfermedades descritas por Diodoro[4], como producidas por estos alimentos impuros, aniquilan aún hoy a los descendientes de estas desdichadas razas, por cuyas miradas han pasado los siglos sin traerles ni mejoras, ni progreso, ni descubrimientos. Admitimos esta verdad.

Por eso, no consideramos el estado salvaje como aquel en que se encontró la especie humana en su origen. No nos colocamos en la cuna del mundo, no queremos determinar cómo comenzó la religión, sino sólo de qué manera, cuando está en el estado más rudimentario que se pueda pensar, se levanta y llega gradualmente a nociones más puras. No obstante, también se nos puede hacer una objeción.

Cuando uno se remonta hasta las más oscuras épocas históricas, sólo se perciben en la noche de los siglos algunas masas enormes que las tinieblas hacen a la vez más confusas y más imponentes, y que, separadas entre sí por abismos, conservan rasgos de una sorprendente similitud. Recorriendo Europa, Asia y lo que conocemos de África, partiendo de la Galia o incluso de España y pasando por Germania, Escandinavia, Tartaria, India, Persia, Arabia, Etiopía y Egipto, encontramos en todos los sitios costumbres parecidas, cosmogonías semejantes, corporaciones, ritos, sacrificios, ceremonias, hábitos y opiniones, que tienen entre sí conformidades incontestables; y estos usos, estas cosmogonías, estas corporaciones, estos ritos, estas ceremonias, estas opiniones los encontramos en América, en México y en Perú.

Inútilmente algunos querrían asignar, como causa de estas conformidades, disposiciones generales inherentes al espíritu humano[5]. Aparecen, en varios detalles, semejanzas tan exactas sobre puntos tan minuciosos[6] que es imposible encontrar su razón en la naturaleza o en el azar; y lo que conocemos diariamente de las antigüedades de la India, la manera como los sabios ingleses reconocen en las tradiciones de esta región las fechas principales de la historia judía y las fábulas de la religión griega, romana o escandinava, el tipo de concordancia que de ellos resulta para los anales de estos pueblos, todas estas cosas proporcionaron, en estos tiempos últimos, una verosimilitud casi irresistible a la hipótesis de un pueblo primitivo, origen común, tronco universal, pero desaparecido, de la especie humana. ¿No deberíamos buscar en este pueblo el punto de partida de la religión, en lugar de buscarlo en algunas hordas miserables, a las que sólo con dificultad les otorgamos una naturaleza semejante a la nuestra?

No decimos, en absoluto, que sea imposible al trabajo y al genio llegar un día al conocimiento de la gran verdad, del gran hecho, del hecho único, que debe servir para reunir los fragmentos dispersos de la cadena rota de la que presentamos algunos anillos. Nos gusta hacer justicia a los hombres estudiosos, a los viajeros intrépidos que se proponen este descubrimiento. Admiramos su infatigable paciencia y ese coraje que nada desalienta y que afronta las dificultades que arredran a la imaginación. Pues esto sólo puede llevarse a cabo estudiando cada pueblo en sus detalles más pequeños, comparando minuciosamente las costumbres y las tradiciones más confusas, recogiendo todos los vestigios de las lenguas antiguas, no nos referimos a las que son antiguas para nosotros, sino a las que, ya muertas para los hombres que nos precedieron sobre esta tierra, sólo habían dejado en las naciones más remotas huellas vagas y un débil recuerdo; quizá, sólo viajando a través de todo nuestro globo y removiendo, por así decirlo, las numerosas capas acumuladas unas sobre otras por la sucesión del tiempo, podrán reunir los materiales indispensables para el éxito cuya noble esperanza los sostiene en todos sus esfuerzos.

Pero este éxito, precioso en sí mismo, sólo los conducirá al punto en que nos encontramos. La hipótesis de un pueblo primitivo impone a quienes la adoptan una dificultad añadida que tienen que resolver. Por una parte, trasladados por este sistema más allá de la historia de la especie humana, deben entregarse al estudio de aquellas de las grandes épocas de nuestro globo para explicar las revoluciones físicas por las que este pueblo fue destruido; y es así como, siempre que uno se entrega a fondo a un asunto cualquiera, se llega a sentir que, para saber completamente una cosa, sería preciso no ignorar nada. Por otra parte, al ser incontestable la destrucción del pueblo primitivo, varias de sus partes se vieron obligadas a recomenzar la gran obra de la civilización. A lo más, se pueden suponer en algunas regiones algunos recuerdos de una situación anterior, algunas tradiciones, algunas costumbres. Pero estos recuerdos son confusos; estas tradiciones, vagas; estas costumbres, inexplicables por el olvido de sus motivos, y el conjunto de las conjeturas deberá comenzar siempre en este estado de rusticidad y de ignorancia del que nosotros creímos que se debía partir.

CAPÍTULO 9

De las precauciones que nos obliga a tomar la naturaleza de nuestras investigaciones

Deberemos tomar varias precauciones para alcanzar la meta que nos propusimos en esta obra.

La primera será la de distinguir las épocas de las diversas religiones.

Una nación, al final de un siglo, no tiene la misma creencia que al comienzo; aunque adore a las mismas divinidades, no conserva durante largo tiempo nociones uniformes.

Con la civilización, los pueblos reciben un impulso imparable; pero los cambios son imperceptibles. Ningún signo visible los muestra. La exterioridad de una religión permanece inmutable aunque cambie su doctrina. Sólo no cambia el nombre de los dioses, lo que origina una causa nueva de error.

En la mente de muchos lectores bastante instruidos, el nombre de cada mitología describe un conjunto de opiniones cuyas fechas apenas distinguen. Les parecen totalmente semejantes la religión de Homero y la de Píndaro y, al encontrarse, en las orillas del Tíber, a los mismos actores que en las riberas del Simois, siguen pensando que el rapsoda de Aquiles y el de Eneas cantaron una religión más o menos parecida[1].

No hay nada de eso. Los dioses de la *Ilíada*, lejos de ser los de los poetas romanos o los de los líricos y trágicos griegos, no son exactamente los de la *Odisea*. Los dioses de Grecia sólo tienen en común con los de Ovidio y Virgilio el nombre y algunas fábulas cuya significación había cambiado. Su carácter moral, sus relaciones con los hombres, en estas dos épocas, no tienen ninguna relación.

Hasta ahora, más que valorar los testimonios, los hemos recogido. Citamos, sobre la religión griega, casi indistintamente, a Homero y a Virgilio, a Hesíodo y a Luciano. Hasta consultamos con confianza, sobre las épocas más remotas de esta creencia, mitologías totalmente modernas, o filosofías cuyo interés visible y objetivo claro eran purificar el antiguo politeísmo[2].

Al confundir así las fechas y las doctrinas, estos autores de la mayoría de los sistemas mezclaron las opiniones de los diversos siglos; no distinguieron los dogmas tomados del exterior de los dogmas indígenas, las fábulas que habían formado siempre las creencias nacionales de las que se habían introducido sucesivamente o que habían surgido debido a algún evento inesperado.

Existen, sin embargo, religiones de los antiguos, como de su geografía, en las que todo es progresivo. La geografía de Homero no es la de Hesíodo; la de Hesíodo no es la de Esquilo, la de Esquilo no es la de Heródoto. Por lo que a la Antigüedad se refiere, se debe partir de la progresión.

Pero la dificultad de este trabajo se acrecienta por el hecho de que casi todas las mitologías sufrieron, en su organización cronológica, una subversión que situó en los tiempos más antiguos las opiniones más recientes, y que representó las opiniones más antiguas como una degeneración de opiniones aún anteriores. El motivo de este trastocamiento de fechas es fácil de comprender una vez indicado.

81

Cuando el progreso de las luces rompe en un pueblo toda proporción entre las nociones religiosas y el resto de las ideas, se introducen en la religión mil refinamientos, mil explicaciones sutiles. Pero los inventores de estos refinamientos, los autores de estas explicaciones no los presentan como desviaciones del culto existente. La mayoría de los innovadores en política no dicen nunca que quieren establecer un nuevo gobierno. Al oírles hablar así, se ve que sólo aspiran a devolver a las instituciones antiguas su pureza primitiva. Lo mismo sucede con la religión. Los filósofos, las mentes ilustres y, sobre todo, los sacerdotes que, como mostraremos en otro lugar, tienen siempre dos impulsos, el de conservar las opiniones existentes, porque es su interés inmediato, y el de introducir en la religión, que ellos consideran como su propiedad, todos sus descubrimientos sucesivos, porque es el interés duradero del sacerdocio, estos hombres reclaman para sus adiciones y sus interpretaciones más o menos ingeniosas, abstractas o rebuscadas, los honores de la Antigüedad y el favor de la tradición[3]. Para dominar mejor a las generaciones vivas, acuden a la voz de las generaciones pasadas[4].

En el *Bhagavad Gita*[5], obra compuesta con la clara intención de sustituir la doctrina de los Vedas por otra más filosófica, Krishna dice a su discípulo que él reveló antiguamente a otros las verdades sublimes que ahora le comunica a él, pero que los lapsos de tiempo las recubrió con un velo. Como todos los reformadores, Krishna coloca, de este modo, la antigüedad por delante. En un diálogo atribuido falsamente al Mercurio egipcio y traducido por Apuleyo[6], este legislador dice, dirigiéndose a Egipto: vendrá un tiempo que, en lugar de un culto puro, sólo tendrá fábulas ridículas. Es la palabra de un filósofo que, mientras el espíritu humano se eleva de la ignorancia a las luces, invierte este caminar para dar más autoridad a sus opiniones[7].

Se puede ver un trabajo análogo entre los sabios de Grecia. Empédocles, Heráclito, el propio Platón[8], tratan de identificar sus hipótesis con lo que ellos llaman la antología más antigua. Este último, por ejemplo, atribuye a los primeros griegos el culto de los astros que siempre les fue ajeno[9], y no se debe a él que no se considere, contra el testimonio de la historia, que comenzaron por la idolatría.

Es evidente que todos los refinamientos de las creencias religiosas son posteriores a la simple credulidad; como es evidente igualmente que la barbarie es anterior a la civilización[10]. Pero un motivo natural hizo colocar estas innovaciones antes de las fábulas populares, en la cronología ostensible de las mitologías. Así colocadas, contribuyen a hacer respetable la religión: son fantasmas imponentes que se añaden a la majestad sombría de un antiguo edificio. Si remplazaran abiertamente a la doctrina recibida, innovaciones como éstas parecerían impiedades.

Esta observación se ve claramente en casi todas las naciones antiguas. Observamos en Persia las opiniones misteriosas y refinadas del viejo imperio de Bactriana atribuidas a los persas bárbaros, y los vestigios de la religión rudimentaria de estos últimos, representados como la corrupción de un culto depurado.

Si tomásemos al pie de la letra la historia de la mitología escandinava, tal como se nos narra, creeríamos que los pueblos del Norte comenzaron por el teísmo y la alegoría y terminaron por el fetichismo: la primera de las dignidades escandinavas se llama *Alfadur, Allvater*, Padre de todo, se nos dice; luego vienen Odín y sus hermanos. Las Nornas o las Parcas son, primero, tres, y presiden, de una manera general, el pasado, el presente y el futuro. La alegoría no es irreconocible, pero luego se pierde. Existen tantas Nornas como hombres; las Nornas se convierten en los fetiches de los individuos. Esta progresión sería inexplicable si la aceptásemos como se nos la presenta. Pero será fácil de ver cuando hayamos mostrado que así lo contaron los sacerdotes o drotes, que, entre los escandinavos, habían logrado un gran poder.

Sucede igual en el politeísmo griego, en que las dignidades cosmogónicas, Crono o el Tiempo, Rea, el Cielo, el Erebo, la Noche, el Océano, la Tierra, preceden, en apariencia, a las divinidades reales.

Es fundamental no olvidar estas observaciones en la lectura de esta obra. Su naturaleza no nos permitía relatar todos los hechos, entrar en todos los detalles indispensables para demostrar cuán fundada está cada una de las distinciones que establecimos entre las diversas épocas de las creencias; pero quienes nos leen con el deseo de encontrar la verdad, deben preguntarse, cuando crean tener que oponernos algún hecho particular, si ese hecho no se habría introducido en la religión de la que forma parte posteriormente a la época en la que se relata, y luego se remitió, por una argucia o por un error común, hacia una época anterior: ¿cuál es el primer autor que contó este hecho?, ¿en qué fecha se sitúa este autor?, y si no confundió las opiniones de su tiempo o sus propias conjeturas con opiniones más antiguas.

Otra precaución que deberemos tomar será la de dejar de lado las explicaciones científicas que nos ofrezcan, sobre los antiguos cultos, diversos eruditos notables. Los trabajos de estos eruditos fueron, sin duda, de gran utilidad. Difundieron mucha luz sobre aspectos poco conocidos de la historia de los tiempos remotos. Esclarecieron varios puntos esenciales. Nos presentaron conjeturas, a menudo interesantes; algunas veces, probables. No se debe desdeñar verdad alguna. La solución de un problema aparentemente insignificante y cuya investigación se consideraba pueril arrojó una luz inesperada sobre objetos de máxima importancia. La ciencia es siempre saludable, así como la ignorancia es siempre funesta.

No obstante, estos eruditos, nos atreveremos a decirlo, cometieron un grave error. La religión sólo fue para unos la representación simbólica de la agricultura; para otros, la de la astronomía; para otros más, hechos históricos desfigurados por las tradiciones o alegorías desconocidas por la ignorancia. Desde cierta perspectiva, todas estas explicaciones tienen algo de verdad. En todas las naciones de la tierra, una clase de hombres más o menos poderosa intentó hacer de la religión el depósito de los conocimientos humanos. Pero concluir de eso que la religión se inventó para esconder este sentido misterioso y que las opiniones populares no fueron más que disfraces o degradaciones de esta doctrina, es caer en un error a cuyas consecuencias es imposible escapar. Las fábulas religiosas sólo gradualmente se convirtieron en jeroglíficos, con cuya ayuda la clase instruida anotó sus cálculos, sus observaciones sobre los hechos o sus hipótesis sobre las causas.

El error de los sabios no proviene de que prestaran a la religión un sentido científico, sino de que creyeran que podían colocarlo delante del sentido popular o literal. En lugar de considerar la religión como un sentimiento, la contemplaron como una combinación; en lugar de reconocer en ella una inclinación del alma, la quisieron transformar en una obra del espíritu. En lugar de ver la naturaleza, sólo vieron el arte. Como si este error fundamental no les hubiese bastado, cada uno eligió una de estas hipótesis para hacer de ella el único origen de la religión. De este modo, un sistema ya defectuoso por su base, se hizo quimérico y forzado en todos sus detalles[11]. No se tuvieron en cuenta para nada las inclinaciones más naturales del hombre; se pusieron en duda los testimonios más positivos de la Antigüedad. Se rechazó, a la vez, lo que nos revela el estudio de nosotros mismos y lo que nos enseña la historia.

Abrid el *Mundo primitivo*; no encontraréis en él ni el sentimiento de esa piedad profunda y viril, de esa convicción íntima y seria que caracteriza a los romanos, ni el conocimiento de los acontecimientos que, al introducir en ese culto fiestas nacionales, habían hecho de ellas tanto un principio de patriotismo político como de veneración religiosa. El abandono del rey de los sacrificios, abandono evidentemente conmemorativo de la expulsión de los Tarquinios[12], al mismo tiempo que vinculado a tradiciones sacerdotales tomadas del exterior, se convierte exclusivamente en el abandono del sol al terminar el año. Júpiter Stator es el mismo sol que se detiene. La Fortuna de las mujeres deja de recordar a la embajada de Veturia: el autor la transforma, primero, en una fiesta a la Victoria, con el pretexto de que recordaba una victoria de la piedad filial; luego, esta victoria se convierte en el triunfo conseguido por el sol sobre el invierno. Las Juvenales, fundadas[13] por Nerón el día en que, por vez primera, se cortó la barba para celebrar esta gran época, ofreciendo como espectáculo al emperador del mundo como histrión[14] y como cantor, es un emblema del cambio de las estaciones[15]. Así, desfigurando todo, llegaron los eruditos, con su estandarte favorito[16] a cuestas, llevando detrás de él hechos cautivos, bajo disfraces raros[17]. Uno vio por todas partes el diluvio allí donde otro reconoció el fuego. Éste encontraba meses donde su sucesor veía dinastías[18]. Nadie llevó la sutileza y la audacia en este género tan lejos como un hombre[19] que, sin embargo, al parecer, fue decisivo en Francia en las ideas sobre esta materia, y para quien todos los dioses y todos los héroes, desde Osiris hasta Mahoma, no fueron más que el sol y los astros. La agricultura, la astronomía, la historia, la metafísica, la alegoría, sobre todo, de cualquier naturaleza que haya podido ser, fueron posteriores a la religión[20].

Estos sistemas, por otra parte, admitidos como estaban en el culto, no tuvieron nunca relación directa con los efectos morales de las creencias. Jamás estuvieron, por así decirlo, en circulación. La parte más alegórica de la religión griega, la que trataba del origen del mundo, de los Titanes, de Prometeo, era aquella de la que menos se ocupaba el pueblo. Las divinidades alegóricas no desempeñaban casi ninguna función en la religión nacional. Urano, el Océano, Saturno, no son objeto ni de esperanza ni de temor, ni de invocación. Heródoto parece ignorar lo que Homero había considerado como el Océano, pues las personificaciones cosmogónicas apenas se mezclaban con las opiniones habituales[21]. Jamás se habla de la cólera o de la protección de los seres de esta clase[22]. Sus fiestas son de un tipo completamente distinto de las de las divinidades reinantes. Son ceremonias que no tienen otra finalidad que una conmemoración sin resultado y que no suponen ninguna influencia recíproca de los dioses sobre los hombres y de éstos sobre aquellos. Que la mutilación de Urano sea una alegoría, que un filósofo, probablemente anterior a los griegos, haya querido representar de este modo el cese de la fuerza creadora, cese que databa del comienzo del orden, porque, al someter a las generaciones a una reproducción sucesiva, la naturaleza parece renunciar a la creación de formas nuevas; que haya atribuido esta mutilación a Crono, el tiempo, porque la idea del tiempo es inseparable de la de una sucesión fija y regular; que Hesíodo, que había recogido de todas partes dogmas sacerdotales, para introducirlos en la religión griega, haya revestido después esta alegoría de colores poéticos, nada más verosímil. Pero ¿qué efecto moral o político podía tener esta alegoría sobre el pueblo de cuya religión formaba parte[23]?

No hay duda de que, en la lengua astronómica de la religión romana, Pan representaba el sol. Pero, si en el culto público este dios no era más que una divinidad subalterna, maligna en sus intenciones, grotesca en sus formas, el objeto de la alegría del pueblo, más que de su temor o de su adoración, ¿quién no ve que el Pan astronómico no tenía ninguna relación con la religión nacional? ¿Qué importa que Hércules sea el sol, y sus doce trabajos, el zodiaco; que las querellas entre Júpiter y Juno, los amores de Marte y Venus sean sistemas de física, si la nación que rinde homenaje a estas divinidades ve en ellas seres reales de quien depende su destino, y si en los relatos que se hacen de sus acciones ella sólo busca los medios de hacérselos propicios? Lo que aquí decimos no intenta en absoluto, lo repetimos, despreciar trabajos útiles. Es deseable, sin duda, penetrar en el sistema misterioso de los cultos antiguos. Pero aunque el descubrimiento de este sentido misterioso estuviese asegurado, no nos bastaría, en modo alguno, con darlos a conocer en sus aspectos más esenciales. La masa de los hombres escoge la religión como se presenta. Para ella, la forma es el fondo[24]. Es en la letra de las mitologías donde se observan casi únicamente los progresos de la moral y las modificaciones sucesivas que las religiones experimentan. Las alegorías y los símbolos pueden seguir siendo los mismos en todas las épocas, porque expresan ideas que no cambian. Las fábulas populares cambian, porque expresan ideas que cambian[25].

Así, para elegir un ejemplo que sea conocido por nuestros lectores, la cólera de Apolo contra los griegos comienza por los animales para alcanzar luego a los hombres. Es claro que el poeta quiera describir la evolución de los estragos de la peste. Ovidio[26] pudo, igual que Homero, y como cualquier poeta moderno, que hiciese uso de la mitología antigua, emplear esta alegoría para designar este fenómeno físico; pero la fábula popular, es decir, la que se refiere al carácter de Apolo, a los motivos que lo rigen está subordinada necesariamente a los cambios que tienen lugar en la moral de la religión. Si los dioses son totalmente egoístas, como en el politeísmo de la *Ilíada*, la cólera del sol se explicará porque no se le ofrecieron suficientes sacrificios, o porque se ofendió a uno de sus sacerdotes[27]. Si, por el contrario, la moral forma una parte principal de la religión, lo cual debe suceder en una civilización más avanzada, el poeta contará que el dios estaba irritado contra el ejército por sus crímenes[28].

Desgraciadamente, los eruditos[29] siempre mostraron no sé qué desdén en ocuparse de esta parte de la mitología. Es mucho más importante, dice uno de ellos, conocer la verdadera y única doctrina de los filósofos y de los sabios sobre la divinidad, el universo, el alma y la naturaleza que coleccionar fábulas estúpidas del vulgo y absurdas amplificaciones de los poetas[30]. Pensamos precisamente lo contrario. La doctrina de los filósofos produjo hipótesis y sistemas; las fábulas reverenciadas por el vulgo constituyeron la influencia de las religiones. Fueron decisivas en la moral de los pueblos. Prepararon y dirigieron todas las luchas, todas las guerras, todas las revoluciones religiosas.

Por otra parte, no es en absoluto exacto pretender que la teología científica fuese la única religión de los sabios y de los filósofos. Vemos huellas de creencia popular en los hombres más eruditos y en casi todos los sabios de la Antigüedad. Si hablamos algún día de la filosofía griega, mostraremos a Sócrates consultando a Pitia; a Jenofonte, comportándose según los oráculos; a Platón, admitiendo una fe implícita a la adivinación[31]. Incluso cuando los hombres se alejan, en muchos aspectos, de los dogmas profesados antes de ellos y en torno a ellos, estos dogmas no pierden todos sus derechos. Se asemejan a un ejército que se dispersa en vez de rendirse y que se coloca en grupos dispersos, en lugares diferentes. En un primer momento, parece que la región pertenece al vencedor; pero los vencidos poseen sus refugios, sus desfiles, sus plazas fuertes que defienden, y algunas veces atacan a los sitiadores. Cuando la filosofía domina en la clase instruida, también en ella existen restos de religión vulgar, mezclados con las opiniones de esta clase; y, para valorar estas opiniones, se debe estudiar también esta religión vulgar[32]. Los mismos poetas, cuando inventan, se doblegan a la creencia recibida para dar a sus invenciones una apariencia de verdad. Las religiones antiguas, como observa[33] el más juicioso de los romanos, fueron para el pueblo, en cada época, tal como los poetas las representaban; considerar sólo su sentido oculto es querer hacer la historia del arte dramático, describiendo el pescante y los cordajes que mueven los decorados[34].

Finalmente, no se cuidó, hasta ahora, separar, con suficiente esmero, las religiones dominadas por los sacerdotes de las religiones que permanecen independientes de la dirección sacerdotal. Sin embargo, uno se convencerá fácilmente, por poco que se reflexione, que, desde los primeros momentos de las ideas religiosas, la marcha de la religión es diferente, según el grado de poder con que el sacerdocio está revestido.

No es el momento de indagar cómo algunos pueblos son sometidos desde el momento de su reunión en sociedad, mientras que otros gozan, durante largo tiempo, de una independencia completa y nunca llegan a ser subyugados totalmente.

Pasaremos al examen de los hechos cuando hablemos de la religión griega de los tiempos homéricos y cuando describamos la religión egipcia, tal como se conservó hasta la unión y la destrucción de todos los cultos de la Antigüedad. Por ahora nos basta con establecer la diferencia que debe existir entre tipos de religión confundidos con demasiada frecuencia.

Cuando una corporación sacerdotal se apodera de la religión desde su origen, la religión sigue otro camino distinto de cuando el sacerdocio, al establecerse gradualmente, sólo llega a constituirse más tarde como corporación regular y reconocida. El poder de los sacerdotes debe ser ilimitado cuando existe desde la formación de las sociedades. Cuanto más rudimentaria es una creencia, más autoridad tienen los ministros de esta creencia si forman una clase aparte.

La escasa influencia que poseen los juglares de varias tribus salvajes procede de que, al no ser el estado de estas hordas un estado organizado mediante reglas fijas, todo es vago en ellas, todo es impresión momentánea, hábito irreflexivo. Nada tiene fuerza de ley, ni el sacerdocio ni cualquier otra cosa. Pero, cuando un pueblo, por circunstancias que intentaremos determinar en otro lugar, ve, como en Egipto, por ejemplo, surgir en su seno una institución sacerdotal, antes de que haya ninguna institución política capaz de luchar contra este poder religioso o de restringirlo, debe sufrir el yugo de este poder. Desde ese momento, la religión que, abandonada a sí misma, se compone de todos los sentimientos, de todas las nociones, de todas las conjeturas naturales al hombre, se convierte, en manos del sacerdocio, en objeto de un cálculo premeditado, de una ordenación sistemática.

Cuando el hombre se ocupa de la religión como de una cosa que le pertenece como propia, el hábito y la imitación le obligan, sin duda, a preferir el culto que se practica a su alrededor; quiere que los objetos de sus invocaciones lo escuchen; por eso, les habla la lengua indicada por la experiencia de sus ancestros y de sus contemporáneos; pero todo, en el culto, es individual. Se añade, se suprime o se cambia, sin que nadie se arrogue el derecho de ofenderse por ello. Se corre el riesgo de disgustar a los dioses, pero no de recibir el castigo de los hombres. Las plegarias y los sacrificios, se realicen sobre altares domésticos, en la soledad de los bosques o en la cima de las montañas, se elevan directamente hasta el mundo invisible, surcando el vasto espacio de los aires, sin tener que buscar un camino privilegiado. Todo es libre entre el cielo y la tierra. En cambio, en las religiones sacerdotales el cielo está cerrado; una triple muralla rodea a los mortales. Todas las salidas las guardan intermediarios celosos. Todas las conjeturas del hombre, todos sus temores, sus presentimientos fugitivos, los peligros que le acechan, las apariencias insólitas que le sorprenden, los fantasmas que vislumbra en la oscuridad, los ruidos que escucha, las sombras que contempla en sus sueños, todas estas cosas las somete el hombre a otros hombres, los únicos autorizados a explicarlas; y, de estos elementos fantásticos, componen una legislación, una ciencia. Cualquier víctima que no es inmolada por ellos es rechazada como una víctima impía. El incienso que no queman sus manos es un incienso sacrílego. Para obtener la asistencia o la protección divina, es tan necesario, según ellos, granjearse su benevolencia como la de los dioses de los que son ministros, y el carácter mismo de estos dioses sufre por eso grandes cambios. El hombre que sólo pide a la religión que le otorgue el favor celeste, intenta descubrir lo que son los dioses. El sacerdote que espera de la religión medios para gobernar a la especie humana examina cómo debe describir a los seres en cuyo nombre quiere gobernar. Sin duda, no se debe exagerar la acción del sacerdocio. Al someter, según sus cálculos y sus puntos de vista, la religión a diversos cambios, no inventa nada; sólo aprovecha lo que existe. Su trabajo no es un trabajo de creación, sino de ordenación, de forma, de disposición. No se inventan las opiniones; éstas nacen en la mente de los hombres, independientemente de su voluntad. Unos las adoptan; otros se sirven de ellas. El sacerdocio encontró el germen de todas las nociones religiosas en el corazón del hombre[35], pero luego dirigió despóticamente el desarrollo de este germen y, de este modo, imprimió a la religión un camino que ésta no habría seguido naturalmente.

Por no haber distinguido estas dos clases de creencia, se cometieron tantos errores en la historia de las religiones. Al confundirlas, se intentó abrir un camino que condujera a la vez hacia dos extremidades opuestas, y todo acabó, tras esfuerzos inútiles, en un intento lleno de quimeras. La distinción entre las religiones sometidas al sacerdocio y las que son independientes de él es la primera condición necesaria para hacerse una idea cabal sobre esta materia.

Vemos cuán amplia es la serie de ideas que debe ocupar nuestro esfuerzo. Lo es tanto que abarcarla en su conjunto y en todos sus detalles está por encima de las fuerzas humanas y, quizá, por encima de la atención del público en las condiciones actuales. Por eso, nos limitamos, en esta obra, a indicar y demostrar, mediante el razonamiento y los hechos, la verdad fundamental de la que derivan todas las demás.

Partimos de la forma más rudimentaria que pueden revestir las ideas religiosas. Mostramos anteriormente el sentimiento religioso que crea esta forma, luego que lucha contra ella y que, a veces, llega, por su maravillosa y misteriosa energía, a hacerla noble y conmovedora a pesar de ella misma. Dijimos después cómo se modifica esta forma, ya por las corporaciones de sacerdotes en las naciones sometidas al sacerdocio, ya por los progresos del espíritu humano en los pueblos independientes del poder sacerdotal.

Comenzamos por las primeras. Sin duda, no se puede seguir al espíritu humano, en su progresión natural, si no estudiando las religiones independientes. Todos los cambios se realizan al descubierto en estas religiones, mientras que, bajo el imperio de los sacerdotes, el trabajo se realiza a puerta cerrada, en el recinto misterioso de las corporaciones privilegiadas. Pero los cultos que los sacerdotes dominaron son históricamente los más antiguos; y las naciones, en un número muy pequeño, en las cuales el sacerdocio tuvo poco poder, probablemente fueron liberadas más que preservadas de él. De ello se desprende que la simplicidad de las religiones abandonadas a sí mismas proviene sobre todo de que el espíritu humano suprime sucesivamente sus nociones rudimentarias que pertenecen a la infancia de las creencias, nociones que el sacerdocio, al contrario, acoge y transforma en dogmas, de modo que, para comprender perfectamente los cultos más simples, es necesario haber estudiado a fondo los más complicados.

Se verá, así lo esperamos, que la mayor parte de los reproches que se hace a la religión no son merecidos más que por algunos de sus ministros. Las religiones que lucharon con más éxito contra su poder fueron las más tolerantes, las más humanas, las más puras. Si la demostración de esta verdad hace que nuestros lectores adopten las consecuencias que, a nuestro entender, se derivan de ella, disminuirá mucho, así lo creemos, la admiración rutinaria por estas corporaciones de sacerdotes persas, egipcios o galos.

Nos limitamos, pues, a esta parte de la historia religiosa.

Reconocida la verdad fundamental, será fácil sacar de ella las consecuencias y seguirla en sus innumerables y admirables modificaciones. Después de haber visto cómo se constituyen las dos formas que reviste la religión, la que se crea el espíritu humano y la que le impusieron más frecuentemente los sacerdotes, se puede adivinar el principio de perfeccionamiento que dirige la primera, y el principio estacionario que pesa sobre la segunda. Cuando ambas formas chocan entre sí y se confunden por la comunicación de los pueblos, si es la inteligencia del hombre la que consigue la victoria, se perfeccionan sus ideas sobre la naturaleza divina por una feliz y rápida progresión. Pero se perciben, al mismo tiempo, los gérmenes de decadencia que sus concepciones, incluso mejoradas, encierran, y el impulso irresistible que lo lleva a tomar un vuelo más alto aún. La forma religiosa más depurada se convierte, en esta época, en la única admisible, el símbolo único, la imperiosa necesidad del mundo civilizado. Finalmente, el fracaso de las creencias envejecidas y desacreditas muestra al hombre afligido por la obra de destrucción que realizó. Sólo se reanima de alguna forma con la ayuda de una nueva creencia. Ésta, como las anteriores, sufre también degradaciones. Algunas veces parece retroceder a épocas de ignorancia y resucitar los dogmas bárbaros; pero al ser la misma la naturaleza del espíritu humano, reacciona como antiguamente contra estos retrocesos pasajeros. Cada siglo contempla lo que es proporcionado a lo que él llama sus luces como el término inmutable de lo bueno y de lo verdadero. Pero un nuevo siglo viene, a su vez, a diferir este término. Pone nuevos límites que las generaciones que le suceden están destinadas a desplazar, para situarlo aún más lejos.

Por tanto, no nos proponemos realizar una historia detallada de las religiones. Describir las revoluciones religiosas de todas las naciones sería hacer la historia de todas las naciones. La religión se mezcla con todo. Penetra en la parte más íntima del hombre; por eso, cuanto actúa sobre el hombre actúa sobre la religión. Modifica cuanto toca, y es modificada por todo lo que toca. Las causas se encuentran, se entrechocan y se adaptan mutuamente. Para explicar la manera de discurrir de una religión, se deben examinar el clima, el gobierno, los hábitos presentes y pasados del pueblo que la profesa: pues lo que existe influye, pero lo que ya no existe sigue influyendo siempre. Los recuerdos son como los átomos de Epicuro. Elementos que siempre forman parte de la composición de las combinaciones nuevas. Llevar al lector a través de estas investigaciones, sería describir una historia universal. Tratamos, en cambio, de evitar la forma histórica, no sólo por la duración que es inseparable de ella, sino también por las innumerables repeticiones que hubiera necesitado. Pues es imposible sacar adelante conjuntamente la historia de todas las religiones.

No todos los pueblos avanzaron de igual modo, debido a las diferentes modificaciones que los acontecimientos y las circunstancias aportaron a sus opiniones; por eso, hubiéramos debido reproducir perpetuamente, sobre cada uno, las observaciones ya hechas sobre los otros.

No obstante, no se puede dar a estas investigaciones sobre esta materia la forma puramente didáctica que el señor de Montesquieu utilizó en su trabajo sobre las leyes. Las leyes están escritas y, en consecuencia, sus revoluciones se vinculan a épocas fijas y precisas. Pero la religión, al existir, en gran medida, en el corazón y en la mente del hombre, se modifica insensiblemente sin que uno se dé cuenta de ello[36]; y algunas de estas modificaciones sólo se pueden examinar históricamente.

Intentamos, sin embargo, presentar a nuestros lectores únicamente resultados, apoyados, es verdad, en muchos hechos. Refutamos algunas objeciones. Silenciamos otras. Otras, quizá, no se nos presentaron. Si hubiésemos desarrollado todo, la extensión de esta obra hubiese desafiado cualquier posibilidad de atención. La historia de las excepciones hubiera sido mucho más larga que la de la regla general. La regla es una y simple; las causas de las excepciones, innumerables y complejas.

LIBRO II

DE LA FORMA MÁS RUDIMENTARIA QUE PUEDEN REVESTIR LAS IDEAS RELIGIOSAS

CAPÍTULO 1

Método que seguiremos en este libro

Definimos anteriormente el sentimiento religioso como la necesidad que siente el hombre de comunicarse con la naturaleza que le rodea y con las fuerzas desconocidas que le parecen animar esta naturaleza. La forma religiosa es el medio que emplea para establecer esta comunicación.

Es evidente que no es arbitraria la elección de este medio. El hombre no se decide por un puro capricho por tal o cual forma respecto a otras. Está determinado en su elección, no sólo por los sentimientos que existen naturalmente en el interior de su alma, sino también por las nociones que la reflexión sugiere a su inteligencia y por la exigencia que le inspira su egoísmo, al que erróneamente se consideró como móvil único, pero cuya acción es tanto más poderosa cuanto más habitual e indestructible es.

Para descubrir el resultado de estas diversas causas, se presentan dos modos: observar y describir separadamente el trabajo de cada una de las facultades del hombre, y de todas estas facultades reunidas, cuando se crea una religión; o agrupar los hechos mejor constatados, sobre las creencias religiosas de las tribus más ignorantes, e indagar después qué parte, en estas creencias, debe atribuirse al sentimiento, cuál a la inteligencia y cuál al interés.

El primer método nos parece demasiado metafísico y abstracto. Es mejor partir de hechos históricos, para remontarse luego a las causas de estos hechos.

93

CAPÍTULO 2

De la forma que reviste el sentimiento religioso entre los salvajes[1]

De las tribus salvajes que conocemos, varias están en un estado poco diferente del de los brutos. Unas ignoran el uso del fuego; otras satisfacen sus necesidades como los moradores de los bosques, o, menos hábiles aún, no utilizan para alimentarse la destreza o la fuerza, sino que esperan a que la muerte les entregue los restos repugnantes e insalubres con que sacian su hambre voraz. Y otras reducen su lenguaje a cinco o seis gritos apenas articulados.

Las hordas situadas inmediatamente por encima de las que acabamos de describir perfeccionaron, más o menos, sus medios de existencia física. Inventaron algunos instrumentos de caza o de pesca. Presentaron más variedad de sonidos para expresar sus pasiones o sus necesidades. Construyeron chozas. Algunas de estas hordas domesticaron animales. La unión de los sexos se hizo más estable o, al menos, se prolongó más allá del deseo y la posesión.

Las primeras se asemejan a los zorros y a los lobos; las segundas, a los castores y a las abejas.

En este estado rudimentario, nace el salvaje; sufre, llora; tiene hambre, caza o pesca. Se siente la necesidad de reproducirse. La satisface. Envejece, muere o sus hijos lo matan.

Sin embargo, le inquieta lo que llamamos anteriormente sentimiento religioso: es decir, se ve rodeado, dominado, modificado por fuerzas, cuyo origen y naturaleza desconoce; y un instinto, propio sólo de él[2] entre todos los seres, parece advertirle que el poder que anima estas fuerzas desconocidas tiene alguna relación con él. Siente la necesidad de determinar, de establecer estas relaciones de una manera fija. Busca al azar este poder. Le habla, lo invoca, lo adora.

Como demostramos antes, no sólo es el temor el que origina en él este instinto. Pues los objetos de su temor no son ni los objetos únicos ni los objetos principales de su homenaje. Sin duda, coloca algunas veces entre ellos a los que le hicieron daño; pero a menudo adora a los que no le inspiran ningún temor por sí mismos.

Concluir que el terror que siente cuando los cree dotados de naturaleza divina lo obligó a adorarlos es tomar el efecto por la causa.

Tampoco es una idea de interés la que crea su primer culto. Se prosterna ante objetos que no pueden serle de ninguna utilidad.

Que intente hacérselos útiles, después de haberlos deificado, es otro movimiento de su naturaleza; pero considerar este movimiento como el primero es también convertir en causa lo que no es más que un efecto.

El salvaje adora a diferentes objetos porque debe adorar algo; pero ¿qué objetos adorará? Nada de cuanto lo rodea le puede dar luz sobre esto. Se repliega sobre sí mismo; saca la respuesta de su propio corazón. Esta respuesta es proporcionada a la debilidad de su razón poco ejercitada y a su profunda ignorancia. Esta razón no tiene aún idea alguna de lo que constituye la divinidad en una época más avanzada. Esta ignorancia lo equivoca sobre las causas de los fenómenos físicos. El hombre, lo dijimos antes[3], sitúa siempre sus ideas religiosas en lo desconocido. Para el salvaje, todo es desconocido. Por tanto, su sentimiento religioso se dirige a cuanto encuentra.

Allí donde hay movimiento, él cree que hay vida. Cree que la piedra que rueda lo persigue o huye de él. El torrente impetuoso se precipita contra él; algún espíritu irritado mora en la catarata cubierta de espuma; ruge el viento, y es la expresión del sufrimiento o de la amenaza; el eco de la montaña profetiza o responde; y cuando el europeo muestra al salvaje la aguja imantada, ve en ella a un ser separado de su patria y que se vuelve con anhelo y angustia hacia los lugares queridos[4].

Así como allí donde hay movimiento, el salvaje supone la vida, igualmente, donde hay vida, supone una acción o una intención que le concierne. Pasa largo tiempo hasta que el hombre admite que es el centro de todas las cosas. El niño se siente el centro hacia el que todo se dirige. El salvaje razona como el niño.

Rodeado así de objetos poderosos, activos, que influyen continuamente en su destino, adora, entre ellos, a los que llaman con más fuerza su atención. El azar decide[5]. Es la roca, es la montaña, algunas veces una piedra, a menudo un animal.

Nos parece rara esta adoración de los animales. Sin embargo, si pensamos en ella, nos parecerá muy natural.

Hay en los animales algo desconocido, misterioso quizá, que debe disponer al salvaje a su adoración.

La imposibilidad de juzgarlos y de comprenderlos, imposibilidad que, por lo demás, nos es común con él, pero que la costumbre nos impide darnos cuenta de ello, su instinto más seguro que nuestra razón, su mirada que expresa con tanta energía y viveza lo que les sucede, la variedad y singularidad de sus formas, la rapidez, a menudo sorprendente, de sus movimientos, su simpatía con la naturaleza que les anuncia la proximidad de los fenómenos físicos que el hombre no puede prever, en fin, la barrera que se levanta entre ellos y él por la ausencia del lenguaje: todo hace de ellos seres enigmáticos.

«Debería colocarse uno mismo», observa el juicioso Heeren[6], «en el lugar del salvaje para comprender la relación que él cree tener con los animales».

Hasta que no los despojó de su prestigio domesticándolos, comparten con él la vida y el imperio, reinan sin rival en los bosques; lo desafían desde lo alto de los cielos o en las profundidades del mar. Poseen, en un grado superior, algunas de sus facultades. Son sus vencedores o su presa; y se comprende que, al buscar en todos los sitios la morada oculta de las fuerzas invisibles, la sitúe a veces en el interior de estos seres, de existencia inexplicable y oculto destino.

La veneración del salvaje por los animales sobrevive incluso en la época en que los domestica y los utiliza para su servicio. La adquisición de un animal doméstico produce una revolución tan importante en su vida que algunos no dudan en otorgar a este nuevo compañero de sus trabajos una naturaleza casi divina[7].

Los kamchadales, que domesticaron y sometieron sólo a una sola especie, se hacen desgarrar, después de su muerte, por animales de esta especie, con la esperanza de unirse así a sus ancestros. El perro fiel que comparte con ellos los avatares de este mundo, se convierte en su iniciador en un mundo futuro[8].

La preferencia que el salvaje otorga a este animal, con exclusión de cualquier otro, preferencia que, con frecuencia, se quiso atribuir a razones complejas[9], se debe a circunstancias fortuitas, cuya huella desaparece enseguida. Los trogloditas de que nos habla Plinio adoraban a las tortugas que nadaban hasta ellos[10]. El brillo de sus colores, sus relucientes escamas, sus rápidos movimientos pudieron valerle a la serpiente el respeto religioso, cuyo recuerdo le otorgó después un lugar distinguido en casi todas las mitologías[11].

Pero, en todos los casos, la idea de utilidad constituye, por poco que sea, uno de los motivos de la adoración, de modo que, a menudo, cuando el ídolo está vivo, el adorador lo mata para llevarlo consigo por todos los sitios[12]; y es tan cierto que lo desconocido es la esfera en la que la adoración se sitúa que, en la época en que el hombre adora a casi todos los animales, no rinde nunca culto a sus semejantes. El hombre es lo que conoce mejor, y, sin embargo, tenemos aquí el origen de una excepción que sorprendió a muchos escritores, sin que llegaran a descubrir la causa de ello.

Este culto rudimentario es tan natural al hombre ignorante que vuelve a él en cuanto es liberado de las ataduras o rechaza las ventajas de la religión pública.

Los parias de la India, rechazados con horror del trato con las demás castas, y no siendo admitidos ni sometidos a culto alguno, retomaron esta creencia. Cada uno de ellos, nos dicen los viajeros[13], escoge su propio dios. Es tal o cual animal, una piedra o un árbol.

En China, donde la religión sólo es una forma, y los mandarines son panteístas o ateos[14], el pueblo adora a las serpientes y les ofrece sacrificios[15].

Sin embargo, la acción del sentimiento religioso no se limita a la creación de esta forma limitada y rudimentaria. Por encima de los fetiches[16], divinidades materiales, que la necesidad del momento crea, invoca y destruye, existe siempre una noción más vaga, más misteriosa, menos aplicable a la vida común y que, sin embargo, llena de un respeto más profundo, de una emoción más íntima, el alma del adorador.

En el salvaje, como en el hombre civilizado, la tendencia religiosa se dirige hacia la idea del infinito, de la inmensidad. De ahí proviene ese gran espíritu, que mora dentro de las nubes, por encima de las montañas o en el abismo impenetrable de los mares, siempre invisible, raramente implorado, porque apenas comparte el destino de los moradores de la tierra, pero hacia el que, sin embargo, se eleva el alma, como ejercitándose en pensamientos más nobles que los que la ignorancia proporciona al hombre.

Esta tendencia es irresistible, pues la encontramos en las hordas más embrutecidas. Los cucis, o moradores de las montañas de Tipra, en el oriente de Bengala, son los salvajes más ignorantes y más feroces. Creen que hay una divinidad en cada árbol. Carecen de leyes positivas. Sólo los padres del muerto castigan su asesinato, si tienen la fuerza para vengarse. La sociedad no interviene en nada. Cortan la cabeza a las mujeres de sus enemigos, si los encuentran indefensos, y, cuando matan a una mujer embarazada, es para ellos motivo de alegría y de gloria. No obstante, reconocen un gran espíritu, diferente de todas las demás divinidades que adoran[17] y al que no se atreven a representar con ninguna imagen[18].

Un salvaje de América, que tenía como fetiche a un toro, declaró un día al misionero que lo interrogaba, que no adoraba al toro mismo, sino a un manitú de los toros, oculto bajo la tierra y que vivificaba con su aliento a todos los animales de su especie. Añadió que los que adoraban a los osos creían igualmente en un manitú de los osos, y cuando se le preguntó si no existía uno para los hombres, su respuesta fue afirmativa[19].

Es, evidentemente, un esfuerzo del salvaje por generalizar sus ideas; es el sentimiento religioso que se debate contra una forma basta e irreconocible bajo esta forma que lo disfraza y lo incomoda[20].

Este esfuerzo del sentimiento religioso por elevarse a la idea de un dios superior a los fetiches, sugiere en el salvaje una noción más abstracta aún, que, en los filósofos de las épocas civilizadas, se desarrollará enormemente.

Queremos hablar de la división en dos sustancias o de la espiritualidad.

Esta hipótesis debe ocupar, en una parte posterior de nuestras investigaciones, un lugar tan amplio, tan ligada está a la historia y, por ello mismo, a la lucha que sostienen todos los sistemas filosóficos contra las religiones positivas, desempeña al tiempo una función tan importante en las doctrinas ocultas de todas estas religiones, que apenas podemos dedicarle algunas palabras en este momento, pues todavía no es más que un germen imperceptible.

No pretendemos ciertamente que el salvaje conciba la división en dos sustancias o la espiritualidad de la misma manera que los filósofos antiguos o modernos. La facilidad con la que atribuye la vida a todos los objetos, parece incluso un obstáculo para que los divida en animados e inanimados. Sin embargo, al continuar sus observaciones sobre la naturaleza que lo rodea, observa, en todos los fenómenos que se presentan ante su mirada, dos apariencias, la del reposo y la del movimiento. Como nunca le es visible la causa del movimiento, le lleva enseguida a suponer que es de naturaleza distinta del ser que recibe el movimiento. De ahí, la distinción entre la sustancia que imprime el movimiento y la que lo recibe.

El elemento en el que existimos y que, a la vez, nos envuelve y nos penetra puede, por sí solo, sugerirnos la idea de la espiritualidad. El aire invisible y, en cierto sentido, impalpable, actúa sobre nosotros de una manera constante y, sin embargo, diversificada. Unas veces es un benefactor inadvertido, que nos trae, en medio de un calor sofocante, un frescor saludable y parece ocuparse hasta de nuestros disfrutes mediante los perfumes con que nos envuelve; otras, es un enemigo terrible, que nos alcanza con un soplo helado, o que, rugiendo a nuestro alrededor, resquebraja la tierra, levanta las olas y, en su poder inexplicable, derriba las murallas, nos persigue en nuestros últimos refugios y destruye nuestras más sólidas moradas. Así, la idea de seres activos, invisibles, impalpables y, por así decir, incorporales, se presenta de modo natural a nuestro pensamiento.

Si el hombre, apartando de los objetos exteriores su mirada, la dirige hacia sí mismo, se da cuenta de una clara lucha entre el principio activo que dispone de sus órganos y el ser pasivo en el que parece escondido este principio. El alma domeña al cuerpo; el cuerpo resiste al alma que gime o se indigna de ser incomodada de esta manera, y que acusa siempre de sus faltas a su envoltorio rudimentario, a sus órganos que la engañan, a sus sentidos que la arrastran y la seducen. Se escuchan las mismas quejas en el salvaje que en el filósofo, en las selvas del Nuevo Mundo y bajo los plátanos de la Academia. El viejo iroqués da, en este sentido, los mismos consejos a su hijo que Sócrates a sus jóvenes discípulos de Atenas. Se ve por esto que cuanto más quiere un hombre concebir un ser perfecto, más lo libera de la materia.

El sentimiento religioso hace suya esta distinción para aplicarla a la naturaleza divina. En ella encuentra la liberación de cualquier límite, la grandeza, la inmensidad y una pureza que le agradan.

Todos los viajeros que transmitieron las opiniones religiosas de los otaitianos afirman que distinguen el Dios supremo de la materia que él creó[21].

La misma opinión aparece en varias tribus de La Florida; y si creemos en las afirmaciones de más de un observador atento, no es totalmente ajena a las creencias de algunas hordas de Siberia.

Si sus conjeturas son vagas, si sus hipótesis son confusas, no dejan de demostrar que, desde los primeros pasos de la especie humana, el sentimiento se adelanta a la inteligencia y adivina lo que esta última no puede concebir, lo que no se atrevería a presentir, lo que incluso combate a menudo con las formas severas de la lógica.

Pues, hasta ahora, sólo hemos hablado de la acción del sentimiento en la creación de la forma religiosa. El hombre tiene en sí otros poderes, otras facultades, que concurren igualmente a esta creación, y que sólo pueden concurrir según las reglas de su naturaleza.

Si el sentimiento se alimenta de emociones vagas, la inteligencia, más exigente, quiere razonamientos cuya exactitud le satisfaga. La necesidad interior que el hombre siente de adorar a seres con los que comunicarse y cuyos cuidados protectores velen por él, basta al sentimiento para concebir a los dioses tutelares. La inteligencia, que antes de juzgar observa, obtiene de los fenómenos exteriores, que compara y relaciona, conclusiones en parte diferentes. Si varios de estos fenómenos anuncian una fuerza bienhechora, otros indican una especie de odio y de hostilidad. Esta oposición, que estalla en cada instante y en cada detalle de la naturaleza física y moral, es, en todas las épocas, un enigma insoluble para los espíritus más cultivados. ¿Quién no conoce los múltiples intentos de todas las escuelas de filosofía por resolver este problema del origen del mal?

La inteligencia menos sutil y menos escrupulosa del salvaje zanja la cuestión más simplemente. Hay bien y mal en el mundo. Por tanto, hay dioses enemigos y dioses favorables. El dualismo, que desempeña una función tan importante en la religión refinada de Zoroastro, y que faltó poco para salir triunfador en la creencia cristiana, se remonta, en principio, hasta las nociones religiosas de los salvajes.

Los araucanos creían en un dios hostil[22], y los iroqueses[23], en sus arengas, se exhortan mutuamente a no escuchar a la divinidad perversa que se complace en engañarlos para perderlos.

Pero el sentimiento se levanta siempre contra esta idea mortificante; al no poderla destruir, por ser conforme con las reglas de la lógica, la suaviza al menos, estableciendo la supremacía del buen principio sobre el malo[24]. Esta supremacía, que, como veremos, aparece, en la religión de los persas, con colores brillantes y poéticos, es un dogma fundamental en el culto de las tribus salvajes[25].

Si el sentimiento tiene sus emociones y la inteligencia sus leyes, el interés personal tiene sus deseos y sus voluntades; la religión debe prestarse a ellos. Cuanto menos instruido es el hombre, más impetuoso es su interés personal y, al mismo tiempo, más envuelto se ve en una atmósfera limitada e innoble. Sus pasiones son más violentas, sus ideas de utilidad se limitan al momento presente.

Por tanto, tan pronto como, acuciado por el sentimiento religioso, se creó objetos de culto, su interés lo empujó a utilizarlos para su servicio. Entra, entonces, en una situación totalmente nueva en la que el interés tiende a adulterar el sentimiento religioso.

El sentimiento lo había arrastrado hacia lo desconocido; el interés lo lleva a las cosas conocidas. El sentimiento lo había elevado por encima de sí mismo; el interés lo rebaja a su propia altura.

Vamos a seguirlo en este nuevo camino. Mostraremos la religión como el interés la hizo, y volveremos después a la lucha que el sentimiento religioso mantiene contra el interés.

En cuanto el hombre cree haber descubierto el poder oculto que buscaba sin descanso, en cuanto tiene ante sí el objeto que supone dotado de fuerzas sobrenaturales, intenta cambiar estas fuerzas a su favor. Analiza, pues, desde este punto de vista, el objeto que adora. Ya no es el sentimiento religioso el que lo domina; es el espíritu, armado para el interés, y que reflexiona sobre el objeto que le presentó el sentimiento religioso.

Agradar a este objeto, obtener sus favores, provocar el interés por sus empresas, éste es, pues, ahora el objetivo del salvaje. Al adorarlo, no satisface una necesidad del alma; es un provecho positivo lo que espera. Ya no obedece a un sentimiento; aplica un cálculo.

Para alcanzar su objetivo, intenta valorar este objeto misterioso. Pero sólo puede formarse un juicio de él mediante la analogía que le supone con la única cosa que conoce, es decir, consigo mismo. Como se irrita contra el que lo ofende, se aplaca con quien le trae sosiego, se hace condescendiente con quien le sirve o le adula, lo que no es más que otro modo de prometer servirlo, concluye de ello que el objeto al que adora se comporta como él se comportaría. Cuando lo azota una calamidad, busca su causa en la maldad del ídolo al que ofendió sin saberlo[26]. Intenta, entonces, apaciguarlo con sus plegarias, homenajes, por todos los medios que le sugiere su propia existencia y que tendrían algún poder sobre él mismo si estuviera respecto a otro en una situación en la que supone se halla el ser desconocido respecto a él.

Pronto da un paso más. Después de haber aplacado a este ser, intenta hacérselo propicio: los medios que él utilizó para desarmar su cólera le sirven ahora para conquistar su favor.

La idea del sacrificio es inseparable de cualquier religión. Se podría decir que es inseparable de cualquier afecto intenso y profundo.

El amor se complace en inmolar al ser que prefiere todo lo que, por otra parte, tiene de más querido; incluso se complace, en su exaltación refinada, en consagrarse al objeto amado mediante los sufrimientos más crueles y las privaciones más penosas. Los amantes turcos se contusionan el pecho, se desgarran sus brazos, ante las ventanas de sus amantes. Los caballeros medievales se infligían dolores voluntarios o se imponían pruebas difíciles en honor de las amadas cuyos colores llevaban[27]; y la señora Guyon, en los éxtasis de su devoción sentimental y apasionada, buscaba siempre sacrificios y repugnancias para vencer y superar.

Este movimiento, como todos los del hombre, lo encontramos en el salvaje. Con la idea de los dioses surge enseguida ante él la del sacrificio.

Exenta al principio de cualquier refinamiento, lo lleva a compartir con sus ídolos cuanto le es agradable, a privarse por ella de una parte de su alimento, de sus vestidos o de los despojos conquistados en alguna victoria que él atribuye a una asistencia sobrenatural.

Pero pronto la noción de sacrificio se hace más compleja. No son sólo ofrendas materiales lo que los dioses exigen; reclaman de sus adoradores pruebas de sumisión, de abnegación de sí mismos. De ahí, los ayunos[28], las maceraciones y austeridades espontáneas[29]. Las orillas del Orinoco y las estepas de Tartaria son el teatro de penitencias tan severas como las que asombraron antiguamente los desiertos de Tebaida, y el celibato tan alabado por nuestros santos tiene sus orígenes entre los salvajes.

Creemos que los filósofos no han reparado suficientemente en esta tendencia del hombre a buscar la mayor exquisitez en el sacrificio. Han atribuido, con demasiada frecuencia, al artificio y al cálculo lo que era obra de la naturaleza. Sólo han visto en las ideas de impureza vinculadas, en casi todos los pueblos, a la unión de los sexos un capricho de la tiranía sacerdotal, que disfruta contristando al hombre con maceraciones arbitrarias. Sin duda, los sacerdotes se aprovecharon de esta noción para extender su poder sobre la parte de la existencia humana que parecía mejor protegida de su despotismo. Pero la noción primitiva tiene raíces mucho más profundas. Si no hubiera sido así, no sería común a las tribus salvajes y a las naciones civilizadas.

La naturaleza, con un arte que podríamos llamar extraño, y que se reconocerá como admirable cuando se consideren todas sus consecuencias, unió por doquier, al más delicado de los afectos, la necesidad del secreto, el sentimiento de la vergüenza.

Sobre esta combinación maravillosa descansa cuanto hay de delicado, de conmovedor, de puro, en las relaciones del amor, y le debemos también cuanto hay de regular en nuestra organización social. Renunciando por un solo hombre a esta reserva misteriosa cuya regla divina está impresa en su corazón, la mujer se entrega a este hombre, por el cual ella suspende, en un abandono momentáneo, ese pudor que no la abandona nunca; por el cual ella sola aparta el velo que es, por otra parte, su refugio y su ornato. De ahí nace esa confianza íntima en su esposo, resultado de una relación exclusiva, que sólo puede existir entre ella y él, sin que se sienta mancillada; de ahí nace, en este esposo, el reconocimiento por un sacrificio y esa mezcla de deseo y de respeto por un ser que, incluso compartiendo sus placeres, sólo parece rendirse. De ahí nacen, en fin, mil recuerdos confusos que se embellecen con su propia oscuridad y se conservan tan puros, tan profundos que no hay palabras para expresarlos.

Este instinto que vincula a los goces del amor un sentimiento de pudor o de vergüenza pudo fácilmente sugerir al hombre la idea de cierto sentimiento de crimen ligado a estos goces, mientras que el exceso mismo del placer que los acompaña hizo de su privación un sacrificio digno de ser ofrecido a los dioses.

Este instinto, como todos los que la civilización desarrolla y purifica, no es obra de la civilización, está impreso también en el corazón del salvaje. Los iroqueses tienen sus vírgenes sagradas[30]; y entre los hurones, hay varios que pronuncian el voto de una castidad perpetua. Jóvenes negros y negras se obligan, pese al clima, a una rigurosa abstinencia de los placeres de los sentidos[31]. La mayoría que, menos impasible, no puede resistir su atracción, expía esta falta con dolorosas penitencias o la hace expiar a los hijos recién nacidos mediante operaciones tan crueles que ponen su vida en peligro[32]. Por eso, siempre persiguió al hombre el pensamiento de que no está en este mundo sólo para gozar, y que nacer, poblar la tierra y extinguirse no constituyen su único destino.

Veremos más tarde que el sacerdocio de más de un pueblo abusa de este sentimiento indefinible, pero indestructible; veremos lo que la naturaleza había grabado en el corazón del hombre para unir a dos esposos por un pudor común y para que, en sus mutuas miradas, estuviesen separados del resto del mundo, interpretado por los sacerdotes como una reprobación de la primera ley de la naturaleza. Una continencia absurda, suplicio lento, pero terrible, que subleva los sentidos, perturba la imaginación, arroja en una turbia mezcla de furor a las almas más delicadas, a las razones más fuertes, a los seres más tímidos, se convertirá, en las religiones sacerdotales, en el mejor medio para honrar a los dioses. Pero al descubrir este abuso terrible, se debe reconocer que la noción primera precedió al abuso.

Sin embargo, el interés no tarda en intervenir en esta noción poderosa del sacrificio, que, apoderándose del hombre, lo perfecciona y lo extravía al tiempo.

El sentimiento querría que el sacrificio fuera desinteresado. El interés quiere que tenga como objetivo una reciprocidad de servicios.

Entonces la religión ya no es más que un tráfico. El culto se detiene cuando cesa el provecho. El hombre pasa de un fetiche a otro, buscando siempre un aliado más fiel, un protector más poderoso, un cómplice más celoso.

Al dirigir la religión hacia este objetivo innoble, el interés aleja de él cualquier noción de moral. El fetiche es un ser egoísta y avaro, aliado de un ser más débil, egoísta como él. Los sacrificios con los que se alimenta sólo lo tienen a él como objetivo. Los deberes que impone consisten en víctimas, en ofrendas, en testimonios de sumisión, moneda convenida, signos representativos de ofrendas y de víctimas futuras. Es la paga que reclama el fetiche por la protección que da; el pago debe hacerse con exactitud y liberalidad; ningún contratante se inmiscuye en lo que haga el otro respecto a un tercero.

Por tanto, la religión se convierte en un tráfico por el que el hombre hace, por así decirlo, sus cuentas con su dios. Examina si este dios satisfizo cumplidamente sus compromisos que, supuestamente, contrajo; y si el balance no es a favor del ídolo, el adorador lo abandona o lo castiga, lo golpea o lo rompe, lo entrega a las llamas o lo arroja al agua[33].

Sería imprudente protestar en exceso contra lo absurdo de semejante venganza. De estos pueriles y ridículos escándalos existen ejemplos en los tiempos más ilustrados[34], y la religión más depurada no siempre libró de ello a la parte ignorante de sus seguidores[35].

Cuando un salvaje se enemista con otro salvaje, su fetiche se enemista también con el fetiche de su adversario[36]. Más tarde, cuando dos naciones se pelean, los dioses se dividen y cada nación tiene sus auxiliares en el cielo. Es la misma hipótesis adaptada al estado social de cada período: tanto en los pueblos civilizados como en las tribus ignorantes, la asistencia se concede, no a la justicia de la causa, sino a la liberalidad de los adoradores.

Pues debemos también inmunizar aquí a nuestros lectores contra el desdén precipitado que la civilización prodiga a los salvajes. Cualquiera que sea la creencia, la cuestión principal es la de ver si predomina el sentimiento o el interés; si es el interés, la pureza de la doctrina carece de importancia. La religión, entonces, no es más que fetichismo; y, en las almas a las que corrompe el fetichismo y ciega el temor, este fetichismo es tan indignante como en el ostiako o en el iroqués. Seguramente, Luis XI se colocaba a la altura de esas innumerables hordas cuando, prosternado ante Nôtre-Dame de Cléry, esperaba redimir a un fratricida seduciendo a la santa con magníficos presentes[37].

En los grandes peligros, el salvaje no se contenta con su fetiche habitual, reclama la ayuda de todos aquellos que conoce de algún modo; su número asciende a varios miles[38]. Igualmente, cuando su cosecha no ha sido buena, los campesinos rusos, a los que el poder absoluto cree haber convertido, toman de sus vecinos más dichosos santos más eficaces[39]. Los atenienses, antes de la batalla de Maratón, instituyeron el culto de Pan, al que no habían adorado hasta esta época[40]; y Luis XI, del que acabamos de hablar, reunió junto a su lecho de muerte las reliquias de toda la tierra[41].

Una vez iniciado este camino, el hombre se ve obligado a seguir hasta el final; habiendo concebido a sus dioses semejantes a él por sus pasiones, los concibe así por sus necesidades, sus hábitos y su destino. Las diosas de los kamchadales llevan, como las mujeres, a sus recién nacidos a cuestas. Estos niños divinos sufren y lloran como los niños de los hombres; y todas las noches, al bajar de las montañas, este Olimpo rudimentario corre hacia la orilla, igual de apasionado por la pesca, pero más hábil y más feliz que la raza mortal[42].

CAPÍTULO 3

Esfuerzos del sentimiento religioso para elevarse
por encima de esta forma

Éste es, pues, el culto del estado salvaje[1]. Es la religión en la época más grosera del espíritu humano. Está muy por detrás de todas las formas que vamos a describir enseguida. No reúne a sus dioses en un cuerpo, como el politeísmo de las naciones civilizadas. Sus vagas nociones del Gran Espíritu no alcanzan la altura del teísmo. Elige a sus protectores dentro de una esfera mucho más inferior. No tiene el espíritu celoso sino compacto de la teocracia, que, colocando a su dios en continua hostilidad con todos los demás, crea el espíritu nacional y el patriotismo por la intolerancia.

En esta concepción limitada e informe reside, sin embargo, el germen de las altas ideas que, luego, se desplegarán ante nuestras miradas.

Los objetos consagrados por el culto del salvaje son nocivos, inútiles, monstruosos, ridículos; ¿pero no es esto una prueba evidente de la necesidad que tiene de adorar?

Atribuye la vida y la inteligencia a todos los objetos. Piensa que todos actúan sobre el hombre, le hablan, lo amenazan, le advierten. El espiritualista, que no ve en la naturaleza nada que no esté animado por el espíritu divino, el panteísta, que concibe la divinidad inherente a todas las partes del mundo físico, no hacen más que seguir el camino hacia el que el salvaje, en sus nociones confusas, dirige sus pasos inseguros.

Su culto no es más que el sentimiento religioso en su primera forma. Es el hombre que pregunta a la naturaleza, a la que no conoce ni puede conocer, dónde está, pues la fuerza, el poder, la bondad; y este sentimiento religioso, por rudimentario que parezca todavía, es más noble y más razonable que todos los sistemas que sólo contemplan en la vida un fenómeno fortuito y, en la inteligencia, un accidente pasajero. Ya mostramos anteriormente algunos de los esfuerzos del sentimiento religioso por depurar su forma. Reconocimos estos esfuerzos en el Manitú prototipo, en el Gran Espíritu de los cielos o de los mares.

El koriak dice a su ídolo, al inmolarle perros y renos: Recibe nuestros dones, pero envíanos, por tu parte, lo que esperamos de ti.

Aquí, todo es abyecto, egoísta y codicioso.

En cambio, el himno del combate de los delawares, en honor del gran Manitú de la tierra, de los mares y de los cielos está impregnado de una resignación llena de religiosidad y de moral.

«¡A las armas, para combatir al enemigo!

Desenterremos el hacha y cojamos la maza.

¡Contemplaré por siempre el hogar de mis padres y la compañera de mi tálamo y los jóvenes retoños llevados sobre los hombros y alimentados con su leche! Espíritu supremo, Gran Espíritu de lo alto, ten piedad de la esposa que te confío, cuida de los hijos que me dio; criatura débil y sin fuerza, a quien no pertenece un instante de su vida, ni un miembro de su cuerpo, voy a donde el deber me llama para el honor y la libertad de su nación. Pero que no se viertan las lágrimas de los míos por mi causa»[2].

El sentimiento religioso no se limita a distinguir el ser infinito hacia el que se alza de los ídolos vulgares creados por el interés; ejerce su influencia sobre estos ídolos mismos que intenta ennoblecer y embellecer sin descanso.

El salvaje que, como vimos, no atribuye a sus fetiches la figura humana, pero los aproxima lo más que puede, porque esta figura es para él el ideal de belleza. Los esculpe, los engalana, los adorna. Los lapones, los caribes, los habitantes de Nueva Zelanda, los de las orillas del río Amazonas, los negros de Loango, las hordas de América septentrional o meridional, se crean ídolos de arcilla, de piedra, de madera o de tela que adquieren e intercambian con pueblos más civilizados. Procuran darle una forma humana. Trozos de coral o de guijarros representan los ojos; cubren sus cuerpos con pieles de animales; en fin, los embellecen de mil maneras[3]. Los teleutes y los tátaros de Attai, que los rusos esclavizaron sin civilizarlos y a los que sometieron a algunas prácticas de la religión cristiana, sin haber arrancado de su espíritu la inclinación por el fetichismo, al no conocer vestidos más hermosos que el uniforme de los dragones rusos, presentan a sus fetiches vestidos como oficiales de dragones[4]. No se puede por menos de esbozar una sonrisa; pero es el esfuerzo del pobre salvaje por reunir en la idea de su dios todo lo que conoce de más magnífico; y se ve en esta criatura aún tan bruta el germen del entusiasmo que, bajo el cincel de Fidias, produjo el *Júpiter olímpico*.

Mostramos que la moral seguía siendo extraña al tratado concluido entre el hombre y el fetiche; y, en efecto, es muy posible para el razonamiento concebir la religión separada de la moral. Las relaciones de los hombres con los dioses constituyen la religión. Las relaciones de los hombres con los hombres constituyen la moral. Estas dos cosas no tienen ninguna relación necesaria entre sí. Los dioses no pueden ocuparse más que de la conducta de los hombres respecto a ellos, sin intervenir en la de los hombres con sus semejantes. Éstos pueden ser responsables hacia los primeros sólo de la observancia de los deberes del culto, y permanecer, para los de la moral, en total independencia. No se puede imaginar la religión sin representar a sus dioses como seres poderosos. Pero se la puede concebir, sin dificultad, dándole únicamente los atributos del poder. Esto sería natural si el terror fuera el único origen de la religión. Los fenómenos físicos sólo sugieren al hombre la idea del poder. No existe afinidad entre el rayo que mata, el torrente que arrastra, el abismo que devora, y el bien y el mal moral. Después de haber personificado los accidentes de la naturaleza, atribuyéndolos a seres inteligentes, y de haber establecido entre ellos y él un trato al que sirve de base el interés mutuo de las dos partes, el hombre tiene que dar, sin duda, numerosos pasos, antes de imponerles funciones gratuitas y deberes desinteresados.

Si el sentimiento no viniese a cambiar el estado de las cosas así establecido por el interés, lejos de ser útil a la moral la religión le sería infaliblemente funesta. El adorador de un dios mercenario, que cuenta con la asistencia que hubiera comprado, pisotearía la justicia con tanta más audacia cuanto más creyese que se había asegurado una protección sobrenatural.

Felizmente, incluso en este estado degradado, el sentimiento llama a la moral y, por mil caminos invisibles, la introduce en la religión.

En primer lugar, al no considerarla más que en su relación más circunscrita, el tratado que ella supone entre el adorador y su dios implica una idea de fidelidad a los compromisos, por tanto, una noción de moral.

En segundo lugar, incluso en estado salvaje, existe una especie de asociación. Los individuos de una horda se reúnen juntos por un interés común. Este interés común debe tener también su divinidad tutelar[5]. La religión lo toma bajo su custodia: ella protege la asociación contra sus miembros, y a los miembros de la asociación entre sí, de unos contra otros.

El gran y difícil problema de la sociedad consiste en descubrir una sanción para los compromisos y obligaciones de los hombres entre sí. La necesidad de esta sanción se deja sentir continuamente en las transacciones humanas. Nunca tratamos con quien tiene intereses opuestos a los nuestros sin intentar leer en sus ojos si sus intenciones responden a sus palabras, y la experiencia nos enseñaza dolorosamente la inutilidad de nuestros esfuerzos. La voz, el gesto, la mirada pueden ser cómplices de la impostura.

La convicción religiosa crea una salvaguardia, el juramento; pero esta garantía desaparece con la convicción religiosa. Muy a menudo, dentro de la civilización, los pueblos irreligiosos pasan de un juramento a otro, sin que se creen vínculos por parte de nadie, considerándolos como fórmulas que pertenecen por derecho al poder que reina y que no constituyen razón alguna a favor del poder destronado. Sus jefes, tan irreligiosos como hipócritas, pisotean, sin remordimientos, por la mañana las promesas del día anterior y pasean, en medio de la indignación, el escándalo de la perfidia. En este caso, se rompieron todos los vínculos; ya no existe el derecho; el deber desaparece con el derecho; se desencadena la fuerza; el perjurio hace de la sociedad un estado permanente de guerra y de fraude.

Pero en el estado salvaje, el juramento tiene algo más solemne, y se debe agradecer a la religión el haber creado, desde los orígenes de las sociedades, esta garantía. El malabar[6], el negro[7], el calmuco[8], el ostiako[9] presentan su fetiche como testigo en circunstancias solemnes y, de este modo, someten a un yugo invisible su pasión momentánea y su humor cambiante.

Sin duda, el egoísmo combate esta saludable influencia de la religión; está persuadido de que los dioses a los que paga no se declararán nunca contra él. Varias tribus fetichistas creen que pueden perjurarse impunemente, cuando se trata de los extranjeros cuyos fetiches, a su entender, no pueden abrazar su causa[10]. Veremos que este inconveniente se extiende a los pueblos civilizados.

No obstante, es mucho haber creado una garantía dentro de las tribus. Las nociones que sirven de base a esta garantía no tardarán en extenderse más allá de los límites estrechos de un territorio particular. La religión que ejerce su influencia de salvaje a salvaje la ejercerá más tarde de nación a nación, y ya se prepara para ello.

La creencia de las tribus americanas las obligaba a respetar a los enviados de las naciones vecinas. No se podía maltratar, sin castigo, a estos enviados, colocados bajo la protección del Gran Espíritu, y se entregaba a los culpables a una destrucción inevitable. Por eso, dice el misionero de quien tomo este hecho[11], a los mensajeros, encargados de anunciar una guerra devastadora, de exterminio y de fuego, se los escuchaba en silencio y se los conducía con cuidado hasta la salida del territorio.

En su estado más rudimentario, la religión es, pues, bienhechora. Es cierto que esta utilidad directa no es ni la única ni la más importante y nos hemos opuesto a la idea de colocarla en primera línea. La mostraremos enseguida más saludable aún por las emociones que crea que por los crímenes que evita. Pero detengámonos ahora en esta primera clase de utilidad, aunque subalterna, y probemos por los hechos que proviene incluso del fetichismo.

En la isla de Nuku-Hiva, dice un viajero[12], todas las leyes y toda la policía descansa en la religión. Estas leyes y esta policía consisten en declarar que cualquier cosa es sagrada, es decir, que el propietario sólo tiene derecho a tocarla. Esta consagración se hace por los sacerdotes. Llaman *tabú* a cuanto tiene su consagración. Las personas y las propiedades de todos los insulares son *tabú*. Nadie se atreve a despojar a estos últimos ni a atentar contra su vida. Sus mujeres comparten esta garantía; nadie se atreve a permitirse violencias contra ellas. Al nacimiento de cada hijo, se reserva para su uso uno o dos árboles del pan, que son *tabú* para cualquier otro y cuyo fruto sólo lo puede coger él. Como dos de estos árboles son suficientes para alimentar a un hombre durante todo el año, cada uno tiene así asegurada su subsistencia. El que viole el *tabú* merece una reprobación general y no puede evitar los castigos que le infligen ciertos espíritus invisibles.

Reconozcámoslo: no podemos librarnos de una verdadera emoción al ver a la religión, en su forma más imperfecta, en los pueblos más ignorantes, identificarse con todas las ideas de justicia e incluso de generosidad, y, por infantil que parezca, comprender los objetos que la sabiduría de los legisladores siempre garantizó, y velar por la vida de los ciudadanos, la subsistencia de los pobres y la castidad de las mujeres. Es sorprendente ver al salvaje disponer, de este modo, de sus nociones confusas y encontrar en ellas, para cuanto le es querido, una salvaguardia que no puede encontrar en instituciones que no conoce.

El sentimiento que experimentamos se hará más vivo y más profundo aún, cuando veamos que el espíritu humano progresa en sus manifestaciones, y volvamos a encontrar el *tabú* de Nuku-Hiva en el Júpiter griego, protector de los débiles y de los suplicantes.

Si el hombre no obtuviese sus ideas religiosas más que de la acción material de los objetos exteriores; si la religión no fuese más que una combinación del espíritu, un resultado del interés, de la ignorancia o del temor, su alianza con la moral no sería tan rápida ni tan infalible. Pero la moral es un sentimiento. Se asocia al sentimiento religioso porque todos los sentimientos están íntimamente relacionados. La adoración de los seres invisibles y las ideas de equidad confluyen y se unen desde la infancia de las sociedades. El fetiche del salvaje nos parece una quimera informe y ridícula; y, sin embargo, es bueno para el salvaje, para su perfeccionamiento moral, para su progreso futuro, que haya un fetiche.

Se verá seguidamente que no ocultamos el abuso que se hace del sentimiento religioso, cuando alguien se apoderó de él, cuando una clase quiso hacer de él un monopolio, un instrumento de poder, un objeto de cálculo, el privilegio de algunos dirigido contra todos. Pero cuanto más creamos que se debe condenar, con una reprobación rigurosa, los atentados realizados contra un sentimiento tan noble, tanto más debemos mostrar las ventajas de la religión abandonada a sí misma.

CAPÍTULO 4

De las ideas de otra vida en el culto de los salvajes

Conseguiremos desenmascarar con claridad la lucha del sentimiento religioso y del interés, sobre todo, considerando atentamente las conjeturas de las tribus salvajes sobre el estado de los muertos y la vida futura.

Si como creemos haberlo demostrado, la religión se sitúa siempre en lo desconocido, el centro de todas las conjeturas religiosas debe ser la muerte; pues la muerte es, de todas las cosas desconocidas, la que más impone.

Al hombre, por su naturaleza, no le gusta pensar en ella. Esta idea, aun cuando su razón la adopte, permanece siempre ajena a su instinto. Sólo concibe del universo a él mismo, y de él, sólo la vida.

Y cuanto más cerca se encuentra del estado salvaje, más fuerte es su instinto y más débil su razón; por tanto, más se niega su inteligencia a pensar que lo que vivió pueda morir.

Los negros[1] y varias tribus de Siberia[2] atribuyen la muerte a la cólera celeste o a la magia; los salvajes del Paraguay[3], siempre que uno de ellos muere, buscan su alma entre los matorrales y, al no encontrarla, dicen que se perdió; los dauros llevan a sus muertos alimento durante varias semanas, pues, pese a la experiencia, ¡el fenómeno tan habitual de la destrucción les parece algo extraordinario!

Sin embargo, llega la terrible convicción: se entreabre el oscuro abismo enseguida y ninguna mirada puede acercarse a él. El hombre colma enseguida este abismo mediante la religión. El inmenso vacío se llena; las tinieblas se visten de color, y el terror, si no llega a desaparecer, se encalma y se suaviza.

Precisamente, sobre la idea de la muerte, el sentimiento religioso ofrece las explicaciones más vastas y más hermosas. Si el hombre debiese permanecer para siempre en esta tierra, acabaría identificándose de tal modo con ella que la religión se alejaría de su alma. El cálculo tendría demasiado tiempo; la astucia, demasiadas ventajas, y la experiencia, o triste o próspera, llegaría a petrificar en los corazones las emociones que no se deben al egoísmo o al éxito. Pero la muerte, que interrumpe sus cálculos, que hace inútiles estos éxitos; la muerte, que aprehende el poder para arrojarlo al abismo desnudo e inerme, es una elocuente y necesaria aliada de todos los sentimientos que nos sacan de este mundo, es decir, de todos los sentimientos generosos y nobles. Incluso en el estado salvaje, lo que la religión posee de más puro y más profundo se obtiene de esta idea de la muerte. Cuando el morador de los bosques de América muestra la osamenta de sus padres y se niega a abandonarlos; cuando el guerrero cautivo afronta con alegría las más horribles torturas, sólo preocupado, en medio de su agonía, de no avergonzar a los manes de sus ancestros, este heroísmo es totalmente religioso. Se compone de los recuerdos del pasado, de las promesas del futuro. Triunfa sobre el presente; se cierne sobre la vida.

Pero la degradación que ya observamos en las concepciones del salvaje sobre sus dioses, viene a manchar también sus nociones de la vida futura. El interés quiere organizar este mundo ideal para su uso; la inteligencia quiere describirlo; y, como no puede crear nada, como no puede utilizar más que los materiales ya existentes, el mundo ideal se convierte en una copia de este mundo.

Los habitantes del Paraguay creen que ese mundo se halla expuesto al hambre, a la sed, a las intemperies de las estaciones, a los ataques de los animales feroces, y que hay sombras para ricos y para pobres, para dominadores y súbditos[4]. Los salvajes de Luisiana se niegan a creer que uno pueda arreglárselas sin comer[5]. Los otaitianos se jactan de encontrarse allí con sus mujeres y de tener nuevos hijos[6]. En fin, es tan grande la inclinación del hombre a concluir de lo que es lo que será que los pueblos de Guinea, los groenlandeses, las hordas de América septentrional temen para sus almas una segunda muerte, después de la cual, dicen, todo acaba para el hombre[7].

Las conjeturas se diversifican según los climas y las situaciones, sean locales o particulares; pero nada cambian de su naturaleza. El que no abandonó el lugar de su nacimiento, muestra las montañas que bordean el horizonte y, más allá de las cuales, morará un día con sus padres; allí, llevado por su canoa, se abrirá paso entre la ola agitada y lanzará la jabalina con su brazo seguro. El que sufre separado de su país espera al caritativo fetiche que debe trasladarlo sobre el ala de los vientos a su morada querida[8]. Apresura, con sus ruegos, la hora de su suplicio, para escapar a los monstruos de Europa y encontrar sus placeres pasados[9]. El desdichado nacido en la esclavitud sólo posee esperanzas más humildes. Todo lo que uno de estos desventurados imploraba de su ídolo era, decía, no volver a ser esclavo de un blanco[10].

El antropomorfismo, con que se impregnan las ideas de los salvajes, tiene una consecuencia enojosa. Descarta la moral de todas las nociones sobre el estado de los muertos; incluso las tribus que reconocen una mansión de felicidad y otra de tormentos, no destinan la primera a los hombres virtuosos y la segunda a los criminales; la diferencia de los destinos depende de circunstancias accidentales. Los habitantes de las islas Marianas, admitiendo un lugar de penas y otro de felicidad, no vinculan esta idea a la de castigos y recompensas. Los que mueren de una muerte violenta son los condenados por esta mitología; los que mueren de una muerte dulce son sus elegidos[11].

Pero hay que observar que siempre que unos viajeros o misioneros utilizaron esta distinción para crear la base de una justicia distributiva y preguntaron a los salvajes si las almas culpables no estaban separadas de las inocentes, éstos adoptaron esta separación rápidamente; y, aunque nada lo hubiese anunciado en sus relatos anteriores, se convirtió enseguida en parte de su creencia. Se hubiera dicho que el sentimiento sólo había esperado este rasgo de luz, y que se apoderaba de esta experiencia, como si perteneciese a su ámbito.

Sin embargo, de esta imitación de la vida después de la muerte, resultan, para la religión, cierto rebajamiento y, para el hombre, una inquietud constante. Numerosas prácticas están destinadas a colocar a los muertos por encima de las necesidades que ni siquiera la tumba garantiza. Los vivos toman mucho tiempo antes prudentes precauciones y atienden a su creación en la mansión que debe abrirse, tarde o temprano, para ellos. El cazador manda colocar cerca de él sus flechas, y el pescador, sus redes.

Cuando muere un niño groenlandés, entierran con él al perro más fiel para que lo guíe hacia los padres que lo precedieron[12]. La misma víctima, inmolada al pie del lecho de los hurones enfermos, debe anunciar su llegada a las sombras que los esperan. Los iroqueses, en otro tiempo, colocaban cerca de cada muerto armas para luchar, pieles para vestirse, colores para pintarse[13]. Algunos, por un refinamiento singular, enterraban con ellos a su fetiche mismo[14]. Los lapones, aún hoy, colocan en sus tumbas dinero, piedras y yesca para alumbrarse en el camino[15]; y los insulares de Carnicobar, en la India, considerarían como una ratería sacrílega privar al que murió del servicio futuro de los animales que le pertenecían[16].

¿Quién no ve aquí la acción combinada del interés y del sentimiento? Lo que el salvaje hace para sí mismo no es más que egoísmo; lo que hace por los muertos que amó es religión. Consoladora desde esta época, la religión burla el dolor. El padre enterró con el joven guerrero su arco y sus jabalinas; éste aparece recorriendo los bosques de otro mundo, con la fuerza que, en otro tiempo, llenaba de orgullo el corazón hoy roto del padre. Un viajero se detuvo en una cabaña y encontró a dos salvajes desesperados por la pérdida de un hijo de cuatro años. El padre murió algunos días después; enseguida se pararon los llantos de la madre; pareció tranquila y resignada. Preguntada por el viajero, respondió que la idea de que su hijo de tierna edad no pudiese encontrar su subsistencia en el país de las almas había causado su angustia; ahora que su esposo estaba cerca de él, estaba tranquila sobre su destino y sólo aspiraba a unirse a él[17].

Desgraciadamente, estas opiniones y las prácticas que estas consagran, por consoladoras que sean al principio, no tardan en hacerse crueles. En Nigricia[18], entre los natchez[19] y los caribes[20], se enterraba a los esclavos con sus dueños, a los prisioneros con sus vencedores y a las mujeres con sus esposos. Los jakutos sólo muy recientemente renunciaron a este uso. Las tribus americanas atormentan a sus cautivos en honor de sus ancestros[21]; invocan, durante las torturas de estos desdichados, a los manes de los héroes muertos en combate[22].

En la isla de Borneo, los habitantes creen que aquellos a quienes matan se convierten en sus esclavos en la otra vida, y esta idea multiplica hasta el infinito los asesinatos[23]. En todas estas tribus, el tiempo se reparte entre emboscadas para sorprender y negociaciones para comprar víctimas. Éste es el peligro, poco señalado hasta ahora, de aplicar a lo desconocido ideas conocidas.

Para vivir en un mundo parecido al nuestro, el alma debe parecerse al cuerpo. Los salvajes la comparan a la sombra que lo sigue en la tierra: probablemente, su contemplación contribuyó a sugerirles esta comparación[24]. Varios la consideran de una materia invisible e impalpable[25]. Los sueños les proporcionan la idea de que puede existir separada de sus órganos. Los groenlandeses dicen que, al abandonar su envoltorio rústico, caza, danza o viaja por lugares remotos. Sin embargo, permanece siempre dependiente de este cuerpo, cuyos sufrimientos y accidentes lo alcanzan. Cuando está mutilado, también el alma lo está; siente esta mutilación más allá de la muerte y siempre lleva con ella las huellas; por eso, los negros temen mucho menos la muerte que ser privados de alguno de sus miembros[26]; y una de las facultades de las que se jactan los *angekoks* de Groenlandia y que los hacen muy recomendables ante los fieles, consiste en curar, o, utilizando su lengua, en reparar las almas heridas.

¡Cosa extraña! Esta opinión, que nos parece tan absurda, y casi por debajo de la infancia del estado social, se reproduce en el otro extremo de la civilización. Cuando los mogoles hubieron conquistado China, ordenaron a los vencidos que se afeitaran la cabeza al modo de los vencedores. Numerosos chinos prefirieron el último suplicio por miedo a que sus almas, al aparecer rapadas ante sus ancestros, no fueran reconocidas y se las rechazara[27].

Alguien podría suponer que la noción de metempsícosis es incompatible con estas ideas. Pero el hombre, en el vacío en que se agita, no llega a esta contradicción.

La metempsícosis es en sí misma una concepción muy natural. El instinto de los animales se parece algunas veces a la razón; y cuando se reconocen en sus acciones los motivos que dirigen las acciones humanas, se está tentado de buscar en sus cuerpos las almas que desaparecieron. Observamos, en consecuencia, en casi todas las tribus salvajes algunas nociones de metempsícosis. Pero esta hipótesis no satisface a ninguna de las necesidades posteriores de la imaginación; por tanto, en la religión práctica, o es rápidamente abandonada, o es separada de todas las inferencias que se derivan de ella. Aunque los groenlandeses crean en ella y sus pobres se sirvan de ella para obtener los favores de los ricos[28], entierran con sus hijos perros destinados a servirles de guías. Los iroqueses, para los cuales, por una conformidad singular, el grano que se entierra es el símbolo de la inmortalidad, como en los misterios y en el Evangelio, y que entierran los restos de sus parientes en la orilla de los caminos, para que sus almas puedan más fácilmente animar los cuerpos formados en el seno de las mujeres fuertes, también hablan de otro mundo, en el que los muertos comienzan de nuevo las ocupaciones de éste[29].

Sin embargo, el sentimiento religioso, que perfecciona cuanto cae bajo su influencia, parece servirse, desde el estado salvaje, de esta noción de metempsícosis, para utilizarla como un modo de purificación gradual y un ejercicio de la justicia divina. Según los moradores de las montañas de Rajmahall, el cuerpo de los animales es la morada de las almas degradadas[30], y si el vicio acerca el hombre al animal, la virtud debe aproximarlo a la divinidad. Nada se asemeja tanto a las migraciones de las almas, tan célebres en la filosofía sacerdotal egipcia y en los misterios griegos, en los que se transplantó esta filosofía.

Después de haber dado forma a su morada futura más según lo que él concibe que según lo que desea, el salvaje quisiera decorarla con colores brillantes. Querría que estuviese más llena de placeres que su morada en la tierra. El lapón, al que llena de desesperanza un cielo enemigo, espera un clima más suave y renos de una clase especial[31].

Sin embargo, pese a la esperanza que se impone, le aflige un terror invencible y él mismo se pinta la situación que le espera como desdichada.

El espectáculo de los últimos momentos, las angustias y convulsiones de la agonía expanden sobre la morada desconocida, cuyo sendero parece tan terrible, una sensación lúgubre que desafía cualquier intento de la imaginación por disiparla.

Las almas se alojan, dicen los patagones, en los cuerpos de pájaros acuáticos que se distinguen por su vuelo penoso y sus silbos jadeantes. Los alimentos de los muertos, dicen los moradores de Chile, saben amargos y son de color negro. Así, en el infierno homérico, los astros son más apagados y las flores carecen de luz y claridad. Es la concepción del salvaje, revestida de las imágenes de la poesía.

Los sueños del interés, cualesquiera que sean, al hablar sólo a la parte egoísta de nuestra naturaleza, no satisfacen el sentimiento religioso, el único que puede prevalecer sobre la repugnancia física que la imagen de la destrucción inspira a todos los seres vivos. Este sentimiento no existe en estos paraísos fantásticos que sólo se dirigen a los ojos y a los sentidos. Pero, de cuando en cuando, brilla una noción inesperada, que se asemeja al relámpago que rasga la noche. La idea de una reunión eterna con el Gran Espíritu aparece alguna vez súbitamente entre las vagas conjeturas del salvaje, y es así como, en el seno de la barbarie, se cierne confusa todavía la noble hipótesis que un día debe consolar a Sócrates; sistema sublime que, al alimentar al hombre con la única esperanza capaz de satisfacer a su alma, llena al mártir de exultación y al moribundo de confianza.

Sin embargo, en la época en la que nos vemos obligados a detenernos, los fulgores inciertos que deslumbran a intervalos la mirada del salvaje no bastan para tranquilizarle. Cede a las impresiones visibles, y estas impresiones lo descorazonan y lo llenan de temor.

A estos muertos, a los que le gustaría situar en un lugar de placeres, los ve vagar tristemente alrededor de las habitaciones que abandonaron. El hambre, la sed, el frío los atormentan, y su sufrimiento habitual les inspira resentimiento y odio contra los hombres[32]. Para los caribes, revisten la forma de venenosos reptiles o de demonios maléficos[33]. Los moradores de Otaiti y de Nueva Holanda, los insulares de Amboina, creen que se deslizan hacia las chozas y beben la sangre de los que sorprenden dormidos[34]. Los tcheremises rodean las tumbas para que los muertos no puedan salir de ellas y devorar a sus supervivientes[35]. Las mujeres negras de Matamba se sumergen en el mar para ahogar el alma de sus maridos, que podrían ensañarse con ellas[36]. Varias tribus no se atreven ni a pronunciar los nombres funestos de los que ya no están con ellos, y se irritan contra el temerario que, al pronunciarlos, perturba sus sueños[37]. Otros surcan silenciosamente la superficie de las olas y pescan sin hacer ruido para que los manes no se irriten por haberlos despertado[38]; y entre los abipones, cuando una familia pierde a uno de sus miembros, quema sus vestidos y sus armas, abandona su choza y cambia de nombre[39].

114

Detengámonos un instante para reflexionar sobre estos diversos acontecimientos, incompatibles y contradictorios. ¿De dónde proviene a la vez, en la mente del salvaje, cuando se trata de los muertos, ese respeto, ese horror y ese cálculo? ¿Ese respeto, con el que apenas cumple, acumulando las conmemoraciones, los sacrificios, los homenajes de todo tipo? ¿Ese horror que sólo calma el alejamiento, la desaparición, el olvido del ser que se fue y de cuanto tiene relación con su memoria? ¿Ese cálculo, en fin, que, llevando el egoísmo más allá de la destrucción física, le obliga a crearse, en un universo imaginario, una morada que él decora, que amuebla y que llena de cuanto le fue útil o agradable?

No vemos nada parecido entre los animales. El único instinto que poseen de su naturaleza los lleva a buscar un lugar solitario en el que mueren sin testigos. Sólo se dan cuenta de una cosa: se deben ocultar a la mirada los despojos repelentes y no manchar el aire con emanaciones deletéreas. Por lo demás, ninguna previsión, ninguna inquietud por su propio destino después de la muerte; ningún recuerdo, ninguna conmemoración de los que vivieron por parte de los que sobreviven. Dudosas excepciones, producidas quizá por hábitos que el hombre creó en algunos animales domésticos, pero probablemente exagerados por observadores entregados a una opinión adoptada con antelación, en nada cambian la regla general.

El hombre, por el contrario, alejado de los muertos por el instinto físico, se ve atraído de nuevo cerca de ellos por un movimiento que domeña este instinto. Cuanto sorprende a su mirada los asusta; cuanto llega a sus sentidos los hiere y los subleva; y, sin embargo, vuelve continuamente a estos objetos queridos y temidos[40]. Cuando la repelente descomposición hace la lucha imposible, obligado a separarse de los cuerpos, se encariña con sus tumbas. El guerrero las cubre con su sangre; la virgen las envuelve con su joven cabellera; la madre las riega con su leche o las adorna con flores[41]. La amistad se transforma en deber de bajar viva allí[42]. El mismo egoísmo, sacrificando el presente al futuro, separa lo mejor que posee para conservarlo intacto en lugar de disfrutar de él y llevarlo así al otro mundo.

¡Y no se ve en el hombre a un ser distinto del resto de la materia animada! Desde la infancia del estado social, cuando nada se ha desarrollado todavía en él, la muerte, que para los animales no es más que la señal de una disolución que sufren sin preverla, sin temerla, sin presentir nada más allá de ese momento, la muerte ocupa en el alma del salvaje un lugar más grande que la vida misma. Sólo vive, por así decirlo, para prepararse a morir. Sólo utiliza sus facultades aquí abajo para preparar, a su manera, según sus deseos aún infantiles, la invisible mansión que debe habitar. Se diría un propietario que se hospedó en una cabaña para vigilar la construcción de un palacio; ¡y este instinto no tendría más causas que las vagas imaginaciones de una criatura ignorante y bruta! Pero ¿quién sugiere a esta criatura bruta e ignorante, a ella sola, estas vagas imaginaciones? ¿Por qué le son tan profundamente inherentes, tan exclusivamente reservadas?

La tosquedad aparente de las esperanzas y de los temores del salvaje no debilita nuestros razonamientos. Ya explicamos cómo el sentimiento religioso, fuente primera de todos los cultos, no es, sin embargo, la única facultad del hombre que contribuye a su ordenación. Aquí, como en todos los sitios, se percibe la huella de los diversos impulsos que se reparten a este ser a la vez egoísta, razonador y moral. A la lógica, árida como es siempre y mucho menos ilustrada de lo que es ahora, pertenece todo lo que es antropomorfismo; al interés, todo lo que es cálculo; al sentimiento, cuanto es emoción. La razón, guiada por la analogía y engañada por ella, lleva a la morada de los muertos la imitación de la vida. El interés, que combina sus cálculos según esta imitación, sugiere al dueño la exigencia bárbara que dicta los sacrificios de cautivos o de esclavo; al esposo, el afecto cruel que arrastra a su esposa a la tumba o a la hoguera; al cazador o al guerrero, el deseo menos feroz, su lanza o su hacha. El sentimiento, en fin, que combate alternativamente contra la inteligencia limitada y contra el interés innoble, libera la religión de estas manchas. Las añoranzas y los homenajes que dedica a los muertos ennoblecen las ideas religiosas. Hace suyas las imágenes limitadas del antropomorfismo, pero las purifica. Unas veces enseña el desinterés y domeña la avaricia[43]; otras, se refugia en la metempsícosis, y hay algo afectuoso y lleno de ternura en este esfuerzo del salvaje, que siente lástima del alma que sufre, separada del cuerpo, y que intenta encontrarle uno a esta alma sufriente. Otras veces, aprovecha la noción basta y rudimentaria que rebaja el mundo futuro al nivel de este mundo, para instaurar en él la abnegación de sí y el sacrificio. Finalmente, al dirigir hacia la divinidad la oración del sentimiento que él impregna de esperanza, purifica las nociones vulgares sobre la esencia de esta divinidad protectora y, elevando, por así decirlo, la forma material, la anima con un espíritu en el que ya se puede vislumbrar algo divino.

CAPÍTULO 5

De los errores en los que cayeron varios escritores,
por no haber sabido ver la lucha del sentimiento religioso
contra su forma en esta época de la religión

Esta lucha del sentimiento religioso contra su forma, en el culto de las hordas salvajes, entraña contradicciones que dieron lugar a muchos errores.

A veces, por el hecho de que el salvaje, independientemente del fetiche que él contempla como su protector habitual, reconoce a un Gran Espíritu, un dios invisible, se llegó a la conclusión de que un teísmo puro había sido, desde su origen, la religión de las tribus salvajes.

Los teólogos del siglo XVII, y los historiadores del XVIII que no se habían enrolado abiertamente bajo los estandartes de la filosofía, se impusieron la adopción de esta hipótesis como un deber sagrado.

En vano, se reunían todos los monumentos, todos los relatos, todos los anales de la Antigüedad para testificar el politeísmo de todos los pueblos, en la primera época constatada de su historia: los escritores modernos desechaban este concierto de testimonios con una facilidad y ligereza admirables.

Cuando se les preguntaba de dónde había venido el politeísmo, puesto que sólo el teísmo era la religión natural, decían: «El culto se corrompió, los hombres se cansaron de verlo tan simple». Pero ¿qué causa súbita había producido esta lasitud? «Es que es difícil concebir», respondían, «que un motor único imprima a la universalidad de los seres tantos impulsos contradictorios». Pero la dificultad no debió de ser menor cuando los hombres eran más groseros, y si no pudieron permanecer a la altura del teísmo, al menos pudieron llegar a él desde sus primeros pasos. Se replicaba a esto «que el politeísmo había sido el efecto de la inclinación del hombre a la adoración de lo que llama la atención de sus sentidos»[1]. Pero esta inclinación existía en todos los hombres; ¿cómo es que dejaron de combatirlo precisamente cuando su razón más desarrollada les proporcionaba más medios para resistir al mismo?

No por eso se dejaba de repetir la opinión acreditada, y la prioridad del teísmo había adquirido, por así decirlo, fuerza de cosa sentenciada, cuando un pequeño número de mentes más reflexivas y menos dispuestas a deleitarse con palabras grandilocuentes demostraron la futilidad de semejante sistema; pero, como sucede siempre con los partidos filosóficos o políticos, pasaron sobre la verdad para precipitarse ciegamente en nuevos errores.

117

La regularidad admirable de este universo, dijeron, no puede afectar a inteligencias todavía infantiles, a las que nada revela esta regularidad. El orden parece al hombre ignorante una cosa simple. No busca su causa. Lo que cautiva su atención son las convulsiones, los cambios profundos. La armonía de las esferas no dice nada a la imaginación del salvaje. Pero escucha atentamente el rayo que relampaguea o el huracán que estremece el bosque. La ciencia, en sus meditaciones sobre las fuerzas invisibles, se ocupa de la invariabilidad de las reglas. El desorden de las excepciones cautiva a cualquier ignorancia.

Pero estas excepciones sugieren al espíritu nuevas nociones totalmente contrarias a la unidad de un dios. Fuerzas divididas parecen luchar en los cielos y en la tierra. El destino de los hombres está expuesto a miles de influencias inesperadas y contradictorias, y uno se siente tentado de atribuir a efectos diferentes causas diferentes[2]. Hasta ahí, todo era verdad en estos razonamientos; pero enseguida los filósofos infirieron de ello que el género humano no había adorado primitivamente más que a guijarros, animales y ramas de árboles, y sólo los había adorado por interés y por miedo. Ver a un hombre prosternado ante estas divinidades abyectas era un triunfo para los incrédulos; y nuestros oídos, cansados durante un siglo de exageraciones devotas sobre la pureza del teísmo primitivo, y de piadosas lamentaciones sobre su degradación deplorable, no por eso dejaron de ser importunados durante sesenta años por declamaciones igualmente monótonas y tan poco fundadas sobre el fetichismo, cuya concepción absurda y vergonzante era, se decía, el origen de todas las ideas religiosas.

El error no era menos palpable en un sentido que en otro. Si es cierto que el hombre ignorante no puede elevarse hasta el teísmo, lo es igualmente que hay, incluso en el fetichismo, un movimiento que está muy por encima de la adoración de los simples fetiches. El salvaje que los invoca los considera, sin duda, como seres más fuertes que él: desde este punto de vista, son dioses; pero cuando los castiga, los maltrata o los quema, son enemigos que maltrata, no son dioses que adora. El Gran Espíritu, por el contrario, el Manitú prototipo, no está expuesto a estas vicisitudes de culto y ultraje. Es en esta noción donde el salvaje concentra sus ideas de perfección. Se ocupa menos de ella; sólo piensa a intervalos. El interés del momento lo desvía o lo distrae continuamente de ella. Quizá incluso un instinto sordo le advierte de que no debe hacer intervenir en el conflicto vulgar de pasiones brutales al ser que respeta[3]. Pero vuelve a él siempre que lo agitan emociones o afectos profundos.

Por tanto, se puede enfocar el culto de los salvajes desde dos perspectivas, según se considere lo que proviene del sentimiento o lo que es fruto del interés. El sentimiento religioso aleja el objeto de su culto para adorarlo mejor; el interés lo acerca para servirse mejor de él.

118

De ahí proviene, por una parte, cierta tendencia hacia el teísmo, tendencia que debe permanecer estéril durante largo tiempo, porque la divinidad así concebida es demasiado sutil para una inteligencia que comienza a desarrollarse. De ahí, por otra, las nociones rudimentarias que pronto serán insuficientes, porque son demasiado materiales para que una inteligencia que se desarrolla no se vea forzada a rechazarlas. Percibir, en las creencias de las hordas ignorantes, sólo el fetichismo es desconocer los impulsos del alma y los primeros esfuerzos del espíritu. Ver en ellas el teísmo puro es adelantarse a los avances del espíritu humano y honrar en el hombre aún en estado primitivo los descubrimientos difíciles y tardíos de una razón ejercitada durante largo tiempo.

CAPÍTULO 6

De la influencia de los sacerdotes en el estado salvaje

Tan pronto como el hombre tuvo la idea de seres superiores a él con los que posee medios para comunicarse, debe suponer que estos medios no son todos igualmente infalibles. Le interesa distinguir sus grados de eficacia. Si no espera descubrir los mejores y más seguros por sus propios esfuerzos, se dirige naturalmente a aquellos de sus semejantes que considera dotados de más experiencia o que se proclaman poseedores de más luces. Busca a su alrededor a esos mortales privilegiados, favoritos, confidentes, órganos de los dioses; y, en cuanto los busca, los encuentra.

De ahí nace, entre los salvajes, el tipo de hombre que los tártaros llaman chamanes; los lapones, *noaids*; los samoyedos, *tadiles*, y que los viajeros designan habitualmente con el nombre genérico de juglares.

Este germen, aún informe, del orden sacerdotal, no es un efecto del fraude o de la impostura, como se repite a menudo. Es inseparable de la religión misma. No son los sacerdotes los que se constituyen; los crea la fuerza de las cosas.

Pero apenas el salvaje se crea sus sacerdotes, éstos tienden a formar un cuerpo[1]. No hay que acusarlos de ello; está también en su naturaleza.

Proporcionad a cierto número de hombres un interés distinto del interés general: estos hombres unidos entre sí por un vínculo particular serán separados por eso mismo de todo lo que no sea su corporación, su casta. Considerarán un acto legítimo y meritorio hacer que todo se doblegue a la influencia de esta casta. Reunidlos en torno a una bandera, y tendréis soldados; alrededor de un altar, y tendréis sacerdotes.

Los juglares de los salvajes intentan, pues, encerrarse en un lugar impenetrable para el vulgo. Son tan celosos de cuanto se refiere a sus funciones sagradas como los druidas de la Galia o los brahmanes de la India. Se irritan contra cualquiera que intente pisar su terreno sin haber obtenido su consentimiento. Imponen a los candidatos que solicitan su admisión a la corporación privilegiada diversas pruebas y un noviciado[2]. El noviciado dura varios años. Las pruebas son largas, dolorosas y extrañas. Ayunos, maceraciones, flagelaciones, sufrimientos, vigilias, son, desde esta época, los medios habituales para acercarse a los poderes invisibles[3]. El espíritu sombrío y lúgubre de los hierofantes y de los mistagogos gobierna ya a los juglares[4].

Cuando, desdeñando este severo aprendizaje, algunos profanos se declaran sacerdotes por su propia autoridad, son rechazados por sus rivales: se los llama magos, y sus prestigios, cuya realidad no se pone en duda, se atribuyen a comunicaciones culpables con genios enemigos de los hombres.

Se ve aquí, aunque aún confusamente, una distinción que, más tarde, será de máxima importancia: la distinción entre la magia y la religión.

En realidad, la magia no es más que la religión separada del sentimiento religioso y reducida a las nociones que le sugiera únicamente el interés. Todos los caracteres que el interés presta a la religión se reproducen en la magia. La fuerza más que humana, las ayudas obtenidas de esta fuerza venal mediante invocaciones y sacrificios, independientemente de la moral, y algunas veces opuestos a sus preceptos, en una palabra, el uso de los poderes desconocidos en provecho de las pasiones y de los deseos del hombre, esto es lo que busca siempre la devoción egoísta, y esto es lo que siempre prometen los hechiceros.

Los sacerdotes de las hordas salvajes que no prometen más que las mismas cosas por los mismos medios se distinguen, sin embargo, de los hechiceros. Es que la rivalidad que surge entre sacerdote y sacerdote los obliga a buscar acusaciones contra sus adversarios; además, estas acusaciones deben ser de tal naturaleza que no socaven la base del poder sacerdotal.

Las que se apoyan en la existencia de los dioses maléficos, cuyo origen vimos anteriormente, reúnen maravillosamente esta doble ventaja, pues robustecen la creencia en lugar de destruirla: crean dos imperios sobrenaturales, que se sitúan uno frente a otro, se combaten con las mismas armas, encuentran como apoyos las mismas esperanzas y los mismos temores y se lanzan, con igual saña y parecido éxito, la reprobación y los anatemas.

Las hogueras se encienden, pues, para devorar a los hechiceros, las olas se abren para tragárselos, entre los aplausos de las hordas iroquesas[5] o indias[6], como en otro tiempo ante la enorme satisfacción del populacho, no menos estúpido, de París o de Madrid.

Sólo cuando el progreso de la razón llevó el descrédito a la magia, los sacerdotes se resignaron a ver sólo impostores en los magos, y retrasaron este progreso lo más que pudieron. ¡Durante cuántos siglos hubo que creer en los sortilegios bajo pena de impiedad[7]! Volveremos más tarde sobre esta materia. Mostraremos a los ministros de los cultos venidos a menos proscritos como magos, y a los dioses de estos cultos desprestigiados como genios maléficos. Los objetos de la devoción legítima del sajón se transformarán en moradores de los infiernos en los capitulares de Carlomagno, y las plegarias del pontífice de Roma al Júpiter máximo y óptimo serán para los cristianos expresiones llenas de culpa, huellas de un poder ilícito y tenebroso. Pero debemos limitarnos aquí a una indicación breve. La diferencia entre las dos nociones no está lo suficientemente señalada, la línea marcada entre las dos profesiones es demasiado estrecha, para que el salvaje le preste una atención seria[8]. El éxito decide, más que la legalidad del carácter, sobre el grado de respeto y de confianza. A los juglares desafortunados en su prestigio se los trata como a los hechiceros, a los que antes querían enviar al suplicio[9]. Los jefes negros o caribes los condenan a muerte indistintamente cuando son sospechosos de impostura o convictos de impotencia y debilidad[10].

Sacerdotes o magos, brujos o juglares, tienen las mismas funciones. Sus operaciones misteriosas otorgan al salvaje la protección de su fetiche o lo preservan de las asechanzas que los fetiches enemigos le tienden. Si no está contento con su dios, los juglares le recomiendan o le construyen otro[11]. Cuando no bastan las plegarias, se admite la violencia, y los chamanes, como los magos, se jactan de poder forzar a los inmortales[12].

Realiza estas operaciones de noche, con aullidos y contorsiones terribles[13], acompañados por el ruido de los tambores[14], en lugares alejados, ante la leve claridad de un fuego nocturno[15]. No desaprovechan ningún medio para inspirar terror, sus disfraces apenas permiten conocer la figura humana[16]. Unas veces caminan sobre brasas ardiendo[17], otras se clavan espadas en el cuerpo[18]. La llegada de un dios que ellos invocan se anuncia con un ruido semejante al viento huracanado, y es probable que, por un arte que, en Europa, nos sirve de diversión, dejan oír a los espectadores la voz del fetiche invisible que responde a sus peticiones[19].

Sus invocaciones, redactadas en un lenguaje ininteligible para los asistentes, rodean el monopolio sacerdotal de un secreto inviolable. Nigricia y Groenlandia tienen, como Egipto, sus jeroglíficos, y, como la India, su lengua sagrada[20].

Los juglares sacan hábilmente ventaja de todo lo que sobresale de las normas comunes, porque todo lo que sobresale de las reglas comunes sorprende y atemoriza al salvaje. La imbecilidad y la demencia obtienen sus homenajes. Los cabellos de los albinos sirven de talismán para los negros de Loango[21]. Los insulares del mar del sur adoran a los insensatos[22]. Sus sacerdotes se aprovechan de esta disposición natural. La epilepsia se convierte para ellos en una facultad y en un privilegio. Sobre esta enfermedad, que se perpetúa en las familias, basan sus pretensiones hereditarias o sirve de motivo para la admisión de los novicios[23].

En tres cosas se basa su poder fundamentalmente: el temor o el recuerdo de las convulsiones de la naturaleza, la sorpresa que inspiran los sueños al hombre ignorante y su deseo ardiente, su esperanza quimérica de conocer el futuro.

Todas las partes de nuestro globo sintieron, en épocas diferentes, violentas sacudidas. En todos los sitios, la tierra muestra la huella de las discordias que tantas veces interrumpieron la gran obra de la civilización. Vivimos sobre volcanes, caminamos sobre abismos; el mar nos rodea y amenaza. Mientras que diariamente la muerte escoge a placer a sus víctimas en medio de nosotros, la naturaleza impaciente prepara silenciosamente destrucciones más vastas y, en su labor tan implacable como inadvertida, contempla despectivamente nuestras audaces aspiraciones, nuestras acumulaciones precarias y nuestros inútiles esfuerzos. Ella puede, en efecto, con un solo movimiento, mediante una inclinación del globo, echar por tierra el futuro, borrando el pasado.

Al sentimiento religioso le gusta zambullirse en la contemplación de estas grandes catástrofes, ya sea porque, seguro de su naturaleza inmortal, disfrute sobrevolando las ruinas del mundo y retando a una destrucción que no puede alcanzarlo, ya sea porque contemple, con un deleite secreto, el derrumbamiento de todos los obstáculos que lo separan del ser infinito y la señal de la reunión con este ser, hacia el que se eleva, aunque encadenado por la materia muerta y rebelde que lo envuelve y lo limita por todas partes. Incluso en estos tiempos en que todos nuestros hábitos nos alejan de las meditaciones vagas y nos proponen como meta de la vida el interés del día, permanecemos silenciosos y absortos cuando aprendemos por nuestros físicos modernos a conocer, en los estratos acumulados de este globo, los despojos de miles de generaciones exterminadas que parecen llamar a la nuestra y trazarle el camino a seguir. El salvaje, condenado frecuentemente a una serie de esfuerzos que lo agotan y a largos intervalos de una inacción forzosa durante la cual su errante imaginación sucumbe al aburrimiento mientras su cuerpo lucha contra las privaciones o contra los excesos de la intemperancia, medita en su choza y a su modo, no sobre lo que sabe, sino sobre lo que teme. En todas las hordas se encuentran tradiciones sobre la destrucción el mundo[24]. Los dioses benefactores apenas pueden retrasar este terrible momento. ¿A quién se dirigirá el salvaje, para animar a sus protectores y desarmar a sus enemigos, si no al juglar, cuyos rezos son eficaces y cuya terrible voz puede obligar después de haber suplicado? Cuando un velo cubre los astros, cuando los eclipses disputan a la luna su pálida luz, las hordas, reunidas en la cima de las montañas o a la orilla de los mares, acompañan con sus gritos los gritos de los sacerdotes, y las ceremonias lúgubres, comunes a todos los pueblos[25], no son más que los miedos del salvaje, sometidas a un orden regular y reducidas a sistema por el sacerdocio. Los sueños no tienen sobre él la menor influencia.

La costumbre nos familiariza con los fenómenos más extraños; y, por poco que se prolongue lo inexplicable, nos parece sencillo. Los sueños, esas extrañas parodias de la realidad, esas imágenes fantásticas de la vida, a la que atraviesan dejando en ella algunas veces una turbación que nuestra razón, ahora severa, no logra disipar, deben de producir en los pueblos niños una impresión cuya profundidad hoy no podemos calcular. Los salvajes de América y de Liberia no emprenden ninguna expedición, no realizan ningún intercambio, no firman ningún tratado que no provenga de los sueños[26]. Estos sueños son la base de inspiraciones, de direcciones y de profecías[27]. Lo que tienen de más precioso, lo que defenderían gustosamente con su vida, lo abandonan basándose en un sueño. Las mujeres kamchadales se entregan sin resistencia a quien afirma haberlas poseído en su sueño[28]. Si un iroqués sueña que le cortan un brazo, se lo corta[29]. Otro, que mata a su amigo, lo mata[30]. Tribus enteras se ponen en camino para conquistar aquello que uno de sus miembros soñó como conquistado[31]. Se ve fácilmente qué poder debe conferir esta convicción a los intérpretes de las advertencias celestes.

Finalmente, una última causa del poder de estos hombres es la necesidad de leer el futuro.

Vimos más de una vez que la ignorancia de los acontecimientos que nos amenazan era el mayor favor que debíamos a la naturaleza. El pasado hace ya la vida suficientemente difícil de soportar. Nadie llegó a la tercera parte de su carrera sin tener que lamentar vínculos rotos, ilusiones destruidas, esperanzas frustradas. ¿Qué ocurriría si, marchitado su corazón por estos recuerdos fúnebres, una deplorable previsión persiguiese al hombre; si, junto a las tumbas de los que ya no están, viese con su fantasía entreabrirse la fosa que debe tragarse lo que le queda; si, herido por la ingratitud de su pérfido amigo, reconociese por adelantado al traidor en el amigo que lo remplazó? El presente, fugitivo, imperceptible, sería colocado de este modo entre dos terribles fantasmas. El instante que ya no existe y el que aún no es se reunirían para envenenar el momento que existe. Pero el hombre escapa al pasado, porque lo olvida, y cree poseer el futuro, porque lo ignora.

Sin embargo, continuamente intenta librarse de esta ignorancia saludable. En cuanto cree que puede servirse de la religión para su interés, le exige los medios de penetrar en la oscuridad bienhechora que lo rodea; y cuanto menos se expanden sus luces y se multiplican sus experiencias, más formales y positivas son las promesas que él arranca a la religión. El conocimiento de las cosas futuras constituye, pues, el primer factor de las atribuciones que dan crédito a los juglares salvajes. La superstición los solicita; la ignorancia los implora; y si confesasen su impotencia, abdicarían de su autoridad.

Para conservarla, se someten a los inconvenientes de la superstición y de la ignorancia; y sus revelaciones fallan tanto menos en el objetivo propuesto cuanto más las vinculan a las dos cosas que inspiran a los hombres el mayor terror: la aparición de los genios malignos y el retorno a la tierra de las generaciones que lo dejaron. En la isla de Amboina, los juglares consultan a los nitos o poderes enemigos. Los iroqueses invocan a los muertos, esos muertos que el salvaje cuida con tanto mimo, esos manes que él imagina transformados en monstruos despiadados, en vampiros voraces. El hurón crédulo oye que las sombras de sus ancestros responden con gemidos. El caribe y el negro ven que sus cabellos se agitan en el fondo del jarrón que los contiene, y del que salen sonidos proféticos[32].

Otras épocas de la religión nos recordarán estas nociones lúgubres. Ulises, que quiere descubrir la oscuridad del destino, desciende a los infiernos para consultar a su madre[33]. El hombre siempre pensó que, por pertenecer al pasado los muertos, también les pertenecía el futuro; o más bien, interroga obstinadamente a quienes golpeó la muerte porque, en el fondo de su alma, duda de ella.

Ministros de estas temibles ceremonias, los juglares comparten o fingen compartir el terror que causan. Intentan no perturbar la paz de las sombras. Tienen miedo de que estas sombras enojadas se venguen por interrumpir su eterno reposo. También temen que los dioses depositarios del destino castiguen al temerario que intenta arrebatarles sus secretos. No es indiferente observar que, en todos los cultos, el acto de profetizar es un acto penoso[34]. Esta idea debe su origen probablemente a que, en efecto, cuando la imaginación recibe una de estas conmociones violentas que parecen elevarla por encima de su esfera habitual, esta conmoción va acompañada de dolor y de espasmo. Pero, trabajando en esta ocasión, como en todas, sobre los datos de la naturaleza, los juglares se aprovecharon hábilmente de ella para realzar el valor de su abnegación. Aún hoy, los que se arrogan el don de predecir simulan terrores profundos. A disgusto, como quien afronta peligros inmensos, se resignan a desvelar lo que dispone el destino.

124

LIBRO II

CAPÍTULO 7

Consecuencias de la influencia de los juglares
en el culto de los salvajes

La aparición de un sacerdocio, en el culto de los salvajes, viene acompañada de consecuencias muy importantes. No será difícil de ver. Describimos anteriormente al hombre combatido, en cuanto se refiere a la religión, por dos movimientos contrarios.

Uno, desinteresado, se alimenta de los sacrificios mismos que impone, se complace en la abnegación y en todas las concepciones altas y sublimes, extiende sobre estas concepciones una especie de vago ensueño y, en su éxito rápido e inesperado, introduce al tiempo la creencia de la horda más ignorante junto a la doctrina más depurada.

El otro movimiento, egoísta, ardiente, mercenario, disfraza el sacrificio de objeto de comercio, no admite más que nociones positivas y arrastra la adoración a la esfera limitada y tormentosa de los intereses de la tierra.

En éste precisamente deben esforzarse los juglares en ser maestros. Su autoridad se acrecienta por todo el apoyo que prestan a las nociones sugeridas por el interés. Se vuelcan, pues, lo más exclusivamente posible, hacia esta parte de la religión, la atención del salvaje. Lo alejan de la idea del Gran Espíritu, que, en su inmensidad y lejanía de la raza humana, está demasiado por encima de las súplicas diarias y de las necesidades de cada momento. Concentran los deseos de las hordas que los escuchan en sus relaciones materiales con los fetiches, poderes subalternos, más a la altura del hombre, y que pertenecen al mejor postor. Los confirman en la suposición de que los dioses hacen de sus favores un objeto de comercio y que, para garantizar su protección, hay que saciar su hambre voraz o adular su desconfiada vanidad. Hablan exclusivamente, con una exageración calculada, sobre la avidez, la maldad de estos ídolos. Los relatos de los negros sobre su dios Nanni[1], y de los kamchadales, sobre el dios Kutko[2], dan idea de una perversidad más caprichosa que las ficciones de la *Ilíada*.

El camino por el que los juglares guían así a sus dóciles discípulos parece preparar la victoria infalible del egoísmo sobre el sentimiento. La resignación en el sufrimiento es un esfuerzo más difícil y más raro que el fervor en la devoción. El culto que fomenta los deseos inmediatos es más adecuado para la exigencia de la pasión que la adoración, que es inaplicable a los detalles de la vida.

Pero, después de haberse aprovechado así de la parte rudimentaria de las nociones religiosas, el sacerdocio se da cuenta enseguida de que puede sacar más ventaja aún de su parte entusiasta y exaltada.

Hablamos antes de la tendencia del hombre a sutilizar sobre los sacrificios.

Tan admirables son los efectos de esta tendencia cuando el sentimiento es abandonado a sí mismo, como pueden devenir terribles cuando la impostura y el cálculo se convierten en un instrumento suyo. Del hecho de que el sacrificio, para ser agradable a los dioses, debe ser penoso para el que lo ofrece, se sigue la invención continua de nuevos sacrificios, cada vez más penosos y, por tanto, más meritorios. Y del hecho de que los dioses se complacen en las privaciones de sus adoradores, se deriva la multiplicación de su número y se sutiliza sobre la naturaleza de estas privaciones. El hombre se precipita en innumerables exageraciones, errores, extravagancias, barbaries, realizados por él, unas veces sobre los demás, y otras, sobre sí mismo. La superstición desorientada se asusta de su propia herencia y quiere expiarla mediante nuevos dolores y crueldades.

Los sacrificios humanos tuvieron, sin duda, más de una causa.

La consagración de una parte del botín conquistado a los enemigos en una victoria se extendió a los cautivos: el vencedor creyó un deber inmolar un número proporcionado al conjunto que el destino de las armas ponía bajo su poder[3].

Vimos que, al suponer que la vida futura se parece a ésta, enterraban en las mismas tumbas o quemaban en la misma hoguera a los muertos y a sus esclavos y concubinas.

Los jefes de las hordas pensaron algunas veces que, al degollar a otros hombres, retrasarían el término fijado por la naturaleza para su propio destino, o que estas víctimas les servirían, ante las fuerzas invisibles, de mensajeros, órganos de sus homenajes y de sus plegarias.

En fin, la sed de arrancar al futuro los secretos que oculta, y que los dioses ocultaron quizá en las entrañas humanas, llevó a la feroz curiosidad de hurgar en las entrañas con su mano llena de sangre.

Estas diversas causas introdujeron los sacrificios humanos en gran número de tribus salvajes.

Pero el principio del refinamiento en el sacrificio debió de favorecer particularmente la práctica de ciertos ritos execrables. La efusión de la sangre humana se convirtió en la ofrenda más preciosa, porque la vida es, para los hombres, lo que hay de más precioso; y, entre estas horribles ofrendas, las más meritorias debieron de ser las que alcanzaban a las víctimas más queridas. Nada es más terrible que la lógica en la absurdidad[4].

Siguiendo este principio, encontramos entre los habitantes de Florida y en las costas de África[5], esa abnegación de los vínculos de la sangre, esos niños inmolados en presencia de sus madres; costumbres terribles, que nuestra infancia se había acostumbrado a admirar en la obediencia de Abraham y que nos indignan en las hordas que no nos acostumbramos a respetar.

Es tan cierto que estas prácticas son el efecto del cálculo y de la autoridad de los juglares que, cuanto menos esclavizada les está una horda, menos se encuentran en ella estos ritos bárbaros, y que entonces son los adivinos quienes las reclaman como una condición indispensable para la revelación de las cosas futuras[6]. Señalaremos, además, cuando hablemos de los pueblos ya civilizados, que los sacrificios humanos aparecen cada vez menos entre los pueblos que no están sometidos a los sacerdotes, y que se perpetúan en todas las naciones que están doblegadas a su yugo.

Lo mismo sucede con la noción de castidad que, como vimos, prevalecía, en el corazón del salvaje, sobre sus inclinaciones más imperiosas. Como ya observamos, el sacerdocio no sólo se vale de esta noción para recomendar abstinencias crueles y exageradas, sino también exige, a no mucho tardar, una abnegación de naturaleza contraria y mucho más extraña.

En el reino de Juidah, las sacerdotisas raptan a las chicas de las familias más distinguidas y, después de pruebas rigurosas, las introducen en todas las artes del placer y las condenan al oficio de la prostitución[7]. Entre otros negros, una corporación de sacerdotes, o una cofradía religiosa[8], compone himnos obscenos que se cantan en público en las fiestas solemnes con actitudes indecentes.

Así, podemos darnos cuenta, remontándonos hasta el estado salvaje, del motivo oculto de la prostitución de las mujeres de Babilonia y de las danzas inmodestas de las de Menfis, hechos negados, con demasiada ligereza, por escritores que ignoraban su causa[9].

El hombre, desde su primera infancia, no creyó hacer nunca lo suficiente para honrar a sus dioses. La naturaleza lo invitaba al placer, y él sacrificó el placer para agradarles; la naturaleza le prescribía el pudor, y él les ofreció el pudor como holocausto. Pero el último refinamiento pertenece al sacerdocio. Descubrió en la lucha que se alzaba entre el sentimiento interior y las prácticas obscenas el motivo de un triunfo nuevo para la religión, triunfo en sentido inverso del que había logrado sobre la atracción de los sexos; y, después de haber prohibido a la joven virgen los castos abrazos de un esposo, la arrastró ante sus horribles divinidades para profanarla y mancillarla.

Esta verdad se hará evidente cuando mostremos, en las religiones sometidas a los sacerdotes y sólo en estas religiones[10], las fiestas más escandalosas autorizadas o incluso ordenadas y al sacerdocio castigando, por un lado, con terribles suplicios la menor desviación de los preceptos de la continencia y, por otra, anatematizando la repugnancia a las obscenidades prescritas y a las orgías ordenadas[11].

No se debe, pues, acusar al sentimiento religioso de estas desviaciones deplorables. Susceptible, sin duda, de desviaciones, como todas las emociones de nuestra alma, él halla en estas emociones mismas un remedio seguro contra sus desvíos. La pureza, la piedad, la simpatía, esa virtud celeste que en la lengua religiosa se llamó caridad, y que no es más que la imposibilidad de ver el dolor sin acudir en ayuda, son sus inseparables compañeras. Está obligado, por su naturaleza común, a abjurar enseguida de las prácticas feroces o licenciosas que mancillan su cuna; y proporcionaremos, a lo largo de nuestra obra, numerosas e incontestables pruebas de que sólo siguen existiendo gracias a una autoridad que nada tiene de común con el sentimiento religioso.

Esta autoridad terrible, implacable, muestra las locuras humanas, disfraza el delirio en doctrina, el temor en sistema, la barbarie en deber.

Entonces aparecen los resultados funestos que tan frecuentemente se atribuyeron a la religión. Se complica con mil prácticas crueles y ridículas. Los dioses, feroces de carácter, son de una forma horrorosa; el sentimiento intenta embellecerlos; el sacerdocio los mantiene horribles, y el éxito de sus intentos lega su figura repugnante a épocas más civilizadas[12].

Para semejantes ídolos, se necesitan ofrendas sanguinarias, ritos repugnantes, terribles holocaustos.

Esta desastrosa influencia de las combinaciones sacerdotales recorre los siglos. Si, en las creencias más depuradas, tomásemos literalmente los epítetos que acompañan, muy a menudo, a la mención de las fuerzas o de las voluntades divinas, creeríamos que el hombre halla un extraño placer en estremecerse delante de los seres odiosos y bárbaros a los que somete su destino. Ve el origen de todos los males que abruman a la especie humana en la maldad de estos furiosos perseguidores. Unas veces propagan las enfermedades, desencadenan las tempestades, levantan las olas, arman al sol con fuegos devoradores, o al invierno con escarchas insoportables; otras veces, conspiran contra el mundo que crearon, lo abrasan hasta aniquilarlo. Socavan sus fundamentos; monstruos[13] amenazan a la luna y a los astros; el abismo está presto para abrirse: así se hace más terrible ese dogma de la destrucción del universo, del que hablamos anteriormente, y que, con formas imponentes de una cosmogonía tenebrosa, ocupará enseguida, en las doctrinas de los sacerdotes, un lugar eminente.

Estas consideraciones parecen muy apropiadas para hacernos considerar la existencia de los juglares como un azote para las hordas salvajes. Pero algunas reflexiones deben incitarnos a no pronunciarnos a la ligera sobre esta cuestión.

En primer lugar, la influencia de la casta sacerdotal en el estado salvaje es bastante limitada, a pesar de los esfuerzos de esta casta. El fetiche del negro o el manitú del americano son seres portátiles y disponibles, compañeros fieles de sus expediciones de caza o de guerra, aliados de sus odios, confidentes de sus amores. El adorador no sólo puede consultar por sí mismo a su ídolo en cualquier circunstancia; también, como vimos ya, puede dejarlo por otro, o castigarlo cuando defraudó sus esperanzas.

Esta ligereza, en sus relaciones con su dios, le inspira escasa veneración por sus ministros, y la facilidad que encuentra para hacer contratos directamente con este dios, le hace, a menudo, superflua e inoportuna la intervención extraña.

En toda América septentrional, los juglares se limitan a indicar los sacrificios destinados a agradar a los dioses; y los padres de familia o los más importantes de cada cabaña presiden de derecho la ceremonia[14]. Lo mismo sucede con los tscheremises y varias tribus vecinas o dependientes de Rusia[15]. Por eso, los juglares, hagan lo que hagan, sólo tienen un crédito accidental y precario. Son casi tan ignorantes como el resto de la tribu que gobiernan: asociados por el espíritu del cuerpo, pero rivales por el interés de cada momento, más que ponerse de acuerdo, pelean entre sí[16]. A pesar de su resistencia, aventureros sin misión, ciñen también la tiara, seguidos por sus émulos[17]. Su oficio se reduce, en el fondo, a un dudoso medio de medra personal, disminuido por la competencia[18]. Su autoridad está a merced de una opinión cambiante. Criaturas de esta opinión, rara vez llegan a hacerse sus maestros[19].

En segundo lugar, los inconvenientes muy reales y muy graves de la influencia de los juglares sólo constituyen un aspecto de la cuestión.

Para tratarlo en toda su extensión, se debe considerar que cuanto menos ilustrado es un pueblo, más inseparable de la religión es el sacerdocio. Por tanto, no se trata de deplorar un mal inevitable; se debe investigar si este mal supera al bien del que es una consecuencia necesaria.

¿Sería mejor que el salvaje no tuviera ninguna noción religiosa y, de esta forma, fuese liberado de sus juglares? Habría entonces muchos menos sacrificios humanos, menos privaciones voluntarias, menos ritos horrorosos y maceraciones dolorosas; pero no existiría tampoco sanción para su moral naciente, ni esperanza de otra vida, ni todos esos consuelos que aligeran el peso de su existencia miserable. Sólo sería un animal feroz, más desdichado que los demás animales feroces, sus semejantes y sus rivales. Leed el cuadro que nos describió, sobre las tribus americanas, un viajero conocido por su exactitud y su talento de observación[20]; contemplad a esas hordas atormentadas por el sufrimiento físico, por las necesidades siempre crecientes, por la perspectiva del abandono en caso de heridas incurables, de enfermedades o de vejez, cuya agonía prolongada termina frecuentemente en suicidio. ¿Puede el hombre, arrojado a este abismo pagar tan cara la esperanza que lo reanima? Su comunicación con los dioses que él considera compasivos, sus sueños sobre la existencia futura, su cuidado de los muertos que espera reencontrar, las emociones que la religión le proporciona, los deberes que crea, son para él tesoros inestimables. Cambia de lugar la realidad cuyo peso lo abruma. La traslada al mundo que crea su imaginación, y sus trabajos, sus dolores, el frío que lo paraliza, el hambre que lo devora, la fatiga que destroza sus miembros, no son más que el balanceo del barco que lo lleva a la otra orilla. Sin duda, la acción de los juglares lo perturba, incluso en sus momentos de consuelo religioso; pero para sustraerse a esta influencia, debería renunciar a esos consuelos. Más vale que los posea aunque sean imperfectos y cargados de perturbaciones.

Por otra parte, ¿es cierto que estos juglares sólo hacen mal?

Sin ellos, tribus enteras perecerían de embotamiento y de miseria[21]. Ellos las despiertan de su apatía y las obligan a la actividad. Todas las hordas en las que no hay sacerdotes están más embrutecidas[22]. Los juglares, ignorantes o llenos de artimañas, embusteros o estúpidos, conservan, sin embargo, ciertas tradiciones medicinales, algunas de las cuales son, sin duda, saludables[23]. Obligan al salvaje perezoso a las actividades de caza o de pesca. Fomentan en él los placeres del amor, a los que ciertos climas harían casi insensible[24]. Lo mantienen en sus sueños que no dejan de tener cierta felicidad. Siembran encanto en una vida deplorable y abandonada por la naturaleza. Estémosles agradecidos de embellecer, a su modo, las playas oscuras, desapacibles y estériles, y de colocar la esperanza más allá de las montañas o en la otra ribera de los mares en cuyas orillas heladas viven.

El mal no está en lo que existe naturalmente, sino en lo que se prolonga o se restablece mediante la astucia o la fuerza. El verdadero bien es la proporción. La naturaleza la mantiene siempre cuando se la deja libre. Cualquier desproporción es perniciosa. Es igualmente funesto lo manido y lo precoz. Instituciones mucho menos groseras que el sacerdocio de los juglares pueden causar males mayores cuando no están en armonía con las ideas que recibieron del progreso de los espíritus su inevitable desarrollo.

Cuando tengamos que comparar la acción de los juglares con la de las corporaciones sacerdotales tan ensalzadas por escritores que se repiten y se copian desde hace tantos siglos, nos sorprenderemos de ver que la preferencia continúa siendo por los primeros. Estas corporaciones entorpecen cualquier progreso de la especie humana; los juglares la impulsan, sin saberlo, hacia una civilización imperfecta. Se ve en ellos cierto fraude y mucha superstición; veremos más tarde en los otros, cuando más, un poco de superstición y, seguramente, mucho fraude.

CAPÍTULO 8

*Por qué pensamos que se debía describir con todo detalle
el culto de los salvajes*

Los detalles que presentamos, al tratar de la religión de las hordas salvajes, eran tanto más indispensables cuanto que esta religión contiene los gérmenes de todas las nociones que componen las creencias posteriores.

Esta verdad debe de haber llamado la atención de nuestros lectores por poco que nos hayan prestado alguna atención.

No sólo la adoración de los objetos materiales, multiplicados hasta el infinito, sino también percepciones imprevistas del más puro teísmo, la división en dos sustancias y, por así decirlo, el presentimiento de la espiritualidad.

No sólo la idea natural de que los dioses se complacen en los sacrificios, sino también la necesidad de suavizar estos sacrificios, y las víctimas humanas, y los hijos esclavos de sus padres, y el mérito del celibato, y el premio misterioso de la virginidad, y la santidad de torturas voluntarias, y la decencia inmolada sobre los altares:

No sólo el temor a los dioses maléficos, sino también la clasificación de las divinidades en dos categorías siempre en lucha entre sí, y la distinción de las prácticas religiosas en ceremonias lícitas y en ritos perversos.

No sólo la esperanza de una vida nueva después de la muerte, sino también elucubraciones sobre el estado de las almas y sobre la reunión con el Ser infinito.

No sólo la metempsícosis, sino también las migraciones y las purificaciones de las almas.

Todas estas cosas, en fin, que veremos desarrolladas más tarde, redactadas en términos más claros, revestidas de imágenes más sublimes, adornadas con colores más coherentes en los pueblos civilizados, el instinto del salvaje las adivina, las capta, las agita en todos los sentidos, intenta ordenarlas en un orden tal como lo concibe o lo presiente su inteligencia; pues nuestro menosprecio lleno de soberbia ha reducido bastante los límites de esta inteligencia. Salvaje o civilizado, el hombre posee la misma naturaleza, las mismas facultades primitivas, la misma tendencia a utilizarlas. Por tanto, deben atribuírsele las mismas nociones, aunque menos sutiles; idénticas necesidades y deseos deben guiar su comportamiento en sus conjeturas; pero, apartado por la lucha que sostiene contra un mundo físico aún no dominado y contra un estado moral desprovisto de garantías, no puede perseverar en un camino uniforme y regular; y sus conjeturas nacen y desaparecen, como las nubes en los cielos surcados por el rápido aquilón, o como los fantasmas de nuestros sueños, cuando nuestra razón nos abandona a nuestra imaginación vagabunda.

Sin embargo, ninguna desaparece sin dejar huella; épocas más avanzadas las recogen, las elaboran y les dan regularidad y consistencia.

Era obligación nuestra describirlas con alguna exactitud; sirven de base a nuestras posteriores investigaciones. Veremos de qué modo trabaja el espíritu humano con estos datos, cómo los depura, cuando se abandona a sí mismo y actúa al margen de cualquier influencia extraña, cómo entonces las huellas más bastas se borran, y las más razonables se combinan y coordinan, y cómo, al contrario, cuando es reducido a la esclavitud, las más razonables se corrompen, mientras que las más bastas y groseras se conservan en toda su absurdidad primitiva.

LIBRO III

DE LAS CAUSAS QUE FAVORECEN EL CRECIMIENTO DEL PODER SACERDOTAL, DESDE LOS PRIMEROS PASOS DE LA ESPECIE HUMANA HACIA LA CIVILIZACIÓN

CAPÍTULO 1

Objeto de este libro

Describimos, en el libro anterior, las nociones religiosas de las tribus salvajes. Nuestros lectores pudieron convencerse de dos verdades: la primera, que estas nociones eran proporcionadas a la tosquedad y a la ignorancia que caracterizan a estas tribus miserables; la segunda, que el sentimiento religioso se abría camino continuamente a través de este envoltorio informe y repelente.

Vamos a investigar ahora cuál debe de ser la religión en el estrato más bajo del estado social.

El paso del estado salvaje al estado social es un enigma, cuya solución no aparece en ningún hecho histórico. Por eso, no tomamos ninguna decisión sobre el modo como se efectuó este paso. Vimos ya que, en lugar de ser el estado primitivo del hombre, el estado salvaje bien podría ser una degradación, causada por alguna calamidad material o por una caída, triste resultado de una falta moral.

Esta cuestión es, por lo demás, totalmente ajena a nuestras investigaciones. La única verdad que nos interesa demostrar es que, tan pronto como se realiza una revolución en el estado de la raza humana, la religión sufre un cambio análogo. Sólo argüimos según los hechos que nos parecen probados, y nosotros intentamos explicarlos; pero en absoluto pretendemos dar cuenta de aquellos sobre los que la historia no nos suministra luz alguna. Nos hemos prescrito la ley positiva de no hablar nunca de lo que ignoramos; y si esta regla tiene el inconveniente de implicar más de una laguna lamentable, posee, en cambio, la ventaja de dejar de lado más de alguna hipótesis quimérica.

CAPÍTULO 2

Del estado social más próximo al estado salvaje

Consideramos como el primer nivel del estado social la situación de esas tribus que, más numerosas que las hordas tártaras, africanas o americanas, ya no recurren, para su subsistencia, a la contingencia de la caza, sino que cultivan la tierra; ya no se contentan con el refugio rudimentario de una choza aislada, sino que construyen viviendas sólidas cada vez más próximas entre sí; ya no utilizan, para atacar o defenderse, sólo la piedra cortante o la rama de árbol afilada en forma de flecha o tallada como una maza, sino que emplean los metales; en fin, dominan más o menos la naturaleza física y, por eso, comienzan a desarrollar sus fuerzas morales, adquieren nociones de propiedad, se imponen leyes fijas y, según las circunstancias, eligen o reconocen a jefes cuya autoridad, aunque con frecuencia discutida todavía, impone la obediencia e inspira respeto.

Este estado de la especie humana, designado generalmente con el nombre de barbarie, ocupa el término medio entre el embrutecimiento ya descrito en las páginas anteriores y la civilización a la que llegaremos más tarde. En esta época, los pueblos se sitúan inmediatamente por encima de la vida salvaje e inmediatamente por debajo del estado civilizado. Una distancia casi igual separa al simoyedo y al iroqués del griego, contemporáneo de Teseo, y al griego, contemporáneo de Teseo, del ciudadano de Atenas en tiempos de Pericles.

Sin duda, los caracteres generales de los siglos bárbaros son modificados por las diferencias secundarias determinadas por las posiciones locales o los acontecimientos accidentales. Pero, por numerosos e importantes que puedan ser las desemejanzas de detalle, la época, considerada desde el punto de vista religioso, está sometida a una regla común. Las nociones que sugerían al salvaje las concepciones estrechas del egoísmo, no bastan ya al hombre que dio los primeros pasos hacia un estado mejor. Aunque muy ignorante de las leyes de la naturaleza física, descubrió, sin embargo, una parte de su mecanismo: la religión debe alejarse de esta parte. Consolidó su imperio sobre la materia inanimada y sobre la mayor parte de las especies vivientes; ya no puede adorar sólo a trozos de madera, a animales, a piedras. Al mismo tiempo, el impulso vago del sentimiento religioso que empujaba al salvaje hacia nociones más sublimes y más misteriosas, exige ahora, con mayor razón, revestirlas de formas más estables, darles más consistencia y, por así decir, más realidad; y de este modo, mediante un doble trabajo, inadvertido para sí mismo, el hombre que camina hacia la civilización intenta a la vez bajar hacia sí lo que está demasiado elevado y levantar lo que es demasiado innoble.

El aislamiento en que vivían los fetiches deja de ser conveniente para los dioses de las tribus agrupadas en sociedad. Los hombres reunidos en comunidad sienten la necesidad de unirse también en sus sentimientos. Es un gozo para ellos compartir estos sentimientos. Ponen en común sus dioses; y esta unión de los dioses se realiza necesariamente tan pronto como tiene lugar la de los hombres. Al formarse la sociedad humana, se forma también la sociedad celeste. Los objetos de la adoración componen un olimpo, tan pronto como los adoradores componen un pueblo.

Por una necesidad parecida, los dioses se dividen el poder. El fetiche, al ser el dios de un hombre aislado, debía satisfacer todas las necesidades de su adorador. Todos los fetiches tenían por ello las mismas funciones. Los dioses ahora tienen funciones distintas.

Esta revolución es, en cierto modo, el equivalente de la división del trabajo, división introducida entre los hombres por el desarrollo de la sociedad. En el estado salvaje, cada uno provee por sí solo a todas sus necesidades. En la sociedad civilizada, cada uno, al consagrarse a una ocupación circunscrita, provee, en esta parte, no sólo a sus necesidades, sino también a las de los demás. Igualmente, en el fetichismo, el fetiche se encarga de todo para uno solo, mientras que, cuando el politeísmo naciente sucede al fetichismo, cada dios se encarga de una sola cosa, pero para todos.

Por la misma razón, los dioses toman denominaciones distintas, mientras que los fetiches carecían de nombres particulares. Los griegos asignaron a cada una de sus divinidades apelaciones especiales cuando, gracias a la llegada de las colonias egipcias, pasaron del fetichismo al politeísmo[1].

Sólo con la aparición de esta forma nueva el fetichismo se eclipsa totalmente. Ya mostramos que, en épocas muy avanzadas, sigue siendo, con diversos disfraces, una parte esencial de las nociones religiosas. Con mayor razón debe subsistir en pueblos, en varios de los cuales las luces muy imperfectas son propiedad de una clase interesada en mantener la ignorancia, y otros de ellos, ocupados en guerras y pillajes, concentran en las luchas y las agitaciones del mundo visible sus pasiones indómitas y su inteligencia naciente. Por eso, volvemos a encontrar huellas de fetichismo, no sólo entre los griegos de los tiempos heroicos, sobre los cuales el sacerdocio no ejercía ninguna influencia, sino también entre los egipcios, a los que sus sacerdotes mantenían sujetos con un yugo de hierro. Sólo estos vestigios de una creencia sobre la que se elevó el espíritu del hombre se combinan con el culto que debe reemplazarla, y los fetiches disciplinados y sumisos se colocan dócilmente a los pies de las grandes divinidades nacionales[2].

Estos son los primeros pasos que el nacimiento de la civilización provoca en las nociones religiosas. Estos pasos son los mismos, cualquiera que sea, por lo demás, el poder de los sacerdotes. Pero si queremos llegar más lejos, dos caminos se abren ante nosotros, que, partiendo de un mismo punto, se alejan a medida que se prolongan. Uno es el que sigue el hombre abandonado a sus propias fuerzas y a su propio instinto; el otro, aquel en el que el sacerdocio lleva al hombre a la esclavitud.

Se presenta, pues, aquí, para ser explicada, la distinción que establecimos al comienzo entre las religiones sacerdotales y aquellas que ningún sacerdocio logra someter a su dominio; y nuestra primera preocupación debe ser explicar cuáles son las causas que favorecen el poder sacerdotal y cuáles las que lo limitan[3].

CAPÍTULO 3

De las causas que, sólo secundariamente, pudieron contribuir
a la expansión de la autoridad sacerdotal

La religión del estado salvaje y el carácter de las hordas que profesan esta religión, sin dejar de favorecer la influencia accidental de los juglares aislados, luchan contra el establecimiento regular del poder de los sacerdotes. A pesar de la superstición de estas tribus rudas, alimentan en el fondo de su corazón una secreta aversión a este tipo de hombres. Los chiquitos del Paraguay los masacraron a todos una vez, diciendo que eran más dañinos que útiles[1], y los calmucos y los lapones expresan frecuentemente la misma opinión sobre sus adivinos[2]. ¿Cómo es que, al salir de este estado rudo e inculto, el hombre otorga a los supuestos órganos del cielo una autoridad tan amplia? ¿No debería, por el contrario, después de la instrucción, liberarse de un dominio que sólo descansa en su ignorancia?

Para llegar a la solución de este problema, que encierra todos los de la historia, hay que descubrir una causa cuya acción sea uniforme, es decir, que sin ella el sacerdocio sólo disponga de una autoridad precaria y limitada, y con ella, por el contrario, tenga atribuciones temibles, inmensas, ilimitadas.

¿Buscaremos esta causa en el desarrollo de la disposición religiosa, que, cuando se apodera del alma, predomina sobre todos los intereses presentes y visibles? Pero, en este caso, el sacerdocio hubiera debido de gozar de una influencia ilimitada.

136

¿Atribuiremos las barreras que, en algunos países, restringieron esta influencia, a la rivalidad del poder político, al ascendiente de la casta de los guerreros?

¿Nos remontaremos al clima?

Se concibe fácilmente que, en las comarcas en las que el clima, que dispone al hombre para la contemplación, da a su imaginación una gran actividad, al tiempo que lo dispensa casi totalmente de los trabajos materiales por la prodigalidad del sol, la clase que se encargó de proveer a las necesidades de esta imaginación, ávida de fábulas y de terror, adquiera rápidamente un poder sin límites.

Sin embargo, el clima no puede considerarse como la causa primera del sometimiento de la especie humana a corporaciones sacerdotales. El sacerdocio fue revestido de una autoridad sin límites en todos los climas. Los druidas galos, en el interior de los bosques; los magos de los persas, en las montañas; los sacerdotes de Egipto, en los terrenos pantanosos: todos, no sólo ejercieron un poder parecido, sino que debieron este poder a una organización poco más o menos semejante. Los brahmanes de la India y los drotes de Escandinavia, los primeros bajo un sol ardiente, y los segundos en medio de las nieves, parecen hermanos vestidos de diferente manera, según los grados del calor y del frío, pero con los rasgos de un parecido de familia siempre reconocible.

Por otro lado, encontramos climas muy cálidos, en los que no existe un sacerdocio pujante. Los juglares de varias tribus negras apenas tienen algo más de poder que los chamanes de Tartaria. El sacerdocio tuvo siempre escaso poder entre los griegos, mientras que su influencia fue casi siempre ilimitada entre los galos.

Ahora bien, para que se admita como suficiente una causa, si no es rigurosamente necesario que el efecto no haya existido más que con esta causa, porque, por otra parte, podría haber sido aportado, al menos es indispensable que allí donde la causa existió, se encuentre el efecto; y, desde este punto de vista, sólo podemos ver en el clima una causa accesoria y secundaria.

Lo mismo sucede con el terror que inspiran las calamidades de la naturaleza.

Nadie duda que se deba colocar entre los elementos de las instituciones sociales y, sobre todo, religiosas, los desastres físicos cuyo recuerdo se perpetúa en las tradiciones de casi todos los pueblos del globo.

Si el hombre, en las circunstancias ordinarias y cuando no está amenazado más que por los peligros que provienen de la acción habitual de los objetos que lo rodean, es impulsado por el terror que estos peligros le inspiran a dirigirse a los que se dicen los confidentes del cielo, los órganos y los favoritos de los dioses, con mayor razón, cuando todos los elementos se desencadenan contra él, cuando la tempestad retumba sobre su cabeza, se abre la tierra hacia los abismos bajo sus pies, las aguas descienden torrencialmente de lo alto de las montañas sacudidas con estrépito, arrastrando en su carrera rocas enormes y selvas antiguas, con mayor razón, decimos, el hombre, aterrorizado por estos grandes desastres, debe precipitarse en todos los excesos de la superstición y caer a los pies de cualquiera que le parezca gozar de algún crédito cerca de los seres enemigos que lo persiguen. No es, pues, el fraude el que inspira el terror; es el terror el que solicita el fraude, presentándole una conquista fácil, lanzándose al encuentro del yugo y pidiendo a grandes gritos, contra calamidades inexplicables, apoyos misteriosos y ayudas sobrenaturales.

Sin embargo, conocemos pueblos, sometidos alguna vez a grandes perturbaciones físicas, que no estuvieron sometidos a los sacerdotes. Los anales de Grecia están llenos de tradiciones sobre el diluvio. Revoluciones terribles surcaron por todas partes esta región, y los griegos, al menos desde los tiempos heroicos, son famosos por su independencia del poder sacerdotal.

Lo mismo ocurre con la acción de las colonias.

Todas las naciones atribuyen su salida del estado salvaje a la llegada de alguna colonia extranjera. Los indios nos hablan de los samaneos llegados del Norte, dicen, y que los sacaron de una situación poco diferente de los brutos[3].

La civilización egipcia se remonta, según hipótesis bastante probables, a colonias etíopes[4] e indias. La de Grecia fue obra de los fenicios y de los egipcios. Etruria estaba poblada por salvajes cuando llegaron los lidios y más tarde los pelasgos. Parece que Fenicia civilizó la Galia; ésta hizo el mismo servicio a una parte de Germania, y los habitantes de Escandinavia ignoraban el estado social cuando los getas victoriosos llegaron allí.

Pero, en la Antigüedad, se deben distinguir cuatro clases de colonias. Unas fueron meramente conquistadoras; otras, a la vez conquistadoras y sacerdotales; otras, sólo sacerdotales; y algunas, finalmente, ni sacerdotales ni conquistadoras.

Es inútil advertir a nuestros lectores que sólo entendemos como colonias conquistadoras aquellas que tomaron totalmente los países donde penetraron. Algunos combates parciales no bastan para merecer el nombre de colonias. Ninguna se estableció en una región sin librar alguna batalla; pero cuando el resultado de la lucha fue la mezcla de dos pueblos, ya no existió conquista, en el sentido que hoy damos a esta palabra.

Las colonias meramente conquistadoras no favorecen el poder sacerdotal; el efecto de la conquista no es el gobierno teocrático, sino el gobierno militar o feudal, si se nos permite emplear, hablando de tiempos antiguos, una expresión moderna. La conquista incluso a veces destruye o, al menos, limita la autoridad de los sacerdotes. Esta autoridad fue mucho menos grande en las instituciones nuevas que en la antigua patria de los bárbaros que se repartieron el Imperio romano.

Las colonias sacerdotales, sin mezcla de conquista, introducen en las comarcas donde fijan su residencia un sacerdocio que sólo gradualmente se hace todopoderoso. Tal fue probablemente la influencia de los fenicios sobre los galos. Las colonias ajenas tanto a la conquista como al sacerdocio sólo llegan a fundirse con los indígenas. De aquí provienen los progresos en la civilización. Pero los sacerdotes, como corporación, no adquieren ninguna consistencia con ello. Veremos a los griegos civilizados por colonias que procedían de un país totalmente sometido al poder sacerdotal y, sin embargo, libres de este poder, porque estas colonias no habían tenido a sacerdotes como guías.

Finalmente, las colonias sacerdotales y conquistadoras establecen un sacerdocio que, si no es el único poder, es, al menos, el primero de los poderes. Los etíopes[5] ejercieron esta acción sobre Egipto.

Es, pues, innegable que diversas colonias pudieron extender el imperio del sacerdocio sobre países en los que no habría nacido naturalmente; pero es evidente también que su acción no puede contemplarse como una causa primera. Afirmar que una colonia impuso las instituciones a un país es explicar por qué el país subyugado las recibió; pero queda aún por investigar por qué estaban establecidas en la patria antigua de la colonia que las llevó fuera.

No es, pues, ni en la naturaleza del hombre, ni en el clima, ni en las conmociones físicas, ni en las migraciones de los pueblos, donde reside la causa que intentamos descubrir. Reside en una circunstancia que, vinculada a las nociones que el hombre tiene de los seres que adora, es, a la vez, indispensable para la solución del problema y suficiente para esta solución.

CAPÍTULO 4

De la causa que, siempre que existe, depara al sacerdocio mucho poder

Existen pueblos cuya existencia depende siempre de la observación de los astros, o porque sus posición local los invita o los obliga a la navegación, o porque la naturaleza de su suelo les impone, como condición de su subsistencia o de su seguridad, la exactitud de los cálculos astronómicos.

Existen otros pueblos en los que abundan fenómenos de todo tipo, cuya previsión es saludable o, al menos, natural observar con una atenta curiosidad.

Según la manera como el hombre agitado por el sentimiento religioso dirige su adoración a todos los objetos que le sorprenden, debe infaliblemente dirigir, cuando se encuentra en tales circunstancias, esta adoración, ya hacia las llamaradas del cielo, ya hacia las fuerzas desconocidas que, a su entender, están al frente de los fenómenos terrestres.

Una vez más, no es su reconocimiento de los primeros ni el terror de los astros los que le sugieren la primera idea, la primera necesidad de un culto. Pero esta idea que lo llena, esta necesidad que lo atormenta, lo llevan a la búsqueda de los objetos para este culto, y él elige naturalmente y coloca en primera línea los que más influyen en su existencia.

Hay, pues, pueblos que son impulsados a sustituir el culto rudimentario que describimos anteriormente por la adoración de los astros; hay otros a los que una necesidad no menos imperiosa compele a la adoración de los elementos[1].

A menudo se invoca simultáneamente a estas dos clases de divinidades: el sol, a la vez globo de fuego y rey de los astros, es el centro o el lugar común de los dos sistemas religiosos.

Pero estos dos sistemas crean inmediatamente un sacerdocio revestido de un poder que no tienen ni pueden tener los juglares de los salvajes.

Es imposible transformar los elementos o los astros en fetiches individuales. Nadie puede reclamar su propiedad exclusiva. Devienen necesariamente dioses colectivos, y para estos dioses colectivos se necesitan sacerdotes que representen ante ellos a toda la nación.

Por otra parte, para conocer el movimiento de los astros, para observar los fenómenos físicos, se necesita cierto grado de atención y de estudio.

Esta necesidad crea, desde el origen de las sociedades y mientras la masa del pueblo sea aún salvaje, corporaciones que hacen del estudio de los astros su ocupación; de la observación de la naturaleza, su meta, y de los descubrimientos que realizan de estos objetos, su propiedad[2].

Pero estas corporaciones que se hacen exclusivas depositarias de la ciencia naciente no pueden dejar de adquirir una influencia más amplia que la que pertenece naturalmente al sacerdocio en las religiones cuyos dioses no son objeto de una observación científica y en las tribus que sólo necesitan pequeñas divinidades fácilmente transportables, que cada individuo puede llevar fácilmente consigo, como su arco, sus flechas, mientras recorre solitario las selvas profundas.

Hay más: al lado del estudio de los movimientos regulares de los astros, se coloca enseguida el de sus supuestas relaciones con los hombres. Al lado de la observación de los fenómenos terrestres, se coloca igualmente la interpretación de estos fenómenos, que parece hablar a la raza humana una lengua sagrada[3]. La adoración de los cuerpos celestes, que conduce a la astronomía, lleva, al mismo tiempo, a la astrología[4]. La adoración de los elementos lleva a la adivinación[5], dos medios de influencia mucho más amplios, mucho más inmediatos, para el sacerdocio[6].

Vemos, por tanto, que los sacerdotes, mientras que tienen poca autoridad entre las comunidades fetichistas, o que llegan al politeísmo, tienen un poder inmenso en las naciones entregadas al culto de los astros y de los elementos.

La religión natural del salvaje no exige ni admite como sacerdotes más que simples juglares aislados. La astrolatría requiere astrónomos; el culto de los elementos, físicos, al menos, hombres que quieran descubrir y dominar las fuerzas ocultas del universo. De ahí, un incremento indefinido de poder.

Veamos ahora los hechos. Apoyarán los razonamientos que acabamos de leer.

CAPÍTULO 5

Hechos que apoyan las aserciones anteriores

Volvamos, en primer lugar y por algunos momentos, a las tribus salvajes; nos convenceremos de esta verdad.

En América, los habitantes de Florida adoraban principalmente al sol y a la luna[1]: sacerdotes todopoderosos los mantenían esclavizados, y las prácticas sacerdotales más crueles, como las más licenciosas, caracterizaban su culto[2].

En África, los giagos[3] tienen al sol como dios supremo; los astros los guían en sus excursiones guerreras, y tanto la autoridad temporal como la espiritual se juntaban en las manos del *calandola* o primer pontífice[4].

No negaremos que circunstancias accidentales no hayan podido someter a este poder teocrático a algunas tribus, entre las cuales no parece que haya estado en vigor la adoración de los astros. Así, entre los negros de Juidah, cuyo dios nacional es una serpiente de una especie particular, el sacerdocio forma una corporación temible. Pero es que antes, en el momento de un combate decisivo, esta serpiente, desertora del enemigo, se declaró su aliada y los juglares hábiles se valieron de esto para consagrarse al servicio de este milagroso auxiliar[5]. Esta excepción no invalida, pues, la regla. Este ejemplo no sedujo a las hordas vecinas del reino de Juidah, y como ningún acontecimiento los desvió de su marcha natural y como tampoco rendían ningún homenaje exclusivo al sol, su sacerdocio no tuvo influencia ni autoridad regular sobre ellos.

Si de las tribus salvajes pasamos a los pueblos civilizados[6], el mismo hecho saltará ante nuestros ojos con la misma evidencia.

La religión egipcia estaba fundada en la astronomía[7]: la autoridad del sacerdocio egipcio era ilimitada. Vecina de Egipto, Etiopía, habitada igualmente por tribus adoradoras de los astros, es célebre por el poder absoluto de los sacerdotes de Meroe. Los sirios adoraban al sol y a la luna, con los nombres de Aglibol y de Malacbel[8]. El mundo se llenaba de ruidosas orgías, de furores fanáticos, de obscenas mutilaciones del sacerdocio de Siria. Es demasiado conocida la veneración que la religión de los persas recomendaba por los elementos[9] para que sea necesario apoyarla con pruebas. Estos pueblos castigaban con la muerte a quien profanase el fuego y los ríos[10]. Esta adoración se combinaba en ellos con la astrolatría[11]. Por eso, aunque a menudo amenazados por los reyes y, a veces, víctimas de persecuciones crueles, los magos lucharon con ventaja contra sus enemigos y siempre, en definitiva, recobraron el poder. La observación de los astros era una parte esencial de la religión india[12]: la India fue siempre el imperio de los brahmanes. Todo nos lleva a creer que China, hoy atea, dentro de las supersticiones más groseras, profesaba, en tiempos remotos, una religión que la mantenía esclavizada a sus sacerdotes[13], y encontramos a cada paso, en sus monumentos, la astronomía[14], y en sus ritos, vestigios del culto a los elementos[15]. Los sacerdotes mexicanos ejercían una autoridad terrible: el sol era la principal divinidad de México[16]. El despotismo sanguinario del sacerdocio cartaginés nos lo atestiguan todos los historiadores[17]. Los cartagineses se entregaban a la astrolatría[18]. Las naciones próximas a los hebreos estaban subyugadas, en su mayor parte, por un clero tiránico y arrastraban al pueblo de Dios hacia la astrolatría. Cuando Ezequiel quiere describir su defección culpable, nos muestra a los levitas volviendo la espalda al tabernáculo para rendir homenaje al sol naciente; y cuando Josías declara a la idolatría una guerra a muerte, se apodera de los caballos y manda quemar los carros consagrados a este ídolo brillante[19].

Si dejamos el Oriente y el Mediodía para contemplar el Occidente y el Norte, veremos que el culto a los elementos había producido en la Germania y en la Galia[20] los mismos efectos que la astronomía en la India y en Egipto. Veremos los bosques de esta parte del globo que guardan todavía los monumentos horrorosos de la autoridad absoluta y sanguinaria de los druidas; en el primer rango de los objetos de la idolatría proscrita por Canuto se sitúan el Sol, el Fuego, la Luna y la Tierra[21]. Esta última divinidad era invocada con el nombre de Herta por las tribus descritas por Tácito[22]; los eslavos adoraban al dios del Aire; el TchenYk, con sus tátaros, ofrecía sacrificios al cielo, del que se decía hijo[23]; y, cuando un nuevo Odín, guerrero y sacerdote a la vez, quiso someter a los escandinavos, les presentó la identidad del dios supremo con el astro rey.

Así, en los países más diferentes, en los pueblos de costumbres más opuestas, el sacerdocio obtuvo, del culto a los elementos y a los astros, un poder del que apenas tenemos idea.

CAPÍTULO 6

De dos aparentes excepciones

La historia parece presentar dos excepciones al principio que hemos enunciado. Estas dos excepciones, en dos climas diferentes y casi en las mismas extremidades del globo, son los árabes y los germanos.

Los germanos, nos dice César[1], sólo reconocían a dioses visibles, el Sol, la Luna, Vulcano. Esto designa con claridad el culto a los astros y a los elementos. Sin embargo, César añade que los germanos no tienen druidas, que estén al frente de los asuntos sagrados; que no construyen templos y sólo algunas veces ofrecen sacrificios. Así, estos pueblos habrían adorado a los astros y habrían permanecido independientes del poder sacerdotal.

Pero Tácito[2] contradice el testimonio de César. Según él, los germanos tenían sacerdotes todopoderosos por cuyo ministerio sacrificaban no sólo animales, sino también hombres.

Se ha querido conciliar estas dos importantes autoridades, suponiendo una migración forzada de los druidas galos a Germania. Esta migración habría tenido lugar bajo el reinado de Tiberio y el de Claudio, quienes, en efecto, persiguieron a los druidas con un rigor implacable[3]. Los sacerdotes fugitivos habrían llevado a su nuevo refugio las instituciones de su patria antigua, y esta revolución se habría realizado precisamente durante el intervalo que separa a César de Tácito[4].

Pero varios hechos incontestables echan abajo esta hipótesis. La influencia ilimitada de los sacerdotes de Germania se remonta mucho más allá de la época en que, según este sistema, se habría constituido el poder sacerdotal. Las divinidades germánicas tienen nombres indígenas que no permiten atribuirles un origen galo. Los sacerdotes germanos cantaban himnos y cánticos que les eran propios y que estaban redactados en su propia lengua. Los conservaron sin ningún cambio, incluso

143

después de la llegada de los fugitivos de la Galia; y si a estos se los acogió, fue como hermanos y en absoluto como maestros[5]. César casi sólo conocía las fronteras de Germania. Tácito, que escribía un siglo más tarde, cuando el interior de esta región era, si no subyugada, al menos invadida por los romanos, debía de tener nociones más exactas. Su testimonio es, pues preferible, y los germanos no constituyen una excepción a la regla general.

No diremos lo mismo de los árabes. Es cierto que, aunque los astros estuvieron entre sus divinidades, era casi nula en ellos la autoridad del sacerdocio. Hasta Mahoma, cada tribu, cada familia, creaba y cambiaba a voluntad los ritos y los objetos de su culto[6]. Es que los árabes eran una tribu de cazadores, cuya presa era el hombre. Esperaban al viajero en su territorio para desvalijarlo. Como cazadores, los árabes eran fetichistas. Adoraban a leones, águilas, gacelas, en una palabra, a todos los animales de sus llanuras arenosas[7]. Los astros estaban entre sus fetiches[8], como indicamos que debe ocurrir. Pero el culto de las piedras, indicio evidente de fetichismo, ocupaba el primer lugar[9] entre ellos. Las rociaban con aceite y vino, costumbre que encontramos entre los griegos. Y tan grande fue siempre su apego a estos ídolos que vemos cómo esta piedra desafía los esfuerzos del islamismo y reaparece en el templo de la Kaaba para recibir, a pesar del Profeta, el homenaje de los musulmanes[10]. El carácter de los árabes triunfó siempre sobre las circunstancias que hubieran podido someterlo al poder sacerdotal[11]. Los magos, dispersados después de las conquistas de Alejandro, se refugiaron en el desierto y se mezclaron con sus habitantes salvajes[12]. Pero su influencia no los acompañó en este refugio y, a lo más, introdujeron en la superstición del árabe fetichista algunos de sus ritos, dispersos y desfigurados[13]. Estos mismos ritos, de los que hablaremos en otro lugar, nos servirán para probar varias de nuestras afirmaciones sobre el carácter que el sacerdocio imprime a la religión.

CAPÍTULO 7

De las variedades de organización y formas del poder sacerdotal

La organización sacerdotal no fue la misma en las diversas naciones que la astrolatría, o la adoración de las fuerzas ocultas de la naturaleza física, había sometido al poder de los sacerdotes. Sin embargo, por variadas que parezcan las formas, se pueden reducir a dos categorías: las castas o tribus hereditarias y las corporaciones; al parecer, la elección intervenía en la composición de ambas.

CAPÍTULO 8

De la división en castas

La división en castas sólo pudo tener como causa primera la noción de religión. Las demás causas que se alegaron, la belleza superior de las razas privilegiadas, la voluntad de los legisladores, el imperio de la conquista o la sumisión razonada de los pueblos, son explicaciones superficiales e insuficientes.

La belleza de las razas a las que se quiso dotar de esta especie de supremacía exigiría en sí misma una explicación. La dificultad sería aplazada sin haber llegado a una solución.

Aún cuando admitiéramos, con algunos eruditos modernos[1], que las dos o incluso las tres castas superiores que dominaban en la India, no formaban originariamente más que una sola nación, que esta nación que había bajado de las montañas y vencido a los indígenas se distinguía de ellos por la blancura de su tez y la regularidad de sus rasgos[2] y que afianzó esta nación mediante instituciones fijas, revestidas de la autoridad de la religión, su propio dominio y la servidumbre de los vencidos, no dejaríamos por ello de reconocer que estas instituciones fijas habían existido en las cimas del Himalaya y del Cáucaso antes de invadir las llanuras del Indostán. Pues es imposible pensar que la segunda casta, la de los guerreros, en el momento mismo en que la conquista inflamaba su valor y aumentaba su orgullo, hubiese aceptado, como resultado de sus peligros y de sus triunfos, una innovación totalmente en su contra. Algunos soldados, guiados por sacerdotes, pueden conservar, en medio de sus éxitos militares, un supersticioso respeto por la teocracia misteriosa a la que atribuyen estos éxitos. Pero esta teocracia debe descansar en costumbres anteriores. Puede ser que los altares dominen los campamentos; pero no es desde el interior de los campamentos desde donde los altares se elevan por primera vez y de modo espontáneo; y mientras no hayamos descubierto la causa de la preeminencia sacerdotal, cuya división en castas no es más que el desarrollo, no nos acercaremos en absoluto a la solución del problema. Así, la belleza de los vencedores y la disformidad de los vencidos, aún admitiéndolas en toda su extensión, a pesar de notables excepciones[3], no explicaría en absoluto la creación de las castas. El principio habría que buscarlo siempre entre los vencedores.

Cuando Aristóteles[4] la hace remontar a Sesostris, se acomoda a la costumbre de los griegos, quienes atribuían a este conquistador todas las instituciones cuyo origen desconocían. De este modo, ningún legislador ofende la igualdad natural, a menos que no encuentre un apoyo en una opinión preexistente.

145

Los indios que hoy nos hablan de la experiencia de la anarquía, y del sentimiento que habría conducido a los pueblos a evitarla a toda costa creando contra el desorden innumerables barreras, son, como nosotros, hombres civilizados, que, haciendo conjeturas sobre épocas muy anteriores, les prestan las sutilezas y refinamientos de su propia civilización. Hay, en la degradación de las castas inferiores y en su resignación a esta degradación, algo que no explicarían ni la lasitud de la anarquía ni el deseo del orden, y que no puede ser el resultado de una simple combinación política, sino que debe remontarse a un estado social, en el que la gran mayoría de la especie humana no poseía aún ni el conocimiento de sus derechos ni el sentimiento de sus fuerzas[5].

El efecto de la conquista, ya lo hemos dicho antes, no es el gobierno sacerdotal. Nada se conoce como estas separaciones misteriosas levantadas entre los habitantes de un mismo país. La desigualdad de los rangos tiene como principio, en el gobierno militar, una diferencia real, la de la fuerza. El principio de desigualdad de las castas se debe a una opinión de mancha original, de tacha indeleble, que no puede borrar ninguna desproporción de fuerza. Los brahmanes de la India no conquistaron de hecho el poder político. No forman la casta de los guerreros, de la que, casi siempre, salieron los reyes[6]. Vemos, sin embargo, a estos reyes, a estos guerreros, que intentan inútilmente penetrar en la casta sagrada y envainar su espada ante la barrera que los separa de los brahmines desarmados. Niebuhr[7] observa, como una singularidad, que, durante su estancia en la India, un príncipe, mediante dones y habilidad, había llegado a entrar en el orden de los brahmanes[8].

No es que consideremos la división en castas precisamente como una invención sacerdotal. Quizá su origen se puede hallar en una disposición natural del hombre: es bastante propenso a hacer más estables sus instituciones compartiendo, de modo más o menos regular, las diferentes ocupaciones de la vida entre diferentes clases. Esta inclinación, que predomina algunas veces dentro de la civilización, se observa ya entre las tribus salvajes. Los iroqueses y los algonquinos se agruparon, pocos siglos hace, con la condición de que unos siguieran siendo agricultores y los otros, cazadores[9]. En algunas hordas africanas, hay pescadores y cazadores hereditarios[10]. Y, entre los turcos[11], la administración de la justicia es propiedad de algunas familias que ejercen hereditariamente sus funciones. Razas de magos[12] existen entre los lapones, y médicos y poetas entre los moradores de la montaña, hasta finales del siglo XVIII[13].

El hombre, pues, sin cálculo interesado por parte de una clase, pudo considerar a los hijos de los que él creía favorecidos por los dioses, como llamados a la herencia de este favor. Pero el sacerdocio sacó partido de esta tendencia del hombre, como de todo lo que existe en la naturaleza; y, para mejor sacar provecho de ello, lo combinó con una noción igualmente natural, la de pureza e impureza.

Existen climas que vuelven dañinos ciertos alimentos, y a algunas enfermedades, comunes o contagiosas. Los países muy cálidos obligan a sus habitantes a baños y abluciones frecuentes. De ahí provienen las abstinencias o las precauciones indicadas por la necesidad y enseguida consagradas por la costumbre. Los sacerdotes encontraron en estas precauciones o en estas abstinencias el germen de una noción misteriosa que ellos extendieron y desarrollaron. Mil circunstancias indiferentes, mil encuentros fortuitos se convirtieron, en su doctrina, en causas de impureza. Nada parecerá más simple si se piensa en la multitud de ceremonias, de expiaciones, de purificaciones que esta noción conlleva, y en las que la intervención del sacerdocio fue siempre presentada como indispensable.

Por eso, las ideas de mancha ocupan un lugar importante en las religiones sometidas a los sacerdotes. Vemos, en los supuestos extractos de Hermes, presentados por Estobeo[14], que los elementos se quejan de estar manchados. Se conoce el respeto que tenían por ellos los pueblos de Occidente y del Norte; su temor a profanarlos arrojándoles cosas inmundas; y la opinión que colocaba dentro de esta categoría cuanto emanaba del hombre, su aliento, sus cabellos y sus restos mortales.

Lo que demuestra que estas ideas se habían convertido en objeto de un cálculo interesado es que lo arbitrario se deslizó enseguida en la prohibición de los alimentos. Su salubridad o su insalubridad dejaron de estar en primera línea. La regla establecida se quiso explicar por motivos de este tipo; pero se vio que, casi siempre, estos motivos eran falsos[15].

El sentimiento religioso puede haber tenido también su parte en la institución de las castas. La idea de la pureza es una de las más queridas por él. Y debió de adoptar con ansia lo que contaban, a este respecto, mortales privilegiados que pedían, alternativamente, el respeto y el temor.

Una vez admitidas las nociones de pureza y de impureza, debió de ocurrir que, entre las profesiones necesarias para la vida, algunos condenaron a los que se entregaban a ellas por contraer diversas manchas. Estas profesiones se transmitían con bastante naturalidad de padre a hijos y, por eso, se estableció entre las clases una especie de gradación. Hubo quienes no pudieron acercarse a los demás sin una previa purificación, y pronto cada uno se afanó por evitar que se acercaran a él el menor número posible de individuos, porque todos aquellos cuyo contacto rehuía le parecían criaturas de un orden inferior[16].

El sacerdocio, colocado en la cima de la jerarquía social, fomentó estas nociones, que eran tanto más favorables a sus puntos de vista cuanto que establecían una distinción de una vez permanente, ya que

147

era hereditaria; incontestable, puesto que descansaba en la voluntad de los dioses; aplicable en todo momento, ya que prescribía formas que se debían observar en las relaciones más habituales. Así, los sacerdotes egipcios, no contentos con apartar a los extranjeros que se nutrían con alimentos inmundos, obligaban a quien se presentase ante ellos a reiteradas abluciones[17].

De este modo, separaciones que la naturaleza y el uso habían introducido al principio entre las diversas clases, pero que su voluntad y el progreso de la civilización podían echar abajo y lo hubieran hecho, se convirtieron, por mediación del sacerdocio, en barreras insuperables. Desde este punto de vista, la institución de las castas puede contemplarse como obra suya. Intérprete de la ley divina, apoyó a esta institución con su autoridad. De accidental y pasajera como era, la hizo inviolable y sagrada. Recluyó en un espacio limitado, si se puede emplear esta expresión, a la especie humana y, subdividiéndola en fracciones aisladas, le impidió agruparse contra sus tiranos que se decían sus guías.

Los países en los que la institución de las castas aparece establecida con más claridad y solidez son precisamente aquellos en los que se combinan la adoración de los astros y el clima caluroso: causa secundaria, como dijimos antes, pero muy favorable para el poder de los sacerdotes.

Por eso, siempre hacen que esta clasificación de la especie humana se remonte hasta los dioses. Para los indios, Brahma es su autor[18]. Isis la establece entre los egipcios. Diemschid, dirigido por un héroe bajo la inmediata inspiración de Oromazo, divide en cuatro clases a los habitantes de Bactriana[19]; y, en la antigua Asiria, es Mahabad[20], el primer legislador, el primer rey, y también el primer profeta e inventor del primer lenguaje, quien divide en castas a los pueblos sometidos[21].

Esta división es, en general, bastante uniforme. Las escasas variaciones, poco importantes, que se observan en los relatos de los viajeros no socavan la autenticidad y en nada cambian la naturaleza del hecho principal.

En nuestros días, no menos que en la Antigüedad más remota, el primer orden, entre los indios, es el de los brahmanes[22]; el segundo, el de los guerreros[23]. Poco importa que, en los órdenes inferiores, las relaciones difieran[24]. Las instituciones de una región expuesta continuamente a invasiones y esclavizada perennemente por extranjeros tuvieron que resentirse por esta serie de vicisitudes. Pero, no por ello, está menos comprobado que los individuos de las diversas castas están separados por una barrera religiosa e, incluso en las relaciones ordinarias de la vida, sólo podían acercarse unos a otros a una distancia determinada por la religión[25]. Cuando esta distancia se suprime, al miembro de la casta superior se le priva de su rango y sólo la apostasía o la huida lo libran de la esclavitud[26]. La misma suerte le espera si sus labios entran en contacto con un manjar preparado por un hombre de una casta inferior[27]. Los brahmines pobres que sirven a indios ricos, como secretarios, creerían degradarse si comiesen con sus dueños[28].

Ésta es, entre estos pueblos, la influencia de estas nociones sobre la distinción de las castas: prevalecen en su espíritu sobre el propio interés de la religión, pues obligan a los indios contaminados por la impureza a refugiarse en el mahometismo bajo pena de ser vendidos como esclavos. Por eso, el autor árabe que nos transmitió estos detalles atribuye esta intolerancia a la voluntad de Dios quien, de esta forma, obliga a sus propios enemigos a favorecer el triunfo de la fe y la multiplicación de los fieles[29].

Con mayor razón se prohíben los matrimonios entre personas desiguales. La muerte era antiguamente la pena inevitable. La atemperación de las costumbres remplazó este castigo por el del destierro, y los brahmanes se arrogaron el derecho de casarse dentro de la casta de los guerreros[30]. Pero si el tiempo y la naturaleza mitigaron la severidad de las instituciones, las razas cruzadas que resultan de estas alianzas impías se consideran siempre con descrédito y se le asignan profesiones innobles[31].

En el escalón más bajo de esta jerarquía se ve una raza proscrita, fuera del estado social. Los pobres parias, como se sabe, en su mayoría pescadores o curtidores, no tienen categoría de hombres[32]. Están excluidos de cualquier sociedad, apartados de los caminos, de las fuentes, de los templos; son impuros su contacto, su presencia, su aliento. Antes, se los podía matar sin ser delito; aún hoy, las otras castas tienen escrúpulo en acudir en su ayuda[33].

Por una disposición singular, el hombre intenta consolarse de la opresión, más bien ejerciéndola él mismo que oponiéndose a ella. Los mismos parias se dividen en órdenes que se devuelven mutuamente el desprecio con que se los colma. El horror que manifiestan les parece una compensación del que ellos mismos inspiran.

La institución de las castas estaba consagrada en Egipto de una manera no menos inmutable[34]. Las grandes divisiones eran las mismas. Las pequeñas diferencias basadas en enumeraciones incompletas o en subdivisiones desconocidas, son de escasa importancia[35]. Nos basta saber que los sacerdotes son siempre hereditariamente la primera de todas las clases[36]; los guerreros formaban la segunda[37], y es digno de destacar que, en Egipto, los pastores de ganado, como los parias de la India, eran objeto de desprecio universal[38]. Son los únicos en todo Egipto, dice Heródoto, que no pueden entrar en los templos. Nadie quiere que sus hijas se casen con ellos ni tomar como esposas a las de ellos. Sólo se casan entre sí[39].

Sin embargo, no se deben ignorar algunas de las diferencias que una mirada atenta distingue entre las instituciones de la India y las de Egipto. Éstas quizá estaban ligadas tanto a la política como a la religión[40]. El **texto** de Heródoto que acabamos de citar indica una excepción dirigida contra los pastores, y haría creer que la herencia de las profesiones se aplicaba con más severidad que la de las razas, es decir, que los matrimonios entre las castas inferiores no estaban tan reprobados como entre los indios. Se trataba a estas castas inferiores más con una dureza despótica que con un horror supersticioso. La política egipcia, cuyo cálculo era siempre el de la utilidad, no los apartaba del estado social, pero se los hacía cargar, con un rigor excesivo, con todos los trabajos y fatigas[41]. En la India, la división en castas era simplemente un asunto de conciencia; en Egipto, se inmiscuía en la administración.

CAPÍTULO 9

De las corporaciones sacerdotales que remplazan a las castas

Los etíopes, los indios y los habitantes de Egipto son los pueblos de la Antigüedad en los que se percibe con más claridad la división en castas. En varios otros, síntomas diversos parecen indicar que esta división había existido, pero se había debilitado. Es probable, por ejemplo, que, en la patria primitiva de los magos, en Media y, sobre todo, en Bactriana, este orden era una verdadera casta; pero la revolución que lo trasladó a la Persia propiamente dicha, al colocarlo más o menos bajo la dependencia del poder real, desnaturalizó la institución. Aunque prescrita formalmente por Zoroastro[1], la división en castas nunca se llevó a la práctica con escrúpulo y exactitud. Vemos, sin duda, entre los persas una clase de nobles, otra de guerreros, otra de labradores; pero nada prueba que estas clases fuesen necesariamente hereditarias. La herencia del sacerdocio es la única atestiguada por los antiguos[2].

Lo mismo sucede con los mexicanos[3], los hebreos y todos los pueblos meridionales sometidos al poder de los sacerdotes. Pero si subimos hacia Occidente y hacia el Norte, la herencia desaparece y encontramos corporaciones que parecen electivas.

César refiere que los miembros de la nobleza podían entrar en el orden de los druidas[4]. Porfirio llega más lejos: según él, las corporaciones sacerdotales estaban compuestas, sin distinción de razas, de todos los que obtenían el beneplácito de la ciudad o de la región[5].

Sin embargo, no se puede admitir que los sacerdotes, revestidos de una autoridad inmensa, estuviesen dispuestos a acoger sin más a los recién llegados. Lo que nos parece probable es que, si estas corporaciones eran electivas de derecho, eran hereditarias de hecho[6]. Leemos en Diodoro que, en estos mismos pueblos del Norte, algunas familias estaban encargadas, de padres a hijos, de todo lo que concernía al culto de los dioses[7]. Los nobles jóvenes estaban obligados a un noviciado de veinte años bajo la dirección de los druidas[8], y las mismas naciones que habían conservado la facultad de elegir a sus príncipes reconocían a los sacerdotes el derecho de elegir a su jefe[9]. Por lo demás, la diferencia de las formas se explica por la diferencia de las situaciones. Un género de vida agitado, belicoso, vagabundo, quita a la apariencia de las instituciones algo de su fijeza, aun cuando su fuerza y la intensidad de su acción no disminuyan. Veremos en el capítulo siguiente que el poder de los drotes, de los druidas, de todos los ministros de la religión, que gobernaron las naciones conocidas con el nombre de getas, escitas, celtas, escandinavos, galos, fue, a menudo, tan despótico como el de los brahmanes de la India o el de los sacerdotes de Egipto.

CAPÍTULO 10

De las atribuciones del sacerdocio en las naciones que dominó

En las naciones subyugadas por las corporaciones sacerdotales y en las que fueron divididas en castas, el poder de los sacerdotes no se limitó a lo que concernía a la religión.

Sin duda, las funciones religiosas ocupaban siempre el primer lugar. Los sacerdotes[1] reclamaban exclusivamente el privilegio de presidir las plegarias, los sacrificios, las ceremonias más importantes así como cualquier rito del culto exterior. Los magos, entre los persas, eran los encargados de todas las ofrendas: sólo sus invocaciones eran eficaces[2], y la consagración de las víctimas consistía en una teogonía cantada por un miembro de este orden[3]. Estas teogonías, transmisiones vivientes de la palabra eterna, poseían un poder irresistible: los magos, en una regular y perpetua sucesión, las repetían, tanto solos en los templos como delante de los fieles reunidos. Las cambiaban según la situación del sol, las estaciones del año, los instantes del día; pero jamás se debían interrumpir. El mundo, privado de su resonancia saludable, se hubiera desplomado en una confusión prematura; el silencio de los magos hubiera sido la última hora del universo.

En Egipto, se castigaba con la muerte a quien inmolase una víctima que no tuviera el sello sacerdotal[4]. Entre los galos, sólo los druidas[5]

151

interpretan los presagios[6]. Sólo ellos observan el vuelo de los pájaros. Ninguna mano profana se atreve a escudriñar las entrañas de los hombres inmolados a los dioses[7]. Los sacerdotes getas[8], germanos[9] y bretones acompañan a los ejércitos: sólo ellos pueden ser sus intercesores ante el cielo y entregar a la muerte a los enemigos. Los judíos, pese a su teísmo, no son una excepción. Sólo abren el santuario a los sacerdotes[10]. A Abirón y Datán los traga el abismo por haber usurpado las funciones eclesiásticas. Asá perece por haber tocado el arca involuntariamente[11]. Cincuenta mil betsamitas mueren por haberla mirado[12]. A Azarías, aunque destructor del culto de los ídolos, se lo expulsa del templo por el gran sacerdote por coger el incensario[13].

Los brahmanes presiden[14] todas las fiestas de los indios: ¿quién podría quitarles su puesto? Brahma existe y mora en ellos. Son sus hijos: honrarlos es honrarlo a él; recibe con igual complacencia los homenajes que se le dirigen a él y los que se dirigen a sus representantes en la tierra[15]. La mano de los brahmanes, dotada de una fuerza y de una virtud milagrosa, rocía con agua consagrada a los animales que alimentan al hombre, los muebles modelados para los diversos usos de la vida, las armas destinadas a su defensa[16]. Fijan los días afortunados y los días funestos. Sólo ellos enseñan a los fieles las plegarias legítimas; y si alguien las revelase a otro, se le partiría la cabeza: amenaza ingeniosa que, para contener la indiscreción, reprime la curiosidad. Se les reserva la adivinación[17]. Nadie puede construir una pagoda sin que una revelación haya informado del lugar preferido por la divinidad, y los brahmanes son siempre actores en estas revelaciones.

Todos los dogmas se modifican según este principio. Las aguas del Ganges tienen una virtud milagrosa para la expiación de los pecados. Pero había que tener cuidado para que los culpables, ávidos de absolución, no escapasen al poder sacerdotal zambulléndose ellos mismos en esa agua saludable. Por ello, se debe tener en la mano briznas de paja bendecidas por un brahmán[18]. Los propios dioses esperan dócilmente que el sacerdocio determine su morada y decida sobre sus formas. Las piedras adoradas por los indios deben su naturaleza sagrada a las plegarias de los brahmanes, que hacen bajar sobre ellas la divinidad. Incluso antes de esta invocación misteriosa, las piedras de Brahma, de Vishnú, de Shiva no son más que vulgares guijarros[19]. El Lingam sólo es una cosa divina cuando, en una ceremonia solemne, se oculta al dios en el simulacro recién cincelado[20]. Los robles antiguos, para ser dignos de la veneración de los galos, debían ser rociados con sangre por los druidas[21].

Pero el sacerdocio no se contenta con ejercer así exclusivamente las funciones religiosas. Se arroga una parte importante de la autoridad política[22] y civil. Un rey, dice Platón, no puede reinar en Egipto si no es admitido al conocimiento de las cosas sagradas. Cualquier hombre de otra casta, que llega a la corona, debe ser admitido en el orden sacerdotal[23].

La elección de los monarcas estaba reservada a los sacerdotes y a los soldados; pero el sufragio de los sacerdotes tenía una autoridad céntupla o décupla[24]. Después de su nombramiento, el rey agregado al sacerdocio[25] permanecía sometido a los privilegiados que lo habían elegido. Lo servían, no esclavos, sino hijos de sacerdotes de más de veinte años. Sólo alternaba con ministros del culto; ellos[26] fijaban las horas de sus paseos, las de sus abluciones y baños, los momentos en los que se le permitía gozar de los placeres del himeneo. En las ceremonias públicas, el gran sacerdote, después de haber rezado por el príncipe, examinaba y censuraba en voz alta su conducta[27]. Y como a su llegada al trono el sacerdocio lo había colocado en él mediante una coronación solemne, este mismo sacerdocio se adueñaba de su agonía para seguirla a cada momento y santificar el último instante con las aguas purificadoras del Nilo[28].

Más poderoso aún, el sacerdocio etíope, no sólo elegía a los reyes, sino que también los destronaba o los condenaba a muerte[29]. También disponía sobre la guerra o la paz[30].

Los judíos, durante su teocracia, consultaban siempre a Yahvé sobre la elección de sus generales por mediación del gran sacerdote. Sus libros sagrados nos muestran a los jueces colocados, desde muchos puntos de vista, en una posición subordinada.

Se ha asegurado que los brahmanes no podían ni ascender al trono ni dirigir los ejércitos; pero diversos viajeros verídicos citan varios ejemplos contrarios[31], y no hace mucho tiempo el rey de los maratos estaba sometido a doce brahmines que gobernaban en su nombre[32].

Las instituciones de los pueblos del Norte y de Occidente ofrecen una curiosa mezcla de libertad política y de despotismo sacerdotal. Lejos de disminuir el poder de los sacerdotes, las garantías que los ciudadanos se habían dado contra sus jefes civiles y militares se convertían en provecho de sus maestros espirituales. Ejercían sobre los primeros el derecho de sustitución; pero este derecho no alcanzaba a ningún hombre revestido del sacerdocio[33]. Esta diferencia proporcionaba naturalmente a los últimos una gran superioridad sobre los depositarios amovibles de la autoridad temporal[34]. Algunas veces, vemos que los sacerdotes acumulan el doble poder. Comosico, soberano pontífice de los godos, los gobernaba, no sólo como sacrificador, sino también como rey[35]. Otras veces, sin estar revestido de las marcas visibles de la realeza, el sacerdocio ejercía sobre ella el ascendiente más temible. Los reyes no estaban excluidos del número de las víctimas humanas que los ministros de los dioses tenían el derecho de exigir; ¡existía incluso una opinión reconocida de que la suerte, que caía sobre el príncipe, era un augurio favorable[36]!

En casi todas las naciones, el poder judicial pertenecía a los sacerdotes, igual que el poder político[37]. Entre los germanos, ponían los grilletes a los acusados, imponían las penas, ejecutaban a los criminales, no como quien administra la justicia de los hombres, sino como quien ejecuta la sentencia de los dioses[38]. Los drotes de los escandinavos eran sacerdotes y jueces a la vez[39]. Los druidas dictaban sentencia sobre todas las disputas de los particulares[40]. Indultaban al acusado y le proporcionaban asilo en sus santuarios; costumbre que ha subsistido hasta nuestro tiempo en Italia, España, países en los que ha predominado el sacerdocio católico.

Como heredero de estos privilegios, el clero cristiano consiguió de Constantino, Teodosio y Carlomagno que los tribunales civiles no pudiesen tener competencia sobre las causas presentadas ante los obispos[41], y se sabe que éstos presidían las pruebas y los juicios de Dios[42].

Independientemente de las sentencias que pronunciaban como jueces, los sacerdotes empleaban también contra los que pretendían resistírseles el medio de la excomunión; y esta excomunión, al expulsar de los lugares del culto a cuanto alcanzaba, conllevaba la pérdida de todos los derechos políticos y civiles, pues los ciudadanos, para deliberar sobre los intereses nacionales, se reunían en los bosques antiguos. También en los bosques, los tribunales hacían comparecer a los litigantes y pronunciaban sus sentencias. Pero estos bosques eran también el santuario de los dioses. Se prohibía a los excomulgados penetrar en ellos. Por tanto, no podían ni asistir a las asambleas del pueblo, ni presentarse ante los tribunales para invocar su justicia. Carecían de la cualidad de miembros de la ciudad y se les privaba del apoyo de las leyes por el solo hecho de estar apartados del santuario. Inermes y sin protección, se veían perseguidos en todos los lugares por la repulsa pública. Todos huían de ellos al creer que su presencia los mancillaba[43].

Sin duda, entre los persas y los indios, la dominación extranjera hizo, desde tiempo inmemorial, menos terribles las consecuencias temporales de la excomunión. Pero los sacerdotes trataron de suplirlas con la amenaza de castigos más severos después de esta vida. El Sadder está lleno de imprecaciones contra los contradictores de los magos y de descripciones terribles de los suplicios eternos que les esperan. «Al que ni siquiera los propios dioses pueden destruir», dicen los brahmanes, «al que no puede quitar la vida ni Indra, ni Kali, ni Vishnú, será consumido por el fuego eterno, si un brahmán pronuncia contra él su maldición»[44]. Se podría contemplar aún hoy como un vestigio de la excomunión practicada antiguamente la degradación con que estos mismos brahmanes pretenden, motu proprio, castigar a los miembros de las demás castas cuando éstos últimos oponen, a repetidas solicitudes, resistencias obstinadas. Esta degradación espiritual los hace descender a una categoría inferior[45].

Tantas y tan diversas prerrogativas iban acompañadas en todas partes, como fácilmente puede conjeturarse, de vastas propiedades y numerosas exenciones. Los sacerdotes egipcios no pagaban ningún tributo, pero se encargaban de recaudarlos[46]. Isis, decían ellos, les había dado en propiedad la tercera parte de Egipto[47] para su mantenimiento y los gastos del culto. Cuando Faraón se apoderó del dinero, de los rebaños y de los bienes de sus súbditos, no tocó las posesiones de los sacerdotes[48]. En la India, cuando faltan parientes, los herederos son los brahmanes[49]. Los galos, al morir, legaban sus bienes a los dioses y a sus ministros[50]. Estrabón nos habla de los dominios inmensos que pertenecían a los druidas, y de los esclavos que los cultivaban. Había templos a cuyo servicio estaban destinados más de seis mil esclavos[51]. Armenia nos ofrece el mismo espectáculo en torno a los altares de Anaitis[52]. Moisés, cuyo sacerdocio era un remedo del de los egipcios[53], entregó a los levitas el diezmo de las cosechas y del producto de los rebaños, cuanto estaba sujeto a interdicción, una parte de todos los animales que se sacrificaba, en fin, las primicias de los frutos. Leyes severas en este mundo[54], terribles castigos en el otro[55], servían de baluarte a estas inmensas propiedades. Todo estaba montado para garantizarlas: la espada y el anatema, la legislación y los prestigios, los dioses y los demonios.

Colmados de riquezas y libres de cualquier carga pecuniaria, los sacerdotes se habían liberado igualmente de cualquier otro deber peligroso o penoso. Incluso en las naciones más guerreras, no estaban obligados a llevar las armas[56]; incluso en los crímenes más graves, no se los podía condenar a muerte.

El sacerdocio cristiano reclamó durante mucho tiempo un privilegio parecido. Vemos aún huellas de esta exención en Inglaterra, en el llamado el beneficio del clero. Los brahmanes disfrutaban de él antiguamente en la India[57]. Pero hoy pasó el tiempo de su poder ilimitado, esta prerrogativa se tornó funesta para ellos, y los suplicios con que se los castiga son más crueles por las precauciones que se toman para evitar el derramamiento de sangre[58].

Para justificar la acumulación de tanto poder y de tantas inmunidades, los razonamientos de los sacerdotes fueron los mismos en todos los pueblos. La especie humana está sobre la tierra sólo para cumplir la voluntad de los dioses. Todas las acciones de los individuos tienen una relación más o menos directa con esta voluntad. A ellos incumbe, pues, juzgar y castigar la desobediencia.

No es menos notable la identidad de los medios.

Una vida austera y retirada, un acceso difícil, una afectación de pureza superior, el cuidado de no aparecer ante la mirada de los profanos más que en los días solemnes en los que comunicaba con los dioses[59], privaciones llenas de fastuosidad e increíble austeridad mostraban al sacerdocio como especie aparte. Para acrecentar el prestigio que lo rodea, no ahorra esfuerzo alguno. Sacrifica, sin vacilar, su vida a su poder. En más de un pueblo, los soberanos pontífices afectados de enfermedades peligrosas recurrían al suicidio o morían en secreto a manos de un confidente, para no verse sometidos como la gente común a esta fatal necesidad de nuestra naturaleza[60]. Pero la base del poder sacerdotal estaba, sobre todo, en la posesión exclusiva de las ciencias. Este monopolio lo había constituido, por así decirlo, el pensamiento privilegiado de la especie humana. Por eso, esta posesión exclusiva fue en todos los lugares objeto de su vigilancia más atenta y más severa. Se reservó la enseñanza de la moral, de la filosofía, de la elocuencia, de la jurisprudencia, de la historia, de la poesía, de la física, de la astronomía. En Egipto, los sacerdotes eran los únicos historiadores[61]. Entre los galos, la poesía sólo estaba permitida a los bardos, clase inferior del orden de los druidas[62]. También los himnos sagrados y los cánticos que contenían los elementos de los diversos conocimientos los debía componer la clase superior[63]. Preceptores únicos de la juventud, la instruían en el interior de los bosques, para que su lecciones produjeran una impresión más profunda; sin embargo, los druidas se reservaban iniciarla en su doctrina, en lo que llamaban la fisiología y la magia[64], es decir, en la interpretación de la naturaleza y en los medios para proveerse de las comunicaciones sobrenaturales. Los magos se habían encargado igualmente de la educación en el vasto imperio de los persas[65], y ninguna instrucción podía emanar de otra fuente[66].

En todos los pueblos, la medicina, ciencia que se relaciona mucho con la religión, tal como la conciben los sacerdotes, porque es a la vez afirmativa y conjetural, se concentraba en el sacerdocio. Vimos este hecho desde el estado salvaje, en la persona de los juglares[67]. Los temas de la salud sólo podían abordarlos los sacerdotes con ciertas ceremonias[68]; y el conocido huevo de la serpiente, las virtudes atribuidas al muérdago de roble, las solemnidades con las que se acogía el *samolus* y la *selago* no eran más que la combinación de algunos secretos de medicina con ritos misteriosos[69].

Estos conocimientos, recluidos con gran cuidado en el santuario, sólo se comunicaban rara vez a los extranjeros y a los profanos[70]. Los antiguos nos describen los obstáculos que Eudoxo, que viajaba con Platón, tuvo que superar para obtener algunos fragmentos incompletos de las hipótesis egipcias sobre la astronomía[71]. Las confidencias así obtenidas estaban rodeadas siempre de tinieblas. Jámblico, al que su carácter y su época disponían a la admiración de cuanto era ininteligible, alaba la sabiduría de estos hombres que, según dice, imitan a la naturaleza, rodeándose de oscuridad[72].

Ved, en efecto, cuántas precauciones contra los pueblos. El común de las gentes de Egipto no puede aprender a leer sin delito[73]. Dos o tres clases de lenguaje[74] y de escritura[75], cada una de las cuales era un nuevo misterio, servían de doble o de triple muralla contra una curiosidad indiscreta[76]. También los druidas rechazaban la escritura; cuando ésta se aplicaba a la religión, la consideraban como el mayor de los crímenes[77]. La lectura de los Vedas sólo se permitía a los brahmanes[78]; y debe echarse aceite hirviendo en la boca de quien desafíe esta prohibición[79].

Así, como la existencia del sacerdocio descansa en el misterio, reúne todos los aspectos de la fuerza, todos los recursos de la astucia, para aumentar la oscuridad que lo rodea y perpetuar su duración.

Los sacerdotes no sólo se ponen en guardia contra los pueblos que gobiernan: su desconfianza llega hasta ellos mismos. Las subdivisiones de su jerarquía[80], en la India y en Egipto[81] así como en las Galias, tenían como efecto natural ocultar a las clases subalternas los secretos más importantes. De los cuarenta y dos libros de Mercurio Trimegisto[82], los treinta y seis primeros sólo los conocían las clases superiores[83].

El sacerdocio se mostraba igual de precavido respecto a los individuos. Ningún particular, incluso cuando era miembro de las corporaciones sagradas, escribía, en su propio nombre, sobre la religión o la filosofía[84].

Algunos modernos observaron, como objeto de sorpresa, que la historia, al transmitirnos, con formas solemnes y respetables, el recuerdo de los grandes cuerpos sacerdotales que reinaron en el mundo, casi nunca nos presentó, dentro del ámbito de estas terribles asociaciones, a un individuo distinguido, para dárnoslo a conocer de un modo seguro. Es que el instinto del sacerdocio advertía que, para alcanzar el objetivo común, había que reprimir el éxito de las pretensiones individuales[85]. Lo que consideramos como nombres propios de escritores caldeos y fenicios, probablemente no era más que la designación de una clase. La palabra *sanconiatón* significaba, entre los fenicios, a un sabio, a un filósofo, es decir, a un sacerdote[86]. Muchos indios aseguraron al caballero Jones que Buda era un nombre genérico[87]. En Egipto, todas las obras sobre la religión y las ciencias llevaban el nombre de Thot o de Hermes[88]. En toda la historia egipcia, dice un autor alemán[89], nunca se oye hablar de los talentos o del mérito de ningún sacerdote en particular. No hay inventor que se dé a conocer, ni individuo que posea una influencia notable sobre el pueblo. Esta supremacía de la corporación, y esta ausencia de cualquier preeminencia individual, no pueden ser resultado del azar. El sacerdocio había pensado que las cualidades eminentes de algunos serían nocivas para la consideración del resto. Quería disfrutar en comunidad de la veneración nacional. Quería transmitirla así, de modo colectivo, a sus sucesores. Por ello, todo debía referirse al conjunto. Nadie poseía el derecho de distinguirse por sí mismo[90].

De ahí nace ese fenómeno observado en algunos momentos sin que se haya buscado su origen. Las ciencias en Egipto alcanzan con rapidez cierto grado de perfección; pero se detienen de repente; y toda la clase instruida, como sometida a la sacerdotal, se pone en la misma fila, ante una barrera que nadie supera nunca[91].

Así, tanto en el interior de las corporaciones dominadoras, como en el exterior de las mismas, todo era monótono, inmóvil, anónimo en cierto sentido. Una disciplina como la militar, que hace a los soldados tanto más temibles cuanto más instrumentos ciegos son, obligaba a cada miembro de la asociación a trabajar en común, sin separarse nunca de la masa para ponerse en evidencia. Si los sacerdotes hubiesen alentado entre ellos la esperanza de la distinción, hubiesen perturbado el desarrollo de sus proyectos por algún movimiento inconsiderado, por alguna imprudencia generosa. Querían que su progreso fuese uniforme, porque querían sojuzgar la tierra y no iluminarla, dominarla por su fuerza y no por su gloria.

LIBRO IV

DE LA INFLUENCIA DE LAS CAUSAS SECUNDARIAS EN LA EXTENSIÓN DEL PODER SACERDOTAL

CAPÍTULO 1

Enumeración de estas causas

Al colocar en una sola categoría todas las naciones sometidas a los sacerdotes, no afirmamos que el poder sacerdotal haya sido precisamente el mismo en estas distintas naciones. Tuvo que modificarlo de varias maneras infinidad de acontecimientos y de circunstancias.

El clima, que, sin ser una causa primera, ejerce, sin embargo, mucha influencia, ya que unas veces ayuda a que las instituciones sean estacionarias, y otras, a los cambios y al progreso; la fertilidad o la esterilidad de los territorios; el espíritu pacífico o belicoso de los pueblos; su carácter activo o indolente; la independencia nacional o el sometimiento al yugo extranjero; las grandes revoluciones políticas, que, socavando las instituciones desde sus cimientos, llevan la devastación a los palacios y a las chozas y, al destruir la seguridad de la vida real, obligan a la desgracia a buscar descanso y situar la esperanza en un mundo ideal; el aislamiento o el comercio; la necesidad más o menos imperiosa del trabajo físico; los accidentes causados por la naturaleza o el suelo, la densidad del aire, las exhalaciones que emanan de la tierra; los fenómenos raros que llenan de continuo terror a los moradores de ciertas regiones; las migraciones, en fin, forzosas o voluntarias: todas estas cosas debieron de producir diversos efectos que no se pueden obviar. Procuraremos indicarlos.

CAPÍTULO 2

Del clima

El clima, lo demostramos anteriormente, no crea la autoridad de los sacerdotes, pero coadyuva a acrecentarlo o a prolongarlo. Poner en duda su influencia, como lo hizo Helvétius, sería cerrar los ojos a la evidencia más clara. Refiriéndonos sucesivamente a la escarcha de Islandia, Laponia y Groenlandia, y al cielo tan puro y benigno de la India; al contemplar, por una parte, esas rocas cubiertas de nieve, esos valles áridos, esos lagos cubiertos de espesos vapores y, por otra, esas montañas coronadas de inmensos y magníficos bosques, esos lugares que exhalan un olor suave en los que el aire mismo aparece como un benefactor solícito, que prodiga al hombre sonidos armoniosos, un suave frescor y perfumes exquisitos; al ver así cómo se alza el pino lúgubre, cómo trepa el musgo marchito o se extiende a los lejos el brezal estéril, donde una vegetación portentosa cubre con abundancia las llanuras y decora las colinas. Aquí, algunos animales que se resienten de la hostilidad de la naturaleza y piden en vano a su dueño, compañero de su miseria, un alimento escaso, que sólo se lo da con esfuerzo y parsimonia; allí, todos los seres animados, revestidos de colores deslumbrantes, de formas elegantes o gigantescas, y que portan siempre la huella de una vida sobreabundante; y en el mismo reino mineral, el más imperfecto, porque es, entre todos, el más material y el más alejado de la inteligencia, sometido, sin embargo, a la misma ley, que, al norte, sólo presenta guijarros y rocas y, al mediodía, el estallido de una riqueza espontánea, que hace brillar el oro en medio de las arenas y germinar en cavidades de la tierra las piedras preciosas. Se presienten las numerosas diferencias que deben originarse, para los moradores de estas dos zonas, de situaciones tan desemejantes y entornos tan diversos. La necesidad de la religión permanece idéntica pero sus apariencias varían, y no es la misma su expresión.

Comparad las fábulas de los escaldos y los cantos de Sakuntala. La vaca Edulma lame con esfuerzo la nieve helada de la que sale lentamente una raza inquieta, irritada y sufriente. Un frío sudor que se condensa, una sangre negra que se hiela, miembros mutilados que se ponen rígidos: éstos son los materiales horribles e informes de la creación. La serpiente de Mitgard, el lobo Fenris, el cuervo, profeta de destrucción, testigos o actores del nacimiento del mundo, sólo ofrecen bajo colores extrañamente poéticos, lúgubres y repelentes imágenes. Se diría que los moradores de estos climas severos, afectados por la enemistad de todos los objetos que los rodean, encuentran un triste placer en constatar los rigores del cielo. Pero Brahma posa suavemente su aura sobre el loto, llevada amorosamente por la ola acariciadora del mar de leche; Vishnú sale del cáliz de una flor; Krishna, cuando abre su boca bermeja, muestra todas las maravillas del universo; y la joven Sakuntala, en el jardín de las delicias embellecido por su presencia, es un emblema del amor de la naturaleza hacia al hombre. Los huéspedes de los bosques juegan a su alrededor: el ágil corzo y la tímida cierva intentan retener a su encantadora compañera asiéndola por los pliegues de su ligero vestido. Al acercarse, las flores se abren y trenzan espontáneamente graciosas guirnaldas. Los elementos rivalizan en cortesía para servirla y complacerla. Ella se halla en medio de todos los seres, visibles o invisibles, como un hijo predilecto en el seno de una familia que lo protege y ama[1].

Indígena en ciertos climas, gracias a la astrolatría, transplantado a otros por las migraciones, el sacerdocio calcula y modifica estas impresiones opuestas. El Mediodía es su dominio; el Norte, su conquista.

Los climas del Norte, cuando el frío no es excesivo (pues el exceso de frío, como el de calor, priva al hombre casi totalmente de sus facultades[2]); los climas del Norte, decimos, cuando el frío no es excesivo, dan a los órganos una tensión extrema. De ello nace una gran actividad. Las necesidades físicas apenas se pueden satisfacer. Por eso, existe una inclinación habitual a la rapiña y a la violencia. Por eso también, cuando los pueblos del Norte se enfrentan entre sí, las guerras son encarnizadas. Esta vida tan agitada apenas les deja tiempo para ocuparse de ideas religiosas. En sus arriesgadas expediciones necesitan de dioses protectores siempre a su alcance. Los sacerdotes tendrían, pues, sobre ellos escasa influencia, si las colonias no les aportasen un sacerdocio ya constituido.

Los climas del Mediodía, por el contrario, cuando su acción no es combatida por otras circunstancias, forman, a la vez, cuerpos perezosos e imaginaciones activas, y la primera de estas disposiciones estimula a la otra. La indolencia física deja el campo libre a las inclinaciones ensoñadoras; mientras que el cuerpo está inmóvil, el sentimiento religioso se agita, la mente se aleja de sus conjeturas, se exalta en sus esperanzas, se pierde en sus temores. Y los que vienen de parte del cielo a poner un orden aparente en estos temores, en estas esperanzas, en estas conjeturas son escuchados con respeto y veneración.

Por eso, las raíces de la autoridad sacerdotal fueron siempre menos profundas en las naciones septentrionales que en los pueblos del Mediodía. Las invasiones, las conquistas, las devastaciones de los extranjeros en la India, calamidades que se remontan a las épocas más remotas y que se perpetuaron sin interrupción hasta nuestros días, sólo atentaron levemente contra la autoridad reverenciada de los brahmanes, mientras que los romanos destruyeron en menos de dos siglos, si no la influencia secreta, al menos el imperio regular de los druidas en las Galias y en la Bretaña.

No se ve en el Norte esta tenacidad en lo que se refiere a la creencia, tenacidad tan sorprendente en los pueblos meridionales, pues parece inconciliable con su falta de energía. Tímidos en la guerra, los indios arrostran la muerte más cruel y los suplicios más refinados antes de abjurar de su religión o conculcar el menor precepto. Mucho menos pertinaces, los bárbaros del Norte abrazaron siempre con facilidad los cultos extranjeros[3] y no se debe olvidar que, mientras que las religiones septentrionales jamás superaron su recinto helado, los climas cálidos lanzaron sus creencias al mundo entero. Los hombres del Norte conquistaron el Mediodía. Las opiniones del Mediodía conquistaron el Norte.

La necesidad del descanso, la aversión a todo tipo de lucha quitan a los pueblos meridionales cualquier medio de sacudir un yugo establecido. Así como los habitantes de la India no pueden rechazar las invasiones extranjeras, de igual modo permanecen encorvados indolentemente bajo el dominio de los brahmanes. Y que no se pongan objeciones a las innovaciones religiosas que, en forma de encarnaciones divinas o de sistemas filosóficos, ocurrieron en la India en diversas épocas, o a las sectas multiplicadas que se la reparten. Estas innovaciones, que nos parecen tan frecuentes sólo porque las vemos reunidas, mientras que surgen en intervalos inmensos, en un espacio de tiempo de imposible cálculo, no despojaron de poder a la casta sacerdotal, y su poder fue tan grande que los disidentes siempre vinieron a acabar bajo su yugo. En las naciones enmollecidas es casi imposible la acción exterior, ejercida sobre otro. Por eso se refugian en una especie de acción interior, más compatible con su disposición afeminada y a la que su imaginación presta un poder milagroso. De ahí nace, entre los indios, ese dogma singular de la eficacia de la penitencia y de las maceraciones, dogma que proporciona a sus fábulas un carácter distinto del de todas las demás mitologías. Sus penitencias no están destinadas únicamente a expiar crímenes, a hacer olvidar los errores. Su finalidad es más amplia y su alcance más largo. La austeridad, los ayunos, las invocaciones dominan la naturaleza, la suerte, a los hombres y a los mismos dioses[4]. En los pueblos del Norte, nada se parece a esta noción india de la penitencia. El vigor interior que los colma y los anima los dispensa de recurrir a maceraciones dolorosas o de poner su fuerza en las imprecaciones. El sacerdocio los domina, pero no cambia su naturaleza. Nacidos para la lucha, a la lucha recurren: los escandinavos, defraudados por los dioses, amenazaban con escalar el Valhala para liberarse de estos dioses refractarios. Los indios, perseguidos por el sentimiento de su impotencia, rechazan cualquier lucha, se repliegan sobre sí mismos y rezan o maldicen en vez de combatir. Los efectos de sus plegarias abarcan todo. Mediante la plegaria se defienden; con ella, se vengan. Con la plegaria debilitan o refuerzan el mundo y tienen hijos. Los cinco hijos de Pandu debían su nacimiento a la fuerza de una plegaria mágica[5]. No tiene menor poder el anatema, que es, en cierto modo, la plegaria compensada. La maldición de un solo penitente penetra en el cielo, paraliza de espanto a sus moradores, los obliga a la sumisión[6]. Y esta influencia irresistible no se reserva únicamente a los fieles, como alguien pudiera pensar. Los gigantes rebeldes, los espíritus de las tinieblas obtienen de ella la misma ventaja[7].

Los indios llevan, en sus relaciones más habituales, esta arma misteriosa, la única que conviene a su debilidad. Recurren a ella tanto en los asuntos de la vida civil como en sus intereses religiosos; contra sus perseguidores en la tierra y contra sus perseguidores celestes; contra el inglés conquistador que los oprime y contra sus divinidades inexorables; contra los acreedores y contra los deudores; contra Brahma y contra Vishnú.

Cualquier otro tipo de resistencia está por encima de sus facultades morales. El suicidio les sería fácil, y, por una mezcla singular de fuerza y apatía, es en el suicidio donde frecuentemente colocan su resistencia[8]. Desarmados así por su propia naturaleza, el sacerdocio los conquista, por así decirlo, por adelantado; tranquilo y sereno en la cima de la jerarquía, recibe sus homenajes, sin tener que molestarse en exigirlos.

Su poder halla también un auxiliar en otro efecto del clima mismo.

Se diría que la fuerza creadora se concentra exclusivamente en el desarrollo de los seres materiales, en el esplendor de la vegetación, en la grandeza de las formas y en la riqueza de colores del reino animal, y que desdeña el principio de la vida moral, el de la progresión, el del perfeccionamiento. En la mayoría de las regiones de Oriente y del Mediodía, el hombre no se complace, como en Europa, en variar los objetos que lo rodean, ni en cambiarse, en cierto modo, a sí mismo. El tiempo, que destruye a los individuos, en nada cambia el conjunto. Las generaciones se suceden sin distinguirse. El árabe lleva los vestidos y las sandalias que se llevaban en tiempos de Abraham. El beduino de hoy amasa sus pasteles y entierra sus muertos como el beduino contemporáneo de Moisés. Después de tres siglos, el habitante de la India ve en el de Europa a su dueño y a su azote. Soporta su yugo, pero se ruborizaría de sus adornos y rechaza sus costumbres. Todo en estos climas ardientes lleva el sello de una necesidad tan invariable como irresistible. En ellos, la costumbre ocupa el lugar de la voluntad. Parece que todo lo impuso el azar, pero lleva el cálculo de una duración eterna. La inmortalidad afecta a todo y, como consecuencia natural, el efecto se hace causa. El despotismo teocrático que ella favorece mantiene a sus esclavos distantes unos de otros. Es ajena al Oriente y al Mediodía la comunicación habitual de los individuos y de las clases entre sí, principio del perfeccionamiento en Europa. Barreras religiosas separan las castas y, merced a la poligamia[9], reanimada continuamente por el clima, ya con el consentimiento, ya con el desprecio de la ley religiosa y civil, la familia misma deja de ser una sociedad. Así aislada, y sin distracciones, toda la especie humana es abandonada a la presión constante y monótona del imperio sacerdotal. Por otro lado, los climas del Mediodía, al hacer más indestructible este dominio, atemperan sus efectos. Cuando el hombre no se obstina en contrariar a la naturaleza, ésta encuentra casi siempre algún remedio frente a tan gran mal. Los climas más favorables a la autoridad sacerdotal son, al mismo tiempo, los que siembran más dulzura y suavidad sobre el carácter, las costumbres y los hábitos de los pueblos. Los sacerdotes no son ajenos a esta dulcificación saludable. Cuando, por el contrario, la omnipotencia del sacerdocio es el efecto de un transplante accidental y descansa, por eso mismo, en instituciones cuyo origen no está en la naturaleza, lo que debe ocurrir en los climas septentrionales, no puede existir compensación alguna. Todas las épocas de la historia de los galos o de la Gran Bretaña demuestran la ferocidad de los druidas, mientras que los brahmanes se muestran a menudo benevolentes y compasivos. Los preceptos generales de su moral son puros y sublimes[10]. Su alma permanece abierta a la piedad. Todos los seres que sufren excitan su simpatía.

Esta disposición se extiende a sus ceremonias más crueles y, de alguna forma, encubre la atrocidad de los sacrificios humanos. Se prohíbe inmolar al que no se ofrece voluntariamente. La humanidad de los indios necesita, hasta en esta práctica bárbara, el consentimiento de la víctima para hallar excusa ante su conciencia, y este deseo se manifiesta también en cada una de las palabras que pronuncia el sacrificador[11].

Precisamente a la dulzura de las costumbres[12] que el clima crea se debe atribuir el espíritu de tolerancia que resplandece en los libros religiosos de casi todas las sectas indias[13]. Pero, por poco que el interés sacerdotal se crea comprometido, se despierta el espíritu del cuerpo; entonces, es inútil que una naturaleza bienhechora y amiga intente alejar a los indios de cualquier superstición sanguinaria. El sacerdocio triunfa de esta naturaleza: las religiones del Mediodía pasan súbitamente de la tolerancia más sorprendente a la ferocidad más horrible; de la piedad más exaltada, incluso con los animales, a la crueldad más despiadada con los hombres. Y para tener una prueba de ello, basta leer esta cita que reproducimos con las propias palabras del elegante traductor: «Que, desde el puente de Rama hasta el Himala, blanqueado por las nieves, quienquiera que respete a los budas, niños o ancianos, sea entregado a la muerte, gritaba el despiadado Kumaril-Bhatta a sus satélites sanguinarios, ordenándoles la matanza de los budistas»[14].

164

CAPÍTULO 3

De la fertilidad o la esterilidad del suelo

La fertilidad o la esterilidad del suelo se deben tener también en cuenta. Los habitantes de la India y los negros de la costa de África viven en un clima igualmente cálido. E igualmente detestan el trabajo; pero el negro que se ve constreñido al mismo porque una naturaleza avara lo condena a arrancarle un alimento que ella le niega, conserva un hábito de acción y de movimiento que lo acompaña hasta en su ocio; el indio, en cambio, a cuyas necesidades provee con una generosidad espontánea un suelo fecundo, sitúa en una inmovilidad casi absoluta la felicidad suprema. Tras el descanso, el indio, como fatigado del descanso mismo, sigue descansando. Después del trabajo, el negro, como si fuese incansable, busca juegos ruidosos y danzas que lo embriaguen y lo enajenen. De ello se deriva que, salvo raras excepciones originadas por accidentes fortuitos, los negros de África se toman mucho menos interés por la religión que los moradores de la India, y el sacerdocio tiene mucho más poder sobre los segundos que sobre los primeros.

Además, allí donde el reino vegetal es rico y diverso, el conocimiento de las plantas medicinales adquiere una importancia muy superior a la que puede darle un suelo árido, y el ejercicio de la medicina se convierte entonces, más que nunca, en una causa adicional de la influencia sacerdotal.

La fertilidad del suelo tiene todavía otro efecto. En los países en los que el trabajo es una condición necesaria de la subsistencia, la multiplicidad de las ceremonias que lo interrumpen o lo suspenden, tiene inconvenientes graves que no existen cuando la tierra sale al encuentro de las necesidades del hombre. Entonces los sacerdotes se aprovechan de su ascendiente para multiplicar las ceremonias, y el gran número de las solemnidades religiosas acrecienta después el ascendiente de quienes las crearon. Todo lo que sabemos de la religión egipcia es una prueba de esto. Pero como sucede que estas instituciones se trasladan de los países en los que eran, si no convenientes, al menos inocentes, a los que circunstancias diferentes las hacen dañinas, los requerimientos de la religión se hacen contrarios a las necesidades locales, y, para superar estas necesidades, el sacerdocio se ve obligado a ejercer su autoridad de modo más absoluto y a arrogarse aún más poder precisamente allí donde, según la naturaleza de las cosas, debería tener menos.

Algunas veces, la misma causa, o mejor dicho, las dos causas opuestas secundan al sacerdocio en sus usurpaciones, introduciendo dogmas que le son favorables. Así, el delta fértil sugería a los egipcios la idea

165

del buen principio; pero, por eso mismo, la aridez de los desiertos de Libia parecía traicionar la acción de una divinidad bienhechora. Pero no existe doctrina alguna de la que los sacerdotes se adueñen con más provecho que la de la noción de un dios del mal.

CAPÍTULO 4

De la necesidad de trabajos materiales para la existencia física de las sociedades

¡Cosa notable! Mientras que el amor al descanso y la indolencia favorecen el imperio de los sacerdotes, la necesidad urgente de trabajos materiales para la existencia física de una sociedad naciente contribuye también a ello y quizá con mayor fuerza aún. «No se puede calcular», dice Diodoro[1], viendo el lago Moero, «cuántos miles de hombres y qué prodigioso número de años se debieron de emplear para acabar semejante empresa». Ahora bien, su realización recayó siempre sobre las castas inferiores. Su dirección estaba confiada a la casta reinante. Esta casta podía por sí sola programar los trabajos y obligar a su ejecución. Tenía el secreto de la inundación; calculaba su retorno y sus fases, sabía distribuir las aguas fecundantes, hacer que no fueran destructivas, contenerlas o abrirles paso, encauzarlas por canales, controlarlas mediante diques. El pueblo estaba condenado a la obediencia bajo pena de la vida, pues se trataba de defender, contra las invasiones de las aguas siempre amenazadoras, una comarca arrancada a su dominio y que ellas intentaban recuperar continuamente. De ahí nacía la opresión más severa, justificada al principio por la necesidad, prolongada luego por interés, transformada en deber por la religión y sancionada por la costumbre[2].

Esta circunstancia debió de imprimir al culto y al sacerdocio de Egipto un carácter mucho más sombrío de lo que nunca fue el de la religión india y sus ministros. Por eso, no se percibe entre los egipcios ninguna huella de la dulzura, de la humanidad, del espíritu tolerante que honra a los pueblos de la India.

CAPÍTULO 5

De los fenómenos apropiados para excitar la sorpresa o el terror

A esta causa, propia de Egipto, se añadía otra cuya acción se ejerció igualmente en Etruria. La fecundación de Egipto se asemejaba a un milagro anual. Los fenómenos que acompañaban la llegada de las aguas, su permanencia y su retirada, llenaban a todos de asombro. Los meteoros, las emanaciones, las neblinas fétidas[1] que subían desde el limo de toda la región sumergida y sobre la que lanzaba sus rayos un sol ardiente; los numerosos y variados acontecimientos, resultados necesarios del movimiento general de todo un pueblo, que huye durante la crecida del río y que baja de las montañas a medida que las aguas abandonaban las llanuras, tantas causas no podían dejar de disponer las almas a la superstición y hacerlas esclavas de sus ministros.

De igual manera, en Etruria, los terremotos, las terribles apariciones, los miasmas dañinos[2] favorecieron el triunfo del sacerdocio, transplantado a esta comarca por colonias de pelasgos que habían salido de Grecia antes de los tiempos heroicos[3].

CAPÍTULO 6

Influencia del carácter y de las ocupaciones habituales de los pueblos

La autoridad sacerdotal también se resiente del carácter pacífico o belicoso de los pueblos. Durante largo tiempo, Egipto llevó una vida pacífica. La disposición de sus habitantes no fue nunca guerrera[1]. No hubo, por tanto, en este país, como en Grecia, jefes de tribus armadas que limitaran o suprimieran el dominio teocrático. Tampoco existieron, como en Roma, instituciones políticas que presionaran al sacerdocio para que se incorporara a ellas. Los intentos de los soldados o de los príncipes por devenir independientes fueron infructuosos o, al menos, fue efímero su éxito, y Egipto estuvo siempre en manos de los sacerdotes: primero fueron sus reyes, y tutores de sus reyes, después de ser derribados de su trono. Estos sacerdotes reconocían que eran grandes las ventajas que para ellos tenía una paz duradera; por eso, las conquistas de Sesostris y las expediciones de sus sucesores sólo fueron para ellos motivos de escándalo. Los reyes de Egipto estaban condenados a la inactividad. Sus nombres sólo sirven para designar una sucesión de años que no revela ninguna empresa memorable; y trescientos treinta de entre ellos se suceden, como sombras grisáceas a las que nada caracteriza o distingue, y que se siguen silenciosamente en el camino uniforme trazado por la voluntad que los mueve.

Es probable, por otra parte, que, sin su pasión por la guerra, los escandinavos no hubiesen luchado tan largo tiempo contra las usurpaciones de los drotes y que no hubieran sido necesarias, para superar su resistencia, tres revoluciones y dos invasiones extranjeras[2]. Probablemente, si conociésemos con detalle la historia de la Germania y de la Galia, veríamos el ascendiente tan temible de los druidas quebrado algunas veces por las pretensiones de los jefes militares.

En general, cuanto más se preocupa el hombre por los intereses de la tierra, menos se deja dominar por otros hombres que hablan en nombre del cielo. Cuanto le recuerda las agitaciones de la vida pone límites a un poder cuya base está en otra parte distinta de este mundo y cuyas promesas sólo deben verificarse al otro lado de la tumba.

A pesar de los hechos dispersos que muestran el terrible poder del sacerdocio cartaginés, se habla raramente de los sacerdotes en lo que se nos transmitió sobre Cartago; esto se explica por el espíritu de empresa y de actividad mercantil que, en estos rivales de los romanos, tuvo inevitablemente efectos análogos a los del espíritu belicoso entre los seguidores de Odín.

Pero la acción de las diversas causas que se combinan y modifican es tan complicada que el comercio que limitaba en Cartago el poder de los sacerdotes lo favorecía en Etiopía.

Los colegios de Ammonio y de Meroe se situaban en los fértiles oasis dispersos por estos desiertos arenosos. Estos oasis eran lugar de descanso para las caravanas que recorrían la región. Allí encontraban agua, vegetales y sombra. Pero también buscaban allí, no sólo la dirección que debían seguir, sino también la distancia o la posición de los lugares que tenían que recorrer. Los sacerdotes les daban estas informaciones en el interior de los templos cuyos oráculos[3], al tiempo que les indicaban la ruta de los viajeros, les revelaban también el destino que se cernía sobre ellos.

CAPÍTULO 7

Del efecto de las grandes calamidades políticas

Las grandes calamidades políticas tienen también su influencia sobre la extensión de la autoridad sacerdotal. En los mismos países en los que el clima traza límites más estrictos a esta autoridad, estos límites no resisten las circunstancias extraordinarias que llevan al hombre a la superstición. Grandes derrotas, grandes desgracias, una hambruna, una peste, la estimulan y la hacen tanto más temible cuanto que es análoga del carácter de los pueblos a los que la guerra hizo feroces. El despotismo teocrático reaparece en su más espantosa acepción, y existen ritos horribles. La prosperidad, la riqueza, quizá algún asomo de luces habían disminuido el imperio de los sacerdotes cartagineses; pero Cartago está amenazada por Agatocles. Los órganos de los dioses retoman toda su autoridad, los hijos de las familias más ilustres son arrastrados a los templos y su sangre ofrecida como expiación y sacrificio[1].

CAPÍTULO 8

Del efecto de las migraciones

Podría parecer, en principio, que las migraciones lejanas debían de ser más perjudiciales que útiles para el poder sacerdotal. La guerra, aun cuando no sea el fin principal de estas migraciones, es su inseparable objetivo secundario. El valor personal, el talento militar, facultades que necesitan un ejercicio habitual para desarrollarse y que, lanzando al hombre a la vida activa y condenándolo al contacto de la multitud, de la que al sacerdocio le gusta aislarse, son poco compatibles con el prestigio del que se rodea este orden y exigen en su entorno rivales temibles[1]. Por eso, contemplamos a varias naciones librarse, al menos por algún tiempo, de sus sacerdotes durante los largos viajes que emprendían a mano armada para buscar una patria. En la travesía de Egipto a Grecia, y debido a la amalgama de las colonias egipcias y de las tribus griegas[2], el sacerdocio perdió casi totalmente su autoridad; y mucho más tarde, en un nuevo mundo, fue una migración, de la que, sin embargo, un sacerdote había sido el instigador y el guía, la que llevó a la tribu de los tenochcas, en México, a elegir como jefe a Acamapichtli. Las colonias mismas que se entregaban con más celo a la causa sacerdotal, las de Etiopía[3], por ejemplo, que abandonaban su país para que triunfase esta causa, no siempre se libraron del todo de una expatriación que los lanzaba a peligros desconocidos. Mientras que en Meroe se debía elegir al rey de entre la casta sagrada, la historia nos enseña que, en Egipto, a Setos, sacerdote de Ptah, que se apoderó del trono, se lo consideró como un usurpador.

No obstante, circunstancias particulares pueden hacer que estas migraciones sirvan de provecho al sacerdocio incluso siendo una amenaza para él. La salida de Egipto, los sufrimientos de los judíos, su permanencia en el desierto consolidaron, sin duda, el poder de Moisés y de los levitas. Es que el pueblo judío tenía un objetivo determinado y que, antes de abandonar la tierra de la esclavitud, su profeta había fijado su mirada en una región que Dios le prometía. Toda su expedición era religiosa. Descansaba totalmente en esperanzas que tenían como base la fe y, como garante, el juramento de Yahvé.

Por otra parte, el debilitamiento de la autoridad sacerdotal por las migraciones es sólo momentánea la mayoría de las veces. Cuando un estado estable remplaza a la vida errante, el sacerdocio, si no retoma su rango, sí su poder. Así ocurrió en Egipto y en México; no fue así en Grecia: explicaremos las razones en el libro siguiente.

CAPÍTULO 9

De la lucha del poder político y militar contra el poder sacerdotal

Independientemente de las causas accidentales o pasajeras que pueden aportar a la extensión y a las formas del poder sacerdotal modificaciones más o menos importantes, existe una que, sin haber obtenido, en los pueblos antiguos, resultados más decisivos o más duraderos que aquellos de los que acabamos de ocuparnos, produjo, sin embargo, efectos muy importantes y arrojó a la especie humana en una agitación bastante habitual para que creamos indispensable entrar en algún desarrollo de este tema. Queremos hablar de la lucha que, en todas las regiones sometidas a los sacerdotes, surgió entre ellos y los depositarios de los demás poderes.

Esta lucha está en la naturaleza de las cosas y, por tanto, es inevitable.

Incluso en los países en los que el sacerdocio es originariamente el poder único, no tarda en surgir una autoridad subordinada. Ocupados en el cuidado de dominar a los pueblos mediante la religión, los sacerdotes se ven obligados a delegar en manos subalternas la administración del Estado y su defensa contra las invasiones extranjeras. En consecuencia, se forman dos nuevos poderes: el poder político y el poder militar. En su origen, no parecen más que una emanación del sacerdocio. Sus delegados reciben de él una misión revocable y, más que ejercer una autoridad, cumplen con un deber de obediencia. Pero, desde ese momento, el poder parece dividido. Sus diversas ramas se confían aparentemente a manos diferentes, y esta apariencia conduce enseguida a la realidad. Los

170

jefes temporales del gobierno, los generales de los ejércitos se imbuyen del sentimiento de su fuerza y, llegado el momento en el que, sea por un impulso espontáneo, sea porque la opinión los invita a ello, rechazan su sometimiento y aspiran a la independencia. Es la señal de una lucha que, una vez entablada, no puede cesar.

Éste es el espectáculo que nos ofrecen la India, Persia y, sobre todo, Judea. Unas veces, los *cutteries* o guerreros, henchidos de orgullo, se enfrentan a la autoridad de los brahmines. Pero algún avatar venga a la casta sagrada y castiga a los rebeldes con una gran severidad[1]. Otras veces, un monarca impío, por haber prohibido el culto de los dioses, es herido de muerte por las maldiciones del sacerdocio, y su sucesor, más dócil, se coloca bajo la influencia de los ministros de los altares[2]. Otras veces, las destrucciones periódicas del mundo se atribuyen a la falta de respeto por el orden sacerdotal y, desde el seno del abismo, surgen brahmines para gobernar el universo resucitado[3].

Es probable que revoluciones análogas agitaran a Egipto durante el llamado reinado de los dioses[4]. Al parecer, la casta de los guerreros, la segunda del Estado, se sublevó contra la primera[5]; pero ésta consiguió la victoria. La instauración posterior de la realeza no acabó con la lucha[6]. Los monarcas refractarios sucumbieron durante su vida o después de su muerte[7] y, en el reparto de Egipto entre doce reyes, el que se separó de sus colegas para ponerse a merced de los sacerdotes[8], obtuvo enseguida la soberanía de todo el imperio después de haberse resignado a no gobernar sino bajo sus órdenes[9].

Mencionaremos sólo de paso a Etiopía, que fue el teatro de revoluciones mucho más sangrientas. Se sabe que los sacerdotes de Meroe condenaban a muerte a sus reyes; en cambio, uno de estos últimos, Ergámenes, contemporáneo de Ptolomeo, mandó asesinar a estos sacerdotes en su mismo templo.

La historia de la Etruria antigua permanece en la oscuridad. Pero la orden dada a los etruscos por su rey Mecencio de que le presentaran las primicias que acostumbraban a consagrar a los dioses sólo pudo ser una distorsión de la realeza contra el sacerdocio[10].

Ya dijimos que hablaríamos en un libro posterior de la religión de los escandinavos y de las revoluciones que terminaron con el triunfo del jefe de una colonia de sacerdotes[11].

La misma lucha se nos presenta en Persia; pero se complica con circunstancias particulares, y nos vemos obligados a exponer, con riesgo de incurrir en la censura de una digresión que será corta, estas circunstancias para ser comprendidos.

Tres poderosos imperios, los babilonios, los lidios y los medos, se repartieron Asia. Los persas, nómadas y en un estado de extrema ignorancia, obedecían a los medos, en la medida en que hordas errantes, aún en plena barbarie, pueden obedecer a señores embotados y debilitados por una larga civilización. Dentro de la misma Persia, clanes que vivían en las montañas, vencidos a veces, nunca sometidos, moraban en lugares inaccesibles[12]. Ciro, que se llamaba Agradato[13], se hizo proclamar jefe de estas tribus divididas. Sus intentos y sus éxitos, tal como nos lo contó Heródoto, muestran cuán próximas del estado salvaje estaban estas tribus[14]. Una vez reunidas, Ciro las condujo contra sus dominadores afeminados, debilitados por el lujo refinado, sus inmensas posesiones, el despotismo fatal de los amos y de los esclavos y la anarquía compañera inseparable del despotismo en los viejos imperios. La victoria de Agradato fue fácil.

Por lo demás, lo que hizo, sus conquistas, sus ardides, sus instituciones elogiadas que le llevaron a legar Asia a un insensato y a fundar una dinastía que duró siete años: todas estas cosas nos son ajenas. Lo que nos interesa es saber cuál fue su manera de proceder con el sacerdocio del viejo imperio que había conquistado.

La religión de la región de Bactriana era una religión sacerdotal. Consagraba la división en castas[15], y la casta de los sacerdotes, hereditaria y poderosa, participaba en el gobierno e iba en cabeza de las pompas y de las solemnidades de la corte.

El jefe de los bárbaros fue deslumbrado por estas solemnidades y estas pompas. Se apresuró a rodearse de todo este ambiente, con esa ingenua vanidad que no es ajena a los reyes nacidos sobre el trono y que distingue, con mayor razón, a los reyes advenedizos. La civilización meda obró en él una revolución análoga de la que la civilización china realizó, más de una vez, en los tártaros. Se imitaron todas las costumbres de Media[16], y las instituciones religiosas no fueron una excepción a esta imitación. Al no existir nada menos proporcionado a la inteligencia agreste y poco ejercitada de los persas que las abstracciones y el misticismo de un culto envejecido, el Zend Avesta, que desde entonces regía a los medos[17], nunca llegó a ser el libro nacional.

El pueblo persa conservó sus antiguos dioses, sus dioses paternos[18], como los llaman los historiadores. Incluso, algunas veces, modificó sus propias prácticas, que los magos querían obligarlos a conservar[19]. Es probable que la intención de los magos no fuese otra que la de popularizar la religión de Zoroastro. Esta religión, en los medos, como la de los indios, los egipcios y otras naciones orientales o meridionales, era propiedad de los sacerdotes. Su adopción en Persia consistió más bien en la admisión y en la presencia de los magos en la corte que en la diseminación de sus dogmas. El culto de Media se convirtió así en el del palacio persa[20]. Ciro lo acogió más como una parte del ceremonial que halagaba su orgullo que como una convicción de la que la agitación de una vida belicosa y los cuidados de un despotismo naciente lo hacían poco susceptible. Quiso, por lo demás, que su poder se aprovechase de él. El código religioso y político de un imperio envejecido en la servidumbre contenía un modelo bastante exacto del gobierno que él creaba o resucitaba, y ofrecía un medio para reconciliar con este gobierno, nuevo para ellas, a las hordas indóciles, en otro tiempo instrumentos de la ambición del guerrero, ahora objeto de la desconfianza del déspota. Ciro rodeó la realeza de los honores divinos[21]. Cambió, en su provecho, las ideas de pureza y de impureza que, en otras regiones, sólo eran útiles para el sacerdocio[22].

Sea porque no tuviera la menor esperanza de aniquilar a los magos, corporación sacerdotal en Media, sea porque se preciase de encontrar en ellos un apoyo, les conservó las dignidades y varias de las prerrogativas de las que habían gozado en su antigua patria[23]. Siguieron siendo los ministros del culto, los consejeros de los reyes, los jueces del pueblo[24]. Pero la autoridad vende sus favores: Ciro mantuvo a los magos bajo su dependencia. Las corporaciones poseen una especie de tacto de habilidad que nace de la certeza de sobrevivir a los obstáculos y, por lo mismo, de triunfar sobre ellos. El espíritu sacerdotal se conservó, oculto, pero intacto. La demencia y la muerte de Cambises reabrieron el camino a sus esperanzas.

De esta época, podemos indicar que los magos intentaron continuamente reconquistar su poder primero. Invocaron en sus intentos, no sólo el respeto de los medas por los sacerdotes indígenas, sino también su odio contra sus vencedores extranjeros. La usurpación del falso Esmerdis fue a la vez una rebelión de los magos contra los reyes y de los medos contra los persas. Los reyes se defendieron y utilizaron contra los sacerdotes medios cada vez más tiránicos, algunas veces terribles. La extraña anécdota, ciertamente desfigurada, de los sátrapas comprometiendo a Darío a prohibir que se rezara a los dioses durante treinta días[25], parece un indicio oscuro de alguna violencia del despotismo político contra el poder del clero. Es conocida la fiesta anual celebrada en todo el imperio en memoria de una masacre de la que el orden sacerdotal había sido víctima. Ya, en tiempos de Cambises, un mago había sufrido un suplicio terrible[26]. Con Darío, a otro se lo había colgado de una cruz, y a Esmerdis, antes de subir al trono, lo habían mutilado vergonzosamente.

Sin embargo, a pesar de las crueldades ineficaces, los magos sostuvieron una lucha con una perseverancia que fue recompensada.

Varias de las circunstancias que indicamos anteriormente, como auxiliares del poder de los sacerdotes, luchaban en favor de los magos. Si tenían en su contra el clima de Persia propiamente dicho, en el que las altas montañas cubiertas de nieve durante varios meses transforman, por así decir, el mediodía en norte, tenían a su favor el de la región de

Bactriana y de Media[27]. Existía, pues, en este vasto imperio, lucha del clima contra el clima.

Por la misma razón, si el carácter belicoso de los persas podía mostrarse impaciente por una dominación poco conforme con sus costumbres salvajes y fundada en nociones mucho más abstractas para su inteligencia aún ruda, el refinamiento de la parte civilizada del imperio y su larga costumbre de ver en los magos a sus guías y a sus únicos maestros, debían prevalecer sobre la repugnancia de un populacho despreciado, agregación artificial de hordas diseminadas en otro tiempo.

Finalmente, esta acción de los fenómenos de la naturaleza, cuya influencia en Egipto y en Etruria ya vimos, no era menor en varias regiones sometidas o vecinas de Persia. El Aderbidjam, como observa el señor Creuzer[28], es conocido por sus manantiales de nafta. El suelo es fecundo en substancias resinosas; el asfalto flota en la superficie de los lagos. A menudo, en medio de la noche oscura, surgen columnas de llamas deslumbrantes, que parecen, ante la mirada atónita, la manifestación milagrosa de una divinidad vengativa o tutelar, que se manifiesta de repente en su terrible esplendor, para proteger al hombre o para destruirlo. El sacerdocio debió de utilizar para su provecho la sorpresa y el pavor que excitaban tales fenómenos.

Por eso, aprovechando hábilmente las prerrogativas que el conquistador de su país les había legado, los magos las extendieron bajo sus sucesores. En tiempos de Jerjes, eran casi tan poderosos como en tiempos de Astiages, y encontraremos, siguiendo con nuestras investigaciones, todos los caracteres que pertenecen a los cultos sometidos a los sacerdotes, reintroducidos gradualmente y con formas más o menos mitigadas, en la doctrina y en los ritos de los persas.

CAPÍTULO 10

Continuación del mismo tema

Los libros hebreos nos proporcionan las informaciones más regulares y más preciosas sobre las causas que conducen a la separación de los dos poderes y sobre el modo como se realiza esta separación. En estos libros precisamente se halla la descripción circunstanciada de las disensiones y hostilidades que se derivan de esto.

Al principio, Yahvé gobierna en exclusiva. Moisés ejerce en su nombre la autoridad suprema. El propio Aarón, aunque revestido del sacerdocio, obedece al profeta[1]. Los dos poderes no forman más que uno. Sin embargo, ante el peso de los múltiples quehaceres, Moisés delega las funciones civiles y judiciales en los hombres que el pueblo le presenta[2]. Estos hombres no son más que sus instrumentos; pero la elección popular contiene ya el germen de una autoridad diferente de la teocrática.

Con Josué parece que este germen desaparece de nuevo. Él concentra en sus manos los dos poderes, habla a Yahvé, transmite sus voluntades a los hebreos, está al frente de los sacerdotes, como de las antiguas tribus, sacrifica a las víctimas, preside las ceremonias, dicta sentencia, dirige los ejércitos. Pero, después de su muerte, diversas invasiones y derrotas otorgan al poder militar, separado del sacerdocio, una importancia nueva. Guerreros, llamados inexactamente jueces, ocupan el lugar inmediato después de los grandes sacerdotes, y el espíritu de independencia no tarda en apoderarse de ellos. Reclaman derechos hereditarios; una parte de los judíos reconoce estos derechos[3] y se hace, por vez primera, un llamamiento a la realeza[4]. Se reprime este intento; los jueces siguen estando en el segundo rango. Su nombramiento sólo llega tras los pontífices, y su autoridad vitalicia y restringida en nada es comparable con la autoridad sacerdotal[5]. Incluso podría parecer que, poco satisfecho con esta primacía, el sacerdocio quiso recuperar la fuerza temporal, pues Elí era a la vez juez y gran sacerdote, y Samuel, que lo sustituyó, reunía ambos atributos en la batalla de Masfat[6].

Pero, finalmente, triunfa la idea de la separación de los poderes. El pueblo pide un rey[7]. El sacerdocio resiste inútilmente; en vano anuncia a los judíos la indignación divina[8] y los castigos que esta indignación les prepara[9]: ¡amenaza inútil! Se ve forzado a ceder[10]. Los poderes están frente a frente y van a luchar por la hegemonía.

No se puede ignorar, en la historia de Saúl y de Samuel, aunque se presente desde el punto de vista y según el interés sacerdotal, una venganza de la teocracia contra la realeza que instituye a disgusto[11].

El príncipe, elegido dentro de un rango oscuro por el sacerdocio que quiere seguir siendo su señor[12], sometido a obligaciones que muestran su servidumbre, consagrado por las manos del gran sacerdote[13], se compromete a tomarlo siempre por su guía y consejero, y, en su primera expedición, ordena a su pueblo que le siga precisamente en nombre del pontífice.

Esta transacción otorga al sacerdocio todas sus ventajas. Sin embargo, pronto un sacrificio ofrecido en ausencia del gran sacerdote[14], un acto de clemencia contrario a sus órdenes[15] excitan su indignación[16]. El monarca resiste inútilmente. Unas veces quiere emplear la fuerza y da muerte a Ajimelec y a ochenta y cinco sacerdotes que favorecen a su competidor[17]. Otras, se prosterna ante este mismo competidor y le suplica que no castigue con dureza a su familia cuando suba al trono. Finalmente sucumbe y lega a sus sucesores tomados de otra raza el triste deber de la sumisión o el recurso peligroso a la resistencia.

Es tan cierto que la caída de Saúl no fue obra de la inclinación espontánea del pueblo que, de las doce tribus de los hebreos, sólo una se declaró contra él, mientras que todas las demás permanecieron fieles a su familia y a su persona[18].

Desde su caída, los fastos hebreos sólo responden a tentativas de los sacerdotes contra los reyes y de éstos contra aquéllos. Salomón destierra al pontífice Abiatar, que había abrazado el partido de su hermano Adonías[19]. Asá mete en la cárcel al profeta Ananías[20]. Castiga con la muerte a varios grandes de Judá, que se habían declarado a favor de este profeta. Joad hace asesinar a Atalía para colocar en el trono al joven Joás[21]. Joás, que debía su trono a Joad, lo acusa públicamente de lapidación y, más tarde, sin tener en cuenta la memoria de su bienhechor, manda lapidar a su hijo Zacarías[22]. Esta muerte es vengada con el asesinato del rey[23]. Azarías[24], aunque hubiese restablecido el culto de Moisés en toda su pureza, quiere librarse del yugo del sacerdocio. Los levitas habían transformado el templo del Señor en un castillo fortificado, en el que podían defenderse, y que era su arsenal y su depósito de armas. Azarías fuerza las puertas del templo; el gran sacerdote levanta contra él a los levitas armados, y el monarca es expulsado del recinto[25]. Jeremías es arrestado por orden de Sedecías, y Joaquín castiga a Urías con el último suplicio[26].

Tomamos estos hechos sólo de la parte de la historia judía que se refiere a las dos tribus fieles, ya que se podrían atribuir las conspiraciones urdidas por los sacerdotes y las persecuciones ejercidas por los reyes en el Israel idólatra a la oposición de la creencia más que a la lucha de poderes. Por lo demás, se ve claramente en la historia de Jehú una revolución sacerdotal parecida a la de Saúl y David. Eliseo hace ungir en secreto a este usurpador[27]. Jehú mata a Jorán, hace asesinar a Jezabel, su madre, a setenta hijos de Acaz, cuarenta y dos hermanos de Ocozías, rey de Judá, y reúne a todos los sacerdotes de Baal en un templo donde los degüella[28]. Eliseo le promete en recompensa el reino de Israel para él y su posteridad hasta la cuarta generación.

Los reyes hebreos buscaban por todas partes apoyos contra esta influencia sacerdotal, siempre amenazadora. De ahí sus prisas por formar alianzas con las naciones vecinas, a pesar de su aversión a este culto. David, apenas coronado, pretende la amistad de Hannón, rey de los amonitas. Salomón se casa con la hija del Faraón[29] y firma un tratado con Hirám, rey de Tiro[30]. Asá firma una alianza con el rey de Siria[31]. Los profetas truenan en vano contra estas alianzas. Intrépidos imitadores de Moisés, órganos amenazantes de las decisiones celestes, independientes tanto del sacerdocio como de la realeza, llenan Judea con sus imprecaciones. Con la frente manchada de cenizas y el cuerpo ceñido con el botín de los animales salvajes, abandonan los bosques y las cavernas para llenar con sus gemidos las ciudades, y los consejos de los reyes, con sus anatemas. Todos sus escritos están llenos de descripciones severas de la molicie, de la tiranía, de la corrupción, de la infidelidad de los monarcas hebreos. Oseas utiliza todas sus pompas, todas las alegorías, todas las metáforas de la poesía oriental, para describir los excesos y la degradación de estos príncipes, la voluptuosidad de la corte, la inercia del gobierno, la degradación de los súbditos y la apostasía de los señores[32]. Amós sale de Judá para anatematizar a Jeroboam en el corazón de su imperio[33]. Miqueas nos muestra la tierra desolada, las montañas que se desploman, los valles que se abren bajo los pies de un pueblo culpable y de un monarca opresor[34]. Pero estas amenazas, al demostrar a los depositarios de la autoridad temporal cuál era su debilidad, les indicaban aún más la necesidad de consolidarse en el trono.

Este conflicto de los dos poderes contribuyó, más de lo que hasta hoy se vio, a impulsar a los reyes de los judíos hacia la idolatría. Este culto reprobado, observa Spencer, se introdujo principalmente bajo el poder de los reyes. Todos los jueces permanecieron fieles; en cambio, fueron pocos los príncipes que no se volvieron hacia los ídolos[35]. Veían en ellos un arma formidable contra sus rivales, un refugio contra enemigos implacables. De este modo, pudo suceder que, en los hebreos, como en otros muchos pueblos, el propio sacerdocio hubiese perjudicado la causa a la que creía servir, y que la religión hubiese sufrido el castigo de las faltas o de la ambición de sus defensores.

CAPÍTULO 11

Explicación necesaria sobre lo que acabamos de decir de los judíos

Al expresarnos sobre el sacerdocio de los hebreos con una franqueza que no intentamos ni disfrazar ni suavizar, en absoluto queremos atacar la religión de Moisés en sí misma. Estamos poco dispuestos a unirnos a quienes colocaron a los judíos en el último rango de los pueblos antiguos y presentaron su doctrina como una superstición violenta y fanática. Los escritores del siglo XVIII, que trataron los libros santos de los hebreos con un desprecio mezclado de furor, juzgaban la Antigüedad de una manera miserablemente superficial, y los judíos pertenecen a una de las naciones cuyo genio, carácter e instituciones religiosas peor se han conocido. Para divertirse con Voltaire, a expensas de Ezequiel o del Génesis, se deben reunir dos cosas que hacen bastante triste esta alegría: la ignorancia más profunda y la frivolidad más deplorable. Lejos de compartir, a este respecto, la opinión, ya popular a finales del siglo último, consideramos a los hebreos muy superiores a las tribus que los rodeaban e incluso a los imperios despóticos que los redujeron a la esclavitud. No obstante, reconocemos (lo que ningún hombre imparcial puede poner en duda) que sus anales aparecen llenos de hechos indignantes, de acciones crueles, que no pretendemos justificar. Para explicar esta contradicción aparente, expondremos aquí todo nuestro pensamiento utilizando el derecho que nos otorga nuestra creencia. Este derecho es el examen, el estudio de los monumentos sobre los que se fundamenta esta creencia; y nada nos obliga a silenciar el resultado que este examen produce en nosotros.

Si se admiten revelaciones, es decir, manifestaciones directas y sobrenaturales de la divinidad al hombre, se deben considerar estas revelaciones como ayudas otorgadas por un ser poderoso y bueno a un ser ignorante y débil cuando sus fuerzas no son suficientes para su progreso en esta tierra[1].

Un relámpago surca, pues, las tinieblas entre las que el viajero inseguro busca camino. Pero el fin del hombre es la perfección. Pero sólo puede perfeccionarse mediante sus propios esfuerzos, el ejercicio de sus facultades, la energía de su libre albedrío. Si lo protege un poder sabio y benévolo, al que su sentimiento necesita reconocer, a pesar de las dudas que la lógica evoca, este poder debe limitar su protección a instruirlo mediante enseñanzas, a revelarle verdades proporcionadas a su inteligencia. Estas manifestaciones lo ilustran sin encadenarlo, lo dejan libre de hacer uso de este favor por su cuenta y riesgo; puede abusar de él e incluso renunciar a él. El combate que libran en él el bien y el mal, sus titubeos, sus tentativas infructuosas, sus errores y hasta sus crímenes, no demuestran nada contra la revelación que se le concedió. Estas cosas son una parte de la lucha que le ha tocado en suerte, y esta lucha es su medio de perfeccionamiento. Conducido hacia esta meta por un poder que esclavizase su voluntad, perdería la cualidad de ser libre; y reducido al rango de máquina, su perfección ya no sería más que mecanismo. La mejora ya no tendría nada de moral. La divinidad confía al hombre la verdad, que él debe defender, conservar, acrecentar: ésta es la misión de su inteligencia. Pero, al encargarle tal misión, ésta no cambia en absoluto su naturaleza; deja a esta naturaleza tal cual era, imperfecta, sujeta al error, pudiendo equivocarse sobre los medios, utilizar otros malos, defectuosos, incluso culpables.

Apliquemos este sistema a la revelación de Moisés. Lo vemos nacer en un país entregado a las supersticiones más burdas, dentro de una tribu considerada inmunda y más ignorante aún que el resto del pueblo. Pero el teísmo no es compatible con semejante grado de ignorancia. ¿Cómo, pues, Moisés se adelantó a su siglo? Quiso hacer honor a su teísmo de Egipto. Se ha pensado que, yerno de un sacerdote egipcio, había podido conocer las doctrinas secretas del sacerdocio de esta región y organizar su religión. Esta opinión nos parece totalmente errónea. Cuando expongamos las diversas filosofías de los pueblos bárbaros y los misterios de los griegos, en los que se habían introducido estas filosofías, tendremos ocasión de mostrar cuán poco se parecía el teísmo, que se mezclaba con el panteísmo, a la noción de la unidad de Dios, tal como nos la presentan los libros hebreos, sencilla, clara, que establece entre la divinidad y los hombres relaciones morales. Este último carácter constituye la diferencia esencial que separa estas dos clases de teísmo: no había nada más que cosmogonía en el dios supremo de las filosofías sacerdotales. Este dios no era más que la reunión de las fuerzas ocultas de la naturaleza; personificadas en una abstracción, aunque estos dos términos parezcan contradecirse, o la confusión de todos los atributos de este género diseminados entre las divinidades populares; la ausencia de cualquier providencia particular, la privación de inteligencia y de individualidad, eran sus rasgos distintivos. En realidad, cuando llegó el declive del politeísmo, al haberse introducido en Grecia, en los misterios, todas las opiniones, se admitió un teísmo menos abstracto, más susceptible de convertirse en una religión de la vida real, no como sistema dominante, sino como uno de los sistemas entre los cuales los sacerdotes escogían el que convenía a cada iniciado.

Pero esto no tiene ninguna relación con el teísmo de Moisés, que existió doce siglos antes. Moisés, con una maravillosa sagacidad, habla a hombres rudos la lengua que les conviene, y, sin embargo, sólo raramente doblega su doctrina a las exigencias de su rudeza. Sus concesiones consisten en las palabras más que en las cosas[2]; son nubes pasajeras que sólo por un instante oscurecen lo que hay de sublime en las nociones del Ser supremo. Se apartan cuidadosamente las cuestiones ociosas, los problemas insolubles. El legislador de los judíos no busca, como los sacerdotes de Egipto y de la India, o como los filósofos de Grecia, de qué sustancia se compone Dios, si existe en él extensión o si existe fuera de la extensión, si es finito o infinito, si su existencia es eterna y necesaria, o si fue obra, a la vez súbita y tardía, de una inexplicable voluntad. El profeta del Sinaí evita igualmente esas desviaciones de una imaginación desarreglada, que esparcen sobre los cultos populares con los que los sacerdotes alimentan la multitud un barniz, a veces indignante, a veces ridículo; y rehúye igualmente esas sutilezas siempre inútiles, que precipitaron al teísmo filosófico de la India en un laberinto cuyo término es inevitablemente el ateísmo o el panteísmo; el ateísmo, ya que, obligado a no proceder más que por negación, el razonamiento transforma en una negación la divinidad misma; el panteísmo, ya que, al no reconocer, bajo mil apariencias ilusorias, más que una sola sustancia, absorbe el universo en su autor, sustituye el sentimiento religioso por no se sabe qué entusiasmo que se embriaga con frases sonoras, despoja, de este modo, a la religión de cuanto posee de reconfortante, de tierno y de moral, dejándole, a lo sumo, una apariencia de grandiosidad y una majestad estéril. En el relato de la creación, al que, sin duda, se debe conceder lo que el genio de Oriente exige que se conceda a cualquier relato de este género, no se habla de una materia inerte y rebelde que incomoda al creador, ni de un huevo misterioso, ni de un gigante desesperado, ni de una alianza entre fuerzas ciegas y átomos sin inteligencia, ni de la necesidad que encadena la razón, ni del azar que la trastorna.

Esta superioridad de la religión de Moisés no se limita a la doctrina; se extiende hasta los ritos. Los que prescriben los libros judíos, por extraños que parezcan a nuestras mentes impregnadas de una civilización más avanzada, son menos sanguinarios, menos corruptores, menos favorables a la superstición que los de los pueblos sometidos al politeísmo sacerdotal[3]. Cuando describamos las ceremonias, las costumbres, los modos de adoración de estos pueblos, veremos siempre, en primera línea, los sacrificios humanos y las fiestas obscenas; los hebreos debieron a Moisés el verse libres de este doble oprobio[4].

Lo afirmaremos, pues, con tanta más convicción cuanto que nuestra opinión se ha formado lentamente y, por así decirlo, a nuestro propio pesar. La aparición y la duración del teísmo judío, en un tiempo y en un pueblo igualmente incapaces de concebir la idea de él y de conservarla, son, para nosotros, fenómenos que no se pueden explicar por el razonamiento. Que, luego, lo que nosotros llamamos revelación, instrucción de la Providencia, luz nacida de su sabiduría y de su bondad, otros lo llamen sentimiento íntimo, desarrollo de un germen depositado en el alma humana, poco nos importa. Para quien cree en Dios, toda luz viene de él, como cuanto hay en nosotros de bueno y de sensible. Y la revelación existe allí donde hay algo verdadero, noble y bueno.

Pero en el caso particular de Moisés, ¿de qué se componía lo que llamamos revelación si no es únicamente del conocimiento de la unidad de Dios y de la sanción religiosa dada por este Dios único a los deberes y a las obligaciones del hombre?

La liberación de los hebreos, esclavos en Egipto, su reunión en cuerpo de nación independiente, sus migraciones, sus conquistas, todo esto se sitúa en la esfera de las cosas humanas: deben juzgarse como todas las cosas humanas.

Sin duda, la empresa de Moisés era noble y generosa y, en cierto sentido, se puede afirmar que liberar a sus conciudadanos es una misión emanada del cielo. Pero esta empresa no sobrepasa las fuerzas con que se dotó a nuestra naturaleza. Otros lo intentaron, otros lo lograron tan bien como Moisés.

Sin duda también, actúa siempre en nombre de Yahvé; en su nombre inculca a los judíos la humanidad, la fraternidad entre ellos, la hospitalidad con el extranjero. Y también en nombre de Yahvé condena a la espada a los amorritas[5] y manda asesinar a las mujeres madianitas[6].

Pero incumbe a los hombres de espíritu recto y corazón equitativo, a los amigos de la verdad y de la religión, distinguir lo que las necesidades de la situación de Moisés lo forzaban a sobrepasar, diremos más, lo que tuvo que sobrepasar de muy buena fe.

Según su convicción íntima y profunda (y la verdad, tal como se dio al hombre concebirla, reside totalmente en la convicción), Moisés contemplaba como una inspiración de Dios mismo el proyecto que había forjado de liberar a sus compatriotas, arrancarlos de la condición más humillante[7], de los trabajos más agobiantes[8] y de esas crueldades, siempre nuevas, que sugieren a los opresores las sospechas que siempre inspiran los oprimidos. Marcó el año de su nacimiento un acto execrable[9] de la política de los dueños ingratos a los que había servido en una expedición contra Etiopía[10]; poco tiempo después, el asesinato, seguramente muy legítimo de uno de los agentes de la tiranía[11], asoció su interés a su patriotismo. Levantó, pues, el estandarte de la independencia, y la salida de Egipto fue el primer fruto de su perseverancia y de su valor[12].

Pero peligros de todo tipo amenazaban a la tribu de la que era guía y apoyo. Tímida, indecisa, envilecida por cuatrocientos treinta años de una esclavitud[13] que peligros apremiantes, crueles privaciones le hacían casi deplorar, había contraído hábitos que su odio contra los egipcios no podía romper. A Moisés le embargaba siempre el temor de que su pueblo volviese a pedir cadenas o de que, incluso lejos de Egipto, volviese a ser un pueblo egipcio. Destinó todas sus instituciones a prevenir esta recaída. Esta meta se ve con claridad en sus leyes fundamentales y en sus reglamentos más minuciosos. Está grabada en su modo de vestir, se ve en su alimentación, dirige los trabajos del pobre, vigila el lujo del rico, acude siempre a los funerales de todos[14]; sin embargo, esta meta sólo se alcanza de modo imperfecto y Moisés se ve obligado continuamente a concesiones que lo indignan y lo afligen[15].

Mientras que prepara sus victorias en las regiones que debe invadir, necesita conseguir una victoria más difícil, ya que continuamente puede írsele de las manos. De ahí, esa necesidad de aislar a su pueblo, no sólo de los recuerdos del pasado, sino también de las seducciones del presente[16]. De ahí, esas leyes severas contra vencidos más numerosos que los vencedores[17]. De ahí, esos terribles castigos contra los judíos que volvían a la idolatría. Más indulgencia con los primeros habría llevado

181

a la alteración y la destrucción de la nacionalidad judía; menos rigor con los segundos habría permitido que se borrase de su espíritu cualquier vestigio de un teísmo que era proporcionado a sus luces y que, sin embargo, era su único carácter distintivo, su único medio de cohesión. Pero es evidente que la revelación propiamente dicha, ese acto del poder supremo, al manifestarse al hombre para explicarle su existencia y revestir sus deberes con una sanción religiosa, no tenía nada de común con esos medios de un legislador para gobernar a un pueblo, o de un conquistador para garantizar sus éxitos.

Que, conocedor de la gran verdad que debe transformar un día a la especie humana en una sola familia, haya adoptado Moisés los medios que creía mejores para que su pueblo no perdiese su conocimiento; que estos medios se hayan resentido de las costumbres bárbaras de una época en la que apenas se respetaba la vida de los hombres[18]; que no haya consultado lo suficiente la desproporción entre su doctrina y las luces de sus compatriotas y de sus contemporáneos[19]; que, reconociendo esta desproporción, se haya condenado prematuramente a una lucha violenta; que esta lucha lo haya obligado a rigores excesivos; que, para tener como guardianes fieles de la verdad que llenaba su alma, haya constituido un sacerdocio investido de una fuerza terrible; que este sacerdocio haya abusado de su poder: todo esto pertenece al orden natural, a la esfera puramente humana y carece de cualquier relación con la revelación.

Pero éstas son las cosas que se han confundido. El espíritu de secta quiso, no sólo que la doctrina de Moisés sobre el Ser supremo tuviese un origen divino, sino que los libros hebreos fuesen divinos hasta en su redacción material. Los hechos narrados por Moisés y por los escritores llegados después no se juzgaron como hechos históricos y según esas reglas de moral que son la primera y más íntima de las revelaciones: se vieron en esos hechos actos de la voluntad celeste, y se impuso la ley de aprobar lo que, en cualquier otra circunstancia, hubiera parecido condenable; de alabar lo que, en los anales de cualquier otro pueblo, hubiera parecido horroroso[20]. Esta ceguera en un sentido produjo otra en sentido contrario. Nuestros filósofos, hombres instruidos y sabios, amigos de la verdad, al menos en el momento de su acceso a la carrera y hasta el instante en que la lucha, irritando su amor propio, hubiese sometido su imparcialidad a una prueba que soportó mal, al encontrar en los anales judíos relatos prodigiosos y acciones horribles, hicieron de ellos objeto de sus burlas y de su ampulosidad; y estos ataques que provocaban apologías que descansan en un principio igualmente falso, estas apologías debieron de contener, demasiado a menudo, el elogio del crimen y de la ferocidad.

La distinción que establecimos antes hubiera ahorrado a los incrédulos muchas burlas sin gracia y pueriles, y a los hombres religiosos, muchas contradicciones bajo cuyo peso se debatieron siempre inútilmente. Aunque la inquisición se levantase en armas y la ortodoxia de todas las sectas nos amenazase con sus anatemas, no reconocemos, desde luego, la revelación ni en las masacres, ni en las ciudades reducidas a cenizas, ni en los niños aplastados en el seno de sus madres. Vemos en estos monumentos llenos de sangre de una época bárbara, en primer lugar, la necesidad que impone a un conquistador leyes crueles, que pueden excusarse quizá, pero que no pueden merecer alabanza; en segundo lugar, el espíritu sacerdotal celoso y despiadado. La revelación hecha a Moisés la reconocemos en la parte de los libros hebreos en la que se recomiendan todas las virtudes, el amor filial, el amor conyugal, la hospitalidad con el extranjero, la castidad, la amistad, que ninguna otra legislación eleva al rango de las virtudes, la justicia, e incluso la piedad, aunque la época de la piedad no hubiese llegado aún, pues esta época es el cristianismo. Ahí es donde aparece la voz divina; ahí está la manifestación del cielo sobre la tierra; y sólo ahí uno no puede equivocarse al rendirle culto, porque responde a todos los sentimientos, ennoblece y purifica todos los afectos, anticipa la luz y hace que en el alma, en el seno de la misma barbarie, broten verdades que la razón sólo habría descubierto mucho más tarde[21]. Pero, como dijimos, se confundieron obstinadamente los hechos y la doctrina. Por constituirse el sacerdocio, a la vez, como el guardián de la ley divina y el redactor de los anales de la nación sometida a esta ley, se proclamó como ley divina cuanto estos anales contenían. Por ser santa la ley de los judíos, se quiso cubrir con su égida cualquier acontecimiento de la historia judía.

Se hubiese debido recordar, al menos, sobre qué informaciones y quién estructuró esta historia. Se habría visto entonces que, redactada en épocas diversas, y siempre por levitas, destruida varias veces y, especialmente, durante la toma de Jerusalén y la cautividad de Babilonia[22]; recompuesta de nuevo por Esdras[23], que era de raza sacerdotal[24], y que, en su celo amargado por el infortunio, exageraba la severidad de las leyes de Moisés[25], los libros hebreos habían debido de imbuirse del espíritu sacerdotal[26]. Supongamos que, tras varios miles de años, cuando los siglos y las revoluciones no hayan dejado de nuestros anales más que algunos vestigios, encontramos a la vez, como monumentos del cristianismo, el evangelio y algunos de esos historiadores de nuestros tiempos de barbarie, o de nuestros tiempos de bajeza, para los cuales la masacre de los albigenses, los horrores de la Inquisición, la degollación de la Noche de San Bartolomé, son actos queridos y aprobados por la providencia; ¿no es cierto que una corporación sacerdotal, poseedora de este botín y que se arroga su monopolio, se doblegaría a sus intereses de casta y, mientras exalta lo que no se puede exaltar, la admirable moral del Evangelio y su dulzura no menos admirable, alabaría también en los inquisidores la energía y, en los verdugos, la obediencia[27]?

Esto ocurrió y, según esta confusión de ideas, así se juzgaron los libros hebreos[28]. Ya dijimos cómo, a nuestro entender, deben ser juzgados. Del principio que adoptamos resulta que la pureza de la doctrina no se ve comprometida por acciones culpables que le son ajenas, y que las acciones culpables no se excusan por la pureza de una doctrina que no las ordena. El sacerdocio judío pudo apoderarse de las verdades que el cielo había comunicado a Moisés, intentar monopolizarlas para someterlas a sus intereses, como más de un pontífice y de un monarca se han apoderado del Evangelio y han intentado corromperlo. Pero, así como el cristianismo no tuvo nada que ver en las masacres cometidas por sacerdotes invocando a su autor, tampoco el judaísmo tuvo nada que ver en los atentados ordenados por otros sacerdotes en nombre de Yahvé. Por tanto, no hace falta multiplicar absurdos sofismas para legitimar horribles fechorías. Bossuet, que alaba a Samuel cuando degüella a Agag, y a los levitas deponiendo a Osías[29], se asemeja al italiano Calipuli[30] y al cortesano Pibrac[31], que nos muestran a Carlos IX dirigido, en su hipocresía y en sus masacres, por la voluntad todopoderosa de Dios.

Terminaremos este capítulo con una reflexión que nos afecta y sorprende y que, pensamos, también debe afectar a nuestros lectores.

Sin duda, la religión judía tiene partes terribles y no se pueden recorrer sus largos anales sin caminar sobre la sangre y las ruinas. Sin embargo, el mundo debe a Moisés un favor inmenso. Cuando, privada de cualquier creencia, desolada por la duda, envilecida por la corrupción, toda la tierra pedía un culto, y este culto, según el estado de las luces, no podía ser más que el teísmo, el de los judíos sirvió de referente; y vimos al hombre resurgir a cuanto hay de noble y precioso en la vida al renacer a la religión. ¡Maravillosa dispensación del poder que determina nuestros destinos! Cosas que parecían no tener ninguna relación entre sí, sea por la época, sea por su naturaleza, se combinaron en el momento preciso para dirigir a la especie humana hacia la meta que debía alcanzar. Doce siglos antes de Platón, Moisés proporcionó al teísmo un cuerpo que permitió que esta noción sublime se conservara hasta el momento en que la inteligencia fue capaz de concebirla. Doce siglos después de Moisés, Platón preparó los espíritus de modo que, haciéndose cargo del teísmo, pudiesen aceptarlo purificado por el divino autor de la religión cristiana, y resistir a los intentos violentos y obstinados de una grupo numeroso de judíos conversos que pretendían que la nueva religión retrocediera hasta el judaísmo. Sin Moisés, es probable que todos los esfuerzos de la filosofía sólo hubieran llevado al género humano a caer en el panteísmo o en el velado ateísmo, en el que, como dijimos al comienzo de este capítulo, fueron a perderse, de concierto, la religión y la filosofía de los indios. Sin Platón, es posible, humanamente hablando, que el cristianismo, bajo la opresión de los cristianaos judaizantes, se hubiese convertido en una secta judía[32].

CAPÍTULO 12

Que la lucha entre el sacerdocio y el poder temporal
debe concluir con la victoria del primero, ya que se admite
el principio de la autoridad sacerdotal

El cuadro que describimos anteriormente sobre los combates del sacerdocio contra el poder político y militar debió de demostrar a nuestros lectores que, si los sacerdotes no siempre salieron victoriosos de esta lucha, siempre conservaron vastas prerrogativas, que les ayudaron a reconquistar las que habían perdido.

No puede sorprendernos este resultado de una rivalidad que se perpetuó de siglo en siglo y que aún perdura.

Una vez admitido el principio de la autoridad sacerdotal, quienes lo ejercen tienen a su favor, no sólo el sentimiento religioso que anida en el fondo del alma, sino también esta acción constante e irresistible de la costumbre, que lleva a los hombres a respetar el objeto de los respetos de sus ancestros, y la influencia más desigual, según las épocas, pero no menos indestructible, de esas supersticiones accesorias, compañeras de todas las horas, soluciones de todas las dudas, explicaciones de todos los fenómenos, alivio de todos los temores; y, finalmente, la lógica serena misma y el razonamiento riguroso.

En efecto, cuando la religión es independiente, el sentimiento religioso puede defenderse de las usurpaciones del sacerdocio. Se cree revestido de una misión interior: él es, en su convicción íntima, su propia autoridad. Pero cuando se entabla la lucha, no entre las conciencias, sino entre los poderes, el sentimiento religioso debe declararse a favor del que mejor presenta las formas de la conciencia y que, careciendo de armas visibles, menos se parece al poder. Al alinearse del lado de la fuerza, el sentimiento religioso mentiría a la naturaleza. Nada existe de común entre la fuerza y él. Si le rinde culto, se rebaja al rango de los cálculos humanos, y este suicidio lo lleva a la perdición.

Pero no es sólo en este sentimiento donde el sacerdocio atacado por la autoridad encuentra un defensor. La razón, a la que las leyes de su naturaleza obligan a caminar constantemente del dato primero a sus consecuencias, y del principio a la aplicación, le presta el apoyo de argumentos incontestables.

Desde que el hombre necesita, para comunicarse con los seres invisibles, intermediarios privilegiados, la omnipotencia pertenece por derecho a estos intermediarios. Para rechazar las pretensiones de estos favoritos exclusivos del cielo, se debe suponer que la religión es la propiedad común de todos. Cada uno, pues, al llevar en su seno la antorcha destinada a iluminarlo, coteja la luz que se le ofrece con la que él posee. Pero cuando el monopolio de esta luz se otorga a un número pequeño, ¿cuáles serían los límites del ascendiente de este pequeño número? ¿Con qué razón el poder temporal podría reclamar una independencia, que sería inútil, si ella está de acuerdo con los decretos celestes, cuyos intérpretes son los sacerdotes, o criminal, si difiere de estos decretos?

En el sistema sacerdotal, ¿cuál es la finalidad del mundo? El cumplimiento de la voluntad divina. ¿Qué son las organizaciones políticas? Medios para garantizar este cumplimiento. ¿Qué son los jefes de las sociedades? Los depositarios de una autoridad subordinada, que sólo tiene derecho a la obediencia porque obedece a su vez a la autoridad que le dio fundamento. ¿Cuál es, finalmente, el órgano natural de esta única autoridad legítima? El sacerdocio.

Estos reyes judíos o egipcios, estos rajás de la India, escogidos por los dioses entre sus semejantes, obtenían todos sus derechos de la bondad de estos dioses, dados a conocer por sus sacerdotes. Estos sacerdotes consagraban su llegada, ungían sus frentes con el aceite santo, ordenaban a los pueblos que los considerasen sus maestros, vigilaban sus actos, escuchaban sus deseos, les perdonaban sus faltas, los limpiaban de sus crímenes, los corregían durante su vida y los juzgaban después de su muerte. Prosternados ante estos dispensadores de los favores sobrenaturales, estos reyes habían pedido permiso para subir al trono, habían subido sus peldaños con una actitud humilde y suplicante: y, de repente, se declaran los iguales, los superiores de los que los auparon. Elevan su poder a la altura del poder divino, hablan con él de igual a igual, hablan de intereses distintos de los de la religión, que son los intereses de la eternidad; ¡y se dicen los guardianes de estos intereses materiales contra el cielo mismo!

¡No se pueden admitir semejantes contradicciones! ¡Imponerlas a la inteligencia es ultrajarla!

Decid a los pueblos: profesad el culto que os satisface y que os llena de gratificación; tomad, si así os place y así os conviene, a hombres como ministros de este culto y como intérpretes de vuestras adoraciones y homenajes y someteos, mientras lo creáis justo y conveniente, a las orientaciones e instrucciones de estos hombres: nada más razonable que esto. Pero cuando les decís: estos sacerdotes, para vosotros, son infalibles. Se les debe una sumisión implícita mientras sólo ataquen vuestros derechos, sólo restrinjan vuestras facultades y sólo encadenen vuestro pensamiento; pero, en cuanto se trate de nosotros, estos sacerdotes perderán su infalibilidad. La resistencia que, para vuestros intereses, hubiera sido un crimen, se convertirá en un deber cuando sean los nuestros los amenazados. Afrontaréis por nosotros en soledad la cólera del cielo, de la que, por otra parte, os exhortamos a recelar; o castigaremos la docilidad, como hubiéramos castigado la desobediencia. Desde luego, un lenguaje como éste presume demasiado de la inconsecuencia humana.

Estos razonamientos humanos se aplican tanto a los tiempos modernos como a los antiguos, a Gregorio VII como a Samuel o a Joad, y contra ellos fracasan igualmente las concesiones de sacerdotes transformados en cortesanos y las argumentaciones de hombres de Estado, convertidos en sofistas.

Así, siempre que el sacerdocio se vio atacado por la autoridad, las almas religiosas lo acompañaron con todo su apoyo. Una voz secreta les decía que, al estar divididos el cielo y la tierra, se debía obedecer al cielo. La prohibición llena de terror a todos los pueblos. El anatema dejó vacíos las cortes y los campamentos. En resumen, como dicen los indios, la palabra siempre hizo más en los labios del sacerdote que la espada en las manos del guerrero.

Y si pensamos en esto un instante, apenas nos veremos tentados a afligirnos por este resultado inevitable.

Sin duda, si se colocan en un lado las castas egipcias, los magos o los brahmines y, en el otro, la libertad de creencia y de culto, no puede existir duda en la elección. Pero entre Kefrén o Cambises y los sacerdotes que contestaban su poder, se debía preferir a los sacerdotes; no porque fuesen dignos; pero, si la tiranía en nombre de la religión es funesta, la tiranía en nombre de la fuerza material es funesta y envilecedora a la vez.

En la primera, existe, al menos, convicción en los esclavos, y sólo los tiranos son corruptos; pero cuando la opresión se separa de la fe, los esclavos son tan depravados y tan abyectos como sus amos. Por ello, no sentimos nunca, lo confesamos sin disimulo, mucha simpatía por Luis de Débonnaire a los pies de un legado, o por el emperador Enrique IV, esperando, con los pies desnudos en la nieve, que un papa quisiera absolverlo. Reservamos nuestra compasión para otros infortunios. La otorgamos a esas poblaciones oscuras, proscritas por escuchar la voz de su conciencia y rehusar el cometimiento de lo que eran, para ellas, perjurios y sacrilegios; a esos valdenses que sólo pedían ejercer tranquilamente su culto en sus valles, a esos judíos perseguidos, despojados, quemados siglo tras siglo; a esos husitas que, al menos, supieron vengar a su jefe entregado a las llamas, violando las promesas imperiales; a esos escoceses condenados a muerte por el abominable duque de York[1], por no haber prestado el juramento del Test que ni siquiera él prestaba; a esos hugonotes arrastrados en parrillas o que llenan las galeras. En cuanto a los infortunios reales de esos príncipes que se creían independientes del poder, sanción misteriosa de su despotismo, sólo pudimos ver, según su sistema, en esta resistencia tardía, una rebelión inconsecuente[2], e ignoramos si Europa se hubiera sentido bien con su éxito.

Un gran ejemplo aparece ante nuestros ojos, y este ejemplo nos sugiere algunas dudas.

En todas las naciones sacerdotales de la Antigüedad, el resultado del conflicto entre la autoridad temporal y la autoridad espiritual fue siempre el triunfo de esta última. Pero en una nación que se clasifica ordinariamente entre los modernos, porque aún existe, y que no ocupa ningún lugar en la historia antigua, el sacerdocio fue vencido. Se adivina que queremos hablar de los chinos.

Es incontestable que la antigua religión china era la religión sacerdotal, que descansaba, como todas las religiones de esta categoría, en la adoración de los elementos y de los astros[3]. Los vestigios de este culto se revelan en todas las ceremonias solemnes conservadas hasta hoy por una costumbre que sobrevivió a la creencia. Vemos en ella el huevo cosmogónico[4], la Trimurti[5], las figuras disformes[6], los incestos de los dioses[7], la unión de la virginidad y la concepción[8], las divinidades maléficas[9], los animales fabulosos[10], las concepciones místicas cuyo origen[11] explicaremos más tarde y que las religiones independientes no admiten nunca en sus relatos indígenas. Entre sus antiguos ritos, se distinguen los sacrificios humanos[12]. Finalmente, los anales de China hablan del gran sacerdote llamado Tai-Che-Ling, cuya autoridad estaba muy extendida en otro tiempo.

Pero, por acontecimientos que nos han llegado de manera demasiado vaga para permitir relatos detallados o explicaciones satisfactorias, el sacerdocio sucumbió en China. La religión, expulsada del altar, descendió hasta el trono. El emperador se declaró el principal ministro, o, lo que es lo mismo, el dueño absoluto. Toda la clase letrada hizo alarde de un desprecio por los sacerdotes[13]: a este desprecio se deben los elogios que nuestros filósofos prodigaron a los chinos[14].

Pero examinemos cuál fue realmente el resultado de esta victoria tan celebrada.

La religión, reducida a frívolas y fastidiosas ceremonias, que sólo recuerdan opiniones desdeñadas o muertas, el sentimiento sustituido por el ceremonial, la forma inanimada remplazando a la creencia, demostraciones carentes de sentido, una práctica sin teoría, abstracciones irreligiosas para la clase ilustrada, supersticiones estúpidas para el vulgo; el culto de los antepasados y ninguna esperanza de una vida futura[15]; el culto de los espíritus, y el materialismo más afirmativo y más grosero[16].

Por lo demás, la opresión más dura, la arbitrariedad más absoluta[17], suplicios bárbaros[18], una corrupción sin límites, la astucia al servicio del miedo, carencia total de cualquier sentimiento generoso, una apatía que sólo cede al encanto del lucro, y hasta en las facciones del rostro humano, sombrío y degradado, una tremenda inmovilidad: esto contemplamos en China. Podríamos añadir a este cuadro, otros rasgos que lo harían tan ridículo como vergonzoso, sin que por ello dejase de ser verídico. En esta región, en la que la autoridad civil aparenta, en cuanto se refiere a la creencia, una independencia tan orgullosa que muchos emperadores se rodearon de bonzos y les entregaron los tesoros del Estado, para arrancarles ese famoso elixir de inmortalidad[19], que todos anhelaron, y que costó la vida a quienes lo obtuvieron como premio de sus liberalidades y de su promesa[20]. Así, en China, como en otros lugares, la magia sustituye a la religión.

En vano, algunos emperadores, sorprendidos ellos mismos de este exceso de degradación, quisieron reavivar la creencia religiosa. Sólo poseían para ello la autoridad y, en este tipo de tentativas, su destino es el fracaso. Pensaron que, haciendo la religión más razonable, sometiéndola a una mayor uniformidad, recomendándola sobre todo por su utilidad, conseguirían que el pueblo la aceptase. Pero la religión puede aceptarse, no como razonable, ni como revestida de formas regulares, ni como útil a sus sectadores, sino como divina. Cuando la utilidad se coloca en la balanza, debilita la religión por su apoyo terrenal. Cuando la religión aparece como un instrumento del Estado, su magia desaparece. Las clases a las que está destinada son advertidas, por un instinto secreto, de que deben desdeñar lo que los demás mortales tratan con una familiaridad tan altanera. El concordato del emperador Iong-Lo, que recuerda, en ciertos aspectos, el ínterin de Carlos V, nunca arraigó entre los chinos, y Tchien-Long, quien, por astucia o demencia, se proclamó, hacia el final de su vida, Buda encarnado, no perturbó la indiferencia política y no encontró ni contradictores ni partidarios[21].

Al despojar a los sacerdotes de su influencia, parece que los soberanos temporales de China heredaron su espíritu. Su despotismo no es menos estacionario; sólo el pueblo al que degrada ha perdido la excusa de la convicción. En lugar de ser el efecto de un error sincero, su esclavitud es la de un temor innoble y un ruin servilismo. China es, por así decirlo, una teocracia de ateos, o, si se quiere, de panteístas materialistas, que sustituyen la religión por la espada y por el bambú. Las facultades del hombre son tan reprimidas en tiempos de los emperadores como, en otras partes, lo eran por los sacerdotes. El yugo es también duro y el oprobio, más grande. Pues debemos compadecer, pero podemos apreciar también a una nación agobiada por el peso de la superstición y de la ignorancia. Esta nación se mantiene de buena fe en sus errores. Obedece al sentimiento del deber. Puede tener virtudes aunque estén mal dirigidas. Pero una raza que sólo tiene como resorte el temor, como motivo el salario que le arroja desde lo alto del trono el que la oprime; una raza sin ilusión que la ponga en pie, sin error que la excuse, ha caído del rango que la Providencia había asignado a la especie humana, y las facultades que le quedan y la inteligencia que despliega no son, para ella y para el mundo, más que una desgracia y, además, una vergüenza[22].

CAPÍTULO 13

Resumen de todo esto

Se ve, por todo el contenido de este libro, que no cerramos en absoluto los ojos a las excepciones, mejor dicho, a las variedades que se deslizaron en la regla general. Reconocemos estas variedades, y cuanto dijimos puede guiar al lector en la aplicación que se debe hacer de ellas a cada pueblo en particular.

Rogamos a nuestros lectores que no se detengan en las objeciones basadas en detalles siempre fáciles de obtener, pero que, generalizados, sólo propagan el error. Vemos con claridad que, si uno se vale de que decimos que el sacerdocio ejerció su dominio bajo el hermoso cielo de la India y en las oscuras selvas de la Galia para acusarnos de situar a la misma altura la religión de los brahmanes y la de los druidas, se difundirá sobre nuestras investigaciones una idea de sistema apropiado para predisponer contra nosotros a cualquier lector imparcial; el medio es seguro y fácil. Sólo le falta una cosa: la buena fe. Lo repetimos, pues, para privar de este pretexto a adversarios a los que se desenmascara sin desarmarlos. El poder sacerdotal fue diferente en sus formas, su extensión e intensidad, en cada una de las naciones de las que hablamos anteriormente[1]. En las regiones de la India, el clima; en el norte, la guerra; en Persia, el reino; en Cartago, el comercio, mitigaron, combatieron, modificaron el poder sacerdotal. Pero esta mitigación, estas resistencias, estas modificaciones fueron matices accidentales y pasajeros. El principio fue siempre el mismo, y el poder sobrevivió, resistió, triunfó.

Si algunos pensaban que describimos este poder con colores demasiado desfavorables, que desconocimos su utilidad relativa, en algunas épocas de una sociedad imperfecta, y que, en lugar de mostrarlo subyugador, opresor, que mantuvo en la ignorancia a una raza creada para la perfectibilidad y las luces, habríamos debido reconocer que, más de una vez, civilizó a hordas salvajes, suavizó las costumbres de las tribus bárbaras, reunió, a pesar de los elementos en contra, a las tribus dispersas, hizo fértil el suelo rebelde y salubre la naturaleza dañina, fue, en una palabra, por su ciencia precoz y privilegiada, el primer autor de la civilización misma, destinada, más tarde, a destronarlo, otorgaríamos a estas aserciones alguna fuerza; pero haríamos observar a nuestros lectores que nada dijimos que les fuese contrario. En este período del estado social, el sacerdocio pudo concurrir al gran quehacer de la especie humana y llevar a cabo, por su parte, los proyectos protectores de una providencia benefactora: no lo negamos.

Sólo afirmamos que el espíritu sacerdotal, enemigo, como cualquier espíritu de cuerpo, de los progresos y de la prosperidad de la masa, porque esta prosperidad y estos progresos la conducen a la independencia, nos vendió caros sus favores; que uno se alegra de que un pueblo, del que vamos a hablar enseguida, se haya liberado de este dominio; que si la suerte de los egipcios era mejor, gracias al sacerdocio, de lo que hoy es la de los esquimales o la de los samoyedos, hubiera sido deplorable que la suerte de todo el género humano no hubiera diferido de la de los egipcios; y que, si los hombres pudieron elevarse gradualmente hasta el punto de comprender y abrazar una religión como la que profesan hoy todos los pueblos ilustrados, es porque hay uno en la historia que, por felices circunstancias y por su propia energía, se liberó del poder sacerdotal.

Por tanto, que cada uno haga sus reservas después de haber sopesado perfectamente los hechos. La indicación de las posibles excepciones, que, no obstante, siempre fueron limitadas y parciales, era cuanto exigía de nosotros la imparcialidad.

Explicaciones más extensas habrían interrumpido el hilo de nuestras investigaciones. Frecuentemente, nos veremos obligados, en el transcurso de esta obra, a encomendarnos a las luces de quienes nos leen. Nuestra tarea es ya lo suficientemente vasta y difícil, y queriendo realizarla sin superar los límites que nos trazamos, no tenemos ni el tiempo suficiente ni suficiente espacio para entregarnos a las disquisiciones y a las controversias pormenorizadas.

LIBRO V

DEL ESCASO PODER DEL SACERDOCIO
EN LOS PUEBLOS QUE NO ADORARON
NI A LOS ASTROS NI A LOS ELEMENTOS

Magnus ab integro saeclorum nascitur ordo...
iam nova progenies caelo demittitur alto.

[Nace de raíz el gran orden de los siglos...
ya, desde lo alto del cielo, es enviada una raza nueva]

(Virgilio, *Églogas*, IV, 5 y 7)

CAPÍTULO 1

Que el escaso poder de los sacerdotes en las naciones ajenas
a la astrolatría se demuestra por la historia de los primeros tiempos
de Grecia

En las naciones que no adoraron ni a los astros ni a los elementos, el sacerdocio sólo poseyó una autoridad muy limitada y una ascendencia accidental. Los griegos son una prueba de ello.

Mientras que la seguridad de Egipto dependía totalmente de la exactitud de cálculos fundados en la astronomía, la posición geográfica de los griegos les hacía poco necesario el estudio de esta ciencia. Durante largo tiempo, sólo fue para ellos un objeto de simple curiosidad. El escaso número de estrellas mencionadas por Homero o Hesíodo muestra indicaciones aún poco seguidas y nociones más bien tradicionales o importadas que fruto de un trabajo metódico y espontáneo. Los progresos de los griegos en astronomía se remontan, a lo más, hasta la Olimpíada XL o al origen de la primera escuela jónica[1], y sus fábulas astronómicas sólo aparecen expuestas con claridad en sus poetas líricos. Por eso, a pesar de lo que diga Platón, que, por lo demás, no hace más que sembrar una duda[2], no profesaron nunca el culto a los astros[3]. En consecuencia, a partir, al menos, del momento en que los vemos aparecer en la escena del mundo, observamos que fueron, entre todos los pueblos, los únicos libres del poder de los sacerdotes[4].

Contemplad, en efecto, el rango subalterno que éstos últimos ocuparon en las poesías de Homero, el más antiguo de los monumentos de Grecia. Los jefes de las naciones, los generales de los ejércitos presiden los ritos de la religión; y, en el interior de las familias, ejercen las mismas funciones y reclaman el mismo privilegio los ancianos y los padres. Agamenón lleva siempre junto a su espada la daga destinada a los sacrificios[5]. Inmola a las víctimas con su propia mano[6]. Néstor[7] y Peleo[8] hacen lo mismo, y el poeta añade que todo sucede según la costumbre. Alcínoo preside las ceremonias religiosas de los feacios[9]. En todas las descripciones de las ceremonias, ni siquiera se pronuncia[10] el nombre de sacerdotes, y sí el de los jefes de los pueblos[11]. Son los heraldos los que, antes de las oraciones, rocían con agua sagrada las manos de los suplicantes[12]. Ningún sacerdote interviene en la purificación del ejército de los griegos[13]. Pero, si en esa solemne ocasión en la que se trataba de poner fin a los furores de un terrible contagio, los griegos hubiesen empleado el ministerio de algún pontífice, sin duda se lo hubiese mencionado. Después de la victoria, el ejército delibera para saber si se ofrecerán sacrificios. Se comparte el criterio de los jefes. Unos cumplen con este deber religioso; otros se eximen de él. Todos se atienen a su sentimiento y a su voluntad.

Los hombres eminentes del pueblo y del ejército acuden frecuentemente al futuro. Los dioses aparecen ante estos mortales nimbados de gloria[14]. Cada individuo puede relacionarse personalmente con el cielo.

Entre los troyanos, descritos por el autor de la *Ilíada*, aunque a su pesar, como más civilizados que los griegos[15], una sacerdotisa de Minerva, Teano, vive en el templo de la diosa, o al menos abre sus puertas, le presenta los dones y le dirige las plegarias[16]. Pero a esta sacerdotisa la nombra el pueblo[17], y entre los troyanos, igual que entre los griegos, los guerreros son augures. Los moradores del Olimpo se comunican directamente con ellos. Heleno, Polidamas, Laógono[18], Énomo[19], Casandra hija de Príamo, Enone mujer de Paris[20] poseen el don de profetizar.

A menudo, esta facultad se concentra en la realeza, como en Anfíloco [21] y en Teonoe, hija de Proteo[22]. Otras veces, los dioses se la conceden a los hombres, sin que éstos la deseen o la esperen. Anfiarao no había penetrado nunca en los misterios del futuro. Una noche, en una casa de Fliunte, detrás de la plaza, nos dice el preciso Pausanias[23], el espíritu profético se apoderó de él y ya no lo abandonó. Citamos a Pausanias, aunque sea un escritor muy moderno, porque recogía personalmente, con una escrupulosidad que constituye su mérito, las tradiciones más antiguas. Después de la muerte de Anfiarao, Apolo eligió como adivinos a Polifides[24] y a Teoclímeno[25]; pero ninguno de los dos aparece revestido del sacerdocio.

Las comunicaciones inmediatas son mucho más respetadas que las que se obtienen por mediación de los sacerdotes. Príamo recibe de Júpiter la orden de ir a pedir la devolución de los restos de Héctor a su asesino y no consulta a los sacerdotes sobre la voluntad de este dios, pero pide una señal que obtiene, y se expresa de un modo digno de atención. Si un sacerdote, dice, un intérprete de los signos celestes, me hubiese dado este consejo, lo hubiese tachado de falsedad y le hubiese dado la espalda con desprecio[26]. En adelante, estas mismas comunicaciones inmediatas se considerarán criminales, por un progreso natural de las ideas.

Los que se entregan exclusivamente al culto de los dioses y se jactan de sus favores especiales no obtienen de esta consagración ni prerrogativas particulares ni un poder indiscutido. Llevan una vida errante, siguiendo a los ejércitos, en los consejos y en los festines, a pesar de los generales y de los reyes cuyo odio[27] se granjean casi siempre. No se los busca, ni se los tiene en cuenta salvo cuando se cree necesitarlos. Se ponen en duda frecuentemente sus interpretaciones de las voluntades divinas y, a menudo, son objeto de desprecio. Teoclímeno, fugitivo y proscrito, sólo logra escapar a la persecución de sus conciudadanos embarcándose con Telémaco. Leodes lo reclama en vano para aplacar la cólera de Ulises[28]. Hipotes, uno de los heraclidas, mata al adivino Carno[29]. Calcas duda en hablar ante Agamenón por miedo a irritar su cólera. No soy, dijo, más que un hombre vulgar e indefenso ante un rey[30]. Cuando, tranquilizado por Aquiles, desveló la voluntad de Apolo, Agamenón lo llena de reproches.

Tres versos de la *Odisea* indican, de una manera muy notable, el rango inferior que ocupaban los sacerdotes. Se los representa como hombres al servicio del público, y de igual categoría que los médicos, los arquitectos y los cantores, a los que se otorga hospitalidad y que subsisten gracias a la caridad de los que los emplean[31].

Homero, en verdad, parece favorable a la causa sacerdotal. El cielo, en sus relatos, venga casi siempre a los órganos de sus decretos. Pero las poesías homéricas son posteriores, al menos dos siglos, a los tiempos heroicos de Grecia, y la disposición del poeta a favor del estado sacerdotal es el efecto natural de una progresión que describiremos más tarde[32].

Sería un error considerar la existencia de las familias sacerdotales, numerosas en Grecia[33], y de las que se hace mención en la misma *Odisea*[34], como una prueba del poder de los sacerdotes. Al parecer, las ideas de los griegos sobre el don de profecía tuvieron alguna analogía con las de los pueblos modernos sobre la nobleza. Creían que este favor de los dioses se transmitía de padre a hijo. Calcas descendía de una familia que había disfrutado de él durante tres generaciones[35]. Mopso procedía de Mantó, hija de Teresias[36]. Anfíloco era profeta como su padre Anfiarao. Evenio, cuenta Heródoto, había recibido del cielo la adivinación, porque los apoloniatas lo habían privado injustamente de la vista; y el historiador añade, como una consecuencia natural de este hecho, que Deifono, hijo de este Evenio, realizaba en el ejército las funciones de adivino[37]. El origen extranjero de estas familias sacerdotales carece de importancia en esta cuestión. Veremos más tarde que si algunas habían descendido de las colonias que civilizaron a Grecia y habían conservado como su patrimonio la dirección de ciertos ritos especiales[38], nunca llegaron a ser una institución legal. La religión pública no les pertenecía. Su verdadero monopolio estaba en los misterios, y los misterios estaban separados de la religión pública[39]. Con mayor razón, estas familias no tenían ninguna influencia en los tiempos que describen las epopeyas, cuyos autores parecen haber ignorado la parte misteriosa de la religión griega[40].

CAPÍTULO 2

Que, no obstante, es posible que, en una época anterior a los tiempos heroicos, a los griegos los sojuzgasen corporaciones sacerdotales

Las consideraciones que acabamos de presentar a nuestros lectores no nos llevan a afirmar que los griegos no fueron gobernados nunca por corporaciones sacerdotales. Varios hechos que llegaron hasta nosotros, aunque aisladamente, a través de la oscuridad de los siglos y la confusión de las fábulas, parecen indicar que, en una época aún anterior a la que llamamos fabulosa, Grecia estuvo sojuzgada por un orden de sacerdotes, indígenas o extranjeros[1]. Hallamos en Homero algunas indicaciones del debilitamiento de este poder. Los sacerdotes de los tiempos que lo preceden están revestidos de una autoridad mayor y ocupan un rango más honorable que los que nos muestra ante las murallas de Troya. Tiresias lleva un cetro de oro igual que los reyes; también a él se le llama rey[2]. La tradición, ciertamente falsa, que atribuye a Teseo una clasificación de los habitantes de Ática, semejante en algunos aspectos a la división en castas, parece el recuerdo confuso de un tiempo remoto en el que esta división existía en Grecia[3]. Encontramos también, en las tradiciones que nos han llegado sobre las costumbres de los primeros pelasgos, dogmas y ritos que caracterizan a los cultos sacerdotales. Heródoto nos habla de un Hermes fálico, no egipcio, sino pelásgico[4]. Varios autores atestiguan que se veían falos en los bajorrelieves de los muros de Micenas, de Tirinto y de otras ciudades griegas como Bubastis, en Egipto[5]. Los pelasgos habían ofrecido sacrificios humanos[6]. Vestigios del culto de los elementos se ven en algunos templos antiguos de Grecia. El fuego sagrado ardía perpetuamente en el Pritaneo de Atenas[7]. En la misma ciudad se alzaba un altar, dedicado en otro tiempo a la tierra[8]. En otros lugares, se adoraba al mar como una divinidad distinta de Neptuno. Cleomenes le sacrificó un toro arrojándolo al mar[9]. Los argivos precipitaban los caballos a un lago de Argólida en honor de las Horas[10]; y Titana, adoradora de los vientos, fue célebre largo tiempo por sus cuádruples holocaustos y por invocaciones mágicas que se remontaban hasta Medea[11]. El culto de los árcades especialmente estaba impregnado de nociones astronómicas[12]. Las formas horrorosas de algunas divinidades de tiempos muy remotos[13] diferían de la elegancia de las que embellecían los templos y que celebraban los poetas de Grecia[14].

Pero, sin dejar de reconocer a estos hechos dispersos toda la autoridad que es razonable otorgarles, se deberá admitir siempre el hecho posterior que hemos demostrado. Esclavos de los sacerdotes en otro tiempo, los griegos se hicieron luego independientes.

¿Cómo se realizó esta revolución? ¿Cómo los sacerdotes, triunfadores en todos los demás países que gobernaron, sucumbieron en Grecia?

Sobre estas preguntas, sólo podemos ofrecer conjeturas.

Los dos guías principales que dirigen, en estos tiempos antiguos, los pasos de los modernos nos niegan su ayuda para esto.

Homero no indica, de ninguna manera, la época en la que los sacerdotes griegos habrían disfrutado de un poder menos limitado del que se les atribuye. Guarda silencio sobre el acontecimiento que los habría privado de sus privilegios, para arrojarlos a una posición precaria y subalterna. Heródoto no explica cómo se desterró el culto del falo de la religión pública y se refugió en los misterios. Las afirmaciones de estos dos autores poseen más bien el carácter de reminiscencias vagas que de relatos positivos. Semejantes reminiscencias pueden recorrer los siglos y las revoluciones sin llegar a afectarnos y parecer inexplicables en medio de un estado de cosas con el que ya no tienen relación alguna.

Pero ¿la historia de las demás naciones no nos proporciona las luces que la de Grecia nos niega? Vimos, en el libro anterior, que el poder militar o político siempre intentó quebrar el yugo de la autoridad sacerdotal.

Lo que se intentó en todos los sitios también se pudo intentar en Grecia. El clima suave y templado de esta comarca disponía a sus habitantes al desarrollo de sus facultades intelectuales: no necesitaban, para conservar o fertilizar su territorio, grandes trabajos hidrostáticos o mecánicos. Límites naturales dividían su país en pequeños Estados, a menudo atacados por sus vecinos. Los límites estrechos que lo cercaban hacían casi imposible un despotismo absoluto por parte de un orden o de una casta, y la necesidad siempre inminente de la defensa debía imponer la autoridad militar sobre otras cuestiones. En fin, la astrolatría era ajena a Grecia. Esta circunstancia fue decisiva. Sin la ausencia de la astrolatría, los griegos no hubiesen hecho afortunada excepción a la regla común. Etruria estaba dividida, como Grecia, en pequeños principados belicosos; la India puede prescindir de trabajos materiales y, sin embargo, hasta el siglo III de Roma, los sacerdotes gobernaron Etruria, y aún dominan en la India.

Pero favorecidos por su posición, los griegos pudieron serlo por la suerte, y lo que no tuvo éxito en Egipto, en Persia, en Etiopía, pudo tenerlo en un país en el que las circunstancias hacían la empresa más fácil y menos insuperables los obstáculos.

No nos aventuraremos a determinar en qué época de la civilización griega pudo tener lugar esta revolución. Los intentos de este tipo, que se hicieron desde diferentes naciones, se colocan en períodos diversos. Pero si la cosa ocurrió en Grecia, es indudable que los griegos no estaban en un estado completamente salvaje; pues sus corporaciones tenían conocimientos en astronomía[15] y la casta de los guerreros se había arrogado la posesión de las tierras, de modo que se distinguen, a la vez, huellas de ciencia y nociones de propiedad[16].

La tradición de Dánao y de sus cincuenta hijas matando a los cincuenta hijos de Egipto ¿no podría ser un recuerdo desfigurado de la masacre de la primera de estas castas por parte de la segunda? ¿No se podría asignar, suponiendo un anacronismo bastante natural en tiempos en los que nada se registraba con fechas exactas, un motivo semejante a los asaltos que Pirro, hijo de Aquiles, libró contra el oráculo de Delfos? ¿No ocurriría lo mismo con las guerras religiosas de las que nos hablan varios historiadores, y cuyo teatro lo sitúan en diversos lugares de Grecia[17], guerras que sirvieron a los poetas para describir las luchas entre los dioses y los Titanes? Algunos eruditos modernos creyeron ver en ellas la lucha de los pelasgos contra colonias orientales o meridionales. Esta opinión será rechazada.

Lo que está fuera de toda duda es que los Titanes profesaban el culto de los elementos y de los astros, de la tierra y del cielo[18] y, por consiguiente, el que constituye necesariamente el poder sacerdotal[19]. Lo que también es seguro es que estos Titanes fueron expulsados de Grecia[20]. ¿No es probable que formasen una corporación semejante a las que vimos en Egipto, en la India, en Persia y en la Galia, y que a esta corporación la vencieran y pusieran en fuga hombres hartos de las cadenas que sus antepasados habían soportado?

Quizá las divisiones de los sacerdotes entre sí contribuyeran a su expulsión. Una tradición bastante verosímil, a pesar de su oscuridad, narra combates librados en Argos entre los sacerdotes de Apolo y de Baco[21]. Estos combates recuerdan las discordias interiores del sacerdocio de Egipto. Pero, muy a menudo, el poder sucumbe por las disensiones que surgen entre los que tienen el poder.

Si se piensa que, allí donde penetraron los Titanes después de su derrota, establecieron misterios, corporaciones de sacerdotes y todas las costumbres que caracterizan a los pueblos sometidos al imperio sacerdotal; si se considera que, en Etruria, por ejemplo, donde está demostrado que los dogmas y las ceremonias de la religión fueron traídos por una colonia de pelasgos[22], existieron colegios de pontífices, revestidos de una autoridad sin límites, mientras que ningún poder semejante se presenta a nuestros ojos entre los griegos descendientes de los pelasgos que permanecieron en Grecia[23], la existencia de una primera religión sacerdotal en esta región y su destrucción antes de los tiempos homéricos adquieren grandes probabilidades.

Esta hipótesis explicaría esa liberación del poder de los sacerdotes, de la que los griegos nos ofrecen un ejemplo único. Demostraremos más tarde que no fue duradera, desde este punto de vista, la libertad que disfrutaron los escandinavos durante algún tiempo.

La misma hipótesis explicaría también la desproporción que separa la lengua de Homero del estado social que nos presenta la *Ilíada*. Uno se extrañaría menos de ver un idioma que puede considerarse como la obra maestra de la civilización, utilizado para describir costumbres aún semibárbaras. Podría remontarse al origen de esas partes raras de mitología, que contrastan con la mitología habitual de los primeros poetas griegos y en las que no se puede negar una sorprendente analogía con los dogmas y las fábulas de todos los países en los que reinó el sacerdocio. Estas partes dispersas parecerían, pues, fragmentos de un conjunto destruido, fragmentos sin unión entre sí, conservados por hombres que habrían sobrevivido a este conjunto. Serían fáciles de explicar singularidades que nos sorprenden en algunos institutos sacerdotales de Grecia, y precisamente en los más antiguos, los más ajenos a la religión popular.

No negamos, en absoluto, la suposición de que, en una época rodeada de una densa noche, haya existido en Grecia una religión sacerdotal y corporaciones poderosas, creadas por esta religión y dedicadas a su conservación. Pero una revolución violenta destruyó esta religión y a sus pontífices, con toda la civilización creada por ellos. Pues todas las informaciones históricas que se remontan a los primeros tiempos de Grecia nos muestran a sus habitantes reducidos al estado salvaje[24]. Nada más sencillo y más inevitable. Con los sacerdotes debía desaparecer, por el momento, cuanto había de ciencias, de artes y de luces. Su caída llevó de nuevo a Grecia más allá de la barbarie. Al ser la tendencia del poder sacerdotal la de mantener al pueblo en la ignorancia, la aniquilación del sacerdocio en un país en el que reinó sin rivales debe ocasionar la pérdida de toda la civilización anterior. Esto es lo que se observa en todos los pueblos sometidos a los sacerdotes, en los hebreos, en Egipto, en Fenicia. Las ciencias siguen la suerte del orden sacerdotal[25]. Se trata de saber ahora cómo, cuando se destruye este orden, la especie humana se pone de nuevo en camino. Si cae de nuevo bajo el yugo, como en Oriente, retoma, con su esclavitud, la porción limitada de conocimientos que sus dueños toleran[26]. Si permanece libre, como en Grecia, nada puede parar sus avances, aunque escasos al principio. Libres, pero no ignorantes, los griegos recayeron en el fetichismo, pues profesaban el fetichismo sacerdotal que, como se verá después, se compone siempre de dos partes, de una doctrina secreta y del fetichismo. Aniquiladas las corporaciones de sacerdotes, se olvidó la doctrina secreta y sólo quedó el fetichismo.

Por lo demás, no deploremos ese momento retrógrado. Bajo la dominación de los sacerdotes, las ciencias, encerradas en un estrecho y misterioso recinto, no podían ser en Grecia, como en todas partes, más que propiedad de un pequeño número, que hacía de ellas la base y el instrumento de su despotismo. En todas las cosas, la pobreza es mejor que el monopolio.

CAPÍTULO 3

De la religión y del sacerdocio de los primeros tiempos de Grecia
según el testimonio de los historiadores griegos

Arrojados al estado salvaje, los griegos debieron de avanzar poco a poco y profesar su culto[1]. Debieron de suponer, como los salvajes de todas las épocas, que las diversas partes de la naturaleza estaban animadas por el espíritu divino, y adoraron a este espíritu divino en los animales, las piedras, los árboles, las montañas.

Éstas son, en efecto, las divinidades que todos los escritores griegos nos indican como los más antiguos objetos de la veneración religiosa de sus compatriotas.

En los tiempos remotos, dice Pausanias, los griegos rendían a piedras sin la menor forma los honores que luego rindieron a los símbolos de los inmortales[2]. Los tespios adoraban a una rama[3]; los habitantes de la isla de Eubea y los carios, a trozos de madera[4]; los moradores de la montaña del Citerón, a un tronco de árbol; en Samos, una simple tabla servía de altar, y las más antiguas imágenes de Palas y de Ceres de Atenas eran estacas, parecidas a los ídolos de los tongueses[5]. La Venus de Pafos era una piedra. En los tres estadios de Gitio, se veía una roca informe. Se contaba que Orestes, habiéndose sentado en ella, había recobrado la razón, y, en memoria de este acontecimiento, esta roca misteriosa llevaba el sobrenombre de Júpiter[6]. Es probable que fuese primitivamente un objeto de adoración y que, habiéndose conservado los homenajes que se le tributaban, después de la modificación de la religión, se inventó una fábula para motivarlos. A menudo, las fábulas que se presentan como el origen de las ceremonias no son más que sus consecuencias. Los orcómenos profesaban un profundo respeto por piedras caídas del cielo y recogidas, decían ellos, por Etéocles[7]. Pero existen en Pausanias dos pasajes más sorprendentes aún.

«En Fares, ciudad de Acaya», dice[8], «cerca de la estatua de Mercurio Agoreo, los habitantes adoraban a unas treinta piedras cuadradas, con el nombre de alguna divinidad, lo que es conforme con la antigua religión de los griegos. La estatua de Cupido, en Tespis, cuenta en otro lugar, es, como en los primeros tiempos, una piedra informe que no se modificó nunca»[9].

Encontramos en Fliunte, en el Peloponeso, el culto de los animales. En medio de la plaza pública se levantaba el simulacro divino de una cabra[10]. En Tebas, las comadrejas habían obtenido los honores celestes[11] y, según una antigua tradición, la ciudadela de Atenas tenía una serpiente como dios protector. Esta tradición existía también cuando tuvo lugar la guerra de los persas, pues la supuesta desaparición de la serpiente fue uno de los medios de Temístocles para convencer a los atenienses para que abandonasen la ciudad y se embarcaran[12].

Nos sería fácil indicar, en las prácticas de los griegos, incluso en épocas posteriores, las huellas de las nociones de los salvajes fetichistas. Rociaban con sangre los pies de las estatuas; y, lo que es más sorprendente, los devotos de Atenas vertían aceite santo sobre algunas piedras consagradas[13]. Igualmente, los ostiakos, los tongueses y otras tribus cubren con sangre sus fetiches[14].

Igual que los salvajes, los griegos de los primeros tiempos maltrataban a sus divinidades. Teócrito se lo recuerda al dios Pan en uno de sus *Idilios*[15], y el autor de la *Teogonía*[16] indica como un castigo de los dioses perjuros la destrucción de sus templos, de sus altares y de sus estatuas.

Existe, sin duda, una diferencia entre los fetiches de los griegos y los de los salvajes modernos dados a conocer por los viajeros. Los primeros son ya fetiches nacionales. Es que las informaciones que poseemos sobre este fetichismo datan de una época en la que los griegos comenzaban a formar sociedades. Los fetiches de la asociación habían debido de remplazar a los de los individuos; pero éstos no habían desaparecido totalmente. Los griegos llevaban consigo pequeños dioses pigmeos a los que invocaban siempre[17].

Algunos escritores consideraron estos simulacros diminutivos como simples imágenes, destinadas a recordar a divinidades invisibles; pero es prematura cualquier distinción entre las divinidades y los simulacros, cuando se trata de pueblos aún ignorantes. En ellos, los simulacros son dioses, pues lloran, se mueven, hablan, predicen. La superstición es tan propicia para confundir ambas cosas que la confusión subsiste a pesar de las luces contemporáneas y del espíritu de los siglos. En Madrid, en Lisboa[18], en Nápoles, las vírgenes bajan los ojos, se cubren con un velo, suspiran; san Javier llora. El fetichismo está, por así decirlo, siempre al acecho, para penetrar en la religión. Hoy no lo consigue porque, sin dejar de aprovechar la inclinación popular para acrecentar su autoridad, el sacerdocio, vigilado como está por la clase instruida, rechaza o desaprueba cuanto de absurdo tiene el fetichismo. Pero en los griegos, convertidos de nuevo en salvajes y sin sacerdocio regular ni clase instruida, debió de triunfar el fetichismo.

Las raíces que echó fueron profundas: acabamos de hablar de la serpiente de Temístocles; pero, en otra época, un contagio produjo el mismo efecto que la invasión de los bárbaros. Contagiados de la peste, los atenienses se acordaron de que sus ancestros habían matado al inventor de la viña, Ícaro, por haberlos sumergido en una embriaguez que ellos creyeron mortal; y levantaron altares a un perro fiel, que no pudo sobrevivir a su dueño[19].

Este fetichismo griego tuvo como sacerdocio a juglares, poco diferentes de los juglares modernos[20]. En vano, los sacerdotes de los tiempos posteriores intentan presentárnoslos con un aspecto majestuoso y favorable. Presentan, con modos groseros, motivos misteriosos. Pero los sacerdotes de los salvajes de hoy nos proporcionan ideas aproximativas sobre los salvajes de otro tiempo, y los trágicos griegos coinciden todos en confirmarnos en la convicción de que los dos sacerdocios eran idénticos[21].

Si nos atuviésemos a las palabras de Homero, colocaríamos a los sacerdotes de Dodona incluso por encima de la categoría de los juglares. Nos los muestra durmiendo en el suelo, cubiertos de fango, desafiando los rigores del frío, con los pies desnudos, improvisando sus oráculos[22]. Los barreños de cobre[23] colgados de los viejos robles, y cuyo sonido profético anunciaba el futuro, son, poco más o menos, los tambores de los lapones; a pesar del equívoco recogido por Homero, las palomas inspiradas se asemejan a fetiches[24], y el odre en el que Éolo entrega a Ulises los vientos contrarios tiene una analogía fácilmente reconocible con los odres llenos de viento que los hechiceros del norte venden a los navegantes. No obstante, puede ocurrir que estos sacerdotes de Dodona fueran un resto de una corporación sacerdotal exterminada[25].

Más de un autor afirma que se despojaban de su virilidad, y veremos que esta mutilación era habitual en la mayoría de las religiones dominadas por los sacerdotes. Estaban sujetos a abstinencias rigurosas y a reglas severas; nueva conformidad con las costumbres de los pueblos sacerdotales, y nueva diferencia entre los selos[26] y el sacerdocio posterior de los griegos. Pues éste, al no formar un cuerpo, no estaba sometido, en los tiempos homéricos, a ninguna regla fija. Heródoto[27] nos dice que trataban con profundo desprecio el antropomorfismo popular y consideraban las genealogías de los dioses fábulas inventadas de ayer. Es que, en medio de su ignorancia presente, el pasado les legaba tradiciones en contradicción con los dogmas nuevos de Grecia. Pues no pensamos que, para explicar esta oposición de doctrinas (si esta expresión puede emplearse cuando se trata, por una parte, de nociones burdas, y, por otra, de recuerdos desfigurados), sea necesario buscar el origen de los sacerdotes de Dodona en las colonias egipcias[28]. Habrían actuado de igual manera si sólo hubiesen sido los descendientes de sacerdotes indígenas.

Miembros dispersos de una casta desaparecida, debían de afiliarse gustosamente a cualquier institución que les recordase su antiguo poder. Allí donde el sacerdocio encuentra privilegios, dogmas o costumbres sacerdotales, se reconoce en sus obras. Existe una confraternidad natural entre todos los sacerdocios. Las rivalidades la suspenden, pero no la rompen. Contemplad en la *Ilíada* al adivino griego cómo abraza la causa de un sacerdote extranjero. El sacerdocio sólo tiene una patria, el orden sacerdotal.

Sea lo que fuere, por lo demás, de estas diferentes hipótesis: o que los sacerdotes de Dodona fueran simples juglares, fruto del fetichismo; o que fuesen un resto desfigurado de alguna corporación sacerdotal desaparecida; o que, finalmente, su origen fuese extraño a Grecia, lo cierto es que permanecieron, durante toda la época de los tiempos heroicos, en un estado de degradación y de oscuridad que hizo totalmente nula su influencia.

No fue a ellos a quienes Grecia debió su retorno a la civilización; e incluso cuando entró en este camino, persistieron, en cuanto de ellos dependió, en no seguirlo. Su retorno a costumbres más moderadas fue obra de las colonias fenicias o egipcias que desembarcaron en sus costas, unos tres siglos antes de la guerra de Troya. Pero aquí encontramos nuevos problemas que se deben aclarar y nuevos errores que se deben refutar.

CAPÍTULO 4

De la influencia de las colonias sobre el estado social y la religión de Grecia

Mucho se ha exagerado la influencia que las colonias extranjeras y, sobre todo, las egipcias, ejercieron sobre Grecia[1]. Se pensó, y aún hoy se piensa, que los griegos, habiendo recibido estas colonias, con los primeros conocimientos necesarios para el estado social, sus dogmas, sus ritos y su creencia, los progresos de su religión no fueron el resultado de la evolución natural del espíritu humano, sino de un acontecimiento fortuito, que debió de imprimir a esta religión una dirección particular.

Este error se remonta hasta los propios griegos. Sus historiadores y sus filósofos, devorados por una sed insaciable de instrucción, creían que debían sacar todas sus luces de estas regiones del Oriente y del Mediodía, consideradas el santuario de las ciencias y de la sabiduría. Encontraban en estas célebres regiones todo lo que podía atraer la atención de las imaginaciones preparadas para el entusiasmo y de los espíritus crédulos por un exceso de curiosidad. Sacerdotes que se rodeaban de tinieblas escuchaban sus preguntas con una piedad cargada de desdén, para responderlas con orgullosa reserva. Símbolos, imágenes, fiestas, ceremonias enigmáticas, cuanto de más llamativo tiene la fastuosidad, lo que el misterio posee de más augusto, deslumbraban las miradas y calaban en las almas. Las revelaciones se calculaban con habilidad, según la disposición de los oyentes. Comunicaciones variadas y parciales añadían, a lo que se enseñaba, el valor desconocido y, por tanto, indefinido de lo que envolvía el silencio. El mismo espectáculo de un despotismo uniforme y tranquilo tenía para los sabios, cansados de las agitaciones de la anarquía, algo seductor. Los santuarios de Menfis y de Tebas les parecían más apropiados para la meditación que la plaza pública de Atenas; y cuando volvían junto a sus conciudadanos, agitados por pasiones hostiles e intereses particulares, la paz profunda, la estabilidad a toda prueba que ellos intercambiaban contra las convulsiones de la democracia les parecían lamentables.

Añadid a estos motivos, de una parcialidad natural y sincera, la inclinación del hombre a ensalzar todo el trabajo y el tiempo empleados en descubrir y en contar. Al alabar la sabiduría de Egipto, Heródoto y Platón alababan su propio saber, sus aplicadas investigaciones y su celo infatigable.

Aún hoy consideramos a los griegos, de modo general, como discípulos de los navegantes egipcios y apenas tenemos en cuenta hechos que luchan contra esta opinión, adoptada con la única garantía de la palabra dada. Se debe, pues, ante todo, examinar de qué clase eran las colonias que llegaron de Egipto a las costas de Grecia, cuáles eran sus jefes, qué doctrinas pudieron aportar, qué interés tuvieron que ofrecer para que prevalecieran estas doctrinas, y cuál el poder lógico que ellas podrían obtener sobre los indígenas.

Los egipcios, como dijimos, estaban divididos en castas. Su sacerdocio era un monopolio; su religión tenía un doble carácter: abstracta, por una parte; tosca, por otra, emblemática o material según el punto de vista con que se la considerase. El pueblo sólo conocía de esta religión el exterior; y este exterior, que consistía en la idolatría de animales que la multitud tomaba realmente como dioses, apenas elevaba la creencia pública por encima del fetichismo[2]. De este país así dividido en clases diversas, cuidadosamente separadas unas de otras, salieron las colonias. Si estas colonias se hubiesen compuesto de sacerdotes y estos sacerdotes hubiesen vencido, habríamos visto en Grecia lo que vimos en las demás regiones: un pueblo esclavo y un sacerdocio todopoderoso, un pueblo fetichista y un sacerdocio metafísico y astrónomo.

Pero a los egipcios les horrorizaba enormemente el mar: era para ellos el principio malo[3]. Ningún miembro de las castas superiores se lanzaba a la navegación. Se prohibía formalmente a los sacerdotes cualquier viaje marítimo[4].

Quizá esta circunstancia deba llevarnos a establecer una distinción entre las colonias salidas de Egipto. Diodoro, al hablar de las que Belus conducía a Babilonia, dice que este príncipe instituyó allí sacerdotes según el modelo egipcio y los eximió de todos los impuestos y de todas las cargas públicas. Pero no dice nada semejante sobre las colonias que desembarcaron en Grecia[5].

Los emigrantes que componían estas últimas no eran probablemente más que hombres del pueblo, obligados por la necesidad a superar la repugnancia nacional y guiados, a lo más, por algunos jefes de origen distinguido, pero menos preocupados por la ciencia y la religión que por las vicisitudes de su empresa[6]. Semejantes colonias sólo podían conocer la exterioridad de una religión cuyo sentido arcano se ocultaba escrupulosamente al vulgo[7]. Por otra parte, se observó frecuentemente que, en todas las naciones, la devoción de los hombres de guerra, de los marineros, de todos los que, arrostrando grandes peligros y soportando agitaciones violentas, encuentran en su vida azarosa poco tiempo para la reflexión, degenera de ordinario en una superstición totalmente exterior.

No existía, pues, entre las colonias y los primeros griegos el intervalo que se ha supuesto. La distancia era sólo de algunos grados, y esta circunstancia fue muy favorable para la civilización de Grecia.

Para que una colonia civilice a los salvajes, no debe tener, respecto a ellos, una desproporción demasiado acentuada de fuerza o de luces.

Cuando las colonias tienen una excesiva superioridad de fuerza no civilizan a los indígenas; los esclavizan o los destruyen. Cuando esta superioridad es de luces, los indígenas salvajes no pueden elevarse desde sus nociones groseras a opiniones mucho más depuradas. Faltan los puntos intermedios. Las hordas americanas permanecieron salvajes y fetichistas, por no haber podido vivir en la barbarie y el politeísmo, antes de alcanzar el teísmo y la civilización. Los europeos no civilizaron nunca a los salvajes que descubrieron, porque siempre les propusieron costumbres, ideas y una religión totalmente fuera de su alcance. El intervalo era demasiado grande.

No ocurría lo mismo en la Antigüedad. Al ser mucho menor la diferencia entre las colonias y los indígenas, la comunicación debió de ser más fácil, la instrucción más eficaz. Pero, por eso mismo, debió de resultar más una amalgama que una revolución.

Las colonias egipcias no tenían como meta ni convertir ni civilizar a los pueblos que descubrían. Su objetivo único era el de encontrar un suelo para alimentarse, una comarca que se convirtiera en su nueva patria. Era, pues, de su interés no crear discordias irreconciliables entre sus nociones religiosas y las de los antiguos propietarios del país. Su interés estaba también en su inclinación. El politeísmo cree que se reconoce siempre en todas las religiones. Ve aliados donde el teísmo ve adversarios.

El sacerdocio intenta, sin duda, despojar al politeísmo de este carácter. Los pueblos entregados al politeísmo sacerdotal, cuando penetraban en las regiones de sus vecinos o de sus enemigos, destruían los templos, rompían las estatuas, asesinaban a los suplicantes. Sucedía así porque llegaban como conquistadores, como vencedores.

En cambio, los colonos que desembarcaban en Grecia llegaban como fugitivos y casi como suplicantes. Intentaban, pues, mezclar sus opiniones con las de los indígenas. La diferencia de lenguas ofrecía una gran facilidad para suponer la semejanza de las opiniones. La necesidad de entenderse permitía traducir a un lenguaje muy imperfecto ideas que no eran las mismas, y la traducción se convertía en una especie de convenio por el que se formaba una idea mixta, sin darse cuenta de ello, a expensas de las dos ideas primitivas. Precisamente, por una razón análoga, a los misioneros, en China, obligados a expresar en lengua china la doctrina cristiana, se les acusó de apostasía por parte de los fieles que permanecían en Europa.

Añadamos que un carácter distintivo del politeísmo, en todas las épocas, es que, en esta creencia, el hombre no permanece vinculado a sus dioses de una manera exclusiva si no lo protegen eficazmente. Los albanos, trasladados a Roma, dice Tito Livio, y enojados contra la fortuna, abandonaron el culto de sus antiguos dioses[8]. Veremos enseguida cómo las naciones politeístas procuraron hacer suyas las divinidades de sus propios enemigos cuando creían reconocer en ellas auxiliares más poderosos o más fieles.

Pero las colonias que llegaban a Grecia habían sufrido necesariamente desgracias durante su travesía.

Huyendo de su país natal, sacudidas por los vientos, amenazadas por el oleaje, expuestas al hambre y a todas las penurias físicas, sólo después de grandes esfuerzos alcanzaban la tierra que les prometía un destino más halagüeño. Era natural que en sus mentes anidase una especie de cólera contra los dioses que los habían protegido tan mal, y que su alma se abriese al deseo de encontrar dioses más propicios. Si hubiesen desembarcado en poblaciones cuyo culto ya hubiese estado constituido, lo habrían aceptado sin vacilar. Pero, desde la caída de su sacerdocio, los pelasgos sólo profesaban un fetichismo salvaje, cuyos ídolos anónimos ni siquiera poseían la disciplina y organización de los fetiches egipcios. Las colonias tomaron de la creencia indígena cuanto pudieron. Dieron, como nos mostrará Heródoto seguidamente, nombres a los dioses que no habían tenido hasta entonces[9]. Llenaron con sus recuerdos las lagunas que se presentaron. Mezclaron con las opiniones de sus nuevos conciudadanos, opiniones que ellos coordinaron, algunas de sus propias tradiciones. Los pelasgos, por su parte, debieron de prestarse fácilmente a esta mezcla. Los pueblos ignorantes piensan sobre sus dioses como sobre sí mismos. Creen que los extranjeros conocen y pueden muchas cosas que ellos mismos no conocen ni pueden. Creen igualmente que los dioses extranjeros que tienen el mérito de ser desconocidos, y la ventaja de no haber sucumbido en una prueba, conocen y pueden más cosas que las divinidades indígenas.

Si se alegara, contra esta tolerancia recíproca, el tipo de intolerancia propia del politeísmo egipcio —nos referimos a las guerras que surgían a veces por animales sagrados—, responderíamos que estas guerras se suscitaban en el país por las rivalidades de los sacerdotes entre sí y tenían como causa, no disputas de opinión, sino insultos dirigidos a los objetos del culto. La ausencia de sacerdotes y el cambio de los lugares debieron de devolver al politeísmo de las colonias el espíritu natural del politeísmo. Este espíritu no es la tolerancia, en el sentido que los modernos dan a esta palabra, es decir, el respeto de los gobiernos por todas las opiniones religiosas de los individuos, sino una especie de tolerancia nacional, de pueblo a pueblo, de tribu a tribu. Encontraremos este espíritu en el permiso otorgado a los pelasgos para consultar su oráculo sobre las innovaciones que se les proponía.

Lo que acabamos de decir de las colonias egipcias se aplica, con algunas modificaciones, a las de Tracia[10]. Entre todas las regiones que los historiadores de la Antigüedad nos dan a conocer, Tracia se distingue por su culto bárbaro, sus ritos fanáticos, su entusiasmo salvaje. Su sacerdocio estaba revestido, no sólo de la autoridad regular y consagrada que poseía el de Egipto[11], sino también de un poder más temible aún, porque tenía su origen en una especie de delirio religioso, inspirado y alimentado por ceremonias en parte obscenas, en parte crueles. Parece cierto que Tracia envió a Grecia colonias y que estas colonias tuvieron como guías a sacerdotes, que intentaron el triunfo de sus costumbres sanguinarias, de sus violentas orgías; sus esfuerzos tuvieron éxitos parciales, que mancillaron, de cuando en cuando, la religión griega; pero ésta procuró rechazar siempre estas importaciones funestas, y, en general, lo logró. Es probable que estos sacerdotes tracios quisieran iniciar a los griegos en la doctrina órfica[12], de la que hablaremos en otro lugar, y que combinaba, mediante una unión poco sorprendente, cuando se conoce su causa, la más sutil metafísica con el culto exterior más indignante. Pero ni esta metafísica que se introdujo en los sistemas de filosofía, ni este culto exterior que se transformó en los misterios en culto secreto, prevalecieron en la religión pública[13]. Las colonias tracias fueron siempre odiosas para los jefes de las tribus griegas; las combatieron abiertamente con la fuerza; y las mismas transacciones que propusieron o que admitieron tuvieron como objetivo y resultado preservar la opinión de los pueblos del contagio de un fanatismo extranjero[14].

Sin embargo, se supuso que las colonias, cualquiera que fuese su origen, habían llegado a Grecia animadas a la vez de un celo ardiente y de un fervor belicoso; que habían mantenido contra los primeros griegos una guerra de religión; y que, victoriosas, habían cambiado, como consecuencia de estas victorias, las creencias de la religión subyugada.

Esta suposición queda rebatida por un solo hecho: que nadie puede discutirla. La religión establecida por la supuesta victoria de los extranjeros sobre los pelasgos no es, en ningún aspecto, la misma que la del país de donde procedían estos extranjeros. Pero difícilmente se concebiría cómo estos extranjeros, demasiado unidos a su religión para hacer una guerra a muerte contra los pelasgos que se negaban a admitirla, la habrían abandonado por sí mismos para abrazar otra totalmente nueva. Tampoco se concebiría el origen de esta religión nueva, que no era ni la de la patria originaria de estos extranjeros ni la del pueblo al que llegaban. Se debería suponer que ellos se habrían creado, de repente y espontáneamente, una religión distinta de las dos religiones antiguas. Esta suposición está en contradicción con cuanto nos enseña la reflexión sobre el caminar de la especie humana, y con cuanto confirma la historia.

Cuando un pueblo conquistador logra que se adopte su creencia por el pueblo vencido, la creencia que impone es precisamente la misma que él profesaba en su país, al menos durante los primeros momentos de su adopción. Sólo más tarde se modifica por el cambio de los dioses.

Pero ¿cómo explicar que unas colonias, saliendo de Tracia[15] o de Egipto, lleguen a Grecia, hagan la guerra a los habitantes de esta región para establecer allí su culto; que, después de varios combates encarnizados, triunfen y que de ello nazca un culto totalmente diferente del de Egipto o del de Tracia?

Nada es menos propio del espíritu de los pueblos salvajes que la intolerancia capaz de provocar o alimentar guerras de religión. Los partidarios de esta hipótesis hubieran debido intuirlo, ya que comparan a los sacerdotes de lo que llaman el antiguo culto con los juglares americanos de nuestros días[16]. No existe en el carácter de estos juglares ningún rasgo de intolerancia. Ellos y sus discípulos escuchan con curiosidad y sin ninguna indignación lo que los europeos les dicen sobre la religión cristiana.

Ignoro de qué crónicas secretas, de qué memorias contemporáneas, sacaron estos eruditos sus informaciones sobre tiempos que no conocemos más que por obras de algunos autores que estaban separados de estos tiempos por más de veinte siglos[17]. Nos hablan de los cíclopes, de los coribantes y de los curetes como si hubiesen convivido con ellos. Conocen todas las particularidades de la vida de Prometeo, que, dicen, era un hombre muy ilustrado, digno de vivir en un siglo menos bárbaro y que, queriendo confiar en los dos partidos, y pasando, con este fin, a menudo de uno al otro, fue víctima de su celo y se vio desgarrado por las calumnias que aún hoy llenan injustamente su memoria[18]. En una palabra, escriben la historia de esas épocas remotas como se narrarían las intrigas de la corte de Luis XIV o de Luis XV.

Heródoto, que nos transmite con gran claridad cuanto había recogido sobre el establecimiento de la religión griega y la influencia que las colonias ejercieron sobre su formación, no hace la más ligera mención a guerras religiosas surgidas en esta ocasión. «En otro tiempo», dice, «los pelasgos ofrecían sacrificios, acompañados de plegarias, como se me contó en Dodona. Pero no distinguían con ningún nombre particular a los seres que adoraban[19], pues no habían recibido ninguna información sobre esto. Los llamaban simplemente dioses, para designar a los ordenadores de todas las cosas. Tiempo después, algunos egipcios les enseñaron los nombres que había que darles. Consultaron al oráculo para saber si debían atenerse a estas instrucciones llegadas de los bárbaros. Obtuvieron el permiso para ello. Desde entonces, los utilizaron en sus ceremonias religiosas. [...] Pero ignoraron, casi hasta nuestros días, de dónde provenía cada uno de estos dioses y si habían existido todos como ahora. [...] Homero y Hesíodo compusieron para los griegos las generaciones divinas [...], asignaron a los dioses sus funciones y sus dignidades y dibujaron sus formas»[20]. Tampoco Tucídides, mucho más erudito y más filósofo que Heródoto, atribuye a guerras religiosas la revolución que se operó en el culto griego[21].

Por tanto, fue muy limitada la influencia de las colonias sobre la formación del politeísmo griego[22]. El fetichismo pelásgico proporcionó la mayor parte de los materiales. Las colonias añadieron varias fábulas y, sobre todo, muchos ritos[23]. Pero remplazaron por la fuerza[24] un culto por otro. No llevaron a sus nuevas instituciones la creencia de su antigua patria. Ellas mismas sólo tenían sobre esta creencia ideas muy vagas e imperfectas. No dieron una religión a los griegos; sólo los situaron en un estado de civilización que modificaría la forma de sus ideas religiosas.

En cuanto al pequeño número de institutos sacerdotales, traídos de Tracia, de Egipto, estos institutos sólo se afianzaron en aquellas ciudades cuya posición local los favorecía, aunque sólo ocuparon un rango secundario. Así, por ejemplo, la naturaleza había reunido en torno a Delfos todo lo que crea la superstición y el entusiasmo. Inmensos abismos exhalaban vapores mefíticos que llevaban al delirio a quienes los respiraban. Borbollaban por doquier manantiales innumerables. Grutas sin luz provocaban el olvido del mundo y parecían prometer el trato con los poderes invisibles. La sombra de antiguas selvas llenaba los espíritus de un terror religioso. Hay, además, alguna semejanza: atraída por estas circunstancias favorables, una colonia de sacerdotes llegados de Tracia y de Macedonia se asentó, muy temprano, en este lugar maravilloso y debió de trabajar por introducir y mantener allí las nociones y las ceremonias sacerdotales. En Delfos se hallan, pues, muchas costumbres, tradiciones, dogmas y ritos importados del exterior[25]. Pero las relaciones del sacerdocio de Delfos con el culto nacional no eran ni regulares ni habituales. No existían en tiempos de Homero, pues el nombre de Delfos no se encuentra ni una vez en las epopeyas homéricas[26]. Así, Grecia, después de haber reconquistado su independencia de un sacerdocio del que sólo conocemos imperfectamente su organización, mantuvo esta independencia contra las colonias que la colonizaron; la mantuvo igualmente contra los reiterados intentos de los sacerdotes de Tracia, de Egipto y de Fenicia por introducir sus instituciones y crear su imperio de grado o por fuerza. Y no fue sin una larga lucha y algunas veces violenta. Y también hubo que admitir algunas partes de mitología sacerdotal y, sobre todo, más de un rito extranjero. Hasta las instituciones que un pueblo rechaza influyen en sus instituciones: los combatientes cambian por el combate, los vencedores por la victoria. Pero Grecia subyugó cuanto admitió. Vamos a demostrar esta verdad, la más importante de las verdades históricas, pues esta victoria de los griegos decidió la suerte de la especie humana.

CAPÍTULO 5

De los cambios que el espíritu independiente de Grecia
realizó siempre sobre lo que le llegó del extranjero

Si el genio griego era poco favorable a la introducción de las doctrinas y de las opiniones sacerdotales, la posición geográfica de los griegos parecía invitar a sus vecinos bárbaros a intentar frecuentemente esta introducción.

Grecia estaba rodeada por todas partes de islas a las que accedían navegantes extranjeros buscando refugio o patria, y a las que traían los ritos de su religión.

Hasta donde se puede conjeturar, un sacerdote al que los historiadores llaman Olén y al que sitúan aún más allá de los tiempos fabulosos de Orfeo, o, lo que nos parece más verosímil, una colonia en la que Olén fue o el jefe o la designación colectiva, vino a Delos a través del Asia Menor[1], cantando en sus himnos la historia de Diana y Apolo y el parto de Latona[2], es decir, profesando una religión astronómica. Vemos, por tanto, en las prácticas religiosas de Delos, muchas ceremonias diferentes de los ritos de Grecia. Encontramos en ellas, más que en otros muchos lugares, vírgenes sagradas[3], y los fragmentos de los himnos cantados por los insulares se asemejan a las invocaciones de los libros Zend y de los Vedas.

Lemnos y Samotracia, llamada antes Leucosia[4], constituyeron otra ruta por la que las religiones sacerdotales se acercaron a Grecia. Situadas entre este país y Asia, cuyas costas aún no estaban pobladas por ninguna colonia griega, estas islas recibieron los primeros emigrantes de Frigia, de Lidia y de Licia. Eran propicias, por sus circunstancias físicas, para el poder sacerdotal; llevaban la huella del estremecimiento de la naturaleza. La destrucción de las islas vecinas de Lemnos era una profecía cantada[5], y el señor de Choiseul-Gouffier[6] vio huellas de la desaparición de Crisa, sepultada desde hace tiempo, después de haber sido célebre por los infortunios de Filoctetes[7]. Los más antiguos pueblos navegantes, los fenicios, abordaron en Samotracia. Trajeron sus Cabiros, divinidades disformes, que veremos aparecer en los misterios y cuyo nombre se remonta a la mitología india[8]. Al parecer, permanecieron largo tiempo en esta isla. Incluso es probable que, durante largo tiempo, la lengua fenicia fuese la única empleada[9]. Otras colonias, compuestas de frigios, enseñaron en la isla el arte de trabajar los metales[10], y Diodoro habla de la admiración que sus dáctilos causaron en los habitantes por su encantamiento y sus conocimientos superiores[11]. Estos dáctilos adoraban a los elementos; rendían homenaje al cielo y a la tierra. Como los sacerdotes incorporan a la religión cuanto conocen, este sacerdocio combinó su ciencia metálica con la astronomía. Las danzas que él celebraba totalmente armado describían a la vez el imperio del hombre sobre el hierro domeñado por él y el movimiento de las esferas celestes[12].

Cada expedición guerrera de los griegos establecía relaciones entre sí y los pueblos sometidos a los sacerdotes. Desde los tiempos del asedio de Troya, encontraron frigios, a los que Homero atribuye las costumbres griegas, pero que eran claramente una nación sacerdotal. El culto de Cibeles y sus mutilaciones eran de origen frigio[13]. Los troyanos habían comprado su Paladión de Abaris el escita, es decir, tenían la misma religión que los escitas, o una religión casi igual[14]. Arrojaban caballos vivos a los ríos[15], tipo de sacrificio que denota el culto que rendían a los elementos[16].

El comercio había unido, desde los tiempos más remotos, a Grecia con el Oriente. En una época aún fabulosa, pues precede a la era de Semíramis, vemos elevarse, en los lugares en que el Caístro desemboca en el mar Egeo, la opulenta y célebre Éfeso, almacén de las riquezas de Asia, por una parte, y, por otra, uno de los principales refugios de la colonia jónica. Lo que la Antigüedad nos cuenta sobre la construcción de su templo es una mezcla de tradiciones cuyos detalles difieren, pero cuyo sentido es el mismo.

Caístro, hijo de la amazona Pentesilea, es padre de Semíramis, por sus amores con Derceto; es también padre de Éfeso, que construyó el templo de Éfeso[17]. Otros atribuyen a las Amazonas la construcción de este edificio: pero estas amazonas, enemigas de los hombres, orgullosas de su virginidad, adoradoras de Ártemis, divinidad sanguinaria, significan, sin duda, una noción o una institución sacerdotal[18]. Por eso, los sacerdotes de Éfeso se sometían a las mutilaciones que encontramos en Siria[19], y la llama que ardía perpetuamente sobre sus altares era una reminiscencia del culto del fuego. Los griegos comerciaron, desde muy pronto, con Cólquida. Pero los habitantes de Colcos descendían de una colonia de Egipto. Se ve fácilmente la analogía de las fábulas de los dos países. Un río de Cólquida llevaba el nombre de Isis[20]. Los comerciantes griegos debieron de sacar de ahí fábulas que luego transformaron.

Finalmente, la misma religión, sin dejar de distinguir a los griegos de los bárbaros, establecía, entre estas dos razas de hombres, vínculos que afianzaban su mutua superstición. Los griegos consultaron, desde muy temprano, los oráculos más alejados. Enviados de la región de Élide atravesaron los desiertos de Libia[21] para interrogar al de Ammonio.

De esto se deduce que, a partir de los primeros momentos de la civilización griega, existieron rutas trazadas, por las que las opiniones sacerdotales asediaron, por así decirlo, al politeísmo de Grecia e intentaron penetrar en él. Desde cierto punto de vista y sólo hasta cierto punto, lo lograron. Los griegos próximos a los tiempos homéricos, debían de estar prestos para recibir con diligencia relatos maravillosos y ritos solemnes, que ellos no conocían suficientemente para presentir cuál incompatibles eran con sus ideas y con su carácter nacional. Su ignorancia, cualidad común a todos los pueblos jóvenes; su imaginación poética, a la que le encantaban cuantas explicaciones, sobre los fenómenos naturales, se le ofrecían por encima de la naturaleza y cuanto remplazaba al mecanismo del universo, triste descubrimiento que aún no habían realizado, una organización viva y espontánea; su respeto por lo que les llegaba de las comarcas lejanas, respeto que contrastaba especialmente con su desprecio por los bárbaros; finalmente, la lucha alimentada siempre, como veremos, por su sentimiento íntimo contra la forma de su creencia, todas estas cosas preparaban un acceso fácil a las doctrinas llegadas de fuera. Una tradición que muchos hombres repiten se convierte, a su vez, dice Hesíodo, en una divinidad; término bien expresivo de esa curiosidad ávida y crédula que es, en las sociedades nuevas, la necesidad de conocer todo, y cuya inexperiencia impaciente acoge sin examen cuanto se le cuenta y confunde cuanto ha acogido.

De ahí esos innumerables préstamos que los griegos tomaron de las naciones extranjeras desde los tiempos más remotos. No existe casi ninguna divinidad griega, en las acciones o en los atributos, en la que no se encuentre una muestra de una mezcla de ficciones o de doctrinas sacerdotales; pero el espíritu griego triunfó siempre sobre ellas, refundió las fábulas, nacionalizó las importaciones, modificó las doctrinas y las despojó de lo que constituía, en las manos del sacerdocio, su carácter esencial.

Apoyemos estas afirmaciones con algunos ejemplos, sin colocarlos todavía en un orden metódico o regular, pues, si nos parece útil no dejar sin pruebas esta verdad fundamental, no ocultamos que nos anticipamos así a una parte de nuestra obra, que exige desarrollarla con amplitud. Sólo en otro volumen posterior presentaremos a nuestros lectores la exposición completa de los dogmas y de los ritos que componían las religiones sacerdotales de la Antigüedad, y existe quizá un ligero inconveniente en mostrar cómo los griegos los rechazaron, antes de darlos a conocer en su conjunto. Por un lado, creemos que ya hemos explicado suficientemente la complejidad de estas religiones; vimos que contenían ciencia, hipótesis de cosmogonía, personificaciones de fuerzas físicas, lenguaje y ritos simbólicos, una metafísica que lleva al panteísmo: todo ello recubierto y entremezclado con fábulas populares, cayendo a veces hasta en el fetichismo. Estas nociones generales bastan, por ahora, y es importante rodear de evidencia el inmenso intervalo que separó a los griegos del resto de naciones antiguas[22]. Para que nos puedan comprender la mayoría de quienes nos leen, tomaremos los ejemplos que aca-

213

bamos de anunciar de entre las divinidades más comunes, entre las que aparecen más habitualmente en los poemas de Homero. Se apreciará mejor el ascendiente del genio griego que, sin dejar de admitir, sobre estas divinidades, tradiciones lejanas y misteriosas, las transformó en fábulas indígenas y despojó a las divinidades que se hicieron griegas de cuanto tenían de extraño y oscuro, de abstracto o de horroroso, en una palabra, de lo realmente sacerdotal.

Este método tendrá también la ventaja de superar, por adelantado, varias dificultades accesorias, sobre las cuales nos veremos obligados a detenernos, cuando presentemos el cuadro del politeísmo homérico. Ya no se nos objetará que tomamos demasiado literalmente esta brillante mitología, puesto que habremos indicado, desde ahora mismo, de qué elementos estaba compuesta, a qué doctrinas filosóficas, metafísicas o cosmogónicas hacía alusión, y por qué medio el genio de Grecia la había refundido y nacionalizado completamente.

Recordemos, en primer lugar, a nuestros lectores una observación ya indicada en nuestro primer libro.

Los griegos admitían, en sus hipótesis sobre la creación del mundo, relatos poco diferentes de las cosmogonías sacerdotales, porque estos relatos, confusos y lejanos, sólo les interesaban, en realidad, medianamente. La fuerza física y el carácter moral de los dioses, las relaciones de estos dioses con los hombres, su acción habitual sobre el destino de sus adoradores: éstos eran, éstos debían ser para el sentimiento religioso que se agitaba en su ignorancia inquieta los objetos constantes de una atención perseverante y de una activa curiosidad. Los griegos querían que los dioses se les pareciesen, porque querían tener continuamente medios para establecer acuerdos con ellos. Pero que estos seres sobrenaturales y la raza humana que les rendía homenaje debiesen su existencia al Caos, a la Noche, a la Tierra, al azar mismo; que, para proporcionar la primera señal de las generaciones sucesivas, no estuviesen aún sometidos a leyes fijas y regulares; que, uniendo en ellos la doble fuerza creadora o el principio activo y pasivo, pudiesen reproducirse independientemente de la unión de los sexos mediante operaciones misteriosas y a menudo obscenas, o por extrañas mutilaciones, todo eso carecía de la menor importancia para un pueblo que nacía. Y los griegos no pusieron ninguna resistencia a que las tradiciones extranjeras les aportasen todas estas nociones simbólicas y sacerdotales. Por tanto, la Tierra virgen engendra sola, según Hesíodo[23], y sin la cooperación de un esposo, el Mar, las Montañas y el Cielo. El Cielo produce el Tiempo o Saturno, y Saturno coloca sobre la fuerza generadora de su padre una mano sacrílega. Hasta aquí, no se debe ignorar la huella de Oriente, y el genio griego no se esfuerza, en absoluto, en modificar estas absurdas cosmogonías. Sabe que, en el futuro, no habrá nada que debatir con ellas, y, para que no sean un obstáculo, las relega a una esfera aparte. El Cielo, la Tierra, el Océano, toda su raza entera de monstruos fabulosos, de Cíclopes, de Centímanos y Gorgonas, la Quimera, Hécate, Equidna, madre de la Esfinge, no son objeto de ningún culto nacional. Los poetas aluden a ellos de cuando en cuando en sus descripciones; los filósofos, en sus sistemas. Por lo demás, estas grandes sombras permanecen como inmóviles en el recinto tenebroso que se les construye[24]. Nunca salen de estos recintos para confundirse con las divinidades que actúan, invocadas en los templos por el pueblo, que presiden las fiestas públicas, objetos de plegarias y sacrificios. Precisamente sobre estas últimas se manifiesta el espíritu griego, y vamos a ver cuál es su acción y su influencia, examinando todas estas divinidades.

Minerva, en el politeísmo homérico, no es precisamente, como se ha dicho con frecuencia, la diosa de la sabiduría y de la prudencia. Definirla así sería hacer de ella una divinidad alegórica; pero la época de la alegoría no ha llegado aún. Minerva es orgullosa, irritable, dominada por mil pasiones humanas, como todos los moradores del Olimpo. No obstante, es, en general, más prudente y más sabia que los demás dioses. Se debió esto a que se la confundió con la Onga fenicia, traída con Cadmo a Tebas en Beocia[25], y porque esta divinidad representaba, bajo formas oscuras, la inteligencia del universo. Pero ¿de dónde procede que, en lugar de vincularse a los amores de Júpiter, el nacimiento de Minerva sea un prodigio, que no tenga madre, que haya salido súbitamente, totalmente armada, del cerebro paterno? Es que la Onga de Fenicia, divinidad cosmogónica y, por ello, unas veces virgen y otras, hermafrodita[26], no está sometida a las leyes de la generación común, sino que procede milagrosamente del seno del abismo, que contiene, engendra y absorbe todo. ¿Por qué esta diosa de la sabiduría, inteligencia del mundo, preside los trabajos domésticos, los pequeños quehaceres de las mujeres en el interior de las casas? Es que, entre sus atributos, se deslizaron los de la Neith[27] egipcia, llevada a Atenas por una colonia de Sais, y que Neith había recibido de Ptah el lienzo de la naturaleza y tejía esta tela misteriosa[28]. ¿Cómo Minerva, que desprecia ocupaciones tan pacíficas, sigue siendo la diosa de la guerra y, adornada con armas resplandecientes, se complace en la pelea, entre moribundos y masacres? Es que la casta de los guerreros, en Egipto, estaba consagrada a Neith, pues llevaba en su anillo el escarabajo, su símbolo[29]. ¿Qué relación existe entre esta Minerva belicosa y la fábula que cuenta que ella inventó la flauta, pero que arrojó lejos de ella este instrumento pérfido que desfiguraba la nobleza de sus rasgos? Es que la flauta la inventaron los fenicios, y la música y la danza son los atributos ordinarios de las divinidades sacerdotales, como expresión de la armonía de las esferas[30]. Finalmente, ¿por qué esta diosa, revestida, por otra parte, de toda la belleza ideal que caracterizaba a los dioses de Grecia, lleva sobre su égida la temible cabeza de Medusa? Es que la Palas libia había aparecido por vez primera en Libia sobre el lago Tritón[31], y los vestidos de las jóvenes de esa región tenían un parecido lejano con las serpientes de Gorgona[32]; o quizá (pues aquí las tradiciones se confunden), quizá era la urna del Nilo, coronada con una cabeza de hombre y rodeada de serpientes, símbolo mudo en Egipto, pero, para los griegos, objeto de un relato poético y pormenorizado[33]. Así, la Minerva griega es originariamente una mezcla de nociones incoherentes, sacadas de diversas mitologías y de países lejanos. De esta reunión surge, sin embargo, una divinidad perfectamente conforme con el espíritu del politeísmo de Grecia, una divinidad elegante, apasionada, majestuosa, que desciende a la tierra, participa de las acciones de los hombres, persigue o protege a los héroes. La inteligencia de Onga, que, en la lengua sacerdotal, carecía de la más mínima relación con el destino de los mortales, y no significaba más que el esclarecimiento del caos, se ocupa, en Grecia, de los intereses activos, de las luchas de cada día. El tejido místico, que, entre los dedos de la Neith de Egipto, representa el mundo, es sólo ya el emblema de las mujeres; la cabeza de Medusa, que recuerda los horrorosos atributos de las divinidades sacerdotales, se convierte en el monumento de la victoria de un guerrero al que Minerva socorrió[34]; la diosa sube a un carro, se arma con una lanza, se cubre con un escudo: todas estas imágenes son totalmente griegas. Para terminar de hacerla indígena, se sitúa su nacimiento en Arcadia[35]. Finalmente, el olivo es su árbol favorito. Ya la tenemos completamente ateniense[36]. De este modo, desaparecen todas las huellas de su origen extranjero. Nada más diferente de la Neith egipcia que la Minerva de la *Ilíada*; y nadie reconocería en la protectora de Diomedes y de Ulises a una de las fuerzas tenebrosas que habían personificado los sacerdotes de Tiro[37].

Las colonias egipcias[38] que habían traído de Egipto a Grecia el culto de Apolo habían debido de introducir fábulas recibidas y ritos practicados en su patria. Vemos, pues, consagrado al sol en Licópolis, y al sol de Delfos, al mismo animal, el lobo, que por caminar oblicuo figuraba el curso oblicuo del astro del día[39]. Este emblema traslada a las tradiciones griegas las fábulas sobre las luchas de Osiris. Este dios, en la figura del lobo, acude en socorro de su hijo Horus[40]; y Latona, al abandonar las comarcas hiperbóreas para refugiarse en Delos, había adoptado, se dice, la misma forma[41]. No se puede ignorar en las dafneforías[42] que los tebanos celebraban cada nueve años, en honor de Apolo ismenio, una fiesta astronómica. Tomaba su nombre del laurel que llevaban los adolescentes más bellos de la ciudad. Estaba rodeado de flores y de ramas de olivo. De un olivo, adornado, a su vez, con ramas del mismo árbol y flores entrelazadas, y recubierto de un velo de púrpura, colgaban globos de diversos tamaños, figurando el sol y los planetas, y adornados con guirnaldas, cuyo número simbolizaba el año. Incluso en el altar ardía una llama cuya agitación, color y chisporroteo revelaban el futuro; especie de adivinación propia del sacerdocio, como ya observamos, y que también estaba en vigor en Olimpia, la segunda ciudad del país sagrado y el centro, por ello, de muchas costumbres sacerdotales[43]. El dios del sol era el de la música, por una alusión natural al curso de los astros; y al gavilán, la figura habitual de la esencia divina en Egipto, se lo llamaba, en Homero, el pájaro favorito de Apolo[44]. Pero, tan pronto como este Apolo, egipcio de origen, ocupa un lugar importante en la mitología griega, el espíritu nacional intenta despojarlo de sus atributos astronómicos. Todas las nociones misteriosas o científicas desaparecen de las Dafneforias; se reducen a la conmemoración de los amores de un dios por una joven rebelde a sus deseos. Un dios nuevo, Helios, realiza las funciones del sol. Este dios, en cuanto hijo de Urano y de la Tierra[45], es relegado a las personificaciones cosmogónicas[46]. No tiene ninguna función en las fábulas de los poetas; dos veces solamente lo nombra Homero[47]. No hay sacerdotes ni culto; no se celebra ninguna fiesta solemne en su honor. Por tanto, desprovisto de cualquier significación abstracta, Apolo aparece en el Olimpo, asiste a los festines celestes, interviene en las disputas de la tierra, es el dios titular de los troyanos, el protector de Paris y Eneas, el esclavo de Admeto, el amante de Jacinto y Dafne. Es tan cierto que el genio de los griegos era el autor de todos estos cambios en el carácter de las divinidades que vemos a Apolo conservar en los misterios, en los que se habían depositado las tradiciones sacerdotales, los atributos astronómicos de los que lo había despojado el culto público. Y, más tarde, los nuevos platónicos intentaron devolverle los mismos atributos, cuando quisieron hacer del politeísmo un sistema alegórico de ciencia y filosofía religiosa[48]. Pero, en la religión popular, en lugar de ser el dios el que fecunda y multiplica, es un simple pastor el que guía los rebaños. En vez de morir y resucitar, se mantiene siempre joven. En lugar de fulminar a los mortales con sus rayos devoradores, lanza temibles flechas desde su aljaba de oro. En lugar de anunciar el futuro, en la lengua misteriosa de los planetas, profetiza en su propio nombre. Ya no dirige la armonía de las esferas, al son de su lira mística; tiene una lira imperfecta, inventada por Mercurio y perfeccionada por él. Ya no dirige las danzas de los astros, sino que camina a la cabeza de las nueve musas, cada una de las cuales está al frente de una de las bellas artes[49].

Diana sufrió un cambio muy parecido. En Delos, es claramente un poder cosmogónico, pues es la madre de Eros, a quien, en las teogonías, se la considera siempre la fuerza creadora[50]. Para los escitas, es una diosa feroz, ávida de la sangre de los hombres, y de una forma terrible. Así se había aparecido antes a los espartanos, ya que, ante su contemplación, habían caído en un pavor próximo al delirio. En Cólquida, es tan poco griega que defiende el Toisón de oro contra los Argonautas. Sus perros, de terribles fauces, de pelo erizado y mirada amenazadora, custodian las cuatro puertas del recinto que guarda este precioso tesoro, y su voz ordena a los monstruos cuyas formas recuerdan las ficciones de la India[51]. En Éfeso[52], la sola contemplación de su figura revela la huella sacerdotal. ¡Cuán diferente es en la mitología griega! Y, sin embargo, al examinarla de cerca, encontraremos que ninguno de sus atributos desaparece completamente. Si es la diosa de la caza, es que Isis, seguida por sus fieles perros y por Anubis con cabeza de perro, había buscado el cuerpo de su esposo[53], y los compañeros de Isis se convirtieron en la jauría de Diana. Si, desde lo alto de los cielos, ella dirige el globo plateado que disipa la oscuridad de la noche, y si la media luna orna su cabeza, es que Isis es la luna, y que la media luna pertenece al atavío de la diosa de Éfeso. Si es la causa de las enfermedades de las mujeres, si siembra en ellas el delirio, algunas veces, la muerte[54]; si, de este modo, inmola a los hijos de Níobe, es que recuerda que fue alguna vez la Titrambo egipcia, es decir, la luna considerada en su influencia maléfica[55]. Pero es tal la repugnancia de los griegos a trasladar a la religión lo que corresponde a la ciencia que, así como habían separado a Apolo del sol, igualmente separan a Diana de la luna[56] y la hacen más libre, más individual, más independiente. Virgen, reta al poder del Amor; castiga con rigor las debilidades de sus ninfas. Esta noción de virginidad, la vimos ya en el culto de los salvajes[57], es una idea natural del hombre, pero que el sacerdocio hace suya y prolonga. Para los griegos, a los que el sacerdocio no domina, este atributo no es más que un objeto secundario, el efecto de un capricho o del pudor de una joven, y los poetas ponen en duda, no sólo su realidad, sino también su duración. A pesar de ser virgen, Diana preside los partos, combinación que describe, una vez más, la reunión del poder que crea y del que destruye[58]. Se ve cuán incoherentes son los vestigios de las nociones sacerdotales que sobreviven a esta metamorfosis, y cuán accesorias son al tiempo. No se deben casi en nada a la idea fundamental. La Herta de Escitia, la Bendis de Tracia[59], la Isis de Egipto, la Diana de Éfeso en fin, esa momia inmóvil, enigmática, encadenada, no son más que una joven grácil y cazadora, que, en su rápida carrera como los vientos, persigue, en la cima de las montañas, a los tímidos moradores de los bosques.

Uno recuerda lo que era Hermes en la religión egipcia[60]. Pero el Hermes griego es un dios completamente distinto. No preside ni las ciencias, ni la escritura, ni la medicina, ni la astronomía. No compuso las divinas obras que contienen los elementos. Intérprete de los dioses en Egipto, en Grecia sólo es su mensajero. Por eso, conserva las alas que, en otros lugares, eran un símbolo astronómico[61]. Si, en memoria de las direcciones proporcionadas por los sacerdotes de Ammonio a las caravanas que atravesaban los desiertos, es el protector del comercio, los griegos no dan la menor importancia a esta última atribución. Mercurio, por una grotesca analogía de esta función, se convierte en el dios del fraude y de la mentira[62]. ¿Era una reacción del espíritu griego contra las pretensiones del sacerdocio, en reminiscencia de lo que era el Hermes egipcio? Y observad cómo, si todos los atributos sacerdotales se borran de la creencia vulgar, reaparecen en la parte mística que los himnos, sean órficos u homéricos, nos han conservado. El Hermes de estos himnos no tiene casi nada en común con el de la *Ilíada* o incluso de la *Odisea*. Recuerda tanto las cualidades del Hermes egipcio, como las leyendas de los avatares de la India. Nacido por la mañana, de la unión de Júpiter con Maya, cuyo nombre nos recuerda la Maya india, Hermes se escapa de los brazos de su madre cuatro horas después de su nacimiento, encuentra en la hierba una tortuga, hace con ella una lira, canta los amores de los que nació y a las ninfas de la cueva materna: he aquí el inventor de la música. Roba después los rebaños de Apolo, los empuja de espaldas hacia una caverna, mata cincuenta bueyes y los asa en una hoguera que él mismo enciende: tenemos al inventor del fuego. Ofrece a los dioses un sacrificio, es decir, regulariza, como Thot-Hermes, las pompas religiosas. Come carne de sus víctimas, apaga la llama que había encendido y vuelve a su caverna; elástico como una nube, penetra por la cerradura y se acurruca en su cuna: nada más parecido a las travesuras infantiles de Krishna. Su madre le riñe; él le reprocha por no ver en él más que a un niño y le declara que nadie distingue mejor el bien del mal: ¿no es Krishna quien, reprendido por su nodriza, se contenta con abrir la boca, en la que ella contempla con sorpresa los mundos reunidos en todo su esplendor? Apolo lo persigue. El vuelo de un pájaro, testigo o confidente indiscreto, dirige la persecución y revela el refugio del fugitivo. Pero Apolo llega a la gruta y sólo ve una cuna, en la que duerme apaciblemente un niño recién nacido. Lo coge e intenta arrojarlo al fondo del Tártaro. Hermes alega la debilidad de sus pocos años y declara categóricamente su inocencia por la cabeza de Júpiter. Hermes lo lleva al Olimpo y, tras mil artimañas burlescas, totalmente incompatibles con el gusto exquisito de los poetas griegos[63], Hermes entrega al dios del día sus rebaños, y él mismo es admitido por los dioses[64].

No nos detendremos más en las fábulas sobre Hércules. Su origen extranjero se conoce suficientemente[65], y su sentido oculto ha sido objeto de incansables investigaciones. Como, sin embargo, es una de las partes de la mitología griega en la que es evidente el triunfo sobre el genio indígena, le dedicaremos algunas líneas.

Hércules, adorado en Tebas, en Egipto, es el sol en el cambio del año[66]. Júpiter Ammón quiso que él lo envolviese con la piel de un carnero y lo coronase con su cabeza. Es él quien, al estampar sobre la tierra la huella de sus pasos, garantiza un año fecundo[67]. Lleva en su mano el fénix, símbolo del renacimiento[68]. Muere a manos de Tifón, nueva prueba de su identidad con Osiris. Resucita como él, tras el invierno[69].

Heródoto, impresionado por todas estas alegorías, intenta conciliarlas con sus nociones anteriores, pero, sabedor de la inutilidad de su intento, declara, implorando la indulgencia de las divinidades de su patria, que se debe buscar en Egipto y no en Grecia la etimología del nombre de Hércules y el sentido de las tradiciones que se refieren a él[70].

En efecto, el Hércules griego no es más que un héroe. Ya no recorre los signos del zodiaco, sino que libera al mundo de estos monstruos. El Egipto agrícola y civilizado veía en él la fecundidad. La Grecia inculta y salvaje sólo veía en él la fuerza. Cada una de sus hazañas puede tener un sentido misterioso; pero se adopta el sentido literal; y, si los epítetos que le dan los poetas recuerdan al primero, el segundo no tarda en remplazarlo en la interpretación popular[71]. ¿Qué importa, en efecto, a los griegos que la victoria de este hijo de Júpiter sobre Anteo sea, como lo expresó con ingenio un erudito francés[72], el triunfo del arte y del trabajo sobre los desiertos devastadores de Libia? ¿Qué les importa que Hércules, que ahoga a su enemigo, alejándolo de la tierra que le da sus fuerzas, sea el Nilo dividido en mil canales y que impide que la arena árida retorne a sus desiertos, para volver, impulsado por los vientos, a inundar con su ardiente oleaje el fértil valle? Para ellos, Anteo no es más que un gigante, y Hércules, su vencedor. Ni la idea que se forman ni los homenajes que tributan contrastan con el conjunto de su mitología popular. Sólo al final de su carrera gloriosa, el Hércules griego retoma, en algunos aspectos, los rasgos del Hércules egipcio. Este último, después de haber obtenido de Júpiter Ammón el favor de verlo, cae en una contemplación inefable, que lo absorbe y lo incorpora al ser infinito[73]. Se ve aquí la doctrina de los sacerdotes, en la mayoría de sus sistemas de filosofía, sobre la unión de los seres parciales con la divinidad. El Hércules griego, devorado por la túnica fatal, aspira a devolver a la tierra cuanto percibió de una madre mortal. Se coloca sobre una hoguera, la llama lo consume y el aliento divino que lo anima se pierde en el alma del universo[74]. Por eso, Grecia le rinde un doble culto. Lo adora, por una parte, como un héroe, y, por otra, como un dios[75]; y de ello proviene, en la mitología homérica, una ficción singular, única en su género. Hércules deificado goza en el Olimpo de una felicidad sin nubes, y la sombra de Hércules gime en los infiernos[76].

Seremos aún más concisos en lo que concierne a Baco. El culto de este dios es, sin duda, de origen indio; pero para llegar hasta Grecia, recorrió otras comarcas, la Alta Asia, Fenicia, Egipto, Tracia y, en su camino, sus fábulas se modificaron y amplificaron. No se puede negar su identidad con Osiris[77]. Tampoco se puede dejar de reconocer en él el Shiva de la India y el Lingam, su símbolo[78]. El modo como este culto llegó a los griegos, probablemente por varias migraciones sucesivas, a través de los países muy remotos, será siempre un enigma insoluble, al menos en lo que se refiere a las fechas de estas migraciones y a los hechos parciales que los acompañaron[79]. Las fábulas en las que aparece como héroe[80], los ritos que crearon estas fábulas, ritos impregnados unas veces de una tristeza profunda, y otras, de una alegría desbordante, y, alternativamente, llenos de sangre y licenciosos, lúgubres y frenéticos, no llegaron nunca a formar parte de la religión griega[81]. Allí donde se anunciaron, suscitaron el horror y el terror. Las desgracias y la destrucción de varias dinastías se vinculan con su espantosa y súbita aparición. Ágave atormenta a su hijo Penteo. Ino se precipita en el mar con Melicerte. Las hijas de Mineo se enfurecen y cometen terribles asesinatos y sufren una horrible metamorfosis. Más tarde, un delirio parecido se apodera de las vírgenes de Atenas y las impulsa al suicidio. Por fabulosos que sean estos relatos, no por eso dejan de expresar la opinión general atestiguada por hechos mejor comprobados[82]. La opinión de los poetas que nos entretienen con estas tradiciones es oscura y misteriosa y encubre un origen sacerdotal. El filósofo Eurípides y el burlón Ovidio, que se expresa con tanta ligereza sobre las demás leyendas, parecen compartir, al describir la muerte de Penteo, la alegría sanguinaria, la feroz ironía y el fanatismo de las bacantes. Se diría que el genio sacerdotal había sometido a los poetas incrédulos, y que, después de diez siglos, el frenesí de las orgías antiguas arrebataba sus sentidos y perturbaba su razón.

En tiempos de Homero, se desconocían o despreciaban estos relatos lúgubres, pues sólo habla de Baco una vez, con motivo de la victoria que obtuvo sobre Licurgo[83]; y los escolásticos se admiran de que el poeta, después de haber situado a Baco entre las divinidades, no le haga tomar parte alguna en los intereses que los dividen. Es que el genio griego renunció pronto a modificar esta concepción demasiado heterogénea; pero se resarció con los compañeros y satélites de Baco.

Sileno, al que veremos más tarde como uno de los jefes de la demonología sacerdotal, intermediario entre los dioses y los mortales, hijo de la Tierra aún virgen y nacido sin participación de un hombre[84], se convierte en un viejo borracho y bufón, que sólo recuerda ideas grotescas.

El dios Pan, que llena los bosques con los sonidos de su flauta y sigue las huellas de Baco, conduciendo los coros de las ninfas y de los sátiros, era en Egipto[85] uno de los ocho dioses superiores e incluso el primero de ellos. Era el gran Todo, el Demiurgo, el firmamento. Tres ciudades le estaban consagradas: Mendes, situada en uno de los brazos del Nilo; Hermópolis, en el centro de la región; Chemnis, en Tebaida. Mientras los sacerdotes, en su doctrina secreta, tenían de él una idea abstracta y metafísica, el fetichismo del pueblo lo representaba con cuernos y pies de macho cabrío[86]. Pero la alegoría combinaba estas nociones aparentemente opuestas. Esos pies de macho cabrío eran el emblema de la fuerza prolífica[87]; sus cuernos, los rayos del sol y de la luna; su cara de un color brillante, el cielo inflamado; sus patas velludas y bastas, la imagen de la tierra, de los bosques y de los animales que las habitan[88]. Cautivado por la mitología griega, Pan conservó todos sus atributos exteriores, pero cada uno de ellos adquirió una significación diferente. Su cabeza y sus pies, lejos de expresar una idea cosmogónica, hicieron de él un dios de los pastores. Sus danzas que figuraban la armonía de las esferas, fueron las de los moradores de las aldeas. Sus mejillas, brillantes de un color rojo oscuro, simbolizaron un estado de embriaguez. Su flauta, hecha de siete cañas, en alusión a los siete planetas, se convirtió en un caramillo rústico. En una palabra, no fue más que un dios secundario o un semidiós[89]. No es que las ideas primitivas no se conservasen, sino que se conservaban de modo que asombrasen, por sus contradicciones, a quienes se fijaban en ellas[90].

«El templo de Pan», dice Pausanias, «está en Arcadia. Se cuenta que este dios, el más poderoso de todos, escucha las plegarias de los hombres y castiga a los malos con rigor. Cerca de su estatua arde un fuego sagrado que no se extingue nunca; y, en Olimpia, su altar se levanta en el interior del templo de Júpiter»[91]. Este culto, esta opinión de la justicia distributiva de Pan, se sitúa no lejos del Júpiter olímpico; todas estas cosas apenas armonizan con el rango habitual de esta divinidad rústica. Algunas tradiciones puramente griegas parecen impregnadas de los mismos recuerdos extranjeros. Pan socorrió a los atenienses en Maratón y en Salamina[92]. Ayudó a los macedonios en la victoria contra los bárbaros. Vino en ayuda de Antígono Gonatas atacado por los galos. En fin, era él el que con su terrible voz llenaba de pavor súbito a ejércitos enteros y los ponía en fuga. ¿Cómo conciliar semejante poder con la idea de un dios subalterno casi ridículo y al que sus adoradores trataban con una jovialidad cercana al desprecio[93]?

Dejaremos de lado a Vulcano, cuyo solo nombre llevaría nuestra mirada hacia Egipto[94] y en el que podríamos mostrar el fuego eterno, increado, principio activo del mundo[95]; este fuego que brilla en los astros, que circula por todas partes del universo, que organiza, en mil formas diversas, la materia inerte[96], transformado en un dios cuya cojera y calamidades conyugales creaban en el cielo una risa inextinguible.

Terminaremos con un último ejemplo, el de los Cabiros.

Estos Cabiros designan, en el lenguaje de los sacerdotes, las dos grandes fuerzas opuestas[97]. Son, alternativamente, la tierra y el cielo, lo húmedo y lo seco, el cuerpo y el alma, la materia inerte y la inteligencia vivificadora. Su figura originaria es disforme. Son dioses enanos y monstruosos[98]. Con estos rasgos, los llevaron a Samotracia. Allí los llamaron los dioses grandes, los dioses fuertes y poderosos. Unas veces eran hermafroditas, y otras, cada uno de un sexo diferente[99]. Su culto consistía en orgías bastante parecidas a las de la Cibeles frigia. Una música ruidosa provocaba en sus adoradores danzas salvajes. La mitología griega se apoderó de ellos, los poetas examinaron qué atributos podían servir para su necesaria transformación. Las estatuas de los Cabiros se colocaban en el puerto de Samotracia. Mandaban sobre los vientos. Se los convirtió en dioses favorables para los navegantes y terribles para los piratas[100]. Se dejaban ver en la punta de los mástiles en forma de llamas brillantes para anunciar el final de las tempestades[101]. Expresaban la oposición entre la luz y las tinieblas. Uno de ellos debía estar oculto bajo la tierra, mientras el otro brillaba en el cielo. Procedían del huevo cosmogónico[102]: las dos nuevas divinidades salieron de un huevo fruto de los amores de Júpiter y Leda; para nacionalizarlos mejor, los convirtieron en héroes protectores de Esparta y vigilantes de los Juegos olímpicos[103]. Helena los identificó con la familia de los Atridas. Se les atribuyeron aventuras guerreras[104] que crearon su apoteosis[105]. Los dioses les dieron corceles alados[106]; los llamaron Cástor y Pólux, y los repugnantes Cabiros se convirtieron en los bellos Tindáridas[107].

Este trabajo, o más bien este esbozo, que hemos dedicado sólo a un número limitado de divinidades griegas, ofrecería resultados análogos si lo extendiésemos a todos los dioses de Grecia. Juno, que en la doctrina órfica, era el aire o la atmósfera, y, entre los fenicios, la luna, sólo conserva, en los griegos, vestigios muy incoherentes de estos atributos sacerdotales. Por eso es, a la vez, la mujer y la hermana de Júpiter; y este dios hace alusión a la personificación de la atmósfera, cuando le recuerda que él la mantuvo suspendida, en otros tiempos, en medio de las nubes[108]. En los himnos que contienen las doctrinas extranjeras que penetran en Grecia por los misterios, Juno, enojada de que su esposo sacara a Minerva de su cerebro, se dirige a la Tierra, al Cielo y a los Titanes, para crear a Tifoeo con cien brazos y cien cabezas. La tierra le responde mediante un temblor que le anuncia el cumplimiento de su plegaria y, pronto, el nacimiento del monstruo siembra el terror entre los dioses y los hombres[109]. Nada es más griego que toda esta ficción. Por eso, no percibimos en Homero ninguna huella de esto. Juno, divinidad celosa y vindicativa, tiene intereses, pasiones, voluntades humanas con fuerzas sobrenaturales; pero nada es alegórico en estas voluntades ni cosmogónico en estas fuerzas.

El Marte de Tracia, al que aluden frecuentemente los poetas[110], el de Fenicia, que sirvió de texto a Dupuis[111] para su hipótesis astronómica y al alemán Canne[112] para sutilezas etimológicas, tan ingeniosas como admisibles, son probablemente el primer tipo del Ares homérico[113]. Pero, por indómito y arisco que sea este último, no iguala ni en arrebato ni en desatino al ídolo sacerdotal. Sus formas son más bellas y su culto, más dulcificado; cayeron en desuso los sacrificios humanos que, a su llegada, se le ofrecían en Esparta[114]; y si quisiéramos citar a autoridades de los tiempos posteriores a Homero, veríamos que al fogoso y sanguinario Marte, ávido antes de sangre y de masacres, se le llama el vengador de la inocencia, el guía de los justos, el protector de los mortales[115].

En el culto de Adonis, compuesto no sólo de las tradiciones de diversas regiones, sino también referido a diferentes divinidades[116] traídas a Grecia, en varias ocasiones, desde Siria, Fenicia[117], Egipto, Chipre y, más tarde, desde Alejandría; en el culto de Adonis, decimos, mezcla de ciencia, de lamentaciones y obscenidades, imágenes místicas de la muerte y de la resurrección[118], los griegos sólo vieron al principio el lado poético, los amores desgraciados de Venus y de un guapo adolescente; y cuando, después, admiraron algunos de sus ritos extranjeros, separaron la Venus griega de la Venus siria, con la que se vincularon exclusivamente las fiestas de Adonis[119].

Toda la historia de Pasífae está tomada de un culto astronómico[120]; pero, en la fábula griega, sólo queda la pasión impura de Pasífae por un toro. La hija de Ínaco es Iris; da a luz a Épafo, al que engendró el Toro celeste, como Apis nace de una becerra fecundada por un rayo de luna; pero, en Grecia, sólo conserva de su origen egipcio unos cuernos que adornan su cabeza, sin desfigurarla.

Las actitudes indecentes y furiosas de Isis o de Cibeles por su esposo o su amante mutilado[121] sólo son en Grecia el dolor conmovedor de una madre que busca en el universo a una muchacha amada.

Júpiter[122] debía a Egipto varios de los objetos de sus amores[123]: a Libia, su égida, una de las amantes[124], y su hermano Neptuno; a Fenicia, su padre, su abuelo, su esposa Ceres y su hija Proserpina; a Tracia, su hijo Marte; a Frigia, su copero Ganimedes; a Escitia, su rival Prometeo; a la India, finalmente, el pájaro divino portador de su rayo. Su águila es claramente una imitación griega, y, por tanto, embellecida y despojada de añadidos raros, pero una imitación reconocible de Garuda, el rey de los pájaros en la India, de mirada penetrante, vuelo ágil, plumaje dorado, combinación maravillosa del hombre, del águila y del gavilán, y montura de Vishnú[125]. Y, sin embargo, a pesar de este mosaico sacerdotal, si se nos permite esta expresión, el Júpiter de Homero no por ello deja de ser lo que debe ser el jefe y señor de los dioses en esta época del politeísmo[126].

Si Grecia incorporó de este modo a su creencia tantas nociones extranjeras, que sometió a su dominio, con mayor razón debió de recibir del extranjero muchas prácticas y ritos. Los ritos se introducen con mayor facilidad de la que se comunican las opiniones. Por eso existen tantas costumbres que ni los propios griegos podían explicar. Por eso, por ejemplo, esas invectivas, en las fiestas de Damia y de Auxesia, con las que las mujeres se abrumaban recíprocamente, imitando a las mujeres egipcias en sus fiestas de Bubastis. Por eso también esos deberes de continencia o de virginidad impuestos a algunas sacerdotisas[127]. Pero, más indulgente que el politeísmo sacerdotal, la religión griega se compadecía, de ordinario, de las debilidades de la naturaleza o intentaba prevenirlas. Entre estas sacerdotisas, algunas sólo ejercían sus funciones mientras eran núbiles; otras sólo se obligaban con votos tan severos cuando la edad les permitía cumplirlos[128]. De ahí, finalmente, esas teoxenias, en uso en varias ciudades de Grecia, en Atenas, Delfos[129] y Acaya[130], conmemoraciones solemnes de la admisión de los dioses extranjeros. Pero el pueblo griego, al practicar estos ritos, no se informa de su sentido. Se halla a gusto en una acumulación de ceremonias ruidosas, de danzas y pompas, que él anima con su carácter y su alegría. A pesar de ello, sus opiniones siguen siendo las mismas. Las prácticas tomadas del exterior sólo son para él espectáculos en los que es actor y testigo, ocasiones de fiesta, medios para reunirse.

CAPÍTULO 6

Elementos verdaderos del politeísmo griego

Si nuestros lectores resumen ahora lo que acaban de leer, reconocerán la verdad que intentamos establecer. La religión griega no tiene, en su espíritu o en su tendencia, nada que la acerque a la tendencia o al espíritu de las religiones sometidas a los sacerdotes.

Su primer elemento es el fetichismo; pero las colonias griegas que traen la civilización reúnen los fetiches y los cambian en dioses nacionales[1].

A esta primera modificación del fetichismo se añade una circunstancia que completa la transición de esta creencia al politeísmo. Son las apoteosis de varios jefes de las colonias extranjeras[2].

Nada más natural que estas apoteosis. Hombres que llegaban de entre los salvajes, con algunos conocimientos de las artes indispensables, y que, al no ser los más fuertes, sólo podían ser los bienhechores de aquellos a quienes instruían, debían de parecerles dioses. Los pobres moradores de América mostraron la misma inclinación a divinizar a los españoles a los que veían conduciendo sus barcos o cabalgando sobre sus caballos; y estos conquistadores despiadados sólo los sacaron de sus errores a fuerza de crueldades y crímenes.

Mediante las apoteosis, cierto número de divinidades reviste la forma humana. Gradualmente, todas las demás siguen este ejemplo. Los peñascos, las piedras, los árboles, las montañas dejan de ser adorados en su forma natural, y se crean acontecimientos para explicar su metamorfosis[3].

Las colonias, en su antigua patria, habían visto que los sacerdotes deificaban los grandes fenómenos de la naturaleza. El recuerdo de estas deificaciones se confunde con las apoteosis. De ello surgen dioses cuyo carácter es doble y los atributos se mezclan; pero la parte de este carácter y de estos atributos que pertenece a los sacerdotes desaparece gradualmente, y se puede fijar la época de esta desaparición. Es la sustitución del culto de Saturno por el de Júpiter. Júpiter es el centro de la mitología popular[4]. Todo lo que es anterior a su reinado es oscuro, misterioso, incoherente. Las concepciones informes de los salvajes luchan contra las tradiciones extrañas de los extranjeros. Cuanto sigue a la llegada de Júpiter es elegante, regular, aplicable a las necesidades de un pueblo que se acerca a la civilización. Nuevos dioses suceden a los antiguos. Estos nuevos dioses tienen una existencia más individual y más conforme a la de los hombres. Júpiter y Neptuno sustituyen a Urano y al Océano. En Venus, divinidad seductora, y apasionada como los mortales, se personifica la fuerza generadora, dispersa antes entre la Noche, la Discordia y el Mar, personajes oscuros, sin acción directa sobre la vida humana[5].

Las mismas colonias habían aportado ceremonias y ritos cuyo sentido habían olvidado. Vestigios de estos ritos se conservan sin explicación de sus motivos[6]. Prácticas sacerdotales, que se hicieron enigmáticas, dan lugar a fábulas, y, algunas veces, cuando la práctica cae en desuso, la fábula la sobrevive, pero ni siquiera sirve para recordarla[7].

Una vez iniciado este camino, los griegos ya no se paran. Por todas partes surgen tradiciones ingeniosas y variadas. Unas nacen del significado de un nombre propio; otras, de alguna lejana semejanza entre dos objetos que no tienen ninguna relación entre sí; y otras, de alguna singularidad física o de algún producto del azar. El río que transcurre cerca de Mantinea se llama Ofis: es que una serpiente sirvió de guía a los habitantes de esta ciudad que buscaban una patria[8]. El mirto de Trecenas tiene sus hojas perforadas, porque Fedra, devorada por un funesto amor, horadó sus hojas con una aguja de oro, distraída por su desesperanza[9]. La roca, cerca del monte Sípilo, se asemeja, de lejos, a una mujer inclinada hacia la tierra: es Níobe encorvada por el peso del dolor[10]. Un olivo llama la atención en Argólida por su forma tortuosa: Hércules lo dobló así para fijar los límites del país de los asineos[11]. Algunas veces, las tradiciones expresan el deseo patriótico de nacionalizar los descubrimientos de los que los extranjeros reclaman el honor. Así, el inventor del arado no es el egipcio Cécrope, sino el ateniense Buzigo[12].

Cada una de estas tradiciones sirve para hacer más indígena a la religión griega. Crean nuevos vínculos entre los dioses y los que los adoran, entre la tierra y los que viven en ella. A la muerte de un héroe, sufren, como sus compatriotas, los árboles, los ríos, el cielo y la tierra. Estas tradiciones dispersas se concentran y circunscriben en un espacio de tiempo determinado por una cronología ideal[13]. Este espacio es claramente muy limitado para contener los acontecimientos que en él se hallan amontonados y confundidos. La infancia de las naciones, al estar marcada sólo por recuerdos raros y oscuros, se encoge, por así decirlo, cuando los tiempos que siguen la contemplan a distancia y, entonces, el tiempo parece mucho más corto de lo que es en realidad.

CAPÍTULO 7

Resultado

Éstos son los numerosos y diversificados elementos del politeísmo griego. Es una mezcla de algunos restos de un culto rudimentario y los recuerdos del pasado, las reminiscencias de los países lejanos, los relatos de los viajeros. Es la historia de las migraciones y del establecimiento de cada comunidad, del descubrimiento de cada comarca, de la fundación de cada ciudad, de las hazañas de los jefes, de las rivalidades y de las desgracias de sus dinastías. Es ciencia enmascarada en fábulas, preceptos convertidos en acto, sutilezas metafísicas personificadas e irreconocibles. En una religión viva, estas cosas se confunden. La imaginación y la creencia no distinguen como el razonamiento y la reflexión. La clasificación es una especie de anatomía que sólo se ejerce sobre los muertos.

Sin embargo, de todos estos elementos heterogéneos resulta un todo uniforme, que un mismo espíritu parece animar.

Si, como reconocemos, préstamos diversos enriquecieron la religión griega, más que a ninguna otra, nunca estos préstamos alteraron su genio constitutivo. Las costumbres y las opiniones que los griegos recibieron en épocas diversas y de diversas naciones, por la sucesión de los tiempos y la comunicación de los pueblos, sólo penetraron parcial y aisladamente, unas en un lugar, otras, en otro, sin recomponer el conjunto que ellas habían formado por la acción de los sacerdotes y sin prevalecer nunca sobre el conjunto de las opiniones griegas[1]. Los cambios que estas últimas sufrieron fueron siempre fruto del progreso de las luces y del desarrollo natural del pensamiento. Este pueblo, privilegiado por la naturaleza y la suerte, sometió, por su fuerza interior, a su espíritu nacional los materiales multiformes con los que compuso su religión. Su soberbio clima, la dicha única que experimenta de ser civilizado por extranjeros, sin que éstos lo esclavicen; un conjunto de circunstancias que jamás se volvió a repetir en la historia, le permitieron no apartarse nunca del progreso natural de las ideas religiosas. La religión tuvo, en cada época, el carácter que la época debía imprimirle. Las tradiciones, las ceremonias, las verdades, los errores, llegados desde el exterior, se plegaron siempre a este carácter. Los griegos sólo recibieron estos materiales discordantes con la condición de modelarlos a su voluntad[2]. Al tomar del fetichismo de sus antepasados algunos rasgos fundamentales de sus dioses, ennoblecieron sus inclinaciones y embellecieron sus formas. Al consagrar los recuerdos de su antigua y confusa historia, impregnaron estos vestigios de siglos bárbaros con un colorido más suave y más brillante. Al colocar en el Olimpo algunos de los hombres que los habían civilizado, los revistieron de tales atributos celestes que cubrieron con un velo su origen terrestre.

Incluso deberemos observar más de una vez que, cuando los griegos adoptaban las fábulas de algún pueblo, de las que una parte no era análoga del conjunto de sus ideas, rechazaba esa parte de estas fábulas; y que si, más tarde, los avances del pensamiento los acercaban a ella, retomaban lo que habían rechazado[3], ¡pues su espíritu nacional ejercía sobre todas las opiniones de las que se apropiaba una soberanía despótica!

¡Feliz y saludable soberanía, sin la cual la especie humana, inmóvil y petrificada, sería hoy, en todas partes, lo que fue antiguamente en Egipto!

En lugar de desarrollarse y purificarse, el sentimiento religioso, moviéndose en medio de trabas contra natura, se hubiera desordenado al carecer de progresión, hubiera desvariado por falta de libertad. Esta verdad se manifestará con toda evidencia cuando sigamos, paso a paso, los avances del politeísmo griego, embelleciendo las formas de sus dioses, mejorando su carácter, introduciendo la moral en la religión y rechazando de la creencia cuanto no se armoniza con las nuevas nociones de orden, de humanidad y de justicia, que han marcado profundamente su existencia.

El politeísmo sacerdotal, por el contrario, conserva todas las deformidades y vicios de sus ídolos. El sentimiento, herido por esta desproporción que lo oprime, sólo experimenta terror donde se necesitaría poner confianza. Se asemeja a ese gigante de la fábula, inmortal, pero cautivo, y que, aplastado por un peso enorme, sólo se mueve por convulsión. O se sume en una amarga tristeza[4], o se entrega a alegrías insensatas[5]. Pero entonces es una especie de arrebato, más horroroso aún que la melancolía de la que cree liberarse. Se diría que, en las naciones sacerdotales, el hombre, cansado de ser presa de un dolor constante, renegaba de su razón para librarse del sentimiento que lo perseguía. Pero el fruto de sus esfuerzos no era un estado feliz o tranquilo. Sus gritos nacidos de una alegría tumultuosa y forzada se convertían en lamentos; sus danzas frenéticas se mezclaban con mutilaciones, combates[6], conmemoraciones fúnebres, y hasta el desenfreno estaba impregnado de dolor. Era en la pompa funeraria de Adonis, en Biblos, donde las mujeres sirias ofrecían a este dios el sacrificio de su castidad[7]. Los pueblos sometidos a los sacerdotes pasaban del abatimiento al libertinaje, de las orgías a la desesperanza. Por un efecto singular del espíritu simbólico, las ideas sensuales se combinaban con las lúgubres[8]. Se honraba a los dioses que presidían la muerte con ritos obscenos; y a los que representan la vida, con ritos crueles; se colocaba el falo sobre los sepulcros[9] y se rociaba con sangre a este mismo falo.

Difícilmente se puede hoy concebir, en toda su extensión, el mal que hizo al hombre el sacerdocio de la Antigüedad. En esa época, las nociones religiosas se resentían del impulso petulante e irreflexivo contemporáneo de la infancia del género humano. El exceso de civilización condena en nuestros días a las generaciones a un cansancio prematuro. Los siglos pasados son un peso para nosotros; la experiencia nos atrapa desde la cuna, y nuestra juventud lleva la impronta de la caducidad de los tiempos. Pero poseemos, al menos, a cambio y como compensación, la ciencia y las luces. En los pueblos nuevos, el hombre estaba embriagado por la plenitud de sus fuerzas y los goces de su nueva vida. Parecía que toda la naturaleza le hablaba, mientras que para nosotros permanecía muda. La religión poseía sus goces infantiles que luego perdió. No se había puesto la toga viril. Tutores despiadados de las naciones a las que dominaban, los sacerdotes las privaron de esas alegrías sin proporcionarles las luces. Los quisieron, a la vez, dóciles como niños y tristes como hombres.

El politeísmo griego es el único que, en su parte pública, pues vimos que aquí no hablamos de los misterios, se protegió del doble exceso de la tristeza y de la licencia[10]. En la mayoría de las ciudades griegas, se prohibían los ritos nocturnos[11]. Los Juegos Olímpicos, Píticos e Ístmicos ocupaban, en el culto nacional, el lugar que desempeñaban en Egipto las fiestas de Sais, de Hierópolis, de Menfis o de Bubastis. Pero aquí la mirada estaba manchada por objetos indignos, los oídos aquejados de clamores discordantes; y el hombre, para adorar a los dioses, parecía rebajarse al rango indigno de su naturaleza; en Grecia, en cambio, juegos elegantes, conciertos llenos de armonía, la noble lucha entre talentos rivales, la noble alianza de todas las artes, la elevaban, por así decir, por encima de la tierra y favorecían, a la vez, por una alianza igualmente feliz, la belleza de las formas y la sublimidad de los pensamientos.

Es, pues, una suerte enorme para la raza humana que los griegos[12] hayan seguido el camino que la naturaleza humana les había trazado.

Sólo ellos conservaron esta libertad de la inteligencia, que permite al alma los impulsos más sublimes, y al espíritu, sus más nobles progresos. La victoria lograda sobre las corporaciones sacerdotales que oprimían al resto de la tierra fue la señal de los altos destinos reservados al hombre por el ser bienhechor que lo creó. Debemos a los griegos la vida del pensamiento y la fuerza moral. Nos transmitieron la herencia de estos bienes preciosos[13]. Conservemos con cuidado este depósito inestimable: la antigua Grecia supo conquistarlo; que la Europa moderna sepa defenderlo.

Pero no pensemos que, pese a la época brillante de nuestra civilización actual, ya no tenemos peligros que temer. Es menos imposible de lo que se cree guiar a generaciones a las que domina el egoísmo y debilita el lujo a la situación de estos pueblos antiguos a los que un orden omnipotente retenía en el empobrecimiento y en la infancia. Si se acometiese, con esfuerzo infatigable, la instrucción de la clase activa y laboriosa; si se proscribiese, con un discernimiento pérfido, los modos más eficaces de comunicar a esta clase los conocimientos más elementales; si, por una ingenua insolencia, resucitada de Tebas o de Menfis, se le prohibiese hasta el uso de los caracteres alfabéticos[14]; si se prodigase una falsa admiración a sacerdotes de tiempos pasados, a los que sus dogmas, sus ritos y sus doctrinas convierten, para la razón, en objeto de desprecio y, para la piedad sincera, en objeto de repugnancia, el peligro sería enorme.

No llegaremos, en nuestra alarma, tan lejos como ese decano de los eruditos alemanes que acusa a los comentaristas ingeniosos de las filosofías y de los cultos simbólicos de la Antigüedad de preludiar, por sus sistemas, el restablecimiento de las teocracias, el avasallamiento de los tronos, la degradación de las naciones[15]. Sus temores, sin embargo, no nos parecen totalmente quiméricos. Lo admitimos con él. Se plantea con claridad una gran cuestión, y de su resolución depende nuestro futuro. ¿Cómo salió el hombre del fango material en el que chapoteaba con los animales que habitan la tierra[16]? ¿Se elevó hasta la conciencia de su origen celeste por el poder de su alma y de su inteligencia, dones divinos de su creador, o debe su nuevo ser a las instrucciones incompletas y parsimoniosas[17] de las corporaciones que antaño lo adormecían con ficciones rudimentarias y groseras, lo embriagaban con sutilezas, lo asustaban con ceremonias feroces, lo embrutecían con ritos vergonzosos?

Que los imitadores de los magos o los herederos de los druidas adopten esta última opinión, nada más sencillo. Le escandaliza la independencia de que gozaron los griegos. No les bastan hechos accesorios que pueden agradarles: la muerte de Sócrates, el exilio de Anaxágoras. Exigen el conjunto, ese conjunto que los cautiva por su vasto silencio, su peso enorme y su solemne inmovilidad[18].

Pero ¡cosa rara! La filosofía del siglo XVIII prestó, en su ardor irreligioso, su ayuda a estos enemigos de cualquier luz. Se declaró admiradora de los pueblos esclavos que buscaban el Indo y el Nilo. Sus cultos se diferenciaban del cristianismo; por eso, obtuvieron el beneplácito de los incrédulos. Apoyando en testimonios dudosos y en criterios apócrifos su erudición superficial y sus declamaciones apasionadas, nuestros filósofos querían humillar a los sacerdotes cristianos mediante los elogios prodigados a los brahmanes y rebajar el Evangelio, que entendían mal, exaltando a los Vedas que no conocían. ¡Inconsecuencia extraña, que señalamos aquí, protestando contra una comparación que encontraríamos absurda y culpable! Precisamente, para ultrajar a un Mesías, nacido de una virgen, muerto en una cruz y redentor del hombre, alababan la sabiduría de los sectarios de Krishna, hijo también de una virgen, y al que un bosque fatal vio morir, atravesado por unas flechas, por la salvación de la especie humana[19].

De esta absurda alianza entre dos fanatismos opuestos, nació una prevención general, que aún hoy influye sobre los mejores espíritus[20]. Esta prevención no deja de tener peligros, y se querría, sin razón, contemplarlo sólo como un simple error histórico. Las teocracias de la Edad Media se apoyan, para, reaparecer, en el ejemplo de las teocracias antiguas; se nos proponen como modelos los santuarios de Eleusis y de Menfis y se cree que los panegiristas filósofos del Antiguo Egipto sirven maravillosamente a los que querrían imponer a la Europa moderna un yugo egipcio.

Contra este yugo, la civilización es insuficiente. Debilita las almas; las dispone a soportar todo, porque les ofrece, para sustraerse a todo, recursos fáciles. Al enseñar al esclavo a ganarse a su dueño, la civilización hace la obediencia menos humillante para la vanidad. La servidumbre se cree menos vil mediante el consuelo de la ironía[21].

Hija de la civilización, la industria no es menos ineficaz. Le preocupa poco la opresión porque hace tiempo que se le va de las manos. Se encierra en una esfera en la que le parece superflua la libertad del pensamiento; y, cuando sus ojos se abren, la luz les llega demasiado tarde.

Las ciencias obtienen para su parte material una protección que compran mediante hábiles confesiones; y una vez admitidas en el recinto misterioso, se hacen cómplices del monopolio que comparten.

La filosofía, encerrada en sí misma, carece igualmente de fuerza: lleva a la duda, y la duda destruye la energía del alma.

Sólo el sentimiento religioso puede salvarnos. Sólo, realzando el valor de la vida, rodeándola de una atmósfera de inmortalidad, hace que esta vida pueda ser objeto de sacrificio. Es más preciosa, porque es nuestro medio de mejoramiento; y, sin embargo, no es todo. Nuestros pensamientos ya no están circunscritos a esta esfera estrecha y limitada;

y la persecución, la injusticia y la muerte no son más que escalones que nos acercan a la fuente de todo bien.

Ya lo dijimos antes: la crisis actual es la misma que la que amenazaba a la naturaleza humana cuando se estableció el cristianismo. Pero una circunstancia es más favorable.

En aquella época, ningún punto de reunión se presentaba a la mirada del hombre descorazonado. Todo era vago, confuso, incierto; buscaba una forma, y todas las formas se esfumaban ante él como sombras.

Hoy poseemos el cristianismo; y, de todas las formas que puede revestir el sentimiento religioso, el cristianismo es, a la vez, la más satisfactoria y la más pura. Como lo enseñaba su divino autor, mitiga todos los dolores del alma; respeta todas las libertades de la inteligencia, librándola, sin embargo, de la angustia de la duda. Y, desde los palacios hasta las aldeas, en su simpatía ingeniosa y variada, ofrece a todos los consuelos que necesitan.

Inalterable y, sin embargo, flexible, graba en los corazones las verdades esenciales y acoge los tributos de los siglos y los avances que le aportan. Y que los hombres religiosos no se ofendan de que hablemos de los avances y perfeccionamientos del cristianismo. En su doctrina moral, en sus preceptos, en cuanto emana de su autor, el cristianismo no es perfectible, pues es perfecto; pero en sus formas y, sobre todo, en las opiniones parciales que sus seguidores adoptaron, puede existir perfeccionamiento.

La misma experiencia lo demuestra. Los más ardientes defensores del catolicismo, aquellos cuya misión expresa parecería ser la de mantener sus dogmas con todo su rigor, transigen sin tener conciencia de ello. Rechazan estas máximas duras y altivas, contra las que reclaman, desde hace tiempo, no sólo nuestra razón más ilustrada, sino también nuestras costumbres más amables y suaves que las de nuestros antepasados.

¿No leemos, en una obra recientemente publicada por un escritor que, responsable de la universidad de Francia, representa, por así decir, legalmente la religión del Estado, una refutación enérgica de una doctrina que casi todos los católicos creían y creen impuesta a su docilidad por la Iglesia romana[22]? Sin duda, los hombres versados en la historia del dogma sabían que el catolicismo, por muy severo que lo hayan hecho sus ministros, nunca pronunció formalmente la condena de los infieles que permanecieron tales por el azar de su nacimiento, una ignorancia invencible u otras circunstancias independientes de su voluntad. Nos complacemos en reconocerlo, en nuestro espíritu de justicia y en nuestro deseo de una fraternidad tolerante: la religión católica no calumnia a la Providencia, no hace caer un temible anatema sobre lo que ella sólo puede calificar como una desgracia involuntaria. Erróneamente se interpretó como tal el famoso axioma: Fuera de la Iglesia no hay salvación; y la propia Sorbona restringió este axioma hasta en los escritos que mostraban su espíritu receloso y su odio a la independencia del pensamiento[23].

No se puede negar, sin embargo, que una interpretación, que la razón y la religión reprueban, no se haya proclamado siempre como un artículo de fe; que no haya motivado proscripciones sangrantes y crueldades despiadadas; que los españoles no la hayan invocado para masacrar a los pobres habitantes de América; que esta Sorbona, a la que acabamos de hacer justicia, no haya adoptado esta interpretación, sin mostrar preocupación alguna o darse cuenta de las contradicciones en las que su celo la sumía[24]; que los recitadores fanáticos, desde lo alto de la cátedra y en obras dirigidas contra otras comuniones cristianas, no condenen a eternos suplicios al niño que, en su sumisión inevitable, profesa el culto que le impone su nacimiento, y al salvaje del Nuevo Mundo que desconoce hasta el nombre de Cristo.

Es, por tanto, un paso inmenso, es un avance incontestable en la doctrina práctica de una Iglesia orgullosa de su inmutabilidad, esta retractación de una máxima que, lo repetimos, no fue nunca la suya en teoría, pero que la permitió y acreditó durante demasiado tiempo.

Así, el cristianismo se perfecciona, en el sentido de que se desprende de las adiciones que lo desfiguraban hace menos de un siglo; e, incluso en medio del movimiento retrógrado que se querría imprimir a la especie humana, los hombres de todas las opiniones siguen, de grado o por fuerza, sabiéndolo o no, por política o por convicción, el nuevo camino al que nos impulsa el tiempo, siempre activo e irresistible.

LIBRO VI

DE LOS ELEMENTOS CONSTITUTIVOS
DEL POLITEÍSMO SACERDOTAL

CAPÍTULO 1

De la combinación del culto de los elementos y de los astros
con el de los fetiches

Hasta este momento, despejamos, hasta cierto punto, nuestro camino, indicamos la causa primera del poder sacerdotal, describimos su extensión, señalamos la marcha que los sacerdotes quisieron seguir desde el origen de las sociedades, mostramos la nueva dirección, impresa por la naturaleza en la libertad del espíritu humano, en las naciones independientes del sacerdocio.

Podemos, pues, pasar, sin tener que temer objeciones fundadas, a la expresión de los cultos libres y progresivos, y de los cultos impuestos y estacionarios, determinar sus formas respectivas e investigar cuál es, en una u otra de estas formas, la acción del sentimiento religioso, acción tanto menos perceptible cuanto más dogmática es la autoridad colectiva y más reprimida la individualidad; acción, por tanto, más difícil de desentrañar en el politeísmo sacerdotal que en el independiente.

Ocupémonos, en primer lugar, del primero de estos politeísmos para compararlo luego con el segundo; pero, antes de aventurarnos en este camino, prevengamos a nuestros lectores de que, al mostrar el camino que siguió el sacerdocio, no afirmamos que, al actuar así, haya concebido desde el principio un plan fijo.

Circunstancias que ya describimos anteriormente habían creado su poder[1]. Estas circunstancias le sugirieron su uso, según la exigencia del momento. Por el hecho mismo de que este poder existía, imponía a sus poseedores la necesidad de mantenerlo, los imbuía de la necesidad de extenderlo. Cualquier clase cuya autoridad depende de una supremacía intelectual que sólo puede conservar mediante el monopolio, se halla en una posición hostil: cualquier avance que se realiza fuera de su seno

235

es un peligro para ella, y este peligro, siempre de igual naturaleza, imprime a esta clase una acción uniforme. Ella cree que se ha trazado un plan, pero sólo sigue el camino que le dicta diariamente el peligro del día; pero el plan que no había concebido inicialmente surge enseguida de este mismo caminar. La experiencia lo ilustra: sabe que la inmovilidad, la ignorancia, la degradación de todo cuanto no es ella, son las condiciones de su existencia y, al encerrar en el recinto impenetrable en el que mora toda la luz y la ciencia que recabó, declara una guerra a muerte a cualquier ciencia, a cualquier luz que brillen fuera de su recinto.

No atribuimos, pues, a los sacerdotes de los tiempos semisalvajes el gigantesco proyecto de gobernar el mundo. Sólo afirmamos que, formados en corporaciones en ciertos países por necesidad, obedecieron, como todas las corporaciones, a cuanto era de su interés, en la posición en la que se encontraban, y este interés los condujo a conquistar y defender un imperio que sus sucesores, durante varios siglos, hicieron ilimitado. No escribimos por odio al sacerdocio; hubiéramos querido, aunque sólo fuera por evitar una apariencia de parcialidad que nos molesta en investigaciones ajenas a todas las agitaciones del momento, no tener que levantarnos contra ninguna casta ni presentarnos como acusadores de ninguna clase de hombres. ¿Es culpa nuestra si, desde los tiempos más remotos, encontramos en todos los lugares un enemigo que no buscábamos? ¿Es culpa nuestra si este enemigo, poco temible a orillas del Orinoco o en las estepas de Tartaria, se muestra más terrible en las riberas del Nilo o del Ganges? ¿Es, en fin, culpa nuestra si, en una época en la que se habían borrado numerosos recuerdos, mitigado numerosos resentimientos, en una época en la que, como nos gustaba reconocer, una forma divina, más dulce y más depurada, había distinguido felizmente el sacerdocio moderno, órgano de una religión de amor y de paz, de esos sacerdotes, déspotas de los tiempos antiguos, cubiertos de sangre humana en sus sacrificios y tiranos, a la vez, de los reyes y de los pueblos, una audacia imprudente, que confunde cosas tan diferentes, despierta todos los recuerdos y disfruta reavivando todos los resentimientos?

Nuestra obra estaba escrita mucho antes de esta época; y si, en algunas de sus partes, parecía un libro de circunstancias, no sería a nosotros a quienes se debería culpar.

CAPÍTULO 2

De la parte popular del politeísmo sacerdotal

En los climas que obligan a los hombres a la observación de los astros, el primer culto es la astrolatría. En los países en los que la astrolatría no es natural, sino que los fenómenos físicos favorecen el poder de los sacerdotes, este primer culto es la adoración de los elementos. Sin embargo, los astros, que, en lo alto de los cielos, siguen su curso eterno, los elementos, divinidades en algún sentido abstractas, puesto que su conjunto escapa a nuestros sentidos, no son seres lo suficientemente disponibles para que el hombre, aún niño, se contente con ellos.

El sentimiento sí podría contentarse. Cuanto más vagos son sus dioses, más misteriosos y por encima de él, más le agradan.

No sucede lo mismo con el interés. El interés exige que sus dioses desciendan a la tierra para proteger, desde más cerca, a la raza mortal. Así, mientras que las corporaciones privilegiadas colocan en el primer rango de la jerarquía divina los elementos y los astros, la multitud, que está fuera de estas corporaciones, busca o conserva dioses proporcionados a su inteligencia. Pero su inteligencia, ajena como está a cualquier ciencia y a cualquier estudio, apenas está ejercitada algo más que la del salvaje. Por eso, los dioses de esta multitud y los del salvaje son casi de la misma naturaleza.

En casi todos los pueblos sometidos al politeísmo sacerdotal, el culto a los animales, el de las piedras y los árboles, el de los pequeños simulacros toscamente labrados y, en las tribus más salvajes, el de las lanzas y las espadas, vienen a llenar la inmensa distancia que separa a los habitantes del cielo de los de la tierra.

Los germanos, cuyos sacerdotes dirigían los homenajes a las divinidades invisibles o celestes, el aire, el agua, la noche, el sol, la bóveda de los cielos, tenían también por fetiches a animales[1] y árboles. Rociaban con sangre[2] a estos últimos, arrojaban las víctimas a los ríos[3]: era una combinación de los dos cultos; y la superstición, que aún hoy cree que en cada río de Alemania mora una ninfa seductora y embustera, que el pueblo llama Nix y a la que acusa del rapto de los que perecen en su oleaje, es probablemente una reminiscencia.

La religión astronómica de los etruscos no excluía ni la adoración de sus piedras betilos o animadas[4], ni los homenajes rendidos al picamaderos profético[5], a la lanza guerrera[6] y los abetos cubiertos de musgo en los bosques del antiguo Lacio[7].

Es con los dioses de este último grupo con los que son más frecuentes y más directas las comunicaciones. Todas las fiestas egipcias, salvo las de Heliópolis, estaban consagradas a los dioses animales[8] y, en su nombre, se pronunciaban los oráculos[9].

Los individuos compartían estas deidades secundarias: cada hombre o cada tribu elegía, dentro de ellos, un protector especial; así sucedía en Egipto con los animales, y así sucede aún hoy en la India con las piedras consagradas.

Pero es para los sacerdotes de sumo interés que el hombre no pueda abordar a los dioses sin intermediario, tratar con ellos directamente, tenerlos, por así decir, siempre a mano. Por eso, el sacerdocio se apodera de los fetiches y los reúne en un solo cuerpo; cada uno de ellos ya no es, como en el negro o el iroqués, el aliado personal del adorador que lo escogió; agrupados en torno a un estandarte común, forman, en cierto sentido, un ejército regular, sometido a las leyes de una misteriosa disciplina. Son dirigidos, en las ayudas que conceden a quien los implora, no sólo por la consideración de los manjares que se les ofrecen o los honores que se les rinden, sino por una voluntad que desciende desde lo alto y que sustituye el instinto por el cálculo, la anarquía por el despotismo. Cada clase de fetiche se concentra bajo un jefe, arquetipo de todo el grupo.

Mostramos anteriormente[10] el germen de esta idea en el culto del salvaje. Los sacerdotes se hacen con ella y la desarrollan[11]. Apis, Anubis, Bubastis eran dioses de este tipo[12].

El sacerdocio desvía así hacia un solo individuo la adoración que, en otro tiempo, afectaba a todos sus semejantes y devuelve a estos últimos a su destino natural, al trabajo, a la muerte, a todos los usos en los que el hombre puede utilizarlos; concilia las exigencias de la superstición con las necesidades de la sociedad; da, además, al objeto consagrado, un carácter más solemne; cada individuo ya no tiene un ídolo que le pertenezca como propio, sino una divinidad genérica; y, para complacer a esta divinidad, se debe recurrir a sus ministros[13].

Ésta es, en su principio, la composición del politeísmo sacerdotal. Sólo difiere, en un primer momento, por la introducción de divinidades celestes o invisibles, que apenas tienen relaciones con sus adoradores, y por la puesta en común, si se puede hablar así, de los ídolos, aislados en otro tiempo, que continúan siendo los dioses populares. Se aleja luego de él, a medida que estos ídolos se acercan a la figura humana; lo que se realiza independientemente de la voluntad de los sacerdotes, o incluso sin tener en cuenta esta voluntad. Finalmente, termina por distinguirse del primer culto salvaje por las significaciones simbólicas que establecen ciertas relaciones entre los fetiches y los dioses de una naturaleza más elevada, relaciones que, como explicaremos después, unen, sin identificarlas, la ciencia de los sacerdotes con la creencia del pueblo. En todas estas cosas, nada tiene como objetivo el sentimiento religioso para purificarlo o para ennoblecerlo. Desde un punto de vista moral, la religión no hizo progreso alguno: algunos hombres no muy numerosos acapararon su influencia; arrebataron a la mayoría de sus semejantes lo que hasta entonces era de su propiedad; por lo demás, no hubo ningún avance: la forma es distinta, sin ser mejor; tiene incluso un vicio más: opone a cualquier mejora un obstáculo que no existía en la forma antigua. Pero la inteligencia tiene leyes que está obligada a seguir, a pesar de los obstáculos y a pesar de los intereses. Estas leyes dominan al sacerdocio: en vano se resiste a ellas; lo fuerzan a abrirse, junto a la religión pública, a otro camino; lo obligan a crearse una doctrina secreta totalmente diferente de las fábulas prestadas o de los dogmas impuestos. El politeísmo sacerdotal se convierte entonces en un sistema mucho más complicado; lo expondremos en el capítulo siguiente.

CAPÍTULO 3

De la doctrina secreta de las corporaciones sacerdotales de la Antigüedad

Para hacernos una idea clara de la doctrina secreta de las corporaciones sacerdotales de la Antigüedad, debemos observar antes que esta doctrina se dividía en dos ramas muy diferentes entre sí. La primera se componía de los resultados sugeridos a los sacerdotes por la observación de los astros y de los fenómenos de la naturaleza; constituía una ciencia más que una religión[1]. Esta ciencia, sobre la que descansaba el poder de la casta sagrada, debía conservarse para ella misma y hacerla inaccesible al resto del pueblo. De ahí, las tradiciones orales que no salían del santuario; de ahí también, los libros misteriosos, que permanecían eternamente cerrados para la multitud[2]. En ellos estaban consignados los cálculos astronómicos, los descubrimientos de física, los remedios indicados por un estudio poco avanzado del desarrollo de las enfermedades, y de la acción de los remedios sencillos sobre el cuerpo humano; los medios para leer el futuro, con ayuda de los planetas o de los fenómenos; en una palabra, todo cuanto, dos mil años más tarde, Varrón designaba con el nombre de teología física o de física sagrada.

Pero la sola existencia de libros o tradiciones de este tipo era ya una invitación a los sacerdotes para introducir lo que les convenía; se valieron de ellos. Los relatos que les atribuían la invención de todas las artes, la creación de las leyes, la fundación de las ciudades, el paso, en fin, del estado salvaje a la civilización[3]; los modos maravillosos de comunicaciones que habían abierto entre el cielo y sus favoritos tan íntima correspondencia, los ritos destinados a eternizar el recuerdo de estas revelaciones, las instituciones dictadas por los dioses, la división en castas, y todos los privilegios del orden sacerdotal fueron consagrados por estas tradiciones o registrados en sus libros.

La historia se hizo presente en ellos en una forma fabulosa; las expediciones emprendidas por los sacerdotes o dirigidas contra ellos, la fortuna de los príncipes que los habían servido; las desgracias, los crímenes, la caída de los tiranos que les habían resistido; las calamidades físicas, castigos de los pueblos, los cambios políticos, castigos de los reyes, se amontonaron en una cronología ideal y con una apariencia mitológica. Estos relatos, estos anales, estas ceremonias sólo aparentemente pertenecían a la doctrina secreta de los sacerdotes. Ellos mismos tenían interés en verlos surgir en fragmentos de la noche que los envolvía; así la multitud sentía un respeto más profundo por sus institutores y sus guías.

La segunda parte de su doctrina secreta es de una naturaleza más noble y, por consiguiente, más misteriosa. El estudio de los cuerpos celestes y de los fenómenos físicos sólo constata ciertos hechos. Estos hechos tienen causas: es propio de la inteligencia buscar estas causas. Sin duda, en la época que describimos, la inteligencia está encerrada en un círculo limitado; es monopolio de un pequeñísimo número de hombres que intentan siempre con tenacidad, a menudo con éxito, ahogar sus gérmenes; pero estos mismos monopolios oscuros, estos privilegiados despiadados no dejan por ello de ser hombres, y la naturaleza sale a la luz a través de los obstáculos que ellos imponen a la clase desheredada y que tratan de imponerse a sí mismos[4].

Los sacerdotes se preguntan, pues, qué seres estuvieron al frente de la creación, sobre la organización del universo, por qué estos seres tuvieron la voluntad de hacerlo, de dónde procede su fuerza creadora. ¿De qué sustancia son? ¿Son uno o varios? ¿Dependientes o independientes entre sí? ¿Motores espontáneos o agentes forzosos de leyes necesarias?

Estas preguntas se presentan inevitablemente a la inteligencia y, cualquiera que sea la situación en la que se la coloque, y cualquiera que sea el recinto en el que se intente encerrarla, la inteligencia quiere resolverlas: su naturaleza la obliga a quererlo.

En este momento, los sacerdotes entran en una nueva situación: sin abandonar el carácter sacerdotal, toman el de metafísicos y filósofos; y si, por una parte, mantienen inmutable y estacionaria la religión pública, por otra, se entregan sin escrúpulo a las especulaciones más abstractas y más atrevidas.

Los libros indios contienen, independientemente de los relatos fabulosos y de los ritos prescritos, sistemas de metafísica numerosos y variados. Los magos se dividían en varias sectas, y vemos, en los egipcios, la misma diversidad.

Lo que es digno de observación es que las hipótesis que más dominaban en las doctrinas sacerdotales eran subversivas respecto a todas las nociones religiosas. Era el panteísmo, era un teísmo abstracto que suponía la inutilidad de cualquier adoración y la ineficacia de cualquier plegaria; era, en fin, el ateísmo bajo diversas formas. Los sacerdotes caldeos, en su doctrina secreta, atribuían el origen de las cosas a una necesidad sin inteligencia, a una fuerza sin voluntad. Esta misma necesidad, esta misma fuerza, decían, gobiernan el mundo con leyes implacables. Todos los seres que existen, producidos sin fin alguno, formas sin duración, salen del caos para volver a él. El pensamiento no es más que el resultado fortuito de elementos ciegos. No existe morada futura en la que se recompense la virtud o se castiguen los crímenes[5].

Esta ausencia de religión, en la doctrina secreta de una casta que tenía como base de su poder la religión, se explica por la posición de esta casta. Cuando el espíritu humano, en posesión de su libertad originaria, reflexiona sobre el infinito, sobre la eternidad, sobre las relaciones del mundo invisible con el mundo material, el sentimiento se coloca en el lugar de los jueces y participa en la decisión. Pero la posición de las corporaciones sacerdotales de la Antigüedad debía apagar y destruir en ellas el sentimiento religioso. Allí donde hay cálculo, astucia, intención interesada, deseo de hacer de la religión un instrumento, de doblegarla a una finalidad fuera de ella misma, el sentimiento religioso se debilita y luego desaparece. Las corporaciones sacerdotales de los pueblos antiguos se veían llamadas, desde su origen a transformar la religión por medio del poder: para el brahmán, el mago, el sacerdote de Heliópolis, el culto era un oficio, como para el juglar. Poco nos importa que este oficio fuera ejercido con más o menos rudeza o destreza, con más o menos ignorancia o conocimiento. El fraude, la decepción, la mentira, eran sus partes constitutivas. El fraude envilece el culto, excluye la creencia. El sacerdote que inventa supuestos modos de comunicación con el cielo, sabe perfectamente que sus invenciones son una impostura, que las dispuso con habilidad para impresionar a la multitud crédula.

Cuando, aprovechando sus conocimientos en astronomía, anuncia el retorno necesario de un eclipse como un signo extraordinario de la cólera de los dioses, no puede ignorar la falsedad de la causa que le asigna; mientras que la multitud se hinca de rodillas, él permanece ajeno a cuanto hay de religioso en las emociones de la multitud. No comparte ni sus temores, ni sus esperanzas, pues sólo él los provocó, proclamándose el intérprete de una voz que nunca oyó, el ministro de una intervención que no existe. Quiere engañar: ¿cómo podría creer?

Así, las corporaciones sacerdotales debían de perder la facultad del sentimiento religioso, ya que degradaban la religión, al utilizarla en su provecho. Sólo les quedaba como guía, en todas sus meditaciones sobre los objetos que el sentimiento habría hecho suyos si el sacerdocio no lo hubiese destruido, la lógica árida y severa. Pero, cuando no se cuestiona el alma y sus emociones, la conciencia íntima y sus revelaciones espontáneas, la incredulidad, la duda y hasta la negación misma combaten con armas al menos iguales las esperanzas siempre reclamadas por nuestro corazón[6].

El ateísmo acosa estas esperanzas con analogías sorprendentes, que le son totalmente contrarias. Les muestra el orden universal que invocan en su favor, molesto continuamente por excepciones, cuyos gérmenes, contenidos en este mismo universo, revelan la inteligencia, o el poder, o la bondad suprema; se ríe de las causas finales, que descansan siempre en peticiones de principio y que caen siempre en círculos viciosos. Se felicita, en su deplorable exultación, de este debilitamiento gradual del alma, que él considera el resultado de los órganos, porque ella es su esclava, comparte su declive y parece derrotada cuando la muerte los vence. Opone a la alegación, más o menos gratuita, que declara que no hay efecto sin causa, la posibilidad de un conjunto eterno, inmutable, que existe porque existió y que, después de todo, no es más inconsecuente admitirlo de lo que es suponer una causa sin causa, y que sólo aplaza un poco la objeción que haría falta resolver. ¡Ay, pues, del ser religioso que sólo quiere el razonamiento como medio de lucha! ¡Desdichado, si no llama en su ayuda, mejor que al razonamiento, a la certeza que el cielo imprime en el fondo de nuestra alma!

Rival del ateísmo, el panteísmo se presenta con argumentos no menos fuertes y con apariencias más seductoras[7]. A la vista de todos estos seres parciales, semejantes a sueños fantásticos, que penetran en el todo indefinible para volver a salir y entrar de nuevo, ¿quién no se siente tentado alguna vez de poner en duda estas vanas apariencias y de no ver en este universo más que una única sustancia, cuyas escasas modificaciones se asemejan al reflejo de la sombra que se proyecta impalpable o del astro de la noche que se refleja en las aguas[8]?

Iremos más lejos. Cuando al sentimiento no lo detiene la imperiosa necesidad de esperanzas morales, él mismo encuentra algún encanto en sumirse en el panteísmo. Existe entre nosotros y todas las partes de la naturaleza, los animales, las plantas, los vientos que gimen, el agua que murmura, los cielos, serenos unas veces, que parecen llamarnos a un océano de luz, brumosos, otras, y, por así decirlo, simpáticos con nuestros dolores, no sé qué misteriosa correspondencia, que parece revelarnos que todos somos partes de un mismo ser, arrancados de su seno por una separación violenta, pero tan pasajera que casi es ilusoria, y que se debe volver a él para abjurar de esta división que nos atormenta y de esa individualidad que nos abruma. La disposición de nuestra alma al panteísmo es tal que el carácter místico en todas las religiones, como la abstracción extrema en todas las filosofías, lleva a este resultado. Comparad los versos de Jenófanes, la prosa elocuente de Plinio, los símbolos de los brahmanes, los himnos de los *sufíz* persas, las alegorías de los nuevos platónicos, las expresiones de algunas sectas mahometanas, las de los japoneses y las de los letrados chinos, el arrebato de nuestros quietistas, la metafísica nueva de una filosofía alemana, encontraréis en ellos el panteísmo expuesto de diversas maneras, o incluso alguna vez con palabras maravillosamente semejantes. Y, sin embargo, el panteísmo sigue siendo igualmente destructivo de cualquier distinción entre el Creador y las criaturas, de cualquier justicia distributiva, de cualquier protección especial en el primero, de cualquier moral y de cualquier plegaria eficaz en las segundas, en pocas palabras, de cuanto satisface el sentimiento religioso.

Sin duda, al reconocer que la lógica vacía y desdeñosa proporciona a las doctrinas incrédulas tristes ventajas, no estamos insinuando que sean falsas las esperanzas del sentimiento religioso. Vimos, desde el primer volumen, que impugnamos la jurisdicción del razonamiento en lo que no tiene relación con la naturaleza física y en las relaciones establecidas por los hombres entre ellos y sus semejantes. Para lo que no está restringido a esta esfera, creemos que un impulso del alma lleva en él más elementos de convicción que los silogismos de la dialéctica más reñida; pero el hecho que enunciamos no es menos verdadero. De ello resulta que, mientras que a la irreligión, en los filósofos de los pueblos independientes, que seguían naturalmente el curso de sus pensamientos, se la combatía y domeñaba a menudo mediante la resistencia indestructible del sentimiento religioso, no ocurría lo mismo en el seno de las corporaciones sacerdotales de la Antigüedad. Abrid lo que nos queda de los libros sagrados de todas las naciones sometidas al yugo teocrático, sin olvidar que estos libros estaban destinados exclusivamente a los sacerdotes: veréis en ellos, unas veces, un panteísmo que, confundiendo el mundo y su autor, reducía todos los seres a las modificaciones aparentes de una sola sustancia eterna; otras, la negación de cualquier inteligencia al frente del orden del universo, y una necesidad ciega y material, que sustituye a todas las concepciones que el sentimiento religioso sugiere o reclama[9].

Este hecho lo vieron, antes que nosotros, numerosos observadores instruidos e ilustrados, que llegaron, por caminos diversos y sin sorpresa, a este resultado unánime y curioso: que la doctrina secreta de los sacerdocios antiguos era subversiva, no sólo respecto a las religiones particulares en cuyo nombre gobernaban, sino también respecto a cualquier religión. Sólo en dos puntos nos distinguimos de nuestros predecesores.

En primer lugar, ellos sólo habían constatado un hecho; nosotros buscamos e indicamos su causa.

En segundo lugar, de este hecho habían concluido que los sistemas irreligiosos componían exclusivamente la doctrina secreta, que ellos consideraban como un conjunto coherente, que se vinculaba a un pensamiento único, en torno al cual se agruparían partes secundarias de un edificio regular, ideas totalmente del mismo género, homogéneas entre sí, libres de contradicciones y que concurren, por su amalgama y armonía, a la demostración del pensamiento primero. Nosotros pensamos totalmente lo contrario: creemos que las corporaciones sacerdotales de la Antigüedad no tenían una única doctrina, y la prueba de ello la encontramos en los hechos, y la explicación, en el modo como se había formado su doctrina secreta.

Nacida con el sacerdocio, en el momento en que la necesidad le imponía la ley de adquirir conocimientos sin los cuales la sociedad no habría podido subsistir, esta doctrina fue el receptáculo, el lugar de almacenamiento de estos conocimientos. A medida que se fueron extendiendo, que otros vinieron a acrecer la masa, o que se asociaron a ellos conjeturas, suposiciones, sistemas verdaderos o falsos, la doctrina secreta se amplió. Los hechos observados gradualmente, los descubrimientos sucesivos, las hipótesis que resultaban de estos hechos y de estos descubrimientos, se fueron sumando a ella, por así decirlo, por capas.

Los sacerdotes añadían siempre; nunca restaban. Añadían siempre porque estas adiciones les eran exigidas para mantener su doctrina a la altura de su propia inteligencia; nunca restaban porque cualquier supresión es una innovación, y porque, por otra parte, la unidad de la doctrina no importaba en absoluto a las corporaciones consideradas en su conjunto. ¿Qué querían estas corporaciones? Dominar: poseían como medio un culto público, impuesto como un yugo y mantenido mediante leyes inflexibles. Su doctrina interior sólo se daba a conocer al vulgo para lograr más admiración por los depositarios de secretos augustos e impenetrables. La naturaleza, la coherencia de estos secretos eran, desde este punto de vista, una cosa muy diferente: la inteligencia individual se vincula a las opiniones; el espíritu de cuerpo elige las armas y contempla con igual indiferencia las verdades y los errores. La variedad de hipótesis servía, además, maravillosamente a los sacerdotes en las explicaciones que debían dar a los iniciados y a los extranjeros. Respuestas parciales, apropiadas a las disposiciones de los oyentes, eran lo que mejor convenía; y cuantos más numerosos y diversos eran estos sistemas, más inagotable era el arsenal del sacerdocio.

Tomemos como ejemplo a los sacerdotes de Egipto: satisfacían al crédulo Herodes mostrándole la analogía de sus fábulas y las de Grecia; halagaban la inclinación de Platón presentándole como su pensamiento íntimo las nociones de la metafísica más sutil; se rebajaban, con Diodoro, a interpretaciones meramente humanas, y los acontecimientos de la historia, descritos con formas simbólicas, habían servido, decía, de base a la religión que el pueblo reverenciaba sin comprenderla. Alimentaban así, en cada uno, su opinión favorita, según su tenacidad en esta opinión o su facilidad para modificarla.

Así, las hipótesis más opuestas coexistían bajo la misma apariencia y designadas por el mismo nombre. Al lado de los sistemas ateos o panteísticos, tenían también su lugar el teísmo, el anualismo, incluso quizá el escepticismo, y cada uno de estos sistemas se dividía aún en varias ramas. El panteísmo se unía algunas veces al espiritualismo, pues la materia se concebía en este caso como una ilusión del espíritu puro. Así se presenta en la India moderna, así se presentaba probablemente en el antiguo Egipto. Otras veces se identificaba con el materialismo, y lo que no era más que una forma se convertía en la sustancia única, ya que el espíritu sólo era el resultado engañoso de las modificaciones aparentes de esta sustancia. Así reina en el Tíbet, en Ceilán, en China[10]. En otros sitios, la sustancia única, divisible hasta el infinito, formaba de átomos innumerables e imperceptibles las partes constitutivas del gran todo, que no por eso dejaba de ser inmutable y siempre idéntico.

El teísmo se dividía también en dos categorías distintas. Unas veces, bajo el yugo de la lógica, perdía cuanto posee de dulce y consolador, y ya no ofrecía al hombre esa Providencia particular, con que el amor inmenso acoge nuestras plegarias, admite nuestros arrepentimientos, nos absuelve de nuestras faltas, se compadece de nuestros dolores. El Dios creador del mundo le había impreso leyes generales, inmutables, que no podían ablandar ninguna súplica, ningún mérito, ninguna llamada a la justicia o a la bondad. Desde el instante en que este mundo había recibido el impulso divino, todos los acontecimientos, diremos más, todos los sentimientos, todos los pensamientos se habían plegado a un encadenamiento necesario, que nada había podido, que nada podía romper. Las causas habían debido producir, debían producir para siempre sus efectos inevitables y, de este modo, el teísmo no era, en el fondo, más que una forma más animada de una invencible fatalidad[11]; triste y desalentadora hipótesis que el sentimiento rechaza; pues, si él no exige, como el fetichismo interesado del salvaje, que el ser al que rinde homenaje satisfaga las pasiones terrestres y preste a las inclinaciones desenfrenadas y a los deseos, incluso culpables, un apoyo mercenario, implora una voz que le responda, una aprobación que lo sostenga, una simpatía celeste que lo reanime, cuando la injusticia o la fatalidad lo abruman.

Al negarle esta esperanza, lo reprimís, descontento, sobre sí mismo, y se ve tentado de apartarse de una creencia carente de cualquier calor y de cualquier vida.

Otras veces, apartándose de su rigor primitivo, el teísmo se combinaba con la emanación. Los seres, separados de Dios y cada vez más impuros a medida que se alejaban de su fuente, podían acercarse a Él mediante purificaciones sucesivas. Este sistema contenido evidentemente en la doctrina secreta de los egipcios, salió pronto de ella para introducirse en la creencia pública. Sólo (y aquí reconocemos al sacerdocio) las liberalidades, la sumisión a los sacerdotes y la observancia exacta de los ritos ordenados por ellos fueron los medios purificadores.

El dualismo se presentaba igualmente bajo dos formas: la que otorgaba una paridad completa, igual fuerza y duración al principio del bien y al principio del mal, y la que, reduciendo este último a la categoría de ser inferior, reservaba al primero una victoria definitiva.

Se admitió que el escepticismo había sido siempre ajeno a las doctrinas ocultas del sacerdocio[12]. Pensamos que, de todos los sistemas, el escepticismo era el que los sacerdotes debían ocultar con más cuidado. La afirmación tiene siempre algo de solemne: anuncia la ciencia o implica a la autoridad. Puede presentarse como un descubrimiento, reunir en torno a un centro a los que la profesan e imbuirlos de un interés común. Pero el escepticismo, que no permite la afirmación, que sólo reúne a sus partidarios para dispersarlos de nuevo como bandas ligeras, que caen, al azar, sobre cualquiera que encuentran; el escepticismo, cuya tendencia es desunir y deshacer y que pone en duda cualquier jurisdicción, incluso la suya, es lo que hay de más repugnante al espíritu sacerdotal. Sin embargo, un escritor[13] que, durante mucho tiempo y con atención, observó a los brahmanes, nos habla de una escuela de brahmanes escépticos, y aunque no podamos otorgarle a este escritor ni grandes luces, ni una crítica sólida, su testimonio, cuando se trata de un hecho positivo, no carece de valor.

En efecto, es difícil pensar que, entre hombres que, protegidos por las tinieblas con que se rodeaban, abordaban, desde todos los puntos de vista, cuestiones inevitables y eternamente insolubles, nadie haya sido impulsado hacia el escepticismo, este término natural en todas las investigaciones, término que la razón lleva a considerar como un abrigo, en cuanto deja de mirarlo como un escollo. Si, en las doctrinas del sacerdocio, no se vio el escepticismo, se debe a que este sistema, más que ningún otro, debió ocultarse a las clases inferiores destinadas a creer, y que no debían sospechar que sus maestros no tenían más remedio que dudar.

Todas estas doctrinas se apilaban en la filosofía secreta de los sacerdotes, más prestas a confundirse que a combatirse. Dos causas se unían para facilitar esta confusión.

La primera era la terminología que los sacerdotes se veían obligados a emplear para expresar sus hipótesis metafísicas. En el momento en que comenzaban a ocuparse de las cuestiones arduas del origen de las cosas, todavía era profunda la ignorancia sobre varios puntos, y los conocimientos sobre otros puntos se mezclaban con muchos errores y la lengua, sobre todo, era muy imperfecta. Sólo ofrecía, para la noción de causa y de efecto, términos tomados de las ideas más sencillas y más elementales, por ejemplo, los de nacer y engendrar[14]. Estos términos se aplicaban de mil maneras. Nacer no significaba sólo ser producido, sino también ser posterior a un objeto, o serle inferior, o simplemente haber tomado de él alguna cualidad o haber recibido alguna modificación. Se decía de todas las propiedades, de todas las fuerzas, de todos los atributos de una sustancia, que habían nacido de ella, que ella los había engendrado. Esta terminología, aplicada indistintamente a todos los sistemas, establecía entre ellos una semejanza aparente que hacía su oposición real menos sorprendente y menos tajante. El panteísta mostraba al gran todo, engendrando la ilusión que nos engaña al hacernos ver la diversidad en la unidad; el dios del teísmo engendraba igualmente a las criaturas que se corrompían, al alejarse de su fuente; y, para expresar la creación del mundo por una necesidad eterna, el ateo recurría a la imagen de la generación, o más fantástico aún en sus metáforas, decía que el ser necesario se había fracturado y que el universo había nacido de sus fragmentos.

Tendremos que volver después sobre otro efecto de esta lengua sacerdotal. Ahora nos limitamos a indicar cómo confundía, bajo expresiones parecidas, hipótesis divergentes.

Una segunda causa favorecía también esta confusión.

Aunque las corporaciones sacerdotales de la Antigüedad, consideradas colectivamente, no pudiesen experimentar ningún respeto por la religión, marchitada entre sus manos y doblegada a sus formas de verla, el sentimiento religioso, que renace continuamente, retomaba, de tiempo en tiempo, sus derechos sobre algunos miembros de estas corporaciones o sobre los iniciados honrados con sus confidencias. Entonces se introducía de nuevo de repente, en las doctrinas más incrédulas y más rebeldes, un entusiasmo que desnaturalizaba y enmascaraba estas doctrinas. El alma luchaba contra la lógica, y las emociones naturales de la primera imponían a las concepciones áridas de la segunda una forma que parecía religiosa.

Escuchad a Apuleyo cuando describe el panteísmo, o al discípulo de Krishna dando gracias a su maestro por la revelación en la que acaba de iniciarlo la encarnación celeste. «¡Oh naturaleza!», dice el primero, «soberana de todos los elementos, joven que existes desde el origen de los siglos, suprema divinidad, reina de los manes, primera entre los inmortales, figura inmutable de los dioses y de las diosas, que, con una señal, dispensas a los cielos su luminosa claridad, a los vientos su aliento saludable, a los infiernos su terrible silencio. Ser único al que venera el universo de mil maneras, con variados ritos, con nombres diversos, y al que los versados en la doctrina antigua llaman Isis, es a ti a quien los egipcios saben adorar con ceremonias apropiadas que transmitieron a los griegos; eres tú quien creas la esfericidad, inflamas el sol, gobiernas el mundo y colocas el Tártaro bajo tus pies. Los astros te responden, te obedecen los tiempos, los dioses se alegran contigo, se te someten los elementos; a tu aliento soplan los vientos, las nubes se agrandan, germinan y crecen las semillas. Tu majestad llena de santo temor a los pájaros que tiemblan en el aire, a los animales salvajes que recorren las montañas, a las serpientes que reptan bajo la hierba, a los monstruos que el océano encierra en sus abismos. Tú eres la protectora constante y sagrada del género humano; siempre generosa con la raza favorecida de los mortales, a los que cuidas en sus desgracias con afecto materno y a los que recibes después de su muerte en tu seno, al que todo retorna porque todo salió de él»[15].

«¡Gran dios!», exclama Arjuna, cuando Krishna se le aparece con su verdadera forma, adornado con vestidos deslumbrantes y magníficas guirnaldas, con innumerables ojos y bocas, llevando en sus millones de brazos espadas prestas para el ataque, exhalando perfumes celestes, y cubierto de todas las cosas maravillosas que brillan aisladas en el universo. «¡Gran dios! Veo en tu pecho a todas las divinidades reunidas y todas las clases de los diversos seres. Veo a Brahma en su trono de lotos, y desde los santos hasta las serpientes celestes. Te veo a ti mismo desde todos los lados, con tus formas infinitas, tus ojos, tus bocas, tus brazos que nadie puede contar. Pero yo no puedo descubrir ni tu comienzo, ni tu medio ni tu fin, señor universal, fuente eterna de los mundos. Te contemplo con tu corona resplandeciente, armado con una maza y con una honda terrible, como un globo brillante cuya mirada nadie puede soportar. Brillas con un resplandor inefable, como el fuego con toda su fuerza y los astros con toda su magnificencia: el sol y la luna son tus ojos; tu boca es un volcán que lanza llamas. Las falanges celestes no saben si deben regirte o acercársete. Unas buscan refugio junto a ti; otras, aterrorizadas, tienden sus manos suplicantes y cantan tus alabanzas. Cuando te contemplo envuelto en tantas luces, ornado de tantos colores, las fuerzas me abandonan. Cuando miro tus dientes amenazadores, emblemas del tiempo que devora a todos los seres, permanezco inmóvil y confuso. Veo a los guerreros de los ejércitos, a los soberanos de la tierra, que se precipitan hacia tu boca como hacia una hoguera ardiendo. Algunos quedan suspendidos entre tus dientes, con el cuerpo desgarrado. Pero todos, en fin, todos estos héroes de la raza humana son engullidos por este abismo, como los ríos, con un curso rápido, se precipitan en el océano, o como multitud de insectos arrastrados por un viento impetuoso se arrojan en la llama que los atrae para consumirlos»[16].

Algunas de estas palabras son elocuentes; varias parecen indicar un sentimiento profundo de la inmensidad, del poder, de la supremacía de un Dios, distinto del mundo al que gobierna y de las generaciones que él crea o que destruye. Pero, en el fondo, no son más que conmovedoras y nobles inconsecuencias de individuos que ceden a sus emociones, o quizá los engañan embriagándose con declamaciones sonoras.

La lengua simbólica del sacerdocio introduce siempre en las expresiones del panteísmo una contradicción que le da algunas veces la apariencia del teísmo. El principio del panteísmo consiste en no distinguir el todo de sus partes. Pero como, cuando el todo se personifica, se establece entre él, único que existe, y las partes que no existen, relaciones que necesariamente suponen su existencia, la noción de diversidad a la que querría sustraerse el panteísmo penetra en esta doctrina por este camino y protesta contra la sentencia con que se la condena. Así es como, en este mismo *Bhagavad Gita*, Krishna dice: «Yo soy la humedad en el agua, la luz en el sol y la luna, la invocación en los Vedas, el sonido en el aire, la naturaleza humana en el hombre, el perfume sobre la tierra y la devoción en el alma piadosa; soy la inteligencia de los sabios, la gloria de los intrépidos. Todas las cosas penden de mí, como las piedras preciosas del cordón que las une y las sostiene»[17].

Por eso mismo, Krishna, que asegura ser la única existencia, difiere de las existencias paralelas, como el cordón se distingue de las piedras preciosas. Esta inexactitud forzada en las expresiones no cambia en nada el fondo del sistema, y lo enmascara sin modificarlo. Esta Naturaleza, que Apuleyo presenta como una divinidad inteligente y compasiva, no es, en la doctrina egipcia, más que un todo impasible, en el que los seres parciales no son más que formas que él produce sin ningún fin y que aniquila sin piedad. Este señor universal de los mundos, ante el que se postra Arjuna, no es más que el universo mismo; y el *Bhagavad Gita*, del que hemos tomado esta alocución tan entusiasta, contiene el sistema de panteísmo, a la vez, más sutil, más riguroso y, como veremos enseguida, el más ajeno a cualquier sensibilidad y el más destructor de cualquier moral.

Éste es, para nosotros, el punto de vista con el que se debe contemplar la parte metafísica de la doctrina secreta de los sacerdotes de la Antigüedad. Esta doctrina no se limitaba a un único sistema: se aceptaban y recogían las hipótesis que conllevaba cada serie de meditaciones. Como ningún sentimiento religioso tenía ascendiente sobre la corporación, considerada como cuerpo colectivo sobre el que prevalecía su interés, no se rechazaba la irreligión, sino que se aceptaba como cualquier otra teoría, y respetando siempre la condición del misterio. La corporación aprovechaba esta diversidad de sistemas para adaptar sus confidencias al carácter de cada creyente, cuidando con suma atención conservar en el exterior las apariencias de unidad. Así, quienes vieron en las filosofías sacerdotales el teísmo, el panteísmo e incluso el ateísmo, tuvieron todos razón y todos se equivocaron. Tuvieron razón, pues todas estas cosas estaban en ellas; se equivocaron, puesto que ninguna estaba sola[18]. Resumamos ahora lo que acabamos de decir sobre la composición del politeísmo sacerdotal. Su base es la astrolatría, o el culto a los elementos, bajo el cual se coloca el fetichismo. Por encima de este culto, vulgar, planea un sistema científico, que el sacerdocio contribuye a perfeccionar, y que mantiene siempre fuera del alcance de las clases esclavizadas. A este sistema de ciencia, que no es más que la observación de los hechos, se unen intentos por descubrir las causas, y estos intentos desembocan en hipótesis filosóficas y metafísicas; estas hipótesis no forman un conjunto: existen todas independientemente, ignoradas por el pueblo. Por tanto, ni pueden escandalizarlo por su impiedad ni asombrarlo por sus disidencias. Finalmente, estos tres elementos aparecen revestidos de una o varias terminologías simbólicas, que provienen, a la vez, de la imperfección del lenguaje y de la disposición de los sacerdotes para el misterio[19]. Estas terminologías expresan, alternativamente, las relaciones de los dioses superiores, elementales o astronómicos, con los fetiches o los dioses de forma humana, la de los seres o abstracciones metafísicas con las divinidades del pueblo[20] y los dioses superiores, y las de personificaciones cosmogónicas con los axiomas de la ciencia y los objetos de la adoración. Pero tienen todavía otra consecuencia. De los términos de nacer y engendrar nacen cosmogonías, teogonías que aparecen en la oscura lejanía y, por así decirlo, detrás de la mitología popular. El infinito, el vacío, la fuerza creadora, conservadora, destructora, se convierten en una clase de dioses hasta ahora desconocidos, cuyos amores, violaciones, incestos y mutilaciones representan las diversas hipótesis destinadas a explicar la creación de este universo[21]. Sacados de la religión por la metafísica, los sacerdotes vuelven a ella por las cosmogonías que esta metafísica les sugirió. Los seres cosmogónicos personificados y dotados de voluntad, de vida y acción, son tanto más importantes cuanto más imprecisos. Estos dioses planean sobre la creencia pública, mezclándose con ella a veces y, sobre todo, infundiéndole sus colores oscuros, misteriosos, a menudo obscenos y escandalosos. Las revelaciones parciales que, aunque aplazadas lo más posible, son inevitables, se hacen por eso menos inesperadas y de un efecto menos peligroso, al ser menos brusco, y las pequeñas manifestaciones que escapan de cuando en cuando a la doctrina secreta, se aceptan con menos inconvenientes en la religión pública y se concilian más fácilmente con ella[22].

Las teogonías y las cosmogonías la llenan de fábulas incoherentes, la sobrecargan de ceremonias enigmáticas[23]; a esta causa se debe atribuir esas orgías feroces y licenciosas, parte tan extraña de los cultos sacerdotales. Para hacer más sensible el contraste y la unión de la fuerza creadora y destructora, los sacerdotes de estos cultos exhiben con gran pompa los signos sangrientos de sus vergonzosas mutilaciones, o, para expresar la lucha de los elementos, se libran al pie del altar combates encarnizados[24]. El espíritu de cuerpo, seguro de su poder, no les ahorra ningún dolor y transforma sus instrumentos en víctimas. Sin embargo, la religión, en sus relaciones con la multitud, permanece inmutable, porque sobre ella descansan el poder de las corporaciones y la autoridad de la teocracia. Los sacerdotes que, retirados al santuario, la desprecian o la desnaturalizan al interpretarla, practican fuera todos sus ritos con un ardor maravilloso; quizá, incluso, la conciencia de su indiferencia por las opiniones sirve para alimentar su celo por las prácticas. Convencidos de la necesidad de mantenerlas siempre fervientes y de dar ejemplo de ellas, se obligan tanto a las ceremonias más minuciosas como a las privaciones más duras. Los ayunos, la austeridad, las maceraciones y los suplicios en los que sólo debería entregarse la devoción más sincera y exaltada, se las imponen el brahmán y el bonzo: el brahmán, cuya doctrina secreta es un panteísmo que no puede admitir ningún culto; el bonzo[25], verdadero ateo, ya que no reconoce, bajo otro nombre, más que un mundo material sin inteligencia[26]. Pero, en cambio, el bonzo y el brahmán, al reservar para ellos la doctrina interior que no anuncia al hombre más que la absorción o la nada, proclaman en público la inmortalidad del alma individual y prometen la felicidad de otra vida a quien los enriquece y a quien los honra.

Esta combinación, cuyos rasgos fundamentales describimos aquí, se diferencia luego en los detalles, según los climas, las situaciones locales, el genio de los pueblos, sus costumbres, el azar, que influyen en su destino: el fondo no cambia. Lo demostraremos al aplicar sucesivamente los principios que planteamos antes a la religión de Egipto y a la de la India.

CAPÍTULO 4

Ejemplo de la combinación anterior en los egipcios

La combinación que acabamos de describir se percibe claramente en el politeísmo egipcio.

Vemos, en primer lugar, la adoración de los animales; el gato recibe los honores divinos en Bubastis; el macho cabrío, en Mendes; el toro, en Hierópolis; el águila y el gavilán, en Tebas y en File; el mono, en Arsinoe; el cocodrilo, en el lago Moeris; el icneumón, en la prefectura herocleática; en otros lugares, el ibis, la musaraña, el perro, el gallo, el legón; en Elefantina y en Syene, el oxirinco, el lepidoto y la anguila[1]. Se ha querido explicar esta adoración de varias maneras; ninguna aguanta una discusión seria.

Hablar, como Diodoro, de las metamorfosis de los dioses es explicar un absurdo mediante una fábula.

Remontarse a los estandartes que posiblemente habían enarbolado las diferentes tribus es trastocar el orden de las ideas. Un pueblo puede elegir como estandarte la representación de lo que adora; pero no adora tal o cual objeto por haberlo escogido como estandarte.

La política de los reyes, intentando dividir a sus súbditos dándoles diversos objetos de veneración religiosa, es una torpe aplicación del sistema de Evémero, que atribuía, como se sabe, el origen de todas las religiones a las combinaciones de los legisladores. El fetichismo fue anterior a cualquier ley positiva. Favorecido por el interés de una clase, pudo prolongarse con la civilización y por la acción de la autoridad; pero debió de nacer libremente en el seno de la barbarie.

En fin, ya mostramos anteriormente que la utilidad de las diversas especies constituye una parte mínima en el culto que los salvajes les rinden[2]. Lo mismo sucedía en Egipto. Se adoraba tanto a los animales útiles como a los dañinos.

Cuando desaparece una creencia, es difícil imaginar en qué se basaba su antiguo crédito. Se le atribuyen entonces mil tipos de utilidad subalterna, de los cuales ninguno hubiera bastado para adoptarla, y que sólo se ofrecen después, para explicar en apariencia lo que en realidad no se pudo explicar[3]. Así, en nuestros días, se ha justificado la cuaresma como medio de favorecer, mediante la pesca, a un vivero de marineros; pero los primeros que se habían impuesto abstinencias sólo tenían como finalidad agradar al cielo.

Si las explicaciones de Diodoro son superficiales, las de Plutarco pecan por exceso de sutileza.

Unas veces, la adoración de los animales se debería, según él, a la metempsícosis[4]; pero la metempsícosis, tal como la conciben los salvajes, no puede servir de base a un culto, ya que, vaga e inconsecuente en sus conjeturas, no prescribe ni piedad, ni respeto por los animales en cuyo cuerpo moran las almas errantes que buscan un abrigo[5].

Otras veces, dice, al ser los animales obra del principio malo, los moradores de Egipto habían querido amansarlos con la adoración. Pero esta afirmación dictada al filósofo de Queronea por su inclinación a ver en todos los sitios el dualismo, la desmienten los hechos. Lejos de ser las criaturas del principio malo, los dioses animales, en opinión de los egipcios, eran sus enemigos, y para amansarlos los inmolaban.

Otras, finalmente, Plutarco hace mil esfuerzos para aclarar y sacar una semejanza imaginaria entre las cualidades que caracterizan a ciertas especies y las que se atribuían a los dioses; pero estos dioses debían existir para poder ver en ellos estas semejanzas, y, sólo después, éstas pudieron enriquecer el lenguaje simbólico.

Porfirio, en sus conjeturas, se acerca más a la verdad. Para él, la divinidad abarca a todos los seres; reside también en los animales, y el hombre la adora allí donde la encuentra. Pero Porfirio sólo expresa aquí el primer impulso del sentimiento religioso en el fetichismo. No explica la combinación por la que el culto de los animales toma una forma regular y se prolonga durante largo tiempo después de que el hombre colocase la divinidad muy por encima de la naturaleza física.

Los escritores de nuestros días han sido aún menos afortunados en sus intentos. Algunos pensaron que los egipcios sólo habían adorado a los animales para recordar el sentido dado a cada uno de ellos en los jeroglíficos[6]. Pero si la religión egipcia no era más que una escritura, un calendario o un alfabeto, no era una religión. Si su significación científica estaba oculta al pueblo, ¿qué idea tenía el pueblo de las formas con que se revestía el calendario o el alfabeto oculto? ¿Cómo concebía él a los dioses que se había creado para designar períodos o letras, y cuya significación se le ocultaba?

Nunca lo repetiremos suficientemente: la esencia de la religión es el modo como la entienden sus adoradores[7].

El descubrimiento de un culto en vigor entre los salvajes, y muy semejante al culto exterior de los egipcios, debe poner fin a estas hipótesis quiméricas[8]. Colocad entre los negros corporaciones de sacerdotes que han llegado al conocimiento de los astros y que conservan en su santuario este conocimiento al abrigo de la curiosidad de los profanos: estas corporaciones no intentarán cambiar los objetos de la adoración vulgar, sino que, al contrario, consagrarán el culto que se les rinde[9]; le darán más pompa y más regularidad. Querrán, sobre todo, que la intervención sacerdotal sea necesaria en todas las ceremonias; luego, vincularán, por un sentido místico, estos objetos materiales a su ciencia oculta; y tendréis, entre los negros, precisamente la religión de Egipto: el fetichismo, en la base; la astrolatría, en la cima; y, en el interior, una ciencia basada en la astronomía, y gracias a la cual los fetiches, dioses para el pueblo, serán símbolos para los sacerdotes[10]. Invertir este orden es un craso error. Lo que se reconoció, durante mucho tiempo, como un signo no puede transformarse de repente en un dios; pero es fácil pensar cómo lo que ocurre para un dios en la opinión de la masa puede

253

convertirse, para una clase más ilustrada, en una alegoría, en un símbolo, en un signo. Entonces la idea de Plutarco recibe su aplicación, y semejanzas frívolas o fantásticas motivan la elección de los símbolos. El buey Apis[11] debió a ciertas manchas, primero fortuitas y luego renovadas por el arte, el ser uno de los signos del zodiaco[12]. Una analogía rebuscada entre la fuerza productiva y el macho cabrío de Mendes hicieron al cielo padre de las estrellas; el gato debió a su lustrosa piel, como el ibis a su color equívoco que parece un mediador entre la noche y el día, convertirse en símbolo de la luna; y el halcón llegó a ser el símbolo del año[13]. El escarabajo, que pasa seis meses bajo tierra, fue el emblema del sol[14]. Y lo que prueba que la superstición popular se combinaba con la ciencia es que los devotos egipcios llevaban al cuello escarabajos, como amuletos o talismanes[15].

Lo mismo sucedió con los árboles y las plantas[16], fetiches no menos reverenciados que los animales.

Las hojas de la palmera, cuya longevidad parece un privilegio divino[17], decoraron el lecho de los sacerdotes, porque este árbol, al echar ramas todos los meses, señala la renovación del ciclo lunar[18]. El loto, que vemos también en la India, cuna de Brahma[19] y de Osiris[20], la *persea* traída de Etiopía por una colonia sacerdotal[21], el *arnoglossum* cuyos siete lados recuerdan los siete planetas, y que se llamaba, por esta razón, la gloria de los cielos[22]: todos estos vegetales tuvieron relación con la astronomía[23].

El pueblo veía en ellos los objetos de una adoración especial; el sacerdocio reconocía en los mismos los caracteres que le servían para describir y perpetuar sus descubrimientos.

A estos primeros elementos del culto se añadió, sin duda, la influencia de las localidades[24], que, unas veces, perturbaba, por diferencias parciales, la uniformidad que el sacerdocio intentaba establecer, y, otras, asociaba con ritos relativos a los principios generales de la ciencia, prácticas que se referían a una posición particular.

De ahí, por una parte, la diversidad de animales adorados por las diferentes tribus de Egipto. Si sólo hubieran sido simples símbolos, los sacerdotes, que procuraban que todas sus instituciones fueran uniformes, ¿habrían introducido símbolos diversos e irreconciliables? Estas variedades sólo se explican por la condescendencia del sacerdocio con las costumbres pasadas de los pueblos[25].

De ahí, por otra parte, esas alegorías amontonadas, sin que un vínculo común las aglutine, y que forman, por así decirlo, varios estratos separados. Apis, por ejemplo, primero, el prototipo de los toros; luego, depositario del alma de Osiris[26], y, en cuanto tal, el sol, tiene, por diversas circunstancias fortuitas, una significación que ocupa el centro entre las dos anteriores. Él es el representante del Nilo, río que asegura la subsistencia de la comarca; y, mientras que su color, la disposición de sus pelos de un negro ébano, las manchas de una blancura resplandeciente que deben hacer resaltar su frente, la duración, en fin, de sus días que no deben sobrepasar los veinticinco años, pertenecen a la astronomía, la fiesta de su nacimiento se celebra el día en que se inicia la crecida del río. Es llevado con pompa a Nilópolis y arrojado, cuando llega el fin de su vida, a una fuente consagrada al Nilo[27]. Al parecer, hechos históricos se mezclaron también con la religión egipcia. Varias de estas fábulas parecen aludir a las guerras de los pueblos pastores. La muerte de Osiris, emblema del sol de invierno, pudo deberse, en su origen, a la conmemoración de un hecho real[28]; Osiris sería entonces, no un hombre deificado, sino un héroe asociado posteriormente a una divinidad que no había participado nunca de la condición humana. Por eso, los monumentos de Egipto nos lo muestran algunas veces con las apariencias de una momia, y la historia nos habla de sus tumbas, mientras que Isis se presenta siempre ajena a las formas y a la morada de la muerte[29].

Las hipótesis metafísicas vienen después.

El panteísmo se puede ver en la célebre inscripción grabada en Sais, sobre el templo de Isis[30] y de Neith: «Soy todo lo que fue, todo lo que es, todo lo que será»[31]. Los sacerdotes egipcios añadían que Neith y Ptah, la inteligencia y la fuerza, no eran seres separados, sino las diversas manifestaciones de un ser universal. Atir, la noche elemental y sin límites, era esa unidad primitiva que contenía todos los seres y que formaba uno con ellos. Era el gran todo, el solo ser existente, el dios único no manifestado aún[32].

Al lado de este panteísmo, aunque probablemente en una época menos alejada, aparecen huellas evidentes de teísmo.

«Rompe todos los límites comunes», dice el falso Hermes Trimegisto[33], «vuela lejos de tu cuerpo, vence el tiempo, hazte eternidad, reconócete inmortal, capaz de concebir todo y de hacer todo. Sé más alto que cualquier altura, más profundo que cualquier profundidad; mora, al tiempo, en todas las partes del mundo, en el cielo, en la tierra y en el seno de las aguas. Abarca con un solo abrazo todos los ciclos, todas las medidas, todas las cualidades, todas las extensiones, y podrás comprender lo que es Dios. No es ni limitado ni finito; carece de color y de rostro; es la bondad eterna e inmutable, el principio del universo, la razón, la naturaleza, el acto, la necesidad, el número y la renovación[34], más fuerte que cualquier fuerza, más excelente que cualquier excelencia, superior a todo elogio, y que sólo debe ser adorado con una adoración silenciosa[35]. Está oculto porque para existir no necesita aparecer. El tiempo se manifiesta, pero la eternidad se oculta. Considera la disposición del mundo: debe de existir un autor, un solo autor, porque, en medio de los innumerables cuerpos y de los variados movimientos, se ve un solo orden. Si hubiesen existido varios creadores, el más débil hubiese envidiado al más fuerte, y la discordia hubiese traído el caos. Sólo hay un mundo, un alma del mundo, un sol, una luna, un dios[36]. Él es la vida de todos, su padre, su origen, su poder, su luz, su inteligencia, su espíritu, su aliento. Todos existen en él, por él, bajo él. Él los conserva, los fecunda y los dirige»[37].

Sin embargo, este mismo teísmo recae en el panteísmo, pues, detrás de esta acumulación de epítetos y de atributos, aparece el axioma fundamental: uno solo es todo, y todo no es más que uno[38]. Fuera de él no hay ni dios, ni ángel, ni demonio, ni siquiera alguna sustancia.

La doctrina de la emanación se mezcla también con el teísmo[39], ya elevándose desde el punto más bajo, ya descendiendo desde el punto más elevado. En el primer caso, el alma emana de la materia; la inteligencia, del alma; Dios, de la inteligencia[40]. En el caso opuesto, los dioses secundarios emanan del dios supremo; los demonios, de los dioses; los hombres, de los demonios; los pájaros, de los hombres; los cuadrúpedos, de los pájaros; los peces, de los cuadrúpedos; los reptiles, de los peces. Las criaturas así degradadas se remontan al cielo por el mismo camino, cuando están purificadas suficientemente en sus diversas metamorfosis[41].

Pero pronto se establece un vínculo, por una parte, entre estas hipótesis metafísicas y los dioses astronómicos y, por otra, entre estas mismas hipótesis y los ídolos del pueblo.

El gavilán, que aparece en la puerta de todos los templos, no es sólo el sol, sino también el símbolo de la naturaleza divina. La musaraña que adoraban los habitantes de Atribis, y que los egipcios consideraban ciega, porque tiene los ojos tan pequeños que apenas se los ve, designa, para los metafísicos, la incomprensibilidad del primer principio[42]. El ibis no es sólo el símbolo de la luna, sino también el de Hermes, porque Hermes reguló la crecida del Nilo, y el ibis, en la época de la inundación, devora las serpientes y los insectos que infestan las orillas del río. El buitre de Etiopía figura el principio pasivo, porque, se decía, no había macho en su especie; y, por una razón opuesta, el escarabajo, nacido sin el concurso de una madre, es el emblema del principio activo. Así, en Egipto, como en otros lugares, los errores de la física son consagrados por la religión. La gacela profética[43], al descender al rango de víctima, lega sus cuernos a Hermes Anubis, que aprendió de ella la división del día en doce horas; el loto, símbolo local en sus relaciones con el Nilo, astronómico en sus relaciones con el sol, cosmogónico como lecho nupcial de los dos primeros principios, reaparece en la esfera metafísica, emblema del renacimiento o de la inmortalidad. La cebolla, el más ridículo y el más célebre de los fetiches, se convierte, gracias a las capas que la componen y que parecen otras tantas esferas contenidas unas dentro de otras, la imagen vegetal de este vasto universo, siempre diferente y siempre el mismo, y en el que cada parte es el representante del conjunto[44], es decir, el símbolo del panteísmo; y uno se da cuenta de la importancia que los egipcios le daban[45].

Finalmente, por la razón que indicamos en el capítulo anterior, aparecen las cosmogonías y las teogonías. Las de Egipto, como las de todas las naciones sacerdotales, son la expresión figurada de las hipótesis metafísicas sobre el origen de las cosas. Atir, la noche elemental, engendra a los primeros dioses, Cnef, Ptah, Neith, que pronto disputan a su madre la preeminencia. Se asemejan a la religión recibida: Neith se convierte en Isis; Cnef y Ptah toman indistintamente el nombre de Osiris. Pero, en su carácter cosmogónico, no pueden permanecer en los caminos trillados y, por un himeneo místico o un incesto prematuro, engendran, a su vez, encerrados como están en el seno de su madre, a otras divinidades. Arueris es el fruto de los amores precoces de la hermana y del hermano; el nacimiento de Anubis se debe a un adulterio incestuoso; el de Harpócrates, a la unión monstruosa de la muerte y la vida[46]. Símbolos variables de doctrinas diversas, estos dioses representan, según que se apliquen a una u otra de estas doctrinas, la materia y el espíritu que las anima, las fuerzas creadoras, conservadoras o destructoras que luchan entre sí, los dos principios del bien y del mal, o, finalmente, las aparentes divisiones de la sustancia única, es decir, unas veces el teísmo[47]; otras, el dualismo[48], y otras, el panteísmo.

Imágenes obscenas, fábulas licenciosas penetran en la religión por el solo hecho de las palabras tomadas de la unión de los sexos. Isis recorre la tierra para encontrar los órganos de los que privó a su esposo un enemigo cruel, y sus andanzas están llenas de indecencias y de nuevos incestos: veremos más tarde la influencia de estos símbolos en las ceremonias y los ritos públicos.

Al mismo tiempo, estos dioses se vinculan a la ciencia propiamente dicha; son planetas. Isis es la luna; Tifón, el maléfico y triste Mercurio; Osiris es el sol al que la muerte golpea dos veces al año: en la primavera, época de los calores excesivos que trae a Egipto el viento del desierto; en otoño, cuando la región cubierta por las aguas no sabe si las riadas que la cubren deben engullirla o fertilizarla. Pero, además, estos dioses toman nombres y formas de animales. La vaca es Isis; Osiris, el gavilán; Tifón, el cocodrilo; y la esfinge que encontramos en las monedas egipcias del tiempo de Adriano es, por la complicación de sus atributos, a la vez, el punto de reunión de los animales adorados por el pueblo y el tipo de la unidad en la doctrina panteística de los sacerdotes[49]. De este modo, las teogonías y las cosmogonías crean una mitología de especie nueva, que se combina, a la vez, por su sentido místico, con la filosofía y, por su sentido literal, con la superstición.

Otra circunstancia complica también esta combinación. Los jeroglíficos tienen un efecto casi igual al de las cosmogonías. Al ser imágenes todos los signos jeroglíficos, el que se sirve de ellos sólo puede expresar su pensamiento revistiéndolo de una forma narrativa o fabulosa. ¿Tiene que consignar, por ejemplo, un descubrimiento astronómico? Designa los diferentes astros mediante figuras de animales o de otros objetos que, supuestamente, actúan unos sobre otros. De ahí, una serie de relatos que adquieren, ante la mirada del pueblo, la autoridad de una revelación o de una historia. Así nacieron, sin duda, varias tradiciones sagradas de los sacerdotes egipcios sobre sus dioses o sus reyes[50].

Pero, sea como fuere la combinación de estos elementos religiosos y cualquiera que sea la significación que se dé a los símbolos, se observa invariablemente una regla uniforme. Los dioses que el pueblo implora, los que influyen en su destino, se hallan siempre más próximos de los fetiches que de las divinidades simbólicas. Los egipcios decían expresamente que Osiris, Isis, Horus, Tifón y su mujer o concubina Neftis, eran dioses de la tercera clase; y, aunque luego los confundiesen con los planetas, los distinguían de ellos en esta clasificación, contradicción que no hace más que probar mejor la complicación de sus doctrinas.

Dioses animales o antropomórficos: así eran adorados estos seres, así escuchaban ellos las plegarias y se ocupaban de los intereses de los mortales. Nociones metafísicas o dioses planetarios, sólo se relacionaban con los sacerdotes[51], y si los avances de la ciencia llevaron, algunas veces, a los ritos y leyendas, modificaciones cuya huella se ve[52], el espíritu de la religión pública nunca se resintió por estas modificaciones.

Al sucederse esta combinación de la religión egipcia, estos símbolos, estas alegorías y esta serie de significaciones, sin que la más reciente o la más sutil hiciese olvidar las que la habían precedido, explican las contradicciones de la mayor parte de los autores antiguos[53].

Cuando Plutarco considera a los dioses de Egipto como divinidades locales, y Osiris es para él el Nilo e Isis la tierra que el río fertiliza; cuando, luego, se eleva al sentido astronómico, y Osiris es el sol e Isis la luna; cuando, en otro lugar, abraza las teorías metafísicas o cosmogónicas, haciendo de Osiris y de Isis el principio activo y el principio pasivo, y, según la terminología de la filosofía platónica, del primero, el alma del mundo, de la segunda, la materia ordenada y vivificada por esta alma universal; de Horus, su hijo, este mundo visible, resultado de la ordenación del Caos; de Tifón, el principio malo incrustado en la materia y que lucha contra el espíritu divino que debe animarlo: seguramente, Plutarco se contradice; pero si existe contradicción, no existe error. Todas estas significaciones existían en la doctrina egipcia; y Plutarco sólo comienza a equivocarse cuando adopta una con preferencia a todas las demás[54].

Se ve así cómo, al invertir el orden de las ideas y la ilación de los hechos, se pudo construir, a favor del supuesto teísmo de Egipto, sistemas brillantes y bastante plausibles. Tal fue el de Jablonsky, durante mucho tiempo el guía único de los eruditos, comentaristas de sus hipótesis. Los egipcios, si creemos al autor citado, se habrían entregado primeramente al teísmo; pero la división de los atributos y de la acción del Ser supremo habría dado origen a varias divinidades, destinadas a impresionar los sentidos, como la luna, los planetas y el firmamento que los contiene. A estos ocho dioses se habrían asociado las revoluciones de los solsticios y de los equinoccios, y pronto los cinco días intercalares. La adoración del Nilo habría sido uno de los efectos de los estragos y de los beneficios del río. Finalmente, los símbolos sacerdotales empleados para designar enigmáticamente la naturaleza divina, habrían introducido un culto inferior[55]. No expondremos los errores parciales de este sistema; nos limitaremos a decir que se debe invertir la serie de las hipótesis y partir del culto combinado de los fetiches y de los astros para verlos en la doctrina secreta de los sacerdotes, transformados, unas veces, en divinidades intelectuales, otras, en un solo Dios que crea y gobierna el universo, y otras, en una sustancia única que absorbe en su seno a este universo, a estas divinidades y a este Dios supremo.

Esta combinación explica también la naturaleza de las comunicaciones graduales hechas por los sacerdotes egipcios a los extranjeros. Heródoto sólo llegó a conocer las cosas menos importantes bajo la promesa del secreto. Se hicieron menos esquivos e instruyeron a Diodoro en todo cuanto concernía a Osiris, sin obligarle al silencio. En tiempos de los Ptolomeos, los sacerdotes fueron obligados a desvelar su doctrina secreta, porque la filosofía había llegado a ideas parecidas y las había publicado; pero entonces los sacerdotes tuvieron que alcanzar dos objetivos y tomar varias precauciones. No querían admitir que su doctrina secreta hubiese estado, desde el origen, tan separada de la religión pública que ésta sólo fuese un instrumento del poder. No querían que se viese tampoco que admitían ideas nuevas; en consecuencia, representaron estas ideas nuevas como existentes desde siempre en su doctrina secreta, y, sin embargo, esta doctrina como unida íntimamente y desde siempre a la religión popular. De ahí proviene la explicación de todos los usos religiosos, explicación sutil y forzada[56].

A medida que se multiplicaron las doctrinas filosóficas y se opusieron unas a otras, los sacerdotes plegaron sus divinidades y sus explicaciones a cada una de ellas y, por eso, cada divinidad se convirtió en un símbolo de todas estas doctrinas discordantes.

Cuando los sacerdotes vieron que su religión se desacreditaba totalmente, abandonaron cualquier filosofía y se limitaron a alimentar la superstición del pueblo volviendo, por así decirlo, al fetichismo mediante la hechicería.

CAPÍTULO 5

Ejemplo de la misma combinación en la religión de la India[1]

La misma combinación se halla en la religión india; pero es menos fácil de ver. Una circunstancia que, a primera vista, podría parecer favorable al éxito de nuestras investigaciones es un obstáculo más que una ayuda. Los indios forman una nación que existe todavía. Se podría esperar de ellos algunas explicaciones sobre sí mismos y sobre sus antepasados; pero si su existencia se prolongó así durante varios miles de años, a pesar del tiempo y de las invasiones, es porque siempre conservaron su rechazo a los extranjeros. Este rechazo existe con toda su fuerza[2], y nuestras comunicaciones con hombres que ven en nosotros a amos impuros, a opresores inmundos, se resienten de un prejuicio religioso agrandado por odios políticos.

Los monumentos[3] que poseemos sobre su creencia y su culto, aunque numerosos y variados, no forman un conjunto. Algunas veces se aclaran entre sí; pero las más se contradicen y se combaten mutuamente. Ninguna de las épocas de estos monumentos es incontestable; es dudosa la autenticidad de varios; y como los que son apócrifos están impregnados de la imaginación brillante e insólita y de la excesiva abstracción propias de las producciones literarias y filosóficas de esta región, nos encontramos en peores condiciones aún para fijar las fechas, desenredar las opiniones primitivas y determinar la marcha y los progresos de estas opiniones.

Los Vedas originales se han perdido, los Akhovedas se han perdido; los brahmanes así lo reconocen. Los detalles que estos brahmanes comunicaron a Holwell[4] sobre la revelación y sobre la transmisión de estos libros demuestran que incluso después de su restablecimiento, según la tradición, fueron refundidos aún más y que, por consiguiente, la doctrina que contienen fue modificada a menudo.

Según estos detalles, cuatro mil novecientos años antes de nuestra era, el Dios supremo, para reconciliar con él a los espíritus caídos, confió, en primer lugar, a Brahma la ley divina en un lenguaje celeste. Brahma lo tradujo al sánscrito y formó los cuatro Vedas. Mil años más tarde, diversos brahmanes escribieron seis comentarios sobre estos primeros libros. Estos comentarios son los seis Angas que tratan sobre la pronunciación de las santas vocales, de la liturgia, de la gramática, del ritmo sagrado, de la astronomía y de la significación de las palabras misteriosas. Pasaron quinientos años y nuevos comentaristas publicaron una segunda interpretación, en la que se apartaron del sentido primitivo e interpolaron muchas alegorías y muchas fábulas. De ahí nacieron los cuatro Upavedas, que contienen las reglas de la medicina, de la música, de la profesión de las armas y de las artes mecánicas; y los cuatro Upangas, en el primero de los cuales se insertaron más tarde los dieciocho Puranas.

Finalmente, tres mil trescientos años después de la aparición de los Vedas originales, cinco escritores inspirados presentaron una nueva redacción. Uno de ellos, Vyasa, el autor de los Puranas, es también el del gran poema épico de los indios, el *Mahabarata*. Pero este Vyasa podría no haber sido más que un nombre genérico, que designa una serie de comentaristas de los Vedas, como el nombre de Homero designa probablemente a los autores de las primeras epopeyas griegas[5]. La incertidumbre que existe sobre la época de Vyasa, y que los esfuerzos de Bentley no pudieron disipar[6], nos llevaría a inclinarnos por esta opinión[7]. Las contradicciones de los indios a este respecto son claras y chocantes. Por una parte, separan el *Ramayana*, poema que atribuyen a Valmiki, del *Mahabarata* de Vyasa, por una distancia de ochocientos sesenta y cuatro mil años; y por otra, afirman que estos dos poetas se encontraron a menudo y se consultaron sobre la redacción de sus poemas. Cuando se les reprocha esta absurda cronología, evitan la objeción recurriendo a la suposición de un milagro. Vyasa es, además, un personaje mitológico, unas veces una regeneración de Brahma, nacida en la tercera edad, cuatro años después de la conversación de su madre con un *rishi*; otras veces, una encarnación de Vishnú en el seno de la joven Kali, que permaneció virgen después de haber dado a luz[8].

El segundo redactor de los Vedas fue Menu, más conocido que el primero, como legislador de los indios[9]. La recopilación de sus leyes es su más antiguo código; pero este código no fue, probablemente, ni obra de un solo hombre, ni de un solo siglo[10]. A los otros tres redactores, según confesión de los propios brahmanes, se los consideró sospechosos de herejía. No estudiamos la verdad del relato; pero indica suficientemente las reiteradas refundiciones de la religión india. Todo el mundo conoce las importantes declaraciones de Wilford sobre las falsificaciones del *pandit*, que le había proporcionado los materiales de su comparación entre las fábulas de la India y las de Egipto[11]. A nuestro entender, se pueden sacar de todo esto graves consecuencias sobre las falsificaciones de los libros indios en general. Los propios indígenas no discuten estas falsificaciones, sino que se limitan a excusarlas, diciendo que la corrupción del siglo obliga a los sabios a prestar a las verdades más sublimes el apoyo de una Antigüedad fabulosa[12]. Si, además, se había constatado, como afirma el abate Dubois, que el clima destruye con bastante rapidez todos los manuscritos para obligar a los brahmanes a copiarlos de nuevo cada siglo, se vería cuántas interpolaciones y alteraciones de doctrinas deberían originarse de todo esto.

Si se piensa también que, durante mil doscientos a mil cuatrocientos años, estos monumentos así mutilados, estas copias así refundidas, estos comentarios cuyos autores habían hecho prevalecer una opinión favorita, sirvieron de ocasión como texto para obras filosóficas o metafísicas en las que cada secta afirmaba que su sistema era el único primitivo y verdadero, se verá la desconfianza que se debe mostrar en su examen. En efecto, basta examinarlos con alguna atención para reconocer que, lejos de contener una doctrina recibida, son, en su inmensa mayoría, obra de reformadores o de inspirados que querían interpretar, depurar, es decir, modificar y transformar la doctrina recibida. El Neadirsen, por ejemplo, al que los hindúes de Bengala y de todas las provincias septentrionales consideran como un Sastra sagrado, mientras que los de Decán, de Coromandel y del Malabar lo rechazan, es un puro sistema de metafísica, admitido entre los libros santos, merced a la progresión de las ideas, como habrían podido serlo las obras de los eclécticos, si el politeísmo, depurado por ellos, se hubiese mantenido[13]. Lo mismo sucede con el *Bhagavad Gita*; el esfuerzo de lo que se introduce contra lo que existe, la impronta del reformador que lucha y argumenta, se reproducen en cada línea[14]: y cuando Krishna libera las almas de las mujeres del anatema que las condenaba a pasar al cuerpo de un brahmán antes de subir a los cielos, se reconoce también la reforma que combate un prejuicio consagrado por la religión antigua.

Buscar en estos libros la mitología primitiva y popular es tomar, como se ha hecho muy a menudo, el nuevo platonismo como la religión de los primeros siglos de Grecia o de Roma. Nada es tan semejante a los Sastras indios por el fondo de las ideas como las obras de los filósofos paganos, que, en los siglos II y III de nuestra era intentaban disfrazar el politeísmo griego con alegorías y prestarle sutilezas ajenas a su genio e ignoradas por los primeros seguidores[15].

A las dificultades que surgen de las alteraciones de los libros sagrados, hay que añadir las que nacen de las revoluciones que ha sufrido la religión india.

Se deben reconocer al menos cuatro o incluso cinco principales: el brahmanismo, el shivaísmo, el vishnuísmo, que Krishna no hizo más que perfeccionar, y el budismo, expulsado de la India propiamente dicha tras guerras encarnizadas y terribles masacres[16], y que triunfa en el Tíbet y comparte con la religión de los brahmanes el reino de Nepal.

En toda la superficie de la India, aparecen pruebas de estas revoluciones. Varios templos son considerados obra de los malos genios, y nadie se atreve a practicar en ellos los ritos del culto abolido. Pero, en todos los pueblos, los cultos destronados se ven envueltos en una magia sacrílega: sus sacerdotes son hechiceros, y sus dioses seres culpables y maléficos.

Los Vedas muestran igualmente estos profundos cambios religiosos de la India. Ordenan los sacrificios sangrientos, e incluso los sacrificios humanos[17]. La repugnancia de los indios por la efusión de sangre, aunque, desde siempre, se la inspirase el clima, no era una parte originaria de su culto primitivo. Pero, cuando la civilización hubo prevalecido, a pesar de los sacerdotes, contra esta costumbre bárbara, se honró a Vishnú[18] con esta abolición en su encarnación, como Buda[19], vinculando así, según la costumbre, todas las reformas sucesivas a las antiguas divinidades[20].

Las encarnaciones relatadas en los libros de la religión india son, en su mayoría, de las épocas de reforma. El *Bhagavad Purana* (el Bagavadam) declara que Vishnú se encarna siempre que es necesaria su presencia para combatir el error y hacer que triunfe la verdad[21]. Vishnú, en su decimoquinta encarnación[22], corrige a los Vedas; Krishna, el gran reformador, que, según una tradición, intenta desterrar del culto las ceremonias obscenas, es la octava o la décima encarnación de Vishnú. Buda, que destruyó el sistema del brahmanismo aboliendo las castas, es, según las diferentes cronologías, la novena o la decimonovena.

Sin duda, esta última revolución es objeto de muchas incertidumbres. Los eruditos se dividen sobre la persona y la época de Buda. Unos[23] contemplan su culto como una desviación, una reforma o una herejía que se introdujo en el de Brahma, y Buda, por tanto, como posterior a este último. Otros[24] confunden con Buda a Baut, un antiguo ídolo, del que todavía se encuentran, aquí y allá, informes, simulacros y templos en ruinas. Suponen que su religión, anterior al brahmanismo, fue suplantada y proscrita por los brahmanes, y se refugió en el Tíbet, Ceilán, Tartaria, Japón, China, conservándose entre algunas tribus indias[25].

Esta cuestión es muy difícil de esclarecer: por un lado, el culto de Baut parecería más antiguo que el brahmanismo. Las tradiciones que se vinculan con él y la apariencia basta de las figuras indican el fetichismo. Por otro, el Buda que pensó abolir las castas era sin duda posterior a Brahma. Las castas debieron de establecerse sin contradicción, o nunca se habrían establecido. Buda pudo atacarlas después de que estuvieran consagradas, como los filósofos modernos han atacado instituciones existentes; pero estas instituciones habían precedido a los filósofos.

La dificultad se resolvería admitiendo dos Budas: el primero sería el mismo que el antiguo Baut, y el segundo el autor de la religión que se escindió en la India y se introdujo en China, sustituyendo el nombre de Buda[26] por el de Fo. En este caso, no habría nada en común entre el segundo Buda y el Baut antiguo, sino que el primero fue anterior a la división en castas, y el segundo, posterior a la misma; el primero habría ignorado una institución aún desconocida, y el segundo, al encontrarla consagrada, la habría combatido[27].

Por lo demás, podemos dejar sin resolver la cuestión histórica. Buda ya no es hoy más que un ser fabuloso, como Vishnú, Rama y todos los avatares indios, encarnados para la regeneración de la especie humana. Sus aventuras son, en su mayoría, las de Rama, en el *Ramayana*[28]: los budistas las han trasladado a su encarnación favorita.

«Cuando descendió de la región celeste, para iluminar a los ángeles y a los mortales, cuentan estos herejes, la bella Mahamaya, mujer del rajá Sutah, monarca de Ceilán, lo recibió en su casto seno, que se hizo enseguida transparente como el cristal más diáfano. El niño divino, hermoso como una flor, esperaba, apoyado en sus manos, la hora del nacimiento. Después de diez meses y diez días de embarazo misterioso, Mahamaya obtuvo de su esposo el permiso para visitar a su padre. Rodeados espontáneamente de árboles cargados de frutos, refrescados por urnas llenas de agua límpida, y brillantes por el estallido de miles de antorchas encendidas en su honor, los caminos se allanaron ante su paso. No lejos del camino que pisaba, un jardín se ofreció a su mirada. Quiso descansar sobre él y recoger flores. Se apoderaron de ella los dolores del parto. Frondosos bosquecillos se inclinaron sobre ella para ocultarla de todas las miradas. El aire se llenó de deliciosos perfumes; sonidos, a la vez deliciosos y tristes, resonaron a lo lejos, y la naturaleza estremecida sintió un estremecimiento indefinible, lleno de aflicción, de luchas y de desgracias. Nació Buda y Brahma lo acogió en su jarrón de oro; pero dotado ya de una fuerza maravillosa, el avatar futuro se abalanzó sobre la tierra, y, dando siete pasos, se acercó a su madre, que lo llevó a su morada. A un hombre santo, retirado en los bosques para practicar la adoración silenciosa, una voz secreta le advirtió del nacimiento de Buda. La virtud de sus penitencias le permitió atravesar el aire y presentarse ante el rajá para rendir homenaje al dios recién nacido. Al verlo, mostró alternativamente una inmensa alegría y un dolor profundo. Preguntado por estas manifestaciones contradictorias, dijo: Estoy afligido porque Buda, elevado al rango de avatar, me abandonará lejos de él, quizá me rechace; pero me alegra su presencia, que me absuelve de todos mis pecados.

»Al dios, que aún no lo era, se le llamó Sakya, y vivió ignorado durante seis años. En esta época, un rajá famoso ofrecía la mano de Vasutura, su hija, a quien pudiese tensar un arco mágico. Miles de rajás lo habían intentado inútilmente. Sakya, más afortunado, se casó con la hija de Chuhidan. Fue padre; pero una revelación lo iluminó, por eso, abandonó el palacio, a su hijo, a su esposa, seguido por un único servidor; y, atravesando el Ganges, despidió a su compañero de camino, a su caballo y armadura.

»Cinco flores, contemporáneas de la creación del mundo, aparecían sobre las manos de Brahma. Sakya descubrió en el cáliz de una de estas flores vestidos como llevan los ermitaños cuya humildad se alimenta de limosnas. Se cubrió con ellos. Así disfrazado, continuó su peregrinación. Un viajero, que pasaba junto a él cargado con ocho haces de hierbas odoríferas, rindió homenaje al peregrino; éste se echó sobre estas hierbas. De pronto, un templo surgió de la tierra: tenía treinta codos de alto, y en el santuario se levantaba un trono de oro. Brahma descendió en medio de nubes y colocó un dosel sobre la cabeza de Sakya. Indra vino a refrescarlo con un abanico, y Naga, el rey de las serpientes, llevó hasta él a las cuatro divinidades tutelares que se sientan en las cuatro extremidades del universo. Pero los Asuras[29] acudieron llenos de rabia a atacar al avatar. Los dioses lo abandonaron; Sakya, indefenso, imploró a la Tierra, que, más compasiva, abrió a sus aguas subterráneas una gran salida. Los Asuras, vencidos, huyeron. Los cinco códigos sagrados proclamaron la divinidad de Sakya, que, con el nombre de Buda, consolidó su nueva dignidad mediante veintiún días de ayuno severo, y ahora se sienta sobre lo más elevado de los mundos[30], gozando de la inefable felicidad de una impasibilidad absoluta. Dejó detrás de sí los códigos sagrados. Con su lectura, el fiel se libra de las maquinaciones de los espíritus inmundos, abre los caminos de la redención, sustrae su alma al renacimiento, se libra de la pobreza, alcanza los honores, se cura de las enfermedades y, mediante la fe, gana el *nieban* o *nivani*, felicidad eterna que consiste en la ausencia de cualquier cambio, en la pérdida de toda individualidad, en la supresión de cualquier sentimiento, de cualquier conocimiento, de cualquier pensamiento».

Ésta es la leyenda de Buda. Designado en Ceilán con el nombre de Sommonacodom; en Siam, con el de Gautama; en China, con el de Fo, algunas veces con el de Tamo, representado en el Tíbet por el gran lama[31], no por eso deja de tener todos los caracteres de una encarnación india, aunque la secta por él fundada haya sustituido posteriormente las encarnaciones por las apoteosis. Se reconocen estos caracteres en los milagros que establecieron la superioridad sobre Bommazo, dios que le disputaba el imperio y que desafió imprudentemente su habilidad. Oculto en el centro de la tierra, como un grano de arena imperceptible, Bommazo fue descubierto por la mirada penetrante de Buda que, conminado a que se ocultase también, se colocó en la ceja del propio Bommazo, y dejando que su rival lo buscase inútilmente en las cuatro grandes islas y en las dos mil de menor extensión, en el fondo del océano, en las cimas inaccesibles de Zetchiavala, y hasta en la cima del Mienmo[32], frustró sus esfuerzos y le obligó a declararse vencido; y, en otra leyenda, Buda no es más que Vishnú que se encarna para destruir a los Tripuras, tres gigantes feroces, que viven en ciudades encantadas cuyas paredes eran de oro, de cobre y de hierro, y que llevaban siempre consigo, con ayuda de inmensas alas y la invocación del Lingam, por los lugares en los que querían extender sus estragos. Vishnú-Buda los venció mediante sus predicaciones y sus prodigios. No por eso deja de considerársele el autor de una herejía detestable, y la malevolencia de los brahmanes estalla en todos sus relatos. Los dioses del brahmanismo, después de haber adorado a Buda, casi a su pesar, le niegan su ayuda, y, si algunas veces se le confunde con ellos, otras muchas su rango de avatar sólo establece entre él y los tres grandes objetos del culto de los hindúes relaciones accidentales y pasajeras. Sin embargo, este descrédito, lanzado contra el enemigo de la división en castas, no debilita su carácter divino. La diferencia fundamental del espiritualismo brahmánico y del materialismo budista sólo se hace perceptible cuando se dejan de lado los ritos públicos y las tradiciones que motivan estos ritos, para fijarse exclusivamente en la doctrina filosófica o secreta. Por lo demás, lo exterior de las dos religiones, sus ceremonias, sus sacrificios, sus instituciones sacerdotales, su tendencia a la vida contemplativa, han mantenido entre ellas una semejanza que no puede ocultar su odio recíproco.

Los Charitras o libros sagrados de los primeros tienen una analogía evidente con los poemas épicos de los segundos. El Rama Kien de los siameses parece sólo una traducción del *Ramayana*, con menos poesía y encanto. En todos los sitios, en sus ficciones y en la mitología ortodoxa, se ve, unas veces, a un penitente preso de una devoción mística con el aspecto de una higuera seca que manda sobre los elementos por sus austeridades, y otras veces, a un rajá herido por una lanza mágica por querer acercarse a una mujer defendida por esta lanza animada. Aquí, un aligator se zambulle en el océano, abrazando con sus ondulaciones a una joven princesa que escapa de milagro de este temible amante; más allá, aspira a la mano de otra princesa, a la que sólo las maceraciones de un ermitaño y el valor de un héroe logran preservar de este extraño himeneo; más lejos aún, el tigre y el toro, unidos por una estrecha amistad, consiguen de las plegarias de un *rishi* la figura humana. Krishna, Bhagavati, Rama se reencuentran en estas fábulas con nombres apenas modificados[33].

Esta sucesión ininterrumpida de reformas con las que el sacerdocio invirtió o confundió voluntariamente las fechas, esta ausencia de monumentos no falsificados, este trabajo de los sacerdotes para disfrazar las antiguas doctrinas mezclándolas con las nuevas o explicándolas por estas últimas[34], todas estas cosas convierten la historia religiosa de la India en un caos. La luz brilla de forma aislada en algunos detalles, y cada día son más numerosas las partes que intenta esclarecer; pero se necesitará más de un siglo para que el conjunto aparezca con nitidez ante nuestras miradas.

Sin embargo, se pueden distinguir en esta religión los mismos elementos que en la egipcia: el fetichismo transformado gradualmente en

266

antropomorfismo, la adoración de los elementos y de los astros, primero, como culto, y, luego, como ciencia, las hipótesis metafísicas y las cosmogonías.

El culto de los árboles, de los cuadrúpedos, de los pájaros, de las piedras, se conservó en la India hasta nuestros días, asociándose a la adoración de los dioses superiores por la unión mística que les asigna como moradas estos objetos materiales[35]. Se supone que Brahma, Vishnú y Shiva moran en el Kolpo y, algunas veces, nacen en ciertas piedras. Rutren[36] se complace en encerrarse en el *outrachou*[37]; el dios de la pagoda de Perwattum no es más que una piedra informe[38]; y siempre que una enfermedad o cualquier accidente alcanzan a un habitante de un pueblo, todos sus conciudadanos se reúnen para buscar una piedra negra, santuario misterioso de la divinidad. Cuando la encuentran, la llevan con gran pompa y le levantan altares[39].

Los indios rinden culto al elefante, al águila, al gavilán, al cuervo, al mono, al escarabajo, como en Egipto, un símbolo astronómico, porque sus antenas y el brillo de sus alas figuran el sol; al cisne, cuya blancura resplandeciente, que desafía a la ola que lo envuelve, es el emblema del alma, que supera, para unirse a Dios, las tentaciones del mundo terrestre que la asedian sin mancillarla. Eligen sus toros sagrados según las mismas reglas de los egipcios[40]; y los partidarios de Shiva observan regularmente el día dedicado a esta divinidad cuadrúpeda[41], que lleva a Shiva en los aires, cuyos tres cuernos son los Vedas, y que es tan temible para la injusticia que el reino de ésta sólo comienza allí donde termina el rabo del toro celeste[42].

A la vaca se la invoca como representando a Surabhi, dispensadora de la felicidad. Budrani, la amada de Shiva, en la figura de una becerra; Lakmi, la bella compañera de Vishnú, que algunas veces reviste la misma forma y descansa en el pecho de su amante. La historia de la vaca Nandini, tan poéticamente narrada por Kalidasa en el *Ragu Vansa*; la de la vaca Bahula, que pide la vida a un tigre, curioso episodio de los *Itahasas*[43], son embellecimientos de estos recuerdos del fetichismo[44]. Los pájaros fantásticos Garuda[45] y Aruna son fetiches idealizados que se relacionan con la astrolatría. Aruna, débil, imperfecto, es la aurora que precede al sol y su luz es una luz ambigua; Garuda es este sol en todo su esplendor, la verdad, la montura de Vishnú.

Las mismas reminiscencias aparecen en sectas más modernas; los yainas, herejes detestados por los brahmanes, y de los que sólo podemos hablar aquí de paso para no alejarnos de nuestro tema[46], asocian a cada uno de sus santos o penitentes deificados un animal que le sirve de emblema[47]. Finalmente, en los bosques y en las montañas del Carnatic, así como en diversos puntos de la costa de Malabar, el fetichismo subsiste aún en su integridad. Varias tribus de salvajes nómadas sólo adoran a sus demonios o genios individuales y no rinden culto a las grandes divinidades del país[48].

La asociación de este fetichismo con un antropomorfismo, que sólo se puede considerar como una alteración de las formas exteriores, se manifiesta en las fábulas que, atribuyendo a los dioses la figura humana, las recargan con elementos tomados de los animales adorados antaño exclusivamente[49].

Al lado de este fetichismo y de este antropomorfismo combinados, se coloca el culto de los elementos y de los astros. Uno de los autores más antiguos que nos transmitió sobre la India informaciones exactas vio, cerca de la costa de Coromandel, un templo dedicado a los cinco elementos[50]. El aire, el fuego, la tierra, invocados con sus nombres verdaderos, con el sol, la luna y los planetas, se los designa al mismo tiempo con los nombres de Brahma, Vishnú, Buda, siempre honrado, aunque siempre sospechoso. El origen de los Vedas siempre tiene como referentes a los elementos. El *Rig Veda* nació del fuego; el *Yajur Veda*, del aire; el *Sama Veda*, del sol[51]. Algunas veces, la inclinación de los indios a descifrar todo transforma a los mismos Vedas en divinidades. Narada narra en el *Varaha Purana* que vio un día, sobre un lago, una flor de un tamaño sorprendente y que resplandecía con los más vivos colores. En las orillas del mismo lago, había una joven de una encantadora belleza, con los ojos semiabiertos y descubierto su seno. ¿Quién eres, le dije, continúa Narada, hermosa desconocida, la más perfecta de las vírgenes, tú, cuyo talle es esbelto como el árbol que se lanza hacia el aire? Terminó de cerrar sus ojos y guardó silencio; olvidé a los sastras y a los mismos Vedas y me acerqué a la que había cautivado todos mis pensamientos; tres formas celestes aparecían sobre su seno. Los ojos de la última brillaban con un resplandor indecible, deslumbrador como el sol. Luego desaparecieron después de haberse mostrado. La desconocida se quedó sola. Dime, le dije, cómo perdí a mis Vedas. La primera forma que viste sobre mi pecho, respondió ella, era el *Rig Veda* o Vishnú; la segunda, el *Yajur Veda* o Brahma; la tercera, *Sama Veda* o Shiva. Retoma, pues, oh Narada, a tus Vedas y a tus Sastras, lávate en este lago que es Veda Sarovara o el lago de los Vedas y te acordarás de las diferentes transmigraciones que recorriste[52]. Así, los Vedas son tres dioses, pero tres dioses elementales, que se celebran a sí mismos entre cantos místicos; pues el *Rig Veda* comienza por un himno dirigido al fuego; el *Yajur Veda*, por un himno dirigido al aire, y el *Sama Veda*, por un himno dirigido al sol[53].

Encima aparece la religión científica, la astronomía, la astrología su compañera, la observación de los fenómenos físicos, y su aplicación, ya a las costumbres religiosas, como adivinación, ya a los usos prácticos, como medicina.

La historia de Krishna es totalmente astronómica. Las doce ninfas que componen su séquito son los signos del zodíaco; y la inconstancia que lo lleva de una a otra es el paso del sol a estos signos diversos[54]. Su victoria sobre la gran serpiente Caliga Naga recuerda, como la de Apolo sobre el monstruo de la misma especie, la acción del sol que purifica la atmósfera. Los brahmanes, antes de la aurora, piden a la Trimurti sagrada que proporcione a la humanos la luz de los cielos[55]. Le asocian las antorchas inmortales que nos calientan e iluminan; y los *vanaprasthas*, que se santifican en la soledad, ofrecen también a estos dioses los sacrificios más meritorios y más eficaces[56].

El *Surya Siddhanta*, el más antiguo de los tratados de astronomía, se considera como una revelación[57]. Meya, su autor, lo recibió del sol, como premio a sus penitencias[58]. Shiva tiene sus Tontros, que dieron a conocer a los hombres las revoluciones de los meses y de los días. El brahma y el Vishnú-Siddhanta indican, sólo por su nombre, su origen divino. Otros Siddhantas los escribieron simples mortales, pero por una inspiración sobrenatural; todos juntos, en total dieciocho, como los Puranas, llevan el título de Sastras, expresión de su superioridad sobre los comentaristas posteriores, obras profanas del espíritu humano[59]; y lo que acaba por dar a estos Sastras la impronta sacerdotal es que se observa en ellos el esfuerzo de los sacerdotes por conciliar la infalibilidad de sus enseñanzas con las sucesivas rectificaciones que comportan los avances de los conocimientos. Los movimientos de los planetas pueden cambiar, se dice en el Surya Siddhanta, pero los principios de la ciencia son los mismos; y, para paliar hoy la contradicción que existe entre los descubrimientos que se han hecho y las fábulas absurdas de los Puranas y de los Vedas, cuya autoridad no se discute en absoluto, los pandits recurren a interpretaciones. Algunas veces, las fábulas se resisten a ello. Así, los Vedas enseñan positivamente que los eclipses los produce el dragón Rahu, monstruo terrible al que Vishnú cortó la cabeza. Este monstruo, que había ocultado a los dioses algunas gotas de su *amrita*, la ambrosía de la India, legó su cabeza inmortal a los cielos y su cola a la tierra, de la que, surgiendo con furor, persigue, como el Fenris de los escandinavos, al sol y a la luna para devorarlos. Los pandits dicen que el hecho es cierto; pero que, obligados a aplicar a la astronomía las luces humanas, escriben como filósofos, y no como teólogos. Los físicos del siglo XVIII se expresan de igual manera. La conformidad de las circunstancias produce necesariamente la del lenguaje.

La astronomía no es la única ciencia de la que se apodera la religión, que hace suya, que identifica con sus fábulas y que somete a su autoridad. La legislación esta contenida en el *Dharma Sastra*. La medicina es también el presente de un dios, que la reveló en el *Yajur Veda*, del que sólo quedan algunos fragmentos, y uno de los Upanishads de los Vedas contiene un tratado de anatomía.

En varios Puranas, se reserva una sección especial a la geografía, y los brahmanes proscriben los tratados geográficos en lengua vulgar. Tenemos, dicen, a los divinos Puranas, ¿qué más necesita la raza humana[60]? Las siete notas de la música están puestas, en el *Rama Veda*, bajo la protección de siete divinidades. Este arte divino lo comunicó a nuestra especie Brahma y Sarasvati, su hija. Y su hijo Nared es el inventor de la lira, como Mercurio entre los griegos. Las divisiones posteriores de los diferentes tonos están personificadas como otras tantas ninfas, en el *Sangita-Ratnakara*[61]; u otras veces, asociando una ciencia a la otra, y la astronomía a la música, los indios reducen las notas musicales a seis, para que se correspondan con las estaciones del año[62]. Consagran un modo particular de armonía a describir, alternativamente, la melancolía de los meses rigurosos, la alegría que llega con el retorno de la primavera, el agobio de los calores excesivos o el renacimiento de la naturaleza, cuando las lluvias fecundas refrescan la atmósfera abrasada durante largo tiempo; y adaptando las fábulas a la ciencia, suponen seis Ragas, seres intermediarios entre los dioses y los hombres, que se divierten en el aire, compartiendo sus favores entre cinco compañeras de una belleza inigualable, que revolotean, a su vez, en la cima de los montes o en los repliegues ondulados de las nubes, familia llena de gracia, que rivaliza con las ficciones más elegantes de la mitología griega[63].

Finalmente, la gramática, esa organización ingeniosa del descubrimiento a la vez más decisivo y más inexplicable, y ese descubrimiento del lenguaje al que los animales se acercan sin nunca alcanzarlo, y que, sirviendo de órgano y de vínculo a las facultades del hombre, le asigna su rango en la creación; la gramática tiene como primer autor a la serpiente Patanjali, que fijó sus leyes en su *Morasbashya*[64]. Panini, otro famoso gramático, es alabado en los Puranas como inspirado y como profeta[65]. La historia de su comentarista Catya Juna se vincula con estas leyendas[66]; y Bhartri Hari, poeta didáctico que redactó en verso las reglas establecidas por sus predecesores, es hermano de este Vircama Ditya, cuyas austeridades, guerras y milagros figuran en cada página de los poemas sagrados[67]. El Agni Purana es un sistema de prosodia; y la invención de este arte, al que los indios dan tanta importancia, se remonta a Pingala Naga, ser fabuloso, representado, como Patanjali, bajo la forma de un reptil, o quizá idéntico al propio Patanjali[68].

Así, en la India como en Egipto, la ciencia procede siempre de la religión, y es por la religión como la ciencia se conserva; y, como en Egipto, su posesión es un privilegio reclamado por el orden sacerdotal. ¡Ay de quien intente quitárselo! Cuando los reyes de Magadha permitieron a los letrados de su corte publicar escritos destinados a la instrucción de todas las clases, los brahmanes irritados anatematizaron el reino y lo declararon una región sacrílega en la que ningún fiel podía vivir[69].

En una esfera más elevada, encontramos las hipótesis metafísicas, más sutiles aún que en Egipto, y subdivididas, diversificadas y matizadas de tal forma que renunciamos, en esta obra, a detallarlas todas o siquiera a enumerarlas. Podríamos, sin duda, como tantos otros y sin gran esfuerzo, aparentar una erudición siempre grata, entregándonos a estos sistemas y a sus sutilezas infinitas de los nombres extranjeros. Dos o tres extractos de Colebrooke y de Schlegel nos proporcionarían materiales más que suficientes; y, al traducir a estos autores sin citarlos, nos apropiaríamos del honor de su ciencia. Pero cansaríamos a nuestros lectores inútilmente; no queremos ocuparnos aquí de estas hipótesis en sí mismas, sino del modo como los sacerdotes, brahmanes o budistas las introducen en su doctrina erudita, y de la influencia que su introducción en esta doctrina ejerce en el culto público. Por tanto, en lugar de exponer aparte cada sistema indio, permaneceremos fieles a las grandes divisiones que ya establecimos anteriormente, el teísmo, el panteísmo, la emanación, el dualismo y el ateísmo.

El teísmo se halla en casi todos los libros sagrados de la India. El símbolo de los brahmanes enseña que el adorador del dios único no necesita ídolos. El Bedang, que personifica, en una fábula muy larga sobre la creación del mundo, todos los atributos de este dios único, se atribuye el origen de todas las cosas. Las *Leyes de Menu*[70] combinan este dogma con el de una fatalidad absoluta; el Dirm Sastra lo proclama, reduciendo todos los relatos que parecen contrariar la unidad de Dios a manifestaciones particulares de la Providencia[71]; el Bagavadam acumula fábulas innumerables para inculcar y hacer que triunfe esta unidad.

Unas veces, cuenta que uno de los padres de la especie humana, queriendo conocer la naturaleza divina, se impuso severas penitencias, y, por la fuerza de los ayunos y de sus maceraciones, brotó de su frente una llama brillante. Todos los dioses se asustaron mucho de esto y buscaron un refugio junto a Brahma, Shiva y Vishnú. Estas tres divinidades superiores se presentaron ante el penitente. Prosternándose delante de ellas, les dijo: Sólo reconozco a un Dios, ¿cuál de vosotros es el verdadero para que le adore? Los tres dioses le respondieron: No hay diferencia alguna entre nosotros. Un solo ser es a la vez el creador, el conservador y el destructor. Adorarlo en una de estas tres formas es rendirle homenaje en las otras tres[72].

En otro lugar, nos enseña que Snakti, hija de Daksa, mujer de Shiva, y despreciada por su padre, incitó a su esposo para que la vengase. Un gigante de mil brazos, nacido de uno de sus cabellos que había arrancado en su cólera, penetró en la asamblea de los dioses y cortó la cabeza a Daksa, que maldijo a su hija. Los dioses se quejaron a Brahma; Shiva

271

otorgó el perdón a su suegro. Una cabeza de macho cabrío sustituyó a la cabeza cortada y consumida por el fuego, y Vishnú declaró de nuevo que los tres dioses, depositarios de las formas de la naturaleza, no componían más que una sola esencia, un solo y mismo Dios[73].

El teísmo se manifiesta igualmente en otra fábula, que se relaciona, al mismo tiempo, con el acontecimiento histórico de la abolición del culto de Brahma.

Orgulloso del poder de crear, Brahma quiso un día igualarse al destructor Shiva, y se creyó superior a Vishnú, que conserva todo lo creado. Se entabló un combate terrible entre Vishnú y Brahma. Se estremecieron las esferas terrestres; las estrellas cayeron del cielo; la tierra tembló. En medio de este horrible tumulto, apareció una columna de fuego de la que no se veía ni la cima ni la base. Viendo esto, los dos antagonistas convinieron en que la supremacía pertenecería al que descubriese los fundamentos de esta columna o alcanzase su cima. Vishnú, en forma de un jabalí, cavó la tierra durante mil años, introduciéndose, cada minuto, en una profundidad de tres mil leguas. Pero el pie de la columna permaneció siempre oculto en el abismo. Vishnú reconoció su impotencia. Brahma, metamorfoseado en cisne, se elevó en el aire, a una altura que las palabras no pueden describir. Recorría en una hora treinta y seis mil leguas, y su vuelo duró cien mil años. Finalmente, sus alas cansadas se negaron a llevarlo. Como descendía hacia la tierra, encontró a su paso una flor. La cogió con su mano, y sólo la dejaría libre cuando declarase que su esfuerzo había sido un éxito. Apenas había pronunciado este falso testimonio, cuando se entreabrió la columna de fuego. Apareció Shiva, riendo de modo horrible, y condenó a Brahma, como castigo de su impostura, a no tener nunca más ni templos, ni simulacros, ni seguidores. El arrepentimiento del dios desarmó su cólera; pero no retractó su sentencia, y Brahma sólo obtuvo la adoración de los brahmines, sin culto público y sin ceremonias exteriores. Así se reconoció la superioridad de Shiva[74], dios supremo, dueño único de todo, y todos los seres son sus servidores[75].

Se debe observar que, en esta fábula, como en varias más, los indios dan la preferencia al principio destructor. Este carácter de su mitología se explica por su disposición a considerar la aniquilación como la felicidad suprema. Es una desgracia para todos los seres el revestir formas terrestres; el poder que los destruye, el poder que libera al hombre de la individualidad que le pesa, debe tener preferencia sobre la que mantiene estas formas y esta individualidad. La idea de la destrucción es, por otra parte, para un pueblo contemplativo, más inmutable, más infalible y, por eso mismo, más grande que la de la conservación, siempre variada, situada en el tiempo, mientras que la de la destrucción lo está en la eternidad, siempre vencida, en fin, por esta destrucción que en todo momento sale victoriosa. Por eso, en las guerras de los dioses contra los gigantes, Shiva es casi siempre la divinidad principal. Brahma es el jefe de su ejército, los cuatro Vedas son sus mensajeros; Vishnú le proporciona la flecha.

No citamos el Ezurvedam, puesto que se ha demostrado que lo debemos al fraude piadoso de un misionero celoso[76]. Pero la facilidad que encontró este misionero para engañar a los lectores más asiduos de los libros auténticos demuestra tanto mejor la conformidad del teísmo con una de las doctrinas filosóficas de los brahmanes.

¿Se concluirá de ello, como lo hizo más de un escritor preocupado por una idea, que el teísmo es la religión de la India, o que, al menos, constituye por sí solo toda la doctrina brahmánica?

La conclusión sería falsa; ¿quién no ve que, para la muchedumbre ignorante y crédula, el sentido literal de estos relatos, en los que los dioses se pelean, se destruyen, se reconcilian, en los que se observan los vestigios del fetichismo y en los que se trata de sus nacimientos y de sus matrimonios, no puede compensarse por un axioma metafísico que, al no ofrecer más que una abstracción, rebaja, lo más a menudo, la divinidad del rango de ser moral al de sustancia? Es la enunciación de una filosofía; no es la enseñanza de una religión.

Lo que las fábulas inculcan, lo confirman los ritos. En las ceremonias nupciales, se invoca a Brahma, Vishnú, Shiva, Devendran, a los doce Aditias, a los ocho Vanuras, a los nueve Brahmas, a los once Rudras[77], a los Siddhas, a los Saddhias, a los Navadas, los siete grandes penitentes, los nueve planetas, en fin, a todos los dioses cuyos nombres se presentan a la memoria.

El teísmo, pues, no fue nunca la creencia pública de la India. Las mismas sectas que lo profesan se apartan de él continuamente. Los adoradores exclusivos de Shiva[78] le asocian Bhavani, su mujer. Los de Vishnú[79] rinden culto, al mismo tiempo, a Radha, una de sus favoritas. Otros que sostienen que sólo ofrecen sus homenajes a Rama[80], incluyen en ellos a Sita, su esposa, o veneran a los dos esposos reunidos[81]. Vemos, en la mitología india, a los dioses en lucha con los gigantes, a menudo oprimidos por ellos, sujetos a penitencias[82] o subyugados por las imprecaciones, y que se someten, a pesar de su poder, a lo que les es más penoso. Cada templo, cada pagoda muestra la pluralidad de los dioses, sus metamorfosis, sus debilidades, sus vicios. El templo de Tirumaton recuerda el triunfo del gigante Eruniaschken sobre los dioses y los hombres reunidos, las plegarias de Brahma que obligaron a Vishnú a retirar la tierra del abismo al que este gigante la había arrojado, las astucias del dios para vencer, bajo la forma de un jabalí, a este terrible adversario[83]. La figura de Devendren describe sus amores ilegítimos, y su castigo, primero indecente y, luego, extraño[84].

273

La prueba de que el teísmo no fue nunca la creencia en vigor, se desprende de los escritos mismos de los sacerdotes filósofos partidarios del teísmo. Unos, tímidos y reservados, sólo se abren a los adeptos ordenándoles un profundo silencio. Así, cuando, en el Upanayana, el padre del neófito le enseña la existencia de un dios único, dueño soberano, principio de todas las cosas, él añade que es un misterio incomunicable al vulgo estúpido, y cuya revelación atraería, sobre la cabeza del culpable, las calamidades más grandes. Los otros, más sinceros, combaten el politeísmo abiertamente[85]. Pero no se lo combate como si fuera una doctrina que aún existe. Nadie, en nuestros días, ni entre los mahometanos, ni entre los cristianos, escribiría contra el politeísmo[86].

Si el teísmo parece dominar en el Bagavadam y el Dirm Sastra, es imposible ignorar el panteísmo en otros libros sagrados. Los Vedas, en realidad, no contienen un panteísmo puro. Enseñan que hay tres mundos: uno es el pensamiento de la divinidad; otro, la realización de este pensamiento por la producción de un mundo ideal; y el tercero, el mundo material del que este mundo ideal es el tipo. Pero los comentaristas de los Vedas se esforzaron en dar a los textos una interpretación panteística[87]. El poder universal, dice uno de ellos, ese poder que resplandece en el cielo y gobierna al hombre, es, en el diamante, su brillo, en los árboles y en las plantas, su sabia, en el ser vivo, su alma; él proyecta y absorbe todo; es el sol y todos los dioses, todo cuanto se mueve y cuanto es inmóvil en los tres mundos de los que se habla. La filosofía vedantista va más lejos; rechaza esta trinidad de mundos (Trilokya); no admite más que uno, la ilusión múltiple: el reconocimiento de esta ilusión constituye la divinidad que existe sola, y el universo no es más que un fantasma sin realidad. La sustancia del alma, el sentimiento que ella tiene de su existencia, sus conocimientos, sus percepciones, todas estas cosas son Dios mismo, dice el símbolo de los brahmanes[88]. Cuanto existió desde siempre es Dios; todo lo que es Dios; cuanto será es también Dios[89]. Tú, yo, todos los seres son Vishnú[90]. Rechaza cualquier noción de diversidad, y contempla el universo en tu alma[91]. Y el Bagavadam, olvidando de repente su tema favorito, enseña que no hay nada en el mundo que no sea Vishnú; que este ser único toma diferentes formas; que actúa de diferentes maneras; pero que todo no es más que uno con él, y que la sustancia de todos los cuerpos, de todas las almas no es otra cosa que la suya, volviendo a sí misma, después de una aparente separación[92]. Pero esta doctrina se expone con detención sobre todo en el *Bhagavad Gita*. Ahí Krishna se define a sí mismo y dice que él existía al comienzo de todo, de todo cuanto existe, pero inadvertido; que, desde entonces él es cuanto existió y cuanto será, y que fuera de él no hay más que ilusión. Soy, continúa, el sacrificio y el culto, el perfume y la invocación, el fuego y la víctima, la generación y la destrucción, el sol y la lluvia, la inmortalidad y la muerte, el ser y la nada[93]. El panteísmo se manifiesta incluso en las nociones particulares sobre cada divinidad. Brahma es a la vez cada hombre individualmente, y colectivamente es la raza humana, lo que hace que nazca y muera todos los días porque, en cada momento, nacen y mueren seres; y muere cada cien[94] años porque ésa es la máxima duración de la vida mortal.

Pero, así como vimos que los partidarios del teísmo vinculaban cuidadosamente su doctrina a las fábulas populares, igual ocurre con los panteístas: lejos de desdeñarlas, las consagran, en la exposición de un sistema que, al parecer, las debería excluir. Cuando, para mejor inculcar esta hipótesis, Krishna se presenta a su discípulo y le dice: Yo soy el alma contenida en el cuerpo de todos los seres, el comienzo, el medio y el fin de todas las cosas: para los Aditias[95], yo soy Vishnú ; entre los astros, soy el sol; soy uno de los puntos cardinales del cielo en medio de los vientos; y el primer libro de los Vedas: entre las facultades, soy la vida; y en los seres animados, la razón; soy el más poderoso de los once destinos; y entre los genios, el de la riqueza; entre los elementos, el fuego, y Meru entre las montañas[96]; entre los sabios, soy su jefe Vrihaspati[97]; entre los guerreros Scandra, el dios de la guerra; entre los ríos, el Océano; entre las palabras, el *oum* misterioso[98]; soy el jefe de los coros celestes[99], y el primero de los *mounis* entre los piadosos penitentes; entre los cultos, soy la adoración silenciosa; entre los árboles del bosque, soy Aswatta[100]; entre los caballos, Urschisrava, que salió de las olas con la *amrita* tan disputada[101]; entre los elefantes, Iravat, y el soberano entre los hombres; entre las armas, el trueno; entre los animales, la vaca Kamaduk[102], hija del mar, soy el dios fecundo del amor; entre los jueces, soy Yama, el de los infiernos; entre los malos espíritus, Prahlad[103], y en los cálculos, soy el tiempo; entre los animales, soy su rey, y entre los pájaros, el prodigioso Vinatera; entre los vientos que purifican, soy el aire; en medio de los héroes, Rama[104]; entre los peces, Makar[105]; entre los ríos, el Ganges, hijo de Jahnu[106]; soy la primera de las vocales, y entre las palabras, soy *duandua*[107]; soy la muerte y la resurrección, la fortuna, la fama, la elocuencia, la memoria, la inteligencia, el valor, la paciencia, Gayatri[108] entre las medidas armoniosas, la gloria, la industria, la valentía, la esencia de todas las cualidades; entre los meses, *margasirsha*[109]; entre las estaciones, la primavera; entre los fraudes, el juego; Vyasa entre los inspirados[110]; entre los poetas, Usana[111]; entre los gobernantes, soy el cetro, y el silencio entre los secretos; de todas las cosas, sean animadas o inanimadas, no hay ninguna que yo no sea. Cuando Arjuna le responde: Tú eres Vayu, el dios de los vientos, Agni, el dios del fuego, Varun, el dios de los mares, Sasanka, la luna, Prajapati, el dios de las naciones, y Prapitamaha, el poderoso ancestro, ¿no es evidente que el autor del *Bhagavad Gita* acredita de este modo las fábulas mismas que desnaturaliza?

El mensajero Urschisrava, la vaca Kamaduk, el juez de los infiernos, Yama, Jahnu, padre del Ganges, son otras tantas alusiones y, por así decirlo, homenajes tributados a las ficciones recibidas, bajo las que aparece el panteísmo, como un formulario, de alguna forma, obligado; todas las fábulas desembocan ahí. Krishna, en su infancia, hurtaba a las ninfas la leche de sus rebaños. Se quejaron a Yasoda, su nodriza. El dios, por toda respuesta, abrió su boca bermeja, y Yasoda, sorprendida, vio en ella todo el universo en su mejor esplendor[112]. ¿Quién no ve aquí el panteísmo, ocultándose en una leyenda que él mismo consagra, al establecer una doctrina que destruye cualquier leyenda?

Algunas veces, una profesión de fe panteísta termina un relato que parece no prepararla ni apoyarla en nada. Trivicrama reinaba en las orillas del Godaveri. Todas las mañanas un brahmán le presentaba una flor. El rey la tomaba con respeto; pero cuando se marchitaba, la arrojaba al patio de su palacio. Un día, al abrir los pétalos de la que acaba de recibir, vio un diamante de un enorme valor. El brahmán prometió explicar este misterio, si el príncipe quería acompañarlo a un bosque. Se pusieron en camino; llegados al final del viaje, vieron un cadáver sostenido por las ramas de un roble. El brahmán suplicó al ilustre compañero que llevara el cuerpo hasta su casa. Trivicrama, venciendo su repugnancia, colocó al muerto sobre sus hombros; pero este muerto, embaucándolo con historias maravillosas, logró escapar veinticinco veces. Irritado el monarca, finalmente se hizo cargo del extraño fugitivo quien le desveló los complots del brahmán, que aspiraba a su trono y que tramaba su pérdida mediante ritos mágicos, para los cuales era necesario un cuerpo que acaba de morir. El sacerdote conspirador fue castigado, y Shiva, dirigiéndose al príncipe, le dijo: Tres veces saliste de mi esencia; dos veces te evoqué en mi seno. Cuando llegue el fin de tus días, te recibiré de nuevo y ya no te separarás de mí[113].

Otras veces, el panteísmo reintroduce el politeísmo en un segundo por medio de rodeos cuya sutileza está llena de curiosidades. Adorar al Ser supremo, que comprende a todos los seres, es adorarse a sí mismo, dicen los panteístas, y esta adoración debe prohibirse. Pero se permite dar culto a las partes de la divinidad, que son superiores entre sí, y este culto puede dirigirse legítimamente a los simulacros a los que la divinidad se ve obligada a descender por el poder de las invocaciones[114].

Las ceremonias tienen igualmente una doble tendencia. La apoteosis de todos los instrumentos que sirven para celebrarlos, jarrones, trípodes, banderas o *pandels*, las mismas hierbas, que se convierten en otros tantos dioses a los que se puede adorar, son panteísmos disfrazados; son también panteísmo los homenajes ofrecidos a las herramientas de todas las profesiones, en la fiesta de Gahury, uno de los nombres de Paravati, mujer de Shiva. El labrador se postra ante sus arados, sus picos, su hoces; el albañil, ante su llana y su regla; el carpintero, ante la sierra y el hacha; el barbero invoca a sus navajas; el escritor, a su estilete de hierro; el guerrero, a su armas; el pescador, a sus redes; el tejedor, a sus bastidores; el labrador ofrece sacrificios al estiércol que debe servir de abono a sus tierras. Pero, si estos ritos místicos recuerdan al brahmán imbuido de su doctrina oculta su unidad abstracta, la transformación de objetos materiales en divinidades particulares inculca al vulgo la pluralidad de los dioses.

Se puede decir otro tanto de las epopeyas santas, el *Ramayana* y el *Mahabarata*. El panteísmo aparece frecuentemente en el *Ramayana*[115], y se encuentra en él igualmente la doctrina de los tres mundos, enseñada por los Vedas[116], y la noción sacerdotal que atribuye a los dioses la invención de todas las ciencias y de todas las artes. Esta noción sirve de introducción a la obra, y el episodio de los dos pájaros, uno de los cuales, matado por un cazador con el lamento de su compañera, dicta a la piedad de Valmiki el ritmo armonioso que Brahma consagra[117], aparece narrado con un encanto especial. En cuanto al *Mahabarata*, del que forma parte el *Bhagavad Gita*, la doctrina panteísta aparece en él con mayor claridad aún; pero la poesía lleva necesariamente a los poetas a remplazar las abstracciones por imágenes y relatos en los que la individualidad retoma su lugar[118]. Si el tono de estas epopeyas es más solemne y más filosófico, en cierto sentido, que el de las rapsodias homéricas, no por eso los dioses del *Ramayana* son menos individuales, menos apasionados, menos diversificados en sus caracteres, en sus inclinaciones y voluntades que los dioses de Homero. Esta variedad, que no se compagina con el panteísmo más que por una serie de razonamientos difíciles de captar y de seguir, debe destruir su efecto popular. La multitud, a la que una prohibición celosa inhabilita el acceso a estos volúmenes sagrados[119], es admitida, sin embargo, a oírlos recitar en las ceremonias en las que es espectadora, y cuanto le enseñan no puede más que confirmarla aún más en su creencia en el politeísmo[120].

Es cierto que el indio que, en sus plegarias, proclama, cambiando de opinión infinidad de veces, yo soy Brahma, yo soy el universo, sólo *yo* existe en el universo, no da a estas palabras un sentido filosófico. En el momento en que las repite, sus adoraciones, dirigidas hacia infinitas divinidades, prueban que él no se limita en absoluto a la concepción exclusiva que remplaza, en el panteísmo, cualquier diversidad. Obstinarse en ver en este panteísmo la doctrina definitiva de la India, es tomar una parte por el todo y generalizar una verdad parcial, medio infalible para hacer de ella un error[121].

El sistema de emanación se presenta también casi con las mismas formas que en Egipto: la divinidad se divide en una multitud de dioses que presentan, en principio, cuerpos de forma humana, pero ligeros, diáfanos y puros. Progresivamente, sus cuerpos se oscurecen, aparecen torpes y, con una corrupción cada vez mayor, estos dioses descienden a la condición de los hombres, para remontar de nuevo a su origen primero. Hay aquí teísmo y politeísmo[122]: teísmo, en cuanto que todo es emanación de un solo ser, al que todo se une mediante depuraciones; panteísmo, en cuanto que la tendencia de todos los seres parciales es la de reunirse con el gran todo y que, realizada esta unión, todo es absorbido en la misma sustancia y desaparece cualquier individualidad[123].

El dualismo es igualmente claro. Penetra en la doctrina metafísica con el teísmo y el panteísmo, pues los dos necesitan de él, uno para absolverse[124] y el otro para explicar su doble apariencia, y luego desciende del santuario a las fábulas del pueblo. Vishnú, en sus innumerables encarnaciones, aparece en cada momento sobre la tierra para combatir el mal, o en forma de héroe, de un reformador, de un penitente, de un sabio; o en la de una tortuga, un jabalí, un león con cara de hombre. A menudo, el principio bueno y el malo aparecen unidos en el mismo dios considerado desde los dos aspectos diferentes. Varuna, el dios de los mares, unas veces, protege y purifica a la raza mortal; otras, rodeado de cocodrilos y de serpientes, retiene en sus abismos a las almas encadenadas. Shiva es el benefactor, cuando descansa sobre el Kailasa, con el toro como montura y la gacela como emblema, dichoso con la felicidad que dispensa, cuando su frente luminosa se entreabre para transmitir al mundo sediento la ola fecundante, fuente de prosperidad y de delicias; pero pronto se convierte en maligno; exige la sangre, se alegra de las lágrimas y su boca lanza fuego devorador. Finalmente, Ganga o Bhavani, esta diosa de la India, la tejedora de la naturaleza, la dominadora del Himala, el agua primitiva que confiere a todos los seres el don de la existencia, se convierte en Kali la terrible, que preside, en el otro mundo, los tormentos de los pecadores, y reclama en éste víctimas humanas[125].

Lo que acabamos de decir del teísmo, del panteísmo, de la emanación, del dualismo, se aplica al ateísmo. De cualquier manera que se interprete y se fuerce la doctrina de Fo, el término y la base de esta doctrina son el vacío y la nada. Los ancestros del género humano salieron de la nada y a ella volvieron; nosotros volveremos todos a ella. Todos los seres animados e inanimados sólo son diferentes en apariencia, como la nieve, el hielo y el granizo no son más que formas diversas del agua. Sólo existe la materia. El nacimiento, la muerte, el crimen, la virtud, las manchas y las purificaciones sobre esta tierra, todo es ilusión. Se puede llamar a este sistema, si se quiere evitar el término de ateísmo, un panteísmo materializado; pero parte de los mismos principios que el ateísmo y desemboca en las mismas consecuencias; y la confidencia del reformador a sus discípulos en su lecho de muerte[126] —confidencia, que, si no es un hecho histórico, expresa, al menos, el fondo del sistema— es un testimonio contra las sutilezas invocadas por estos discípulos para desentenderse de la acusación levantada contra él por las otras sectas. Sin embargo, en los budistas, igual que en los brahmanes ortodoxos, todas las hipótesis coexisten, y, además, por una serie de precauciones que indicamos anteriormente[127], esta clase de hombres alimenta al pueblo con opiniones totalmente contrarias. Se contenta con los ritos exteriores, los elogia, los impone, y la tradición nos la presenta saliendo de la morada del maestro muerto, para deslumbrar al pueblo por la austeridad de sus maceraciones y el fervor de sus invocaciones religiosas.

Por tanto, son idénticos los elementos que componen la religión de Egipto y la de la India. Es fetichismo, es ciencia, es filosofía que alumbra las hipótesis que se dieron a conocer por doquier al espíritu humano, hipótesis de las que los sacerdotes no admiten ninguna en exclusiva, sino que las depositan en el santuario[128].

Finalmente, una última circunstancia completa la identidad. Obligados a expresar, como lo sacerdotes de Egipto, sus hipótesis metafísicas en términos figurados, los brahmanes las transformaron en cosmogonías que muestran generaciones monstruosas, violaciones e incestos. Sería demasiado prolijo entrar en detalles de estas cosmogonías más complicadas y más incoherentes que en ningún otro pueblo, porque los sistemas que debían expresar eran más numerosos y más sutiles.

Basta mostrar a Brahma[129], el primero de los seres, puro por encima de toda pureza, excelente por encima de toda excelencia, la luz de las luces, que engendra al Verbo sagrado, hijo de Dios, parecido a Dios, el Verbo, cuya primera letra, presidida por Brahma, contiene la tierra, el mundo, los hombres, la primavera y el pasado; la segunda, presidida por Vishnú, la atmósfera, el calor vital, el verano y el presente; la tercera, el sol, el invierno o la estación de las lluvias, y el futuro esperado por Mahadeva o Shiva, el dios de la destrucción. Maya, sin embargo, Maya la embustera, hermana e hija del todopoderoso, Maya, el deseo de Brahma, el amor eterno y, como amor, la ilusión, inflama a su padre con inefables e incestuosas llamas. Muellemente acostado sobre el velo brillante que ella tejió con sus manos hábiles, recibe, a través del tiempo, la semilla fecunda del que estaba solo. Becerra tricolor, encarnada, negra y blanca, y, por la unión de estos tres colores, emblema de las tres fuerzas que crean, conservan y destruyen, alumbra las fuerzas engañosas que pueblan el mundo de las apariencias. Cambia la mentira en verdad, la verdad en mentira, ocultando, detrás de los seres parciales que no existen, al ser universal que existe.

Las ideas fundamentales de esta cosmogonía se encuentran en todos los sitios. Según una tradición, Adi Sakti, la fuerza originaria, dio a luz a los tres dioses o la Trimurti, reunida en un solo cuerpo. Se enamoró perdidamente de ellos y se casó con sus hijos. Según otra tradición, de la semilla de Adi Sakti, la energía que crea, nació Shiva, la energía que mata. El miedo invadió al que existía solo, dice el *Yajur Veda*; pero reflexionó; ¿a quién he de temer, puesto que estoy solo? Y el amor se apoderó de él. Pero ¿de qué le servía el amor en su soledad? Y deseó vehementemente la existencia de otro, y se hizo como el hombre y la mujer en sus mutuos abrazos. Las dos mitades se separaron, y la mujer, temiendo el incesto, tomó diversas formas: ella se transformó en vaca, y él, en toro; ella, en yegua, y él, en caballo; ella, en cabra, y él, en macho cabrío; ella, en oveja, y él, en carnero; y así se crearon las diversas especies, desde el enorme elefante hasta el insecto imperceptible.

En uno de los Puranas, el gigantesco Atri, uno de los primeros padres de la raza humana, hacía una rigurosa penitencia en un lugar retirado. Una gota fecundante cayó en el Océano. Es mi hijo, exclamó, yo te lo encomiendo. El perezoso Océano dejó flotar esta semilla a merced de los vientos y de las olas. Finalmente, acordándose de este germen depositado, lo colocó en el cielo. Nació una luna, aunque pálida e imperfecta, cansada por las sacudidas que había sufrido. Entonces los dioses la arrojaron a las olas y la mezclaron con plantas fortificadoras y árboles llenos de una esencia maravillosa, y pronto una luna nueva surgió en los aires resplandeciente.

Según otro relato, las miradas de los tres dioses que sólo existían todavía como idea, se encontraron en el mismo punto. Su encuentro engendró a la diosa blanca, que es la Trimurti, virgen bajo una triple forma; pero que es, al mismo tiempo, Sarasvati, hija e Brahma, y Bhavani, mujer de Shiva; ésta celebraba, con danzas, la alegría de su creación, y de su seno salieron los tres huevos de los que, a su vez, nacieron los tres dioses. Aquí aparece el huevo cosmogónico, que se encuentra en las tradiciones de todos los pueblos; este huevo, mitad de oro, mitad de plata, del que una parte forma el cielo y la otra, la tierra; su galladura es el astro del día; la yema, las montañas; las venas, los ríos; su calor, unas veces abrasador y otras fertilizante, ablanda las rocas insensibles o da la vida a los seres animados. Pero, por una serie de contradicciones propias de las cosmogonías, envoltura de una metafísica sutil, el propio creador se convierte en la criatura del huevo que él produjo; y es de este huevo roto del que él sale la primera vez que aparece[130].

Sin embargo, nacido de la confusión y de la mezcla de todos los gérmenes, Haranguer Behah[131], unas veces, el príncipe de la producción, otras, la reunión de los elementos sutiles, y, otras, el caos, engendra a Prajapati, a la vez, la generación primera, la figura del mundo y el representante del año. Y este Prajapati lleva sus manos a la boca y este movimiento engendra el fuego de los sacrificios, y este fuego se asemeja a un corcel cuya cabeza mira hacia oriente, su grupa hacia occidente y sus lados al norte y al sur; y de la semilla de Prajapati nace la tierra, y de la unión de esta semilla con el verbo, el sol; y Haranguer Behah, en su hambre devoradora, quiere, como Saturno, comerse a los recién nacidos; e hija del espanto que les inspira, la palabra se opone a ello; y, dividiéndose entre los nombres de las diversas criaturas y la expresión de los pensamientos divinos, se incorpora a los Vedas sagrados. No se puede ignorar aquí un símbolo universal, impreso en las cosmogonías más opuestas. Esta hambre insaciable de Haranguer Behah, que devora cuanto produce, y que sólo produce para tener más que devorar, es la imagen horrorosa de la destrucción reservada a todo lo que existe. La creación, obra pasajera, parece sólo el medio ilusorio de llenar un abismo que nunca se llena. El Crono de los griegos es el Haranguer Behah de los indios. ¿Se debe concluir de esto que esta idea vino de la India, y no es más verosímil que una ley de la naturaleza que la experiencia revela antes que todas las demás, queremos decir, esa tendencia rápida de todos los seres hacia el abismo desconocido que los espera y los engulle, sugirió, en todos los climas, al hombre esta imagen, desde que comenzó a reflexionar?

Pero si las cosmogonías indias se parecen, de un modo general, a las de todos los pueblos gobernados por sacerdotes, el clima les imprime rasgos particulares. El amor a la inacción, la pasión por una inmovilidad ensoñadora, el encanto de una contemplación interior que amortigua los choques del exterior, pasan del carácter de los adoradores al carácter de los objetos adorados; y la creación, antes de realizarse, encuentra más de un obstáculo en esta disposición. El primer ser creado por Brahma huye al desierto para adentrarse en la meditación hasta el final de los siglos. Nueve *rishis*, producidos por un segundo acto de voluntad del Eterno, rechazan igualmente la obra creadora[132], y es entonces cuando Brahma, combinando las dos ideas favoritas de la generación mediante la unión de los sexos y de la energía de la contemplación, se une a Sarasvati, y de este incesto nacen los cien hijos, que, a su vez, engendran, cada uno, a cien hijas. Al mismo tiempo, y por la fuerza de su pensamiento, saca del fondo de las aguas la tierra, a los dioses, los Rudras, que le preguntan cómo podrán, a su vez, formar criaturas. Brahma entra en sí mismo, medita y crea el fuego; y todos estos seres secundarios, que practican con este fuego penitencias y austeridades, fabrican, con el trabajo de un año, una vaca única, el modelo de las vacas, que pare novecientas noventa y nueve vacas.

No se pueden explicar tantas invenciones extrañas que parecerían obra confusa e informe de una imaginación delirante más que atribuyéndolas a la necesidad que sienten los sacerdotes de remontarse, para satisfacción de su propia inteligencia, a las causas primeras de los fenómenos que han observado, y mostrar, según se inclinen por el teísmo o el panteísmo, o al gran todo que se divide, o al ser creador que hace emanar de su seno la clase de mundo celeste al que corresponde el mundo material. Desde el punto de vista del imperio de los sacerdotes sobre la multitud, estas cosmogonías eran superfluas. Este imperio descansaba en el fetichismo y el antropomorfismo. Pero, al querer anotar sus hipótesis y sus sistemas, y no pudiendo expresarlos más que con imágenes tomadas de una lengua imperfecta, acumulan las figuras más extrañas y más obscenas, explicando la rareza mediante el símbolo y encubriendo la obscenidad mediante la alegoría.

La mezcla de estos elementos diversos aparece en la India como en Egipto. Los Aditias, entre los que Vishnú es el décimo, representan los doce meses[133]: he aquí la parte astronómica. Estos Aditias son hijos de Adidi, la fuerza productora, y de Kasyapa, el espacio infinito[134]. Aquí, la hipótesis cosmogónica se mezcla con la astronomía. Finalmente, Vishnú es uno de los dioses más activos de la mitología popular, y, de este modo, une la creencia que ofrece a los ídolos, la ciencia que constató los hechos, la metafísica que busca las causas, y la cosmogonía que se ve forzada a personificarlos. Los brahmanes, en sus plegarias más impregnadas de panteísmo, aluden frecuentemente a la observación de los astros y, con más frecuencia aún, a las formas antiguas con que el fetichismo y el antropomorfismo originario habían revestido antiguamente a los dioses[135]. Combinando, por ejemplo, por una parte el fetichismo con la astronomía y, por otra, la astronomía con la música, dan a Suruya, el sol, el epíteto de Hamsa, el cisne[136].

La famosa invocación o plegaria de los indios con la que se identifica[137] Krishna, la Gayatri, es un ser misterioso y complicado, en el que se confunden todas estas nociones; es un ritmo[138], un lenguaje sagrado, el texto de los Vedas, una enseñanza, una ceremonia todopoderosa, y que los brahmanes deben practicar sin cesar, una revelación y, al mismo tiempo, un ser aparte, una diosa, la madre del universo, la esposa de Brahma, el sol hembra, es decir, de la superstición, de la astronomía, de las abstracciones y del misticismo, mezclados de tal forma que no se pueden separar.

En el Tíbet, en el que todas las doctrinas derivan de la de Fo y, son por tanto, indias, a pesar de las modificaciones que han experimentado, Chenrezy, representado por el emblema de una rueda, que expresa las transformaciones por las que se convierte sucesivamente en la sustancia de todas las almas y de todos los cuerpos, Chenrezy, a la vez la naturaleza, el mundo y la necesidad, motriz del mundo, es en las leyendas públicas, un niño descendido de los cielos, expuesto sobre una montaña, recogido por unos pastores, que ha llegado al rango de legislador por su sabiduría y por sus milagros, pero que, desesperado por los crímenes de los hombres, rompe contra una roca su cabeza en once pedazos, cada uno de los cuales se convierte en una cabeza aparte[139]. Aquí la fábula popular se alía con el panteísmo, al admitir, aún confusamente, la idea de un sacrificio divino y de una redención mediante este sacrificio, idea de la que hablaremos en otro lugar.

Si se quisiese buscar un último ejemplo de las fábulas más extravagantes, combinadas con la ciencia y las ideas místicas, se lo encontraría en la historia de Trisanku, el más extraño de los episodios acumulados en el *Ramayana*. El rey Trisanku, uno de los ancestros de Rama, concibe el proyecto de subir vivo hasta la mansión celeste. Rechazado por penitentes a los que se dirige implorando, y cuyas maldiciones lo cambian en paria, se dirige al todopoderoso Visvamitra, quien ordena un sacrificio al que invita a los dioses. Ante su negativa a acudir, Visvamitra, en virtud de sus austeridades, lanza a Trisanku a la esfera etérea. Los dioses le gritan: «Tu lugar, ¡oh *chandala*!, no está entre nosotros». Precipitado desde lo alto de los aires, el rey vomita torrentes de sangre. Su protector lo detiene en su caída y, por un segundo efecto de las maceraciones que había practicado, crea nuevos dioses, un nuevo firmamento, nuevos astros. El Olimpo indio capitula; sus habitantes dirigen a Visvamitra humildes súplicas. Trisanku permanece suspendido, con la cabeza hacia la tierra, pero rodeado de una luz brillante; y todos los astros creados por Visvamitra se mantienen en una órbita inferior, llenos del resplandor con que los revistió su palabra. Esta narración fantástica indica evidentemente descubrimientos de astronomía, anotados por los sacerdotes en su lenguaje fabuloso, y esconde además las nociones habituales de la India sobre el mérito y el poder de los dolores voluntarios, la confirmación del dominio de los brahmanes, que obligan a los dioses a obedecerles, en fin, alusiones a la ciencia geográfica, ya que la sangre que vomita Trisanku tiñe de rojo el río Sama, que recorre la parte del Tíbet, llamada Tsan por los chinos[140].

Esta amalgama de las ficciones populares con la ciencia introduce, unas veces, contradicciones de difícil explicación cuando se busca una unidad quimérica[141], y otras, fábulas muy singulares y, a menudo, divertidas. Suranah o Suranu, mujer del sol, no pudiendo soportar el resplandor de su esposo, huye secretamente. El sol, afligido por su ausencia, se la vuelve a pedir a Tvasta, su suegro. Éste le propone, como único medio de reconciliación duradera, que se deje cortar sus rayos. El sol accede y, colocado sobre una rueda, se le despoja de su cabellera; por este motivo, cuando se levantan las nieblas, aparece sin rayos, con el cuerpo redondo y rojizo. Pero Tvasta se había comportado torpemente y había causado a su yerno varias heridas dolorosas. Las curó con un bálsamo que dejó sin borrar las cicatrices, y de ahí las manchas que parecen verse algunas veces al atardecer sobre el disco del sol[142].

Así, en las religiones sacerdotales, hay similitud perfecta, no sólo en cuanto a los materiales, sino también en cuanto a la disposición de estos materiales. La ciencia se relaciona con el fetichismo mediante personificaciones; con la filosofía, mediante símbolos; la filosofía toma, para narrar los hechos observados por la ciencia y asignar sus causas, imágenes y fábulas fetichistas; y el fetichismo, asociado, sin que la multitud lo sospeche, a la ciencia y a la filosofía, sigue siendo la religión popular, al convertirse en una parte del idioma sacerdotal.

CAPÍTULO 6

De las causas que modificaron en la India esta combinación, sin, por ello, prevalecer sobre la acción del sacerdocio

Anunciamos antes, al comenzar el capítulo que acabamos de leer, que no contendría una exposición de los dogmas o de los ritos de la religión india, y que simplemente queríamos indicar los elementos que componen esta religión y el modo como se combinan estos elementos. Por eso, se debieron aplazar muchas cuestiones. Nada se dijo sobre el carácter de los dioses, sus relaciones con los hombres, la influencia de estas relaciones sobre la moral, las nociones, populares o filosóficas, sobre la vida futura y sobre el destino. De estos temas se hablará en otro lugar; sólo uno precisa en este momento su desarrollo.

Idéntica a los cultos sacerdotales, en sus materiales y en su disposición, la religión de la India es, sin embargo, superior desde más de un punto de vista. Los sacerdotes la hicieron misteriosa, pero parece experimentar una necesidad de expansión, por así decirlo, que luche contra esta disposición al misterio. Cruel demasiado a menudo bajo el imperio de una casta, existe en ella un sentimiento innato de simpatía y de dulzura que el espíritu teocrático no puede sofocar. Se podría hablar de un pueblo de niños acostumbrado a respetar a maestros feroces, pero que contempla con estupefacción sus prácticas severas, y que mezcla con estos ritos, que él no comprende, una alegría que nada puede destruir, y una inocencia que nada puede manchar.

Uno se aleja de Egipto con fatiga, oprimido por una atmósfera en la que la respiración se hace penosa, y pesada la existencia. Se huye de la Galia con terror, perseguido por espectáculos sangrientos y repugnantes, sobre los que planea una misticidad sombría, próxima a la magia. Encontramos en la India esta opresión, esta misticidad, estos sangrientos espectáculos y, sin embargo, uno se acerca a ellos con encanto. La opresión se hace menos pesada, gracias a la elasticidad de una imaginación que juega con el yugo que se le impone. El carácter místico aparece embellecido por impulsos de entusiasmo y cantos de amor. Los horribles espectáculos se relegan a una lejanía que los oculta, y, confundiéndolos con tradiciones fabulosas, proporciona a la realidad que aún existe un aire de ficción que amortigua el horror.

¿De dónde proviene esta diferencia? De dos causas. Ya hicimos alusión a una[1]; tenemos que volver sobre ella otra vez. Indicaremos la otra, y quizá sus resultados parecerán nuevos y curiosos.

El clima es la primera de estas dos causas. Menos desapacible y más sereno que el de Germania y el de la Galia, no menos puro, pero menos monótono que el de Egipto, el clima de la India mece con gracia a los moradores de esta región en su risueña variedad. El mundo material se muestra poético, y esta poesía del mundo material penetra en el alma que se apodera de ella y la reproduce con no menos brillantez y fantasía.

Sin duda, los sacerdotes ejercieron su poder para envenenar estos presentes del cielo; pero fracasaron, al menos en parte, ante la naturaleza; ellos mismo cedieron algunas veces ante su ascendiente: sus símbolos se hicieron menos severos, sus cantos más armoniosos; y, a pesar de sus esfuerzos, el indio, rodeado de imágenes que le encantan, feliz cuando se le permite serlo, apacible cuando no se lo enajena con un fanatismo que repugna a su carácter, continuó siendo benévolo, a pesar de los brahmanes que le ordenan odiar lo que no es de su casta; tolerante, aunque estos brahmanes lo hayan arrastrado frecuentemente a guerras sangrientas e impulsado a terribles masacres.

Para ver el efecto del clima sobre los indios, habrá que leer sus poemas sagrados; revisten de vivos colores sus dogmas más abstractos; cuando encuentran tradiciones de una ferocidad demasiado chocante, los envuelven en una profusión de imágenes que apenas permite entreverlos, y, cuando, en su religión, nada contrasta con las inclinaciones y afectos naturales, los expresan con una energía y una ternura que sólo se encuentra en una de las obras maestras de la Antigüedad y que, en vano, se buscaría en las poesías civilizadas de los tiempos modernos. ¿Qué más ingenuo, por ejemplo, y más gracioso que la descripción de las cortesanas enviadas para atraer a la corte del piadoso Dasaratha al hijo de un sabio retirado a los bosques? Su desconocimiento de la distinción de los sexos, su admiración por el talle esbelto, las formas redondeadas, los movimientos cadenciosos de estas desconocidas seductoras, su blancura deslumbrante, sus vestidos diáfanos, el sonido de las campanillas que adornan sus ágiles pies, la suavidad y rapidez de su danza armoniosa, las primeras impresiones de un deseo de igualdad hasta entonces ignorado, y que se desliza suavemente en un alma inocente, los cielos llenos de inefables melodías, los dioses inclinándose ante el barco que lleva a Rischya Schringa y a sus hermosas compañeras, torrentes de perfumes en una lluvia de flores: todo es encantador en este cuadro[2]. Lo que los

285

demás cultos de igual naturaleza presentan como una mezcla innoble de superstición y desenfreno, se transforma, en manos de Valmiki, en una combinación mágica, en la que la voluptuosidad se hace religiosa y la religión invita al placer.

Y si nos trasladamos después junto a Dasaratha obligado a exponer a su hijo a los peligros de la guerra; si escuchamos los gemidos de este anciano encanecido por el peso de once mil años y comprometido con un juramento contra el que protesta su corazón paternal; si lo vemos arrojarse a los pies del poderoso Visvamitra, pidiéndole piedad, repitiendo sin cesar este estribillo sorprendente: «Rama, mi predilecto, es mi vida, mi apoyo, mi supremo tesoro. No puedo vivir sin Rama. ¿Cómo se enfrentaría a los monstruos de diez cabezas? ¡Oh sabio! No me quites a Rama»[3], situaremos, sin dudar, estos pasajes: uno, al lado de la célebre descripción de esa cintura de Venus donde reside el encanto amoroso, y el deseo, el suave lenguaje y la lisonjera plegaria que triunfa sobre la misma sabiduría[4]; el otro, junto a los dioses de Héctor y Andrómaca, o junto a las lamentaciones de Príamo.

En general, la comparación del *Ramayana* con la *Ilíada*, desde el punto de vista literario, filosófico o religioso, sería una empresa muy instructiva y curiosa. El odio a los sacerdotes, carácter distintivo de los héroes y de los reyes griegos, y la veneración sin límites de los indios por sus brahmanes, el contraste de la poesía simple y sublime de Homero con la imaginación exuberante de Valmiki, la semejanza de los acontecimientos y la diferencia de las costumbres, arrojarían sobre las modificaciones que las circunstancias y las épocas imprimen a la especie humana una claridad que hoy apenas podemos vislumbrar. El primer libro del *Ramayana* nos presenta un relato semejante en sus detalles, aunque opuesto en sus resultados, al que inicia el segundo canto de la *Ilíada*. Júpiter envía un sueño insidioso a Agamenón para obligarle a conducir a los griegos al combate. Vishnú, queriendo encarnarse en el seno de KaosaLya, lleva a Dasaratha, su esposo, el brebaje que debe preparar la fecundidad milagrosa. Pero la descripción del mensajero celeste es lacónica en el poeta griego: el jefe de los dioses manda venir al Sueño, le habla; el Sueño vuela junto al hijo de Atreo, cumple su misión y desaparece[5]. El autor, impaciente por la acción, suprime todos los adornos que la retardarían. El poeta indio se deleita, por el contrario, en el cuadro de cuanto recuerda el esplendor divino. Seguro de agradar a sus lectores, les pinta con complacencia el ser sobrenatural que desciende de los cielos. «Desde el seno de la llama que se agita sobre el altar del sacrificio, en medio de las melodías celestes que llenan los aires, surgió de repente un ser sobrenatural, de incomparable resplandor, de una estatura inconmensurable, vestido de una púrpura deslumbradora, poderoso, heroico, irresistible. Su rostro era negro, sus ojos brillaban con un fuego sin igual; sus cabellos y su barba, de un color azulado cubrían su pecho y sus hombros de mechones lucientes; igualaba en altura a las montañas de cima escarpada, en fuerza, al tigre majestuoso; su forma, como la del sol, resplandecía como una llama ardiendo; en sus músculos se desplegaba la fuerza del león. Numerosos adornos cubrían sus manos vigorosas; veintisiete perlas rodeaban su cuello; sus dientes se asemejaban al rey de las estrellas que lanza sus rayos luminosos por todos los sitios; estrechaba sobre su pecho, como a una esposa querida, la urna de oro, de lados argentados, llena de la *payusa* divina, ambrosía de los inmortales. Acercándose a Rischya Schiringa, le dijo: 'Ve en mí la emanación de Brahma; toma este brebaje, y que Dasaratha la reciba de tus manos'»[6].

La misma diferencia entre la poesía homérica y la poesía india se reproduce en un episodio del *Ramayana*, bastante parecido al de Briseida: la única diferencia es que, en la *Ilíada*, se trata de una cautiva, y en el *Ramayana*, de la vaca Sabala.

Dos versos bastan a Homero para narrar la partida de la joven prisionera[7], cuyo mudo dolor sólo se recuerda mucho tiempo después. Valmiki le dedica catorce versos para describir a la quejumbrosa y amenazadora Sabala: «Sabala, a la que el monarca llevó consigo para proyectos audaces, medita solitaria, mientras llora llena de desesperanza. ¿Cómo me olvidó el penitente de palabras poderosas, y me arrastran los servidores de un rey? ¿Qué hice al profeta, cuya mirada atraviesa el secreto de las cosas, para que el sabio, libre de mancha, me abandone así, a mí, siempre fiel? Y meditando, y meditando de nuevo, se lanza con fuerza, derrocando a miles de guardianes profanos, y corre, más rápida que el viento, a las puertas del hombre solitario. Llega, llena de angustia y bañada en lágrimas, y profiere amargas lamentaciones a los pies del hombre santo. Me abandonas, oh bienaventurado, sabio en los Vedas, lleno de prácticas austeras, hijo de Brahma, abandonas a tu humilde compañera». Y el sabio le responde como a su hija adoptiva, como a su hermana querida[8].

Sólo mostramos aquí algunos detalles; pero estos detalles representan a un conjunto: demuestran el carácter opuesto de los dos géneros de poesía. La homérica es una poesía totalmente hacia fuera, ardiente, ávida de movimiento, concisa en aquellas de sus descripciones que no son indispensables para la propia acción, más narrativa que lírica, adaptada a los relatos de los hechos más que a la vaguedad del ensueño, por tanto, poco religiosa, y que consagra la religión a los usos terrestres, en lugar de elevarla por encima de la esfera de la humanidad. La poesía india, esencialmente meditativa, sólo se ocupa de los objetos que la rodean para atraerlos a ella, absorberlos, por así decir, identificárselos; se observa en sus descripciones a menudo prolongadas, en sus repeticiones frecuentes, en la acumulación de epítetos confusos, incoherentes, que tienden, por su armonía, a excitar la emoción, más que a describir los objetos exteriores, pues sólo atribuye a estos últimos una realidad relativa, al estar la realidad verdadera en el interior del alma, que siempre aspira a unirse con Dios. Esta disposición hace la poesía de la India eminentemente religiosa. Le molesta el movimiento, la contemplación la fascina; no es feliz, no se halla en su atmósfera mas que con esta hija del reposo; sólo se aleja de ella con pesar y, por ello, con cierto esfuerzo; cuanto menos elemento suyo es la acción, más colores contrastados y distintos emplea en sus relatos; al alejarse de la naturaleza, se hace violencia a sí misma y esta violencia le imprime algo de convulsión y de desorden.

Sin embargo, vuelve continuamente a su dulzura originaria; se esfuerza por suavizar las tradiciones feroces que la escandalizan. El rey Omburischa quiere inmolar una víctima humana: Indra la retira de la hoguera sagrada. El rey persiste. Un brahmán indigente le vende uno de sus hijos por millones del oro más puro, montones de diamantes y cien mil vacas. Con el corazón lleno de angustia, se arroja a los pies del ilustre penitente. «Ya no tengo a nadie sobre la tierra», dice, «ni padre que me proteja, ni madre acariciadora, ni amigo fiel, ni compañero. ¡Oh tú, a quien dolores voluntarios dotaron de divina energía, salva a un desdichado desesperado; que el sacrificio del rey se cumpla y, sin embargo, que yo siga vivo!». Visvamitra, lleno de compasión, ordena a sus hijos que sustituyan al extranjero que implora; se niegan a ello, y sus maldiciones los convierten en parias inmundos. Dirigiéndose luego hacia el que suplicaba, le dice: «Recita, en el momento de ser consagrado víctima, este mantra[9] poderoso que te comunico, agradable alabanza en honor de Indra y de los demás dioses». La ceremonia comienza, los dioses se acercan con avidez para tomar parte en ella, otorgando al rey el fruto del deseo cuyo cumplimiento él impide. Todo, en este relato, tiene su importancia. El poeta no se permite ninguna broma: la inmolación de una víctima humana le parece un acto virtuoso; ni siquiera la víctima quiere que se interrumpa el sacrificio; el príncipe es recompensado por su piadosa intención. La influencia sacerdotal se manifiesta aquí con total claridad[10]; pero el carácter indio, que no se atreve a luchar contra esta influencia, la elude y triunfa conciliando el mérito del sacrificador y la salvación de la víctima[11]. Lo que conocemos del *Mahabarata* apoyaría nuestras afirmaciones con nuevas pruebas. Varias partes de esta epopeya tienen sorprendentes relaciones con la *Odisea*. Los viajes de Bhima se parecen a las numerosas andanzas de Ulises; y el episodio del gigante Hidimbo, monstruo antropófago, se asemeja al de Polifemo. Pero el poeta indio mezcla siempre, con las aventuras que narra, sentimientos más dulces y profundos que el poeta griego. El amor de la hermana de Hidimbo contrasta con la brutal ferocidad de su hermano, mientras que nada suaviza el cuadro mitad burlesco y mitad repelente del salvaje Cíclope; y la abnegación filial y fraternal de Bhima aparece descrita con colores mucho más llamativos que el respeto un tanto frío de Telémaco hacia Penélope, e incluso que la reunión tanto tiempo demorada de esta reina con su esposo.

Un carácter análogo se manifiesta en todas las ceremonias y en todos los ritos. La celebración del matrimonio recuerda la alianza del hombre con la naturaleza, ya animada, ya inanimada. Precisamente, en nombre del agua que quita la sed, del fuego purificador, del aire que regenera y de los dioses que residen en los elementos, la joven esposa es enviada a su esposo con estas palabras: «Que todas las divinidades reunidas encadenen vuestros corazones entre sí; que el agua, el aire y el fuego os unan, y, sobre todo, que el amor os una, el amor, brebaje embriagador. Tres brebajes embriagadores se obtienen del grano, de la leche y de las flores de Brahma; el cuarto es la mujer. Ellos embriagan por sus vapores; ellas, por sus miradas. Esta virgen es el amor el que la da, es el que amor el que la recibe. Sama, que dirige la luna plateada, la confió en otro tiempo a un Gandharva que brillaba en los coros celestes; el Gandharva la envió al dios del fuego; el dios del fuego te la cede y, con ella, la riqueza y una posteridad numerosa. Sol que presides las divinas armonías, rayos deslumbrantes, ninfas del sol, estrellas brillantes, ninfas de la luna, lluvias fecundas, ninfas del aire y vosotros, himnos sagrados, ninfas de la inteligencia, proteged a esta feliz pareja. Encantadora Sarasvati, por quien fueron creados todos los elementos, santuario en el que se desarrollaron los gérmenes del universo, escucha el canto nupcial, gloria de las esposas. Sé mi compañera, dice a su vez el esposo, vertiendo sobre la cabeza de la virgen el agua que limpia todas las manchas, sé mi compañera, el aliento de mi aliento, el hueso de mis huesos, la esencia de mi esencia; que nadie rompa nuestra unión. Yo invocaba a la diosa de la felicidad, y tú eras esa diosa. Yo soy el Sama Veda, y tú, el Rig Veda. Yo soy el sol y tú, la tierra. Alejemos, mediante esta agua, dotada de una energía maravillosa, los siniestros presagios que podrían ocultarse en tu mirada y en tus cabellos, cuanto pudiese participar del pecado en tus palabras o en tu sonrisa, cuanto pudiese ser impuro en tus graciosas manos, en tus ligeros pies y en tus encantos más secretos. Hija del sol, súbete a este carro semejante a la flor de heptafilo[12], teñido de variados colores, que brilla como el oro. Fuente de la ambrosía, esparce la prosperidad sobre tu esposa; que todo sea alegre, que todo sea afectuoso, que todo sea alegría y placer». Finalmente, el sacerdote se acerca a pedir a los dioses con voz solemne: «Aire, fuego, luna, sol, purificadores del mal, alejad cualquier mancha que pudiese empañar la belleza de esta virgen, cuanto pudiese dañar a su esposo. Mujer, alejo de ti todos los peligros, los obstáculos, los encantamientos de los malos genios, cuanto pueda amenazar a tu amado, tu raza, tus rebaños, tus bienes, tu fama. Traedme la vaca del sacrificio; en otro momento inmolada, que hoy sea puesta en libertad ante la plegaría de una joven esposa; no sacrifiquéis a la vaca inocente, la madre de los Rudras, la hija de los Vasus, la hermana de los Aditias, la que nos prodiga a raudales la leche deliciosa; desatadla, que pise libremente la hierba de la pradera, se alimente de las plantas saludables y beba, a grandes tragos, el agua pura del río sagrado»[13].

Es cierto que estas ceremonias tan poéticas se mezclan con prácticas obscenas: la imagen del Lingam hiere las miradas; el sacerdote ofende el pudor virginal al llevar sus manos indiscretas sobre el órgano de la reproducción, al que debe ungir con aceite bendecido; y probablemente de la India había venido a Roma, en los últimos tiempos de una república corrompida, el uso indignante que obligaba a la recién casada a sacrificar a horribles simulacros las primicias de la virginidad que debía perder.

Pero también aquí intervenía el carácter sacerdotal, que abusaba de la idea de sacrificio[14] y perseguía con sus leyes extrañas a la especie humana esclava hasta en sus afectos y en sus placeres.

La filosofía misma, en sus especulaciones más temerarias, se resiente de la influencia bienhechora del clima. Oponed el panteísmo de la India al de la China o al del Tíbet. El panteísmo chino sólo nos presenta una fuerza ciega y muda; el mecanismo domina, tanto en las meditaciones religiosas, como en la organización política. Se diría los restos osificados de un mundo que ya no existe, y cuyas formas gigantescas, al excitar el asombro, sólo presentan la idea de la muerte. En la India, por el contrario, algo lleno de vida escapa a la opresión sacerdotal; ingeniosas imágenes, sin dejar de atestiguar la identidad de dios y del alma, aprovechan la diferencia momentánea para animar al hombre al perfeccionamiento. «Dos pájaros viven en el mismo árbol: uno devora sus frutos; el otro, sin tocarlos, contempla y espera a su compañero. El primero es dios; el segundo es el alma encerrada en el cuerpo; es el juguete de las ilusiones y deplora su propia impotencia. Pero cuando descubre al que vive con ella, se realiza la unión, eterna e íntima, y el alma es liberada de cualquier error y sufrimiento». Existe la individualidad en las combinaciones, a pesar de la doctrina que proscribe la individualidad; y la maravillosa diversidad de las formas los sustrae a la unidad exclusiva, a la que la lógica y el dogma intentan reducir todo.

La segunda circunstancia que distingue la religión india de todas las creencias sometidas a los sacerdotes es la teoría de las encarnaciones; teoría que, en realidad, todas estas religiones consagran, pero que ninguna utilizó como se observa en la India. Esta teoría, inculcada, en un primer momento, por el sacerdocio para su provecho, se volvió más tarde contra él.

Tal como la conciben los indios, no tiene nada de irrazonable[15]. Afirman que, desde el momento en que se admite un poder bienhechor que creó al hombre para perfeccionarlo y hacerlo feliz, ¿con qué derecho negar a este poder la elección de los medios que tienden a ese fin? Cuando la corrupción o la ignorancia llevan el error a la obra de sus manos, ¿cómo prohibirle, en su indulgencia y en su piedad, el envío de alguna emanación de sí mismo para abrir de nuevo a la tierra el camino de los cielos? Al reconocer el milagro de la creación, debéis admitir que cualquier milagro es posible. Lo absurdo sólo comienza cuando se circunscribe a países o a tiempos determinados esta noción de una Providencia bienhechora; ella se renueva siempre que el mundo la necesite, y el mundo, añaden ellos, la necesita constantemente[16].

Esta doctrina se halla siempre en los Puranas. La tierra se lamenta de su continua incitación hacia el abismo, bajo el peso de la iniquidad; los dioses se lamentan oprimidos por los genios malos. Vishnú los consuela prometiéndoles un salvador que romperá esta tiranía. Este salvador, dice, nacerá entre los pastores y en la cabaña de un pastor; y, por un refinamiento debido a nociones de las que no debemos ocuparnos aquí, este salvador se encarnará en el seno de una virgen.

Para evitar las objeciones especiosas que relatos extraños, algunas veces escandalosos, podrían sugerir a los censores difíciles, los indios suponen que, una vez encarnada, la divinidad se ignora a sí misma: sujeto a todos los errores, a todos los vicios, a todas las enfermedades, unión desgraciada del espíritu y la materia, el dios que se encarna pierde la conciencia de su naturaleza. Se identifica con la forma que lo envuelve. La acción del presente borra en él la memoria del pasado[17]. Así, Brahma se convierte en un *chandala* impuro, que se alimenta durante largo tiempo, del robo y el asesinato; pero, llamado, de repente, a su esencia divina por las invocaciones de dos penitentes y el mérito de sus sacrificios, este vil paria se eleva al primer rango de los inspirados y de los poetas. Explica los Vedas, y los más sabios se humillan ante sus interpretaciones maravillosas. Toca la lira, y sus ecos se llenan de los cantos armoniosos del *Ramayana*, y la tierra se instruye y se enmienda al conocer por Valmiki la historia de Vishnú, descendido ya siete veces entre los mortales; y tomando, finalmente, el vuelo hacia el cielo, este Valmiki, convertido en poeta, este ser inmundo regenerado, cuyo nombre, antiguamente objeto de horror, es ahora objeto de veneración y de exaltación, es Brahma, que expía un orgullo temerario y que se condena a celebrar a Vishnú. Igual sucede a Vishnú encarnado, como Balaramen o Bala Rama, que sólo se acuerda de que es un dios cuando, destructor de los gigantes, libera a la especie humana del culto sacrílego que estos gigantes le habían impuesto[18].

Esta teoría de las encarnaciones se ha prolongado en la India hasta nuestros días. Los sikh, secta de deístas que mantuvieron durante cuatro siglos guerras sangrientas, al tiempo, contra los ortodoxos y contra los mahometanos[19], consideran a Govindsinh, que logró grandes victorias a favor de su creencia, como el décimo avatar; pero Govindsinh murió a comienzos del siglo XVIII.

Si reflexionamos ahora sobre las consecuencias directas y necesarias de este principio fundamental de la religión india, veremos que es muy favorable al avance progresivo de esta religión. Prepara la imaginación para contemplar nuevos prodigios, y al entendimiento para recibir nuevas doctrinas. Presenta el dogma como algo nunca fijado definitivamente y deja siempre, por encima de la ley presente, un espacio vacío en el que puede surgir una ley mejor. Cada encarnación, ya lo dijimos antes[20], es una época de mejora y de reforma. El erudito Creuzer y su hábil traductor tuvieron el presentimiento de esta verdad[21]; pero, en mi opinión, la oscurecieron o la falsearon. Según ellos, las encarnaciones serían o sistemas originariamente diferentes o los restos de un sistema único, obra del tiempo y del genio, especie de catolicismo antiguo y primitivo, disuelto y deshecho por el tiempo[22]. Es un error. No hubo sistema único; tampoco hubo sectas de doctrinas diferentes. Hubo, primeramente, creencias rudimentarias, luego sucesivas depuraciones, favorecidas por la teoría de las encarnaciones, a pesar de los sacerdotes. La época de algunas de estas encarnaciones pudo y debió de ser invertida por una razón que indicamos en nuestro primer volumen[23]. Así, aunque en los relatos indios, la religión de Brahma precede a la de Shiva[24], ésta debió de ser la más antigua, pues es la menos avanzada; y la de Brahma, la más metafísica de todas, debió de suceder al shivaísmo[25].

Pero, a pesar de la confusión que haya introducido en la cronología mitológica esta inversión voluntaria de fechas, por otra parte, imposibles de determinar con precisión, no obstante se puede conocer la progresión de las ideas, de los conceptos, de los mitos que las expresan[26]. Esta progresión se observa hasta en las formas de las encarnaciones. Vishnú reviste, al principio, la de un pez. Pronto, anfibio, extiende su dominio sobre la tierra y el mar; luego se eleva más alto al reino animal y se convierte en un jabalí vigoroso y terrible; más tarde, rey de los animales, añade al cuerpo del león la cabeza del hombre. Su doctrina, más dulce, más pura que la de Shiva, muestra el progreso de la civilización. Los intentos de Krishna contra las prácticas licenciosas[27], los esfuerzos de Buda contra la desigualdad de las castas, son otros tantos pasos hacia instituciones menos escandalosas y menos opresoras; y estos intentos, eludidos o proscritos por los brahmanes, tienen, sin embargo, la ventaja de imprimir momentáneamente a los espíritus un movimiento saludable y de preservarlos de la apatía egipcia en la que intenta mantenerlos siempre el sacerdocio.

Desgraciadamente, los brahmanes combatieron siempre las dos circunstancias que acabamos de señalar; y, como en este universo, el bien tiene sus inconvenientes, así como el mal tiene sus ventajas, la influencia bienhechora del clima, que colma de tantos favores a los indios, consolidó al mismo tiempo la dominación sacerdotal.

La lectura del *Ramayana* es, desde este punto de vista, de sumo interés. Cuanto nuestros viajeros nos contaron, con animadversión y desprecio, del sometimiento de los indios a los brahmanes, se ve superado por lo que encontramos en la gran epopeya de Valmiki, y su testimonio es tanto más incontestable cuanto que refiere con admiración las pruebas de abnegación y sumisión en las que se ven envueltos. Aquí es una ciudad opulenta, Ayodhya[28], en la que nadie se atreve a ofrecer al brahmán menos de mil rupias a la vez[29]. Más allá, cuando el hijo de un ermitaño se acerca, un rey sale de su capital a la cabeza de su corte; entra de nuevo, siguiendo modestamente a distancia al santo hombre; guirnaldas adornan toda la ciudad; destella de fuegos deslumbrantes, e himnos de obediencia resuenan en sus murallas[30]. Más lejos aún, Dasaratha habla a los sacerdotes que trabajan en los sacrificios y les dirige humildes plegarias; se nombra su servidor, su esclavo; manda construir, para recibir a sus hermanos extranjeros o indígenas, miles de tiendas fabulosas, llenas de manjares y de vinos exquisitos. Ninguno de ellos, dice el poeta, necesitó expresar un deseo; a todos se anticipaba el príncipe. Alababan, sin cesar, con entusiasmo, la comida preparada para ellos según lo dispuesto. Gritaban: «¡Hijo de Rhagava, qué bien nos saciaste[31]! ¡Que la prosperidad te acompañe!». En otro lugar, este mismo príncipe, de rodillas delante de los pájaros y de los peces inmolados, confiesa públicamente sus pecados; los brahmanes los perdonan, y el rey les ofrece tierras inmensas; pero ellos responden: «El estudio de los Vedas es nuestra misión; lejos de nosotros la posesión de este mundo; pequeños presentes, vacas, un diamante, algo de oro: esto es lo que podemos aceptar de ti»; y el rey les da un millón de vacas, cien millones de monedas de oro, cuatrocientos millones de monedas de plata; y, viendo que ha cumplido con los brahmanes, el hijo de Ikshwaku, con los ojos bañados de las lágrimas de una piadosa alegría, se prosterna a sus pies; y sus bendiciones se extienden, en miles de formas varias, sobre el monarca amado de los dioses[32].

No es menos notable la historia de Visvamitra. Rey todopoderoso, conquistador inigualable, subyugó a todos sus enemigos. Solicita a un brahmán el regalo de una vaca, que éste le niega; le quita el animal milagroso, que se le escapa y que, volviendo hacia su dueño, le recuerda la superioridad del brahmán[33]. El brahmán, todavía tímido, duda de su poder: «Este rey», dice, «posee innumerables ejércitos de elefantes, de soldados de infantería y de caballería; tiene innumerables carros, que avanzan como el trueno; multitudes siguen sus banderas: ¿qué puedo contra él? — Oh brahmán, responde la maravillosa becerra, la fuerza del brahmán es divina y supera al del *cuttery*. Temible es el brazo de éste; la palabra del brahmán es invencible. Da la orden y destruiré a sus soldados altaneros y venceré el orgullo del impío». El brahmán lo permite y un mugido de Sabala hace surgir numerosas falanges cuyo nombre parece una alusión a algún evento histórico[34]; vencidas por Visvamitra, estas falanges dan paso a otras que un prodigio renueva sin cesar; y Visvamitra, como un torrente falto de un curso rápido, como una serpiente a la que se le sacaron los dientes, como el sol al que oculta un eclipse, huye arrastrándose como pájaro al que abandonan sus alas. Un siglo de austeridades le otorga el favor de los dioses; obtiene de ellos armas encantadas y vuelve a atacar al brahmán, objeto de ira. Pero los presentes del cielo ceden ante el poder sacerdotal. Con una varilla en su mano, una vaca a su lado, el sacerdote levanta los elementos, lanza llamas que devoran las armas mágicas y exclama: «Insensato, ¿dónde esta ahora la fuerza del guerrero? ¿Conoces, al fin, la palabra del brahmán, jefe insolente, vil como el polvo?». Y el príncipe vehemente se aleja repitiendo: «El poder del guerrero no es más que un vano sueño. El poder está en el brahmán y sólo en él»[35].

Y no es todo: «Y yo también quiero ser brahmán», dice el monarca, y mediante inauditas penitencias conquista a los dioses. Les obliga a transigir con él, a reconocer a nuevos dioses creados por su voluntad; y, sin embargo, cuando pide a Brahma la dignidad de brahmán, recibe una negación. Entonces, inicia maceraciones de mil años y pone el mundo en peligro; los dioses acuden a los pies de Brahma y le dicen: «Un terrible desorden se manifiesta en los extremos del universo. Los mares están agitados, las montañas se vienen abajo, la tierra tiembla, los vientos no se mueven, la raza humana va a caer en la impiedad, el sol se ve privado de su luz por el esplendor del irresistible penitente. Padre de los dioses, escucha su plegaria, libra al cielo de una ruina inminente». Y Brahma se adelanta con el inmortal cortejo y se dirige a Visvamitra: «Te concedemos días sin fin, un poder sin límites, una sabiduría divina, una felicidad sin mezcla; tus austeridades te valieron la naturaleza y la dignidad de un brahmán; sé brahmán, oh Visvamitra». Y el único de todos los hijos de los hombres desde el origen de los siglos, Visvamitra llega a esta eminente e inaccesible dignidad[36].

Finalmente, para resumir lo que la India piensa de los sacerdotes, escuchemos la opinión del anciano Dasaratha, dispuesto a separarse de su hijo. «Sirve», dice, «con la mayor asiduidad a los brahmanes consagrados al estudio de los Vedas. Haz cuanto puedas por agradarles; pídeles consejo. Recibe sus instrucciones, como el agua que da la inmortalidad. ¡Oh Baratha! Los brahmanes son grandes; ellos son la fuente de la prosperidad y de la felicidad. Los brahmanes, órganos de los Vedas, son siempre necesarios. En los brahmanes, los dioses, para garantizar la existencia del mundo, fijaron su morada entre los mortales. Los brahmanes son los dioses de la tierra; en ellos residen los Vedas y los Sastras y la incomparable virtud»[37].

Alimentados con estas ideas, los indios no lograron nunca sacudir el yugo del sacerdocio; éste aprovechó la benignidad del clima, la dicha que acompaña al reposo, la credulidad de una imaginación mecida por la fantasía y a la que el examen habría cansado, para extender y conservar su imperio. Truncó las reformas que, con el nombre de encarnaciones, lo habrían importunado, rindiendo culto a la teoría y eludiendo su aplicación. Reconoció la dignidad de Krishna, pero mantuvo el culto de Lingam. No discutió el título de avatar concedido a Buda, pero persistió en la división en castas. Los propios sacerdotes budistas la han reintroducido con distintos disfraces. En una palabra, las encarnaciones de la India tuvieron la suerte de la Reforma en más de una región de Europa. Los sacerdotes prodigaron los nuevos estandartes sólo para mejor restaurar los antiguos abusos. La funesta habilidad de los brahmanes, su invencible tenacidad, triunfaron, en última instancia, no sólo sobre los favores de la naturaleza, sino también sobre los progresos de la inteligencia. Cruel, en medio de un pueblo de carácter bondadoso, estacionaria a pesar del germen de perfeccionamiento que contenía, absurda en sus relatos populares, sanguinaria y obscena en sus ritos, minuciosa en los deberes que impone[38], monstruosa en sus cosmogonías, entregada, en sus hipótesis metafísicas, a todas las aberraciones a las que está condenado nuestro espíritu, a pesar y, quizá, a causa de las formas que él se crea para dirigirse, ésta es la religión que pesa sobre la India. Su excesiva espiritualidad no la preserva ni de las nociones más groseras, ni de las imágenes más repulsivas. En el politeísmo independiente de los sacerdotes, veremos cómo la espiritualidad realza las cualidades y las perfecciones divinas. En las religiones sacerdotales, las confunde y las desfigura, unas veces elevándolas por encima del alcance de la inteligencia más cultivada y, otras, rebajándolas por debajo de las concepciones de la inteligencia más vulgar. Entonces, el espíritu puro, por efecto de ciertas palabras consagradas, se une a piedras, a trozos de madera, a simulacros informes; el infinito mora en seres limitados; el cambio se convierte en el atributo del ser inmutable; el movimiento se realiza en el interior del ser inmóvil; los dioses inmateriales son, al tiempo, dioses animales; las sustancias impasibles experimentan los dolores, las pasiones, las vanidades de nuestra naturaleza; estas cosas coexisten, porque, en lo ininteligible, no se percibe la contradicción[39]; componen el caos más extraño, y el resultado del caos es, para los esclavos de los brahmanes, una especie de perpetuo delirio, la corrupción de cualquier idea de lo justo y de lo injusto, y la abdicación de cualquier facultad.

¿Se acusará a nuestra opinión de demasiado rigurosa? Podríamos citar, sin duda, a varias autoridades; elegiremos la del señor Jones, conocido por su parcialidad por un pueblo que él revelaba, en cierto sentido, a Europa y que tenía gran interés en alabar desmesuradamente. «El código de Menu», dice, «forma un sistema en el que el despotismo y el sacerdocio, restringidos por la apariencia de las leyes, conspiran, en realidad, en prestarse un apoyo mutuo. Este sistema está lleno de nociones absurdas en física y en metafísica, de supersticiones pueriles y de dogmas peligrosos por su oscuridad, que favorecen las más extrañas interpretaciones. Las ceremonias son ridículas; los castigos, caprichosos, a menudo crueles, otras veces, de una indulgencia reprensible; y la misma moral, aunque generalmente rígida, es, en varios puntos, por ejemplo, sobre los juramentos violados y el perjurio excusados por motivos piadosos, inconcebiblemente relajada»[40]. Este fallo, que parece bastante severo, no lo es tanto para un observador menos prevenido que el señor Jones. Los brahmanes, dice Buchanan[41], no contribuyeron a ninguna ciencia útil; destruyeron la historia, pervirtieron la moral, construyeron el poder del altar sobre las ruinas del trono y de la libertad. En sus manos, las leyes atribuidas a Menu, leyes que podían convenir a una monarquía absoluta, se convirtieron en el sistema de opresión más abominable y más degradante jamás inventado por el artificio y la ambición[42].

Se nos podrán oponer varias observaciones. Esas mismas que nosotros dimos sobre la influencia natural del clima de la India servirán para refutarnos con una ventaja aparente. Pero si nuestros adversarios actúan de buena fe, que respondan a las preguntas siguientes:

¿No hubo, no hay aún fetichismo en la India?

Los sacerdotes de esta región, al compartir varias doctrinas más refinadas que la creencia del pueblo, ¿no son causa de que, en este pueblo, exista una religión pública injertada en el fetichismo?

¿No son el teísmo, el panteísmo y el ateísmo las principales doctrinas que comparten estos sacerdotes?

¿No se pierde el propio teísmo en sutilezas que le quitan cuanto tiene de religioso, para no dejarle más que lo que tiene de abstracto?

Estas doctrinas, aunque vinculadas más o menos hábilmente a la religión pública, ¿no siguen siendo, de hecho, ajenas a esta religión, cuyos dogmas y ritos mantienen intactos?

¿No produce las más deplorables consecuencias esta combinación de una metafísica, que se convierte a menudo en incredulidad entre las clases cultas, con una superstición cada vez más grosera en el conjunto de la nación?

¿Qué se consigue con que el teísmo ofrezca a los indios un sistema, unas veces consolador por sus esperanzas y, otras, sublime en su severidad? ¿Qué utilidad tiene que el panteísmo los invite al reposo; la emanación, al perfeccionamiento; la filosofía, en general, al desprecio de las supersticiones vulgares? ¿No son las divinidades de la multitud seres individuales, separados entre sí, a los que los devotos imploran según el deseo del momento; a Indra, para los placeres de los sentidos; a Lakmi, para prosperar en las empresas; a Atri y sus ancestros, para tener hijos; a Aguy, cuando quieren seducir por su belleza; a Rudra, cuando quieren vencer por la fuerza? ¿No persisten los brahmanes con tanta obstinación en la enseñanza de sus antiguas fábulas que los de Gangotri[43] siguen diciendo todavía que los témpanos de los glaciares del Ganges son cabellos de Mahadeva[44]? ¿No vio el abate Dubois celebrar la fiesta de Nagara Panchami, en honor de las serpientes, a las que se busca en sus guaridas para ofrecerles leche y plátanos? ¿Y el Pongol de las vacas no es una solemnidad de la India actual, en la que los fieles se postran ante estos animales?

Esto es, en realidad, lo que nos importa, pues ninguna de estas cuestiones se puede resolver negativamente.

Por tanto, erróneamente se pretende elevar la religión de la India por encima de todas las religiones, y que los devotos[45] recién llegados la coloquen, en nuestros días, al lado del cristianismo, porque esperan sacar de los Vedas, instrumentos y obras del sacerdocio, medios para doblegar el Evangelio a sus objetivos despóticos, doctrina celeste que ha devuelto al hombre su libertad legítima y su dignidad primera.

Esta religión india, como las demás religiones sacerdotales, tiene todas las imperfecciones del politeísmo independiente de los sacerdotes, sin tener ninguna de sus ventajas, y a estas imperfecciones se unen el sometimiento del pensamiento, la perpetuidad de los errores de cada época y la imposibilidad para el espíritu humano de liberarse gradualmente de estos errores, dichosa facultad que está, gracias al cielo, en su destino y en su naturaleza.

Digamos, una vez más, al acabar este capítulo, que, en absoluto, pretendemos haber disipado todas las oscuridades que rodean el tema que acabamos de tratar. Nuestros lectores han podido hacerse una idea de las numerosas causas que alimentan esta oscuridad. La confusión de los monumentos y la incertidumbre de sus fechas, la simultaneidad de doctrinas opuestas, la indiferencia de los brahmanes por contradicciones que no dañan su poder, el modo como cada dios, en el panteísmo, es por sí solo el gran todo, y como, cuando se pasa al teísmo, cada dios es, alternativamente, el dios supremo, bajo el nombre de Shiva, Brahma, Vishnú, Indra o incluso Devendren, la divinidad, por cierto, subalterna, la singularidad que hace que las encarnaciones sean a la vez seres celestes que se ignoran y seres humanos que pueden perecer, en fin, la necesidad en que nos encontramos de actualizar cuestiones de las que hablaremos en otro lugar[46], han dejado en nuestra exposición muchas lagunas. Nos vanagloriamos, no obstante, de haberla hecho con claridad para ser comprendidos, y con bastante amplitud para servir de guía a los que, libres de cualquier opinión adoptada por adelantado y sin otra garantía que la palabra dada, quisieran penetrar en un laberinto cuya salida nadie pudo encontrar hasta ahora.

CAPÍTULO 7

Que podríamos encontrar ejemplos de la misma combinación en todos los pueblos sometidos a los sacerdotes

Las observaciones contenidas en los capítulos anteriores se aplican a todas las religiones de las que se habían adueñado los sacerdotes antiguos. Vemos, a la vez, en los caldeos[1], el perro, el gallo y el macho cabrío adorados por el pueblo[2]; el antropomorfismo, que modifica sus formas exteriores: Saturno con el cuerpo de un hombre y una cabeza de mono; Júpiter con la de un buitre[3]; Oannes, dios pez, primero; luego, legislador y profeta, con la cabeza y los pies de un hombre, que se adentra en el mar todas las tardes y reaparece todas las mañanas, para dar a los mortales leyes y revelarles el curso de los astros[4]; los dioses, al mismo tiempo, símbolos de los planetas, es decir, la ciencia que presta a estas bastas concepciones un sentido más elevado; los cálculos astronómicos que sirven de base a la mitología, y expuestos al vulgo como las acciones de los inmortales; los árboles plantados en nombre de las divinidades que presiden cada estrella, y moradas de estas divinidades que se asemejan a los humanos[5]; la astrología que forma una gran cadena que desciende del cielo a la tierra, y uno de cuyos extremos está ligado a la ciencia de los sacerdotes y el otro a la creencia del pueblo[6]; más tarde, la metafísica que indaga sobre las causas después de que la ciencia haya registrado los hechos, el teísmo con el nombre de fuego primitivo, de luz increada, todo ello, junto al dualismo, como un espíritu tenebroso, enemigo del buen principio; en fin, las cosmogonías que revisten de imágenes sangrientas u obscenas las hipótesis metafísicas; seres de dos cabezas o hermafroditas, nacidos de la noche y del agua[7]; la horrible Amorca dividida en dos por Belus, su muerte causa la de cuanto tiene vida, sus dos mitades forman el firmamento que nos cubre y el globo en el que vivimos; Belus se corta la cabeza a sí mismo; las razas animadas que nacen de la tierra empapada en su sangre; Tauthe y Apason, principio activo y pasivo, hermano y hermana, marido y mujer, que engendran

298

el mundo; Belus, que aparece como si naciera por primera vez; personaje mitológico, histórico y cosmogónico, que representa al Demiurgo[8] u ordenador que da al hombre la inteligencia y crea el sol, la luna y los demás planetas[9].

El mismo espectáculo nos sorprende entre los sirios. Su divinidad principal es el sol, que, mientras que su carro brillante rueda sobre sus cabezas, mora en medio de ellos, en una piedra de forma redonda[10]. Aquí el fetichismo se mezcla con la astronomía. Pero, para evitar repeticiones, sólo hablaremos de los rasgos particulares de cada pueblo.

Un huevo cayó en el mar, dicen los moradores de la Hierópolis siria; los peces lo llevaron hasta la orilla[11], las palomas lo incubaron[12]: Venus nació de él[13]. Ésta es la cosmogonía que motiva el fetichismo. Derceto, continuaban, seducida por esta misma Venus y habiéndose entregado a los besos de un joven sacerdote, había expuesto en una caverna el fruto de su debilidad y se había precipitado a las olas en forma de un pez. El hijo abandonado, fue criado milagrosamente por palomas, adoptado por un pastor, elevado al trono de Asiria por un destino singular, se había inmortalizado en sus fastos con el nombre de Semíramis. Aquí vemos el fetichismo aliado con la historia.

Presentan la misma combinación la adoración de los pájaros, robles y lanzas, entre los etruscos, junto a su Tinia, el dios supremo, la naturaleza, la causa primera y el destino inmutable[14], y de Jano el conservador, el mediador, que preside el tiempo y que es él mismo el tiempo, la astronomía y la astrología en los libros de la ninfa Vegoia, el teísmo atribuido a Tagés[15], el dualismo con el nombre de Mantus y de Vedius[16], la gemología astronómica o metafísica, el incesto cosmogónico de Jano y de Camasena[17] y los dioses hermafroditas.

Entre los persas, el gallo simbólico, Hufraschmodad, ese pájaro celeste, vencedor de Eschem, monstruo enemigo de los hombres y que los persigue para devorarlos[18]; Hufraschmodad, centinela del mundo, terror de los malos genios[19]; sus ojos penetrantes se extienden sobre toda la tierra[20]; su pico es una lanza acerada; tres veces al día y tres por la noche, vela por la mansión de los justos y llama a los huéspedes del aire con una voz sonora, para que defiendan la fuente santa de Arduizur[21], agua virgen y primitiva, emanación de Oromazo; los Amsaspendas, algunos de los cuales tienen figuras de animales, y presiden los siete planetas o son, quizá, los siete planetas mismos; Hom, el árbol de vida, a la vez árbol y profeta, morada del alma de Zoroastro, que pasó más tarde al cuerpo de una vaca; Honover, la palabra poderosa, proferida por Ormuz, y que aún siguió pronunciando; el toro Abudad, que contiene el germen de todas las cosas[22]; la vaca Purmaje, cantada en el *Shahnameh*, son, evidentemente, la unión del culto a los animales, a las piedras y a los árboles con una doctrina, dualística, unas veces, panteísta, otras, según que Zervan Akerene, el tiempo sin límites, es el único principio, o que Oromazo y Arimán son dos principios iguales.

Oromazo, el Verbo encarnado; este Verbo que, según las expresiones empleadas, fue el primero en nacer de la simiente del Eterno; Oromazo, algunas veces infinito, porque la luz es infinita, y, entonces, semejante a Zervan Akerene, es alternativamente, el águila y el gavilán. Mitra, el sol, en la ciencia, es, en la cosmogonía, un dios mediador, con cuya ayuda se realiza la creación[23]. El propio Zervan Akerene es, unas veces, un poder generador, el tiempo sin límites[24], y, otras veces, un símbolo astronómico, el gran período de doce mil años[25]. Djemschid es el año solar, el inventor de la ciencia y un conquistador invencible. Animales fabulosos, mezcla quimérica del pájaro, del pez, del macho cabrío y del mono, figuran los astros. Un monstruo igualmente fantástico[26] representa las razas impuras, obra de Arimán; y el unicornio es el símbolo de las especies puras, creadas por Oromazo. Behram, el Yzed del fuego, salido de su seno, un buey laborioso, un cordero apacible[27]; el perro Sura, que guarda, en lo alto de los cielos, las estrellas fijas, vela desde allí por la raza humana y protege su fecundidad.

Si la cosmogonía de los persas es menos obscena que la de los hindúes, esta diferencia se debe quizá a la época en que se compusieron los libros Zend y a la influencia de la civilización sobre una reforma tardía[28]. Lo que los indios explicaban por el acto de la generación, los persas lo atribuían a la separación de las tinieblas y de la luz, del agua y del fuego: sin embargo, la distinción de los sexos existe entre estos dos elementos, y la reunión de los sexos en el Dios supremo[29]. Mitra es, a la vez, el sol macho[30] y el sol hembra[31]. Kaiomorts, el primer hombre, goza igualmente de este doble atributo. El semen del toro, caído a la tierra, recogido por Oromazo, purificado por el sol, guardado durante cuarenta años por dos genios tutelares[32], transformado en un árbol que representaba la imagen de un hombre y de una mujer unidos entre sí, y que engendró a Meschia y a Meschiane[33], ofrece detalles no menos indecentes que las historias de Brahma y de Sarasvati, de Bhavani y de Shiva.

En medio de este misticismo, de estos homenajes tributados a un Dios único, de este dualismo, de este panteísmo, de estas cosmogonías monstruosas, encontramos en los persas un politeísmo positivo, practicado por el pueblo[34], invocado por los reyes[35], y al que el sacerdocio, con frecuencia, permite asociarse. Jerjes inmola, en las orillas del Escamandro mil bueyes a la Minerva troyana; y los magos ofrecen, por su mandato, libaciones a los héroes de la región[36]. Después de la tempestad que destruye su flota, los persas sacrifican a los vientos, a Tetis y a las Nereidas[37]. Su rey, soberano de Atenas, encarga a los desterrados atenienses que suban a la ciudadela y que allí adoren a sus dioses según sus propios ritos[38]. Mardonio manda consultar a los oráculos de Grecia, recomendando a su mensajero que vaya a donde se le admita para conocer los decretos de los dioses[39]. Datis, general de Darío, manda quemar incienso, por trescientos talentos, sobre los altares de Apolo[40]. Se cree obligado a reponer en su templo una estatua de este dios, usurpada por los persas[41]. El respeto de Tisafernes por la Diana de Éfeso[42] sirve de medio al orador Cicerón para agravar la impiedad de Verres[43].

Si los persas marchan contra el templo de Delfos, no es porque nieguen que se le tributen al dios allí los honores celestes, sino, como afirma Heródoto formalmente[44], para llevar sus tesoros a Darío, que, continúa el historiador, poseía un conocimiento perfecto de las riquezas que este templo albergaba[45].

Los hechos que tomamos de Heródoto no consisten en vagos rumores sacados de fuentes poco seguras o desfiguradas, a la manera de los griegos; son hechos positivos sobre los cuales este historiador no podía equivocarse. Jenofonte, que por su expedición a Asia, había adquirido algunos conocimientos sobre los principales rasgos de la religión persa, nos habla de sacrificios ofrecidos al sol, a Júpiter y a otras varias divinidades. Describe la naturaleza y los ritos de estos sacrificios; y, lo que es mucho más decisivo, nos muestra a Ciro el joven invocando a los dioses tutelares del imperio que quiere conquistar. Aspasia o Milto, su concubina, creyendo que debía a Venus su elevación, le erige una estatua[46]. Después de la muerte de su amante, se convierte en la sacerdotisa de la Venus asiria[47]: Artajerjes consagra su culto y los sucesores de este monarca le levantan templos en sus ciudades más importantes y los enriquecen con presentes inmensos[48]. Por tanto, los persas, pese a los libros Zend y a la doctrina erudita y abstracta de sus magos, siguieron siendo politeístas hasta la caída de su imperio[49]; bajo el reinado del último Darío y, por consiguiente, antes de que la invasión griega hubiese desnaturalizado su creencia, adoraban una imagen del sol y simulacros de oro y plata[50]; y si creemos a Tácito[51], de cuya autoridad no hay motivo para la duda, continuaron con el politeísmo mucho tiempo después[52]. Así, en Persia, como en todos los sitios, el fetichismo, el politeísmo, la ciencia, la historia, la metafísica, la cosmogonía, todo confluye, se mezcla y confunde[53]. Si los libros Zend, reforma encargada por el poder y ejecutada por el cálculo, refundición artificial y más o menos arbitraria de una creencia ya antigua y modificada gradualmente por una vieja civilización, obra reeditada, en fin, por orden del despotismo temporal contra la autoridad teocrática; si, al parecer, los libros Zend —decimos— se liberaron de algunos dogmas y de algunas prácticas indignas, el sacerdocio, que conservó y recuperó su dominio, siguió ejerciendo su influencia ordinaria; todas las instituciones, todos los preceptos estuvieron impregnados de su espíritu: su culto, sobrecargado de prácticas, no permitía ningún momento de relajación al hombre; la noción de impureza lo perseguía continuamente, lo perturbaba en todas sus acciones; se consumía en múltiples invocaciones, purificaciones, expiaciones. Estos deberes facticios se colocaban entre los primeros deberes, y el mecanismo de los ritos oprimía el sentimiento y lo asfixiaba.

Pasemos ahora al occidente y al norte; veamos, en primer lugar, a los escandinavos, a los germanos[54], a todas las naciones conocidas con el nombre de celtas, cuyos ídolos son los árboles[55], los animales[56], las piedras[57], las armas[58] y, además, el sol[59], los elementos[60], las estrellas.

El dios principal de los livonios es a la vez un pájaro y el sol[61]. Las leyendas de Ragnar Lodbrok dan el nombre de diosa a la vaca Sibilia, que este conquistador llevaba consigo en todas sus batallas, y cuyos terribles mugidos hacían que sus enemigos se hirieran con sus propias espadas[62]. Los antiguos rusos tenían como fetiches a serpientes domesticadas; y cada ciudad de Polonia reconocía a un dios particular, revestido de una forma monstruosa[63]. Los recién nacidos de Bohemia eran presentados a las llamas, y las madres los recomendaban a la protección del fuego sagrado[64]. Este fuego, alimentado, entre los fineses, por sus sacerdotes, podía originarles la muerte si se apagaba. El mismo pueblo ofrecía hombres, como víctimas, a los lagartos, a los gallos y al sol; y estos bárbaros homenajes los rendían los eslavos al Bug[65], al Don[66], al Danubio. Un rey de Noruega adoraba a una vaca; un héroe islandés ofrecía un sacrificio a su caballo; otros veneraban a las piedras[67].

Los países de Gales, sede del más antiguo druidismo, tenían sus toros y sus vacas sagradas, nacidos del toro misterioso, hijo del antiguo mundo[68]. Uno de estos toros, por una relación natural de las ideas guerreras y de las nociones religiosas, era el toro del combate[69]. Diosas moraban en los lagos de Gran Bretaña. Un bardo galo del siglo V invoca al dios del aire; otro, al del fuego[70]; un tercero, al sol[71]. Y, en el panegírico de un príncipe, el recuerdo del culto de los animales parece asociarse, como en la India, con la gloria de una encarnación. Owen, dice el poeta inspirado, se manifestó de varias formas: en forma de un escudo sonoro, que un jefe valiente lleva sobre su brazo delante del tumulto que se anuncia; en forma de un león delante del jefe con poderosas alas; en forma de una lanza formidable con la punta reluciente; en la forma de una espada brillante que siega a los enemigos y reparte la gloria tras el combate; en la forma de un dragón ante el soberano de Inglaterra, y en la forma de un lobo voraz[72].

El politeísmo que se introduce no suplanta a este primer culto; cada familia de Germania posee su fetiche particular, que su jefe lleva consigo[73], mientras que los dioses nacionales se guardan en cajas que hacen las veces de templos y se colocan en carros que acompañan a las tribus errantes[74].

La ciencia toma imágenes de este doble culto, para perpetuar sus descubrimientos y sus cálculos sin divulgarlos. Las frecuentes alusiones de los bardos galos a la astronomía prueban su estudio y su observación de los cuerpos celestes[75]. En el profundo y remoto rincón del mundo, los druidas habían redactado tratados de geografía fabulosa[76]. Las tres grandes fiestas de los escandinavos se celebraban en el solsticio de invierno, en la luna nueva del segundo mes del año y en el equinoccio de la primavera[77]. Asgard, su ciudad celeste, es, en una de sus acepciones, el zodiaco; y sus habitantes, sobre sus doce tronos, son sus doce signos.

Un mismo nombre designa el tiempo, el sol y la ciudadela a la que los dioses se retiran para defenderse contra los gigantes. Los enanos, que ocupan un lugar muy grande en esta mitología, esos hijos de los dioses y de tres gigantes que penetraron en el Asgard para seducirlos, son treinta y seis: los dos primeros, Ny y Nithi, representan la luna llena y nueva, y los otros cuatro, los puntos cardinales del cielo. Pero como la religión debe relacionarse con todas las ciencias, estos enanos recuerdan también la fusión de los metales: horadan las entrañas de la tierra, crean piedras preciosas y trabajan el oro y el hierro con que forjan las armas, gloria de los héroes[78].

Las siete cabezas y las siete espadas del Rugiavit vándalo figuran la semana. Radegast, unas veces deslumbrante de blancura, otras, de un negro ébano, con el símbolo solar del toro sobre su pecho, y llevando, como el dios de la armonía, el cisne sobre su cabeza, recuerda los atributos de Apolo[79]. Cada atardecer, Perruna, mujer del océano, la Tetis de Polonia, recibe a este dios cubierto de polvo, pero al que refresca un baño preparado por ella, y que reaparece cada mañana nimbado de un nuevo resplandor[80]. Libusa, célebre por su conocimiento de los metales y por el culto de un simulacro de oro del que era la sacerdotisa; Libusa, que sólo quiere casarse con un labrador, y que, habiéndolo encontrado detrás de su arado, se une a él y lo hace rey de Bohemia, consagra, a la vez, en la religión, la metalurgia y la agricultura.

Las tradiciones rusas tienen la triple impronta del fetichismo, de la astronomía y de la historia. Wolkow, antiguo príncipe del país, es adorado por los que viven en las orillas del Volga, en la figura de un cocodrilo. A Vladimiro, este primer rey convertido al cristianismo, quien, por lo demás, apenas tuvo que vanagloriarse de esta conquista más que de la de Constantino[81], se le llama en todas las leyendas nacionales el brillante sol, el sol amigo del hombre. A Kiev, su capital, se la llama la ciudad del sol. Sus enemigos son los malos genios, hijos de las tinieblas y del frío. Todas sus aventuras[82] consisten, como las hazañas del Apolo griego, en raptos de muchachas jóvenes y en combates contra serpientes y dragones; por eso, encierran un sentido científico; y tienen esto de notable: que la introducción de un culto nuevo, que destruye el que les confería un carácter religioso, los modifica sin quitarles este carácter. El Vladimiro histórico se convierte en un monarca cristiano; el Vladimiro astronómico sigue siendo un dios planetario; los símbolos sacerdotales sobreviven a la creencia; y sólo una persecución de varios siglos los arrastra, con esta creencia, a una ruina común.

Después de la ciencia viene la filosofía. En el lenguaje de la primera, el dios que envía un soplo bienhechor para derretir el hielo y preparar la creación[83] no es más que la enunciación de una ley de la naturaleza física que expresa la acción del calor sobre el frío. La metafísica hace de él el dios desconocido, el dios aún no manifestado[84], que nos sorprendió en Egipto como símbolo del panteísmo[85]. La serpiente Jormungandr, que mezcla sus venenos con el agua primitiva; los hijos de Loki, Vali y Nari, que transformados en lobos por el buen príncipe, se devoran entre sí, y cuyas entrañas sirven de cadenas al dios del mal, son emblemas dualísticos. Un teísmo bastante puro caracteriza algunas de las poesías del bardo galo Taliesin [86]; y se encuentra entre los vándalos el dualismo, en esta singular concepción que hace de cada dios un ser doble, negro y blanco, malo y bueno, la emanación en la serie de los seres que nacen del gran Svantevit para pervertirse alejándose de él, y el panteísmo en este Svantevit, inmutable, eterno, que los absorbe a todos, cuando la hora señalada los atrae a él. Hay más: la Maya india, esa diosa de la ilusión, hija mentirosa del Eterno, creadora fantástica de seres que no existen más que ella, se reproduce en Escandinavia, en el mundo imaginario, que los escaldos llaman Vanaheim[87]. Allí reinan el error, las quimeras, los sueños. Engañosas apariencias se suceden, asombran y sorprenden, fascinan la imaginación, entregan la inteligencia al vértigo y la obligan a preguntarse continuamente, y siempre sin obtener respuesta, si algo existe y si ella puede distinguir lo que existe de lo que no existe. Así, por doquier, la filosofía sintió su impotencia; y los sacerdotes, los más categóricos de los mortales, colocaron, al lado de los numerosos sistemas en medio de los cuales se agitaban como nosotros, en el lugar más secreto del santuario, la confesión de esta impotencia irremediable, envolviéndola con los velos más apropiados para enmascararla.

La cosmogonía se presenta también con sus luchas sangrientas y sus generaciones monstruosas. El dios más antiguo de Finlandia se engendra a sí mismo en el seno de Runnotaris, el vacío o la naturaleza[88]. El Ginnugagap, el espacio infinito de los escandinavos, corresponde al Zervan Akerene, el tiempo sin límites de los persas; los dos principios del frío y del calor, de las tinieblas y de la luz, no son, en realidad, dos individuos, como Oromazo y Arimán, sino dos reinos diferentes, el Niftleim y el Muspellsheim. El sol hermafrodita[89] se confunde con Odín en las tradiciones históricas: un incesto lo une a Freya, su mujer y su hija. El caos[90] engendra tres hijos, el agua, el aire y el fuego[91]; sus hijos, la helada, las montañas de hielo, la llama encendida con esfuerzo, el carbón calcinado, la ceniza estéril, forman una familia cosmogónica adaptada al clima. El gigante Ymer, dotado, como Odín, de un doble sexo[92], entrega a los dioses que lo matan su inmenso cuerpo, que, como el huevo de los indios, mitad de oro, mitad de plata, se convierte en el mundo visible o el globo terrestre; su sangre forma el mar y los ríos; sus huesos, las rocas; sus dientes, los guijarros; sus cabellos, las plantas; su cerebro, las nubes[93]. La noche[94] se une al crepúsculo[95] para engendrar el día[96], y subidos, cada uno, en un enorme corcel, el día y la noche recorren los cielos. El corcel de la luna, al morder su freno de espuma, produce el rocío; las crines del día, al agitarse, difunden la luz. Dos lobos los persiguen; llenan de sangre el cielo y los aires; de ahí nacen los eclipses; el arco iris es un puente que se levanta desde la tierra hasta los cielos.

Ceridwen, en los galeses, hija de la necesidad[97], fuerza indefinible y ciega, es objeto de amor por parte del toro primordial nacido de su seno[98]; alumbra con él el huevo cosmogónico que dio origen al huevo de serpiente de los druidas[99], y sirvió, en Inglaterra, de modelo para los santuarios de Stonehenge y de Abury[100].

Así, en los pueblos del Norte, con formas menos graciosas que en la India, más animadas y más poéticas que en Egipto, los mismos elementos forman las mismas combinaciones con las mismas incoherencias: es que las causas y los efectos son parecidos. La coexistencia de creencias y de doctrinas que se perpetúan simultáneamente, con la ayuda del misterio y a pesar de las contradicciones: ésta es la primera verdad que se debe admitir, si se quiere encontrar el hilo del laberinto.

Pero es tiempo de concluir este capítulo; en una obra como la nuestra, indicamos el camino sin recorrerlo nosotros mismos.

LIBRO VII

DE LOS ELEMENTOS CONSTITUTIVOS DEL POLITEÍSMO INDEPENDIENTE DE LA DIRECCIÓN SACERDOTAL

CAPÍTULO 1

Que la combinación descrita en el libro anterior es ajena al politeísmo que no está sometido a los sacerdotes

La combinación que acabamos de describir no se encuentra en el politeísmo que los sacerdotes no controlan. La creencia de los pueblos independientes de esta dominación no es una amalgama de varios elementos de naturaleza contraria; no se ve que figure al lado o por encima de fetiches materiales de las divinidades abstractas. Las fuerzas cosmogónicas no desempeñan ninguna función. Las alegorías son raras, accidentales, y más bien en la expresión que en el pensamiento. Nada recuerda ese doble y triple sentido que, en las religiones sacerdotales, desorienta y confunde la inteligencia. No hay sabios privilegiados, pues no hay ciencia; no hay misterio, porque no hay corporación interesada en el misterio. El espíritu humano que se eleva por encima del fetichismo, no recae nunca en él; a lo sumo, conserva de él algunos vestigios oscuros. Tampoco se pierde en las sutilezas de una metafísica que se hace cada vez más ardua y, por tanto, desemboca en un panteísmo vago, en una duda insoluble o, incluso, en una negación formal de cualquier existencia. Preservado de estos dos extremos, más peligrosos en esta época que en ninguna otra, porque los conocimientos son muy limitados y las conjeturas mucho más atrevidas, el hombre se mantiene inquebrantable sobre el terreno más sólido, es decir, más proporcionado a sus luces, que, por así decirlo, conquistó, y sobre el cual construye el edificio de sus nociones religiosas.

En las religiones sacerdotales, todo está en desproporción con el resto de las ideas, tanto lo que hay de más sublime y más abstracto, como lo que hay de más abyecto y de más grosero. Unas veces, la inteligencia, arrancada de la esfera que parecía abrirse delante de ella, se ve arrojada a un mundo fantástico al que envuelven nubes que ninguna claridad permite disipar; otras, es condenada a retroceder más acá de los límites que ya había superado y llevada con violencia a concepciones que ya había dejado ampliamente detrás de sí.

En el politeísmo independiente, al contrario, todo se ajusta y adecua al estado social, que se regulariza y desarrolla. Todas las cualidades atribuidas a los dioses son cualidades humanas en una escala mayor. Nada es enigmático, nada es contradictorio, una vez admitidas la naturaleza y la época de las hipótesis[1]; nada choca a la razón contemporánea, resultado incipiente y por ello mismo imperfecto aún de las enseñanzas de la experiencia, pero facultad perfectible y cuyo progreso ningún poder enemigo puede impedir.

Como siempre buscamos como apoyo los hechos, vamos a demostrar nuestras afirmaciones mediante la exposición del politeísmo de los primeros griegos, es decir, de la religión del único pueblo suficientemente feliz por no haber visto sobre él ninguna corporación dominadora.

CAPÍTULO 2

Del estado de los griegos en los tiempos bárbaros o heroicos

Grecia, en la época de la que hablamos ahora, estaba dividida en numerosas tribus, ocupando cada una de ellas un territorio muy limitado[1]. La autoridad teocrática, o no había existido nunca, o estaba destruida[2]. La de los jefes que gobernaban estas sociedades, mal definida, a veces opresiva, a veces disputada, dejaba a cada individuo la facultad, si no legal, al menos material, de la reclamación, de la resistencia o de la invectiva; unas veces, las tribus y sus ejércitos se reunían para deliberar, y se podría decir que se reconocía la legitimidad de sus deliberaciones; otras, los reyes decidían solos, y sus decisiones, objeto de censura o motivos de queja, se obedecían. Tersites se enfada con Agamenón; Aquiles se enfurece; el ejército permanece como espectador y sumiso.

Estos pueblos primitivos sólo poseían conocimientos imperfectos sobre los medios de satisfacer las necesidades y disfrutes de la vida; los obtenían más de los extranjeros que de sus propios esfuerzos. Sus progresos en algunas artes de lujo parecían rápidos, porque son fruto de la imitación; y por esta causa, en esta época, lo superfluo se adelanta a la necesidad. Con todo, el hombre comenzó a conquistar el dominio de la naturaleza física: el arado roturó la tierra; los navíos se lanzaron al mar; las facultades morales aprovechan los instantes de placer que les garantizan estos progresos del hombre; pero estos instantes son cortos y el goce precario. La tierra, toscamente cultivada, sigue siendo avara casi siempre; el mar, al que se hace frente con frágiles canoas, se muestra rebelde; y la guerra es todavía el recurso más fácil y más productivo. La posición de las tribus griegas las animaba a ello; vecinas unas de otras, sus relaciones eran hostiles habitualmente. De ahí nacían las invasiones, los pillajes, que hacían desigual la distribución de la propiedad, y su posesión, precaria, e incalculables las vicisitudes del destino: el trono y la esclavitud, la riqueza y la miseria se sucedían con espantosa rapidez. Hécuba es hoy reina; mañana, las cadenas atan sus manos.

De este estado de cosas, resultaba una mezcla de perfidia y de lealtad, de astucia y de franqueza, de avaricia y de nobleza, de vicio y de virtud, que mantenía las ideas morales en una agitación y en una duda perpetuas[3].

Durante su prosperidad, los reyes, o por mejor decir, los jefes poseían numerosos rebaños, vastas mansiones en las que ejercían una generosa hospitalidad; sus palacios estaban decorados con el fruto de sus rapiñas o con los presentes de sus huéspedes; un lujo impregnado de barbarie, una elegancia semisalvaje, invadían sus costumbres. Su clima afortunado les proporcionaba prematuramente un sentimiento exquisito de la belleza de las formas. Las artes, sobre todo las que cautivan a las naciones nuevas, la música y la poesía, que entonces iban siempre juntas, se mezclaban en sus festines y ennoblecían su intemperancia. La guerra, la devastación, el placer, el peligro, los cantos, las fiestas y las masacres llenaban alternativamente su vida activa y diversificada.

Estos son los rasgos con los que los poemas de Homero nos describen a los griegos de los tiempos heroicos: ocupan un escalón intermedio que separa el estado salvaje del estado civilizado. Indicamos en nuestro segundo volumen[4] qué forma religiosa necesita esta época de la sociedad y cómo ella se crea esta forma.

Reunión de los fetiches en un cuerpo, división del poder sobrenatural, denominaciones distintivas: éstas son las primeras condiciones comunes a las religiones sacerdotales y al politeísmo independiente. Ahora, para conocer las modificaciones posteriores que caracterizan a este último, tenemos ante nosotros el monumento más auténtico, nos referimos a la *Ilíada*. Surgen, sin embargo, preguntas que paralizarían nuestras investigaciones si no las resolviéramos antes.

Vamos a intentarlo.

CAPÍTULO 3

*De algunas cuestiones que se deben resolver antes de ir más lejos
en nuestras investigaciones*

Dos razas distintas se repartieron Grecia; la desemejanza de costumbres, de inclinaciones, de hábitos que caracterizan a estas dos razas ¿nos permite atribuirles la misma e idéntica religión?

¿Nos ofrece la *Ilíada* la descripción fiel de la creencia de los tiempos que su autor o sus autores se habían impuesto transmitirnos?

Finalmente, si concedemos a la *Ilíada* el mérito de la fidelidad y de la exactitud, ¿se sigue de ello que podamos dejar de consultar otros monumentos para completar el cuadro?

Examinemos, en primer lugar, la primera pregunta.

Acabamos de decir que había en Grecia dos razas distintas; habríamos podido decir que había cuatro: los eolios, los aqueos, los dorios y los jonios; pero las dos primeras desaparecieron o se fundieron en las otras dos; los dorios se establecieron en el Peloponeso y se expandieron por Beocia, Lócrida y Macedonia; los jonios se establecieron en Ática, las islas del archipiélago y en Asia Menor.

Estas dos razas eran muy distintas entre sí, y esta desemejanza abarcaba desde el lenguaje hasta la organización política y religiosa.

Los dorios eran un pueblo serio, constante en sus costumbres, austero en sus manifestaciones, lleno de veneración por los ancianos depositarios de las tradiciones antiguas, aristócrata en sus formas de gobierno, poco amigo de las bellas artes, muy dado a la religión, cuyas ceremonias eran sencillas, y consultaba cuidadosamente a los oráculos, antes de iniciar ninguna empresa.

Los jonios, ligeros e inestables, cambiaban fácilmente de costumbres, tenían poco respeto por las de los antiguos, un gusto ardiente e inquieto por las novedades, una pasión sin límites por la perfección y la elegancia; y, porque el culto, cuando es libre, expresa siempre la disposición moral de un pueblo, buscaban en el suyo el esplendor y la alegría, como en sus instituciones, la democracia.

La oposición de estas dos razas se observa en cada época de la historia de Grecia. ¿Pero esta oposición ejerció sobre el politeísmo de esta región, desde los tiempos heroicos, la suficiente influencia para que hayan surgido diferencias fundamentales en los dogmas, los ritos y, sobre todo, en la creencia?

Nadie duda de que varios detalles no son prueba de desemejanzas; algunos ejemplos nos aclararán la naturaleza de estos detalles. Los dorios, situados lejos de las costas y en medio de la naturaleza, desprecian a Neptuno y a las divinidades marítimas, a las que los jonios, moradores de las islas o de las orillas, les rinden un culto absoluto. Las orgías de Baco repugnan a los espartanos más que a los atenienses[1] y a los demás pueblos de Grecia. El carácter de Apolo, menos irritable que los inmortales que rodean con él el trono de Júpiter, menos arrebatado que el propio Júpiter, y que se distingue por esta calma desdeñosa de la que la estatua nos ha transmitido admirables vestigios; el carácter de Apolo, decimos, lleva claramente una impronta doria[2]; y las inclinaciones viriles de Diana, sus ocupaciones masculinas, su excesivo amor por la independencia, se debían quizá a las cualidades de las mujeres de Esparta, que gozaban de tanta libertad como sus esposos, a los que igualaban en valor. Mientras que la Safo de Sición, Praxila, célebre Venus, amante de Adonis[3] y madre seductora del dios de la embriaguez[4]; mientras que las cortesanas de Corinto se consagran a los placeres públicos bajo el auspicio de esta diosa[5], Esparta tiene su Venus armada y su Venus protectora de las castas pasiones del himeneo. Las fábulas lacedemonias sobre Hércules, centro habitual de la mitología de los dorios, son de otro tipo distinto de las que se cuentan en otro lugar sobre el mismo dios. Cuando estas fábulas pasan de la raza doria a la jónica, ésta las modifica; añade al culto del hijo de Júpiter el recuerdo de Teseo, el héroe ateniense por excelencia. En fin, la religión griega es más sencilla y más grave en los dorios que en Ática, el Asia Menor o las islas; y Platón reprocha con amargura a sus conciudadanos la ostentación de sus fiestas fastuosas y el egoísmo de sus oraciones, comparándolas con los ritos modestos y las adoraciones desinteresadas de Esparta[6].

Pero todas estas diferencias entre las dos razas son muy posteriores a los tiempos homéricos; los que mejor las estudiaron han reconocido esta verdad. Los griegos de Homero, observa el señor Heeren, se parecen todos, cualquiera que sea su origen. No existe distinción alguna entre los beocios, los atenienses, los dorios y los aqueos que encontramos en sus poemas. Los héroes de estas diversas tribus no tienen nada de local. Los contrastes que los separan provienen de su carácter individual y de sus cualidades personales[7]. Lo mismo ocurre con los dioses. Aunque Juno sea la divinidad especial de Argólida, Júpiter de Arcadia, de Mesenia y de Élide, Neptuno de Beocia y de Egialo, todas estas especialidades desaparecen en la mitología homérica. La mitología griega, dice el autor de la obra más ingeniosa y más profunda sobre la antigua historia de las tribus dorias[8], forma un conjunto cuyos diversos materiales se hacen homogéneos por la fusión que se realiza, y en el que todos los matices locales se funden y unen para crear un solo color[9].

La separación de las razas podrá servirnos, pues, cuando hablemos de los progresos posteriores del politeísmo de Grecia; por el momento, carece de cualquier importancia.

En cuanto a las dudas manifestadas por más de un crítico sobre la identidad de la mitología homérica y de las creencias vulgares, bastarán algunas palabras para disiparlas.

Lo que dio origen a estas dudas es, por una parte, la obstinación que quiso atribuir a los griegos nociones más sutiles, más metafísicas, menos materiales de las que le atribuye la *Ilíada*; y, es, por otra parte, la desproporción que se quiso ver entre un pueblo bárbaro y el lenguaje armonioso, la poesía sublime de Homero.

Creemos que hemos demostrado suficientemente que la religión griega, tal como dominaba el espíritu de los pueblos, ya desde el origen, si no existió en Grecia ninguna casta sacerdotal, ya después de la destrucción de esta casta por los guerreros sublevados contra ella, no contenía ninguno de los refinamientos que encontramos en las religiones o en las filosofías de los sacerdotes. Vimos que el genio griego modificaba todo lo que el extranjero le había traído: pudieron subsistir ritos misteriosos, celebrarse ceremonias enigmáticas, incluso públicamente; pero su significación sacerdotal, científica o abstracta, era olvidada por quienes los celebraban[10].

Si, pasando a la otra objeción, se nos reprocha que consideremos como un código religioso un conjunto divertido y raro de fábulas ingeniosas y brillantes que algunos poetas presentaron como quisieron, que desnaturalizaron para embellecerlas y cambiaron según su capricho, responderemos que la Antigüedad no consideraba así estas epopeyas religiosas. Para ellos, atacar a Homero era atacar a la religión. Este hecho se prueba por las prácticas de los sacerdotes, por las argumentaciones de los filósofos, por las burlas de los incrédulos. Los poemas homéricos tenían, en Grecia, una autoridad sagrada: Platón rechazaba las fábulas que los poemas contienen, como parte integrante de los dogmas públicos[11]; y para destruir estos dogmas, Luciano[12] dirigía contra estos poemas ataques muy parecidos a los de nuestros espíritus fuertes contra la Biblia en el último siglo. Si se piensa en ello, se verá que la religión descrita por Homero es precisamente lo que debe de ser la de un pueblo bárbaro y guerrero, en un hermoso clima, con una naturaleza benévola, cuando ninguna autoridad se mete con el pueblo. En efecto, ¿cómo puede concebir a sus dioses? Como seres parecidos al hombre, pero dotados de fuerzas colosales, de facultades más amplias, de una ciencia y de una sabiduría superiores, que, sin embargo, no excluyen ni las pasiones, ni siquiera los vicios que estas pasiones conllevan. El fetiche es ávido y codicioso, porque estas necesidades físicas son las únicas que el salvaje pueda conocer. Júpiter es también voraz y mercenario, porque ni la avidez ni la intemperancia desaparecen entre los bárbaros; pero, al surgir otras pasiones en el corazón humano, estas pasiones se convierten enseguida en parte integrante del carácter de Júpiter.

Los modernos, que apenas admiten escrúpulos, porque tienen pocos, ni la convicción, porque ya no tienen, supusieron que los poetas griegos, y sobre todo Homero, para emplear este nombre genérico, habían embellecido o desfigurado la religión y las divinidades de Grecia, porque esta religión y estas divinidades eran precisamente tales como la necesidad y el genio del poeta las había creado; pero es que la nación y el período del estado social eran poéticos. Los poetas no hicieron más que seguir el impulso de su nación y de su época.

Los poemas de Homero, y principalmente la *Ilíada*, pues todo cuanto decimos aquí de las epopeyas homéricas se aplica sobre todo a esta epopeya, son, pues, la pintura más auténtica y más fiel de la religión de los tiempos heroicos[13]; pero, al lado de este monumento precioso, ¿no existen otras fuentes que deberíamos consultar?

¿Cuáles serían estas fuentes? Dejamos de lado los himnos órficos, importación sacerdotal o fragmentos dispersos de un sistema destruido, al que Homero alude algunas veces[14], pero que es totalmente extraño a su propia mitología. Ya hablamos antes de ello; tendremos ocasión aún de hablar más tarde.

Nos quedan, pues, los poetas y los prosistas que se apoderaron de los relatos de Homero, ya para adornar epopeyas posteriores, ya para contar los mismos hechos con un estilo más sencillo y en un orden más metódico. Comencemos por Hesíodo[15].

Este poeta describe un estado social muy diferente del de Homero. El desarrollo de esta verdad, y el de sus concepciones sobre la religión, serían desplazadas ahora. Hesíodo es el representante de una revolución muy importante en las nociones religiosas de Grecia. El examen de esta revolución tendrá su lugar. Por tanto, sólo podemos decir aquí algunas palabras.

Tres ideas dominan lo que nos queda de las poesías de Hesíodo. En primer lugar, encontramos la de la necesidad del trabajo. Se reproduce constantemente en *Los trabajos y los días*. El poeta intenta inculcarla de mil maneras. Se ve que, en esta época, esta convicción poseía la energía que la novedad presta a los sentimientos que acaban de nacer: era un descubrimiento reciente, resultado de un cambio en la situación de las tribus helenas.

De vuelta de sus expediciones militares, pero presas de un agotamiento que les había inspirado la aversión de semejantes empresas, los griegos estaban cansados de sus guerras intestinas, que renovaban en su patria los males que habían experimentado en el extranjero. Casi en todos los sitios, durante la ausencia de los vencedores de Troya, individuos llenos de ambición o parientes pérfidos habían usurpado su trono y sus riquezas. Los ciudadanos luchaban entre sí, las familias se levantaban unas contra otras. Clanes enteros, expulsados de sus casas, construían sobre las de sus vecinos y los expulsaban. Más de una vez, todas las partes de Grecia, excepto Ática y Arcadia, cambiaron de habitantes, y torrentes de sangre marcaban cada una de estas revoluciones. Los griegos estaban, pues, ansiosos de descanso. El cultivo de la tierra, la vida agrícola, el trabajo asiduo, por consiguiente, eran para ellos las condiciones indispensables para su bienestar futuro; Hesíodo, penetrado, a este respecto, de un sentimiento profundo, se deja llevar continuamente por él[16].

En segundo lugar, las quejas contra los reyes que devoran a los pueblos y contra la iniquidad de sus juicios indican la fermentación que debió de preceder, en las tribus bárbaras, a la abolición de las monarquías y el establecimiento de las repúblicas.

Cuando los hombres siguen a sus jefes en el pillaje, se consuelan de la obediencia hacia estos jefes por la opresión que ellos ejercen, a su vez, sobre los vencidos. Este despotismo salvaje se transmite de mano en mano; todos lo toleran porque todos disfrutan de él; cuando, tras la guerra, vuelve la paz, la tiranía se convierte en privilegio de algunos hombres poderosos, sin que presente alguna compensación a la multitud. Por tanto, la necesidad de una libertad mayor y de una especie de garantía es uno de los primeros resultados de la vida apacible. Mostraremos enseguida, en la misma *Odisea*, el germen de esta tendencia y de cierto acrecimiento de la autoridad del pueblo[17]. El poema de *Los trabajos y los días*, posterior a la *Odisea*, se compuso realmente poco antes del nacimiento de las repúblicas griegas, en un tiempo en el que los grandes de cada país abusaban de su autoridad.

Se observa, en Hesíodo, más que en Homero, la presión de los grandes sobre la multitud[18]: no que esta presión no existiera, quizá más, en tiempos del primero, sino que aún no parecía una cosa que llamara la atención. El hombre necesita tiempo para descubrir que tiene el derecho de quejarse.

Finalmente, las frecuentes invectivas contra las mujeres son una tercera prueba de una modificación en las relaciones sociales. Los poetas que describen los tiempos heroicos casi sólo hablan de las mujeres de la clase superior; pero las mujeres de esta clase, culpables, algunas veces, de crímenes atroces, influyen también mucho en la vida de sus esposos de una manera habitual. Tienen esclavos a los que dirigen en algunas artes o en algunos oficios fáciles; pero, en el estado más complicado de una vida laboriosa, las mujeres se convierten en compañeras más necesarias a los individuos de la clase subalterna, que comienza a encontrar su sitio. El trabajo de las mujeres, su asiduidad, su obediencia son más indispensables; y de ahí nacen las quejas de sus maridos, quejas que Hesíodo repite hasta la saciedad.

En general, se debe observar que la clase del pueblo, de la que sólo se habla en Homero como de una masa zumbona e indigna de atención, sale de su nulidad en Hesíodo; como en la historia de nuestras monarquías feudales, después de varios siglos, en las que los señores, que son los reyes de los tiempos heroicos, llenan en exclusiva todos los anales, se ve surgir a las ciudades liberadas del yugo feudal. Homero describe, en cierto sentido, la edad feudal; Hesíodo, la época en que comienza la industria, la agricultura y casi el comercio.

Veremos, más tarde, cómo la religión adquiere importancia proporcional a las nuevas necesidades de una sociedad que se modifica. Aquí, sólo debemos concluir que Hesíodo nos servirá enormemente, cuando tengamos que comparar dos épocas conexionadas entre sí; pero que no haría más que perturbarnos si lo consultásemos sobre la primera de estas épocas, a la que no pertenece.

Otra circunstancia hace el testimonio de Hesíodo poco válido sobre este tema. Durante el intervalo que separa la *Ilíada* de la *Teogonía*, la comunicación de los griegos con los bárbaros había introducido en Grecia muchos fragmentos de traiciones, de creencias y de doctrinas sacerdotales, que Hesíodo había reunido en sus versos sin entenderlos. Desde este punto de vista, la religión, tal como la encontramos en Hesíodo, no fue la religión griega de una época. Para ver en Grecia algo parecido, se debe recurrir a los misterios; pero no estamos en los misterios.

Los poetas cíclicos[19] se apartan menos de la verdadera mitología de los tiempos bárbaros; pero estos poetas no nos enseñan nada que Homero no nos proporcionase con más detalle y con más elegancia poética. Copistas secos y fríos, sólo tuvieron como meta encadenar fábulas tras fábulas, relatos tras relatos: su mérito sólo estriba en restablecer alguna circunstancia minuciosa o alguna tradición olvidada por el poeta de la *Ilíada*. Pero, como en su alma no hay aliento ni poesía, tampoco hay religión en sus cantos.

Los líricos están en otra categoría; escribían en una época más avanzada de civilización y de perfeccionamiento; de ahí la necesidad de adaptar las tradiciones a los avances de las ideas; ved a Estesícoro y a Píndaro. Uno se arrepiente de haber acogido rumores negativos sobre Helena, y declara que, mejor informado, sabe que ella nunca estuvo junto a los muros de Troya; el segundo rechaza varios relatos, declarando que no pueden ser exactos, pues son indignos de la majestad de los dioses[20].

Volveremos sobre este trabajo de los líricos, cuando presentemos a la religión griega caminando con la misma fuerza que la moral y depurándose a medida que se ilumina la inteligencia del hombre. Aquí, sólo la examinaremos para demostrar que la religión que los líricos mejoran así ya no es la que los griegos habían profesado junto a las murallas de Ilión.

Con mayor razón, no debemos esperar de los trágicos griegos ni fidelidad ni exactitud. Alejan cuanto puede herir a sus oyentes, inventan lo que puede agradarles; Esquilo y Sófocles menos que Eurípides, porque Esquilo y Sófocles eran creyentes y sólo cedían a un sentimiento moral y a la purificación gradual de las ideas y, por tanto, sólo suprimían las acciones degradantes para los dioses, sin poner en duda su existencia. Hacia los tiempos de Eurípides, por el contrario, el progreso de las luces había hecho germinar la incredulidad. La muerte de Sócrates lo había irritado. Eurípides, de efecto rebuscado como Voltaire, obedecía como Voltaire al espíritu del siglo y, halagándolo, influía sobre él. Doblegaba su mitología a un fin: no reconocía en los dioses del vulgo más que fuerzas físicas o abstracciones[21]. A veces, reunía, en una sola, a varias divinidades; su imaginación pasaba por alto las tradiciones religiosas, o su filosofía las tomaba como marco para sus doctrinas, y su deseo de revestir sus obras de un nuevo encanto le hacía preferir las más recientes o las más desconocidas[22]. Así, podemos encontrar, sin duda, en Esquilo y en Sófocles, la religión griega, tal como la concebían sus contemporáneos, e incluso, en el primero, reminiscencias de tradiciones aún anteriores. Eurípides nos presenta la hostilidad naciente de la filosofía ya perseguida; pero todas estas cosas no tienen nada en común con la creencia de las tribus puramente guerreras que gobernaban Aquiles o Agamenón.

En cuanto a los poetas de Alejandría, la mitología que se puede llamar verdadera, la que había regulado durante largo tiempo la creencia y el respeto, la habían desnaturalizado totalmente, cargada de adornos rebuscados y de una erudición pedantesca. Como religión, ya no hay fe; como talento, tampoco hay entusiasmo; son compiladores, a veces elegantes, a menudo fastidiosos, que prefieren las traiciones olvidadas a las vulgares, para dar a sus composiciones el atractivo de la novedad y, a sí mismos, el mérito del saber. Son útiles en las descripciones de los ritos y de estas ceremonias, en sus alusiones a doctrinas alumbradas por la filosofía o venidas del exterior; pero la distancia moral que los separa del primer politeísmo griego, es aún mayor que la distancia cronológica.

Los escritores en prosa apenas nos ofrecen recursos más seguros. Unos, traductores, por así decir, de los poetas épicos, narran, en un estilo carente de adornos, lo que éstos últimos habían rodeado de todo el resplandor de una imaginación brillante. Los otros, intentando poner en cierto orden las fabulas recibidas, eligen, de entre estas fábulas, las que se plieguen más fácilmente a él, y se convierten en guías engañosos ya que su elección es arbitraria o sistemática[23]. Algunos, aduladores del país natal, acosan las tradiciones para colocar entre sus conciudadanos el mayor número posible de dioses y héroes[24]. Otros introducen absurdamente la crítica histórica en medio de las ficciones, discuten sobre si

Esculapio pereció por un rayo o de otra manera, si resucitó en Delfos o en otro lugar[25], suputan los años, los meses, los días de los combates delante de Troya[26]; y, de este modo, aunque sus labores se ejercen sobre objetos que pertenecían antiguamente a la religión, no es la religión, es la erudición, la que los ocupa.

Prosistas más solemnes por su nombre y su carácter, son los historiadores. Llevan sus investigaciones al origen de los pueblos y a sus costumbres antiguas, y, de ahí, a los tiempos fabulosos. Pero carecían de cualquier medio especial para juzgar las fábulas; los que eran devotos como Heródoto, intentaban, a lo sumo, conciliarlas, contándolas, cuando intentaban hacerlo[27]; a los que carecían de prejuicio, como Tucídides, los rechazaban con un desdeñoso silencio y no sacaban de todo ello otras conclusiones que la barbarie de las primeras épocas[28].

El triunfo de la incredulidad y del escepticismo creó más tarde una clase subalterna de críticos[29], que emprendió la fácil tarea de separar lo maravilloso de lo que ella pretendía llamar historia. Transformó a los dioses en simples mortales, en guerreros felices, en legisladores deificados. Estos escritores nos servirán mucho, cuando describamos la decadencia y la caída del politeísmo; por el momento, de poco nos sirven.

Debemos, por el mismo motivo, dejar de lado a los filósofos, ya porque interpretan el politeísmo para doblegarlo a sus hipótesis, sin atacarlo abiertamente, ya porque, más osados, lo combaten mediante el razonamiento y el ridículo. La única manera de que puedan sernos útiles ahora es probándonos, más todavía, que la religión homérica era en Grecia el verdadero politeísmo, ya que, como dijimos anteriormente, Homero es siempre el blanco de sus ataques.

En resumen, pues, Homero sigue siendo el único representante y órgano de la religión heroica de Grecia; y, entre la multitud de escritores que le sucedieron o que lo comentaron, sólo hay dos que podamos consultar alguna vez, cuando el propio Homero nos parezca oscuro o incompleto. Uno es Apolodoro, compilador sin pretensiones, que recopila todo sin desnaturalizar nada, porque sólo tiene como objetivo no explicar nada. El otro es Pausanias, viajero curioso, preguntador infatigable, y que aprovecha indistintamente fragmentos de los poetas, tradiciones locales, relatos de sacerdotes y la contemplación de los monumentos o de las ruinas, para inscribir, en su itinerario, cuanto pudo oír y recoger.

CAPÍTULO 4

Del punto de vista con el que examinaremos el politeísmo
de los tiempos heroicos

Vamos ahora a presentar a nuestros lectores el cuadro de la mitología homérica, en las hordas griegas, aún bárbaras e ignorantes; descartaremos todas las interpretaciones históricas, filosóficas o simbólicas. Ya se tuvieron en cuenta estas interpretaciones; ya se indicaron las verosimilitudes según las cuales se podía admitir la existencia de una casta y una religión sacerdotales en los griegos anteriores al asedio de Troya. Deberemos ofrecer, a este respecto, nuevos enfoques cuando hablemos de Hesíodo, cuando tratemos de la filosofía y, sobre todo, cuando lleguemos a la decadencia del politeísmo. Pero si nos lanzáramos ahora a esta carrera, confundiríamos nociones que deben permanecer totalmente separadas. Se trata de comprender con claridad lo que es la creencia popular en la época que describimos y cuál es el trabajo del sentimiento religioso sobre esta creencia. Pero aquí nada es oculto; nada es científico; el símbolo mismo, lenguaje convenido para el sacerdocio y sus iniciados, no es para la multitud más que una lengua cuyos términos tienen un sentido literal, positivo, conforme a su significación vulgar. Por tanto, que no se nos venga a decir que tomamos el politeísmo homérico demasiado materialmente; lo tomamos como lo concebían los griegos de los tiempos heroicos, y repetimos nuestra máxima fundamental: una religión es siempre para el pueblo tal como el pueblo la concibe. Esto no es una opinión personal o lanzada demasiado ligeramente. Aunque el defecto de la mayoría de los escritores alemanes, que se ocuparon, por otra parte, con tanta sagacidad y, desde varios aspectos, con tanto éxito, del estudio de las mitologías, es el de haber buscado más bien el sentido misterioso que la influencia popular, los más sensatos de ellos llegaron a este resultado. El célebre Hermann demuestra hasta la evidencia que Homero, al relatar algunas fábulas simbólicas y al hacer alusión a varias otras, no captó nada de su sentido[1]; y el propio señor Creuzer, que busca continuamente el símbolo, se ve forzado a concluir así: «La Grecia antigua puede haber sido, durante cierto tiempo, sacerdotal y, por así decirlo, oriental. Los fundadores de los muros, de las puertas, de las grutas ciclópeas de Tirinto, de Sición, de Micenas[2], pudieron ser sacerdotes; pero la atmósfera de Grecia, las montañas, los bosques, los ríos que la recorrían en todos los sentidos, la energía de las tribus que la invadieron, opusieron muy pronto numerosos obstáculos a cualquier poder meramente religioso. Las costumbres y las instituciones, la reflexión y la poesía, se unieron para alejar a las tribus belicosas de los

318

dogmas abstractos y de las creencias contemplativas; su mitología devino necesariamente menos aventurera, menos extravagante en apariencia, pero también menos elevada y menos profunda en realidad. Surgieron poetas, que se decían inspirados sin ser sacerdotes: desdeñaron su ciencia oculta; formaron una clase aparte, que vio en los sacerdotes a sus rivales y que fue preferida por los monarcas y los guerreros. Calcas se estremece[3] y Leyodes perece[4], mientras que Femio obtiene la vida y se lo llena de honores»[5].

Homero, continúa el autor, tenía sus motivos para conformarse con las creencias vulgares. La poesía, ante todo, quiere agradar. Doblegaba su genio a las costumbres, a las opiniones reinantes; conocía probablemente Egipto y Oriente; había podido ver las esculturas simbólicas de Tebaida, o los navegantes jonios, sus compatriotas, se las habían descrito. Pero cuando se trató de insertar en sus poemas estas alegorías profundas, artista hábil, las fundió en su narración, las identificó con sus personajes, les quitó su aspecto enigmático y, más sensato quizá de lo que parece, se paró sólo en la forma, silenciando la doctrina[6]; y toda la nación, subyugada por el genio de este gran poeta, olvidó enseguida, ante su nuevo y brillante Olimpo, las lecciones sublimes, pero semiocultas, que había recibido en otro tiempo de los sacerdotes de Oriente: creencias, poesía, escultura, todo se ajustó a este modelo, en lo sucesivo nacional; cualquier otra luz palidece ante la suya[7].

Esta confesión nos basta[8]. No tenemos que investigar lo que Homero pensó, sino lo que dijo, para acomodarse a los pensamientos contemporáneos. Son estos pensamientos lo que es esencial conocer; es la influencia de estos pensamientos lo que importa examinar.

CAPÍTULO 5

Embellecimiento de las formas divinas en el politeísmo homérico

El primer progreso que se realiza en las creencias libres de cualquier impedimento y cortapisa es el embellecimiento de la figura de los dioses. Este embellecimiento es una necesidad para el hombre; ya lo vimos al hablar de los salvajes[1].

Al satisfacer esta necesidad, el hombre se aleja momentáneamente de esa tendencia hacia lo desconocido, tendencia inherente al sentimiento religioso[2]. Lo veremos dentro de poco apartándose más, cuando, después de haber atribuido la belleza física a los objetos de su culto, busque sus cualidades morales. Cuanto más reflexione sobre estas cuestiones, más semejantes a él hará a sus dioses. Pero es una transición, un trabajo preliminar, al cual sólo se entrega mientras le sean inferiores por sus cualidades o por sus formas. En cuanto los hace iguales, prestándoles lo que hay de mejor en su naturaleza, los hace sus superiores, liberándolos de sus debilidades y de sus vicios; este nuevo trabajo establece nuevas diferencias, incalculables, indefinidas, y la religión entra en su esfera.

Sin embargo, esta metamorfosis no se realiza de repente. Durante algún tiempo, la imaginación desfigura a los dioses con añadidos más o menos extraños. Les presta varios brazos o varias cabezas en señal de fuerza o inteligencia, o alas en señal de velocidad; pero estos añadidos fantásticos desaparecen gradualmente. El gusto se depura y lleva al politeísmo, cuando esta creencia puede seguir en libertad la dirección que le es propia, el hermoso ideal de las formas humanas.

Las más antiguas divinidades griegas eran simulacros monstruosos[3]. Pausanias habla de un dios con forma de pez, que se veía, en su tiempo, en el santuario de Juno en Olimpia[4]; los arcadios, cerca de Figalia, adoraban a Ceres con una cabeza y crines de caballo[5]. Proserpina tenía igualmente la cabeza de un animal, cuatro ojos y cuatro cuernos[6]. Larisa mostraba su Júpiter con tres ojos[7]; Amicles, a su Baco[8]; Élide, a su Diana alada[9]. Pero, siempre que los historiadores o los viajeros mencionan estas representaciones sagradas, añaden que se remontan a una Antigüedad tan remota que no pueden asignar la fecha[10]. Es que estas monstruosidades se habían suavizado, borrado, habían desaparecido gradualmente, sin que se pudiese indicar el instante preciso de su desaparición. Esculapio, al principio un cántaro, luego un dios enano; en épocas inciertas (pues el mérito del perfeccionamiento se atribuye a diversos escultores[11]), una forma más bella; y el único vestigio que quedó de su antigua figura fue, en algunos de sus templos, una estatua[12] pigmea junto a él. Cécrope había venido de Egipto, con doble cuerpo y una cola de serpiente, que figuraba, dicen los comentaristas, una doble naturaleza: una, agrícola, expresada por el látigo y las riendas que agitan dos de sus manos; la otra, belicosa, indicada por la espada y el escudo que llevan sus dos otras manos[13]. Los atenienses, poco sensibles a la alegoría, suprimieron estas deformidades. Cécrope fue, para ellos, un legislador divino, que vela por el matrimonio, y semejante, por otra parte, a los mortales. El Baco alado de Amieles se despojó de su inoportuno e inútil símbolo, para convertirse en el ideal de la belleza voluptuosa y afeminada, como Apolo el de la belleza majestuosa y varonil[14]. Escila, ese monstruo terrible para los navegantes, primero un dragón de doce pies y de seis bocas siempre prestas para tragar su presa, fue, más tarde, una mujer de formas seductoras de la cintura para arriba; y los relatos que la acompañan ocultaban a las miradas su cola de pez con los perros amenazadores cuyos ladridos amedrentaban a los pilotos.

Si no temiéramos adelantarnos a las épocas, mostraríamos claramente que, cuando las circunstancias introdujeron el espíritu griego en las regiones sacerdotales, este espíritu hizo triunfar en ellas, pese a la resistencia de los sacerdotes, la tendencia al embellecimiento de las formas divinas. El Serapis de Egipto era primitivamente una cabeza sobre una urna, rodeada de serpientes. En Alejandría, los artistas griegos, protegidos por los Ptolomeos, le dieron la figura humana[15]. En Canope, por el contrario, donde el espíritu griego no penetró nunca, Serapis continuó siendo adorado con su antigua forma[16].

El Falo, ese ídolo obsceno y repugnante, que aparece sin cesar en todos los cultos sacerdotales; el Falo, transmitido a los griegos por la antigua teocracia pelásgica, o traído de Egipto a Grecia, fue primero coronado con un rostro de hombre; luego, se suprimió el órgano indecente, y el Falo sólo difirió de las demás estatuas en los ritos misteriosos[17].

Así se mueve la inteligencia, para embellecer lo que el alma adora. La necesidad de contemplar en sus cielos el ideal de la belleza, inspiró a los griegos esta pasión por la belleza en sí misma, fuente de obras maestras imposibles de imitar[18]. Incluso cuando el sentido misterioso hubo penetrado en su religión, permaneció siempre en segunda línea; la belleza fue el objetivo; el símbolo se supeditó siempre a la belleza.

Y no se piense que sólo el arte se aprovechó de esta disposición. La proporción, la nobleza, la armonía de las formas, tienen algo de religioso, de moral. Un hombre de genio decía que la contemplación del Apolo del Belvedere o de un cuadro de Rafael lo hacía mejor. En efecto, la contemplación de lo bello en todo género nos aparta de nosotros mismos, nos inspira el olvido de nuestros intereses estrechos, nos transporta a una esfera de mayor pureza y de perfeccionamiento inesperado. La corrupción puede hacer que este entusiasmo se desvíe, como puede pervertirlo todo; pero el efecto de esta corrupción es circunscrito y momentáneo. No actúa sobre las masas; y es incontestable que un pueblo que, en su culto, sus fiestas, sus edificios, en una palabra, en cuanto aparece ante sus ojos, necesita una belleza ideal, es mejor moralmente que un pueblo ajeno a esta necesidad; es la primera ventaja que los griegos obtenían de su independencia religiosa.

CAPÍTULO 6

Del carácter de los dioses homéricos

Los esfuerzos del sentimiento religioso, entregado a su tendencia libre y natural, no se limitan al embellecimiento exterior y, por así decirlo, material de los dioses. La misma tendencia lo lleva a una revolución interior. Querría atribuirles todo lo que concibe de hermoso, de noble y de bueno. Trabaja en ello cuanto se lo permiten sus nociones imperfectas; y en sus afirmaciones generales, guarda para sus dioses la belleza, la justicia, la felicidad.

Pero la misma causa de degradación que observamos antes en el fetichismo, la acción del interés del momento, de ese interés siempre vil, impaciente y ciego, se ejerce sobre el nuevo culto a cuya altura logró elevarse el hombre.

Surge, pues, en el interior un doble movimiento, y de él nace una lucha constante. Esta lucha se complica por la credulidad y la juventud de imaginación que caracterizan a los pueblos nuevos. Las fábulas se presentan tanto más numerosas cuanto que no son monopolio de los sacerdotes. La fe las acoge, el interés se apodera de ellas y el sentimiento intenta modificarlas; de ahí nace una mitología a menudo discordante, llena de contradicciones que pasan desapercibidas, porque nadie las acerca para compararlas, y, porque destinadas un día a combatirse, coexisten aún en paz, por no llegar a encontrarse.

Éste es el espectáculo que nos presentará el cuadro del politeísmo de la *Ilíada*; nuestros lectores recuerdan que se lo presentamos aquí como lo concebía la masa de los griegos, dejando de lado, según el consejo de un crítico hábil[1], todas las doctrinas que desnaturalizarían su simplicidad.

En la cima de una montaña[2], que espesas nubes ocultan a los ojos profanos, mora la asamblea de los dioses. Cada uno de estos dioses presenta al espíritu la noción de una cualidad, de una virtud y una fuerza superiores a las que poseen los humanos. Júpiter es el ideal de la majestad; Venus, de la belleza; Minerva, de la sabiduría. No queremos decir que los griegos hicieran de ellos seres alegóricos[3], sino sólo que trataban de reunir en ellos lo que imaginaban de más majestuoso, de más bello, de más sabio. Los mortales levantan con respeto sus miradas hacia esta asamblea venerable de seres sobrenaturales que los contemplan y los protegen. Hasta aquí, es el sentimiento religioso profundo y puro.

Pero los griegos quieren sacar de sus dioses el mismo partido que los salvajes de sus fetiches. El interés viene a mancillar la nueva forma hacia la que se había lanzado el sentimiento.

Para suponer que los dioses favorecen nuestros deseos inconstantes, nuestras pasiones codiciosas o desenfrenadas, hay que imaginarlos sensibles a los dones, a los sacrificios, a las ofrendas. Enseguida tenemos los dioses mercenarios; y así son, en efecto, los dioses de la *Ilíada*. No es la moral, no es la equidad, son los sacrificios los que deciden su conducta. Si Minerva protege a los atenienses, es porque le presentan pasteles de harina pura, corderos sin mancha, carneros cuyos cuernos dorados se complace en contemplar[4]. Júpiter se compadece de Héctor, no porque este héroe defienda a su padre y a su patria, sino porque siempre llenó los altares de este dios de vinos, de manjares y de perfumes exquisitos[5]. Diana despreciada por los etolios envía contra ellos un jabalí furioso. Proteo declara a Menelao que sólo volverá a su patria después de haber ofrecido sacrificios a los dioses de Egipto[6]. Atraídos por el voto de una hecatombe, los habitantes de las mansiones etéreas descienden para intervenir en las circunstancias menos importantes. El propio Apolo dirige, en los juegos que tienen lugar cerca de la tumba de Patroclo, la flecha de Meriones, cuya asistencia no quiso comprar el rival[7]. Los griegos utilizan con sus dioses el mismo lenguaje que los salvajes con sus fetiches[8]; y en sus propias conversaciones, estos dioses se reprochan mutuamente, como actos de ingratitud, el olvido de los toros, de las cabras y de las víctimas escogidas que los guerreros a los que abandonan habían inmolado sobre sus altares[9].

De este modo, se pervierte de nuevo la religión. El politeísmo ya sólo en apariencia es superior al fetichismo[10]. Los objetos que se consagran a los dioses son de más valor; pero es la misma la relación que se estableció entre la divinidad y el hombre.

La degradación no se para ahí: la lucha entre el interés y la pureza del sentimiento religioso se complica por la intervención de un tercer poder que viene, como juez, a pronunciar fallos y sentencias a los que los dos adversarios están lejos de atenerse.

Este poder es el razonamiento. A medida que el espíritu humano se instruye, aprende a sacar de los principios que admite las consecuencias que de él se derivan: es una ley de su naturaleza. El hombre está obligado a razonar bien, desde cualquier punto que parta, incluso cuando la precisión de sus razonamientos va contra su objetivo.

De esto se deriva que, cuando adopta sobre sus dioses una hipótesis cualquiera, el espíritu saca de este dato las conclusiones que necesariamente se siguen de él; y, por estas conclusiones, llega a un término que apenas preveía, y que hiere, a la vez, el sentimiento que había creado la nueva forma religiosa y el interés que quería servirse de ella.

Los dioses, por las primeras modificaciones que se introdujeron en su carácter, componen una sociedad de seres más poderosos que los mortales, y que venden a estos últimos su protección a cambio de presentes y de víctimas. Otorgan favores por motivos interesados; y lo hacen tanto con los culpables como con los inocentes. No sólo los criminales pueden vanagloriarse de recuperar su benevolencia mediante ofrendas y sacrificios, doctrinas recibidas de las religiones más avanzadas, sino que también los mismos medios les conceden las ayudas celestiales en las empresas más condenables. Píndaro promete a Febo cien corderos recién nacidos, si le secunda en su perfidia[11]. Egisto coloca en los templos presentes, precio de su adulterio[12]. Entonces desaparece cualquier confianza: los vicios de los dioses[13] se multiplican por una gradación que el razonamiento hace inevitable y llegan al más alto grado de perversidad y de corrupción. De la venalidad, pasan a la perfidia. Los hombres no están seguros de su asistencia, incluso cuando los sacrificios son aceptados por ellos. Los aceptan y preparan a los suplicantes nuevas desgracias.

Si se supusiese que los autores de la mitología homérica quisieron describir, en el carácter de sus dioses, el abuso inherente a la fuerza ejercida sobre seres incapaces de represalias o de resistencia, uno debería sorprenderse de lo que el hombre adivinó en este género desde la infancia de las sociedades; es que su instinto precede a su experiencia. Cada uno, para juzgar el mal que ocasiona el capricho ilimitado y el poder sin freno, no tiene más que acercarse a su propio corazón. Los dioses de Homero son lo que seríamos nosotros en nuestros accesos de pasión y de violencia, con la certeza de la impunidad. No respetan las leyes más sagradas de los pueblos que los adoran. Sólo desde este punto de vista, se libran de la imitación de las acciones humanas; violan hasta la hospitalidad tan sagrada en estos tiempos bárbaros. Hércules mata a su huésped Ífito sin que por ello deje de ser recibido en el Olimpo[14]. Júpiter saborea a placer el espectáculo de la masacre[15], se alegra de ver a los dioses pelearse con furor[16]; pasa sus noches meditando proyectos funestos[17]; sacrifica todo el ejército griego al orgullo de Aquiles y a las solicitaciones de Tetis[18], envía sobre la tierra a Até, su hija, fuente de todos los males[19]. La injusticia de este maestro del tumulto la describe con toda energía Minerva: Volverá, dice, lleno de furia a los cielos; nos alcanzará a todos, inocentes y culpables[20]. Pero la misma Minerva no es ni menos cruel ni menos pérfida, cuando quiere saciar su odio: arrastra a Héctor a la perdición mediante la añagaza más repugnante[21]. Permite que Ulises y Diomedes le consagren los despojos de Dolón, masacrado por ellos sin tener en cuenta una promesa solemne[22]. Aplaude, igual que Neptuno, la ferocidad del hijo de Peleo, que insulta el cadáver de su enemigo vencido[23]. Apolo recurre, para engañar a Patroclo a un artificio que ruborizaría a un mortal[24]. Los hijos de Latona inmolan a su madre una familia inocente[25]. Juno, para satisfacer más libremente su venganza, entrega a su esposo las naciones más dadas a su culto, las más cuidadosas de sus altares[26]. Todos los dioses persiguen a Belerofonte con su odio injusto[27].

Otras veces, se hacen los instigadores del crimen. Mercurio enseña a Autólico a robar con astucia[28]. Venus, irritada contra Diomedes, corrompe a su mujer Egialea[29]. Para vengarse de la madre de Mirra, impulsa a su hija al crimen[30]. Cuando Helena parece destrozada por los remordimientos, la obliga a perseverar en el adulterio, y no es una alegoría[31]. No es el amor la nueva debilidad de Helena. Venus la obliga con amenazas groseras y casi brutales. Helena cede al terror y dirige a Venus reproches cargados de injurias[32], y su discurso se distingue, sobre todo, por la idea que expresa de las relaciones que la religión de los tiempos heroicos supone entre los dioses y los hombres.

Sin embargo, son estos dioses a los que se invoca en favor de la moral. Príamo le dice a Aquiles que se granjee el favor de los dioses siendo humanitario con él[33]. Menelao pide a Júpiter que vengue los derechos de la amistad y de la hospitalidad herida; pero se debe distinguir lo que los hombres dicen de lo que los dioses hacen. Los suplicantes y los ofendidos, en sus plegarias, hablan el lenguaje de su interés más que el de su creencia.

En el examen de las religiones, se toma, a veces, como un sistema completo de moral máximas que expresan más la necesidad que se tiene del apoyo de los dioses que su verdadero carácter. Se alaba su justicia como la de los reyes, para animarlos a ser justos. Lo que los hombres les piden en su pasión no demuestra lo que esperan de ellos: los invocan porque el dolor sin recurso y la indignación sin poder se dirigen indistintamente a todos los objetos que se presentan. Incluso antes de que la religión intervenga de oficio en la moral, los hombres imploran a los dioses contra la injusticia, como en Sófocles, Filoctetes, huérfano de cualquier ayuda, solicita venganza contra Ulises a las rocas, a las montañas, a los bosques de Lemnos, testigos mudos e insensibles de su desesperanza[34]. Esta llamada a las fuerzas invisibles muestra la desdicha y no la confianza.

Esta reflexión se aplica incluso al castigo del perjurio, que los dioses son los primeros interesados en castigar. Es Agamenón, es Idomeneo, son los generales griegos los que anuncian a los troyanos, culpables de este crimen, que la cólera celeste caerá sobre ellos[35], y no se debe olvidar que el acontecimiento no justifica sus predicciones amenazadoras. La caída de Troya está marcada por el destino: no se debe al perjurio de los troyanos, sino que, al contrario, para inducir la destrucción de esta Troya, aún inocente, al menos de este crimen, los dioses excitan a sus habitantes a reavivar la guerra por un perjurio. Troya, condenada a sucumbir el décimo año del asedio[36], no perece ni más pronto ni más tarde porque los troyanos infrinjan un tratado. El Olimpo permanece dividido entre los defensores y los enemigos de esta ciudad[37]. Los dioses que la protegen no abogan por su causa porque violó la fidelidad de sus juramentos. Pero no por eso dejan de esforzarse en retrasar, por todos los medios a su alcance, la hora fatal de la ciudad que aman. Por eso los hombres sólo conocen con certeza cuán ineficaz es su recurso a la justicia de los dioses. El propio Agamenón, que imploraba a Júpiter, lo acusa pronto de mentira y de perfidia[38], y Menelao, sin dejar de invocarlo, lo acusa de todos los males que le agobian[39].

Estos seres, creados por el sentimiento religioso para llenar su necesidad de adoración, se convierten más en objetos de odio y de temor que de amor y de esperanza. Merece observarse la expresión que utiliza Agamenón, al hablar de Plutón. Plutón, dice, es inexorable e implacable; es el dios más odiado de los mortales[40]. Los pueblos se ponen en guardia contra los auxiliares poderosos, pero infieles, que colocaron sobre sus cabezas. Unos los encadenan en los templos, para que no puedan unirse a sus enemigos pródigos de juramentos y promesas[41]; otros sólo pronuncian sus nombres en voz baja, para que los extranjeros, al no saber cómo invocarlos, no puedan seducirlos[42]. Áyax, al iniciar el combate contra Héctor, exhorta a los griegos a rezar en voz baja para que los troyanos no puedan oírlos[43]. Todos los pueblos admiten que las naciones, mediante hábiles artimañas, pueden quitarse los dioses unos a otros[44]. Así, en esta época de la religión, los dioses se venden, por así decirlo, al mejor postor. Su aprobación no es una prueba de mérito; su odio no implica ninguna censura, ninguna vergüenza. La obediencia a sus órdenes es un medio de complacerlos, pero no es una virtud; la resistencia es a menudo un medio de gloria o incluso de éxito. Hércules conquista el Olimpo a pesar de Juno; Ulises vuelve a ver Ítaca a pesar de Neptuno. Si alguna vez los dioses inspiran a sus favoritos algunas cualidades, la prudencia, la piedad[45], el valor, es en alguna circunstancia particular, para un fin determinado[46]; es un milagro, es una magia. No se trata de una mejora moral, de regla de conducta fija e inmutable, pues otras veces enseñan lo contrario. Los dioses, dice Áyax a Aquiles, te dieron un corazón cruel y despiadado[47].

Los celos son una parte esencial de su carácter. Son celosos, dice Homero[48], no sólo del éxito, sino del ingenio y del talento. Cualquier prosperidad mortal hace sombra al orgullo divino[49]. Este orgullo implacable acecha a los hombres y a los imperios en la cima de la felicidad para precipitarlos al abismo[50].

Los dioses, rebajados así en las cualidades morales con las que el sentimiento religioso se había complacido en adornarlos, pierden también, en gran parte, los atributos que, en su respeto, se les había otorgado: el infinito, la inmensidad, la eternidad, la misma inmortalidad. Su visión no tiene límites, porque se sitúan en la cima del mundo; pero no ven cuanto ocurre en él[51]. Cuando quieren conocer los acontecimientos de la tierra, acuden a mensajeros para que se los cuenten[52]. Para observar al tiempo a los troyanos y a los griegos, Júpiter se coloca sobre el monte Ida[53]. Mientras mantiene su mirada sobre Tracia, Neptuno, pese a su orden, socorre a los griegos, y el propio Neptuno habría ignorado probablemente el peligro de estos griegos a los que favorecía, si, desde lo alto de una montaña, donde se había sentado por azar, no hubiese descubierto su flota amenazada y a los troyanos triunfadores[54]. Matan a Ascálafo sin saberlo Marte, su padre[55], que se entera de su muerte por boca de Juno[56]. Minerva, aunque la clarividencia debiera ser su cualidad distintiva, se lamenta con amargura de no haber previsto el futuro[57]. Los dioses sólo gozan de la luz del día cuando la Aurora se la muestra[58]; a menudo, los vence el sopor[59] o sucumben a la fatiga[60]. Juno reprocha a Júpiter que haga inútiles su empeño y sus sudores y los esfuerzos de sus corceles[61]. Mercurio se lamenta de tener que atravesar el Océano inhabitable, llanura vasta y desierta, sin la belleza de las moradas de los hombres. Cuando quieren derrotar a un ejército, desconfían de su vigor natural; recurren a medios que, cual si fueran magia, revelan aún más la insuficiencia de las fuerzas divinas[62]. Agitan ante los combatientes la égida temible que siembre por doquier el terror[63]. Sin duda, son, en general, más fuertes que los hombres. Minerva rechaza con un tenue soplo la lanza de Héctor[64]. Juno se indigna porque encuentra obstáculos en una empresa que hasta un mortal podría realizar[65]. Aquiles reconoce entre temblores que Apolo puede desafiar su venganza[66]. Pero no por ello sus fuerzas son menos limitadas. La belleza de las diosas se debe al aceite de ambrosía[67], a ese aceite inmortal que proporciona a sus encantos un nuevo esplendor; la pureza de su sangre se debe a que su misma ambrosía remplaza al trigo molido en la piedra y a la uva pisada por el vendimiador[68]; la rapidez de sus pasos, a la agilidad de los maravillosos corceles que cabalgan[69]: pues los dioses no pueden influir en los hombres sin acercarse a ellos, y su simple voluntad no puede llevarlos de un lugar a otro. Minerva y Mercurio poseen sandalias milagrosas[70] que los mantienen sobre el mar inmenso y sobre la tierra ilimitada. Se disfrazan a su gusto[71]; pero, a menudo, son reconocidos pese a estos disfraces[72] . La única facultad de los dioses que carece de límites es la de oír. Oyen en todo lugar, aunque no siempre puedan ver[73]. Los hombres necesitan ser oídos; no necesitan ver. Un pueblo de mudos daría a sus dioses una visión mucho más amplia.

La idea de la muerte se aleja bastante pronto de las conjeturas del hombre sobre la esencia divina: al ser la muerte lo que más teme, se apresura a librar a los dioses de esta dura condición de su propia vida. Sin embargo, los de Homero no son aún inmortales según la significación absoluta de este término. No siempre los respetan las debilidades de la vejez. Accidentes imprevistos, sus discordias íntimas, la audacia de los humanos pueden poner fin a su carrera. Hércules roba el trípode de Delfos; Apolo quiere combatirlo y matarlo, y Júpiter intenta separar a sus dos hijos. A Vulcano, arrojado del cielo por su madre, sólo le conserva la vida la ayuda de Tetis[74]. Júpiter, engañado por el sueño, lo busca en todo el Olimpo para arrojarlo al mar[75]. Marte, encadenado por los Aloidas, gimió trece meses en un calabozo oscuro y, casi sin fuerzas, lo liberó Mercurio[76]. Conocedor de la suerte de su hijo Ascálafo, el mismo dios jura vengarlo, aunque tuviese que morir a manos de Júpiter[77]. En fin, según una de las tradiciones griegas, y probablemente la más antigua[78], el juramento del Estix había tenido su origen en la suposición de que las aguas de este río eran mortales para los dioses. Luego, otras tradiciones remplazan a ésta: el juramento por el Estix se convirtió en un compromiso inviolable, nos dice Hesíodo[79] y Apolodoro[80], porque Estix, la hija del Océano, había combatido a los Titanes rebeldes. Por tanto, las fábulas se suceden cuando las ideas cambian.

Rebajados a la naturaleza del hombre, los dioses imitan sus costumbres y sus hábitos. Vulcano, engañado por Venus, exige a su padre los presentes que hizo para obtener la mano de esa diosa infiel[81]. Júpiter otorga a su hija Proserpina la isla de Sicilia[82]. Marte mata al hijo de Neptuno y es juzgado por un tribunal de dioses en la colina en la que el Areópago celebraba sus reuniones. Apolo canta y profetiza en los festines celestes, como los rapsodas y los adivinos en los banquetes de los reyes. Diana y Apolo matan a la serpiente Pitón y vienen a Egialea para obtener la purificación por este asesinato; y el mismo dios, después de dar muerte a un bandido espoliador de Delfos, expía su falta en Creta. Cuando los mortales apenas utilizan aún los carros, los dioses van a pie. Los mares, las montañas, los desiertos obstaculizan su marcha. Evitan en sus viajes las comarcas inhóspitas que podrían negarles el alimento que les pertenece, alimento casi siempre como el de los hombres, o que, a lo más, sólo difiere por alguna sustancia más pura y más etérea[83].

Los festines de los dioses son una imitación sorprendente de las costumbres terrestres, en una época en la que los gozos físicos llenaban exclusivamente los momentos de intervalo que la guerra otorgaba a los jefes de las naciones. En estos festines, los dioses, que, otras veces, parecen saciarse con los ritos de los sacrificios, toman parte en el banquete de los humanos. A Júpiter le gusta detenerse entre los etíopes, cuya piedad le prepara mesas espléndidas, cubiertas de alimentos deliciosos con que reparar sus fuerzas y recuperarse de sus fatigas[84]. Iris, enviada como mensajera, está impaciente por cumplir con su misión, para volver a Egipto y hacerse con su parte en un festín[85]. Neptuno olvida en la mesa su odio contra Ulises, pasa en Etiopía diecisiete días y sólo ve al rey de Ítaca el decimoctavo[86].

El hombre no puede conservar un respeto profundo por seres semejantes, cuya voluntad, al dejar de ser respetada, se hace inoportuna. Intenta, pues, librarse de ellos; y en un pueblo bárbaro, cuyas costumbres son belicosas, la idea de resistir no está lejos de la de combatir: por eso vemos a audaces guerreros atacar a los inmortales, causarles heridas, cargarlos de cadenas. Oto y Efialtes arrojan a Marte en una cárcel y lo dejan consumirse allí más de un año[87]; Idas arma su arco contra Apolo[88]. Baco se libra de Licurgo huyendo[89]. Laomedonte amenaza a Febo y a Neptuno con desterrarlos a alguna isla lejana y venderlos después de cortarles las orejas[90]. Estos combates no son en Homero alegorías, sino tradiciones perfectamente conformes con el espíritu de una religión que no veía en los dioses más que a hombres más poderosos. Cuando Diomedes hiere a Venus, ésta siente dolores crueles, y no podría volver al Olimpo si Marte no le ofreciese su carro y sus corceles[91]. Algunos momentos después, este mismo dios apenas puede escapar del hijo de Tideo y el golpe que recibe casi lo mata o lo mutila[92]. Hércules, antes de su apoteosis, hiere con su saeta a Juno en el pecho[93] y a Plutón en la espalda[94]: la flecha queda clavada en sus cuerpos[95], y el señor de los infiernos apenas puede ascender al cielo; allí Peón, con mano hábil, limpia la sangre y cura su herida[96].

Detengámonos ahora para considerar hasta qué y por qué camino los dioses se desviaron tanto de su destino primitivo. El hombre los había creado para él y ahora ya sólo existen para sí mismos[97]. Aunque cada uno de ellos tenga una misión especial y dirija el gobierno de alguna parte de la naturaleza, no por eso dejan de tener un carácter individual. Viven entre ellos, absorbidos por sus pasiones, sus rivalidades, sus disputas[98], acomodándose a las costumbres de los mortales, pero riéndose de los moradores de la tierra. Aquí se manifiesta, de una manera muy clara, este imperio de la lógica del que hablamos anteriormente. El dios debía responder a las plegarias del hombre, satisfacer sus necesidades: por eso, hubiera sido mejor no atribuirles pasiones a menudo contrarias a los bienes que esperaba de ellos; pero la formación de una sociedad humana había tenido como resultado una sociedad divina. Es fundamental para una sociedad tener intereses aparte. Por tanto, la sociedad de los dioses tuvo que ocuparse de los suyos y considerar a los hombres sólo como accesorios[99]. La inteligencia humana está sometida a leyes independientes de sus deseos. Apenas el hombre se crea dioses para su disfrute, estas leyes se adueñan de ellos y se los arrebatan. No obstante, esperemos: lo veremos, perseverante en su empeño e infatigable en sus esperanzas, recuperar a estos dioses que tanto necesita y renovar la alianza indispensable con los seres que huyeron de su lado.

CAPÍTULO 7

De las nociones griegas sobre el destino

Cuando los hombres crean la raza divina como una relación de interés con la raza humana, y la religión se convierte en un tráfico regular de ofrendas y favores, los adoradores deben presentar excusas a los objetos de su culto si éstos últimos no cumplen con lo prometido o faltan a lo convenido.

Una noción confusa y misteriosa se ofrece para ocultar la impotencia y paliar la infidelidad. Es la del destino. Está sujeto necesariamente a muchas contradicciones. El hombre necesita creer en él si no quiere amargarse por la crueldad de los dioses que adora; pero necesita dudar de él, para atribuir a sus plegarias alguna eficacia; de ahí proviene que los griegos, en esta época, consideren las leyes del destino, unas veces, como irresistibles, y otras, como eludibles.

En algunos pasajes de los poemas homéricos, Júpiter se limita a colocar en la balanza la suerte de los individuos y de los imperios[1]. Cuando la balanza de Aquiles gana, el protector de Héctor, Apolo, se ve obligado a abandonarlo[2]; pero en otros muchos pasajes, no menos positivos, los dioses suspenden, por su voluntad, el cumplimiento de los destinos. Estos destinos querían que Ulises viese de nuevo Ítaca, y, sin embargo, el consejo de los dioses se reúne para deliberar sobre su retorno, y Minerva, su protectora, expresa su duda y su temor implorando a Júpiter[3]; e incluso después de los decretos divinos, unidos a los de la suerte, Polifemo invoca a Neptuno y le ruega que, al menos, retrase el retorno del héroe a su patria[4]. Reconoce, pues, a Neptuno una facultad de resistencia semejante a la que Febo ejerce en Heródoto cuando responde a Creso que él fue destronado tres años más tarde de lo que afirmaban los decretos eternos.

La acción de los dioses no siempre se detiene ante esta influencia dilatoria y momentánea. Neptuno habría hecho morir al héroe de Ítaca contra lo dispuesto por el Destino, dice el poeta, si Minerva no lo hubiese socorrido[5]. Estas palabras, «contra lo dispuesto por el Destino», se leen con frecuencia en la *Ilíada* y en la *Odisea*. Los griegos habrían levantado el asedio de Troya, contra lo dispuesto por el Destino, sin la vigilancia de Juno[6]. Contra lo dispuesto por el Destino, habrían conquistado la gloria si Apolo no hubiese incitado al hijo de Anquises a colocarse al frente de los troyanos[7]. Y, contra lo dispuesto por el Destino, Eneas, reservado para gobernar un día en lugar de Príamo, habría sucumbido a los golpes de Aquiles sin la ayuda milagrosa de Neptuno[8]. Minerva dice que los dioses no pueden preservar de la muerte a sus favoritos, ni siquiera a sus hijos, cuando llega la hora fatal[9]. Sin embargo, Júpiter salva a Sarpedón, su hijo, a pesar del Destino[10]; está dispuesto a otorgarle el mismo favor una segunda vez[11]; el peligro del ejemplo es la única consideración que lo retiene. A menudo, parece tentado de librar a Troya de la ruina que le espera[12]; Juno no le discute el poder: haz lo que piensas, le dice, pero no todos los dioses te lo aprobarán[13]. Esta desaprobación de los dioses es su amenaza habitual, cuando el dueño del Olimpo quiere librarse de los decretos del hado[14]; los dioses son, respecto al destino, como los gobiernos respecto a la opinión: pueden desafiarla, pero la censura pública pesa sobre ellos.

Por eso, de ordinario, la respetan, y se sirven de ella para acusarla de sus propias faltas. Júpiter atribuye a sus fallos inmutables las derrotas que los griegos deben sufrir hasta la reconciliación de Agamenón y del hijo de Peleo[15], mientras que es él mismo quien prometió a Tetis satisfacer su venganza, otorgando a los troyanos éxitos pasajeros[16].

Los hombres se mueven eternamente entre estas dos conjeturas: cuando quieren apoyarse en la resignación, justifican a los dioses, como sujetos a leyes que no pueden cambiar; cuando quieren reavivar la esperanza, otorgan una especie de independencia a seres a los que se jactan de ablandar con sus súplicas o seducir con sus ofrendas[17].

Las relaciones de los hombres con el hado se exponen a las mismas incertidumbres. Unas veces, ni el conocimiento del futuro[18], ni las precauciones de la prudencia, ni los esfuerzos del valor, ni el favor celeste[19] cambian en nada lo que las Parcas hilaron desde el nacimiento de los hombres[20]; otras, los mortales, débiles y ciegos como son, se libran de los decretos del hado por su valor, su habilidad, incluso por el crimen[21]; algunas veces, pueden elegir entre dos destinos diferentes. Layo podía tener o no tener un hijo; pero si tenía uno, este hijo debía ser parricida[22]. Aquiles, en su nacimiento, podía elegir una larga vida sin gloria, o morir ilustre en la flor de la edad. Anfiarao era libre de presentarse al asedio de Tebas, pero la muerte lo esperaba junto a las murallas de esta ciudad. Es un modo de unir la doctrina del destino con cierta libertad humana; es una transacción entre dos hipótesis opuestas.

Una fatalidad absoluta, al hacer inútil la divinidad para el hombre, destruiría cualquier culto. Si algunos pueblos se creyeron completamente fatalistas, es porque los hombres se equivocan a menudo sobre sus propias opiniones. Sólo las ven desde una perspectiva que les conviene momentáneamente, y las abandonan inconscientemente cuando necesitan la opinión contraria. Así, los mahometanos afirman que nadie puede escapar a su destino, cuando encuentran en esta afirmación el modo de ahuyentar de su mente el temor a los peligros y a la muerte; pero en su vida habitual, no por ello dejan de hacer votos, de rezar, de practicar ceremonias, que serían gestos ilusorios si el hombre estuviera sometido, en las cosas ínfimas y en las mayores, a una ley eterna e inmutable.

Se ve en estas fluctuaciones los esfuerzos del espíritu humano por descubrir un sistema que le represente a sus dioses, a la vez, como buenos y poderosos, y su desgracia, como ajena a la debilidad y a la injusticia de los mismos.

La unidad de Dios, lejos de resolver este problema, parece, a primera vista, complicarlo más. El politeísmo, al no atribuir a sus dioses la omnipotencia y al mostrárnoslos divididos, presenta un destino por encima de ellos, que los domine y sea, en algún sentido, su regla común; pero en el sistema de la unidad de Dios, al no tener límites su poder, el destino se coloca en su voluntad y existe dificultad, en un primer momento, en conciliar esta creencia con la de la eficacia del culto y del libre albedrío del hombre.

Sólo cuando la religión se depuró lo suficientemente, cuando se eliminó de la idea de Dios todos esos restos de antropomorfismo, que son, en cierto sentido, herencia del politeísmo e incluso del fetichismo, sólo entonces desaparecen y se disipan todas las dificultades relativas al destino, a la fatalidad, al libre albedrío. Entonces sucede a las nociones de necesidad o de tráfico, a estas dos hipótesis que luchan entre sí continuamente en las religiones aún imperfectas, una noción que reúne todas sus ventajas y que aleja de ellas cuanto tienen de rudimentario y grosero. Entonces concebimos al hombre dotado de la libertad para que los triunfos sobre sí mismo tengan mayor valor. Sabemos que, burlando a nuestros deseos, la suerte actúa mejor que atendiéndolos. Nos unimos a la causa desconocida, no para satisfacer nuestros caprichos de un día, sino para alcanzar mayor grado de perfección moral, elevándonos por encima de cuanto no es más que efímero y personal. Entonces sólo el valor adquiere toda su fuerza, y la resignación todo su valor.

CAPÍTULO 8

De los medios que emplearon los griegos para conocer los secretos del destino

Cualesquiera que sean las transacciones de la imaginación con el razonamiento, y de la lógica con el terror, los hombres deben buscar los medios de prever este destino que se cierne sobre ellos.

Estos medios no son los mismos en los dos tipos de politeísmo. El politeísmo independiente coloca en primer lugar las comunicaciones inmediatas y directas; mostramos ya, en nuestro segundo volumen[1], que los poemas homéricos las colocan muy por encima de las que se obtienen por mediación de los sacerdotes. Pero, en este estado de opinión, todos otorgan fidelidad implícita únicamente a las comunicaciones con las que uno mismo es honrado. Subyugados por el dios que los atormenta, Casandra y Laocoonte se agitan en vano para obtener la confianza del pueblo; es sordo a sus voces, y sólo al perecer abjura de su pertinaz incredulidad. Por tanto, estas comunicaciones no pueden tener nunca una gran influencia; y el sacerdocio, por poca autoridad que tenga, intenta siempre suplantarlas, porque hacen superflua su intervención: por eso, la adivinación debe remplazarlas.

Pero la adivinación, en los tiempos heroicos, era una ciencia subalterna y despreciada. Polidamas, en la *Ilíada*, habla con desdén del vuelo de los pájaros[2]. Siempre con las armas en la mano, exponiendo su vida, y dotados de una gran energía física y moral, los héroes creen que el destino está en ellos mismos y se niegan a someterlo a los movimientos caprichosos de los animales o a las señales ambiguas que muestra la naturaleza inanimada. Sólo en una segunda época de la religión griega la adivinación adquiere crédito. Sobre todo en Esparta, su crédito es ilimitado; y eso puede deberse a que la autoridad, cualquiera que sea su nombre, se da cuenta enseguida de los beneficios que le promete la interpretación sistemática de las circunstancias más comunes. Pero no adelantemos acontecimientos.

Después de la adivinación vinieron los oráculos, transmitidos de Egipto a Grecia, o que sobrevivieron entre los griegos a la destrucción del gobierno sacerdotal; al principio, apenas tuvieron influencia: la revolución que había enfrentado a las dos castas estaba demasiado reciente, y demasiado presente el odio de los guerreros. Homero no habla de ningún oráculo, si no es el de Dodona, aunque sólo sea de paso, y ya indicamos que el nombre de Delfos no se encuentra en sus poemas. Sin embargo, vencieron la curiosidad inquieta y la credulidad. Los oráculos obtuvieron crédito: se vinculó su origen a los tiempos más antiguos, y, de ordinario, a las colonias[3]. Aparecieron en los manantiales, en el fondo de los bosques y, sobre todo, cerca de las tumbas[4]; y, pese a las reclamaciones de los filósofos[5] y los epigramas de los autores cómicos, adquirieron tal poder que, a menudo, puso en manos de sus intérpretes el destino de Grecia.

Estos oráculos no suponían, en su origen, que los dioses conociesen el futuro; sólo, como se los creía o amigos o enemigos, se les preguntaba, no sobre lo que debía de suceder, sino sobre lo que querían hacer, como preguntaríamos a un hombre poderoso, a un juez que tuviese que pronunciar una sentencia sobre nosotros, sin creer en su presciencia sobre el destino en general, sino porque lo creeríamos informado sobre sus propias determinaciones. De ahí resulta, como de todo cuanto el hombre intenta para someter la religión a sus puntos de vista, un nuevo inconveniente, tan imprevisto como inevitable.

Al obligar a los dioses a predecir el futuro, es decir, a declarar sus intenciones futuras, se les expone a engañarse o a engañar a los hombres; y, para eximirlos del error o de la perfidia, se debe suponer que los suplicantes que buscan respuestas a sus dudas no los entendieron bien.

De ahí nace la ambigüedad de los oráculos; siempre son susceptibles de una doble interpretación, y se realiza la más enojosa; a menudo, la profecía causa las desgracias que parecía destinada a prevenir: los mortales caen en la trampa y corren hacia el abismo por las mismas precauciones que toman para evitarlo. Y observad que la ambigüedad funesta de estas profecías no pertenece únicamente a los siglos de las tradiciones y de las fábulas. Al contrario, aumenta a medida que al hombre le repugna conservar de sus dioses nociones desfavorables; cuando aún no está lo suficientemente instruido para suponerlos capaces de mentir voluntariamente, las predicciones se realizan sin ambigüedad; entonces se considera la mentira sólo como una prueba de la cólera divina: pero cuanto más se perfecciona el carácter de los dioses, menos se admite esta hipótesis para proteger su honor. Las predicciones de Júpiter en la *Ilíada* son engañosas y no oscuras, mientras que en Heródoto los oráculos son oscuros para no ser engañosos. Así, no es sólo Layo el que, al exponer a su hijo recién nacido, prepara el cumplimiento de la profecía que él cree eludir. No es sólo Creso el que corre a su perdición al salir al encuentro del rey de Persia, porque los dioses le anuncien que, al atravesar el río, derrocará a un gran imperio[6]. Es mucho más tarde cuando la Pitia anima a los lacedemonios, por una respuesta del mismo tipo, a entablar batalla contra los tegeates, que los derrotan[7]. Es más tarde aún cuando los sacerdotes de Dodona, al aconsejar a los atenienses que se establezcan en Sicilia, los impulsan a comenzar contra Siracusa una guerra que es la primera causa de su decadencia y de su ruina, mientras que la Sicilia indicada por el oráculo era una pequeña colina próxima a Atenas[8]. En fin, es en una época en la que las luces dominaban todo el universo cuando Epaminondas, que había evitado siempre las expediciones marítimas, porque los dioses le habían advertido que tuviese cuidado con el *pelagos*, es decir, el mar, muere en un bosque con este nombre, cerca de Mantinea[9]. Estas anécdotas, para no ser hechos auténticos, no dejan por ello de probar la prolongación de la creencia general sobre esto, creencia que influía incluso en los apodos que se daba a los dioses[10].

Todo confirma así una de nuestras aserciones, sobre la que, vista su importancia, no tememos volver. Cuando nuestra inteligencia adoptó un primer axioma, favorable en apariencia a nuestras esperanzas y a nuestros deseos, nos vemos obligados a razonar según este axioma, con una exactitud rigurosa, que desconcierta nuestros cálculos y frustra nuestras expectativas. Instituidos para guiar a la debilidad humana a través de la densa noche del futuro, los oráculos se hicieron enseguida, por su ambigüedad inevitable, más terribles que la oscuridad misma, y el hombre que los había inventado para llevar tranquilidad a su ánimo, no obtuvo de ellos más que un nuevo motivo de duda y de terror. Se diría que nuestras dos potencias intelectuales son dos enemigos irreconciliables: al no poder una de ellas detener el triunfo de la otra, la persigue en su impulso para vengarse de ella. La imaginación proyecta hacia adelante sus atrevidas conjeturas; el razonamiento se apodera de ellas e, incluso cuando las adopta, las somete a formas tan severas que saca de ellas consecuencias totalmente diferentes de las que la imaginación había creído prever.

Por lo demás, el politeísmo no es el único culto en el que el hombre se haya cansado de inútiles silogismos, para conciliar su confianza en el ser al que interrogaba con los acontecimientos que exigían sus respuestas o tachaban de falsedad sus promesas.

«Los moradores de Gabaa», dice un autor piadoso, «derrotaron a los israelitas; éstos preguntaron a Dios si continuaban con la guerra. Él les respondió que sí y que libraran combate. Los de Gabaa despedazaron a dieciocho mil de ellos. Parece por el golpe que Dios los engañaba; pero eran ellos mismos los que se engañaban. Nadie prometía la victoria. Dios sólo les declaraba la voluntad de exponer al pueblo al peligro y de hacer perecer en él a los que él destinaba a la muerte. Quien juzgase sin reflexión este acontecimiento, calificaría de falso al oráculo: razonamiento temerario. La respuesta no era ni consejo ni profecía; era un mandato. De igual manera, Dios envió a san Bernardo a san Luis con la orden de que éste iniciase una cruzada contra los sarracenos, no que destinase la victoria a este príncipe, sino que quería utilizar la guerra para castigar al ejército francés»[11].

Cuando las religiones perdieron fuerza, los amigos celosos de las nuevas creencias se ven con frecuencia en un aprieto opuesto. Entre los oráculos, algunos se realizan, y, al no poder atribuirlos a la veracidad de los dioses en los que ya no se cree, la gente se ve forzada a atribuirles otro origen. «Dios», dice Rollin, «para castigar la ceguera de los paganos, permite algunas veces que los demonios tengan respuestas conformes con la verdad»[12].

A la caída del politeísmo, la ambigüedad de los oráculos sirve de texto a las chanzas amargas de los escritores incrédulos. La lógica se venga siempre con usura de los ultrajes que recibió; pero su venganza es lenta: se ejerce, como el valor de las naciones, sobre enemigos derrotados.

DE LA RELIGIÓN

CAPÍTULO 9

De las nociones griegas sobre la otra vida

Presentamos anteriormente al salvaje ocupado perpetuamente en la idea de la muerte. Con los progresos de la civilización, esta preocupación pierde fuerza. La civilización crea tantas relaciones, tantas pretensiones, deseos y vanidades facticias que el hombre no tiene suficiente con todo su pensamiento para recorrer su camino a través de tanta confusión, ocupado como está o en atacar o en defenderse. La vida está tan llena de estas luchas que ocultan su término que podría pensarse que este término es evitable y no debe entrar para nada en nuestros proyectos y en nuestros cálculos. Cada uno sabe que le espera una hora que lo separará de cuanto vio y, si ama algo, de cuanto ama; cada uno sabe que esta hora será terrible, acompañada de convulsiones de funesto augurio y de dolores desconocidos, que nadie ha podido describir y que ningún ser vivo puede imaginar. A estos dolores, a estas convulsiones, después de un último esfuerzo, sucede un silencio que jamás se interrumpirá. Ningún grito salió de este abismo en el que se acumularon, desde hace tantos siglos, tantas criaturas de especies diversas: unas, fuertes y audaces, y otras, sensibles y apasionadas, pero todas vinculadas a la tierra por numerosos intereses y ataduras; ninguna instrucción nos llegó desde el seno de este abismo tan rico en experiencias sepultadas. La tierra se entreabre y se calla; se calla mientras se cierra, y, mientras su superficie se vuelve uniforme, deja sin respuesta nuestras preguntas y sin consuelo nuestras penas. Y, sin embargo, caminamos con ligereza sobre las tumbas, y aún nos cautiva el día que brilla; oscurecido ya por la noche que se acerca, pensamos que nunca debe dar paso a esta noche densa que tocamos con la punta de los dedos.

Menos preocupados que nosotros por las impresiones naturales, los griegos bárbaros tenían más presente la muerte; y, perseguidos sin descanso por este negro fantasma, recurrían, como los salvajes, a conjeturas que lo hacían menos terrible trasladando el mundo actual a un mundo desconocido y remplazando la destrucción por el desplazamiento. El infierno de los griegos homéricos conserva todos los rasgos que vimos en las tribus errantes y sólo se modifica con los avances de la sociedad.

El hijo de Atreo aparece rodeado de sus compañeros a los que mató, como a él, Egisto[1]. Aquiles se pasea en medio de los guerreros que combatieron a su lado junto a los muros de Troya[2]. En el cuadro del infierno de Polignoto, cuadro que se podía contemplar en la plaza pública de Delfos, Agamenón lleva en su mano un cetro; un perro de caza aparece junto a los pies de Acteón; Orfeo sostiene una lira; Palamedes juega a

336

los dados; Pentesilea se arma con un arco y viste una piel de leopardo[3]. Fábulas epígonos del tiempo que ya no es, las sombras siguen haciendo todavía lo que hacían en la tierra. El cazador persigue los fantasmas de los animales caídos bajo sus golpes; el guerrero muestra el falso brillo de sus armas; el poeta repite sus cantos. Pero la misma repugnancia de la muerte, que, en el salvaje, prevalece sobre el deseo de ornar de colores risueños la morada que se abre ante él, se reproduce entre los griegos. En su mundo por llegar, como en el fetichismo, todo es sombrío, apagado y lúgubre; todo es, por así decirlo, más reducido. Los astros poseen menos esplendor: más que iluminar, centellean en las tinieblas. Los vientos son más fríos; el follaje, más oscuro; las flores se cubren de colores más oscuros: todo sufre, todo languidece. Las vírgenes lloran su primavera estéril; los héroes envidian a los más abyectos de los vivos: todos se afligen de las penas que turbaron su vida, como se afligen también de haberla perdido; todos se lamentan de los días que ya no existen. Las sombras siempre desoladas (este epíteto se repite continuamente[4]) narran sus cuitas[5]: Hércules[6] y Aquiles[7] hablan con una voz quejumbrosa; Agamenón[8] vierte torrentes de lágrimas; el rey de los griegos no puede olvidar la traición de la que fue víctima[9]; Áyax conserva su resentimiento sobre el juicio injusto que le arrebató las armas de Aquiles[10]. El dolor es tal en el hado de las sombras que, mientras que Hércules disfruta en el Olimpo las delicias de los festines celestes y goza de los encantos de la joven Hebe[11], su espectro, triste y amenazador, gime en los infiernos[12].

¡La muerte! ¡La muerte! Toda la mitología homérica lleva la impronta del terror que debe de causar al hombre niño este inexplicable misterio. La joven imaginación de los griegos contempla esta disolución de nuestro ser como un acontecimiento violento y, por así decirlo, como un prodigio. Las almas arrancadas de un cuerpo que necesitaban sólo soportan esta separación con un tormento continuo.

Este modo de concebir la existencia humana después de esta vida no permite a la moral unirse estrechamente a las nociones del hombre sobre el estado de los muertos. Para los griegos, viven en una morada común, excepto los que ofendieron a los dioses personalmente. Todas las fábulas que introducen la moral en la vida futura, los jueces, los tribunales, las sentencias dictadas contra las sombras por faltas que precedieron su descenso al oscuro imperio son posteriores a los tiempos homéricos.

El error de varios escritores sobre esto proviene de que las sombras, que imitan en lo que pueden todas las apariencias de la vida pasada, los reyes y los ancianos que, según las costumbres de estos tiempos, habían pronunciado sentencia en vida sobre litigios sometidos a su arbitraje, ejercen, en los infiernos, la mismas funciones. Ponen paz en las disputas pasajeras que pudiesen perturbar el eterno silencio. Esta jurisdicción sólo se aplica a lo que sucede en el otro mundo. Se creyó que se extendía a las acciones cometidas en éste. Porque la *Odisea* representa a Minos, con un cetro en la mano[13], juzgando a los muertos, se pensó que los juzgaba por sus crímenes anteriores: nada más opuesto a las ideas de Homero. Minos juzga como Orión caza[14], como Hércules dispersa las sombras, sujetando con su mano el terrible arco[15]. Hace, después de su muerte, lo que hizo durante su vida. Sólo después veremos que su magistratura se modifica según los progresos del politeísmo[16]. Entonces también el Elíseo, que aún no forma parte de los infiernos, se trasladará allí. Ahora es una mansión de felicidad, pero adonde los muertos no tienen acceso[17]. Menelao, a quien Júpiter preservó milagrosamente de la ley común, vive allí con Radamante, que no ejerce ninguna función de juez[18].

En el Tártaro[19], se encierra a los rivales de los dioses, dioses igual que los vencedores, pero dioses expulsados de su trono. Júpiter retiene dentro a los Titanes[20] y a Saturno[21] quien, a su vez, arrojó allí a la raza de Urano[22]. Cuando los moradores del Olimpo se le resisten, los amenaza con este terrible castigo[23]. Los culpables sólo son atormentados en los infiernos por los ultrajes dirigidos contra los dioses. Ticio, a quien dos buitres le roían el hígado, es castigado por violar a Latona[24]; Sísifo, por haber querido hacer trampa a la muerte y retornar a la vida[25]; Tántalo, por haber engañado a Júpiter[26].

Así, los suplicios que se aplican en los infiernos no son actos de justicia, sino venganzas por parte de los dioses. Castigan así a quienes no reconocieron su poder, ultrajaron su divinidad o sencillamente contrariaron sus deseos. Las prisiones que encierran a estas víctimas son prisiones de estado adonde no conducen los atentados de hombre a hombre.

No es inútil observar que estos suplicios son característicos de la época en la que habían nacido estas fábulas. Tántalo intenta inútilmente apagar su sed en el agua que le rodea y alcanzar los frutos suspendidos sobre su cabeza. Sísifo empuja inútilmente la piedra hacia la cima de una montaña escarpada y vuelve a caer sobre él. El agua se va del tonel de las Danaides y la cuerda de Ocnos es roída por un asno cuya inoportuna vecindad no puede evitar. Una de las penas más rigurosas que los hombres de los tiempos heroicos puedan concebir es el trabajo, el esfuerzo inútil; y es una nueva prueba de que aplicaban a las ideas de la vida las costumbres de ésta. Los griegos de esas épocas no tenían, como nosotros, una vida carente de actividad, en la que el dolor viene, por así decirlo, a buscarnos, sino una vida siempre activa que les hacía afrontar el dolor con la esperanza del éxito: para los pueblos enmollecidos por la civilización, sufrir es el mayor de los males; para los pueblos en la juventud de su estado social y que consumen sus días en los peligros y en las luchas físicas, el mayor de los males es no salir adelante, no triunfar.

Esta ausencia de toda moral en las ideas sobre la otra vida es tan conforme con el genio de esa época del politeísmo independiente que, cuando se introducen las fábulas morales, él las despoja de su sentido, antes de admitirlas. Los egipcios negaban a los muertos la travesía del Aqueronte, si no se podían justificar las acusaciones vertidas contra ellos: era una idea moral. Los griegos, al tomar de ellos la ficción del río y de su travesía por parte de las almas, decían que, cuando un muerto no era enterrado, su alma vagaba durante cien años por las orillas del Cocito. Era una fábula sin moralidad.

Por eso, la pérfida Erífila[27] tiene la misma morada que la madre de Ulises[28], la venerable Anticlea. La virtud, lejos de recibir una recompensa, comparte la tristeza universal[29].

El pensamiento fundamental del infierno de Homero es la desgracia del alma separada del cuerpo. Si alguna vez se considera la vida un don funesto[30], siempre se presenta la muerte como el mayor de los males, y el alma siempre abandona el cuerpo con un lúgubre gemido. La idea de esta desgracia lleva al poeta a evidentes contradicciones. Unas veces, las sombras recuerdan sus relaciones y sus sufrimientos pasados; otras, débiles[31], impalpables[32], informes e incoloras, como ligeros sueños[33], llevadas de aquí para allá por el viento, lanzan gritos inarticulados[34], revolotean, privadas de inteligencia[35], de fuerza[36] y de memoria[37], y beben con avidez una sangre negra[38], para disfrutar un momento de inútil calor que vuelven a perder enseguida[39].

CAPÍTULO 10

De los esfuerzos del sentimiento religioso para elevarse por encima de la forma religiosa que acabamos de describir

Habíamos presentado como un avance importante el paso del fetichismo de los salvajes al politeísmo de las tribus bárbaras; y sin embargo, si se lo juzga por el cuadro que trazamos anteriormente de este politeísmo, el hombre avanzó bien poco. Los dioses, orgullosos de su fuerza, extraviados por sus pasiones, no ofrecen una garantía más segura para la moral o para la justicia que los ídolos informes de las hordas errantes. Estos dioses tienen incluso un inconveniente añadido. Los fetiches sólo se ocupaban de sus adoradores; los dioses homéricos olvidan con frecuencia la raza mortal para no ocuparse más que de ellos mismos; cuando se acuerdan de ellos, lo hacen de ordinario por exigencia. Quieren sacrificios, pero, por lo demás, los dioses y los hombres son dos especies diferentes que viven separadas. Una es más fuerte; la otra, más débil; se agitan, sufren, disfrutan cada una por su lado. Existe entre ellas una alianza desigual, un comercio de favores y de homenajes, que a veces representa un provecho común; pero las excepciones son frecuentes. La opresión nace de la desigualdad; el poder es de una naturaleza envidiosa y dañina. Por lo demás, no existe ningún sistema establecido ni se observa ninguna regla fija. Ningún vínculo se extiende de este mundo al otro. La protección celeste se adquiere independientemente de los vicios y de las virtudes; el azar, el capricho, el interés del momento deciden en cada circunstancia, y el hombre, abandonado a sí mismo, busca en su propio corazón todos los motivos de las acciones que sólo tienen como mira a los demás hombres.

Ved, sin embargo, cómo el sentimiento religioso lucha contra esta forma y cómo la abraza por todas partes para elevarla por encima de lo que es exteriormente, para ampliar sus límites y hacerla más acorde con sus necesidades y deseos. Sus esfuerzos van en sentido inverso al de casi todos los dogmas consagrados, e invoca el menor pretexto para alejar de estos dogmas cuanto pueda herirle.

Los dioses no son incorporales; sin embargo, le gusta considerarlos invisibles. Inútilmente, numerosos ejemplos prueban que los mortales los ven y los reconocen a su pesar. Su invisibilidad es del gusto del sentimiento porque se lleva bien con las concepciones aún vagas de pureza, de espiritualidad, que conservó con gran cuidado de la creencia anterior[1], y que desarrollará más tarde con éxito en sus nociones sobre la naturaleza divina. Lo mismo ocurre con su inmortalidad: si Homero representa la muerte como posible para los dioses, nunca se realiza esta posibilidad.

Numerosos hechos muestran, en esta época, los combates de los mortales contra los moradores del Olimpo, para que el hombre pueda rechazar totalmente estas tradiciones; se resarce de ellas atribuyendo severos castigos a estas luchas. Quien se atreve a levantar contra los dioses el brazo sacrílego es perseguido por desgracias que no dejan nunca de alcanzarlo[2]. Ciego, fugitivo, insensato, solitario, privado de sus hijos, rechazado por su patria, vaga errante sin ayuda, lanzando gritos terribles, y la muerte le persigue sin cesar. Aquí el hombre se sacrifica ante la necesidad de respetar lo que adora, pues está en la naturaleza del hombre que el sentimiento prevalezca sobre el interés.

La lógica lo fuerza a reconocer que seres apasionados y viciosos no podrían gozar de una felicidad sin límites. Las mismas pasiones que llevan a los dioses de Homero a perseguir a los mortales, los mantienen divididos entre sí. Se engañan mutuamente[3]; pasan sus días en la rivalidad y en las disputas[4]. Se lamentan de sus discordias intestinas y lloran amargamente su destino[5]. Sin embargo, el sentimiento quiere que los dioses sean felices; los llama siempre los dichosos inmortales[6]. El hombre desmiente con este epíteto los relatos que admite, y su alma protesta contra las conclusiones que le impone su espíritu. Todos los detalles se modifican en este sentido. El Olimpo no es simplemente una montaña donde moran los dioses, y que pertenece a la tierra; es una morada etérea, un cielo que brilla con un esplendor sobrenatural, sostenido por columnas de una altura inmensa, que lo hurtan a todas las miradas[7].

Si los dioses castigasen el perjurio, sería como un ultraje hacia ellos mismos, y no como un crimen contra los hombres; pero de esto se deduce que éstos comienzan a tomar a los inmortales por testigos de sus compromisos recíprocos. Estos compromisos se hacen más augustos. Los hombres se forman en la fidelidad porque provocan el interés de los dioses en esta causa; los dioses se ennoblecen como garantes de la fidelidad jurada.

La prisión de Estado, que forma parte del mundo futuro, sólo recibe en su terrible recinto a los enemigos personales de los dioses. Por tanto, esta ficción no ofrece ningún apoyo a la moral. Pero el sentimiento que necesita de la moral medita sobre la mansión de castigo que los objetos de su adoración no habían creado más que para ellos solos. Al hombre, dominado por su interés, le gustaría que sus dioses no fueran más que unos auxiliares; su sentimiento interior lo fuerza a convertirlos en jueces. Se apodera de esta prisión incluso antes de que la religión se la ceda, lo que ocurre más tarde, y la debilidad oprimida precipita, por sus imprecaciones, a sus opresores en el Tártaro.

¿Queréis un ejemplo de la resistencia del sentimiento religioso a las fábulas recibidas? Homero cuenta que Hércules mató a su huésped, y exclama: ¡El cruel no respetó la justicia de los dioses! Exclamación tanto más extraña cuanto que, lejos de ser castigado, el propio asesino se convierte en un dios. ¿Pero no muestra esta exclamación la inclinación del hombre a creer que los dioses son justos a pesar de todas las pruebas contrarias? Y este Júpiter, padre de Hércules, y que lo recibe en la mesa celeste a pesar de su crimen, ¿no es llamado siempre el protector, el jefe, el vengador de la hospitalidad violada? El sentimiento religioso va más lejos en sus intentos por perfeccionar su forma. No sólo aparta su mirada del espectáculo lamentable de los vicios que esta forma atribuye a las naturalezas divinas, sino que también transforma algunas veces estos vicios en virtudes. Esta venalidad, que ofrece a los conquistadores de un país un medio fácil de seducir a los dioses que este país adora, prodigándoles dones y homenajes, desciende de los ídolos a los adoradores como una especie de fraternidad entre los vencedores y los vencidos, postrados ante los mismos altares.

Los griegos utilizan también otro artificio para evitar las tristes consecuencias del antropomorfismo que adultera su religión. Eluden los detalles refugiándose en el conjunto; si los dioses, considerados individualmente, son descritos algunas veces con rasgos inmorales y escandalosos, tomados en conjunto forman siempre un cuerpo majestuoso y respetable; entonces el sentimiento se entrega a todas las ideas de grandeza, de poder, de inmensidad, de moral que componen su atmósfera; en ella se halla a sus anchas, respira libertad. Por eso, si proseguimos con nuestras investigaciones, veremos dogmas sacerdotales, si no trasladados a la religión pública, al menos acogidos por la opinión que sólo percibe en ellos los aspectos externos. Los poetas aluden a ellos; los filósofos los comentan. Es el sentimiento, descontento con una forma imperfecta y que busca en el exterior nociones cuya apariencia misteriosa lo seduce y que cree más puras, porque son vagas.

Esta tendencia del hombre a formar de sus dioses un cuerpo es, en sí misma, una lucha del sentimiento religioso contra el politeísmo que le choca, aunque las nociones contemporáneas no le permitan librarse de él. El espíritu, que necesita distinguir, divide y clasifica; y se ve obligado a establecer una relación conveniente entre sus divisiones y sus luces; el alma, que necesita reunir, no teme confundir y se adelanta a menudo a la época en que las luces deben sancionar sus reuniones. Es esto lo que da frecuentemente al politeísmo una apariencia de teísmo que nos engaña, y esto es también lo que, mucho más tarde, cuando la inteligencia hizo grandes avances, sustituye el politeísmo por la unidad.

Éste es el trabajo del sentimiento religioso sobre el politeísmo homérico. No existe parte alguna de esta creencia que él no intente mejorar.

La ambigüedad de los oráculos, esa ambigüedad cuyas consecuencias funestas ya indicamos, es, desde cierto punto de vista, el efecto de un intento de mejora. El interés, descontentos por ser engañados con una esperanza que los dioses habían creado, les hacía creer que eran capaces de mentir voluntariamente; el sentimiento se revela contra esta hipótesis ofensiva. No quiere admitir la mentira voluntaria y se acusa a sí mismo de haber comprendido mal los oráculos cuando las promesas no se cumplen. Habiéndolos colocado, de este modo, al abrigo de injuriosas sospechas, los somete a su influencia. Sus predicciones anuncian a los tiranos su caída, a los infortunados un futuro mejor, o proclaman máximas saludables hasta entonces ignoradas; y sus versos impregnados de la rudeza del dialecto antiguo concurren al triunfo de la civilización y a la mitigación de las costumbres.

El politeísmo se convierte pues en un sistema lleno de contradicciones, pero que, perfeccionado por el hombre, contribuye, a su vez, a su perfeccionamiento. Al tratar de figurarse a los dioses revestidos de toda la belleza, la majestad, la virtud que él pueda imaginar, se ejercita en reflexionar sobre estas cosas, y su moral sale reforzada con sus reflexiones.

Sólo nos hemos ocupado hasta ahora de las inconsecuencias de la religión de Homero y hemos sacado de ella dos conclusiones falsas: la primera, que no pudo existir así y, por tanto, nos perdimos en la alegoría; la segunda, que el hombre no tenía regla alguna en sus ideas religiosas, y que amontonaba, sin discernimiento y sin motivo, absurdos inconciliables. Pero la propia inconsecuencia tiene sus leyes: el hombre no desvaría por el placer de desvariar. Cuando razona mal, es que existe una lucha entre sus facultades y no sabe ponerlas de acuerdo.

Podemos resolver ahora la cuestión que nos propusimos al inicio de este capítulo. El hombre ganó al pasar del fetichismo al politeísmo, pues se dio a sí mismo una creencia más susceptible de ser ennoblecida por el sentimiento. Para ennoblecerla, el sentimiento la falsea, pero ella consiente, y es una ventaja. Un escritor inglés observa que Homero vale más que su Júpiter: es decir, con otras palabras, que el sentimiento es más importante que su forma[8]. ¡Cuántas burdas tradiciones no se rechazaron, incluso en la época de los poemas homéricos, en la que domina tanta grosería! Júpiter recuerda a Juno la crudeza con que él la trató; pero todo se limita a amenazas, mientras que, en otro tiempo, todo era acción. Sin embargo, los héroes de Homero son aún superiores a sus dioses. Comparad la vida doméstica de Júpiter y de Juno y la unión mortal de Penélope y de Ulises; cotejad las disputas conyugales de Venus y de Vulcano, y el amor tan conmovedor y puro de Héctor y Andrómaca. Los mortales superaron a sus ídolos en perfección; pero pronto, gracias a los mortales, los ídolos tomarán su revancha y, ganando en rapidez a sus adoradores, los dejarán muy atrás.

Existe, además, esta diferencia entre la influencia del fetichismo y la del politeísmo de esta época: que el primero aísla a los individuos, mientras que el segundo los reúne, obligándolos a adorar en común a los mismos dioses. Así, lo que fue efecto se convirtió en causa, y el politeísmo, resultado del acercamiento de las hordas salvajes, consolida este acercamiento. La religión organiza fiestas en las que las diversas tribus se encuentran y se habitúan a vivir juntas. Consagra a todo un país para servir de refugio para la paz, cuando los enemigos y las divisiones siembran la discordia. La Élide, en cuyo centro se levantaba el templo de Júpiter Olímpico, decorado posteriormente con la obra maestra de Fidias, no podía ser nunca el teatro de la guerra. Los griegos, al penetrar en él, volvían a ser hermanos y conciudadanos. Los soldados que atravesaban esta región santa, deponían sus armas, que sólo retomaban a la salida[9].

Conciliadora igualmente en las disputas privadas, la religión estableció expiaciones que, no sólo templan los odios, calman los remordimientos, sino que, además, crean un vínculo entre el expiado y aquel cuyo augusto ministerio hace bajar el perdón del cielo[10]; distingue al homicida involuntario del asesino y, por una rara delicadeza, declara al primero sagrado, porque es desdichado; abre lugares de asilo que desmontan los furores de la venganza. Casi todos los altares de Júpiter eran lugares de asilo[11]. Y observad, a este respecto, cuán cierto es que la utilidad de todas las cosas se debe a la época del estado social. El derecho de asilo es un abuso peligroso cuando la civilización es avanzada, porque las leyes garantizan al hombre lo que el derecho de asilo posee de ventajoso; pero en tiempo de barbarie, cuando no existe garantía legal, y la debilidad carece de protección, es acertado que existan asilos, aunque tuvieran que salvar a culpables, pues son el único refugio en el que la inocencia puede estar a salvo.

Gracias a este politeísmo, por imperfecto que parezca, surgen las anfictionías. Se reúnen siempre en los templos[12]. Neptuno presta su santuario a los anfictiones de Beocia, de Corinto y de la Élide; Diana, a los de Eubea; Apolo, a los de Delos; Juno, a los Argólides[13]; Delfos reunió a los de toda Grecia. Encargados de la celebración de las fiestas nacionales, estos anfictiones declaran treguas, durante las cuales queda en suspenso cualquier animosidad o resentimiento. Son los árbitros, algunas veces impotentes, a menudo útiles, de los litigios que surgen entre los pueblos. Sus juicios, apoyados en los oráculos[14], mantienen o restablecen la paz.

Cuanto aman los hombres: las ciudades, las casas, las familias, los tratados, los juramentos, la hospitalidad, se vincula con la religión. No otorga todavía a la moral una sanción positiva; pero el apoyo que le presta se parece al que provendría, en una sociedad en la que no hubiese leyes, de la opinión general de los más fuertes. Un instinto básico advierte a las naciones que los dioses son amigos del bien; que quieren la justicia. Grecia, dentro de la barbarie, escoge al irreprochable Éaco para suplicar a Júpiter que ponga fin a la sequía que asolaba de esterilidad sus campos quemados[15]. Es que el amor inherente al hombre es igualmente inherente a los dioses, a pesar de las frecuentes excepciones: abrazan la causa del oprimido, como un héroe que salva de los golpes a un viajero atacado por unos bandidos. No es en calidad de juez —y se cometería un error si se infiriese de esto que la sociedad de la que es miembro toma medidas para castigar el crimen y colocar la inocencia lejos del peligro—. Sin embargo, sería formidable que hombres como éstos, revestidos de una fuerza superior, defendiesen la causa de la justicia: estos hombres son los dioses de Homero, y no es poco haber creado una raza poderosa que, de ordinario, protege la debilidad y castiga la iniquidad.

LIBRO VIII

DIGRESIÓN NECESARIA SOBRE LOS POEMAS ATRIBUIDOS A HOMERO

CAPÍTULO 1

Que la religión de la Odisea *es de una época distinta de la de la* Ilíada

Antes de pasar del politeísmo de los tiempos heroicos a las religiones sacerdotales, son indispensables algunas explicaciones.

Creemos haber demostrado que la religión griega de estos tiempos no ofrecía ningún apoyo sólido a la moral. El sentimiento religioso intentaba introducir en ella nociones de humanidad, de generosidad, de justicia; pero existía rechazo y discrepancias entre este sentimiento y la forma que quería modificar.

No ocurre esto en la *Odisea*. La moral se convierte en una parte bastante íntima de la religión. Desde el séptimo verso del primer libro, se afirma que los compañeros de Ulises se cerraron, por sus crímenes, el retorno a su patria; y si el principal de estos crímenes es el haber matado a los rebaños de Apolo[1], lo que entra dentro del interés personal de los dioses, su justicia, en muchos otros lugares, es independiente de su interés personal. Todos los crímenes excitan su indignación[2]. Si yo obligase a mi madre a abandonar mi casa, dice Telémaco, ella acudiría a las Furias[3]. Júpiter prepara a los griegos una navegación funesta, porque no son ni prudentes ni justos. Los dioses advierten a Egisto que no asesinen a Agamenón para desposar a su viuda[4]; cuando consumó el asesinato, pronto sufrió su castigo. Y Júpiter añade que Egisto cometió este crimen a pesar del destino. Este nuevo punto de vista que prohíbe a los hombres acusar al destino de sus propias faltas, es un avance en las ideas morales. La misma Minerva, al reprochar a los dioses abandonar a Ulises a quien ella protege, no motiva su intercesión en el número de sacrificios, sino en la justicia y en la afabilidad del héroe[5]. No te retendré contra tu voluntad, dice Alcínoo a este último: esta acción no sería grata a Júpiter[6]; si, después de haberte recibido, te matara, ¿con qué confianza iba yo a dirigir mis plegarias al señor de los dioses[7]? Telémaco amenaza en varios momentos[8] a los pretendientes con la cólera celeste. Ulises, al llegar ante los cíclopes, va a informarse de si los moradores de su isla son amigos de los forasteros y de si tienen piedad para con los inmortales[9] protectores de los suplicantes. Esta protección se veía ya en el Júpiter de la *Ilíada*; pero pertenece más eminentemente al de la *Odisea*[10]. El primero sólo se interesa por los que lo imploran porque abrazan sus altares y su salvación es su gloria; el segundo se hace cargo de su causa porque están desarmados e indefensos.

Los dioses de la *Odisea* intervienen como de oficio en las relaciones de los hombres entre sí. Recorren, disfrazados, la tierra para vigilar el crimen y la virtud[11].

En la *Ilíada*, su resentimiento sólo proviene de algunos sacrificios olvidados o de algunos insultos dirigidos contra sus sacerdotes; en la *Odisea*, los atentados del hombre contra el hombre atraen su severidad. En la *Ilíada*, confieren a los mortales la fuerza, el valor, la prudencia, la astucia; en la *Odisea*, les inspiran la virtud, cuya recompensa es la felicidad[12].

Si sólo en un lugar del poema aparecen los pretendientes deliberando sobre un asesinato y parecen no dudar de que los dioses lo aprueban hasta que una señal venga a disuadirlos de ello[13], se debe a que toda la época en la que se introducen ideas nuevas, antes de que las antiguas pierdan totalmente su crédito, es una época de contradicción. Por otra parte, los dioses mismos protestan contra esta esperanza injuriosa de los pretendientes: éstos creen todavía que se dirigen a los dioses de la *Ilíada*; los dioses de la *Odisea* les responden. Se diría que un largo intervalo separa a los dioses de estos dos poemas, y que durante este intervalo, su educación moral fue progresando.

No se deben confundir los efectos de la religión con el empleo de la mitología. Este empleo es quizá menos frecuente en la *Odisea* que en la *Ilíada*; pero los efectos de la religión propiamente dicha están en ella mucho más diversificados. Los hombres combinaron mejor los medios para hacer a los dioses no sólo propicios para sus intereses individuales, sino también útiles al orden público.

Estos dioses de la *Odisea* poseen un grado de dignidad mucho más elevado. La descripción del Olimpo es más brillante; la dicha de sus moradores, más completa[14]. Sus disensiones eran fruto de las observaciones de un pueblo niño, azotado por el desorden y las irregularidades de la naturaleza; estas disensiones se calman a medida que el hombre descubre el orden secreto que preside este desorden aparente. Por eso, las disputas entre los dioses, esas disputas que ocupan en la *Ilíada* un lugar tan amplio, apenas aparecen en la *Odisea* y se presentan con rasgos mucho menos definidos y mucho más suaves. Minerva no se atreve a proteger abiertamente a Ulises por miedo a ofender a Neptuno[15].

346

También es mayor la distancia que separa a los dioses de los hombres. En el primero de estos dos poemas, los dioses actúan constantemente, y actúan todos. En el segundo, Minerva es casi la única divinidad que interviene. En uno, los dioses actúan como los hombres: también ellos reciben los golpes; lanzan gritos que resuenan en el cielo y en la tierra; quitan a los guerreros sus armas. En el otro, Minerva sólo actúa mediante inspiraciones secretas o, al menos, de una manera misteriosa e invisible.

En lugar de estos combates, indignos de su majestad celeste, y que describe con complacencia el poeta de Aquiles, el poeta que celebra a Ulises sólo nos muestra una sola vez, como tradición y como acción de su poema, a un guerrero temerario que desafía a Apolo; pero ni siquiera hay lucha; el adversario del dios perece sin resistencia: más que vencido, muere como castigo[16].

Cuando los inmortales, en la *Ilíada*, quieren eludir las miradas, se ven obligados en envolverse en una nube: su naturaleza consiste en ser vistos; el prodigio estriba en no serlo. A menudo, se los reconoce a pesar de sus esfuerzos. A Minerva, cuando baja del cielo, la ven los griegos y los troyanos; y, para que no lo vea Patroclo, Apolo aparece envuelto en espesas tinieblas. Pero, en la *Odisea*, Homero dice que es imposible reconocer a un dios contra su voluntad. Así, en esta segunda época, la naturaleza de los dioses es la de ser invisibles: se necesita un prodigio para que se dejen ver.

Júpiter, en la *Ilíada*, obliga a Tetis a casarse con Peleo[17]. En la *Odisea*, los dioses desaprueban los matrimonios de las diosas con los mortales[18]: la mezcla de estas dos razas les parece una unión desacertada. Júpiter prohíbe a Calipso casarse con Ulises, y fulmina a Jasón por haber contraído con Ceres un himeneo ambicioso.

Estas diferencias entre las dos epopeyas de Homero podrían originar muchas objeciones contra el cuadro que trazamos anteriormente sobre el politeísmo de Grecia; pero, si se extendiesen también a otros objetos distintos de la religión, en vez de complicar este problema, lo resolverían, pues mostrarían, en el cambio social, un cambio que explicaría el de la forma religiosa.

Examinemos, pues, la *Odisea* desde este punto de vista.

En ella aparecen, a nuestro entender, el comienzo de un período que tiende a ser pacífico, los primeros esbozos de la legislación, los primeros intentos del comercio, el nacimiento de las relaciones amistosas o interesadas de los pueblos entre sí, cuando remplazan, mediante transacciones de común acuerdo, a la fuerza brutal, y mediante intercambios libremente consentidos, a las conquistas y expoliaciones violentas.

La sublevación de los moradores de Ítaca contra Ulises, después del asesinato de los pretendientes[19], revela un germen de republicanismo, una llamada a los derechos de los pueblos contra sus jefes y todo lo que veremos con más claridad en Hesíodo, como ya lo indicamos anteriormente.

Uno de los rasgos característicos de la *Odisea* es una curiosidad, un deseo de conocimientos, muestras del descanso y del ocio, cuya aurora ya se entreveía. Se nos presenta a Ulises como quien aprendió mucho, como quien observó las costumbres de muchos pueblos. Prolonga sus viajes y arrostra miles de peligros para instruirse; surge con frecuencia el elogio de la ciencia, y este sentimiento se incorpora a las propias fábulas. Atlas, padre de Calipso, que lleva sobre sus hombros las columnas que separan los cielos de la tierra, conoce lo que contienen las profundidades del mar. La propia Calipso instruye a Ulises con nociones de astronomía, y las Sirenas aparecen llenas de seducción, principalmente porque sus cantos son instructivos. Para saciar esta sed de aprender las maravillas de los países lejanos, el autor de la *Odisea* recoge, de todas las partes, los relatos falsos de los viajeros y los inserta en su poema. De ahí nace esta Circe, modelo de Armida y de Alcino; esos Cíclopes, vinculados a la mitología por su descendencia de Neptuno; esos Lestrigones, cuyas huellas pueden verse en los fragmentos de los primeros historiadores griegos.

Estos rasgos designan claramente la época en la que el hombre, aún lo bastante joven como para imaginar todo, lo bastante niño como para creer en todo, aparece, sin embargo, lo suficientemente avanzado como para querer conocer todo; época evidentemente posterior a la de la *Ilíada*, en la que los griegos, ocupados en los intereses inmediatos de su propia vida y dedicados con todas sus fuerzas a atacar y defenderse, apenas miraban a su alrededor.

El estado de las mujeres, cuyo rango marcha siempre a la par de la civilización, se describe de modo muy diferente en la *Odisea* que en la *Ilíada*. Arete, mujer de Alcínoo, ejerce enorme influencia sobre su marido y sobre los súbditos de su marido[20]. El pudor delicado de Nausícaa, su susceptibilidad refinada, suponen una sociedad bastante evolucionada. El temor que manifiesta de mentar la palabra matrimonio delante de su padre[21], su descripción de la maledicencia y, si podemos permitirnos emplear la expresión propia, del chismorreo de los feacios[22], delante de los cuales no se atrevería a recorrer la ciudad con un extranjero, demuestran una fina y reflexiva observación de las relaciones sociales, en un estado pacífico y civilizado.

Se dirá quizá que Homero, debiendo describir, en la nación feacia, a un pueblo comerciante, hizo resaltar hábilmente las particularidades que debían distinguir las costumbres de este pueblo de las costumbres guerreras de Grecia. Pero Homero había tenido que describir igualmente en la *Ilíada* a un pueblo más civilizado, menos belicoso que sus compatriotas, y se fija sólo en el lado enojoso de este progreso social; habla siempre de los troyanos como de una raza afeminada. Al contrario, en la *Odisea*, describe con una complacencia entusiasta la civilización feacia. La admiración o, más bien, la sorpresa que muestra Homero en la *Ilíada* por el lujo de Troya es la de un hombre poco acostumbrado aún a este lujo; pero el poeta de Ulises no es ajeno a él, lo aprecia y lo admira. El final del libro sexto de la *Ilíada*, los adioses de Andrómeda y de Héctor[23] son el único lugar en el que el amor conyugal se describe con una viveza sorprendente; pero es el amor conyugal desesperado, cercado por los horrores de la guerra, preso de todas las agitaciones de una situación sin salida; no es la felicidad doméstica, fruto del orden y de la tranquilidad que las leyes garantizan. En la *Odisea*, la prudente Penélope, en medio de su dolor, dirige su casa, y sólo se entrega a sus lamentos cuando, después de haber repartido el trabajo entre sus mujeres y haberse dedicado a todos los cuidados de la casa, penetra en su morada solitaria para bañar de lágrimas el lecho nupcial. Y observad que, a excepción de esta Penélope, todas las mujeres griegas de los tiempos heroicos, Erifiel, Helena, Clitemnestra, Fedra, se hacen culpables de asesinato, de traición, de adulterio. Penélope es la transición de este estado violento y bárbaro a un estado más moral, más suave y, por consiguiente, posterior al primero, ya que lo sustituye. La misma Euriclea, nodriza fiel y vigilante, constata, por las atenciones que recibe, aunque ella sea de un rango subalterno, la importancia que se da a la administración de las mujeres en el estado de sociedad, como es el de la *Odisea*. Helena que, en la *Ilíada*, se limita a lamentarse de sus faltas y a cometer otras nuevas, aparece en otra epopeya con una dignidad que hace olvidar sus desvaríos.

Para mostrar que el estado de las mujeres no había cambiado durante el intervalo de los dos poemas, ¿citaremos el destino de las cautivas[24] y el discurso autoritario de Telémaco a su madre[25], discurso en el que quiso encontrar una prueba del estado subordinado de las mujeres griegas? Pero se exageró mucho el sentido de cuatro versos, dictados evidentemente por una circunstancia extraordinaria. Telémaco, excitado por Minerva, que le permitió adivinar, al abandonarlo, que ella era una diosa[26], quiere partir a espaldas de Penélope: perturbado por esta resolución, habla, en su turbación, con la intención de alejar a su madre que podría poner obstáculos a sus designios. Su conducta es una excepción en una coyuntura inhabitual. El poeta mismo añade que Penélope se admiró de ello[27]. Y en todo el resto del poema, el hijo de Ulises conserva para su madre la mayor deferencia. Ella manda en su palacio, y él se ve obligado a tomar precauciones para alejarse de Ítaca sin su consentimiento[28]. Ella aparece en medio de los pretendientes, como la dueña de la casa que ellos intentan devastar. Incluso aparecen dos versos que prueban que ella ejercía sobre su hijo una autoridad positiva. Nunca permitió, dice Auriclea, dar órdenes a las mujeres esclavas[29]. Si, no obstante, hubiese ejercido, como jefe de familia, todos los derechos de su padre, hubiera tenido sobre los esclavos de ambos sexos el mismo poder que Ulises, que los castigó por su mala conducta. Todo esto hubiera debido iluminar a los lectores de la *Odisea* sobre el sentido de los cuatro versos, que tenderían a situar a Penélope en una relación de subordinación respecto a su hijos; pero no se halló, la mayoría de las veces, en los escritos de los antiguos, más que lo que se creía de antemano que se debía encontrar en ellos.

El destino de las mujeres esclavas es, sin duda, el mismo en los dos poemas. Las leyes de la guerra, más rigurosas que los usos de la paz, son más lentas en cambiar. Aun cuando las relaciones de los ciudadanos entre sí se suavicen, es natural que se prolongue la antigua barbarie hacia los enemigos. No obstante, el destino de las mujeres cautivas se describe en la *Odisea* de una manera más patética que en la *Ilíada*. ¿No prueba esta diferencia una mejoría en las costumbres domésticas, que por una compensación enojosa había hecho más terrible la suerte de las prisioneras? Cuanto más feliz era su existencia dentro de su familia, más odiosa debía de ser su esclavitud. Cuanto más honorable era el rango asignado por sus esposos, más repugnancia debían de experimentar en prodigar sus encantos a los raptores arrogantes que las contemplaban como una conquista. Briseida, en la *Ilíada*, Briseida, cuyo padre había muerto a manos de Aquiles, muestra afecto a su vencedor, sin remordimientos ni escrúpulo; en cambio, en la *Odisea*, se nos presenta a una mujer prisionera a quien se obliga a caminar a golpes. Y este trato riguroso supone en la infortunada una resistencia cuyo ejemplo no aparece en la *Ilíada*.

Iremos más lejos. Se ve en la *Odisea* la demostración de un cambio en la situación de las mujeres, y también los efectos de este cambio. Se descubre en ella, a la vez, no sólo sus ventajas —más dulzura, más encanto, más felicidad interior—, sino también sus inconvenientes, que son de una época posterior a las ventajas. Esto exige, quizá, una explicación.

El aumento de la influencia de las mujeres tuvo como consecuencia natural que los hombres se dedicasen, con más asiduidad, a sus relaciones con sus compañeras de vida, que adquirieron, en estado social, un lugar más importante. De ello resulta que el amor se enfoca de un modo más detallado, más matizado que antes, y que se diversifiquen los puntos de vista con los que se lo contempla. Entre estos puntos de vista, existe uno, que hace del amor una cosa ligera, frívola, más o menos inmoral, y que da motivo a la chanza. Sólo se dirigen los ojos hacia ese amor después de haber acabado con los otros. Los pueblos de costumbres totalmente rudimentarias tratan el amor sin delicadeza, pero no bromean sobre él. Siempre que encontráis en un escritor bromas en este sentido, estad seguros de que vivía entre hombres ya más o menos civilizados. Pero encontráis rasgos semejantes en la *Odisea*, cosa que no ocurre en la *Ilíada*. La historia de los amores de Marte y de Venus, tradición posterior a la de la *Ilíada*, para decirlo de paso, pues aquí Vulcano no tiene a Venus, sino a Caris como mujer[30], ridiculiza un poco al marido un tanto burlado. La infidelidad de Helena se trata con cierta solemnidad. Menelao es ultrajado, pero nadie ve en este ultraje un motivo de burla. El Mercurio de la *Odisea*, bromeando con Apolo sobre la suerte de Marte al que envidia, es un petimetre en una sociedad ya corrupta[31]. Los pueblos bárbaros consideran el placer con más seriedad. Con gran seriedad, Agamenón declara a los griegos reunidos en asamblea que destina a Criseida a su lecho, porque la encuentra más bella que Clitemnestra[32]; sin la menor mezcla de broma, Tetis propone a su hijo desesperado por la muerte de Patroclo que se distraiga con la posesión de una hermosa mujer[33].

Los caracteres que son comunes a la *Ilíada* y a la *Odisea* llaman la atención también a una mirada atenta por otras diferencias, y éstas son siempre progresivas.

En los dos poemas, la hospitalidad es un deber sagrado; pero la hospitalidad en la *Odisea* tiene algo de más delicado, de más afectuoso. En la hospitalidad de la *Ilíada*, sólo hay lealtad; en la de la *Odisea*, hay delicadeza.

Y no es todo: estos dos poemas no se distinguen sólo desde el punto de vista moral; son desemejantes también desde el punto de vista literario, y sus desemejanzas indican, como las anteriores, dos épocas de una civilización creciente.

La unidad de la acción, que la hace más simple y más clara; la concentración del interés, que lo hace más vivo y más sostenido, son perfeccionamientos del arte. Estos perfeccionamientos son ajenos a la *Ilíada*[34]. La acción no es única; el interés se divide desde los primeros libros: cada héroe brilla a su vez. Diomedes, Ulises, los dos Áyax, el anciano Néstor y el joven Patroclo comparten, con Aquiles, nuestra atención indecisa. Olvidamos, a menudo, a este Aquiles, ocioso en su tienda, para seguir en el combate a sus compañeros de armas a los que él abandona. Hay libros enteros en los que apenas aparece su nombre; y en otros, se podría suprimir sin que el lector lo notara[35].

En fin, el objeto de nuestra simpatía más habitual es Héctor, y, si, por una parte, el talento del poeta nos lleva a desear la conquista de Troya, por otra, experimentamos constantemente una penosa sensación al ver, en el defensor de esta desdichada ciudad, al único carácter al que todos nuestros sentimientos delicados y generosos se pueden unir sin la

351

menor dificultad. Este defecto, pues, sin duda lo sería si el poeta hubiese tenido como objetivo formar un todo consagrado a celebrar la gloria de Aquiles; este defecto, decimos, sorprendió a los críticos de tal modo que atribuyeron a Homero la intención de situar a los troyanos muy por encima de los griegos, y la piedad que intenta excitar por la desgracia de los primeros pareció confirmar esta opinión. Sin embargo, la desmienten totalmente los pasajes en los que el poeta habla, no diremos en su propio nombre, pues nunca ocurre así, sino en una forma descriptiva, más apropiada para filtrar la inclinación secreta del autor que la forma narrativa o dramática. Así, por ejemplo, en la descripción del primer combate que libran los griegos, su profundo silencio, el orden de su marcha, la regularidad de sus movimientos, se presentan opuestos al tumulto, a los gritos casi salvajes, al desorden y a la indisciplina del ejército troyano.

Pero si la *Ilíada* carece de unidad, se eleva por encima de todas las obras salidas de la mano de los hombres por el continuo incremento del interés, de la vivacidad, de la grandeza y de la fuerza, desde su comienzo hasta su fin, salvo algunos episodios. El movimiento se hace cada vez más impetuoso; las pasiones, más violentas; las figuras, más colosales; la acción de los dioses más maravillosa y gigantesca. Este tipo de mérito es muy superior, como observa un hombre de mucho ingenio[36] y profundamente versado en esta clase de investigaciones, a esa regularidad mecánica que se obliga a subordinar todo a un solo objetivo; ¿pero esta admirable progresión no haría sospechar una sucesión de bardos, cada uno de los cuales aspiraba a superar a sus predecesores?

El carácter de la *Odisea*, por el contrario, es una unidad constante y perfecta. Todo en ella no sólo se refiere al retorno de Ulises, sino que el poeta, al vincularnos, desde el primer libro, a Telémaco y a Penélope a los que presenta débiles, indefensos, oprimidos por los pretendientes, nos obliga, desde el inicio del poema, a desear la llegada del padre y del esposo que ellos esperan y a los que sólo él puede liberar. Deseamos esta llegada no sólo por el interés que nos inspira la juventud del hijo, sino también por el respeto que nos impone el carácter de la madre y el odio que sentimos contra la turba intemperante y brutal de sus groseros perseguidores.

El arte superior que brilla en la *Odisea* se ve también en algunas circunstancias menos importantes, pero que merecen destacarse. Se evitan las repeticiones, con mucho más cuidado que en la *Ilíada*. Ulises llega a casa de Alcínoo, después de sus viajes. El poeta ya había relatado en el libro precedente esta aventura; por eso, la interrumpe para no repetir una cosa ya dicha. En general, la idea de comenzar el poema en medio de la acción, para permitir al héroe contar sus aventuras y para cambiar el tono del relato, es un progreso del arte: todos los escritos posteriores han seguido este método.

Así, por una parte, el arte del poeta está más elaborado en la *Odisea*; por otra, la poesía de la *Ilíada* es más brillante, indicio de una época más joven y vigorosa.

CAPÍTULO 2

Pregunta que surge de las observaciones anteriores

¿Están suficientemente resueltas todas estas diferencias por la opinión que Longino nos transmitió, y que supone que el autor de la *Ilíada* escribió su primer poema cuando era joven o en plenitud de vida, y la *Odisea* la compuso en su vejez? No lo creemos. No se trata, en esta pregunta, de más o menos audacia en la concepción, de brillantez en los colores; se trata de una oposición fundamental en todo el sistema de las dos épocas, sobre la religión, las costumbres, los usos, el estado de las mujeres, la vida civil e incluso política.

Ningún individuo, joven o viejo, sacude el yugo de su siglo. Cuando este siglo hace progresos, se imita el pasado, pero ya no nos anima su espíritu. Las impresiones de la atmósfera que nos envuelve se convierten en una parte de nosotros mismos; se identifican con nuestra existencia; penetran en cada una de nuestras palabras. El conocimiento de los monumentos, de las opiniones antiguas, es erudición; la erudición nos ilustra sin inspirarnos; nos proporciona avances más o menos felices, comparaciones más o menos hábiles, alusiones, contrastes; pero estas cosas están impregnadas del tiempo y de las costumbres contemporáneas. Considerad a Virgilio: se alimenta de Homero, estudia las tradiciones etruscas; sin embargo, no es ni griego ni toscano; es un romano, cortesano de Augusto. Nos atrevemos a decirlo: hubiera sido más factible que un hebreo de Alejandría escribiera los Salmos o el Libro de Job que el Homero de la *Odisea* compusiera la *Ilíada*.

Nos vemos obligados, pues, a consagrar algunas páginas al examen de otra hipótesis. A pesar de nuestros esfuerzos para abreviar esta digresión, parecerá quizá demasiado larga; pero los poemas atribuidos a Homero son los únicos que se pueden citar como monumentos históricos. Todos los poetas que escriben en una época avanzada de la civilización, lo hacen para causar sensación. Conocen el gusto de su tiempo; tienen ante sí los tesoros de los tiempos pasados; a ellos acuden todos, a su conveniencia, según el objetivo que se proponen, algunos sin discernimiento, todos sin exactitud. Los más fieles se limitan a embellecer las costumbres que describen. Pero embellecer es desnaturalizar. Por tanto, la fecha de sus obras no es más que una cuestión de pura literatura. Esta fecha proporciona luces sobre el estado de las letras en la época en la que estos autores escribían, pero no sobre la verdad de sus descripciones, si hablan de un siglo que no es el suyo. Situad la *Eneida* cien años antes o cien años después de su verdadera época; vuestras ideas sufrirán un cambio sobre el mérito literario de ese siglo; pero sabréis, como ahora, que no se debe buscar en la *Eneida* la descripción de las costumbres de los troyanos. No sucede lo mismo con los poemas homéricos. La *Ilíada* nos representa exactamente las costumbres de un pueblo tal como debían de ser los griegos contemporáneos de la guerra de Troya; la *Odisea*, sin embargo, nos transmite detalles de un género muy diferente. Si suponéis que estas dos obras se escribieron al mismo tiempo o que sólo las separan algunos años, la fidelidad de ambas se hace sospechosa. Por tanto, la datación de los poemas homéricos no sólo es importante desde el punto de vista de la crítica; es decisiva para la historia de la especie humana.

CAPÍTULO 3

Que la composición de la Odisea *y, por consiguiente, su mitología,*
son de una época posterior a la de la Ilíada

Si se probase que la *Ilíada* y la *Odisea* no son del mismo autor, sino que, al contrario, la *Odisea* es de un siglo posterior y de una época de civilización más avanzada que la *Ilíada*, todas las diferencias que expusimos en el capítulo anterior se explicarían sin dificultad. Veamos, por tanto, si los monumentos o los escritores de la Antigüedad nos obligan a rechazar esta opinión.

Observemos, en primer lugar, que no es nueva. La autenticidad de los dos poemas atribuidos a Homero pareció dudosa a numerosos eruditos de todos los tiempos[1].

Se quiso que la solución de este problema dependiese de una cuestión más oscura aún, la de saber si, en tiempo de Homero, estaba en uso el arte de la escritura.

Existen, para la respuesta negativa, muchas probabilidades[2]. Pero la respuesta sería afirmativa si no existiese ninguna prueba a favor de la autenticidad de estos poemas.

En primer lugar, no por eso seguiría siendo menos dudoso que su autor los hubiera escrito[3]. ¿Quién no es consciente de las dificultades que debieron de oponerse a la expansión de la escritura o que debieron de surgir de la carencia de materiales sobre los que se pudiera escribir? ¿Cuánto tiempo debió de transcurrir entre algunas inscripciones toscamente esculpidas en la piedra o en el bronce y la redacción escrita de obras de una extensión muy diferente? Existe en todos los pueblos, como observa un célebre erudito[4], un hecho que constata la época en la que se generaliza el uso de la escritura; es la composición de obras en prosa. Mientras ésta no exista, es una prueba de que la escritura se emplea todavía muy poco. Ante la falta de materiales para escribir, los versos son más fáciles de retener que la prosa, y también son más fáciles de grabar. La prosa nace inmediatamente de la posibilidad de que los hombres puedan confiar, para la conservación de sus composiciones, en otro instrumento distinto de su memoria; pero los primeros autores en prosa, Ferécides, Cadmo de Mileto, Helénico, son, sin duda, muy posteriores a Homero, ya que son del siglo de Pisístrato[5].

Podría ser que las dos epopeyas homéricas sólo se hubiesen transmitido, durante un largo espacio de tiempo, de memoria[6]. La memoria es una facultad que se perfecciona de modo sorprendente cuando se tiene necesidad de ella, y que se pierde con extrema rapidez cuando es menos necesaria.

El ejemplo de los bardos, de los escaldos, de los druidas[7], de los profetas hebreos, de los poetas caledonios, en fin, de los improvisadores de Italia, no permite poner en duda esta afirmación. Las sagas, o tradiciones escandinavas, que, de padre a hijo, habían conservado en su memoria relatos bastante extensos como para llenar bibliotecas enteras cuando el arte de escribir se hizo común en Escandinavia, sirven para hacernos pensar en la posibilidad de una conservación oral de los poemas homéricos. Toda la historia del Norte, dice Botin[8], estaba redactada en poemas no escritos. Nuestra vida social, observa el señor de Bonstetten[9], desperdiga de tal modo nuestras facultades que carecemos de una idea exacta de la memoria de estos hombres semisalvajes, que, al no existir nada que los distrajera, ponían todo su afán en recitar en verso las hazañas de sus antepasados[10].

Un hecho es cierto: hasta el tiempo de Pisístrato, las rapsodias homéricas se cantaron aisladamente por los rapsodas[11], en las plazas públicas, y este usurpador fue el primero que los reunió y ordenó según creyó más conveniente[12]. Así fue como Carlomagno mandó reunir las antiguas poesías germánicas transmitidas verbalmente hasta él. Así también los árabes formaron, hacia el siglo VII, colecciones llamadas divanes, de poesías no escritas de las épocas anteriores; y, en tiempos más modernos, Macpherson reunió canciones dispersas, con el nombre del hijo de Fingal.

Pero estos rapsodas, que, durante varias generaciones, cantaron los poemas de Homero por fragmentos sueltos[13], ¿no pudieron invertir el orden, alterar el texto, confundir, en su recitación popular o teatral, las composiciones de diversos autores? Los amigos de Pisístrato, al formar un todo de estas obras dispersas, ¿no pueden haberlas escogido, ordenado y corregido a su capricho? Entre los amigos de un tirano, quien, sin duda, se fiaba de ellos para las investigaciones literarias, pues él se hallaba lo bastante ocupado en su usurpación y en las artimañas que la usurpación conlleva, entre sus amigos, decimos, encontramos a Onomácrito de Atenas, quien, poco tiempo después, convicto, fue castigado por haber insertado, en las obras de Orfeo y de Museo, largas y frecuentes interpolaciones[14] (lo que no da una idea favorable de su fidelidad o de sus escrúpulos) y que se vendió después a los tiranos expulsados de su patria por alzar contra sus conciudadanos a otro tirano. Desde Pisístrato hasta los Ptolomeos, ¿quién nos dice cuántas veces se habrán cambiado estas refundiciones, generales o parciales[15]?

Se opone a la posibilidad de que la *Odisea* o la *Ilíada* hayan sido, no decimos formadas totalmente de rapsodias reunidas al azar, sino muy aumentadas de este modo, la uniformidad del estilo y del colorido poético; pero el estilo de todos los poemas épicos de los griegos se parece, así como su dialecto[16]. El de Hesíodo, el de la *Batracomiomaquia*, el de Quinto de Esmirna apenas difieren del de Homero; y el rango superior de este último se debe al vigor de las concepciones, a la vivacidad de una imaginación inagotable, mucho más que a lo que se puede llamar estilo[17].

Esta conformidad en la manera de expresarse es un rasgo característico de la época de la sociedad en la que se compusieron los poemas homéricos. No se pueden leer los cantos de Ossian sin verse sorprendidos por su uniformidad; y, sin embargo, Ossian no fue ciertamente el único y el mismo bardo. El carácter individual de los escritores sólo se desarrolla más tarde. Mientras el espíritu humano lucha, por así decirlo, contra la barbarie, existe una semejanza general en todos los estilos. En esto, como en otras tantas cosas, los extremos se tocan. La ausencia de civilización hace a todos los individuos casi iguales. La civilización, en sus avances, desarrolla las diferencias; pero con el exceso de civilización, estas diferencias desaparecen de nuevo. Sólo lo que, en el primer caso, era efecto natural de las circunstancias sociales, es, en el segundo, resultado de una meditación premeditada, y lo que era uniformidad se convierte en monotonía.

A estas consideraciones se podrían añadir otras, sacadas de nuestra ignorancia sobre la vida de Homero[18]. Cuanto se nos cuenta de su existencia vagabunda y miserable no concuerda con la época en la que lo situamos. Los poemas homéricos no nos pintan a los bardos en semejante degradación. Esta degradación sólo pudo producirse por la decadencia y caída de las monarquías griegas. En los tiempos guerreros y bárbaros, como los heroicos de Grecia, los poetas gozan siempre de la máxima consideración de los reyes y de los pueblos; vemos la prueba de ello en todos los monumentos históricos de los escandinavos, que se asemejan a los griegos en varios aspectos[19]. Pero, a medida que la civilización avanza, la vida de los hombres se hace más laboriosa y las ideas de utilidad se hacen más dominantes, la existencia de los poetas pierde importancia. Ellos mismos se dan cuenta de su caída y la deploran[20]. Si se adoptase la idea de que Homero existió realmente, sería imposible explicar cómo, al hablar de los rapsodas, sus predecesores, tan bien aceptados y tratados, no hubiese reflexionado sobre su propia vida anterior.

No. El azar no creó, en la línea precisa que separaba dos civilizaciones diferentes, a un hombre capaz de describir solo la civilización que ya no existía y la que se preparaba para nacer. Homero es un hombre genérico[21], como Hércules o como Buda[22].

Los poemas homéricos son obra de varios bardos: cada uno de ellos fue la voz y el representante de su siglo[23]. Dos o incluso tres poemas primitivos pudieron descollar y servir como referente[24]; pero estos poemas sufrieron varias transformaciones importantes; en torno a ellos se agruparon sucesivamente varios episodios; se insertaron en cada uno de ellos partes extrañas; la fecha de estas partes, de estos episodios y de estos poemas sólo puede determinarse mediante pruebas morales; hallamos algunas irrecusables en las diversidades esenciales que distinguen la *Ilíada* de la *Odisea*; y, puesto que estas diversidades serían inexplicables si se atribuyesen estas dos obras al mismo autor o al mismo siglo, se las debe considerar como producciones de dos siglos o de dos autores diferentes[25].

Por tanto, creemos que no se puede oponer al cuadro que describimos antes del primer politeísmo de los griegos la mitología de la *Odisea*. Ésta corresponde a una época posterior al politeísmo.

En general, se deben distinguir, en los poemas homéricos, tres tipos de mitología.

Se observa, en el primer plano, una mitología popular, como debía de ser la de un pueblo que salía libremente del fetichismo. Esta mitología es la de la mayor parte de la *Ilíada* y, sobre todo, de los dieciocho primeros libros, que abarcan y completan la acción principal. Vemos, después, la misma mitología, pero perfeccionada, ya que la religión hace progresos y se une a la moral; domina en la *Odisea*; pero los tres libros en los que Ulises cuenta sus aventuras se apartan de la mitología y pertenecen más bien a la de la *Ilíada*[26]. La descripción del estado de los muertos no se corresponde en absoluto con una religión que introdujo la moral en su creencia y en sus preceptos. Por otro lado, el libro veinticuatro de la *Ilíada*, que muchos críticos consideran no auténtico[27], y cuyos últimos treinta versos sobre los funerales de Héctor son indignos de la poesía homérica, parece que pertenece a la mitología de la *Odisea*. Existen sobre la dignidad de los dioses ideas que contrastan con toda su conducta anterior. Mercurio abandona a Príamo a la entrada de la tienda de Aquiles, diciéndole que no sería conveniente que los dioses se mezclasen demasiado en los asuntos de los hombres[28]. Esta reserva es muy poco conforme con las costumbres de estos mismos dioses que, en numerosos lugares, no creen degradarse cuando combaten, protegen o engañan a los humanos; y no se puede ignorar aquí un progreso en las ideas religiosas, un aumento de la dignidad divina. Príamo dice a Aquiles: «Respeta a los dioses y ten piedad de mí»; es una expresión más propia de la *Odisea* que de la *Ilíada*.

Podríamos llegar a pensar que al suavizar las nociones de los griegos el avance de la civilización, sintieron la necesidad, para conservar en Aquiles a su héroe nacional, de presentarlo con rasgos menos ariscos y menos repelentes que los que caracterizan a varias de sus acciones anteriores. De ahí proviene su piedad tardía y la restitución del cuerpo de Héctor a su padre[29].

Finalmente, hay en Homero huellas de una tercera mitología, que es cosmogónica y alegórica, y que consiste en la personificación misteriosa de las fuerzas de la naturaleza. Esta mitología no es homogénea de las otras dos, que no son más que la misma en dos épocas diferentes. Parece totalmente transplantada, de origen extranjero, y el resultado de las comunicaciones de Grecia con Egipto y Fenicia. Se observa principalmente en el libro veintidós de la *Ilíada*, la *Teomaquia*[30], en la fábula de Briareo[31], incompatible con lo que Homero dice en otro lugar sobre el poder de Júpiter[32]; en las metamorfosis de Proteo[33], que Diodoro considera una copia de las de un dios egipcio[34]; en el matrimonio de Júpiter y de Juno, que el propio Diodoro reconoce como una parte de la cosmogonía de Egipto[35]; en fin, en la isla donde habita Eolo, con sus doce hijos e hijas[36]; pero esta tercera mitología sólo se halla en los poemas homéricos de una manera muy incompleta y dispersa.

Por lo demás, dejamos estas conjeturas a quienes están acostumbrados y se complacen en reflexionar sobre estas materias. Lo que nos importa y lo que creemos haber demostrado es que existen diferencias esenciales entre la religión de la *Ilíada* y la de la *Odisea*, y que estos dos poemas no pueden atribuirse ni al mismo autor ni a la misma época.

Se nos preguntará, quizá, por qué al hablar de la *Odisea*, que se refiere, a nuestro entender, a una época más avanzada del politeísmo, hemos utilizado algunas veces citas sacadas de este poema para apoyar nuestras afirmaciones sobre el politeísmo primitivo. Porque, cuando observamos, en algunos pasajes poco numerosos de la *Odisea*, las mismas opiniones que habíamos encontrado en la *Ilíada*, pensamos que algunos fragmentos de esta última obra se habían deslizado en la otra. Cuando, al contrario, encontramos en la *Odisea* opiniones diferentes, como estas opiniones indicaban siempre un progreso, reconocimos los efectos del tiempo y el avance necesario de las ideas. Cuando veis en un poeta dos opiniones que se contrarían, no significa que estas dos opiniones hayan coexistido; es que el poeta se sirvió, alternativamente, de una y de otra, según convinieran al efecto que quería producir y a la creación de la belleza. Pero, cuando en un largo y vasto poema, como la *Ilíada*, que abarca todas las partes de la existencia humana, sólo encontráis una sola doctrina, compacta, uniforme, sólo desmentida en algunos pequeños y dispersos detalles, es evidente que esta opinión era la única dominante, en la época descrita por el autor. Lo que el poeta no dice puede, en este sentido, ser una prueba mucho más incontestable que lo que dice. En materia de cronología, la prueba positiva es, a veces, menos fuerte que la prueba negativa.

CAPÍTULO 4

Conclusión

La *Ilíada* y la *Odisea* son de épocas diferentes. Durante el tiempo que las separa, había cambiado el estado social: las costumbres se habían suavizado; los conocimientos habían aumentado, y la religión, por esta causa, había debido modificarse. Por tanto, las objeciones que parecían echar por tierra nuestro sistema lo confirman. La forma religiosa que había impuesto a los griegos su primera civilización guerrera y salvaje no era suficiente para sus descendientes, menos belicosos y más civilizados. El sentimiento religioso siguió su trabajo, agrandó y depuró la forma, y se estableció la proporción entre ella y el nuevo estado social.

LIBRO IX

DE LAS RELIGIONES SACERDOTALES COMPARADAS CON EL POLITEÍSMO INDEPENDIENTE

CAPÍTULO 1

Objeto de este libro

Vimos, en el volumen anterior, las nociones que concibe la inteligencia humana, entregada a sus propias fuerzas y disfrutando de toda su libertad, sobre la figura y el carácter de los dioses, sobre el destino y la otra vida. Vamos a investigar ahora cómo estas nociones se modifican bajo el dominio de los sacerdotes.

CAPÍTULO 2

De la figura de los dioses en las religiones sacerdotales

La figura de los dioses, en estas religiones, permanece estacionaria. Los egipcios, dice Sinesio[1], no permiten ni a los obreros, ni a los escultores, representar a los dioses a su capricho, por miedo a que se aparten de la forma recibida. Los galos, según Dionisio de Halicarnaso[2], no se habían atrevido a adoptar, durante varios siglos, la más ligera innovación, no sólo en sus ritos, sino también en las imágenes de los dioses. Es fácil de comprender el motivo de esta prohibición, y la precaución no carecía de prudencia. Si la imaginación sobre las formas divinas se hubiera podido plasmar con libertad, quizá hubiera extendido enseguida su ingobernable actividad sobre sus cualidades morales o sus atributos metafísicos, y, de este modo cualquier alteración, ligera en apariencia, habría sido la fuente fecunda de modificaciones importantes e indefinidas. Para el sacerdocio, era mejor que esta imaginación, so-

361

juzgada y esclavizada se rompiese contra inmutables simulacros. Estos dioses que no sufrían cambio alguno, mientras todo cambiaba en su derredor, parecían desafiar al tiempo con sus representaciones antiguas. Monumentos inmóviles de los tiempos pasados, llenaban el alma de respeto, como si saliesen de las tinieblas de una noche profunda.

En consecuencia, mientras que, en el politeísmo independiente, el antropomorfismo remplaza al fetichismo y borra casi todas sus huellas, este fetichismo, conservado bajo las órdenes de otro en las religiones sacerdotales, se prolonga hasta la civilización[3]. Allí donde el sacerdocio es la autoridad suprema, se rechaza, como un sacrilegio, el embellecimiento de las formas divinas. Las picas y los troncos de árboles[4] adornados por los galos nunca tuvieron contornos más elegantes; y, cuando los galos se familiarizaron con un lujo bárbaro, estos monumentos antiguos excitaron siempre más veneración que las estatuas de oro[5] que se levantaron a su lado.

Los sacerdotes, por otra parte, odian representar a los dioses mediante la figura humana. Tienden siempre a poner, entre los adoradores y los ídolos, una distancia mayor. Lo que dijimos[6] del misterio que mora en los animales los hace más propicios para inspirar el temor religioso de lo que lo serían seres parecidos a nosotros.

Los egipcios, que levantaron templos a casi todas las criaturas vivientes, nunca tuvieron al hombre entre sus divinidades[7]; y los escritores griegos, que nos hablaron de los hombres deificados entre los escitas, cayeron en un error de todos conocido[8].

Sin embargo, el sacerdocio cede, tarde o temprano, al impulso natural del espíritu humano. Lo que hay de más perfecto a los ojos del hombre es la forma humana[9]: los sacerdotes acaban por revestir con ella a sus divinidades[10]; pero les gusta recordar en sus ceremonias los vestigios de tiempos anteriores[11]. Sus dioses conservan siempre algunos restos de sus antiguas deformidades[12], y diversas alegorías o fábulas explican estas pertinaces monstruosidades. Shiva, en un exceso de celo, como vimos anteriormente, corta la cabeza de Daksa, su suegro, y consintió, cuando llegó la paz, en devolverle la vida; pero como la cabeza cortada durante el combate había caído al fuego, Daksa resucitó desfigurada, llevando una cabeza de macho cabrío[13]. Igualmente, para explicar la figura de la diosa Ganga[14], mitad mujer, mitad pez, los brahmanes cuentan que Shiva transformó el sudor de su frente en un inmenso diluvio, y lo colocó sobre su cabeza por miedo a que sumergiera el mundo[15]. Por tanto, el sacerdocio siempre protesta contra la atribución de la forma humana a los dioses cuyo culto dirige. En las religiones que domina, esta forma no es más que un accesorio; la significación misteriosa es la idea esencial. Lo contrario sucede en las religiones independientes[16].

Esta lucha constante del sacerdocio imprime a la figura de los dioses una cuádruple huella.

El antiguo fetichismo contribuye a ello con sus vestigios consagrados[17].

El espíritu simbólico, más refinado, expresa las cualidades divinas mediante imágenes que las representan[18].

Vienen luego las alegorías científicas, parte, a menudo, oculta, pero inseparable de los cultos sacerdotales[19].

Finalmente, estos diversos elementos se ponen en práctica y se modifican por la inclinación, siempre inherente al sacerdocio, de llenar el alma de sorpresa y de terror. La figura de Khandika o Kali, llamada en la India la diosa de los dientes terribles, tiene claramente esta finalidad. Cuando se le ofrecen sacrificios, dice el Kalikapurana[20], se deben colocar mentalmente delante de ella dos asistentes que poseen tres ojos en llamas, el cuerpo amarillo, la cabeza enrojecida, enormes orejas, dientes largos y amenazadores, un collar de cráneos humanos, y que, armados de tridentes y hachas, sujetan, con su mano derecha, cabezas cortadas, y con la izquierda jarrones llenos de sangre. Con idéntica finalidad, los sacerdotes vándalos representaban su Puestrich como un enano contrahecho y maligno, vomitando, en medio de torrentes de humo, enormes olas de agua hirviendo[21].

Sin embargo, el sacerdocio muestra, a veces, un deseo contrario. Si quiere que las formas de sus dioses permanezcan estacionarias, lo que los mantiene monstruosos; si quiere que sean terribles, lo que los convierte en objetos de terror; lamenta, cuando los compara con los mortales, no haberlos revestido de una belleza superior e intenta ocultar la deformidad con la riqueza. Las divinidades griegas son sencillas y elegantes; los simulacros de los bárbaros, sobrecargados de adornos y dorados y, en sus descripciones, los sacerdotes distinguen la raza celeste por un resplandor milagroso, por la inmovilidad de su mirada y de todos su miembros, por la facultad de permanecer en el aire, sin que los vientos agiten sus vestidos ni sus cabellos, es decir, por atributos que nada tienen que ver con la perfección del arte. El *Mahabarata* nos muestra a los dioses rivales de Nala por la mano de Damayanti, rodeados de un esplendor siempre uniforme, coronados de flores siempre frescas, ya que ningún viento las mueve, con la mirada fija, y elevándose por encima del suelo, sin que sus pies lo toquen, mientras que Nala, cubierto de sudor y de polvo, sólo lleva una corona marchita; sus pies temblorosos descansan en la tierra y su cuerpo proyecta a lo lejos la sombra que muestra su naturaleza inferior[22].

La costumbre de ofrecer a la adoración pública formas raras, obliga a los artistas, que trabajan a las órdenes de los sacerdotes, a introducir otras semejantes, en las escalas inferiores de la jerarquía mitológica.

Por eso, se aparecen multitud de animales imaginarios[23], que se ven en todas las mitologías sacerdotales, mientras que no existe nada semejante que sea indígena en el politeísmo griego[24].

Algunas veces, el sentimiento religioso, por un desarrollo totalmente desproporcionado respecto a la época, siente la necesidad y el deseo de rechazar cualquier simulacro[25]. Entonces los sacerdotes se apoderan de este movimiento para dirigirlo a su antojo. Puede serles útil por ser seguramente los únicos intermediarios entre los hombres y las divinidades invisibles. Pero como esta noción no guarda ninguna proporción con el estado de las luces, no puede mantenerse en pie; siempre triunfó el uso de los simulacros[26]. No se podría citar un ejemplo de un pueblo que no haya tenido simulacros alguna vez, aunque se puedan citar varios entre los que el odio hacia los simulacros era un principio religioso.

No es, por tanto, un error total como el de los escritores que celebraron, como una prueba de un impulso hacia las ideas refinadas, esta repugnancia a dar a los cielos una forma material; pero el error comenzó cuando quisieron transformar en noción del espíritu un sentimiento vago: al examinar la cuestión desde más cerca, habrían visto que, al no ser la inteligencia lo suficientemente fuerte para mantenerse a esta altura, no había ventaja alguna en que el sacerdocio redujera a máxima el odio contra los simulacros, ya que, por una parte, esta máxima era desmentida continuamente por la práctica, y que, por otra, los dioses invisibles e inmateriales tenían mucho más valor moral en las manos de los sacerdotes, como demostraremos en el capítulo siguiente, que los dioses visibles y materiales de las religiones libres.

CAPÍTULO 3

Del carácter de los dioses en las religiones sacerdotales

Si, antes de exponer a nuestros lectores el carácter de los dioses en las religiones sometidas a los sacerdotes, les planteásemos el problema siguiente: existen dos tipos de religión; uno es el resultado de las conjeturas, de los temores, de las esperanzas de una multitud ignorante, entregada a todos los errores a los que puede arrojarla su ignorancia; el otro es fruto de una larga meditación de la elite de la especie humana organizada en corporaciones que recogieron todos los conocimientos que pudieron conquistar mediante esfuerzos constantes, profundas reflexiones, los descubrimientos de la ciencia, las sutilezas de la metafísica, los refinamientos de la contemplación. ¿En cuál de estas religiones, el carácter de los dioses debe de ser más puro, más sublime, más libre de cualquier imperfección y de cualquier vicio? Sin duda alguna, se preferiría el segundo; y, sin embargo, al examinar la historia, se vería que los hechos se alzan a porfía contra esta preferencia.

Si el orgullo, la venalidad, la perfidia son los rasgos distintivos de los dioses homéricos, los del sacerdocio, no menos mercenarios y no menos soberbios, son mucho más caprichosos, más vindicativos y más embusteros. Los sacerdotes necesitan su crueldad, sus caprichos y sus fraudes, para someter mejor, en su nombre, a la multitud crédula. El espíritu de cuerpo les advierte de esta condición necesaria de su existencia y de su poder; de ello se deriva, allí donde ellos dominan, una religión más extravagante y más opresiva que en las regiones en las que no dominan.

Instrumentos de una corporación cuyo fin es un dominio sin límites, los dioses deben querer lo que quiere esta corporación, es decir, subyugar al hombre, tanto en las pequeñas como en las grandes cosas, tanto en su pensamiento como en su comportamiento externo. Por eso, nada se puede comparar con la minuciosidad de su exigencia y el despotismo de su voluntad. Numerosas prácticas llenan cada momento del día y preceden o siguen a todas las acciones de la vida.

Los modos de adoración están marcados por la huella de la sumisión y de la humillación que el politeísmo independiente rechaza. No se podía penetrar en la mayoría de los bosques sagrados de la Germania sin antes cargarse de cadenas. En estos santuarios, estaba prohibido mantenerse de pie, o incluso de rodillas. Nadie se atrevía a salir de allí sino revolcándose sobre la arena[1]: estas apariencias de servidumbre eran los únicos homenajes que se consideraban dignos de los dioses; y, sin embargo, entre estos dioses, a los que el sacerdocio quiere enaltecer, y los mortales que los adoran, el tráfico del que hablamos anteriormente degrada con frecuencia a los primeros y corrompe a los segundos. Los primeros exigen imperiosamente víctimas y sacrificios[2], y estas ofrendas confieren a los segundos títulos obligatorios.

Como los de Homero, los dioses del sacerdocio tienen las costumbres de los pueblos que los inciensan. Los de los indios tienen en el reposo su felicidad; los de los escandinavos son belicosos y ávidos de sacrificios y muerte[3]. Muellemente mecidos sobre las olas de una blancura deslumbrante, o retirados a la montaña que les sirve de Olimpo[4], los primeros obtienen sonidos armoniosos del *vunei*[5], flauta india, rival de la lira con que Apolo toca en los banquetes de Júpiter. Odín, por el contrario, mecido por el mar, con una espada en su mano poderosa, sólo provoca tempestades y destrucción. Sus cabellos rodeados de llamas ondean a merced de los vientos. Sus ojos brillan como relámpagos en su tenebroso rostro, y su voz se asemeja al ruido del torrente en la lejanía[6].

Los pueblos del Norte y del Occidente se reunían bajo grandes árboles para sus transacciones civiles y judiciales. Sus dioses dictan justicia bajo un fresno[7]. En Homero, Minerva y Juno caminan a pie o marchan en carros; los dioses de la India utilizan carros que se mueven solos[8]: Shiva y Parvati no hubieran podido atravesar el Océano y alcanzar el cielo, si Daksa no les hubiese prestado su carro[9]; pero Scada, mujer de Niord, coge su arco, y atando los patines a sus ágiles pies, se arroja desde el cielo para correr sobre los témpanos a la caza de las bestias salvajes[10]. En el Norte, las mujeres ejercían la medicina; por eso, en la *Edda*, el médico de los dioses es una mujer[11]. Este sexo, en general, gozaba, en las naciones septentrionales, de mayor consideración que entre los griegos[12], y las diosas, en el Valhala tienen más crédito que en el Olimpo.

Vimos que, entre los griegos, Apolo se hacía expiar por la muerte a palos de la serpiente; Odín, que mató al gigante Ymer para crear al mundo, necesita igualmente una expiación, y los mitólogos explican así la muerte de Balder[13]. En la India, Indra, que manchó sus manos con la sangre de sus compañeros, se lanza a las aguas para expiar su crimen[14].

Los mismos alimentos de los dioses se preparan como los de los hombres. En Homero, el vino los alegra casi tanto como el néctar; los compañeros de Odín se emborrachan de cerveza, y, entre los hebreos, que, pese a los esfuerzos de Moisés, habían adoptado muchas costumbres y locuciones de sus vecinos, se llamaba al altar la mesa de Dios y al sacrificio su pan[15]; y la sal es necesaria en todas las oblaciones, porque, sin sal, ningún alimento es agradable al hombre[16]. Estos alimentos son engullidos con una avidez que revela un hambre devoradora. Los dioses del *Ramayana* acuden en masa para recoger su parte del sacrificio[17]; y los pueblos de Bohemia, en sus quejas contra Carlomagno, decían: No nos deja preparar para nuestros dioses los manjares del atardecer[18].

Los dioses del sacerdocio no están dotados de una fuerza ilimitada. Sus esfuerzos son inútiles para tensar el arco de Rama[19]. Thor necesita vestirse su cinturón mágico para recuperar su fuerza[20], y Juno descansar con sus corceles después de atravesar las nubes, para apresurar la toma de Troya[21]; y Veidar, igual que Mercurio, debe su vuelo rápido a unas sandalias milagrosas, que lo sostienen en el cielo y sobre las aguas[22].

Amenazan a los dioses tristes enfermedades. A Hother se le priva de la luz del día[23]. Sucumben a la fatiga. El boscaje en el que Rama y su fiel esposa descansaron en sus viajes y aliviaron sus pies fatigados[24] cubre con su sombra todavía la montaña de Kimur. La desgracia se ceba también con ellos. A menudo los alcanza una calamidad imprevista y dan la vuelta al mundo siete veces, con una velocidad prodigiosa, lanzando gritos terribles[25]. Freya, hermana y mujer de Odín, desolada como Ceres o Isis, recorre todos los climas, buscando a su esposo, y de ahí provienen los diferentes nombres que presenta entre los diversos pueblos.

Shiva y Vishnú perdieron un día a la bella Parvati, y derramaron tantas lágrimas que se formó un lago, llamado aún hoy el lago de los llantos. Estas divinidades imperfectas también sufren los efectos del miedo. Sarasvati, perdida en el desierto y perseguida por los demonios con gritos horribles, se ocultó de su espanto en el fondo de la tierra y sólo reapareció mucho más lejos en forma de una flor[26]. El mayor de los males, la vejez, no perdona a estos dioses. Una manzana los rejuvenece; la guarda la diosa Iduna. Una vez se la robaron y sus cabellos encanecieron y apenas podía sostener las armas en sus manos temblorosas[27]. Su vista es débil y limitada. Cuando el Ganges, dejando el cielo, vino a recorrer la tierra, los dioses abandonaron sus celestes moradas para poder seguir de cerca esta revolución prodigiosa[28]. Y, cuando Yahvé quiere vigilar a los profetas, se despierta por la noche y se levanta por la mañana[29], como amo mortal que espolea a sus servidores perezosos.

La inmortalidad, ese dudoso atributo de los dioses de Grecia, no es un privilegio garantizado a las divinidades del sacerdocio. Intentan continuamente conquistar la *amrita*, brebaje maravilloso que la confiere, y que la suerte ocultó en el fondo de los mares[30]. Balder muere por el aguijón de una zarza; los dioses se preguntan si castigarán a Loki con una muerte dolorosa[31], y Freya tiembla pensando en los días de Odín[32].

Así, limitados en sus fuerzas físicas, estos dioses lo son también en sus facultades morales. Gná es su mensajera cuando quieren conocer lo que sucede entre los hombres[33], como Iris es la de los dioses de la *Ilíada*. Odín descubre la tierra desde lo alto de su trono; pero son dos cuervos encaramados sobre sus hombros los que cuentan todo lo que observan[34]. Un gigante lo importuna por su fama. El dios quiere asegurarse si la ciencia de esta rival supera la suya. Freya lo retiene: le aconseja una lucha peligrosa. Los dioses imperfectos, le responde, necesitan a veces luces humanas[35]. Ella lo acompaña entonces con sus deseos. ¡Ojalá, dice, puedas tener los conocimientos suficientes[36]! Pero la fuente misma de la que se extrae la ciencia no está en su poder. Mimis la mira; Odín no puede acercarse sin que él lo permita y se ve obligado, para desarmar a este vigilante celoso, a dejarle en prenda uno de sus ojos[37]. Por eso, el error es con frecuencia patrimonio de estos dioses. En la infancia, falló el objetivo del Eterno: se frustró su voluntad[38]. Esta idea de un dios que se equivoca o al que llegan a engañar las añagazas de las criaturas, recuerda la fábula de Prometeo y demuestra la semejanza de los dos politeísmos desde uno de los puntos de vista más importantes[39].

Pero las divinidades sacerdotales son semejantes a los dioses de la *Ilíada* sobre todo por sus pasiones y sus vicios: ni el desenfreno, ni la crueldad, ni el perjurio los hacen retroceder. Os prestáis a los deseos de los hombres más que ninguna mujer, dice Loki a la diosa Iduna[40]. Lakmi, mujer de Vishnú, presa de un ardor desenfrenado hacia Camadeva, abandona a su esposo y persigue sin pudor al amante que rechaza con desprecio sus caricias ardientes[41]. En el Norte, Odín, por sus veleidosos amores, deshonra el puesto que ocupa; los otros dioses lo privan del imperio y se eligen un nuevo señor; y sólo después de diez años vuelve a ganarse su benevolencia y, tras expulsar a su competidor, retoma su autoridad[42]. Esta tradición se basa probablemente en un hecho histórico, y deberemos volver a ella en su momento. Pero, en la boca y en el espíritu del pueblo, tendía a convencerlo del desenfreno y de la licencia de sus dioses. En el Mediodía, Brahma se hace culpable de robo y sufre la pena de un hurto vergonzoso por la pérdida de su herencia. Estos dioses no se arredran ante el perjurio. Ignorando conscientemente sus juramentos, matan al arquitecto que les construyó la ciudadela donde viven[43]; y es tal su reputación de perfidia que un guerrero al que llaman a su seno sólo se atreve a acercarse a ellos armado de pies a cabeza[44]. Ligado por compromisos solemnes hacia Ravana, Brahma se encarga de romperlos en el momento mismo en que acaba de contraerlos[45]. Este mismo Brahma, lejos de sentirse tocado por los sacrificios de un monarca lleno de piedad, intenta descubrir alguna negligencia o algún olvido que haga inútil el sacrificio[46]. Odín siembra, mediante sus prestigios, la discordia entre un rey de Suecia y otro de Dinamarca[47], como el hijo de Saturno engaña a Agamenón para vengar a Aquiles. Mientras que Indra, celoso por la austeridad de un ermitaño, se presenta, para seducirlo, como un genio pérfido adornado con los encantos de una cortesana[48], el dios de los judíos priva de juicio al hijo de Elí, para que no escuche los avisos de su padre, pues había decidido su perdición[49]. Endureció el corazón de Roboam, para dividir su reino. Impulsa al Faraón a la desobediencia, causa de su ruina[50]. Envía un mal espíritu entre Abimélek y los siquemitas: es una expresión muy parecida a la de Homero[51].

Hay que observar que el sacerdocio presenta habitualmente como un mérito de sus dioses el artificio y el engaño.

Mahoma, que, a pesar de la severidad de su teísmo, había tomado sus ideas sobre la naturaleza divina de dos religiones elaboradas por los sacerdotes, llama a Dios, más de una vez, el más admirable de los embusteros[52]. Esto se explica cuando se piensa que los dioses sospechosos de mentira hacen mucho más indispensables a los sacerdotes que preservan al hombre de ser engañado por estos dioses.

La envidia los atormenta en medio de su esplendor y de su poder. El mayor crimen, dice el *Ramayana*[53], es el orgullo, es decir, la confianza del hombre en sus propias fuerzas. Vishnú, en su novena encarnación, persigue sin piedad a un rey, al que hace morir a pesar de sus oraciones, y cuyo único error es una prosperidad demasiado grande. Los seguidores del dios celebran aún hoy con una fiesta esta victoria fácil y cruel[54].

Malecheren, rey de Mahabalipuram, narran los brahmines de las siete pagodas, embelleció su residencia, pero los dioses celosos sumergieron la ciudad que rivalizaba en magnificencia con la mansión celeste[55]. ¿No estamos oyendo a Neptuno que se queja a Júpiter de la muralla levantada por los griegos alrededor de sus naves, y a Júpiter aplacando a Neptuno con la promesa de destruir esta orgullosa obra de los hombres[56]? Los ídolos mexicanos son parecidos. En el país de Anáhuac, después de la gran inundación que lo anegó, moraban gigantes de los que un pequeño número se refugió en las cavidades de la montaña. Cuando salieron del refugio, quisieron celebrar su liberación con la construcción de una pirámide. Los dioses los hirieron con un rayo. Se ve en las poesías serbias, mucho más recientes, pero impregnadas de las traiciones de una mitología anterior, huellas de la envidia de los dioses. Máximo Zernojewitch está casado con la hija del dux de Venecia. Iván, su padre, anuncia con palabras llenas de soberbia que vendrá a buscar a su nuera. «Me veréis», dice, «junto a los muros de Venecia, con miles de hombres. Venecia enviará también miles de hombres de elite para celebrar la gloria de mi hijo. Pero nadie igualará, nadie se mostrará más magnífico y más hermoso que Máximo, el hijo amado de su padre». El Destino lo escucha y, de repente, una terrible enfermedad deforma el rostro del bello Máximo. El padre lo contempla y el crimen de sus soberbias palabras acude a su recuerdo.

A la envidia y a la impostura se une la traición. El Mercurio de los germanos se deja seducir por Marco Aurelio[57]. Cuando Bomílcar, conjurado cartaginés, quiere derribar al gobierno de su patria, acumula las ceremonias para seducir a los dioses[58], y vimos a Jerjes, cuando invadió Grecia, intentar corromper a las divinidades tutelares de esta región, practicando ritos de su culto. Por eso, las naciones sacerdotales toman contra sus dioses las mismas precauciones absurdas o injuriosas que nos sorprendieron entre los griegos[59].

Los tirios, asediados por Alejandro, encadenan la estatua de Apolo, y el conquistador, dueño de la ciudad, le quita sus cadenas, proclamándolo amigo de Alejandro[60].

Sin duda, esta costumbre de encadenar a las divinidades pérfidas, costumbre cuyo sentido popular mostramos aquí, tenía también su significación misteriosa. Lo que afirmamos sobre la composición del politeísmo sacerdotal debió de preparar a nuestros lectores sobre esto. Los dioses de estas religiones, símbolos de las fuerzas de la naturaleza, estaban encadenados a las épocas en las que estas fuerzas parecían decaer. Se les quitaban las ataduras cuando se suponía que la naturaleza retomaba un nuevo vigor; este doble sentido servía al sacerdocio para complacer a los hombres instruidos contentando al pueblo.

A unos les decía que encadenaba o liberaba, según el momento, a simulacros emblemáticos para expresar la regularidad de las estaciones y el nacimiento del sol cuando comienza, vencedor del invierno, su carrera anual. Al otro le decía que las divinidades cargadas de cadenas no podrían abandonarlo para seguir a sus enemigos[61]. Pero esta última opinión, proporcional a las nociones vulgares, sólo dominaba en la religión pública.

Dioses tan imperfectos por su naturaleza física, tan viciosos por sus atributos morales, no podían inspirar a sus adoradores, más que los de los griegos, una veneración profunda y sincera: las tradiciones sacerdotales están llenas, no menos que la mitología homérica, de fábulas que presentan a los hombres prestos a levantarse contra los dioses. En Escandinavia, viven recluidos en una ciudadela, y el guardián Heimdall[62] vigila con esmero el puente[63] que facilitaría la entrada a su mansión. Othar y Biarcon retan al combate a todo el Olimpo del Norte y al propio Odín[64]. Gylfe rompe la pesada maza que tiene Thor en su mano. En la India, apenas se crea el mundo, un gigante expulsa del cielo y de la tierra a todas las divinidades[65]. Un simple mortal las traspasa a flechazos[66]. Más tarde, llenas de terror, ante la presencia de un rey cubierto de gloria, al que su austeridad hace invencible[67], multiplican, para vencerlo, sus ojos, sus cabezas, sus brazos, que blanden armas nuevas[68]. En Egipto, en fin, los dioses se transforman en animales, ocultándose así a los mortales que los superan en audacia y en fuerza[69]. ¡Cosa rara, en verdad, y, sin embargo, verdadera! Este aspecto absurdo, estas extravagancias, esta degradación de la naturaleza divina, prueban, ¡quién lo creería!, el ascendiente de la lógica, no sólo sobre los sacerdotes, sino también sobre el pueblo[70]. Su interés los obligó a hacer de sus dioses seres llenos de pasiones y, por consiguiente, viciosos e injustos; el razonamiento los obliga después a concebirlos desdichados, porque son injustos y apasionados. El sentimiento religioso se debate inútilmente entre las imperfecciones con que las religiones sacerdotales mancillan a sus ídolos; la razón que avanza en conocimientos intenta inútilmente otorgarles atributos menos incoherentes o una conducta menos escandalosa. Lo sacerdotes se oponen a esto. Prefieren romper el sentimiento religioso a modificar una tradición, por escandalosa que se haya vuelto; prefieren amordazar la razón a sacrificarle un solo dogma.

Creen eludir las consecuencias que les molestan prodigando a seres perversos epítetos que cada relato desmiente; de ahí resultan, en estas religiones, a pesar de su acomodación sistemática, más contradicciones, y contradicciones más palpables, que en las creencias simples y groseras que pudiera crearse el espíritu humano. A pesar de los límites que circunscriben las fuerzas físicas de las esencias divinas, los sacerdotes los proclaman seres todopoderosos; a pesar del celo que atormenta a estas divinidades envidiosas, ellos les atribuyen una bondad ilimitada; a pesar de los vicios que manchan su carácter moral y de los errores que nublan su inteligencia, ellos los llaman seres totalmente justos y sabios; y, a pesar de las desgracias inevitables, consecuencia de pasiones desordenadas, les asignan a cambio la felicidad suprema. Así, en todo tiempo, en las religiones sacerdotales, el hombre se debatió dolorosamente en medio de alegaciones discordantes. Lejos de conseguir alguna ventaja de su sumisión al sacerdocio y de seguir el camino de este guía privilegiado, el único investido del derecho de instruir, hacia una doctrina mejor y más pura, nuestra deplorable y ciega raza inclinó su cabeza ante fábulas mucho más extravagantes que las que hubiera podido crear su imaginación. Se prosternó ante seres más corruptos que los fantasmas de sus propios sueños; se precipitó hacia un abismo más profundo de supersticiones y de delirio, y el precio de la abdicación de su inteligencia fue para ella, durante siglos, la esclavitud, el error y el espanto.

Sin embargo, acude a nosotros otra reflexión que ya nos sorprendió anteriormente. Si el hombre prodigó sus adoraciones a dioses imperfectos, corruptos y maléficos, ¿no es esto una prueba de que la adoración a cualesquiera divinidades es una necesidad de su alma? Los griegos, libres de sacerdotes, perfeccionan lo que adoran; las naciones sometidas al sacerdocio adoran lo que éste les ofrece, sin poder perfeccionar nada. Lo absurdo de ciertas formas religiosas, lejos de ser un argumento contra la religión, es una demostración de que no podemos pasar sin ellas. Nos encontramos aún menos miserables bajo la más defectuosa de estas formas de lo que seríamos si estuviésemos privados totalmente de ellas. La historia de la decadencia del politeísmo nos lo demostrará.

CAPÍTULO 4

De una noción singular de la que sólo se perciben, en la religión griega, algunos vestigios, pero que se halla desarrollada y reducida a dogma en las religiones sacerdotales

De todas las opiniones que aletargan al salvaje en su ignorancia, la primera que, al parecer, debe desacreditarse es la que supone que los dioses pueden ser castigados por los hombres, cuando defraudan sus esperanzas y faltan al compromiso tácito que, en cada época, sirve de base a la religión.

En efecto, esta opinión, inherente al fetichismo, se debilita a medida que el politeísmo avanza: si los negros rompen sus fetiches cuando creen tener motivos para ello, los pueblos que se civilizan renuncian a este acto insensato de una venganza ilusoria. Creen algunas veces, quizá siempre, que sus dioses se dejan seducir, pero ya no se imaginan que se los pueda castigar.

Cuando, en un pasaje de Homero, el hijo de Peleo acusa a Apolo y afirma que se vengaría de este dios si pudiese, reconoce su impotencia, incluso al manifestar su cólera. Pausanias relata[1] que Píndaro imputa a Venus los adulterios y la vida licenciosa de sus hijas y, por eso, manda cubrir y encadenar su estatua; pero Pausanias sólo ve algo de demencia en esta acción. Sin duda, en las calamidades imprevistas, en los accesos de desesperanza, el hombre civilizado retorna alguna vez a esta idea porque, al perturbar la pasión todo su ser, lo hace retroceder sobre los adelantos conseguidos, y lo traslada, por así decirlo, al caos del estado salvaje. Lo lanza entonces sobre sus dioses, derriba los altares, rompe las estatuas. Así se vio al pueblo de Roma, tras la muerte de Germánico, arrojar a la calle los simulacros sagrados y llenarlos de insultos y de golpes con los que hubiera querido golpear al Tíber[2]. Así se lo vio también, tras el asesinato de Calígula, castigando a los dioses por haber permitido que gobernara semejante monstruo. Pero este furor sacrílego no está motivado por un dogma concreto, no es un cálculo sobre el carácter de los dioses, un castigo que se les inflige con la esperanza de corregirlos; es una víctima agónica y desesperada, que se lanza contra sus verdugos por un impulso irreflexivo. El poder absoluto, que se sube a la cabeza y coloca a los tiranos a la altura e incluso por debajo del populacho más ignorante, llevó a Augusto a los mismos excesos; en la guerra que emprendió contra el joven Pompeyo, perdió su flota en una tempestad; por eso, prohibió que, en los juegos del circo, en los que se sacaba en procesión las imágenes de los dioses, se rindiesen los mismos honores a las de Neptuno[3]. Pero lo que, en el politeísmo independiente, no es más que un movimiento fortuito y desordenado, se convierte, en las creencias sacerdotales, en un dogma consagrado y regulado por ritos solemnes.

Cuando calores excesivos, nos dice Plutarco[4], asolan a Egipto con una peste terrible u otras desgracias, los sacerdotes llevan en silencio, rodeados por las tinieblas de la noche, a lugares apartados, algunos de los animales sagrados que adoran. Primeramente intentan asustarlos mediante amenazas; pero si estos dioses son inexorables y el mal continúa, los sacerdotes los sacrifican y los inmolan. Los tracios, durante la tormenta, lanzaban flechas contra el cielo para castigar al dios dispensador del rayo[5]; y cuando el viento del mediodía secaba los aljibes de los Psylles, pueblo de Libia, decidieron declarar la guerra a la divinidad que dirigía el viento del mediodía[6]. Los indios de nuestros días, descontentos con sus dioses, los llenan de injurias, y quienes de entre ellos tienen la autoridad en su mano cierran la puerta de sus templos con haces de cardos para que nadie pueda entrar en ellos a ofrecer sacrificios[7].

Parece extraño que la misma autoridad que trabaja con ardor y una actividad constante en poner entre los dioses y los hombres una distancia cada vez más amplia, mantenga, en las religiones que hace suyas, prácticas ofensivas para la majestad divina. Esta singularidad se debe a dos causas: por una parte, a la persistencia en todas las costumbres antiguas; por otra, a que, al constituirse en el único intermediario entre el cielo y la tierra, el sacerdocio se hace responsable, de alguna forma, del comportamiento de los dioses. Necesita entonces arrogarse sobre ellos cierta jurisdicción, so pena de ser considerado como un auxiliar inútil e ineficaz; y si se trata de los dioses obstinados, esta jurisdicción, por muchas formas respetuosas con que aparezca revestida y por mucha habilidad con que se disfrace, debe desembocar, y de hecho así ocurre, en una violencia infringida a los poderes sobrenaturales, e incluso en castigos que se les inflige.

Todos los pueblos sometidos a los sacerdotes alimentaron ideas más o menos parecidas. Los sabeos concentraban en talismanes y simulacros la influencia de los astros a los que obligaban a escucharlos. Algunos doctores judíos enseñaban contra Yahvé medios de coacción[8]. En la India, los mantras[9], y aún más las dos irresistibles fórmulas *Bala* y *Atibala*, atraen a los inmortales sobre su vida[10]. En varios sacrificios, y fundamentalmente en las ceremonias funerarias, el sacerdote pregunta a los fieles si deben bajar los dioses reunidos; luego ordena a los dioses que se sienten en la hierba sagrada; finalmente los despide y permite a todos retirarse a sus habitaciones[11].

Sin embargo, un peligro puede acechar a los sacerdotes en el ejercicio de esta misteriosa jurisdicción. Los dioses pueden no ser dóciles. El sacerdote necesita una excusa. De ahí proviene la idea de que un olvido, una negligencia, una mancha priven a la ceremonia de su eficacia[12].

Si la plegaria, en boca del sacerdote, está dotada de tan vasta influencia, la maldición no es menos poderosa. Hablamos de este tema en uno de nuestros volúmenes anteriores[13], al tratar de la acción del clima sobre las ideas indias. Nos limitaremos aquí a lo que concierne a la jurisdicción del sacerdocio sobre los dioses sujetos de sus maldiciones. A Buda, maldecido por una de sus amantes cuyo amor desdeñaba, lo abandonan todos sus adoradores. La hija de Taruka, semidiós o genio poderoso se transforma en monstruo por el anatema de un sabio[14]. Otro despoja a Rama, por el mismo medio, de las luces sublimes que pertenecen a su naturaleza celeste[15]; y Parvati ve cómo declina su culto porque un penitente ultrajado pronuncia contra ella imprecaciones llenas de cólera[16].

Los dioses de Egipto están expuestos a los mismos peligros. Detendremos, dicen sus sacerdotes, la nave del sol; entregaremos al día los misterios del abismo; los dioses respetarán nuestras órdenes o perecerán si se oponen[17].

Esta jurisdicción, que el sacerdocio se arroga sobre seres de los que, sin embargo, no es más que el órgano o el ministro, nos revela la causa de un hecho célebre en la historia griega, y aún hoy día no explicada; en presencia de los magos y, probablemente por sus consejos, Jerjes mandó encadenar el Helesponto, después de haberlo azotado[18]. El asombro de los griegos fue enorme cuando conocieron el hecho. Es que su politeísmo había avanzado grandemente con su razón y dejado detrás de ellos el politeísmo sacerdotal. Pero lo que veían inexplicable nos es aclarado por la doctrina de los magos, que pretendían dictar leyes a los dioses mediante sus encantamientos y castigarlos cuando se desobedecían estas leyes[19]. Vemos, pues, aquí el fetichismo prolongado por la influencia de los sacerdotes, y reconocemos también este fetichismo en sus fluctuaciones, cuando vemos al rey de Persia ultrajar al mar y querer luego aplacarlo con magníficos presentes, lanzados al fondo de los abismos[20].

Todos estos hechos son otras tantas pruebas de una verdad que se reproduce con cierta frecuencia. El espíritu humano se muestra más inconsecuente, menos racional, menos religioso incluso, cuando una clase de hombres se arroga el privilegio de guiarlo, que cuando prosigue en libertad su progreso natural.

CAPÍTULO 5

De las nociones sacerdotales sobre el destino

Vimos anteriormente[1] los problemas contra los que se estrella la razón del hombre, incluso en las creencias libres, cuando aborda la gran cuestión del destino y de sus relaciones con los dioses. Estos problemas no son menos insolubles en las religiones sacerdotales, sólo que los sacerdotes intentan eludirlos mediante sofismas más complicados y sutilezas menos inteligibles.

Unas veces, un destino inmutable, irresistible, abruma a los dioses y a los hombres[2]. El rapto de Sita tiene lugar por la voluntad de destruir, a pesar del interés que los inmortales toman por Rama[3]. La fatalidad tibetana, que creó el mundo por un torbellino y un diluvio, fijó, mediante leyes invariables, todos los acontecimientos, desde el comienzo de los seres hasta su fin. Todos los dioses de Escandinavia intentan resistir inútilmente al decreto fatal que condena a Balder a la muerte. Inútilmente, Freya obtiene de todos los seres vivos o inanimados el juramento de respetar los días del dios que ella protege. Perece herido por el aguijón de la zarza que la diosa había olvidado solicitar o no se había dignado hacerlo. Pero este mismo relato encierra una clara contradicción: sin la negligencia de Freya, no se hubiese cumplido el fallo del destino.

Otras veces, los dioses tienen, en principio, alguna autoridad sobre el destino; pero una vez que pronuncian el fallo, no pueden volver sobre sus propios decretos. Al nacer el hombre, Brahma inscribe en su cabeza el destino que le aguarda y que nadie puede luego modificar, y juzga a los mortales según sus obras, inconsecuencia que se reproduce siempre. Odín, desde el origen del mundo, tiene todo determinado según leyes irrevocables, y, sin embargo, sus guerreros se consumen en esfuerzos constantes para evitar una muerte apacible que los privaría del Valhala. Algunas veces, la gloria de los dioses ocupa el lugar del destino. Ellos tienen no se sabe bien qué deberes para con esta gloria, y los cumplen a expensas de los hombres[4]. A pesar de esta terminología rebuscada, el sentido es el mismo. La gloria de los dioses, como el destino, no es, en el fondo, más que un límite a su poder.

La presciencia divina es también otra dificultad. El politeísmo homérico no es muy preciso sobre esta cuestión. Los moradores del Olimpo son más previsores a nuestra manera que dotados de un conocimiento cierto del futuro. Por el contrario, la presciencia de Dios, en el *Bhagavad Gita*, se extiende a todas las cosas, excepto, añade el doctor indio, a las acciones de los seres que él creó libres. Pero, al ser la mayoría de los acontecimientos que supuestamente prevé la sucesión de las acciones libres que él no prevé, ¿cómo conciliar su presciencia de los efectos con su ignorancia de las causas[5]? Así, contra dificultades insuperables, los sacerdotes fracasan lo mismo que el resto de los mortales. Su lógica impotente se estrella contra lo que es inexplicable, como la lógica más vulgar. Sólo tienen un privilegio, el de prohibir el examen y mantener así inadvertidas sus contradicciones; recurso efímero que no halla ningún punto de apoyo en el sentimiento y que sólo descansa en el embotamiento de la inteligencia.

CAPÍTULO 6

*De los medios de comunicación de los sacerdotes con los dioses
en las religiones sacerdotales*

Las comunicaciones inmediatas de los dioses con los hombres, incluso en las religiones independientes de los sacerdotes, se hacen tanto menos frecuentes cuanto que la experiencia les opone el testimonio de los hechos, y tanto más sospechosas cuanto que el sacerdocio, por limitado que sea su poder, tiene vivo interés en desacreditar.

Con mayor razón, el descrédito atribuido a las comunicaciones de esta naturaleza es más rápido y más profundo en las religiones sacerdotales. Vimos, en nuestro tercer libro[1], las innumerables imprecaciones de los bonzos, de los magos, y de los sacerdotes de Egipto, contra cualquier intento de los profanos por abrirse un camino directo hacia el cielo. Pero, como no se puede quitar esta esperanza a la multitud sin consolarla mediante compensaciones, la astrología y la adivinación adquieren más consistencia y más amplitud. Sus reglas son más fijas; sus formas, más misteriosas; sus pompas, más imponentes, y sus ritos, a menudo, más bárbaros. Vimos[2] el poder de la astrología en manos de los sacerdotes egipcios. Su aplicación se extendía hasta la medicina, y conocemos también manuscritos griegos, de una época bastante remota, sin duda, pero que, compuestos en Alejandría, contienen con claridad nociones del antiguo Egipto, y que exponen las relaciones de las constelaciones con los planetas[3]. Las mismas supersticiones existen entre los indios. Preguntan el secreto de su futuro a los signos del zodiaco y a la estrella bajo la que nacen[4]. Matan o abandonan a los niños cuya hora primera depende de un planeta funesto[5], y el amor y el himeneo se pliegan a los presagios[6]. Los caldeos habían colocado las diversas profesiones bajo la protección de los astros[7]. A cada uno se consagraba un templo, cuya estructura designaba simbólicamente la divinidad que se reverenciaba allí. Esta divinidad, invocada de manera prescrita y honrada con sacrificios apropiados, descendía al recinto y confería a sus ministros el don de profecía[8].

Los sacerdotes mexicanos se distinguían igualmente por su adhesión a la astrología. Cada período[9], si se los cree, tenía un carácter especial y un signo que le era propio, y que les revelaba todos los acontecimientos y el resultado de todas sus empresas.

Pero, por muy extendida y diversificada que estuviera la aplicación de la astrología a las cosas humanas, la adivinación se subdividía también en categorías mucho más variadas y numerosas[10]. Incluía, a la vez, no sólo la interpretación de los fenómenos que, sin dejar de suspender, en apariencia, el orden del universo, no dejan de ser más que combinaciones menos conocidas, sino también del sentido arbitrario vinculado a los accidentes más habituales.

Los diversos modos de adivinación variaban según los climas. Los etruscos, de los que hablaremos con más detención en otro lugar, indagaban el futuro en los meteoros, y los prodigios o monstruos que surgían en su país; los frigios y los cilicios, moradores de las montañas, en los cantos de los pájaros[11]; los egipcios y los babilonios, únicamente en los astros, sin querer someter sus predicciones a acontecimientos fortuitos o exteriores ni pretender haber aprendido directamente de los dioses todo lo que revelaban[12]. Pero en los demás pueblos, todos los fenómenos materiales tenían un sentido profético. Cuando temblaba la tierra, era para anunciar los decretos de los cielos. Cuando un velo ocultaba los astros, era una advertencia del destino; y no sólo las grandes calamidades, como los terremotos, los fenómenos evidentes a cualquier mirada, como los eclipses, eran un lenguaje de los dioses; cuanto atribuimos a las leyes de la gravedad, al mecanismo de los cuerpos, a los juegos del azar[13], al instinto de los animales[14], sus movimientos, sus gritos, su encuentro o su huida, los más pequeños accidentes de la naturaleza inanimada, el movimiento de las hojas, el color de las llamas, la dirección del humo con el aire, el murmullo de las olas[15], la caída del rayo, cuanto en el hombre es maquinal o involuntario, el latido del pulso, los estornudos y sobre todo los sueños[16], con tanto poder entre los salvajes[17], los sueños en los que nuestra naturaleza se complace como para hacernos dudar de nosotros mismos y en los que la razón parece tomar parte para humillarse y confundirse, todas estas cosas eran otras tantas manifestaciones de la voluntad divina, pues los dioses, al decir de sus ministros, no hacen nada sin razón, y todos los seres les obedecen como el arco y la flecha al brazo del arquero. Confucio, al que nuestros filósofos se obstinaron extrañamente en colocar entre los suyos, enseñaba a sus discípulos varios de estos modos de adivinación[18]. Los persas, intermediarios, como dijimos anteriormente[19], entre los pueblos del Norte y los del Mediodía, reunían en la astrología la adivinación y, en particular, la piromancia.

Los sacerdotes escandinavos interpretaban el graznido de los cuervos[20]; los germanos[21] daban gran importancia a todas las palabras de las mujeres, porque, decían, incapaces de una voluntad constante y rara vez gobernadas por la razón, aceptaban con más facilidad las impresiones súbitas de los poderes invisibles, cuyos órganos ellas eran sin saberlo[22].

Así, la Antigüedad, según la observación de no sé qué escritor, espiaba a la naturaleza en sus más pequeños detalles, con mucha mayor atención que los modernos; era un efecto de la superstición, y este efecto, a su vez, se convertía en una causa. De ello resultaba, para los sacerdotes, una ciencia que se aplicaba a todos los acontecimientos de la vida y a los intereses de cada momento y, de este modo, debía acrecentar enormemente el poder sacerdotal. Por eso, el estudio de los signos que hemos indicado constituía la ocupación principal de los druidas[23]; y la joven nobleza, cuya educación les estaba confiada, dedicaba veinte años a perfeccionarse en el arte de comprender e interpretar estos signos[24].

Un solo pueblo permanecerá siempre, al menos por sus leyes, ajeno a estas supersticiones. Es el pueblo judío[25]. Y este hecho confiere una fuerza adicional a una observación que hicimos ya y que traemos nuevamente a la meditación de nuestros lectores[26].

La adivinación pasó del politeísmo sacerdotal a las naciones independientes del sacerdocio. Los griegos se la debieron a los frigios y a los carios[27]; los romanos, a los etruscos[28]. Pero, como ya observamos más arriba[29], no ocupó, sobre todo entre los primeros, más que un lugar subalterno. La época tardía de su introducción en la religión griega explica por qué vemos muchas menos huellas de ella en Homero que en los escritores posteriores. Encontramos mucho menos entre los poetas que en los historiadores. Los primeros, que sólo buscaban el aplauso, eran fieles, cuanto podían, a los aspectos maravillosos más brillantes y poéticos que bebían en las fuentes de la *Ilíada* y de la *Odisea*, mientras que los segundos, que aspiraban a la confianza de sus lectores, no se atrevían a entretenerlos con ficciones rechazadas universalmente, sino que relataban sin escrúpulo prodigios pormenorizados que habían gozado del favor del público. Pues la adivinación, tal como se admitía entre los antiguos, al ser más incumbencia de la ciencia que de la imaginación, aun cuando la credulidad perdía fuerza o la imaginación complacencia, podía gozar aún de respeto e incluso conquistar un nuevo crédito, debido a los supuestos progresos de la ciencia.

Las pruebas empleadas en todos los pueblos dominados por los sacerdotes y que, transmitidas de las religiones bárbaras al cristianismo, tomaron el célebre nombre de juicios de Dios[30], no eran otra cosa que la aplicación de los medios adivinatorios a las relaciones existentes entre los hombres. Estas pruebas existían entre los escandinavos[31] y los germanos. Daban preferencia al duelo, y era una consecuencia natural de su pasión por la guerra; pero conocían también los otros tipos de pruebas[32]. Las encontramos de varias clases entre los indios[33], quienes, trasladando a los cielos sus costumbres, someten a ellas también a sus divinidades. Acusada o cuestionada por parte de Rama, Sita se precipita en una hoguera. De las esferas celestes baja una voz; una lluvia de flores inunda la tierra y Rama, convencido por la palabra de Agni[34] de que Sita es pura y sin tacha, le devuelve su confianza[35]. Se puede considerar vinculada a la misma noción esta opinión de los persas quienes, cuando exponían a los enfermos a los animales salvajes, los consideraban como impuros, si estos animales los evitaban[36]. Los hebreos, siempre rechazaban la adivinación[37], pero admiraban las pruebas, sin percibir la identidad del principio. Los griegos, por el contrario, no presentan ningún vestigio de semejantes prácticas; sólo en un pasaje de la *Antígona* de Sófocles, los guardias, acusados por Creonte de haber favorecido a la princesa en su piadosa desobediencia, quieren justificarse poniendo las manos sobre un hierro ardiendo[38]; pero no se puede ver en este ofrecimiento más que una manera enérgica de protestar por su inocencia, o, lo que nos parece aún más probable, una alusión a costumbres extranjeras, que los griegos conocían sin practicarlas. Pues Sófocles colocó las palabras que se refieren a estas pruebas en boca de los guardias de Creonte, que, como todos los tiranos de las ciudades griegas, sólo tenía como guardianes a bárbaros, y éstos eran originarios de comarcas sometidas a religiones sacerdotales.

Si, en algunas ocasiones importantes, estos medios de justificación son admitidos entre los romanos, son herencia de los etruscos[39].

Al meditar en lo que precede, nos llama la atención una clara contradicción en las hipótesis sacerdotales. La astrología y la adivinación deberían desembocar en el fatalismo más absoluto, ya que el destino del hombre viene determinado por los planetas desde su nacimiento, y la dirección o el color de un relámpago indica los acontecimientos inevitables de toda la vida. ¿Por qué los sacerdotes nunca admitieron este resultado directo e incontestable de su doctrina? Porque la incertidumbre del futuro es necesaria para su influencia. Inculcaron la adivinación y la astrología para atribuirse el mérito de interpretar los decretos del cielo; luego, negaron su consecuencia más evidente para conservar, en la devoción, sus esperanzas, y en su intervención, su necesidad.

CAPÍTULO 7

De las nociones sobre la vida futura en las religiones dominadas por los sacerdotes

Vimos que el mundo de los muertos y el destino de los que lo habitan son objeto constante del pensamiento del hombre, hasta que, cansado de esfuerzos inútiles, se decide a apartar su mirada de lo que nunca sabrá; resolución violenta, que lo degrada sin colmarlo. Mientras tanto, él sigue interrogando: a su razón que duda, y a su sentimiento interior que se agita y se llena de temblor, a la naturaleza exterior que permanece muda. Inventa mil presagios, recurre a mil ceremonias. Atribuye un sentido arbitrario a numerosas circunstancias minuciosas para conquistar el secreto obstinado que se le escapa continuamente. Nada le satisface, y el sacerdocio aprovecha su incertidumbre y su impotencia.

La vida futura es el ámbito de este sacerdocio, y, hacia este término, él dirige todas sus miradas, todas las esperanzas y todos los temores. A los egipcios sólo les importaba la existencia que sigue a la muerte. Las casas que el hombre construye en la tierra les parecían albergues de un día; las tumbas eran para ellos las moradas por excelencia, los palacios eternos[1]. Las inclinaciones belicosas de los escandinavos y de los galos, combinadas con la dominación sacerdotal, les describían la muerte, no sólo como el término, sino también como el objetivo de la vida. Impacientes por alcanzarlo, se lanzaban a la lucha, no tanto para vencer como para morir en ella[2]. Sólo intentaban triunfar de sus adversarios para caer a su vez aureolados de más gloria. Cada éxito los incitaba a buscar en otro lugar nuevos peligros; y el guerrero que no podía encontrar una muerte ilustre bajo la espada enemiga, debía limitarse a dársela con su propia mano[3]. Lo que demuestra que esta repugnancia por la vejez y por una muerte natural se debía, en parte al menos, a la religión sacerdotal de los pueblos del Norte, ya que los griegos, no menos belicosos, no alimentaban ninguna opinión semejante. La vejez era para ellos un honor, y la muerte natural no era un oprobio.

Los moradores de la India dan a la vida futura la misma preferencia que los escandinavos o los egipcios. La inmortalidad del alma no es sólo para ellos un deseo vago, una esperanza incierta; es también una convicción absoluta, el motivo determinante de todas sus acciones, el resorte y la finalidad de todas las leyes, de todas las instituciones, de todas las prácticas[4]; pero esta opinión toma en ellos otra forma. No son los mismos ni los medios que utilizan ni el premio que ambicionan. Los medios no son una muerte guerrera, sino una vida contemplativa; el premio no es una inmortalidad de luchas, de placeres y de fiestas, sino una eternidad inerte, una ausencia total de cualquier individualidad[5].

Este cansancio surgido de la acción de vivir, bajo el sol más hermoso, en medio de todos los goces, es una cosa muy digna de destacar. Retomar en la eternidad las ocupaciones terrestres es la esperanza más viva de los pueblos que luchan aquí abajo contra un destino riguroso y que conquistan con esfuerzo, a través de dificultades y peligros, una subsistencia en continua disputa. No volver a este mundo es el único deseo de estas naciones aparentemente favorecidas, a las que la fertilidad del suelo y la benignidad de su clima preservan de cualquier aflicción y eximen de todo esfuerzo. Es que el esfuerzo, la necesidad, los peligros nos atan a la vida, ofreciéndonos continuamente luchas que hay que afrontar, objetivos que alcanzar, mientras que el descanso, al entregarnos a nosotros mismos, nos hace sentir dolorosamente el vacío de una felicidad fácil y la insuficiencia de cuanto poseemos. El hombre necesita, para no sucumbir al peso que lo abruma, que los obstáculos lo obliguen a olvidar la tristeza de su destino y a desarrollar constantemente sus facultades y sus fuerzas.

El deseo ardiente de abandonar la condición humana modifica, en la literatura de los indios, hasta las obras que son extrañas a la religión. Se sienten ofendidos cuando se describen sobre su teatro las debilidades de nuestra naturaleza. Quieren alejar de ellos la representación de cuanto muestra con demasiada exactitud la vida material; y la doctrina de la absorción en la Divinidad influye igualmente en el desenlace de sus dramas. Este desenlace nunca debe ser desgraciado: contrariaría al dogma fundamental, la certeza de una reunión definitiva con la apatía celeste.

Las nociones griegas y las nociones indias son las dos opiniones extremas sobre el estado de las almas después de la muerte. El infierno homérico presenta a estas almas como seres individuales, debilitados en lo moral y en lo físico, y el mundo de los muertos como una imagen de este mundo con la nostalgia de la realidad. La absorción india es la negación de cualquier facultad, de cualquier memoria, de cualquier personalidad del alma, que, de este modo, queda reducida a una abstracción, privada de cuanto pudiera unir su existencia futura a su existencia de aquí abajo.

Sin embargo, entre las naciones sometidas a corporaciones sacerdotales, existe una que presenta una excepción singular sobre la vida futura. La ley de Moisés mantiene sobre la inmortalidad del alma un silencio absoluto. Sólo habla a los judíos de recompensas temporales, y, algunas veces, parece que los profetas mismos sólo prevén la nada más allá de la tumba[6].

Creemos, sin embargo, que se ha exagerado mucho la ausencia de cualquier dogma sobre la existencia futura en la religión judía[7]. Moisés habla, en el *Deuteronomio*[8], de la evocación de los muertos; y los escritores sagrados aluden frecuentemente a la inmortalidad del alma[9].

Se podría conciliar esta contradicción aparente mediante una conjetura que sería plausible. En casi todos los pueblos sometidos al gobierno teocrático, los sacerdotes, aunque revestidos de un poder inmenso, tenían que luchar contra los reyes y contra los guerreros; y en la época de los libros o de las tradiciones que nos han llegado no se remonta, en ningún lugar, hasta los tiempos en que el sacerdocio reinaba sin rival. Los anales hebraicos, por el contrario, demuestran el despotismo total e indiscutible de los sacerdotes hasta el establecimiento de la monarquía. Pero cuando los sacerdotes son investidos de todos los poderes y disponen directamente de la autoridad divina, no tienen necesidad de aplazar su intervención, y, quizá, temerían debilitar, aplazándolo, el efecto que debe producir. Pero si encuentran en los poderes temporales rivales celosos de su influencia, intentan recuperar, mediante los miedos futuros, el dominio que el presente les disputa. Cuando reinan en este mundo, se preocupan menos del otro; cuando se les discute la posesión de este mundo, acuden al otro en su ayuda. Los miedos de la vida futura son para ellos opiniones auxiliares.

Así, el sacerdocio, sucesor inmediato de Moisés, probablemente habría desatendido estas opiniones; pero después de la sustitución de la realeza por la teocracia, es probable que los sacerdotes hebreos las hayan invocado. En efecto, el mito de la pitonisa de Endor se remonta a esta época. Esta hipótesis no dejará de parecer verosímil si se piensa que este dogma, que nunca se enseñó a los judíos como un artículo de fe, adquirió fuerza sobre todo en boca de los profetas y de los ministros de la religión cuando tuvieron que luchar contra una tiranía indígena o extranjera, y se les llamó, no sólo a intimidar a los opresores, sino también a defender o a consolar a los débiles.

Pero, dejando de lado esta conjetura sobre un hecho particular, es incontestable un hecho general. En todas las hipótesis que los sacerdotes quieren inculcar, en las descripciones con cuya ayuda quieren fomentar la esperanza o el terror, se ven obligados a seguir la inclinación natural del espíritu humano. Estas descripciones, estas hipótesis, deben tener como base una imitación, más o menos exacta, de la vida real. Sus usos, sus acontecimientos, sus ocupaciones, son el molde en el que se colocan todas las nociones sobre el mundo futuro.

Las mujeres egipcias, deseosas de agradar en el Amenthes[10], como en Menfis o Alejandría, hacían enterrar con ellas diversos colores y pinceles, para avivar el brillo de su tez o maquillar sus ojos. Los galos escribían a los amigos que les quitaba la muerte y entregaban sus cartas a las llamas, aplazando, para su reunión después de esta vida, el ajuste de las cuentas con sus acreedores y deudores[11]. Los persas rodeaban los monumentos funerarios de sus reyes con todo lo que exigían las necesidades de la tierra[12]. Es conocido el culto tan metódico y minucioso de los antepasados en China[13], culto que ha transmitido a los chinos de hoy ritos sacerdotales, a través del ateísmo. Los moradores de Tonkín, en la fiesta solemne que celebran todos los años, preparan sus casas para recibir a los que ya no viven entre ellos y alojarlos como huéspedes ilustres[14].

Los indios colocan frutas y leche junto a los ataúdes[15], y se adoptan de la tierra, no sólo las ocupaciones y las necesidades de las almas en el otro mundo, sino también sus viajes. Según el Garuda Purana, las almas reducidas a la diminuta estatura de una pulgada, son llevadas a través de los aires, por los servidores de Yama, por las montañas en las que permanecen un mes. Luego caminan a pie, por las orillas del Océano occidental, donde Yama los juzga. Existen dos caminos: uno, agradable y fácil para los buenos, y otro, lleno de dificultades para los malos. Las almas se detienen dos veces durante el camino para tomar alimento y vestidos[16].

Finalmente, las riquezas de los guerreros escandinavos se queman en una hoguera, en honor de los dioses, porque, con este sacrificio, se les abre un campo de batalla en el que les esperan nuevos combates. Su dignidad en el Valhala depende de los tesoros que conquistaron antes.

Admitidos en esta mansión de gloria, contemplan celosos a sus compañeros de armas. Enseguida se visten con sus armas brillantes, montan sobre sus corceles, se retan e inician la lucha. Resuena en el aire el choque de las lanzas y de las espadas. Brota abundante sangre, y los atrios celestes se cubren de campeones muertos por segunda vez. Suena la hora del festín, cesa la lucha, las heridas se cierran, reviven los muertos para sentarse a la mesa de su jefe. Allí, servidos por las Valquirias, de formas ligeras como el aire, de rubios cabellos y senos de nieve, devoran el jabalí Skrimner, que renace cada día, y beben la cerveza embriagadora y el delicioso aguamiel. El Niflheim recoge a las mujeres, los niños y los ancianos que, sin esfuerzo, llegaron al final de una vida oscura. También ellos vuelven a empezar el pasado, con sus mismos nombres, su rango y sus honores, tan apaciblemente como vivieron en la tierra[17].

CAPÍTULO 8

De las moradas de los muertos y de la descripción
de los suplicios infernales en las religiones sacerdotales

Para el politeísmo homérico, los muertos sólo tienen una morada, que no es un lugar de castigos reservados al crimen, sino un espacio vasto y lúgubre en el que todas las sombras, sin distinción, pasean su pesada melancolía, sin que la agrave o disipe el mérito moral de su conducta pasada[1]. Las religiones sacerdotales tienen infiernos más numerosos y más sutiles. La *Edda* enumera dos, el Niflheim y el Nastrond; los indios, unas veces tres[2], y otras, catorce[3], y algunas sectas hasta ochenta[4]. Los persas[5] tenían siete; entre los birmanos, cinco; treinta y tres, los japoneses; tres, en el Tíbet, pero subdivididos en diecinueve regiones en las que las penas aparecen diversificadas, pues el sacerdote se complace en la descripción de los suplicios[6].

Los libros Zend[7] colocan los infiernos a la orilla de una ola fétida, negra como la pez, fría como la nieve. En ella se agitan sin cesar las almas condenadas. Un humo espeso sale de este antro tenebroso, y su interior está lleno de escorpiones y serpientes.

El Ifurin de los galos es una región impenetrable a los rayos del sol. Animales venenosos son los compañeros y los verdugos de los moradores de esta horrible morada. Lobos hambrientos los devoran. Invocan la muerte, pero inútilmente. Después de haber servido de presa a los animales salvajes, renacen para ofrecerles un nuevo alimento. Los más culpables son arrojados a una oscura caverna en medio de innumerables reptiles. Un veneno ardiendo cae sobre ellos gota a gota. Por doquier reina un frío tan penetrante que estas sombras miserables pronto se convertirían en hielo si no estuviesen destinadas a atormentar eternamente[8].

Los indios, a pesar de la dulzura de sus disposiciones naturales, tienen igualmente terribles infiernos. Yama, juez de los muertos, pronuncia la sentencia. A los que despreciaron los preceptos de la religión se los castiga durante un número de años igual a los cabellos que cubren sus cabezas. Los ateos son traspasados de parte a parte al caer sobre armas afiladas. Los que despreciaron a los brahmanes son despedazados y arrojados al fuego. El adúltero abraza simulacros ardiendo. Cuervos con pico de bronce desgarran al infiel que renegó de su casta. El asesino de un hombre o de un animal es arrojado a un abismo infecto. El voluptuoso debe caminar, con los pies desnudos, sobre espinas. Al calumniador cargado de cadenas se le alimenta con comida inmunda. Al avaro lo devoran gusanos insaciables. El sacrílego que inmoló una vaca, se convierte en un yunque vivo golpeado por un martillo ardiendo. El falso testigo rueda de roca en roca, tiñendo con su sangre las puntas aceradas; y los cuerpos de estos desgraciados, compuestos de una materia impalpable, se unen como el azogue para sufrir nuevos suplicios[9].

Se percibe en la presentación detallada de estas descripciones un cálculo premeditado, una voluntad efectista, una organización metódica. Esta multiplicidad de infiernos, excavados, por así decirlo, unos debajo de otros, muestran el deseo de hacer más honda la impresión producida por el terror del futuro. Para los sacerdotes, esta impresión nunca es lo suficientemente fuerte; diversifican sus ideas y las amplían. Tratan los infiernos y los cielos como propiedades que les pertenecen. Inventan nuevos marcos para llenarlos con total libertad. Incluso, para dirigir estas sentencias, presentan a un dios nuevo[10]. En una palabra, modelan continuamente la religión, sin cambiar sus dogmas antiguos, como un obrero prepara sus instrumentos o como un soldado bruñe sus armas.

Mezclan, igualmente, la esperanza con el terror. Multiplican tanto los paraísos como los infiernos. El Gimle, entre los escandinavos, sigue al Vahala, como el Nastrond al Niflheim[11]. Los habitantes de Ceilán hablan de veintiséis paraísos, hacia los que los justos ascienden sucesivamente, y vuelven por intervalos a un cuerpo humano hasta que pueden llegar al fin a la morada de la felicidad completa[12]. Los paraísos inferiores de los indios son materiales. Sus moradores se entregan al amor, a los festines, a los goces groseros. Los paraísos superiores están consagrados a placeres más puros, la contemplación, el éxtasis. Finalmente, en el más elevado de todos, la Chatia Logan[13], el alma se incorpora a la naturaleza divina[14].

Independientemente de estas promesas y de estas amenazas, el sacerdocio utiliza otros medios para provocar la liberalidad de los fieles; permite al abismo subterráneo entreabrirse. Larunda Mania, en Etruria, conducía, tres veces al año, a sus pálidos súbditos por entre los vivos, a los que asustaban con su aspecto lívido o a los que perseguían con sus agudos gritos[15]. Los ancestros asistían invisibles a las comidas y a los sacrificios. Los manes se sentaban en torno al hogar paterno. Los lares eran objeto de una veneración periódica; y, durante los cinco días epígómenos, la fiesta de Apherina Ghan traía de nuevo al seno de las familias de Persia a los antepasados cautivos en su tumba; a las pocas horas, los llamaba de nuevo para recluirlos otra vez, a menos que, rescatados mediante dones y ofrendas, obtuviesen de Oromazo que los alejase de esa compañía inmunda y les abriese el camino de los cielos.

En este momento, debe sorprender a nuestros lectores una observación importante. Si, en el politeísmo homérico, la moral no tiene la menor influencia en la suerte de los muertos, las religiones sacerdotales, en cambio, le atribuyen gran ascendiente.

En todos los lugares se observa la existencia de jueces para los que descienden a los infiernos y suplicios para los culpables[16]. Es fácil encontrar el motivo de esta diferencia. Los sacerdotes que no admiten la independencia de ninguna de nuestras facultades, de nuestras conjeturas, de nuestras relaciones con el cielo o con la tierra, deben estar atentos para someter al yugo de la creencia que ellos imponen las relaciones de los hombres entre sí. Esta fusión de la religión con la moral, fusión que se realiza lenta y gradualmente en la creencia griega, se efectúa con mayor rapidez en los cultos sacerdotales. Pero la especie humana pierde con esto más de lo que gana. La moral sacerdotal es totalmente facticia, fundada, no en el valor de las acciones humanas, sino en la voluntad de los dioses. La sumisión a los sacerdotes, los dones desmedidos, las prodigalidades a expensas de la justicia o de los afectos, son la primera virtud[17]; y como nada garantiza mejor la obediencia que la práctica servil de las ceremonias, a menudo indignantes, siempre minuciosas[18], el código de los sacerdotes está sobrecargado de leyes extrañas, que destruyen las leyes naturales.

Era necesaria esta observación, y por el momento es suficiente, porque deberemos comparar más tarde la influencia moral del politeísmo perfeccionado de Atenas y de Roma con la acción de los cultos de Brahma, de Isis, de Zoroastro o de Odín.

CAPÍTULO 9

De la metempsícosis

Vimos, en nuestro primer volumen[1], que el dogma de la metempsícosis iba unido a las conjeturas del salvaje sobre el estado de las almas después de la vida. A medida que se desarrolla la inteligencia, la incompatibilidad de esta noción con la de un mundo futuro, poco diferente del nuestro, adquiere más evidencia, y, al parecer, la metempsícosis se debe desterrar de las religiones que se regularizan y coordinan. Por eso, no la encontramos en ninguno de los pueblos que se crearon progresiva y libremente sus formas religiosas. Ni los griegos, ni los romanos la admitieron en su culto, aunque hubiese penetrado en sus sistemas filosóficos y en sus misterios; pero se utilizó siempre de la manera más positiva en todas las naciones sacerdotales; y no tendría fundamento que se la relegase a las explicaciones científicas de los sacerdotes.

Sin duda, formó parte de ellas para combinarse, no sólo con abstracciones metafísicas, sino también con cálculos de astronomía. Así, los indios[2] la relacionan más especialmente con sus sutilezas sobre la naturaleza y la purificación de las almas, mientras que los egipcios[3], sin rechazar este sistema de depuraciones graduales, unían la metempsícosis con la astronomía mediante el ciclo de tres mil años que asignaban a las transmigraciones[4].

Pero, independientemente de sus significaciones científicas, es innegable que la metempsícosis formaba parte de la creencia pública de los pueblos gobernados por el sacerdocio.

Favorecida, en el clima del Mediodía, por la simpatía y la piedad que estos climas inspiran a todos los seres vivos y sufrientes[5], transplantada probablemente al Norte por colonias, se conservó en todas partes quizá porque, al ofrecer a los fieles un espectáculo real de recompensas y de castigos, los sacerdotes vieron en ella una lección más enérgica que los dogmas que relegan a un mundo invisible estos castigos y estas recompensas. Acabamos de verlo en la India; había penetrado en la religión de los galos[6], de los persas[7], de los getas y no es seguro que haya sido siempre extraña a la mitología de los hebreos[8].

La prolongación de este dogma, al lado de otras hipótesis que posiblemente debían de excluirla, confirma lo que establecimos en otro lugar de la doble doctrina de los sacerdotes y de su escasa implicación en la religión pública. Los de Egipto combinaban la metempsícosis con la existencia de un mundo subterráneo, haciendo de ella las dos ramas de un mismo sistema a la vez místico y científico. Este mundo subterráneo no era, pues, más que un lugar de reposo en el que los muertos destinados a nuevas purificaciones, que se vinculaban a la astronomía, esperaban la señal de las transmigraciones que los purificaban[9], y era con esta morada pasajera con la que se relacionaban algunas prácticas inconciliables con la metempsícosis[10].

La multitud seguía indiferente ante estas explicaciones sutiles, y, según las enseñanzas parciales y aisladas que recibía, creía alternativamente en la metempsícosis o en el Amenthes, sin sorprenderse de la oposición entre dos opiniones que no se paraba a relacionar[11]. Así se confirma siempre una de nuestras aserciones más importantes. Cuanto, en el politeísmo independiente, sólo llama la atención de la imaginación de una manera vaga y pasajera, se lo queda el politeísmo sacerdotal. Las conjeturas más fugitivas, las que parecen que sólo pueden caber en espíritus aún hundidos en la ignorancia del estado salvaje, se amalgaman con las doctrinas menos incultas que aportan los progresos de la inteligencia; y si no se debe atribuir la diferencia que existe entre los dos tipos de politeísmos a las invenciones espontáneas del sacerdocio, se debe admitir al menos que proviene, en gran medida, del cuidado que se toma en recoger todo y evitar que nada se olvide.

LIBRO X

DE LOS DOGMAS PROPIOS
DEL POLITEÍSMO SACERDOTAL

CAPÍTULO 1

Objeto de este libro

Hablamos en el libro anterior de los dogmas comunes a los dos tipos de religión, e indicamos las diferencias que el espíritu sacerdotal introdujo en estos dogmas. Pero existen otros que pertenecen más especialmente a las religiones en manos de los sacerdotes. Nos ocuparemos de ellos seguidamente.

CAPÍTULO 2

De la supremacía de un dios sobre los otros
en las religiones sacerdotales

Varios pasajes de Homero prueban que los dioses de Grecia eran primitivamente iguales[1]: Júpiter había conquistado ciertas prerrogativas; pero los demás moradores del Olimpo desafiaban su poder y desobedecían su voluntad[2].

No sucede lo mismo en el politeísmo sacerdotal. Entre los indios, Shiva, algunas veces Indra[3] y Brahma en los Vedas[4]; entre los persas, Zervan Akerene; entre los escandinavos, Alfadir; para los egipcios, Cnef, ocupan un lugar aparte y reinan sobre los demás dioses, súbditos a veces rebeldes, pero siempre inferiores a su maestro en fuerza y dignidad.

Varias causas imprimen a las religiones sacerdotales este carácter distintivo.

En primer lugar, al no ser los dioses de estas religiones, dentro de la doctrina científica, más que personificaciones de algunas partes de la naturaleza o de los símbolos de fuerzas ocultas, pierden necesariamente su individualidad. El sistema general que los reúne y los coordina los clasifica como fracciones de un conjunto, y, en la lengua mitológica, este conjunto se convierte en la divinidad suprema. Pero, al ser la individualidad tan necesaria a la devoción como lo es la metafísica a la ciencia, este dios supremo se convierte enseguida en el vínculo común entre las doctrinas, teniendo unas veces una naturaleza variable y activa, adaptada a las necesidades y los deseos populares, y otras, una naturaleza inactiva e inmutable, como exige la meditación filosófica.

En segundo lugar, cuando la imaginación se familiariza demasiado con los objetos de sus homenajes, el sentimiento reclama algo menos conocido, algo más majestuoso. Nunca está totalmente satisfecho con lo que se le presenta. Cualquier límite lo ofende, y cualquier descripción, cualquier definición es un límite. Su tendencia es elevarse más arriba, para sentirse más holgado en la indefinición. Entonces los sacerdotes le revelan nuevos secretos, le desvelan una esencia superior aún ignorada, halagándolo con la altura y el misterio, mientras que despiertan su imaginación mediante la novedad.

Por eso, el dios supremo de las religiones conformadas por los sacerdotes es, de ordinario, un dios diferente de los que festeja la adoración popular. En Escandinavia, no es Odín; es un ser invisible que, al final de los tiempos, saldrá de su retiro desconocido para volver a sumergirse en la nada[5].

En Egipto, Cnef llega tarde a ejercer su dominio, no sólo sobre las divinidades populares, Isis, Osiris, Horus, sino también, sobre Ptah, que anteriormente era el primer principio[6]. De la boca de Cnef sale el huevo místico, cuya envoltura es rota por Ptah para mostrarse al universo; y el último no es más que un dios secundario, ya que debe su nacimiento a otro dios[7].

Zervan Akerene, en los persas, no tiene nada en común con Oromazo o con Mitra. Está separado de las divinidades activas y, como consecuencia de la complicación siempre inherente a los dogmas sacerdotales, es, a la vez, un poder cosmogónico y un símbolo astronómico: por una parte, el tiempo sin límites, criatura del verbo; por otra, el gran período de doce mil años[8].

Y no es todo. Por el hecho mismo de que las divinidades activas de las mitologías se interesan por los destinos de los hombres y se asocian a sus debates, contraen inevitablemente sus imperfecciones y sus debilidades. Hay versatilidad en su carácter; su naturaleza no es inmutable, libre de cualquier pasión, inaccesible a cualquier cambio. Para resarcirse de esta especie de degradación forzada, el sacerdocio coloca en la cima de la jerarquía celeste una divinidad de una naturaleza más elevada, porque es más vaga y más indefinible. Su inmovilidad tiene algo de majestuoso. Su completa apatía la distingue de los seres variables. El dios de *Bhagavad Gita*, aunque presente como el aire en la diversidad de los seres, es ajeno a esta diversidad: no le afecta modificación alguna[9]. Amida, en Pajón, está separado de todos los elementos, indiferente al mundo que se agita en su derredor. Sommonacodom, entre los siameses, se sumerge en un reposo sin que lo perturbe ningún pensamiento, voluntad o acción; pero, para conciliar esta concepción con las exigencias del antropomorfismo, los siameses añaden que su dios supremo consiguió esta impasibilidad mediante inauditos esfuerzos, y la violencia que se impuso cambió la sangre que corría por sus venas en un líquido blanco como la leche y frío como la nieve.

Esta noción no está tan desarrollada en las religiones del Norte. Los pueblos septentrionales, siempre fuertes ante los reveses de la vida, no podían admitir un reposo basado en la ausencia de todas las emociones que tanto les agradaban, una felicidad semejante a la nada. Sin embargo, su dios supremo no desempeña ningún rol en su mitología. Sólo aparece para contemplar sus ruinas.

Aunque el Yahvé de los hebreos fuese una divinidad nacional que camina, lucha y combate con su pueblo, o contra su pueblo, los rabinos, en su cábala, declaraban cualquier acción indigna de la majestad divina. Llamaban al dios supremo el padre desconocido, el oscuro Alef.

Creemos que nuestros lectores no necesitan que se les advierta de la íntima unión de estas concepciones sobre la impasibilidad del dios supremo con el panteísmo, último término de la metafísica de los sacerdotes.

Así, el sacerdocio corteja a la vez el sentimiento religioso que, como dijimos en otro lugar[10], aleja el objeto de su culto para adorarlo mejor, el interés, que lo acerca para mejor servirse de él, y ese afán de abstracción que hace presa en las mentes humanas, cuando abordan cuestiones insolubles que ellas creen resolver, discurriendo de sutileza en sutileza y de abstracción en abstracción.

CAPÍTULO 3

De los dioses inferiores o de la demonología sacerdotal

Parece que el dios supremo, colocado fuera de este mundo y de sus intereses, se ha alejado totalmente del hombre. No está al alcance del sentimiento religioso que lo situó en esta altura. El débil mortal dirige a los cielos tristes miradas, sorprendido como está de la soledad en la que se halla y de la impotencia para restablecer entre el ser inmutable y él lazos que su sed de perfección rompió.

Cuando la religión es independiente, estos vínculos se restauran por sí mismos. Libre de abandonarse a sus impresiones sucesivas, el hombre no está encadenado irremediablemente a un sistema; y, según las necesidades de su alma, unas veces se sumerge en una contemplación vaga que le presenta al ser supremo como fuera de toda proporción con su naturaleza, y otras, salva la distancia y este ser se hace presente para gozar mejor de su protección.

Pero en todas las religiones en las que el sacerdocio decide, como registra las conjeturas del hombre, lo incomoda en sus suposiciones presentes mediante la sanción con que revistió sus suposiciones pasadas. Por tanto, debe encargarse de presentar a la imaginación que retiene cautiva alguna hipótesis que haga accesible la religión. De ahí nace esa inmensidad de dioses subalternos, de genios y de seres intermedios, que pueblan las creencias sometidas a los sacerdotes[1].

Los egipcios, dice Celso[2], tienen treinta y seis demonios, a los que llaman decanes o dioses etéreos. Tres se vinculan a un dios superior, y cada demonio está al frente de las inteligencias inferiores; por eso, su número asciende a trescientos sesenta[3]. Estos demonios no se dedican a la contemplación, como el dios supremo[4]; actúan sin cesar, y su actividad es incansable[5]. Unos son puros y benefactores, protegen a los mortales, les dan consejos, acuden en su ayuda. Su jefe es Osiris, que, cubierto con un manto resplandeciente, sujeta con su mano el Falo místico[6]. La naturaleza de los otros es impura y maligna; una cola de serpiente revela esta malignidad[7]. Es la raza de los gigantes, vencidos por Horus o Hércules, y cuya sangre, mezclada con la tierra, produjo la vid, peligroso presente, que, al verter en las venas de los humanos la sangre de una raza criminal, los lleva a un delirio funesto[8]. El jefe de estos genios malos es Tifón, pues, por una causa que explicaremos luego, la noción de divinidades malas, noción ajena al politeísmo libre, forma parte siempre del politeísmo sacerdotal; y, una vez admitidas las divinidades malignas, cierta inclinación de nuestro espíritu a la simetría crea una jerarquía en los infiernos y en el cielo.

Sin embargo, esta demonología, que, por una facultad atribuida a los demonios de proteger a los hombres o de hacerles daño, se identifica, por un lado, con la religión popular, entra, por otro, en la doctrina científica por las relaciones establecidas entre estos demonios y los astros. Someter tres de entre ellos a cada uno de los doce dioses superiores, era combinarlos con los doce signos del zodiaco, y su número de trescientos sesenta es claramente una división astronómica; entonces las denominaciones cambian. El jefe de las inteligencias perversas ya no es

Tifón, sino Serapis, el sol en invierno, frío, pálido y que sólo ejerce una influencia maligna[9].

Pero este mismo Serapis se relaciona con la creencia del pueblo por otro camino. Es el dios de los infiernos, preside el mundo subterráneo, el Amenthes, esa morada de las almas que viven bajo la tierra de una vida terrestre[10]. Así, como adelantamos en el volumen anterior, la superstición vulgar y la ciencia de los sacerdotes se tocan continuamente, se relacionan sin cesar entre sí, se intercambian préstamos y avances recíprocos y forman sistemas unidos y entrelazados de tal forma que, aún admitiendo a menudo detalles inconciliables, es imposible no correr el riesgo de confundirlos en cada momento.

No sucede lo mismo con la demonología de los persas. Constituye una jerarquía de genios buenos y malos, que, independientemente del rango que ocupan en la religión pública, tienen significaciones astronómicas, cosmogónicas y metafísicas. Todas las medidas del tiempo están personificadas. Los *Fervers*, ideas prototipo[11] concebidas en el espíritu del primer ser, se convierten en criaturas vivas[12], porque el pensamiento divino confiere la vida. Los hombres, los astros, los animales tienen todos sus Fervers particulares; estos Fervers son la fuente de toda pureza, de toda abundancia, de toda belleza. ¿El riachuelo límpido desciende de la montaña para fecundar la llanura? Un Ferver lo dirige. ¿Los árboles se cubren de frutos o de sombra, las praderas de flores, los campos de mieses? Es obra de los Fervers, objeto de las plegarias continuas de los hombres. Los malos genios llenos de agitación se oponen a los Fervers.

La demonología india[13] difiere poco de la de Egipto[14]: Indra sustituye a Osiris; Moisazur, a Tifón; y los Devetas o los Daints, varios millones con rostro monstruoso[15], a los demonios subalternos. Indra es, al mismo tiempo, el dueño del firmamento; a su lado, están los elementos y los astros, esclavos de su voluntad.

Los hebreos tuvieron también su demonología, sobre todo, desde la cautividad de Babilonia[16]. Sus ángeles se asemejaban a los Devetas indios. Esta demonología se basaba principalmente en el sistema de las emanaciones. Eones, sustancias inmateriales, parecidas a los seres intermediarios de las escuelas órficas, pitagóricas y platónicas, habían nacido de Dios: eran once, y Azilot su nombre. Tres de estos Eones, la sabiduría, el verbo y el espíritu, habían creado el mundo, y comunicaban a los hombres los decretos divinos[17].

Independientemente y por debajo de esta demonología, mitad erudita y mitad religiosa, se distingue, en todas las naciones sacerdotales, otra de orden inferior, que tiene menos relaciones con la religión y ninguna con la ciencia, pero, que sin embargo, tienen su origen en la creencia enseñada por los sacerdotes y que es su imitación o, mejor dicho, la parodia. Se compone de estos espíritus del aire, de los ríos, de los bosques, de las fuentes, de las montañas, de las cavernas, seres caprichosos que Alemania designa aún con mil nombres extraños, y que dedican su poder limitado a jugar travesuras infantiles, asustando a la joven, desorientando al viajero, más caprichosos que malos, pero malos cuando se les irrita. Así son, en la India, los genios que moran en el Bhagarati y que, llenos de amor ardiente por la juventud y por la belleza, atraen, a sus refugios salvajes, a los adolescentes de los dos sexos. Las víctimas así atraídas se hacen como sus raptores, frustrando así su esperanza. Un niño que jugaba cerca de casa cayó en sus engaños, reconociendo la voz de su padre, sombra inquieta, separada de su cuerpo. El amor del padre pudo más que el encanto, y el padre obtuvo la libertad de su hijo con la promesa de un profundo silencio. Esta promesa fue violada y el joven indiscreto, privado de la palabra, era citado, hace pocos años, como una prueba viviente del poder de los genios, moradores terribles de las orillas o de las aguas del Bhagarati[18]. Vemos aquí, con claridad, las tradiciones sacerdotales degradándose insensiblemente al rango de la magia.

Los antiguos galos poseían una demonología casi idéntica[19].

Todas estas nociones son ajenas al politeísmo independiente. Inútilmente los buscaríamos en la verdadera creencia de los griegos[20]. Sólo reaparecieron en su decadencia con el nombre de magia, para servir de alimento a la credulidad que no sabía donde situarse.

Hesíodo, que habla de dioses subalternos y de demonios que velan por los hombres[21], había sacado, en tradiciones meridionales, estas ideas que recopilaba confusamente y sin comprenderlas[22]. Más tarde, los filósofos, admiradores de las doctrinas tomadas de los bárbaros, se apoderaron de su demonología, para depurar y refundir el politeísmo, pero siempre dijeron que debían a los extranjeros estos supuestos avances.

Plutarco, que alaba al compilador Beocio por haber distinguido las diversas naturalezas inteligentes que nos unen a los dioses[23], añade que desconoce si este descubrimiento se debe a los magos y a Zoroastro, a los tracios y a Orfeo, a los egipcios y a los frigios[24]. La creencia popular de los griegos rechazó durante mucho tiempo estas importaciones exóticas, y si existieron, en épocas bastante avanzadas de su politeísmo, dioses secundarios, estos dioses, abandonados por el culto público y entregados, por así decirlo, con desdén a las supersticiones individuales, no formaron nunca más que una multitud anárquica e incoherente, sin objetivo, sin orden, sin consistencia ni jerarquía. Sólo tenían con los humanos relaciones accidentales; no las tenían con los moradores del Olimpo. No se conocía su número. Su existencia no era segura, y su multiplicación, espontánea y fortuita, dependía del capricho de cada uno.

CAPÍTULO 4

De las divinidades maléficas

Entre las ideas del salvaje está la de dioses maléficos[1]. Esta idea no es obra del sentimiento religioso, sino del interés. El hombre, que quiere que sus dioses le sean útiles, los acusa de maldad cuando se niegan a escucharlo. Con mayor razón considera como seres perversos a los que él cree que le son dañinos. Pero basta que sus luces y conocimientos avancen para que descarte esta idea; el mismo antropomorfismo la rechaza. Ninguna hace el bien sin interés, pero ninguna hace el mal por el mal. No existe ninguno cuya vocación especial e inclinación constante sean las de dañar a la especie inferior por la que quieren ser adorados.

Por otra parte, a medida que se observa mejor la naturaleza y se comprende mejor el encadenamiento de los hechos, el bien y el mal, el placer y el dolor, alternativamente causa y efecto mutuos, parecen ligados más íntimamente y no exigen, para su explicación, que se les atribuya a dos principios separados y distintos. Por tanto, no encontramos ninguna divinidad esencialmente mala en el politeísmo griego[2].

Plutarco insinúa que los moradores de ciertas comarcas de Grecia reconocían dos principios opuestos[3]; pero no prueba esta afirmación con ningún hecho; la restringe a algunas provincias en las que este dogma había podido introducirse desde el extranjero[4]. Por otra parte, escribía en una época en la que no se distinguían los diferentes tipos de politeísmo. Los dogmas, las divinidades y las prácticas de todos los pueblos doblegados al yugo de un pueblo déspota, se mezclaban, se confundían, dando como resultado una masa informe. En fin, Plutarco, en el tratado curioso, pero inexacto, en el que aparece esta afirmación, se había propuesto expresamente encontrar la doctrina del doble principio, en todas las religiones y en todos los sistemas de filosofía, y este deseo lo llevó a desnaturalizar las opiniones que expuso.

Se podría pensar, en un primer momento, que los Titanes y los Gigantes, monstruos enemigos de los dioses y de formas repugnantes, ocupaban, entre los griegos, el lugar del Tifón egipcio o el del Loki de los escandinavos. Pero estos monstruos no desempeñan ningún rol en la mitología nacional; no tienen relación alguna con los hombres ni se les rinde ningún culto. Tampoco existen ceremonias para ultrajarlos, como en Egipto. Tifón, el dios del mal en la creencia egipcia, origen del vicio y de la impureza, que ejerce su funesta influencia sobre el universo y el destino de los hombres, es en Grecia un monstruo vencido por los dioses[5].

Las divinidades infernales de los griegos tenían, sin duda, algo malévolo y oscuro. La analogía de las ideas atribuye, con toda naturalidad, aspectos amenazantes y lúgubres a los seres que están al frente de la destrucción y de la muerte. El dios de los infiernos, dice Eurípides[6], se alegra de nuestros dolores. Plutón disfrutaba contemplando objetos fúnebres, y, en sus fiestas, las mujeres griegas y romanas se desgarraban las mejillas y contusionaban sus senos[7]. Pero estos dioses infernales no actuaban en la tierra, a menos que fuese para castigar algún crimen enorme (y esto ocurre en una época posterior), y no se observa que persiguiesen a los mortales más de lo que lo hacían los demás dioses.

Hécate es una divinidad claramente extranjera[8] y, además, deja de ser maléfica cuando, sometida a la acción del genio griego, adquiere los rasgos y el nombre de Diana.

El politeísmo sacerdotal, en el que todas las nociones, una vez recibidas, se mantienen intactas, contradiciéndose sin suplantarse, no permite a la inteligencia que oprime que ésta repudie así la herencia de los tiempos de ignorancia. El culto de las divinidades malas se perpetúa en él, y concurren a su prolongación varias causas.

En primer lugar, es muy fácil que el mismo dios, que, en el sistema astronómico, es el representante del astro de las noches, de la estación rigurosa, o en la cosmogonía, el de la destrucción, se convierta en el principio malo en la mitología popular[9].

En segundo lugar, las religiones sometidas a los sacerdotes tienen una dificultad más que combatir que el politeísmo entregado a sí mismo. Este último no tiene que conciliar el respeto por la justicia de los dioses con los acontecimientos que parecen tacharlos de injusticia. Una vez reconocidas como viciosas e imperfectas sus divinidades, todo es consecuente en el resto del sistema. El hombre no investiga por qué el carácter de sus dioses es tal como se lo representa. Lo concibe semejante al suyo, y lo toma como un hecho. Pero los sacerdotes que disponen de la creencia no pueden admitir ninguna imperfección en los seres de los que son intérpretes y ministros exclusivos[10]. Comienzan por dar a sus disposiciones crueles o caprichosas denominaciones honrosas[11]. Su severidad ilimitada no es más que una inflexible equidad; sus despiadados celos son el cuidado que ellos deben a su propia gloria, gloria extraña, insaciable y minuciosa a la vez, que se complace en las desgracias que impone y se alimenta de las lágrimas que ocasiona; pero ni siquiera esto pone fin a todas las objeciones[12]. Las calamidades recaen igualmente en los fieles y en los impíos. Sería peligroso considerarlos siempre como el castigo de alguna falta oculta[13]. ¿Qué diría el pontífice, afectado, al pie de los altares, por una enfermedad dolorosa, o alcanzado por alguno de esos accidentes que el destino reserva, merced al cielo, tanto a la fuerza como a la debilidad? Se debe asignar, pues, al mal otra causa distinta de la justicia divina. El mal principio, o una clase de dioses que hacen el mal por instinto, por naturaleza, proporciona una explicación momentáneamente satisfactoria.

Se puede observar que la necesidad de esta hipótesis se hace más apremiante a medida que las creencias representan a sus dioses como seres más soberanamente justos y poderosos. Siguiendo las conclusiones necesarias de la razón humana, el dogma del mal principio es el resultado inevitable de las perfecciones divinas, elevadas al más alto grado que la inteligencia humana pueda concebir. Esta aserción es tan verdadera que, cuando a los filósofos de Grecia el progreso de las luces los llevó a rechazar las fábulas de la mitología común, para purificar el carácter de los dioses, se acercaron al dualismo. No se puede ignorar esta tendencia en las obras de los platónicos. Máximo de Tiro, en su tratado sobre el origen del mal, dice que los males no pueden provenir del cielo donde no existen naturalezas perversas, sino que nacen, para el mal físico, de una depravación inherente a la materia, y, para el mal moral, de una depravación inherente al alma. Esta depravación es una especie de mal principio.

Independientemente de estas causas, que tienen sus raíces en la inteligencia, circunstancias locales y acontecimiento particulares debieron de favorecer el dualismo. Los sacerdotes consideraron a los guerreros que luchaban contra ellos como los agentes de las divinidades maléficas. Ciertos pueblos, amenazados por hordas ávidas de rapiña, pensaron naturalmente igual. Colocaron sobre sus límites el reino del mal. Un árbol misterioso separa los dos imperios, cubre los infiernos con sombras eternas. Los hijos del día y los de la noche se observan, se atacan; y estos últimos, vencidos con frecuencia, renuevan, no obstante, sin cesar sus agresiones sacrílegas.

La impureza atribuida a la unión de los sexos[14] introdujo probablemente en la religión el dogma del principio malo por otro camino. La mujer es siempre su víctima o su agente, y a menudo los dos. Eva seduce a nuestro primer padre; el rapto de Sita por Ravana, de Rukmeni por Sishupala, en las dos epopeyas indias; de Kriemhild por un monstruo, en los *Nibelungos*, presenta siempre a la mujer, culpable o inocente, causante de la matanza y de la guerra, y principio fatal de todos los males de los humanos. La fábula de Pandora y el tema de la *Ilíada* misma se relacionaron, por una crítica, por lo demás, muy poco segura, con este dogma común a las mitologías sacerdotales; pero, sin duda, los rapsodas griegos, como Hesíodo, habían separado esta tradición del sentido religioso que ellos ignoraban.

Estas diversas causas hacen del dualismo un dogma fundamental en las religiones sometidas a los sacerdotes. Como Loki es el principio malo entre los escandinavos[15] y Tifón entre los egipcios[16], dos planetas ejercen, entre los caldeos, una influencia perniciosa[17]. En fin, los galos[18] y los germanos[19], y en el otro extremo del globo los mexicanos[20], reverenciaban a divinidades malvadas. Si el panteísmo de los indios los llevó a confundir con el Ser supremo la fuerza destructora, en la persona de Shiva, hicieron, no obstante, del principio del mal un ser aparte. Moisasur, jefe de los ángeles rebeldes, que los arrastra a la rebelión, y que es precipitado con ellos en el Onderah, mansión de las tinieblas[21]; la mitad de la naturaleza está sometida a su imperio[22].

La idea de una divinidad maléfica no era ajena a la religión judía[23], y el propio cristianismo no pudo evitar que se otorgase un lugar eminente al principio malo. Los cristianos lo han llamado el príncipe de este mundo, el dios de este siglo[24]. Las nociones de los persas están rodeadas, en este sentido, de bastante oscuridad. Esta oscuridad se debe a una causa de la que hablamos anteriormente[25]. El primer politeísmo de los persas no era una religión sacerdotal, por eso no admitía divinidades maléficas por esencia. Este dogma vino de Media con los magos llamados por Ciro; pero la nación no adoptó nunca del todo la doctrina de los magos. De ahí proviene la sorprendente contradicción entre diversos autores casi contemporáneos. Unos, como Platón, Jenofonte, Heródoto, no hablan en absoluto del dualismo de los persas. Otros, como Eudoxo, amigo de Platón y su compañero de viajes[26], Aristóteles, Teopompo, discípulo de Isócrates, lo mencionan de una manera positiva y detallada. El silencio de Heródoto puede atribuirse a su excesivo temor a explicarse indiscretamente sobre los misterios; el de Jenofonte, al hecho de no conocer más que la parte pública de la religión persa; el de Platón, a que sólo se ocupó de esta religión muy de pasada. Pero ningún historiador de las guerras macedonias afirma que los persas, en sus reveses, hayan intentado aplacar a Arimán; Plutarco, en cambio, describe los terribles sacrificios celebrados en su honor. Esta circunstancia nos llevaría a creer que el dogma del mal principio permaneció durante largo tiempo ajeno a la religión del pueblo y se concentró en el orden de los magos. Su publicidad progresiva se manifestó en el odio siempre creciente contra ciertos animales dañinos. Este odio, primero propio del orden sacerdotal, que era el único que sabía que estos animales estaban consagrados al principio malo, se comunicó a todas las clases a medida que el dualismo se fue convirtiendo en la creencia común.

Después de haber proclamado de este modo la existencia de dioses maléficos, el sacerdocio siente la necesidad de llevar la tranquilidad al hombre contra esta creación que le horroriza. De ahí, alternativamente, las fábulas, las promesas y las ceremonias solemnes.

Las fábulas descansan siempre en el mismo pensamiento, esencialmente sacerdotal. La primera virtud del hombre es la sumisión. Los dioses le entregan al principio malo para que se resigne a su voluntad. Es la idea dominante del Libro de Job, del episodio de Nala y de Damayanti en el *Mahabarata*, y, sobre todo de la historia del rey Harichandra.

Arrojado del trono, este príncipe desciende a la condición de *chandala*. Entierra a los muertos, limpia los grandes caminos, ocupaciones inmundas que únicamente realizan los parias; mueren su fiel compañera y su hijo amado. Su desesperanza no le suscita la menor queja ni se debilita su confianza; y los dioses, después de estas pruebas, sustrayéndole al poder perverso, le devuelven, no sólo su corona, sino también los objetos queridos cuya pérdida había desgarrado su corazón. Las promesas anuncian que el dios del mal será vencido y que, de este modo, quedará inerme. Oromazo debe lograr una victoria definitiva, y, mientras eso llega, Arimán se contenta con las imprecaciones de los magos[27]. Pero los sacerdotes dejan siempre pendiente la incertidumbre y la duda sobre este misterio. Nadie sabe, dice la *Edda*, si Thor mató a la gran serpiente[28]. Tifón, cargado de cadenas y arrojado al agua pantanosa en la que se oculta, busca los medios de huir[29], y ya lo consiguió una vez por la imprudencia de Isis[30]. Por tanto, es necesario prevenirse sin descanso contra la divinidad maléfica, y las precauciones tomadas con este fin son nuevos apoyos del poder sacerdotal.

Sin embargo, se observa el esfuerzo del sentimiento religioso contra un dogma que lo desorienta y aflige. No puede admitir la igualdad entre el principio bueno y el malo. Intenta, pues, dar al primero la primacía que el dualismo le discute. Indra golpea con su trueno la montaña imantada, obra de los genios malos; de ahí provienen los aerolitos que caen de lo alto[31]. Sólo al bien, dicen los magos, pertenece la eternidad. El mal está circunscrito al tiempo y sólo dura un momento[32].

Pero surge un nuevo inconveniente. El ser sumamente justo y bueno se convierte en el verdadero autor de la malicia infernal: ésta no es más que su instrumento[33] y, en buena lógica, no es el instrumento, es el motor el que es responsable.

Expulsado de este lugar, el sentimiento religioso se apodera de otro en el que su derrota es menos evidente. El dios en cuya bondad ilimitada y poderosa se complace no puede condenar a ninguna de sus criaturas a una infelicidad sin fin. Por eso, el mal principio debe reconciliarse con el principio bueno[34]. En la resurrección general, después de que los metales ardiendo hayan purificado a Arimán en su fuego líquido, se levantará libre de su corrupción anterior y, alabando al ser creador y a este Oromazo, objeto de su gran envidia, entonará los himnos celestes y pronunciará las palabras consagradas[35].

Algunas veces, unas ceremonias sencillas bastan para suavizar la noción inoportuna del mal principio. A Serapis se le confundía con él como dios del mundo subterráneo, de la muerte, de la destrucción. Para librarlo de su maleficencia, llevaban al templo a los enfermos para que los curara. Por ello se convirtió en un dios benéfico. Lo mismo pudo suceder con el Nilo, divinidad mala, cuando, antes del descubrimiento de la agricultura, sus inundaciones sólo eran un peligro; y dios protector, cuando se descubrió que fertilizaba la tierra cultivada.

Otras veces, el sentimiento religioso, al no poder librar a las naturalezas divinas de toda perversidad, las prefiere caprichosas antes que esencial y constantemente malas. Contemplad el Varuna de los indios[36] o la Wila de los serbios, cuya larga cabellera y cuyos vestidos de numerosos repliegues ondean al aire, que siembra rosas, pero recoge también negros nubarrones; arroja sangre sobre las llanuras, teatro de combates futuros, y, propicia o fatal para los amantes, se ofrece a las jóvenes vírgenes para orientarlas o confundirlas, ayudarlas o hacerles daño.

El trabajo del sentimiento religioso es, pues, evidente. Introduce en el carácter de los dioses maléficos modificaciones, inconsecuencias que mitigan sus inclinaciones hostiles; coge impulso en la época en la que estos seres degenerados deben reunirse con la divinidad pacífica. Consigue, de esta forma, del sacerdocio concesiones más o menos limitadas y coloca, junto al desánimo, la esperanza, junto al terror, el consuelo.

CAPÍTULO 5

Consecuencias de este dogma en las religiones sacerdotales

La suposición de una o de varias divinidades maléficas entraña importantes consecuencias. Estas divinidades esencialmente enemigas del hombre intentan hacerlo, no sólo desgraciado, sino también criminal. Lo rodean de trampas, tienden emboscadas a sus pies, los perturban mediante sus artificios seductores, los pervierten con sus tentaciones. El Eterno, dice el Shastabade, permite a los Debtahs rebeldes acceder a este mundo para seducir a las criaturas que deben ser probadas[1]. En los egipcios, las almas que, en lugar de ser purificadas, se habían corrompido, impulsaban al mal a los nuevos cuerpos en los que penetraban[2].

La mitología griega nos muestra algunas veces a los dioses como instigadores de los crímenes, pero para su interés personal y en circunstancias especiales. La hipótesis de espíritus consagrados a tentar al hombre y arrastrarlo al mal por el único placer de corromperlo pertenece exclusivamente a las religiones sometidas a los sacerdotes. La demonología de la que hablamos anteriormente favorece el desarrollo y la expansión de esta hipótesis. La imaginación debe ocupar los seres que creó. Hasta que el hombre no existiese, dice un teólogo, el diablo no tenía razón de ser[3].

Esta suposición influye en la moral de una manera enojosa. El hombre no sabe nunca si los movimientos de su corazón, los impulsos de su alma, la actividad de su espíritu no son sugestiones e inspiraciones de un poder maligno. La ciencia puede no ser más que una curiosidad criminal; el testimonio que satisface a una conciencia pura, un orgullo condenable[4]; la piedad, una rebelión contra los decretos de la Providencia. Este peligro se cierne sobre las mentes más inocentes y amenaza las intenciones más rectas. Es tanto más inevitable cuanto que las divinidades corruptoras están revestidas frecuentemente de formas encantadoras. Mahamaya, la ilusión pérfida, está adornada con los encantos más seductores. La figura de Loki está llena de gracia. Aunque la misma Arimán sea repugnante[5], Dsyé, genio malo también, es un adolescente de una belleza sin tacha; los brillantes colores de la serpiente cautivan los ojos, su elocuencia encanta los oídos[6].

En esta doctrina, todo es peligro, todo es una añagaza por parte de la divinidad misma. Los mejores sentimientos, las pasiones más nobles son una fuente de duda y de terror, e incumbe al sacerdocio calmar estos temores y resolver estas dudas.

CAPÍTULO 6

De la noción de una caída primitiva[1]

Por poco que el hombre se adentre en sí mismo, se da cuenta de su doble tendencia y de la lucha constante que sostiene en su propio corazón, teatro de continuos combates, de los que es espectador sorprendido y víctima miserable. En vano intenta restablecer una armonía a la que no está destinado a disfrutar sobre la tierra. Mientras se abandona a una de las dos mitades discordantes, no puede imponer silencio a la otra. El inocente sucumbe a la tentación; el culpable, a los remordimientos. La oposición entre el bien y el mal, en el universo exterior, dio lugar al dogma del principio malo. La oposición entre el bien y el mal, en el interior del hombre, dio lugar a la idea de una caída, de una transgresión, de un pecado original. Encontramos huella de ello en todas las mitologías. Todas ellas nos hablan de una falta, cuya mancha se transmitió del primer individuo de la raza humana hasta la presente generación, o incluso del crimen que, habiendo precedido a la creación, explica nuestra depravación y justifica nuestra miseria actual.

Sin embargo, sólo en las religiones sacerdotales esta hipótesis adquiere importancia y duración.

Sin duda, esta noción penetró en los sistemas filosóficos de los griegos. Los discípulos de Orfeo, dice Platón[2], hablaban del cuerpo como una prisión, porque el alma permanece en él como en una morada de castigo, hasta que haya expiado las faltas que cometió en el cielo; y la misma hipótesis penetró en los misterios, impregnados de las doctrinas extranjeras; pero, en la creencia pública, esta opinión sólo se ve en algunas huellas bastante confusas. La fábula de Pandora y la de las cuatro edades del mundo cuya primera idea se trasladó de Oriente a Grecia[3], sólo se vinculan al culto popular mediante tradiciones que no las modifican en nada. Las expiaciones sólo se usaban para los crímenes cometidos directamente por los expiados, y no tenían relación con un crimen anterior o una depravación natural. Los griegos sólo consideraron el espectáculo de los males de la condición humana como resultado de los celos y de las pasiones de los dioses.

Por el contrario, en todos los climas en los que el dominio teocrático se consolidó muy pronto[4], los hombres, no pudiendo conciliar sus sufrimientos y la equidad divina, imaginaron un delito, ya anterior a nuestra raza[5], ya legado por el primer padre a sus desgraciados hijos[6], ya cometido por ellos en otro ámbito y en otra vida anterior[7].

Los sacerdotes tienen un poderoso interés en acreditar esta idea. Ella motiva las purificaciones, las penitencias, los deberes misteriosos, los rigores no merecidos, impuestos al hombre por el dios que lo colocó en este mundo, como un ser inocente que tiene derecho a su justicia, sino como un culpable, para quien la desgracia no es más que un castigo; y el sacerdocio es el órgano, el representante de la divinidad vengadora.

Una hipótesis que parece más rara, pero que se explica por una inclinación que observamos a menudo en el hombre, la de atribuir a sus dioses sus propias venturas, es la supuesta caída en la que incurre la propia divinidad, debido a un crimen que había cometido. Prisionero de un amor por Sarasvati su hija, Brahma no pudo resistir a sus encantos y, acosado por los reproches de los brahmanes, sus criaturas, abandonó el cuerpo que había mancillado, o según otra leyenda que transmiten los Puranas, este dios creador, enorgullecido por sus obras, quiso igualarse al dios supremo cuya voluntad había cumplido; pero penetró en la materia, arrastrando a la Naraka toda la creación[8].

El *Ramayana* y el *Mahabarata* son el desarrollo de esta doctrina. Su base es la encarnación del principio divino, que expía su falta.

La hipótesis de una caída primitiva se combina fácilmente con la metempsícosis. El paso del alma a diferentes cuerpos es un castigo, y vimos en nuestros capítulos sobre la composición del politeísmo sacerdotal en Egipto y en la India el camino que tomaban las almas así castigadas para expiar sus crímenes y reconquistar los cielos[9].

CAPÍTULO 7

De un dios mediador

Entregado, sin defensa, a la acción caprichosa y maléfica de seres que se complacen en dañarlo, víctima de las trampas que le tienden las inteligencias superiores que intentan engañarlo y corromperlo, o viciado en su misma naturaleza por una primera falta, cuyo crimen le fue transmitido y cuyo castigo le fue impuesto, el hombre caería en la desesperación, si no pudiese agarrarse a algún dogma, con cuya ayuda reanuda con la divinidad la comunicación rota. El sacerdocio que inventó el mal, porque este mal le interesaba, se da cuenta de que le interesa también buscar un remedio. Se le presenta una nueva combinación y la pone por obra. Una meditación sobrenatural reconcilia el cielo con la tierra. En todos los pueblos sometidos a los sacerdotes, encontramos dioses mediadores. Fohi cumplía esta función en la antigua religión china[1]; Mitra, en la de los persas[2]. Varias encarnaciones ocupan el mismo lugar en la mitología de los indios; y aunque el Norte sea, por naturaleza, poco inclinado a los refinamientos de este tipo, a Thor se le considera algunas veces como mediador entre la raza divina y la humana[3].

El politeísmo griego admite dioses subalternos, pero no dioses mediadores propiamente dichos. El *Prometeo encadenado*, de Esquilo, tragedia perdida de la que sólo conocemos la idea principal, contenía, en ciertos aspectos, la noción de un dios mediador. Hércules, hijo de Júpiter y libertador de Prometeo, que reconcilia a los inmortales con la raza humana, es un intermediario semejante al de varias religiones sacerdotales. Pero Esquilo había tomado sus tradiciones sobre Prometeo de fuentes extrañas a la religión griega, tanto de país como de fecha[4].

CAPÍTULO 8

De las divinidades triples o ternarias

Estas diferentes nociones, alentadas y recogidas por el sacerdocio, dieron lugar probablemente, en casi todas las religiones que dominó, a estas divinidades triples o ternarias, que vemos figurar en la cima de la jerarquía sobrenatural[1].

Esta noción se reproduce entre los indios en numerosas formas. Las tres letras de su palabra mística corresponden a sus tres dioses: Brahma que crea, Vishnú que conserva, Shiva que destruye[2]. Aquel cuyo nombre desconocemos, dicen los Vedas, se despierta y contempla el mundo encerrado en su seno. Quiere proyectarlo hacia el exterior; su voluntad es el amor[3], y la Trimurti se compone de Dios, del amor y del mundo. Otras veces, es el fuego, producido del ser eterno, que es todo luz, el agua que engendra el fuego, la tierra que se eleva sobre la superficie de las aguas[4]; o el fuego, el globo terrestre y el aire, en el que mora Prajapati, dueño de cuanto fue creado[5], y el tridente de Shiva es el emblema de esta triple energía[6]. En fin, las mismas divinidades secundarias se funden a veces en la Trimurti. Los Puranas nos revelan la triple naturaleza de Sueta Devi, la diosa blanca, y Kumasi, la virgen divina, nació en el monte Kailasa, de la reunión de los tres dioses[7]. En los persas, Oromazo es Brahma; Mitra, Vishnú; Arimán, Shiva, y Mitra, al que ya vimos como el mediador, absorbe a los otros dos en su triple esencia[8]. En Fenicia, es la luz, el fuego y la llama; en el Tíbet, el dios supremo, la ley divina y el universo, creado por este dios y coordinado por esta ley[9]; en Egipto, la inteligencia, el mundo y la imagen del mundo, Amun, Ptah y Osiris[10]. El trípode, transmitido a los chinos por tradiciones oscuras, como objeto de su más antigua adoración, presenta una Trinidad compuesta por el principio del bien, el del mal y el de un mediador que convierte al primero y aplaca al segundo[11].

Todas estas formas casi idénticas, a pesar de la diversidad de las denominaciones, son medios, unas veces, de eludir la inmutabilidad del primer ser inaccesible a nuestros deseos y ante el que necesitamos una mediación; otras veces, de contrarrestar la perversidad de las naturalezas malignas, oponiéndoles un poder que intervenga e interceda por nosotros; otras, finalmente, de levantarnos de nuestra propia caída, con la ayuda de un protector que expíe esta caída para nuestra salvación y en nuestro nombre.

Los dioses triples se unen luego en uno solo[12], porque el sentimiento se complace en la unidad y porque la meditación arrastra al espíritu hacia el panteísmo.

La ley de Moisés, considerada en todo su rigor y tal como su autor la había promulgado, parece no ofrecer ningún vestigio de trinidad; sin embargo, una idea análoga se introdujo en los hebreos por su demonología[13].

El politeísmo público de Grecia no conoce ninguna de estas sutilezas. Sus dioses le bastan en tanto que pueda mejorarlos. Cuando llega al límite de su posible mejora, se derrumba con ellos, sin dar acogida nunca a las ideas extranjeras a las que, sin embargo, sus sacerdotes acuden como salvaguardia de una creencia en ruinas y que sus propios filósofos adoptan algunas veces como solución de cuestiones insolubles.

LIBRO X

CAPÍTULO 9

Del dogma de la destrucción del mundo

Vimos, en nuestro segundo libro[1], el efecto que produce, sobre las nociones religiosas del salvaje, el recuerdo de las calamidades físicas y de las convulsiones de la naturaleza. Este efecto se prolonga en los pueblos civilizados. Por doquier, diversas fiestas públicas o secretas, ritos sorprendentes o conmemoraciones misteriosas, recuerdan estas terribles catástrofes. Pero aquí aparece una diferencia entre los cultos independientes de los sacerdotes y los que conformó el sacerdocio. Los primeros sólo conservaron de estas convulsiones sorprendentes huellas confusas, disfrazadas por ceremonias cuyo sentido estaba oculto[2]. Los legisladores intentaron siempre apartar de los espíritus el inútil terror de un peligro inevitable. Parece que las naciones gobernadas por el sacerdocio adquirieron el triste placer de alimentarse de estos recuerdos lúgubres; a menudo, los vincularon a divinidades maléficas cuyo temor fomentaban. Sus ritos fueron a la vez conmemoraciones de desgracias antiguas y profecías de nuevas desdichas. Sus fiestas anunciaron el retorno de los acontecimientos terribles cuya memoria perpetuaban. Todas sus mitologías nos presentan a los dioses resistiendo a las fuerzas destructoras mediante esfuerzos y añagazas inútiles, y destinados siempre a sucumbir, tarde o temprano, en la lucha.

En este sentido, la parte científica y metafísica de las religiones sacerdotales proporciona una gran ventaja a los sacerdotes[3]. Los conocimientos que sólo ellos poseen, sus cálculos astronómicos y la observación de los fenómenos físicos, cuyo estudio se reservan en exclusiva, les sirven para vincular las revoluciones que predicen al retorno de estos fenómenos o al curso de los astros; su filosofía se mezcla después con ellos, y el panteísmo, que es su último término, combina la destrucción del mundo con este ser infinito, inmóvil, desapercibido e inactivo, al que colocaron por encima de todos los dioses activos y visibles[4].

Al final de los doce mil años divinos, que equivalen a cuatro millones trescientos noventa mil de los nuestros, y que compone un día de Brahma, este dios se duerme y desaparece cuanto creó. Cuando se despierta, crea de nuevo todas las cosas; pero muere al cabo de cien años, y a su muerte sigue la destrucción de todos los seres[5]. Densas tinieblas envuelven el globo. Sólo Vishnú permanece como un punto resplandeciente en el espacio. Los mares se ensanchan y cubren los mundos. El caballo blanco que lleva la décima encarnación coloca sobre la tierra su cuarto pie que mantiene levantado desde el comienzo de los siglos, y cuyo peso precipita al abismo la morada de los hombres. La tortuga que la sostiene

405

se retira. La serpiente que la rodeaba, Adiseschen de mil cabezas, vomita llamas que convierten todo en cenizas. Shiva abandona sus formas y se agita como un fuego lívido sobre las ruinas del mundo deshecho[6].

Entre los birmanos, un ser misterioso desciende sobre la tierra; sus negras vestiduras flotan en el aire; sus cabellos cuelgan en desorden; lanza gritos agudos con una voz temblorosa. Torrentes de lluvia llenan repentinamente los mares y los lagos. Una terrible sequía sucede a estas inundaciones. Las plantas se marchitan, la tierra se abre. Los hombres se entregan a luchas sin razón y sin término. Dos soles lanzan sobre el globo un fuego devorador. El último árbol muere reseco. Un tercer sol acaba con los ríos; un cuarto y un quinto, con los mares y el océano; un sexto saca del abismo ríos de llamas; un séptimo consume las moradas de los dioses y de los hombres, y se extingue él mismo igualmente por falta de sustento[7].

Los mexicanos admitían también cuatro edades al mundo; la primera había terminado con un diluvio; la segunda, con un terremoto; la tercera, con un huracán; el final de la cuarta no estaba lejos. Mientras tanto, estos pueblos, a la conclusión de cada siglo o de cada período de cincuenta y dos años, apagaban todos los fuegos de los templos y de las casas y rompían los muebles y los jarrones. Los sacerdotes, con los atributos de sus dioses en la mano, se dirigían a una montaña alta y declaraban a los asistentes que todas las divinidades habían abandonado la ciudad quizá para no volver nunca; pero que, para conocer las intenciones divinas, iban a intentar encender de nuevo los fuegos que habían apagado. Las mujeres y los niños se cubrían sus rostros con hojas de aloe, y la multitud miraba inquieta la antorcha depositaria de su destino. Cuando aparecía la llama, gritos de alegría saludaban a los dioses para agradecerles la tregua que concedían a los hombres[8]. Para los tibetanos, la duración del mundo constaba de cuarenta y nueve períodos. Siete incendios, seguidos de un diluvio, se repetían siete veces y, en la última catástrofe, flechas envenenadas surcaban el espacio; los resortes del universo se rompían y cuanto existía acababa presa de la nada[9].

El incendio universal de los egipcios debía ocurrir cada tres mil años, en el equinoccio de primavera o en el del otoño. En lugar de inundaciones fecundadoras, sobreviene un diluvio de fuego. El mundo entero es presa de las llamas, y la tierra sagrada de Hermes se convierte en humo. En el solsticio de verano siguiente, cuando el sol está en Leo, la luna a su derecha en Cáncer, los planetas en sus respectivas moradas y Aries en medio del firmamento, Sothis reaparece y saluda al levantarse al nuevo orden de las cosas y a los tiempos nuevos que llegan. Una fiesta solemne recordaba y anunciaba estas revoluciones. Se pintaban de color rojo los rebaños y los árboles; este color expresaba el calor extremo que debía destruir todo[10].

Los libros sagrados del Norte están llenos de descripciones no menos desoladoras. El crepúsculo de los dioses[11], dice la *Völuspá*, comenzará por tres terribles inviernos[12] que ninguna primavera ni ningún invierno podrán detener. La naturaleza acabada y decrépita sólo opondrá una débil resistencia a las fuerzas reunidas que conspiran en su perdición. Un monstruo alimentado por una hechicera enemiga saldrá del bosque donde mora; vientos impetuosos bramarán por todas partes. El gallo profético, agitando sus alas negras, hará resonar los ecos con sus gritos siniestros. La noche ocultará el arco iris, puente misterioso entre los cielos y la tierra. Surtir, rey del fuego, llegará desde el mediodía con sus falanges invencibles. Montará un corcel cuyos ollares humeantes lanzarán fuego. La nave fúnebre[13] que, desde que Hela[14] ejerce su mando, se construye lentamente con los huesos de sus víctimas, singlará hacia el oriente, conducido por el gigante que le sirve de piloto[15]. Acogerá en ella a los genios deseosos de consumar la gran obra de la destrucción. Loki y Garmur, el Cerbero del Norte, se unirán a los hijos de la Helada. El lobo Fenris rompió sus cadenas. La serpiente Mitgard, como un oscuro fantasma, se yergue, sale de las olas y se revuelca sobre la orilla. Las montañas se estremecen por su base, Surtir se acerca y el cielo se resquebraja. Los compañeros de Surtur penetran por brechas en llamas hasta la llanura inmensa dominada por la ciudadela de los dioses. Heimdall[16] hace sonar el cuerno desde lo alto de la torre. Los Enanos gimen y lloran a la entrada de sus cavernas. Los hombres mueren en masa y el águila los devora con gritos de alegría. Los dioses toman sus armas; los héroes que Odín reúne en el Valhala se adelantan y él pasa revista. Un casco de oro cubre su cabeza; y una armadura reluciente cubre sus miembros. Blande su lanza hasta ahora victoriosa; pero conoce las decisiones del destino. Su muerte es inevitable. Pero no dejará de luchar con valentía. Fenris abre sus fauces enormes. La serpiente arroja a su alrededor raudales de veneno. Thor le asesta un golpe mortal; pero rodea con sus repliegues a su vencedor y los asfixia. Frey sucumbe ante los golpes de Sutur. El perro Garmur y el dios Tir perecen en la lucha. Fenris devora a Odín y cae bajo la espada de Veidar. Loki y Heimdall luchan hasta la muerte. Es un hecho el fin de los tiempos. El dios desconocido pronuncia la sentencia. Los buenos y los malos separados vivirán, en el futuro, en diferentes moradas[17]. Una tierra nueva surgirá del mar; una joven pareja, hija del sol, la repoblará. El águila, al alejarse, llevará en su pico los peces arrojados por la tormenta en la cima de los montes. Los dioses se construirán un palacio resplandeciente en el que, en adelante, no existirán dudas sobre su felicidad, y Loki abjurará de su rebelión para identificarse con el ser infinito.

Nuestros lectores observarán sin duda que, en este cuadro, se combinan todas las ideas sacerdotales: el dios supremo distinto de las divinidades que actúan, la lucha de los poderes maléficos contra la fuerza preservadora, la introducción de la moral, la división de los muertos en dos clases, en fin, la derrota y la conversión del principio malo. Se reproducen en todos los sitios los mismos dogmas y las mismas descripciones. Los persas esperaban un incendio universal[18]. Los druidas anunciaban una inundación universal[19]. La profecía de un acontecimiento semejante contenido en el *Yi-King* es, probablemente, un resto del culto sacerdotal que existió en otro tiempo en China. En los escritos de los cristianos, se leen pasajes sobre esta misma catástrofe[20]: más de una vez, la Iglesia volvió sobre estas predicciones lúgubres, y el poder o las riquezas de los sacerdotes se aprovecharon de ellas; ¿qué más apropiado, en efecto, para dar al terror religioso un ascendiente ilimitado que la espera perpetua de una convulsión que pondrá fin a todos los intereses terrenales? La cercanía de la muerte lleva de ordinario a los individuos a la devoción. El dogma de la destrucción del mundo mantiene a toda la especie en una larga agonía.

CAPÍTULO 10

Del Falo, del Lingam y de las divinidades hermafroditas[1]

Vemos, en fin, en las religiones sacerdotales, una clase de dioses que nos parecen raros, que, gradualmente, se harán chocantes y escandalosos, y con los que, sólo a su pesar, se mancharon las religiones independientes de los sacerdotes, en sus ritos secretos, y los rechazaron siempre en los ritos públicos. Queremos hablar del Falo, del Lingam y de las divinidades hermafroditas.

Recordemos, en primer lugar, que, como hemos visto, desde los tiempos más remotos, los sacerdotes utilizaban, en las religiones que dominaban, una doctrina secreta, en la que depositaban sus cosmogonías, expresadas mediante símbolos. Recordemos también que estos símbolos provenían, la mayoría de las veces, de la noción de engendrar y de nacer, aplicada a la fuerza productora y al mundo creado por ella. ¿Qué más natural que buscar la imagen de esta fuerza en los órganos generadores?

La unión de los sexos debe atraer toda la atención del hombre tan pronto como reflexiona sobre sí mismo. Por eso precisamente, está ligado, por una parte, a las razas pasadas y, por otra, a las venideras. Deja de existir aisladamente; hurta a los estragos del tiempo una porción de su ser y toma posesión de la eternidad. Cuanto se relaciona con la unión de los sexos es enigmático e inexplicable. Este total olvido de nuestra individualidad, por otra parte tan dominante y tan obstinada, este trastocamiento momentáneo de todas las barreras que nos separan siempre de los demás y hacen de cada uno de nosotros su propio centro y su propio objetivo; esta mezcla de afecto moral y de delirio físico, esta suspensión o esta confusión de todas nuestras facultades, este amor imperioso y sin límites que surge en nosotros por el fruto desconocido del más vivo y, al tiempo, del más corto de los goces, todo hace de la unión de los sexos el gran misterio de la naturaleza. Hizo falta toda la corrupción de la sociedad para desencantar y degradar este misterio.

No es extraño, pues, que los sacerdotes de los pueblos antiguos, ajenos a este efecto de la civilización, hayan considerado la unión de los sexos como símbolo de lo que ellos pensaban sobre el origen del universo. De ahí el culto de los dioses andróginos[2].

El Afrodita[3] y el Adonis[4] de Siria; el Adagous, venerado por los frigios[5]; en Egipto, Ptah y Neith[6]; en Persia, Urania Mitra[7]; Freya, hermafrodita, en su templo de Upsal[8]; Chenrezy, en el Tíbet[9]; en la India, Esvara, que, enamorado apasionadamente de la bella Parvati, le dio la mitad de su cuerpo y se convirtió en mitad hombre y mitad mujer[10]; Brahma, cuya estatua, mitad hombre (lado derecho), mitad mujer (lado izquierdo), fue descrita por Porfirio[11]; Shiva[12], que en una encarnación no forma más que uno con Vishnú, convertido en su mujer, y se llama Ardhanari[13] o Astanarisura[14]; Puro, hijo de Buda, que pasa de un sexo al otro varias veces en un mes por efecto de una imprecación; Ila, hija de Manu y mujer de Buda, joven cazador al principio, pero transformado en muchacha por Shiva, cuyos amores había importunado; el sol hermafrodita en los Vedas, con el nombre de Savitri[15]; la Gayatri, plegaria inefable por cuya eficacia el esposo se convierte en esposa, como en el símbolo escandinavo del que hablamos anteriormente[16]; Krishna, que se declara a la vez el padre y la madre de cuanto existe[17]; Vishnú, al que una parte de sus seguidores[18] atribuye esta doble cualidad; los elementos como el fuego en los libros Zend, la luna en varias naciones de Asia[19]; todos estos objetos de la adoración reúnen los dos sexos[20], y como consecuencia de esta noción simbólica, los sacerdotes cambian de vestidos y se ponen los de mujer en las ceremonias instituidas en honor de estos dioses, para expresar su doble naturaleza[21].

Pero un emblema mucho más común, por ser, a la vez, más simple y más fácil de explicar al pueblo, era el órgano generador aislado[22]. Por eso, encontramos en todas partes el Falo[23] o el Lingam[24], unas veces adorado únicamente con una forma monstruosa, otras, combinado con las estatuas de los dioses[25], los animales y las piedras.

Esta adoración no tenía, en su origen, ninguna idea de indecencia. Hay, en las fábulas indias, rasgos de pudor extrañamente asociados a los homenajes rendidos a representaciones que hieren nuestra mirada y nuestras costumbres. Los brahmanes de la pagoda de Perwattum cuentan que habiéndose acercado una mujer sola y desnuda al Lingam para adorarlo, salió un brazo de éste que la rechazó, se oyó una voz que le prohibió presentarse ante los dioses con esta inmodestia[26]. Pero, a medida que desaparece la simplicidad de las costumbres, el culto del Lingam y del Falo debió de escandalizar más a las ideas de pudor que exige la vida social desarrollada; por eso, fue rechazado por los pueblos cuyas instituciones, independientes de los sacerdotes, no estaban afectadas de inmovilidad; no sólo los filósofos griegos, especialmente Heráclito y Jenófanes, rechazaron siempre el culto del Falo[27], sino también la religión pública se opuso siempre a este culto y a las divinidades andróginas[28]. Adonis, hermafrodita para los sirios, sólo era un joven hermoso para los griegos[29]. No sucedió lo mismo con los misterios. El Eros andrógino[30], Misé, macho y hembra, Minerva[31], la luna[32], Baco[33], los Cabiros[34], que, como vimos antes, eran el punto de reunión de todos los dogmas sacerdotales, aparecen, en este culto secreto, con los atributos de los dos sexos. Los himnos órficos los celebran; el autor de las *Argonáuticas* los canta[35], y Platón, cuya brillante imaginación utilizaba todo para depurar todo, toma de ellos el tema de una alegoría. Pero el Falo festejado con alardes en las orgías rara vez profanó los templos públicos; los cantos de Píndaro y los coros de Sófocles nunca celebraron a este enojoso simulacro; ni el pincel de Apeles ni el cincel de Fidias lo ofrecieron nunca a la mirada de los griegos. El sacerdocio, por el contrario, combinó esta herencia de los tiempos antiguos con un principio del que hablaremos enseguida y la utilizó como arma para dominar, desde un doble punto de vista, las inclinaciones del hombre.

LIBRO XI

DEL PRINCIPIO FUNDAMENTAL
DE LAS RELIGIONES SACERDOTALES

CAPÍTULO 1

Exposición de este principio

Sólo son parciales las diferencias que vimos hasta ahora entre las dos clases de politeísmo: es tiempo de remontarse al principio, que hace de estas creencias dos sistemas totalmente opuestos. Para descubrir este principio, debemos reproducir aquí una idea ya expuesta anteriormente a nuestros lectores, pero cuyas consecuencias vamos a exponer seguidamente.

La noción de sacrificio, dijimos en nuestro primer volumen[1], es inseparable de la religión. Exenta al principio de cualquier refinamiento, esta noción lleva al hombre a compartir con sus ídolos todo lo que es necesario o agradable aquí abajo. Si, a medida que la civilización avanza, el hombre poseedor de cosas más preciosas, ofrece a sus dioses una parte de estas cosas preciosas, se basa siempre en la hipótesis de que los dioses lo necesitan realmente y que hacen uso de cuanto se les consagra, como el hombre mismo utiliza la parte que se reserva. Pero, con la civilización que podemos llamar material, se introduce una civilización moral. Las nociones sobre la naturaleza divina se modifican y se depuran: el hombre se eleva a ideas menos rudimentarias; ya no cree que los seres que adora tengan necesidades semejantes a las suyas; los ve todopoderosos; no puede, pues, ofrecerles nada en este mundo que no les pertenezca ya de hecho y de derecho. Hallan su felicidad, sus placeres y goces fuera de él y sin él[2]. Por eso, el sacrificio presenta para él un nuevo enfoque; su mérito no se basa en el valor intrínseco de las ofrendas; sólo lo es como testimonio de sumisión, de abnegación, de respeto[3].

En las religiones independientes de los sacerdotes, este modo de considerar el sacrificio sólo tiene ventajas. El hombre concluye de ello que los dioses conceden más valor a la disposición interior de quienes se acercan a sus altares que al valor y número de las víctimas. La moral se aprovecha de esta apreciación más noble y más elevada; las ceremonias pierden importancia; la virtud, la pureza de corazón, el triunfo logrado sobre las inclinaciones viciosas o las pasiones llenas de ardor se convierten en los mejores aliados para obtener la protección y los favores celestes. El politeísmo de Grecia consagrará esta doctrina en los escritores posteriores a la época homérica, sean historiadores o filósofos, prosistas o poetas.

Pero el sacerdocio posee su lógica particular, que, suplantando la del espíritu humano, sabe sacar provecho de sus errores y desviaciones. Por el hecho de que los dioses están dotados de un poder ilimitado, de una perfección sin límites, de una felicidad inalterable[4] y no necesitan a los hombres, sus ministros no infieren de ello que las ceremonias sean superfluas y que las virtudes sean suficientes. De ello deducen que, el no tener los sacrificios mérito más que en razón de lo que cuestan a los que los ofrecen, hay que ver el dolor que causan para añadir a su mérito. Éste es el principio que domina en los cultos sacerdotales, y todo espíritu ilustrado debe prever fácilmente sus consecuencias. Impone, en primer lugar, al hombre la renuncia a cuanto posee de más precioso; luego le prescribe inmolar lo más querido de sus afectos; le impone después como deber resistir con esfuerzo a sus inclinaciones más imperiosas y más legítimas; en fin, lo condena a la violación de cuanto más sagrado existe en las virtudes mismas. Entonces se suceden, por una progresión deplorable, los sacrificios humanos, la continencia exagerada que hace sufrir a la naturaleza, los ritos licenciosos que ultrajan el poder, las maceraciones, las penitencias, las mutilaciones, las torturas voluntarias, el suicidio, homenajes injuriosos prodigados por mortales en delirio a dioses a los que insultan creyendo honrarlos.

Es cierto que nunca se nos presentó ejemplo más sorprendente de las consecuencias totalmente contrarias que entraña el mismo principio, cuando es la inteligencia la que lo descubre y lo desarrolla en libertad, y cuando es una casta la que se apodera de él y lo convierte en un instrumento de poder. El sacerdocio de la Antigüedad volvió contra el hombre hasta sus progresos. Lo que hace a la religión más pura, más desinteresada, más sublime, cuando permanece libre, sirvió a los que se decían sus ministros para mancharla con lo que la ferocidad tiene de más bárbaro, el desenfreno de más escandaloso. Por muy rudimentario y elemental que sea, el politeísmo homérico es mil veces mejor que los cultos elogiados de las naciones orientales y meridionales. Dioses egoístas, orgullosos, apasionados, que exigen homenajes que halaguen su vanidad, víctimas que alegren sus sentidos, dejan la parte moral del hombre bajo su poder. Las religiones sacerdotales violan este santuario, hacen del sentimiento religioso su esclavo y su cómplice; y lo que existe

412

de más puro en este sentimiento, la necesidad de sacrificarse por lo que adora, se transforma, en manos de los sacerdotes, en una causa de delirio, de embrutecimiento y de crueldad.

CAPÍTULO 2

De los sacrificios humanos

Expusimos en nuestro segundo libro[1] las principales causas que introdujeron en todos los pueblos la horrible práctica de lo sacrificios humanos[2]; decimos en todos los pueblos, hayan sido civilizados o salvajes, antiguos o modernos, si nos referimos, entre los modernos, a aquellos en los que el cristianismo, al que debemos la abolición de estas ceremonias espantosas[3], sólo penetró mucho después de su triunfo en el Occidente y en el Oriente civilizados. Pero, como lo anunciamos en el mismo capítulo[4], estos sacrificios cayeron rápidamente en desuso en los países independientes de los sacerdotes y se perpetuaron allí donde el sacerdocio ejerció el poder[5]. Una sucinta exposición de hechos incontestables nos convencerá de esta importante verdad.

Los mexicanos inmolaban a prisioneros, mujeres, esclavos[6]. Los galos honraban de igual manera a Teutates, Taranis y su Mercurio al que llamaban Hesus[7]. Los escandinavos dedicaban a Odín a los que les entregaba el destino de las batallas[8]. Cuando celebraban la memoria de los héroes, informaban de ello a sus manes mediante mensajeros a los que asesinaban sobre sus tumbas[9]. Se echaba a suertes, y ni siquiera los reyes se libraban[10]. Los bosques germanos, en tiempos de los romanos, eran objeto de terror para los viajeros, cuyas miradas contemplaban con asombro árboles bañados de sangre y esqueletos suspendidos de las ramas[11]. Los habitantes de Sicilia aplacan, con parecidas ofrendas, a los Palicos, hijos de una ninfa y de Júpiter[12]. Diodoro nos cuenta que Amílcar, al sitiar Agrigento, inmoló, siguiendo la costumbre de los cartagineses, un niño a Saturno[13]. Aún hoy, los chinos arrojan a sus hijos a los ríos en honor del espíritu del río[14]. En Tonkín, se los envenena[15]; en Laos, se los entierra[16]. Los fenicios practicaban ritos no menos feroces[17]. Los persas, cuando invadieron Grecia, sepultaron vivos a nueve chicos y a otras nueve mujeres jóvenes; y la reina Amestris, que llegó a ser muy anciana, mandó matar a catorce vástagos de las familias más ilustres, en señal de acción de gracias a los dioses infernales[18].

Se ven en las ruinas de Persépolis figuras encadenadas preparadas para recibir el golpe mortal[19]. Los etíopes inmolaban a hombres en ho-

413

nor del sol y de la luna[20]; los egipcios, por odio a Tifón; y los bajorrelieves de sus templos representan, mediante diversos emblemas, estas prácticas crueles[21].

El placer que experimenta la divinidad por el sacrificio de una tortuga, dicen los indios, sólo dura un mes; el que recibe del sacrificio de un cocodrilo, dura tres meses; una víctima humana le causa un placer de mil años; tres víctimas humanas, un placer de cien mil años. El capítulo de sangre del Kalika Purana contiene numerosos preceptos sobre los ritos que se deben emplear[22], y las esculturas de Elefanta, cerca de Bombay, recuerdan su imagen[23].

En Arabia, la tribu de los koreichitas sacrificaba mujeres jóvenes a su divinidad, Alura, y los dumacianos, un adolescente al comienzo del año[24]. El jefe de los sarracenos, a los que los romanos pagaban como auxiliares, degolló a un rey cautivo en medio de una celebración religiosa[25]. Al mismo padre de Mahoma se le condenó a este mismo tipo de muerte, y sólo se libró de ella mediante la entrega de cien camellos[26]. En fin, para abreviar estos horrorosos detalles, digamos, en pocas palabras, que, entre los escitas, se sacrificaba a los cautivos[27]; entre los tauros, a todos los extranjeros[28]; entre los hérulos, a los ancianos[29]; entre los tracios, a vírgenes[30]; entre los frisones, numerosos niños morían al pie de los altares[31]; el sacrificador de los sármatas bebía la sangre de las víctimas[32]; y los mismos horrores eran habituales entre los bretones[33] y los españoles[34].

Volvamos ahora nuestra mirada hacia Grecia. Veremos, sin duda, en los tiempos más antiguos, que sus habitantes se entregaban, como todos los demás pueblos, a las prácticas abominables que acabamos de describir. No nos referimos ahora al sacrificio de Ifigenia, ni al de las hijas de Erecteo, por parte de su padre. Estos acontecimientos, que se remontan a la época mitológica de los anales griegos, pueden relegarse al rango de las fábulas[35]; pero es innegable que los arcadios y las tribus de Acaya inmolaban hombres sobre los altares de Júpiter[36] y de Diana[37]. En los siglos más remotos de Atenas, se inmolaba a un hombre y a una mujer en los ritos de la expiación de la ciudad[38]. En los primeros tiempos de Esparta, los lacedemonios inmolaban niños y prisioneros de guerra[39]. Esta misma suerte corrieron trescientos mesenios esclavos. Los argivos, dueños de Micenas, ofrecieron a los dioses el diezmo de sus cautivos[40]. Desgraciadamente, estos hechos son incontestables; pero también se puede demostrar que los griegos rechazaron, desde muy temprano, estas prácticas bárbaras y las aborrecieron siempre. El ascendiente obstinado de las supersticiones antiguas los obligó a estas prácticas algunas veces, en circunstancias adversas. Así, el divino Eufrantides obligó a Temístocles a verter sobre el altar de Baco Omestes[41] la sangre de tres príncipes jóvenes, parientes del rey de Persia, y que cayeron en poder de los griegos antes del combate de Salamina[42]. Pero Temístocles resistió largo tiempo a las conminaciones del profeta sanguinario y, sólo para no desmoralizar a sus soldados de forma trágica, permitió con pesar esta horrible ejecución. Los sacrificios humanos se prolongaron en Arcadia más que en otras regiones de Grecia[43]. La civilización griega rodeaba la Arcadia, pero no penetró en ella. Se conservaron varios vestigios de la religión de los primeros pelasgos. En el resto de Grecia, las divinidades que exigían en su culto sacrificios humanos eran de origen extranjero. Los ritos sangrientos de Saturno los habían traído los fenicios[44]. Vimos que Diana había tenido la figura de las divinidades sacerdotales[45]; había recorrido la tierra con una cabeza de toro[46]. Los lacedemonios, según su propio testimonio, lo habían tomado de Táuride[47], y el primer efecto de su aparición había sido un frenesí que había causado combates encarnizados e innumerables muertes. Cuantos se habían acercado a ella se habían puesto furiosos de tanto como excitaba su imaginación, que no estaba acostumbrada ni a sus formas monstruosas ni a sus escandalosas ceremonias[48].

Pausanias cuenta, con mucho detalle[49], el origen y la abolición de los sacrificios humanos en Arcadia. La tradición que atribuye su origen a los amores de Melanipo y Cometo, y la aventura de Eurípilo que fue la causa de su fin, al traer de Troya una estatua de Baco, no tienen importancia para nuestro tema. Lo que nos interesa es que cesaron casi por completo al retorno de los griegos, después del sitio de Troya, es decir, desde los primeros tiempos de su historia. El mismo Pausanias, al hablar de Licaón, que inmoló un niño a Júpiter Liceo, añade que, en la mitad de la ceremonia, este príncipe culpable se transformó en lobo[50]. Los griegos creían, pues, que sus dioses se indignaban con estos ritos bárbaros.

No es inverosímil que el octavo trabajo de Hércules, según el cual Diomedes fue devorado por las yeguas que este príncipe alimentaba con la carne de los extranjeros, sea una tradición desfigurada de la abolición de estos sacrificios.

Descansa, en realidad, en un anacronismo, ya que hace remontar a una época mucho más remota esta abolición, que Lacedemón sitúa en tiempos de Licurgo. Pero este anacronismo sólo viene a demostrar mejor el deseo que tenían los griegos de situar en una Antigüedad fabulosa ritos con los que se ruborizaban de sus antepasados[51].

Todos los sacrificios que, de cuando en cuando, se reproducen en la historia griega se explican por rencores nacionales, peligros acuciantes, en una palabra, por circunstancias que salían del orden habitual[52]. Todo viene a demostrar que no era una institución consagrada, sino, unas veces, una deplorable imitación de costumbres extranjeras y, otras, el extravío de un fanatismo súbito y momentáneo. El horror de los griegos respecto a estas costumbres es evidente en todos los relatos de sus historiadores. Heródoto censura a Menelao por haber ofrecido a los vientos contrarios dos niños egipcios[53]. Agesilao es alabado por Plutarco por haber consagrado a Diana una cierva en lugar de una virgen, aunque los habitantes proclamasen que la diosa exigía hombres y no animales[54]. Al ser amenazadores los presagios antes de la batalla de Leuctra, los adivinos de Tebas propusieron a Pelópidas que se aplacara a los dioses con víctimas humanas; pero rechazó su consejo[55]. En todos los lugares, los griegos remplazaron estas prácticas por ritos menos sanguinarios. Los hijos de Acaya acudían a las orillas de un río con ropa de víctimas y depositaban a los pies de Diana las coronas de espigas con que adornaban sus cabezas[56]. En Esparta, se azotaba a los jóvenes con varas sobre los altares de la misma diosa, que, según se decía, acostumbrada a homenajes sangrientos, quería conservar de ellos una débil imagen al menos[57].

Otras tribus de raza dórica cubrían igualmente de rojo con un poco de sangre la tumba de Pélope[58]. Baco había consentido que los tebanos sustituyeran por una cabra la víctima humana, que le ofrecían anteriormente[59], y no estaríamos lejos de reconocer una suavización de igual naturaleza en la ceremonia anual de Léucade, donde se arrojaba desde lo alto del promontorio a un hombre al que se intentaba salvar atándole unas alas para sostenerlo y disponiendo barcas para recogerlo en su caída[60].

Contemplamos entre los griegos, igual que en Roma, actos de abnegación voluntaria, que poseen una falsa analogía con los sacrificios humanos. Cuando Epiménides purifica Atenas, Cratino, el más hermoso de los jóvenes, se ofrece para redimir con su sangre las faltas de sus conciudadanos[61]; Pausanias, general de los espartanos[62], obliga a sus guerreros a permanecer inmóviles hasta que Calicratidas haya muerto. Trasíbulo ordena a los atenienses que esperen que uno de los suyos perezca antes de atacar a los treinta Tiranos[63]. A Codro lo mataron por la salvación del pueblo. Dos lacedemonios se presentan para entregarse a Jerjes, en expiación por el asesinato cometido por los griegos de los enviados de Darío[64]. En Roma, Curtio se lanza por un precipicio[65], y Decio atrae sobre sí los peligros que amenazaban a la república[66].

Pero estos actos de abnegación son efecto accidental y espontáneo de un patriotismo digno de admiración, incluso en sus desviaciones, cuando el acto heroico y voluntario de un entusiasmo se lleva al exceso, por el exceso de los peligros de la patria. No hay ahí víctimas llevadas al altar, por una costumbre regular, por un deber cuyo cumplimiento periódico formase parte del culto legal.

Por el contrario, en las Galias, sometidas al sacerdocio, estos sacrificios subsistieron siempre, a pesar de la severidad de las leyes romanas[67]. Los druidas se aprovecharon, para perpetuarlos, de la independencia que las guerras civiles otorgaban a los pueblos sometidos[68].

Esta costumbre se prolongó, entre los godos y los francos, hasta el siglo VIII[69], y lo que es más horroroso, pero constatado, los cristianos les vendían esclavos para ser inmolados[70]. Aún hoy, a pesar de los esfuerzos de los ingleses vencedores, los indios arrojan al Ganges a hombres que son devorados por los tiburones. Las familias ávidas de posteridad se comprometen a restituir a los dioses el quinto de sus hijos; y marineros europeos han visto, en los últimos años, que padres despiadados se negaban a recoger de las olas del mar a un joven que intentaba salvarse a nado[71]. De todo esto se debe concluir, a nuestro entender, que, aunque los sacrificios humanos hayan tenido otras causas que los cálculos del sacerdocio, no obstante, siempre existió en el espíritu y en el interés sacerdotal el empeño de introducir estos sacrificios allí donde no existían y de mantenerlos donde ya eran una realidad.

En primer lugar, el sacerdocio, como ya hemos podido comprobar, no renuncia a ninguna costumbre antigua. En segundo lugar, los sacerdotes a los que se les confiaba naturalmente la misión de designar a las víctimas, se hallaban investidos por ello mismo —y ya lo indicamos en otro lugar[72]— del derecho de vida y de muerte. Llegaban hasta el soberano en su trono[73], al general vencedor en medio de su ejército. Es fácil ver la ventaja que se derivaba de un derecho como éste. Lo que muestra a la vez el cálculo sacerdotal y la influencia del sacerdocio es que, de ordinario, él se pone siempre al abrigo mediante una excepción especial. «Que ningún brahmán ofrezca su propia sangre», dice el Kalika Purana. «Nunca se debe sacrificar a un brahmán o al hijo de un brahmán»[74]. Las grandes calamidades triunfan algunas veces sobre esta excepción. En tiempos de guerra, de peste o de hambre, los indios, como consecuencia del principio mismo que exponemos aquí, escogen a los brahmanes para inmolarlos, como víctimas más preciosas[75].

Las alegorías científicas y cosmogónicas que parecen, en un primer momento, majestuosas y profundas, contribuyeron, de un modo no señalado aún convenientemente, a la prolongación de los sacrificios humanos; las que se refieren a las fuerzas de la naturaleza, al poder creador o destructor, unieron, con cierta frecuencia, a estos dioses en la misma divinidad[76]. Por ello, para expresar esta combinación, el homicidio se convirtió en un símbolo. Así, el culto del Lingam, pese a la simplicidad de su origen[77], dio lugar, en todos los sitios, no sólo a la obscenidad, sino también al asesinato[78]. En las fábulas griegas, Medea, que resucita a Esón cociéndolo en una caldera, que recuerda la de los bardos bretones[79]; en los misterios, los ritos conmemorativos de la masacre de Baco y de Cadmilo[80]; en la India, la leyenda de Shiva, que despedaza a su esposa Sati, y arroja al viento sus miembros desgarrados, son la ofrenda de la vida al poder misterioso que crea la vida y la muerte. Es el renacimiento por el sacrificio.

Otro dogma que pudo motivar estos terribles ritos fue el de la caída primitiva[81]. ¿Qué hay más simple, cuando se concibe al hombre culpable antes de su nacimiento, que ofrecer a la divinidad vengadora a este culpable como expiación[82]?

Algunas veces, una simple analogía en las palabras o un deseo de imitación deplorable, tuvieron efectos igualmente funestos; Hércules, representante del año, devoraba a sus hijos, los meses y los días. Los cartagineses y los tirios le ofrecieron los suyos en holocausto.

Pero el principio, que señalamos antes como esencial a las religiones sacerdotales, debió de favorecer, más que ninguna otra causa, la prolongación de estos ritos. Este principio, en casi todas las naciones, llevaba al altar a los hijos de padres piadosamente crueles. Cuanto más se desgarraba el corazón paterno, más valor tenía la ofrenda. Haquin, rey de Noruega[83], y Dag[84], el undécimo sucesor de Odín, inmolaron a sus hijos. Auno el Viejo[85] entregó a nueve de los suyos al cuchillo sagrado para que se alargara su vida[86].

Una prueba evidente de la importancia que el sacerdocio dio a estas prácticas es que las asociaba siempre al conocimiento del futuro. Los druidas juzgaban las cosas futuras, tanto por la caída de las víctimas, como por las palpitaciones de sus miembros y el goteo de su sangre[87]. Los peruanos multiplicaban su número hasta que los presagios les fuesen favorables[88]. Los cimbros los disecaban para leer en sus entrañas[89]. Los lusitanos los hollaban para provocar convulsiones proféticas[90]. Los escitas vertían su sangre sobre una espada, y se conocía el futuro según corriese esta sangre[91]. La agonía tenía, de este modo, su significación misteriosa, y la curiosidad se tornaba feroz y se protegía contra la naturaleza[92].

No negaremos que, en todos los países, los sacrificios humanos tienden a suavizarse[93]; ningún poder resiste con éxito completo al progreso necesario del espíritu humano. El interés y la piedad se unen contra una costumbre bárbara, e incluso en las religiones sacerdotales, caen gradualmente en desuso. Ya en tiempo de la conquista de América, los peruanos habían renunciado a ella[94]. Se contentaban con sacar de la frente de los niños un poco de sangre, que vertían sobre harina, con la que hacían pasteles que distribuían con solemnidad entre el pueblo. Los sirios habían sustituido por una cierva a la virgen que antes inmolaban[95]. La tradición de los guebros refiere que los persas ofrecían sus hijos al fuego sagrado; esta ceremonia era un recuerdo de las víctimas quemadas en honor de los dioses[96]. El rey de Egipto, Amosis, mandó arrojar a una hoguera simulacros de cera[97].

Los egipcios han conservado la costumbre de entregar al Nilo la imagen de una virgen el día en que se abre el dique para facilitar la inundación[98]. La mayoría de los reformadores de la religión india desaprueban los sacrificios humanos[99]. En el *Ramayana*, Omburischa quiere ofrecer uno: Indra salva a la víctima[100]. Los brahmanes se sirven de figuras de pasta y, proceden, por lo demás, a la ceremonia como si inmolasen a seres vivos[101].

De este modo, el poder sacerdotal se doblega, a su pesar, ante la labor de la naturaleza y del tiempo; pero no sin oponer a estos dos adversarios una resistencia obstinada, y no sin lograr sobre ellos frecuentes victorias. En vano un rey de México[102] prohíbe los sacrificios humanos; se le obliga a restablecerlos, y sólo consigue limitarlos a los prisioneros de guerra. En vano los pueblos piden a Centéotl[103] que los libre de estos ritos crueles. La diosa promete, pero los sacerdotes aplazan el cumplimiento de sus promesas. A pesar de las leyes de Amosis, los egipcios ofrecieron durante mucho tiempo hombres como víctimas. A pesar de los reformadores indios, y a pesar de la autoridad de las encarnaciones, el Ganges se traga aún hoy a numerosos niños y mujeres; y el sacerdocio se aprovecha de todas las situaciones para protestar contra las invocaciones que lo irritan y para restablecer, con una pompa triunfal, los ritos de la Antigüedad. La relajación sólo es momentánea. En cuanto los pueblos, bastante desgraciados por estar sometidos al dominio de los sacerdotes, experimentan algún revés o son amedrentados por algún fenómeno extraordinario, la negligencia parece un intento criminal para escamotear a los dioses lo que se les debe, y el hombre abjura, entre remordimientos, un respeto impío por la vida del hombre, el padre, una piedad sacrílega por los días de sus hijos[104].

Los sacrificios funerarios que parecen de la misma naturaleza que los sacrificios humanos desaparecieron gradualmente entre los griegos. No sería serio mostrar algunos hechos dispersos para inferir de ellos la existencia de un uso permanente. Cuando Aquiles apuñala, sobre la hoguera de Patroclo, a doce prisioneros troyanos[105], la religión ni motiva ni justifica esta barbarie, y el horror que experimenta el poeta al narrarla demuestra que no era conforme ni con las opiniones ni con las costumbres nacionales.

Virgilio, cuyas descripciones de ritos religiosos están tomadas de Homero, salvo las inexactitudes introducidas por la filosofía contemporánea o por el deseo de crear un efecto, Virgilio, decimos, presenta a los troyanos, a los que atribuye siempre las costumbres griegas, quemando, en la hoguera de Miseno, sus vestidos, su trompeta y sus armas; la idea de sacrificios sangrientos no está en la mente del poeta[106]. En el libro de la *Eneida*[107] habla de los cautivos que su héroe quiere inmolar a los manes del hijo de Evandro, pero es una imitación de Homero. Y el imitador no dice que el sacrificio se haya realizado.

El sacerdocio se opone también a este efecto de progreso de las ideas. Bajo su mandato, la ferocidad del hombre salvaje, la superstición del hombre ignorante recorren las épocas de civilización: le invade la inquietud, pero no logra liberarse de esa situación. Entre los escandinavos, no sólo las riquezas de los príncipes eran consumidas con las armas que les habían servido para conquistarlas, sino que se masacraba a sus esclavos y se enterraba o quemaba a sus mujeres con ellos[108]. Las de los caciques de Santo Domingo corrían la misma suerte, ya por una resignación voluntaria, ya por coacción ejercida sobre ellas para reducirlas a la obediencia[109]. En Persia y en Etiopía, los cortesanos revestidos de ciertas dignidades debían morir con el monarca[110]. En México y en Perú, los hermanos del rey morían con él, y, a pesar de la excepción introducida de ordinario por los sacerdotes en su propio favor, se enterraba con él al que presidía el culto privado del príncipe[111]. También se enterraba con el rey de los escitas a su concubina, su copero, su cocinero, su ministro, sus jinetes, los caballos, y, al finalizar el año, a cincuenta de los servidores estrangulados se los colocaba a caballo alrededor de su sepultura[112]. Los eftalitos encerraban a cierto número de guerreros en las tumbas de sus generales muertos en el combate[113]. Los japoneses, que conservan cuidadosamente las formas de una religión sacerdotal, cuyo fondo ha desaparecido, sepultaban soldados y esclavos con los jefes del ejército y de la corte[114]. Entre los galos, existía la costumbre que obligaba a las mujeres a morir con sus maridos, pues César nos dice que, en su tiempo, apenas se había abolido[115]; subsistía entre los hérulos[116], y la encontramos en la India[117].

Las dos mujeres del indio Cetes, oficial del ejército de Eumenes, después de la muerte de Alejandro, fueron presa de las llamas[118]. Esta práctica desafía las leyes europeas en Benarés y en Bombay[119]; y son los brahmanes quienes llevan a la hoguera a las desdichadas víctimas, unas veces embriagándolas con perfumes y licores espiritosos y atormentándolas con música ruidosa, y otras, persiguiéndolas con la idea del oprobio e, incluso, con el uso de la violencia para consumar el horrible sacrificio; y si la viuda se retracta cuando la ceremonia ha comenzado, se permiten usar la fuerza para obligarla a concluirla[120].

CAPÍTULO 3

De las privaciones contra natura

Ya señalamos a nuestros lectores[1] cuanto hay de misterioso en el sentimiento de pudor o de vergüenza inherente a la unión de los sexos; indicamos la transición natural por la que este sentimiento inexplicable pudo sugerir al hombre la idea de algo criminal en los goces de los que se ruborizaba. Incluso hoy que la religión y la sociedad han santificado la reproducción de los seres mediante formas solemnes, todavía la acompaña cierta idea de mancha. Creemos que la esposa que sale de los brazos de su esposo perdió algo de su pureza, cuando nuestra imaginación quiere seguirla en los besos que ella debió de recibir, y es necesaria la maternidad para devolverle esa pureza desde otro punto de vista. No es, pues, extraño que el politeísmo sacerdotal, impregnado de la idea del sacrificio, se haya apoyado en el pudor para exigir al hombre la renuncia a los placeres de los sentidos.

El politeísmo independiente sancionó a veces estas conminaciones rigurosas. En Grecia, se obligaba a una continencia más o menos larga a la mayoría de las sacerdotisas de Hércules, de Minerva, de Diana y de Ceres[2]. Pero los griegos suavizaban, de ordinario, las privaciones prescritas por la religión, asignándole un término o imponiéndolas sólo en una época en que la edad mitiga la necesidad de los sentidos. Sólo las sacerdotisas de Hércules, en Tespis, estaban sometidas a una virginidad perpetua[3].

El politeísmo sacerdotal consagra estas privaciones con más severidad[4]. En cada pagoda, en la India, hay un gran sacerdote al que se le prohíbe el matrimonio[5]. Los *yogis* y los *saniasis* hacen voto de continencia[6], y los monjes del Tíbet y de Siam, cuando llegan a los rangos superiores de su jerarquía, adquieren el mismo compromiso; su infracción acarrea la muerte[7]. Los sacerdotes de la diosa Centéotl, en México, estaban obligados al celibato; y a los japoneses, en sus peregrinajes, se les obliga a abstenerse de los placeres del amor, incluso con sus esposas legítimas. El mismo artificio que, para reconciliar al hombre en los sacrificios humanos, hacía depender de estos sacrificios el conocimiento del futuro, vinculaba a la castidad este mismo conocimiento. Era, desde los tiempos más remotos, una condición indispensable para la adivinación, entre ciertos gimnosofistas, y las *semnai* que observaban los astros y las cosas futuras, eran vírgenes sagradas. Las provincias peruanas enviaban a la corte chicas jóvenes, de las que algunas eran inmoladas y las demás consagradas a la virginidad[8]. Son conocidos los terribles castigos que les esperaban si no eran inaccesibles a la seducción. El fuego las consumía vivas o se abría la tierra para tragarlas. La misma suerte amenazaba a las trescientas vírgenes de Carangua[9].

La religión persa parece constituir una excepción. El Zend Avesta prohíbe expresamente los ayunos, las privaciones y, sobre todo, la abstinencia de los placeres del amor. Sin embargo, algunos pasajes del Bundehesch presentan la unión de los sexos como la primera causa de la caída del hombre y de la depravación de su naturaleza[10]. Esta contradicción sólo puede explicarse por los vestigios de una religión más antigua que la de Zoroastro, y que este reformador no logró suprimir totalmente[11].

Como el principio que conduce al hombre a esta exageración no se puede limitar, los fieles se dieron cuenta enseguida de que sus privaciones no eran lo suficientemente duras. Provocaron sus sentidos, para que la resistencia fuera más meritoria. Buscaron las tentaciones para que sus dioses se mostraran más agradecidos por combatirlas. Los faquires de la India, místicos obscenos, se enorgullecen, en medio de las caricias de mujeres devotamente impúdicas, de mantenerse, no sólo continentes, sino también impasibles[12]. ¡Y quién lo creería! El cristianismo desfigurado resucitó, en la Edad Media, estas vergonzosas y ridículas pruebas[13]. «En el Mediodía de Europa», dice el señor de Montesquieu[14], «donde, por la naturaleza del clima, la ley del celibato es más difícil de cumplir, se mantuvo esta ley. En el Norte, donde las pasiones son menos ardientes, se la proscribió». Es que la renuncia a los placeres de los sentidos sólo pareció un mérito allí donde era un dolor; y es tan cierto que las religiones sacerdotales recomendaban la continencia como un sacrificio, como una victoria sobre la naturaleza, más que desde un punto de vista de su valor intrínseco, que, en las mismas regiones, la esterilidad era una maldición, una vergüenza[15]. Pero privarse de lo que se desea y despreciar sus inclinaciones es un acto meritorio de abnegación y de piedad.

CAPÍTULO 4

De los ritos licenciosos

Nuestras observaciones sobre el deber de la renuncia a los placeres de los sentidos, y sobre las privaciones contra natura impuestas por las religiones sacerdotales a las naciones que las profesan, son aplicables a ritos de un género totalmente opuesto. Nos referimos a los ritos licenciosos, practicados en el Mediodía, en Oriente, y que han llegado algunas veces hasta el Occidente y el Norte. Estos ritos se remontan al estado salvaje; desaparecen con el politeísmo independiente y se perpetúan bajo el dominio de los sacerdotes.

En Egipto, las mujeres danzan lascivamente alrededor del toro, divinidad de Licópolis[1]. Se ha negado, sin fundamento, la prostitución religiosa de las babilonias[2]; se ven huellas de esta costumbre en Lidia[3], en Fenicia[4] y en Cartago[5]. Los profetas judíos se quejan frecuentemente de que los sacerdotes de los falsos dioses seducían a los israelitas mediante prácticas impúdicas[6]. Ezequiel se levanta contra la fabricación del Falo y reprocha a los judíos por tributar a este simulacro los homenajes debidos a Yahvé[7]. En efecto, lo vemos erigido con gran pompa en el templo de Yahvé mismo[8]. Durante la apostasía de Osías, rey de Judá, se introdujo el culto de Príapo en el reino. Josías destruyó las cabañas de los afeminados que estaban en la casa del Señor, y estos afeminados no eran más que sacerdotes idólatras, que celebraban ritos obscenos[9]. Ceremonias parecidas manchaban la religión de México[10]. Entre las fiestas a las que da lugar, en el *Ramayana*[11], la recepción de Buruta, figuran, en primer lugar, danzas cortesanas. Jóvenes indias danzan también, con el pecho descubierto, delante de las pagodas[12]. Las recién casadas ofrecen a estas repelentes imágenes las primicias de su virginidad que pronto perderán; y es digno de observar que esta práctica corre pareja en todo con la que los romanos adoptaron cuando mezclaron todos los politeísmos. En el culto de Kali, van juntos los sacrificios humanos, los goces ilícitos[13] y los cantos obscenos.

El rigor de los climas del Norte no preservó a sus habitantes de los excesos vergonzosos de una superstición refinada. Los escandinavos, en la fiesta de Thor, en la noche más larga del año, se entregaban, dicen varias sagas, a excesos de todo tipo y las jóvenes sacerdotisas de Frey estaban al servicio de los placeres del dios o de sus ministros[14].

En este sentido, como en cuanto se refiere a los sacrificios humanos y a las privaciones contra natura, la religión de los persas parece merecer menos reproches que las demás. Sin embargo, el día de la fiesta de Mitra, el monarca persa tenía la libertad o el deber de embriagarse y danzar públicamente una danza nacional[15], cosa que podría ser un resto de algunos ritos groseros o licenciosos, abolidos por la reforma de Zoroastro, permitiendo excepcional y pasajeramente las costumbres anteriores[16].

Lo mismo que los sacrificios humanos, también las fiestas impúdicas tenían sus explicaciones científicas. La fábula de Atis, los amores de Cibeles, la desaparición de su amante mutilado, las orgías celebradas por los fieles que lo buscan y las indecencias que caracterizan su alegría frenética cuando lo encuentran, todas estas cosas tienen relación con la astronomía[17].

Los ritos obscenos, igual que los sangrientos, tienden a caer en desuso. Las sectas indias que rinden homenaje a los órganos generadores se dividen en dos ramas: una admite las prácticas impúdicas; la otra las rechaza[18]; la opinión rechaza la primera. Pero el sacerdocio resiste, y al más estricto de los reformadores, Krishna, se le honra aún hoy con ceremonias indecentes que él mismo intentó desterrar[19].

Nada parecido observamos en las religiones independientes de los sacerdotes, tal como se profesan públicamente. Había, sin duda, en Grecia fiestas en las que algunas mujeres aparecían desnudas; pero estas mujeres no eran más que cortesanas[20], mientras que los ritos licenciosos de las religiones sacerdotales obligaban a la indecencia o a la impudicia a las mujeres de cualquier condición.

Las chicas de Esparta bailaban desnudas con los jóvenes; pero, aunque estemos muy lejos de admirar las leyes de Licurgo, mitad monacales y mitad salvajes, no podemos encontrar afinidad alguna entre estas leyes y los ritos de Egipto o de Siria.

Las prácticas licenciosas introducidas en Grecia se vinculaban con dioses extranjeros[21]. En los mismos misterios, las mujeres griegas, al adorar al Falo, no se prostituyeron nunca como las de Ecbatana o las de Heliópolis. Diagondas había prohibido en Tebas las fiestas obscenas, y, para lograrlo, había proscrito los ritos nocturnos[22]. Aristófanes propone, en una de sus comedias, expulsar a los dioses que prescriben semejantes prácticas. Veremos que lo mismo ocurrió en Roma, durante el período de la pureza del politeísmo romano[23]. Esta diferencia entre las dos clases de politeísmo sólo puede explicarse por el principio cuyas aplicaciones y consecuencias explicamos aquí. El sacerdocio había prescrito la castidad, sacrificio de la naturaleza. Impuso la indecencia, sacrificio del pudor[24].

CAPÍTULO 5

De la santidad del dolor

Al comienzo del capítulo dedicado al principio dominante de las religiones sacerdotales, dijimos que el hombre, cuando partía de este principio, no podía detenerse. No le satisface ninguno de los numerosos y variados sacrificios que se prescribe; cree que no se destroza su corazón suficientemente por la pérdida de lo que tiene de más querido. Piensa que sus sentidos sólo se ven afectados de un modo incompleto por la privación de los placeres más intensos. No cree haber hecho bastante al abjurar, en los templos de los dioses, de la pureza misma, ante la cual impuso silencio a las más imperiosas de sus inclinaciones. Necesita dolores positivos, visibles, que no puedan ser igualados, que no dejen ninguna duda sobre sus intenciones. Por tanto, la tendencia a las maceraciones está en el corazón del hombre[1]. Hasta se podría afirmar que tiene su origen en una idea verdadera. El hombre mejora mediante el dolor. Precisamente, como un principio de actividad o medio de perfeccionamiento, nos lo prodiga la Providencia, con una abundancia tal que cualquier otro sistema lo consideraría como una crueldad inexcusable y gratuita. El dolor despierta en nosotros, no sólo cuanto hay de noble en nuestra naturaleza, el valor, sino también cuanto hay de tierno, la simpatía, la piedad. Nos enseña a luchar por nosotros, a pensar en los otros. Advertido por el instinto que le revela tantas verdades que la lógica no podría ni adivinar, el sentimiento religioso busca algunas veces el dolor para fortalecer con él su pureza o su fuerza. Pero el sacerdocio se apodera de este movimiento y le imprime una dirección falsa y deplorable.

En todos los cultos sacerdotales, los ministros y aquellos seguidores de estos cultos que quieren elevarse al más alto grado de perfección se condenan a ayunos, a maceraciones y suplicios que nos inspiran una sorpresa próxima a la duda. Unos se desgarran los brazos a cuchilladas; otros azotan sus cuerpos[2] o colocan en su pecho una mecha ardiendo. Otros, igualmente, se mutilan, creyendo complacer a los dioses, dejando de ser hombres; unas veces, caminan, con los pies desnudos sobre carbones ardiendo[3]; y otras, arrastran enormes pesos, que hacen roblar alrededor de su cuello para evitar la tentación de desatarlos.

Otras veces, mantienen sus brazos levantados hacia arriba mientras esperan que una mano devota lleve los alimentos a su boca, o reciben inmóviles sobre sus cabezas sin cubrir las aguas del cielo y la escarcha del invierno[4].

Como consecuencia del mismo principio, se admiraba también, no hace cien años, a san Simeón Estilita, en lo alto de su columna, a san Francisco de Asís, estrechando en sus brazos estatuas de nieve y a tantos otros cuyo único mérito consistía en haber buscado el dolor[5]; y las cartas de nuestros misioneros de China y del Japón manifiestan la misma avidez de sufrimiento[6].

De esta santidad vinculada al dolor surge, con bastante naturalidad, la idea de una eficacia misteriosa en los tormentos que el hombre se inflige. De ahí el poder prodigioso de la austeridad entre los indios. De ahí esos epítetos sobre los que ya llamamos la atención de nuestros lectores y que vuelven sin cesar en plegarias y en los poemas sagrados de la India: «Fuertes por el sufrimiento, ricos en austeridad»; y esta austeridad, en efecto, es una riqueza, pues es el arsenal del que el mortal saca las armas para luchar contra los dioses inmortales. Por su austeridad, Dasaratha obliga al cielo a que le dé hijos[7]. Ravana, héroe, genio o encarnación rebelde, consigue, con su austeridad, que Brahma lo haga invulnerable[8]. Las maceraciones de Gutama lo igualan con los dioses, a los que disputa la victoria[9]. Vasishtha, célebre penitente del *Ramayana*, coloca la austeridad entre los medios de combatir y aniquilar a los enemigos[10]. Pero la menor relajación, la menor debilidad hacia el placer quita el mérito de las mortificaciones. Visvamitra, seducido por una mujer enviada por los dioses, pierde el fruto de mil años de renuncias[11].

Vuelve a ellas, y los dioses, subyugados, le dicen: Tus renuncias fueron ilimitadas; tu energía será inconmensurable[12].

Algunas veces, los ritos licenciosos se combinan con las maceraciones y las penitencias: las mismas indias jóvenes que danzan semidesnudas delante de las pagodas, se infligen sufrimientos crueles y refinados[13]. Los sacerdotes de Cibeles, que se mutilaban, se entregaban con las mujeres a impurezas que su impotencia hacía más horribles[14], y este doble triunfo sobre el sufrimiento, por una parte, y de la vergüenza, por otra, les granjeaba el respeto de la multitud.

Este refinamiento en las torturas llega a menudo hasta el suicidio. Era habitual, entre los brahmanes, arrojarse a las llamas[15]. Sudraka, príncipe y poeta, autor del drama de Mrichha-Katika, se quemó en una hoguera a los cien años, como lo describe el prólogo de su obra; y los brahmanes modernos, aprovechando la abolición de esta costumbre, dicen que sólo cayó en desuso en el Kaliyuga, época de la corrupción y de la impiedad. Los devotos de Arrakhan actúan de igual manera. Los adoradores de Amida se hacen aplastar bajo las ruedas de su carro; y, en nuestros días, dos marineros ingleses fueron testigos del delirio religioso de treinta y nueve indios que se arrojaron juntos al Ganges[16].

La idea que, como vimos, fue una de las causas de los sacrificios humanos, la suposición de una caída primitiva, contribuyó, sin duda, poderosamente a este mérito vinculado al dolor[17]. Todos los afectos[18], todos los vínculos terrestres parecieron una consecuencia de la degradación sufrida por la raza humana. Los deseos por las cosas de este mundo, dice el Neadirsen, son una ofensa a Dios; hay que domeñarlos mediante las mortificaciones y la penitencia.

La noción de la división en dos sustancias pudo fortalecer también la inclinación del hombre a las maceraciones. En este sistema, la materia es el enemigo y, por así decirlo, el tirano del espíritu, prisionero de su tupida envoltura. Hay que vencer a este enemigo, destronar a este tirano. Cuanto lo hace sufrir o lo debilita, los ayunos, las abstinencias, la resistencia a las necesidades o a los atractivos de los sentidos, las torturas voluntarias, son triunfos que liberan de sus groseras ataduras la sustancia espiritual; y el espíritu puro, entregado a su libertad, se eleva hasta Dios para confundirse y perderse en él.

Los refinamientos de la crueldad que observamos en los sacrificios humanos en ciertos pueblos se deben al dogma de la santidad del dolor. Los mexicanos unas veces arrastraban a las víctimas por los cabellos hasta la cima de la pirámide sobre la que iban a morir; otras, las degollaban vivas, y los sacerdotes se vestían con su piel llena de sangre; otras, las arrojaban a una hoguera ardiendo, para luego sacarlas de allí mediante garfios, aún vivas, y las degollaban sobre el altar.

Observemos, sin embargo, que, para grabarse profundamente en la religión la idea de la santidad del dolor, ésta necesitó siempre la ayuda del clima. Sería un error confundir con las maceraciones y los tormentos espontáneos de las naciones meridionales los suicidios frecuentes del Norte. Estos suicidios tenían su origen en las costumbres guerreras, según las cuales una muerte violenta era la única honrosa; por eso, los héroes impacientes se indignaban de una vejez degradada, lenta y progresiva[19].

El señor de Montesquieu, del que citamos anteriormente una observación sobre el mérito de la continencia, nos presenta otra no menos justa sobre la contradicción que parece existir entre la molicie del Mediodía y el modo como sus habitantes corren hacia la muerte, cómo la arrostran y se enfrentan a ella. Pero sólo vio una de las causas de esta contradicción, y una de sus causas secundarias. La principal es la religión que transforma el placer en crimen, y el sufrimiento, en mérito. El temor al placer se convierte en furor en los climas que incitan imperiosamente a los hombres a los goces físicos. Como los sentidos atormentados, más que sometidos, por las maceraciones y las abstinencias, retoman continuamente su mando, las conciencias timoratas se aterrorizan de encontrar en todos los lugares ese placer del que huyen, y, para mejor combatir este adversario obstinado, acumulan rigor sobre rigor y suplicio tras suplicio. Son las personas más propicias para los afectos ardientes, las más prestas a la voluptuosidad, las que se entregan a la austeridad más rebuscada y parecen fascinadas por el amor del dolor. Cansadas de una lucha siempre inútil, hacen del exceso del sufrimiento una muralla contra su debilidad y las seducciones de la naturaleza.

Los griegos rechazaron siempre de su religión pública las maceraciones y los ritos licenciosos. A los filósofos, hasta el siglo II de nuestra era, alimentados en las letras griegas, les costaba tanto explicarse la vida austera de los solitarios de la Tebaida y las cadenas de hierro con que se cargaban que los creían trastornados, castigados por haber abandonado el culto de los dioses[20].

Que no se nos diga que estos mismos filósofos, los estoicos, los nuevos pitagóricos y los platónicos de Alejandría imponían dolores y renuncias a sus discípulos[21]. Esto pudo ocurrir en Pitágoras, quien, se dice, fue obligado a someterse a tormentos de todo tipo para conseguir el acceso al conocimiento de la doctrina secreta de los sacerdotes de Egipto y a alguna imitación de sus prácticas; pero su escuela los consideraba como pruebas del valor y de la discreción de los recipiendarios, sin relación con cualquier mérito religioso. Los estoicos querían demostrar así que el dolor no era un mal; y, en cuanto a los platónicos, auxiliares semivencidos de una religión en la que introducían extravagancias extranjeras, creyendo hacerla más fuerte contra rivales a los que parodiaban, no se los puede consultar válidamente sobre el espíritu verdadero de una religión que sus esfuerzos tendían a desnaturalizar.

CAPÍTULO 6

De algunos dogmas que pudieron introducirse en las religiones
sacerdotales, como consecuencia de los que acabamos de señalar

Antes de concluir este libro, debemos relatar algunos efectos singulares de una disposición que observamos a menudo en el hombre civilizado o salvaje: nos referimos a su inclinación a atribuir a sus dioses sus propensiones, sus sentimientos e incluso sus aventuras. Esta inclinación pareció evidente en todas las religiones sometidas a los sacerdotes, en las que introdujo los dogmas más extraños. Así, los egipcios creían que Apis había nacido de una becerra fecundada por el sol[1]. Los escitas atribuían su origen a una virgen que da a luz prodigiosamente a un niño al que llamaban Escita[2]. Una virgen era madre de Tagés[3]. Los chinos, cuyas tradiciones se basan claramente en antiguos dogmas sacerdotales, dicen que Fo-Hi nació de forma milagrosa, ya que no tuvo padre. Xaca, en una de sus apariciones, en el Tíbet[4], y Mexitli y Vitzlipuzli, en México, tuvieron su origen en el seno de una joven ajena a los misterios de himeneo. Los Aslomis, Dioscuros indios, quienes, dotados de una belleza como de una eterna juventud, recorren a caballo el globo, sanando los males del cuerpo y del alma, nacieron de una yegua fecundada por los rayos del astro del día. Sita, la esposa de Rama, tuvo como cuna un surco[5]; y la encarnación más gloriosa de Vishnú es aquella en la que, con el nombre de Krishna, vio el día sin que su madre hubiese sentido las caricias de un hombre[6].

¿No podría provenir esta idea de la importancia que los pueblos sacerdotales daban a la santidad de las abstinencias y de las privaciones contra natura? El germen se halla, sin duda, en el corazón humano. Lo vimos en el salvaje; pero los sacerdotes desarrollaron este germen; hicieron de él un dogma que insertaron en sus relatos mitológicos. Se reprobó la unión de los sexos, tanto en los cielos como en la tierra; y la divinidad, incluso encarnándose, no quiso que su nacimiento se debiera a una acto impuro[7].

No se debe olvidar que el deseo de evitar a los dioses las manchas de un nacimiento mortal arrojó algunas veces a los sacerdotes a ficciones más indecentes que la noción vulgar que se proponían evitar. La hermosa Amogha queda embarazada de Brahma por medios que no podemos describir, y la oreja virginal de la joven Andani le sirve para concebir, de una manera tan obscena como extraña, al hijo de Shiva, Hanuman, el sátiro de los indios y el auxiliar activo e inteligente de los dioses en sus guerras.

Lo que confirmaría la conjetura que aventuramos es el hecho de que ninguna noción semejante aparece en los griegos, en la época en que la mitología se convierte en un sistema regular. Si Hesíodo o Nonno nos transmiten algunas fábulas del género que acabamos de tomar de la India, éstas son anteriores al reino de Júpiter, o sólo narran las aventuras de su juventud. Este dios quiere violentar a Venus, y su ardor frustrado por la resistencia de la diosa fecunda una piedra que da a luz a un hijo al cabo de diez meses[8]. Este mito se remonta, pues, al período cosmogónico que, como demostramos repetidas veces, es ajeno a Grecia. Minerva nace de la cabeza de Júpiter, vestida con una armadura, y Vulcano es fruto de la furia solitaria de Juno contra un esposo infiel. Pero explicamos antes cómo se habían introducido en la mitología griega estas dos fábulas, de las que la primera se refiere a la Onga fenicia, y la segunda al Ptah egipcio[9]. Como máximo podría parecer que el orgullo que muestra Diana en permanecer virgen y su rigor hacia sus compañeros más frágiles se asemejan a la severidad sacerdotal; pero este mito, tomado de Herta, no tuvo nunca influencia sobre la religión, y terminó incluso siendo para los poetas un tema de burla, tan escasa analogía tenía con los dogmas recibidos y respetados por el pueblo.

Los sacerdotes quisieron que sus dioses se conformasen con las nociones de los hombres, no sólo en lo que respecta a la virginidad y nacimientos divinos, sin la intervención de la unión de los sexos; lo mismo aconteció con los sacrificios humanos y con el valor misterioso dado al sufrimiento. El adorador, considerando la ofrenda tanto más eficaz cuanto más precioso fuese el objeto ofrecido, prefirió, primeramente, los animales a las plantas, luego, sus semejantes a los animales y, finalmente, los dioses a sus semejantes. De ellos se deduce que varias naciones creyeron que sus dioses se habían inmolado en sus propios altares.

Esta idea, tal como se presenta en los cultos de Egipto, de Fenicia y de la India (pues no tiene relación alguna con un dogma que debemos respetar como un objeto de veneración para varias comunidades cristianas), llevaba a la suposición de que los dioses mismos no están libres de la muerte[10], suposición que el politeísmo independiente se apresura a relegar a tradiciones oscuras; y las alegorías cosmogónicas estaba a su favor.

En las cosmogonías indias, fundadas en el panteísmo, la creación es un sacrificio. Sólo se sacrifica el dios que existe, dividiéndose violentamente y produciendo el mundo de su esencia[11].

Tal es una de las significaciones de la leyenda de Baco despedazado por los Titanes; de Osiris, cuyos miembros son esparcidos por todo el universo; de Mitra degollado por sus hermanos, con el nombre de Iresch[12]; Chenrezy, en el Tíbet, se rompe igualmente la cabeza contra una roca para crear el mundo.

Otras veces, imitando las costumbres de sus adoradores más escrupulosos aún, los dioses sacrifican lo que tienen de más querido, sus hijos, raza divina como ellos[13].

Esta noción de un sacrificio divino había dado lugar, en los mexicanos, a una extraña costumbre. En una de sus fiestas más solemnes, los sacerdotes golpeaban el corazón del dios que sus homenajes habían honrado y distribuían entre los asistentes este corazón troceado, alimento místico que les proporcionaba la protección del cielo[14].

A esta ficción de la muerte de los dioses se une el mérito del dolor voluntario. Sommonacodom desciende a los infiernos para sufrir allí durante quinientas generaciones sucesivas[15]. Esmun y Atis se mutilan[16]; Vishnú, en su cuarta encarnación, se macera retirado en un desierto[17]. Dite, su esposa, se entrega a terribles penitencias durante mil años. Es el dolor divino, la penitencia de Dios, la *tapasya*, como dicen los Vedas, la que creó el mundo; este mismo dolor es necesario para salvarlo. Los indios supusieron siempre que la naturaleza divina formaba parte de los sacrificios como realidad sufriente[18]. Sus dioses, al inmolarse, expiran en una larga y cruel agonía. El principio que comprometía a los adoradores a tantas maceraciones que nos hacen estremecer los llevaba a figurarse objetos de su adoración, imponiéndose, según su esencia más sublime, penitencias aún más sorprendentes y dolorosas. Pero, como a la inteligencia, incluso en momentos de extravío, le gusta relacionar sus ideas entre sí y darles una especie de unidad, la hipótesis de la caída es, de ordinario, el nudo de esta especie de trama. Los dioses prestan, mediante sus sufrimientos, una asistencia sobrenatural a la especie humana degradada. El dios mediador restablece la comunicación interrumpida. La purificación del hombre se realiza por los tormentos del dios que realiza la expiación[19]. La necesidad de semejante expiación se trasmitió de siglo en siglo y penetró en el cristianismo para mantenerse hasta nuestros días[20]. «La fe nos enseña», dicen los autores más modernos, «que, para borrar el pecado inherente a la naturaleza del hombre, se necesita una víctima teándrica, es decir, divina y humana al tiempo. Es posible que los inventores de los sacrificios humanos en las naciones idólatras hubieran aprendido esta verdad por alguna vaga tradición, y que los ritos que tanto nos irritan sólo fueron un intento por encontrar la víctima destinada a liberar al género humano mediante su muerte»[21].

Nada parecido ocurre en las religiones independientes. Si los dioses de Homero están expuestos al sufrimiento, se debe a su naturaleza imperfecta y limitada. Su dolor no tiene nada de misterioso y nada aprovecha a la raza mortal.

CAPÍTULO 7

Demostración de las afirmaciones anteriores, sacadas
de la composición del politeísmo de la antigua Roma

La composición del politeísmo de la antigua Roma presenta la demostración más completa de las afirmaciones contenidas en los capítulos que acabamos de leer. Vemos, en los romanos, durante los tres siglos en los que su creencia se fue formando gradualmente, la lucha evidente del espíritu sacerdotal contra el espíritu griego, es decir, contra el espíritu independiente de la dirección sacerdotal.

En el momento de la fundación de Roma, a Etruria[1], que mantenía bajo su yugo a varias poblaciones de la antigua Italia y que ejercía sobre todas gran autoridad, no la gobernaba ni un monarca, ni una asamblea del pueblo, ni un senado. Obedecía a una casta opresora, como la casta sacerdotal de Egipto[2]; y era, sin duda, una casta de la misma naturaleza, de modo que, hasta el tiempo de Cicerón, se enviaba a los nobles jóvenes de Roma para que recibieran instrucción cerca de ella en la ciencia sagrada de la adivinación[3].

No tenemos que examinar si esta división en castas era indígena de Etruria, región cuyo clima[4] favorecía al poder sacerdotal, o si provenía del Mediodía, quizá del propio Egipto, con la cual las había puesto en contacto muy pronto la marina mercantil de los etruscos. Un hecho incontestable es que los colegios de sacerdotes estaban extendidos por toda Italia[5] y que su poder era ilimitado. Les estaba reservado el estudio de la astronomía[6], de la medicina[7]. Eran los únicos historiadores de Etruria[8]. Les estaba confiada, en exclusiva, la educación de la juventud[9]. La adoración de los astros y de los elementos constituía, como ya hemos demostrado, la antigua religión latina o etrusca[10]. Los habitantes de toda Italia ofrecían sacrificios a los ríos, a los lagos, a las fuentes[11]. En esta religión, como en todos los pueblos sacerdotales, el fetichismo había crecido con la astrolatría[12].

Todos los dogmas, todos los ritos, todas las costumbres propias de los cultos sometidos a los sacerdotes formaban parte del culto itálico. Volvemos a encontrar a los dioses con figuras monstruosas, fruto del espíritu sacerdotal, siempre estacionario. Juno de Lanuvio lleva una piel de cabra y cuernos[13]; Jano es famoso por su doble rostro[14]; Herilo, hijo de Feronia, la Proserpina de los Sabinos, y, a la vez, el dios tutelar y el rey de Preneste, debe a su triple cuerpo el honor de ser cantado por Virgilio[15]. Tagés, el autor de los libros aquerónticos, es un dios enano[16], como el Vulcano de Menfis, al que Heródoto compara con los Cabiros[17]. Los Penates de Lavinia son pequeños caduceos[18]; y estos dioses unen, a las formas sacerdotales, las otras cualidades propias de las divinidades que revelan los sacerdotes. Tagés, nacido de la tierra aún virgen, deslumbra a los pueblos por su sabiduría, enseña al hombre a rebelarse contra la caída que lo degradó, le enseña los sacrificios sangrientos que lo acercan a la naturaleza divina, y las purificaciones progresivas que lo acercan al rango de los héroes[19].

Las llaves cuyo depositario es Jano[20]; la nave sobre la que aparece de pie; las puertas de la noche y del día, confiadas a su custodia; Vesta, su esposa, unas veces la luna y, otras, el fuego; el privilegio por el que, como sucede con otras divinidades de Etruria, goza de las facultades de los dos sexos[21]; su himeneo incestuoso[22], su muerte expiadora[23], forman una mezcla de ciencia, de astronomía y de misticismo habitual en las religiones sometidas a los sacerdotes.

Todos estos dioses diversos y enigmáticos reconocen a un jefe[24], cuya primacía se confunde a menudo con el destino y termina siempre en el panteísmo[25]. Esta multitud de dioses se acrecienta por la demonología[26]; las divinidades maléficas figuran entre ellas[27]. Despojan al hombre de su inocencia, lo marcan con manchas indelebles, lo hunden en innumerables y horribles abismos, de los que sus inútiles esfuerzos no pueden sacarlo, y que sólo se abren para liberarlo mediante la intervención de un dios mediador[28], a la vez triple y único, pues también la Etruria sacerdotal tiene su trinidad[29]. Estos mismos poderes amenazan a nuestro globo, y los profetas toscanos anuncian continuamente la destrucción del mundo[30]. A estos dogmas impregnados de tintes fúnebres y de cálculos refinados del sacerdocio, se unen los ritos crueles u obscenos que encontramos ya en todos los pueblos que sufrieron su yugo. Aquí la sangre de los hombres inunda los altares[31]; en otro lugar, leyes severas proscriben el placer[32], mientras que ritos licenciosos ultrajan el pudor[33] y terribles tormentos estremecen la naturaleza[34]. En fin, la adivinación, ese medio de dominio, tan cuidadosamente cultivado, tan minuciosamente desarrollado por los sacerdotes[35] y siempre acompañado de una especie de jurisdicción que ellos se arrogan sobre los dioses[36], es llevado, en la Italia antigua, al mayor grado de solemnidad y de profundidad. Se lo hace remontar hasta Picus, rey de los aborígenes[37]. Todos los elementos son proféticos. El aire revela el futuro por el ruido del trueno, el movimiento, el color, las formas fantásticas de las nubes, los pájaros que las atraviesan en todos los sentidos[38]. El ruido de las olas tiene su significación adivinatoria, y desde el fondo del abismo líquido surgen profetas y dioses. El seno de la tierra no es menos fecundo. Tagés aparece repentinamente, ante los ojos del pueblo, del surco entreabierto por el arado. Por todas partes, de los abismos se elevan hasta el hombre aspiraciones sobrenaturales; en fin, el fuego que arde sobre el altar, la llama que consume a la víctima, expresan, por sus ondulaciones, los misterios del destino. Son famosos en la historia los augures y los arúspices de la Toscana. Dionisio de Halicarnaso y Diodoro nos proclaman sus habilidades[39]; y el supersticioso Juliano consultaba también, en el siglo III de nuestra era, a los arúspices que había traído de Etruria.

Éste era el estado religioso de Italia cuando las colonias griegas llegaron allí. No entraremos en las discusiones sobre estas colonias, cuyos detalles sobre su llegada y establecimiento nos cuentan todos los historiadores. Sólo diremos que no se debe rechazar estos relatos con un desdén demasiado soberbio. El autor que investigó con gran asiduidad esta materia, aunque sea poco favorable a los testimonios de una época en la que eran escasas las informaciones, la crítica, imperfecta, y los espíritus falseados por pretensiones de vanidades nacionales, reconoce, sin embargo, que, antes de la fundación de Roma, existían colonias griegas ricas y florecientes[40]. A lo que parece, las primeras de estas colonias no trajeron a las ciudades que construyeron la religión de Grecia, tal como Homero nos la describe[41]. Habían dejado su patria antes de la revolución que los navegantes egipcios o fenicios realizaron en su politeísmo[42], y su llegada a Italia no tuvo otro efecto que establecer, entre esta comarca y la Grecia pelagia, comunicaciones más frecuentes[43]. Pero, más tarde, otras colonias griegas desembarcaron en el Lacio y comenzaron a reformar los ritos feroces de los indígenas. Se habían alejado de Grecia después de la formación del politeísmo griego[44]; construyeron varias ciudades[45] y llevaron, con otras muchas costumbres, todas las que se relacionaban con la religión[46]. En Falerias, existía un templo de Juno[47], construido según el modelo del de Argos. Se practicaban en él las mismas ceremonias para los sacrificios. Sacerdotisas oficiaban según los ritos griegos[48], y varias jóvenes, llamadas canéforas, como en Grecia, llevaban las canastillas sagradas en las pompas religiosas[49]. Estas colonias mantuvieron, con su antigua patria, relaciones muy estrechas hasta el punto que, todos los años, enviaban a Delfos el diezmo de su renta[50]. Inspiraron a los indígenas el suficiente respeto hacia los dioses griegos para que Aritmo, rey de Etruria, se creyese en la obligación de rendir homenaje a Júpiter Olímpico con un trono de oro[51]. En fin, ellas comunicaron a los etruscos el conocimiento y el gusto por las artes[52]. Sus jefes realizaron, en diferentes lugares, incursiones más o menos afortunadas, y allí donde tuvieron éxito, introdujeron algunos cambios en el culto itálico.

Sin embargo, sólo en Roma la influencia de las colonias griegas logró una revolución completa y decisiva. Hasta la fundación de esta ciudad, subsistieron los dos cultos al mismo tiempo. La razón es muy sencilla. El sacerdocio etrusco se oponía, como ocurre siempre, a cualquier innovación. Se ha observado frecuentemente, en los monumentos de Etruria que nos han llegado, las diferencias que existen entre estas obras de arte y las mismas obras en Grecia. Estas diferencias se deben quizá a que las colonias griegas habían dejado su país antes de que las artes hubiesen alcanzado su perfección; pero el espíritu sacerdotal prohibitivo, inmóvil, tuvo en ello, sin duda, la mayor parte. Las corporaciones teocráticas, en las ciudades que dominaron, combatieron con éxito la acción de las colonias griegas. No fue así en Roma. Sus habitantes, reunidos por el azar, y fugitivos de todos los países, carecían de instituciones preexistentes o consagradas, y el desprecio mismo con que las ciudades opulentas y pacíficas que los rechazaban de su seno encubrían a numerosos bandoleros guerreros los preservó del ascendiente de las corporaciones todopoderosas en estas ciudades.

En consecuencia, en el momento en que su culto adquirió una forma estable, los romanos bebieron tanto en la religión de Italia como en la de Grecia. Durante algún tiempo, las dos religiones se disputaron el pueblo romano: era disputarse el dominio del mundo.

Para describir esta lucha memorable, citaremos unos hechos, a los que el deseo de no ser prolijos nos obliga a vincular nombres de individuos que quizá nunca existieron; pero los utilizamos para designar épocas, y los individuos serían seres fabulosos o nombres genéricos[53], cuya solidez no podría comprometer nuestras afirmaciones.

Que Rómulo, Numa, Tacio, el mismo Tulo Hostilio, aunque exista algo más de historia sobre él[54], no hayan existido realmente; que las colonias llamadas hercúleas no hayan atracado en Italia en el año y del modo indicado por escritores, unos crédulos, como Tito Livio, otros, compiladores, como Dionisio de Halicarnaso; que Tarquinio el Viejo no haya sido ni el nieto de un fugitivo de Corinto, ni de la familia de las Baquíades, poco importa. No por eso dejamos de ver que todo lo que es sacerdotal proviene de Etruria, y que cuanto pertenece al politeísmo independiente llega de Grecia. Concedemos a la ficción todo lo que los nuevos críticos reclaman para ella; pero esta concesión no invalida en nada verdades que no se pueden contestar. Comenzaremos, pues, por Rómulo o por el momento que su nombre designa.

Ya se manifiesta la inclinación por el culto griego. La adoración del roble consagrado sustituye a las ceremonias en honor de Júpiter[55]. Pero Tacio, rey de lo sabinos, asociado al imperio, después de la reunión de los dos pueblos, construye templos al sol, a la luna, al fuego, a la tierra[56]. Numa, sabino como Tacio, lleva a Roma sus dioses paternos. Coloca en su palacio una lanza, simulacro antiguo del dios de la guerra[57]. Prohíbe a sus súbditos atribuir a los inmortales la figura humana[58]. Era una prohibición sacerdotal. Cuando floreció la filosofía entre los romanos, atribuyeron esta prohibición de Numa a ideas filosóficas.

Quizá se deba al favor otorgado por este príncipe a la antigua religión de Italia que, cuando los libros que se le atribuían fueron desenterrados por una inundación, cuatrocientos años después de su muerte, el senado quiso que se echasen a las llamas. El cuidado que se puso en quemarlos en una hoguera que encendieron los propios oficiales que servían en los sacrificios prueba que, al destruirlos, se los seguía respetando[59]. Sea lo que fuere de este hecho particular, el culto restablecido en Roma después de Rómulo por Tacio o Numa era claramente el que profesaban todas las naciones esclavizadas por los sacerdotes[60].

En la historia de Tulo Hostilio, estalla, en rasgos no reconocibles, la rivalidad de la realeza y del sacerdocio. Pero, al parecer, el tercer rey de Roma quiso resistir al poder espiritual, no favoreciendo la religión griega a expensas de la de Etruria, sino procurando hacerse con las fuerzas misteriosas de esta última. Se declara émulo de los sacerdotes toscanos; intenta penetrar en los secretos de su magia; usurpa sus conjuros[61] para evocar el rayo a su manera; y ellos lo castigan atribuyendo su muerte a alguna omisión sacrílega en las temibles ceremonias que había intentado realizar con manos profanas[62]. Tarquinio el Viejo[63] rechaza más directamente la religión etrusca, para introducir el espíritu de la religión griega. Atrae a Roma a numerosas familias griegas de todas las partes de Italia en las que se habían refugiado[64]. Manda construir un templo a Júpiter en el monte Tarpeyo; su hijo lo termina y se expulsa solemnemente a las divinidades itálicas cuyos templos se habían levantado en la colina[65]. Así, como hemos dicho al comienzo de este capítulo, la Roma que nace vio luchar, dentro de sus muros, dos tipos de panteísmo. El conjunto de la lucha se nos escapa, pero incontestables detallas la delatan.

Esta lucha debió de tener sus vicisitudes y sus intervalos. Las rivalidades de los reyes y de los sacerdotes animaron probablemente a los primeros, no sólo a buscar contra los segundos apoyos en los extranjeros que llegaban y que les aportaban el espíritu antisacerdotal de Grecia, sino también a negociar con rivales siempre temibles. Rómulo hizo traer pontífices de Etruria para aprender de ellos los ritos necesarios para ganarse, en las ciudades recién fundadas, la protección de los dioses[66]. Tarquinio el Viejo, a pesar de su anatema contra los dioses de Italia, tomó de los toscanos sus juegos sagrados y algunas ceremonias religiosas[67]; y su hijo, que al principio despreciaba los libros sibilinos, rindió después un solemne y bárbaro homenaje[68] a esas hojas recogidas por adivinos etruscos y depositarios de los destinos de Roma[69].

Lo que, al parecer, puso fin a esta oscilación de los dos cultos y determinó la victoria a favor del politeísmo griego fue la expulsión de los reyes y el establecimiento de la república. ¡Cosa singular! Esta revolución se debió probablemente a los sacerdotes; y se volvió contra ellos. Sin ella, los pontífices se habrían coligado probablemente con los monarcas. Los primeros habrían conseguido que los segundos aceptasen sus dogmas y sus ritos, prestando a su dominio temporal una sanción sagrada; pero la libertad política, por diferente que fuese, entre los antiguos, de lo que, en nuestros tiempos modernos, llamamos libertad, opuso una poderosa barrera a las instituciones del poder sacerdotal. Los gobiernos populares, o incluso las aristocracias que llaman a muchos individuos a participar en los asuntos, equilibran, por los intereses de este mundo, la autoridad espiritual. El despotismo, que vierte a raudales sobre sus esclavos todas las desgracias y todos los oprobios, los coloca a merced de quien les promete un refugio en otro lugar, a menos que el despotismo, hábil para envilecer todo, no envilezca también la religión; pero esto sólo acontece en las naciones muy corruptas y por un cúmulo de circunstancias felizmente bastante raras[70].

Sin duda, las expediciones militares de los romanos contribuyeron también a disminuir la autoridad de los sacerdotes. Un autor francés observa con razón que, si el reino guerrero de Tulo Hostilio no hubiese sucedido inmediatamente al reino pacífico de Numa, la superstición más grosera habría caído sobre la Roma naciente. Sólo el espíritu guerrero no hubiera bastado para salvar a Roma. Los escandinavos, más belicosos que los romanos, sufrieron, en una época tardía en verdad, el yugo de los sacerdotes. Sin la libertad, la Roma pacífica hubiese tenido el mismo destino que los egipcios; la Roma guerrera, con las diferencias que los climas comportan, el mismo destino que los escandinavos. Lo prueba el hecho de que todas las reformas que determinaron el genio y la tendencia de la religión romana tuvieron lugar en el siglo que siguió a la abolición de la realeza.

Los dioses tomaron entonces formas más elegantes. Al adoptar la figura humana, abandonaron los aspectos monstruosos, con que los sobrecarga el espíritu simbólico, injertado en el fetichismo[71]. Los penates, por ejemplo, en lugar de ser jarrones informes, rodeados de serpientes, representan a adolescentes armados con lanzas[72]. También se suprimieron los sacrificios humanos[73]. Junius Brutus sustituyó a los hijos inmolados a Larunda por cabezas de adormideras, y los treinta sexagenarios que se arrojaban al Tíber, por treinta simulacros hechos de paja[74]. Se organizaron juegos solemnes en memoria de este triunfo de la humanidad[75]. Desde entonces, estas ceremonias sólo reaparecieron, como tristes excepciones, en circunstancias extraordinarias[76]; y, aunque tales circunstancias trajeron, a intervalos, esta deplorable superstición, los romanos se alejaron siempre de ella con horror. La muerte de un hombre, aunque ordenada por los dioses, no les parecía, como a otros pueblos, una ocasión de festejos, sino de lamentaciones, de duelo y de pesar.

Plutarco, al narrarnos que, con la esperanza de alejar las calamidades que les podrían acarrear la incontinencia de las vestales y los libros sibilinos, los romanos enterraron vivos a un griego y a una griega, a un galo y a una gala, añade que un sacrificio expiatorio se ofrecía todos los años a los manes de estas víctimas[77]. Ovidio niega que semejantes ritos hubieran existido alguna vez en Roma. Es natural que un poeta, escritor del tiempo de Augusto, no quisiese creer en las costumbres feroces de sus ancestros. Pero existe, en el mismo poeta, un diálogo curioso, en este sentido, entre Júpiter y Numa[78]; y este diálogo, que contiene, bajo una apariencia de broma, la historia exacta de esta revolución en el culto, prueba, al mismo tiempo, que la afirmación de Ovidio no tenía fundamento. A partir de la libertad de Roma, su poder se usó siempre para prohibir los sacrificios humanos en los pueblos aliados o vencidos. En primer lugar, purificó a Italia y, sucesivamente, intentó lo mismo con los pueblos de España y de la Galia[79]. César, pretor en Iberia, abolió esta costumbre, que los fenicios habían traído a Cádiz[80]. En fin, Tiberio y Claudio, viendo la perseverancia obstinada de los druidas, los persiguieron y los destruyeron[81].

Algunos escritores consideraron como una forma de sacrificios humanos las luchas de gladiadores en Roma y convertidos, sobre todo en los últimos siglos, en una parte esencial de todas las pompas y de todos los placeres prodigados a un pueblo inquieto, corrompido y temible. Pero estas luchas eran esparcimientos feroces, no ceremonias religiosas. El espíritu de conquista, siempre arrogante y arisco, despojaba, a los ojos de los vencedores, a los desdichados esclavos de todos los derechos de la condición humana. A los romanos, que despreciaban su sangre en el campo de batalla, se quejaban de ver correr la sangre de los enemigos en el circo. No se debe acusar a su religión, sino a sus hábitos guerreros. Tenemos una prueba de ello en el privilegio que los espectadores se reservaban de perdonar al luchador que se distinguía por su valor. No se habrían atrevido a privar a los dioses de una víctima que la piedad les hubiera consagrado. En fin, eran prisioneros a los que los romanos obligaban a degollarse unos a otros, y Roma se hubiera levantado contra el insolente pontífice que hubiese castigado a uno de sus ciudadanos con semejante orden.

Se suprimieron igualmente del politeísmo de Roma los ritos licenciosos. La historia nos transmite un intento del sacerdocio toscano de introducir, en esta religión, prácticas indecentes. Las sabinas raptadas permanecían estériles. Sus esposos inquietos consultaron a Juno en el bosque sagrado del monte Esquilino. La cima repleta de añosos árboles se agitó de repente; se dejó oír un oráculo escandaloso. Por suerte, la superstición no pudo vencer al horror nacional[82]. Un adivino, intérprete del oráculo, propuso eludir la orden de los dioses mediante una ceremonia menos repugnante, que se hizo parte de las fiestas lupercales, en las que jóvenes desnudos, o casi, utilizando un látigo hecho de correas de piel de cabra, golpeaban a las mujeres que se presentaban delante de ellos. No se puede ignorar, en este relato, la tendencia del sacerdocio, que, hasta la llegada de las colonias griegas, había dominado Italia, tendencia que fue superada por el sentido común de estas colonias. Todos los reglamentos que prohibían los ritos obscenos nacieron del Senado después de la consolidación de la República[83]. Las veremos caer en desuso —y resurgir las prácticas licenciosas— con la llegada del Imperio[84].

Al mismo tiempo que los romanos rechazaron los ritos obscenos, mitigaron, aunque ligeramente, las privaciones contra natura. En Alba, las vestales eran obligadas a una continencia perpetua; en Roma, podían librarse de ella después de treinta años[85].

Las torturas voluntarias se introdujeron mucho más tarde en el politeísmo de Roma, como una costumbre extranjera o como reminiscencia de las prácticas antiguas, especie de reminiscencia que se despierta con facilidad en las calamidades y en los peligros[86].

En resumen, vemos en Roma, de un modo más evidente que en otros sitios, la oposición fundamental del politeísmo sacerdotal y del politeísmo independiente. Si los habitantes de la Roma naciente eran llevados, por algunas costumbres anteriores y recuerdos tradicionales, hacia la religión de Italia, que era su historia, el respeto que los descendientes de las colonias habían conservado por su patria originaria planeó, por así decirlo, sobre estos recuerdos y estas costumbres. La religión itálica proporcionó a los romanos un número infinito de divinidades[87], muchas leyendas, costumbres y ritos[88]. Pero el genio de la religión griega se apoderó de estas cosas para modificarlas[89], y así como los atenienses habían nacionalizado a Minerva[90], los romanos identificaron con su historia a Júpiter Stator: un símbolo científico se convirtió en un dios protector de la ciudad. El sol que renace fue Veturia[91]. Los romanos conservaron del primero de estos politeísmos cuanto pudieron conservar; su política llenó los colegios de los pontífices con los ciudadanos más eminentes en el Estado y en el ejército, despojando, de este modo, a estos colegios del espíritu teocrático[92]. La misma política se hizo de la adivinación un instrumento que, no obstante, reaccionaba algunas veces contra ella[93]. Tomó de los etruscos algo de la división en castas, para añadir una religiosa santidad a las relaciones de los patronos y de los clientes[94]. Mientras Roma fue una monarquía, sus reyes, a su llegada al trono, revistieron, según las formas etruscas, los signos de su dignidad[95]. Pero el espíritu del sacerdocio, los dogmas que le pertenecían como propios, las víctimas humanas, los ritos licenciosos, el mérito místico vinculado a las privaciones o al dolor, todas estas cosas se desterraron del culto para no volver a él más que fortuitamente, cuando el terror desorientaba las almas[96], o tardíamente, cuando la corrupción los hubo degradado.

Nos detenemos aquí. La verdad que habíamos prometido probar nos parece fuera de duda, y sólo volveremos sobre la religión romana cuando se trate de mostrar las modificaciones posteriores del politeísmo.

LIBRO XII

DE LA MARCHA DEL POLITEÍSMO INDEPENDIENTE DE LOS SACERDOTES, HASTA SU PUNTO ÁLGIDO DE PERFECCIONAMIENTO[1]

CAPÍTULO 1

Cómo los avances del estado social introducen la moral en la religión

Establecimos, como la verdad principal a demostrar en nuestra obra, que, de todas las revoluciones que tienen lugar en las diversas coyunturas de la especie humana, una de ellas se produce en las ideas religiosas, y vimos ya que el politeísmo sustituyó al fetichismo por el paso del estado salvaje al bárbaro. El politeísmo sufrió otras modificaciones importantes, por el paso del estado bárbaro a un estado más civilizado; y las nociones de una justicia distributiva, de una remuneración equitativa y segura se convierten en dogmas precisos y positivos, en lugar de ser sólo expresión de deseos impotentes, de esperanzas confusas.

Esta revolución se realiza de una manera evidente en los pueblos a los que no retrasan ni encadenan ninguna circunstancia accidental, ninguna calamidad física, ninguna tiranía religiosa o política. Fortalecidos por la novedad reciente de todas sus impresiones, excitados por la novedad de lo que experimentan, los hombres no tienen que defenderse ya ni de la lasitud interior, ni del mecanismo exterior, resultado triste e inevitable de una larga civilización. Ninguna reserva mental los debilita, ningún escepticismo los perturba; se ven expuestos a muchos males, pero la experiencia no está ahí para advertirles que hay males sin remedio. Sólo ven obstáculos por vencer en lo que nos parece una necesidad que se debe sufrir. Donde nosotros nos resignamos, ellos luchan, y su actividad se acrecienta ante las dificultades que desaniman la nuestra.

En el paso de la vida puramente belicosa a la vida civil, del estado únicamente guerrero al estado agricultor, los pueblos experimentan necesidades totalmente nuevas; la del trabajo[2], que remplazó al uso de la fuerza, sustituyendo la conquista por el intercambio; la de la propiedad, sin la cual el trabajo sería sólo una sucesión de esfuerzos ilusorios; la de la seguridad, sin la cual la propiedad sería precaria. Para satisfacer estas necesidades desconocidas hasta entonces, se necesitan instituciones estables. No tardan mucho en ocupar el lugar que la necesidad les asigna; se forma una fuerza pública, que tiende a preservar a la asociación de los atentados de sus miembros, y a los miembros de la asociación de sus violencias recíprocas. La fuerza irregular de los individuos conserva durante algún tiempo sus funestos privilegios, pero cada día se la discute más. La injusticia que, anteriormente, sólo encontraba obstáculos en quienes hería de una manera inmediata, los encuentra ahora en la coalición de todos los que no se aprovechan de sus éxitos. Antiguamente, sólo reclamaban los ofendidos; hoy, lo hacen los desinteresados. La mayor parte basa sus cálculos en la observancia de las leyes, es decir, en la justicia y en la moral. Éstas se convierten en el centro de la mayoría de los intereses, el punto en torno al cual se reúne la mayoría de las fuerzas.

Esta revolución en las ideas y en las instituciones produciría otra en las ideas religiosas, aunque sólo el interés las modificaría. Mientras el estado social, apenas constituido, no influía en los individuos más que de una manera parcial y no continuada, el interés ocupaba a sus dioses principalmente en la protección individual. Ahora se trata de una protección más general; la autoridad de los dioses se consagra a ella.

Esos poderes invisibles, de los que hablamos ya anteriormente, que se amoldan a los humanos, y esos fetiches dispersos que componen un pueblo celeste siguen de nuevo el ejemplo de los dioses. Cuando éstos sólo tenían como ocupación guerras perpetuas; como solaz, placeres groseros; como medios de salvación o de éxito, su vigor o su habilidad; como jefes, a los más atrevidos y violentos, los objetos de su culto se entregaban, en lo alto de los cielos, a un género de vida totalmente semejante. Protegían, sin distinción, los proyectos inocentes y los designios culpables, los deseos desenfrenados y las empresas legítimas. Los sacrificios y los presentes tenían derecho a interesarlos en todas las causas, y tanto la virtud como el crimen debían sobornarlos. Pero tan pronto como los hombres tienen leyes, jueces, tribunales, una moral pública, los dioses presiden la ejecución de estas leyes, vigilan el comportamiento de estos jueces, componen ellos mismos un tribunal supremo y prestan a la moral una asistencia sobrenatural. Todas sus relaciones con los hombres se modifican conforme a esta tendencia. Los medios de granjearse su benevolencia ya no son los de antes[3]; los homenajes, los votos, las ofrendas pierden su eficacia. Necesarios aún para que los dioses no se irriten por la negligencia de los mortales, ya no son suficientes para garantizar a la injusticia las ayudas celestes. Fieles a las costumbres del politeísmo, los pueblos que penetran en el territorio de sus enemigos intentan granjearse a las divinidades tutelares de este territorio, pero creen que la mejor forma de conseguirlo es tomar a estas divinidades por testigo de la equidad de su causa. El hombre ya no se atreve a pedir a los dioses su asistencia para los crímenes que quiere cometer; a lo más, intenta obtener de ellos su perdón para los crímenes que cometió. Ya no son vilmente envidiosos de cualquier prosperidad humana, sino enemigos severos de la prosperidad de los malos. Los rayos ya no se dirigen contra los afortunados, sino contra los culpables; ya no persiguen, castigan. Cuando sobreviene alguna calamidad grande a los poderosos, ya no se atribuye al celo de los dioses, sino a su justicia.

El sentimiento se asocia con el entusiasmo en este cambio en las ideas religiosas. Estas nociones nuevas responden a todos sus deseos; le permiten estimar lo que adora; dan al carácter de los dioses más elevación, más nobleza; los hacen más dignos de ser honrados. La confianza sucede al temor. Incluso en la apariencia del crimen triunfante, los mortales esperan ver pronto la desgracia sobre su cabeza. Si, alguna vez, una evidencia demasiado irresistible obliga al hombre a reconocer que, a pesar de la providencia de los dioses, la virtud puede sufrir, la iniquidad reinar, está persuadido de que, tarde o temprano, vendrán los días de la reparación y de la venganza[4]. Así penetra en su corazón la idea de una apelación del presente al futuro, de la tierra al cielo, recurso solemne de todos los oprimidos en cualquier situación, última esperanza de la debilidad que se pisotea, de la virtud que se inmola, pensamiento consolador y noble, al que la filosofía nunca intentó renunciar, sin recibir el castigo inmediato por su propia degradación.

Es, pues, éste el momento de la introducción formal de la moral en la religión. Demostramos ya que, incluso antes, la religión favorecía la moral. Los dioses, de manera general, deben preferir siempre el bien al mal, la virtud al crimen. El amor al orden es inherente al hombre en la medida en que el hombre razone abstractamente. La misma inclinación es, por tanto, inherente a los dioses, en cuanto que, en lugar de ser pagados, si se me permite la expresión, como los fetiches, individualmente, por los individuos, lo son colectivamente, por toda la sociedad. El interés de cualquier comunidad se halla en la moral. Los dioses protectores de la comunidad sólo pueden realizar su función impidiendo que los individuos ofendan a la moral, es decir, pongan en peligro la comunidad.

Pero, mientras en el ejercicio de estas funciones los impulsen motivos mercenarios; mientras actúen por interés personal; mientras las recompensas y los castigos garantizados a los hombres en esta vida y en la otra no tengan ninguna relación necesaria con su conducta hacia sus semejantes, la moral, propiamente dicha, no forma parte de la religión. Para que así sea, la injusticia de hombre a hombre debe atraer el rigor de los dioses, aunque el criminal no haya merecido su cólera por ninguna negligencia, o por algún insulto que haya podido herirlos directamente.

CAPÍTULO 2

De las contradicciones que caracterizan esta época del politeísmo y de cómo desaparecen estas contradicciones

El paso del estado bárbaro al estado civilizado es un momento de gran fermentación. La justicia lucha contra la violencia, el espíritu de propiedad contra el espíritu de rapiña, los principios de la moral contra el hábito de la fuerza. Durante largo tiempo, los hombres buscan en vano un emplazamiento estable. Se ven acosados, a la vez, por los inconvenientes de la situación que dejan y por aquellos, no menos grandes e inesperados, de la situación a la que llegan.

La religión se resiente de esta fermentación. Las máximas que se introducen chocan con las que los recuerdos consagran. Las opiniones que comienzan a perderse y las que comienzan a establecerse se encuentran y se contradicen[1].

Pero, a medida que la civilización avanza, la moral se identifica más con la religión, la confusión y las contradicciones desaparecen; todavía se reconoce la venalidad; el egoísmo no puede renunciar a este dogma, que utiliza con gran frecuencia, y esta opinión recorre, con más o menos disfraces, todas las épocas. Pero no dejó de sufrir una modificación importante. Los dioses aún no se han convertido en seres desinteresados, sino en gente honesta, en el sentido ordinario del término. Se hacen pagar por hacer el bien, pero ya no consienten que se les pague por hacer el mal.

Las gradaciones de este perfeccionamiento son lentas; se mezclan con ellas muchos vestigios de antiguas nociones y las retrasan. Aun cuando se adopten, según la influencia presente de los dioses, opiniones más honorables, se recuerdan sus crímenes anteriores.

Gradualmente, sin embargo, las tradiciones que les son desventajosas, se relegan a una lejanía más oscura. Se tiene una especie de escrúpulo en contarlas, y pronto se llega a ponerlas en duda.

Así, por una feliz reacción, la moral, que encontró en la religión una garantía, purifica y mejora esta religión que la sanciona.

Se debe hacer una curiosa observación sobre los hombres que, en esta época, se obstinan en recordar las tradiciones degradantes. Este retorno aparente a las opiniones primitivas sólo es, a menudo, un comienzo de incredulidad. En el politeísmo sin moral, se hablaba de los celos y de las venganzas implacables de los dioses precisamente para honrarlos, para exaltar su poder. Después de la introducción de la moral en el politeísmo, se reproducen estas mismas tradiciones para perjudicarlos y rebajarlos ante los hombres. Lo que antiguamente los devotos contaban de buena fe como actos dignos de respeto, los incrédulos lo repiten más tarde con ironía, como escándalos. Así, Bossuet y Voltaire coinciden en hablar a sus lectores de Samuel masacrando a Agag. El primero alaba esta acción feroz; el segundo la denuncia. Los fieles del siglo XVII ven en ella un modelo a seguir; los filósofos del XVIII, un crimen a detestar.

La incredulidad, por lo demás, se acerca siempre al triunfo completo de la moral sobre la religión. En cuanto la necesidad de la moral penetra en los hombres, su lógica los obliga a comparar los hechos que la religión presenta y los dogmas que enseña con los principios nuevos que está llamada a sancionar. De ello se sigue que, cuando creen que estos hechos o estos dogmas son contrarios a estos principios, son los primeros en ponerlos en duda; están tanto más obligados a ello cuanto que, al progresar en todos los espíritus el hábito de la reflexión, ciertas fábulas, que anteriormente se adoptaban sin consecuencias, sirven de repente de apología a los culpables[2]. El hombre, consciente de este peligro, ya sólo acepta la creencia con la condición expresa de que proteja la moral. Exige de los dioses, como precio de no contestar su existencia, que sean útiles; y, lejos de reconocerles, como en otro tiempo, derechos absolutos, les impone deberes. La moral se convierte, pues, en una piedra de toque, en una prueba a la que se someten las nociones religiosas, y que no puede dejar de contestar una parte de ellas y de debilitar la confianza que se daba al conjunto.

Es una consecuencia de la intervención de este tercer poder del que ya hablamos anteriormente: el razonamiento, al constituirse juez de los debates que surgen entre el sentimiento y el interés, frustra, alternativamente, los deseos del primero y los cálculos del segundo.

CAPÍTULO 3

Que los poemas de Hesíodo son contemporáneos
de la revolución que estamos describiendo

Los poemas de Hesíodo[1] nos llegaron, como los de Homero, gracias a los rapsodas, quienes los cantaban de ciudad en ciudad, en las plazas

443

públicas y, de este modo, los transmitieron de una generación a otra, hasta el momento en que copistas diversos los reunieron por escrito e introdujeron en ellos numerosas interpolaciones que, muy a menudo, hicieron poner en duda su autenticidad[2]. Pero no por eso la época en que se debieron de componer estos poemas deja de estar indicada por su naturaleza misma. Son obras didácticas, posteriores a la epopeya primitiva; obras en las que la reflexión prevalece sobre la inspiración, en las que el afán de producir efectos de artista sustituye al impulso espontáneo y la ingenuidad de los antiguos poetas; en los que, en fin, la individualidad lleva a los autores a digresiones sobre su situación, sus esperanzas, sus temores personales. Hesíodo, en diferentes ocasiones, habla de sí mismo, de su posición, de sus relaciones privadas, mientras que, tanto en la *Ilíada* como en la *Odisea*, sólo existe el tema, dejando al margen al escritor.

Las diversas partes que componen las poesías de Hesíodo no guardan ninguna proporción entre sí. Unas veces, sintetizador árido; otras, retórico prolijo, no subordina la extensión de la exposición a la del conjunto; sólo lo determina la cantidad de materiales que pudo recoger en las tradiciones más discordantes; es un segundo síntoma de un estado social ya más complicado, y en el que la poesía era un medio más que un fin.

El estilo de Hesíodo sería, en caso de necesidad, una tercera prueba de que escribía en un momento de crisis y de agitación social. Este estilo, aunque ya Quintiliano habló de su melosidad, es oscuro, serio, triste a menudo; y lo que demuestra que este carácter era el de su época y no el suyo es que aprovecha todas las ocasiones que encuentra o que él crea para extenderse en descripciones y en digresiones poéticas. Pero, en medio de sus esfuerzos por no ser más que poeta, se convierte continuamente en pensador. Los males llenan la tierra, dice, y no menos el mar[3]. La descripción de las diferentes épocas de la especie humana termina en las profecías más siniestras[4]. A disgusto, las Parcas hilan algunos días felices para los mortales, y el Dolor, sentado junto a ellas, pasea por las ruecas sus ojos bañados de lágrimas. Las quejas de Hesíodo contra la tiranía de los grandes y de los reyes no son más que la expresión del malestar de un estado social aún imperfecto, perturbado por aquellos mismos que debían hacerlo respetar[5]. Fruto inevitable de esta agitación y de este malestar, la reflexión reaparece sin cesar, infatigable y descorazonadora. El hombre dio el paso irreparable, ese retorno a sí mismo, a la desgracia de su condición. Descubrió las trampas que le rodean, los peligros de la confianza y el engaño del entusiasmo. Tras este descubrimiento, ninguna ilusión completa es duradera. La pureza de alma, el impulso del sentimiento religioso alivian a veces el peso que abruma la imaginación y el corazón. Algunos genios privilegiados se liberan de él: veremos un ejemplo en Sófocles; pero la mayoría de los escritores sigue encorvada bajo este peso: la poesía arrastra, pues, tras de sí una segunda intención que es contra natura y de la que intenta en vano liberarse. Se debate durante varios siglos, cambia sus formas, calcula sus efectos, retoma apariencias de vida, pero lleva en sí misma el germen de la muerte.

Las contradicciones que introduce en las nociones religiosas el estado social bajo cuya influencia escribía Hesíodo sorprenden continuamente al lector atento. Se ve en él, como en Homero, a Júpiter devorado de amor por una mortal[6], mientras Minerva animaba a Hércules a herir a Marte[7]; vemos, por tanto, a Marte herido y derrotado por Hércules[8]. El Olimpo no es más que el resultado de la victoria de los dioses sobre los Titanes, que son sus rivales y los atacan con igualdad de fuerzas[9]; Tifoeo habría tomado inevitablemente el mando del Universo, si Júpiter no lo hubiese avisado golpeándolo con el rayo[10]. El Tártaro de Hesíodo[11] es semejante en todo al de la *Odisea*. Ahí se encierra a los vencidos[12]; Giges, Coto y Briareo son sus guardianes[13], con sus cien brazos y sus cincuenta cabezas[14]. No se castigan los crímenes de hombre contra hombre.

Los trabajos y los días contienen esta idea fundamental de la primera época del politeísmo: que los dioses y los mortales son originariamente una misma raza y que nacieron al mismo tiempo[15], es decir, que los dioses sólo difieren de los hombres por la fuerza y el poder[16].

Su perversidad es también una opinión consagrada. Júpiter envidia a la especie humana el uso del fuego, porque es objeto de su odio[17]. Impone silencio a las enfermedades para que no huyan los mortales prevenidos[18]. Los destinó a eternas discordias[19]. Todos los dioses contribuyen a embellecer a Pandora para echar a perder a los hombres[20]. Prometeo conoce tan bien a Júpiter que prohíbe a su hermano Epimeteo recibir cualquier presente de este dios pérfido[21].

Pero, junto a estos vestigios de una religión que pone en sus ídolos todas las imperfecciones y todos los vicios, las máximas enunciadas por el poeta prueban que los dioses han mejorado mucho. Júpiter, dice el autor, colma de bienes a los reyes y a los pueblos justos[22]. Castiga al pérfido y doblega al orgulloso[23]. Dio al hombre la Equidad como ley suprema[24]. Esta diosa se sienta junto a él[25]. Treinta mil dioses recorren incesantemente la tierra, observadores rigurosos de los vicios y de las virtudes[26]. Las Furias salen del fondo de los infiernos para castigar el perjurio[27]. El adulterio, el incesto, la expoliación de los huérfanos, la ingratitud hacia los padres sufren severas penas[28], y estas penas alcanzan a la posteridad del culpable[29], pues se observa desde muy temprano que, para honra de la justicia divina, la ejecución de las sentencias debe realizarse en otro mundo o en el futuro de éste. Los dioses, finalmente, recompensan el trabajo, castigan la pereza[30], despojan de las riquezas mal adquiridas[31].

No es sólo en estas ideas generales en las que Hesíodo reúne nociones contradictorias; la misma amalgama se reproduce en las descripciones de divinidades particulares. Unas veces, Júpiter, sujeto al error, es el juguete de Prometeo[32]. Otras, aparece como el conocedor de los decretos eternos[33], y el poeta se pierde en sutilezas teológicas para conciliar la omnisciencia del dios con el éxito de los artificios del hombre. El primero, dice, conocía la añagaza y sólo se dejaba engañar porque deseaba el mal a los mortales[34]. El antropomorfismo introdujo sofismas parecidos en todas las mitologías.

En *El escudo de Heracles*, las despiadadas y terribles Parcas no son más que genios maléficos y sanguinarios[35]. Arrastran a los muertos en plena refriega; se disputan a los heridos; hasta sacrifican a los que no están heridos. En la *Teogonía*, son las hijas de la justicia[36]; sólo persiguen a los culpables, pero son inexorables en su severidad contra los crímenes de los dioses y de los hombres[37]. Esta expresión —los crímenes de los dioses—, en el verso mismo en el que se confía el castigo a divinidades vengadoras, nos parece denotar evidentemente la mezcla de dos ideas de épocas diversas[38].

Podríamos prolongar hasta el infinito esta enumeración. Hesíodo llama dos veces a la Estigia divinidad incorruptible[39], y, algunos versos después, la llama monstruo horrible y abominable[40]. En la *Teogonía*, Némesis es la hija de la Noche, el azote de los mortales; arroja sobre ellos los males indistintamente y se complace en el espectáculo de sus miserias[41]. En *Los trabajos y los días*, es una divinidad que mora en lo alto de los cielos con el Pudor[42]. La misma Venus, como la Bhavani de los indios, tiene dos caracteres. Aparece sobre el Océano, con el amor y la fecundidad y un cortejo lleno de seducción, de encanto, de alegría[43]; pero enseguida engendra la necesidad, la muerte y el odio[44]. Medusa da a luz a Equidna, virgen de admirable belleza; el sol resalta sus encantos con sus rayos[45]. Dos versos después, esta virgen tan bella es una horrible serpiente[46]. Aquí se cumple, pues, lo que dijimos de los caracteres que distinguen el paso de una época a otra. Las opiniones chocan entre sí, los hombres parecen culpables de las inconsecuencias y de las contradicciones que existen en las cosas; pero estas inconsecuencias van a desaparecer, y estas contradicciones, a conciliarse, a medida que el presente triunfe sobre el pasado.

CAPÍTULO 4

De Píndaro[1]

Píndaro escribe, según la cronología vulgar, cerca de quinientos años después de Hesíodo, pero no cae casi nunca en las inconsecuencias de este último. Rechaza, cuanto puede, todo lo que, en las tradiciones antiguas, no está de acuerdo con las máximas que, en su tiempo, se convirtieron en una parte esencial de la creencia pública. No sólo estas aserciones generales son conformes con esta tendencia. La Justicia se sienta al lado de Júpiter[2]. Todas las virtudes provienen de los dioses[3]. Sólo se garantiza la felicidad del hombre irreprochable; la del malo se desvanece como un sueño[4]. Estas afirmaciones generales no serían una aprueba suficiente de una modificación en la religión, ya que vemos otras semejantes esparcidas en la *Ilíada* y en la *Teogonía*, al lado de los rasgos más apropiados para desmentirlos; pero Píndaro erige, en principio positivo y directo, la necesidad de depurar la mitología en el sentido de la moral. Los hombres, dice, sólo deben contar las cosas honorables de los inmortales; entonces, incluso cuando inventen, no cometerán más que una falta menor[5].

Este pasaje es importante desde dos puntos de vista. Indica los progresos que rechazaban las fábulas desfavorables a los dioses e incluso a los héroes[6], y, además, contiene la confesión del poeta de que elegía perfectamente, según cierta crítica moral, entre las contraindicaciones consagradas, las más conformes con las nuevas ideas de dignidad, de orden y de justicia que habían penetrado en la religión.

Es digno de destacar que esta crítica moral que guía a Píndaro, aunque deba desembocar, en definitiva, en la incredulidad, no afecta aún a este poeta; no es el hecho lo que él pone en duda; lo maravilloso no es lo que le asusta; no intenta socavar la creencia en lo que constituye realmente la mitología, es decir, la acción de los dioses sobre los hombres. Sólo cree que el hecho se ha desfigurado, ya por ligereza, ya por mala voluntad. La envidia y la perversidad, dice, acreditaron secretamente estos relatos culpables[7]. Añade[8] que brillantes mentiras arrastraron muy a menudo a los hombres y les disfrazaron la verdad. Así es como las dulces palabras de Homero y sus versos encantadores revistieron la impostura de una autoridad enorme, y como su genio cautivó la imaginación de los mortales crédulos[9]. Píndaro reconoce, pues, que el fondo de las fábulas es verdadero, que el lugar que en ellas ocupa lo sobrenatural debe consentirse, pero desconfía de las invenciones y de los embellecimientos posteriores; él los examina, no como un escéptico burlón u hostil, sino como un devoto serio y ortodoxo; no se aleja de la creencia, pero la depura. Las fábulas no son, para él, materiales de los que tenga derecho a elegir a su capricho; son hechos que debe liberar de adiciones que los desnaturalizan.

Si habla de Tántalo, es para sustituir el dogma popular por una ficción más decente: no puedo contemplar a los dioses, añade, como intemperantes y voraces. Lejos de nosotros este pensamiento criminal[10]. A menudo sufre por la inestabilidad de las cosas humanas[11] y se deja llevar por esa melancolía tan propia de los espíritus meditativos; pero nunca dice una palabra que inculpe a los dioses o los tache de celosos crueles[12]. Si encontramos en una de sus odas, como en Hesíodo, el axioma fundamental de la mitología homérica de que la raza de los dioses y la de los hombres es la misma y única[13], en otros lugares, habla de los primeros, de su superioridad sobre la especie humana, de su sabiduría universal, con objeto de indicar la enorme separación que, desde hacía poco, existía entre estas dos razas[14]. En su novena *Olímpica*, comienza, a semejanza de los poetas que le precedieron, a narrar las luchas de los dioses; pero se detiene de repente y dice: Lejos de mí ultrajar en mis versos a la majestad celeste; e interrumpe estos relatos profanos[15]. El autor de la *Ilíada* no sentía, ni mucho menos, semejantes escrúpulos. Por eso, Pitágoras decía que había visto a Homero en los infiernos, atormentado como Hesíodo, por haber calumniado a los inmortales.

En fin, en los dos lugares en que Píndaro habla de Némesis, escoge, de los dos caracteres[16] que Hesíodo atribuye a esta diosa, el más instructivo y el más moral. No es la Némesis azote de los mortales; es la Némesis que castiga los abusos del poder, y Píndaro dice a su héroe que no intente irritarla[17]; es la Némesis que juzga las acciones de los hombres y cuya cólera no se atreven a provocar los Hiperbóreos.

Observaremos aquí, en pocas palabras, cuál claramente se ve, en esta concepción de Némesis, la progresión de la religión griega; en Homero, no es una diosa, es una exclamación, una especie de invocación que aleja los malos presagios y el escándalo; en Hesíodo, aparece bajo un doble aspecto: hija del abismo o moradora de los cielos. Píndaro rechaza aquellos atributos que hacen de ella una fuerza maléfica[18]; los clásicos la invocarán después como justa[19]; y, más tarde, su justicia no se limitará a castigos materiales; ella será, por un nuevo refinamiento, por una nueva delicadeza expresiva e inteligente, la compañera de la moderación; su misma estatua recordará a los griegos cuán funestos son los extravíos de un orgullo sin límites y el enajenamiento del poder. El bloque de mármol empleado por Fidias será aquel que los persas, creyéndose seguros de la victoria, destinaban a inmortalizar, en un monumento magnífico, el éxito de sus armas y la humillación de Grecia[20]. Maratón los ve huir, perecer en las ciénagas o enrojecer con su sangre las olas a las que se precipitan, y el mármol recuperado se convierte en la diosa que preside la equidad en las empresas y la modestia en las esperanzas.

Esta idea se transmite, depurándose de siglo en siglo, y Mesomedes, seiscientos años después de Píndaro[21], la celebra aún en sus versos.

«¡Oh Némesis», dice, «diosa alada, que decides sobre la vida humana! Diosa de mirada seria, que mantienes con mano firme las riendas de nuestros destinos, miserables mortales, prontos al extravío; ves el orgullo que nos pierde, la envidia que nos devora; la rueda de la fortuna gira continuamente sin dejar rastro: tú la sigues invisible, doblando la cerviz soberbia erguida por una prosperidad excesiva, moderando el abatimiento que causa la desgracia, penetrando en los corazones para tranquilizarlos y poniendo tu dedo en la balanza para restablecer la igualdad; sénos propicia, tú que distribuyes la justicia, Némesis alada, de frente pensativa, inaccesible al error, que nunca defraudas a los hombres y que sólo tienes como compañera la Equidad: la Equidad, que extiende en el aire sus alas blancas, la Equidad poderosa, que nos preserva de nosotros mismos, y de los rigores, y del Tártaro»[22].

CAPÍTULO 5

Del infierno de Píndaro, comparado con el de Homero y de Hesíodo

La comparación del infierno de Píndaro con el Homero y de Hesíodo es muy apropiada para proyectar luz sobre el tema de nuestras investigaciones; pero esta comparación exige, para hacerla con provecho, una atención constante y la mirada atenta; las diferencias escaparían fácilmente a una mirada superficial.

Nada parece cambiado materialmente para quien sólo contempla de lejos el imperio de las palabras. La topografía del mundo futuro, si se puede utilizar esta expresión, sigue siendo, en muchos aspectos, la misma. Se conservan las mismas denominaciones, subsisten las mismas grandes divisiones. Sin embargo, todo ha tomado un destino diferente, todo colabora en favorecer el nuevo objetivo de la religión.

Vimos en el infierno primitivo un lugar de suplicios, donde gemían exclusivamente los enemigos personales de los dioses. Por una transformación natural y fácil, cuando los dioses se declaran defensores de la moral, este lugar de suplicios ya no se consagra a sus venganzas particulares, sino al castigo de todos los crímenes. La idea de castigo comporta la de juicios y sentencias. La imaginación busca, en consecuencia, qué se debe juzgar entre los muertos. ¿Qué más sencillo que extender a las acciones cometidas durante la vida la jurisdicción de los reyes y de los ancianos, jurisdicción ya reconocida en el infierno de Homero, pero que sólo se ejercía sobre las querellas accidentales de los que han vivido[1]? Delante de estos jueces comparecen, pues, no los muertos, por litigios momentáneos, sino cada muerto, a su llegada a la fúnebre orilla. Se presenta cargado del peso de sus faltas o acompañado de la memoria de sus virtudes; y este areópago inflexible, con la urna fatal en la mano, desenmascara la astucia y el ingenio, condena la injusticia a expiar sus éxitos y castiga la fuerza arrogante que dejó inerme la tumba.

El rigor ejercido contra los muertos culpables cambia necesariamente el destino de los muertos inocentes o virtuosos. Ya no resuenan en su morada los gemidos y los llantos; no echan de menos la vida; ya no se entregan a burdos o salvajes placeres. Su morada se convierte en la de la más pura felicidad. En otro tiempo, todo era allí más triste, más oscuro y opaco que en la tierra; ahora, todo se llena de colores brillantes y bellos; los vientos se llenan de perfumes, el verdor es más llamativo, el sol más resplandeciente. El trato con los dioses, la contemplación de los astros, la revelación de los secretos de la naturaleza, todos los placeres nobles y elegantes, son el eterno compartir de estas dichosas almas.

Veamos si, en efecto, no es éste el infierno de Píndaro.

En una de las islas Afortunadas, suavemente refrescadas por los vientos del Océano y llenas de colores[2], viven, iluminados por un sol eterno y libres de penas y fatigas, los que, tres veces en esta vida[3], vencieron la tentación del crimen y de la injusticia. No aran con sudor la tierra rebelde, ni rompen con peligro la pérfida ola[4]. Sus días, libres de lágrimas, transcurren en el trato con los favoritos de los inmortales. Sus ocupaciones son cantos, himnos, carreras, juegos, o, a la sombra de los bosquecillos embalsamados por los perfumes que la tierra ofrece a los dioses, reconstruyen, en sus conversaciones, los recuerdos del pasado. Los gobierna Saturno, asistido por Radamante y, quizá, por Éaco, que en otro tiempo había dictado sentencia sobre las disputas de los mismos dioses. En el Erebo, por el contrario, donde reina la noche eterna, los criminales, entregados al perpetuo olvido, son presa de los tormentos de una inquietud que no debe terminar nunca.

¿Quién puede ignorar aquí el progreso de las ideas? Todo el reino de las sombras es, en Homero, una morada de gemidos. Los placeres, las penas son puramente físicas. No hay jueces para las acciones de esta vida. A Éaco ni se le nombra; Radamante mora en el Elíseo que no es la morada de los muertos[5], y la jurisdicción de Minos no es más que el arbitraje accidental sobre disputas pasajeras. Plutón castiga los atentados que se le denuncian, pero su función no es la de castigar el crimen; sólo acoge las invocaciones de los que lo imploran, atiende su súplica, no como un dios justo, sino como quien escucha cualquier otra plegaria.

No espera a los humanos en los infiernos; envía a las Furias a la tierra contra todos los vivientes, como hacen Júpiter y Juno, que envían a Iris o a Mercurio a perseguir a sus enemigos.

El infierno, en Píndaro, es, por el contrario, un lugar de castigos y de recompensas merecidas; los castigos y los goces son intelectuales y morales. Existe un tribunal establecido; Saturno lo preside, Saturno, al que Homero presenta depuesto por Júpiter y cargado de cadenas[6].

Observemos también cómo el poeta sanciona, con más claridad y determinación que Homero, la naturaleza inteligente y casi divina del alma. El cuerpo, dice, es presa de la muerte todopoderosa; pero el alma, que proviene de una divinidad, no puede morir[7].

Sin embargo, Píndaro, a pesar de sus esfuerzos por escapar a la ley que influye siempre sobre las descripciones del mundo futuro, es subyugado, a su pesar, por esta ley. Al describir las ocupaciones de los justos, se ve obligado a volver a los placeres de esta vida, eligiendo sólo los más puros y nobles. La imaginación es tan corta en sus ideas sobre la felicidad que se ve obligada a tomar, para los goces del mundo futuro, las que aquí abajo le son todavía insuficientes. Por eso, una tristeza envuelve el Elíseo, a pesar de lo perfeccionado que está; pero esta tristeza es diferente de la del politeísmo primitivo. Las sombras, en Homero, son tristes con la tristeza de la barbarie; en Píndaro, su tristeza es la de la civilización. Unas son niños que lloran y se lamentan; otras, ancianos que pasean su mirada serena, pero seria, sobre su vida pasada y tienen algo de melancolía bajo las apariencias de felicidad.

Concluyamos esas cortas observaciones sobre Píndaro con una reflexión relativa al cambio progresivo de la situación de los poetas, observación que la lectura de Hesíodo ya nos sugirió y que la de Píndaro corrobora. Los poetas del tiempo de Homero, errantes, pero acogidos en todos los palacios y por todos los príncipes, no hablan de su destino porque sólo tienen que congratularse con éste. En tiempos de Hesíodo, su existencia ideal dio paso a las relaciones comunes y penosas de la vida. La caída de los reyes los deja sin protectores; el nacimiento de las repúblicas viene acompañado de tormentas; nos entretienen con su suerte, porque tienen que quejarse de ella. En tiempos de Píndaro, se prohíben a sí mismos hasta la queja. No es que sean más felices, sino que son más tímidos. El elegante y superficial autor de *Anacarsis* —decimos superficial porque la profundidad no está en la erudición que compila, sino en la perspicacia que aprecia—, alimentado en la letra de las obras maestras de Grecia, pero sin ahondar nunca en su espíritu, nos alaba, es cierto, la gran prosperidad de Píndaro, su estatua adornada con una diadema[8], los honores que se le rinden en Delfos[9], los oráculos pronunciados en su favor, los banquetes sagrados a los que asiste; pero basta con leer al poeta para darse cuenta del error del panegirista. Píndaro está ocupado continuamente en pedir gracia. Todo le asusta. Se agota en continuos esfuerzos para desarmar la malevolencia; nunca lo logra. Multado por sus conciudadanos[10], vencido cinco veces por Corina[11], se arroja a los pies del trono de Siracusa, temeroso de su cólera, mientras mendiga sus favores y le prodiga, a cambio, alabanzas que desmiente la historia[12]. Algunos intentos por rechazar los rasgos de la envidia, pareciendo desdeñarla, el pesar sincero o afectado de los días en los que el interés no mancillaba el lenguaje de la poesía[13], el elogio de la mediocridad[14], lugares comunes de todos los que no pudieron adquirir el poder ni la riqueza, no quitan a los cantos de Píndaro el carácter de dependencia que nos importuna y aflige, en medio de las bondades con que estamos deslumbrados, y nos lamentamos de ver que el talento se resigna a no ocupar más que un rango subalterno y a convertirse, por ello mismo, en codicioso y adulador.

CAPÍTULO 6

Que la misma progresión se observa en los historiadores

La progresión que acabamos de observar en los poetas debe de existir en los historiadores, con síntomas diferentes.

Cuando los poetas sienten necesidad de depurar la religión, modifican los hechos; los historiadores modifican las causas.

No tenemos ningún historiador griego, contemporáneo del politeísmo homérico. Grecia sólo contaba con poetas, pero tenemos un historiador que, por sus nociones religiosas, corresponde bastante con la época representada por Hesíodo.

Este historiador es Heródoto. Como es posterior a Píndaro, y su politeísmo es mucho menos depurado, es necesario explicar la razón de este retraso en sus opiniones y, por tanto, dedicar algunos instantes a considerar su carácter, sus circunstancias y la influencia de estas dos cosas en el panorama que nos transmitió.

Heródoto, hombre, a la vez, curioso, crédulo y tímido, profesaba igual respeto por todas las tradiciones y creencias, cualesquiera que fueran el tiempo y los pueblos a que pertenecieran; pretendía, como nos enseña él mismo, escribir lo que había oído decir de cada uno[1]. Hizo en este trabajo, según parece, total abstracción de cualquier juicio individual. Cuando se atreve a confesar que una anécdota le parece dudosa, añade con cuidado que, quizá, otro la encuentre verosímil[2]. Es conocida su superstición; se encuentran pruebas en cada página. ¿Anuncia

Hipias a los habitantes de Corinto que tendrán que sufrir mucho por parte de los atenienses? Ningún hombre, añade Heródoto, poseía un conocimiento mejor de los oráculos[3]. Pero Hipias, expulsado con toda su familia por los ciudadanos de Atenas, tenía un claro interés en representarlos ante los atenienses como enemigos peligrosos. Sin embargo, Heródoto prefiere rendir homenaje a una ciencia sobrenatural antes que reconocer el lenguaje de un tirano fugitivo, calumniador, como hacen todos sus compatriotas. ¿Atribuyen los habitantes de Potidea, sitiados por Artabazo, un accidente en el que mueren muchos persas a la cólera de Neptuno, que se venga así de quienes habían insultado a su estatua? Heródoto se apresura a dar su asentimiento a esta explicación[4]. Piensa que si ninguno de los vencidos, después de la batalla de Platea, intentó refugiarse cerca de los altares de Ceres, es que la diosa les prohibió la entrada, porque habían entregado a las llamas su templo de Eleusis[5]. Cuando habla del culto y de las fábulas, lo hace con continuo temor; pide perdón de cuanto escribe a los dioses, a los héroes y a los sacerdotes[6]; renuncia, por escrúpulo, a omitir algo, a desechar algo, a profundizar en algo, a explicar algo. Semejante historiador debía de confundir todas las doctrinas, sin distinguir su fecha y sin observar sus contradicciones. Debía de ser el Hesíodo de la historia, y lo fue.

Hallamos en sus relatos, en primer lugar, el carácter de los dioses homéricos. Minerva emplea ante Júpiter las plegarias y las razones (son sus propias palabras), sin lograr doblegarlo[7]. Creso, en la hoguera, suplica a Apolo contra la desgracia que lo amenaza y le recuerda sus numerosas y valiosas ofrendas[8]. El discurso de este príncipe no es otra cosa que la traducción en prosa del de Crises, en el primer libro de la *Ilíada*. Júpiter persigue con una furia implacable a los descendientes de Frixos, porque Citísoro, su hijo libera a un desdichado al que los aqueos querían sacrificar[9]. Los dioses legitiman el asesinato de Candaules por Giges, y reciben los presentes del asesino con benevolencia[10]. Atribuyen el éxito de sus empresas, no a la justicia, sino a cosas indiferentes y a la ejecución de sus órdenes arbitrarias; por ejemplo, en la guerra de los lacedemonios contra Tegeates, al traslado de los huesos de Orestes a Esparta[11]. Sus oráculos son embusteros y funestos, y los apodos que se da a varias divinidades aluden a su perfidia. Heródoto, al citar estos apodos, no intenta explicarlos, como hacen escritores posteriores. Cuando habla de Júpiter Apatenor, se refiere, sin duda, a Júpiter Embaucador[12]. Sus expresiones sobre el celo de los dioses son formales y precisas, aunque eruditos modernos hayan querido hacer su apología sobre esto[13]. No sólo atribuye a Solón una opinión injuriosa contra la justicia divina, cuando pone en boca de Creso que los dioses envidian la felicidad de los hombres y disfrutan perturbándola[14], sino que también añade, en su propio nombre, que la cólera de estos dioses estalló contra este príncipe de una manera terrible, como castigo de lo que se consideraba el más feliz de los mortales[15]. Vuelve con frecuencia sobre esta idea. Dios, en su celo, envía a los hombres el terror o los castiga con la ceguera[16]; y si la vida aparece salpimentada con algunos placeres, es para hacer más penosa su privación[17].

Si comparamos esta opinión de Heródoto con la de Platón[18], que dice que la envidia no existe entre los dioses, o la de Plutarco[19], que declara que la naturaleza divina es incompatible con el celo, el temor, la cólera y el odio, o más tarde la de Amiano Marcelino[20], que considera la caída de los grandes como un acto de la justicia celeste, no podremos ignorar el cambio que el progreso había traído.

Heródoto ofrece, al mismo tiempo, casi siempre una doble explicación de los hechos que cuenta. Es una nueva y sorprendente semejanza de este historiador con Hesíodo. Así, por ejemplo, después de haber dicho que los dioses castigaron a Creso por la confianza que su prosperidad le había inspirado, cargó con el castigo, dice en otra parte, por el crimen de su abuelo, asesino de su dueño legítimo[21], de modo que, él atribuye la caída de Creso, en la primera hipótesis, al celo, y en la segunda, a la justicia divina. Singular justicia, en verdad, pues estos mismos dioses habían ordenado a los súbditos de Candaules que se sometieran a su asesino, al que así había recompensado del atentado del que castigaba a la posteridad[22].

En varios relatos de Heródoto, la religión se perfecciona por el desarrollo de las ideas humanas.

Unas veces los dioses reciben del hombre lecciones de moral a las que deben acomodarse, como por pudor; otras, castigan a los adoradores por haberlos ultrajado por cuestiones o plegarias que los suponía malos o mercenarios.

Pactias, lidio sublevado contra Ciro, se refugió en Cima, ciudad de Eolia; los habitantes consultaron al oráculo de las Branquidas para saber si tenían que entregar al fugitivo al rey de Persia que lo reclamaba. El oráculo les aconsejó la extradición de este infortunado; por eso, uno de los principales ciudadanos, que desaprobaba esta respuesta, robó de su ejido los pájaros del templo. ¡Vaya!, respondió Aristodico, protegéis a vuestros suplicantes y nos ordenáis entregar a los nuestros. Sí, respondió el dios, para que, al ser culpables de una impiedad, perezcáis por ello con mayor rapidez y no volváis a consultar a los oráculos para saber si os está permitido cometer un crimen[23]. ¿Quién no ve aquí la amalgama de dos opiniones opuestas y sucesivas? El primer consejo del oráculo había sido sencillo y positivo; y, sin la astucia de Aristodoco, los moradores de Cima habrían seguido este consejo bárbaro. La segunda respuesta del dios no es más que una justificación tardía, que fue necesaria, e inventada después.

Otra anécdota nos muestra a los dioses que se perfeccionan progresivamente, pero sin dejar de permitir todavía a los hombres utilizar su venalidad y su perfidia. Cleomenes marcha contra Argos al mando de los espartanos y llega a las orillas de un río, en el territorio de los argivos. Enseguida, según la costumbre, ofrece sacrificios al dios de este río, para comprometerlo en la defensa de los ejércitos lacedemonios. Pero estos sacrificios son rechazados, y rinde homenaje a la lealtad del dios que no quiere traicionar a sus compatriotas[24]. En este relato, el intento del general espartano de seducir al dios mediante sus sacrificios prueba la opinión que existía de que estos medios de seducción eran eficaces. La resistencia del dios muestra que esta opinión comenzaba a debilitarse.

La historia de Glauco es parecida. Glauco consulta al oráculo de Delfos para saber si debe entregar un depósito que recibió bajo juramento; el oráculo le muestra la infamia del perjurio, y Glauco, horrorizado, renuncia a la iniquidad que tramaba; pero los dioses castigan su intención sólo en los descendientes más alejados[25]. Todo esto indica una fase de la religión en la que los hombres creían todavía que los dioses podían aprobar el crimen, pero en la que éstos comenzaban a indignarse de esta suposición como de un insulto.

La conducta de los habitantes de Quíos, que lograron, mediante un atentado contra la hospitalidad, una pequeña provincia de Misia, anuncia un paso más. No se atreven a ofrecer, en los sacrificios, ningún producto de este territorio. No consagran a ningún dios los pasteles amasados con el trigo de esta comarca; no esparcen sobre la cabeza de la víctima la cebada que recogen en ella. En una palabra, cuanto proviene de esta fuente impura es inmundo y desterrado de los templos y de los lugares sagrados[26].

Heródoto sufre así el ambiente que comienza a surgir. Intenta atormentado colocar, al lado de los hechos, a pesar de las tradiciones, alguna causa que haga honor a la justicia del cielo. Se complace en mostrarnos a Cleomenes castigado con la pérdida de su razón por haber despojado a Demarato del trono, corrompiendo a la Pitia. No quiere que se asigne otra causa al frenesí de Cleomenes[27]. Los espartanos lo atribuyen, dice, a la costumbre de embriagarse que había contraído con los escitas, pero yo creo que pagó este castigo a Demarato[28]. Arcesilao, rey de Cirene, recibe la muerte como precio de su crueldad contra enemigos indefensos[29]; Feretima, su madre, por haber vengado a su hijo con excesiva inhumanidad[30]: tan cierto es, prosigue el historiador, que los dioses aborrecen y castigan a los que llevan demasiado lejos su resentimiento[31].

Estas afirmaciones de Heródoto presentan la impronta de la revolución que se había operado en las nociones religiosas, con tanta mayor claridad cuanto más contrastan con las leyendas precedentes. En la historia de Arcesilao, por ejemplo, este príncipe es objeto de la cólera de los dioses, no por haber cometido una acción bárbara, sino por no haber comprendido un oráculo[32]. El propio Heródoto lo reconoce. Fue víctima, dice, de su desobediencia, o voluntaria, o involuntaria[33]. Pero, después de haber pagado este tributo a las opiniones anteriores, el historiador vuelve a las opiniones de su tiempo, y ve equidad allí donde las generaciones anteriores sólo veían poder.

Pasemos ahora de Heródoto a los historiadores que le sucedieron; veremos entre ellos y él el mismo intervalo que, a nuestro parecer, separó a Píndaro de Hesíodo.

Entre estos historiadores no colocaremos a Tucídides; este célebre ateniense no se ocupa casi nada de la religión en su obra, y cuando habla de ella, lo hace con bastante desprecio. Parece que se adelantó en su siglo en lo tocante a la incredulidad.

Pero Jenofonte, en sus *Helénicas*, que escribió unos cien años después de Heródoto, atribuye siempre la buena y la mala fortuna a la cólera de los dioses, fundada en las virtudes y los vicios de los humanos. Reconoce, en verdad, que es propio de las naturalezas divinas doblegar a los poderosos y levantar a los débiles[34], pero no habla de la envidia de los dioses, y se debe concluir sencillamente de sus palabras que Jenofonte sabía, hace más de veinte siglos, lo que nosotros sabemos como él, que la injusticia y el poder van juntos. Cuando Tisafernes declara, haciendo caso omiso de los tratados, la guerra a los espartanos, Jenofonte nos muestra a Agesilao felicitándose de este acontecimiento. Tisafernes, dice, hizo a los dioses enemigos suyos, y su traición los vincula indisolublemente al partido de los griegos[35]. Cuando, en la expedición de los Diez Mil, los persas encarcelan a Clearco, Jenofonte promete la victoria a sus compatriotas porque la justicia está de su lado[36]. Esta doctrina aparece desarrollada con más claridad aún en el relato de la conspiración que libró a Tebas de la tiranía lacedemonia. Después de haber narrado el éxito de esta conspiración, tramada por los exiliados tebanos, los espartanos, dice, fueron castigados únicamente por aquellos con los que habían sido injustos. Hasta entonces, ninguna fuerza mortal los había podido vencer. Los dioses derribaron su imperio sin emplear otras manos que las de los desterrados, para dar una prueba memorable de su poder y de su equidad. Podríamos relatar, dice, otros muchos ejemplos semejantes, tanto entre los griegos, como entre los bárbaros. En ellos podría verse que los dioses no dejan nunca de castigar a los que ejecutan o proyectan crímenes[37]. Si la opinión de que los dioses eran los protectores de la moral no hubiese sido la opinión común, Jenofonte no la hubiese profesado, pues era, de todos los hombres, el más sumiso a los dogmas y a las prácticas de la religión de su país. Demostraremos en otro lugar esta verdad, cuando hablemos de él como filósofo.

La introducción de la moral en la religión coloca todos los hechos bajo una luz nueva, pues los hechos son propios de los historiadores y llevan siempre su huella. Los escritores posteriores a Heródoto asignan causas morales a los acontecimientos a los que él no había asignado causa alguna. Al hablar de la destrucción de Síbaris por los Crotoniatas, dice simplemente que estos últimos tomaron esta ciudad[38]. Heráclides Póntico, discípulo de Platón y de Aristóteles, afirma que los sibaritas masacraron a los suplicantes y, por eso, atrajeron sobre ellos la cólera celeste[39]. Heródoto sólo ve en la muerte trágica de Polícrates un efecto de la envidia de los dioses. Amasis, nos dice, al tener noticias de que el tirano de Samos había encontrado su anillo, rompió con él toda comunicación, previendo que una felicidad tan completa atraería infaliblemente la furia de los inmortales, siempre enemigos de la prosperidad humana[40]. Diodoro, que escribió en otra época de la religión, atribuye al rey de Egipto un motivo más moral y más honroso. Amasis, según él, no ignoraba que un príncipe que gobierna injustamente no puede evitar el castigo destinado por el cielo a la tiranía[41]. Así, en este pasaje de Diodoro que, por lo demás, no es consecuente en sus opiniones religiosas, porque, en su tiempo, la religión estaba ya muy deteriorada, en este pasaje de Diodoro, decimos, los dioses son equitativos; en Heródoto, sólo son celosos[42].

CAPÍTULO 7

De la misma progresión en los trágicos griegos

Quizá alguien pueda extrañarse de que tratemos de estudiar un desarrollo progresivo en tres autores casi del mismo tiempo; pues los trágicos griegos murieron los tres en un intervalo de veinte años; pero si los primeros pasos de la inteligencia son lentos, según los obstáculos que halla, cuando comienza a ponerse en marcha[1], las modificaciones que experimentan las ideas religiosas son rápidas. Cuando ocurre la primera, la segunda se hace una necesidad; se suceden con una gran rapidez, y autores casi contemporáneos marcan, con bastante frecuencia, dos épocas diferentes.

Desde cierto punto de vista, entraría en nuestro tema remontarnos hasta el origen de la tragedia. La invención de las representaciones dramáticas debió de preceder al placer que suscitan en los espectadores, y, sin embargo, la esperanza de este placer es la única causa independiente de la religión que se pueda asignar a estas representaciones. Es un círculo vicioso del que la religión nos ayuda a salir; sus fiestas y sus ceremonias abrieron al genio una carrera a la que se lanzó con fuerza y de la que terminó por excluir a los que antes habían dado ejemplo. Éstos, para vengarse, proscribieron posteriormente lo que ellos mismos habían inventado.

En Grecia como en la India, la tragedia fue primero una composición religiosa, y el acto de asistir a ella, un acto de culto, por eso, este espectáculo importado del extranjero era a la vez horroroso y grotesco, mezcla que pertenece eminentemente al espíritu de los sacerdotes, y del que vemos algunas huellas en las farsas de Aristófanes, que, durante tanto tiempo, fueron de difícil explicación para los modernos. Los animales figuraban en las fiestas de Rama, a menudo semidioses y semihombres; en los primeros ensayos de los griegos, en las fiestas de Baco, los Sátiros ocuparon el lugar de los osos y de los monos de la India.

El genio de los griegos no tardó en rechazar esta amalgama informe. Poco después de Tespis, los Sátiros dejaron de aparecer en la escena griega. La mitología continuó proporcionando el fondo de los dramas; pero cuanto había de sacerdotal, las monstruosidades de los dioses, las orgías, las luchas cosmogónicas fueron desapareciendo poco a poco. Se las ve aún en una de las obras de Esquilo; pero no se vuelven a ver en las de Sófocles. Los misterios de los que hablaremos en el libro siguiente son, para estos dos poetas, como para Eurípides, que representa, por lo demás, una categoría totalmente diferente, la ocasión de numerosas alusiones; pero la parte especialmente sacerdotal de los misterios está mucho menos presente que su parte moral, y ésta misma se muestra con una perspectiva distinta. Los trágicos la depuran sin dudar: toman de ella sus máximas y su teoría y la separan de las prácticas y de los deberes facticios que, en los misterios, la desnaturalizaban y la mancillaban[2]. Las grandes bases de la moral religiosa, la sumisión a los dioses, la necesidad de una vida intachable, la doctrina de la entrega y del sacrificio aparecían corrompidas por la contaminación del espíritu sacerdotal. Los trágicos, a los que no dominaba este espíritu, libraron de esta contaminación la moral y la tragedia.

Desgraciadamente, estas investigaciones nos llevarían demasiado lejos; no podemos olvidar que nos ocupamos principalmente de la influencia popular de las creencias y del modo como esta influencia se modifica por el progreso. Si nos dedicáramos a investigar los préstamos tomados, sobre todo por Esquilo, de las mitologías extranjeras, repetiríamos inútilmente lo que se dijo[3] del triunfo del espíritu griego sobre los dogmas importados por las colonias y navegantes, y[4] sobre los elementos constitutivos del politeísmo de Grecia. Debemos rechazar igualmente cuanto sólo tuviese relación con las sectas de filosofía que los trágicos habían adoptado[5]. Por otra parte, tendremos que tratar este tema con amplitud cuando contemos, en una obra que completará ésta, la caída del politeísmo y la parte que los filósofos, a partir de la escuela jónica, tomaron de este gran acontecimiento intelectual. Ahora, por interesantes que estas digresiones pudieran parecer desde el punto de vista histórico, filosófico o literario, tuvimos que prohibírnoslas. No podemos decir nada superfluo, cuando apenas tenemos tiempo y espacio para lo necesario.

Debe de haber más contradicciones sobre el carácter de los dioses en la tragedia que en la epopeya. Aquí el carácter se da a conocer por acciones, mientras que, en los trágicos, se manifiesta por axiomas que, en boca de interlocutores interesados o apasionados, cambian según las pasiones o los intereses de los personajes; unas veces, quieren engañar a quienes los escuchan; otras, se engañan a sí mismos; y otras, dicen otra cosa distinta de lo que creen, o intentan creer sólo lo que desean. El carácter de los dioses es práctico en la epopeya, y teórico, en la tragedia.

Otra circunstancia que hace el testimonio de estos últimos más o menos sospechoso son sus alusiones a las intrigas, a las costumbres, a los abusos que están presentes en los espectadores. Impacientes por arrancarles aplausos instantáneos, los poetas dramáticos prestan a sus héroes opiniones más avanzadas que las de su siglo. Así, descubrimos en Esquilo un esfuerzo constante por colocar a Atenas por encima de Delfos, incluso desde el punto de vista religioso, intento que se armoniza mal con el respeto que inspiraba a toda Grecia esta ciudad santa, centro de su creencia, y con la que todas las tribus rivalizaban en deferencia y veneración; más lejos, el poeta prodiga al Areópago elogios que no venían a cuento en el tema de la obra, pero que eran la defensa anticipada de este tribunal augusto, cuya autoridad, ya débil, debía sucumbir bien pronto con Pericles[6]. Sófocles elige preferentemente, en las tradiciones relativas a Edipo, las que más hacen resaltar la piedad de los atenienses, la dulzura de sus costumbres y su respeto por los que suplican[7]. Una de sus tragedias[8] sólo tiene como objetivo celebrar a Teseo, el héroe favorito de Atenas, y, para motivar mejor sus alabanzas, el poeta pone en boca del hijo de Egeo máximas de moderación y de moral que, seguramente, no profesaba en absoluto el Teseo de las fábulas antiguas[9]. No es que el inconveniente carezca de ventaja, pues, si estas alusiones que alteran la verdad histórica no representan bien el siglo del héroe, representan mucho mejor el siglo del autor.

Esquilo florecía casi en la misma época que Píndaro. La religión, sin embargo, no parece tan avanzada en las tragedias del primero como en las odas del segundo. Si otorgásemos a su *Prometeo* una fe implícita, retrocederíamos hasta la *Ilíada*. El pensamiento dominante de este drama, tan deslumbrante de sobria belleza y tan horroroso en su concepción, es el odio de Júpiter hacia el hombre[10]. Este señor del trueno es cruel, despiadado, ingrato, pérfido y feroz en sus mismos amores[11]. El Olimpo se representa como su presa[12]. Lo gobierna con leyes terribles que él solo promulga, y amenaza con su lanza a los dioses que destronó[13]. Es un usurpador advenedizo que conquistó el trono por un parricidio[14]; los demás dioses lo detestan[15]; la antigüedad cede ante sus decretos arbitrarios y se doblega temblando a su voluntad culpable[16], pues, nos dice Esquilo, el nuevo señor y dueño es siempre duro[17]. En esta obra, los dioses son tan semejantes a los mortales que la caída de Júpiter se anuncia como deseable y como posible[18]. El lenguaje de Prometeo es el del jefe de una facción vencida, en una revolución política[19]. Desafía al hijo de Saturno, como si su reinado fuese pasajero[20]. Los tiempos cambiarán, dice, y enseñarán al propio Júpiter a conocer la desgracia[21]. ¿No vi ya a dos soberanos expulsados del imperio de los cielos[22]? Júpiter, cargado de la maldición paterna[23], perderá este imperio a manos de uno de sus hijos[24], y prefiero sufrir, encadenado a esta roca, que ser su esclavo[25].

Incluso en las otras tragedias de Esquilo, los dioses están prestos a traicionar a sus adoradores[26]. Utilizan contra el hombre la astucia y la mentira[27]. Abandonan las ciudades cuando caen en manos enemigas[28]; sólo los sacrificios consiguen retenerlos[29]. Agamenón, cuando se viste con su manto de púrpura, teme que tanto esplendor excite su celo.

Pero, para juzgar a Esquilo con conocimiento de causa, no debe olvidarse su carácter personal. Su genio impetuoso, a veces salvaje, lo traslada fácilmente a épocas más tormentosas de la religión y, por consiguiente, más pintorescas. Parece añorar el caos del que se ve obligado a salir. Estas fuerzas cosmogónicas, que bullen en el abismo, impacientes por producir y engullir lo que ellas mismas crearon, estas cosas terribles, estas luchas de la naturaleza, estas pasiones desenfrenadas, trasladadas al mundo moral como una herencia del antiguo desorden del mundo físico agradan a esta imaginación poderosa que se siente con fuerza para dominarlas. Y a Esquilo, Titán él mismo, le gusta medirse con los Titanes.

Añadid a estos rasgos primitivos la exaltación de las ideas republicanas. Esquilo componía sus tragedias en el momento en que el rey de Persia, al frente de un millón de esclavos, amenazaba de nuevo con invadir Grecia; y el poeta, que, en Maratón, había combatido con valentía por su patria, reproducía en sus versos este horror contra la esclavitud y este amor por la libertad, que habían presidido siempre sus hazañas.

De ahí nace esta disposición orgullosa e inquieta que influyó en su vida privada y en sus obras, y que lo llevó lejos de esta Atenas que había defendido, cuando un fracaso en su creación literaria le hizo odiosa su permanencia[30]. Esta disposición se manifiesta no sólo en sus ideas, sino también en su estilo, cortado, a menudo áspero y extraño. El estruendo de la tormenta se prolonga cuando ésta comienza ya a amainar. El mismo carácter distingue las pompas con que Esquilo acompaña sus representaciones teatrales. Esas pompas colosales llevan la impronta de un universo gigantesco. Se sabe el efecto sorprendente que produjo en las mujeres que asistían al espectáculo la aparición de las Furias[31].

Y sin embargo, observadlo bien, su siglo obliga a nuestro poeta a pintar una religión más suave y bondadosa y a dioses más justos. Las opiniones contemporáneas le obligan a desarmar a estos Titanes, a estos monstruos de cien brazos y cien cabezas, y a ofrecer a los griegos que lo escuchan formas menos horribles e ídolos mejores. Sabe utilizar, casi a su pesar, estos poderes largo tiempo dominadores, para el triunfo de la eterna equidad; y estas divinidades, en otro tiempo temibles, se hacen bienhechoras de los hombres a los que perseguían antiguamente con sus enemistades encarnizadas.

No se debe contemplar aisladamente cada una de las tragedias de Esquilo. Hace falta reunir varias para formar un todo completo y regular.

Agamenón, por ejemplo, *Las Coéforas* y *Las Euménides* componían una trilogía destinada a mostrar, primero, el crimen triunfador; luego, este crimen castigado por otro crimen; finalmente, la expiación de este último atentado que pone fin a las calamidades y a los atroces crímenes de la familia de Atreo.

Igualmente, el *Prometeo* que poseemos no es más que una tercera parte de la historia de Prometeo. Esquilo lo había presentado como el bienhechor de la especie humana; luego, como perseguido por los dioses, irritados por los favores que otorga a los mortales, y el *Prometeo liberado* concluía el drama mostrando a este héroe liberado por Hércules y haciendo las paces con Júpiter y con los hombres, sus protegidos.

Pensamos que estas trilogías son la expresión clara de la marcha del politeísmo griego, ya que, en el mismo poeta, se suceden las tradiciones, cada vez menos groseras, pues las costumbres se suavizan y las ideas se depuran. De este modo, lo que, en Hesíodo, era una contradicción, es un progreso en Esquilo, y vemos que, después de habernos presentado las violencias de los dioses homéricos en su espantosa desnudez, el mismo autor coloca la moral bajo la égida de esos dioses perfeccionados. La divinidad que los mortales llaman la Justicia es la hija de Júpiter[32]. Los culpables se jactan en vano de que los dioses se olviden de las cosas humanas[33]; en cambio, su Providencia vela por la casa de los hombres virtuosos[34]; las plegarias de los malos no pueden doblegarlos[35]. Es una ley antigua y sagrada: la sangre que enrojece la tierra exige y obtiene sangre[36]. Nadie cambia impunemente la inocencia por el crimen[37]. Finalmente, el canto en el que las Furias anuncian los males que cubrirán el mundo, si se las desanima y dejan de castigar el crimen, es un alegato poético a favor del apoyo que la religión presta a la moral, pues, dice el poeta, los crímenes contra los hombres son la consecuencia inevitable de la impiedad hacia los dioses[38].

Si es cierto, como cuenta Quintiliano, que los atenienses, al encontrar aún en Esquilo cosas repugnantes, habrían autorizado a los poetas posteriores a corregir sus obras, permitiendo que, así corregidas, pudiesen competir con las de los autores vivos[39], sería otra explicación de las diversas máximas que se encuentran en ellas; pero esta explicación nos llevaría siempre al mismo resultado.

Estudiad con atención la Minerva de Esquilo y comparadla con las Minervas precedentes: veréis enseguida la progresión. Existen claramente tres Minervas en la religión griega: la de la *Ilíada*, la de la *Odisea* y la de Esquilo en *Las Euménides*. Esta última es el tipo del carácter ideal de los dioses, tal como el progreso de las luces lo había hecho como en Sófocles, el de Teseo es el tipo del carácter ideal de los héroes.

Cuando se pasa de Esquilo a Sófocles, parece que uno llega a un cielo más sereno y se respira un aire más puro. Se siente hacia los dioses inmortales una confianza desconocida hasta entonces. Sófocles es el poeta más religioso de la Antigüedad: posee toda la gracia de la India, toda la pureza y gusto de Grecia. Al leer *Edipo en Colono* y *Antígona*, uno se siente reconciliado, por así decir, con el politeísmo, por lo majestuosas que son sus formas, elevada y noble su moral, útiles sus dogmas, y diremos que casi razonables[40].

La naturaleza retoma en Sófocles su armonía y su sosiego; por doquier reina el orden y la mesura. Si, pese a su voluntad, el poeta debe acudir a tradiciones injuriosas para los dioses, enseguida las suaviza o añade algunas palabras que las excusan o las alaban. Hércules sigue asesinando a su huésped[41]; pero Júpiter se indigna por ello. Vimos[42] que el crimen de Hércules, en la *Ilíada*, sólo había provocado la indignación de Homero, no la de Júpiter.

El coro, que es siempre el órgano de la opinión pública, celebra siempre, en Sófocles, la equidad de los dioses, exaltando su omnipotencia[43]. Promete a Electra que Júpiter, al que nada se le escapa, castigará a sus opresores[44]; los culpables, dice, no escaparán a la venganza de Temis celeste[45]; Plutón, Proserpina, Mercurio, las Furias de los perros rabiosos, persiguen, en todos los lugares, al homicida y al adúltero[46]. Júpiter es el padre de las leyes que crean la felicidad entre los hombres[47]. En cuanto los mortales, vigilantes y justos, perciben los crímenes, preparan su castigo[48]; y si Polinices sigue impune, es porque su mirada no se volvió todavía contra este hijo rebelde[49].

Si, a veces, parece que Sófocles retrocede hacia opiniones menos depuradas, esta acción retrógrada se aplica a los ritos más que a las máximas. Así como, en Esquilo, Clitemnestra mutila el cuerpo de Agamenón que acaba de asesinar, para evitar la cólera de sus manes[50], en Sófocles, limpia, con los cabellos de su esposo, el hierro ensangrentado que sacó de su pecho, para que la sangre caiga sobre su cabeza[51]; Edipo se saca los ojos para no tener que ver a su padre y a su madre en la otra vida[52]. Se ven, en estos detalles, las costumbres de las hordas salvajes. En el *Alcestis* de Eurípides, los dioses infernales beben aún la sangre de las víctimas funerarias[53], lo cual no es más que una ligera modificación de la descripción de Homero que hace que las sombras mismas beban esta sangre. En fin, cosa más extraña, en Virgilio, Deífobo, a quien los griegos cortaron la nariz, las orejas y las manos, se oculta avergonzado para no aparecer así desfigurado en los infiernos[54]. Existe, en el hombre, una lucha perpetua: las costumbres, los recuerdos, todo el pasado se confabulan contra él para llenar de obstáculos su camino hacia el futuro; pero, no por ello, deja de seguir este camino, y la prolongación de los ritos, formas materiales que se conservan después de que se modificaran las opiniones, sólo desmiente en apariencia la modificación que se realizó.

Nada parece más escandaloso, en un primer momento, que la segunda escena de *Áyax*, en la que Minerva insulta, de una manera indigna, a su desgracia, y en la que Ulises, al que ella protege, da muestras innobles de una cobardía ridícula. ¡Pero con qué arte admirable borra el poeta esta impresión para sustituirla por una lección más satisfactoria y más moral, cuando Ulises, el enemigo de Áyax, reclama de los griegos irritados la sepultura del héroe convertido en su propia víctima! Es la moderación, el olvido de la injuria, la piedad por el infortunio, el respeto hacia los muertos, son los sentimientos generosos personificados y sancionados por la religión, en los rasgos de Minerva.

Esta mesura tan sorprendente, estos miramientos tan delicados, aparecen también en la descripción de las Furias. Esquilo las presenta ante el público feroces, sedientas de sangre, y sólo después de que la expiación las ha desarmado, el género humano respira seguro[55]. Sófocles las oculta a la mirada de los espectadores. Incluso evita a sus oídos estos terribles nombres. Los reemplazan circunlocuciones poéticas. En Esquilo, estas divinidades salen de los infiernos, inexorables y despiadadas. En Sófocles, se retiran al fondo de un bosque sagrado. Las apacigua el hálito perfumado de los vientos: descansan en el silencio, hasta que nuevos deberes despiertan su actividad contra los moradores de la tierra[56].

Las nociones recibidas sobre la justicia de los dioses, aunque admitidas y profesadas por Esquilo, aparecen mucho menos en sus obras, componen en ellas un todo mucho menos uniforme que en las tragedias de Sófocles. El poeta habla sin escrúpulo de los crímenes de los dioses. La moral es una teoría que la práctica contradice con frecuencia. El temible tribunal que buscamos inútilmente en Homero, y que ya vimos constituido en Píndaro, es ya un hecho en los dos trágicos: pero todo es sorprendente en Esquilo. Plutón, juez poderoso de los mortales, ejerce en los infiernos la venganza tardía[57]. Se trata siempre del suplicio de los perversos. En Sófocles, Antígona espera la felicidad de los justos: la amistad de las sombras, responde a la tímida Ismena, no será más duradera que el favor de los vivos[58].

En Esquilo, los dioses se hacen temer. En Sófocles, se hacen amar; y es un progreso innegable este paso del temor al amor. La religión se identifica con la poesía de Sófocles mucho más que con la de Esquilo. Éste la presenta amenazadora en la oscura noche, que arroja llamas repentinas con el rayo y el relámpago. El otro, mediante matices armoniosos, la asocia con el astro del día; el azul de los cielos es más brillante, sin, por eso, ser menos apacible. Si no temiésemos aventurar una comparación demasiado profana, diríamos que Esquilo es, de alguna forma, el Antiguo Testamento del politeísmo; Sófocles es su Evangelio.

Aunque el objetivo de ambos poetas es el mismo, sus medios son diferentes. Esquilo, en *Las Euménides*, así como Sófocles en *Edipo en Colono*, buscan representar a Atenas como la ciudad guardián de las leyes, la mansión privilegiada de una raza superior, el baluarte ante el que se detiene el poder injusto, el santuario donde se expía el crimen involuntario o el crimen del que uno se arrepiente. Pero, en el primero, los dioses pronuncian una sentencia revestida de formas casi judiciales; en el segundo, la supremacía de la ciudad de Minerva penetra más lentamente, pero más profundamente, hasta el fondo del alma, mediante una serie de sentimientos y de emociones religiosas, que un prodigio completo, sin interrumpirlos ni perturbarlos.

Esquilo parece el esclavo rebelde de su siglo. Sófocles es su noble intérprete, siempre fiel y escrupuloso; y, por un privilegio desgraciadamente muy raro, la carrera de este gran poeta fue digna, en todo, de su talento. Ciudadano del país más instruido del mundo antiguo, dotado de las ventajas del nacimiento, de la fortuna y de la belleza, llegó a todos los honores, conquistó todas las glorias. Elegido en su adolescencia para celebrar, al frente de sus jóvenes compañeros, la victoria de Salamina; pontífice y general, colega de Pericles y de Tucídides, en su edad madura; defendió, santificó, ilustró a su país. Mientras que el irritable Esquilo buscaba, como el ávido Píndaro, el patrocinio de un tirano, Sófocles rechazaba las invitaciones de los reyes bárbaros[59]. La vejez misma, cuando llegó, quiso respetarlo. Llegó sola, sin el cortejo horroroso de las enfermedades que la acompañan. La ingratitud de sus hijos sólo fue para Sófocles el motivo de un nuevo triunfo. Se diría que los dioses de este politeísmo que él hacía tan noble y puro, mostraron con él reconocimiento, pues lo colmaron de todos sus favores. Lo más sorprendente de estos favores fue, sin duda, el de ahorrarle el doloroso espectáculo de la decadencia de su patria: apenas se habían cerrado sus ojos cuando, en Atenas, murió la libertad, a mano de los extranjeros, y el salvaje espartano impidió que el cuerpo del poeta fuera depositado en la tumba de sus antepasados.

Para juzgar el politeísmo en su infancia, debemos detenernos en la *Ilíada*[60]. Para ver sus primeros avances, hay que leer a Hesíodo. Esquilo nos lo presenta en sus depuraciones sucesivas aún discutidas; si queremos conocerlo en su perfección, se debe consultar, sobre todo, a Sófocles.

CAPÍTULO 8

De Eurípides

Al principio, nos propusimos no hablar de Eurípides: es un pintor tan poco fiel de la religión griega, un autor tan ajeno a cualquier exactitud y escrúpulo que no creemos que se deba invocar su testimonio para casi nada. Es, a la vez, incrédulo y retórico. En consecuencia, lejos de complacerse en el perfeccionamiento de la religión, le gusta exagerar sus aspectos débiles. Sin embargo, el lector nos habría reprochado una laguna, y no hemos querido merecer esta censura. Pero, para mostrar la desconfianza con que se debe consultar a este tercero de los trágicos griegos y qué tipo de luz puede arrojar sobre algunos detalles, debemos hablar primero de su carácter individual, de las circunstancias de su vida privada, del talento con que lo dotó la naturaleza y de la aplicación de este talento a la tragedia.

La historia del arte dramático en Grecia, aunque limitada, como observamos anteriormente, a un reducido espacio de tiempo, puede dividirse en tres épocas. Durante la primera, el genio se adentraba en el camino, rápido y fogoso, pero sin dirección fija. Durante la segunda, aprovechaba las experiencias y las faltas de sus antecesores. En la tercera, sintiéndose la necesidad de la novedad, se agitaba al azar, intentando brillar por todos los medios. Esquilo y Sófocles corresponden a las dos primeras; Eurípides, a la última.

Esta circunstancia, por sí sola, debía convertir sus cuadros en algo falto de verdad y exactitud, pero su carácter particular se sumaba a la influencia de la causa general.

Eurípides poseía varias cualidades brillantes, la elocuencia, la imaginación, una movilidad extrema, que se asemejaba a menudo a la sensibilidad, una notable flexibilidad, una ironía poderosa y profunda: desde este último aspecto, *Medea* es una obra maestra. Su escena con Jasón[1], su amargura con el anciano al que un instinto confuso advirtió que protegiera a sus hijos contra ella[2], sus retornos al amor maternal, cuando ella está presta a coger la espada que debe inmolarlos[3], conmueven al lector mismo hoy hasta el fondo del alma, a pesar de la ausencia de la ilusión teatral. Pero a estos dones de la naturaleza, Eurípides unía un espíritu inquieto, una vanidad ilimitada, una excesiva avidez por los aplausos, un sentimiento poco seguro y poco delicado con los usos y costumbres. La verdad de las costumbres, de las opiniones, de los hábitos, le parecían objetos subalternos. Las tradiciones antiguas le parecían una propiedad de los poetas; y más de una vez, desde más de un punto de vista, las consideró como de su propiedad[4].

Podríamos pensar que había querido dedicarse primeramente a los asuntos públicos, aunque la Antigüedad no nos diga nada concreto sobre esto. Se había ejercitado en la oratoria, y sus continuas alusiones contra los oradores, los demagogos, la democracia, el pueblo de Atenas, en una palabra, contra todas las instituciones de su patria, anuncian un amor propio herido. Los defectos, las pretensiones, las cualidades incluso de Eurípides se oponían a sus éxitos en la carrera de la ambición. Pero, probablemente, sólo renunció a ella con pesar; ¿y quién puede, en efecto, renunciar sin dolor, en un Estado libre, a las adhesiones de sus conciudadanos, a los disfrutes del poder, a los placeres de la popularidad? Otra cosa muy distinta ocurre cuando sólo un hombre gobierna. En este caso, uno se resigna a no cautivar la opinión de un hombre, y uno se consuela por ello.

Sea lo que fuere de estos primeros sentimientos de Eurípides, lo que es seguro es que, antes de consagrarse a las letras, propiamente dichas, quiso, al parecer, dedicarse a la filosofía. Fue, durante algún tiempo, discípulo de Anaxágoras y de Arquelao; pero abandonó pronto sus investigaciones abstractas y cansinas, ya porque se asustase de las persecuciones que había padecido Anaxágoras, ya porque lo sedujera la esperanza de los aplausos más ruidosos e inmediatos que esperaba obtener de las creaciones teatrales. Sólo conservó de sus estudios filosóficos el hábito de los axiomas que coloca a cada paso en boca de sus interlocutores. Por lo demás, en sus trabajos literarios, se dejó ver una disposición siempre amarga y siempre malcontenta; vinieron a fortalecerla éxitos equívocos. Autor, al menos, de setenta y cinco obras, fue premiado, a lo más, cuatro o cinco veces[5]. No sólo lo aplastó el recuerdo de la superioridad de Sófocles, sino que también tuvo que vérselas con rivales que lo superaron a menudo[6]. Lo persiguieron y humillaron las burlas audaces de Aristófanes. Se dice que problemas domésticos se unieron a los sufrimientos de su vanidad, y la infidelidad de una esposa fue la causa de su odio y de sus invectivas contra las mujeres. Murió lejos de su país[7], que rindió a su memoria un inútil y tardío homenaje.

Al ser siempre igual el avance del espíritu humano, encontramos entre nosotros las tres épocas de la tragedia, en Corneille, Racine y Voltaire. Pero Corneille es, con todo, mucho más diferente de Esquilo, y Racine, de Sófocles, que Voltaire lo es de Eurípides[8].

Eurípides y Voltaire tienen siempre un objetivo, distinto de la perfección de sus obras. Los dos siembran a manos llenas generalidades fuera de lugar[9]. Aluden intencionadamente a los usos, a la religión, a la política contemporánea. En una obra cuyo argumento es anterior, en ocho siglos, a la guerra del Peloponeso, el autor griego alude a la alianza de los argivos con los espartanos[10]; más tarde, injuria a los oradores[11], a los demagogos, a la democracia, cosas que no existían cuando Adrasto reinaba sobre Argos. En otro lugar, ofrece una digresión inesperada sobre el poder popular y la monarquía[12]. Y en otro momento, el mismo Teseo al que ya había embellecido Sófocles, y que, vencedor de los monstruos y de los bandoleros, no podía conocer más que el estado bárbaro, describe en versos llenos de pomposidad la historia filosófica de la civilización[13].

Eurípides hubiera podido hacer una tragedia como *Tancredo*, es decir, hubiera reunido, en la misma obra, una sensibilidad apasionada junto a este furor de máximas y de declamaciones que llevó a Voltaire a poner en boca de una joven, cuando ésta se entera de que su amante busca la muerte en medio de la refriega, una disertación sobre los derechos de las mujeres y sobre la injusticia que produce al final la independencia. Así, en *Hécuba*[14], esa madre desdichada que pide a Ulises la vida de su hija, hace una digresión contra los oradores que engañan al pueblo; y, más tarde, mientras llora la muerte de Polixeno, se detiene a examinar la influencia de la educación sobre la juventud[15].

Si no temiésemos alejarnos demasiado de nuestro tema, señalaríamos otras relaciones entre Eurípides y Voltaire; los dos terminan sus tragedias con reflexiones morales, que muestran la necesidad de ofrecer un resultado que arranque los aplausos[16]. En el autor francés, igual que en el griego, los interlocutores no hablan entre sí, sino para el público. La naturaleza y la verdad se sacrifican continuamente a este objeto. Menelao, en Egipto, que trae la falsa nueva de su propia muerte al rey de esta comarca, no responde nunca a sus preguntas lo que razonablemente debería responderle. Su lenguaje está lleno de equívocos amanerados, en sentido contrario de lo que pide su situación. Sólo tiene en cuenta la atención de los espectadores; y, para complacerlos, arriesga su seguridad, es decir, toda verosimilitud[17]. Orestes, en *Electra*, al presentarse en escena disfrazado, proscrito, pensando en vengar a su padre y matar a su madre, y, recorriendo en treinta versos las diferentes situaciones de la vida[18], nos recuerda a Alcira, y el tratado que hace sobre el suicidio, cuando su amante acaba de asesinar a su esposo.

Sófocles compuso una *Electra*, igual que Eurípides; la comparación de estas dos obras se presta perfectamente para conocer la diferencia de los dos poetas. En Sófocles, el parricidio es efecto de un destino irresistible. En Eurípides, este parricidio es premeditado; se discute sobre él en el escenario porque Eurípides no puede privarse nunca de una discusión, y este examen previo hace a este crimen mucho más repugnante.

Voltaire y Eurípides atacaron, en general, la religión, y los dos buscaron efectos trágicos en la religión misma, objeto de sus burlas. Al parecer, Eurípides hizo sus *Bacantes*[19] para consagrar el triunfo de la superstición más fanática, olvidando que, en otros lugares, alardeaba de incredulidad. Así escribió Voltaire *Alzira* y *Zaira*; y, para que la conformidad fuese más completa, el poeta griego, en una obra destinada a mostrar cuán terribles son los castigos de los dioses contra la impiedad, no puede privarse de las alusiones irreligiosas[20], igual que Voltaire comienza su tragedia cristiana con estos célebres versos, tan filosóficos y tan fuera de lugar:

> Yo hubiera sido junto al Ganges esclava de los falsos dioses,
> cristiana en París, musulmana en estos lugares.

Las obras de Eurípides, como las de Voltaire, no son, la mayoría de las veces, más que pretextos para alardear de su idea dominante: incluso su sensibilidad está subordinada a su intención sistemática. El filósofo se enfrenta continuamente al poeta y de ello surgen, no sólo inverosimilitudes que destruyen cualquier ilusión, sino también, y más a menudo, cierta monotonía en los caracteres, un retorno continuo a los mismos pensamientos, la ausencia, en una palabra, de esa imparcialidad dramática, sin la cual el arte no alcanza nunca la perfección. Cualquier literatura que tenga un objetivo fuera de sí misma puede ser más útil, más eficaz, como medio, pero siempre es menos perfecta que otra que sea ella misma su propio fin.

La tragedia de *Edipo Rey*, en Sófocles, y la de las *Bacantes*, en Eurípides, poseen la misma tendencia. Su resultado consiste en dar un ejemplo de la infalibilidad de los oráculos y del peligro de faltar al respeto a los inmortales. El destino atestigua la veracidad de los dioses, dice Creonte a Edipo; es la moral de la obra. La misma conclusión emana de la suerte de Penteo, en las *Bacantes*. Pero estas tragedias son diferentes, porque el carácter de sus autores era diferente. Sófocles había cumplido con las funciones más importantes, tanto militares como civiles, y esta práctica de la vida le había enseñado la mesura e impuesto la gravedad. Estaba penetrado de respeto por la religión, de amor por la constitución de su país. Eurípides, que no había recibido la educación sobre los asuntos públicos, sólo se quedaba, de todas las instituciones, con los inconvenientes. Incrédulo no podía utilizar el lenguaje religioso sin caer en el fanatismo. Sófocles ofrece, en *Edipo rey*, toda la seriedad, toda la serenidad de la convicción. Eurípides, al carecer de ella, carece de mesura. Se entrega, en las *Bacantes*, a la fogosidad, a la inconsecuencia, a la exageración de un hombre que nunca es advertido por el sentimiento que él experimenta del efecto que produce. Se podría hablar, en menor medida (porque Voltaire tenía más gusto que Eurípides), de la misma diferencia entre *Atalía* y *Zaira*[21]. Cosa extraña, la incredulidad de Eurípides no lo preserva del abuso de lo maravilloso. De las dieciocho tragedias que nos quedan de él, nueve terminan con la aparición de un dios en escena.

Los defectos de Eurípides no se deben, como los de Esquilo, a la ignorancia del arte o a vestigios de una vulgaridad apenas subyugada. Pertenecen en propiedad a sus ideas afectadas y ambiciosas. Son digresiones sin relación con el tema; descripciones extensas que destruyen cualquier verosimilitud; alusiones que privan a sus obras de cualquier colorido histórico y social; epigramas que se vuelven absurdos en boca de sus personajes. Hipólito arremete contra los oradores[22]. Orestes se pierde en ataques indirectos contra el gobierno de Atenas[23]. Andrómaca interrumpe sus lamentaciones para exclamar: las mujeres tienen la manía de quejarse continuamente del dolor que las atormenta y de llenar el aire con sus lamentos[24].

Cuando Esquilo nos hiere, su apología se basa en los recuerdos de las costumbres que habían existido. Pero lo que nos llama la atención en Eurípides no es conforme a las costumbres de nación alguna. Hécuba describe las caricias que Casandra, su hija, esclava de Agamenón, prodiga a este destructor de Troya[25]. Admeto reprocha a su padre, con una dureza innoble, que no quiera morir en su lugar[26]: son cosas inexcusables, no sólo como pintura de la naturaleza, sino también como pintura de las costumbres.

Se podría pensar que, cuanto más intentan los autores agradar al público, más deben perfeccionar el conjunto de sus obras; cuando su único fin es causar efecto, sólo trabajan, por así decirlo, sin ton ni son, y sólo se preocupan de las partes que mejor cautivan de modo inmediato a la multitud. ¡Mal cálculo! Para dominar a la multitud de una manera duradera, en literatura, como en política, el secreto más seguro es, con frecuencia, hacer poco caso de ella.

Así como en los poemas de nuestros días, el plan se sacrifica a los episodios y a las descripciones, de igual modo, en las tragedias de Eurípides, el fondo se sacrifica a lo accesorio. Las exposiciones son casi siempre miserables. Apenas puedo exceptuar la de *Andrómaca* que, por otro lado, es una de las tragedias más flojas de este escritor. Pero la exposición es clara y natural y muestra, desde los primeros versos, lo que los diversos caracteres deben ofrecer. Los coros apenas se relacionan con el tema de la obra. Por eso, se diría que el poeta fue consciente de ello. Eurípides les muestra más desconfianza que Sófocles. Unas veces los personajes los amenazan con la muerte, si los traicionan; otras, les hacen mil promesas para acallarlos. Sófocles no toma estas precauciones, porque sus coros son parte integrante de sus obras. Eurípides, por el contrario, se pone continuamente en guardia, sin darse cuenta, contra ellos, porque son intrusos, que sólo aparecen en escena para declamar[27].

Si fuera este el lugar de demostrar cuánto se aleja Eurípides del verdadero carácter de la Antigüedad, nos limitaríamos a citar algunos rasgos de su obra *El cíclope*. Esta obra es un conjunto de impiedades, de indecencias, de ocurrencias ingeniosas y de una inmoralidad escandalosa[28]. Es, en cierto modo, la *Juana de Arco* de los griegos, y es una nueva conformidad de Eurípides con Voltaire.

Los defectos de Eurípides no inspiran, pues, esa curiosidad que nos sostiene en la lectura de los autores antiguos, cuyas imperfecciones son también instructivas, porque llevan la impronta de su siglo y de su país. Los defectos de Eurípides son chocantes, como los de un autor moderno.

Sin embargo, quizá por esta razón misma, juzgamos a Eurípides más favorablemente de lo que parece haberlo sido en su tiempo. Como sucede a menudo en el mundo, es un vicio que merece nuestra indulgencia. De todos los trágicos griegos, es el menos nacional y, por tanto, más próximo a nuestras ideas.

Con talento, espíritu, movilidad, instrucción, verbo, se puede igualar a Eurípides. Pero si se sumasen todos los escritores que han existido desde el renacimiento de las letras y, probablemente, todos los que existirán, no se produciría un Sófocles. No queremos decir, como algunos escritores de hoy pretenden, que la especie humana se deteriora; pero las circunstancias de los modernos no crean en ellos ese sentimiento exquisito de la belleza ideal, con que el clima, las instituciones, la religión de Grecia llenaban a todos sus habitantes. Nuestras lenguas son más imperfectas, nuestro orden social más positivo, nuestros cálculos más restrictivos, nuestra existencia, a la vez, más monótona en su caminar y más agitada en su egoísmo: toda nuestra naturaleza, en una palabra, es menos poética. Seguramente, no es un mal; los griegos debían, en parte, su poesía a su ocio, su tiempo libre, a la esclavitud, que depositaba en una raza proscrita y degradada los trabajos mecánicos. Nos gusta más tener menos poetas y ya no tener esclavos.

El lector nos perdonará esta digresión sobre Eurípides, si piensa que era indispensable para explicar la confusión que reina en sus obras, sobre las opiniones religiosas; recorre todo el círculo de estas opiniones, las mezcla, las amalgama, sin tener en cuenta la verdad del atuendo o la unidad de los caracteres. Si sólo dispusiéramos, para entender la Antigüedad, de las tragedias de Eurípides, sería imposible conocerla en semejante caos. Este poeta es inexacto, tanto en las pequeñas como en las grandes cosas. Atribuye a todos los pueblos y a todos los siglos las costumbres de sus contemporáneos y de sus compatriotas. Para poner un ejemplo al azar, hace decir a Medea que una mujer que quiere tener un esposo debe aportarle como dote grandes tesoros[29]. Era la costumbre ateniense de los tiempos de Eurípides; pero en los tiempos heroicos y, por tanto, en la época de Medea, los maridos sólo conseguían a sus esposas mediante magníficos presentes. En su tragedia *Reso*, la catástrofe va unida a la presunción de Héctor[30]. Pero Héctor, en la *Ilíada*, tiene poco de presuntuoso.

También Sófocles cambia algunas veces el carácter de los antiguos héroes; pero lo hace para mejorarlos y embellecerlos. Teseo, en *Edipo en Colono*, habla de sí mismo con comedimiento, una modestia muy opuesta a las fanfarronadas de los héroes de Homero. Eurípides encontró en Homero un carácter noble y preclaro, pero no supo permanecer fiel a este carácter. Lo que Sófocles hizo para bien, Eurípides lo hizo para mal.

Por tanto, es un garante, como dijimos al comienzo de este capítulo, poco seguro sobre el estado de la religión griega, en el momento en que componía sus numerosas tragedias. Sin embargo, analizándolas con atención, se puede ver en ellas, a través de las inconsecuencias y de las inexactitudes del poeta, pruebas incontestables de los progresos de esta religión. «Yo creería que los dioses son insensatos», dice Clitemnestra, «si osase implorarlos a favor de un asesino. ¿Qué plegaria se atrevería a dirigir a los inmortales el asesino de sus hijos?»[31]. Aquí se ve, pues, la eficacia de las plegarias subordinada al valor moral de las acciones. Cuando Helena quiere justificar su adulterio, achacándolo al destino y al poder absoluto que Júpiter ejerce sobe los dioses mismos, Hécuba la acusa de calumnia: «Los dioses», le responde, «no son los autores de tus extravíos; ellos no te dieron el pernicioso ejemplo. La divinidad que te sedujo fue tu corazón pérfido y tu pasión insensata»[32]. Es casi la misma respuesta de Sócrates a Eutifrón, cuando éste se justifica de haber sido el acusador de su padre, diciendo que Júpiter castigó a Saturno.

De este modo, la razón lucha en cada momento contra las fábulas antiguas. Hércules rechaza todas las tradiciones desventajosas para los dioses[33]. No obstante, Eurípides las sigue recordando; pero no por respeto, sino por hostilidad: «Febo te ordenó el asesinato», dice Menelao a Orestes; «tú contabas con su asistencia. Ahora se comporta con len-

titud, como acostumbran aquellos a quienes se los llama inmortales»[34].
Apolo, a quien Pirro ofendió, lo deja morir en Delfos; y el mensajero
que narra este acontecimiento observa que el dios se acordó de una antigua disputa, y que se vengó como un mal hombre. «¿Podemos», añade,
«considerarlo, después de esta acción, justo o sabio?»[35]. «¡Oh dioses!»,
exclama Hécuba; «sin duda, estoy invocando a pérfidos auxiliares; pero
es un atisbo de esperanza rezar a los inmortales cuando nos alcanza la
desgracia»[36]. Polinices pide a Juno, Eteocles a Minerva, el terrible triunfo de matar a un hermano[37]. El corazón de Júpiter está lleno de envidia
contra Reso[38], y en *Orestes*, esta misma envidia se ensaña despiadada-
mente con todos los afortunados[39].

Pero estas reminiscencias no son un paso atrás en la creencia; son
un paso hacia delante en la irreligión. Las obras de Eurípides son las
primeras en las que la inverosimilitud se vistió de las formas públicas y
populares. Y así como Esquilo nos muestra la lucha de las fábulas y de
la moral en el politeísmo primitivo, Eurípides nos presenta la lucha de
la incredulidad y del politeísmo convertido en moral. En *Las fenicias*,
pone palabras impías en el carácter más virtuoso de la obra, el de Antígona[40]. Sófocles no había cometido nunca este error.

Las tres *Electras* de los trágicos señalan bastante bien las tres épocas. En la de Esquilo[41], se ve la fatalidad dominando la religión; en la
de Sófocles, la moralidad aliada con ella; en la de Eurípides, esta moral
sirviendo de argumento contrario.

Resumamos en pocas palabras: Eurípides confunde, igual que Hesíodo, doctrinas de fechas diferentes, pero por una razón opuesta.
Hesíodo había vivido entre dos épocas de la creencia de su país. Eurípides escribía cuando esta creencia caminaba hacia su declive. En consecuencia, el primero se inspiraba indistintamente en las opiniones que
aún persistían y en las que aún no estaban establecidas; el segundo utilizaba indiferentemente todas estas opiniones porque todas se desacre-
ditaban igualmente.

CAPÍTULO 9

Algunas palabras sobre Aristófanes

Debemos estudiar a Aristófanes, el único griego que nos queda, tanto
como a los trágicos. Consideradas literalmente, o mal comprendidas,
sus obras proporcionarían objeciones poderosas contra progresos de la
religión. Representa a los dioses de Grecia llenos de vicios, abyectos,

ridículos; y estas pinturas injuriosas, toleradas por los magistrados, las aplaude el público.

Varias causas explican esta singularidad.

En primer lugar, la tragedia griega había nacido en la parte seria de la religión; la comedia tuvo su origen en la parte grotesca del culto, parte transmitida a los griegos, como dijimos anteriormente, por la importación de las orgías sacerdotales. Ya dijimos que las bufonadas y el descaro eran un rasgo característico de las religiones sometidas a los sacerdotes; privan a sus esclavos de todos los goces elevados y los embrutecen para compensarlos.

Algo parecido existió en las obras llamadas misterios por los cristianos de la Edad Media. Nada más audaz y satírico contra los objetos más reverenciados; sin embargo, la devoción carecía de rival y no veía en estos dramas burlescos una profanación de las cosas sagradas.

Quizá, incluso una idea más profunda había presidido, en el santuario, estas imitaciones que podrían parecernos sacrílegas. El principio malo, la materia impura, que luchan contra el cielo, se convertían, en estas parodias, en seres bufones, de aspecto disforme, rencorosos en su ironía, alegres de una alegría pérfida u obscena.

Hay que reconocerlo: hay en la alegría, cuando no es el simple desarrollo del alborozo infantil, y, sobre todo, en la ironía, algo que se acerca al vicio; cuanto es bueno es grave. La virtud, el afecto, el valor, la felicidad que nace de la paz del alma son cosas serias. La alegría, en las religiones sacerdotales, representó, con frecuencia, el principio malo. ¿No lo representa hoy, más que nunca, en nuestras sociedades civilizadas?

Aplicamos estas observaciones, de un modo directo, al poeta que nos ocupa. Probablemente, él mismo ignoraba la herencia que utilizaba en sus obras; pero creemos que estas reminiscencias de préstamos exóticos, aunque rechazados en el culto popular, habían podido preparar a los atenienses a alguna indulgencia para los accesos de una alegría loca, que poseía la autoridad de una tradición.

Añadid a esta conservación de usos antiguos el carácter del pueblo de Atenas, para el que la burla era una necesidad, y que creían que sus dioses entendían como él la broma. Los escultores, los pintores, no menos que los poetas, añadían a los relatos mitológicos rasgos que los despojaban de su gravedad. Vemos, en un jarrón antiguo, a Júpiter y a Minerva con máscaras realizadas con caricaturas, trepando con ayuda de una escalera al apartamento de Alcmena.

En segundo lugar, las obras de Aristófanes eran, en su mayoría, parodias de alguna obra trágica y, principalmente, de las obras de Eurípides. *Las ranas*, por ejemplo, una de sus comedias en las que se trata a Baco con la mayor irreverencia, son imitación burlesca de *Sémele*[1], en la que este dios bajaba a los infiernos a buscar a su madre. En *La paz*, bromas sangrientas se dirigen contra los moradores del Olimpo, pero esta obra es una parodia de *Belerofonte*[2]. *Las nubes*, que invocan al Éter, son otra parodia de *Helena*[3].

Algunas veces, es a Píndaro a quien Aristófanes parodia al mismo tiempo que a Eurípides[4].

De esto se derivaba que los espectadores, en cuya memoria se habían grabado[5] los versos del lírico y, sobre todo, del trágico, veían que Aristófanes se mofaba de estos poetas, más que de los dioses[6].

En fin, la verdad que establecimos en nuestra obra, la progresión de las ideas religiosas, debía contribuir fuertemente a que se perdonaran y aplaudieran los sarcasmos del autor cómico.

¿De qué tradiciones, en efecto, tomaba las fábulas que parecían reírse de los principales objetos del culto? ¿No era de la antigua mitología, que narraba las imperfecciones y los vicios de los dioses? ¿Por qué estos vicios y estas imperfecciones, que no habían chocado a los griegos de la época de Homero, iban a ofenderlos en la época de Pericles? Porque una enorme desproporción había separado estas nociones de las ideas que las habían remplazado. Los éxitos de Aristófanes, en lugar de llevarnos a negar los avances de la religión griega, nos demuestran los avances innegables que se habían realizado en esta religión. Los griegos no podían tolerar por más tiempo a dioses sin moral, mercenarios, protectores interesados del crimen y sobornados mediante sacrificios, favorecedores del fraude y de la iniquidad. Su sentimiento religioso se había elevado por encima de las primeras nociones del politeísmo, y, cuando se volvía a ellas y según la forma con la que se le presentaba estas nociones caducas, o prevalecía la necesidad de depurarlas (y entonces Sófocles era su intérprete), o le sorprendía su carácter absurdo (y entonces aplaudía a Aristófanes).

Estas explicaciones nos parecen más naturales y más satisfactorias que las que se buscan en el supuesto disfrute que experimentaban —se dice— los atenienses en ver rebajado lo que estaba por encima de ellos. Esta disposición habría defendido a Aristófanes de la venganza de los hombres poderosos; pero el pueblo no podía estar a gusto con el envilecimiento de los dioses. A un pueblo demócrata le gusta ridiculizar a los que lo dominan; pero ningún pueblo se complace en ver degradados a los seres que ama, a menos que deje de adorarlos; pero los atenienses no estaban en esta situación. Sin duda, los éxitos de Aristófanes suponían un germen de decadencia en la religión: la comicidad de sus obras se basaba en la desproporción que existía entre la inmovilidad del dogma y el perfeccionamiento de la idea. Una desproporción semejante, cuando la forma sigue siendo la misma, es un principio de muerte para una creencia, pues cada perfeccionamiento prepara otro nuevo y, por consiguiente, acerca el momento en el que debe romperse la forma.

Pero de esto no se debe concluir que ya lo sea ahora: no lo era en tiempos de Aristófanes. El pueblo, después de haber reído, no dejaba de acudir a los templos ni dejaba de respetar los misterios. El germen de destrucción, que una mirada atenta discierne fácilmente, no estaba desarrollado.

Alguien preguntará cómo las causas que obtuvieron gracia para los ataques de Aristófanes contra la antigua mitología no preservaron de la persecución, del exilio, de la muerte a filósofos que atacaban la misma creencia mediante el razonamiento.

Nos parece fácil de explicar este fenómeno.

Amante apasionado de las licencias y de las novedades, entusiasta de las artes que hacían sus delicias y que crearon su gloria, el pueblo de Atenas había sustraído los poetas al Areópago y a los jueces ordinarios[7]. Un tribunal particular ejercía sobre ellos su jurisdicción. Las leyes positivas contra la impiedad eran fáciles de eludir, como lo serán siempre en lo que se refiere al pensamiento y a la expresión con que éste aparece revestido. Sólo la arbitrariedad puede alcanzar a los delitos de este tipo; y ciertamente, si es una ventaja, se la puede contrarrestar ampliamente, pues la arbitrariedad, al no tener límites, asfixia todo, el bien y el mal, el uso y el abuso. El tribunal, juez de los poetas, los trataba con benevolencia. A Eurípides, culpable en su *Hipólito*, por una célebre apología del perjurio, se le persiguió, pero luego se le absolvió[8].

El pueblo de Atenas, celoso de su libertad, temía siempre que una autoridad, a la que sólo soportaba con impaciencia, usurpase sus derechos; y, cuando no lo arrastraba una pasión política, tomaba partido, por instinto e inclinación, por los acusados a los que debía sus momentos de diversión y de los que una aprobación ruidosa lo había hecho, en cierto modo, cómplice.

Aristófanes, por otra parte, se reservaba, contra las severidades legales, hábiles subterfugios. Incluso las traiciones, de las que se burlaba, le servían de salvaguardia; aparecían literalmente en la antigua mitología homérica. Si, en boca de sus personajes, creaban la hilaridad del pueblo, no se podía acusar al poeta de haberlas negado o desfigurado. Tenía sumo cuidado en colocar, junto a sus amargas bromas, elogios a la justicia y homenajes a la dignidad de los dioses.

Ved en *Pluto* cómo se alza contra la idea de que los hombres pueden comprometerlos, mediante ofrendas, a favorecer el crimen[9]; y cómo, en *Las nubes*[10], habla afirmativamente de los castigos celestes contra los malos y los impíos.

No sucedía lo mismo con los filósofos. Al declararse contra el antiguo politeísmo, no tenían ni el apoyo de la multitud de cuyos sufragios carecían, encerrados como estaban en el santuario de sus escuelas o en el aislamiento de la Academia, ni el recurso de un homenaje a las fábulas a las que habían atacado; las negaban o las interpretaban, lo que no gustaba a los devotos. Después de la representación de una comedia de Aristófanes, ¿qué quedaba? El recuerdo de un espectáculo que había provocado la hilaridad de los asistentes, pero al que no se le podía atribuir ni resultados positivos, ni conclusiones formales. Las doctrinas de Anaxágoras o las lecciones de Sócrates conducían, por el contrario, a consecuencias directas, indiferentes para la multitud, ofensivas para lo sacerdotes.

Estos sacerdotes, pese a su limitada autoridad, poseían aún la suficiente para perseguir a los filósofos, odiosos para el pueblo como censores de la demagogia, molestos para la clase culta por denunciar su corrupción, inoportunos para todos como reformadores.

Aristófanes no quería reformar nada: todo era blanco de sus chanzas; atacaba tanto la filosofía como la religión, de la que se convertía, desde este punto de vista, en el auxiliar útil, y que sólo por inadvertencia parecía haber atacado. El espíritu sacerdotal trata con bastante indulgencia a los enemigos de sus enemigos; perdona fácilmente la licencia siempre que lo apoye contra la razón.

Sin embargo, esta tolerancia tiene siempre sus límites y su término. La autoridad sufre impacientemente la independencia de sus instrumentos. Antagonista de los filósofos y de los oradores, excitando contra ellos las sospechas de la multitud y el odio del poder, también a Aristófanes zahirió el poder mismo, al que él había denunciado la filosofía y la libertad. Este poeta, que había entregado la elocuencia a la mofa, y el razonamiento, a la persecución, fue amordazado por la aristocracia, triunfadora hacia el final de la guerra del Peloponeso. La misma tiranía que había castigado las opiniones de Sócrates, amordazó el verbo de Aristófanes: entonces pudo darse cuenta de quiénes eran los amos a los que había servido[11].

CAPÍTULO 10

Por qué no hablamos aquí de los filósofos griegos

No hablamos, en este libro, de los avances de la moral en el politeísmo, tal como lo concibieron los filósofos griegos. Estos filósofos, lejos de afanarse por destruir la religión popular, intentaron durante largo tiempo conciliarla con la moral y depurarla. Pero, como a pesar de sus intenciones, tan pacíficas en su origen, sus esfuerzos sólo condujeron a la caída de la creencia pública, podremos presentar de modo más apropiado algunas investigaciones sobre el caminar de la filosofía y sobre sus relaciones con la religión, cuando describamos esa revolución memorable y las causas que la originaron.

CAPÍTULO 11

De las relaciones de la moral con las dos formas religiosas

El perfeccionamiento del politeísmo independiente se hace notar en todas sus partes. La figura de los dioses, su carácter, sus aventuras, sus hábitos en el cielo, sus modos de actuar en la tierra, todo lleva la impronta del progreso; pero este progreso es más evidente en lo que se refiere a la moral, y más evidente la diferencia entre los dos tipos de politeísmo.

La moral se introduce gradualmente en el politeísmo independiente de la dirección del sacerdocio. Penetra en él y se perfecciona a medida que la civilización avanza y que las luces se extienden. De ello se deriva que los dioses no parecen los autores, sino los garantes de la moral; ellos la protegen, pero no la modifican. No crean sus reglas; las sancionan. Recompensan el bien, castigan el mal; pero su voluntad no determina lo que está mal o lo que está bien; las acciones humanas extraen de sí mismas su propio mérito.

Existen, sin duda, circunstancias en las que los individuos, y algunas veces todas las naciones, dan más importancia a complacer al poder divino que a las reglas estrictas de la moral. Así, los atenienses quieren rechazar a Edipo, ciego, impedido, fugitivo, porque este desdichado anciano es objeto del furor celeste[1]. Neptuno se irrita contra los feacios, porque fueron humanitarios con Ulises. Transforma en roca el barco que había depositado al héroe en las orillas de Ítaca, para que este pueblo, dice, no se sienta tentado de prestar sus navíos a los extranjeros que le pidiesen ayuda[2]. En efecto, Alcínoo saca la consecuencia de esto: no se debe prestar a sus huestes semejantes servicios[3]. Por obediencia a los dioses, Orestes clava el acero en el seno de su madre; y Pílades le dice, exhortándole a este asesinato, que es mejor afrontar la indignación de los hombres que la enemistad de los inmortales[4]. En fin, mucho más tarde, los lacedemonios violan los derechos de la hospitalidad para obedecer al oráculo de Delfos; así lo hicieron, añade Heródoto[5], porque las órdenes de los dioses les eran más preciosas que cualquier consideración humana.

Sin embargo, incluso entonces, la moral no cambia de naturaleza; es sacrificada en la ocasión particular, pero permanece independiente en el principio general.

477

La hospitalidad, a pesar de los inconvenientes que comporta para los reacios, no es considerada como un crimen. Los atenienses, cuando dudan si expulsar a Edipo, sienten que, al hacer una cosa que creen agradable a los dioses, no harán una acción virtuosa. En vano se justifica Orestes ante Menelao, después de haber dado muerte a Clitemnestra, afirmando que no hizo más que cumplir la voluntad de Apolo; ¿no sabía este dios, le responde el rey de Esparta, lo que es justo[6]? Y el hijo del parricida, aunque sea el ejecutor de las sentencias celestes, no por ello puede evitar el desprecio de los dioses y la persecución de la Furias.

Para que la moral dejase de ser independiente en el politeísmo que no está sometido a la dirección sacerdotal, harían falta dos cosas que esta creencia no admite: dioses todopoderosos y, en estos dioses, voluntades unánimes; pero en todas las combinaciones de este politeísmo, el poder de los dioses es siempre más o menos limitado. No se puede pensar en un gran número de seres todos igualmente revestidos de un poder ilimitado; su pluralidad constituye un obstáculo invencible a su omnipotencia; esta pluralidad sugiere, por otra parte, la idea de intereses diversos, y, para decidir entre estos intereses, el hombre sólo puede recurrir a su razón. ¿Cómo podría reconocer como jueces competentes a dioses que no están de acuerdo? Por tanto, nunca está esclavizado por estos dioses, entre los cuales él pronuncia sentencia. La protección de uno lo defiende del odio del otro[7]; y si todos los seres sobrenaturales lo traicionan, conserva el derecho de recurrir, en sus decisiones, a su propia conciencia. Cuando la moral y la religión se unen estrechamente en el politeísmo abandonado a sí mismo, es la religión la que se somete a la autoridad de la moral, y se declara bajo su dependencia. «Si hay dioses que protegen lo que es equitativo y que se interesan por los proyectos nobles», dice el cónsul Horacio, «estamos seguros de su protección; si, por el contrario, divinidades enemigas se oponen a nuestros éxitos, nada podrá apartarnos de una empresa gloriosa y legítima»[8]. Es el célebre verso del autor de la *Farsalia*[9]; pero estas palabras son más importantes en un historiador religioso, como Dionisio de Halicarnaso, que en un poeta sentencioso y filósofo.

Así, los dioses forman una especie de público, no infalible, no incorruptible, sino imparcial y más respetado que el común de los mortales. La presunta opinión y la fuerza reconocida de este público celeste no carecen de ventajas. El hombre sufre en presencia de estos testigos augustos; él los desarma por su virtud; los llena de respeto por su valor; y la idea de ofrecer a seres de una naturaleza y de una razón superior el magnífico espectáculo del hombre irreprochable, que lucha contra la desgracia, tiene algo que exalta la imaginación y eleva el alma.

En el politeísmo sacerdotal, por el contrario, los sacerdotes, señores del pueblo, se apresuran a darle un código de leyes. En lugar de invadir las diversas fábulas y fundirse, como en Grecia, con la parte de la creencia, que se puede llamar histórica, la moral compone un cuerpo de doctrina. Así se produce en el *Vendidad* de los persas, en el *Hamaval* de los escandinavos, en el *Sama Veda* de los indios y en las *Leyes de Menu*[10]. Códigos parecidos no existen en la religión griega.

Pero, cuando la moral se alía de una manera prematura, y como a la fuerza, con la religión, es inevitablemente más imperfecta que cuando se introduce en ella de modo natural. En este último caso, penetra en una época avanzada de la sociedad; y lo hace depurada, mejorada, enriquecida por el progreso que hicieron los pueblos con la civilización. Los sacerdotes, al hacer de la religión algo estacionario, mantienen la moral tal como estaba en el seno de la barbarie y por ello, la religión, una vez que la ha sancionado, se opone a que las nuevas luces, en su desarrollo, la corrijan; de este modo, las religiones que, en un momento dado, podían aportar un bien relativo, no hacen más que perjudicar a las épocas posteriores; su fuerza conservadora se ejerce a favor de lo que no se debería conservar.

Y no es todo; los dioses, en cuyo nombre se promulga la moral sacerdotal, no son sólo jueces; son también legisladores; crean la ley moral, pueden cambiarla. Declaran lo que está mal y lo que está bien. Se trastoca la regla de lo justo y de lo injusto[11]; se produce una revolución incalculable en la conciencia del hombre. El valor de las acciones depende totalmente del mérito que los dioses le asignan; son buenas porquen les agradan; de ahí, dos clases de crímenes y dos tipos de deberes: los que son tales por naturaleza y los que la religión declara tales. Se convierten en virtudes miles de cosas sin utilidad real. Se transforman en crímenes miles de cosas sin influencia dañina[12]. Lo que no sirve de nada a los hombres lo pueden exigir los dioses; lo que no daña a nadie puede ofenderlos. Se castigan los delitos facticios con más rigor que los verdaderos. Los primeros son pecados, y los segundos sólo son faltas.

Para los persas, enterrar un perro, echar agua al fuego[13]; para los egipcios, causar involuntariamente la muerte de un animal sagrado[14]; para los indios, sobrepasar la distancia prescrita, cuando uno se acerca a un miembro de otra casta, o romper la rama de una higuera[15], o matar a una serpiente[16] son acciones prohibidas con no menos severidad que la violencia, la tiranía y el asesinato. Los sacerdotes armenios perdonan los atentados más terribles, antes que las infracciones de las abstinencias prescritas[17]. Un viajero cuenta que los salteadores ilirios asesinaron al jefe que, desde hacía largo tiempo, los conducía a la masacre, y cuya ferocidad admiraban e imitaban, porque había bebido leche en un día de ayuno[18]. Ningún crimen, afirman los turcos, cierra las puertas del cielo al que muere ayunando[19]. Según el código de los *gentus*, el hombre que lee un *shaster* heterodoxo es tan culpable como si hubiese matado a un amigo. El *Bhagavad Gita* coloca el amor al trabajo y a la industria parejo con la intemperancia y los deseos desordenados[20].

El politeísmo griego es, en general, ajeno a los deberes facticios. Si, en Hesíodo, encontramos algunas acciones inocentes o indiferentes que están prohibidas, como ofensivas para los dioses[21], y si los preceptos de este poeta tienen, a este respecto, tanto en el fondo como en la forma, bastante relación con los que se inculcan en las religiones sacerdotales, se debe a que estos preceptos provenían probablemente de fuera, sin siquiera saberlo el propio Hesíodo; pero carecían de influencia alguna sobre la moral de la religión griega, tal como la concebía el pueblo.

En las religiones sacerdotales, el hombre atado por innumerables órdenes y prohibiciones arbitrarias[22], se agita a ciegas en el espacio insuficiente que le queda; en cualquier lugar al que intente dirigirse, siente herido en su libertad. Y pronto ya no es posible distinguir el bien del mal, la ley de la naturaleza.

Lo que preserva del crimen a la mayoría de los hombres es el sentimiento de no haber sobrepasado nunca la línea de la inocencia; cuanto más se estrecha esta línea, más se expone el hombre a saltársela; y, por ligera que sea la infracción, por el solo hecho de haber vencido el primer escrúpulo, pierde su salvaguardia más segura.

Varios escritores vieron este peligro. Las leyes que hacen considerar como necesario lo que es indiferente, dice el señor de Montesquieu, pronto hacen considerar como indiferente lo que es necesario[23].

Sin embargo, como para llegar a la verdad hay que considerar las cuestiones desde todos sus puntos de vista, admitiremos que esta exigencia de la religión tiene su ventaja; habitúa al hombre al sacrificio; lo acostumbra a no proponerse, en lo que hace, un objetivo innoble y cercano. Es útil que el hombre se prescriba alguna vez deberes inútiles, aunque sólo sea para aprender que cuanto hay de bueno sobre la tierra no reside en lo que él llama utilidad.

Pero hay en esto, como en todo cuanto se refiere a la exaltación y al entusiasmo, un sentimiento interior. Este sentimiento, este entusiasmo, esta exaltación, sublimes cuando son espontáneos, se convierten en algo terrible cuando otros abusan de ellos. El poder de crear con una palabra las virtudes y los crímenes, cuando se pone en manos de una clase de hombres, se convierte únicamente en un medio temible de despotismo y de corrupción.

Esta clase no se limita a situar, entre los crímenes más importantes, cualquier resistencia a su poder; no se limita a ordenar acciones indiferentes o inútiles; prescribe acciones dañinas y criminales. La piedad para los enemigos del cielo es una debilidad reprobada o proscrita: sin tener en cuenta los vínculos más fuertes o los más tiernos afectos, está prohibido ayudar a quien se convirtió en objeto de la indignación divina. La crueldad contra los impíos y los infieles es un deber sagrado; la perfidia hacia ellos es una virtud; y, así como la teoría de la abnegación, llevada hasta el exceso, hace del sacrificio más doloroso el sacrificio más meritorio, las virtudes religiosas, cuando las acciones sólo son meritorias por ser conformes a la orden de los dioses, son tanto más meritorias cuanto más se oponen a las virtudes humanas[24]. Vemos, en los fastos de Egipto, que se castiga a un rey por su dulzura y benevolencia. Cuando el oráculo notificó a Macerino que sólo le quedaban seis años de vida, respondió: «¿Cómo es que mis predecesores, azote de sus súbditos, llegaron en paz a una vejez avanzada, y a mí los dioses me tratan con tanto rigor, a mí que me consagré a buscar la felicidad de mis pueblos?». «Estos dioses», replicó el oráculo, «condenaban a Egipto a ciento cincuenta años de miseria y de esclavitud. Los monarcas que te precedieron cumplieron con los decretos de los dioses; tú los violaste. Tu muerte es el castigo de tu desobediencia».

Casi siempre, en el politeísmo sacerdotal, la prohibición de los crímenes va acompañada de una reserva expresa, para el caso en que estos crímenes sean una orden de los dioses. Quien comete un asesinato por voluntad propia, dicen los dicen los brahmines, no disfrutará nunca de la felicidad celeste; pero si Dios ordena a un hombre matar a otro y lo hace, vivirá feliz y contento[25].

La moral religiosa así concebida puede tener también otro inconveniente. El hombre se imagina que la moral lo eleva por encima de todos los deberes. Herejes del siglo XIV, y mucho antes algunos gnósticos, pensaban que, salvados por la intervención divina, ya no estaban sometidos a la ley, y varios de ellos se entregaban, en consecuencia, públicamente al más escandaloso libertinaje[26]. Los bonzos piensan de igual manera. A Xaca y Amida les causaban gran aflicción los crímenes de los hombres, y, para expiarlos, padecieron sufrimientos misteriosos. El arrepentimiento y las buenas obras son otros tantos ultrajes hacia estas divinidades, cuyos sacrificios borraron suficientemente nuestras faltas[27].

Dijimos que, en general, en el politeísmo, el carácter personal de los dioses tenía escasa influencia; pero esta afirmación sólo es del todo verdadera cuando la moral es independiente de la religión. Al ser las relaciones de las sociedades humanas las mismas en todos los sitios, la ley moral, que es la teoría de estas relaciones, es también igual en todos los sitios. Cuando los dioses sólo deben aplicar esta ley, su carácter individual importa poco, porque, en el ejercicio de esta función, hacen abstracción de este carácter. Pero cuando la voluntad de los dioses decide sobre la ley moral, como su carácter influye en su voluntad, cualquier imperfección en este carácter produce un vicio en la ley. Entonces el hombre tiene buena opinión de sí, al hacer el mal. Cuando obedece a la religión a expensas de la moral, se aplaude por este esfuerzo, y al violar las más santas de las leyes naturales, no sólo se vanagloria de complacer a los dioses que adora, sino que, lo que es un inconveniente más grave, se cree moralmente virtuoso. Subordinar, en este sentido, la moral a la religión es producir, en moral, la misma revolución que produce, en política, el axioma: Si quiere el rey, lo quiere la ley.

Las consecuencias prácticas de este trastocamiento de ideas no son siempre iguales a sus peligros en teoría. El sacerdocio, como cualquier autoridad constituida entre los hombres, se ve forzado, en las circunstancias ordinarias, a mantener las grandes leyes de la moral, para que la sociedad que él domina no perezca; pero está abierta la puerta a todas las excepciones, y la moral natural se ve amenazada continuamente por una moral facticia.

Esta moral, a la vez inexorable y caprichosa, persigue al hombre en los más pequeños detalles, no le da tregua ni en el santuario de su alma, ni en el secreto de sus pensamientos, hace de la ignorancia un delito y castiga las acciones involuntarias. Los niños pueden ser criminales desde el primer momento de su vida. Los brahmines presentan a la luna a sus hijos, con ocho días de edad, para obtener la absolución de sus faltas. La intención no es más que una garantía precaria. El remordimiento anuncia el crimen; pero la paz del alma no garantiza la inocencia. El hombre, al no tener ya el derecho de consultar a su conciencia, no está nunca seguro de no haber ofendido a la divinidad. El judaísmo y el cristianismo, a menudo desfigurados por el espíritu sacerdotal, nos proporcionan numerosos ejemplos de esto: «Señor», dice el salmista hebreo, «perdóname aquellos pecados que se me ocultan»[28]. «No me reprocho nada», escribe un apóstol, «pero no es una prueba de mi inocencia»[29].

Esta incertidumbre puede ser un bien en una religión muy perfeccionada. El hombre que posee sobre la Divinidad ideas muy puras, no sabe nunca si sus esfuerzos bastan para hacerlo digno de serle grato. Trabaja sin descanso en su propio corazón para arrancarle cuanto le separa del ser perfecto al que adora; su inquietud es, por lo demás, suavizada por la noción de la bondad, unida a la de la sabiduría y a la del poder. Pero en un culto cuyos dioses son imperfectos y malos, semejante inquietud, lejos de ser un aliento para la virtud, es una causa siempre presente de abatimiento y desesperanza.

El hombre adopta, para librarse de él, mil recursos extraños. Unas veces, cansado de consumirse en acciones siempre llenas de dudas, y sobre cuyo valor planea una oscuridad desoladora, se condena a una inercia absoluta; coloca a la altura de las pasiones condenables la actividad, el trabajo, la beneficencia. Según el axioma de uno de los fundadores de una religión sacerdotal, se abstiene en la duda, es decir, permanece inmóvil, por miedo a hacerse culpable por un movimiento, y para evitar el crimen, se prohíbe hasta la virtud; otras veces, se precipita a los pies del sacerdocio, que se arroga por sí solo el importante privilegio de la expiación. Este medio de reconciliar al hombre con su conciencia tiene ventajas, cuando su eficacia descansa en la disposición interior, en la conducta futura de aquel al que la religión saca así del abismo en el que sus vicios lo habían hundido. Pero en las religiones sacerdotales, la expiación cambia de carácter. La absolución de los crímenes más tremendos va vinculada a una credulidad implícita[30], o a prácticas minuciosas[31] e incluso fortuitas[32], a ritos que no suponen ni mejora, ni reparación, ni arrepentimiento[33], a la contemplación de un templo[34], a la enramada de un árbol[35], al contacto con una piedra, a la ablución en las aguas de ciertos ríos[36], a la repetición mecánica de ciertas palabras[37], a la lectura de ciertos textos sagrados; o, lo que es aún más envilecedor para la religión, y más corruptor para los hombres, la expiación se obtiene con dinero[38], y la indulgencia, o mejor, la connivencia divina se convierte en objeto de un tráfico vergonzoso. Así, en estas religiones, la moral se corrompe, no sólo por la dependencia en la que se halla de la voluntad de los dioses y la arbitrariedad que se introduce en el número y clasificación de los delitos, sino también por los medios mismos que esta arbitrariedad ofrece a los culpables para aplacar al cielo y recuperar la inocencia. No hay que ocultarlo: la religión, en sus relaciones con la moral se halla siempre situada entre dos peligros. Si declara que hay crímenes inexplicables, arroja a los hombres en la desesperanza. Si ofrece la expiación para todos los crímenes, anima a los culpables por la esperanza de la inmunidad.

Pero este peligro es mucho menor en las religiones libres que en las sacerdotales. Cuando la moral es siempre lo que debe ser, mantiene las expiaciones en los justos límites; cuando es sojuzgada, ya no hay ni regla ni freno. Existen expiaciones como derecho de gracia con gobiernos absolutos y con gobiernos constitucionales.

Por tanto, siempre se llega a este resultado: con la libertad, la moral mejora la religión; con la esclavitud, la religión adultera la moral.

CAPÍTULO 12

De las verdaderas relaciones de la religión con la moral

Al conceder esta preferencia a los cultos libres de cualquier dominación, no queremos decir que no hayan existido en la Antigüedad algunos que hayan consolidado suficientemente las verdaderas relaciones de la moral con la religión.

Quienes han escrito sobre este tema, tanto antiguamente como en la actualidad, han cometido, a nuestro parecer, un gran error.

Los legisladores antiguos no distinguían entre la moral vulgar, que se limita a mantener el orden prohibiendo los delitos, y la moral más delicada y más noble que previene el crimen, inspirando al hombre una disposición del alma que no le permite cometerlo.

Los modernos han seguido a los antiguos en este falso camino. Intentemos salir de él.

Para prevenir los atentados vulgares castigándolos, bastan las leyes y las sanciones. El sentimiento religioso es indispensable para cambiar el interior del hombre, en lugar de detener solamente su brazo. Al restringir la religión a una clase de utilidad material y limitada, se la degrada de su rango verdadero. Así se ha ignorado siempre su dignidad, su santidad, su más noble influencia.

Pero el mal no se detuvo ahí. Se hizo de la religión un código penal, y desde que es un código penal, poco le falta para convertirse en un código arbitrario. De ahí todos los peligros que describimos en el capítulo anterior. Estos peligros serían más terribles aún en el teísmo, porque el poder del dios del teísmo es siempre ilimitado.

Los dogmas más saludables, los preceptos más puros no pueden reparar el mal que conlleva cualquier doctrina que invalide así la regla eterna. Un culto cuyas divinidades fueran crueles y corruptas, pero que dejase a la virtud el tribunal de su propio corazón, sería menos pernicioso que una religión cuyo dios, revestido de las cualidades más admirables, pudiese cambiar la moral por un acto de su voluntad.

La religión no tiene un código penal; no es un código arbitrario; es la relación de la Divinidad con el hombre, con lo que lo constituye como un ser moral e inteligente, es decir, con su alma, su pensamiento, su voluntad. Las acciones sólo pertenecen a su esfera como síntomas de estas disposiciones interiores. La religión no puede cambiar nada de su mérito. Obra de Dios, como el propio sentimiento religioso, emanada de la misma fuente, la moral es como él increada, independiente. Su regla existe en todos los corazones. Se manifiesta a todos los espíritus a medida que avanzan en el conocimiento. El ser que el sentimiento nos da a conocer no puede ser servido ni satisfecho por ninguna excepción a esta regla. Sería querer servirlo, como servimos a los poderes de la tierra, favoreciendo el interés del momento, para un tiempo dado, en una circunstancia crítica.

Sin duda, cuando una religión es excelente, su moral es mucho más benévola, más matizada, más conforme a todas las delicadezas de la sensibilidad y, por eso mismo, más justa de lo que puede serlo la justicia humana. Pero no es la regla, no es más que la aplicación la que cambia, porque la religión distingue lo que no ve la mirada del hombre. Éste sólo se pronuncia sobre las acciones; sólo a estas conoce; sólo ve su exterior y, por eso, sus juicios son imperfectos e injustos. La misma acción, cometida por dos individuos, en dos circunstancias, no tiene nunca un valor uniforme. La ley social no puede aclarar estos matices. Como el lecho de Procrusto, iguala todos los tamaños. La religión deja sus sentencias para otro mundo. Pero no significa que las bases sean diferentes o que la religión no pueda innovar nada en ellas; sólo significa que ella está mejor instruida, y, desde este punto de vista, no es tanto un recurso contra la imperfección de la justicia humana como una sanción de las leyes generales que esta justicia debe mantener.

Considerado desde este punto de vista, el sentimiento religioso no puede dañar nunca a la moral. Los ministros de la religión no pueden nunca, en nombre de la divinidad que proclaman, decidir el valor de las acciones. La religión deja a las leyes su jurisdicción sobre los efectos; ella se limita a mejorar la causa.

De este modo, ella hace el bien que las leyes humanas intentaron siempre en vano realizar: el axioma repetido frecuentemente de que es mejor prevenir los crímenes que castigarlos, es una fuente inagotable de vejaciones y de arbitrariedades, cuando la autoridad temporal pretende regular su intervención según este axioma. Pero el sentimiento religioso que penetra hasta el fondo de las almas puede alcanzar este fin, sin arbitrariedades y sin vejaciones. Las leyes, en sus arriesgados intentos realizados a ciegas, se ven obligadas a fallar sobre apariencias, a actuar según detalles aislados, a dejarse llevar por sospechas sin probar, y, para impedir lo que pudiera ser criminal, castigan lo que aún es inocente. El sentimiento abarca el todo, purifica en vez de obligar, ennoblece en vez de castigar.

Sólo entonces se puede resolver un problema que ha puesto en aprietos a todos los filósofos. Desde siempre, apenas la moral había penetrado en una creencia religiosa, todos los hombres ilustres, víctimas de los inconvenientes que acabamos de describir, se veían obligados a separar la moral de la religión. Y lo hacían de diversas maneras. Disfrazaban sus propias intenciones. Pero el resultado de sus esfuerzos era siempre el mismo.

Comparad los axiomas de los estoicos de Roma con los discursos de los héroes de Homero. Lo que responde Héctor a Polidamas es precisamente lo que escribe Séneca. Así, en la época en la que la moral estaba más unida al politeísmo, el lenguaje de los filósofos volvía a parecerse al de los hombres virtuosos, cuando la moral apenas formaba parte de esta creencia.

En las religiones fundadas en el teísmo, los filósofos más religiosos dieron a la moral el nombre de religión, dejando de lado y sacrificando todo lo que constituía la religión propiamente dicha, y todo lo que le atribuía sobre la moral una supremacía peligrosa. Tal fue, en estos últimos tiempos, la labor de los teólogos más ilustrados de Alemania. Era otro camino hacia el mismo objetivo.

Pero, al enfocar la religión como lo hacemos nosotros, al colocar su jurisdicción a la altura que le es propia, al dejar a la justicia lo que es de su incumbencia, los detalles y los efectos, para no someter a la religión más que lo que es de su esfera, el conjunto y las causas, evitáis todos los peligros. Impedís que sus ministros, intérpretes infieles de sus leyes, las desnaturalicen: garantizáis a la moral la sanción divina, sancionando, sin embargo, su independencia inviolable y primitiva.

Aquí nos llama la atención una consideración. Es tan cierto que el caminar del espíritu humano es progresivo; es tan cierto que, a pesar de sus retrocesos aparentes y sus deplorables aberraciones, siempre se eleva hacia nociones más depuradas, que la religión, así concebida, nos conduce a nuevos perfeccionamientos de la doctrina más admirable a la que haya llegado el hombre, de una doctrina que, con el politeísmo, fue el punto de reunión de todas las almas nobles y orgullosas, el refugio de todas las virtudes nobles, y que, con el teísmo, fue a menudo la envidia de lo más distinguido que existía entre los sabios de los tiempos modernos[1]: me refiero al estoicismo.

El estoicismo era un impulso sublime del alma, cansada de ver la moral subordinada a hombres corruptos y a dioses egoístas, y que intenta, rompiendo todos los vínculos con los dioses y con los hombres, situarse en una esfera por encima de todas las injusticias de la tierra y del cielo mismo. Pero había en el estoicismo una especie de esfuerzo que hacía menos saludable y menos duradera su influencia. Para llegar a esta libertad interior, había que sofocar en uno mismo el germen de muchas emociones gratas y profundas. El sentimiento religioso, tal como intentamos concebirlo, garantiza al hombre el mismo refugio, sin privarlo de esas emociones inseparables de su misma naturaleza y que constituyen el encanto y el consuelo de su vida. La moral no está a merced ni de los legisladores que hablan en nombre del cielo ni de los que mandan en la tierra. El hombre es independiente de todo lo que pudiera herir y pervertir la más noble, o, mejor dicho, la única parte noble de sí mismo; pero él goza de esta independencia, bajo la égida de un dios que lo comprende, lo aprueba y lo estima. Cuenta, como el estoico, con la fuerza de su alma; pero, además, cuenta con la fuerza de una llamada constante e íntima al centro de cuanto existe de bueno.

Esta idea aporta al estoicismo la vida y el calor de que carece. Satisface a esa parte de nuestra alma, que se niega a la impasibilidad, y que el estoicismo se ve obligado a aniquilar, por no poder satisfacerla. La resignación se convierte en la compañera del valor. La esperanza es, a la vez, su guía y su recompensa. Su resignación es más firme, y su valor, más templado.

LIBRO XIII

QUE LOS MISTERIOS GRIEGOS FUERON INSTITUCIONES TOMADAS DE LOS SACERDOCIOS EXTRANJEROS, Y QUE, SIN DEJAR DE CONTRADECIR A LA RELIGIÓN PÚBLICA, NO LA MODIFICARON EN SU PARTE POPULAR

CAPÍTULO 1

De cuántas dificultades está erizado el tema de este libro

Más de una vez, en nuestra exposición de las doctrinas y de las prácticas sacerdotales, sin dejar de indicar que eran ajenas al politeísmo independiente, admitimos que casi todas se reproducían en los misterios que se habían asociado a este politeísmo. Es éste el momento de explicar el origen de los misterios griegos y la causa de la identidad de lo que se revelaba a los iniciados, con los ritos y los dogmas impuestos por los sacerdotes a los pueblos que gobernaban. La materia que abordamos está llena de dificultades. Hombres, de ciencia y sagacidad notables, propusieron diversos sistemas, entre los que es imposible elegir, porque todos tienen un fondo de verdad mezclada con muchos errores. Presentamos aquí ideas generales, que apoyaremos con algunos hechos, pero evitando, en lo posible, las discusiones puramente históricas[1].

CAPÍTULO 2

De lo que eran los misterios en las naciones sometidas a los sacerdotes

Existe en el corazón del hombre una tendencia a rodear de barreras cuanto sabe y cuanto posee. El espíritu de propiedad se muestra egoísta, tanto en lo que se refiere a la ciencia como en lo que se refiere a la riqueza. Si esta inclinación del hombre no se combatiese mediante otras inclinaciones, negaría a sus semejantes cuanto pudiera agradarle; pero la naturaleza puso el remedio a nuestros defectos en nuestros mismos defectos. Como ella nos ha forzado, por nuestras necesidades, a compartir lo que nos pertenece, nos ha obligado, por nuestro amor propio, a intercambiar recíprocamente nuestros conocimientos; no obstante, subsiste la disposición primitiva y actúa con tanta más fuerza cuanto más importante es el interés o más noble es la ciencia.

Los filósofos de la Antigüedad poseían, en su filosofía, independientemente de cualquier dogma religioso, una parte oculta, designada en griego por el mismo término que los misterios de la religión[1]. Pitágoras expulsó de su escuela, por algunas revelaciones indiscretas, a Hiparco, al que remplazó por una columna[2], y sólo dejó sus obras a Damo, su hija, con la prohibición formal de darlas a conocer a los profanos, prohibición que ella respetó, pese a su indigencia y a los tesoros que le ofrecieron para seducirla[3]. Zenón, Platón y, ¿quién lo diría?, los epicúreos, filósofos superficiales y groseros, tenían secretos que sólo transmitían a sus discípulos después de pruebas casi semejantes a las iniciaciones[4]. Apenas constituido el cristianismo, los cristianos separaron la parte pública de la parte secreta del culto divino[5].

No es, pues, sorprendente que algunas corporaciones, acostumbradas a tratar con desdén al pueblo que habían subyugado, lo hayan mantenido alejado siempre de lo que poseían de más precioso, y hayan prohibido cualquier participación, ya en los descubrimientos que constituían su orgullo y eran la base de su poder, ya en las teorías que habían establecido sobre estos descubrimientos. Por eso, encontramos misterios en todas las naciones. Diodoro[6] nos alaba los de los caldeos; Diógenes Laercio[7], los de Etiopía. Suidas[8] nos enseña que Ferecides había sacado algunas de sus opiniones de los misterios de Fenicia. Heródoto[9] nos transmite numerosos detalles más que instructivos sobre los de Egipto. César[10] habla, aunque con menos admiración, de los de los druidas. Los magos de Persia[11] celebraban los suyos en antros oscuros; y los de los hebreos, contenidos en su cábala, sirvieron de pretexto a las extravagancias de los rabinos, y causa la desesperanza de los comentaristas modernos. Sin adoptar sus fantasías, nos parece un hecho que, desde la Antigüedad más remota, este pueblo desgraciado y descontento había puesto en los misterios sus esperanzas para esta vida y quizá para la otra, me refiero a la expectativa de un libertador que conquistase el mundo y a algunas vagas nociones de un mundo futuro[12].

Sin embargo, no se deben considerar, a nuestro parecer, desde esta perspectiva los misterios a los que las castas sacerdotales admitían, mediante la iniciación, a los miembros de las otras castas. Se creyó erróneamente que estaban compuestos por la doctrina secreta de los sacerdotes. Sin duda, estos sacerdotes, siguiendo la tendencia que observamos anteriormente[13], combinaban siempre la parte popular de los cultos con sus hipótesis y sus descubrimientos: los fetiches, en primer lugar; dioses menos rudimentarios después, se convertían para ellos en símbolos; pero estos símbolos eran su lengua, su propiedad particular. No entraba en sus intenciones, como tampoco en su interés, comunicar su sentido a los profanos.

En consecuencia, la admisión de los iniciados al conocimiento de lo que el sacerdocio llamaba misterios, no implicaba la enseñanza de su doctrina, por mejor decir, de sus doctrinas secretas, pues vimos que había varias[14]. Parece evidente que los misterios revelados por la iniciación no eran más que representaciones dramáticas, relatos representados, descripciones expuestas a través de imágenes; así se celebraban en el lago de Sais[15]. Los sacerdotes habían pensado que, excitando los sentidos, producirían impresiones más fuertes que dirigiéndose únicamente a la imaginación y a la memoria; pero los iniciados no tenían otra ventaja, sobre los que no lo estaban, que la de contemplar un espectáculo del que éstos últimos estaban privados.

Heródoto, admitido a los misterios de los egipcios, no adquirió ningún conocimiento de su teología oculta. Dice formalmente que lo que estos pueblos llamaban misterios era la representación nocturna de las aventuras de los dioses; y se ve que el silencio a que se obliga se refiere sólo a los nombres de los dioses y a algunas particularidades de sus aventuras. Los sacerdotes podían reconocer en estas representaciones alusiones a su filosofía; pero el pueblo sólo veía en ellas fábulas de la mitología vulgar, presentada ante sus ojos de un modo más animado.

CAPÍTULO 3

Cómo se trasladaron estos misterios a Grecia y lo que fue de ellos

La época del establecimiento de los misterios en Grecia carece de importancia para nuestras investigaciones. Nos basta con que los escritores, más divididos sobre otros puntos, los sitúen en la llegada de las colonias que civilizaron esta región[1]. Afirman que los misterios de Eleusis los trajo Eumolpo de Egipto o de Tracia. Los de Samotracia, que sirvieron de modelo a casi todos los de Grecia, los fundó una Amazona egipcia[2]. Las hijas de Dánao fundaron las Tesmoforias[3], y las Dionisíacas llegaron a Grecia por los fenicios[4] o los lidios[5]. Poco nos importa la verdad de estas tradiciones; su unanimidad demuestra el hecho principal, el origen extranjero de los primeros misterios. Añadiremos que, mucho tiempo después de la formación del politeísmo griego, instituciones de esta naturaleza continuaron llegando de fuera. Los misterios de Adonis penetraron de Asiria por la isla de Chipre en el Peloponeso[6]. La danza de las mujeres atenienses en las Tesmoforias no era una danza griega[7]; y el nombre de los ritos sabacianos nos lleva a Frigia[8].

Demostramos, en otro lugar, que los miembros de las colonias que desembarcaron en Grecia, en su mayoría, no debían de conocer de la religión de la patria antigua más que la parte externa y material. Pero, en esta parte material, había representaciones que, rechazadas por la religión pública, por no encajar en su mentalidad, se convirtieron, con toda naturalidad, en ritos misteriosos, calcados de los del exterior. Los misterios se compusieron de ceremonias, de procesiones en el interior de los templos[9], de pantomimas. Si en los dramas sagrados de Egipto, Tifón había raptado a Horus, Plutón, en las Tesmoforias, raptó a Proserpina. Plutarco destaca las semejanzas de estos relatos egipcios sobre Isis y Osiris con los relatos griegos sobre Ceres[10]. La muerte de este Osiris recuerda la de Cadmilo en los misterios cabíricos[11]. Estas representaciones dramáticas comenzaron probablemente por ser representaciones de fábulas conocidas; en este caso, sólo la representación era misteriosa. Luego, se inventaron nuevas fábulas que permanecieron secretas y, entonces, hubo misterio tanto en la fábula como en la representación. Con estos dramas religiosos se llevaron a Grecia denominaciones, fábulas exóticas, y, por ello mismo, ininteligibles e inexplicables. Que los nombres de Ceres y de Proserpina, en la lengua de los Cabiros, sean precisamente los mismos que los de la reina de los infiernos y su hija entre los indios, no puede ser fruto del azar[12]. Los tres nombres misteriosos con los que, al final de las grandes Eleusinas, se despedía a los iniciados[13], estas tres palabras que han puesto a aprueba, desde hace dos siglos, la sagacidad de los eruditos[14], son, con toda probabilidad, tres palabras sánscritas, cuyo sentido encaja perfectamente en las ceremonias que se concluyen con su pronunciación[15].

Así, cuanto más nos adentramos en las antigüedades de la India, de esta comarca que parece destinada a esclarecernos tantos enigmas durante largo tiempo insolubles, más vemos, entre las religiones sacerdotales y los misterios de los griegos, conformidades que antes no se podían reconocer.

En fin, el recuerdo de los peligros de una larga e incierta travesía debía de sugerir a los navegantes que desembarcaban en Grecia la idea de reuniones en las que celebraban la memoria de sufrimientos que habían padecido y soportado en común, y la historia nos certifica que los extranjeros, fundadores de los misterios, añadieron a sus reminiscencias locales la conmemoración de los peligros inherentes a las navegaciones lejanas. Uno de los Cabiros había descubierto el arte de luchar contra las olas[16]; los misterios de Samotracia habían proporcionado a los Argonautas un refugio contra la tempestad[17]. Esta tradición es un vestigio de las expediciones orientales, que se amalgaman en los relatos con las expediciones griegas. En memoria de esta tradición, el gran sacerdote recibía en la orilla a los que querían someterse al rito de la iniciación[18]; y muchos siglos después, se celebraban en Corinto los misterios de Isis pelásgico o marítimo[19].

Por tanto, los misterios no fueron primitivamente, tanto en Grecia como en las comarcas en las que surgieron, más que ceremonias, en las que se admitía a los iniciados, sin obtener de esta admisión el conocimiento de ninguna doctrina o filosofía oculta; pero, poco a poco, cambiaron de naturaleza. He aquí cómo.

A medida que avanzó la civilización, el sacerdocio griego, sin llegar a tener nunca la autoridad que este orden poseía en otros lugares, adquirió, sin embargo, más consistencia. Pero, al obtener algún poder, debió de darse cuenta de que este poder era muy limitado. La autoridad política, ya constituida, el ascendiente de los guerreros en los tiempos heroicos, el de los hombres de Estado bajo los gobiernos republicanos, la imaginación de los griegos, activa, indócil y brillante, el amor de estos pueblos por la libertad, amor que se exaltaba de generación en generación, todas estas circunstancias no permitían a los sacerdotes apoderarse de la religión pública; pero se dieron cuenta que, fuera de esta religión, existían instituciones aún poco conocidas, nacidas en los países mismos en los que dominaba el sacerdocio. Decimos que estas instituciones eran poco conocidas: se debe, en efecto, a que, en la época de su introducción, no causaron gran impresión en la mayoría de los griegos, ya que no vemos, ni en Homero ni en Hesíodo, ninguna alusión a los misterios, ninguna huella de hábitos misteriosos[20].

Cuanta menos atención habían suscitado estas instituciones, más fácil era para el sacerdocio adueñarse de ellas. Su origen, su naturaleza, su separación misma de cuanto existía, parecían invitar a los sacerdotes a arrogarse su propiedad, que no debía disputársele, o, mejor dicho, esta propiedad les estaba reservada, puesto que, por un efecto muy simple de la fundación de las colonias, varias familias que descendían de ellas, y de las que hablamos en otro lugar[21], estaban al frente, a la vez, de los ritos del culto nacional y de la celebración de los misterios[22].

En consecuencia, el sacerdocio tuvo que trabajar[23] con ardor en realzar la importancia de estas instituciones de las que era dueño, mientras que, en el culto nacional, no era más que un agente subordinado. Los misterios se multiplicaron; es probable que, en las partes de Grecia en las que los extranjeros no los habían traído, los sacerdotes, conscientes de la utilidad que podrían sacar por el provecho que habían obtenido sus hermanos de Egipto, los crearan antes de conocer su contenido.

Sus misterios se parecieron a estos santuarios, en los que un espeso velo ocultaba a la mirada de los profanos el recinto vacío. A falta de otra cosa, cerraron la entrada de los bosques sagrados y de sus templos; algunas capillas sólo se abrieron una vez al año y un solo día[24]. Las estatuas de los dioses sólo se mostraron cubiertas[25], y sus nombres no podían ser revelados sin castigo[26]. Como todo tipo de exclusión participa del misterio, a menudo se excluyó a ciertas clases de algunas ceremonias; algunas veces, a todo un sexo. Así como las mujeres de los germanos y de los escandinavos tenían ritos que les estaban reservados, los griegos tuvieron sus Tesmoforias, en las que los hombres no se atrevían a penetrar bajo pena de muerte; los romanos, sus fiestas de la diosa buena, famosas por la violación de esta regla y el sacrilegio de Claudio. Todos estos misterios consistieron primitivamente en representaciones dramáticas. En las Tesmoforias, a las que se atribuyeron más tarde significaciones tan diversas y profundas, Ceres apareció con velo, servida y consolada por mujeres. Triptólemo agitaba su lanza, y Céleo tomaba la medida de la tierra. A los pies de la diosa aparecían el trípode, emblema ternario, el caldero que recuerda la caldera de los druidas, el espejo místico, sobre el que tendremos que volver, símbolos sacerdotales extranjeros[27]. Pero, al intentar ocultar así, bajo pompas prestadas, el vacío de las instituciones que creaban en Grecia, los sacerdotes se esforzaron en llenar este vacío; trabajaron para que se incorporase a estas instituciones, que dependían de ellos, cuanto rechazaba el espíritu independiente del culto nacional, los usos, los ritos, los dogmas sacerdotales.

Describir sus esfuerzos sobre cada objeto en particular sería adentrarnos en una narración que sobrepasaría todos los límites de esta obra; pues, para determinar únicamente la fecha de la introducción de cada opinión o de cada ceremonia en los diversos misterios de los griegos, necesitaríamos discusiones interminables y, probablemente, sin resultado. Nos limitaremos a probar el hecho, mostrando que en los misterios se encuentran todas las hipótesis y todas las prácticas sacerdotales. Pero, para comprender bien esta relación, observemos dos cosas: en primer lugar, cuando, como prueba de la identidad de algún dogma o de alguna costumbre, citemos el sentido que parece contener, no quiere decir que no haya otros. Cada símbolo, cada rito tenía más de uno. En segundo lugar, varios de los hechos que relataremos sólo sucedieron, no lo negamos, hacia los últimos tiempos de la religión. Se debe a que los misterios, destinados por el sacerdocio de Grecia a acoger cuanto pudiesen del politeísmo sacerdotal, no se llenaron de estos préstamos más que de una manera sucesiva. El conjunto sólo apareció reunido cuando se confundieron los dos politeísmos, es decir, con su declive; pero la tendencia de los misterios está comprobada por este resultado mismo, y el efecto, aunque tardío, confirma la causa[28].

CAPÍTULO 4

*Conformidad de los dogmas misteriosos de Grecia
con los ritos y los dogmas sacerdotales*

Vimos que las religiones sacerdotales, que conservan en el seno de la civilización huellas de fetichismo, atribuían a sus dioses figuras groseras o monstruosas; las divinidades adoradas en los misterios de Samotracia eran troncos informes, según Heródoto[1]. Baco que, en los primeros tiempos de Grecia había llevado, como en Oriente, una cabeza de toro, pero al que los estatuarios y los poetas habían liberado de este horroroso emblema, lo retomaba en el culto secreto que se le tributaba con el nombre de Zagreo[2].

Los sacerdotes del politeísmo sacerdotal adoptaban, en sus representaciones dramáticas, el vestuario de sus dioses, y, recorriendo toda la escala de sus concepciones acumuladas, unas veces se disfrazaban de animales, otras imitaban lo mejor que podían el resplandor deslumbrante con que brillan los astros. Encontramos en los misterios de Samotracia y en otros lugares disfraces del mismo género[3]. Los que son recibidos en las Leónticas[4], dice Porfirio[5], se visten con diferentes formas de fieras o dibujan sobre sus vestidos estas diversas figuras[6].

El carácter de varias divinidades misteriosas es doble, como sucede con las divinidades indias. Ceres, igual que Bhavani, es, unas veces, protectora, con el nombre de Leucotea[7], y otras, furiosa, con el de Ceres Erinia.

Se negó la práctica de sacrificios humanos en los misterios, y se sospecha como una calumnia la imputación de los cristianos contra sus adversarios al afirmar que realizaban estos ritos horrorosos. Pero, independientemente del testimonio de los historiadores y de los Padres de la Iglesia[8], el de Porfirio[9], nada sospechoso de un motivo de odio, es positivo e irrecusable. En las Dionisias, dice, en Quíos y en Ténedos, se inmolaba a un hombre en memoria de la fábula de Baco, despedazado por los Titanes. Era tan notorio, en tiempo de Adriano, que las fiestas en honor de Mitra estaban degradadas por ritos parecidos que creyó necesario prohibirlas expresamente. Siguieron existiendo pese a su prohibición, y las víctimas servían para los extispicios[10]. Una antigua tradición, a la que hace referencia Eurípides, fija el sacrificio de una hija de Erecteo precisamente en la época en que se instituyeron los misterios de Eleusis[11]. Si pudiéramos admitir la afirmación de Lampride[12] de que sólo ofrecían una representación de estos sacrificios sin efusión de sangre, no por eso dejaría de ser una conformidad sorprendente con el politeísmo sacerdotal, en el que siempre habían tenido lugar estas representaciones, cuando la atemperación de las costumbres no permitía la realidad.

Las purificaciones, tan habituales en las naciones sometidas a los sacerdotes, no lo eran menos en los ritos misteriosos trasplantados a Grecia, y estas purificaciones eran del mismo género. Unas veces, se obligaba a los profanos a caminar entre hogueras en llamas[13]; otras, se los suspendía en el aire para que el viento llevase sus impurezas[14]; otras, se los rociaba con agua consagrada[15].

La idea de purificaciones va acompañada naturalmente de la prohibición de ciertos alimentos, considerados como inmundos[16]. Esta prohibición se halla igualmente en las religiones sacerdotales y en los misterios[17].

En los pueblos gobernados por los sacerdotes, había animales con los que se prohibía alimentarse, no porque fuesen impuros, sino debido a ciertos dogmas, que habían venido a sancionar el respeto que los pueblos aún fetichistas habían concebido por estos animales. Los sirios se abstenían de pescado, porque los peces habían sido sus fetiches[18]; y al dar sus sacerdotes, como siempre, un motivo abstracto para una superstición vulgar, éstos explicaban esta abstinencia por su cosmogonía, que hacía del mar un elemento sagrado, y de los peces, sus moradores, una raza sagrada como él[19]. La misma privación existía en Eleusis.

La renuncia a los placeres de los sentidos, homenaje que el politeísmo sacerdotal rinde por doquier a sus dioses celosos, era uno de los deberes prescritos, tanto a los iniciados como a los hierofantes: el de Eleusis estaba obligado a la continencia desde el momento que ocupaba un cargo[20]. Las sacerdotisas de las Dionisias en Atenas juraban, entre las manos de la mujer del arconte rey, que eran puras, incluso de cualquier comercio con sus esposos. Demóstenes nos legó la fórmula del juramento que prestaban[21]. Los atenienses que se preparaban para las Tesmoforias se alejaban del lecho conyugal, y esta separación de sus maridos debía ser de cierta duración[22], ya que Ateneo nos indica qué hierbas utilizaban para soportar la abstinencia con menos dificultad[23]. Las que ocupaban la superintendencia de las ceremonias no debían haber tenido contacto con ningún hombre[24]. El celibato era obligatorio en los puestos más elevados de los servidores de Mitra[25]; en fin, Isis prescribe a Apuleyo una castidad inviolable[26].

Como consecuencia lógica de este deber impuesto a los hombres, varios de los dioses honrados en los misterios habían nacido de una virgen[27].

El valor dado a la continencia no excluía la adoración de los órganos generadores. Su simulacro lo habían introducido los Pelasgos en Samotracia[28]: en las Tesmoforias, se mostraba la representación del Cteis[29]. Las Canéforas de las Dionisíacas llevaban en la canastilla sagrada el falo que se acercaba a los labios del recipiendario[30]; y, por una conformidad minuciosa, pero de una importancia digna de resaltar, este falo era de madera de higuera[31], mientras que los higos secos, y de forma análoga, eran, para los persas, un símbolo religioso[32]. Por los misterios de Lerna, que se celebraban en Argólida en honor de Baco, se introdujo el uso de plantar el falo sobre las tumbas[33]; se convirtió, como en Egipto, en el emblema de la fuerza generadora, que, de la destrucción, crea la vida, y, al mismo tiempo, el de la inmortalidad del alma y de la metempsícosis[34].

El culto secreto iba acompañado en Grecia, como la religión pública en otras naciones, de las ceremonias más licenciosas[35]. Muchachas, con el seno descubierto, danzaban de modo obsceno en las fiestas de Adonis[36]. El desenfreno que mancillaba estas fiestas nos lo describe Ovidio[37] con complacencia, y Juvenal, con amargura[38], y los primeros Padres[39] deploran patéticamente el de los misterios sabacios.

Las divinidades hermafroditas que, en la lengua científica de los sacerdotes, son el emblema de la fuerza creadora, o de la reunión de los dos principios activo y pasivo, reaparecen en los misterios. Los Dioscuros, en Somotracia[40]; Baco, en las Dionisias, están revestidos de los atributos de los dos sexos[41]; y la liebre a la que los antiguos atribuían el mismo privilegio[42], figura siempre, como el símbolo de Baco, a la entrada de su gruta, sobre jarrones que servían o aludían a las Bacanales. Adonis es invocado, a la vez, como una joven virgen y un adolescente[43]. La combinación de estos dos principios se representa también con otro emblema, el de un matrimonio entre el hermano y la hermana, y se pudo ver[44] que las dos divinidades superiores de los pueblos sometidos a los sacerdotes tenían casi siempre entre ellas esta relación. Es probable que la mitología popular hubiera tomado de estas tradiciones su fábula del matrimonio de Júpiter y Juno; pero, lo que es seguro, es que este incesto cosmogónico era la base de las Dionisíacas. Yaco y Proserpina, Curo y Core, Líber y Libera, son, a la vez, hermano y hermana, esposo y esposa.

Pasemos ahora de los ritos[45] a las opiniones.

En las naciones sacerdotales, todas las ciencias, todos los descubrimientos, todos los avances decisivos en la situación de la especie humana se atribuían a los dioses. Los sacerdotes de los misterios se apresuraron a asignar a todas estas cosas un origen que atribuía a la religión el mérito de cuanto hay de útil en los oficios, de bello en las artes, de sabio en las leyes. Los misterios de los coribantes representaron la invención de la agricultura[46]; los de los curetes, los primeros intentos de la navegación[47]; los de los dáctilos, la fusión de los metales[48]. Ritos repelentes y groseros se transformaron en símbolos profundos y sublimes. Las bacantes en su delirio despedazaban a los animales que encontraban, y devoraban los trozos de su carne palpitante[49]. Esta comida horrible se convirtió en la conmemoración del paso de la vida salvaje al estado social. Los iniciados en las Dionisíacas comían, en una fiesta particular, carne cruda, en memoria de la barbarie a la que estaban reducidos los hombres, antes de que los sacerdotes los hubiesen civilizado[50]. La institución de las leyes le valió a Ceres el epíteto de legisladora[51], que se daba a Temis en otros misterios[52]. Se celebraba la unión de la medicina y de la religión[53]. Los cuernos de Baco fueron el emblema de los toros uncidos al arado[54], y su cuerpo desgarrado, el de las uvas arrancadas a la vid y pisadas en el lagar[55].

La astronomía que ocupaba, en el politeísmo sometido a los sacerdotes, un lugar tal que, para muchos sabios, constituyó por sí sola esta religión, no podía dejar de obtener en los misterios un rango proporcionado. Las danzas sabacias eran una representación pantomima de los movimientos del sol, de la luna y de los planetas[56]. La escala de ocho puertas era un símbolo astronómico, porque allí se revelaba que las almas pasaban de un planeta al otro para subir a los cielos[57].

La demonología aparecía igualmente[58]. El séquito de Baco, que, en la religión popular, era desenfrenado, licencioso y ruidoso, Sileno, Pan, los sátiros, Nisa, las ninfas nodrizas del dios, como las pastoras que alimentaron a Krishna, se convertían en genios intermediarios; la iniciación misma estaba personificada en el nombre de Telete; hija de Baco y de Nicea, era la bailarina nocturna, que se alegraba en las fiestas y disfrutaba con el sonido de los timbales[59]. El himno órfico cantado en las Dionisias y del que tenemos algunos fragmentos en Clemente de Alejandría[60], contiene todas las tradiciones orientales sobre los genios que moran en lo más alto de los cielos y descienden a las entrañas de la tierra, protegiendo a las almas puras, anunciándoles el futuro[61] y castigando a las almas corrompidas[62].

La metempsícosis, opinión ajena a la religión popular de Grecia, como ya demostramos, pero inherente a la de Egipto y de la India, era una de las doctrinas más desarrolladas, y que se revelaba con más solemnidad en los misterios. Se la designaba enigmáticamente en las Mitriacas por la escalera de ocho puertas, de la que hablamos hace un momento, el más secreto y el último de los símbolos que se dejaba ver a los iniciados[63]. Estaba combinada en las Dionisíacas, como en Egipto, con la noción del retorno de las almas hacia la Divinidad.

Entre las solemnidades sacerdotales, la conmemoración de los cambios de la naturaleza ocupa un lugar importante. En los misterios, estas formidables convulsiones se representan bajo el emblema de Vulcano, precipitado dos veces desde el cielo al mar, entregándose durante nueve años a trabajos subterráneos, y reconciliado con el Olimpo por Baco que lo embriaga, y que, montado sobre el asno místico, salva de la destrucción el fuego central o el alma del mundo[64]. La masacre del mismo Baco figuraba, en las Dionisíacas, las revoluciones físicas[65].

A los dogmas científicos se añadieron sucesivamente fragmentos de teogonías y de cosmogonías[66]. Isleño presenta a Baco el huevo cosmogónico; este huevo es, en los misterios como en Fenicia, el gran todo que contiene a todos los seres; y el hijo de la Noche, el ordenador de los elementos, el primer motor de toda existencia, Eros, que desempeña una función muy importante en la generación del mundo después de los sacerdotes, se reproduce en los dogmas misteriosos.

Los misterios de Samotracia consagran, mediante una leyenda, la trinidad, siempre inseparable de las cosmogonías sacerdotales. Los dos coribantes o Cabiros, que matan a su hermano, rodean su cabeza con una corona, la envuelven con un velo de púrpura, la colocan sobre un escudo de bronce y la entierran al pie del Olimpo; luego separan del cuerpo el falo, que llevan a Toscana[67], estos dos coribantes, decimos, forman una trinidad samotraciana con este Dios que se encarna, y al que sus adoradores invocan, con las manos teñidas de sangre, en memoria de su muerte[68].

Para destacar mejor la identidad de estos dogmas y los de las naciones sacerdotales, detengámonos un instante sobre el símbolo de las copas y del espejo, símbolo que sirvió de texto a las alusiones de Aristófanes[69] y a la elocuencia de Platón[70]. El Demiurgo, Baco, el Creador y el Redentor, tienen dos copas. Una es la copa de la unidad; en ella se formó el alma del mundo. La otra es la copa de división, de la que salen las almas parciales, condenadas al nacimiento y al renacimiento. Ellas no pueden librarse de la individualidad, ya porque deben cooperar al orden o a la conservación de este universo, y porque aún no tomaron parte en esta tarea común[71]; ya porque, habiendo morado en este mundo, cometieron faltas y renacen en cuerpos para expiarlas; ya porque una curiosidad fatal las arrastró[72]. Echaron una mirada sobre el espejo misterioso. También el Demiurgo se había contemplado en él; había visto su imagen en él y el deseo de crear se había apoderado de él. Las almas se miran en él; un afán insensato de individualidad las desorienta y perturba. Quieren saber lo que ocurre fuera del recinto celeste; quieren existir por sí mismas, voluntad loca, pues la individualidad no es más que un desgarro. Emprenden el vuelo hacia la tierra[73]; beben en la copa del olvido, se emborrachan; el recuerdo de su noble origen las abandona, y, cada vez más, penetran en la materia[74]. Las mejores resisten largo tiempo a la tentación funesta; agitan sus alas en lo alto de los cielos[75], manteniéndolas alejadas de los cuerpos, para no precipitarse con ellos. Finalmente, ceden y se encomiendan a su instinto que las protege. Beben con moderación de la copa embriagadora y conservan un poco de memoria de su estado anterior. Las menos puras se agarran a la tierra, lugar de miseria, que les parece llena de encantos. Ya no escuchan la voz del demonio tutelar[76]. Su cuerpo se convierte en una pesada carga al que, no obstante, siguen queriendo. Se asemejan al pez Glauco que, en los abismos del mar, atrae hacia sí las conchas, las piedras, las plantas, se envuelve con ellas, se hace uno con ellas y queda aplastado por su peso[77].

Sin embargo, el retorno sigue abierto para estas almas miserables. El Demiurgo, en su piedad, no quiere que su degradación sea para siempre[78]. La muerte, dios benefactor, inicia su liberación, las salva de su antiguo mal[79] y les ofrece la copa de la sabiduría[80]. Si beben de ella, desaparece el extravío y resurge el deseo del retorno; pero no es suficiente. Se necesitan nuevas apariciones en este mundo, migraciones[81], purificaciones. Los misterios aceleran estas migraciones, hacen más eficaces estas purificaciones, otorgan a los vivos, antes de su muerte y en esta tierra, lo que sólo obtendrían después de la muerte, en los infiernos. Todos estos símbolos, las copas, el espejo, el extravío de las almas engañadas, la repugnancia, luego el amor, luego de nuevo la fatiga de la individualidad, el terror del nuevo nacimiento, los esfuerzos para escapar de él, el sacerdocio que ayuda a estos esfuerzos mediante revelaciones, ilustraciones, penitencias y plegarias; la liberación definitiva, el bien supremo que consiste en no volver a penetrar en un cuerpo mortal[82], el cielo reconquistado, el Demiurgo que recibe a los exilados en su seno, de donde no deben salir jamás; todas estas nociones son egipcias, persas y, sobre todo, indias[83].

El espejo misterioso es el equivalente de la Maya de la India, y hay que señalar que a Proserpina, como creadora o nodriza de los seres individuales, se la llama también Maya[84].

Al mismo tiempo, estos dogmas sobre las almas se vinculan con el sistema en el que Baco es el sol, del que se desprende una doble explicación, astronómica y metafísica, y el sistema astronómico, por una serie de sutilezas que omitimos, se aplica de nuevo al destino de las almas.

Desde cierto punto de vista, esta doctrina purificadora, tanto de las religiones sacerdotales, como de los misterios, tiene algo bastante hermoso; pero no olvidemos que, por una parte, no impedía a los sacerdotes, allí donde dominaban, mantener a sus esclavos en el embrutecimiento y en la ignorancia, y que, por otra, la embelleció la imaginación griega, de la que el sacerdocio de Grecia no siempre podía defenderse, a pesar de sus esfuerzos.

Finalmente, todos los antiguos hablan de las austeridades, de los tormentos voluntarios que se imponían los iniciados o los que aspiraban a la iniciación. Diversos ayunos precedían a la celebración de las Tesmoforias. Los recipiendarios a los misterios de Isis debían abstenerse, durante diez días, de cualquier alimento que halagase sus sentidos, de la carne de cualquier animal y cualquier bebida que no fuera agua[85]. En las solemnidades de Ceres eleusina, en Feneo, ciudad de Arcadia, el hierofante golpeaba con violencia a los asistentes[86], como los sacerdotes de Isis, en Busiris, Egipto[87]. Ochenta clases de pruebas se necesitaban para participar en las Matriacas[88]. Los candidatos, debilitados por el hambre, lacerados por los azotes, cubiertos de fango, arrojados a lodazales impuros o en agua helada, se entregaban, durante varios días o incluso meses a suplicios que ponían en peligro sus vidas[89]. Estas prácticas no pueden dejar de recordarnos el dogma de la santidad del dolor, que, como vimos, era sagrado en el politeísmo sacerdotal y cuyo origen y naturaleza intentamos explicar entonces; y observad con atención que, en los misterios, así como en las religiones sacerdotales, los dioses imitadores de los mortales aspiran, como ellos, a la santificación mediante las torturas; se mutilan como sus sacerdotes[90], y, mientras que la creencia popular sólo había atribuido estas mutilaciones a dioses fuera de la mitología nacional, el sacerdocio las atribuye, en sus confidencias, a divinidades adoradas por el pueblo. Júpiter, decía a los iniciados, se había mutilado a sí mismo, arrepentido de haber violado a Ceres[91]. Esmun que, en Fenicia, cansado del amor de la diosa Astronoe, había abjurado de su sexo, comete el mismo atentado en los misterios de Samotracia y se convierte en el octavo de los Cabirios, que, con el nombre de Esculapio o de Peán, está al frente de la medicina.

El dogma de un dios muerto y resucitado, dogma que proclaman sin excepción todas las religiones sacerdotales, contrastaba de tal manera con las ideas griegas que a los cretenses que enseñaban en su isla la tumba de Júpiter[92] toda Grecia los acusó de mentirosos[93]; y la tradición que ellos presentaban como motivo de honor, al principio objeto de escándalo, se convirtió más tarde en motivo de burla por parte de los incrédulos. Así, los puntos de vista cambian con las épocas. En las religiones sacerdotales, la muerte de los dioses es un dogma, y, en la religión popular, una impiedad; en tiempos de Luciano, sólo se recuerda la ironía para exponerla al ridículo. Pero en los misterios, la leyenda se perpetúa y se diversifica. Atis, Adonis, Baco y Cadmilo son dioses que mueren[94] y que renacen[95]. Juno, celosa de Proserpina, da muerte a Zagreo, incitando contra él a los Titanes[96], como una reina egipcia, Aso, se coliga con Tifón y mata a Osiris. Quejas tumultuosas y lamentos furibundos, calcados escrupulosamente de los ritos extranjeros, anuncian la muerte de estos dioses sacrificados; pero, superando pronto esta muerte pasajera, vuelven a ver la luz y llenan sus almas de una alegría tan desordenada y tan ruidosa como había sido su dolor.

A estos dogmas se unieron quizá, como resultado de las circunstancias particulares en las que se encontró Grecia, algunas ideas políticas. Se ve en Hesíodo, como ya indicamos, el odio de los oprimidos contra los opresores: Hesíodo escribía en el momento de la destrucción de las monarquías griegas. Los misterios habían llegado a Grecia antes de esta destrucción; algunos, quizá, ocultaron con sus velos las santas conspiraciones de la libertad. Insinuaciones oscuras, esparcidas aquí y allá en los antiguos, hacen bastante probable que hombres indignados por el yugo de los reyes, formaran, a imitación de los misterios, o dentro de los misterios, sociedades secretas para derrocar a la tiranía[97].

Y no es todo.

Ya mostramos cómo las opiniones de los incrédulos se convirtieron en una parte de la doctrina secreta de los sacerdotes en los países sometidos a su imperio, pero permanecieron siempre ocultas a los profanos. Y esto era posible, sobre todo, porque en esas regiones sólo los sacerdotes formaban la clase ilustrada.

En el politeísmo independiente, por el contrario, existía una clase ilustrada al lado del sacerdocio. No se sentía lo suficientemente fuerte para mantenerse, como sus colegas de Egipto o de la India, en una posición aislada, en un campamento atrincherado, por así decirlo; estaba ante una sociedad que, el no estar subyugada por él, examinaba sus derechos y discutía sus prerrogativas. Los misterios le proporcionaban un medio de llamar a los profanos en su ayuda y formar con ellos un cuerpo de auxiliares, atrayéndoselos mediante revelaciones; pero era necesario que las revelaciones fuesen importantes. No se trataba de cautivar a un vulgo estúpido, alejado de cualquier meditación por causa de trabajos sin descanso, cuyas facultades se mantenían limitadas, en un círculo estrecho, por la institución de las castas, y que se acercaba a las ceremonias con ojos deslumbrados y cuya mente no investigaba el sentido. Eran hombres versados en todas las ciencias, acostumbrados a la reflexión, hombres a los que indignaba la grosería o la licencia de las fábulas populares, y a los que había que reconciliar con sus aparentes imperfecciones.

Las doctrinas filosóficas habían penetrado demasiado profundamente en el espíritu de los griegos para no haber atraído la atención del sacerdocio. Tuvo que actuar con ellos como lo había hecho con las religiones extranjeras. En efecto, la historia nos lo presenta persiguiendo en público a la filosofía y enriqueciéndose, en secreto, de sus despojos. Los diferentes sistemas de filosofía se convirtieron, simultáneamente, pero por separado, en parte de los misterios.

Todos estos sistemas eran subversivos con relación a la creencia pública. La irreligión se introdujo, en consecuencia, en las instituciones destinadas a impresionar a los hombres con un terror y un respeto religiosos. Se pusieron en duda, no sólo las apoteosis de los héroes deificados, sino que esta duda llegó hasta la divinidad de los dioses superiores; unas veces se enseñó, como Evémero, que estos dioses no eran más que mortales; otras, como Varrón, que no eran más que los elementos personificados. Los antiguos, afirma este último[98], acomodaron de tal forma, en los misterios, los simulacros, las marcas exteriores y los adornos de los dioses que se ve enseguida en ellos el alma del mundo, y sus partes, las verdaderas divinidades.

El dualismo, elemento esencial del politeísmo sacerdotal, era una de las explicaciones de las Eleusinas[99]. Se celebran, dice Juliano[100], estas ceremonias en el equinoccio de otoño, para obtener de los dioses que el alma no sufra ninguna influencia maligna del poder tenebroso que va a prevalecer en la naturaleza; y la fábula que afirma que Venus, habiendo querido ocupar el lugar de Minerva y trabajar como ella, vio cómo el hilo se rompía entre sus dedos, muestra la corrupción de la materia, que se rebela ante la mano del creador[101]. La misma hipótesis se reproducía en las Mitriacas[102].

El teísmo[103] vació el cielo de sus innumerables divinidades, para remplazarlas por un solo ser invisible, incorporal, inefable, todopoderoso, pero inaccesible a las promesas y a las plegarias; o el panteísmo, negándole al dios del teísmo su existencia separada, le hizo penetrar en la sustancia de la que están formados todos los seres[104]. El propio ateísmo se convirtió en parte de la revelación misteriosa, como una última comunicación, una marca de confianza íntima, el resultado de un estudio profundo, un secreto, en fin, que sólo se transmitía a un número tan pequeño de elegidos, con tantas ceremonias, después de tales preparaciones, que aparecía envuelto en una oscuridad casi sagrada.

Lo que parece inexplicable y contradictorio, en un primer momento, es que estas hipótesis irreligiosas se presentaban a los iniciados con toda la pompa de la religión. El fenómeno de una clase que, consagrada al mantenimiento y a la celebración del culto, exige en torno a ella, en medio de las fiestas, en el santuario mismo de los dioses, a numerosos hombres, para revelarles que la religión que enseña al pueblo no es más que un tejido de fábulas pueriles, este fenómeno parecerá menos sorprendente si se piensa que esta revelación no era ni el objetivo primitivo, ni el fin único, ni siquiera, en ninguna época, el fin general de los misterios.

Dos motivos incitaban a los sacerdotes a aceptar, en su doctrina oculta, opiniones que cada día adquirían mayor crédito: por un lado, el interés de su orden; por otro, el amor propio individual.

Al permitir la entrada de la filosofía en los misterios, la hacían más indulgente para las prácticas exteriores que les interesaba conservar. Luchando en el exterior contra sus progresos, transigían secretamente con ella. Al adoptarla, la desarmaban. Se jactaban de hacer de ella una aliada, confiriéndole el privilegio de la iniciación. De ordinario, los privilegios corrompen a los que los reciben. No era, pues, un mal cálculo para el sacerdocio el asociarse una clase temible, reconociendo que, en la realidad, nada estaba más lejos de la filosofía que la religión bien explicada. Añadía después que estas explicaciones se debían ocultar cuidadosamente al pueblo; y el corazón humano esconde no sé qué orgullo insolente y absurdo que persuade a cada individuo de que posee una razón suficientemente fuerte para no abusar de lo que sabe. Cada uno piensa que los otros serían deslumbrados por la luz que no hace más que iluminarlo. Así, los sacerdotes que, por estado, proscribían la irreligión, buscaban por política enrolarla bajo sus estandartes, con la única exigencia del silencio, como precio del tratado.

Al mismo tiempo, el amor propio individual favorecía la transacción entre la incredulidad y los misterios. Los sacerdotes están sometidos, como todos los hombres, al impulso irresistible impreso por la naturaleza en la inteligencia humana. Cuando la duda surge en los espíritus, la luz brilla en el orden sacerdotal[105]; pero las opiniones y, sobre todo, la vanidad son más fuertes que los intereses. ¿No vimos ya, a finales del último siglo, la incredulidad profesada por los ministros de los altares[106]?

Los sacerdotes del politeísmo obedecían igualmente, en sus misterios, a este cálculo y a esta inclinación; estas instituciones hacían su función menos embarazosa, dispensándolos de cumplir con las dos partes contrastantes en el mismo teatro y ante los mismos espectadores.

Se piensa, en efecto, que la moral penetró en los misterios en el momento en que se hizo parte integrante del politeísmo. Incluso antes, existía en Samotracia un tribunal antiguo que fallaba sobre los crímenes, y, algunas veces, condenaba a muerte a los culpables; pero parece que este tribunal, de origen puramente sacerdotal, sólo actuaba contra el perjurio y contra el asesinato cometido junto a los altares, es decir, agravado por el sacrilegio; pero, estos dos atentados eran insultos contra los dioses; y ya distinguimos anteriormente entre estos ultrajes que cualquier religión prohíbe desde siempre y el apoyo que la religión presta a la moral sólo en una época más avanzada. Podríamos fijar fácilmente esa época, para los misterios, en tiempo de Epiménides. Nuestros lectores saben que Solón le encargó la purificación de Atenas, y Solón, a la vez filósofo y legislador, debió de pensar en la importancia de apoyar las leyes y la moral con la religión.

Por tanto, la exposición de los deberes que unen a los hombres entre sí fue una de las revelaciones con que se alimentó a los iniciados[107]; se les recomendó la justicia[108], el amor a los padres, la moderación en los deseos[109]. Se exigió al recipiendario una confesión general[110], y la exclusión con que se castigó a los culpables fue un primer castigo pronunciado contra ellos[111].

Pero como la moral de los misterios la enseñaban los sacerdotes, difiere, más o menos, de la del politeísmo público, y reviste varios de los caracteres que vimos en la moral sacerdotal. La iniciación se convierte en una condición indispensable de la felicidad después de esta vida; a este precio, los Coribantes halagaban a sus adeptos con una eternidad dichosa[112]. Son los misterios, dice Proclo, los que sacan las almas de esta prisión material y mortal, para reunirlas con los dioses[113]. El objetivo de la iniciación, añade Arriano en Epicteto[114], es el de impedir que la parte divina del hombre se hunda en el lodazal tenebroso y no encuentre obstáculos en su vuelta a la Divinidad. Aristófanes[115], Esquines[116] y Sófocles, citado por Plutarco[117], representan a los iniciados como dichosos por esta sola razón; sólo ellos podían esperar recompensas en otro mundo. Los castigos recaen de modo exclusivo e inevitable en los profanos[118]. El cántaro roto del que se intentaba inútilmente sacar agua, era el símbolo de su miseria. Buscaban en vano el agua refrescante, es decir, la revelación que hubiera podido salvarlos[119]. Se veía en un cuadro de Polignoto, en Delfos, a dos mujeres condenadas a un eterno suplicio, por no haber sido recibidas en los misterios de Ceres[120]; es claramente la introducción, en el politeísmo libre, de la idea dominante en el politeísmo sacerdotal, de esa idea que recorrió los siglos para acabar en una secta cristiana, y que proclamando el terrible axioma de «fuera de la Iglesia no hay salvación», creó un género de intolerancia desconocido en las épocas anteriores. Los atenienses se consideran como obligados a que se les inicie antes de morir[121]. Se inicia a los niños desde la más tierna infancia[122], a los moribundos, en la agonía. Se viste a los muertos con ropas de iniciados[123], con vestidos de hierofantes[124]. El espíritu sacerdotal es el mismo, cualquiera que sea la diferencia de las formas. En la Edad Media, los cristianos querían que se los enterrase con hábitos de monje.

Para grabar esta opinión más profundamente en las almas, se recurría de nuevo a representaciones dramáticas. Compañías de iniciados aparecían ante los recipiendarios en praderas esmaltadas de flores, como moradores felices del Elíseo, rodeados de una luz brillante y pura, coronados de laureles y vestidos con ropa de una blancura deslumbrante[125].

Las expediciones adquieren una maravillosa eficacia, y estas expiaciones se compraron algunas veces de una manera que recuerda la venta de las indulgencias. Los ministros de los órficos asediaban la puerta de los ricos, prometiendo a quien participase en sus ceremonias la inmortalidad, durante la cual beberían vinos deliciosos, con sus cabezas ornadas de coronas[126]; los profanos, cubiertos de lodo, debían compartir los castigos de las Danaides. Los órficos añadían, en verdad, que estos tratamientos serían la recompensa de la justicia, o el castigo de la iniquidad; pero un iniciado, en su lenguaje, era siempre un hombre justo, y sólo era injusto el que había desdeñado la iniciación[127].

No es extraño que los filósofos se hayan levantado con fuerza contra esta parte de los misterios. Platón, que nos proporcionó lo que contamos sobre los órficos, se entrega, contra ellos, a toda la amargura de una virtuosa indignación. Diógenes decía que era absurdo que ladrones y asesinos pudiesen adquirir, con la participación de algunos ritos, una eterna felicidad, mientras que Epaminondas y Agesilao, por no estar iniciados, serían precipitados al fondo del Tártaro[128]. Demóstenes y Teofrasto los reprobaban igualmente[129]. Como las mismas circunstancias sugieren a los hombres las mismas ideas, cualquiera que sea la distancia de las épocas, Voltaire, siguiendo, al parecer, la objeción de Diógenes, la pone en verso en un poema, célebre desde muchos aspectos:

> Allí asáis, sabio y docto Catón,
> Al divino Sócrates, al elocuente Cicerón.

Los testimonios referidos aquí son importantes en cuanto nos prueban que esta teoría sobre la eficacia de las iniciaciones era conocida ya antes de la decadencia del politeísmo. Las religiones que se desmoronan, hacen poco caso de la moral; y veremos más tarde cómo el politeísmo apela, para mantenerse, a la ayuda de todos los vicios. Pero aquí, es el espíritu sacerdotal el único que intenta subordinar la moral a las prácticas, y desnaturalizarlas para su particular provecho.

Se reconoce también, en otros rasgos, esta influencia del sacerdocio sobre la moral. Todas las religiones sacerdotales condenan el suicidio, y esta reprobación es muy llamativa, pues estas religiones inculcan, mucho más expresamente que el politeísmo libre de la dirección de los sacerdotes, el desapego de este mundo y la indiferencia ante todos los intereses de la vida. Pero el suicidio es un medio de independencia, y, en este sentido, todos los poderes lo odian. No pretendemos, en absoluto, justificarlo, de manera general. Hay que juzgarlo por sus motivos, como cualquier acción humana. Es, a menudo, un crimen; casi siempre, una debilidad; pero, no tengamos miedo en decirlo, algunas veces es una virtud. Es un crimen cuando, sirviendo de refugio al desprecio que se quiere merecer sin exponerse a él, a los castigos que se espera afrontar sin que le alcancen a uno, incita al hombre a actos culpables, ofreciéndole un refugio contra la pena; es una debilidad cuando, cediendo a sus propios dolores, se olvida que uno puede, haciendo el bien, mitigar los males que uno padece; es una virtud, si, poco seguro de su fuerza física o moral, uno teme ceder a las seducciones o no resistir a las amenazas. El que presiente que, ante la tortura, traicionaría la amistad, denunciaría a los desdichados, violaría los secretos confiados a su fe, cumple con una obligación dándose la muerte; por eso precisamente, todas las tiranías proscriben el suicidio indistintamente[130]. Vemos que los misterios lo condenan[131]; y Virgilio, que había calcado de estas instituciones su descripción de los infiernos, hace mención a los castigos infligidos a los que atentaron contra su propia vida; sin embargo, los griegos no consideraban un crimen el suicidio, y los romanos veían en él más bien un signo de fuerza y magnanimidad[132].

CAPÍTULO 5

Del espíritu que reinaba en los misterios

Al ser los misterios propiedad del sacerdocio, su genio cuida de ellos y extiende sobre ellos su lúgubre crespón; reina en ellos una profunda melancolía. Plutarco[1] nos habla de ceremonias tristes y fúnebres, y Proclo[2], de las lamentaciones sagradas prescritas en las Eleusinas. Casi todas las aventuras atribuidas a los dioses en los misterios eran trágicas. Los ritos funerarios estaban siempre presentes. Las mujeres, en las Tesmoforias, sentadas en el suelo en señal de duelo, lanzaban gritos lastimeros como en Egipto[3]; hasta su misma danza anunciaba el descorazonamiento y el dolor; pero, como todo debía ser emblemático, la lentitud de esta danza y el abatimiento que expresaba indicaban también el cansancio de los animales empleados en la labranza. La desgracia de la vida, dogma propio de Egipto y de la India, se inculcaba en todos los misterios órficos; su brevedad y su vacío se enseñaban en los de Tracia. Las expresiones del *Bhagavad Gita*[4] —la tierra es un lugar triste y limitado— son totalmente semejantes a la descripción que se hacía a los iniciados en las Dionisíacas[5]. Aunque adoptamos como regla evitar lo más posible las conjeturas que sólo se basan en etimologías e investigaciones gramaticales, encontramos en un sabio moderno[6] una observación muy curiosa, que merece citarse, y que se aplica muy directamente al objeto que nos ocupa. Nuestros lectores conocen ya que los griegos habían tomado de los egipcios la topografía de su infierno, los ríos subterráneos, el pasaje de las sombras y el nombre del barquero que los recibía en su barca; este nombre, según Jablonsky, hacía alusión, en Egipto, al silencio, o, según otros, a las tinieblas que reinaban en el reino de los muertos. Los griegos, queriendo naturalizarlo en su lengua, lo hicieron derivar de un verbo que, en este idioma, significa regocijarse[7]. Esta derivación contrastaba con todas las nociones del politeísmo homérico, nociones según las cuales la muerte es siempre un acontecimiento funesto, y las sombras una muchedumbre inconsolable, que envidia a la raza viviente y echa de menos la claridad del día. Por tanto, hubo que encontrar una explicación diferente, y los comentaristas de Homero sostuvieron que, por un eufemismo empleado, se había nombrado a Caronte el barquero de los infiernos porque mortifica a los mortales y porque siempre está gimiendo. Pero, en los misterios, en los que prevalecía el dogma sacerdotal sobre la miseria de la vida, y la felicidad de la muerte como liberación, se aceptó la idea de que, en efecto, Caronte se alegraba de transportar a un mundo mejor a los infortunados que sufrían en éste, idea melancólica que el genio natural de los griegos había rechazado, y la primera etimología era uno de los secretos que se revelaba a los iniciados.

Las bufonadas ruidosas, muy diferentes de la alegría brillante y viva de los griegos, pasaron igualmente a los ritos misteriosos. Las bacantes eran presa de una melancolía inquietante y silenciosa o de una alegría frenética[8]. Por doquier, personajes grotescos provocan la risa mediante bromas de mal gusto e innobles[9]: el viejo Isleño ebrio sobre su asno es la diversión de las Dionisíacas; un bufón aparece en Somotracia, al lado de los Cabiros[10], y las Eleusinas nos muestran a Ceres que olvida su dolor por los gestos inmodestos de dos ancianas[11]. ¡Curiosa anécdota, que muestra la autoridad de las tradiciones, aún cuando se alejen del fin que buscan quienes las respetan! Juliano[12], en las fiestas de las Saturnales, se cree obligado a burlarse de los dioses. Se burla por devoción, y, con todo, sus bromas tienden a ridiculizarlos. Poco nos importa que estas extrañas costumbres hayan significado la satisfacción del Ser supremo, después de la ordenación del universo y el triunfo de la armonía[13]; nos basta con que sean comunes al politeísmo sacerdotal y a los misterios.

Finalmente, encontramos en ellos el odio y el celo de cualquier distinción personal. Todo era colectivo y anónimo en las ocupaciones de Egipto y de Fenicia. Todo debía serlo igualmente en los misterios, sobre los que, por no poderse extender hacia al exterior, el sacerdocio griego había fundado su imperio. Luciano nos habla de un ateniense siempre a rastras con la justicia por no haber nombrado al hierofante y a los demás sacerdotes de Eleusis[14].

CAPÍTULO 6

Resumen sobre la composición de los misterios griegos

Las creencias orientales y meridionales pasaron, pues, por completo a los misterios, que, de este modo, englobaron a la vez el culto público y las doctrinas secretas de estas creencias[1]. Pero, en las naciones gobernadas por los sacerdotes, estas dos cosas eran en realidad dos cultos aparte, ya que al conjunto de la nación no se la admitía nunca al conocimiento de la doctrina oculta; en cambio, fueron unidas en los misterios griegos, y la parte material y grosera se convirtió en un vestíbulo en el que a los iniciados se los retenía, cierto tiempo, antes de penetrar, más o menos, en el interior del santuario. Todos los ritos, todas las prácticas severas o indecentes, todas las doctrinas y, entre éstas, tanto las más impías como las más religiosas, que componen en el oriente la doctrina secreta de los sacerdotes, la supremacía de un dios sobre los demás, el dios mediador o que muere por salvar a la especie humana[2], la trinidad[3], la supuesta degradación del alma, antes de morar en un cuerpo mortal y por efecto de la impureza de la materia, la esperanza de su nueva ascensión gradual hasta la Divinidad, el teísmo, como principio y como resultado del sistema de emanación, o que se pierde en el fondo en el panteísmo, el dualismo, el ateísmo, todos estos dogmas persas, egipcios, fueron consignados en los misterios de los griegos. Fueron, a la vez, el Apocalipsis y la enciclopedia sacerdotal, y su lenguaje, a menudo literalmente, el de los cultos que les habían servido de modelo.

Se podría objetar la resistencia de los sacerdotes griegos a los sacerdotes y dogmas extranjeros. Los individuos pudieron, sin duda, luchar contra los individuos, es decir, los sacerdotes griegos pudieron invocar, contra las invasiones del sacerdocio extranjero que rivalizaba con ellos, la severidad de las leyes, e incluso rechazar sus dogmas y sus ritos de la religión pública; pero los ritos y los dogmas, así rechazados, se trasladaban a los misterios, y todos los dogmas sacerdotales se acogían y consagraban en éstos.

Los sacerdotes del politeísmo independiente que profesaba Grecia sólo se diferenciaban de los de Oriente y del Mediodía por el éxito, no por los esfuerzos. Unos y otros tendían al mismo fin; pero los primeros, limitados en su poder, sólo disponían de la parte secreta de la religión. Los segundos, todopoderosos, disponían sin reserva de toda la religión. Los primeros, en consecuencia, trasladaron a los misterios todo lo que caracterizaba al politeísmo sacerdotal, y se crearon en él, hasta donde pudieron, un dominio particular, para resarcirse del control que la sociedad civil les disputaba. Los misterios fueron propiedad del sacerdocio en el politeísmo cuya propiedad no tenía el sacerdocio.

Ninguno de estos dogmas y ritos, con los que se enriquecían sucesivamente, era remplazado por otro; todos coexistían; y no sólo coexistían, por contradictorios que fuesen, sino que incluso cada uno de ellos estaba constituido de varios elementos incoherentes y heterogéneos[4]. Las doctrinas filosóficas más avanzadas se amalgaman con las tradiciones del más abyecto antropomorfismo. En la fábula panteísta, y por tanto muy refinada, de la muerte de Baco a manos de los Titanes que lo cuecen en una caldera, el humo de la comida que se prepara atrae a Júpiter; sólo cuando conoce a la víctima, fulmina a los Titanes y ordena a Apolo que entierre los restos dispersos de Baco[5]. Los menores ritos tenían varios sentidos; los ramos llevados en las Talaforias significaban varias cosas: el recuerdo de los primeros alimentos del hombre, el descubrimiento del olivo de Minerva, el rápido declive de la vida figurado en la rama seca. En los misterios cabíricos, los dos primeros Cabiros eran dioses populares, dioses sacerdotales y símbolos, ya metafísicos, ya cosmogónicos[6]. Por eso se decía que uno de los secretos de los misterios consistía en revelar que Cástor y Pólux no eran dioses. Los de Adonis eran astronómicos[7], agrícolas[8], metafísicos[9] y, además, aludían al dualismo[10]. En la época en la que es indudable que se alimentaba a los iniciados con las más sutiles especulaciones, se utilizaban también los medios más groseros para actuar sobre la imaginación del vulgo; no habían cesado las representaciones dramáticas. Dión Crisóstomo nos habla, a finales del siglo primero de nuestra era, de las voces que oían los iniciados, de las tinieblas y de la luz que se sucedían ante sus miradas, de las danzas de las que eran testigos; en una palabra, describe los misterios como un espectáculo[11].

No es éste el lugar para hablar de los demás tipos de influencia que ejercieron sobre el espíritu filosófico de los griegos. Mostraremos en otro lugar cómo este espíritu, aunque presentado con una dialéctica exacta y rigurosa, se impregnó de las ideas gigantescas y se echó en las sutilezas indefinibles que caracterizan al Oriente, y cómo la filosofía griega perdió, en lógica y claridad, lo que pareció ganar algunas veces en elevación y en profundidad[12].

A nuestro entender, de todo lo que acabamos de exponer, se deduce que la existencia de los misterios griegos, lejos de invalidar nuestras afirmaciones sobre la diferencia de las religiones sacerdotales y de las que permanecieron independientes de los sacerdotes, apoya, por el contrario, estas afirmaciones y las corrobora. Se creó, en los misterios, un imperio secreto precisamente porque el sacerdocio griego no poseía, como en otros lugares, el monopolio de la religión pública. Pero mientras la religión pública conservó alguna fuerza, rechazó las opiniones y los ritos que el sacerdocio había acogido y como naturalizado en sus instituciones misteriosas.

CAPÍTULO 7

De las iniciaciones graduales, como imitación de la jerarquía sacerdotal

El sacerdocio griego, dueño de los misterios, no se contentó con introducir en ellos las opiniones, los dogmas, los ritos y las costumbres sacerdotales, intentó establecer también una jerarquía sacerdotal.

Las Eleusinas estaban divididas en grandes y pequeños misterios[1]. En estos últimos, la casi totalidad de los griegos estaba iniciada. Consistían en pantomimas representativas de varias fábulas religiosas. Las iniciaciones a los grandes misterios se prodigaban menos y la doctrina era probablemente menos abstracta. Los sacerdotes combinaban explicaciones alegóricas o metafísicas con la necesidad de ocultar al pueblo estas explicaciones[2]. No se comunicaban en una sola vez[3]. Los iniciados eran más o menos instruidos, según los grados que habían alcanzado; nadie estaba seguro de estarlo completamente. En materia de confidencia, es siempre útil poder decir que no se ha dicho todo. Se sorprende a la imaginación con lo desconocido; se cautiva la curiosidad con la esperanza de conocer. Cuando una doctrina presenta puntos débiles, y de ella sólo se muestra su mitad, la respuesta a las objeciones se remite a la mitad que queda oculta.

Los grandes y los pequeños misterios se subdividían también, y en cada subdivisión cambiaba la doctrina, sin que estas variaciones destruyesen, en el espíritu de los iniciados, el respeto y la confianza. Las barreras que separaban las diversas clases obstaculizaban las comunicaciones recíprocas, y las explicaciones alegóricas eludían las contradicciones que no podían controlar. Cada noción que se enseñaba, cada práctica que tenía como objetivo hacer más solemne esta enseñanza, tenía, como en el politeísmo sacerdotal, un doble y, a menudo, un triple sentido. Lo que sólo era un rito en el primer grado era, en el segundo, una traición, y, en el tercero, una promesa. La admisión presente se transformaba en conmemoración del pasado; la conmemoración se hacía profecía. Los sacerdotes habían encontrado un pretexto para suspender las iniciaciones y prolongar las pruebas. No dependía de ellos, decían, admitir a los candidatos; necesitaban una orden, una manifestación particular de los dioses, como sucedía con el acceso al templo de Isis Titoreo, que sólo estaba abierto a los llamados por un sueño[4]. Comparaban la iniciación prematura con el suicidio, y así como los mortales no tienen derecho a abandonar esta vida para lanzarse hacia un mundo mejor, sino que deben esperar la señal de la voluntad divina, tampoco se podía conceder a los profanos la regeneración de los misterios hasta no haber obtenido del cielo la autorización milagrosa[5]. Apuleyo cuenta que, un año después de haber sido recibido en los misterios de Isis, se le reveló que debía presentarse a los de Osiris[6]; vendió sus vestidos para subvenir a los gastos de esta nueva iniciación, y pronto recibió una tercera iniciación. Como estas recepciones, al principio gratuitas, se hicieron después a precio de oro[7], se consideraron los misterios como un medio de riqueza para el sacerdocio. Este cálculo pudo ser el de algunos individuos, pero no el fin principal del conjunto. Reconoceríamos más bien en estas condiciones pecuniarias un esfuerzo por alejar a la clase pobre, sin rechazarla directamente, lo que, en los Estados republicanos de Grecia, habría herido el sentimiento receloso de la igualdad, al que incluso disgustó esta exclusión indirecta[8].

CAPÍTULO 8

Del objeto real del secreto de los misterios

En medio de esta acumulación de doctrinas y de revelaciones incoherentes, nos preguntamos a menudo cuál era el objeto del secreto en los misterios. Este secreto, no dudamos en afirmarlo, no residía ni en las tradiciones, ni en las fábulas, ni en las alegorías, ni en las opiniones, ni en la sustitución de una doctrina pura por otra más rudimentaria[1]: todas estas cosas eran conocidas. Se confiaba a los recipiendarios hechos que ellos habían oído contar en otros lugares, ficciones que habían leído en todos los poetas, hipótesis que estaban en boca de todos los filósofos. Las carreras de Ceres, las desdichas de los dioses, las luchas de los Titanes se representaban en el teatro, se grababan en el mármol, se cantaban en los himnos públicos. Los sistemas de cosmogonía aparecían en obras abiertas a todos los profanos. No se aprendían las nociones filosóficas mediante la iniciación; pero, cuando se era filósofo, se las reconocía en ella. Lo que había de secreto no era, pues, las cosas que se revelaban, sino que se revelasen así estas cosas, como dogma o prácticas de una religión oculta, o progresivamente, de modo que siempre hubiese en perspectiva revelaciones posteriores, que disiparían, en el momento oportuno, cualquier objeción y cualquier duda. Lo que había de fijo no eran las doctrinas, sino los signos y los términos de reunión y de adhesión comunicados a los iniciados, y las ceremonias que acompañaban a estas comunicaciones[2].

A los impíos que fueron perseguidos por sus indiscreciones sacrílegas, a Diágoras[3], Aristágoras[4], Alcibíades[5], Andócides[6], no se los acusó de haber divulgado una doctrina, sino de falsificar y simular ceremonias. La misma acusación recayó sobre Aristóteles. El hierofante, su perseguidor, no alegó contra él nada de su doctrina, sólo un sacrificio a los manes de su mujer, con ritos reservados a Ceres eleusina[7].

CAPÍTULO 9

De las explicaciones que se han dado sobre los misterios

Ahora parece fácil ver el error de la mayor parte de quienes nos precedieron en estas investigaciones. Este error es de igual naturaleza que el de los eruditos de los que hablamos en nuestro primer volumen[1]. El teísmo, el panteísmo, las crisis de la naturaleza física, el descubrimiento de las artes, los avances de la civilización, todas estas cosas se encontraban en los misterios; pero ninguna era su única doctrina, ninguna se enseñaba de modo exclusivo, ninguna se revelaba a todos. El sacerdocio del politeísmo independiente actuaba con los profanos como vimos que actuaban con los extranjeros los sacerdotes del politeísmo sacerdotal[2]. Desde el devoto menos instruido, hasta el filósofo amante de las especulaciones más abstractas, todos hallaban en ellos, según sus luces, revelaciones satisfactorias[3]. Los hierofantes de Grecia hacían creer a Platón que los misterios contenían preceptos de moral[4]; a Varrón, que en ellos se contenían verdades físicas[5]; permitían a Diodoro reconocer en ellos hechos diversos[6]; a Plutarco, doctrinas, como el dualismo[7] o las penas y recompensas futuras[8]; a otros, revelaban el origen humano de los dioses y la apoteosis de los legisladores[9].

Por eso, tanto los antiguos como los modernos se han equivocado cuando han escogido arbitrariamente lo que concuerda con el sistema del que se habían declarado defensores, y cuando han rechazado las explicaciones que no estaban de acuerdo con él. Cuando Plutarco se alza contra quienes, como Evémero, atribuían a los misterios un sentido histórico, o quienes los interpretaban, como Varrón, mediante la física, la agricultura o las alegorías, no se opone menos directamente a la verdad que Warburton, Villoison o Boulanger.

CAPÍTULO 10

Que sólo nuestra manera de enfocar los misterios explica la disposición de los griegos, a menudo contradictoria, hacia estas instituciones

La hipótesis que presentamos con una evidencia que, a nuestro parecer, no se puede discutir, es la única que enfoca los misterios desde su verdadera perspectiva. Es también la única que explica las contradicciones que nos sorprenden, cuando consideramos el comportamiento de los griegos, relativo a estas instituciones. Por un lado, leyes rigurosas amenazan a quien se permite la menor irreverencia contra los misterios. Estas leyes no se pueden revocar, ni siquiera suavizar[1]: un temible tribunal, compuesto de sacerdotes, que son a la vez jueces y partes, pronuncia penas capitales contra el indiscreto y el impío. El sacrilegio se castiga con la muerte; sus bienes confiscados se subastan. Se pone precio a la cabeza de Diágoras[2] y a la de Aristágoras[3]. No sirven de égida ni los servicios más eminentes prestados a la patria, ni la gloria más merecida en los ejércitos y en las ciencias. Atenas ignora igualmente lo que debe al brazo de Alcibíades y a las meditaciones de Aristóteles; el pueblo se irrita con la lentitud de los jueces y denuncia su severidad. Esquilo, en medio de los aplausos que obtienen sus tragedias, se ve acosado por la multitud por haber colocado en el escenario objetos misteriosos, o desvelado, por alguna alusión, el secreto de los misterios[4]. Víctimas más oscuras, dos jóvenes acarnanios sufren la muerte, como castigo de una falta de igual naturaleza[5]. Eurípides, a pesar del odio contra las instituciones de su país, y sus intenciones irreligiosas, distingue cuidadosamente los misterios de Baco de las Dionisias, para no exponerse a una acusación infaliblemente funesta[6]. Los filósofos, en esto, no se separan del vulgo; prodigan a los misterios los elogios más formidables[7]. Sócrates, que pagó con su vida la desaprobación pública de la mitología popular; Platón, cuyos escritos tienden a reprobar esta mitología: los dos se expresan con sumo respeto sobre el culto secreto.

Por una parte, no sólo la participación en ciertos misterios es, algunas veces, objeto de burla[8], sino que Aristófanes insulta a los que los griegos más reverencian, en las Tesmoforias y en las Dionisíacas[9]. El pueblo de Atenas los somete a la inspección de los magistrados civiles[10]. Se reserva, desdeñando las declaraciones formales destinadas a sustraer a cualquier moderación las leyes vengadoras de los misterios, el derecho de anular los juicios de los Eumólpidas contra los profanadores; y los sabios que rinden un brillante homenaje al sentido sublime de estas instituciones, evitan, sin embargo, el honor de ser iniciados[11]. Los romanos, que nos ofrecieron, en un libro anterior, el espectáculo de la resistencia presentada por el genio griego a los ritos y a las doctrinas del sacerdocio, actuaron, respecto a los misterios, con una desconfianza más firme e implacable. Este pueblo grave y desconfiado promulgó, contra su introducción, edictos severos. Las Bacanales fueron prohibidas por el Senado[12]; nunca se admitió las Eleusinas; incluso los pretores no les permitieron celebrar con ritos ocultos al Baco sabacio, a pesar de la tolerancia romana[13], y cuando los ejércitos de la república hubieron sometido a Grecia, se mitigaron mucho las penas contra los profanadores[14].

Parecerá que estas contradicciones tienen explicación si se piensa que, por una parte, el sacerdocio utilizaba, a favor de los misterios, toda su influencia, todos los medios para actuar sobre la imaginación de una nación inestable y crédula, y que el espíritu general del politeísmo, siempre presto a acoger a todos los dioses y a celebrar todos los ritos, favorecía los esfuerzos del sacerdocio. Los griegos adoptaban ceremonias que venían del exterior por igual razón que levantaban altares a dioses desconocidos; pero el carácter nacional se sublevaba contra todo lo que llevaba la impronta bárbara y sacerdotal[15]. Por su parte, los filósofos, molestos con el carácter grosero de las ceremonias vulgares, apoyaban las instituciones que pretendían depurarla. En ellos volvían a encontrar sus doctrinas sutiles, los descubrimientos o las conjeturas que les habían costado tantos esfuerzos; el teísmo, que sustituía las diversidades cansinas por la imponente unidad; el dualismo, el único que libera al Ser supremo de la presencia del mal; el panteísmo, que sosiega la imaginación creando para ella este infinito, su tierra prometida, que ella ve a través de las nubes sin jamás penetrar en ellas. Pero, por otra parte, a medida que los filósofos penetraban en los secretos de los misterios, veían mezclarse con las opiniones que podían agradarles una extraña alianza y contra natura, que sólo otorga al culto nacional un sentido menos irracional en apariencia, para corromperlo en realidad, con hipótesis más fantásticas y prácticas menos escandalosas.

De ahí esa mezcla de rechazo y de atracción, de admiración y de burla, de respeto y de horror. Cuando se decía a los griegos que, en los misterios, estos dioses estaban libres de sus vicios, de sus imperfecciones, de su celo hacia débiles mortales, y que siempre eran amigos de la raza humana, siempre protectores de la justicia, que atendían propicios sus rezos y prestaban a la inocencia un apoyo generoso, el sentimiento de los griegos creía ver en estas mejoras la realización de sus esperanzas, la sanción de su labor tesonera sobre el carácter de sus dioses; pero, cuando desde el interior de los templos, salían bacantes desenfrenadas, semidesnudas, hiriendo la vista con su falo obsceno, preguntaban de dónde podían salir esas hordas frenéticas y qué espantoso prodigio desfiguraba así el culto transmitido por Homero, depurado por Sócrates, y que estas orgías parecían profanar.

LIBRO XIV

DE LA RELIGIÓN ESCANDINAVA Y DE LA REVOLUCIÓN QUE SUSTITUYÓ EN ESCANDINAVIA EL POLITEÍSMO INDEPENDIENTE POR UNA CREENCIA SACERDOTAL

CAPÍTULO 1

Observación preliminar

Nuestros lectores esperan encontrar probablemente, en los escandinavos, un politeísmo muy diferente de las creencias del Oriente y del Mediodía, e incluso de la religión griega, llena de grosería, tal como nos la presenta Homero, o depurada tal como nos la muestra Sófocles. Esta suposición es natural. El carácter, los hábitos, las costumbres, las pasiones de los pueblos del Norte los distinguen, desde muchos puntos de vista, de las naciones que habitan zonas más prósperas, tierras más fértiles. Ya admitimos anteriormente esta verdad[1]; pero añadimos que, si el Mediodía era el dominio del sacerdocio, el Norte había sido su conquista. Pero, al ser el interés del sacerdocio siempre el mismo e idénticas en todos los climas las leyes a las que estaba sometida[2] su inteligencia, de ello deben derivarse, para la religión pública o secreta, popular o científica, conformidades que serían inexplicables, si no se remontasen a esta causa. Se verá, en efecto, que el escandinavo, que sólo existía para la guerra y la rapiña, tuvo, sin embargo, bajo formas más violentas, las mismas prácticas, los mismos dogmas, las mismas cosmogonías que los moradores de la India, que no respira más que la dulzura, la suavidad y la paz. El problema se resuelve fácilmente, cuando los hechos demuestran que todas estas cosas fueron importadas.

Que nadie se extrañe, pues, si sólo percibimos, al principio, en el politeísmo escandinavo, una creencia bastante parecida a la de los griegos homéricos, y más tarde una religión poco diferente, en sus bases, de las opiniones orientales y meridionales. No sostenemos que todos los pueblos se hayan parecido; no discutimos que la religión se haya modificado, según el clima y las circunstancias. Si, en lugar de limitarnos a

515

la historia de las formas religiosas, hubiéramos acometido una historia universal, hubiéramos tenido que entrar obligatoriamente en el detalle de todas las diferencias; pero obligados a limitarnos a nuestro tema, y a seguir la línea que habíamos trazado, sólo pudimos mostrarlas sumariamente, atrayendo la atención del lector sobre las conformidades más generales y más esenciales. Así, observamos que la religión, guerrera en el Norte, era pacífica en el Oriente; pero esta diversidad de carácter pudo bien poco contra la acción de los sacerdotes, sólo limitó accidentalmente y a intervalos el poder que ejercieron y no les impidió introducir, en la creencia del pueblo, los dogmas que les eran favorables, y, en su doctrina oculta, las nociones hacia las que los habían conducido sus meditaciones.

Una vez comprendida esta explicación, no tememos que se nos acuse de un error, que frecuentemente reprochamos a escritores, por lo demás, recomendables, por no haber puesto todo nuestro empeño en evitarlo nosotros mismos; y describiremos con fidelidad, sin temor a la sospecha de una parcialidad ciega por un sistema exclusivo, la autoridad del sacerdocio entre los escandinavos, después de su segunda revolución religiosa, casi tan extendida como lo había estado entre los egipcios.

CAPÍTULO 2

Cómo los escandinavos pasaron del fetichismo al politeísmo

Nos habíamos propuesto, al inicio de esta obra, reunir en un solo libro cuanto se refiere a la religión de Escandinavia. Pero nos vimos obligados, en repetidas ocasiones, a extraer de esta religión hechos destinados a probar nuestras afirmaciones sobre los cultos sometidos a la dirección sacerdotal.

De ello se deduce que muchas cosas que debían tener aquí su lugar se hallan dispersas en nuestros cuatro volúmenes anteriores. Tuvimos que suprimirlas, y sólo hablaremos de la composición y desarrollo del politeísmo del Norte desde una perspectiva general y de forma muy abreviada.

Escandinavia comprende especialmente Dinamarca, Suecia y Noruega[1].

Demostramos ya, con numerosos hechos, que la primera religión de los habitantes de estas regiones fue el fetichismo[2]. No nos detendremos, pues, en detalles. Sólo recordaremos en pocas palabras que los primeros dioses de los escandinavos se mostraban en forma de animales, de toros, de vacas, de serpientes, de lagartos, a los que estos pueblos tenían un cariño especial; alimentaban con solicitud a estos dioses domésticos, les ofrecían sacrificios. Estos dioses aparecían en los sueños, bajo las apariencias de cosas inanimadas; preservaban a sus protegidos de los peligros y les revelaban su destino futuro. Sin duda alguna, esto es fetichismo. Los escandinavos pasaron de esta creencia al politeísmo de igual manera que los griegos, es decir, por la llegada de una o varias colonias.

Parece innegable que las más antiguas de estas colonias sólo tenían como guías a jefes guerreros, y que ningún sacerdocio formaba parte de ellas, igual que el sacerdocio de Fenicia o de Egipto no había tenido ninguna participación en las migraciones egipcias o fenicias, desembarcadas en Grecia.

La única diferencia que se observa es que las colonias, a las que Grecia debió su civilización, se mezclaron con los indígenas, sin esclavizarlos, mientras que a las tribus primitivas de las que nos ocupamos ahora las subyugaron las tribus belicosas que las invadieron.

La tradición cuenta que estas tribus dependían del primer Odín, rey de los escitas[3], según Snorro; rey de los Getas[4], según Botin; rey de los vándalos[5], según Eckard[6].

Hablamos del primer Odín; hubo varios. Odín y Wodan, como se sabe, no era más que nombres genéricos, así como Hércules, Brahma, Osiris. Estos nombres genéricos aparecen en medio de las tinieblas de la mitología septentrional como una gran sombra, en torno a la cual se mueven y se reúnen las fábulas. Todas las tribus del Norte afirmaban que descendían de Odín, igual que sus reyes. Se le atribuía el descubrimiento de todas las artes, el mérito de todas las instituciones civiles y religiosas.

Este nombre idéntico, que designa a la vez varios períodos del estado social y a varios individuos que se sucedieron en largos intervalos, llevó a la mayoría de los escritores, ocupados en el tema que tratamos, a un enojoso error[7]. No se dieron cuenta de que si se trataba de épocas, la religión de cada una de ellas podía haber sido diferente, y que, si se trataba sólo de los individuos, cada Odín podía haber diferido de sus predecesores en sus medios, en su finalidad y en sus doctrinas: vieron en todos la unión del profeta y del guerrero; hicieron del primer Odín, como del segundo, o del tercero, pues quizá haya que hablar hasta de tres, un Mahoma armado para fundar una religión y al que hicieron triunfar por sus victorias.

El primer Odín no fue un inspirado que impusiera su creencia por la espada. Fue un conquistador al que sus éxitos le valieron la apoteosis. No se convirtió en un guerrero, como Mahoma, por ser profeta; pero, más tarde, pasó como profeta, porque había sido un guerrero vencedor, y profetas posteriores tomaron el mismo nombre.

Como las colonias egipcias habían reunido los fetiches de los pelasgos, Odín, al civilizar, hasta cierto punto, a las hordas salvajes de Escandinavia, reunió a los ídolos que estas hordas adoraban aisladamente[8]. Una montaña fue su Olimpo, un fresno inmenso su enramada y su sombra; y, refugiados en una ciudadela, se repartieron, como los dioses de Grecia, las funciones que, en otro tiempo, ejercían los fetiches indistintamente. Balder dirigió el carro del sol. Thor estuvo al frente de los éxitos guerreros. Freya, de los sufrimientos y de los placeres del amor. Esta revolución no se realizó tan pacíficamente como en Grecia. La leyenda de Regnar Lodbrok, al que el escaldo pagano[9] que la compuso atribuye evidentemente varias de las hazañas de Odín, hace alusión a guerras encarnizadas contra los adoradores de las vacas y de los toros. Dos becerras vírgenes y la vaca Sibilia, cuyo nombre recuerda aquel que, en la India, puso en fuga a los guerreros de Visvamitra[10], rechazan, durante largo tiempo, los esfuerzos de Regnar, y sus hijos sólo consiguen la victoria después de la muerte del padre[11].

Por una circunstancia que no había existido en Grecia, y que era una consecuencia natural de las victorias del primer Odín, debió de colocarse a la cabeza de los dioses al conquistador, que había realizado la revolución religiosa[12].

La gloria que lo rodeaba, el terror que inspiraban sus triunfos, le proporcionaron los medios, no de imponer a los vencidos otras opiniones distintas de las que eran análogas a las nociones de su época, lo que está por encima de cualquier poder humano, sino de trasladar a los bárbaros su culto, que era apropiado para la barbarie; se aprovechó del entusiasmo de sus hermanos de armas para presidir los festines de los valientes, después de su muerte, como presidía sus hazañas y sus banquetes durante esta vida.

De ello resultó que, en Escandinavia, el primer politeísmo fue la trasplantación, a un país conquistado, de la religión profesada por los vencedores, pero conforme al progreso natural de la creencia de los vencidos; en cambio, el primer politeísmo de los griegos había sido la amalgama pacífica del fetichismo de los salvajes con el politeísmo de los colonos más civilizados.

Por otra parte, los dioses de la *Edda*, como los de Grecia, no son más que seres poderosos y fuertes, protectores o enemigos de los mortales, según sus fantasías o intereses, y expuestos frecuentemente a sufrir las consecuencias de sus preferencias o de sus enemistades caprichosas. Descienden del cielo, ávidos de sangre y se complacen en la masacre. Son, alternativamente, vencedores o vencidos; los héroes los retan; simples guerreros, gigantes sobre todo, los hieren o los obligan a darse a la fuga[13]. Los magos se ríen de ellos mediante sus encantamientos[14].

Si se concede lo que se debe a las diferencias accidentales que distinguían de los griegos a los moradores de Escandinavia; si cambiamos el mejor clima por otro terrible[15], un suelo fecundo y próspero por tierras estériles e incultas, sentidos halagados por una naturaleza benigna y amiga por sentidos atormentados por una naturaleza hostil, la mezcla de reposo y acción que, en los griegos, favorecía a la vez el desarrollo de las facultades físicas, el destello de la imaginación y los avances del pensamiento por la necesidad, el hábito y, pronto, el amor a la guerra, la sed de sangre[16], el ardor por el pillaje; si hacemos luego la comparación con exactitud, admitiremos que el politeísmo de las dos naciones era, por otra parte, el mismo politeísmo, que establece entre los dioses y los hombres precisamente las mismas relaciones.

El espíritu de rapiña es más característico de las sagas de los pueblos del Norte que de los poemas homéricos, y su Odín, jefe de la horda victoriosa, sale del Valhala para participar, como un mortal, en los combates, ocupaciones de la época; Júpiter, por el contrario, se limita a contemplarlos desde lo alto del Olimpo, protagonista del éxito, pero sin tomar parte en la lucha. Por lo demás, todo es idéntico en las dos religiones.

Los dioses escandinavos, mercenarios, crueles y perjuros como los de los griegos, son más belicosos; en cambio, el carácter de sus adoradores es objeto de discusión; pero estos moradores del cielo se comunican igualmente de modo directo con los guerreros. Indrid y Haquin son soldados y augures, como Heleno y Polidamas. Los héroes expresan odio y desprecio por los sacerdotes, como Agamenón por Calcas y Crises; se sublevan contra los dioses y los combaten como Diomedes. La moral común no forma parte, en absoluto, de la religión. No hay jueces que se ocupen de los muertos. El Niflheim es una imitación de la vida; el Valhala, un lugar de recreo para los compañeros de Odín. Es, en una palabra, el politeísmo homérico, más rudo, más sombrío y proceloso.

CAPÍTULO 3

Revolución en el politeísmo escandinavo

Ésta era la situación de la religión en Escandinavia cuando, por un acontecimiento sobre cuyas causas no están de acuerdo los analistas, se estableció en ella el poder sacerdotal.

Unos creen que fue por una revelación interior. A uno de los sucesores del primer Odín, dicen, habiendo querido comprometer a sus pueblos en una guerra contra los romanos, lo expulsaron del trono, y un senado de sacerdotes se apoderó del poder.

Otros atribuyen esta revolución a la llegada del segundo Odín, no sólo como el primero, un jefe belicoso, sino también un sacerdote que era el guía de una colonia sacerdotal[1].

Cuentan con detalle el gran cambio que fue su obra[2].

A su llegada, dice, Suecia estaba gobernada por un rey llamado Gilfe[3], quien, ante los rumores de las hazañas de Odín, se acercó disfrazado a hablar con él. Conversaron sobre cuestiones de cosmogonía y metafísica, lo que anunciaría la revelación de dogmas simbólicos y científicos. Gilfe entregó su hija a Skiod, hijo del conquistador; pero desapareció de repente. ¿No sería un indicio de una revolución producida por el sacerdote extranjero contra el poder político[4]? Gilfe es precisamente el que, en una saga, se vanagloria de haber roto la maza de un dios. Varias tradiciones, en efecto, revelan una lucha. Sajón el gramático cuenta que, en ausencia de Odín, un competidor que usurpó su nombre y su poder, cambió el culto establecido, abolió las fiestas en las que se honraba a todos los dioses juntos y las sustituyó por ritos especiales en honor de cada divinidad[5]. ¿No podría reconocerse en estos rasgos un esfuerzo del politeísmo libre que adora aisladamente a sus ídolos, contra la tendencia sacerdotal que hace de sus divinidades un conjunto? Odín volvió, continúa Sajón[6], mató a su rival, degradó a los dioses cuyos altares él había levantado y desterró a los magos, sus cómplices. Pero ya indicamos antes que los cultos vencedores proscriben siempre, como magos, a los pontífices de los cultos vencidos.

Al parecer, el recuerdo de esta lucha pasó de la historia a la mitología; es lo que sucedió en todos los pueblos. Odín, expulsado por otro dios, entra en el Valhala al cabo de los años, pone en fuga a su competidor y retoma las riendas del universo[7].

¿No podríamos ver también en los gigantes y en los enanos, a los que las leyendas asignan, en el fondo de los antros y de las cavernas, un lugar a la vez subalterno y maléfico, los adherentes de la antigua religión, que buscan refugio en lo alto de las montañas y en las cavidades de las rocas?

Sea lo que fuere de estas dos hipótesis, una de las cuales se debe admitir necesariamente, el senado de los dioses se convirtió también en una corporación semejante a la de Persia y Egipto. Los drotes fueron a la vez sacerdotes, jueces y legisladores[8]; se los llamó dioses, y sus palabras eran palabras divinas[9]. Dominaron a los reyes, los destituyeron, les quitaron la vida[10], reinaron en su lugar, extendieron su autoridad a los individuos, fijaron la creencia, la mantuvieron mediante severos castigos y enviaron al exilio y a la muerte a los incrédulos[11]. Al principio cobraban al pueblo un impuesto[12], pero pronto invadieron vastos territorios.

Lo mismo que los druidas entre los galos, se apoderaron del monopolio de la poesía. Los escaldos, que desde el primer Odín cantaban en libertad las acciones de los dioses y las hazañas de los valientes, sometidos luego mediante iniciaciones subalternas al orden de los drotes, fueron subdivididos en varias castas, con su esfera propia cada una de ellas, sus revelaciones y su escalafón determinados, sin que fuese posible ascender más alto. Los cantos heroicos se convirtieron en cantos religiosos; pero, como el sometimiento a los escaldos no les quitó la memoria, confundieron con frecuencia los dos cultos, y de ahí la mezcla de tradiciones, de dogmas, de doctrinas que nos llena de perplejidad.

Sin embargo, a pesar de las reminiscencias poéticas, la religión escandinava cambia de naturaleza. No pierde su impronta belicosa; el primer Odín la había grabado muy profundamente en el alma de sus seguidores, y el rigor de su clima, su avidez de riquezas, que sólo podían conquistar con la espada en la mano, no les permitían olvidar las lecciones de su maestro. Por eso, el dios que ordena los combates y que tiene como hijo al que está encargado especialmente de la guerra, Odín, sigue manteniendo bajo su dominio el universo. Preside los nacimientos, los matrimonios, la muerte. Las sacerdotisas, con sus voces proféticas se lanzan a la lucha. Pero no por eso los guerreros dejan de estar sometidos a los pontífices, y éstos deciden sobre las empresas, señalan el momento de las expediciones, firman los tratados de paz que no son más que treguas.

Al mismo tiempo, introducen en Escandinavia, enseñan e imponen todos los símbolos, todas las doctrinas que encontramos anteriormente en las naciones sometidas a los sacerdotes[13].

La astrología sirve de base a su religión. Odín es el sol; Freya, la luna. Otra diosa que preside igualmente este planeta, o que es otro nombre de Freya, Ostar, nos recuerda la Astarté sacerdotal. La noche y el día que se siguen, dando la vuelta a los cielos, sin poder alcanzarse; la aurora, que no es más que la esperanza con que el correo de la noche inunda su brida; los destellos del mundo luminoso que forman los astros, los dos enanos que figuran la media luna y la luna menguante, Hati, la estrella de la mañana; Skoel, la estrella del anochecer, el puente Bifrost, el arco iris; Asgard, la ciudad de los dioses, que es el zodiaco, sus doce tronos que son sus signos[14]; el cinturón de Thor, el equivalente de la coraza de Amasis[15]: todos estos símbolos son astronómicos. Las fiestas se celebran en períodos que tienen relación con la astronomía[16].

Las antiguas fábulas se resienten de este carácter nuevo. Los dioses, en el Valhala, juegan a los dados, para ganarse recíprocamente las riquezas que se habían llevado a los cielos. Ahora, estos dados, que ruedan sobre la mesa celeste, expresan, por su brillo, el esplendor de los astros, y por sus movimientos que no son fortuitos, el curso regular de los cuerpos planetarios.

Aparecen las divinidades hermafroditas[17]. El respeto por la virginidad se combina con los alumbramientos de las vírgenes[18], y el Norte recibe con sorpresa, pero sin oposición, las cosmogonías tenebrosas y raras de Oriente[19]. Sólo el dios supremo, luego con los gigantes de la Helada, medita sobre la creación, como Brahma con los nueve *rishis*. Los miembros de uno de estos gigantes forman el mundo, como el cuerpo compartido de la diosa Omarca; se debe destruir este mundo, y ya describimos el terrible cuadro de esta destrucción[20] que presentan las *Eddas*.

Pero hay más. Independientemente de este dogma, propio de todas las creencias que enseñan los sacerdotes, planea en algunas partes de las *Eddas* una noción más sutil y no menos sacerdotal. La creación no es más que una ilusión, los dioses creadores sólo existen en apariencia, el tiempo de la creación carece de realidad, y sólo allí donde ambas cosas se desvanecen comienzan lo verdadero, lo eterno, lo único[21]. Todo esto aparece idénticamente en el *Bhagavad Gita*.

Al ser el mundo creado, un dios superior domina a todos los demás dioses[22]; junto a él se coloca un rival, pero inferior, jefe de las divinidades maléficas[23]. Un dios mediador intenta restablecer la armonía destruida[24]. Un dios, con su muerte, realiza la expiación de todo el universo, y debe observarse que este dios, Balder, es el más bondadoso, el más pacífico, el más virtuoso de todos; por eso, no sube al Valhala. Es en el Niflheim donde continuará su apacible carrera. Ideal de la perfección divina, cordero celeste y sin mancha, muere como efecto misterioso de su perfección misma, para purificar a Odín de su primer asesinato, del asesinato del gigante Ymer. ¿Quién no ve en todo esto una doctrina sacerdotal[25]?

Una demonología, no menos regular que la de Egipto o la de Persia, inunda el azul de los cielos, la superficie de la tierra y los profundos abismos a los que no acceden los humanos. Los Woles, intérpretes de las letras rúnicas, recorren los campos en los que luchan los valientes; sucesivamente, Parcas inexorables, que cortan el hilo que ellas tejieron, o Valkirias atractivas, que compensan con sus encantos a los héroes muertos precozmente, unas veces cisnes o cuervos, o invisibles, identificadas con la ola que murmura o el aire que ellas agitan. Los Elfos, hijos de la luz y brillantes como el sol pueblan un reino que lleva su nombre[26] y descienden de él para servir a los hombres. Otros, negros como la pez, permanecen bajo la tierra[27]. Enanos laboriosos, nacidos de la noche y del polvo[28], o de la unión de los dioses y de los gigantes, pues aún no había llegado el momento de crear al hombre, trabajan los metales, arrancan el oro del interior de los abismos, lo defienden contra los mortales, haciéndose entonces gigantes enormes, o más pérfidos, entregan a los humanos ese oro funesto que siembra la discordia, alimenta los odios y ocasiona las muertes[29].

No se debe olvidar que, en las fábulas escandinavas, el oro ocupa el lugar que tienen las mujeres en las ficciones indias. Todas las faltas de los dioses de la India, comenzando por Brahma, prendado de Sarasvati, todas las fábulas de los penitentes, casi todas las guerras tienen como causa amores ilícitos o raptos. En el Norte, el amor, sin estar excluido, desempeña un papel menos importante. Aquí se ambicionan, se roban y se quitan tesoros; y, a veces, para establecer la paz, se arroja al mar, como origen de todos los males, ese oro maldito, que engaña a los ávidos competidores.

La trinidad se encuentra en los tres dioses llenos de amor, que, finalmente, quieren manifestarse (expresión casi india); dos árboles languidecen estériles e inanimados, y los tres dioses les dan la vida[30].

Se puede presumir la existencia de la metempsícosis, por las vírgenes que, después de su muerte, se convierten en cisnes, por los héroes que se transforman en lobos, por los gigantes que se metamorfosean en lobas.

Junto a los dogmas, se colocan los ritos crueles, los sacrificios humanos[31], las inmolaciones funerarias; Brunilda, antes de quemarse ella misma, manda quemar, sobre la tumba de Sigfrido, a los ocho servidores fieles. En otro lugar, existen huellas de ritos obscenos[32]. Los procesos concluyen con las pruebas del agua y del fuego[33].

La eficacia de las invocaciones, de las imprecaciones, de los talismanes, de los caracteres mágicos, tan maravillosa en Persia y en la India, la proclama el segundo Odín[34]. El poder de sus predecesores era la espada; el suyo es la palabra, o la escritura que no es más que la palabra grabada, y esta distinción separa al pontífice del guerrero. «¿Sabéis», dice en el *Hamaval*, «cómo se escriben las runas, cómo se explican, cómo se garantizan sus efectos? Conozco las que ignoran las reinas y todos los hijos de los hombres. Alejan las enfermedades, la tristeza y los llantos; embotan las armas, rompen las cadenas, calman las tempestades, curan las heridas. Yo encanto las tempestades en el cielo, y se detienen. Los muertos se acercan a mí cuando, sobre la piedra, escribo las runas. Si las pronuncio cuando vierto el agua santa sobre un recién nacido, lo hacen invulnerable. Dioses, genios, mortales: nada escapa a mi mirada. Despierto el amor de las vírgenes, y mi bienamada me ama para siempre». Freyr, cuenta la *Edda*, prendado de la bella Gerd, cuyo esplendor maravilloso se expandía por todo el universo, y cuyos brazos esbeltos brillaban con un esplendor que deslumbraba las miradas, se puso en camino con un servidor fiel para conquistar el objeto de sus deseos. Gymir, padre de Gerd, la mantenía encerrada en un palacio rodeado de llamas que nadie podía apagar. La espada mágica del héroe superó este obstáculo. Llegó hasta la belleza que quería poseer; le describió con palabras armoniosas la llama que lo devoraba. Pero fue inútil. Le ofreció once manzanas del oro más puro, diamantes de valor incalculable, pero todo fue inútil también. La amenazó con la brillante espada; inútil amenaza. Su compañero pronunció finalmente las palabras poderosas y la bella Gerd cedió.

Las doctrinas filosóficas completan la obra sacerdotal. «¿Cómo te adoraré?», dice al dios supremo el presidente del senado celeste. «¿Te llamaré Odín, Thor o This? Alfadur es tu nombre. Con este nombre te honraban nuestros antepasados, antes de que llegasen los dioses extranjeros». Expresiones características del trabajo de los sacerdotes, que atribuyen siempre al teísmo, cuando lo incorporan a sus doctrinas, una prioridad quimérica[35]. Tampoco se puede ignorar el dualismo[36] y el panteísmo[37].

Finalmente, la moral ocupa su lugar. El Gimle y el Nastrond, sin suplantar al Niflheim o al Valhala, ofrecen a la virtud recompensas que el primer Odín sólo había otorgado al valor, sin castigar el vicio y el crimen, pues sólo hay un castigo, comenzar de nuevo las ocupaciones de esta vida.

Varios escritores cometieron, respecto al Niflheim, el mismo error que los eruditos franceses que introdujeron la moral en el infierno de Homero. Los textos de las *Eddas* son positivos: los moradores del Niflheim conservan sus rangos, sus dignidades, sus costumbres, disfrutan de los placeres terrestres, se embriagan con aguamiel. Llegan a esta morada pasando el puente Giallar, a pie o a caballo: eran cinco veces cinco mil. Hablamos ya, en otro lugar[38], de los dioses mismos que moran allí, porque no murieron en combate. No se ve en ningún sitio que Hela, que reina en el Nifleim, castigase a los culpables. Todos los muertos están reunidos allí, salvo los héroes; viven en gran paz y terminan esta segunda carrera, como los guerreros de Valhala, con una batalla en la que mueren. Sólo cuando los sacerdotes hubieron transformado el Gimle, antiguamente morada de los genios, en un lugar de recompensas, por encima del Valhala, e inventado el Nastrond, separado cuidadosamente del Niflheim, sólo entonces, decimos, reclamaron un juicio, por el que se arroja a un lugar de suplicios a los perversos. Desde el Nastrond precisamente habla la profetisa cuando contempla a los asesinos, a los perjuros, a los seductores que declaran el amor, acercándose furtivamente a las vírgenes prometidas, que se debaten entre corrientes envenenadas, y desgarrados por los lobos y las serpientes[39]. También en el Nastrond se recitan estas dos estrofas del *Hamaval*, que no dejan de tener una belleza poética: «las riquezas fenecen, los amigos mueren, tú morirás, pero no se extingue la buena reputación adquirida. Los tesoros desaparecen, hermanos de armas son abatidos, tú también lo serás; pero una cosa dura siempre, el juicio pronunciado sobre cada muerto»[40].

El Nastrond es, con los colores sacerdotales, el infierno de Píndaro, que sucede al de Homero. Sólo por el efecto de la repugnancia de los sacerdotes a suprimir cualquier cosa, el infierno y el paraíso primitivo subsisten al lado de los que acaban de crearse. En los griegos, debido al avance de las ideas, el mismo infierno se utiliza de otro modo. Entre los escandinavos, hay dos infiernos para usos diferentes, y, en la descripción de este último infierno, está presente la impronta sacerdotal[41]. El palacio de Hela es el dolor; su mesa, el hambre; su espada, la escasez; su esclavo, la torpeza; su zaguán, el precipicio; su lecho, el sufrimiento; su tienda, la maldición. Diez ríos arrastran sus aguas negruzcas por esta mansión de horror; sus nombres son la angustia, la pena, la nada, la desesperanza, el abismo, la tempestad, el torbellino, el rugido, el alarido, la sima[42].

Si, de estos rasgos generales, quisiéramos bajar a detalles casi minuciosos, mostraríamos, entre las *Eddas* y los libros sagrados de las demás naciones sometidas a los sacerdotes, conformidades que prueban el origen y la misión del segundo Odín. Así, cuando a Igdrasill se le proclama el primero de los árboles; a Skidbladner, de los barcos; a Odín, de los dioses; a Sleipner, de los caballos; a Bifrost, de los puentes; a Bragi, de los poetas; a Habrok, de los halcones; a Garm, de los perros: ¿quién no piensa en Krishna, cuando se proclama el primero de cada especie[43]? Al Sigfrido de los *Nibelungos*, tradición fácil de reconocer de las *Eddas*, sólo se le puede herir entre los dos hombros, como la divinidad india sólo es vulnerable en el talón. La vaca Audumbla es la vaca fecunda, creada por la reunión de todos los dioses[44]. La fábula del robo del brebaje poético por parte de Odín, y de sus combates con el gigante Suttung, está claramente calcada de la *amrita* y de las disputas de los dioses y de los gigantes por la posesión de este tesoro que confiere la inmortalidad. Odín, que en el Ragnarok, se regenera entre las llamas, difiere poco de los brahmanes ávidos de este medio de purificación, desde los tiempos de Alejandro, y su sacrificio fue renovado frecuentemente por los budistas.

La llegada de un segundo Odín, sacerdote, profeta y conquistador al tiempo, sólo explica las contradicciones que nos sorprenden al leer las *Eddas*[45]. Se comprende, pues, cómo a Odín, llamado continuamente el padre de todas las cosas, el dios supremo, el ser eterno, se le condena, a pesar de ello, a morir un día, dando muerte al principio malo. Este dogma es irreconciliable con la fundación del culto anterior por el primer Odín y no se aviene con su apoteosis. ¿Se habría anunciado a sí mismo como una divinidad pasajera? ¿Habría predicho la caída de su propio imperio? ¿Habría inventado ese terrible Ragnarok, o crepúsculo de los dioses, que debía aniquilarlo con el universo? Pero el dogma de la destrucción del mundo es un dogma favorito del sacerdocio, y ya explicamos por qué las religiones dominadas por él incluyen siempre, en esta destrucción, a las divinidades activas[46].

Se ve también por qué el primer Odín había recomendado tan expresa y exclusivamente el valor guerrero, y dirigido todas las esperanzas y todos los temores hacia un centro único, el amor a la gloria y a los combates, marcando con la infamia cualquier muerte natural, y con el oprobio la paz, el segundo Odín, al deshacer la obra de su predecesor, otorgó a ciertas cualidades, hasta entonces subalternas, el premio del valor. El sacerdocio debió de querer remplazar estos dogmas, que sólo tenían influencia en una parte de las acciones humanas, por opiniones capaces de influir en todas estas acciones y garantizarse así un poder más íntimo y más habitual.

Dijimos que la moral no penetraba de forma progresiva sino de repente, en forma de código, en las religiones sometidas a los sacerdotes[47]; así se manifiesta entre los escandinavos. Está contenida totalmente en el *Hamaval*, o cántico sublime de Odín. «Mi padre me entonó este cántico», dice un héroe en una saga; «este cántico que hace humanos y justos a los guerreros. El que lo ignora insulta al débil, roba al viajero, violenta a las mujeres, pasa a cuchillo a los niños. Pero quien observa sus preceptos defiende al campesino, al viajero, al anciano, al niño y el honor de las mujeres[48]; y, como recompensa, es llevado, después de su muerte, al Gimle, en el que vivirá feliz eternamente».

De todos los poemas que componen las *Eddas*, el *Hamaval* es el que los escaldos atribuían más especialmente al primer Odín, y, para nosotros, es una demostración adicional de que este cántico era obra del sacerdocio. Lo que los sacerdotes debían situar en sus orígenes fabulosos con el mayor cuidado era precisamente aquello que ellos habían añadido a su doctrina[49].

Intentemos ahora determinar a cuál de las dos épocas de las religiones septentrionales se atribuyen las tradiciones y los monumentos que nos quedan. Las *Eddas* se dividen en cuatro partes[50]. Dejaremos de lado las subdivisiones[51].

La primera es la *Völuspá*, el canto de la gran vidente: contiene las fábulas. La segunda es el *Hamaval*, del que acabamos de hablar; hay que añadir el *Lokfafnismal* o canto de la sabiduría. La tercera es el *Runatal*, y habla de la magia. La cuarta, que no aparece más que en el más antiguo de las *Eddas*, el de Saemund, es la *Lokasenna*. Finalmente, no podemos excluir de esta enumeración ni los *Nibelungos* ni el *Libro de los héroes*[52], compuesto mucho después por autores cristianos, y sometido a una forma cristiana; pero la huella del paganismo recorre continuamente esta forma. La catástrofe del poema germánico está tomada claramente del crepúsculo de los dioses, y el nombre de Sigfrido o de Sigurd recuerda al padre de uno de los Odín, entre los escandinavos.

La *Völuspá* pertenece a las dos épocas. Los sacerdotes depositaron en ella todas las fábulas, convertidas sucesivamente en partes de sus leyendas. Por eso, las contradicciones que muestran la coexistencia de varias doctrinas se acumulan en la *Völuspá*. Es, en cierto sentido, para la mitología del Norte, lo que Hesíodo para la de Grecia.

El *Hamaval* y el *Runatal* o capítulo rúnico son de la época del segundo Odín. Ya mostramos que el primero contenía una doctrina diferente de la primitiva, recomendaba otras virtudes, prometía otras recompensas, establecía, en una palabra, un sistema religioso y moral totalmente distinto. El capítulo que trata de la magia, muestra las precauciones del sacerdocio contra los rivales y, por eso mismo, indica un momento en el que los sacerdotes podían perseguir a los que les pisaban el terreno.

La *Lokasenna* es el banquete en el que Loki, después de haber dado muerte a Balder, viene a consultar a los dioses enojados. La sala del festín es un refugio inviolable. El propio Odín protege a Loki, debido a la santidad del lugar; y éste último, seguro de su impunidad, reprocha a los moradores del Valhala sus acciones culpables y sus inclinaciones viciosas. Este poema debe de ser contemporáneo del más antiguo politeísmo escandinavo y anterior al segundo Odín.

Sin duda, estas poesías pudieron o debieron de sufrir transformaciones. La casta sacerdotal era su única depositaria; ella las transmitía, oral y parcialmente, a un pueblo ajeno a cualquier conocimiento literario y para quien su estudio hubiera sido un sacrilegio.

En cuanto a los *Nibelungos* y al *Libro de los héroes*, lo que dijimos indica suficientemente que sólo hay que consultarlos con precaución. Las reminiscencias de dos mitologías, narradas por escritores que profesaban una tercera creencia, fueron necesariamente muy desfiguradas, y se encuentran en ellas mezcladas las nociones de las dos épocas, confundidas y amalgamadas además con el cristianismo, que las había sustituido y las perseguía además con sus amenazas y sus desconfianzas.

Si, pese a las pruebas morales que, a nuestro entender, hemos aportado hasta la evidencia, se insistiese en pedirnos nuevas de otro tipo, fundadas en sentimientos históricos y en fechas seguras, responderíamos que, al no haberse recogido los monumentos de estos tiempos remotos sino después de que su autenticidad hubiera parecido dudosa y desconocida su época, no pueden servir de guía las reglas de la cronología ordinaria.

Los escandinavos sólo tuvieron historiadores a partir del siglo XI[53]. Se prohibió el uso de la escritura en cuanto se relacionase con la religión, con la historia, con las leyes. Los himnos, las leyendas, los relatos mitológicos sólo se transmitían verbalmente. Si encontramos caracteres rúnicos atribuidos a Odín, en poesías aún paganas, sólo se empleaban para usos mágicos.

Saedmund Sigfuson, el primero que se atrevió a poner por escrito las sagas y los poemas cuyo conjunto forman las *Eddas*, vivió en 1507. Siglo y medio más tarde, Snorri Sturluson abrevió su colección.

Así, recopilados dos veces, a ciento cincuenta años de distancia, después del triunfo de una religión nueva, por hombres cuya finalidad era inspirar a sus contemporáneos una alta idea de la antigua poesía del Norte[54] mucho más que señalar la evolución de las opiniones religiosas en esta parte del globo, los monumentos del politeísmo escandinavo se colocaron unos junto a otros, en lugar de clasificarlos en su orden primitivo. Antes de su reunión definitiva, habían sufrido varias transformaciones. Cuando, mediante la escritura, recibieron por vez primera una forma estable, las opiniones que contienen ya no eran las que dominaban. Los que las transcribían no tenían interés alguno en averiguar si contenían o no nociones contradictorias, de diversas épocas, y que se habían suplantado o, al menos, sucedido, en el espíritu de los pueblos.

Es, pues, imposible distinguir, mediante fechas precisas, los monumentos reunidos por los dos compiladores; por eso, es evidente la necesidad de suplir la cronología positiva por una especie de cronología moral.

CAPÍTULO 4

Que la cuestión de saber si hubo en Escandinavia
una tercera revolución religiosa es ajena a nuestra investigación

Podríamos intentar resolver un problema posterior. ¿No sufrió Escandinavia, después del segundo Odín, una nueva revolución, que destruyó o, al menos, disminuyó en gran medida el poder de los sacerdotes?

Muchas circunstancias dispersas, referidas por escritores, escrutadores cuidadosos de las tradiciones antiguas, harían pensar así.

Al parecer, un tercer Odín aniquiló la autoridad del senado de los dioses, que el segundo había establecido. Aliado, al principio, con Gilfe[1], presidente de este senado despótico, le dio muerte bien pronto y, sobre los restos del poder sacerdotal, erigió una monarquía temporal.

En esta hipótesis, la religión escandinava habría cambiado tres veces y, siempre, por la llegada de una colonia. La primera habría introducido un politeísmo independiente de los sacerdotes, en el que el sacerdocio sólo habría ejercido una influencia muy limitada; la segunda habría sustituido este politeísmo por una religión sometida a los sacerdotes; la tercera habría roto este yugo y colocado a los escandinavos en su independencia primitiva.

Lo que pudiera dar cierta verosimilitud a esta suposición es el hecho de que los jefes del gobierno de Islandia ejercieron sobre los sacerdotes, en la época posterior, una vigilancia que asignaba a éstos un rango muy secundario[2].

Pero esta cuestión nos es ajena. Lo que habíamos demostrado era la existencia y la sucesión de las dos revoluciones anteriores. El capítulo siguiente probará cuán importante es esta demostración.

CAPÍTULO 5

Que las dos revoluciones del politeísmo escandinavo confirman nuestras afirmaciones sobre la naturaleza y las diferencias de los dos politeísmos

Una de las verdades que hemos intentado establecer es que la religión es diferente según que esté libre del poder sacerdotal o se halle sometida a este dominio.

Hemos presentado esta verdad desde cuatro perspectivas diferentes, y, en cada una, hemos encontrado la prueba incontestable.

En Grecia, en tiempos de Homero, no existen astrolatría ni sacerdotes; nada de sacerdotes y, en consecuencia, en la religión pública, tampoco ritos sangrientos u obscenos, ni teogonías, ni cosmogonías tenebrosas, ni doctrinas sutiles, ni dualismos ni panteísmos, que conduzcan a una incredulidad encubierta por un velo misterioso y que afecte a la solemnidad de la religión. Más tarde, existe un sacerdocio sin influencia y, por consiguiente, el culto popular exento de cualquier refinamiento sacerdotal, perfeccionándose gradualmente por el solo efecto del discurrir y del progreso del espíritu humano; sólo una religión oculta, tomada del exterior e introducida en Grecia, casi contra las leyes, por un sacerdocio que quiere resarcirse así del escaso poder que posee en el Estado, y esta religión oculta, exigiendo, invocando, incorporándose todos los ritos y todos los dogmas sacerdotales.

En todo el Oriente, en el Mediodía, en las Galias: sacerdotes todopoderosos, y con ellos, todo cuanto vimos ausente en Grecia, el Estado estacionario, la inmovilidad de la inteligencia y la esclavitud.

En los romanos, la lucha del espíritu sacerdotal contra el politeísmo independiente, la conservación de todo lo que caracteriza a las religiones sacerdotales, mientras duran sus huellas; pero la desaparición de todas estas cosas, cuando es vencido el poder de los sacerdotes.

Acabamos de ver ahora en Escandinavia un proceso inverso: al principio, un politeísmo libre de la dominación sacerdotal; más guerrero que el de los griegos, pero que descansaba en las mismas bases y que sólo admitía el mismo antropomorfismo; luego, una colonia de sacerdotes que consigue una victoria funesta y repentina. El antropomorfismo simple, natural, proporcionado a la época, se sustituye enseguida por todos los extravíos, todas las barbaries, todas las sutilezas propias del politeísmo sacerdotal.

LIBRO XV

RESULTADOS DE LA OBRA

CAPÍTULO 1

Cuestión por resolver

Hemos concluido nuestras investigaciones, al menos para la primera mitad del camino que pensamos recorrer. Hemos descrito los cambios progresivos de la primera forma religiosa que se creó el hombre, y seguimos esta forma hasta su más alto perfeccionamiento. La segunda mitad de nuestras investigaciones abarcará su caída. Indicaremos las causas de su decadencia, los esfuerzos del sentimiento, cuando, después de mejorarla, la encuentra rebelde a sus necesidades posteriores; sus intentos por doblegarla a estas necesidades nuevas, la destrucción que esto origina; los destinos de la filosofía, al principio inofensiva, luego perseguida, por eso mismo hostil y, finalmente, victoriosa; la inmovilidad aparente de las religiones sacerdotales, agitadas en el interior por una sacudida invisible, sus aspectos externos permanecen inmutables, hasta que sus fundamentos se vienen abajo. En medio del caos, que resulta de este naufragio universal, una forma nueva, que triunfa sobre la que se rompió, y que la raza mortal, a lo que parece, no puede remplazar ni reconstruir, reunirá a esta raza errante y desmoralizada. En torno a esta forma joven y pura, se agrupará cuanto haya sobrevivido al gran naufragio, cuanto queda de sentimientos generosos, de esperanzas consoladoras; pero veremos acudir también todas las reminiscencias y las tradiciones del sacerdocio, las corporaciones, el monopolio, las tiranías, las imposturas, los fraudes antiguos, ansiosos por reconquistar el santuario.

No anticipemos el futuro y recopilemos lo que nos enseña el pasado.

No recapitularemos los hechos. Para los lectores atentos, sería superfluo; para los desatentos, inútil.

Las formas religiosas son de dos clases.

Unas, sometidas a corporaciones que las mantienen estacionarias; otras, independientes de cualquier corporación y que se perfeccionan progresivamente.

El hombre puede verse sometido a una u otra de estas formas.

Una tercera hipótesis sería aquella en la que se rechazasen las dos formas.

¿Es admisible esta hipótesis? No lo creemos. Históricamente, no vemos ningún ejemplo en parte alguna. Psicológicamente, creemos que el sentimiento religioso se opone a ella.

Los romanos se creían en esta situación hacia el siglo I de nuestra era[1].

Trescientos años más tarde, las convicciones religiosas habían penetrado nuevamente en todos los espíritus, y la fe, reconquistado todas las almas. Pensábamos igualmente que, en Francia, hace cincuenta o sesenta años, habíamos llegado al desprecio de todo lo que no era susceptible de demostración, y muchas circunstancias habían colaborado a incitarnos a ello.

Una devoción que había tenido como objeto mucho menos a la Divinidad que al monarca, se debatía sobre su tumba, cargada con las maldiciones del pueblo. Ya no eran los tiempos en los que a la señora de Sévigné le hubiera gustado morir por la presencia real[2], porque había bailado con el gran rey. Los dogmas aún vigentes, las ideas victoriosas, estaban en lucha porque se había roto toda proporción. Recuerdos de persecución, persecuciones mitigadas por el capricho, exasperaban las inteligencias. El poder, en contradicción consigo mismo, castigaba por rutina los principios que pregonaba por vanidad. La libertad de pensamiento era una necesidad para los espíritus elevados; la licencia de las costumbres tentaba a las almas corruptas; y, como se había puesto como base de la moral una religión positiva, la caída de esta religión favorecía la licencia y el libertinaje.

Un clérigo intolerante en sus actos, pero despreocupado en sus doctrinas y desacreditado por la conducta de un gran número de sus miembros, imponía al culto dominante un cariz al tiempo odioso y frívolo, mezcla incoherente que se prestaba al ridículo y a la indignación a la vez. Ministros de los altares escribían novelas obscenas y se vanagloriaban de una vida mundana, en el momento en que se proscribía a Raynal y a Rousseau, se hostigaba a Helvetius, y el sacerdocio amenazaba a Voltaire, miraba con disgusto a Montesquieu, con desconfianza a Buffon, al que gustosamente habría tratado como a Galileo.

Y que no se aduzca la mitigación con que se envolvían, en realidad, los rigores aparentes. Esta inconsecuencia dañaba a la religión. Se la despreciaba más, sin odiarla menos. El desdén se unía a la hostilidad. Se acababa perdiendo toda convicción, viendo que nada era grave para nadie, que las profesiones de fe, las prácticas, incluso la severidad, no eran más que formas falaces, con la indiferencia en el fondo. Llegó la Revolución. Se habría dicho el triunfo de la filosofía incrédula. Fue, en cuanto se relaciona con las nociones religiosas (no hablamos de los crímenes, de los que no se debe acusar a ninguna doctrina, pues la misma religión sería a menudo acusable), fue, decimos, la incredulidad profesada abiertamente, aceptada con complacencia. Han pasado cuarenta años: ved dónde estamos. Lo gastado se desmorona sin duda. Lo que está muerto no puede renacer; pero una agitación misteriosa, un deseo de creer, una sed de espera surgen por todas partes. Contempláis por doquier sectas pacíficas, porque el siglo es pacífico, pero entusiastas, porque la necesidad de entusiasmo es de todos los tiempos. Contemplad a estos metodistas ingleses, a esos *momiers* de Suiza; en Ginebra, a esos moradores de los cementerios, que quieren, a cualquier precio, reanudar la comunicación con el mundo invisible y el comercio con los muertos; en Alemania, a todas las filosofías impregnadas de misticismo. Incluso en Francia, donde la generación más positiva, apoderándose de la tierra, parecía, en otro tiempo, querer concentrarse en ella, surgen, desde el interior de esta generación seria y trabajadora, esfuerzos aislados, secretos, pero que protestan contra la tendencia material, hoy tradición más que sistema.

Esta disposición de los espíritus coloca a más de uno en inconsecuencias extrañas. Llenos de respeto por cualquier opinión religiosa, alaban a Mecenas por haber exhortado a Augusto a honrar y hacer honrar a los dioses, aunque estos fuesen los del paganismo, y que una manera de honrarlos fuera entregando a los cristianos a las bestias. Hablan casi con igual veneración del agua bendita y del agua lustral, de Menfis y del Vaticano.

Hay, en todo esto, partes de extravagancia; pero la extravagancia tiene una causa. El movimiento que sobrevive a la muerte aparente prueba que el germen no carece de vida.

Y observad cómo el instinto de esta renovación se apodera de nuestros prosistas y de nuestros poetas. ¿A quiénes piden efectos? ¿A la ironía, a los apotegmas filosóficos, como Voltaire? No: a la meditación imprecisa, al ensueño, cuyas miradas se vuelven siempre hacia el futuro sin límites y hacia el infinito. Muchos se pierden en las nubes; pero su impulso hacia las nubes es un intento por acercarse a los cielos. Sienten que así se establecerá su relación con un público nuevo, público al que cansa la incredulidad y que quiere otra cosa, sin saber aún, quizá, lo que quiere.

La ausencia de cualquier coyuntura, de cualquier sentimiento, de cualquier esperanza religiosa, la incredulidad dogmática son, pues, imposibles para el conjunto de la especie humana.

Considerad que sólo hablamos aquí de la incredulidad dogmática. No la confundimos con la duda. Tenemos presente la duda tanto y más que nadie[3]; pero la duda no excluye el sentimiento religioso. La duda tiene sus compensaciones, sus anhelos y su esperanza; no encierra al hombre en un círculo de hierro, en el que la angustia y el terror ahogan sus sentimientos. Desde la oscuridad que lo envuelve, la duda ve brotar rayos luminosos, se entrega a presentimientos que lo reconfortan y consuelan. Lejos de rechazar, invoca. No niega; ignora. Y unas veces, enardecida por el deseo, y otras, impregnada de resignación, su ignorancia no deja de tener dulzura. Pero la negación de cualquier poder superior a nosotros, de cualquier comunicación con este poder, de cualquier llamada a su bondad y a su justicia contra la injusticia y la perversidad, la renuncia a un mundo mejor que el nuestro, a un mundo de reparación y de pureza, ninguna sociedad se lo permitirá.

Deberemos, pues, volver a uno de los dos estados compatibles con nuestra naturaleza, la religión impuesta, la religión libre.

¿Cuál de los dos es el mejor?

La India, Etiopía, Egipto, Persia presentan el ejemplo del primero de estos estados. Se prohíbe a la inteligencia cualquier progreso, cualquier avance es un crimen, cualquier innovación, un sacrilegio. La religión no se libera de los horribles vestigios del fetichismo, la figura de los dioses sigue siendo informe, y su carácter, vicioso. La moral se falsea; se proscribe la libertad y se ordena el crimen. Venal a la vez y amenazante, la religión, pródiga en miedos, es parca en consuelos. Los que otorga, los vende. Vejada entre las manos de sus dueños, envilecida en el alma de sus esclavos, es, para los primeros, un instrumento que degradan, y, para los segundos, un yugo que los aplasta. Objeto de cálculo sin buena fe, corrompe tanto a los que se aprovechan de ella como a los que oprime. Condena el temor a la hipocresía, y arrastra la sinceridad al suplicio, premiando al abyecto y castigando al valeroso.

Una casta opresora exige, sucesivamente, del hombre la renuncia a sus afectos, a sus inclinaciones, a sus virtudes, a su inteligencia. Aplica a la creencia el mismo principio que a todos los demás tipos de ofrendas. La fe se hace tanto más necesaria cuanto más difícil de creer o de comprender es el dogma que la reclama. El sentimiento religioso, en su exaltación, favorece esta exigencia del sacerdocio. Disfruta inmolando a su dios sus facultades más preciosas. El mismo fanatismo que obtuvo del padre el holocausto de su hijo, de la virgen el del pudor, consigue que la razón suicida se niegue a sí misma. Se impone igualmente el error o la verdad —no importa cuál—. Desaparecen el hombre y sus facultades; sólo queda el sacerdote y sus cálculos.

Añadid a todas estas plagas el espíritu de persecución, consecuencia inevitable de un sistema como éste. Contemplad, en el pueblo más pací-

534

fico de la tierra, la masacre de los budistas; en los egipcios, la opresión de los hebreos.

Éste fue, para los tiempos antiguos, el efecto del principio estacionario en la religión.

No queremos exagerar en nada. No pretendemos, en absoluto, cargar sobre el sacerdocio todos los males que han tenido lugar en el mundo. Causas numerosas y de diversa naturaleza, exteriores o interiores, fortuitas o permanentes, reaccionaron a menudo y de modo poderoso. La aristocracia de los guerreros sirvió de contrapeso, hasta cierto punto, al poder de los sacerdotes, como el despotismo de los reyes destronó más tarde a la aristocracia guerrera, y como hoy la industria derroca el despotismo de los reyes. ¿Pero no es menos cierto que el sacerdocio fue siempre un obstáculo a esta expansión de los derechos y satisfacciones, transmitiéndose de una casta a otra y, finalmente, de todos los privilegiados a la especie entera? Es esto lo que afirmamos; esto nos demuestra la historia. Admitimos su parte de influencia a todas las causas que determinaron el destino del hombre; pero, dedicando nuestros esfuerzos a describir una de las más activas, tuvimos que presentar sus efectos con verdad.

Estudiosos de la literatura, hombres distinguidos nos objetaron que, en una época en la que los sacerdotes eran la parte más instruida de las sociedades, era natural y justo que les sirviesen de guías. No lo negamos. Reconocimos que, en los salvajes, el sacerdocio hizo, algunas veces, el bien[4]. Pero, a nuestro entender, los escritores a los que respondemos sólo se enfrentaron a un aspecto de la cuestión. Sin duda, es natural y justo que las inteligencias superiores caminen a la cabeza de las instituciones humanas, aunque consideremos la cosa más como un hecho que como un derecho, si se hace de esto un derecho, los más fuertes dirán que son más inteligentes, y oprimirán al resto. Para que el sistema de la aristocracia intelectual no se haga tan funesto como cualquier otro sistema aristocrático, su poder debe limitarse a la persuasión, a la comunicación de las luces, sin medios políticos o coercitivos. Cuando la superioridad de la inteligencia reclama el apoyo de la autoridad, se sale de su esfera, se atribuye derechos discutibles. Siempre se le puede discutir este tipo de superioridad y, por eso, llega a cotas de vejación que la hacen tan odiosa como las fuerzas materiales y ciegas. Admitimos que, cuando la multitud está sumida en la ignorancia, deben dirigirla los más capaces; pero, si a esta facultad que la naturaleza les da, y que no necesita la sanción de la ley, quieren añadir el derecho de detener los progresos de las generaciones futuras, sacrifican el futuro al presente; y para lograr que maduren deprisa algunos conocimientos limitados e imperfectos, vuelven estériles avances más reales y más nobles. Pero esta tendencia fue siempre, y siempre lo será, la de un sacerdocio agrupado y revestido de una autoridad temporal. El sacerdocio de la Antigüedad pudo actuar, alguna vez, de buena fe y creer en la legitimidad de sus prohibiciones así como en la verdad de sus doctrinas. Pudo ser sincero, incluso en sus astucias; servir a Dios mediante el fraude, como se sirve a un amo, es un movimiento bastante natural en las concepciones del antropomorfismo; pero la tendencia a la que obedecía este sacerdocio no dejó de ser causa de todas las tiranías que han aplastado al hombre. Nos alzamos contra esta tendencia y no contra la influencia legítima de la superioridad de las luces y, por consiguiente, de los hombres que, en cada período social, son investidos de ella.

Ahora, junto a la inmovilidad sacerdotal, consideremos la Grecia libre y progresiva.

Partiendo de un fetichismo rudimentario, el sentimiento religioso llega pronto al politeísmo, lo libera de todas las huellas de la barbarie, lo perfecciona, lo purifica. Todo se ennoblece en sus dogmas y en sus ritos públicos. Los griegos toman de todas partes lo que seduce su imaginación activa y curiosa, pero embellecen cuanto toman prestado.

Liberan las corporaciones teocráticas de Oriente y del Mediodía de los elementos de las ciencias, que estas corporaciones retenían cautivos. Estas ciencias languidecían en la noche del santuario, luego reviven, se desarrollan y se expanden a la luz del día; y la inteligencia, siguiendo su andar intrépido, de hipótesis en hipótesis, a través de numerosas equivocaciones sin duda, alcanza, sin embargo, si no la verdad absoluta, quizá inaccesible al hombre, al menos esas verdades, necesarias en cada época, que son otros tantos peldaños para alcanzar otras verdades, de un orden más noble y de una importancia superior. La religión se resiente de esta actividad de la inteligencia. Torrentes de luz la inundan para penetrarla y darle nueva forma.

La moral, más suave y delicada, porque el sentimiento religioso vierte en ella sus matices sutiles, permanece independiente de la sequedad y severidad de los dogmas positivos. Ninguna voluntad caprichosa, ningún poder discrecional, ninguna autocracia[5] mística transforma el bien en mal ni el mal en bien. Ningún sacerdote mercenario hace de la impunidad comprada la garantía de una impunidad futura que se pudiese comprar de nuevo. Los dioses, como los humanos, se someten a las leyes eternas, y la conciencia inviolable y respetada falla y sentencia, tanto sobre las voluntades de unos, como sobre la conducta de los otros.

Sin duda, después de esta comparación, la cuestión está resuelta.

Y sin embargo, el estado progresivo, el más noble y digno para la religión, el más saludable para la especie humana, no lo vemos, incluso en Grecia, libre de obstáculos y dificultades, y esto nos lleva a demostrar los inconvenientes de una corporación cuyo interés reside en que la religión sea estacionaria, incluso cuando esta corporación no tiene el poder de mantenerla así.

CAPÍTULO 2

De los inconvenientes del principio estacionario, incluso en las
religiones que no otorgan al sacerdocio más que un poder limitado

Aunque los griegos fuesen el único pueblo de la Antigüedad que no
hubiese sufrido el yugo del poder sacerdotal, había, no obstante, un
sacerdocio en Grecia; este sacerdocio tenía alguna autoridad. Había llegado a conquistar, para la religión y sus dogmas, hasta donde se lo había
permitido la independencia del espíritu nacional, un puesto legal en la
constitución del Estado.

¿Qué se siguió de ello?

Las luces se habían propagado, y rechazaban las fábulas absurdas.
Las costumbres suavizadas se habían opuesto a las tradiciones más o
menos bárbaras. El carácter de los dioses sufría los cambios que esta
revolución debía producir. En realidad, ya era un hecho antes de procla-
marse teóricamente. Sabios, filósofos, moralistas declararon finalmente
la verdad que ya existía antes de proclamarla.

Enseguida, ya que la creencia religiosa formaba parte de la constitución del Estado, el sacerdocio comienza a decir que se está destruyendo
la constitución del Estado.

Anaxágoras demuestra que la materia inerte, rudimentaria, tal como
la concebía la inteligencia cuando, en sus primeros ensayos, creía comprender lo que era la materia y lo que era el espíritu puro, no podía
formar la sustancia de los dioses inmortales; los sacerdotes atenienses lo
acusan de negar su existencia, y es enviado al exilio.

Sócrates afirma que las naturalezas divinas no son ni limitadas, ni
imperfectas, ni viciosas, que se las ofende al querer seducirlas[1], que nunca cometieron ni protegieron ningún crimen. Los sacerdotes atenienses
denuncian a Sócrates ante el Areópago y es condenado a muerte.

Es tan cierto que este atentado se debía mucho más al principio estacionario que al fanatismo ferviente o apasionado que, incluso en este
famoso proceso, los enemigos de Sócrates le permitieron, hasta el momento en que bebió la cicuta, desarmar su venganza. Pero, para librarse
de ella, o había que violar las leyes de la patria o repudiar el principio
estacionario. Había que rechazar todos los avances logrados mediante
las emociones nobles o las meditaciones esforzadas; retroceder a los
tiempos de la ignorancia para adoptar de nuevo sus dogmas; renunciar
a todos los progresos de la razón y de la moral. Sócrates no lo quiso; es-
témosle agradecidos por ello. Su muerte fue útil a su siglo y a su patria.
Todavía lo es hoy.

Se ha clamado mucho contra uno de nuestros escritores más ingeniosos, porque se atrevió a decir que, en las condiciones en que se encontraban las instituciones de Atenas, era inevitable y legal la muerte de Sócrates. La afirmación, sin embargo, es absolutamente verdadera. Lo afirmo con él: «En un orden de cosas, cuya base es una religión de Estado, no se puede opinar, como Sócrates, de esta religión, y publicar lo que se piensa, sin perjudicar a esta religión y, por consiguiente, sin perturbar el orden del Estado. [...] La altura de Sócrates no está tanto en su *culpabilidad* como filósofo, sino precisamente como ciudadano. Su muerte era forzosa y el resultado necesario de la lucha que había entablado contra el dogmatismo religioso»[2].

Nada más evidente. Pero de esta evidencia nace otra: que mientras la religión sirva de pretexto para la existencia de un cuerpo encargado de enseñarla y de mantenerla, el dogmatismo religioso tendrá, según los países y según la época, sus exilios, sus cárceles, su cicuta o sus hogueras.

Los razonamientos que, desde este punto de vista, justifican la muerte de Sócrates, llegarían mucho más lejos si lo quisiéramos. El autor del tratado sobre las leyes de Moisés se lanzó a esta carrera erizada de escollos: nosotros no lo seguiremos. Pero, admitido el principio, transformada en ley la religión del Estado, no se pueden negar las consecuencias que él saca de todo esto. Para eludirlas, se debe suponer la existencia de jueces que reconozcan la misión divina. En este caso, ellos mismos hubieran sido enemigos del orden establecido, rebeldes a los que las leyes pueden castigar. El reproche recae, no sobre ellos, sino sobre las leyes. Se hubiera debido abolir estas leyes.

Si hubiéramos podido tratar aquí del conjunto del politeísmo romano, hubiéramos destacado con más claridad aún las consecuencias funestas del principio estacionario, consagrado con mayor pompa en Roma que en Grecia. Sin duda alguna, y lo demostraremos en otro lugar, el politeísmo romano era, desde más de un punto de vista, superior en su parte moral a la religión griega. Pero todo lo que fue vicioso, opresivo, feroz[3] en esta república aristocrática debe atribuirse igualmente a las tradiciones religiosas, perpetuadas a pesar del avance de la civilización.

La servidumbre de los plebeyos, errantes sin patrimonio, privados de asilo, en la tierra que ellos mismos habían conquistado, despojados de cualquier derecho real, y que sólo obtenían de sus tiranos algunas instituciones defensivas levantándose contra leyes sancionadas por recuerdos sacerdotales, la prohibición de los matrimonios entre los dos órdenes, la existencia apenas suavizada de la división en castas, la carencia de igualdad en las ceremonias del culto, todo lo que, al lesionar los intereses, al herir el orgullo legítimo, preparaba convulsiones sin término y sin remedio, fue consecuencia del principio estacionario. Gracias al patriotismo de los plebeyos tan maltratados, Roma tuvo su período de gloria; gracias a la energía maquiavélica de un Senado déspota en el interior, temible en el exterior, pero cuyas discusiones servían, sin embargo, para mantener el movimiento saludable de la libertad política, aunque concentrada en un monopolio, Roma tuvo su tiempo de fuerza y de estabilidad.

Pero el principio estacionario había sembrado, en su constitución religiosa y civil, un germen de destrucción.

Precisamente porque la política romana se había apoderado de la religión y porque rechazaba cualquier novedad para que el instrumento permaneciese con más seguridad bajo su dependencia, la religión, en cuanto inmóvil, perdió su principio de vida, la perfectibilidad, y, en cuanto esclava, su poder real, la convicción.

Ya no se creyó en nada, porque se debía creer en todo. Nada se respetó, porque el cálculo dominó todo en cualquier lugar. Los augures utilizaban, para gobernar Roma, una adivinación desacreditada, por eso no podían verse sin una sonrisa ligera; y esta sonrisa era la precursora infalible de la pérdida de la religión.

Debimos prohibirnos estas elucidaciones y limitarnos a cuanto expusimos anteriormente sobre la mezcla de la herencia etrusca y de la influencia griega. Las épocas que siguieron pertenecen a una segunda obra.

CAPÍTULO 3

Que la pureza de la doctrina no disminuye en nada
los peligros del principio estacionario en la religión

Quizá alguien podría pensar que la pureza en la doctrina, o la humanidad en los preceptos, libran del veneno que contiene el principio que combatimos. Sería un error.

La conservación por la fuerza de una doctrina religiosa, fija e inmutable, comporta idénticas consecuencias. Cualquiera que sea la doctrina en sí misma. Como forma más depurada que el politeísmo, los católicos se mostraron implacables contra los reformadores, los reformadores contra los socinianos, y éstos no habrían sido, sin duda, más indulgentes con quienes hubiesen negado la misión humana del profeta cuya divinidad negaban. El cardenal de Lorena hizo asesinar a Coligny; Calvino, que habría quemado en la hoguera al cardenal de Lorena, envió a la hoguera a Servet.

Considerar que una religión no puede perfeccionarse nunca es declararla la única buena, la única que salva. Desde ese momento, hacer que todos la adopten se convierte en un deber ineludible. No sólo se permite, sino que se ordena emplear, en esta obra piadosa, los medios de fuerza, si los de persuasión no bastan[1].

Si la autoridad política se une al celo religioso para la perpetuidad de la fe, y, una vez admitido el principio, aquélla debe sumarse a él, aquélla proporciona necesariamente al sacerdocio estos medios de fuerza. De ahí nace la introducción de un poder material en el dominio de la conciencia; de ahí nacen las persecuciones y los suplicios[2].

Pero no es el único peligro.

En cuanto el sacerdocio consigue formar una alianza con el poder político, se esfuerza en fortalecerla, en librarla de cualquier resistencia que viniese de fuera; y el despotismo temporal es la consecuencia del despotismo de los sacerdotes. Los magos, consultados por los reyes de Persia, aplaudían sus incestos y los proclamaban por encima de las leyes. Siempre que el sacerdocio tuvo como cómplices a la aristocracia o a la realeza, pronunció el anatema contra todas las libertades y los derechos de los pueblos[3]. Y aún hoy, leed las obras de quienes querrían resucitar la teocracia. La mitigación a la que los obliga el siglo no sirve más que de velo bien diáfano para sus quejas y sus llamadas a la inquisición[4]. Ved cuánto les molesta e irrita la independencia del pensamiento, la libertad de discusión, todo lo que pretende expandir sus luces fuera del recinto privilegiado[5]. Escuchad a Bossuet: ¿Por qué mandan los hombres sino para que se obedezca a Dios[6]? Escuchad a un autor más moderno: la Iglesia es la única soberana; juzga lo temporal, lo condena o lo absuelve, ata y desata en los cielos y en la tierra[7]. Estos escritores serían hoy, si pudieran, lo que eran los sacerdotes hace seiscientos años.

Bien está. Que se consuman en enfáticas o patéticas lamentaciones; que hablen de la esclavitud, de la que, después de tantos siglos, el hombre comenzó a liberarse, de la era primordial, de la legislación primitiva; que deploren la pérdida de ese tiempo en el que el mundo no era, dicen, más que un templo; nosotros sólo vemos, en esa era primordial, la esclavitud; en esa legislación primitiva, una escandalosa desigualdad, una usurpación flagrante, que ningún lapso de tiempo pudo legitimar. Estos escritores sólo tienen en cuenta a la casta usurpadora; a ella le profesan su admiración. Nosotros nos fijamos en las castas oprimidas; a ellas les dedicamos nuestro interés y nuestra piedad. Ellos sólo piensan en algunos centenares de hombres, que acaparan los tesoros intelectuales y materiales que la naturaleza había dado a todos. Pensamos en los centenares de millones que penan en la indigencia, la ignorancia y la esclavitud; y, si, en este tinglado de astucia y tiranía, vemos un templo, es el templo de estas divinidades maléficas, en el que los sacrificadores son algunos, y las víctimas, innumerables. Pero, cuando las víctimas dejan de estar arrodilladas, desaparecen los sacrificadores.

CAPÍTULO 4

Cuán funesto es para la propia religión cualquier obstáculo
que se oponga a su perfectibilidad progresiva

Cuando se pretende mantener intacta una doctrina nacida en una época
en la que los hombres ignoraban todas las leyes de la naturaleza física,
se utilizan contra esta doctrina todos los descubrimientos sobre estas
leyes. Cuanto más se nos revela el mundo material, más se tambalea la
doctrina. ¿Necesitamos recordar el provecho que los incrédulos han
obtenido de la física y de la astronomía de la Biblia?

Igualmente, cuando las costumbres se han suavizado y la moral ha
progresado, ¿no es cierto que, si se quieren perpetuar en la religión los
ritos y las prácticas que existían antes de esta mejora y de este progreso,
debe surgir una lucha, y que, pese a los triunfos más o menos prolongados que una ayuda exterior pueda proporcionar a cultos cuyo fin ya
ha llegado, estos cultos sólo pueden salir de esta lucha desacreditados y
desprestigiados?

Es, pues, un grave error suponer que la religión está interesada en
permanecer inmutable. Al contrario, su interés debe estar en que se le
aplique la facultad progresiva que es una ley de la naturaleza del hombre.

Debe hacerse, no sólo en los dogmas, sino también en los ritos y
en las prácticas. ¿Qué son, en efecto, los dogmas? La redacción de las
nociones que el hombre tiene de la Divinidad. Cuando estas nociones
se depuran, los dogmas deben cambiar. ¿Qué son los ritos y las prácticas? Convenciones, supuestamente necesarias para el comercio de los
seres mortales con los dioses que adoran. El antropomorfismo sirve de
base a esta idea. Al no conocer los hombres recíprocamente sus disposiciones secretas, sus intenciones ocultas, remedian esta ignorancia
dando un sentido convenido a algunas demostraciones exteriores. Esta
lengua artificial les resultaría inútil si pudiesen leer en el fondo de los
corazones. Suponer la necesidad de este lenguaje para dirigirse al Ser
infinito es circunscribir sus facultades, es rebajarlo al nivel de los hombres, es trasladar a la mansión celeste una imitación de las costumbres
humanas. Al desaparecer el antropomorfismo, se condena a los ritos
a seguirlo.

Si las creencias religiosas siguen estando por detrás del avance del
espíritu humano, hostiles y aisladas como están, habiendo transformado
a sus aliados en adversarios, se ven asediadas, por así decirlo, por los
enemigos que se crearon sin motivo. La autoridad que puede dispersar
a estos enemigos no puede vencerlos. Crecen continuamente en número
y fuerza; se alistan por sus derrotas mismas y renuevan con obstinación

los ataques que sólo pueden desembocar en una victoria tanto más completa cuanto más tiempo se discutió.

En adelante, si se quiere rendir a la religión el único homenaje que sea digno de ella y apoyarla, al mismo tiempo, con los únicos fundamentos sólidos e inquebrantables que hay, se debe respetar su progresión. La especie humana no posee ningún principio más querido y más precioso que defender. Por eso, no se defendió ningún otro con tantos sacrificios y tanta sangre. Semejante a la metempsícosis de los brahmanes, en la que las almas recorren ochenta mil transmigraciones antes de subir hasta Dios, la religión se regenera indefinidamente; sólo sus formas sujetas a la muerte son, de alguna forma, como esas momias de Egipto, que sólo sirven para constatar las existencias del pasado.

Esto no implica, en absoluto, que un pueblo deba cambiar su religión, siempre que ésta se modifica. Es acertado, por lo que a la política se refiere, que una nación crea tener siempre la misma constitución, aunque su constitución se perfeccione. Esto constituyó, durante mucho tiempo, la fuerza de Inglaterra, y esta persistencia en la denominación no es una mentira. Una constitución significa las leyes por las que se rige una nación. Se cambia una ley particular y no por eso deja de existir la constitución. La religión significa el conjunto de relaciones que existen entre el hombre y el mundo invisible. Que se modifique un dogma, no significa que se destruya la religión. En general, se debe evitar la proclamación de los cambios, si no es urgente la necesidad. Es crearles resistencias. La naturaleza hace todo de modo gradual y, por así decirlo, imperceptiblemente. Los hombres deben imitarla. Siempre que no se coaccionen las conciencias, no existe óbice a la práctica de los diversos cultos, y es útil conservar el nombre. No perjudica al fondo de las cosas y tranquiliza a los espíritus más asustadizos.

Que tampoco se tema perjudicar a la divinidad de la religión o, mejor dicho, al sentimiento íntimo sobre el que descansan las convicciones religiosas. Cuanto más se cree en la bondad y en la justicia de una Providencia que ha creado al hombre y que le sirve de guía, más natural es admitir que esta Providencia bienhechora proporciona sus luces a las inteligencias destinadas a acogerlas.

Sólo esta doctrina concilia las ideas que los hombres religiosos tienen de esta Providencia con la naturaleza del espíritu humano. No se puede negar que el espíritu humano tiene una inclinación invencible a la investigación y al examen. Si su deber más imperioso, si su mayor mérito era una credulidad implícita, ¿por qué el cielo lo habría dotado de una facultad que no podría ejercer sin falta? ¿Por qué lo habría sometido a una necesidad que no podría satisfacer, sin ser culpable? ¿Sería para exigir de él el sacrificio absoluto de esta facultad? Pero este sacrificio lo reduciría al rango de simple máquina; sería, como dijimos antes, un suicidio moral; el Dios que lo impusiese al hombre se asemejaría más al Amida de esos idólatras, que se dejan aplastar bajo las ruedas del carro en el que está colocado su ídolo, que a la inteligencia pura y benefactora ofrecida a nuestra adoración y a nuestro amor.

Esta credulidad implícita, esta inmovilidad en los dogmas, este carácter estacionario en las creencias, todas estas cosas contra natura, que se recomiendan en nombre de la religión, son lo más opuesto que hay al sentimiento religioso. ¿Qué es, en efecto, este sentimiento? La necesidad de asemejarse a seres cuya protección se invoca. Está en su esencia experimentar, para satisfacer sus deseos, cualquier forma religiosa que él se cree o que se le presente; pero también está en su esencia, cuando estas formas religiosas ya no le satisfacen, modificarlas de modo que aparte aquello que pueda herirlo. Limitarlo al presente que ya no le basta, prohibirle este impulso hacia el futuro, al que lo invita la insuficiencia del presente, es herirlo de muerte. Allí donde está encadenado de esta forma o son imposibles modificaciones sucesivas, puede surgir la superstición, porque la superstición es la abnegación de la inteligencia; puede haber fanatismo, porque el fanatismo es la superstición que se hace ímpetu; pero no puede haber religión, porque la religión es el resultado de las necesidades del alma y de los esfuerzos de la inteligencia, y porque los dogmas estacionarios colocan a una y otra fuera del asunto.

Este sistema no excluye, en absoluto, estas comunicaciones sobrenaturales, que indignan a muchos espíritus y que, en secreto, tantos corazones imploran. Que, por ejemplo, la noción del teísmo haya parecido de repente un fenómeno inexplicable, en medio de una tribu ignorante, cuando el sentimiento religioso, desorientado por formas absurdas, no podía abrirse un camino mejor; que, más tarde, una ayuda imprevista haya ayudado al espíritu humano, que, habiéndose elevado hasta la unidad, no tenía, sin embargo, la fuerza para transformar esta idea abstracta en una doctrina animada y viva, cada uno puede creerlo; esto no cambia en nada lo que afirmamos: la tendencia existía, y la ayuda adicional sólo se ejerció conforme a esta tendencia. Que el hombre, luego, abandonado a sí mismo, haya comenzado de nuevo su trabajo según su naturaleza, que haya discutido en torno al gran descubrimiento, que le haya dado formas toscas y groseras que velaron su sublimidad, no por ello habrá dejado de conservar el recuerdo inefable y, gradualmente, formas más puras, concepciones más justas le habrán permitido disfrutar, sin mezcla, del inestimable favor.

Pero sea lo que fuere de las asistencias divinas, no confundamos las manos humanas con estos medios impenetrables y misteriosos. Los teólogos han dicho numerosas veces que los abusos de la religión no provenían de ella misma, sino de los hombres. Para terminar con estos abusos, es necesario que los hombres, es decir, el poder, la fuerza material, no se mezclen con la religión. Siempre proporcionada, progresará con las ideas, se iluminará con la razón, se purificará con la moral y, en cada época, sancionará cuanto exista de mejor.

También en cada época reclamemos la libertad religiosa, ilimitada, infinita, individual; proporcionará a la religión una fuerza invencible y garantizará su perfectibilidad. Multiplicará las formas religiosas, y cada una de ellas será más pura que la precedente. Cualquier secta nueva aspira a la excelencia de la moral, y la secta abandonada reforma sus propias costumbres. El protestantismo mejoró por un tiempo al clero católico; y si quisiéramos dirigirnos a la autoridad, cosa que no nos gusta, le demostraríamos que la libertad religiosa redunda en su beneficio. Una secta única es un rival siempre temible. Dos sectas enemigas son dos bandos en armas. Dividid el torrente, o, mejor, dejadlo que se divida en mil riachuelos. Fertilizarán la tierra que el torrente habría devastado.

NOTAS*

Prefacio

1. Concedemos aquí a nuestros adversarios un extremo que podríamos discutir sin duda alguna. Nada está menos garantizado que la victoria del interés bien entendido sobre las inclinaciones que se oponen a la moral. Este interés, en el hombre al que domina una pasión, estriba, sin duda, en primer lugar, en reprimir esta pasión, si puede. Pero si este triunfo está por encima de sus fuerzas, su interés bien entendido consiste en satisfacer esta pasión, para poner fin al tormento que lo agita; pues este tormento puede llegar a ser tal que este hombre sucumba a él. Cuando un accidente o una enfermedad, ajena al temperamento de un enfermo, ponen su vida en peligro, los médicos buscan evitar este peligro inminente, sin calcular si los remedios que emplean en ese momento de crisis tienen contraindicaciones para su futura salud. El interés bien entendido del hombre apasionado consiste en salir del estado violento al que le precipita su pasión no satisfecha; cuando el presente lo destruye, ¿qué le importa un futuro al que no llegará?

El principal fundador del interés bien entendido, Helvétius, es mucho menos inconsecuente de lo que lo fueron sus sucesores. Admirador de las pasiones, no exhorta en ningún sitio a sus discípulos a que las venzan. Les dice, por el contrario, que si dejan de ser apasionados, serán estúpidos. Quiere las pasiones, pero admite el placer. Tiene como móvil el interés, pero no pretende desnaturalizarlo por un epíteto e investirlo de una sabiduría, de una previsión, que no tendrá nunca. Con todo, quisimos hacer a los partidarios de este sistema una concesión, porque, incluso después de esta concesión, nos sigue pareciendo todo él igual de erróneo e igual de perjudicial.

2. Los efectos de la civilización son de dos clases. Por una parte, aumenta los descubrimientos, y cada descubrimiento es un poder. Por eso refuerza al conjunto de ciudadanos con cuya ayuda la especie humana se perfecciona. Por otra, facilita el disfrute de los bienes, los hace más variados, y el hábito que el hombre contrae con estos placeres le crea una necesidad que lo aleja de todos los pensamientos elevados y nobles. En consecuencia, siempre que el género humano accede a una civilización exclusiva, aparece degradado durante algunas

---

* La traducción de las citas latinas se debe a Fidel Argudo Sánchez; la de los versos de Byron y de Pope, a Joan Curbet Soler. [*N. del E. esp.*]

generaciones. Luego se levanta de esta degradación pasajera y, poniéndose de nuevo, por así decirlo, en camino, con los nuevos descubrimientos con los que se enriquece, llega a un mayor grado de perfección. Así, somos quizá tan corruptos, guardada la proporción, como los romanos de tiempos de Diocleciano; pero nuestra corrupción es menos escandalosa, nuestras costumbres más dulces, nuestros vicios más velados, porque ya no tenemos el politeísmo licencioso y la horrible esclavitud. Al mismo tiempo, hicimos descubrimientos inmensos. Generaciones más felices que nosotros se aprovecharon, no sólo de la destrucción de los abusos de los que nos liberamos, sino también de las ventajas que conquistamos. Pero para que estas generaciones puedan avanzar en el camino que tienen abierto, necesitarán lo que nos falta: la convicción, el entusiasmo y el poder de sacrificar el interés a la opinión.

De todo esto se deriva que no es la civilización la que se debe proscribir y que no se la debe ni puede detener. Sería como querer impedir que el niño crezca porque la misma causa que lo hace crecer lo hará envejecer. Pero es preciso apreciar la época en la que se vive, ver lo que es posible y, al secundar el bien parcial que aún se puede hacer, trabajar, sobre todo, en echar las bases de un bien futuro, que encontrará tanto menos obstáculos y costará igualmente tanto menos cuanto mejor se haya preparado.

3. Es digno de destacar que, en esta época, toda la clase ilustrada, salvo los nuevos platónicos, por una parte, y los cristianos, por otra, profesaba la filosofía epicúrea, que, en el fondo, no era más que la doctrina del interés bien entendido.

LIBRO I
[INTRODUCCIÓN GENERAL]

Capítulo 1

Del sentimiento religioso

1. *El espíritu de las leyes*, libro I, cap. 1.
2. Éste es el caso de la mayoría de los viajeros que Robertson cita en su *History of America*, y otro tanto se puede decir del autor de una *Description de la Nigritie* que se publicó en Ámsterdam en 1789. Siguiendo el testimonio de su profesor de lengua, afirmó que los sereros, una tribu de negros rodeada de otras tribus fetichistas, y que tienen sacerdotes y hechiceros, sin embargo, no rinden homenaje a ninguna divinidad.
3. Collins (*Account of the English Colony in Newwales*) asegura que los moradores de Nueva Holanda no adoran a ningún ser visible o invisible; e, inmediatamente después, habla de los sacrificios que ofrecen a las almas de los muertos, del temor que les inspiran, de su confianza en los brujos y de los artificios rudimentarios que utilizan para granjearse su confianza. Pero un pueblo que invoca a los que ya no existen, que recurre al poder de la magia, que cree en fuerzas sobrenaturales, en relaciones entre estas fuerzas y el hombre y en medios para disponerlas a su favor, profesa evidentemente alguna religión. Lo mismo sucede con el alemán Berger, en su *Relation de Californie*: los californa-

nos, dice, no reconocen ni a un dios único ni a varios dioses. Pero se golpean la cabeza con piedras en los funerales de sus parientes; les proporcionan zapatos para su viaje a otro mundo. Tienen juglares que se retiran a las cavernas para hablar en solitario con seres superiores. ¿No es esto una religión?

4. Cf. Demócrito, *ap.* Sexto Empírico, *Adv. math.* Cicerón, *De nat. deor.*, II, 5. Hume, *Natural History of Religion.* Boulanger, *Antiquité dévoilée*, I, 323-367; II, 133.

5. Para evitar que alguno se apoye en una frase a la que se vincule un sentido que le es ajeno, para acusarnos de negar la revelación que sirve de base a la creencia de todos los pueblos civilizados de Europa, debemos señalar que, al decir que el sentimiento interior toma una forma y luego la abandona, no ponemos en duda que esta forma no pueda presentársele de una manera sobrenatural cuando la recibe, y que no pueda igualmente liberarse de ella de una manera sobrenatural cuando la rompe. Es lo que ocurrió según el relato literal y formal de nuestros libros sagrados. La ley judía era una ley divina, entregada a los hebreos por el poder supremo que los instruía y aceptada por el sentimiento religioso de esta nación. Esta ley, sin embargo, sólo era buena por un tiempo, y por eso fue sustituida por la ley nueva, es decir, que la antigua forma fue rota por su autor, que se invitó y autorizó al sentimiento religioso a desprenderse de ella, y que la sustituyó una forma nueva. Afirmar que el germen de la religión se halla en el corazón del hombre no es ciertamente asignar a este don del cielo un origen puramente humano. El ser infinito depositó este germen en nuestro interior para prepararnos a las verdades que debíamos conocer. Podríamos apoyarnos aquí en la autoridad de san Pablo que afirma que Dios permitió que, hasta cierta época, las naciones lo buscaran por sus propias fuerzas. Cuanto más convencido se está de que la religión se nos reveló por vías sobrenaturales, más se debe admitir que teníamos en nosotros la facultad de recibir estas comunicaciones maravillosas. A esta facultad precisamente llamamos sentimiento religioso. Al partir, en nuestras investigaciones, del estado más rudimentario de la especie humana y mostrar cómo salió de él, no quitamos valor a los relatos del único pueblo al que se nos ordenó colocar dentro de una clase particular. Estos relatos, al contarnos las manifestaciones del cielo que rodearon la cuna del mundo, nos enseñan también que la raza de los hombres no aprovechó bien este favor. Las verdades que el poder supremo les había dado a conocer se borraron con rapidez de su memoria y, a excepción de una tribu especialmente favorecida, volvieron a sumirse en la ignorancia y el error. Lejos de decir que la religión no es más que el origen del temor u obra de la impostura, demostramos que ni la impostura ni el temor sugirieron al hombre sus primeras nociones religiosas. Diremos más: en el transcurso de nuestras investigaciones, nos llamó la atención un hecho, un hecho que se ha repetido más de una vez en la historia. Las religiones constituidas, trabajadas, explotadas por los hombres causaron a menudo mal. Todas las crisis religiosas causaron bien. Considerad al árabe: bandolero sin piedad, asesino sin remordimiento, esposo despiadado, padre desnaturalizado, el árabe no era más que un animal feroz. Se pueden consultar, sobre sus antiguas costumbres, las observaciones críticas de Sale, al principio de su traducción del Corán. Los árabes, antes de Mahoma, consideraban a las mujeres como una propiedad. Las trataban como esclavas. Enterraban vivas a sus hijas. Aparece el

547

Profeta, y dos siglos de heroísmo, de generosidad, de abnegación, dos siglos, iguales, desde más de un punto de vista, a las más hermosas épocas de Grecia y de Roma, dejan en los anales del mundo una huella brillante. Citamos de intento al islamismo, la más estacionaria de todas las religiones modernas y, por ello mismo, hoy la más nociva y defectuosa. Habríamos tenido demasiadas ventajas si hubiésemos escogido como ejemplo la religión cristiana. Pensamos, pues, que la idea dominante de nuestra obra no pone en peligro ninguna de las bases de esta religión, al menos tal como la concibe el protestantismo que profesamos, y que tenemos el derecho legal de preferir a las demás comunidades cristianas.

6. Si alguien cree ver aquí alguna analogía con el sistema de las ideas innatas, se equivocaría. El hombre no tiene, en absoluto, en él mismo ninguna idea preexistente sobre la religión. Filosóficamente hablando, sus nociones religiosas le vienen de los sentidos, como todas sus nociones. Prueba de ello es que siempre son proporcionadas a su situación exterior. Pero está en su disposición natural concebir siempre nociones religiosas, según las impresiones que recibe y la situación exterior en la que se encuentra.

7. Citado ante el tribunal de una lógica severa, el amor podría muy bien perder su causa. ¿Dejaría por ello de subsistir? ¿Dejaría de ser el destino de las almas más delicadas y más sensibles durante la etapa más hermosa de la vida? El sentimiento religioso no es como el amor una inclinación pasajera. Su influencia no se limita a la juventud. Al contrario, se fortalece con la edad. Destruyéndolo, si se pudiera destruirlo, no sólo se privaría a la época de las pasiones de algunos goces entusiastas; se la despojaría del aislamiento y de la debilidad, del último rayo de luz, del último aliento de calor.

CAPÍTULO 2

De la necesidad de distinguir el sentimiento religioso de las formas religiosas, para comprender el discurrir de las religiones

1. «Así como el lenguaje da al hombre, para las cosas ordinarias de la vida, la certeza de que no es el juguete de un sueño que lo colocó en un mundo imaginario, sino que, en el que se encuentra, es sin duda el mundo real, común a todos sus semejantes (Heráclito), de igual manera el culto público le parece una especie de garantía de que el suyo no es la obra fantástica de su imaginación, sino el medio verdadero de comunicarse con los objetos de su adoración religiosa» (Néander, *Sur le siècle de Julien*). Se podría ver en esta disposición una de las causas de la intolerancia, cuando va unida a la buena fe. El hombre intolerante persigue las opiniones opuestas a las suyas, como si la existencia de las primeras invalidase las verdades que él ama, de modo que la intolerancia que se atribuye al orgullo tuviese más bien como principio la desconfianza en sí mismo y una especie de humildad.

2. Un autor moderno parece insinuar que el sentimiento religioso no existió sino a partir del establecimiento del cristianismo. «Hasta entonces», dice, «Dios sólo había manifestado su poder [...] Esta noción [...] producía un sentimiento de respeto y de temor [...] Dios acaba de descubrirse [...] y un amor inmenso se apodera del corazón del hombre» (*Essai sur l'indifférence en matière*

de religion, t. II, prefacio, pp. 87, 88). Para demostrar la inexactitud de esta afirmación, nos bastará con un pasaje de Plutarco. En él se ve claramente que el sentimiento religioso se desliza hacia el politeísmo que la inteligencia intentaba depurar. «Ninguna fiesta, ninguna ceremonia, ningún espectáculo», dice el filósofo de Queronea, «tiene para el hombre un encanto igual al que encuentra en la adoración de los dioses, en la participación en las danzas solemnes, en los sacrificios y en los misterios. Por eso, su alma no se muestra abatida, triste y desalentada como si tuviese que temer a poderes malignos y tiránicos. Por el contrario, se halla liberada de cualquier temor, de cualquier dolor e inquietud, y se embriaga de alegrías inefables. Estas alegrías no las siente quien no cree en la Providencia. Pues, en los ritos sagrados, no son del gusto del alma ni la magnificencia de los ornamentos, ni la profusión de los perfumes, ni la abundancia de los vinos y de los manjares. Le gusta y le encanta la persuasión de que los dioses están presentes en el sacrificio y que aceptan con buena voluntad lo que la piedad les consagra. Para quien no está persuadido de esto, el templo es un desierto; la ceremonia, una pompa lúgubre e inútil; los rezos, palabras que la razón desaprueba; el sacrificador, un vil mercenario que degüella a un inocente animal» (Plutarco, *Que no es posible vivir apaciblemente siguiendo los preceptos de Epicuro*, 22). Podríamos encontrar mil pasajes en los que Séneca se entrega, con formas filosóficas, a la exaltación del sentimiento religioso. La época lo invitaba a ello; vivía bajo Nerón y, acuciado por la tiranía, se refugiaba allí donde ésta no podía alcanzarlo. Las huellas del mismo sentimiento se perciben en los nuevos platónicos; pero les incomodaban, en dos sentidos opuestos, la tendencia a las abstracciones y el deseo de prolongar la existencia de las formas antiguas.

3. Como es probable que el público de nuestros días haya olvidado los motivos del breve de Inocencio XII contra el arzobispo de Cambray y las doctrinas que, por diversas circunstancias, fueron reprobadas por la Iglesia romana, presentamos algunas de las proposiciones condenadas.

Proposición I. «Hay un estado habitual de amor de Dios que es una caridad pura y sin mezcla alguna del motivo del interés propio [...] No participan en este amor ni el temor a los castigos ni el deseo de las recompensas».

Proposición II. «En este estado, se pierde cualquier motivo interesado de temor y de esperanza».

Proposición XXII. «Aunque la doctrina del puro amor fuese la perfección pura y simple del Evangelio señalada en toda la tradición, los antiguos pastores sólo proponían, de ordinario, al común de los justos, las prácticas del amor interesado».

Proposición XXIII. «El puro amor constituye por sí solo toda la vida interior y se convierte, por ello, en el principio único y el único motivo de todos los actos desinteresados y meritorios».

(Breve de Inocencio XII, que contiene la condena de las *Máximas de los santos*, del 12 de marzo de 1699.)

Se ve que todas las proposiciones reprobadas tienden a que el sentimiento religioso prevalezca sobre los motivos interesados. Esta preferencia acarrea un gran perjuicio a la autoridad sacerdotal. Ésta pone al hombre en comunicación directa con la divinidad y le hace innecesaria la intervención de los intermediarios. Debe perjudicar, por eso mismo, a la influencia de los que son los órganos de las solicitudes que dirige al cielo para obtener favores o evitar las penas. Quien aspira a recompensas o teme los castigos debe escuchar más dócilmente las directrices que se le ordenan que el que, encontrando su felicidad en el sentimiento, no necesita de nadie para llegar a esta felicidad y gozar de ella, y si este amor puro, es decir, el sentimiento religioso, constituye por sí solo la vida interior, el culto exterior, los ritos, la forma en una palabra, pierden mucha de su importancia.

4. Fedro, libro III, fábula 20. Apuleyo, *Metam.*, VIII. Plinio, XXXV, 12. Dionisio de Halicarnaso, II, 7. Ovidio, *Fast.*, IV, 180-370. Tibulo, I, 4, 604. Branch., *De sist. ap.* Graevius, VI. Ovid., *Epist. ex Pont.*, I, 37-40.

5. Corresponde a esta época cuando los romanos que se decían religiosos querían que se quemasen los libros de Cicerón, como contrarios a la religión del Estado. Cf. Arnobio, *Adv. gentes*, III, 7, 2, donde responde: *Intercipere scripta et publicatam velle submergere lectionem, non est deos defendere, sed veritatis testificationem timere* [Secuestrar los escritos y pretender poner a remojo (para que se borren) los textos intervenidos, no es defender a los dioses, sino temer el testimonio de la verdad].

6. Juvenal, VI, 523-525. Dión Casio, XLIII, 21; XLVI, 23. Esta superstición se remonta más atrás, pero a una época en la que la religión ya no existía en realidad. Tibulo, I, 3, 85. Se dice que César y Claudio se sometieron a ella. Séneca, *De vita beata*, 27.

7. Toda la sexta sátira de Juvenal es una pintura sorprendente de la superstición romana en esa época.

8. Plutarco, *De superstit.*, cap. 3.

9. Tertuliano, *Del bautismo. ¿No somos sacerdotes también los laicos? Id.*, *De castit.*, cap. 7. Todo cristiano reclamaba, en el origen, el poder de expulsar a los demonios. Gregorio Nacianceno, *Carm.*, 61, *ad Nemes.* Cualquier miembro de la Iglesia primitiva, sin distinción de rango o sexo, gozaba del derecho de ejercer la función de profeta. Mosheim, *Diss. ad hist. eccl. pertin.*, II, 132.

10. Orígenes dice que la primitiva Iglesia prohibía los templos y los altares. Cf. también Minucio Félix. A la pregunta *cur nullas aras habent, templa nulla, nulla nota simulacra?* [¿por qué no tienen ningún altar, ningún templo, ninguna imagen conocida?], responde como hubieran podido hacerlo los persas o los pueblos del Norte: ¿Por qué construir un templo, puesto que Dios habita todo el universo? (III, 10, 26, 27).

11. «Dios acepta al que le es fiel y obra rectamente, sea de la nación que sea» (*Hechos* 10, 35). «Sabéis», dice san Pedro (*ibid.*, cap. 28), y san Pedro era el menos tolerante de los apóstoles, «sabéis que a un judío le está prohibido tener trato con extranjeros o entrar en su casa; pero a mí me ha enseñado Dios a no llamar impuro a ningún hombre». Este espíritu de tolerancia existió durante mucho tiempo en la Iglesia primitiva. «Los sacerdotes que gobernaron la Iglesia que tú presides», escribía san Ireneo al papa Víctor, «no rompieron jamás la concordia con los que llegaban hasta nosotros, aunque fuesen miembros de otras Iglesias en las que se observaban costumbres diferentes de las suyas. Les enviaban, por el contrario, la eucaristía en señal de paz inmediatamente después de su llegada» (Eusebio, *Hist. eccles.*, libro V, cap. 24. Sócrates, libro V, cap. 22. Sozomeno, libro VII, cap. 19. Focio, *Bibliot.*, cap. 120). El término «herejía» se utiliza algunas veces en gran parte de los primeros escritores del cristianismo. El

símbolo de los apóstoles apareció por vez primera en el siglo IV, después de los concilios de Rimini y de Constantinopla (Pearson, *Comment. in Symb. Apost. Mosheim, De reb. christ. ant. Const. magn.*, 88). «El justo no difiere del justo, haya o no vivido bajo la ley; los que vivieron bien antes de la ley se los considera hijos de la ley y reconocidos como justos» (Clemente de Alejandría, *Strom.*, VI). «Todos los hombres que vivieron o que viven según la razón son verdaderamente cristianos y libres de cualquier temor» (Justino, *Apol.*, II). «Gloria, honor y paz a todos los que hicieron el bien, sean judíos o cristianos» (Crisóstomo, *Homil.*, 36, 37). Si se examina con atención todas las querellas, todas las persecuciones, todas las masacres religiosas que siguieron a la conversión de Constantino, se verá que todas estas cosas tan llenas de aflicción tuvieron su origen en los esfuerzos de algunos hombres por dar a la religión una forma dogmática.

12. La misma confesión se consideraba obligatoria. San Juan Crisóstomo dice formalmente (*Homil.*, II, *in Psalm.* 50) que uno debe confesarse a Dios, que sabe todo y que nunca reprocha las faltas que se le revelaron: «No quiero», añade, «obligar a los hombres a descubrir sus pecados a otros hombres».

13. «Cristo nos quitó la obligación que pesaba sobre nosotros, que consistía en los preceptos de la Ley [...] Por eso nadie tiene que dar juicio sobre lo que coméis o bebéis, ni en cuestión de fiestas, lunas nuevas o sábados; esas cosas no eran más que sombra de lo que tenía que venir [...] ¿Por qué os sometéis a reglas [...] diciéndoos que no comáis de esto [...] preceptos que son perniciosos por sus abusos, sólo fundados en prescripciones y enseñanzas humanas?» (*Colosenses* 2, 14.16.17.21.22). Podríamos citar también la autoridad de san Pedro, autoridad más augusta, porque san Pedro estaba mucho más ligado al judaísmo que san Pablo, y que necesitó una visión milagrosa para renunciar a las abstinencias de la antigua ley (*Hechos* 10, 13-15). «Al cristiano», dice Tertuliano, «no puede mancharlo nada exterior; Dios no le prescribió ningún ayuno ni le prohibió ningún alimento; le prohibió las malas acciones; y el que le ordenó fueron las acciones que son buenas» (*De jej. adv. psych.*).

CAPÍTULO 3

Que el efecto moral de las mitologías prueba la distinción
que queremos establecer

1. Un escritor, al que no falta habilidad y talento, intentó oscurecer esta verdad. Anatematizó el sentimiento religioso. En primer lugar, lo describió como inexistente; y después, como el que precipita al hombre a los excesos más deplorables. Nos dimos cuenta de que una discusión prolongada rompería el hilo de nuestras ideas; pero como no queremos dejar sin respuesta afirmaciones que, presentadas con cierto arte, podrían producir alguna impresión, dedicaremos esta nota al examen un poco detallado del sistema del señor de Lamennais. Él mismo nos ha facilitado mucho la tarea, pues se verá que sus contradicciones nos proporcionarán por sí solas la mayor parte de las respuestas que necesitamos para refutarlo.

El autor del *Essai sur l'indifférence en matière de religion* pregunta qué es *el sentimiento religioso*: «Ningún dogma», dice, «está escrito en nuestro corazón; y Dios no existía para nosotros antes de que se nos lo hubiese nombrado» (II, 194).

Así piensa en su segundo volumen. Éste era su pensamiento a la publicación del primero: «La religión», decía, «es tan natural al hombre que quizá no exista en él *sentimiento* más indestructible. Incluso cuando su espíritu la rechaza, hay aún en su corazón algo que se la recuerda: y este *instinto religioso* que se halla en todos los hombres es también el mismo en todos los hombres. *Totalmente al abrigo de los extravíos de la opinión, nada lo desnaturaliza, nada lo altera.* El pobre salvaje, que adora al gran espíritu, en las soledades del Nuevo Mundo, no tiene, sin duda, una noción tan clara y tan amplia de la divinidad como Bossuet, pero tiene el mismo *sentimiento* de ella» (I, 85).

«El sentimiento», prosigue, sin embargo, el autor, «es pasivo por naturaleza: no niega nada, no afirma nada» (II, 183) y, por consiguiente, no enseña nada. Pero cita a continuación (II, 266), con admiración y asentimiento, estas palabras de Tertuliano: «Los testimonios del alma son tanto más verdaderos cuanto más simples son [...], tanto más comunes cuanto más naturales; tanto más naturales cuanto más divinos. El maestro es la naturaleza; el alma, el discípulo» (*De testim. animae, Adv. gentes,* caps. 5 y 6). ¿Qué es, pues, esta naturaleza sino la que lleva al hombre al sentimiento religioso? ¿Qué es esta alma, cuyos testimonios son tan notorios, si no el alma dominada por el sentimiento religioso?

El señor de Lamennais asegura «que el sentimiento de lo verdadero y de lo falso, del bien y del mal, es cambiante y variable» (II, 200). «Que el hombre hace a veces el mal con complacencia» (II, 201) y «que los que admiten el sentimiento como autoridad, no pueden distinguir lo que es la virtud de lo que es el crimen» (II, 201-202). ¿Qué mejor podemos hacer que remitirnos a su talento para rebatir sus sofismas? Nos enseñará «que el sentimiento de la divinidad, el de lo justo y de lo injusto, el del bien y del mal, se hallan en todos los pueblos» (II, 119); «que en todos los lugares, en todos los tiempos, el hombre reconoció la distinción esencial del bien y del mal, de lo justo y de lo injusto; que jamás nación alguna confundió las nociones opuestas del crimen y de la virtud» (I, 172-173). Nos enseñará «que, cuando se dice al hombre que no existe lo justo ni lo injusto, ni crimen ni virtud, que nada es bueno ni malo en sí, que alimentar a su anciano padre o degollarlo son acciones indiferentes, todo el hombre se rebela contra esta sola idea y la conciencia lanza un grito de horror» (I, 87). Nos enseñará, en fin, «que el hombre sólo puede violar las leyes de lo justo y de lo injusto violando su razón, su conciencia, su naturaleza entera, renunciando a la paz y a la felicidad» (I, 366-367), «y que si consideramos el mundo entero durante todos los siglos, veremos un tremendo desbordamiento de vicios y de crímenes diversos, multiplicados hasta el infinito, una continua violación de los deberes más santos y, al mismo tiempo, la inmutable distinción del bien y del mal, perpetuamente reconocida y proclamada por la conciencia universal» (III, 487).

«¿No os dais cuenta», pregunta, «que a esta vida sucede otra que no terminará? No, respondéis» (II, 202). El autor se equivoca. Respondemos tan poco negativamente que le diremos, con sus propias palabras: «El género humano, defendido por una ley poderosa y *por un sentimiento invencible*, siempre vio en la muerte un cambio de existencia» (II, 142). «Muchos intentaron destruir las razones de la grandeza del hombre. Intento vano: subsisten; se las mostraremos. Están escritas *en su naturaleza*. Todos los siglos las leyeron en ella; todos, incluso los más depravados» (II, 139).

«Si la religión», continúa el autor, «es una cosa de sentimiento, todos los hombres deberían encontrar la verdadera religión escrita en el fondo de su corazón [...] Pero, que se me explique, en este caso, la diversidad de las religiones» (II, 198). ¿Se creería que la dificultad es insalvable? El propio autor la va a superar. «Cuanto había de general en el paganismo», dice, «era verdadero. Cuanto había de falso no eran más que supersticiones locales» (II, prefacio CIII). «Y que no se ponga como objeción la multitud de los cultos diversos» (II, 78). «La diversidad de cultos prueba solamente que los hombres pueden desdeñar el medio que Dios les dio para reconocer la verdadera religión» (II, 179). Y más adelante: «La idolatría no era, en realidad, una religión» (III, 147).

Si, para conciliar tan palpables contradicciones, el señor de Lamennais pretende que, al atribuir la conciencia, el sentimiento, a una revelación divina, los despoja de la influencia que nosotros les prestamos, para rendir homenaje a Dios mismo, responderemos que una de estas ideas no es incompatible con la otra. Consideramos al hombre tal como existe, con el sentimiento que lo guía; y nuestras afirmaciones siguen siendo las mismas, sea que este sentimiento haya tenido su origen primero y antiguo en una manifestación sobrenatural, o que sea tal por su naturaleza esencial e intrínseca.

Sin embargo, reconocemos que hay en el señor de Lamennais una objeción, que él mismo no se preocupó de refutar. Intentaremos hacerlo por él. Quisiéramos que fuera con igual éxito.

«¿Ciertos pueblos», se pregunta, «ofrecían a divinidades horribles la sangre de sus hijos o les sacrificaban el pudor de sus hijas por sentimiento?» (II, 200). No, sin duda; no era por sentimiento. ¿Ignora el señor de Lamennais un hecho que todos los historiadores antiguos nos atestiguan? En casi todos los pueblos de la Antigüedad, hubo ciertas corporaciones que se apoderaron, en su provecho, del sentimiento religioso; que usurparon el derecho a hablar en nombre de los poderes invisibles, y que, intérpretes falsos de estos poderes, ordenaron a los hombres, ebrios de terror, actos bárbaros que el sentimiento rechazaba. No: no era el sentimiento religioso el que llevaba a los galos a sacrificar a Teutates víctimas humanas; eran los sacerdotes de Teutates. No era el sentimiento religioso el que hundía el cuchillo de los mexicanos en el corazón de sus hijos de tierna edad, ante la estatua de Vitzli-Putzli; eran los sacerdotes de Vitzli-Putzli. No era el sentimiento religioso el que obligaba a las babilonias a prostituirse o a las jóvenes de la India a danzar lascivamente ante el Lingam; eran los sacerdotes de esta obscena divinidad. Esto es tan cierto que estos crímenes y estas indecencias sólo mancillaron de modo pasajero el culto de las naciones independientes de estas corporaciones temibles. La demostración de esta verdad formará parte esencial de nuestras siguientes investigaciones.

El señor de Lamennais termina pronunciando un anatema formal contra el sentimiento religioso. «Si este sentimiento debe ser nuestro guía», dice, «no hay desorden que no esté justificado» (II, 202). «El sentimiento religioso no es más que el fanatismo. Poco tarda en revelar a cada uno dogmas diferentes. Si se encuentra con un entusiasta, de carácter ardiente y sombrío, no hay crimen que no pueda cometer con el pretexto de la inspiración» (II, 207). No nos detendremos a recordar al señor de Lamennais que él mismo nos aseguraba poco ha, con claridad, que «el sentimiento religioso estaba totalmente al abrigo de los errores de la opinión, que nada lo desnaturalizaba, que nada lo alteraba» (cf. más arriba y t. I, p. 85, del *Essai sur l'indifférence*). Le refutaremos con otro pasaje, escrito también por él mismo: «¿De qué no abusan los hombres? Abusan de los alimentos destinados a la alimentación, de las fuerzas que se les da para actuar y conservarse; abusan de la palabra, del pensamiento, de las ciencias, de la libertad, de la vida; abusan de Dios mismo. ¿Se debe decir por ello que estas cosas son perniciosas?» (I, 470). Esto responde el señor de Lamennais a los detractores del cristianismo, y lo que nosotros respondemos a los detractores del sentimiento religioso.

Sin duda, existen hombres que abusaron de este sentimiento: unos, entregándose a todos los sueños de una imaginación descarriada; otros, más culpables, empleándolo para crear formas religiosas abominables, intolerantes, opresoras, sanguinarias. Pero, no por ello, el sentimiento deja de ser el guía más seguro que se haya dado. Es la luz íntima que nos ilumina en el fondo de nuestra alma. Es la voz que se alza, en todos los lugares, en todos los tiempos, contra lo que es feroz, o vil, o injusto. Es el yugo al que todos los hombres acuden en última instancia; pues, cosa extraña, cuando el escritor al que estamos refutando quiere probar los puntos principales de su sistema, ¡quién lo creería!, invoca al sentimiento; este sentimiento que rechazó, condenó, representó como guía ciego, infiel y embustero. «Sobre este punto decisivo», dice, «apelo a la conciencia. La elijo por juez, presto a someterme a sus decisiones. Que cada uno se adentre en su interior y se interrogue en el silencio del orgullo y de los prejuicios. Que no confunda los sofismas de la razón con las respuestas del *sentimiento interior*, que le ordeno consultar [...] Si un solo hombre, en estas disposiciones, se dice en el interior de su corazón: lo que me propongo como verdades de experiencia es desmentido por lo que siento en mí y por lo que observo en mis semejantes, me condeno a mí mismo y me declaro un soñador insensato» (II, 47).

Ésta es la fuerza de la evidencia. Arrastra hasta sus pies a los espíritus más rebeldes y, en el instante mismo en el que se felicitan de haberla oscurecido, ella les arranca la confesión de su impotencia y de sus errores.

Y en efecto, si rechazáis el sentimiento, ¿con qué sustituiréis este monitor divino colocado en vuestro corazón? ¿El interés bien entendido? Miserable sistema, fundado en un absurdo equívoco, que deja necesariamente la pasión como juez de este interés, ¡y que coloca en la misma línea y mancha con el mismo nombre de cálculo el más estricto egoísmo y la abnegación más sublime! ¿La autoridad? Pero sancionáis así, con una palabra, todos estos mandatos corruptores o bárbaros que, en cada país, en los galos y en la India, en la sanguinaria Cartago y en la licenciosa Babilonia, según se decía, emanaban de los dioses. Los depositarios del poder creen siempre haber hecho un pacto con la suerte. Se imaginan los propietarios de la fuerza, de la que son usufructuarios efímeros. La autoridad es su divisa; como si miles de ejemplos no les enseñaran que pueden convertirse en sus víctimas, en lugar de seguir siendo sus poseedores.

Examinemos, pues, esta segunda parte del sistema del señor de Lamennais. No necesitaremos largas elucubraciones para hacerle justicia.

Comienza por establecer un principio falso para sacar de él conclusiones más falsas todavía.

Este principio consiste en que se debe descubrir una razón que no pueda equivocarse, una razón infalible. «Pero esta razón infalible», nos dice, «debe ser necesariamente o la razón de cada hombre, o la razón de todos los hombres, la razón humana. No es la razón de cada hombre, pues los hombres se contradicen entre sí, y, a menudo, nada es más diverso y más opuesto que sus opiniones; por tanto, es la razón de todos» (II, 59). Pero apenas se puede concebir cómo la reunión de tantos errores parciales constituiría la verdad, ya que la razón de cada uno no puede conducirlo más que al error —y es lo que el autor al que refutamos intenta demostrar en cada página—. Pero el vicio no está sólo en este sofisma: está en el primer principio, en el punto de partida de todo el sistema. No es cierto que se pueda encontrar una razón infalible; no es cierto que se necesite encontrarla. Puede existir en el ser infinito. No existe ni en el hombre ni para el hombre. Dotado de una inteligencia limitada, aplica esta inteligencia a cada objeto que debe juzgar, en cada ocasión que está obligado a actuar y, si se nos permite esta expresión, a medida que lo necesita. Esta inteligencia es progresiva, y, por ser progresiva, no tiene nada de inmutable, nada de infalible en lo que descubre, y no es absolutamente necesario que se halle algo en ella que sea infalible o inmutable. Lo que la naturaleza pensó que debía ser inmutable lo colocó, no en nuestra razón, sino en nuestro corazón; pero, por lo que respecta a lo físico, lo puso en nuestros sentidos, y lo moral, en nuestro corazón. Nuestras sensaciones son siempre las mismas, cuando los mismos objetos actúan en nosotros, en las mismas circunstancias. Nuestros sentimientos son siempre los mismos cuando se presentan las mismas cuestiones. Cuanto incumbe al razonamiento es, por el contrario, variable y discutible por su esencia. La lógica proporciona silogismos insolubles a favor y en contra de todas las proposiciones.

Sucede con la razón infalible del género humano como con la soberanía ilimitada del pueblo. Los primeros creyeron que debía de existir en alguna parte una razón infalible; la situaron en la autoridad. Los segundos creyeron que debía de existir en alguna parte una soberanía ilimitada; la situaron en el pueblo. Por eso, en un caso, la intolerancia y todos los horrores de las persecuciones por las opiniones; en el otro, las leyes tiránicas y todos los excesos de los furores populares. La autoridad religiosa dijo: lo que yo creo es verdadero, porque yo lo creo; por tanto, todos deben creerlo; por tanto, los que lo niegan son criminales. El pueblo dijo: lo que yo quiero es justo, porque yo lo quiero; por tanto, todos deben conformarse a ello; por tanto, tengo derecho a castigar a los que me resisten. En nombre de la razón infalible, se entregó a los cristianos a los animales y se envió a los judíos a la hoguera. En nombre de la soberanía ilimitada, se abrieron cárceles para la inocencia y se levantaron patíbulos para todas las virtudes. No hay razón infalible; no existe soberanía ilimitada. La autoridad puede equivocarse como cualquier hombre aislado, y cuando quiere imponer sus dogmas de fuerza, es tan culpable como el primer individuo sin misión. El pueblo puede equivocarse en masa, como cualquier ciudadano en particular, y cuando promulga leyes injustas, su voluntad no es más legítima que la del tirano rodeado de sus satélites o del bandolero oculto en el bosque.

El principio es, pues, falso; pero la consecuencia que se quiere obtener de él es mucho más absurda. «La autoridad», se nos dice, «es la razón general, manifestada por el testimonio o la palabra» (II, prefacio, XCIII). «El hombre debe someterse a ella, pues su razón individual se extravía, mientras que la razón general no puede equivocarse» (*ibid.*, 270).

Resulta, pues, que, cuando el testimonio o la palabra surgen del consentimiento común, con el apoyo de cualesquiera ritos, de cualesquiera opiniones o prácticas, la razón individual debe admitirlos y profesarlos. «No, se nos replica; estas cosas son errores locales, supersticiones particulares» (*ibid.*, CIII). Pero para descubrir que estas cosas son tales, es preciso que la razón individual examine, es decir, que se aísle de la razón general, que, en apariencia al menos, toma estas cosas bajo su protección. Son sus propias palabras. «La autoridad existe de hecho allí donde haya *cualesquiera* dogmas, *cualquier* culto, una ley *cualquiera*» (I, 179). Y añadís, es cierto: «La diferencia siempre es de la autoridad legítima a la autoridad usurpada». Pero ¿quién distinguirá si la autoridad es usurpada o si es legítima? No será ciertamente la razón general; ella sólo se manifiesta por el testimonio o por la palabra; no se manifestará, pues, bajo una religión perseguidora, bajo un gobierno opresor, más que a favor de esta religión o de este gobierno. No será, pues, más que la razón individual; pero ¿cómo podrá manifestarse? Aislándose también de la razón general; ¿y no es lo que les habéis prohibido formalmente?

Estas verdades son tan palpables que el autor que combatimos se ve forzado a confesarlo. «Cualquier hombre al que circunstancias diversas colocasen en la imposibilidad de conocer la sociedad espiritual sólo estaría obligado a obedecer a la autoridad conocida por él o a la autoridad del género humano» (II, 283). En cuanto a esta última, ¿cómo descubrirla? Acusasteis a Rousseau de querer que se estudiase en sus lugares todas las religiones del globo para distinguir la religión verdadera; y al desfigurar así su pensamiento, os preparasteis un fácil triunfo. Pero la misma peregrinación que le reprocháis que haya propuesto será necesaria para cerciorarnos de lo que dice la razón universal o la autoridad del género humano.

En cuanto a la autoridad conocida de cada uno, el mexicano, en virtud de la única autoridad que conoce, degollará a los hombres; el babilonio entregará su esposa o sus hijas a la prostitución. Si uno u otro se niegan a ello, ¿no será la razón individual, que se aísla de la razón general y que comete el crimen que os parece tan odioso, el de preferirse a la autoridad?

¿Y no estáis obligado a confesar que la idolatría más licenciosa, la más sanguinaria, tuvo su universalidad? «Esta universalidad», respondéis, «es semejante, desde todos los puntos de vista, a la universalidad de los vicios, que, no siendo nunca leyes, sino la violación de una ley, nunca adquirieron autoridad al multiplicarse» (III, 165). «No hubo más universalidad en la idolatría que el olvido del verdadero Dios» (*ibid.*). Pero si este olvido era universal, había revestido todos los caracteres que atribuís a vuestra supuesta razón general. Se manifestaba por el testimonio y por la palabra. Los sacerdotes de Moloch tenían su testimonio; los de Cotito, sus tradiciones. ¿Cuál era entonces el recurso de la especie humana? La razón individual, o más bien los sentimientos naturales que protestaban contra la impostura en posesión de la autoridad.

Os agitáis inútilmente en el círculo vicioso que escogisteis como lugar de desafío. Añadís, sin éxito, a sofismas más o menos torpes argumentos tan pueriles que uno se sonrojaría de responder o incluso de transcribirlos. Cuando pretendéis «que el hombre sólo se alimente en virtud de la creencia, que se diga al niño *come*, y que coma sin exigir que se le demuestre que morirá si no come» (II, 125), ¿no os dais cuenta que, además del ridículo, dais precisamente el ejemplo que mejor demuestra cuán absurda es vuestra hipótesis? Desde luego, el niño no toma el alimento ni porque los razonamientos lo hayan convencido que debía tomarlo, ni porque la tradición se lo haya revelado. Come porque siente hambre.

En resumen, mientras concedemos al señor Lamennais que la religión debe tener como base el razonamiento, o el sentimiento, o la autoridad, decimos que el razonamiento, cuya esfera es totalmente material, no nos conducirá más que al escepticismo sobre objetos que no son materiales; que la autoridad nos entregará sin posible defensa a todos los cálculos de la tiranía, de la codicia y del interés, y que sólo el sentimiento, susceptible de error, sin duda, como todas nuestras facultades débiles y limitadas, conservará, sin embargo, siempre algo que se levantará contra estos errores, si son funestos.

Y observad que, la mayor parte del tiempo, sólo llegan a ser temibles cuando salen de la esfera del puro sentimiento para revestir formas positivas que les prestan un apoyo legal. Abandonado a sí mismo, y privado de este apoyo, el sentimiento, si se extravía, es reprimido por las leyes humanas.

Considerad el crimen más horrible que el sentimiento religioso, en su delirio, haya cometido nunca: insensatos mataron a inocentes criaturas para enviarlos al cielo y para subir purificados por una penitencia pública y por el suplicio. Pero, después de un solo ejemplo de este frenesí, se tomaron medidas contra la repetición de semejante atentado y terminó el desorden. ¿Qué se hizo contra los asesinos de la Noche de San Bartolomé, contra los verdugos de las dragonadas? ¿Y no se cita esa Noche de San Bartolomé y las dragonadas como rigores quizá saludables? Ésta es la diferencia de los abusos del sentimiento religioso y de los de las formas con que, frecuentemente, se reviste el poder para aprovecharse de ellas.

Y si, menos exagerado en vuestras acusaciones, sacadas solamente de un pequeño número de hechos, por suerte muy raros, os limitáis a decir que el sentimiento religioso conduce al hombre a lo que se llama supersticiones, lo reconoceremos de nuevo; pero ¿son tan funestas estas supersticiones? Cosa notable: no son las supersticiones lo que teméis. Las acogéis con benevolencia, cuando podéis incorporarlas a vuestra obediencia. Sólo las odiáis cuando son indisciplinadas e independientes, y, sin embargo, es entonces cuando son, no sólo inocentes, sino, a menudo, bienhechoras y consoladoras. ¿Qué hay más dulce y más inofensivo que este pensamiento: que las oraciones de los vivos pueden abreviar las penas de los muertos? Sólo transformando esta esperanza en obligación formal se hizo de ellas, en el siglo XV, una fuente de corrupción para los creyentes y de persecución para los incrédulos. Abandonada al sentimiento individual, sólo hubiera sido una piadosa correspondencia entre almas amigas a las que un destino riguroso separó. ¿Qué más natural que el deseo de refugiarse en algún lugar para escapar al tumulto del mundo, evitar las tentaciones del vicio y prepararse, mediante una vida sin mancha, a una muerte sin miedo? Pero cuando construís murallas en torno a estos religiosos retiros, cuando la autoridad opone sus cerrojos y cadenas a los lamentos excusables que querrían menos perfección y más alegrías, transformáis estos retiros en prisiones. ¿Qué más conmovedor que la necesidad de confesar sus faltas, confiar a un guía reverenciado el secreto de sus debilidades y solicitar incluso penitencias para expiarlas? Pero al imponer el deber, hacéis daño al mérito: hacéis obligatorio lo que debería ser voluntario; abrís una puerta a las vejaciones bárbaras. La confesión espontánea consuela al culpable que vive; la obligatoria se convierte en el suplicio de los agonizantes.

No desconfiéis tanto de la naturaleza del hombre. Lo decís vosotros: es obra de Dios. Ha podido venir a menos: ¡tantas causas intentan degradarla diariamente! Pero no ha perdido todas las huellas de su filiación divina. Le queda el sentimiento. No lo asfixiéis con leyes minuciosas. No lo persigáis con anatemas fulminantes. El hombre no es lo que pretendéis. No es cierto que «le agrade el mal». No es cierto «que, nacido para el cielo, busque el infierno, como un viajero perdido busca su patria» (IV, 37).

2. Por no haber percibido esta verdad, el error presidió siempre los efectos que debía tener la mitología licenciosa de los pueblos antiguos. Después de ver lo que se ha escrito sobre esta mitología, se diría que los dioses aprobaban en los mortales todas las acciones que ellos mismos cometían.

CAPÍTULO 4

Que sólo esta distinción explica por qué varias formas religiosas parecen enemigas de la libertad, mientras que el sentimiento religioso siempre le es favorable

1. Los paganos los consideraban malos ciudadanos, súbditos rebeldes (Korholt, *Pagan. obtrectator*, pp. 112, 525). *Quibus*, dice Vopisco al hablar de los cristianos, *praesentia semper tempora cum enormi libertate displicent* [Éstos se muestran descontentos de los tiempos actuales con una libertad fuera de lo normal]. Se debe hacer una observación a esta expresión de Vopisco. Añade la palabra *semper* para indicar que, por un espíritu habitualmente criticón, los cristianos se levantaban contra los crímenes y el despotismo que asolaban el mundo conocido. Se presenta siempre, bajo la tiranía, las reclamaciones de las almas libres y honradas como resultado de una inclinación viciosa en censurar lo que existe; y es muy probable que los cortesanos de Nerón dijeran de los que censuraban el incendio de Roma: «Son hombres que nunca están contentos».

2. Mahoma, en el cap. IX del Corán, reprocha a los cristianos el sometimiento a los sacerdotes y a los monjes y el tener otros maestros distintos de Dios.

3. Plutarco, *Vida de Bruto*.

Capítulo 5

Que el triunfo de las creencias nuevas sobre las creencias antiguas es una prueba de la diferencia que existe entre el sentimiento religioso y las formas religiosas

1. Esta afirmación no es, en absoluto, contraria al cuadro que pintamos sobre la superstición romana durante la decadencia del politeísmo. Esta superstición no formaba parte de la religión pública; al contrario, venía a remplazarla. El politeísmo había recibido también todas las mejoras de la filosofía; y, en teoría, su valor era mucho mayor que la creencia de los siglos anteriores. Pero ya no existía convicción sobre él; y, cuando esto ocurre, todos los perfeccionamientos no son más que ramas tomadas de un árbol vivo y que se intenta injertar sin fundamento en un tronco sin vida.

Capítulo 6

Del modo como hasta ahora se enfocó la religión

1. Al colocar en la misma línea a los tres grupos de los que vamos a hablar y al calificar de error el motivo que llevó al primero a mantener por la fuerza lo que se desmoronaba, empleamos quizá una expresión demasiado suave. A menudo, no existió error, sino cálculo. Los sacerdotes del politeísmo en su decadencia sabían muy bien que no trabajaban por el triunfo de la verdad cuando enviaban a los cristianos al martirio con el pretexto de conservar la religión de sus padres.

2. Desde hace bastantes años, algunos podían vanagloriarse de que esta manera limitada y rencorosa de considerar las diferencias de religión había dado paso a principios más tolerantes y más dúctiles. Durante un largo período de vejaciones muy injustas, los sacerdotes católicos se habían esforzado en convencernos de que todos los reproches dirigidos contra su Iglesia sobre su espíritu hostil y perseguidor eran calumnias de sus adversarios. Estos ministros de un culto entonces oprimido actuaban, sin duda, de buena fe; y nos gusta creer que nada ha cambiado en sus conciliadoras y pacíficas doctrinas. Pero uno no puede por menos de sentir tristeza al ver a uno de los miembros más distinguidos de esta Iglesia reproducir, con una especie de furor que felizmente ya no se estilaba en Francia, anatemas, algunos pueriles por ineficaces, y otros muy condenables por peligrosos. Apenas se puede creer cuando se lee, a comienzos del siglo xix, que los que no admiten tal o cual dogma son culpables, porque, *si el comprender no depende de la razón, sí depende siempre de la voluntad de creer lo que es atestiguado por un testimonio de una autoridad suficiente* (*Essai sur l'indifférence en matière de religion*, I, 514); como si dependiese de nuestra voluntad aceptar como suficiente un testimonio que probablemente no es suficiente para nuestra razón, y como si la dificultad, aplazada un poco por este sofisma, no por eso siguiese siendo menos insoluble. El asombro aumenta cuando se ve a un hombre que no sale del santuario de los druidas o de los lugares ocultos del Santo Oficio indignarse de la *inclinación abyecta* que mostró la Reforma por la memoria de

Sócrates o de Catón (*ibid.*, I, 67); proclamar que la tolerancia es un *abismo en el que se perderá la religión* (*ibid.*, I, 225); criminalizar a un defensor del cristianismo por haber salvado, sin problemas, a los deístas de buena fe, cuya conducta es moralmente buena (*ibid.*, I, 223); en fin, en un país en el que existen varios cultos simultáneamente sujetos a las leyes, proclamar que *ninguna religión puede subsistir más que rechazando a todas las demás* (*ibid.*, I, 225), a riesgo de reavivar por este principio las guerras de religión y volver a traer a su patria las calamidades que causaron la muerte de dos reyes y de miles de personas. Y quien ha escrito estas líneas inconcebibles no se excusa al decir que, como católico, no condena a nadie (*ibid.*, prefacio, XLIII): su indignación contra el ministro protestante *que no interviene para condenar a los que no piensan como él* (*ibid.*, II, XLIII); su cólera ante la idea de que, según los principios del protestantismo, no se podría excluir de la salvación, como heréticos, ni a los judíos, ni a los mahometanos, ni a los paganos (*ibid.*, I, 231); esa sed, en una palabra, por repartir a su alrededor penas eternas (*ibid.*, II, 262): todo esto nos parece el atentado más directo contra un culto de paz y de amor. ¿Alguien se jactaría de servir a la religión diciendo que Dios entregó a la espada a naciones enteras (*ibid.*, III, 47)? Decir sin pensarlo a algunos ciudadanos que las leyes protegen las maldiciones y los insultos; decir que «como esos grandes culpables de los que habla la Antigüedad, un pueblo», del que, al menos, una décima parte es hoy francesa, «ha perdido la inteligencia; que el crimen ha perturbado su razón; que, al desprecio, al ultraje, opone una estúpida insensibilidad [...] que se siente hecho para el castigo; que el sufrimiento y la ignominia se han convertido en su naturaleza» (*ibid.*, III, 57); «que la sangre que vertieron sus antepasados, hace doscientos años, todavía pesa sobre él»; y, después de haberlo pisoteado cuanto podía la palabra, «enviarlo a su suplicio» (*ibid.*, IV, 202): esto es, no temblamos en decirlo, lo que no está permitido, ni por la religión, ni por la moral, ni por la política, ni por la decencia; y aunque se nos hubiera prescrito el *silencio sobre las ruinas de nuestra inteligencia aniquilada* (*ibid.*, II, 105); aunque se nos hubiera tratado *de espíritus rebeldes que encontrarán la ley del suplicio y tendrán por siempre el crimen como compañero* (*ibid.*, III, 60), sólo nos felicitaremos sinceramente de profesar una creencia que nos permite amar a todos los hombres y esperar la salvación de todos.

3. Nada demuestra mejor la alianza natural de la religión con la libertad. Bossuet, por su carácter, era el hombre más despótico: todas sus opiniones favorecían al poder absoluto. La *Política deducida de las propias palabras de la Sagrada Escritura* habría merecido los honores de la imprenta imperial de Constantinopla; pero, cuando censura el poder en nombre de la religión, se diría uno de esos primeros cristianos, los más firmes apóstoles de la igualdad y los más intrépidos adversarios de la tiranía.

4. Se podría aplicar a nuestro carácter moral lo que se cuenta de la pereza física de los turcos. Se dice que el secretario de un embajador de Francia en Constantinopla se paseaba todos los días durante algún tiempo en su jardín; los turcos próximos a este embajador le suplicaron que perdonase a su secretario y que no le impusiese una penitencia tan rigurosa. No entendían que se pudiese caminar por nada y sin ningún objetivo.

5. El mismo señor de Chateaubriand, cuyo talento es innegable, y que es, sin duda, el primero de nuestros escritores, cuando describe la parte imaginativa

y melancólica del sentimiento religioso, se plegó de un modo extraño a esta manía de la utilidad. Ensalza la del cristianismo por la poesía, como si un pueblo buscase en su creencia cómo proporcionar una mitología a sus versificadores. 6. Esta disposición dogmática es un obstáculo incluso para las investigaciones que tienen por objeto conocer las opiniones y estudiar con profundidad las antigüedades de los demás países. «¿Qué se puede esperar, dice con razón uno de los más ingeniosos críticos de Alemania (Rhode, *Ueber Alter und Werth einiger morgenlaendischer Urkunden*), qué se puede esperar de investigaciones cuyos autores comienzan por las siguientes palabras: O los once primeros capítulos del *Génesis* son verdaderos, o nuestra religión es falsa. Pero nuestra religión no es falsa, luego los once primeros capítulos del *Génesis* son verdaderos» (W. Jones, *Asiatic Researches* [= *As. Res.*], I, 225). Es, por lo demás, tan incrédulo que se sirvió, en el sentido opuesto, de argumentos muy poco concluyentes. El sofisma existe en todos los tiempos y en todas las sectas.

7. Como consecuencia de este sistema, Alemania vio multiplicarse, en la época de que hablamos, los tratados sobre la condescendencia de Dios con los hombres, sobre el progreso gradual de las revelaciones, sobre la educación del género humano, en fin, sobre el cristianismo adaptado a las necesidades de los tiempos. Para dar una idea del pensamiento dominante que regía en todos estos escritos, citaremos los razonamientos de estos teólogos sobre los milagros.

«Los milagros», decían, «sea que hayan sido de las cosas sobrenaturales o sólo de los fenómenos naturales, pero cuya causa era desconocida de los hombres ignorantes que los contemplaban, los milagros fueron pruebas válidas y necesarias en el tiempo en que tuvieron lugar. La especie humana no estaba lo suficientemente ilustrada para ser convencida con argumentos; necesitaba pruebas más patentes y cortas. Hoy, las necesitamos de otra clase. Es mediante la lógica, la moral, el sentimiento de lo bello y de lo honesto como se nos puede convencer. Los milagros no se deben discutir, sino dejarlos de lado». Afirmaban otro tanto de los misterios y de las profecías.

Un hecho digno de señalar es que la misma idea se había presentado a un inglés un siglo antes. Había expuesto que se podía calcular la duración de una religión por la disminución gradual de su analogía con las opiniones y los intereses contemporáneos (John Craigs, *Theologiae christianae principia mathematica*, London, 1689; Leipzig, 1755). Pero el espíritu dogmático de los ingleses había rechazado, como impía, esta hipótesis; adquirió en Alemania, por el contrario, un carácter eminentemente religioso. «Como institución exterior», dice uno de sus defensores en 1812, «el cristianismo está sometido con el tiempo a modificaciones y a cambios inevitables, pero el fondo de la doctrina no debe temer nada de estos cambios. Al contrario, parecerá más sublime y más divina. Cualquiera que sea la forma que revista, las ideas fundamentales y eternamente verdaderas de esta religión se expresarán siempre con mayor claridad. Las formas del judaísmo sobrevivieron a su espíritu a lo largo de dos mil años. El espíritu del cristianismo sobrevivirá a sus formas utilizando las que sean apropiadas a cada situación intelectual y social de la especie humana» (*Diario literario* de Jena, 3 de septiembre de 1812).

Este sistema se asemeja, en ciertos aspectos, a la doctrina india sobre las encarnaciones sucesivas que tienen lugar siempre que Dios quiere dar a conocer a los hombres la verdad. Es digno de destacar que una idea análoga aparece en una hipótesis judía. Los judíos atribuían la misma alma a Adán, a Abraham y a David, y creían que esta alma será la del Mesías (Bartholocci, *Biblioth. rabbin.*). Afirmaban también que no era necesario distinguir a Elías de Finés, hijo del gran sacerdote Eleazar, y que el profeta que vivió entre los hombres, con el nombre de Finés o con el de Elías, no era un hombre sino el mismo ángel que se encarnaba para dar consejos al pueblo de Dios (Orígenes, *Tract.*, VII. Egidio Camargo, *De rebus gestis Eliae*).

8. Considerar todas las religiones como manifestaciones de la divinidad proporcionadas a las luces y a las costumbres de los pueblos es establecer, entre la Providencia y los hombres, relaciones que hacen de todas las virtudes y de todos los conocimientos humanos un asunto de gratitud y de amor. Los griegos fueron libres, ilustrados, felices. Los romanos, a pesar de su sed de conquistas, fruto, primero, de la necesidad y, luego, de la costumbre y del afán de poder, y, a pesar de la atrocidad del hombre perfeccionado, de sus facultades, de su valor, de su patriotismo, de todas las grandes virtudes varoniles, llevadas, quizá, más allá de lo que hoy podemos concebir. La religión que tenía tanta influencia sobre estos dos pueblos y que, por consiguiente, debió de contribuir a su perfeccionamiento, ¿no puede considerarse como un favor de la Providencia? Esta Providencia a la que se deberían estas revelaciones sucesivas, cada vez más puras y saludables, ¿no se nos muestra con rasgos dignos de su justicia y de su bondad? ¿No es grato ver que esta bondad y esta justicia velan por la libertad de Atenas, por el patriotismo de Esparta, por la abnegación de la Roma republicana; que inspiran a Sócrates; infunden valor a Timoleón; llaman a Catón de Útica a la libertad; arman a Bruto y sostienen la entereza de Séneca?

9. Con verdadera satisfacción anunciamos que el conjunto de este nuevo sistema alemán llegará enseguida al público francés gracias a un joven escritor, que reúne, junto a los conocimientos más amplios, una rara sagacidad, una buena fe más rara aún y una imparcialidad de la que nuestra literatura ofrece pocos ejemplos. El señor Guigniaut publicará pronto una traducción de la *Simbólica* de Creuzer, obra que ha llamado la atención de toda la Europa ilustrada, pero que tiene el defecto de carecer, en el original, de ese método y claridad cuya necesidad y mérito tanto aprecia Francia. El traductor ha puesto remedio a este grave inconveniente, reestructurando el libro y colocando las ideas importantes diseminadas por el libro en su orden natural. Lo que el plan de nuestra obra y sus limitaciones nos impedían desarrollar recibirá, mediante el trabajo del señor Guigniaut, una exposición detallada e inesperada; y, aunque sus opiniones y nuestras dudas entren en oposición algunas veces, creemos que, sin quererlo, reforzará, con pruebas irrefutables, las verdades que tratamos de establecer. En todos los casos, el trabajo del señor Guigniaut tendrá la inmensa utilidad de abrir a los amigos del pensamiento y a los admiradores de la Antigüedad un camino totalmente nuevo y de ensanchar el campo de las ideas sobre las religiones antiguas, campo mucho más limitado por los eruditos del último siglo y del que el gran trabajo de Dupuis nos ha hecho tomar, desde hace veinte años, una parte por el todo.

CAPÍTULO 7

Plan de nuestra obra

1. En un capítulo anterior, hemos intentado definir el sentimiento religioso. Pero, durante la impresión de esta obra, el primero de los poetas ingleses nos dio una definición tan coincidente con la nuestra que no podemos por menos de presentarla aquí.

How often we forget all time, when lone,
Admiring Nature's universal throne,
Her woods, her wilds, her waters, the intense
Reply of hers to our intelligence!
Live not the Stars and Mountains? Are the Waves
Without a spirit? Are the dropping caves
Without a feeling in their silent tears?
No, no. They woo and clasp us to their spheres
Dissolve this clog and clod of clay before
Its hour, and merge our soul in the great shore,
Strip off this fond and false identity!
Who thinks of self when gazing on the sky?

[Cuántas veces, estando solos, nos olvidamos / del tiempo, al admirar el trono universal / de la naturaleza: sus bosques, yermos, aguas, / ¡la réplica que ella da a nuestra inteligencia! / ¿No viven las montañas y los bosques? ¿No tienen / las olas un espíritu? Y las llorosas cuevas, / ¿no tienen sentimiento en sus silentes lágrimas? / No, no; ellos nos cortejan y estrechan en su esfera, / disuelven este estorbo, este terrón de arcilla, / antes de hora, mezclando nuestra alma en su gran playa. / ¡Arrancaos esta falsa, querida identidad! / ¿Quién piensa en sí mismo cuando contempla el cielo?]

Lord Byron (*Island*).

Se nos dice que ciertos hombres acusan a Lord Byron de ateísmo y de impiedad. Hay más religión en estos doce versos que en los escritos pasados, presentes y futuros de todos esos denunciadores juntos.

2. Las Ninfas, dice Calímaco, descubrieron tres piedras misteriosas que servían para revelar el futuro. Las presentaron a Minerva; pero ésta las rechazó diciendo que eran más apropiadas para Apolo.

3. Existen ciertas ideas que son justas mientras permanezcan en la esfera que les es propia, porque el espíritu humano llega a ellas mediante los conocimientos que adquiere en esa esfera misma. Nos referimos a las ideas del tiempo, del espacio, de la extensión; y también a las de causa y efecto. Estas ideas se nos sugieren por la observación de los fenómenos, es decir, de las apariencias que afectan a nuestros sentidos. Son, pues, aplicables e indispensables para dirigir nuestro juicio en la esfera de estas apariencias. Pero el sentimiento interior parece salir de esta esfera; pues los resultados de la lógica estricta, aplicada al sentimiento íntimo, están casi siempre en oposición a este sentimiento, aunque, en ciertos casos, sea tan fuerte que todo el rigor del razonamiento no puede

superar su resistencia. Por ejemplo, la idea de causa y efecto, en lo que se refiere a los objetos exteriores y a nuestras relaciones con esos objetos, es el fundamento de cualquier lógica razonable. Pero si trasladamos esta idea de causa y efecto a la naturaleza del alma, nos conducirá directa e irresistiblemente a negar cualquier libre arbitrio, es decir, nos conducirá a un resultado que nuestro sentimiento interior, a pesar de todos nuestros esfuerzos, no puede admitir. Pero, si de una manera de razonar que, de ciertos objetos, nos lleva a conclusiones evidentes para nuestra inteligencia, conformes con nuestro sentimiento interior y satisfactorias para nuestro espíritu, se derivan, a propósito de otros objetos, consecuencias que escandalizan a nuestra inteligencia, contrarían nuestro sentimiento íntimo y, lejos de satisfacer a nuestro espíritu, le hacen sentir el dolor de no poder rechazar lo que le repugna, ¿no es claro que esta manera de razonar, conveniente en el primer caso, no lo es en el segundo? El carácter distintivo de un razonamiento justo es proporcionar al hombre la tranquilidad que acompaña a la convicción. Cuando no le proporciona esta tranquilidad, no significa siempre que el razonamiento sea falso en sí mismo; puede ser también que se aplique a objetos a los que no debe aplicarse.

4. «Un pueblo que perfecciona sus leyes y sus artes es muy desdichado y digno de compasión cuando no puede perfeccionar su religión» (Paw, *Recherches sur les Egyptiens et les Chinois*, I, 178). Cf., sobre el mismo tema, Herder, *Philosophie de l'histoire*, III, 138-150.

5. Sería la única utilidad de esta manera de enfocar la religión. Tendría también la ventaja de explicar muchos de los acontecimientos que parecen efectos del azar o que atribuimos a causas parciales, mientras que son el resultado necesario de un devenir invariable. Así, cuando viéramos a Ciro y a Bonaparte en la misma posición, conquistadores los dos de un antiguo reino cuyas instituciones tanto políticas como religiosas estaban en guerra contra su poder, sabríamos por qué el primero, mediante un convenio con los magos, estableció la religión de Zoroastro como una religión de corte, en medio de la creencia grosera de sus persas medio salvajes, y por qué el segundo actuó casi de igual modo con el catolicismo, en medio de la incredulidad nacional.

Encontraríamos en la súbita persecución de los cristianos, por parte del colegio de Galerio, en las dudas de este emperador, en el celo de sus cortesanos, en el furor de los sacerdotes del antiguo culto, muchos rasgos característicos de la revocación del edicto de Nantes. Conoceríamos que Juliano no quedó sin imitadores. Los tiempos modernos se aclararían por los tiempos pasados, como éstos por los tiempos modernos.

CAPÍTULO 8

De las cuestiones que serían una parte necesaria de una historia de la religión y que, sin embargo, son ajenas a nuestras investigaciones

1. Cf. D. Vincent, *The Periplus of Nearchus*, London, 1798, y la traducción francesa de esta obra. Niebuhr, *Viaje árabe*, y Marco Polo.

2. Agatárquides, *De rubr. mar.* en *Geogr. min. Hudson.*, I, pp. 37 s.

3. Bruce, *Voy. en Abyss.*, II, 539; III, 401.

4. Diodoro, I.

5. Fréret, *Mém. sur les Gaulois*, *Acad. des inscript.*, XXIV, p. 389.

6. En la fiesta de Bhavani, en la India, el primero de mayo, los indios y, sobre todo, los pastores, levantan mayos, que adornan con flores. La misma ceremonia y en igual día la celebraban hombres de la misma profesión, en varias naciones del Norte y de Occidente. La ridícula costumbre de la inocentada se practica, tanto en la India, como en Europa, el primero de abril, en las fiestas llamadas Huli (*As. Res.*, II, 333). Los zorros de Sansón se ven en una fiesta de Carseoles, ciudad del Lacio (Ovidio, *Fast.*, IV, 681-712). Hay mucha semejanza entre la vaca de color rojo de las Fordiculas y la de los hebreos. Y no es menor la que hay entre las artimañas de Vishnú para obtener el brebaje llamado *amrita*, que daba la inmortalidad, y las de Odín, para hacerse con el aguamiel que ilumina a los sabios e inspira a los poetas. Esta semejanza en los detalles se extiende desde las ceremonias hasta las tradiciones. Entre los germanos, Mannus, hijo de Tuisto, tuvo tres hijos, autores de las principales naciones germánicas. Los escitas hablaban de los tres hijos de Targitaus, su fundador (Heródoto, IV, 6 y 10). Polifemo y Galatea engendraron a Celto, Ilírico y Galo. Saturno engendró a Júpiter, Neptuno y Plutón. El Cielo y la Tierra habían engendrado a Coto, Briareo y Giges. Se conoce a los tres hijos de Noé. Pero lo que es más sorprendente aún es la perfecta conformidad de la fábula romana de Anna Perenna y las fábulas indias sobre la diosa de la abundancia, llamada Anna Purna Devi. Ovidio dice que se consideraba a Anna Perenna como la luna —y Anna Purna lleva una media luna— o como Temis —y Anna Purna es la esposa del dios de la justicia, Vrishna Isvara—. Otras veces como Ío —y Anna Purna se representa como una vaca—, o como Amaltea, nodriza de Júpiter —y Anna Purna, sentada en un trono, alimenta al joven Shiva, que tiende la mano para recibir los alimentos—. Finalmente, la misma tradición de Anna Perenna, vieja mujer, que alimenta a los romanos en el monte sagrado, se aplica a la Anna Purna india, que, según los Puranas, alimenta milagrosamente a Vyasa Muni y a sus dos mil pupilos, reducidos al hambre por Shiva, irritado porque su maestro lo había preferido a Vishnú (Ovidio, *Fast.*, III, 657-674, y Paterson, «Mémoire sur la religion indienne», *Rech. asiat.*, VIII).

CAPÍTULO 9

De las precauciones que nos obliga a tomar la naturaleza
de nuestras investigaciones

1. Un error de este tipo, e incluso mayor, disminuyó el mérito de una obra que contiene grandes hallazgos. No puede uno por menos de lamentar que el señor de Chateaubriand haya cometido, en sus *Mártires*, un anacronismo de unos cuatro mil años. Ha presentado como simultáneas dos cosas: la primera ya no existía; la segunda aún no existe. La primera era el politeísmo de Homero, y la segunda, el catolicismo de nuestros días. Es cierto que, después de Eurípides, después de Epicuro y casi en tiempos de Luciano, las vírgenes griegas no preguntaban al primer joven que encontraban: *¿Sois un inmortal?* Y, por otra parte, no había todavía entre los cristianos, en tiempos de Eudoro y de Cimodoceo, ni

sumisión habitual al poder sacerdotal, ni dogmas fijos, ni nada de lo que caracteriza, en más de un lugar, los discursos de la virgen y del mártir. El ilustre autor de este poema fue arrastrado además, por este error, a hacer uso de una clase de lo maravilloso totalmente contraria y muy inferior a la que surgía naturalmente de su tema. Su infierno posee todos los defectos del de Virgilio, porque se ve que está escrito en una época parecida, cuando ninguno de los elementos de la descripción formaba parte de ninguna creencia. El talento del estilo no puede remediar este fallo en la concepción. El paraíso del señor de Chateaubriand, copia del Olimpo, está aquejado de una imperfección que no le permite luchar con su modelo. Carece de su colorido, y le sobra metafísica. La pureza dentro de la corrupción, la certeza ante las dudas universales, la independencia en la tiranía, el desprecio de las riquezas en medio de la codicia, el respeto por el sufrimiento cuando veía por todas partes el ejemplo de la crueldad indiferente y de la ferocidad desdeñosa, el desprendimiento de un mundo en el que el resto de los hombres había concentrado todos sus deseos, la abnegación cuando todos eran egoístas, el valor cuando todos eran cobardes, la exaltación cuando todos eran viles; esto era lo maravilloso que se podía demandar al cielo, y, colocado en el alma de los primeros fieles para renovar la faz de la tierra, no hubiera tenido quizá menos interés que la visión de los ángeles, pálidos herederos de los dioses de la *Ilíada*, atravesando el empíreo como Venus herida por Diomedes, o Juno intentando engañar a Júpiter.

Si esta crítica y una observación colocada en una nota anterior pareciesen ataques contra el escritor al que se refieren, nos creeríamos obligados a explicar nuestro pensamiento. Nuestra obra muestra suficientemente que no adoptamos las opiniones religiosas defendidas por el señor de Chateaubriand, y sobre otras varias cuestiones somos de criterio totalmente opuesto. Pero no lo confundimos con los hombres que abrazaron, más tarde que él, la causa que fue el primero en defender. Cuando publicó el *Genio del cristianismo*, la lid estaba abierta a sus adversarios; el soberbio poder que mantenía a sus pies a todo el universo sólo se apoyaba en su fuerza intrínseca y permitía la discusión sobre cualquier cosa que no tuviese relación con la política. El señor de Chateaubriand afrontaba, pues, la crítica en toda su libertad, lo que siempre es la prueba de un sentimiento honorable de su propio valor. Sus sucesores llegan bajo otros auspicios. Aunque tuviesen, como él, el mérito del talento, no tendrían el de combatir a sus enemigos con iguales armas. ¿Qué ocurriría si, por azar, fuesen inmensamente inferiores a él desde el primer punto de vista? ¿Si sólo tuviesen como elocuencia el arrebato; como originalidad, la extravagancia, y como intrepidez, la certeza de que no se les puede devolver los golpes que dan? Entre ellos y el señor de Chateaubriand hay la misma diferencia que entre un caballero en un torneo, que sólo dispone de su habilidad y su fuerza, y los inquisidores del Santo Oficio, que tienen con ellos a sus esbirros y sus afines.

2. Para dar una idea del exceso al que llegó este método equivocado, indicaremos al autor del *Essai sur la religion des Grecs*. Cuando en medio de un gran alarde de erudición, quiere hablarnos del infierno de Homero, nos remite a una nota y, en esta nota, hallamos versos de Virgilio; otra nota nos muestra pasajes de Proclo y de Jámblico. Es cierto que algunas veces, entre sus autoridades, encontramos también a Racine y a Boileau.

Lo que Leclerc de Septchênes hizo por la religión de los griegos, otros lo hicieron por la de los persas; invocaron, como garantes dignos de toda confianza, no sólo a Plutarco, sino también a Porfirio, cuyo entusiasmo y abnegación por el nuevo platonismo son conocidos; Eubulo, contemporáneo de Porfirio, no menos exacto, pero mucho más erudito que él, Dión Crisóstomo, espíritu imbuido de todas las sutilezas de Alejandría; Eudemo, en fin, cuyo siglo desconocemos, y que sospechaba que existía impostura en el compilador que nos conservó algunos de sus fragmentos. (Cf. *Excerpta ex Damascii libro de principiis*, p. 259.) No consideraron que estos hombres escribían, en su mayoría, cerca de seiscientos años después de la caída del imperio de Darío, cuando habían penetrado en la religión de los persas el politeísmo griego y la filosofía griega, la teúrgia ecléctica, el judaísmo y el cristianismo, con todas las supersticiones que llevan consigo los cambios políticos, la mezcla de los pueblos, la esclavitud, el terror y la desgracia.

Nadie, por lo demás, llevó la ausencia de cualquier crítica y la confusión de todos los autores a un grado tan alto como el señor de Lamennais, en el tercer volumen de su *Essai sur l'indifférence en matière de religión*. Cita indistintamente, para probar lo que llama religión, a Pitágoras, Epicarmo, Tales, Esquilo, Platón, Sanconiatón, Diodoro, Pausanias, Jámblico, Clemente de Alejandría, Máximo de Tiro, Cicerón, Plutarco, Anaxágoras, Lactancio, Arquelao, Porfirio, Séneca, Epicteto, Proclo, etc. Elige, al azar, algunas expresiones de cada uno de ellos para concluir que profesaron la misma doctrina. Le parece que el escéptico Eurípides, que, como cualquier autor trágico, pone en boca de sus personajes el pro y el contra, es un garante no menos respetable que el religioso Sófocles. Se pone como testigo tanto al crédulo Heródoto como al incrédulo Luciano. El autor invoca una palabra de Aristóteles para presentarlo como quien profesó el teísmo y la inmortalidad del alma a nuestra manera, mientras que el dios de Aristóteles, despojado de cualquier virtud, es una abstracción de la que ninguna religión puede adueñarse, y que, según el propio Aristóteles, el alma, después de la muerte, sin memoria, sin conciencia, sin sentimiento de individualidad, es una abstracción a la que no pueden afectar ni los castigos ni las recompensas. El señor de Lamennais actúa de igual modo con Jenófanes, el panteísta más audaz que haya existido, y que, al no admitir más que una sola sustancia inmóvil, el mundo, no merece el nombre de teísta por haber llamado dios a esta sustancia que, decía, había subsistido siempre y siempre subsistiría en el mismo estado. Plinio el Viejo que, desde el comienzo de su obra, declara que sólo el universo es Dios, es invocado para atestiguar la permanencia de la revelación hecha a nuestros primeros padres. Sanconiatón, nombre genérico, anexado, no se sabe por qué, a obras evidentemente supuestas, los versos brillantes del supuesto Pitágoras, los himnos tan poco antiguos del fabuloso Orfeo, todo es bueno para el señor de Lamennais, siempre que aparezca la palabra θεός, a la que cada filósofo y cada poeta le daba un sentido diferente. Todo le sirve, hasta el mismo Horacio, *Epicuri de grege porcus, parcus deorum cultor et infrequens* [un puerco de la piara de Epicuro, parco e infrecuente adorador de los dioses], para proclamar la inmutabilidad, la antigüedad, la pureza del teísmo primitivo.

Realmente, no valía la pena decirnos que se había descubierto que hoy la Antigüedad era poco conocida, para presentarnos como instrucción una compilación que, si no hubiese en Francia verdaderos eruditos, trasladaría la ciencia allí donde estaba antes de los primeros esfuerzos de la crítica naciente.

3. Es esto lo que equivocó a nuestros eruditos. *Theologia physica prima veteribus innotuit*, dice Villoison (en Sainte-Croix, *Des mystères*, p. 235), *deinde apud solos remansit doctos et philosophos ac mysteriorum antistites* [La teología física se dio a conocer la primera a los antiguos, después sólo se mantuvo vigente entre los eruditos y los filósofos y oficiantes de ceremonias mistéricas]. Hay aquí una verdad y un error. Es verdad que la teología físico-misteriosa nació bastante temprano en los países en los que el sacerdocio ejerció gran influencia; pero es falso que haya sido primeramente la religión popular y que luego se haya convertido en una doctrina secreta reservada a los filósofos y a los iniciados. Comenzó siendo secreta y luego se expandió poco a poco a pesar de los sacerdotes.

4. Independientemente incluso de la intención, los escritores que tratan de las épocas de las religiones rudimentarias son siempre de una época más avanzada; lo que hace que confundan siempre las opiniones de su tiempo con las que pretenden describir.

5. Al parecer, dice el traductor inglés del *Bhagavad Gita*, la principal finalidad de los diálogos que componen esta obra fue la de reunir todos los cultos existentes en la época en que se escribieron estos diálogos (se supone que lo fueron hace unos cinco mil años) y cambiar totalmente los dogmas prescritos por los Vedas, estableciendo la doctrina de la unidad de Dios (esto no es exacto; el *Bhagavad Gita* establece el panteísmo y no el teísmo) en oposición a los sacrificios idólatras y al culto de las imágenes (*Bhagavad Gita*, pref., p. xx). En este pasaje, el traductor reconoce claramente una religión anterior y más rudimentaria. Sin embargo, como consecuencia del prejuicio recibido, dice en otro lugar que, al traducir el *Bhagavad Gita*, su intención no fue tanto el dar a conocer las supersticiones actuales como la religión primitiva de los indios.

6. Diálogo titulado *Asclepius*.

7. Independientemente del devenir natural de las ideas, los acontecimientos modifican las religiones, y entonces los sacerdotes de estas religiones, al no querer reconocer que sus doctrinas cedieron a una fuerza exterior y puramente humana, atribuyen a las modificaciones que han sufrido una anterioridad quimérica. Así, la religión egipcia se divide evidentemente en varias épocas. La antigua religión de este país sufrió varias alteraciones por la invasión de los persas bajo Cambises. La religión que había resultado de la mezcla de la antigua y de las opiniones persas, se modificó también con Alejandro y sus sucesores, porque las opiniones griegas penetraron entonces en Egipto. Los sacerdotes egipcios, al unir a sus cultos las fábulas y las doctrinas de sus vencedores, intentaron persuadirlos de que habían venido originariamente de Egipto (Brucker, *Hist. phil.*, I, 281, 282).

8. Platón, en *Crátilo*.

9. Cuando afirmamos que el culto de los astros fue siempre ajeno a los griegos, no aseguramos que no hayan colocado los astros entre sus divinidades; pero demostraremos: 1) que los astros deificados por los griegos sólo ocuparon un rango subalterno; y 2) que las divinidades que presidían los astros en la mitología griega tenían un carácter individual, completamente distinto de las funciones que se les atribuían.

10. Mostremos, con un solo ejemplo, cómo, a medida que los escritores son más modernos, prestan un sentido más refinado a costumbres y ritos que los autores antiguos explicaban de una manera más simple. Heródoto y Plutarco cuentan los dos que los sacerdotes egipcios se afeitaban el cuerpo. Pero Heródoto asigna a esta costumbre una causa natural, un fin de salubridad, en un clima muy cálido. Plutarco ve en este hecho una idea misteriosa: «Los egipcios actuaban así», dice, «porque los cabellos, las crines y la lana son productos impuros que el hombre debe rechazar para llegar por la pureza a la perfección».

11. Lo que no era, dice el traductor de Warburton, más que el origen de una sola rama de la idolatría, el abate Pluche quiso ver en ello el origen de cualquier idolatría. Se puede decir lo mismo de casi todos los que escribieron sobre la religión y de quienes señalaron este defecto en los demás. De este modo, se puede decir que se unió el error al error. Todas las fábulas de las religiones son susceptibles de interpretaciones diversas, según que se las aplique a la historia, a la cosmogonía, a la física o a la metafísica. La victoria de los dioses sobre Tifón, por ejemplo, era, en la doctrina secreta de los sacerdotes egipcios, no sólo el símbolo de la expulsión de los reyes pastores, sino también el de la desecación del Bajo Egipto. Es normal que el sacerdocio recurra a la lengua religiosa, tanto para sus relatos, como para sus enseñanzas y sus hipótesis: las explicaciones coexisten sin perjudicarse; todas tienen su especie de verdad; pero todas son indiferentes en cuanto a la influencia real de los cultos.

12. Aun cuando se propagase alguna duda sobre la verdad histórica de los primeros acontecimientos de la historia romana, no por eso dejaría de ser evidente que la impresión moral producida por la creencia debió de tener su origen en esta creencia, y no en el sentido misterioso o en la alusión científica de la que el pueblo no habría tenido ningún conocimiento. Si los romanos atribuyeron a la conmemoración de la caída de los Tarquinios ideas de abnegación en el gobierno republicano, y de odio por la autoridad de uno solo, importa muy poco que algunos eruditos o anticuarios de Roma hayan sabido que esta ceremonia tenía también una significación astronómica, y que esta significación era la primera y la única real en la intención de los fundadores.

13. Tácito, *Annal.*, XIV, 15; XV, 33.

14. Xifilino, 61.

15. *Monde primit.*, IV, 292.

16. Lo que los eruditos hicieron para las explicaciones científicas, los historiadores no dejaron de hacerlo para las explicaciones históricas. Lévêque, que compuso una *Historia de Rusia*, coloca en Tartaria el origen de todas las religiones. Cada uno quiere que lo que él sabe mejor sea el principio de lo que los demás saben.

17. Las explicaciones exclusivas de los eruditos nos recuerdan la anécdota que se cuenta sobre el autor de *Acajou*. Habiendo visto láminas destinadas a un libro que no conocía, quiso explicarlas y compuso su novela. Sucedió que estas láminas estaban preparadas para una obra de un género totalmente distinto; pero la novela perduró.

18. Cudworth ve en Mitra al Dios único. Mosheim, su comentarista, sólo vislumbra en él a un cazador con sus perros deificados.

19. Basta considerar la serie de afirmaciones que componen el sistema de

Dupuis, como él mismo lo expone, para convencerse de su falsedad. «Examino», dice, «lo que pensaron de la divinidad los hombres de todos los siglos y de todos los países». No habla sólo de los filósofos y de sus hipótesis; también del pueblo y de su creencia. «Demostré», continúa, «por los testimonios históricos de todos los pueblos del mundo, por la inspección de sus monumentos religiosos y políticos, por las divisiones y distribuciones del orden sagrado y del orden social, en fin, por la autoridad de los antiguos filósofos que los hombres atribuyeron la idea de la divinidad, primitivamente y de modo general, al universo y a sus partes». Como, en casi todas las naciones, los sacerdotes eran, en el origen, los únicos historiadores, no es de extrañar que los testimonios históricos hayan colocado por encima o al lado de la religión vulgar las doctrinas refinadas de los sacerdotes; y, sólo por el hecho de que se vieron obligados a mencionar esta religión vulgar para interpretarla, se deduce que esta religión vulgar era para el pueblo la única religión. Los monumentos religiosos se construían igualmente bajo la dirección de esta casta; por eso, las alegorías de la ciencia debían de ocupar un lugar muy importante en el culto público. Respecto a la autoridad de los filósofos, es normal que, al encontrar en los símbolos de los sacerdotes doctrinas cosmogónicas análogas de las suyas, las hayan ensalzado a expensas de los dogmas y de las opiniones populares. De esto resulta que la metafísica y la física sacerdotales se convirtieron en la metafísica y en la física filosóficas; pero en absoluto significa que la multitud sólo haya reconocido en las ideas religiosas abstracciones personificadas. Pero, si no las reconoció como tales, estas ideas no constituyeron una religión primitiva o general. «La historia de los dioses», prosigue Dupuis, «no es otra cosa que la de la naturaleza; y como ésta no tiene otras aventuras que sus fenómenos, las aventuras de los dioses serán, pues, los fenómenos de la naturaleza en forma de alegoría». La historia de los dioses sólo es la de la naturaleza para los hombres que han estudiado la naturaleza. La multitud no la estudia. Para esta multitud, la historia de los dioses es la de las impresiones pormenorizadas que recibe de los objetos exteriores, combinadas con la necesidad de adorar algo que esté por encima de ella; los motivos que ella supone en la acción de estos objetos exteriores, las pasiones que les atribuye debieron de dar lugar a fábulas sin ninguna relación con los fenómenos de la naturaleza, pero que luego se interpretaron como relacionadas con estos fenómenos. «La antigua religión del mundo», añade este autor, «es todavía la moderna». Nada más falso, si esta afirmación se aplica a la parte moral, a la influencia real de la religión. Por más que se demostrara mil veces que todos los objetos de la adoración, desde Osiris hasta Jesucristo, no fueron, ciertamente, en el lenguaje de los sacerdotes, más que el sol, la influencia que tenía la religión sobre los egipcios, y la que ejerció el cristianismo en su pureza, no por ello serían menos diferentes; la especie humana habría cambiado igualmente de destino y dado un paso inmenso, pasando del politeísmo egipcio, o incluso del politeísmo griego que, como veremos, era mucho mejor, a la concepción del teísmo, y de un teísmo fundado en la justicia y en la fuerza, en la bondad y no en la exigencia, en el amor y no en el terror. Dupuis añade: «La luz y las tinieblas que contrastan continuamente con ella; la sucesión de los días y de las noches, el orden periódico de las estaciones y el movimiento del astro brillante que regula su curso; el de la luna, su hermana y rival; la noche y los innumerables luceros que ella alumbra en el azul de los cielos; la revolución de los astros, más o menos larga, sobre el horizonte, y la persistencia de esta duración en las estrellas fijas, su variación en las estrellas errantes o los planetas; su movimiento directo o de regresión, sus aparentes paradas momentáneas; las fases de la luna creciente, llena, decreciente, y desprovista de cualquier luz; el movimiento progresivo del sol de abajo arriba y de arriba abajo [...] el orden sucesivo de la salida y puesta de las estrellas fijas que señalan los diferentes puntos del curso del sol, mientras que los aspectos variados que toma la tierra señalan aquí abajo las mismas épocas del movimiento anual del sol; la correspondencia de ésta en sus formas con las formas celestes a las que se une el sol; las variaciones que sufre esta misma correspondencia durante una larga serie de siglos; la dependencia pasiva en la que la parte sublunar del mundo se encuentra frente a la parte superior de la luna; en fin, la fuerza eterna que agita toda la naturaleza con un movimiento interior semejante al que caracteriza a la vida [...] todos estos diferentes cuadros, expuestos a la mirada del hombre, formaron el magnífico y gran espectáculo con que lo presento en el momento *en que él va a crear para sí los dioses* [...] No se equivocó en la omnipotencia, en la variedad de estas causas parciales que componen la causa universal. Para probarlo, he abierto los libros en los que el hombre consignó, desde la más remota Antigüedad, sus reflexiones sobre la naturaleza; y he mostrado que no se olvidó ninguno de esos cuadros. Por tanto, ahí está lo que cantó; ahí, lo que adoró». Citamos este largo pasaje porque muestra, con toda evidencia, el profundo error de Dupuis. El hombre, en la infancia del estado social, y en la ignorancia en la que está inmerso, observa, sin duda, el paso de la luz a las tinieblas, la sucesión de los días y de las noches, el orden de las estaciones; pero, ciertamente, todavía no ha desentrañado las revoluciones de los astros, su movimiento directo o de regresión, sus paradas momentáneas, la correspondencia de la tierra en sus formas con las formas celestes y las variaciones que sufre esta correspondencia *durante una larga sucesión de siglos*. Este último término descubre toda la falsedad del sistema. Dupuis contempla al hombre rodeado de este espectáculo, instruido por estas observaciones, al que debió de preceder una larga serie de siglos, ¡en el momento en que él va a crearse los dioses! Así, el hombre habría permanecido sin ideas religiosas durante todos los siglos anteriores. Esta suposición queda refutada por los hechos que tenemos ante nosotros. El ostiako y el iroqués no necesitaron ser sabios y astrónomos para prosternarse ante un fetiche o un manitú. Dupuis se basa en los libros en los que, desde la más remota Antigüedad, el hombre consignó sus reflexiones. Pero la religión, en su forma más rudimentaria, precedió a todos los libros. Es cierto que el hombre cantó estos descubrimientos en astronomía, estas observaciones del curso de los astros, estos triunfos de la inteligencia humana; pero no fue esto lo que el hombre adoró primitivamente: ni siquiera lo adoró alguna vez, pues estos fenómenos físicos, aunque alguna vez pudieron revestirse de emblemas religiosos, nunca fueron objeto de adoración. El hombre pudo adorar a seres creadores de estos fenómenos, pero siempre lo hizo de modo individual, independientemente de sus relaciones con los fenómenos de la naturaleza. «Esta naturaleza», prosigue Dupuis, «se presentó siempre a los hombres como el ser principio de todo y que no tiene otra causa que él mismo». La naturaleza no se mostró al conjunto de los hombres con una forma tan abstracta, tan ininteligible, incluso para espíritus muy diestros: esta noción sólo penetró en las mentes humanas después de años de estudio y de reflexión. «Los hombres juzgaron lo que son por lo que ven y lo que sienten». Precisamente por eso, su religión se formó a partir de conjeturas sobre las apariencias exteriores y no por los descubrimientos que aún no habían realizado; se compuso de sentimientos que surgían en el interior de su alma y no de razonamientos, producto de largas meditaciones. «Las naciones a las que nos gusta llamar salvajes permanecieron ahí. ¡Cuántos siglos necesitaron los hombres para acercarse a ellas; y cuán pocos son capaces de percibir esta sublime lección!». Si esta lección es tan sublime que pocos hombres son capaces de percibirla, ¿cómo es que las naciones salvajes llegaron a ella?, pues, sin duda, para permanecer ahí antes se debió llegar. Pero una frase de Dupuis nos revela el origen de su error. «El imperio de los sentidos», dice, «precede al de la reflexión. Las nociones tomadas del orden físico existieron durante muchos más siglos y en mayor número de hombres que las abstracciones metafísicas imaginadas posteriormente». El vicio está en el empleo de la palabra *nociones* cuando debía hablarse de sensaciones. El imperio de los sentidos es tan ajeno a las nociones físicas como a las abstracciones metafísicas. Tanto unas como otras son ciencia; y la religión precede tanto a la ciencia física como a las hipótesis metafísicas.

Al refutar la idea fundamental del sistema de Dupuis, creemos que también refutamos el de Volney. La base de esos dos sistemas es idéntica, y los vicios de los razonamientos sobre los que descansan son del mismo género. Dupuis y Volney creen que lo esencial es probar que tal fábula tuvo su origen en una alegoría cosmogónica o astronómica. La cosa puede ser buena como conocimiento, pero no nos enseña nada sobre el efecto moral de la religión en la que estaba consagrada esta fábula o aún aparece consagrada. Lo preguntamos a nuestros lectores, aun cuando Volney hubiese demostrado con claridad que Abraham no es más que el genio personificado del astro Sirio y que, en el sacrificio de Isaac, se convierte en el planeta Saturno (*Recherches nouvelles sur l'histoire ancienne*, t. I, pp. 155-159): ¿cambia esto algo en las relaciones que la tradición de este sacrificio establecía entre Yahvé y sus adoradores? Y, para juzgar sobre la influencia de la religión judía, ¿no es de estas relaciones de las que debemos ocuparnos? Cuando el mismo escritor nos habla del esmero del autor del Génesis para dar a su relato el carácter histórico y moral conveniente para su objetivo (*ibid.*, 158), nos pone en el camino; pero ¿cómo es que lo abandona enseguida? ¿No sucede lo mismo con los siete *rishis* o patriarcas indios (*ibid.*, 155)? Sean los genios de las siete estrellas de la Osa Mayor, que guía a los navegantes y a los labradores que la contemplan con atención; pero ¿no valdría la pena, para valorar la religión de la India, investigar hasta qué punto el ejemplo de los *rishis*, tan sorprendentes por su penitencia, pudo alentar el espíritu contemplativo de los pueblos de estas regiones, o, más bien, hasta qué punto este espíritu contemplativo, efecto del clima, favoreció la invención o la adopción de parecidas fábulas? Finalmente, cuando explica lo que él llama la mitología de Adán y de Eva mediante los signos de la Osa Mayor y el Boyero; cuando atribuye a la puesta helíaca de estas dos constelaciones la noción de la caída del hombre y de la fecundidad de una virgen (*Ruines*, p. 219), ¿no deja de lado la parte más importante de estas tradiciones, la que se vincula a las ideas de una naturaleza mala o de una degradación primitiva en la raza humana, y a las nociones de pureza y de impureza, doctrina que, desde tiempo inmemorial, dividió la India en castas; que, más tarde, pobló los desiertos de la Tebaida y los conventos de Europa; y que terminó por dividir al cristianismo y traer todas las revoluciones que el mundo sufrió desde hace varios siglos?

Al criticar así libremente a un autor célebre, no quitamos importancia a su mérito. Él aplicó, más claramente que nadie y de una manera muy ingeniosa, los cálculos astronómicos a los sistemas religiosos de la Antigüedad. Desplegó, en el examen de varias cuestiones de detalle, una sagacidad admirable. Describió, por ejemplo, de modo perfecto cómo la astrología nace de la observación de los fenómenos celestes (*Rech. nouvel. sur l'hist. anc.*, I, 172); y, en su momento, nos ayudaremos de sus luces, sin dejar de probar, no obstante, por nuestra parte, que por el hecho mismo de que la astronomía produjo la astrología, la religión fue una cosa muy distinta de la astronomía. Demostró muy bien también que las correcciones aportadas a la primera división de los tiempos introdujeron en las mitologías una complicación que dio lugar a muchas fábulas uniformes entre los diversos pueblos (*ibid.*, 177). De este modo, disipó numerosas nubes y sembró su camino de un gran número de verdades. Pero cuando concluye sus investigaciones reclamando para una sola ciencia el privilegio de haber servido de base a la doctrina «que, profesada secretamente en los misterios de Isis, Ceres y Mitra, terminó por invadir toda la tierra» (*ibid.*, 211), no piensa que la doctrina que invadió la tierra fue la parte moral de la religión. Las tradiciones científicas, alegóricas, cosmogónicas de los cultos anteriores pudieron infiltrarse en ella; pero estas cosas veladas, desconocidas, aceptadas sin examen, transmitidas sin explicación, no modificaron en nada su influencia sobre la especie humana. Cuando afirma que la finalidad de todas las religiones fue la de engañar, desorientar y esclavizar a los pueblos (*Ruines*, pp. 324 s.), calumnia a la religión por odio a los sacerdotes, y cuando concluye que *se debe trazar una línea de demarcación entre los objetos verificables y los que no se pueden verificar, separar con una barrera inviolable el mundo fantástico del mundo de las realidades y no dar ninguna importancia a las opiniones religiosas* (*ibid.*, 224), propone lo que nunca se hizo, lo que nunca se podrá hacer, porque los objetos verificables serán siempre muy inferiores a los objetos que no se pueden verificar, y porque, al no bastarnos el mundo de las realidades, nuestra imaginación y nuestra alma se lanzarán siempre hacia el mundo que se dice fantástico.

20. Warburton, *Div. Leg. of Moses*, asigna a la fábula dos orígenes. Según el primero, fue invención de los más antiguos sabios, para expresar simbólicamente su sabiduría misteriosa; pero esta opinión implica, o que estos sabios cayeron misteriosamente del cielo en medio de los pueblos salvajes, o que no existió religión antes de que la civilización hubiese llegado a la época en la que existían filósofos. La segunda conjetura es que la fábula no es más que una corrupción de la historia antigua: pero entonces se debe suponer que durante un intervalo bastante largo el hombre no tuvo ideas religiosas; pues, si la religión no se formó más que de hechos históricos, debió esperar, para formarse, no sólo a que estos hechos hubiesen acontecido, sino a que el transcurso del tiempo los hubiera desfigurado. Todas estas hipótesis son inadmisibles.

21. Heródoto, II, 23.

22. Hermann, *Handbuch der Mythol.*, I, *vers. initium.*
23. Heyne, *De Theogon. Hesiod.*, 140. *Comm. Soc. Goett.* Las divinidades superiores de todas las naciones tienen relaciones innegables con la astronomía. Esta verdad se demuestra por el número de estas divinidades, número fijado en doce en Grecia y en Roma, así como en Egipto y en Caldea. Sin embargo, se verá la enorme diferencia que existe entre los dioses de los griegos y romanos y los de Menfis y Babilonia.
24. Leo en un poema, por otra parte muy bien hecho y muy ingenioso, pero que descansa en el sistema de Dupuis, el siguiente verso, dirigido a los judíos:

Festejáis al sol y no a Yahvé.

Desde luego, si los hebreos creían adorar a Yahvé, su creencia constituía su religión y, sin duda, adoraban realmente a Yahvé.
25. Aunque sólo nos dedicásemos a descubrir el sentido científico de las religiones antiguas, sería también indispensable distinguir las épocas sucesivas de las mitologías. Por ejemplo, eruditos que quieren que todo gire en torno a la astronomía y que afirman que el sentido astronómico era el sentido primitivo, reconocieron, en la función de conducir las almas de los muertos a los infiernos, función atribuida a Mercurio, al Mercurio Anubis, que desciende a los signos inferiores ocultos bajo el hemisferio (Bayeux, trad. de los *Fastos* de Ovidio, V, p. 616). Pero la función de conducir a los infiernos las almas de los muertos sólo se atribuyó a Mercurio en una mitología posterior a la mitología homérica. No existe huella de esto en Homero, y probablemente Mercurio sólo se convirtió en conductor de las almas después de la introducción en Grecia de los dogmas y de las fábulas de Egipto.
26. *Metam.*, VII, 536-552.
27. *Ilíada*, libro I.
28. *Odisea*, libro I.
29. El reproche que hacemos a los eruditos modernos no fue menos merecido por los antiguos. Balbo, en Cicerón (*De nat. deor.*, II, 24), después de haber asignado como una de las causas de la idolatría las apoteosis de los hombres que habían civilizado a sus semejantes y realizado descubrimientos útiles para la especie humana, añade que no fue el único origen de la idolatría, sino que, al degenerar poco a poco la teología física por la ignorancia y el paso del tiempo, los hombres habían olvidado el sentido de las cosas, se habían quedado en la corteza y tomado las apariencias por la realidad. Nuevo trastocamiento en el orden de las ideas. La ignorancia deificó los objetos físicos. La teología física no llegó sino mucho más tarde. Todos los autores paganos que escribían cuando ocurría la decadencia del politeísmo cayeron en el mismo error (cf. Varrón y Escévola en san Agustín, *De civit. Dei*, IV, 27; cf. también Dion. de Halic., II).
30. Villoison, *ap.* Sainte-Croix, 222-223.
31. Se observa lo mismo en los romanos ilustrados. Cf. como prueba la autoridad que Tácito otorga al milagro que obligó a Corbulón a destruir Artaxata, capital de Armenia (*Annal.*, XVI, 41).

32. No creemos necesario decir que se debe evitar también el otro extremo. El profesor Meiners, de Gotinga, hombre por lo demás juicioso e instruido, no quiso ver en la religión más que la parte más grosera. Llevó hasta el ridículo la manía de ver fetichismo por todas partes. Cita, para probar que tal o cual pueblo se entrega a este culto, el modo como engalana los caballos, los camellos y otros animales de carga y cómo les habla, etc. Con esta lógica, los muleros de España serían fetichistas. Este error rebaja mucho la utilidad y el mérito de sus investigaciones.

33. Varrón, *ap*. Agust., *De civit. Dei*, VI, 6.

34. Los eruditos, al hablar de la religión, no tuvieron en cuenta a los sacerdotes ni al pueblo, sino sólo la ciencia. Los incrédulos sólo contemplaron a los sacerdotes como impostores. Los creyentes sólo vieron, en cualquier religión que no fuera la suya, la trapacería o al Diablo. Nadie quiso ver en todas las creencias el corazón humano y la naturaleza del hombre.

35. «Nada se establece sin un principio existente en la naturaleza, incluso lo que luego se convierte contra natura», observa con mucha razón un autor alemán (Wagner, *Mythologie*, p. 77).

36. La idea, o más bien el sentimiento de la divinidad, existió en todos los tiempos. Pero su concepción se subordinó a cuanto coexistía en cada tiempo. Cuanto más vulgar y simple era el hombre, más limitadas y estrechas fueron las nociones sobre la divinidad. El hombre no tenía la posibilidad de descubrir otras. A medida que los tiempos avanzaron, sus concepciones se ennoblecieron y agrandaron. La religión, en su esencia, no está ligada a ningún tiempo y no consiste en tradiciones transmitidas de edad en edad. En consecuencia, no está sujeta a límites fijos, impuestos a las generaciones que se suceden, de una manera literal e inmutable. Camina, por el contrario, con el tiempo y con los hombres. Cada época tuvo sus profetas y sus inspirados, pero cada uno habla el lenguaje de la época. Por tanto, en la religión, como en la idea de la divinidad, nada hay histórico en cuanto al fondo; pero todo es histórico en su desarrollo.

LIBRO II
DE LA FORMA MÁS RUDIMENTARIA
QUE PUEDEN REVESTIR LAS IDEAS RELIGIOSAS

Capítulo 2

De la forma que reviste el sentimiento religioso entre los salvajes

1. Para reunir los rasgos que debían componer la descripción de las costumbres de los salvajes, consultamos preferentemente a los viajeros más antiguos. Continuamente desaparecen de la tierra tribus salvajes. Los restos de las hordas semidestruidas muestran, a pesar de su repugnancia, los efectos de su proximidad a los europeos. Sus prácticas se suavizan, sus tradiciones desaparecen, y los viajeros modernos apenas encuentran algunos vestigios de lo que habían contado sus predecesores.

2. Libro I.

3. *Ibid.*

4. Un salvaje que veía por vez primera una carta y que era testigo de la impresión producida por la nueva que había transmitido, la miró como un ser indiscreto y pérfido que había revelado algún secreto importante.

5. Veremos después, e incluso en cada capítulo, que existe, sin duda, otra cosa, en el culto del salvaje, distinta de la adoración de los objetos que vamos a indicar; pero debimos comenzar por esta indicación, porque los homenajes tributados a estos objetos forman, por así decir, lo exterior o lo material del culto. No hay duda, pues, de que los salvajes americanos escogen como fetiches los objetos que se les presentan en sueños (Charlevoix, *Journal*, p. 243. *Lettr. édif.*, VI, 174). Los malabares de las tribus inferiores crean a sus dioses según el capricho del momento: un árbol, el primer animal que ven, se convierte en su divinidad. Los tongueses plantan un poste donde les parece bien y colocan en él la piel de un zorro o de una cebellina, y dicen: éste es nuestro dios. Los salvajes del Canadá se prosternan ante los despojos de un castor (Paw, *Recherches sur les Américains*, I, 118). Entre los negros de Bissau, cada uno de ellos crea o inventa su divinidad (*Hist. génér. des voy.*, II, 104). Existen en los desiertos de Laponia piedras aisladas que representan toscamente la forma humana. Cuando los lapones pasan cerca de estas piedras, siempre sacrifican, aún hoy, algunos renos, cuyos cuernos aparecen junto a esas piedras (*Voy. d'Acerbi*).

Alguien podrá sorprenderse de que no asignemos a la adoración del sol y de los astros un lugar aparte en el culto de los salvajes. Es que, cuando la astrolatría es el culto dominante de una tribu, su religión toma un rumbo diferente del que estudiamos en estos momentos. Hablaremos de ella en el capítulo siguiente, donde expondremos nuestras investigaciones sobre la idolatría. En cuanto a los salvajes, que no adoran al sol y a los astros de forma distinta que a otros objetos que les llaman la atención, esta adoración no cambia en nada el carácter de la religión de la que forma parte. Casi todos los salvajes americanos rinden culto al sol (*Allgemeine Geschichte der Voelker und Laender von Amerika*, I, 61-64), pero su religión no es por ello menos diferente de la de los pueblos en los que la idolatría está en vigor. Lo mismo sucede con el culto al fuego. Cuando este culto no es más que un homenaje aislado, como el que los salvajes rinden al primer animal, al primer árbol, nada cambia en la religión. Así, las hordas de Siberia y las de América septentrional adoran el fuego, mientras que las tribus de África permanecieron siempre ajenas a esta adoración (Meiners, *Crit. Gesch.*, I, 237). Sin embargo, ninguna diferencia esencial distingue la religión de Siberia o de las orillas del Ohio de la de la costa de Guinea. Cuando el culto al fuego está ligado, por el contrario, al de los elementos, es indicio de otra forma religiosa distinta, de la que nos ocuparemos más adelante.

6. Heeren, *Ideen ueber die Politik, den Verkehr und den Handel der vornehmsten Voelker der alten Welt*. Los iroqueses y los delawares hacen girar en torno a los animales la civilización que alcanzaron. Cada una de sus tribus se distingue por el nombre de un animal, en memoria de este favor del que aún hablan con agradecimiento. Los monseys cuentan que, al comienzo, vivían en el seno de la tierra, bajo un lago. Uno de ellos descubrió una abertura por la que ascendió a la superficie. Un lobo que buscaba comida mató un gamo, que el monsey llevó consigo a su morada subterránea. Encantada con este alimento

desconocido, toda la tribu abandonó su morada oscura para establecerse en un lugar en el que la luz del cielo alegraba sus miradas y la caza satisfacía abundantemente todas sus necesidades. De ahí proviene la veneración por el lobo, convertido en su objeto, como en otros lo es la serpiente de cascabel, a la que llaman su abuelo. «Es evidente», añade el autor del que tomamos estos detalles, «que los indios se consideraban, en los primeros tiempos, aliados, de alguna forma, de ciertos animales. Toda la naturaleza animada es, para ellos, un gran todo, del que aún no han intentado separarse. No excluyen a los animales de la morada de los espíritus donde esperan ir después de su muerte» (*Histoire, mœurs et coutumes des nations indiennes qui habitaient autrefois la Pennsylvanie et les États voisins*, por J. Heckewelder, misionero moravo, Paris, 1822, pp. 397, 406). La opinión de que existe una especie de parentesco entre los animales y los hombres está muy extendida en todas las islas de las Indias occidentales y del mar del Sur (Hawkesworth, *Account of the Voyages, etc.*, III, 758. Marsden, *Hist. of Sumatra*, 257. Valentyn, *Oud en niew ostindien*, II, 139, 400). Algunas tribus afirman que a veces las mujeres alumbran cocodrilos que depositan enseguida en alguna marisma próxima y a los que los niños de la familia tratan como hermanos (Hawkesworth, *ibid.*).

7. Herder, *Ideen zur Philosophie der Geschichte*, I.

8. Entregan sus muertos a la voracidad de los perros (Steller, *Beschreibung vom Kamtschatka*, p. 273). Los persas tenían una costumbre parecida. ¿No podría tener su origen en el mismo motivo, en el gran valor que los antepasados de los persas, anteriores a Ciro, moradores de las montañas, casi tan salvajes como los kamchadales, habían dado a la posesión de un animal doméstico? Sucede con frecuencia que los motivos desaparecen mientras que las costumbres se conservan.

9. Cuando hablemos de la adoración de los animales en las naciones civilizadas, los egipcios, por ejemplo, mostraremos la futilidad de las explicaciones que, sobre este culto, dan la mayor parte de los escritores antiguos y modernos.

10. Plinio, *Hist. nat.*, IX, 12.

11. Indicar todas las causas que contribuyen a ignorar los objetos de adoración sería un trabajo muy superfluo e interminable. Las más pequeñas circunstancias concurren a ello y su enumeración sería infinita. Los que trabajan en las minas, en Irlanda, creen en genios que trabajan con ellos. Los llaman *knockers*. Sólo cuando terminan su trabajo dejan de oírlos (Staedlin, *Magazin zur Religionskunde*, I, 518-519). Es evidente que es el eco. ¿Quién duda de que una comunidad primitiva en la que no hubiese culto establecido haría de estos *knockers* sus divinidades? Lo mismo ocurriría con los moradores de las montañas de Escocia, quienes, aún hoy, rinden una especie de culto a un genio bueno para que proteja sus rebaños, y a los animales carnívoros para que cuiden de ellos (Pennant, *Scotland*, p. 97). Los negros de Juidah hicieron de una gran serpiente no venenosa y fácil de domesticar su principal fetiche porque una de estas serpientes se había deslizado en su campamento antes de su victoria sobre una horda vecina y por eso le atribuyeron a ella esta victoria (Desmarchais, *Voy. en Guinée*, II, 133). Según una tradición del mismo género, los delawares rendían una especie de culto a la lechuza. En una guerra que habían tenido que sostener contra una nación poderosa, se habían dormido, decían, en su campa-

mento, sin dárse cuenta del peligro, cuando la gran centinela del género humano, la lechuza, los puso en alerta. Todos los pájaros de su especie repitieron su grito que parecía decir: *¡Arriba! ¡En pie! ¡Peligro!* Obedeciendo a esta llamada, cada uno cogió su arma y, con gran sorpresa, vieron que el enemigo intentaba cercarlos y que los hubiesen masacrado durante su sueño si la lechuza no les hubiese advertido a tiempo (Heckewelder, *Mœurs des Indiens de Pennsylvanie*, p. 339).

12. *Lettr. édif.*, VI, 174.

13. Roger. Pyrard, I, 276. Hamilton, *New Account of the East Indies*, 310. Sonnerat, I, 47.

14. No pretendemos afirmar que, entre las filosofías religiosas de los chinos, no exista ninguna que se asemeje al teísmo. Uno de los talentos más notables y uno de los sabios más señalados de Francia, el señor Abel Rémusat, parece haber descubierto un sistema de platonismo chino muy importante por su parecido con el de Grecia. Al no tener un conocimiento exacto de su memoria, que no hemos podido consultar, no podemos resolver esta cuestión. Ante la imposibilidad de que la especie humana permanezca inactiva cuando la atormenta la incredulidad y la inquieta el escepticismo, creemos muy probable que, desde hace mucho tiempo en China, como en las últimas épocas de la filosofía griega, se hicieron intentos agotadores para remontarse a la creencia mediante la abstracción; pero hablamos del estado constituido y, por así decirlo, ostensible de la religión china. China, a la que Europa se asemeja, sorprendentemente, cada vez más, China, gobernada por la gaceta imperial y por el bambú, debe de tener tantas más supersticiones cuanto menos convicción posee. Triste resultado del despotismo y de una civilización excesiva, China es, para las naciones europeas, lo que eran las momias en los festines de Egipto, la imagen de un futuro quizá inevitable que nos desconcierta, pero hacia el cual caminamos a pasos agigantados.

15. Barrow, *Travels in China*, p. 534. En Tonkín, cada aldea adora a un genio particular, al que representa, como en el antiguo Egipto, con la forma de un perro, de una serpiente o de cualquier otro animal (abate Richard, *Voy. au Tonkin*). La teocracia de los hebreos no siempre los preservó de algún rastro de fetichismo. Sería arriesgado querer reconocer el culto de las piedras en la adoración de la piedra de Betel, consagrada por Jacob. Pero la serpiente de bronce, que Moisés mandó levantar en el desierto, y a la que los hebreos ofrecían incienso, es un vestigio claro del culto a los animales. Al parecer, el orden sombrío y severo de los levitas no se alarmó por ello. Los reyes más adictos a la ley mosaica, David, Josafat, Jonatán, la toleraron. La prohibición sólo llegó con Ezequías.

16. Dimos el nombre de fetiches a las divinidades de los salvajes porque, al ser esta designación la más habitual, es por eso la más inteligible de todas. Por lo demás, se sabe que es invención de los viajeros europeos y está tomada del portugués. El nombre de los fetiches varía en las diferentes tribus que profesan este culto. El ostiako los llama sus *starryks*; el iroqués, sus manitús, etc. Al ser la idea expresada siempre la misma, nos ha parecido inútil conservar esta nomenclatura.

17. *As. Res.*, II, 187-193.

18. *Ibid.*, VII, 196.

19. Vogel, *Versuch ueber die Relig. der Aegypt. und Griech.*, p. 101. Lafiteau, *Mœurs des Sauvages*, I, 370. *Lettr. édif.*, VI, 171. *Culte des dieux fét.*, 58-59.

20. Si pudiéramos creer totalmente al padre Labat en sus informaciones sobre la religión de los negros, tendríamos una prueba muy sorprendente de la distancia que existe entre sus fetiches y su Dios supremo. Cuenta que un negro al que un misionero preguntaba cómo podía su tribu adorar a un reptil dañino como la serpiente, respondió que esta divinidad no era elección suya sino orden del Dios supremo. El Creador, conociendo el orgullo del hombre y queriendo humillarlo, le había ordenado prosternarse delante del más vil y rastrero de los animales. Si hubiese erigido a un hombre como objeto de adoración de su especie, éste se habría enorgullecido de ello y la raza humana se habría creído igual a Dios. La idea de que la serpiente era el objeto que Dios imponía en los homenajes de los hombres los mantenía en la humildad y les hacía sentir su dependencia. Nos parece difícil atribuir a unos salvajes sutilezas tan bien expuestas; sospechamos que el misionero que interrogaba al negro, o había entendido mal las respuestas de su neófito, o las había embellecido con sumo agrado.

21. Cook, Forster, Wilson.

22. Vidaure, *Hist. du Chili*, p. 119. Para otras hordas salvajes, Pyrard, *Voy.*, I, 132; y Forster, II, 14, *Voy. round the World*.

23. Lafiteau, *Mœurs des Sauvages*. Es probable, por lo demás, que los misioneros desarrollaran mucho esta idea entre los salvajes, hablándoles continuamente del Diablo (Mayer, *Myth. Lexic.*, II, 545).

24. Cranz, *Catéchisme des Groelandais*. Lindemann, *Gesch. der Meyn.*, III, 195. El hecho, por lo demás comprobado, de que los salvajes rinden un culto más asiduo al principio malo que al bueno, no destruye la verdad de nuestras afirmaciones. Pero no por ello dejan de confiar en que, en definitiva, este último saldrá vencedor. Los homenajes al principio malo se explicarán en un capítulo posterior por la influencia que los juglares ejercen sobre ellos.

25. La simple inspección de los epítetos que acompañan siempre a las invocaciones al Gran Espíritu muestra la supremacía que se le atribuye. Los lapones lo llaman Ibmel, Jabmal, Radien-Atzhie, poder supremo, padre de todo (Leems, *Relig. des Lapons*). Los insulares de las Canarias lo llaman el Dios muy grande y muy bueno, conservador de los seres. Los quojas, tribu de negros, le reconocen un poder ilimitado, la omnisciencia y la omnipotencia; y debe observarse que los negros, que recurren a sus fetiches cuando se trata de sus pasiones, hacen intervenir al Gran Espíritu cuando la moral está en juego, por ejemplo, si sospechan un asesinato o un envenenamiento. Veremos, sin embargo, después que la moral es ajena al fetichismo.

26. Cuando los salvajes de Siberia están enfermos, arrojan un puñado de tabaco al fuego, se prosternan y exclaman: Toma, fuma y deja de enojarte.

27. Sobre los galos, o penitentes de amor, consúltese Sainte-Pelaye, *Mémoires sur l'ancienne chevalerie*, II, 62.

28. Los salvajes de América observan ayunos severos y más o menos largos antes de salir de caza o a la guerra. Durante estos ayunos, les está prohibido beber ni siquiera una gota de agua. El ayuno para los salvajes, dice Charlevoix (*Journal*, p. 115), consiste en no tomar nada. Cuando se acercan a la pubertad,

ayunan igualmente ocho días sin tomar nada (*ibid.*, 346). En la Guayana, los candidatos a la dignidad de jefe se privan de todo alimento (Biet, *Voy. dans la France équinox.*, III, cap. 10).

29. Los moradores de la Guayana, de Florida y de las islas del mar del Sur, se mutilaban, se desgarraban el cuerpo, se arrancaban los dientes o los dedos, igual que los devotos indios (*Sammlung der Reisen*, XVI, 504. *Dern. Voy. de Cook*). Las mujeres de Florida se hieren con espinas y látigos y arrojan su sangre al aire para rendir culto a los dioses. Los jefes sólo eran reconocidos por sus tribus después de diversas pruebas durante las cuales cada individuo les daba cierto número de golpes que les causaban heridas profundas. Biet, I, cap. 20.

30. Lafiteau, *Mœurs des Sauvages*, I, 174. Es curioso leer lo que dice, a este respecto, el mismo autor algunas páginas más adelante; y el pasaje es lo suficientemente importante como para citarlo todo entero. «[Los salvajes] tienen en gran aprecio la virginidad. El término que, en lengua abenaqui, significa virgen, quiere decir aquella a la que se respeta [...] Atribuyen a la virginidad y a la castidad ciertas cualidades y virtudes particulares; y es indudable que, si la continencia les parece esencial para obtener éxito en lo que sus supersticiones les sugieren, la guardarán con gran escrúpulo y no se atreverán a violarla por nada del mundo temiendo que sus ayunos y cuanto, por otra parte, puedan hacer, les resulte totalmente inútil por esta inobservancia. Están persuadidos de que el amor por esta virtud llega hasta el sentimiento natural de las plantas, de modo que, entre ellas, algunas tienen un sentimiento de pudor, como si estuviesen animadas; y que, para actuar como remedios, quieren que las usen y manipulen manos castas, sin lo cual carecerían de cualquier eficacia. Varios me dijeron con cierta frecuencia que, sobre las enfermedades, conocían numerosos secretos para curarlas; pero que estaban casados y no podían servirse de ellos» (*ibid.*, 340).

31. Proiart, I, 167-170.

32. En varios pueblos, tan pronto como se conoce en una mujer los signos del embarazo, se la sumerge en el mar para purificarla; y, durante el camino, los jóvenes de ambos sexos la insultan y maltratan (Bossman, *Voy. en Guinée*, p. 250). Es, en cierto sentido, la virginidad la que reprocha a los sentidos su impureza. Entre los giagos, especie de tribu o casta sacerdotal y la más feroz de las hordas negras, a las mujeres que dan a luz en el *chilombo* (recinto en el que la horda está acampada) se las castiga con la muerte. En otros lugares, son los padres quienes se someten al castigo que creen merecido. Los caribes ayunan y se desgarran los miembros después del nacimiento de sus hijos (Dutertre, II, 371-373. Lafiteau, I, 256). Lo mismo sucede en Paraguay (Charlevoix, I, 182) y en la Guayana, donde los padres son, no sólo fustigados, sino también tratados como esclavos durante un tiempo más o menos largo. Otros se hieren en los órganos genitales incluso antes del matrimonio (*Hist. of the Boucan.*, I, 241): es el castigo que precede a la falta. Los sálivas del Orinoco realizan a los recién nacidos incisiones tan graves que, a menudo, mueren a causa de ellas (Gumilla, I, 183). Es conocida la mutilación que los hotentotes hacen a los suyos (*Beschryv. van de kaap van goede hope*, I, 186. Levaillant, *Deux Voy. en Afr.*, II, 290). El mismo motivo sugiere ciertas torturas para las jóvenes que se acercan a la pubertad. Se sumerge todo su cuerpo en sangre (Barrère, *Descr. de la Guyane*, 168. Lafiteau,

Mœurs des Sauvages, I, 291. Thevet, *Cosmogr. univers.*, II, 913. Leri, *Hist. du Brésil*, cap. 17). La circuncisión, muy relacionada con esas costumbres, ¿no puede provenir de una idea análoga? Algunas veces, las prácticas se modificaron de tal forma que se perdió el sentido primitivo. Así, la costumbre que tenían los maridos, entre ciertos pueblos, de acostarse cuando sus mujeres daban a luz, costumbre de la que aún hoy se encuentran huellas en algunas provincias meridionales de Francia, hacia comienzos del siglo XVIII (Lafiteau, *Mœurs des Sauvages*, p. 50), tenía probablemente el mismo origen, sin que los que la observaban fuesen conscientes de ello. Lo mismo sucede con la costumbre que prescribe a los recién casados, en muchas tribus, no consumar el matrimonio sino después de un intervalo más o menos largo. «Aunque los esposos pasen juntos la noche, no debe olvidarse esta antigua costumbre: los padres de la esposa están siempre atentos y deben alimentar un gran fuego delante de la choza que ilumine continuamente su conducta y que pueda servir de garantía de que nada suceda contra el orden establecido [...] Un marido, instruido por los misioneros, olvidando que tenía que tener en cuenta la antigua costumbre, quiso invocar el ejemplo de los europeos. La esposa se sintió tan ultrajada que, aunque los que habían realizado la boda habían consultado suficientemente su inclinación, no pudieron nunca obligarla a volver a ver a su esposo indiscreto. No se avino a las recomendaciones que se le hicieron y hubo que separarlos [...] Entre los abenaquis, una mujer que se encuentra embarazada antes del primer año transcurrido, se convierte en objeto de estupefacción y de escándalo» (Lafiteau, *Mœurs des Sauvages*).

33. Los negros venden, tiran, queman o ahogan los fetiches con los que están descontentos (Bossman, *Reise nach Guinea, aus dem Franzoesischen uebersetzt*, p. 445). Los ostiakos, después de una caza sin suerte, los azotan con varas y, luego, se reconcilian con ellos, con la esperanza de que este castigo los haya corregido (*Voy. au Nord*, VIII, 415). Los habitantes del Congo, afligidos por la peste, quemaron todos los fetiches que habían invocado inútilmente (Proiart, *Hist. de Loango, etc.*, 310). Un viajero vio que un lapón quemaba sus fetiches porque sus renos eran estériles (*ibid.*, 219). Los moradores de la bahía de Hudson persiguen a sus ídolos a tiros, cuando creen que tienen motivos para quejarse (Umfreville, *Present State of Hudson's Bay*). Los pueblos de Uechib, en las islas Sándwich, suprimieron sus fiestas religiosas porque estaban enfurecidos contra sus divinidades que habían dejado morir a su rey (Staeudlin, *Relig. Magaz.*).

34. Los chinos, cuando el ídolo al que invocan no escucha sus plegarias, azotan sus estatuas, rompen los altares y lo llevan ante unos tribunales para que lo juzguen. Si estos tribunales lo condenan, es degradado y su culto, abolido. Lecomte (*Mém. sur les Chin.*, II, 128-129) refiere, a este respecto, una anécdota significativa. Un chino de rango distinguido, alarmado por una dolorosa enfermedad de su hija, no se limitó a consultar a todos los médicos que pudo reunir, sino que recurrió a todos los bonzos de su entorno y utilizó cuantos medios le indicaron éstos para obtener de los dioses y, sobre todo, de la divinidad local que se prolongara la vida de su hija. Los sacerdotes de esta divinidad le garantizaron que así sería. Pero, pese a todos los sacrificios, a todas las oraciones y a todos los dones, la enferma murió. Irritado por haber visto frustradas sus esperanzas, el padre quiso vengarse de un ídolo implacable o falto de poder. Se querelló ante el juez y, como reparación de los presentes aceptados por el ídolo sin

acudir en su ayuda, mandó destruir todos sus templos y condenar al destierro a sus sacerdotes. Tan grave pareció el asunto al magistrado del lugar que se vio en la obligación de contarlo al gobernador de la ciudad quien, a su vez, se dirigió al virrey. Éste intentó antes apaciguar al querellante; pero este padre desesperado se negó a retirar la acusación y declaró que antes se expondría a la muerte que dejar sin castigo a una divinidad mala y embustera. Esta obstinación obligó al virrey a incoar el proceso y remitir las partes ante el tribunal supremo de Pekín. Esta corte hizo comparecer al acusador y al acusado, es decir, al padre y al dios representado por sus sacerdotes, y, después de haber escuchado, durante varios días, largos alegatos, ordenó desterrar al dios del imperio, arrasar sus templos e imponer a sus ministros, los bonzos, un severo castigo. La orden se ejecutó puntualmente. Algunas veces, son los tribunales los que toman la iniciativa. Fijan un término fatal durante el cual los dioses protectores de las ciudades o de las provincias deben poner remedio a las calamidades que las azotan, so pena de destitución y de destrucción de sus templos (Du Halde, *Descr. de la Chine*, II, 38).

35.   Los cristianos de la Edad Media, descontentos con uno de sus santos, le anunciaban solemnemente que renunciaban a su culto, lo despojaban de sus ornamentos y lo arrojaban al río. Una extraordinaria sequía pudo costar a san Pedro, hacia mediados del siglo XVI, su dignidad de santo (Saint-Foix, *Essais sur Paris*, V, 103). Frezier, en un viaje emprendido en 1712, cuenta que el capitán de su barco, no pudiendo lograr un viento favorable, colgó del palo mayor una imagen de la Virgen y le declaró que permanecería allí hasta que cambiase el viento (Frezier, *Relation du voyage de la mer du Sud dans les années 1712-1714*, p. 248). ¿Quién lo creería? Los napolitanos, en 1793, con motivo de las victorias de los franceses, condenaron a san Javier, mediante una especie de procedimiento jurídico, e hicieron lo mismo en noviembre de 1804, durante una erupción del Vesubio.

36.   Bossman, *Voy. en Guinée*, p. 179.

37.   Es curioso leer a Brantôme sobre el fetichismo de Luis XI; y, para evitar cualquier sospecha de calumniar la real memoria del príncipe, presentaremos el texto original del historiador. «Entre las diversas muestras de simulaciones, fingimientos, sutilezas y galanterías de las que hizo gala este rey en su tiempo, se cita la de la muerte de su hermano, el duque de Guyena, mediante una gentil artimaña, cuando menos lo pensaba y parecía quererlo más en vida y echarlo de menos después de su muerte: aunque nadie se dio cuenta de ello, sino por medio de su bufón, que había estado al servicio de su hermano el duque y lo había admitido a su servicio porque era divertido. Estando, pues, un buen día en oración en Clery, delante de Nuestra Señora a la que llamaba su buena patrona, en el altar mayor, sin que hubiera nadie cerca de él, sino este loco, fatuo e imbécil, que estaba un tanto alejado de él, y de cuya locura no dudaba, de modo que nada pudiese contar; éste lo oyó que decía: ¡Ah, mi buena señora, mi dueña, mi gran amiga, en quien siempre encontré apoyo! Te pido que supliques a Dios que me perdone la muerte de mi hermano, al que envenené a través del nefasto abad de San Juan (observad también cómo lo llamaba nefasto; así hay que llamar siempre a tales personas). Me confieso a ti, como mi buena patrona y señora: pero ¿qué hubiese podido hacer yo? Era un continuo perturbador de mi reino: otórgame, pues, el perdón, mi buena señora, y no olvides lo que te daré (creo

que se refería a algunos grandes y hermosos presentes, tal como se acostumbraba hacer todos los años a la iglesia). El loco no estaba tan alejado ni carente de cordura como para no oír ni darse cuenta perfectamente de todo, de modo que luego lo comunicó a su entorno y a otros, mientras le reprochaba lo que había hecho y le repetía a menudo que había dado muerte a su hermano. ¿Quién pudo extrañarse de ello? Lo hizo el rey. Uno no debe fiarse de estos locos, que, algunas veces, se comportan como cuerdos, y dicen todo lo que saben o lo adivinan por algún instinto divino. Pero pasó de él y lo obligó a partir, no fuera que sembrase el escándalo repitiendo la historia anterior» (*Éloge de Charles VIII*).

38. Roemer, *Nachrichten von der Küste Guinea*, p. 16
39. Weber, *Veraendertes Russland*, II, 198. Las tribus que viven en las fronteras de Rusia admitieron entre sus dioses a san Nicolás. Lévêque, *Excurs. sur le schammanisme*, en su traducción de Tucídides, III, 292.
40. Heródoto, VI, 105.
41. El papa le envió el corporal sobre el cual, dice Felipe de Commines, cantaba el señor san Pedro. Hizo traer la santa ampolla de Reims y, de Constantinopla, muchas cosas milagrosas que habían quedado en manos del Gran Turco. Felipe de Comm., *Faits et gestes du roi Louis XI*.
42. Los salvajes no creen que sus fetiches estén expuestos a las calamidades humanas, como la muerte. Los groenlandeses dicen que al más poderoso de todos, Tornarsuk, puede matarlo la impetuosidad del viento, y que podía morir por el contacto con un perro (Egede, *Nachrichten von Groenland*, 93, 256). Por lo demás, nuestros libros sagrados nos muestran a Yahvé con la debilidad de los hombres y sometido a sus ceremonias. Cuando jura la alianza que firma con Abraham, atraviesa con una espada a las víctimas y las divide por la mitad, porque esta formalidad simbólica hacía, para los judíos, más obligatorios los juramentos.

CAPÍTULO 3

Esfuerzos del sentimiento religioso para elevarse por encima de esta forma

1. Sólo pudimos presentar hasta ahora los rasgos principales y generales de este culto. Como en todas las creencias, existen varias gradaciones; no podemos detallar todas. Cada forma y cada época de las ideas religiosas podría ser objeto, en pequeño, de la historia que intentamos describir en un plano más amplio y general.
2. Esta manifestación de su impotencia es tanto más significativa en el salvaje, cuanto más contrasta con el espíritu inculto y bárbaro. Cf. Áyax en Homero.
3. Georgi, *Beschreibung einer Reise durch das Russische Reich im Jahre 1772*, p. 313. Marion, *Voy. à la mer du Sud*, p. 87. Dutertre, *Hist. gén. des Antilles*, II, 369-370. Acuña, *Relation de la rivière des Amazones*, I, 216. Pallas, *Reisen*, II, 683. Hogstroem, *Beschreib. des schwed. Lapplands*, 201. *Lettr. édif.*, VII, 8.
4. Müller, *Samml. Russ. Gesch.*, I, 150. *Voy. au Nord*, VII, 337; VIII, 410.

5. Las tribus de pescadores adoran en común a un dios de la pesca (*Voy. au Nord*, VIII, 414, 419-420). Las de cazadores, a un dios de la caza (Gmelius, *Reisen*, II, 214-215).

6. Wolff, *Reise nach Ceylan*, p. 176. Cf., para otras tribus de la India, *As. Res.*, III, 30.

7. Loyer, *Relation du voy. du roy. d'Issiny*, p. 253. Desmarchais, *Voy. en Guinée*, I, 160.

8. Pallas, *Reisen*, I, 332. *Id.*, *Mongol. Voelkersch.*, I, 220.

9. *Voy. au Nord*, VIII, 417. ¡Quién pudiera dejar de lamentarse al pensar que los europeos intentaban, en otro tiempo, con todo el poder de su corrupción y de su lógica pervertida, socavar y destruir, en el alma de los salvajes, la santidad de sus juramentos! He aquí lo que cuenta un europeo, autor de la repelente escena que describe, y narrador despreocupado y casi satisfecho de su propia infamia. Un negro encontró a este miserable, en aquel entonces factor en una empresa danesa, en las costas de Guinea, y le dijo que tenía una joven mujer, a cuyo padre había jurado, en presencia de un poderoso fetiche, no venderla nunca. El comerciante de hombres le sugirió la conveniencia de permitir el castigo antes que falsear el juramento que había prestado, lo que aplacaría al fetiche que había tomado como testigo. El negro corrió a buscar a la infortunada que quería liberar, y el factor Roemer, autor del relato, la encadenó. Enseguida el marido comenzó a lanzar gritos lastimeros, y los esclavos se abalanzaron sobre él a mazazos. Ya porque quisiera obtener del fetiche ofendido un perdón más seguro, o porque la conciencia hubiese retomado sus derechos, sólo consintió en ratificar el contrato después de haber recibido graves heridas. El europeo le reprochó esta resistencia prolongada. Los fetiches, le dijo, no son tan difíciles de contentar; y el suyo le hubiese perdonado sin grandes dificultades (Roemer, *Nachrichten von Guinea*. Lindemann, *Geschichte der Meynungen*, VI, p. 286). Éstas eran las lecciones que los hombres civilizados daban a los salvajes, y los cristianos a los infieles.

10. Cavazzi, *Hist. de l'Éthiopie occidentale*, I, 304. Es triste pensar que mucho más tarde muchos papas razonaron como lo hacen los negros.

11. Heckewelder, p. 283.

12. *Journal für Land und See Reisen*, quinto año, junio de 1812.

CAPÍTULO 4

De las ideas de otra vida en el culto de los salvajes

1. Oldendorp, *Hist. des missions*, I, 299-301. Dobrizhoffer, *Hist. des Abipons*, II, 240.

2. Georgi, *Reise durch das Russisch. Reich*, 278-312; 600.

3. *Lettr. édif.*, VIII, 335.

4. *Lettr. édif.*, IX, 101. Charlevoix, *Hist. du Paraguay*, II, 277-278. Ulloa, *Voy. dans l'Amér. mérid.*, II, 182.

5. *Voy. au Nord*, V, p. 331.

6. *Dern. Voy. de Cook*, II, 164-165. La fábula de Orfeo y Eurídice se encuentra casi literalmente en los salvajes de Canadá. Un padre había perdido a

su hijo y, desconsolado por su muerte, resolvió ir en su búsqueda al país de las almas con algunos fieles compañeros. Arrostraron numerosos peligros y soportaron muchas fatigas. El grupo de aventureros, reducido a los más intrépidos y a los más fuertes, llegó finalmente a su destino. Los rodeó enseguida una multitud de sombras de animales de toda clase al servicio de sus antepasados. Un verde eterno adornaba los abetos y los cedros, cuyas ramas se renovaban sin cesar; y el sol, que descendía cada dos días sobre el lugar, lo reanimaba con su calor y lo llenaba de resplandor. Pero un terrible gigante, rey de esta mansión de los muertos, amenazó con un rápido castigo a los profanos que habían saltado los límites de su imperio. El padre, de rodillas, le preguntó por su hijo, presentándole las ofrendas destinadas a seducirlo. El gigante se calmó y entregó al salvaje el alma solicitada con tanto encarecimiento. Éste la llevó en un odre junto al cuerpo en el que debía entrar. Una mujer, llevada de una curiosidad funesta, abrió el odre fatal y el alma retornó al país de los antepasados (Leclercq, *Relat. de Gaspésie*, p. 312).

7. Meiners, «Geschichte der Meinungen roher Voelker ueber die Natur der Seele», *Goett. Magaz.*, II, 744.

8. *Yet simple nature to his hope has giv'n,*
Behind the cloud-topt hill, an humbler Heav'n,
Some safer world in depth of woods embraced,
Some happier island in the wat'ry waste.

[Mas la naturaleza ha dado a su esperanza / un cielo más modesto tras el cerro nublado, / un mundo más seguro, por bosques abrazado, / una isla más feliz en su desierto de aguas]

(Pope)

9. Levaillant, *Prem. Voy. en Afrique.*

10. Roemer, *Nachrichten von der Küste Guinea*, 86-87.

11. Gobien, *Hist. des îles Mar.*, 65-68.

12. Cranz, *Hist. du Groenland*, libro III.

13. Lafiteau, *Mœurs des Sauvages*, II, 413.

14. *Culte des dieux fétiches*, p. 72, trad. al.

15. *Voy. d'Acerbi*. Leems, *De la religion des Lapons.*

16. *As. Res.*, II, 344. Los árabes, antes de Mahoma, dejaban morir de hambre sobre la tumba de sus amigos un camello destinado a convertirse en su montura. Gibbon, cap. 50.

17. Carver, *Travels Through North America.*

18. Isert, *Reise nach Guinea*, 179-180. Desmarchais, *Voy. en Guinée*, I, 315.

19. Charlevoix, *Journal*, p. 421.

20. Oldendorp, *Beschreib. der Caraib.*, I, 317. Cavazzi, *Hist. de l'Éthiop. occid.*, I, 396. Bernier, II, 113.

21. Charlevoix, p. 352.

22. Charlevoix, p. 247.

23. Los moradores del nordeste de Bengala, en los funerales de un hombre distinguido, cortan la cabeza a un búfalo y la queman con el cuerpo. El búfalo se convierte en propiedad del muerto en la vida futura. En cambio, en los funerales de un *bonneach* o jefe, se corta y quema la cabeza de un esclavo; en los de

un jefe de primer rango, sus esclavos hacen incursiones fuera de sus montañas, raptan cualquier hindú de la llanura y lo inmolan igualmente (*As. Res.*, III, 28).

24. Entre los patagones, el alma es la imagen transparente del hombre vivo, y el eco que resuena desde el fondo de las rocas no es más que la respuesta de las almas cuando se las llama. Hasta los pueblos que creen que las almas pasan a los cuerpos de los animales, las representan con una figura humana, inconsecuencia del antropomorfismo, que admite otras muchas.

25. Meiners, «Gesch. der Mein. roher Voelker ueb. die Natur der Seele», *Goett. Mag.*, II, 746.

26. Roemer, *Nachr. von der Küste Guinea*, p. 42. Snellgrave, *Nouv. Relat. de la Guinée*, 218.

27. Un pasaje del Evangelio nos haría creer que, entre aquellos de los judíos que no negaban la inmortalidad del alma, varios suponían que resucitarían con el cuerpo. «Más te vale entrar en la vida eterna cojo, tuerto o lisiado que ser echado en el infierno con todos tus miembros», según *Marcos* 9, 43; cf. también *Mateo* 18, 3-9.

28. Cuando un groenlandés rico pierde a su hijo o hija, las mujeres de la clase indigente intentan persuadirlo de que su alma pasa al cuerpo de uno de sus hijos.

29. Mayer, *Mythol. Lexicon*

30. *As. Res.*, IV, 32.

31. Georgi, *Russ. Voelkerkunde*, p. 383.

32. Mariny, *Nouvelles des royaumes de Tunquin et de Lao*, p. 395.

33. Dutertre, *Hist. gén. des Antilles*, II, 372. Rochefort, *Hist. nat. et mor. des Antilles*, II, cap. 4. Delaborde, *Rel. des Caraïbes*, collection des voy. faits en Afrique et en Amérique, p. 15.

34. Forster, *Observ. dur. a Voy. round the World*, 470. Collins, *Account of New Southwales*, I, 594-596.

35. Rytschow, *Orenburgische Topographie.*

36. Cavazzi, *Relation historique de l'Ethiopie occidentale*, I, 405.

37. Charlevoix, *Journal*. Dutertre, II, 411. Rochefort, II, cap. 24. Laborde, 37. Labat, *Voy.*, III, 182.

38. Gobien, *Hist. des îles Marian.*

39. Dobrizhoffer, *Hist. des Abipons.*

40. Nada es tan curioso como leer a este respecto la descripción de la fiesta de los muertos entre los hurones e iroqueses. Después de haber descrito el espectáculo repugnante de estos muertos desenterrados todos juntos cada doce años, algunos de los cuales son simples huesos de esqueletos y otros cuerpos en reciente disolución, el padre Lafiteau continúa su exposición : «No sé lo que debe sorprender más, o el horror de un espectáculo tan repulsivo o la piedad y el afecto de estos pobres pueblos hacia los familiares fallecidos; nada es más digno de admiración en el mundo que el cuidado solícito con el que cumplen con este triste deber de su ternura, recogiendo hasta los más pequeños huesos, juntando estos cadáveres, separando los gusanos, llevándolos a hombros durante varios días de camino, sin sentir el menor asco por el olor insoportable y sin dejar escapar otra emoción» que la del sentimiento de haber perdido a personas que querían y aún quieren» (II, 449).

41. Lafiteau, *Mœurs des Sauvages*, II, 433.

42. Entre los natchez, los jefes tienen a algunas personas que voluntariamente se dedican a su servicio, y a las que se las llama consagradas. A la muerte de estos jefes, estos consagrados acompañan el cuerpo al lugar de las exequias; se les coloca una cuerda alrededor del cuello e inician una especie de danza, durante la cual dos hombres van apretando cada vez más esta cuerda hasta que las víctimas expiran sin dejar de danzar mientras llega el último suspiro. Lafiteau, *Mœurs des Sauvages*, II, 411.

43. «Todos los trabajos, todos los esfuerzos, todo el comercio de los salvajes se consagran, casi únicamente, a la honra a los muertos. Nada poseen más precioso que esto. Prodigan, pues, los vestidos de castor, su trigo, sus hachas, su porcelana con tal abundancia que se podría creer que carecen de importancia para ellos, aunque constituyan todas las riquezas del país. Se les ve a menudo desnudos en los rigores del invierno, mientras que guardan en sus moradas pieles y telas que sólo usan para sus deberes funerarios; todos consideran un asunto de honor o de religión ser, en estas ocasiones, liberales hasta la prodigalidad» (Lafiteau, *Mœurs des Sauvages*, II, 414).

CAPÍTULO 5

*De los errores en los que cayeron varios escritores, por no haber sabido ver
la lucha del sentimiento religioso contra su forma en esta época de la religión*

1. Cf. Mallet, *Introduction à l'histoire du Danemark*, pp. 71-72. Citamos esta obra como podríamos citar otras muchas. Los mismos razonamientos erróneos y viciosos aparecen por doquier, y los escritores más graves se entregaron, sobre esta materia, a las suposiciones más pintorescas. Según Court de Gébelin, «los hombres del mundo primitivo no son esos seres despreciables o estúpidos que sólo se alimentaban de agua y de bellotas [...] y tenían como divinidades a las piedras y a los animales más viles [...] Si ignoraban las discusiones metafísicas, no tenían ni el tiempo ni el gusto necesario para dedicarse a ellas; si el conocimiento exacto de las verdades más importantes les hacía inútil cualquier discusión en este sentido, no por ello dejaban de admitir una creación y un solo dueño del universo [...] Durante mucho tiempo las familias se reunieron en medio de la alegría, la paz, la verdad, la virtud. Insensiblemente, los sabios desaparecieron; las ideas sublimes se nublaron y debilitaron; dejaron de oírse los himnos. Las generaciones menos ilustradas recordaron que la gente se reunía y siguieron haciéndolo; que se exaltaba a los lugares sagrados, y ellas los exaltaron; pero creyeron que se los exaltaba por ellos. Creyeron ver en ellos una virtud divina, y, limitando sus ideas rudimentarias a los objetos exteriores, la idolatría y la superstición ocuparon el lugar de la verdad radiante. Por eso, honraron las fuentes, las montañas, los lugares altos, o los bosques, a Marte o al Sol, a Diana o a la Luna. Ya sólo se vio a la criatura, en la que todo habría debido anunciar al creador». Pedimos a todos los hombres sentido común: ¿cómo los primeros hombres que no tenían ni tiempo ni gusto para entregarse a discusiones metafísicas llegaron a la noción metafísica de un solo dueño del universo? ¿De dónde les vino este conocimiento exacto de las verdades más importantes,

que les ahorraba cualquier otra investigación? Observad que el autor no habla de una manifestación sobrenatural de estas verdades, pues nos presenta a familias que viven durante largo tiempo en la alegría, en la paz, la verdad, la virtud. No habla, pues, de las tradiciones sagradas y no puede invocarlas en favor de su sistema. No admite nada milagroso en la manera como estas verdades llegaron al hombre. Y tenemos derecho a preguntarle cómo las descubrió el hombre. ¿Fue herencia de los sabios ya desaparecidos? ¿De dónde vinieron estos sabios? ¿Quién los había enseñado? ¿Por qué circunstancias eran los únicos por encima de su siglo? ¿Quién les había otorgado este privilegio? ¿Por qué, en fin, desaparecieron? Cuando el hombre aprehende una verdad, está en su naturaleza considerarla desde todos su aspectos, seguirla en sus consecuencias, llegar al fondo de lo que ignora, partiendo de lo que sabe. ¿Por qué *los hombres del mundo primitivo* siguieron el camino opuesto? ¡Extraña hipótesis! Tuvieron sabios antes de que ninguna experiencia les hubiese dado a conocer el mundo que habitaban, las leyes de ese mundo, el encadenamiento de las causas y de los efectos, en fin, cuando carecían de cualquier medio de adquirir las nociones más simples; y cuando las experiencias se acumularon, los sabios desaparecieron. La verdad esplendente se eclipsó en el momento en que, por todas partes, crecía la luz; y el culto que para el hombre ignorante es demasiado abyecto, se convirtió en la religión única de las naciones civilizadas. Sin embargo, así se razonó durante centenares de años. Así muchos se embriagaron con bellas palabras y se dedicó a edificios construidos sobre arena un tiempo precioso e investigaciones, por otra parte, laboriosas. Si necesitáramos rebatir seriamente semejantes quimeras, nos serviríamos de una comparación que el mismo autor emplea en uno de los párrafos que acabamos de citar: «Las artes», dice, «se fundan en principios que escapan a quien las ejecuta como simple maniobra y por rutina, y sin los cuales no se habría llegado nunca a perfeccionarlas». Probablemente, pero la maniobra precedió al artista. La práctica existió antes de que los principios fuesen descubiertos. Se construyó las chozas antes que las casas, y afirmar que el politeísmo no es más que una degeneración del teísmo es afirmar que las cabañas son una degeneración de los palacios.

2. Hume, *Nat. Hist. of Relig.*

3. Esta idea parecerá muy sutil para los salvajes. Pero es innegable que siempre que se les pregunta si rinden al Gran Espíritu un culto habitual, responden que está muy por encima de ellos y no necesita sus homenajes. No se debe olvidar también que, cuando solicitan a los poderes invisibles una ayuda o una indulgencia poco conformes con las reglas de justicia, no se dirigen al Gran Espíritu, sino a sus fetiches. Luis XI, en la oración que citamos anteriormente, invocaba a Nuestra Señora de Cléry. Esperaba sobornar a la Virgen: no se atrevía a alzar hasta Dios sus medios de corrupción.

CAPÍTULO 6

De la influencia de los sacerdotes en el estado salvaje

1. Cf., sobre las asociaciones de los sacerdotes en América septentrional y meridional, Carver, *Travels Through North America*, p. 272. Charlevoix,

Journal. Dutertre, *Hist. génér. des Antilles,* II, pp. 367-368. Biet, *Voy. dans la France équinoxiale,* IV, pp. 386-387. Lafiteau, *Mœurs des Sauvages,* I, 336-344. En muchas hordas negras, existe una orden de sacerdotes o escuela sacerdotal, designada con el nombre de *belli.* Para ejercer cualquier función, hay que ser miembro de esta escuela (*Hist. gén. de l'Asie, de l'Afrique et de l'Amérique,* IV, 651). Al señor Court de Gébelin le soprendió la analogía de las iniciaciones establecidas para ser admitido en esta orden con las que se practicaban entre los fenicios (*Monde primitif,* t. VIII).

2. A los noaids de los lapones se les instruye metódicamente en el arte o en su oficio. *Voy. d'Acerbi.*

3. *Voy. au Nord,* V, p. 12. En la Guayana, el aprendizaje duraba diez años, y el ayuno, es decir, una disminución de alimento llevada tan lejos como podía aguantarlo el cuerpo, se prolongaba durante un año. Este ayuno iba acompañado de torturas de todo tipo (Lafiteau, *Mœurs des Sauvages,* I, 330. Biet, IV, cap. 12). Entre los abipones, el que quería ser sacerdote se sometía a una privación absoluta de alimentos durante varios días (Dobrizhoffer, *Hist. des Abipons,* II, 515-516). Para ser admitido en la orden del *belli,* de la que hablamos anteriormente, el recipiendiario se dejaba cortar el cuello y los hombros y arrancar pedazos de carne.

4. Este instinto es igual en todos los sitios. Nada más semejante a la admisión de los candidatos al sacerdocio entre los moradores de las montañas en la India como la de los juglares (*As. Res.,* IV, 40-46).

5. Lafiteau, *Mœurs des Sauvages,* I, 390-393.

6. En la India, los salvajes de las montañas de Rajmahall castigan a los hechiceros igualmente con la muerte. Pero pueden rescatar su vida con el consentimiento de la familia del hechizado (*As. Res.,* IV, 63). En el Congo, basta que un sacerdote designe a alguien como hechicero para que los asistentes le den muerte enseguida. En el reino de Issini, se los condena al ahogamiento.

7. Se puede observar también en nuestros misioneros gran repugnancia a negar lo sobrenatural en las actuaciones de los juglares. «Varios de nuestros franceses», dice el padre Leclercq, «pensaron, con bastante facilidad, que estos malabarismos no eran más que bagatelas y un juego de niños [...] Es cierto que yo no pude descubrir ningún pacto explícito o implícito entre los juglares y el Demonio; pero pude cerciorarme de que el Diablo no está presente en sus prestidigitaciones [...] Pues, en fin, es difícil de creer que un juglar haga brotar con total naturalidad árboles que arden sin consumirse y dé muerte a los salvajes, aunque estuviesen a más de cuarenta o cincuenta leguas, cuando hunde su espada o su cuchillo en la tierra y saca a uno o a otro cuabierto de sangre, diciendo que efectivamente muere y expira en el mismo momento en que él pronuncia la sentencia de muerte contra él [...] y que, con el pequeño arco que utilizan, hieren y matan a veces a los niños en el seno de sus madres, cuando disparan sus flechas sobre la simple figura de estos pequeños inocentes cuyos rasgos dibujan de propósito» (Leclercq, *Relat. de la Gaspésie,* pp. 332, 335). Idéntica convicción sobre la intervención del Diablo en las iniciaciones de los adivinos caribes aparece en el relato que Lafiteau hace de estas iniciaciones, en *Mœurs des Sauvages,* I, 348, y se muestra totalmente indignado contra quienes ponen en duda esta intervención. «Es un procedimiento censurable de los ateos», dice en la página 374, «y un

efecto de este espíritu de irreligión que venza hoy de modo notable en el mundo, el haber destruido en cierto modo, en la idea de aquellos mismos que presumen de tener religión, que existan hombres que tengan comercio con los demonios mediante encantamientos y magia. Se ha atribuido a esta opinión cierta debilidad mental en creerla [...] No obstante, para establecer este espíritu incrédulo, es necesario que estos supuestos espíritus fuertes quieran ofuscarse en medio de la luz, que trastruequen el Antiguo y el Nuevo Testamento, que contradigan a toda la Antigüedad, a la historia sagrada y a la profana». Cuenta luego varios hechos que, a su parecer, prueban el poder sobrenatural o infernal de los juglares.

8. La distinción entre los sacerdotes y los hechiceros es tan poco nítida en esta época de la religión que, según los moradores de las montañas de la India, las almas de sus *demaunos* o sacerdotes se convierten en genios malos (*As. Res.*, IV, 71).

9. Cranz, 274. Oldendorp, *Hist. des missions chez les Caraïbes*, I, 303. Es digno de destacar que casi siempre son mujeres y ancianas a las que se acusa de brujería. Keysler, *Antiq. sept.*, 456.

10. Sparrman, *Voyage au cap de Bonne-Espérance*, 196-198. Un rey de los patagones mató a todos los sacerdotes que pudo encontrar, porque ninguno de ellos había conseguido eliminar la viruela (Falkner, *Description of Patagonia*, p. 117).

11. Desmarchais, E. c., 296. Charlevoix y *Lettres édif., passim*. Georgi, p. 384.

12. Cranz, 265-268. Cauche, *Rel. de l'île de Madagascar*.

13. Se puede consultar, sobre las convulsiones sacerdotales de los chamanes, al obispo Lévêque, *Excurs. sur le schammanisme*, pp. 298-304. Estas convulsiones son tan violentas y horrorosas que los europeos no creen que se las pueda soportar (Gmelin, *Reise durch Sibirien*, II, 353. Charlev., *Journ.*, 361-362. Leri, *Voy. au Brés.*, 242-267-298. Carver, 271. Georgi, *Beschr.*, 320-377, 378. Isbrand, *Voy. au Nord*, VIII, 56-57. Roemer, 57. Bossman, *Voy. en Guin.*, 260). Los *demaunos*, o sacerdotes, entre los moradores de las montañas de la India, chupan la sangre de las víctimas y caen en el delirio, o simulan caer en él (*As. Res.*, IV, 69).

14. Georgi, *ibid.*, 378. Gmelin, I, 289; II, 49.

15. Cranz, 268. Biet, 387.

16. Éste es el retrato de un juglar americano, ofrecido por un misionero, de una época no muy remota: «El juglar estaba totalmente cubierto de una o varias pieles de oso muy negras y tan bien cosidas todas que ocultaban totalmente al hombre; la cabeza del oso, así como sus pies y sus largas garras, parecían realmente que habían pertenecido a uno de estos animales vivos. Había colocado sobre esta cabeza dos cuernos enormes; le colgaba por detrás un rabo con un pelo muy tupido y, al caminar, hacía movimientos como si tuviese un resorte. Cuando caminaba a cuatro patas, parecía un oso enorme, sin cuernos y rabo. En la piel, había hecho agujeros para servirse de sus manos en caso de necesidad; pero no se las podía ver, porque estaban recubiertas con las pieles del animal, y él veía a través de los otros dos agujeros, a los que había adaptado trozos de cristal» (Heckewelder, p. 373).

17. Gmelin, II, 87.

18. *Id.*, III, 72.

19. Cuando los *angekoks* anuncian la llegada del dios, se escucha un ruido sordo que aumenta al acercarse al lugar de la ceremonia; luego dos voces claras, la del *angekok* y la del fetiche, separadas una de otra. Cranz, 268.

20. Roemer, *Nachricht. von der Küste Guinea*, 80. Cranz, 273. Egede, *Beschr. v. Groenland*, p. 122.

21. Proiart, 172. Ulloa, *Voy. dans l'Amér. mér.*, II, 171.

22. *Dernier Voy. de Cook*, II, 11; III, 131. Pueden verse restos de esta opinión entre los turcos, los persas y los árabes. La inclinación a suponer que existe algo sobrenatural en el delirio o un trastorno de la intelgencia no es tan ajeno a la filosofía como alguien podría creer en un principio. *Aristoteles*, dice Cicerón (*De divin.*, I, 81), *eos qui valetudinis vitio furerent et melancholici dicerentur, censebat habere aliquid in animis praesagium atque divinum* [Aristóteles pensaba que esos que deliran debido a una falta de salud y que son llamados melancólicos tienen en su espíritu algún conocimiento anticipado y sobrenatural].

23. Georgi, *Beschreib.*, 376. Los *angekoks* escogen como alumnos a niños epilécticos. Cranz, 268-270.

24. *Relation d'un voyage en Sibérie*, por el señor Chappe d'Autroche.

25. Boulanger, *Antiquité dévoilée par ses usages.*

26. Hennepin, *Voy. au Nord*, vol. IX.

27. *Ibid.*, 275.

28. Lo mismo sucede en América. «Me contó un antiguo misionero», dice Lafiteau (*Mœurs des Sauvages*, I, 365), «que un salvaje soñó que la felicidad de su vida estaba ligada a la posesión de una mujer casada con uno de los notables de la aldea donde vivía; por eso, le propuso que se la cediera. El marido y la mujer vivían muy unidos y su amor era grande; no obstante, no se atrevieron a rechazar la petición. Y se separaron. La mujer adquirió un nuevo compromiso; y el marido abandonado decidió alejarse, por consejo, del lugar por complacencia y para evitar cualquier sospecha de que aún pensase en su primera esposa. No obstante, volvió a unirse a ella cuando murió el que los había separado, lo cual ocurrió poco tiempo después». Un salvaje había soñado que sus enemigos lo habían hecho prisionero y, por eso, quiso que sus amigos realizasen el sueño, tomándolo como un enemigo y tratándolo como un esclavo, y se dejó quemar durante largo tiempo para eludir la predicción de un sueño tan funesto (*ibid.*, 366). El respeto por los sueños llevó a varias tribus americanas a celebrar en su honor una fiesta que se asemeja, en ciertos aspectos, a las Saturnales de los antiguos y al carnaval de los modernos (*ibid.*, 367).

29. Charlevoix, *Journal*, 354.

30. *Ibid.*

31. *Ibid.*, 355.

32. Cavazzi, *Relat. hist. de l'Ethiopie occidentale*, II, 222-234. Dobrizhoffer, *Hist. des Abipons*, II, 84. Por lo demás, esta credulidad de los salvajes no debe parecer sorprendente. Los mismos españoles aseguran que asistieron a las apariciones de las sombras evocadas. *Hispani complures persuasissimum sibi habent manes spectabiles fieri* [muchos hispanos están firmemente persuadidos de que las almas de los muertos se aparecen]. Dobrizhoffer, *ibid.*

33. *Odisea*, XI.

34. Basta recordar, como prueba, a Proteo, en la *Odisea*; a la Sibila y Sileno,

en Virgilio; a Elías y la Pitonisa, en el Antiguo Testamento. Las contorsiones de Pitia se parecían mucho a las de los juglares. *Mém. de l'Ac. des inscript.*, XXXV, 112. El terror de la acción del dios sobre ella era tan fuerte que, a veces, intentaba eludirlo. *Veritam se credere Phoebo prodiderant* [Evidenciaban que ella había tenido miedo de entregarse a Febo] (*Farsalia*, V, 156 s.).

CAPÍTULO 7

Consecuencias de la influencia de los juglares en el culto de los salvajes

1. Roemer, *Nachricht. von Guinea*, pp. 43 s.
2. Steller, *Description du Kamtschatka*, pp. 253 s.
3. Proiart, *Hist. de Loango.*
4. Esta teoría del refinamiento en el sacrificio se vuelve con frecuencia en contra de los sacerdotes que hacen uso de él. Los buriatos, en los peligros apremiantes, sacrifican a sacerdotes: creen que una víctima de esta importancia debe de ser de suma eficacia.
5. En varias regiones de África y en las islas del mar del Sur, se inmola a niños a cuyas madres se les obliga a asistir al sacrificio (Snellgrave, *Relig. of. Guinea*, Introd. Cook, *Dernier Voy.*, I, 351; II, 39-43-203). Cf. también Lindemann, *Gesch. der Meyn.*, III, 115. En la isla de Célebes, los padres matan a sus hijos con sus propias manos. En Florida, la madre de la víctima se coloca frente al tajo fatal, mientras cubre su rostro con las manos y lamenta su suerte. Lafiteau, *Mœurs des Sauvages*, I, 181.
6. *Parallèle des religions*, t. I.
7. *Culte des dieux fétiches.* Lindemann, *Geschichte der Meyn.*, etc.
8. El *belli*, del que hablamos anteriormente. El himno así cantado se llama el *belli-dong.*
9. El señor de Voltaire es, de todos los escritores, el que combatió con más obstinación los relatos de los antiguos sobre las fiestas licenciosas y la prostitución de los babilonios. Tenía en ello la ventaja de ridiculizar a un hombre mucho menos espiritual que él, sin duda, y al que su irascibilidad lo había alineado entre los enemigos de la filosofía, porque este hombre había tenido la desgracia de contradecir sus narraciones, algunas veces parciales, y sus afirmaciones un tanto atrevidas. Pero no es fácil de comprender cómo el señor de Voltaire, que había estudiado más que nadie los efectos de la superstición, y que conocía todo su poder, se obstinó en considerar como inadmisibles estas desviaciones atestiguadas por todos los historiadores de la Antigüedad, y que, sin duda, no eran más increíbles que muchas otras muy discutidas. ¿No vimos, en algunas sectas cristianas, la promiscuidad de las mujeres, la desnudez, los contactos inmodestos, las prácticas más obscenas erigidas en deberes religiosos? ¿Era más difícil imponer al esposo el sacrificio del pudor de una esposa que obligar al padre a apuñalar a su hijo o a arrojar a su hija a las llamas? Vendrá un tiempo, sin duda, en el que los autos de fe nos parecerán tan imposibles como los ritos licenciosos. Vendrá un tiempo en que nadie querrá creer que los reyes de las naciones civilizadas hayan asistido pomposamente al suplicio terrible de niños, mujeres y ancianos, y que una reina haya creído agradar al cielo sacando un ojo a su confesor al que llevaban a la hoguera. Sin embargo, a menos que se discuta lo que una gene-

ración poco anterior a la nuestra vio con sus propios ojos, habrá que admitir, sin duda, estos horrores que se tendrá el honor de no comprender. El señor de Voltaire, en todas sus investigaciones sobre los tiempos remotos y los pueblos lejanos, parece pensar que, al ser los hombres los mismos en todas las épocas y en todos los países, lo que la buena compañía no podía hacer en París, no había podido hacerlo en Hierópolis o en Ecbatana. Este principio, apropiado para contentar a una mente ágil, impaciente por zanjar todas las cuestiones, sólo puede conducir al error cuando se aplica en un sentido absoluto. Se debe adoptar, sin duda, como base de las opiniones y de las acciones humanas, las inclinaciones y las disposiciones propias de nuestra naturaleza; pero el conocimiento de estas disposiciones y de estas inclinaciones debe conducirnos al descubrimiento de las causas, a la explicación de los motivos, y no a la negación de los hechos, cuando, por lo demás, son atestiguados por autoridades respetables. No se puede asignar límites a las extravagancias y a los oprobios a los que la superstición arrastra a los pueblos, y, si combatir con epigramas testimonios unánimes e irrecusables es una buena manera de tener éxito en un tiempo de ligereza y de ignorancia, como razonamiento es deplorable y el más vicioso de todos para llegar a la verdad.

10.   Si alguien estuviese tentado de oponernos las fiestas misteriosas de Grecia y de Roma, le rogaríamos que mantuviese en suspenso sus objeciones hasta nuestra exposición sobre la composición de los cultos sacerdotales, comparados con la religión griega y romana. No exponemos nada sin prueba; pero no podemos decir todo a la vez.

11.   Al indicar aquí esta causa moral de las ceremonias licenciosas, parte esencial de los cultos de Egipto, de la India, de Fenicia y de Siria, estamos lejos de excluir las explicaciones científicas y cosmogónicas. Pero estas explicaciones, que se vinculan a sistemas de filosofía sacerdotal, sólo se podrán examinar más adelante. Es natural reconocer en los juglares el mismo cálculo que en las corporaciones de sacerdotes, que ocuparon su lugar, ya que el interés de estas corporaciones era el mismo que el de los juglares; pero sería absurdo atribuirles la misma ciencia o los mismos errores bajo las apariencias de ciencia.

12.   Se verá que, mientras los dioses de Grecia se elevaron a una belleza ideal, los de Egipto y los de la India siguieron siendo monstruosos.

13.   Lafiteau, *Mœurs des Sauvages*, I, 101.

14.   Charlevoix, *Journ.*, p. 364.

15.   Rytschow, *Journ.*, pp. 92-93. Gmelin, II, 359-360. Todos los dauros (tribus de negros) se creen adivinos. En el reino de Issini, en la Costa de Marfil, sólo hay un sacerdote, llamado *osnon*, al que sólo tiene acceso el rey. Los particulares eligen algún adivino, al que acuden y que cambian según les place.

16.   Cuando, en algún peligro inminente o en alguna expedición importante, un salvaje reúne a varios juglares, que aportan sus fetiches individualmente, surge, de ordinario, entre ellos la disputa, y la conferencia termina en querellas y violencia. Dobrizhoffer, *Hist. des Abipons*, II, 84. Dutertre, *Hist. gén. des Antilles*, II, 368.

17.   Entre los lapones, los americanos y los kamchadales, quien ve aparecérsele su genio se convierte en sacerdote. Charlevoix, *Journ.*, p. 364. Entre los habitantes de las montañas de Rajmahall, es el *maungy* o jefe político quien oficia en los ritos religiosos (*As. Res.*, IV, 41).

18. A los chamanes de Siberia se les paga tan mal que se ven obligados a alimentarse de su propia caza o de su propia pesca.

19. Al afirmar que el poder de los sacerdotes es, de ordinario, muy limitado entre las hordas salvajes, no pretendemos discutir que no existan excepciones a esta regla que merezcan explicarse. Así, en el reino de Juidah, en Nigricia, las ofrendas al fetiche nacional, que es una gran serpiente, se entregan a los sacerdotes, los únicos que tienen derecho a penetrar en el templo y que forman una corporación hereditaria, con igual poder que el rey de esta horda (*Culte des dieux fétiches*, p. 31). Pero es en el libro siguiente, consagrado a investigar las causas de la autoridad ilimitada del sacedocio en varios países, donde deberemos ocuparnos de las excepciones.

20. Volney, *Voy. aux États-Unis*.

21. Roger Curtis, *Nachricht von Labrador*, en Forster y Sprengel, *Beytraege zur Voelkerkunde*, I, 103. Herder, *Ideen*, II, 110.

22. Los peschereys, en el extremo de América meridional, carecen de sacerdotes, según nos dicen los viajeros. Herder, I, 65. Por eso, son los más atrasados y los menos inteligentes de los salvajes. Herder, I, 237.

23. Cf. Heckewelder, *Mœurs des Indiens*, caps. 29 y 31.

24. Herder, *Ideen*. Esto no está en contradicción con lo que dijimos anteriormente sobre las privaciones que el sacerdocio impone. Estas privaciones no pueden ser más que una excepción a la regla: sin esto, la sociedad perecería, lo que no interesa a los juglares.

LIBRO III
DE LAS CAUSAS QUE FAVORECEN EL CRECIMIENTO DEL PODER SACERDOTAL, DESDE LOS PRIMEROS PASOS DE LA ESPECIE HUMANA HACIA LA CIVILIZACIÓN

CAPÍTULO 2

Del estado social más próximo al estado salvaje

1. Heródoto.

2. El fetichismo sobrevive incluso al establecimiento del teísmo, cuando esta creencia se extiende a las tribus poco civilizadas. Los negros mahometanos conservan el uso del Mumbo Jumbo, uno de sus antiguos fetiches, terrible para las mujeres rebeldes, a las que llevan ante este simulacro para entregarlas a su cólera (*Parallèle des relig.*, I, 175).

3. Un importante escritor alemán (Rhode, *Ueber Alter und Werth einiger morgenlaendischer Urkunden*), vislumbró la división de la que hablamos aquí, pero, a nuestro entender, no buscó suficientemente sus causas. «En los pueblos antiguos», dice, «en un tiempo anterior al comienzo de la historia más antigua, tal como se presenta ante nosotros, existen dos sistemas de religión, opuestos directamente. El primero, que, sin duda, precedió al otro, consistía en una simple adoración de la naturaleza. El mundo físico era todo. Todo nacía de él, todo dependía de él. Se divinizaron las fuerzas activas y los cuerpos mediante

los cuales actuaban estas fuerzas; y se imaginó a estos dioses con un cuerpo y semejantes a los hombres. Se expresaron sus relaciones recíprocas en mitos, que se mezclaron bien pronto con la historia de sus primeros adoradores. El segundo sistema es totalmente distinto. Apoyado en una revelación antigua y sagrada, lo sobrenatural se muestra en él puro y sublime. Atrae hacia él y, por así decirlo, absorbe este culto de la naturaleza. En este sistema, todo depende de un ser creador, espiritual, eterno, infinito, muy por encima de las creaturas. El mundo físico no es más que un medio escogido espontáneamente con un fin moral, y sólo tiene valor y existencia por su aptitud para alcanzar este fin. Una vez alcanzado, es decir, cuando el desorden que perturba el mundo espiritual haya cesado, la creación material se aniquilará y el reino del espíritu puro comenzará su eterna duración. Este segundo sistema dominó, desde tiempo inmemorial, en la alta Asia, más allá del Éufrates y del Tigris, en Persia, en Media, en Bactriana, en el Tíbet, en la India, en China y, quizá, en Egipto. El otro lo adoptaron los pueblos que habitaban más acá de estos ríos, salvo los hebreos. Penetró en Grecia y en Italia, con sus mitos multiformes; pero la filosofía griega lo modificó; y, habiéndose introducido en él fragmentos del segundo sistema, éstos compusieron los misterios de Eleusis y de Samotracia». Hay en todo esto muchas verdades: pero el autor no se dio cuenta de que había dos grandes lagunas. 1) ¿Cuál fue la causa que dividió en dos categorías desemejantes las ideas religiosas? 2) ¿Llegó hasta el pueblo el sistema metafísico, que, en nuestra obra, nosotros consideramos como sacerdotal? No lo creemos. En el segundo sistema siempre estuvo presente el primero. El pueblo ofreció sus homenajes a los objetos invisibles, y las abstracciones sacerdotales no influyeron nunca sobre él.

Capítulo 3

De las causas que, sólo secundariamente, pudieron contribuir
a la expansión de la autoridad sacerdotal

1. *Lettres édifiantes*, VIII, 339-345.
2. Pallas, *Reisen*, I, 359. Georgi, *Beschreib.*, XIII. Hogstroem, p. 15.
3. Al recordar esta tradición india, no pretendemos plantear aquí ninguna de las cuestiones que hacen referencia al origen y a la existencia de los samaneos, ya como nación, ya como secta. Nos es indiferente que se considere a los samaneos como una colonia china, que habría penetrado en una parte de la India, o como una secta de filósofos indígenas, reformadores religiosos, discípulos de Buda, enemigos de la división en castas, expulsados de su patria y triunfadores en otras comarcas. Cada una de estas opiniones tiene su fundamento: la última se apoya en grandes probabilidades. El nombre de samaneo puede provenir de un término sánscrito, *sammen*, que significa hombres que superaron sus pasiones; y es digno de destacar que Clemente de Alejandría y san Jerónimo, que dan a los gimnosofistas el nombre de σημνοί y de σαμαναîοι, mencionen al mismo tiempo a Buda, mientras que Porfirio atribuye a los samaneos un régimen monástico parecido al de los sacerdotes budistas. Pero, cualesquiera que sean estas conjeturas, un hecho es cierto. Los indios dicen que sus conocimientos provienen de los samaneos; los brahmanes hablan de la *nación de los samaneos*

a los que suplantaron (Lacroze, *Christ. des Indes*), y la tradición más antigua y más universal de la India afirma que los ancestros de los brahmanes y de los *nayrs* o *cutteries* (guerreros) vinieron del Septentrión, y subyugaron a los primeros habitantes de esta comarca (Legentil, vol. I, pp. 90-91), lo que demuestra que los indios mismos, a pesar de sus pretensiones de antigüedad, rinden homenaje a la opinión común de todos los pueblos, por la cual todos atribuyen su civilización a diversas colonias. Cf., en cuanto al fondo de la cuestión, Klaproth, *Asia polygl.*, pp. 42 s.

4. Desde los descubrimientos recientes del señor Champollion joven, descubrimientos que confirman las investigaciones de los eruditos alemanes, habríamos podido remplazar el término de semejanza por el de certeza, teniendo, sin embargo, la precaución de observar que la civilización de Egipto por los etíopes no prejuzga en absoluto la originalidad de la civilización etíope, que pudo llegar desde la India a Etiopía, para ser transplantada luego de Etiopía a Egipto.

5. Consultad, sobre las semejanzas de los etíopes y los egipcios, sobre las comunicaciones y las invasiones recíprocas de los dos pueblos, Heeren, *Ideen*, I, 431-434. La primera civilización de Egipto vino evidentemente de colonias sacerdotales, que dieron a las tribus nómadas moradas estables y se las sometieron (*ibid.*, 175). Los sacerdotes de Meroe, en Etiopía, acostumbraban a enviar, allí donde su misión era parecida, colonias que transportaban y hacían triunfar, de grado o por fuerza, en sus nuevos asentamientos, el culto de sus dioses y un gobierno parecido al de la metrópoli. Ammonio, en el desierto, según el testimonio formal de Heródoto (11, 42), era una colonia de este tipo: no sólo existían un templo y un oráculo según el modelo etíope, sino que la casta de los sacerdotes elegía también un rey de entre los suyos, y que no era, como en Meroe, más que su instrumento o, más bien, su esclavo (Diod., 11). Tebas y Elefantina, en el Alto Egipto, eran otras dos colonias parecidas; pero las numerosas revoluciones políticas de Egipto les impidieron permanecer tan fieles a las costumbres de su patria primitiva como Ammonio (Heeren, *Ideen*, II, 441-518, 567). Debió de perderse el recuerdo de varias de estas colonias. Algunas veces, surgen monumentos contra el silencio de la historia. Durante la destrucción de Persépolis por los mahometanos, se descubrió, en los cimientos de uno de los principales templos de esta ciudad, una piedra preciosa llamada *tutya*, que no existe más que en la India, sin que nada indicase cómo había podido llegar allí (Goerres, *Mythen Gesch.*, I, 261). Los caldeos, dice Abulfarage (*Hist. dyn.*, p. 184), enseñaron a los hombres de Occidente a levantar templos a las estrellas. ¡Cosa singular! La organización del sacedocio indio se reproduce en algunas islas del mar del Sur (Forster, *Voy. round the World*, II, 153-154. Fréville, I, 458). Por eso, es probable que estas islas fuesen pobladas por colonias indias. Los galos sólo conocieron el uso de las estatuas por el comercio con los fenicios (*Mém. Ac. inscr.*, XXIV, 359-360). Justino, que, en lo que nos dice sobre la Galia, merece alguna confianza como recopilador de Trogo Pompeyo, galo de origen, afirma que los galos, antes de ser civilizados por colonias, adoraban las piedras, los árboles, las armas; es decir, que, en esa época, profesaban un culto parecido al de los salvajes. Colonias fenicias llegaron a sus territorios. Fenicia estaba sometida, desde siempre, a corporaciones sacerdotales, cuyas colonias

llevaron a la Galia todas las doctrinas y todas las costumbres. Se observa la más perfecta conformidad en las instituciones e incluso en los dogmas de los dos pueblos. (Cf. sobre el comercio de los pueblos antiguos con los galos, Bochart en Chanaan, *Mém. de l'Acad. des inscript.*, VII; sobre el culto de Isis, que se extendió hasta Turingia y Silesia, Meiners, *Crit. Gesch.*, I, 124. Laureau, *Hist. de France avant Clovis.*)

CAPÍTULO 4

De la causa que, siempre que existe, otorga al sacerdocio mucho poder

1. No presentamos como propia la opinión de que la astrolatría es una de las dos formas primitivas de la religión. Se parece al sistema que hace de la astronomía la base de todos los cultos. Sólo que, a nuestro entender, los sabios que adoptaron esta hipótesis cometieron dos errores. En primer lugar, la aplicaron sin distinción a todas las naciones del globo, mientras que varias pudieron seguir un camino totalmente diferente. En segundo lugar, no se dieron cuenta de que, incluso entre los pueblos cuya religión descansaba únicamente en la astronomía, existió siempre, bajo el culto científico, un culto puramente popular, cuya explicación no había que buscar en la ciencia, sino en las pasiones o en los intereses, que son siempre y en todas partes los mismos.

Veremos más adelante que este culto popular era necesariamente un fetichismo, más o menos disfrazado, pero que, elaborado por los sacerdotes, se asociaba con el culto científico y se confundía con él. Por ello, cualquier explicación que parta de una sola idea es necesariamente más o menos falsa.

La adoración de los astros y de los elementos se introduce en el fetichismo; éste se coloca bajo la adoración de los elementos y de los astros: por un lado, porque los pueblos que comienzan por la astrología quieren, para sus hábitos diarios, dioses más individuales; por otro, porque los que hablan del fetichismo colocan los astros y los elementos entre sus fetiches (Georgi, *Beschr. Russ. Voelkersch.*, p. 289. Adair, *Hist. of the Amer. Indians*, p. 217). Las hordas fetichistas que, en África (Desmarchais, *Voy. en Guinée*, I, 100), en América (Ulloa, *Voy. en Amér.*) y en Kamchatka (Steller, *Descript. du Kamtschatka*, p. 281), no rinden ningún culto a los astros, son las más rudimentarias de todas. Las menos salvajes, y al tiempo las más numerosas, sin hacer de ellos sus únicas divinidades, las consideran, sin embargo, como divinidades (Acosta, *Hist. nat. y moral de las Indias*. Laet, *Beschryv. v. Vest-Ind.*, p. 164. Torti, *Relation de la Louisiane*). Pero subsiste siempre una distinción fundamental. Entre las naciones que comienzan por la astrolatría, los dioses terrestres sólo ocupan un lugar subalterno. Los elementos y los astros ocupan siempre el primer rango. Los egipcios, según Diodoro (fragmento citado por Eusebio, *Praep. evang.*, libro II), distinguían dos clases de dioses; unos, eternos e inmortales, como el sol, la luna, los planetas. Añadían los vientos y todos los seres de igual naturaleza. Los dioses nacidos en la tierra formaban una segunda clase. Los pueblos, por el contrario, que, siendo fetichistas en un primer momento, divinizan luego las constelaciones como objetos visibles, o los elementos como fuerzas misteriosas, no los colocan a la cabeza de la jerarquía celeste. Apolo y Diana, por ejemplo, en la mitología griega, son dioses secundarios y distintos del sol y de la luna, que los griegos llaman Helios y Selene. Sólo en una época muy posterior del politeísmo griego los poetas los confundieron. En la época de los trágicos, no había existido esta confusión. Esquilo distingue los rayos del sol y los de Apolo (*Suplicantes*, 198). Eurípides no considera a Diana como la luna, sino como el genio tutelar de este planeta (*Ifigenia en Áulide*, 1570). De esto se desprende que, a pesar de todas las adiciones posteriores, los dos cultos conservan su tendencia primitiva.

2. «¿Qué cosa más natural para los egipcios, cuya salvación se relacionaba con un acontecimiento periódico, que tener, desde el momento en que se establecieron en el delta, una clase de calculadores, de géometras y astrónomos?» (Herder, *Phil. de l'hist.*, III, 117).

3. La piromancia era una parte de la religión de los persas. El fuego, dice el Zend Avesta, Izeschné, II, 67, proporciona el conocimiento del futuro, la ciencia, e inspira discursos amables.

4. «Los sacerdotes egipcios», dice Diodoro, I, 2, 23, «poseían tablas astronómicas diseñadas desde tiempo inmemorial, y el amor a esta ciencia les era hereditario. Estudiaban las influencias de los planetas sobre los seres sublunares, y determinaban los bienes y los males que sus diferentes manifestaciones anunciaban a los hombres». Existía en Egipto una corporación de sacerdotes entregados especialmente a la astrología. Llevaban, en las fiestas, los símbolos de esta ciencia (Clemente de Alejandría, *Strom.*, VI. Schmidt, *De sacerdot. et sacrif. Aegypt.*, 152-156).

5. Para los pueblos que rinden culto a los elementos, los fenómenos naturales son como otros tantos signos, mediante los cuales la propia naturaleza habla a todos los hombres indistintamente un lenguaje que sólo los preparados pueden entender (Creuzer, trad. de Guigniaut, p. 4).

6. «Una clase de hombres entregada especialmente a la observación de los astros», dice Volney, «había llegado a descubrir el mecanismo de los eclipses, a predecir su vuelta; el pueblo, sorprendido por esta facultad de predicción, pensó que era un don divino, que podía extenderse a todo. Por una parte, la crédula e inquieta curiosidad, que siempre quiere conocer el futuro; por otra, la astuta codicia, que quiere acrecer continuamente sus goces y sus posesiones, actuando de concierto, crean un arte metódico de engaño y charlatanería que se llamó astrología, es decir, el arte de predecir todos los acontecimientos de la vida mediante la inspección de los astros y el conocimiento de sus influencias y de sus aspectos. Al ser la verdadera astronomía la base de este arte, sus dificultades lo restringieron a un pequeño número de iniciados, que, con los diversos nombres de videntes, de adivinos, de profetas, de magos, se convirtieron en una corporación sacerdotal muy poderosa en todos los pueblos de la Antigüedad» (*Rech. sur l'hist. ancienne*, I, 172-173). Quizá, en este pasaje, el autor atribuye demasiada influencia al artificio y a la impostura. Quizá la astrología tuvo un origen distinto del engaño. Los astros, y en general los fenómenos físicos, pudieron ejercer una acción más importante sobre el hombre, antes de que la civilización y los descubrimientos que conlleva lo hubiesen rodeado de defensas que lo protegieran de las impresiones externas. Esta acción sigue teniendo cierto peso en lo que respecta a los animales; los enfermos la experimentan, y los salvajes no son insensibles a ella. En la infancia del género humano, pudo

existir una correspondencia más íntima entre la naturaleza física y el hombre. Sin duda, esta correspondencia nunca tuvo como resultado la predicción de los acontecimientos que pertenecen a la esfera del mundo moral, es decir, que dependen de la inteligencia y de la voluntad. Pero pudo dejar presentir, de un modo que ya no percibimos, los acontecimientos físicos, como las tormentas, los terremotos, las grandes calamidades materiales. En este sentido deben interpretarse las palabras del poeta : «Al subyugar a la naturaleza, levantamos barreras entre ella y nosotros: y, para vengarse de ser esclava, guardó silencio». No es que la especie humana no haya hecho bien actuando así. Al triunfar sobre el mundo material, cumple con su destino, sigue su camino; pero, dueña hoy de lo que en otro tiempo la dominaba, no debe negar la posibilidad de un estado diferente; estado en el que el hombre, impotente contra las impresiones del exterior, y sometido a su acción irresistible entonces, buscaba recursos proporcionados a esta situación inerme y examinaba con atención estas impresiones, en vez de dominarlas y vencerlas.

Capítulo 5

Hechos que apoyan las aserciones anteriores

1. Lafiteau, *Mœurs des Sauvages. Allgem. Gesch. der Laend. und Voelk. von America.*

2. Rochefort, *Hist. nat. et mor. des Antilles.* Coréal, *Voy. aux Ind. occid. Allgem. Hist. der Reis.*, XVII. Lescarbot, en *Purchass Pilgrim.* Garcilaso de la Vega, *La florida del Inca.*

3. Hay duda de que los giagos sean una tribu; quizá son una secta; pero, en cualquier caso, probaría mejor nuestra aserción, ya que la adoración de los astros, al reunir a salvajes de varias tribus, habría creado una horda aparte, que profesaba un culto distinto, y subyugada por los pontífices de este nuevo culto.

4. *Parallèle des religions*, I, 70.

5. *Culte des dieux fétiches*, p. 31.

6. Debemos hacer ver a nuestros lectores que, aunque, por el momento, sólo tengamos que hablar del estado social más próximo al estado salvaje, no se puede establecer la distinción de las épocas en los pueblos a los que el sacerdocio subyugó, mientras que es evidente en los anales de los pueblos independientes. Esto no proviene sólo de los monumentos históricos, como lo observa Goerres *(As. Myth. Gesch.*, II, 445-447) a propósito de Egipto, con más de dos mil años de historia, de la que sólo conocemos la última quinta parte, de todas, la menos nacional y la más impregnada de importanciones extranjeras. Proviene también de que, con los sacerdotes, cuando poseen el poder, la especie humana alcanza un grado de civilización necesaria a su existencia y a su poder. Entonces detienen su avance, sin permitirle un solo paso más. Otra cosa muy distinta sucede con las naciones que disfrutan de su libertad. Comparad los griegos de Homero con los de Pericles: veréis, en cualquier nación, un progreso regular y claro. Comparad los egipcios, tal como se nos los describe en tiempos de Menes o de Technatis, y aquellos de los que tenemos nociones más claras en tiempo de Samético: veréis en la nación la misma ignorancia, y sólo los sacerdotes habrán avanzado.

De ello se deriva que, al tratar en este capítulo del poder de los sacerdotes en el primer peldaño de la civilización, nos vemos obligados, por lo que respecta a las naciones sacerdotales, a sacar nuestras pruebas de todo el recorrido de su historia, mientras que, en los griegos, nunca deberemos ir más allá de los tiempos heroicos.

7. En Egipto, observa el señor de Paw, todo hace alusión a la astronomía. La coraza del faraón Amasis, consagrada a Minerva en la isla de Rodas, era notable por la trama, en la que cada hilo estaba compuesto por otros trescientos sesenta y cinco, en alusión a la duración del año. Heródoto describe esta coraza (*Rech. sur les Eg. et les Chinois*, II, 319). Los edificios más importantes de Egipto, el Laberinto, el Memnón, etc., sólo estaban destinados a mostrar a la mirada símbolos de ciclos astronómicos y a conservar su conocimiento. Al mismo tiempo, por una razón que ya indicamos más arriba, los elementos eran adorados con los astros. Se podía leer sobre un obelisco los nombres de los ocho grandes dioses egipcios. Estos dioses eran el Fuego, el Agua, el Cielo, la Tierra, el Sol, la Luna, el Día y la Noche (Teón de Esmirna, *De mus.*, cap. 17. Zenobio, *Cent. Prov.*, cap. 78).

8. Selden, *De diis Syr.* Montfaucon, *Antiq. expl.*, t. II, pp. 2, 389.

9. Los persas, dice Heródoto, ofrecen sacrificios al Sol, a la Luna, a la Tierra, al Fuego, al Agua y a los Vientos. Son los únicos dioses a los que sirven desde antiguo... Llaman Júpiter a toda la bóveda del cielo (I, 131). Puede consultarse también Diógenes Laercio (*Prooem.*). Los elementos eran para los persas, dice Clemente de Alejandría, lo que las estatuas para los griegos, y los animales, para los egipcios. Los güebros, descendientes de los persas, aún conservan tal respeto por el fuego y el agua que no se atreven a emplear ésta para apagar aquél. Poner frente a frente dos elementos sagrados les parecería un crimen.

10. Fírmico. Heródoto. Estrabón, XV. Zend Avesta, *passim*.

11. Los historiadores chinos que hablan de la religión de los persas bajo los reinados de los Sasánidas, se expresan en los mismos términos que Heródoto. La mayor parte de las oraciones en el Zend Avesta se dirigen a los elementos y a los astros. La caverna en la que, según Porfirio (*De antro nymph.*, 6), vivía Zoroastro, en las fronteras con Persia, representaba las zonas terrestres y los elementos figurados (Clem. de Alej., *Strom.*, V, 5). Dijimos anteriormente que el culto de los astros y el de los elementos acaban siempre por combinarse. Se puede ver, en las investigaciones del señor de Hammer (*Annales de Vienne et de Heidelberg*, y *Mines de l'Orient*), cómo se realizó esta combinación en Persia. «Los libros Zend», dice Creuzer (trad. fr., I, p. 352), «de acuedo con los monumentos y los testimonios de los autores griegos, demuestran que Mitra es el sol. El Zend Avesta llama a este astro el Ojo de Oromazo, el héroe deslumbrador y que recorre su camino con confianza, el que hace fecundos los desiertos, el más elevado de los Izeds, que no duerme nunca, el protector del país». Cf. *ibid.*, p. 355. Los siete reyes profetas de Persia, nombrados en el *Desatir* (cf. Libro III, cap. 8, nota 20), se distinguen todos por el culto especial a un planeta. Más tarde, y tendremos ocasión de demostrarlo al tratar del supuesto teísmo de los persas, muchas nociones extranjeras penetraron en su religión y, por eso, la adoración de los elementos se concentró en algunas sectas de los magos (Casiodoro, *Hist.*

tripart., X, 30). Una de las principales atribuía el origen de las cosas a los tres elementos, el fuego, la tierra y el agua (Hammer, extractos del *Burhani-Katii*).

12. Existe todavía hoy en la India una secta, poco numerosa en verdad, que no reconoce otro dios que el sol. Todas las fábulas indias tienen una clara relación con la astronomía. Expondremos una más adelante. El dios Agni se enamora de las mujeres de los siete *rishis*, tan célebres en la mitología india; la esposa de este dios, temorosa de la cólera de estos santos varones si él seducía a sus mujeres, tomó la figura de cada una de ellas y, de este modo y con este engaño, satisfizo a su marido. Sin embargo, los *rishis* irritados se separaron de sus esposas, a las que se las colocó en el zodiaco y se convirtieron en planetas *(As. Res.*, IX, 86-87). Igualmente, los doce Aditias, o hijos de Aditi, hija de Daksa, hijo de Brahma, son el sol que recorre los doce signos del zodiaco, y cerca de ellos están doce genios que presiden los doce meses del año. Al lado de la astrolatría, se encuentra también el culto a los elementos. Los brahmines invocan a la Tierra, el Aire, el Fuego, el Agua, el Cielo, y adoran especialmente a la Tierra. En las plegarias del *Gayurveda*, se invoca a los elementos, algunas veces solos, otras simultáneamente con los dioses que presiden los elementos que se invoca. El adorador dice: ¡Oh Fuego, concédeme la prudencia en virtud de mis ofrendas!; y un instante después: ¡Que el Fuego y Prajapati me otorguen la sabiduría! ¡Que el Aire e Indra me den la ciencia! *(As. Res.*, VIII, 433-434). En un diálogo que forma parte del Sama Veda, varios sabios van a consultar sobre la naturaleza de dios a un rey versado en las cosas divinas, Asvapati, hijo de Cecaya. Pregunta a cada uno de ellos sobre el objeto de su adoración. Uno responde que adora al Cielo; otro, que al Sol; el tercero que al Aire; el cuarto, que al Cielo; el quinto, al Agua; el sexto, a la Tierra. El rey les dice que eso es adorar al Ser supremo, el alma universal, en sus partes separadas, y que se le debe adorar como la unión de todas estas cosas *(As. Res.*, VIII, 463-467).

13. Cf. el último capítulo del Libro VI.

14. «La historia de China habla de la astronomía desde sus comienzos, y sus primeros reyes son astrónomos. En todos los sitios vemos observatorios inmensos, torres levantadas hasta el cielo y vastos palacios, construidos astronómicamente, templos, pirámides orientadas, ciudades de Siete Puertas en honor de los siete planetas, imperios divididos en tantas provincias como el cielo, que llevan el nombre del *decan* o signo que las preside, los números 3, 7, 12, 28, 36, 52, 360, que regulan las sociedades, las ciudades, y que aparecen en las cosas más comunes de la vida. El rey de China se viste con el color consagrado al sol. Diversos emperadores proceden de este astro, de la Luna, del Perro o de la Osa Mayor» (Rabaut, *Lettr. sur l'hist. primit. de la Grèce*, p. 242).

15. Los chinos dirigían sus homenajes religiosos, en otro tiempo, al Aire y a la Tierra (noticia del *Yi-King*, p. 428, *Mém. de l'Ac. des inscript.*, V, 118). Su sistema musical se funda todavía en las relaciones que, según ellos, existían entre estos dos elementos. La bárbara costumbre de arrojar a los niños al río es quizá una huella de la adoración de los ríos *(Mém. sur les Chin.*, II, 40).

16. Los dioses de los mexicanos se dividían en tres clases, como los de Egipto. Los de la primera eran el sol, la luna, los planetas, el agua, el fuego, la tierra, es decir, los elementos y los astros. Los mexicanos, al nacer sus hijos, invocaban principalmente al Agua, a la Luna y al Sol. Los monumentos más antiguos y más

notables de México, las pirámides de Taoti Huacom, estaban consagrados al Sol y a la Luna. Servían, a la vez, de tumbas para los reyes y de observatorios (Clavijero, Humboldt). Los reyes de México se entregaban con ardor al estudio de la astrología. Su año solar era más perfecto de lo que nunca había sido el de los griegos y romanos. El rey de Alcohuacom, Netzahualpilli, que reinaba en el momento de la invasión de los españoles, era tan afamado por sus progresos en esta ciencia que Moctezuma, asustado por funestos presagios, recurrió a él para que se los explicara. El número de sacerdotes *topitzqui*, en México, era portentoso. Llegó a haber seis mil en un solo templo de la capital (Gómara, *Crónica de la Nueva España*, cap. 80). En todo el imperio, se llegaron a alcanzar cuatro millones. Estaban al frente dos sumos sacerdotes, probablemente elegidos por todo el gremio del clero.

17.   El sacerdocio, entre los cartagineses, no parece haber formado una corporación semejante a la de los brahmanes o de los druidas. Sin embargo, se trata de una delegación de la orden del clero, que, compuesta de los principales ciudadanos, en el último asedio de Cartago, fue enviada al campamento de los romanos, cerca de Útica, para conocer del cónsul Censorino la voluntad del Senado (Apiano, *De bello punico*). En todos los casos, los sacerdotes eran muy poderosos en esta república. Varios de ellos llevaban la púrpura, símbolo del poder. Los generales estaban sometidos a los adivinos, a los que no se atrevían a desobedecer (Diod., II). Entregaban, sin la menor resistencia, sus hijos al cuchillo sagrado; y se obligaba a sus colonias a practicar y a conservar intacto el culto de la metrópoli (Diod., *ibid.*), obligación que, como se verá más adelante, es un carácter esencial del politeísmo sacerdotal, en oposición al politeísmo libre.

18.   La prueba de la astrolatría y del culto de los elementos entre los cartagineses se halla en el tratado concluido por Aníbal en su nombre con Jenófanes, enviado de Filipo de Macedonia. Los dioses de los cartagineses se distinguen de los de los macedonios y del resto de Grecia; y los principales de estos dioses son el Sol, la Luna, la Tierra, el Mar y los Ríos (Polibio, VII, 2). Al sol se lo adoraba con el nombre de Baal, Belsamen, Moloc y Melkarth; a la luna, con el de Astarté y el de Urania. El elefante estaba consagrado especialmente a estas divinidades, porque se le atribuía un sentido religioso que le hacía merecedor de sus homenajes (Eliano, *Hist. anim.*, VII, 44. Plinio, *Hist. nat.*, VIII, 1). Himilcón o Almilcar, después de su derrota en Sicilia, sacrificó víctimas al mar, arrojándolas a las olas (Diod., XII, 86); y Polibio refiere (XV, 1) que, antes de su conferencia con Escipión, los embajadores cartagineses adoraron a la Tierra.

19.   *2 Reyes* 23.

20.   Cf. Pelloutier, *Hist. des Celtes*, y el testimonio de Gregorio de Tours, más digno de crédito, porque una crónica es más imparcial que un sistema: *Haec generatio fanaticis semper cultibus visa est obsequium praebuisse, nec prorsus agnovere Deum, sibique silvarum atque aquarum [...] et aliorum quoque elementorum finxisse formas, ipsasque ut Deum colere, eisque sacrificia delibare consueti* [Esta generación dio siempre la impresión de mostrarse obsequiosa con los cultos fanáticos, y por ello no conocieron a Dios, y se inventaron representaciones de los bosques y de las aguas [...] así como de otros elementos y adoptaron la costumbre de rendirles a ellas culto como a Dios y de ofrecerles una especie de sacrificios] (libro II, cap. 10, *ap.* Bouquet, *Recueil*, t. II). Es probable que las hogueras de San Juan sean un vestigio de la adoración de los elementos.

21. Entendemos por idolatría pagana, dice Canuto, el servicio a los ídolos, como el Sol, la Luna, el Fuego, etc. (*L. L., Politic Canuti regis*, cap. *5, ap.* Lindenbr. en *Glossar.*, p. 1473).
22. Tácito, *Germ.*, cap. 40.
23. D'Herbelot, *Bibl. orient.*, t. VI, pp. 96, 144-148.

CAPÍTULO 6

De dos aparentes excepciones

1. *De bello Gallico*, VI.
2. *Germ.*, 2, 7, 9.
3. *Sustulit druidas eorum* [(Tiberio) les suprimió sus druidas (Plinio, *Hist. nat.*, XXX, 13)].
4. Fénelon, *Acad. des inscrip.*, XXIV.
5. Fréret, *Acad. inscr.*, XXIV.
6. Gibbon, cap. 50.
7. Des Brosses, *Culte des dieux fétiches*, p. 111, tomado del *Alsharistani*. Se puede consultar, por lo demás, sobre la antigua idolatría de los árabes, Pococke, *Specim. hist. arab.*; Sale, *Prelimin. Disc. to the Koran*; Assemanni, *Bibliothèque orientale*.
8. Los hamyaritas adoraban al Sol, y la tribu de Takif a la Luna. Mahoma destruyó su simulacro, que querían tanto que intentaron conservarlo varias veces (Abulfeda, *Vita Mohammed.* Pococke, *Specim.*, p. 90). Es probable que la media luna de los turcos tenga su origen en esta antigua adoración de la Luna (Selden, *De diis. Syr.*, p. 189).
9. Sus tres ídolos más célebres, Allat, Alazza y Mana, eran, la primera, un simulacro de piedra; la segunda, un trozo de madera; y la tercera, una piedra informe (Máximo de Tiro, *Dissert.*, 8. Clem. de Alej., en *Protrept.* Arnob., *Adv. gent.*, VI). El ídolo de Thusaré era una piedra negra y cuadrada, de seis pies de alto y dos de ancho, sobre una base dorada. Los árabes la adoran, dice Suidas, con sacrificios, libaciones y fiestas; y Porfirio añade que los dumacianos, en Arabia, inmolaban anualmente a un joven, que enterraban bajo el altar. Los árabes adoraban también a un árbol, probablemente la acacia, y hasta le habían construido un templo, que Mahoma hizo destruir por su general Khaledben-Valid. La tribu de los maudaítas rendía culto al león; la de Morad, al caballo; la de Haar, al águila (Pococke, *Specim.*, p. 93. Hyde, *De rel. Pers.*, p. 133. Sale, *Prelim. Disc.*, p. 24). Cada padre de familia tenía su dios o su fetiche, del que se despedía cuando salía de casa y al que saludaba a la vuelta (Pococke, *Specim.*, p. 95). Algunos ídolos estaban sometidos a la influencia de los astros: se los llamaba *terafim*.
10. El culto de la piedra negra es muy antiguo en Arabia y, sobre todo, en La Meca, según nos cuentan los escritores del país. Cuando Mahoma hizo reconstruir la Kaaba, colocó en la muralla esta piedra, objeto de la adoración del pueblo, y que él quería sustraer a las miradas para poner fin a su culto. Pero los nuevos conversos, apegados a su antigua costumbre, obligaron a los ministros del islamismo a buscar pretextos para motivar su condescendencia en este sentido, e inventaron diversas tradiciones explicativas de la adoración de la piedra

negra (*As. Res.*, IV, 3, 88). Los musulmanes le dieron el nombre de Hagiar-Alasovad. Abdalah, hijo de Zobeir, la mandó quitar y llevarla al santuario de la Kaaba. Hedschadsch la mandó colocar de nuevo en su antiguo lugar. Cuando, bajo el califato de Moctader, los qármatas saquearon La Meca, sustrajeron de nuevo la piedra, pensando, con razón, que se trataba de un antiguo ídolo. Sólo fue devuelta veinte años más tarde. Los califas hicieron colocar una parte en una de las columnas del pórtico de su palacio de Bagdad, y cuantos entraban y salían se creían obligados a besarla. Ningún musulmán creería haber cumplido con su peregrinación a La Meca, sin haber besado varias veces esta piedra maravillosa. Se le atribuye la facultad de flotar en el agua, de alimentar al camello que la lleva y de hacerse, algunas veces, tan pesada, que varios bueyes o camellos no podrían moverla. La antigua historia de los árabes cuenta que esta piedra, adorada desde siempre y oculta en la fuente Zemzem para que no se la profanase, la encontró de nuevo Abdul-Mothaleb, abuelo de Mahoma, iluminado por una revelación milagrosa. Esta anécdota muestra la antigüedad del culto entre los árabes, y las huellas que dejó.

11. Estrabón, libro XVI, atribuye a los árabes, según testimonio de algunos autores desconocidos, una especie de división en castas. Pero Estrabón había recogido sobre Arabia muchas cosas evidentemente falsas.

12. Gagnier, *Vie de Mahomet*, III, 114. Pococke, *Specim.*, 146-150.

13. Probablemente, los sacrificios humanos formaron parte de estos ritos.

CAPÍTULO 8

De la división en castas

1. Klaproth, *As. polygl.*, pp. 42 s.

2. «La diferencia de color y de perfil, entre los criollos españoles y peruanos, no es tan grande», dice Heeren, «como la que se observa entre los brahamines y los parias, y elijo esta comparación con tanto más agrado», añade, «cuanto que el establecimiento de los españoles en el Nuevo Mundo, probando la espada y la cruz, ofrecería quizá la fiel imagen del asentamiento armado de los brahamines entre los autóctonos de la India, si tuviésemos la historia de estos últimos» (*Ideen*, I, 610).

3. Cf., más adelante, la nota 32.

4. *Política*, VIII, 10.

5. «El deber natural del brahmán es la paz, la abstinencia, el celo, la pureza, la paciencia, la rectitud, la sabiduría, la ciencia y la teología. El deber natural del *cuttery* es la valentía, la gloria, la generosidad y la nobleza. El deber natural del *vaisya* es el trabajo, el cuidado de sus campos y de su comercio. El deber natural del *sudra* es la esclavitud» (*Bhagavad Gita*, p. 130).

6. Herder, *Phil. de l'hist.*, III, 35.

7. *Voy. en Arabie*, II, 17.

8. Un autor alemán (Meiners, *De orig. castar. Comm. Soc. Goett.*) propuso, sobre el origen de las castas, un sistema ingenioso, pero admisible sólo para uno de los países cuya historia nos muestra claramente dividido en castas; nos referimos a Egipto, la India y Etiopía. Habla de dos migraciones: a la primera

la habría dominado la segunda, y considera la clase intermedia como el producto de la mezcla de las dos clases primitivas. Esta hipótesis es admisible si se la restringe a Egipto. Egipto fue poblado, como ya tuvimos ocasión de ver, por colonias etíopes e indias (Meiners, *Hist. gén. hum.*, p. 29. Kaempfer, *Hist. du Japon*, II, 90. Rooke, p. 23. Heeren, *Ideen*, II, 565-568, y, sobre todo, la nota 7); y la división en castas, establecida en la India y en Etiopía, puede ser obra de los colonos en sus nuevos asentamientos. Debió de mantenerse allí con la ayuda de las numerosas razas que acudieron en su ayuda. Heródoto describe a los egipcios como un pueblo de raza negra y cabello crespo (II, 104). Es cierto que hubo en Egipto varias razas de hombres, que se entregaron a violentos combates: en algunos de los monumentos recientemente descubiertos, se ve que hombres pelirrojos atacan o matan a hombres negros (Denon, *Voy. en Egypte*, II, 228. Heeren, II, 544-551), mientras que, en otros más numerosos, en los bajorrelieves del templo de Osiris, por ejemplo, en la isla de File, son los hombres negros los que matan a los pelirrojos, a los que muchos eruditos consideraron, con cierto fundamento, hicsos, pastores, o judíos (Goerres, *As. Myth. Gesch.*, pref., XXXII-XXXIII). Pero, cuando el autor de esta hipótesis, que explicaría de un modo satisfactorio el transplante de la división en castas de un país a otro, quiere aplicarla al origen de esta institución, sus razonamientos no están fundados. Toda colonia, cuya patria primitiva no hubiese estado dividida en castas, no habría introducido en otro lugar esta división. Se puede atribuir, pues, a colonias indias o etíopes la división de los egipcios en castas; pero se deberá explicar siempre el origen de esta división en la India o en Etiopía; y si se afirmase, según una tradición recibida (*Voy.* de Legentil, I, 90-91), que los propios ancestros de los brahmanes eran extranjeros, sólo se habría dado un pequeño paso en la resolución de la objeción.

9. *Journal* de Charlevoix.

10. Iserts, *Voy.*, p. 224.

11. Porter sobre los turcos.

12. *Voyages d'Acerbi*.

13. Pennant, *A Tour in Scotland*.

14. II, 968-976.

15. Meiners, *Crit. Gesch. der Relig.*, I, 229-251.

16. Sin embargo, las ideas de impureza, propias de los hebreos, sin relación alguna con las instituciones de las castas, introdujeron en algunas sectas judías algo parecido. Los esenios estaban divididos en cuatro clases, separadas entre sí casi tanto como las castas indias. Cuando un miembro de la casta superior entraba en contacto con un individuo de una de las otras tres, se purificaba, como si se hubiese manchado por el contacto de un extranjero.

17. Porfirio. Schmidt, *De sacerd. et sacrif. Aeg.*, p. 57.

18. Brahma, viendo que la tierra estaba vacía de personas, creó de su boca un hijo al que llamó Brahmán, y que fue el origen de la casta de los brahmanes. Brahmán, cuya misión consistía en interpretar y propagar la palabra divina, se retiró a la profundidad de los bosques. Allí se veía amenazado continuamente por los animales feroces. Invocó a su padre contra estos peligros. Del brazo derecho de Brahma salió entonces un *cuttery* (guerrero) que, al casarse con su hermana, que el creador había sacado de su brazo izquierdo, fue el origen de la

segunda casta. Pero entregado totalmente a la defensa de su hermano mayor, no podía cultivar la tierra ni subvenir a sus necesidades. De la pierna derecha de Brahma nació Vaisya: de él proviene la casta de los agricultores y de los comerciantes. Finalmente, para realizar los trabajos serviles, el pie derecho de Brahma engendró a un hijo, Sudra, quien, igual que sus descendientes, fue consagrado a la servidumbre (Polier, *Myth. des Indiens*).

19. Arriano, VII. Estrabón, XVI.

20. *Dabistán*, pp. 35-50; trad. de Dalberg. El *Dabistán* se consideró, durante mucho tiempo, como una traducción persa de un manuscrito pehlvi realizada por un mahometano de Cachemira, Sheik Mohammed Mohsen, apodado Fani. Pero hoy parece más verosímil, según las investigaciones de Silvestre de Sacy, que esta obra, así como el *Desatir*, otro supuesto manuscrito pehlvi al que alude el *Dabistán* con frecuencia, sea obra de algún falsario indio, que escribió después del asentamiento del mahometismo y bajo la influencia de esta creencia conquistadora. Sin embargo, como anunciaba el autor de esta impostura, el cuadro de las religiones de Asia desde la época más remota debió de recoger las tradiciones más antiguas; y la que atribuye a la división en castas un origen sobrenatural pertenece ciertamente a este número, ya que concuerda con lo que todas las demás mitologías cuentan sobre este punto.

21. Un hecho demuestra el apego que los sacerdotes tienen a la división en castas. La única persecución que tuvo lugar en la India fue contra los budistas, no a causa de su doctrina religiosa, sino porque atacaron la división en castas y quisieron destruirla (Schlegel, *Weisheit der Indier*, p. 183). Esta particularidad explica las contradicciones de los indios sobre Buda. Según ellos, es el noveno avatar o la novena encarnación de Vishnú (cf. Aboul-Fazel, en el *Ayin Akbery*). Pero no goza de culto alguno: sus templos están desiertos; sus ídolos, destruidos. Cuanto le concierne está inmerso en una especie de terror. Al planeta que preside (Mercurio) se le acusa de una influencia funesta. Sin embargo, como observa Creuzer (trad. fr., p. 300), sólo hay un paso de la filosofía vedanta al budismo. A. W. Schlegel, en su estudio sobre las doctrinas bramaicas, demuestra esta identidad (*Indisch. Bibl.*, I, 4, 414). Pero la reforma de Buda tendía a borrar esta distinción de castas. De ahí la vaga deshonra que pesa sobre su nombre y la proscripción de sus seguidores. Hay más; la división en castas tiene tantos atractivos para el sacerdocio que los sacerdotes budistas, que dominan en la isla de Ceilán, reintrodujeron allí, contra la intención y los preceptos de su fundador, algo semejante. Los *radis* o *radias* son los parias de esta isla. Con sólo tocarlos, aunque sea casualmente, uno se hace impuro. Se los obliga a echarse boca abajo cuando encuentran a un miembro de la casta superior. Esta conducta de los sacerdotes budistas nos ha recordado la de los primeros reformadores protestantes, que, proscritos en los países católicos por haber reclamado la libertad de examen, proscribieron a su vez, en los Estados en los que se habían convertido en una potencia, a los que reclamaban esa misma libertad. La naturaleza concedió a los *radias* de la isla de Ceilán, resarciéndolos de su proscripción, mujeres más hermosas que las de ninguna otra casta. Por eso, los ricos las raptan, habiendo adoptado como regla que las mujeres sólo son impuras para las mujeres. Este hecho trastroca la hipótesis que atribuye el envilecimiento de los parias a su deformidad.

22. Se dicen nacidos de la cabeza de Brahma.

23. Nacidos de los hombros de Brahma. Esta genealogía de las castas aparece narrada en el símbolo de los brahmanes. Quizá, añaden los autores de este símbolo, estas genealogías son alegóricas, pero nosotros creemos que son muy reales (*Bhagavad Gita*, pref., XXXVI). Volvemos a encontrar la casta de los guerreros, o *cutteries*, en las *Pláticas* de Arriano (V, 22).

24. Pyrard (I, 265) afirma que no hay tres órdenes. Anquetil (p. 145) habla de cinco. Hamilton dice que son ocho (I, 310). Estos autores niegan que los comerciantes formen un orden aparte. Dow, Sonnerat y Niebuhr lo afirman. Lacroze (*Christianisme des Indes*, pp. 433-476) eleva el número de las castas a noventa y ocho. Pero todos colocan el sacerdocio a la cabeza.

25. Se permite el acercamiento entre el brahmán y el guerrero, pero el contacto es ilícito; entre el labrador y el brahmán, la distancia es de treinta y seis pasos; debe ser de doce entre el guerrero y el artesano; entre éste y el brahmán, de cincuenta; entre el artesano y el guerrero, de treinta; y el artesano debe permanecer a doce pasos del agricultor. Cf., en *As. Res.*, V, el extracto del libro titulado *Kerul-Oodputter*, libro que veneran con gran devoción los moradores de la costa del Malabar.

25. Cuando a un indio se le expulsa de su casta, todo el mundo lo abandona: su padre, su madre y su mujer.

26. *As. Res.*, V, 5-16.

28. Niebuhr, II, 7. Incluso es propio de los dos primeros órdenes ignorar con qué alimentos se nutre el resto de la nación. El señor Hamilton cuenta que, habiendo consultado a un *zimendar* sobre el árbol llamado *madhora* y sobre su utilidad, éste consideró estas preguntas como un ultraje y le respondió con un tono de reproche: ¿Qué puedo saber sobre un árbol que no sirve más que al pueblo? (*As. Res.*, I, 305).

29. *Description du Malabar*, por Zerreddien-Muikdom, escrita en árabe, hacia el año 1579.

30. *As. Res.*, V, 16.

31. *Ibid.*, 53-67.

32. Herder, *Phil. de l'hist.*, III, 42. Roger, *Pagan. Indien*, I, 2. Pyrard, I, 276. Se puede ver una descripción detallada y chocante de esta miserable casta en el *Voyage au pays de Bambou*, p. 76. Las *Leyes de Menu* sancionan la proscripción de los parias (p. 381). Son los ejecutores de los criminales condenados a muerte (Sonnerat, I, 47). Pero lo que prueba que no es en esta cualidad en la que son inmundos es que su número es tan grande que no pueden restringirse a una profesión semejante. No son infames por ejercerla; la ejercen porque son infames. Los indios, que cuidan de las serpientes y de los insectos, dejarían morir a un paria por miedo a tocarlo.

33. Se puso en duda el estado de proscripción al que la religión arroja a los parias. Se objetó que era imposible impedir que, en las ciudades comerciales, como Benarés, Patna, Delhi, Agra, estos parias, también comerciantes, no encontrasen continuamente a *cutteries* o brahmanes y no tuviesen con ellos frecuentes comunicaciones. Admitimos de buen grado que el tiempo y la industria modifican las instituciones y las desvían de su rigor primitivo. Pero no es menos cierto que el principio religioso subsiste; que los libros sagrados de los indios lo

establecen y lo recomiendan; que se dice formalmente en varios libros que se permite el asesinato de un paria. La época en la que ocurrían estos asesinatos con total impunidad está más alejada de sus costumbres actuales, según afirma un escritor al que le gustaría justificar esta imputación que se hace a los indios, de lo que estamos nosotros de las leyes de San Luis que ordenaban quemar los labios y perforar la lengua de los que jurasen o blasfemasen (*Des castes de l'Inde, ou Lettres sur les hindous*, Paris, 1822). Pero estas mismas palabras, en boca de un apologista declarado de las costumbres y hábitos de la India, prueban que, en otro tiempo al menos, la acusación que él rechaza en su nombre estaba muy fundada. No nos corresponde examinar aquí el origen primitivo de los parias, o, para emplear un término menos utilizado en Europa, de los *chandalas*, a los que otro escritor nos presenta sometidos a leyes inmutables y gobernados, en otro tiempo, por monarcas. Nos basta con que, después de haberse apoyado en hechos poco demostrados y en tradiciones vagas, por ejemplo, la de una alianza entre los príncipes indios y los soberanos de los *chandalas*, haya reconocido que estos últimos eran seres envilecidos; que las fábulas indias, para expresar la degradación en la que cae el hombre por sus faltas, nos lo muestran transformado en *chandala*, es decir, rebajado al rango de los brutos; que estos *chandalas* o parias se alimentan de cadáveres, que jamás pueden obtener gracia y que todos los malhechores indistintamente reciben este mismo nombre: el ingenioso descubrimiento del señor Schlegel sobre la identidad de los parias y de los bohemios, emigrados de la India, cuyas costumbres y prácticas abominables son aún hoy las de sus ancestros, sólo sirve para mostrar mejor el envilecimiento que para la especie humana puede ocasionar una proscripción sacerdotal.

34. Cf., sobre las castas egipcias, Hecateo, *Fragm. ap.* Creuzer, *Fragment. hist. antiq. Graec.*, p. 28. Creuzer, *Symbol.*, I, 277. Heeren, *Ideen*, II, 554. Lo que afirmamos aquí de Egipto se aplica a Etiopía. *Plurima utrique genti fuisse communia: reges pro diis habere: statuarum formas et litterarum caractera, coetum sacerdotum* [ambos pueblos tuvieron muchas cosas en común: tener a los reyes por dioses, el estilo de sus estatuas y los signos de las letras, los colegios sacerdotales] (Diod., I).

35. Heródoto (II, 164) habla de siete clases, cuyos miembros debían permanecer fieles a la profesión de sus padres. Diodoro, en algún momento, sólo habla de tres (I, 2-8); y Estrabón (XVII) confirma esta afirmación. Sin embargo, el propio Diodoro, en otro lugar (I, 73-74), habla de cinco. Y Platón distingue seis órdenes: los sacerdotes, los soldados, los agricultores, los artesanos, los cazadores y los pastores (*Timeo*).

36. Desde los tiempos de José, los sacerdotes intérpretes formaban ya una clase aparte (Eusebio, *Praep. evang.*, lib. II). Los egipcios contaban en Tebas, desde Menes hasta los tiempos de Hecateo de Mileto, con trescientos cuarenta y cinco sacerdotes, que se habían sucedido de padres a hijos (Heród., II, 143).

37. La casta militar se componía de dos grandes tribus, los hermotibios y los calasirios, a los que se les asignaba en propiedad algunos de los nomos más fértiles de Egipto. Se les prohibía cualquier ocupación mecánica (Heród., II, 164, 368. Diod., I, 73. Letronne sobre Rollin).

38. *Génesis* 46, 34.

39. Heród., II, 47. El desprecio de los egipcios por los porqueros provenía de su odio contra las tribus nómadas, que amenazaban continuamente su

descanso y sus propiedades. Según el tipo de vida de los pastores, dice Heeren (*Ideen*, II, 635), sólo se los debía contemplar, en Egipto, como enemigos que había que soportar, al no poder librarse de ellos totalmente. Los faraones sólo tenían sometido de modo imperfecto el vasto y montañoso país que habitaban, y el sometimiento de las hordas errantes era siempre precario e incierto. De ahí provienen los sentimientos de aversión que los egipcios sentían por ellos, y que la casta sacerdotal mantenía con gran cuidado. El pasaje del *Génesis* 46, 34, muestra que este descrédito se remonta a los tiempos más remotos.

40. Un autor alemán, el señor Heeren, de cuya sabiduría me he aprovechado —me gusta confesarlo—, parece exagerar, sin embargo, respecto a esto, la parte de la política. «Las castas», dice (*Ideen*, II, 594), «no se establecieron en Egipto, de una manera positiva, hasta la unión de esta comarca en un solo reino. Aunque el origen de esta institución no se permite determinar históricamente, podemos relacionarlo sin vacilación con la diferencia de las comunidades primitivas. La política que, luchando contra la infancia de las sociedades, había creído descubrir en la separación rigurosa de los oficios un medio para favorecer su perfeccionamiento, se apresuró a adueñarse de él. La prueba de ello es que, más tarde aún, se crearon nuevas castas, la de los intérpretes, por ejemplo, en la época de Samético». Al dar una importancia tan grande a la política, el señor Heeren supone una cosa que no existe: que los hombres calculan lo que no conocen. Se habla siempre de lo que los jefes de las sociedades inventaron para hacer avanzar a estas sociedades. Pero ni siquiera sabían que estos progresos fueran deseables. Tampoco sabían que tal o cual modo de organización no probado todavía fuese un medio para favorecer estos progresos. Los jefes de las sociedades no habían caído del cielo. Apenas eran superiores a sus súbditos. Se les supone una presciencia que no pudieron tener. Por lo que hace a la casta de los intérpretes, la única de la que conocemos con exactitud su origen, si su creación muestra, en cierto sentido, los progresos de la civilización, las circunstancias que la acompañaron demuestran la diferencia de esta casta y de aquellas que, en vano, se pretende considerar egipcias. Samético quería *grecizar* su nación y, con este fin, hizo que muchos jóvenes se educaran con los griegos a los que llamó a Egipto, para enseñar su lengua y las costumbres de Grecia. Pero el odio nacional se declaró contra los maestros y los alumnos. Numerosos miembros de las castas superiores emigraron y los hijos educados en las costumbres griegas fueron para el pueblo una raza inmunda. No se los admitió en ninguna casta. Se vieron obligados a formar una entre ellos que tomó su nombre de la profesión que ejercían, y que fue siempre odiada por Egipto, como manchada y extranjera.

41. En la Biblia, los judíos se lamentan de los trabajos que los egipcios les imponen; estos trabajos son una prueba de los que se imponía en Egipto a las clases inferiores.

CAPÍTULO 9

De las corporaciones sacerdotales que remplazan a las castas

1. Hablaremos, en otro lugar, de la reforma que Zoroastro, el protegido y el instrumento de un vencedor, realizó en la religión de los persas; vinculó un código de despotismo religioso y político a los antiguos recuerdos de un pueblo

civilizado que los bárbaros habían esclavizado. Basó la división en castas en tradiciones sagradas que dividen la nación en siete clases, correspondientes a los siete Amsaspendas, servidores de Oromazo, o en cuatro, análogas a los cuatro elementos. Pero esta clasificación teocrática, herencia de un sacerdocio fracasado, se modificó rápidamente por efecto gradual de la conquista; las barreras políticas subsistieron; la noción religiosa se debilitó.

2. Hyde, *De rel. Pers.*, p. 354. *Per saecula multa [...] apud Persas nemo nisi sacerdotis filius in sacerdotio succedebat* [entre los persas, a lo largo de muchos siglos, nadie más que el hijo de un sacerdote le sucedía en el sacerdocio] (Schmidt, *De sacerd. et sacrif. Aeg.*, p. 8). Se puede consultar, por lo demás, sobre la constitución del clero entre los persas, a Amiano Marcelino, XXIII. Solino, cap. 55. Los magos poseían un jefe llamado archimago (Sozomeno, II, 73). Se dividían en tres clases: los *destur-mobeds*, maestros cabales; los *mobeds*, maestros; los *herbeds*, aprendices (Zend Avesta, II). Era de su incumbencia el cumplimiento de las costumbres religiosas, de las fórmulas, oraciones o liturgias (Heród., I, 132). Una jerarquía casi igual subsiste entre los guebros. Cinco clases de sacerdotes comparten las funciones sagradas. Su colegio principal está en Yesd, ciudad al norte de Ispahan.

2. Algunas familias tenían el derecho de ser los sacerdotes hereditarios de Vitzliputzli (Acosta, *Historia natural y moral de las Indias*).

3. César, *De bello Gallico*, VI, 14. Pelloutier, VII, 265.

4. Porfirio, *De abstin.*, IV, 17.

6. Se debe desconfiar mucho de las afirmaciones de quienes emiten juicios sin dudar sobre hechos separados de nosotros por semejante distancia de lugares y de siglos. Meiners (*Crit. Gesch.*, II, 527) cree ver en México un sacerdocio electivo, al lado de sacerdotes hereditarios. El carácter de la religión mexicana es un testimonio contra esta aserción, y la autoridad de los mejores autores confirma esta evidencia moral (Acosta, *op. cit.*).

7. Diod., II, 47. Los sacerdotes de los celtas se decían de la raza de Bor o de los dioses, pues Bor era el padre de Odín (*Edda*, fábula 4).

8. Los nobles galos consideraban un honor llevar el nombre de druidas y estar afiliados a su orden (Pelloutier, VII, 282). Como estas afiliaciones, existieron otras para las órdenes religiosas entre los cristianos; por ejemplo, los jesuitas de hábito curvo, etc.

9. *His autem omnibus Druidibus praeest unus, qui summam inter eos habet auctoritatem. Hoc mortuo, si quis, ex reliquis, excellit dignitate, succedit, aut si sunt plures pares, suffragio Druidum eligitur. Nonnumquam etiam armis de principatu contendunt* [pero a todos estos druidas los preside uno, que tiene entre ellos la suprema autoridad. Muerto éste, si alguno de entre los que quedan sobresale por su dignidad, le sucede o, si hay varios igualados, se elige por sufragio de los druidas. A veces luchan también con las armas por el liderazgo] (César, *De bell. Gall.*, VI, 13, 14. Tácito, *Germ.*, 7-11).

CAPÍTULO 10

De las atribuciones del sacerdocio en las naciones que dominó

1. El señor Heeren (*Ideen*, II, 60) observa con cierta razón que el término sacerdote, en nuestras lenguas modernas, nos da una idea demasiado limitada

de lo que eran las grandes corporaciones sacerdotales de la Antigüedad. Albergaban en su interior, dice, a la clase ilustrada en cualquier asunto. Sí, pero el monopolio del que eran depositarias se fundaba en la religión. Como sacerdotes, los miembros de estas corporaciones se declaraban propietarios de este monopolio. Tenían, por tanto, un espíritu sacerdotal, es decir, un espíritu de misterio, de exclusión y de intolerancia; y es el buen sentido del lenguaje el que, a menudo, desconcierta el cálculo de los hombres; es este buen sentido, decimos, el que los llamó siempre sacerdotes, y no filósofos y eruditos.

2. Clearch. *ap.* Diog., I, 6.

3. Heród., I, 132.

4. Heród., II. Schmidt, *De sacrif. et sacerd. Aeg.*, p. 82. Si nuestros lectores quieren convencerse de las innumerables funciones de los sacerdotes de Egipto, pueden consultar Meiners, *De vero Deo*, pp. 40-41. Las más minuciosas, por ejemplo, las de cubrir las estatuas de los dioses con sus ornamentos, eran hereditarias en una clase de sacerdotes, los hieroestolistas.

5. El jefe de los druidas vivía, según algunos, en Islandia; según otros, en Gran Bretaña. Los galos, en tiempos de César, iban a Bretaña a instruirse en su religión. Allí aprendían los druidas la doctrina secreta.

6. Sólo los magos tenían derecho de predecir el futuro.

7. Diod., V, 213. Estrab., IV. Cés., *De bell. Gall.*, VI, 13.

8. Jornandès, cap. 2.

9. Tácito, *Germ.*

10. *Números* 1, 51.

11. Spencer, *De legib. ritual. Hebr.*, I, 166.

12. *1 Reyes* 6, 19. Merecen citarse, a este respecto, las reflexiones de un teólogo católico. No se puede poner en duda, dice, que estos betsamitas fuesen gravemente culpables. No podían ignorar que, por una ley expresa, estaba prohibido, incluso a los levitas, tocar el arca y mirarla sin que estuviera cubierta; sin embargo, desdeñando estas prohibiciones, los betsamitas se atreven a acercarse a ella, fijar su mirada temerariamente y, según el texto hebreo, descubrirla y mirar dentro. ¡Qué dificultad puede existir en creer que Dios haya castigado esta desobediencia pública y voluntaria, esta curiosidad desconfiada y sacrílega! Por ley, la falta de los betsamitas merecía la muerte. ¡Que los gobiernos humanos sacrifiquen, en el mantenimiento de las leyes y para gloria del Estado, a miles de hombres es un modo de realzar su sabiduría, pero no podría pensarse que Dios hubiese inmolado a cincuenta mil culpables para vengar sus leyes conculcadas y su majestad ultrajada! «Dueño absoluto de nuestra vida», dice Grocio, «Dios no puede, sin motivo alguno y en cualquier momento, quitar a alguien, siempre y cuando a él le parezca, este presente de su liberalidad». No nos extrañemos, pues, que la quite a sacrílegos que, según la ley, merecían perderla (*Lettres de quelques Juifs*, I, 326-330).

13. *2 Crónicas* 26, 18. Es curioso observar cuánto admira Bossuet, en esta ocasión, la energía del sacerdocio hebreo. «Cuando Ozías (otro nombre de Azarías)», dice, «quiso atentar contra sus derechos sagrados, los sacerdotes estaban obligados por la ley de Dios a oponerse, tanto por el bien de este príncipe como por la conservación de su derecho que era, como se sabe, el de Dios. Lo hicieron con fuerza, y colocándose delante del rey con su pontífice a la cabeza, le dijeron: No es vuestro oficio [...] Salid del santuario [...] Ozías amenazó a los sacerdotes

[...] pero ellos lo expulsaron. La lepra no lo dejó nunca. Hubo que separarlo según la ley, y su hijo Yotán se encargó de la administración del reino» (*Politique de l'Ecriture sainte*, VII, v, 10).

14. Por error se ha afirmado que había en la India tribus de pontífices que no descienden de los brahmanes y que tampoco son brahmines. El hecho puede ser cierto para algunas sectas heterodoxas. Pero es una excepción o, mejor dicho, una infracción de la regla religiosa. En este sentido, las leyes de Menu son formales (*Leyes de Menu*, I, 88; X, 75-78).

15. *Beschreib. der Relig. der Malabar. Pind.* Roger, *Pag. ind.* Polier, *Myth. des hindous.*

16. Sonnerat, *Voy. aux Indes.*

17. *Eos solos, esse inter Indos divinandi peritos, neque cuiquam divinationem permitti, nisi sapienti viro* [Entre los hindúes ellos solos (los brahmanes) son expertos en adivinación y a nadie se le permite la adivinación de no ser persona de buen juicio] (Arriano, *in Indis*).

18. Los brahmanes cumplen con las más pequeñas formalidades en las ceremonias, por ejemplo, la de echar leña en el fuego, etc. Cf., para el número de fiestas y de actos religiosos, en los que es indispensable la presencia de los brahmines, Herder, *Philosophie de l'histoire*, III, 39. Las ramas sagradas del *hom* de los persas sólo son aptas para el servicio religioso si un *destur* las baña en agua bendita en la que deben permanecer un año (Anquetil, *Voy. aux Indes.* Kleucker, Zend Avesta, III, 6).

19. *Œuvres* del padre Calmet, jesuita, t. XXIX, p. 400. Sonnerat, *Voy. aux Indes.* En el *putche*, los brahmanes atraen, según se dice, a la divinidad mediante sus invocaciones, de un objeto material a otro. Hecha la ceremonia, la despiden con una segunda plegaria (Sonnerat, *ibid.*). Los sacerdotes egipcios afirmaban igualmente que tenían el poder de comunicar a las estatuas algo de la naturaleza divina (Lévêque, *Excurs. sur le schammanisme*, trad. de Tucídides, III, 298). Esta opinión había penetrado en Grecia y en Roma. Los griegos y los romanos estaban persuadidos de que los dioses se incorporaban a las estatuas por la fuerza de la consagración (Van Dale, *De consecr. in libr. de oracul.*, 477). Con la decadencia del politeísmo, los filósofos, sus defensores, afirmaron que los simulacros estaban impregnados de la presencia real de los dioses (Jámblico, περὶ ἀγαλμάτων, ap. Focio, *Bibl.*, cód. 225. Arnobio, *Adv. gent.*, VI, 17. Juliano, *passim.* Máximo de Tiro). Los paganos dicen a Arnobio (*op. cit.*): No contemplamos las estatuas y los simulacros como a dioses, pero creemos que los dioses viven en ellos, porque estas cosas les están consagradas. Con todo, de ordinario restringieron la presencia real a los ídolos adorados por los iniciados en los misterios (Jámbl., Foc., *Bibl.*, cód. 225. Cicer., *De nat. deor.*, II, 17. Proclo *ad* Plat., *Tim.*).

20. Laflotte, *Notice histor. sur l'Inde*, p. 206.

21. Pelloutier, *Hist. des Celtes*, VIII, 67. Mézeray, *Hist. de France*, p. 40.

22. Los sacerdotes mexicanos eran los consejeros de los reyes. No podía iniciarse guerra alguna sin su parecer. Sus decisiones eran oráculos (Clavijero, *Historia antigua de México*, I). Existen incluso algunas huellas de una unión más íntima de la sacerdotisa y de la realeza en México, en la persona de Moctezuma II, quien ascendido al trono como nacido de la familia reinante ejercía al mismo tiempo las funciones sacerdotales.

23. *Político.*

24. El sufragio de un sacerdote de la clase superior valía por cien; el de un miembro de la segunda clase, por veinte; el de un individuo de la tercera, por diez (Plutarco, *De Isid. et Osir.*). *Prolato alicuius ex candidatis nomine, milites quidem manum tollunt, comastae vero, et zacori, et prophetae calculos ferunt, pauci aliqui, sed quorum praecipua in ea re auctoritas. Prophetarum nempe calculus centum manus aequat, comastarum viginti, zacororum decem* [proclamado el nombre de alguno de los candidatos, los soldados votan desde luego a mano alzada, pero los de la segunda clase y los de la tercera y los sacerdotes votan con sus piedrecitas; son unos pocos, pero su autoridad es capital en este asunto. En efecto, una piedrecita de los sacerdotes es igual a cien manos; una de la segunda clase, a veinte; una de la tercera, a diez] (Sinesio, *De Provid.*, p. 94).

25. Estrab., XVII. Plut., *De Isid. et Osir.* Diod., I, 70.

26. Diod., I.

27. Las estatuas de los sacerdotes en Egipto se colocaban en los templos junto a las de los reyes. La autoridad del sacerdocio egipcio sobrevivió incluso a la conquista de Egipto por los persas. Darío, padre de Jerjes, quiso colocar su estatua delante de la de Sesostris; se opuso a ello el gran sacerdote de Vulcano y este rey no se atrevió a oponérsele (Hérod., II, 110. Diod., I, 55). Esta moderación por parte de un déspota es digna de destacar, pero no es rara, ya que, incluso en Persia, a pesar de la disminución del poder de los magos bajo el dominio de los extranjeros, habían conservado la suficiente autoridad para que el rey fuese obligado a entrar en su orden (Cicer., *De divin.*) y a tratarlos como sus consejeros habituales y compañeros inseparables de todas sus expediciones (Meiners, *De vet. Pers. relig. Comm. Soc. Goett.*). Habían tenido mucho más poder en Media. Cuando Astiages, rey de los medos, los consultó sobre un sueño en el que había ordenado dar muerte a su nieto Ciro, le respondieron: «Te diremos la verdad por nuestro propio interés; este interés nos invita a conservar tu imperio, ya que ahora formamos parte de tu gobierno». Por tanto, Darío estaba familiarizado, en su propio imperio, con las pretensiones sacerdotales.

28. Hammer, *Min. de l'Orient.*

29. Los reyes de Meroe eran elegidos por la casta de los sacerdotes y sacados de entre ellos (Diod., I. Heeren, II, 407). Estos reyes, así como los demás moradores de Meroe, se mataban entre sí, cuando así lo ordenaban los dioses (Diod., III. Estrabón, XVII. Larcher, *Not. sur Hérod.*, II, 87). El señor de Paw, mente original y curiosa, expone, en sus *Recherches sur les Egyptiens et les Chinois* (II, 119), una apología de los sacerdotes de Meroe; sostiene que se opusieron siempre al despotismo. Sin duda, se oponían a él, pero para ejercerlo. No existen enemigos más irreconciliables de la tiranía que aquellos que quieren apoderarse de ella para sí mismos.

30. Poseen en Meroe, dice Heródoto (II, 29), un templo de Júpiter; y, según las respuestas de este dios, llevan la guerra allí donde lo ordena y cuando lo ordena.

31. Niebuhr, II, 7. Sabemos por Arriano que las ciudades de la India que se defendieron contra Alejandro o se levantaron contra él, estaban dirigidas, en su mayoría, por brahmines (Arriano, V, I; VI, 7). Incluso en las repúblicas indias de las que nos hablan los autores griegos, los brahmines estaban a la cabeza del

gobierno. Por eso los griegos relacionan la fundación de estas repúblicas con el Baco indio (Heeren, I, 435-438).

32. En el Tíbet, los *gellongs* o sacerdotes se presentan ante los príncipes como sus iguales y sin mostrarles ninguna señal de respeto (Pallas, *Samml. Hist. Nachr. üb. die Mongol. Voelkersch.*). El pontífice de Comana, dice Cicerón (*Ep. fam.*, XV, 4), era capaz de resitir al rey por las armas. En las ciudades de Comana (había una en el Ponto y otra en Capadocia), los habitantes, a pesar de estar gobernados por un rey, estaban sometidos a un pontífice vitalicio (Estrab., XII). El espíritu de la religión griega y romana se dejó sentir, en oposición al espíritu sacerdotal, cuando los romanos se hubieron apoderado de dos ciudades. Pompeyo y César unieron las funciones pontificales a las reales: Pompeyo, en la persona de Arquelao; César, en la de Nicomedes (Apiano). La misma jerarquía que en Comana existía en Pesinunte, en Frigia (Estrabón).

33. Los borgoñones, dice Amiano Marcelino (XXVIII, 5), pueden cambiar de rey, pero no de sacrificador. Éste, que es el primero del Estado, conserva toda la vida su dignidad.

34. Dión Crisóstomo presenta a los druidas ejerciendo de hecho las funciones del gobierno; los reyes no eran más que los ejecutores de las voluntades de estos ministros de la religión (Dión Cr., *Serm.*, 49). Cf. también en Kaysler, *Antiq. septentr.*, y en Dreyer, *Vermischte Abhandlungen*, otros ejemplos del poder de los sacerdotes entre los borgoñones, los francos y los eslavos. Los sacrificadores de los iberos llevaban las negociaciones con los extranjeros (Estrab., XL). Entre los escandinavos, eran los drotes, presidentes de las asambleas, los que imponían el orden (Mallet, *Introd. à l'hist. du Dan.*, p. 134). Entre los getas, el orden de los sacerdotes estaba por encima de todas las demás clases. La nobleza ocupaba un rango inferior. Decébalo, por lo que cuentan los historiadores, queriendo obtener la paz de Trajano, le envió primero a simples gentilhombres (*comatos*, de largos cabellos), luego, a sacrificadores (*pileatos*, mitrados), como los personajes más distinguidos de la nación (Teodoreto, *Excerpt. ex* Dión Cas. lib. 68. P. Patritius *in Excerpt. legat.*, p. 24).

35. Jornand., cap. II. Los sacerdotes de los tracios estaban al frente, al mismo tiempo, de los ejércitos. Polieno refiere, a este respecto, una anécdota curiosa. Un día, dice, los tracios se negaron a obedecer a Consinga, que era su general y su pontífice a la vez. Éste mandó unir varias escaleras largas entre sí. Viendo esto, los espectadores creyeron que quería subir al cielo para quejarse de su rebelión y se prosternaron a sus pies, prometiendo someterse a sus órdenes (Polieno, VII, 22).

36. César, *De bello Gallico*, VI, 13-14. Tácito, *Annal.*, XIV, 30; *Hist.*, IV, 54. Estrab., IV. Plinio, *Hist. nat.*, XXX, 4. *Gothi reges ipsos mactabant, ut diis pro victoria ipsorum auxilio reportata, gratiam referrent* [Los godos inmolaban a los propios reyes para dar gracias a los dioses por la victoria conseguida con su ayuda] (Kaysler, *Antiquit.*, p. 134).

37. Eliano (*Var. Hist.*, XIV) dice formalmente que sólo los sacerdotes egipcios ejercían el poder judicial, y Diodoro (libro I) excluye de las funciones civiles a los militares, a los labradores, a todos los que no eran del orden sacerdotal. Heeren demuestra muy bien (*Ideen*, II, 614) que la administración de la justicia, en Egipto, sólo podía estar en manos de los sacerdotes. «La ciencia de las leyes», dice, «y los empleos que dependían de ella, eran propiedad de la casta

sacerdotal. Depositarios de todas las ciencias, sólo los sacerdotes conocían las leyes». Demuestra después que el gran juez que presidía el tribunal supremo de los Treinta del que habla Diodoro, y que llevaba colgada de una cadena de oro la imagen de la Verdad, era un gran sacerdote, y el adorno que lo distinguía, una especie de talismán que revelaba el futuro. «Al leer este pasaje de Diodoro», añade, «no puede uno por menos de relacionar esta decoración egipcia con la del gran sacerdote de los judíos, cuyo destino podía ser el mismo». Este tribunal tenía su sede en Tebas. Lo componían diez sacerdotes de Heliópolis, diez de Menfis y otros diez de Tebas (Diod., *loc. cit.*).

38. *Neque animadvertere, neque vincire, neque verberare, nisi sacerdotibus est permissum, non quasi in poenam, sed velut Deo imperante, quem adesse bellatoribus credunt* [...] *Silentium per sacerdotes, quibus tum et coercendi ius est, imperatur* [Ni amonestar, ni prender, ni azotar se les permite más que a los sacerdotes y no como por castigo, sino como por mandato de Dios, que ellos creen que asiste a los combatientes. [...] (En las asambleas) se manda silencio por los sacerdotes, que en ese momento tienen también el poder coercitivo] (Tácito, *Germ.*, 7 y 11). Los druidas pronunciaban sentencia incluso sobre las faltas de los soldados (*ibid.*, 3).

39. Botin, *Hist. de Suède*, sec. I, cap. 5. La misma reunión de las funciones religiosas y de las judiciales se encuentra en Persia, donde los magos se habían arrogado casi todos los juicios (Dión Cr., 49). Privados momentáneamente de esta porción de autoridad, la recobraron con Jerjes y sostuvieron que el propio rey debía someterse a su criterio (Agatías, II, 65).

40. *Fere de omnibus controversiis publicis et privatis constituunt* [resuelven sobre casi todos los litigios públicos y privados] (César, *De bello Gallico*).

41. *Capitul. Carol.*, lib. VI, leg. 281, p. 1023.

42. Pelloutier, VII, 233. En general, no se ha considerado, a nuestro entender, la semejanza del clero cristiano con las instituciones jerárquicas de los pueblos del Norte. Esta semejanza es tan sorprendente que algunas órdenes religiosas han pensado que descendían de los druidas. Un historiador de la comunidad de los carmelitas llama a los druidas *sanctos druidas, Eliae filios, fratres nostros et praedecessores* [santos druidas, hijos de Elías, hermanos y predecesores nuestros] (*Hist. carmel. ordin.*, I, 1, 4). *Si vivendi genus et observantias regulares serio discusseris*, dice otro escritor, *reperies veros fuisse carmelitas* [si examinas seriamente su modo de vida y su observancia de la regla, descubrirás que fueron unos verdaderos carmelitas] (Tesis de teología defendida en Béziers en 1682). Se ha indagado sobre lo que el cristianismo había tomado del paganismo; pero no se tuvo en cuenta lo que tomó de los bárbaros, cuya religión, al ser la de los vencedores e inspirando menos odio que el politeísmo de Roma, que había luchado durante tres siglos contra el cristianismo y se había manchado con atroces persecuciones, encontró menos obstáculos en legar a la nueva creencia formas que, por otra parte, favorecían los proyectos del sacerdocio, de los que esta nueva creencia se iba a convertir por mucho tiempo en propietaria.

43. César, *De bell. Gall.*, VI, 14.

44. Pasaje del *Ramayana*. El código de los gentus ordena dar muerte a quien ocasione frecuentes molestias a un brahmán. Su mitología está llena de fábulas que demuestran la eficacia de las maldiciones de los sacerdotes. Un conquista-

dor, Visvamitra, atacó a un ermitaño y la victoria parecía a su alcance. Sus terribles flechas destruían por millares a los defensores del *rishi*. Pero un impulso de piedad de este último redujo a cenizas a los cien hijos del rajá, quien, viendo entonces que el poder del sacerdote estaba por encima del del guerrero, decidió ascender al rango de sacerdote mediante sus penitencias (extracto del *Ramayana*). El rey Trisanku, maldecido por un brahmán, se transformó en un paria repelente e impuro (*ibid.*). En la religión lamaica, las almas de los que incurrieron en anatema de un sacerdote se agitan sin cesar, sin poder volver a un cuerpo y se convierten en espíritus maléficos que atormentan a los hombres (Pallas, *Sammlung Histor. Nachr. üb. die Mongol. Voelkersch.*, II, 12, 111). En Siam, Thevallhat, hermano de Sommonacodom, sufre en el fondo de los infiernos suplicios infinitos, porque, habiendo consentido adorar las dos palabras místicas, *Putang* (Dios) y *thamang* (verbo de Dios), se negó a adorar la tercera, *sangkhang* (imitador de Dios o sacerdote). Tachard, *Voy. de Siam*, libro VI, pp. 212-213. Pero no es todo. El propio Sommonacodom, dicen los siameses, sufrió en el infierno durante cincuenta generaciones, por haber herido con una pequeña piedra a un sacerdote budista siamés, un talapoin. Sin duda, estas fábulas sólo tenían como objetivo el pueblo, pero indican el espíritu sacerdotal (Laloubère, II, 14).

45. *Lettr. édif.*, XIII, 144.

46. Diodoro. Josefo, *Ant. judaic*. Schmidt, *De sac.*, pp. 9 y 82. Clem. de Alej.

47. Las probabilidades que indican que Egipto fue poblado por colonias sacerdotales nos llevan igualmente a creer que, cuando se establecieron estas colonias, los sacerdotes que estaban al frente se hicieron dueños de todo el territorio. Pero este orden de cosas debió de sufrir y, en efecto, sufrió numerosos cambios. Lo que prueban es que, ya en tiempos de Josefo, había propietarios que no eran de la casta de los sacerdotes; y fueron los que, en la época de la hambruna, cedieron al rey su patrimonio para tener trigo. La afirmación de Diodoro de que las tierras las compartían el rey, los sacerdotes y los soldados, no es, probablemente, del todo exacta. Pero no deja de demostrar que los sacerdotes tenían grandes propiedades.

48. *Génesis* 47, 17-22.

49. Código de los gentus.

50. Pelloutier, VIII, p. 111.

51. Estrabón, IV, XI, XII. Los sacerdotes de Capadocia y del Ponto poseían igualmente numerosos esclavos (Estrabón, *ibid.*).

52. Plinio, *Hist. nat.*, XXX, 24.

53. Outram, *De sacrif.*, I, 4, 43. Michaelis, *Mos. Recht.*, I, 147-157.

54. *Leg. Frisior.*, p. 508.

55. «Quien retoma las tierras dadas a los dioses o a los sacerdotes hace que sus ancestros vuelvan al infierno, aunque estuviesen ya en el cielo» (inscripción trad. del sánscrito, *As. Res.*, IX, 411). «Príncipe, acordáos de Heliodoro y de la mano de Dios que cayó sobre él por haber querido quedarse con los bienes depositados en el templo. Estos grandes bienes provienen de los reyes, lo confieso; pero lo que dieron, antes lo habían recibido de Dios. ¡Qué atentado robar a Dios lo que viene de él y lo que se le da, y meter la mano para retomarlo de encima de los altares!». Este pasaje no proviene de los Vedas, sino de la *Política deducida de las propias palabras de la Sagrada Escritura* de Bossuet.

56. *Druides a bello abesse consuerunt neque tributa una cum reliquis pendunt; militiae vacationem omniumque rerum habent immunitatem* [Los druidas acostumbran a mantenerse alejados de la guerra y no pagan tributos junto con el resto; están exentos del servicio militar y dispensados de todo tipo de cargas] (César, *De bello Gallico*).

57. Meiners, *De castar. orig. Comm. Soc. Goett.*

58. Stauedlin, *Relig. Magaz.*

59. Schmidt, *De sacerd. et sacrif. Aeg.*, p. 57.

60. Esta costumbre se observa ya en los salvajes. Bossman, *Voy. en Guinée.* Desmarchais, *Voy. en Guinée et à Cayenne.* Smith, *Voy. to Guinea.* Oldendorp, *Gesch. der Mission.* Avazzi, *Relation de l'Éthiopie.*

61. Diod., I. La geografía era también una ciencia reservada a los sacerdotes.

62. Fréret, *Acad. des inscr.*, XXIV, 399.

63. Pelloutier, II y VII, p. 186.

64. César, *De bell. Gall.*, VI, 14. Estrab., IV. Pomponio Mela, III, 2. Diógenes Laercio, *Prooem.*

65. Principalmente, la del hijo del rey. Platón, *I Alcibíades.* Los sacerdotes mexicanos eran también los maestros de los reyes.

66. Leclerc, *Hist. phil.*, 266. Brucker, II, 165.

67. Plutarco (*Vida de Numa*) nos muestra a Fauno y Picus, dos antiguas divinidades del Lacio bárbaro, que llenaban de asombro a toda Italia por los prodigios que realizaban con encantamientos y medicinas elementales. Pero, a menudo, se atribuyó a los dioses el mismo tipo de vida de sus sacerdotes. Melampo, de cuya formación se disputaban la gloria tanto el sacerdocio de Egipto (Heród., II, 40) como el de Fenicia (Diod., I, 96) y que trajo a Grecia las ceremonias de Baco, era a la vez sacerdote y médico (Apolod., II. Servio *in* Virgil., *Georg.*, III, 550. *Id. in* Virgil., *Eglog.*, VI. Esta doble cualidad se halla en Leo Janin, del que nos hablan los anales chinos en una época muy remota (Meiners, *De Deo*, p. 145). Los brahmanes son aún hoy los médicos de toda la India (Sonnerat, *Voy.*). Lo mismo ocurría en Caldea (Plinio, Estrabón). Los levitas no eran sólo los sacerdotes de Yahvé, los guardianes, los lectores y los intérpretes de los libros sagrados. Eran además los médicos, los escritores públicos y los inspectores de pesas y medidas. Los mexicanos, en sus enfermedades, sólo consultaban a sus sacerdotes. La tercera clase del sacerdocio en Egipto era responsable del tratamiento de todos los males físicos, y siempre, en estos tratamientos, actuaba según los preceptos de los seis últimos libros de Mercurio Trimegisto, quien, subordinando la medicina a la astronomía y a la astrología, juzgaba la naturaleza de las enfermedades y el efecto de los remedios según sus supuestas relaciones con los planetas (Diod., I, 81. Schmidt, *De sacerd. et sacrif. Aeg.*, 195). Los egipcios daban a Isis el sobrenombre de Saludable (Gruter., p. 83. Fabrett., p. 470), y la presentaban con sus atributos de diosa de la medicina, seguida de un genio bueno, en forma de serpiente (Zoega, *Nummi Aegypt. imperat.*, tab. XXI, n.º 215). Aún hoy, en el Tíbet, los médicos y los astrónomos proceden de la clase de los *gellongs* o sacerdotes (Mayer, *Myth. Lexic.*, art. «Gellong»).

68. Plinio, *Hist. nat.*, XVI, 44; XXIV, 11.

69. Fénelon, *Acad. inscr.*, XXIV, 19.

70. Uno de los principales privilegios de los reyes de Persia era el de ser iniciados en las doctrinas de los magos (Brisson, *De reg. Pers. princip.*, p. 384). Esta iniciación sólo se otorgaba por un favor cuya rareza aumentaba su valor. Temístocles lo obtuvo (Plutarco, *Vida de Temístocles*).

71. Estrabón, XVII.

72. Jámblico, *De myst. Aegypt. sec.*, VIII.

73. Diod., I.

74. El sacerdocio ni siquiera se dignaba explicar a los profanos las palabras que les encargaban pronunciar. Durante la inauguración de Apis en Menfis, en el templo de Vulcano, el rey y toda su corte iban a su encuentro, y los jóvenes cantaban en su honor versos que nadie entendía.

75. Heród., II, 36. Larcher, *Not., ibid.*, 125. Diod., I y III. Clem. de Alej., *Strom.* Cf. Porfirio, *De vit. Pyth.* Diodoro dice, en realidad, que en Etiopía la comprensión de los jeroglíficos no estaba reservada, como en Egipto, únicamente a los sacerdotes, y que todo el mundo podía lograrla. Pero en Egipto la escritura sagrada o hierática no era la escritura jeroglífica. Clemente de Alejandría, al enumerar las diferentes clases de escritura en uso (*Strom.*, V, 4), afirma que había tres, la jeroglífica, la sagrada y la alfabética. Esta distinción se asemeja bastante a la que se observa en los descubrimientos del señor Champollion el joven. Divide los modos de escritura empleados en Egipto en jeroglíficos, hieráticos (que no eran más que jeroglíficos abreviados, o como él dice, la taquigrafía de los jeroglíficos) y demóticos o populares (*Précis du syst. hiérogl.*, p. XIII). Las subdivisiones en las que entra con una sagacidad maravillosa nos llevarían demasiado lejos y nos son ajenas. Pero, de su aportación primera fundamental, resulta que los sacerdotes poseían una escritura sagrada, independiente de los jeroglíficos, y que el conocimiento de ésta podía llegar hasta el pueblo, sin que llegase por ello a la comprensión de la primera. Es posible, sin embargo, que tomasen una precaución más, la de prohibir al vulgo el conocimiento de los jeroglíficos mismos.

76. Los libros de Hermes se mostraban con gran pompa a la multitud, pero nunca se los confiaban (Eliano, *Var. Hist.*, XIV, 34).

77. Los drusos mandaban despedazar a cualquier infiel, incrédulo o apóstata, que poseyese algún ejemplar del libro sagrado o que hubiese intentado conocer su contenido (*Museum Cuficum.*, Roma, 1782). Examinar la religión es para ellos apostasía. Entregaron a Hakim, dicen, alma y cuerpo, todo en absoluto. Los sabeos dan la misma importancia a la posesión exclusiva de sus dogmas (Norberg, *De rel. et ling. Sabaeor.*).

78. Prefacio del *Bhagavad Gita*, por Wilkins, p. v.

79. *As. Res.*, II, 340-345. Recordamos ya este hecho en el prefacio de nuestro primer volumen. Alguien creyó que lo habíamos inventado para hacer una alusión malévola al clero católico. No saber nada es un inconveniente, y atribuirse una importancia tal que todo parezca un ataque, o directo o encubierto, es un mal punto de partida para la crítica.

80. «No sólo la división en castas tenía como finalidad separar las razas entre sí; había también barreras entre los sacerdotes del mismo rango. Los de una divinidad no podían ser admitidos en el cuerpo de los sacerdotes de otra. A los de Vulcano, en Menfis, no se los hubiera aceptado en la corporación de Heliópolis. Estas separaciones habían podido deberse originariamente a que los

diversos sacerdocios tenían su origen en diversas colonias; pero el sacerdocio en general se había aprovechado de ello. Cada corporación estaba sometida a un gran sacerdote. Estos sumos sacerdotes sólo se relacionaban entre sí» (Heeren, II, 597-598).

81. Un pasaje de Clemente de Alejandría (*Strom.*, V, 4), muy conocido y demasiado largo para que lo citemos aquí en su totalidad, refiere algunas de las subdivisiones de la jerarquía egipcia: los cantores o poetas, los horóscopos, los estolistas, los profetas; pues, aunque el autor se expresa en singular, es evidente que se trata de clases y no de individuos. (Cf. nota 85, la frase positiva de Diodoro.) Pero la enumeración es muy incompleta, como puede verse comparándola con los testimonios de otros escritores de la Antigüedad.

82. Estos cuarenta y dos libros, que Clemente de Alejandría califica de indispensables, sólo formaban una pequeña parte de las obras atribuidas a Hermes. La colección que llevaba este nombre, y en la que, como se verá, los sacerdotes insertaban todas sus producciones sucesivas, se elevaba a veinte mil, o incluso, según Jámblico, a treinta y seis mil quinientos veinticinco volúmenes.

83. Clem. de Alej., *Strom.*, VI. Schmidt, *De sacerd. et sacrif. Aeg.*, 78 y 195. La división de los libros de Mercurio Trimegisto en cinco grupos de obras, que tratan de la religión y de todas las ciencias, se asemeja mucho a la de los Vedas.

84. Paw, *Recherches sur les Égyptiens et les Chinois*, II, 176.

85. Los sacerdotes egipcios tomaban, hasta en las ceremonias, sus precauciones contra la influencia de los individuos. «No existe lugar», dice Diodoro, «tanto en Egipto como en Grecia, en el que desempeñe las funciones del sacerdocio un solo hombre o una sola mujer. Los encargados de los sacrificios y de los homenajes a los dioses son siempre varios juntos».

86. Berger, *Geschichte der Religions-Philosophie*, pp. 39 y 40. Teodoreto. Bochart, 87. *Acad. des inscr.*, XXIV, 64. Meiners, *De vero Deo*, 66-68. Creuzer, *Symbol.*, II, 8.

87. *As. Res.*, II, 124. «Buda es un nombre genérico muy antiguo, según parece con claridad, en la mitología de los hindúes. Significa sabio, inteligencia excelente y superior. Se aplica a Dios mismo, inteligencia única y suprema» (Creuzer, trad. fr., p. 286).

88. Jámblico, *De myst. Aegypt.* Hermes, del que los griegos hicieron un dios de segundo rango, era, de alguna forma, la personificación del orden de los sacerdotes reducido a un signo único. En este sentido, era el confidente de los dioses, su mensajero, el intérprete de sus decretos, el genio de la ciencia, el guía de las almas, elevado por encima de los hombres, pero servidor y agente de las naturalezas celestes. Se le designaba con el nombre de Thot. Según Jablonsky (*Panth. Aegypt.*, V, 5, 2), la palabra *Theyt, Thayt* o *Thoyt*, significaba, en la lengua egipcia, una asamblea, y más especialmente una asamblea de sabios y eruditos, el colegio sacerdotal de una ciudad o de un templo. Así, al sacerdocio de Egipto, personificado y considerado como unidad, lo representaba un ser imaginario, al que se le atribuía la invención del lenguaje y de la escritura que había traído del cielo y comunicado a los hombres (Platón, *Filebo, Fedro*), la de la geometría, la aritmética, la astronomía, la medicina, la música y el ritmo, la institución de la religión y de las pompas sagradas y, por ello mismo, de la gimnasia y la danza, en fin, las artes menos indispensables, pero no menos

preciosas, de la arquitectura, de la escultura y de la pintura. Se le atribuía tal cantidad de escritos sobre todos los objetos de los conocimientos humanos que ningún mortal habría podido componerlos (Fabricius, *Biblioth.*, 12, 85-94). Se le honraba incluso con descubrimientos muy posteriores a la época ficticia de su aparición en la tierra. Todos los avances sucesivos de la astronomía y, en general, los trabajos de cada siglo, se consideraban de su invención y se añadían a su gloria. De este modo, los nombres de los individuos se perdían en el orden de los sacerdotes, y el mérito que cada uno había conseguido por sus observaciones y esfuerzos, recaía en provecho de la asociación sacerdotal y en el genio tutelar de la misma; genio que, por su doble figura, indicaba la necesidad de una doble doctrina, cuya parte más importante pertenecía únicamente a los sacerdotes. El individuo sólo hallaba recompensa en el esplendor que conseguía para el orden del que era miembro. A este primer atributo de Thot se añadió un segundo, el de protector del comercio, y así se convirtió en la expresión de la influencia de los sacerdotes sobre las expediciones comerciales, influencia que el señor Heeren ha demostrado con claridad y de la que hablaremos en el libro siguiente. Aquí, nos vemos obligados a dejar de lado las otras ideas, diversificadas hasta el infinito, que se combinaban en el personaje imaginario de Hermes; su identidad con Sirio, el astro precursor de la inundación del Nilo y cuyo símbolo terrestre era la gacela que se desliza en el desierto cuando se acerca la crecida del río; su rango en la demonología, como el padre de los espíritus y el guía de los muertos; su cualidad de dios encarnado, sujeto también a la muerte, y alimento celeste, pan vivificador, bebida misteriosa de los iniciados; su alianza cosmogónica con el fuego generador, la luz, origen de cualquier ciencia, y el agua, principio de toda fecundidad. Veremos más adelante cómo el espíritu griego modificó al Hermes egipcio para hacer de él a Mercurio.

89. Vogel, *Relig. der Aegypt.*, p. 88.

90. Es curioso observar, en el sacerdocio, las modificaciones que la acción progresiva de los siglos realizó en él, a pesar de y sin saberlo él mismo. Nuestros tiempos modernos no han dejado de tener corporaciones tan ambiciosas como las de Egipto, y que hubieran querido sacrificar, como estas últimas, al conjunto todas las individualidades. Se observa esta tendencia en grado sumo en los jesuitas. Sin embargo, como la época de la dominación de las castas dio lugar a la de las influencias individuales, la orden de los jesuitas no pudo lograr que sus miembros, en sus escritos, sus descubrimientos y sus trabajos, se resignasen a ser anónimos. Cada jesuita puso su nombre en sus obras, permitiendo que la orden se aprovechase de su ilustración, pero sin querer renunciar, como los sacerdotes de Egipto, a su ilustración personal. Con esta disposición, es inútil tanto el esfuerzo por rehacer lo antiguo como la exhortación que se hace al individuo por volver al reino de las castas. Los mismos que predican esta doctrina se alejan de la regla; y, hasta en los admiradores de la *anonimidad* egipcia, se abre camino y triunfa la individualidad.

91. Al final del Libro V, desarrollaremos con más amplitud la demostración de esta realidad, que habríamos creído incontestable si no la hubiese negado un autor, contra el que sólo con cierto atoramiento nos atrevemos a discutir, cuando se trata de Egipto. Esta nación, dice el autor al hablar de los egipcios, esta nación a la que Europa debe directamente todos los principios de sus co-

nocimientos, y, como consecuencia, los de su estado social, no sufrió retraso en su progreso moral como sugirieron incluso muy buenas mentes; sacaban esta consecuencia de la idea, totalmente falsa, de que su origen proviene del antiguo sistema gráfico de Egipto (*Précis*, p. 358). Lo que sigue de las investigaciones de este ingenioso e infatigable erudito lo llevará, me atrevo a decirlo, a afirmaciones menos positivas. Ya algunos de sus descubrimientos no esenciales arrancaron a su buena fe importantes declaraciones. Al hablar de la obscenidad de varios de los monumentos estudiados, reconoce que esta obscenidad quebró su creencia en la eminente sabiduría egipcia (carta insertada en *Le Moniteur* del 6 de noviembre de 1824). Explicaremos en otro lugar la causa particular de esta obscenidad. Se debía a la causa general, a la situación estacionaria de un pueblo doblegado bajo el dominio de los sacerdotes.

El señor Champollion reconoce también la imperfección de la lengua egipcia, incluso en el momento culminante de la civilización de esta región. La lengua hablada de los egipcios, dice, conservó siempre numerosas huellas del estado primitivo de la lengua de los pueblos salvajes. La mayoría de los nombres de animales no son otra cosa que la imitación, más o menos exacta para nuestro oído, de la voz propia de cada uno de ellos (*Précis*, p. 285).

Por lo demás, a nuestro entender, el señor Champollion se equivoca cuando piensa que las dudas presentadas por mentes muy ilustres, como dice él mismo, a propósito de la sabiduría y de la cultura egipcias, no provienen más que de una idea falsa sobre el antiguo sistema gráfico de Egipto. Este sistema es un efecto, y no una causa. La causa era la división en castas, la superstición, el despotismo ejercido por los reyes sobre la nación, en una palabra, el poder sacerdotal, sin freno, sin límites, sin contrapeso, que afectaba, sin medida y sin piedad, a todas las facultades del hombre.

LIBRO IV
DE LA INFLUENCIA DE LAS CAUSAS SECUNDARIAS EN LA EXTENSIÓN DEL PODER SACERDOTAL

CAPÍTULO 2

Del clima

1. Si, al tratar del clima, hubiésemos tenido oportunidad de ocuparnos de los pormenores de estas fábulas, habríamos mostrado a nuestros lectores curiosas diferencias, introducidas en los ritos y en los relatos por las diversidades del clima. En Santo Domingo, donde el ardor del sol es insoportable, los indígenas lo describían a la vez como un protector o como un enemigo. Los primeros hombres, decían, habían vivido, durante largo tiempo, en las oscuras cavidades de una montaña. Un enorme gigante los mantenía encerrados. Este centinela, deseoso de conocer los alrededores de su recinto, se alejó por un instante. El sol lanzó sobre él sus rayos inflamados y lo cambió en roca. Libres de su vigilancia, los hombres intentaron salir de su oscuro y molesto retiro, pero sólo de noche por miedo al sol, tan temible para ellos como para su guardián. Un día, mientras

varios de ellos se dedicaban a la pesca hasta la aurora, el sol naciente los sorprendió y los metamorfoseó en árboles odoríferos. En otra ocasión, uno de ellos fue transformado en pájaro; y desde entonces, cuando ve, al amanecer, el sol sobre el horizonte, hace resonar en el aire lamentos armoniosos. Pero el groenlandés, sobre el que este astro, envuelto en fríos vapores, sólo expande una luz triste y débil, en vez de imaginarlo como el autor, lo ve como la víctima de una metamorfosis funesta. Dos amantes, separados por invencibles obstáculos, fueron llevados a los cielos, en forma de sol y de luna, y se siguen eternamente sin poder alcanzarse. Unos groenlandeses perdidos después de la pesca, y sin poder dar con el camino de sus casas, fueron metamorfoseados igualmente en estrellas (Cranz, *Hist. du Groenl.*).

Oposiciones parecidas se observan en las épocas de las ceremonias y en las de las fiestas. En Italia, el mes de noviembre, que parece arrebatar a la tierra su fuerza productiva, estaba consagrado a Diana, la diosa virgen y estéril. Pero, en Egipto, la diosa de la producción (Atir, en la lengua cosmogónica, la noche primitiva, el principio creador) preside el mismo mes, durante el cual la naturaleza comienza a desarrollar su fecundidad.

Algunas veces, contrarían la acción del clima circunstancias locales, que, sin cambiar el carácter fundamental de una mitología, introducen en él anomalías muy singulares. Las fábulas kamchadales, que nacieron en medio de las escarchas, aparecen, sin embargo, impregnadas de una mezcla de voluptuosidad y amor sensual que sólo serían propios de las naciones del Mediodía. Este contrapunto se explica por los fuegos subterráneos y los manantiales de agua hirviendo que se encuentran en estos climas helados. El frío más riguroso y el calor más abrumador se contraponen y, de ahí, esa sucesión de impresiones rápidas y, en la mitología, una dirección que se aparta de las reglas habituales (Steller. Krascheninikow. Herder, II, 153). Un fenómeno casi igual pudo influir en las ficciones indias. Se han descubierto recientemente manantiales de agua calientes en el nacimiento del Ganges (*As. Res.*, XIV). Eso explica por qué Ganga, la diosa del Ganges, era, a la vez, el agua divina y el fuego divino.

2. Herder, *Phil. de l'hist.*, II, 7 y 133. La inmovilidad y la apatía son el primero de los bienes, tanto para las comunidades entumecidas por la escarcha, como para las abrasadas por un cielo muy ardiente. Los esquimales del norte de Europa y los pueblos de Labrador en América están por debajo de la condición humana.

3. Nicéforo, *Hist. Rom.*, libro II.

4. Los libros indios contienen muchas fábulas que pueden impregnar la mente de esta opinión. Druwen, hijo de Utamibaden y de Sunady, rechazado por su padre siguiendo la instigación de una nueva esposa, se alejó a un desierto para hacer penitencia, en las riberas del Yamuna. En el primer mes de sus penitencias, permaneció tres días sin tomar alimentos, viviendo de frutas el resto del tiempo. El segundo mes ayunó seis días; el tercero, doce, bebiendo sólo el agua que cabía en el cuenco de su mano. Durante el cuarto mes, recorrió los ocho grados de la contemplación, alimentándose sólo del aire que respiraba; en el quinto, con la mente puesta siempre en el Ser supremo, se hizo un extraño a su propio cuerpo. En el sexto, cerró cualquier acceso a las impresiones exteriores. Finalmente, conteniendo su respiración, suplicó a la divinidad que se mostrase

ante él. Estas penitencias y el fervor de su plegaria estremecieron al mundo. Todos los dioses asustados se dirigieron hacia Vishnú, que les reveló la causa de esta conmoción universal; luego, colmando de favores al penitente, lo vengó de su madrastra, le entregó el reino de su padre y lo hizo reinar gloriosamente durante veintiséis mil años (Bagavadam, libro IV). Uno de los siete *rishis*, queriendo atraer a los dioses sobre la tierra, ayunó durante tanto tiempo que una llama brilló sobre su cabeza y estos dioses se le aparecieron obedientes (Bagav., *ibid.*). Las cinco penitencias de Bagiraden ablandaron la oposición de Brahma, de Vishnú y de Shiva, hicieron que el Ganges bajara del cielo, distribuyeron sus aguas sobre las llanuras que fecundaron y resucitaron a sesenta mil muertos que otro penitente había matado con su mirada (*Bhagavad Gita*, X. Sonnerat, I, 232). Visvamitra, famoso conquistador, que aspiraba al rango sublime de brahmán, se entregó, dice el *Ramayana*, a penitencias tan severas que pronto superó el mérito de los dioses y de los santos: y fue tal el poder que consiguió con sus tremendas penitencias que hubiera podido destruir los tres mundos por un acto de su voluntad. Los dioses, previendo esta destrucción inevitable, suplicaron a Brahma que otorgase al terrible penitente lo que con tanta violencia deseaba. Y el creador, a la cabeza de la jerarquía celeste, vino al encuentro de Visvamitra, y lo saludó con el nombre que anhelaba. Como resultado de esta regla inmutable que obliga al hombre a retratarse en sus dioses, este medio sobrenatural de la penitencia se trasladó de la tierra al cielo y se atribuyó a la divinidad creadora del mundo. Precisamente, sumiéndose en la contemplación y sumergiéndose en la penitencia, Brahma, la unidad absoluta, sacó de su seno el huevo de oro que contenía el germen de todas las cosas. Véanse los mantras del Rig Veda y el tercer libro del Bagavadam. Vishnú, en el Bagavadam, se declara de tal modo unido, por las maceraciones, a su adorador Ambalischen que no puede negarse a ninguna de sus peticiones, y camina sobre sus pasos, como el cervatillo recién nacido tras su madre.

5. *As. Res.*, II, p. 188.

6. Indratuymen, cuyo carro celeste corría más deprisa que el rayo el cielo y la tierra, fue transformado en elefante por las maldiciones de un solitario ultrajado (Bagav., libro VIII). El jefe de los semidioses, Devendren, al que había imprecado otro solitario, vio cómo sus riquezas eran arrojadas al mar por un brazo invisible, y fue expulsado de la mansión divina con todos sus dioses y todos sus genios (Bagav., *ibid.*). ¡Idea aún más curiosa! Las maldiciones recíprocas no pierden su eficacia. Shiva y Daksa se maldicen mutuamente y sus anatemas se cumplen (Bagav., libro IX).

7. El gigante Erunia Kasyapa se impuso penitencias extraordinarias y, con ello, adquirió un poder prodigioso, del que se servía para atacar a los dioses y a los hombres. Vishnú mató a su hermano Eruniakschen y redobló sus penitencias para lograr vengarse de él y obtuvo de Brahma, por este medio, el privilegio de que nadie pudiese matarlo ni herirlo, ni los dioses, ni los hombres, ni los gigantes, ni los animales, de día o de noche, en casa o al aire libre. Con estas prebendas, obligó al mismo Vishnú a que se ocultara; y sólo a fuerza de tiempo, de paciencia y de astucia, eludiendo la prerrogativa que el gigante había obtenido y tomando la forma de un monstruo que no era ni hombre ni animal, sino que poseía algo de los dos, el dios se abatió sobre su adversario, cuando franqueaba

las puertas de un palacio, y esto ocurría cuando aún no estaba ni dentro ni fuera, en el momento del crepúsculo, después del día y antes de la noche (Bagav., libro VI. Sonnerat, I, 137).

8. Una costumbre india avalada por todos los relatos descubre de modo sorprendente esta impotencia de resistencia activa en los moradores de la India. Un indio que quiere obtener de un individuo alguna cosa se coloca en su puerta o en un camino en el que está seguro de encontrarlo, llevando veneno, un puñal o cualquier otro instrumento de muerte. Apenas lo ve, lo amenaza, si no accede a su petición, con matarse delante de él. Éste no se atreve a pasar por alto esta solicitud por miedo a convertirse en la causa del suicidio; y si su temor no es atendido, no es raro ver que el primero ejecuta su amenaza (As. Res., III, 344). Los indios se sirven de este medio para ganar sus procesos, para obtener el pago de lo que supuestamente se les debe, para reconciliar enemigos, etc. (As. Res., V, 268). En 1787, habiéndose hecho uso de la fuerza contra un brahmín que se había negado a satisfacer lo que debía al gobierno, los brahmines construyeron un *khoor*, especie de recinto circular y encerraron en él a una anciana, se sentaron junto a ella y declararon que, si se acercaban los funcionarios judiciales, prenderían fuego al recinto y perecerían todos juntos. La anciana, por su parte, amenazó a los ingleses con que, si pretendían violentarla, se arrojaría al primer pozo que encontrase en su camino. Se vio que algunos brahmines, enojados por alguna sentencia dictada contra ellos o por la persecución de sus acreedores, se daban muerte o mataban a sus hijos o a su madre creyendo que el crimen recaería en sus perseguidores. Un musulmán, acreedor de un brahmín, había quitado a la mujer de este último un bolso que su marido le había confiado; la madre del brahmín se dirigió con su hijo a las orillas del Ganges. Allí volvió a pedir al musulmán la suma que había cogido, exigiendo, además, la reparación de su honor ofendido. Ante su negativa, la madre ofreció su cabeza, ordenó a su hijo que cumpliera con su deber, y éste le cortó la cabeza de un sablazo. Se reunieron los padres, dejaron el cuerpo sin sepultura y golpearon sobre el tambor durante cuarenta días y cuarenta noches para mantener el alma despierta a fin de que se convirtiera en el enemigo eterno del que los había ultrajado (As. Res., V). Así, los indios, sintiendo una imposibilidad moral de actuar directamente contra sus enemigos, lo suplen actuando contra ellos mismos. Entre nosotros, intentamos forzar a los otros amenazándolos con hacerles daño; los indios, en cambio, los amenazan con su propia tribulación.

9. La poligamia, dice Heeren, es un obstáculo insalvable para cualquier forma de gobierno que no sea el despotismo religioso o político. Al investir al jefe de familia de una autoridad necesariamente ilimitada, le hace menos indignante la idea de una obediencia ciega que él exige o practica según el momento. La poligamia coloca fuera del Estado el sexo, condenado a la esclavitud, y, haciendo del marido el dueño y de las mujeres otras tantas esclavas, constituye el despotismo, por así decirlo, por la base, pues lo consagra en la familia, modelo y fundamento de la sociedad.

10. En ningún lugar se inculca el perdón de las injurias con más fuerza y unción que en los poemas de los indios y de los persas. «El deber del hombre virtuoso», dice uno de los poetas que escribía trescientos años antes de nuestra era, «consiste, no sólo en perdonar, sino también en hacer el bien, en el momen-

to de su destrucción, al que lo destruye, como el árbol de sándalo, en su caída, expande su perfume sobre el hacha que lo golpea». La misma idea se encuentra en Sadi, y los célebres dísticos de Hafiz la desarrollan y multiplican con gran profusión de imágenes: «Imita a la concha, que da sus perlas al que desgarra su seno, a la roca que adorna con diamantes la mano que orada su costado, al árbol que entrega sus frutos o sus flores como intercambio de las piedras que se le lanzan» (*As. Res.*, IV, 167).

11. Comienza por dirigirse al mismo al que va a llevar a la muerte. «Todos los seres existentes», le dice, «fueron creados para el sacrificio, y no cometo crimen alguno si te privo de la vida». Pero, poco satisfecho del razonamiento que lo justifica, se deshace enseguida en elogios, en adoraciones y en promesas. «Oh el mejor de los hombres», exclama, «tú, la reunión de todas las divinidades favorables, dígnate concederme tu protección, conserva a mis hijos, a mis familiares y a mí mismo, que te sigo totalmente entregado; y, como tu muerte es inevitable, renuncia a la vida, haciendo un acto de benevolencia. ¡Otórgame la felicidad que se obtiene por la devoción más austera, por los actos de caridad, por la observancia de las ceremonias, y, al mismo tiempo, oh el más excelso de los mortales, alcanza también la felicidad celeste!».

«Ante estas palabras», continúa el capítulo de sangre, «los dioses se reúnen en la víctima y ésta queda libre de todos los pecados. Su sangre se cambia en ambrosía, y el descanso del alma, el olvido de las agitaciones terrestres y el bien supremo son su premio para siempre».

En fin, incluso cuando el brazo del sacrificador ha lanzado el golpe fatal, su mirada debe evitar contemplar la acción. Debe desviarla, presentando a los dioses la cabeza del que lo ha golpeado (*As. Res.*, V, 371-379).

Comparad estos ritos con los de los pueblos del Norte y de Occidente que creían añadir valor a la ofrenda mediante la prolongación de los sufrimientos y la crueldad refinada. No podréis ignorar el efecto del clima.

12. Esta suavidad de las costumbres no abandona a los indios incluso cuando se hacen la guerra. Los soldados de un ejército, cuando un interés o afecto privado los llaman al ejército enemigo, acuden junto a él y vuelven sin encontrar obstáculos ni correr peligros (La Flotte, *Ess. hist. sur l'Inde*, p. 260).

13. Cada uno, dicen los indios, puede conseguir el cielo por un camino particular (Dow, *Relat. des recherch. de Mahumet-Akbar sur la relig. ind.*). «Cualquiera que sea la imagen que el suplicante adora en su fe, soy yo quien le inspira esta fe firme», dice Krishna en el *Bhagavad Gita*, «esa fe con la que trata de hacerse esa imagen propicia y obtiene finalmente el objeto de sus deseos, así como yo lo determiné. Quienes, complacidos después de la realización de sus deseos, siguen la religión indicada, obtienen una recompensa pasajera; pero los que sólo piensan en mí, yo me hago cargo del peso de su devoción, es decir, tienen una recompensa imperecedera y nunca volverán a un cuerpo mortal. Quienes adoran a otros dioses con una fe decidida me adoran también, aunque involuntariamente. Yo participo en todos los cultos, y yo soy su recompensa. Quienes adoran a los Devetas se incorporan a los Devetas; quienes adoran a los patriarcas se unen a los patriarcas; los servidores de los *bhoots* o espíritus se absorben en los *bhoots*, y los que me adoran se convierten en uno conmigo». ¿No es digno de destacar que, mientras otros reformadores amenazan con cas-

tigos eternos a quienes se niegan a profesar su doctrina, el único castigo que les inflige Krishna sea el de recibir una recompensa más pequeña, más imperfecta que la que se otorga a los fieles? Todo enemigo de Dios, dicen también los indios, cualquier hombre que, combatiéndolo, con algunas de las diversas formas elegidas, es muerto por él o por su encarnación, es salvado por el hecho mismo de que la encarnación le afecta al darle muerte (*Asiat. Mag.*). ¡Cuánto ayuda a la tolerancia la suavidad del clima de la India!
14. Creuzer, trad. fr., I, 306-307.

Capítulo 4

De la necesidad de trabajos materiales para la existencia física de las sociedades

1. I, 2, 8.
2. Como resultado de esta costumbre, bastante fácil de explicar, aunque parezca chocante, un pueblo habituado a trabajos necesarios se resigna más fácilmente que otros a los trabajos inútiles. El gobierno egipcio, teocrático o real, continuó imponiendo grandes trabajos a sus súbditos, o mejor dicho, a sus esclavos. Los reyes siguieron el ejemplo de los sacerdotes, incluso cuando los combatían. Chemnis y Kefrén, el perseguidor del sacerdocio, mandaron construir las dos pirámides más grandes; pero los pueblos, irritados al final, o más verosímilmente excitados por los sacerdotes, juraron retirar de estos monumentos los cuerpos de estos príncipes y hacerlos añicos, lo que impidió que fueran enterrados en ellos (Diod., I, 2, 16).

Capítulo 5

De los fenómenos apropiados para excitar la sorpresa o el terror

1. Ciertamente, el cielo de Egipto no era en sus orígenes este cielo limpio y sereno que es hoy uno de los privilegios de esta región. Mientras fue una zona pantanosa, y antes de que las aguas se hubiesen desviado mediante numerosos canales, la atmósfera debió de ser húmeda y malsana. Emanaciones dañinas se originaban en el Bajo Egipto, sobre todo cerca del lago Serbonis; los egipcios llamaban a estas emanaciones los vapores del aliento de Tifón (Plutarco, *Vida de Antonio*, cap. 3).
2. Éstas son las principales causas que Cicerón asigna a la enorme influencia de los toscanos adivinos: *Quod propter aeris crassitudinem de caelo apud eos multa fiebant, et quod ob eandem causam multa invisitata partim e caelo, alia ex terra oriebantur, quaedam etiam ex hominum pecudumve conceptu et satu, ostentorum exercitatissumi interpretes exstiterunt* [Porque debido a la densidad de la atmósfera se daban en su tierra muchos meteoros, y porque por esa misma causa se producían muchos fenómenos nunca vistos, en parte procedentes del cielo, otros del interior de la tierra, algunos incluso como consecuencia de la concepción y generación de los humanos o de los animales, se dieron a conocer como los intérpretes de portentos mejor preparados] (*De divin.*). Valerio Máximo (libro I) llama a Etruria *mater omnis superstitionis*. La palabra *ceremonia* se deriva del nombre de la ciudad de Ceres, en Etruria, pues los etruscos eran muy

dados a las ceremonias de la religión. Festo, *s. v. Caerimoniarum*. El Oriente, dice un autor antiguo, leía el destino en los astros; Etruria, en los relámpagos y en los fenómenos fortuitos que llamaban la atención.

Al parecer, antiguamente, los terremotos fueron mucho más frecuentes en esta parte de Italia que en nuestros días. Los historiadores hablan de ellos como si ocurrieran todos los años. Se debía, tal vez, a que los volcanes tenían erupciones menos frecuentes. Orosio dice (VIII, 10) que el Vesubio arrojó lava al exterior el año 829 de Roma, cuando tuvo lugar la erupción que causó la muerte de Plinio el Viejo. El culto a los elementos, o a las fuerzas ocultas de la naturaleza, debió su expansión probablemente a estas causas.

Cerca del templo de Venus Afakitis, en Áfaca, entre Heliópolis y Biblos, existía un lago del que surgía súbitamente una llama de forma redonda. Este fenómeno, referido por Séneca (*Quaest. nat.*, 3, 26) y por Zósimo (I, 58), mantenía maravillosamente al pueblo, al decir de los historiadores, sometido a los sacerdotes.

3. El país de Congo sufre terremotos, inundaciones, sequías, epidemias. Precisamente en estos tiempos de desgracias, se acrecienta y despliega el poder de los *gangas* (*Parallèle des religions*, I, 719).

Capítulo 6

Influencia del carácter y de las ocupaciones habituales de los pueblos

1. «Ni los egipcios», dice Estrabón (libro XVII), «ni los pueblos vecinos tienen inclinaciones belicosas».

2. Desarrollaremos esta verdad histórica cuando hablemos de la evolución de la religión escandinava.

3. Éste era el caso de Júpiter Ammón, situado en un oasis dentro de un mar de arena.

Capítulo 7

Del efecto de las grandes calamidades políticas

1. Diod., XX, 3. El mismo hecho se reproduce en Tiro, cuando Alejandro sitió esta ciudad (Quinto Curcio, IV, 4).

Capítulo 8

Del efecto de las migraciones

1. Cf. el capítulo siguiente sobre la lucha del poder sacerdotal contra el poder militar y político.

2. Demostraremos esto en el Libro V.

3. Cf. Libro III, cap. 3.

CAPÍTULO 9

De la lucha del poder político y militar contra el poder sacerdotal

1. Los *cutteries*, hijos del sol, habían oprimido a los brahmines; Parasurama, el sexto avatar de la raza de la luna, también él brahmín, pero valiente
como un *cuttery*, llena con su sangre lagos enteros, reparte sus bienes y lleva tan
lejos su rigor implacable que los propios brahmines, cuyo dominio restablece,
se afligen de la vasta destrucción que representa su obra (*Myth. des hindous*,
I, 280-290. Schlegel, *Weisheit der Indier*, p. 184). Esta lucha de los guerreros
contra los brahmines constituye un episodio del *Mahabarata*. En Malva, se dice
en el quinto libro, reinaba un príncipe llamado Herghes. Su ejército sólo estaba
compuesto de *cutteries*. Se declaró una guerra entre él y el rey de los brahmines.
Los *cutteries* eran más numerosos en cada batalla, pero siempre perdían. Se
acercaron a los brahmines para preguntarles: ¿Por qué ganáis siempre a pesar
de que nosotros seamos más numerosos? El *Mahabarata* no cuenta la respuesta
de los sacerdotes (Heeren, *Idées sur l'Inde*, p. 566).

2. Bein, o Vena, hijo de Ruchnan, que llega al trono después de la huida de
su padre, defendió la adoración de los dioses y la justicia entre los hombres. (El
sacerdocio ve siempre en la disminución de su poder la desaparición de la justicia.) Impuso silencio a los brahmines y los expulsó de su lado. Luego se unió de
forma réproba a una mujer de su casta, permitiendo que otros lo imitasen y que
los hijos de los dioses se confundiesen con los hijos de los hombres. Una mezcla
de cuarenta y dos castas surgió de estos matrimonios impuros. Los brahmines
lo maldijeron y le quitaron la vida. Como no tenía descendencia, frotaron las
manos una contra otra y de su sangre nació un hijo armado, conocedor de las
ciencias santas y hermoso como un dios. De su mano izquierda, los brahmines sacaron una joven que le entregaron como mujer. Reinó con toda justicia,
protegiendo a sus súbditos, manteniendo la paz, castigando los desórdenes y
honrando a los brahmines (*As. Res.*, V, 252).

3. En una de estas catástrofes, en la segunda época, dicen los indios, existió un pequeño número de individuos de la casta de los brahmines, de la de los
comerciantes y de la de los artesanos que fueron salvados; pero no hubo ninguna de la casta de los guerreros o príncipes, porque todos habían abusado de
su fuerza y de su poder. En el renacimiento del mundo, se creó una nueva casta
de gobernantes; pero, para que no pudiesen extraviarse, fue sacada de la casta
de los brahmines, y Rama, el primero de esta nueva casta, fue el protector de
los sacerdotes y siempre gobernó según sus consejos. Las *Leyes de Menu* hacen
mención de varias razas de guerreros que se habían hecho salvajes, es decir,
se habían emancipado del gobierno teocrático y de la división en castas, entre
otros los pehlaves, que, a juicio de Schlegel, son una tribu de los medos, cuya
lengua se llama aún el pehlvi. Este hecho vendría en apoyo de lo que dijimos
anteriormente: que, incluso en Media y, con mayor razón, entre los persas, desde la conquista de Media por Ciro, la división en castas no subsistió con todo
su rigor (Schlegel, *Weisheit der Indier*, pp. 184-185. *Leyes de Menu*, X, 43-45).
Los libros indios hablan también de un brahmín de Magadha, que mató a Nandha, el rey del país y colocó en el trono una nueva dinastía (*As. Res.*, II, 139).

4. Probablemente, este reinado de los dioses duró en Egipto dieciocho mil años, según los anales sacerdotales de esta región, y terminó en la persona de Horus, hijo de Osiris (Diod., I, 2, 3). «En otro tiempo», dice Heródoto, «los dioses habían reinado en Egipto; habían vivido con los hombres, y siempre hubo uno que ejerció la soberanía». Es probable que, en muchos pueblos, hubiera existido igualmente una teocracia anterior al gobierno temporal. El reino de los planetas, representado entre los caldeos como anterior al de los hombres, es la época de esta teocracia llamada en Egipto el reino de los dioses.

5. Heródoto (II, 141) menciona una inscripción destinada a conservar el recuerdo de este acontecimiento.

6. «La impiedad de los reyes de Egipto con los dioses del país», dice Diodoro (I, 2, 3), que escribía según las enseñanzas sacerdotales, «dio lugar a frecuentes sublevaciones».

7. El primer rey de Egipto fue Menes. Sus leyes sobre la religión limitaron el dominio del sacerdocio (Diod., I). Por eso, le acarrearon la ira del orden sacerdotal, el cual, al adquirir de nuevo influencia sobre sus sucesores, autorizó u obligó a Technatis a que se grabara sobre una columna las maldiciones contra Menes (Plut., *De Isid. et Osir.*). Otros dos reyes, a los que los anales escritos por los sacerdotes tratan de tiranos y de rebeldes, Keops y Kefrén, mandaron cerrar los templos durante treinta años (Diod., I). Denon observa que fue durante esta opresión sacerdotal cuando se construyó el único palacio que haya pertenecido a los reyes de Egipto (*Voy. en Æg.*, II, 115). Pero el sacerdote Setos se apoderó nuevamente del trono, y quitó a la casta militar las posesiones que se le habían asignado; por eso, se negó a acudir en su ayuda contra Senaquerib, rey de Asiria (Heród., II, 141). La anécdota del etíope Sabacón, que llegó a ser rey de Egipto, quien, habiendo recibido en sueños la orden de serrar a todos los sacerdotes de Egipto por la mitad del cuerpo, y negándose a semejante crimen, abdicó del poder, ¿no sería una tradición desfigurada de alguna conspiración de los sacerdotes egipcios contra un extranjero que se había hecho su dueño?

8. Heród., II, 147-152.

9. Es digno de observar que este Psamético, que había debido su victoria sobre la dodecarquía a su sumisión al sacerdocio, no obstante buscó la ruina del poder sacerdotal, tanto apoyándose en tropas extranjeras, como abriendo las puertas de Egipto a los comerciantes griegos.

10. Macrobio, *Saturn.*, III, 5.

11. A nuestro parecer, un autor erudito, pero sistemático (Wedel-Jarlsberg, *Abhandlung ueber die aeltere Scandinavische Geschichte*, pp. 173, 269-272), se equivoca a propósito del desarrollo de la religión escandinava. Supone que uno de los Odín, a fuerza de astucia y de violencia, habría establecido la monarquía sobre las ruinas de un gobierno teocrático. Pero estos relatos son demasiado detallados para ser verdaderos. Cuando se trata de épocas tan oscuras, querer unir entre sí cada hecho aislado que se nos presenta y pretender llenar todas las lagunas, es un medio seguro de añadir muchos errores a algunas verdades; y cuanto más coherente es un relato y más en armonía están sus partes, más sospechosa debe ser su combinación, por muy ingeniosa que sea.

12. Heród., I, 125.

13. Estrabón.

14. Dice Heródoto: «Ciro, habiendo deliberado sobre el recurso más hábil para llevar a los persas a la insurrección, pensó que el más eficaz sería el siguiente, que puso enseguida en práctica. Habiendo escrito una carta en la que supuso lo que le convenía, convocó una asamblea de los persas, y abriendo la carta y leyéndosela, les dijo que Astiages [el rey de los medas] lo había nombrado su jefe. Os ordeno, pues, oh persas, que vengáis aquí, cada uno con su guadaña. Esto fue lo que dijo Ciro a la asamblea [...] Los persas obedecieron y Ciro les mandó arrancar las zarzas de un lugar de la región, extensa como unos dieciocho a veinte estadios y que estaba cubierta de espinas. Concluido este trabajo, les mandó volver al día siguiente al mismo lugar vestidos de fiesta. En el intervalo, mandó matar cabras, ovejas y bueyes, sacados de los rebaños de su padre, y los hizo preparar, así como vino y alimentos harinados, los mejores que pudo, para recibir al ejército de los persas. Habiéndose reunido éstos el día siguiente, los invitó a echarse sobre el césped y a comer con ellos. Cuando se levantaron del festín, Ciro les preguntó que qué preferían, el trato de la víspera o el del día. Dijeron que había una gran diferencia: la víspera habían soportado toda clase de males, mientras que hoy disfrutaban de todo tipo de bienes. Aprovechándose de estas palabras, Ciro les descubrió su proyecto. Hombres de Persia, les dijo, esto tengo para vosotros. Si queréis seguirme, poseeréis estos bienes y muchos más, y estaréis exentos de cualquier trabajo servil. Si no me seguís, sufriréis numerosas penas, parecidas a las de ayer. Así, obedeced a mis exhortaciones y sed libres: pues me creo destinado por los decretos celestes a otorgaros todos los bienes de la vida, y no os creo inferiores a los medos ni en valor belicoso, ni en cualquier otra cosa. Alejaos, pues, lo antes posible, de Astiages» (Heród., I, 126). Cuanto se dijo se hizo. Astiages, después de haber dado la orden de empalar a algunos magos, sus consejeros, fue vencido en la primera batalla y preso en la segunda.

15. Cf. más arriba el capítulo sobre la división en castas.

16. Los testimonios de toda la Antigüedad concuerdan en este punto. Heródoto habla de la facilidad con que los persas adoptaban las prácticas extranjeras (I, 135). Los escritores judíos, cuando hacen alusión a las instituciones de los persas, los citan siempre unidos por las leyes de los medos y de los persas (*Ester* 1, 18. *Daniel*, 6, 8). Platón reprocha a Ciro los desórdenes que se iniciaron bajo Cambises y se prolongaron después de él, desórdenes producidos, dice, por la influencia de las mujeres y de los eunucos, es decir, por la imitación de las costumbres corruptas de una corte afeminada (*Leyes*, III).

17. Si nos remontamos, si no al Zend Avesta, que pudo haber sido redactado por un contemporáneo de Ciro, al que se le dio el nombre fabuloso o genérico de Zoroastro, al menos a la doctrina de los libros Zend, a una época anterior aún a la conquista de Media, entramos en contradicción con muchos escritores del último siglo, que negaron la autenticidad de los monumentos referidos en Europa por Anquetil-Duperron (cf. Meiners, *De vet. Pers. rel. Comm. Soc. Goett.*). Pero ninguna de sus objeciones pudo convencernos. Si ningún escritor griego anterior a Alejandro habla de las obras de Zoroastro, este silencio no es más extraordinario que el de toda la Antigüedad sobre los libros judíos. No demuestra que los del legislador persa no sean auténticos. Sólo se puede deducir que, custodiados cuidadosamente por los magos, no se transmitían a los profanos. Al suprimir la conquista las barreras con que se rodeaba esta casta, en-

contramos en los escritores antiguos, a partir de esta época, frecuentes alusiones a estos escritos. Por el hecho de observarse, en algunas partes del Zend Avesta, algunas conformidades con el Corán, se concluyó de ello que los creadores de los libros Zend habían tomado estos pasajes del profeta de los mahometanos. Hubiera sido más sencillo admitir que Mahoma había tomado algunos pasajes de las opiniones orientales. Sin duda, el contenido de estos libros no se corresponde con la alta sabiduría que los filósofos de Grecia pregonan de su autor. Están sobrecargados de fórmulas, de invocaciones, de ritos supersticiosos. Pero la sabiduría de Zoroastro era un prejuicio de los griegos, enamorados de todas las instituciones lejanas que la distancia y el misterio hacían grandiosas. Estos libros concuerdan, por otra parte, con todas las enseñanzas dispersas en los historiadores sobre la doctrina, las prácticas, los himnos y las plegarias de los magos. Cuanto más atención se presta a su examen, comparándolos con los libros de todas las naciones sometidas a los sacerdotes, más evidente se hace su autenticidad. A lo más, es razonable sospechar de algunas interpolaciones o algunas adiciones. El Bundehesch puede ser más reciente que los demás. Pero el resto es, sin duda, de la más remota Antigüedad. Hasta podríamos creer que su redacción, tal como nos ha llegado, fue obra de un reformador que escribía por orden y bajo la vigilancia del dominador persa del imperio medo, consultando y refundiendo materiales aún anteriores. Pues los persas hablan de escritos más antiguos, los Sophs, por ejemplo, o libros sacerdotales, atribuidos a Abraham, y el Gyavidan-Chrad, o tratado de la sabiduría eterna, de Hushang, antiguo rey medo. Suponer, como se ha hecho, que es la religión persa la que Zoroastro reformó en tiempos del primer Darío, es afrontar una dificultad insoluble. ¿Cómo, en un pueblo inmerso, desde los tiempos de Darío, en la ignorancia más supina, y que sólo había visto pasar treinta y ocho a treinta y nueve años desde este conquistador hasta Darío, hijo de Histaspes, un reformador habría encontrado los elementos de la doctrina más refinada, la más abstracta, la más carente de proporción respecto a sus conciudadanos y a su siglo? Los reformadores son siempre los órganos de la opinión presta a dominar. El propio Zoroastro nos enseña que él era medo y que vivía bajo un rey llamado Gustap. Se consideró a este rey el primer Darío, sin pensar que Gustap, lejos de ser un nombre propio, era un título común a todos los monarcas de Oriente. Pero el príncipe del que Zoroastro hace mención no vivía en Persia. Residía en la región de Bactriana; el Zend Avesta nos indica las provincias sobre las que ejercía su imperio (cf. Kleucker, Zend Avesta, II, 299). Ni Persia propiamente dicha, ni ninguna de las ciudades en las que moraban los reyes de Persia, forman parte de esta enumeración. ¿Cómo Zoroastro habría pasado en silencio, en una descripción larga y detallada del imperio, precisamente por la provincia en la que se halla la capital y que daba su nombre a todo este imperio? Esta suposición, demasiado absurda para ser admitida, no aparece justificada por ningún autor digno de confianza. Ni Heródoto, ni Jenofonte, ni siquiera Ctesias nos hablan de un Zoroastro contemporáneo de Darío; y Platón, el primero que nos nombra a Zoroastro, lo sitúa en una época incierta, pero mucho más remota.

18. Cf. los pasajes citados en Brisson, *De regio Persarum principatu*, p. 347.

19. Por ejemplo, sobre los funerales. Los magos exponían los muertos a los animales salvajes. Consideraban como un crimen enterrarlos e incluso recoger

sus huesos. La nobleza, sobre la que esta corporación de sacerdotes cortesanos ejercía una influencia directa, estaba obligada a respetar esta ley del sacerdocio. Un señor persa estuvo a punto de perder la vida por haberse apartado de la costumbre recibida (Agatías, II. Procopio, I, 11). Pero el pueblo, menos dependiente, a causa de su oscuridad, e incluso el ejército al que, en todos los países, los déspotas se ven obligados a tratar con tino, no se sometían a estas prácticas. Amiano Marcelino (libro XIX) habla de un general que mandó quemar el cuerpo de su hijo, muerto en una batalla, y que llevó sus cenizas a Persia.

20. Jenofonte nos da una idea bastante precisa de esta conversión de la corte persa. Los persas en su mayoría, nos dice, imitaron el culto del rey, porque esperaban mayor felicidad sirviendo a los dioses de la misma manera (*Ciropedia*, VIII). Pero lo que Jenofonte cuenta de los persas en general se aplica, casi siempre, exclusivamente a la nobleza (Heeren, *Ideen*, I, 522).

21. El mundo invisible y la demonología de Zoroastro son calculados claramente para dar una sanción religiosa a las nuevas instituciones de Ciro. La corte de Oromazo se parece en todo a la del rey; y el número de los amsaspendas es igual, según unos, al número de castas y, según otros, al de los funcionarios que rodeaban el trono. Este Zoroastro, en el que se creyó ver a un inspirado, a un profeta entusiasta, a un sabio sumido en su retiro y absorto en la meditación, a un legislador que hablaba en nombre de Oromazo y con total libertad, podría no haber sido más que un profeta de corte, un inspirado por mandato, que escribía al dictado de un maestro, para complacerlo. Pero, al mismo tiempo, era un mago, imbuido del espíritu y consagrado a los intereses de su orden; de ahí las numerosas reminiscencias en sus ritos, y las numerosas contradicciones en sus preceptos. Unas veces, está al frente del trabajo, de la actividad, de cuanto gusta al despotismo conservar para su conveniencia, sin que tenga la menor importancia para los pueblos: entonces es la voluntad de Ciro la que domina. Otras veces, se echa en brazos de un panteísmo en el que desaparece su dualismo, elogiando la unión mística del hombre con la divinidad, la abnegación de la existencia, la vida puramente contemplativa: entonces es el mago el que reaparece.

22. Ateneo (VII, 13) nos transmite una narración de Teopompo, según la cual los cortesanos del rey persa levantaban, en su comidas, un altar al genio del rey; adoración que, para escándalo de los griegos, la imitó un argivo llamado Nicóstrato. Se hace mención de este tipo de culto en el discurso dirigido por Isócrates a Filipo.

23. Las figuras que, sobre las ruinas de Persépolis, no están revestidas de caftán, cuando hablan a las que sí están decoradas con él, procuran taparse la boca para no mancillarlas con su aliento (Heeren, I, 303-305). Pero el caftán era un vestido de los medos, un atavío de corte. El monarca concedía a sus favoritos el privilegio de llevarlo, y este privilegio otorgaba a su vez el de una pureza superior.

24. Jenofonte (*Ciropedia*, VIII) dice claramente que a los magos los introdujo, por vez primera, Ciro en el imperio que había fundado.

25. *Daniel* 6, 7-8.

26. Heród. III, 179; VII, 194.

27. Muestran esta variedad de climas las figuras que aparecen en las ruinas

de Persépolis. Unas están desnudas como si el cielo ardiese. Otras están vestidas de piel como en los países fríos (Chardin).
28. Creuzer, trad. fr., I, 319.

CAPÍTULO 10

Continuación del mismo tema

1. Moisés, al instituir el sacerdocio y colocar a Aarón como jefe, no se despojó del poder sacerdotal. Aarón sólo debía ser su voz y su subordinado. «Él hablará al pueblo en tu nombre», dice Yahvé a Moisés, «él será tu boca, tú serás su Dios» (*Éxodo* 4, 16).
2. *Éxodo* 18, 17-24. *Deuteronomio* 1, 13-14.
3. *Jueces* 9, 1.2, 16-18.
4. *Jueces* 9, 6.23.
5. «Ni yo ni mi hijo seremos vuestro jefe», dice Gedeón a los judíos; «vuestro jefe será el Señor» (*Jueces* 8, 22-23).
6. *1 Reyes* 7.
7. «Eres ya viejo», dice el pueblo a Samuel, «y tus hijos no se comportan como tú quieres; nómbranos un rey» (*1 Reyes* 8, 5-6).
8. «Pero vosotros habéis rechazado hoy a vuestro Dios», dice Samuel al pueblo reunido (*1 Reyes* 10, 19). «Escucha la voz del pueblo, dice Yahvé al profeta. No te rechazan a ti, sino a mí; no me quieren por rey» (*1 Reyes* 8, 7. Josefo, *Antiq. Iud.*, IV, 8. Spencer, *De leg. rit. Hebr.*, I, 227-240).
9. Quizá nunca fue la teocracia más elocuente que en su descripción de la realeza. «El rey, dijo Samuel, llevará a vuestros hijos para enrolarlos en sus destacamentos de carros y caballería y para que vayan delante de su carroza; los empleará como jefes y oficiales en su ejército, como aradores de sus campos y segadores de su cosecha, como fabricantes de armamentos y de pertrechos para sus carros. A vuestras hijas se las llevará como perfumistas, cocineras y reposteras. Vuestros campos, viñas y los mejores olivares os los quitará para dárselos a sus ministros. De vuestro grano y de vuestras viñas os exigirá diezmos, para dárselos a sus funcionarios y ministros. A vuestros criados y criadas, vuestros mejores burros y bueyes se los llevará para usarlos en su hacienda. De vuestros rebaños os exigirá diezmos. ¡Y vosotros mismos seréis sus esclavos! Entonces gritaréis contra el rey que os elegisteis, pero Dios no os responderá, porque fuisteis vosotros mismos quienes pedisteis un rey» (*1 Reyes* 8, 11-18).
10. Un célebre teólogo, atribuyendo a Dios mismo esta condescendencia, aplica, de un modo bastante curioso, a la omnipotencia divina los consejos de prudencia y de flexibilidad que da Cicerón a sus amigos: *Non permanendum est in una sententia, conversis rebus, etc.* [Una vez cambiada la situación, no debe uno mantenerse en la misma opinión] (Cicer., *Ep. IX ad Lentul.*). Nunca se reveló tan abiertamente el antropomorfismo (Spencer, *De leg. rit. Hebr.*, I, 243).
11. Lilienthal, *Gutachten der Goettlich. Offenb.*, VI, 212.
12. Aunque Saúl parezca elegido a suerte, el modo como parece contada su elección demuestra que los sacerdotes la hicieron suya y, sobre todo, intentaron hacer creer que ellos la habían hecho suya (*1 Reyes* 15, 20 s.). Incluso existen

varios detalles que indican que el sacerdocio, viendo inevitable su destronamiento, hizo caer la elección sobre un hombre poco considerado, para poder disponer de él con mayor facilidad (*ibid.*, 9). Por eso, se ve que los personajes más eminentes de la nación judía muestran su descontento por esta elección (*ibid.*, 10, 27).

13. Se ha asegurado que Samuel no había podido ser sacerdote porque, al parecer, no había sido de la tribu de Leví (*Lettres de quelques Juifs*, III, 410). Pero Samuel, niño desconocido, acogido por Elí, sumo sacerdote y gran juez, lo remplazó en esta doble función después de haber conseguido la victoria de Masfat sobre los filisteos.

14. *1 Reyes* 13, 13.

15. *1 Reyes* 15.

16. «Por no haber obedecido al Señor, el Señor te rechazará hoy como rey» (1 *Reyes* 15, 23). En vano se humilla Saúl. Dios declaró a su profeta que se arrepiente de haberlo elegido y le manda que elija a otro (*ibid.*, 16, 1).

17. *1 Reyes* 22, 17-18.

18. *2 Reyes* 2, 8.9.

19. *3 Reyes* 2, 26.

20. *2 Paralipómenos* 16, 10.

21. *4 Reyes* 11, 16.

22. *4 Reyes* 12, 7. 2 *Paralipómenos* 24, 20-22.

23. «Sus servidores se levantaron contra él para vengar la sangre del hijo de Joyadá, gran sacerdote, y lo asesinaron en su lecho» (*4 Reyes* 12, 24-25).

24. Llamado Osías en *Paralipómenos*.

25. Ya hablamos de este hecho (Libro III, cap. 10). Lo necesitábamos en ese momento como prueba del monopolio. Aquí lo citamos como prueba de la lucha.

26. *4 Reyes* 26, 20.

27. *4 Reyes* 9.

28. *4 Reyes* 25-30.

29. *3 Reyes* 11, 1.

30. *3 Reyes* 5.

31. *2 Paralipómenos* 16, 3

32. *Oseas* 2, 7; 4, 4-8.12.18; 5, 1.13; 6, 8; 7, 4, 11-16; 8, 9-13; 9, 3.13; 10, 3.6; 11, 5; 12, 2; 14, 4.

33. *Amós* 2, 9; 3, 12; 4, 1; 5, 1.6; 6, 1.10.

34. *Miqueas* 3, 12.

35. *De leg. rit. Hebr.*, I, 245.

Capítulo 11

Explicación necesaria sobre lo que acabamos de decir de los judíos

1. Rogamos a nuestros lectores que relean, a este propósito, una nota de nuestro primer volumen (Libro I, cap. 6, nota 8), en la que expusimos el germen de esta idea, que no podíamos explicar con tanta claridad entonces, sin crear, en la serie de nuestros razonamientos, una confusión que había que evitar.

2. Citamos una de estas concesiones (Libro II, cap. 2, nota 42): Yahvé que parte por en medio a las víctimas, para comprometerse por juramento ante Abraham (*Génesis* 15, 9-17). Esta ceremonia significaba que quien violase su juramento consentía en ser despedazado como estas víctimas... singular efecto del antropomorfismo, que aplicaba esta ceremonia conminatoria al propio Dios. No se puede dejar de ver en este detalle a un legislador forzado a rebajarse a la altura del pueblo. Por eso, uno de los primeros teólogos de Alemania, Eichhorn, observa con razón que el pueblo de Moisés está siempre por debajo de su legislador (*Einleit. zum alt. Testam.*, I, 7).

3. Los ritos de la mayoría de las naciones sacerdotales estaban calculados de forma que acreditasen las supersticiones sobre las que descansaba el poder de los sacerdotes, los augures, la explicación de los sueños, la evocación de los muertos. La ley de Moisés prohíbe repetidas veces estas llamadas a la credulidad realizadas por la impostura. «No practicaréis ni la adivinación ni la magia» (*Levítico* 19, 26). «Y no haya entre vosotros ni vaticinadores, ni astrólogos, ni agoreros, ni hechiceros, ni encantadores, ni quienes consultan a los que tienen el espíritu de Pitón, ni adivinos, ni nigromantes» (*Deuteronomio* 18, 10-11).

4. Voltaire aseguró que los hebreos habían inmolado víctimas humanas: excesos de terror y de superstición llevaron a todos los pueblos a estas prácticas abominables; pero nunca formaron parte del culto habitual de los hebreos, como el de India, el de Egipto y el de los galos. La ley de Moisés los prohíbe expresamente (*Levítico* 20, 23. *Deuteronomio* 12, 31).

Si formase parte de nuestro propósito examinar detalladamente todas las partes de la legislación de Moisés, haríamos resaltar fácilmente la misma superioridad de las leyes hebreas en puntos que no tienen una relación directa con la religión. Mientras que en Persia vemos una servidumbre que ninguna ley ni ninguna costumbre logra atemperar, y, en Egipto, una opresión constante y monótona, ejercida alternativamente por el sacerdocio y la realeza; mientras que buscamos inútilmente en estos países, objeto de una admiración tan pueril, algunos rastros de garantías para lo que no era o sacerdote o soldado, vemos, en las instituciones de Moisés, semillas de libertad que no se puede olvidar y que parecen reservadas, como su doctrina religiosa, para tiempos mejores. Junto al legislador, aparece un consejo, compuesto por ancianos de la nación, que delibera y se pronuncia sobre todos los asuntos importantes. La única excepción es el dogma de la unidad divina, sobre el que Moisés no tolera la menor discusión y que, en efecto, al ser su medio principal, y único, de transformar a los hebreos en un pueblo independiente, no podía ponerse en duda sin poner en peligro toda su empresa. Pero sobre todo lo demás, Moisés consulta a los ancianos del pueblo (*Éxodo* 4, 29). En el momento de la adopción solemne de la ley, se rodea de este senado, elegido por el pueblo (*Deuteronomio* 1, 13). Este senado decidía sobre la guerra y la paz; y, para legitimar la guerra, se requería el consentimiento de todos los hebreos. «Todos vosotros sois hijos de Israel: deliberad y tomad una decisión» (*Jueces* 20, 7). Sin duda, no es un pequeño mérito de Moisés, salido de la tierra de Egipto, en la que estaba consagrada la división en castas, haber rechazado esta corrupta institución. Hubiera sido mejor, sin duda, llevar más lejos esta igualdad y no crear un sacerdocio privilegiado; pero el bien mismo exige su tiempo; no había llegado el momento de la liberación de la especie humana. Esta liberación sólo llegó con el divino autor de la ley cristiana. Sin olvidar que sus sucesores se apresuraron a violar sus preceptos. Moisés no podía llegar tan lejos, y, sin embargo, si estudiáramos cuidadosamente los libros hebreos, veríamos en ellos el germen de la abolición más o menos próxima del privilegio sacerdotal. «Habrá un tiempo en el que meteré mi ley en su pecho, la escribiré en su corazón; ya no tendrán que enseñarse unos a otros, mutuamente, diciendo: tienes que conocer a Yahvé; porque todos, grandes y pequeños, me conocerán» (*Jeremías* 31, 33-34). Una circunstancia que no es indiferente, y que, a nuestro parecer, arroja una gran luz sobre el tema que estamos estudiando, es la libertad que Moisés otorga a los profetas aun cuando éstos no son del orden sacerdotal, y es, sobre todo, importante observar que él defiende esta libertad contra sus partidarios más adictos. «Un joven corrió a contárselo a Moisés: Eldad y Medad están profetizando en el campamento. Josué, hijo de Nun, ayudante de Moisés desde joven, intervino: Prohíbeselo tú, Moisés; pero Moisés le respondió: ¿Estás celoso de mí? ¡Ojalá todo el pueblo del Señor fuera profeta y recibiera el espíritu del Señor!» (*Números* 11, 27-29). Comparad esta liberalidad de sentimientos en Moisés con las instituciones de Egipto, en las que existía una clase de sacerdotes, llamados profetas, pero sacados del orden sacerdotal, y hereditarios. En fin, un pasaje del *Deuteronomio* (17, 14) muestra que Moisés preveía la realeza, es decir, el fin del gobierno de los sacerdotes. Lo anuncia sin desaprobarlo, y es, para nosotros, un nuevo indicio de que el poder del sacerdocio sólo era, en sus proyectos, un medio temporal; pero este orden poderoso se burla de las previsiones, y no corresponde a los que lo establecen limitar ni su poder ni su duración.

5. *Éxodo*.

6. *Números* 31, 17.

7. Los egipcios consideraban inmundos a los hebreos (*Génesis* 43, 32). Su odio contra este pueblo se perpetuó de generación en generación. Enviaron una embajada a Calígula para denunciárselo. El gramático Apión, contra el que escribió Josefo, era miembro de esta embajada.

8. Spencer, *De leg. rit. Hebr.*, II, 20.

9. Según la opinión generalmente admitida, Moisés nació el año mismo en que acababa de dictarse la orden de ahogar a los hebreos recién nacidos.

10. Eichhorn, *Einleit.*, II, 236 s.

11. *Éxodo* 2, 12.

12. ¿Fue voluntaria la salida de Egipto, o la huida de los hebreos no fue más que la ejecución de una sentencia de destierro? No es momento de pronunciarse sobre esta cuestión. Ambas conjeturas tienen el apoyo de testimonios importantes. Según una antigua tradición, citada por Josefo, los hebreos, a los que un rey de Egipto había relegado a la ciudad de Avaris, se apoderaron de todo el país, bajo el mando de un sacerdote de Osiris, llamado Tisites, y más tarde Moisés; pero, expulsados de nuevo, adoptaron una nueva religión e invadieron Judea (Josefo, *Contr. Apion.*, libro I). Según esta tradición, atribuida a Manetón, a Queremón o a Lisímaco, fue Amenofis el que reunió a los hebreos en Avaris. Se los llama leprosos. La política ordenaba a los egipcios liberar al país de los restos de estas tribus de pastores, que se habían multiplicado de una manera espantosa; alguna calamidad física los confirmó quizá en esta resolución, y el

interés que tenían los hebreos por salir de la esclavitud facilitó la ejecución. En cuanto al epíteto de leprosos dado a los fugitivos, fue posiblemente efecto del odio nacional o sinónimo de impuros, pues tales eran los judíos como pastores, según las opiniones egipcias (Goerres, II, 467-469). Herder (*Philosophie de l'histoire*, t. III, p. 86) tiene algunas páginas útiles sobre el establecimiento y la permanencia de los hebreos en Egipto. Diodoro cuenta el mismo hecho que Josefo, pero con algunos detalles. «Una gran peste», dice, «se extendió por Egipto; los moradores de esta región atribuyeron la plaga a alguna ofensa que los extranjeros, que profesaban religiones diferentes, cometieron contra los dioses, y los expulsaron a todos del país; echaron a la mayoría de estos desterrados a la región que hoy se llama Judea, que en aquel tiempo estaba desierta. Su jefe era Moisés, hombre excelente por su valor y prudencia» (fragmento conservado por Plotino, traducido por el abad Terrasson). Por otro lado, la Biblia es precisa: en los capítulos 3-12 del *Éxodo* se ve que los hebreos abandonaron Egipto contra los deseos del Faraón.

13. *Éxodo* 12, 40

14. Así, por ejemplo, se prohibía a los sacerdotes hebreos raparse la cabeza, costumbre egipcia, o tener los cabellos desordenados, cosa que practicaban varias naciones en sus ceremonias funerarias (*Ezequiel* 44, 20. Schmidt, *De sacerd. et sacrif. Aeg.*, p. 12).

15. Cuantos autores escribieron sobre la religión judía, con conocimiento de causa, Filón, Eusebio, Orígenes, san Crisóstomo, Maimónides, manifestaron que, en las costumbres de los hebreos, seguían existiendo grandes semejanzas con las de Egipto. (Cf. sobre las analogías de los dos pueblos, Larcher, *Not. sur Hérodote*, II, 122.) La institución hereditaria de los levitas, en los primeros, era muy parecida a la casta sacerdotal que dominaba entre los segundos (Schmidt, *De sacerd. et sacrif. Aeg.*, p. 8). El chivo expiatorio, en los primeros, era como el macho cabrío de los segundos (Larcher, *loc. cit.*, p. 135). Kircher (*Oed. Aeg.*, I, 300) demuestra que el culto del becerro de oro era una reminiscencia de Apis. El oráculo de los judíos, conocido con el nombre de Bat Kol, o hija de la voz, se fundaba en los presagios que los egipcios obtenían de la voz de los niños que cantaban mientras actuaban delante del establo de su buey sagrado (Jablonsky, *Panth. Aeg.*). Josefo reprocha al egipcio Apión que atacase sin saberlo las antiguas ceremonias de su patria, al insultar las de los hebreos (*De antiquit. gent. Iudaic. ap.* Orígenes, *Contr. Cels.*). Varios escritores griegos y latinos confundieron los ritos de las dos naciones, por su gran similitud (Schmidt, *loc. cit.*). Esta semejanza, tan opuesta a la clara intención de Moisés, molestó con frecuencia a los teólogos. Dios quería, dice San Felipe (*Monarquía hebrea*), recibir homenajes de su pueblo a cualquier precio. Parece que Dios, dice Spencer, dentro de la institución de los ritos mosaicos, se había visto obligado y subyugado por una especie de necesidad que lo arrastraba, casi a pesar suyo, *quasi coactus* (Spencer, *De leg. rit. Hebr.*, I, 196).

16. Israel vivirá solo y seguro (*Deuteronomio* 33, 28. *Génesis* 43, 32). Yo soy el Señor vuestro Dios que os separó de los otros pueblos, para que sólo fuerais míos (*Levítico* 9, 20, 24, 25, 26). La mayor parte de las leyes de los judíos terminan con estas palabras: «Observad esta ley, pues es un signo entre vosotros y yo» (*Éxodo* 31, 13). «No haréis lo que hacen los egipcios, con quie-

nes habéis convivido, o los cananeos, a cuyo país os llevo; ni seguiréis sus leyes ni sus normas» (*Levítico* 18, 3 s.). La intención de Moisés aparece clara en las designaciones de los lugares particulares para los sacrificios, y en los castigos dirigidos contra quienes los ofreciesen en otro lugar. En la parte misma de la leyes que hablan de las causas de impureza, parte claramente tomada o imitada de Egipto, el legislador busca siempre puntos de separación (Spencer, I, 115, 195). Así es como se explican las numerosas prohibiciones que parecen arbitrarias, las de sembrar en las viñas, las de cocer el cabrito en la leche de su madre, comer carne cruda, etc. (*Deuteronomio* 22, 9 s.). Todas estas prohibiciones tienen su origen en alguna costumbre de las naciones vecinas; lo mismo sucede con la prohibición de uncir un asno con un buey para labrar. Si se quiere ver con todo detalle esta intención en las leyes de Moisés, basta leer el tratado de Spencer que acabamos de citar (I, 277, 587).

17. Es digno de observar que, en estas medidas rigurosas, Moisés tiene casi siempre la necesidad como excusa. Condenados a conquistar un suelo para alimentarse, los hebreos se veían obligados a exterminar las tribus que, recuperadas de su primer espanto y reunidas contra ellos, los hubieran aniquilado a ellos mismos tarde o temprano. La devastación era, pues, compañera inevitable de la conquista. Cualquier otro pueblo hubiera hecho lo mismo. No se debe acusar a la religión de Moisés, sino a su situación. Pero Moisés prevé una época en la que será posible más indulgencia. «Cuando os acerquéis a una ciudad para sitiarla, proponedle primero la paz. Si ella la acepta y os abre las puertas, todo el pueblo se salvará y quedará sometido» (*Deuteronomio* 20, 10.11). Los jefes y los pontífices hebreos que sustituyeron a Moisés fueron mucho más despiadados que él. Samuel lo supera en inflexibilidad y en barbarie. Se diría que el sacerdocio, una vez constituido, se adornaba con una crueldad creciente e intolerante.

18. Es indispensable, dice el autor de una de las mejores obras que poseemos sobre la ley de Moisés (el señor Salvador), so pena de cometer los más graves errores, distinguir lo que el legislador hizo y quiso de lo que se hizo más tarde; sus principios, de las aplicaciones dictadas por las circunstancias, y las acciones que tienen su origen en la barbarie de los tiempos (*Loi de Moïse, ou Syst. pol. et relig. des Hébreux*, prólogo).

19. La desproporción que existía entre el teísmo puro de Moisés y el estado de civilización de los hebreos fue la causa principal de las disensiones que agitaron a este pueblo y de los crímenes que nos relatan estos anales; la historia no ofrece en ningún sitio un ejemplo tan sorprendente de las consecuencias del total desacuerdo entre las instituciones y las ideas. Este tema merece un estudio más detallado. Lo hacemos en esta nota. En primer lugar, los judíos, a pesar de las enseñanzas formales de Moisés, sólo ven la unidad de Dios como una unidad relativa. Junto al Yahvé que adoran, reconocen a dioses enemigos: los detestan, pero creen en ellos. Yahvé sólo es para ellos una divinidad tutelar que permanecía con ellos, luchaba, viajaba con sus defensores y compartía sus enemistades, pero consideraba a los dioses extranjeros como competidores que le eran odiosos, como rivales de los que estaba celosa, cuyos altares quería destruir para levantar los suyos y destruir los pueblos para proteger al suyo (Meiners, *Comm. Soc. Goett.*, I, 93). Citaremos el pasaje original para que no se acuse de impiedad una opinión emitida y aceptada sin escándalo en un país al menos tan cristiano

como Francia: *Ex innumeris sacræ historiæ exemplis et locis facile ostendi posset Israelitarum vulgus Jehovam suum, non tanquam omnium gentium numen, sed tanquam suum, gentisque suæ peculiarem deum, veneratum esse, quem inter ipsos habitare, cum ipsis in bello proficisci, easdemque porro inimicitias exercere, omnes denique hostiles populos funditus exscindere velle, persuasum habebant* [De acuerdo con innumerables ejemplos y pasajes de la historia sagrada sería posible poner fácilmente de manifiesto que el pueblo israelita veneró a su Yahvé no como a una deidad de todos los pueblos, sino como suya propia y como a un dios particular de su nación, que habitaba entre ellos, que iba a la guerra con ellos, y estaban cada vez más convencidos de que le preocupaban los mismos enemigos (que a ellos), que quería, en fin, eliminar de raíz a todos los pueblos enemigos].

Pero, aun cuando parece que Moisés se aparta de esta noción circunscrita y se proclama el teísmo puro, todas las clases se alejan de él, tanto los reyes como el pueblo, el pueblo como los grandes. Escuchemos, en este sentido, a uno de los teólogos más religiosos de Inglaterra: *Si populi mores in historia sacra memoriae proditos observemus, eos se hodie Deo voventes inveniemus, cras idolis, nec citius Deum superstitionis Aegyptiacæ hydram decollasse quam monstrosa capita denuo repullulassent* [Si observamos la manera de ser de la gente de la que se guarda memoria en la historia sagrada, encontraremos que hoy están entregándose a Dios, pero mañana a los ídolos, y que Dios no ha cortado aún el cuello a la hidra de la superstición egipcia cuando ya le han nacido de nuevo cabezas monstruosas] (Spencer, *De leg. rit. Hebr.*, I, 21).

Moisés manda construir una serpiente de bronce, y los judíos la adoran. Gedeón transforma los despojos de los enemigos vencidos en ornamento sacerdotal, y los judíos lo erigen en objeto de culto (*Mon. des Hébreux*, I, 175). El sacerdote que se pone al servicio de Miká para adorar a los dioses extranjeros es un levita (*Jueces* 18, 3-4). La idolatría reaparece después de Josué, después de Otoniel, después de Sangar (*Jueces* 4, 1), después de Baruc, después de Jair.

Los reyes le son aún más favorables. Desde la tercera generación, los monarcas hebreos inclinan su frente ante los ídolos. Salomón les levanta numerosos altares. Bajo Roboam su hijo, los reinos de Israel y de Judá se separan. El primero se entrega totalmente a la idolatría. En Judá, Roboam hace lo mismo (2 Par 12, 1), y este culto subsiste durante toda la vida de este príncipe. Lo mismo ocurre con Abías, su hijo, que en vano reprocha a sus súbditos su culto insensato. Es cierto que Asá vuelve a la ley mosaica, destruye los templos, quema el boscaje y actúa con rigor contra su propia madre (2 Par 15, 16); pero setenta y un años más tarde, Jorán retorna a los dioses extranjeros. Atalía refuerza su poder; Joás la destrona, y Joad, el gran sacerdote, extermina a todos los ministros del culto proscrito. El rey al que coronó se hace muy pronto infiel (2 Par 24, 18). Su sucesor sigue su ejemplo y toma de todos los lugares ídolos para adorarlos (2 Par 24, 14). Azarías los expulsa de nuevo, pero Ajaz los vuelve a traer hasta el propio templo de Jerusalén (2 Par 4, 23-25). Ezequías, su hijo, rompe inútilmente sus estatuas y entrega al hacha los bosques sagrados (*4 Reyes* 18, 4). Manasés los restablece con todos los honores (*4 Reyes* 21, 2.7). El santuario, ya manchado una vez, lo es de nuevo con su presencia. Manasés imita celosamente todas las supersticiones exóticas: establece un oráculo, estudia la ciencia de los augures; el primero de entre los reyes idólatras, dirige la persecución contra la ley mo-

639

saica, manda matar a gran número de profetas y a Isaías en un suplicio terrible. Josías venga a Yahvé; su rigor no tiene límites: los simulacros son quemados; los huesos, desenterrados, y los sacerdotes, degollados sobre sus aras; y no contento sólo con atraer a su pueblo a la adoración de un Dios único, lleva sus devastaciones al reino de Israel y actúa con igual rigor contra los vivos y contra los muertos (*4 Reyes* 20, 3). Pero ¿quién podría creerlo? Su propio hijo se apresura a rehabilitar la idolatría. Los boscajes reflorecen y vuelven a levantarse los templos derribados; los profetas, que luchan contra el impulso universal, son desterrados o ejecutados (*Jeremías* 26, 26).

Ésta es la historia del teísmo en la parte del pueblo judío que lo profesó con menor infidelidad. Si dirigimos nuestra mirada a la otra parte, veremos que la idolatría está en pleno vigor, que dos becerros de oro sustituyen o representan al buey Apis, y todo Israel les rinde homenaje, salvo algunos fieles que adoran en secreto al Dios de Moisés en Jerusalén.

Así, entre los monarcas hebreos, de los que sólo tres extienden su dominio a toda la nación, los dos primeros profesan el teísmo y el tercero se hace idólatra. Después de la separación de los dos reinos, veintitrés reyes reinan sobre Judá, y de estos veintitrés, catorce se entregan a la idolatría. En Israel, de veinte reyes, diecinueve adoran los simulacros, y la idolatría tiene siempre el asentimiento popular: el dolor público señala su caída; gritos de júbilo saludan su retorno. Cosa curiosa pero instructiva: los hebreos acuden a Yahvé cuando son cautivos y cuando sus amos dominadores les imponen otros dioses. La intolerancia subleva al hombre y no consigue el objetivo que pretende. Pero en cuanto los judíos se ven libres de sus tiranos idólatras, se precipitan espontáneamente a los pies de los ídolos: es el inconveniente de cualquier desproporción entre las instituciones y las luces. Impuesto por la fuerza a las naciones bárbaras, el propio teísmo, ese inmenso medio de perfeccionamiento, se resiente de su barbarie en los medios que emplea para triunfar sobre ella. ¿Sacaremos de esto la conclusión de que Moisés se equivocó al establecer prematuramente el teísmo, que una revelación interior o exterior le había manifestado? Antes de responder, habría que resolver una importante cuestión. El espíritu humano, en su avance natural, sólo llega a nociones de teísmo destruyendo, mediante el razonamiento, las nociones rudimentarias que preceden a esta noción pura, pero abstracta. Cuando esta destrucción se realiza, ¿le queda suficiente fuerza para abrazar el teísmo y tomarlo como base de una religión nueva? Su inteligencia acostumbrada a la duda y perseguida por esta duda que lo acompaña siempre, ¿puede convencerse de esta verdad fuerte y ferviente?

Se presenta un ejemplo memorable en la historia, y este ejemplo no está por la respuesta afirmativa. Se borró cualquier creencia, cuando los nuevos platónicos quisieron devolver al hombre la fe religiosa de la que no puede prescindir. Eran sinceros, estudiosos, elocuentes, intrépidos; no rechazaban ninguno de los medios que sorprenden a los sentidos y cautivan las almas: llamaban en su ayuda a lo maravilloso. ¿Qué fruto obtuvieron de estos esfuerzos? Superstición y escepticismo.

Si esto es cierto, ¿no era conveniente y necesario que el teísmo se entregase, por así decirlo, a una tribu especial, para iluminar al mundo cuando éste fuese capaz de recibir la luz y entenderla?

20. Grocio, en su *Del derecho de la guerra y de la paz*, cita la masacre de las naciones vencidas por los hebreos, como reglas que se deben observar y ejem-

plos que hay que seguir. Asá, Ezequías, Josías, escribe Bossuet, exterminaron a los sacrificadores y a los adivinos. Su celo no perdonó a las personas más próximas ni a las más augustas... A Jehú lo alabó Dios por haber dado muerte a los falsos profetas de Baal, sin perdonar a uno solo (*Política deducida de las propias palabras de la Sagrada Escritura*, libro VII, art. 3, propos. 9).

21. De todas las legislaciones antiguas, la de Moisés es, incontestablemente, en su teoría, la que se debe separar de la práctica, porque el sacerdocio se apoderó de ésta, la más acogedora hacia los extranjeros y la más humana con los esclavos. Es la única que concede a los primeros la admisión en las asambleas del pueblo en la tercera generación (*Deuteronomio* 23, 9). Conocemos con qué rigor negaban los romanos los derechos políticos a los extranjeros. La misma palabra significaba primitivamente, en la lengua latina, un extranjero y un enemigo. La legislación hebraica es también la única que proporciona al esclavo algunas garantías contra la crueldad y la avaricia del amo. Así, el teísmo, incluso prematuro, y en desproporción con todas las ideas contemporáneas, habría ejercido, desde ese momento, sin la acción de los sacerdotes que lo desnaturalizaron, su benéfica influencia, destinado como está a hacer un día de todas las naciones una sola, y de todos los hombres un pueblo de hermanos.

22. Los libros sagrados de los hebreos estaban depositados en el santuario; allí Moisés hizo colocar sus leyes junto al arca de la alianza (*Deuteronomio* 31, 26). Josué escribió sus ordenanzas en el libro que contenía las leyes de Moisés (*Josué* 24, 26). Samuel, en la llegada de Saúl al trono, consignó en ellas las nuevas instituciones del nuevo reino, es decir, las condiciones impuestas al monarca por el sacerdocio y colocó este depósito ante el Señor (*1 Reyes* 10, 25). Es probable que se registrase en ellas también las genealogías de las familias, a las que los orientales dan tanta importancia (Michael. § 51, *Mosaisch. Recht*). Pero se dice positivamente (*4 Reyes* 25, 9) que Nebuzaradán, general de Nabucodonosor, prendió fuego a la casa del Señor con cuanto había en ella, salvo los objetos preciosos de los que se hizo cargo, y cuya enumeración, sin los libros sagrados, aparece en el mismo pasaje. No negamos que copias de algunos de estos libros se hayan podido encontrar en manos de los particulares, aunque los levitas, como todas las castas sacerdotales, debiesen ocultar cuidadosamente a la multitud los escritos sagrados y que, siempre que los jefes los invocaban en apoyo de sus medidas, los hiciesen traer desde el santuario para leerlos públicamente (*Esdras* 2, 81; 13, 1). Pero, admitiendo que estas copias hayan sobrevivido a la calamidad nacional, no estaban completas ni eran auténticas y sólo sirvieron de material para la redacción de la que se encargó Esdras en el momento del retorno de los judíos a Jerusalén.

23. *Esdras, Dei sacerdos, combustam a Chaldaeis in archivis templi restituit legem* [Esdras, sacerdote de Dios, restableció en los archivos del templo la ley quemada por los caldeos] (Agustín, *De mir.*, II, 33).

24. *Esdras 7.*

25. Esdras obliga a los hebreos a despedir a las mujeres extranjeras y a los hijos que habían tenido de ellas durante la cautividad (Esdras 10). Era una crueldad que la ley de Moisés no prescribía. Esta ley no impedía más que el matrimonio de los judíos con las mujeres del país de Canán (Eichhorn, *Einleit. zum alt. Testam.*, II, 227). El *Deuteronomio* (21, 11-12) permite formalmente

casarse con una extranjera, incluso con una cautiva. «Si ves entre las cautivas a una mujer hermosa y te enamoras de ella, podrás tomarla por mujer».

26. El espíritu sacerdotal que brilla en las palabras y en los escritos de los pontífices, de los jueces y de los profetas de Judea, sugirió a los albigenses, en la Edad Media, un error singular. Suponiendo dos principios, uno bueno y otro malo, atribuyeron al primero el Nuevo Testamento, y, al segundo, el Antiguo; y todos los rigores ejercidos en su nombre, su cualidad siempre repetida de Dios celoso, terrible, implacable, castigador de los pecados de los padres sobre los hijos hasta las generaciones lejanas, les servían para demostrar esta curiosa hipótesis.

27. Lo que presentamos aquí como una suposición, es, desgraciadamente, una realidad; quienes quieran convencerse de ella, no tienen más que leer la *Relation du stratagème de Charles IX contre les huguenots*, de Camille Capilupi, gentilhombre del papa Gregorio XIII, impresa en Roma en octubre de 1572, y reimpresa recientemente en Francia. En ella dice el autor, en términos claros, *que es la voluntad de Dios* quien, por el acto memorable del cristianísimo rey contra los hugonotes, restableció el reino en su primitivo estado de salud; que, de los protestantes que renacen como las cabezas de la hidra, Carlos IX decidió obtener por *su habilidad* lo que no había podido conquistar por la fuerza de las armas; que, animado por una altura de pensamiento y por una prudencia de resolución por encima de su edad, *y guiado por la voluntad todopoderosa de Dios*, concierta la paz; que, en esta dulcificación de las cosas, prosiguió su proyecto, multiplicó las demostraciones de tranquilidad y de olvido de las injurias e hizo todo lo posible para ganar plenamente la confianza del almirante Coligny, lo acogió del modo más amistoso e hizo saber, al mismo tiempo, a Su Santidad que no era indigno del nombre de rey muy cristiano; que logró engañar a todo el mundo; que consiguió que el almirante Coligny le diese el nombre de sus amigos, con el pretexto de aceptar sus servicios; que, al no poder reunir por segunda vez a tantos pájaros en la misma red, apoyó el matrimonio de su hermana; que, confiado en sus buenas intenciones y en su noble objetivo, inventó falsas dispensas; que, para seguir con la metáfora, llamó a Coligny su padre; que ocultó a su asesino, ya recompensado con generosidad, por matar a Coligny; que, como el almirante fuese herido, el rey expresó una viva indignación por este atentado; que colocó a los amigos del almirante en torno a él, para tenerlos fácilmente bajo su control, de modo que ni uno solo pudiese eludirlo; que fueron asesinados tres mil protestantes, sin que se derramase ni una gota de sangre católica; que el rey mandó reunir a las mujeres de la corte sumidas en esta abominable herejía, con la orden de arrojarlas al agua; que, en Lyón, gracias al orden maravilloso y a la singular prudencia del señor de Mandelot, gobernador de la ciudad, los hugonotes fueron detenidos uno a uno como corderos; que quedaron veinticinco mil; que, luego, el rey mandó llamar al embajador de España y le dijo que era capaz de conocer cuál había sido la intención de sus delicadas palabras y de las caricias prodigadas a los hugonotes; que no se puede más que concluir que esto proviene de *la voluntad de Dios*, quien, *movido de misericordia* (palabras de la Escritura) *quiso visitar a su pueblo*; que los hombres que lo hicieron los eligió el soberano Redentor como ministros de su santa voluntad; que lo que realizó mediante ellos sólo puede provenir de su

inmenso poder, y que la noche misma de los maitines parisienses, cuando se hubo comenzado a arrojar del mundo a esta peste execrable de hugonotes, una espina largo tiempo muerta y seca echó ramas verdes y dio flores.

28. Cf. *4 Reyes* 10, 15.25.30. «Marchó [Jehú] de allí y encontró a Jonadab, hijo de Recab, que salió a su encuentro; lo saludó y le dijo: ¿estás lealmente de mi parte como yo lo estoy contigo? Sí, le contestó Jonadab. Entonces, dijo Jehú, venga esa mano; y Jehú lo hizo subir a su carro [...] Después Jehú reunió a todo el pueblo y les dijo: Acab rindió algún homenaje a Baal, pero yo lo haré mucho más. Así que llamadme a todos los profetas de Baal, a todos sus ministros y a todos sus sacerdotes; que no falte ninguno. Y entraron en el templo de Baal, que se llenó de bote en bote. Entonces Jehú dijo al que guardaba los ornamentos: Saca los ornamentos para los fieles de Baal. Y los sacó. Luego Jehú y Jonadab, hijo de Recab, penetraron en él y Jehú dijo a los fieles de Baal: Aseguraos de que aquí hay sólo devotos de Baal y ninguno del Señor. Se adelantaron para ofrecer sacrificios y holocaustos. Pero Jehú había apostado afuera ochenta hombres con esta consigna: El que deje escapar a uno de los que os pongo en las manos, pagará con la vida. Así, cuando terminaron de ofrecer el holocausto, Jehú ordenó a los guardias y oficiales: ¡Entrad a matarlos! ¡Que no escape nadie! Los guardias y oficiales los pasaron a cuchillo y arrojaron fuera de la ciudad sus cuerpos muertos [...] Luego viene la promesa: Por haber hecho bien lo que era justo [...] sus hijos se sentarán en el trono de Israel hasta la cuarta generación».

29. *Política deducida de las propias palabras de la Sagrada Escritura*, libro VII.

30. Cf., más arriba, la nota 27.

31. *Lettre sur les affaires de France*. La carta de Pibrac sobre la Noche de San Bartolomé es más una excusa que un panegírico; entre la obra de Capilupi y la suya, la opinión había pronunciado su juicio, y el panfletario francés cogía la pluma para mitigar lo que había alabado con tanto entusiasmo el panfletario italiano. No obstante, Pibrac invoca, como Capilupi, el ejemplo de la historia judía. «Vemos en la Biblia», dice, «masacres de varios miles de hombres ordenadas por Moisés, ese personaje deslumbrante de santidad». No se puede calcular hasta qué punto la confusión contra la que nos levantamos en este capítulo trastornó las ideas de los hombres sinceros y proporcionó pretextos para las maquinaciones de los hombres perversos.

32. Después de esta explicación, que no se puede tildar, a nuestro entender, de disimulación ni de segundas intenciones, nos atreveremos a creer que no se verá, en nuestra opinión sobre el judaísmo, nada que nos separe de la comunión cristiana a la que pertenecemos. Reconocemos la revelación hecha a Moisés, pues no podríamos explicarnos de otro modo la aparición del teísmo, en un tiempo y en un pueblo bárbaro. Admitimos la revelación cristiana, pues la regeneración de la especie humana, caída en el último grado de la corrupción política y religiosa, nos parecería igualmente inexplicable, sin la intervención del poder que quiere el progreso moral del hombre. Que si, apoyados en las propias Escrituras y en el conocimiento histórico del modo como nos llegaron estas Escrituras, haciendo uso del derecho que los primeros reformadores tuvieron el inmenso mérito de reconquistar para todos los cristianos, diferimos en el juicio de algunos hechos parciales, este disentimiento que no trastoca ninguna

de las bases de la creencia que profesamos, que, por el contrario, coloca esta creencia al abrigo de graves objeciones y de dificultades insolubles, al apartar cuanto hiere las reglas eternas de la humanidad y de la justicia, es un homenaje más a la divinidad de las dos religiones otorgadas por el cielo al género humano, cada una en la época necesaria y en la proporción de sus luces o de su debilidad. A nuestro entender, Moisés y su ley son diferentes del pueblo y del sacerdocio judío, como el divino fundador de nuestra ley no tiene nada en común con aquellos de sus sacerdotes que desnaturalizaron su palabra celeste, ni con los pueblos a los que extravió un fanatismo feroz.

CAPÍTULO 12

Que la lucha entre el sacerdocio y el poder temporal debe concluir con la victoria del primero, ya que se admite el principio de la autoridad sacerdotal

1. Más tarde Jacobo II.

2. Estos mismos príncipes pensaban así cuando el poder de la corte de Roma se ponía de su parte. Felipe Augusto declaraba al papa Inocencio III un usurpador cuando este papa ponía en entredicho su reino; pero cuando Inocencio III deponía, en su provecho, a Juan, rey de Inglaterra, Felipe Augusto reconocía los derechos que antes impugnaba.

3. Ya mostramos antes las pruebas de ello, Libro III, cap. 5.

4. El caos, en la figura de un huevo místico, que contenía el germen de todas las cosas, produjo a Panku, o Pan-Cheu, cuya cabeza formó las montañas; los ojos, el sol y la luna; las venas, los ríos y los arroyos; los cabellos, las plantas y los bosques. Todo esto tiene un parecido absoluto con la historia de la creación y la fábula del gigante Ymer en la *Edda* escandinava.

5. Tao, esencia triple e inefable, crea el cielo y la tierra dividiéndose en tres personas: la primera se encarga de la producción; la segunda, del orden; y la tercera, de mantener la sucesión regular.

6. Todos los actores, hombres o dioses, del período fabuloso de los chinos tienen figuras monstruosas. Fo-hi era una serpiente con cabeza de hombre; Chinnung, el inventor de la agricultura, tenía una cabeza de buey, un cuerpo humano y una frente de dragón. Los objetos misteriosos de la adoración antigua, los Chin, cuya naturaleza y atributos apenas conocemos con exactitud, poseían, como las divinidades egipcias, cabezas de animales sobre cuerpos de hombre, o como las de la India, varias cabezas sobre un solo cuerpo.

7. La mujer de Fo-hi era al mismo tiempo su hermana. Estas uniones incestuosas de los dioses se reproducen en todas las cosmogonías sacerdotales; explicaremos en otro lugar por qué.

8. Lui-Tzu, madre de Chao-Hao, quedó embarazada al contemplar una estrella. La aparición de una nube brillante dejó encinta a Fu-Pao: engendró a Huang-ti. Hu-su, llamada la flor esperada, o la hija del Señor, se paseaba por las orillas de un río; una súbita emoción se apoderó de ella, la envolvió un arco iris y nació Fo-hi al cabo de doce años. La más célebre de las vírgenes madre en China fue Niu-kua, o Niu-va, llamada la soberana de las vírgenes. Sus plegarias le valieron partos milagrosos. Por lo demás, tenía cuerpo de serpiente, cabeza

de buey, los cabellos revueltos y podía revestir setenta formas diferentes en un solo día. Sería curioso examinar las relaciones de Niu-va con la Bhadrakali india y la Hécate griega, o más bien convertida en griega, cuando se introdujeron las nociones sacerdotales en la religión griega.

9. Tchi-Yeu, dice el *Chu-King*, de cuerpo de tigre, frente de bronce y que devoraba la arena árida, era el jefe de los nuevos negros o de los genios malos. Chinnung, hijo de Huang-ti, lo atacó y lo venció; pero no murió, y es el autor de las rebeliones, de los fraudes y de todos los crímenes que se cometen.

10. Independientemente de los dragones, los grifos y las serpientes aladas, los chinos tienen un animal maravilloso que les es propio. Es el Kilin, quien anuncia igualmente los grandes bienes y los grandes males. Yao reinaba cuando el Kilin apareció en la orilla de un lago; un terrible diluvio destruyó todos los trabajos de los hombres. Pero el Kilin se apareció también a la madre de Confucio y le anunció la gloria del hijo que ella llevaba en su seno (*Mém. sur les Chinois*, XII. Kaempfer, *Hist. du Japon*).

11. Libro VI.

12. La existencia de esta horrible práctica la demuestra la propia ley del emperador Can-Hi, destinada a prohibirla no hace más de un siglo y medio; y, a pesar de esta ley, hubo aún mujeres estranguladas en los funerales del príncipe Ta-Vang, hermano del emperador Can-Hi. Voltaire afirma, sin embargo, con palabras claras, que los chinos no han practicado nunca estos absurdos horrores (*Philos. de l'hist.*, introd., art. «Théocratie»): con ello quería disculpar a China, cuya tolerancia o indiferencia religiosa le agradaba, al tiempo que se avergonzaba de Francia, todavía perseguidora. Pero, si estas inexactitudes, un tanto voluntarias, son excusadas por esta intención, al menos no hacía falta censurar a Tácito, en el mismo volumen, por haber alabado a la Germania para satirizar a los romanos.

13. Los mandarines muestran el más profundo desprecio por los bonzos; los expulsan de sus pagodas, cuando quieren albergar en ellas a sus acompañantes (Barrow, *Travels*, p. 86. Du Halde, II, 37-38). Los miembros del tribunal de los ritos son sometidos a los castigos más vergonzantes y expulsados con frecuencia como viles esclavos.

14. Ya recordamos anteriormente las exageraciones de Voltaire sobre China. Hoy no son peligrosas desde el punto de vista histórico, porque poseemos, sobre este vasto y antiguo imperio, ideas claras y ciertas, que echan abajo este andamiaje de afirmaciones llenas de quimeras. Pero su examen es útil porque dan la medida de la confianza que se debe a los historiadores que escriben con una finalidad diferente de la de establecer siempre la verdad, y que, por otra parte, cuando se trata de Voltaire, los errores del maestro son la erudición de la mayoría de sus alumnos. «La constitución de China», dice Voltaire, «es la mejor del mundo; la única que se funda en el poder paterno; la única en la que se castiga a un gobernador de provincia cuando, al dejar su ocupación, no obtuvo las aclamaciones del pueblo; la única que creó premios para la virtud, mientras que, en cualquier otra parte, las leyes se limitan a castigar el crimen [...] A los mandarines ilustrados se los considera los padres de las ciudades y de las provincias, y al rey, el padre del imperio. Esta idea, arraigada en los corazones, forma una familia inmensa. La ley fundamental es que el imperio es una familia; por

eso, más que en ningún otro sitio, se consideró el bien público como el primer deber [...] Los visitantes creyeron ver despotismo en todas partes: [...] pero, desde los tiempos más remotos, se permitió escribir sobre una gran lámina, colocada en el palacio, cuanto de reprensible se observaba en el gobierno. La religión de China es sencilla, sabia, augusta, libre de cualquier superstición y de cualquier barbarie [...] La de los letrados es admirable: nada de supersticiones, nada de leyendas absurdas ni de dogmas que insulten a la naturaleza y a la razón» (*Diccionario filosófico. Filos. de la hist. Ensayo sobre las costumbres*).

Que un amigo del poder absoluto, el autor del *Espíritu de la historia* y de la *Teoría de las revoluciones*, por ejemplo, declare que la constitución china es excelente, es algo que se entiende. Pero que Voltaire, que define excelentemente la constitución de Inglaterra en bellos versos de su *Henriada*, aplique este epíteto a un gobierno sin contrapeso y sin garantías, sólo puede explicarse por el fin que ya indicamos antes. ¿Qué se deriva de que el gobierno paternal sea la base del de China? Que el poder de los padres sobre los hijos, poder limitado por el afecto de los primeros, y convertido en algo necesario, por un tiempo dado, por la ignorancia de los segundos, se convierta en una tiranía execrable, allí donde no existe ni, en los gobiernos, el afecto que suaviza la autoridad, ni, en los gobernados, la inferioridad de facultades intelectuales que la justifique. Los mandarines, esos padres de las ciudades y de las provincias, ejercen impunemente sobre sus inferiores la arbitrariedad más caprichosa, distribuyen, según su fantasía, los golpes a los litigantes, salvo a ellos mismos, no menos injustamente y no menos dócilmente, siguiendo la orden inmediata de un mandarín de rango superior; y no es necesario creer en la eficacia de esta jerarquía de vejaciones para hacerlas menos inicuas o más moderadas; al contrario, las agrava, haciendo de la opresión que se ejerce la única compensación de lo que se soporta. En cuanto a la legislación que recompensa la virtud, no creemos que se deba confiar a la autoridad la apreciación de las virtudes morales. Que se limite a castigar los crímenes y, sobre todo, que se abstenga de cometerlos ella misma. Las virtudes vendrán de sobra y más puras. El autor del *Ensayo sobre las costumbres* hubiera debido explicarnos cómo es que, con estos premios a la virtud, y su administración de familia, que considera el bien público, más que en ninguna otra parte, como el primer deber, los chinos son la nación más pícara, la más cruel y la más cobarde; la más pícara: el propio Voltaire lo reconoce; la más cruel: lo demostraremos en la siguiente nota; la más cobarde, pues, pese a su gran muralla, muy ponderada por Voltaire, aunque no haya protegido a los chinos de ningún ataque, no existió conquistador tártaro que no se haya hecho dueño del imperio, para hacerse seguidamente tan pusilánime y tan tímido como los vencidos, por la adopción de su legislación maravillosa, y para dejar su sitio a algún nuevo agresor, destinado como él a triunfar y a corromperse. ¿Se puede presentar con seriedad como una salvaguardia para la libertad y la justicia el permiso para escribir reconvenciones sobre una gran lámina colocada en el palacio? De igual modo se podría concluir que la libertad reina en Constantinopla porque una antigua costumbre obligue al sultán a atender las solicitudes de cualquiera que se coloque a su paso con una mecha encendida. Pero el emperador de China puede hacer desaparecer o cortar en pedazos a quien escribió en la larga lámina, y la mecha encendida del peticionario turco no lo libra de ser metido en un saco y arrojado al Bósforo. *La religión del Estado es libre de toda impostura y de cualquier barbarie*; ¡pero ya demostramos que permitió u ordenó los sacrificios humanos! *La historia de China posee, sobre todos los libros que relatan el origen de las naciones, esa superioridad que nace de no verse en ella ningún prodigio*; ¡pero los anales chinos comienzan con el reino de dioses con formas monstruosas, con vírgenes que dan a luz, con gigantes cuyos miembros son los materiales del universo! Sobre la admirable religión de los instruidos, volveremos más adelante. Mientras tanto, creímos necesario alzarnos contra tantas afirmaciones falsas, utilizadas como medios, y que, desde este punto de vista, pudieron parecer excusables a su autor, aunque él reproche con amargura a los cristianos sus fraudes piadosos. Pero se debe hacer justicia a todo esto. Su tiempo pasó; y como, sin convertirnos en los panegiristas del gobierno imperial de Roma, hubiéramos preferido vivir con Tácito en esa capital del mundo que en las selvas de Germania, hubiéramos preferido, sin aplaudir el despotismo pomposo de Luis XIV o la innoble corrupción de Luis XV, vivir en París junto a la Bastilla que bajo el bambú de Pekín.

15. Según la doctrina adoptada generalmente entre los chinos, el hombre se compone de diversos elementos, cuya separación tiene lugar con la muerte, reuniéndose cada uno de ellos con la masa universal. Existe, en este sistema, negación de individualidad, de renacimiento, de recuerdo, de todo lo que constituye la inmortalidad del alma. Leibniz, que hizo infatigables esfuerzos por encontrar en ellos algunas huellas de una doctrina más consoladora, terminó por admitir, a disgusto, que la esperanza de una vida futura no aparece en absoluto en su creencia (*Obras*, IV, 205). No se debe atribuir a la generalidad de los eruditos una hipótesis que sólo pertenece a una secta poco numerosa. Esta secta piensa que la práctica de la virtud que purifica el alma le proporciona nuevas fuerzas que impiden la destrucción de su facultad de pensar y de querer, en otras palabras, que le procuran la inmortalidad (*Acad. des inscript.*, VI, 633-634); atribuir esta opinión a la masa de la población china sería prestar los refinamientos del platonismo al común de los griegos.

16. Los chinos son, de todos los pueblos, los más aferrados al materialismo. Carecen de idea de la espiritualidad. Los espíritus, dicen, no son más que solidez y plenitud. La causa creadora, Li, es una causa material (Fréret, *Acad. des inscript.*, VI, 631-632). El mundo invisible es un mundo de fuerzas físicas, que excluye cualquier libre albedrío y en el que triunfa la fatalidad más absoluta (Confucio, en el *Chung Yung*, versículo 51). Este materialismo desemboca, sin duda, como el espiritualismo, en una doctrina panteística. El axioma favorito de los chinos es que todas las cosas no son más que una sola y misma cosa (cf. el tratado de Longobardi en las *Obras* de Leibniz, t. IV). Pero la doctrina china es mucho más árida que el panteísmo espiritualizado de Jenófanes. Supone una sola sustancia sin atributos, sin cualidades, sin voluntad, sin inteligencia; como motor, una fatalidad ciega; y como meta de perfeccionamiento, una apatía completa: sin virtudes ni vicios, sin penas ni placeres, sin esperanza ni temores, sin deseo ni repugnancia, sin inmortalidad.

17. Las obras de Confucio, que se han exaltado más de la cuenta, no contienen un principio favorable a la libertad o a la dignidad de la especie humana. Se las puede considerar desde tres puntos de vista: la moral, la política y la magia,

pues el término religión aparecería desplazado aquí. En cuanto a la moral, la del filósofo Chang-Tong se compone de lugares comunes, muy loables sin duda, pero que se encuentran en todos los moralistas antiguos y modernos, salvo el aspecto local y algunas singularidades de expresión que son fruto de la misma; seguramente, el *Eclesiástico*, los *Proverbios*, el *Libro de la Sabiduría* son muy superiores a todos los escritos de Confucio. No hablamos de la moral del Evangelio, que es incomparable. Respecto a la política, las obras de Confucio no son más que un código de servidumbre. Prescribe una sumisión ciega a los caprichos del príncipe, y, lejos de condenar los abusos más indignantes, el exceso del poder paterno, la esclavitud, la poligamia, la venta de hijos, aprueba algunos de ellos y autoriza otros con su silencio. Sobre la magia o la superstición, ¿no basta con recordar que es el autor del *Yi-King o Libro de los cambios*?

18. Un hecho bastante reciente, relatado en todas las láminas públicas de la época, constata la crueldad y la escasa generosidad de los emperadores chinos. En 1775, el emperador, después de reducir a los miaotse, pueblos retirados a las montañas, donde jamás se los había sometido, se presentó ante su general para cumplimentarlo sobre su victoria; luego se acercó a Pekín para realizar la ceremonia llamada *che-u-fu*: consiste en recibir a los cautivos de la guerra y determinar su suerte; tiene lugar en el tercer patio del palacio. Presentaron los prisioneros al emperador, que aparecía sentado sobre un trono. Se los obligó a arrodillarse, mientras todos mostraban una especie de cuerda de seda blanca alrededor del cuello. Los llevaron luego a otra sala, de ahí a otra tercera, en la que estaban instalados todos los instrumentos de tortura. El emperador, sentado en un pequeño trono, hizo una señal y todos los prisioneros fueron torturados. En fin, con una mordaza en la boca, los arrojaron a unas carretas y los cortaron en trozos en la plaza de las ejecuciones. El presidente del tribunal de los ritos había hecho ver que, desde hacía muchísimos años, no se había hecho esta ceremonia, cuya finalidad principal era la de mantener a los pueblos en el deber, y que estaba consagrada en el código de su tribunal. Se alabó el celo del presidente, y la ceremonia tuvo lugar, para recompensarlo, en el templo en el que se honra a los espíritus que están al frente de las generaciones (*Gazette de France*, 27 de abril de 1778. *Journal des savants*, julio del mismo año). ¿No es lamentable pensar que el emperador que se deleitaba con esta carnicería refinada era el mismo Kien-Long a quien tanto alabaron nuestros filósofos, porque hizo una fría y enfática compilación titulada *Elogio de la ciudad de Moukden*?

Iliacos intra muros peccatur et extra
[Se peca dentro de las murallas troyanas y también fuera].

No es inútil recordar también que es de derecho positivo y de uso habitual en China incluir en el castigo a toda la familia de los culpables.

19. Chi-Tsong, a pesar de las representaciones de su corte y de los tribunales (lo que prueba, a pesar de Voltaire, que, en China, las decisiones de los tribunales carecen de fuerza de ley), colmó de riquezas a los bonzos de las dos sectas enemigas de Fo y de Lao-Tsé, para que le proporcionasen esta poción. No se debe confundir a este Chi-Tsong, de la dinastía de los Ming, que vivió hacia el comienzo del siglo XVI o finales del XV, con otro Chi-Tsong, cuyo reino

se sitúa hacia el año 955, y que, lejos de proteger a los bonzos, los persiguió cruelmente.

20. El emperador Livent-Song, en el siglo IX, murió como consecuencia de la poción de inmortalidad.

21. Cuanto decimos de China podría aplicarse igualmente a Japón, aunque sus templos sean muy numerosos e igualmente sus ritos. Pero el poder sacerdotal, ejercido por el *dairi* está subordinado igualmente al poder temporal, que el *koubo* posee en exclusiva, y que extiende hasta los sacerdotes, arrogándose el derecho de destituirlos y sustituirlos por laicos a los que paga y cesa a su voluntad. Las precauciones con que rodea al jefe espiritual, al que vigila constantemente, con el pretexto de rendirle homenaje, son parodias que estigmatizan y, por ello mismo, destruyen cualquier sentimiento religioso. Este *dairi*, limitado a gobernar el mundo invisible, a distribuir las funciones de los dioses, a mantener con ellos comunicaciones secretas y a deificar al general del que es esclavo en el mundo real, es un fantasma casi grotesco. Los japoneses están en la misma situación religiosa que los chinos, y la identidad de este estado religioso produce idénticos efectos, con la diferencia de que, más belicosos, los japoneses son menos despreciables. Pero su gobierno es despótico, su legislación atroz, su policía despiadada. Se castiga con la muerte las faltas más ligeras. Se utiliza la tortura continuamente con execrable refinamiento. Como en China, los parientes de un culpable son incluidos en su castigo; el padre, con el hijo; el dueño responde del esclavo; el vecino, del vecino. Las calles son prisiones, vigiladas de día y cerradas por la noche. Los japoneses apenas han avanzado en las ciencias más que los chinos. La imprenta que poseen desde hace largo tiempo permanece en una imperfección extrema. Todo es estacionario y está como herido de una muerte moral.

Debemos persuadirnos de que no es la ausencia de la religión sino su presencia con la libertad política y religiosa la que hay que invocar como fuente única de todos los avances intelectuales y de todas las virtudes. Allí donde el despotismo destruyó el poder de las corporaciones sacerdotales, la especie humana apenas avanzó. Allí donde este poder fue sustituido por una verdadera independencia, y la prueba la tenemos en Grecia, el hombre adquirió y conservó su rango en la jerarquía inteligente. La ausencia del poder sacerdotal fue un bien, porque la religión lo sobrevivió; y la religión, aunque imperfecta todavía, fue el primero de los bienes, porque ninguna mano sacrílega la mancilló o desnaturalizó.

22. *De l'esprit de conquête et de l'usurpation.* Se nos ha reprochado que, en nuestro primer volumen, anunciáramos que Europa estaba amenazada por la suerte de China. Expresamos temores, sin permitirnos predicciones. Digamos sólo ahora, con todo el respeto debido a los avances de las ciencias exactas y a los descubrimientos industriales, que estos descubrimientos y estos progresos son cosas preciosas, pero que no constituyen todo el patrimonio de nuestra especie. Debemos ser tanto menos sospechosos en esta opinión cuanto que fuimos los primeros, y casi los únicos, cuando nuestro país y Europa parecían haber retrocedido, por la voluntad de un hombre, hacia la época militar, en proclamar que la época actual era la del comercio (*De l'esprit de conquête et de l'usurpation*, p. 7). Sí, los descubrimientos industriales y el avance de las

ciencias exactas son cosas preciosas, porque sacan a la clase trabajadora de su degradación y proporcionan a la clase superior más tiempo de ocio aún; lo que abre a estas dos clases un camino más corto y más fácil hacia su perfeccionamiento moral. Pero este perfeccionamiento es el fin. Los descubrimientos y las ciencias no son más que medios. La industria debe ser un elemento de libertad: procuremos que se limite a no ser más que una fuente de comodidad. Ella saldría perdiendo; pues si no defendiese las libertades públicas, las suyas se verían bien pronto comprometidas. Los romanos pedían, dice el señor de Paw, pan y espectáculos. Los chinos piden comercio y tablas.

Capítulo 13

Resumen de todo esto

1. Para refutar también, por adelantado, otro reproche que quizá alguien crea que debe hacernos, recordaremos cuanto dijimos en nuestro primer volumen sobre la acción del sacerdocio. No debe exagerarse esta acción. «Al someter, según sus cálculos y sus puntos de vista, la religión a diversos cambios, no inventa nada; sólo aprovecha lo que existe. Su trabajo no es un trabajo de creación, sino de ordenación, de forma, de disposición [...] El sacerdocio encontró el germen de todas las nociones religiosas en el corazón del hombre, pero luego dirigió [...] el desarrollo de este germen [...]» (Libro I, cap. 9). Así, en absoluto atribuimos a los sacerdotes la invención de los dogmas de los que luego abusaron tan terriblemente. Su principio estaba en el alma o en la imaginación humana. Su transformación en creencia positiva y estacionaria, y las consecuencias de esta transformación, fueron obra sacerdotal.

LIBRO V
DEL ESCASO PODER DEL SACERDOCIO EN LOS PUEBLOS QUE NO ADORARON NI A LOS ASTROS NI A LOS ELEMENTOS

Capítulo 1

Que el escaso poder de los sacerdotes en las naciones ajenas a la astrolatría se demuestra por la historia de los primeros tiempos de Grecia

1. Plutarco habla del honor de los primeros descubrimientos en Tales y en Pitágoras (*De placit. phil.*, II, 13. Diógenes Laercio, *Vit. Thal.*); Diodoro (I, 62), en Enópides de Quíos; Plinio (*Hist. nat.*, II, 8), e Higino (*P. A.*, II, 13), en Anaximandro y Cleóstrato.

2. «Hasta lo que yo puedo saber, los primeros habitantes de Grecia servían a los mismos dioses a los que aún hoy reconocen varios pueblos bárbaros: el sol, los astros, el cielo» (en *Crátilo*).

3. Un pasaje de Aristófanes confirma plenamente la opinión que expresamos aquí. «El Sol y la Luna», dice Trigeo a Mercurio (*Paz*, acto 2, escena 3), «divinidades de las más perversas, conspiraron, desde siempre, contra nosotros y

tuvieron la idea de entregar Grecia a los bárbaros. ¿Quién puede, responde Mercurio, incitarlos a semejante crimen? Sucede, replica Trigeo, que nosotros ofrecemos sacrificios a Júpiter y a los otros dioses, mientras que los bárbaros ofrecen sus homenajes al Sol y a la Luna, y, por eso, estos dos astros querrían que, falto de recursos, el imperio pasase a los persas y a los medos».

Los historiadores de Alejandro observan que este príncipe, después de haber atravesado el Éufrates, ofreció sacrificios al Sol y a la Luna (Arriano, III, 7); lo que indica que consideraban estos sacrificios como homenajes tributados por este conquistador a los dioses del país, es decir, a otras divinidades distintas de las de los griegos. El erudito Creuzer reconoce, como nosotros, la diferencia que debe establecerse entre los griegos y los demás pueblos de la Antigüedad. «Las naciones mismas», dice, «que rendían culto a los astros fueron llevadas muy pronto a la idolatría. ¡Qué debía de ocurrir, pues, entre aquellas cuya religión consistió en principio en un panteísmo sensible y material!». Esta última frase se aplica a los griegos, y poco importa que Creuzer se sirva del término panteísmo, mientras nosotros utilizamos el de fetichismo. Nosotros mismos dijimos que el movimiento que impulsaba al hombre primitivo al fetichismo, es decir, a entregar la vida y la voluntad a todas las partes de la naturaleza, lo arrastraba, cuando había llegado al final de sus fluctuaciones religiosas, hacia el panteísmo, es decir, a la adoración de toda la naturaleza.

4. Diodoro (libro I), intentando hallar entre los atenienses vestigios de sus fundadores llegados de Egipto, sólo reconoce como hecho propio del sacerdocio que los hombres tengan una educación cuidada y que puedan ser admitidos a los empleos públicos. El mismo autor se expresa en otro lugar en términos no menos positivos. «Los caldeos, sacerdotes de Babilonia», dice, «llevan una vida que se parece a la de los sacerdotes de Egipto. Estudian cuidadosamente la astronomía y la adivinación. Se instruyen en estas ciencias de una manera totalmente diferente de la que utilizan aquellos griegos que se dedican a ellas. Entre los caldeos, esta filosofía permanece siempre en la misma familia [...] Los griegos, por el contrario, inician, la mayoría de las veces, este estudio muy tarde o sin disposiciones naturales, y, cuando se han entregado a él algún tiempo, las necesidades de la vida los apartan de él» (II, 21).

5. *Ilíad.*, III, 271-272; XIX, 251-252.

6. *Ilíad.*, II, 293.

7. *Odis.*, III, 436-463.

8. *Ilíad.*, XI, 771-774.

9. *Odis.*, XII, 24-25.

10. *Odis.*, III, 454. Virgilio nos muestra a un sacerdote que acompaña a Eneas antes de su combate con Turno y que conduce las víctimas al sacrificio (XII, 169-170). Pero se reconoce en este pasaje la inadvertencia de un poeta que traslada las costumbres de su tiempo a épocas anteriores. En otro lugar, más fiel a las costumbres homéricas, Laocoonte aparece elegido por suerte sacerdote de Neptuno:

Laocoon ductus Neptuni sorte sacerdos

[Laoconte, elegido por sorteo sacerdote de Neptuno]
(*Eneida*, II, 201)

En las pompas fúnebres de Anquises, en Sicilia, Eneas dirige él solo todas las solemnidades (*Eneida*, V, 94-99), y la realeza y el sacerdocio se confunden en la persona de Anio:

Rex Annius, rex idem hominum Phoebique sacerdos

[el rey Anio, a la vez rey de hombres y sacerdote de Febo]
(III, 80).

En Apolonio de Rodas (*Argonautic.*), es Jasón el que ora, y no un sacerdote; y Mopso, adivino de profesión, es, al tiempo, uno de los guerreros más valientes.

11. Los adivinos ejercen más influencia en las guerras de Mesenia, narradas por Pausanias, que en la guerra de Troya. El adivino Hecateo, para los espartanos, por una parte, y el adivino Teocles, para los mesenios, por otra, deciden las operaciones del lacedemonio Anaxandro y del mesenio Aristomeno (Pausanias, *Mesenia*). Es propio de la naturaleza del sacerdocio el adquirir cada vez más autoridad. «Durante las épocas heroicas», dice Gillies (*Hist. of Greece*, libro I, cap. 3, p. 112), «los hombres ilustres y religiosos, en las ocasiones importantes, se creían honrados inmediatamente por la presencia y los consejos de sus protectores celestes. La información secundaria de los sacerdotes y de los oráculos era, en general, menos reconocida y menos respetada. Pero, a medida que la creencia en las apariciones de los dioses, con formas humanas, se debilitó en la opinión, el oficio del sacerdote se hizo más importante y los oráculos adquirieron mayor credibilidad». Sin embargo, no dejaremos de repetirlo y lo probaremos suficientemente, el sacerdocio, pese a estos progresos, permaneció siempre en Grecia en una situación de subordinación y de dependencia.

12. *Ilíad.*, IX, 174.

13. *Ilíad.*, I, 314-317.

14. *Ilíad.*, II, 858-860; XII, 211-229; XVI, 604-605; XVII, 208; XVIII, 249-250.

15. Cf., sobre el lujo de los troyanos, Herder, *Phil. de l'hist.*, III, 142. Por lo demás, el poeta cometió un error, al atribuir a los troyanos la misma religión que a sus compatriotas. Los pueblos de Frigia profesaban un culto muy diferente: estaban sometidos al poder sacerdotal.

16. *Ilíad.*, II, 300.

17. Eustacio, *ad Iliad.*

18. *Ilíad.*, XVI, 604-605.

19. *Ilíad.*, II, 858-862.

20. Clem. de Alej., *Strom.*, I, 334. Conón *ap.* Focio.

21. Cicer., *De divin.*, I, 11.

22. Eurípides, *Helena*, 144.

23. *Corinto*, 13.

24. *Odis.*, XV, 251-254.

25. *Odis.*, VI, 528-533.

26. *Ilíad.*, XXIV, 308-314. Ulises actúa de igual modo en la *Odisea*.

27. La aversión hacia el yugo sacerdotal es inherente al espíritu griego, incluso en los filósofos que más admiraban las corporaciones sacerdotales de los

demás países. Platón, gran panegirista de Egipto, cuando se le llama a constituir un sacerdocio (*Leyes*, VI), dice que la elección de los sacerdotes debe dejarse a los dioses, y que, por eso, se deben echar a suertes; pero que cada sacerdocio sólo debe ejercerlo el mismo individuo durante un año.

28. *Odis.*, XXII, 320-329.

29. Apolodoro, libro II, cap. 3. Enómao *ap*. Eusebio, libro V.

30. *Ilíad.*, I, 77-83, 106-108.

31. *Odis.*, XVII, 384-386. El poeta añade a los cocineros.

32. De ahí proviene que todos los hechos que se refieren a épocas posteriores a los tiempos homéricos, y que nos llevarían a atribuir más o menos influencia al sacerdocio, no sean aplicables a la época de la religión griega de la que tenemos que ocuparnos en exclusiva.

33. Había pocas ciudades en Grecia en las que no se encontrase alguna familia sacerdotal. Los Branquidas y los Deucalionidas vivían en Delfos (Heród, IV. Varrón, *Divin. rerum liber*. Escoliasta de Estacio, VIII, 198). Los Evangélidas, descendientes adoptivos de los Branquidas, residían en Mileto; los Teliadas, en Gela (Heród., VIII, 27; IX, 37). En otros lugares, los Clítidas y los Yámidas. Éstos afirmaban que tenían su origen en Apolo, del que Jamus, su fundador, era hijo. Este dios le había dado la facultad de oír la voz de los dioses y leer el futuro en las llamas (Píndaro, *Olímp.*, VI, 69-221). Tenían su residencia en Élide. *Elis in Peloponneso familias duas certas habet, Iamidarum unam, alteram Clytidarum* [Élide, en el Peloponeso, tiene dos familias bien diferenciadas, una la de los Yámidas, la otra la de los Clítidas] (Cicer., *De divin.*, I, 41. Heród., IX, 32. Filóstrato, *Apolon.*, V, 25. Pausan., IV, 5; V, 44; VI, 2 y 17. Apolodoro, I, 7. Píndaro, *Olímp.*, VI, 57 y 120-121). Entre los eleanos, dos o tres familias se arrogaban igualmente, de padres a hijos, el don de predecir y de curar las enfermedades (Heród., IX, 33. Pausan., III, 11; IV, 15; VI, 2. Cicer., *De divin.*). Finalmente, entre los atenienses, los Eumólpidas, los Cérices y los Eleubútadas tenían la superintendencia de los misterios (Andócides, *De myst.*, p. 15. Lisandro, *ibid.*, p. 130. Diod., I, 29. Tucíd., VIII, 55. Esquines, *De falsa legatione*). Los Leonidas proveían a los sacerdotes inferiores, y las sacerdotisas estaban sometidas a una mujer que provenía de la raza de las Fileides (Sainte-Croix, *Des myst.*, p. 145).

34. Marón, sacerdote de Apolo, vivía con su familia en un bosque consagrado a este dios (*Odis.*, IX, 197-201).

35. Apolonio, *Rhod. Schol.*, I, 139.

36. Estrabón, libro XIV.

37. Heród., IX, 92-94.

38. Por ejemplo, los de Ceres y Proserpina: sus ministros eran los Eumólpidas en todas las ciudades que las adoraban.

39. Los dos cultos eran tan distintos que los sacerdotes, subalternos en el primero, ocupaban, en el segundo, el primer rango. Así, los Cérices, simples sacrificadores en las ceremonias verdaderamente atenienses, eran, con los Eumólpidas, pontífices supremos en los misterios de Eleusis (Creuzer, ed. al., IV, 384).

40. La verdad, a cuya demostración se consagra este capítulo, será, quizá, la más contestada de cuantas nos esforzamos por establecer. Quienes están interesados en negar la causa que asignamos a la superioridad de los griegos sobre los demás pueblos intentarán arrojar la duda sobre la ausencia del poder sacerdotal

en Grecia, y es fácil de prever que desnaturalizarán los hechos y confundirán las épocas. Pero, como nos interesa que una opinión falsa no se propale en el espíritu de nuestros lectores, antes de que hayamos podido refutarla, adelantaremos aquí mismo las objeciones que se nos harán, mediante dos afirmaciones bien claras, una de las cuales ya hemos demostrado y la otra la demostraremos enseguida. En primer lugar, los sacerdotes no tenían ningún poder legal en los tiempos heroicos. Vimos que la *Ilíada* daba fe de ello. En segundo lugar, adquirieron cada vez más autoridad, obtuvieron prerrogativas sancionadas por las leyes y por la costumbre; pero nunca tuvieron ni el ascendiente ilimitado ni los privilegios exclusivos de los que gozaban las corporaciones de la India, Egipto o Persia.

Se puede fijar el apogeo del poder de los sacerdotes griegos en tiempo de Sófocles. El sacerdocio, en las tragedias de este poeta, habla un lenguaje totalmente distinto del que utiliza en la *Ilíada* o en la *Odisea*. Agamenón amenaza a Calcas; pero es Tiresias quien amenaza a Edipo. Le dice estas notables palabras, repetidas por sus sucesores, con tantas formas y con matices tan variados: «Yo soy el servidor de los dioses y no el tuyo» (*Edipo rey*). Hacemos el juego, pues, a nuestros adversarios, al elegir este momento de la historia griega como piedra de toque de nuestras afirmaciones. Pues bien, en esta época misma, los sacerdotes no poseían en Grecia ningún poder civil, político o judicial. No constituían un cuerpo particular o independiente. Son las propias expresiones del autor de Anacarsis, que, en Francia, constituye una autoridad en todo lo que tiene relación con Grecia (*Voy. d'Anach.*, cap. 21). El monopolio de la religión no era patrimonio, ni hereditario, ni inviolable, de una sola clase. Ningún vínculo unía a los ministros de los diferentes templos (*Voy. d'Anach.*, *ibid.*). Muchos sacerdocios mantuvieron siempre la elección de sus miembros. A los sacerdotes y sacerdotisas de las divinidades particulares las nombraba, casi siempre, el pueblo. Incluso en Delfos, lugar especialmente dedicado al culto, a la Pitia se la elegía entre las mujeres de la ciudad (Eurípides, *Ión*, 1320). En el mismo templo, el servicio del santuario lo realizaban ciudadanos más recomendables, elegidos por suerte: el interior del templo, dice Ión (*op. cit.*, 414), lo ocupaban los primeros de Delfos designados por suerte. El segundo arconte, en Atenas, se ocupaba de la administración del culto, y llevaba el nombre de arconte rey, en memoria de la antigua unión de la realeza y del sacerdocio; pero no era sacerdote: era elegido por sorteo como los demás arcontes (Demóst., *in Neaer.*). De los Epimeletes que los asistían, dos pertenecían a las familias de los Eumólpidas y de los Cérices, y otros dos a todo el pueblo (*Etym. magn.*, *s. v. Epimeletes*). Las hierofantas, sacerdotisas de los misterios de Eleusis, a decir verdad, debían pertenecer siempre a la familia de las Fileides, pero las matronas atenienses las nombraban a su voluntad dentro de esta familia (Worsley, *Inscr. nup. edit.*). Así, hasta en los misterios, el privilegio sacerdotal era atemperado por la participación popular (*Acad. inscr.*, XXXIX, 218. Reiske, *Or. Graec.*, VII, 209). Las funciones sacerdotales eran a menudo temporales, y quienes las habían ejercido volvían a la clase de los simples ciudadanos. No se los dispensaba de las cargas militares y civiles, incluso durante el tiempo de sus ocupaciones religiosas. Calias, daduco de las Eleusinas, luchaba en Maratón, revestido con las insignias sagradas (Plutarco, *Vida de Arístides*). El sacerdocio estaba sometido a los tribunales ordinarios. El Areópago juzgaba cuanto se relacionaba con la religión (Meursius, en *Areop.*), salvo la revisión de su juicio por la asamblea del pueblo. El colegio de los Eumólpidas, ante el que se defendían las causas de impiedad, al tiempo que poseía el derecho terrible de decidir según las leyes no escritas (Lisias, *Contr. Andoc.*), sólo dictaba sentencia en primera instancia. El fallo definitivo se reservaba al Senado y, finalmente, al tribunal de los heliastas, es decir, a todos los atenienses, ya que todos, a la edad de treinta años, podían ocupar asiento en el Senado (Demóst., *Contr. Andr.*). Los *hieromnémones*, que estaban encargados de las ceremonias religiosas en la asamblea de los anfictiones, tenían preferencia sobre todos los demás miembros de esta asamblea; pero su dignidad no era un atributo del sacerdocio, ya que los hieromnemones se echaban a suerte (Dion. de Halic., I, 16).

Si alguien nos objetase que sólo hablamos aquí de Atenas, le responderíamos que tendríamos más ventaja si nos trasladáramos a Esparta. Licurgo, en sus instituciones singulares y que no consideramos modelos en nada, somete totalmente la religión al poder real, e incluso a la autoridad militar. Pausanias, general de los lacedemonios, en la batalla de Platea, presidía los sacrificios e inmolaba las víctimas, como los héroes ante los muros de Troya (Heród., IX, 60-61). La interpretación de los signos celestes correspondía a los magistrados. Los dos sacerdocios principales, el de Júpiter urano y el de Júpiter lacedemonio, eran privativos de la realeza (Heród., VI, 56). Los reyes elegían a los diputados que se enviaba a Delfos a interrogar a Apolo (Heród., VI, 57); y se les reservaba en exclusiva el conocimiento de las respuestas del dios. Esta prerrogativa hacía del oráculo de Apolo un instrumento del poder real. La historia de Esparta está llena de ejemplos que lo demuestran. Los argivos propusieron a los espartanos suspender la guerra, y Agesípolis, en calidad de rey, se apoyó, para rechazarlo, en la autoridad de Júpiter olímpico y de Apolo délfico (Jenofonte, *Hist. gr.*, IV, 7. Cicer, *De divin.*). Los éforos, que eran los órganos del cielo, y que, investidos del derecho de contemplar los astros una vez cada nueve años, durante una noche serena y sin luna, podían suspender a los reyes de su dignidad, si veían caer una estrella (Plutarco, *Agis*), eran magistrados y no sacerdotes.

No se debe confundir la influencia de los adivinos con la de los sacerdotes propiamente dichos. Los adivinos no eran miembros de un orden constituido. Una anécdota, que nos llega a través de Jenofonte (*Anábasis*, VI, 4, § 2), demuestra que los griegos no consideraban, incluso en su tiempo, la adivinación como el atributo de una profesión particular. Un sacrificio ofrecido por el ejército griego no tuvo resultado favorable; los soldados sospecharon que Jenofonte había seducido al adivino para obligarlos a permanecer en el lugar en que se encontraban y fundar allí una colonia. Jenofonte, alarmado por sus sospechas, mandó comunicar a todos que se reanudarían los sacrificios al día siguiente y que, si había algún otro adivino en el ejército, estaba invitado a asistir a la ceremonia.

En estos detalles se ve que, en todas las épocas, los griegos permanecieron independientes de la autoridad sacerdotal. Sus sacerdotes ejercieron a menudo gran influencia, pero fue mediante la excitación de las pasiones populares y no por su acción directa y legal. Sólo de este modo provocaron la muerte de Sócrates. Aconsejaron el crimen, y lo cometió el pueblo. Admitido en el Estado, simultáneamente con las demás instituciones, el sacerdocio griego fue aceptado en ellas, sin dominarlas; de este modo se corrobora y se confirma aún más nuestra distinción entre los griegos y los demás pueblos de la Antigüedad.

CAPÍTULO 2

Que, no obstante, es posible que, en una época anterior a los tiempos heroicos, a los griegos los sojuzgasen corporaciones sacerdotales

1. El señor Creuzer llegó a reconocer, igual que nosotros, pero por un camino diferente al nuestro, una época durante la cual el sacerdocio pudo proporcionar a los griegos, con la autoridad de una posición más elevada que el resto de la especie humana, sus misteriosas enseñanzas. Pero coloca esta época entre el culto de los pelasgos y las brillantes ficciones de Homero. Nosotros la situamos antes del estado salvaje de los griegos y el fetichismo pelásgico. Se verá nuestros motivos en este mismo capítulo. Creemos que el señor Creuzer no evitó un error que nosotros ya señalamos anteriormente. Supone que existía una distancia enorme entre el pueblo griego y los que él llama sus maestros. Si se trata de los extranjeros, mostraremos, al hablar de las colonias que desembarcaron en Grecia, que no existía esta distancia. Si se trata de instituciones indígenas, éstas existieron todavía menos. El poder de la imagen, la autoridad del símbolo no fueron descubrimientos, sino hechos, que, en continua renovación siempre que hablaban la pasión o el entusiasmo, constituyeron una lengua de la que se adueñó el sacerdocio. Pero los sacerdotes no hablaron simbólicamente porque conocieran las leyes fundamentales del espíritu humano, como afirma el señor Creuzer, sino que la imagen y los símbolos son las expresiones naturales del espíritu humano, ya que no existen ni nociones abstractas ni formas lógicas. Primitivamente, los sacerdotes no tenían muchas más que el pueblo. Y no adquirieron importancia para él con el uso de la imagen y del símbolo. Los utilizaron como los utilizaba él mismo. Era, como aún hoy entre los salvajes, la lengua de todos. La diferencia entre los sacerdotes y el pueblo existió naturalmente, porque los sacerdotes y el pueblo eran de distinto nivel.

2. *Odis.*, X, 195; XI, 95-150. Schlegel, *Hist. de la poésie grecque.*

3. Plutarco, *Vida de Teseo.*

4. Heródoto.

5. Heród., II.

6. Sainte-Croix, *Des myst.*, p. 11 y más adelante. «Los telquinos, sacerdotes de la isla de Rodas, antiguos pelasgos, adoraban la tierra, y le ofrecían hombres en sacrificio» (p. 76).

7. *Etymol. magn.*, s. v. Πρυτανεῖα, p. 694. Este culto del fuego, de origen fenicio, sólo admitía como representación de la divinidad una llama siempre ardiendo.

8. Tucídides, II, 16. Sófocles llama a la tierra la más grande de las diosas. Agamenón, en la *Ilíada* (XVII, 197, etc.), inmola un jabalí al sol y a la tierra. Con todo, sólo fue una divinidad subalterna. En Atenas, se la representaba en una actitud suplicante, que pedía la lluvia a Júpiter.

9. Heród., VI, 76.

10. Pausanias, *Arcadia.*

11. Pausanias, *Corinto*, 55. Se ofrecían estos sacrificios en cuatro fosas, consagradas a los cuatro vientos cardinales. Como los ritos antiguos vuelven siempre en los tiempos de desgracia, el culto de los vientos se introdujo de nuevo en Atenas cuando Jerjes invadió Grecia; los atenienses, temerosos de la llegada de la flota persa a la costa de Magnesia, ofrecieron víctimas a Boreas (Ateneo, IV), para obtener su ayuda. Una tempestad dispersó a los enemigos y, por eso, le construyeron un templo a las orillas del Iliso (Heródoto). Igualmente los turios, librados de un gran peligro, por una tormenta que destruyó la flota de Dionisio el tirano, instituyeron ceremonias conmemorativas en las que se adoraba a los vientos (Eliano, *Var. Hist.*, XII, 61).

12. Creuzer, IV, 90-91. Los arcadios, dice Hermann, cultivaron la astronomía mucho antes que todas las tribus de Grecia; lo que caracteriza a sus fábulas es que, después de las metamorfosis más extrañas, los héroes de las mismas terminan brillando en lo alto de los cielos. Cita, a este respecto, a las hijas de Atlas transformadas en palomas antes de ser las Pléyades; a Calisto, osa en la tierra antes de convertirse en la Osa Mayor, etc. (*Handbuch der Mythol. Mythol. astronom. des Grecs*, t. III. p. 21).

13. Algunas divinidades griegas de la más alta Antigüedad tenían formas raras, cuernos, cola, falos monstruosos (Voss, *Mythol. Briefe*). Pausanias (*Ática*) habla de una estatua de Minerva con esfinges y grifos.

14. Habríamos podido añadir algunos detalles más. Por ejemplo, los griegos y sus imitadores, los romanos, temían, como los galos y los persas, entablar batalla antes de la luna nueva (Pausan, *Átic.* Jenof., *Hist. grieg.*); era, evidentemente, una superstición astronómica sacerdotal. Vemos que las profetisas que Ariovisto tenía en su ejército le dijeron que sería vencido si no esperaba el cambio de luna para atacar a los romanos (César, *De bello Gallico*, I. Dión Casio, XXXVIII. Clem. de Alej., *Strom.*, I, 15).

15. Dupuis, *Origine des cultes*.

16. La palabra Δαναοί significa poseedores de tierras; del término Γῆ, tierra, en dorio Γᾶ y la Γ cambiada en Δ, como en el nombre de Deméter.

17. Diod., III, 36-37; IV, 6; V, 42. Apolonio, *Argonaut. Schol.*, II, 219. Solino, caps. 8 y 14. Esteban, *De urb.*, 569-620. Justino, X, 4. Estrabón, V. Pomponio Mela, II, 5.

18. Una tradición de la que informa Diodoro (V, 71), y repetida por Fulgencio (*Mythologia*, 25), dice que, antes de entablar batalla con los Titanes, Júpiter había ofrecido sacrificios al cielo, a la tierra y al sol. Manilio alude a esto:

Nec prius armavit violento fulmine dextram
Jupiter, ante Deos quam constitit ipse sacerdos

[Ni Júpiter armó su diestra con el rayo violento / antes de aplacar él mismo a los dioses como sacerdote]

(*Astron.*, V, 343-344).

Esta tradición se debía a la costumbre constante de los griegos de atribuir a los dioses los modos de vida de los hombres. Adoraban a los dioses de sus enemigos para desarmarlos; por eso, quisieron que Júpiter tomase la misma precaución antes de combatir; pero la misma ficción indica una adoración de los astros, antigua y abolida.

19. Sainte-Croix, *Des myst.*, pp. 10, 11 y 26. La opinión de Lévêque (trad. de Tucíd., II), de Heyne y de Fréret, es que los pelasgos habían venido de Escitia. Pero los escitas estaban sometidos al poder sacerdotal.

20. El escoliasta de Licofrón refiere que Orión y Eurímone, hija del Océano, reinaron antes de Saturno y Rea, y que, en la lucha, Saturno venció a Ofión, y Rea a Eurínome; y que luego Saturno y Rea, tras arrojarlos al Tártaro, reinaron en su lugar. Prometeo vencido por Júpiter es, a nuestro modo de ver, una tradición del mismo género; y un antiguo monumento de Atenas, a la entrada de un templo de Minerva, en la Academia, rendía homenaje a la prioridad de Prometeo, Titán, sobre Vulcano, dios homérico. Prometeo y Vulcano aparecían representados trabajando juntos; y Prometeo, como el mayor, tenía un cetro en la mano (Escol., *in* Sófocl., *Ed. Col.*, V, 55).

21. A. W. Schlegel, sorprendido como nosotros por los vestigios de una dominación sacerdotal en Grecia, antes de los tiempos homéricos, publicó en los *Anales de Heidelberg*, al explicar la *Historia romana* de Niebuhr, un fragmento muy interesante sobre el tema que nos ocupa. «He aquí», dice, «cómo nos representamos el acontecimiento que liberó Grecia del poder de los sacerdotes. En los tiempos más remotos, toda Grecia les estaba sometida. A la casta de los sacerdotes pertenecía especialmente el nombre de pelasgos, y este nombre se le dio a todo el pueblo, según la clase dominadora. Más tarde, la casta de los guerreros se levantó contra la que reinaba en nombre de los dioses. La *Ilíada* muestra huellas importantes de esta lucha: la disputa de Agamenón con Crises y Calcas es una muestra de ello. Pero los griegos, o, por mejor decir, el orden privilegiado de los guerreros, se sustrajeron cada vez más a la legislación de los sacerdotes e introdujeron nuevas constituciones y nuevas costumbres: por eso, los pelasgos propiamente dichos, es decir, los sacerdotes, o renunciaron a sus funciones hereditarias y se fundieron en la nación o se separaron para emigrar. De las razas sacerdotales descendían precisamente los restantes pelasgos aún dispersos de tiempos de Homero y de Tucídides. Heródoto dice que, a juzgar por los pelasgos de su siglo, sus ancestros hablaban una lengua bárbara. Pero todo lo que los griegos no entendían sin intérpretes, les parecía, no un dialecto diferente del suyo, sino una lengua extranjera, y cualquier lengua extranjera era bárbara para ellos. Los pelasgos de Tracia, de Lemnos y del Helesponto, encerrados en sí mismos y no tomando parte en las revoluciones que cambiaron la faz de Grecia y su literatura poética, habían conservado naturalmente su antiguo idioma. Según esta hipótesis, continúa el señor Schlegel, dividiríamos la historia griega en tres épocas: tiempos pelásgicos, dominación de los sacerdotes y victoria de los guerreros, algunas generaciones anteriores a la guerra de Troya; tiempos heroicos, luego la destrucción de la casta guerrera y abolición de la realeza; tiempos republicanos. Conocemos la tercera época históricamente; la segunda, mitológicamente; ignoramos totalmente la primera, salvo algunas tradiciones dispersas y tanto más insuficientes cuanto que los poetas colocaron en ella todas las genealogías mitológicas de la segunda época y, en consecuencia, falsearon la primera» (*Anales de Heidelberg*, vol. 9, pp. 846 s.).

22. Muchas supersticiones sobre las que se habían elevado los griegos desde la marcha de los pelasgos que emigraron, las llevaron éstos a Etruria. La adivinación, los augures, los extispicios, los arúspices, la averiguación de los presagios en los acontecimientos más ordinarios no son, sin duda, totalmente ajenos a las costumbres griegas; pero estas cosas están mucho menos arraigadas y ocupan un lugar mucho menos importante en Grecia que en los etruscos, o en los romanos, herederos de la disciplina etrusca. Éstos las conservaron siempre en toda su integridad, en toda su ascendencia primitiva, y sólo se conservaban así en algunas ciudades de Grecia, como Delfos, Olimpia, etc., consagradas a la religión y fieles, como tales, a las ceremonias y a las tradiciones antiguas. Sófocles y Tucídides dicen que los nombres de pelasgos y de etruscos designan al mismo pueblo. Alejandro de Pleurón (*Schol. Cod. Ven. ad Iliad.*, XVI, 233 s.) asegura que los *selos* del oráculo de Dodona descendían de los etruscos. Nosotros creemos que hay que invertir la hipótesis; pero ella prueba la semejanza.

23. Heyne, *De Etruscis. Comm. Soc. Goett.*

24. Cf. el comienzo de la historia de Tucídides. Consultar también Platón, en *Protágoras.* Diod., I. Pausan., VIII, 1. Eurípides, *in Sisyph. fragm.* Mosch. *ap.* Estobeo, *Ecl. phys.*, I; Ateneo, XIV. Sext. Emp., *Adv. math.*, II. Goguet, a quien no se le puede negar el mérito de un compilador que coordina bastante bien los hechos que recoge y que obtiene resultados bastante exactos, describe a los primeros griegos, apoyándose para esta descripción en varias de las autoridades que alegamos nosotros mismos, «como salvajes que, errantes por bosques y campos, sin jefes y sin disciplina, no tenían otros lugares de retiro que los antros y las cavernas, sin hacer uso del fuego y sin alimentos convenientes para el hombre, feroces hasta comerse unos a otros, cuando se presentaba la ocasión» (*De l'origine des lois, etc.*, I, I, 59).

25. Meiners, *Hist. de l'origine, des progrès et de la chute des sciences en Grèce.*

26. Así, cuando Cambises, al devastar Egipto, hubo quemado sus ciudades, demolido sus templos, dispersado o matado a sus sacerdotes, se creyó que la religión y las ciencias iban a desaparecer. Pero el orden sacerdotal se organizó de nuevo y Egipto volvió a su antigua senda. Las luces que poseía volvieron enseguida a la misma intensidad que antes de la invasión persa: imperfectas, inaccesibles, extrañas a cualquier progreso, como antes de esta invasión.

CAPÍTULO 3

De la religión y del sacerdocio de los primeros tiempos de Grecia según el testimonio de los historiadores griegos

1. No volveremos aquí sobre los hechos y los razonamientos que demuestran que el teísmo no pudo ser la creencia de los griegos anteriores a los tiempos homéricos. Aparte de los argumentos que ya alegamos contra la hipótesis del teísmo contemporáneo de la barbarie, los testimonios de los autores antiguos más dignos de confianza rechazan todo lo que los modernos han afirmado sobre la confianza otorgada a las obras apócrifas atribuidas a Orfeo, a Museo y a otros personajes fabulosos. Lejos de considerar a Orfeo como el autor de una

doctrina más pura que la creencia popular, los filósofos y los oradores griegos lo acusaban de haber acreditado las fábulas más burdas y más escandalosas. «Orfeo, que proporciona, más que nadie», dice Isócrates (en *Busirid.*), «indecencias a los inmortales, fue hecho pedazos como castigo de este crimen». Diógenes Laercio niega el nombre de filósofo a este mismo Orfeo, que atribuía a los dioses los excesos más vergonzosos y aquello que apenas aparece en los labios de los hombres (Dióg., Laerc., *Proem.*, 3). Museo, a quien se ha querido considerar también como un teísta, representa la felicidad celeste, nos dice Platón (*República*), de una manera mucho más sensual que Heródoto y Hesíodo, y afirma que una embriaguez perpetua será la más digna recompensa de la virtud. Y, sin embargo, después de haber hablado de la opinión de Heródoto sobre el primer culto de los pelasgos, el señor de Sainte-Croix añade: «Tal era la idea que los politeístas podían formarse del teísmo de los primeros moradores de Grecia, y la manera como debían de expresarla. Al teísmo debía suceder naturalmente el uranismo o el culto del cielo material. Pronto se añadió a él el de la tierra» (*Myst. du pag.*, ed. del señor de Sacy, p. 14). Presuponer así el teísmo nos parece una obstinación inexplicable. Se ve, por lo demás, con gusto que estas ideas quiméricas son abandonadas por los escritores de nuestros días. El señor Rolle, autor de una obra muy recomendable sobre el culto de Baco, reconoce que los primeros griegos eran salvajes, y que su culto era muy grosero (I, 1-2).

2. *Acaya*, 22. Cf. también, sobre el fetichismo de los primeros griegos, Esquilo, *Prometeo*, 642 s.

3. Arnobio, *Adv. gentes*, VI.

4. *Culte des dieux fétiches*, pp. 151-152.

5. Creuzer, *Symbol.*, I, 184.

6. Pausan., *Laconia*, 22.

7. Pausan., *Beocia*, 18.

8. Acaya.

9. *Beocia*, 25. En el templo de Delfos, cuyos usos y tradiciones antiguas conservaban cuidadosamente los sacerdotes, existía una piedra sagrada a la que daban gran importancia religiosa. Los feneatas, pueblos de Arcadia, tenían, cerca del templo de Ceres, dos piedras que tomaban como testigos de sus juramentos (*Arcadia*, 15). El Baco cadmeo era un tronco engastado en bronce (*Beocia*, 12. Enómao *ap.* Eusebio, *Praep. evang.*, V, 36).

10. Pausan., *Corinto*, 13. Más tarde, se quiso alegorizar este culto, diciendo que la constelación de la cabra daña las viñas. Creuzer, III, 269.

11. Eliano, *De natur. anim.*, 5.

12. Heród., VIII, 41. Una ley de Radamante, dice Ruhnken, en sus *Scholies sur Platon*, permitía a los cretenses jurar por los animales sagrados, y no por las divinidades superiores. ¿No sería esta ley un recuerdo de los tiempos en los que los animales habían sido adorados como fetiches? Cuando se los remplazó por seres de un orden más elevado, los hombres conservaron la costumbre de tomar por testigo a sus antiguos ídolos; y uniéndose a esta costumbre una idea de respeto por dioses más importantes, se prohibió invocar a estos últimos

13. Teofrasto, *De superst.*

14. Cf. el *Essai sur le schammanisme* de Lévêque, trad. de Tucíd., III, 2-8; *Culte des dieux fétiches*, p. 151; y Guasco, *De l'usage des statues*, p. 47.

15. *Idyll.*, VII, 106. «Si me concedes el favor que te pido», dice el poeta a su dios rústico, «que los hijos de Arcadia ya no puedan golpearte los flancos con esquilas cuando non hayan realizado una abundante caza».

16. Hesíodo, *Teogonía*, 793 s. Algunos autores aseguraron que la fábula de la Egida, o de la cabeza de medusa llevada sobre un escudo, tanto por Júpiter como por Minerva, era un vestigio de la costumbre de los salvajes de escalpar a sus enemigos y de apoderarse de su cabellera.

17. Pausan., II, 11. Los Cabiros, divinidades de los misterios, conservaron, durante mucho tiempo, la figura de estos dioses pigmeos (Creuzer, ed. al., II, 350).

18. Cf. la obra de la señora Baillie titulada *Lisbonne en 1821, etc.*

19. Eliano, *Hist. anim.*, VII, 28.

20. Sainte-Croix, *Des myst.*, I, 29.

21. Esquilo, *Prometeo*, 829-831. Sófocles, *Las Traquinias*, 1164-1168. Eurípides, *Andrómaca*, 885-886.

22. *Ilíad.*, XVI, 233-236. Estrabón se apoya en este pasaje de Homero sobre los sacerdotes de Dodona, para describirlos como hombres salvajes y ariscos.

23. Esteban de Bizancio *ap.* Gronov., *Thes. Antiq. Graec.*, VII. Spanheim *ad* Callimach., *Delos*, 285. Sallier y Des Brosses, *Acad. inscr.*, XXXIV. Heyne, *Excurs. ad Iliad.*, VII.

24. Heród., *loc. cit.* Lévêque, *Excursion sur le schammanisme,* trad. de Tucíd., III, 278.

25. El Epiro, donde se situaba el oráculo de Dodona, siempre fue algo ajeno al resto de Grecia por sus costumbres, sus ritos y sus hábitos. La fábula de Équeto, rey de este país, que mutilaba a los extranjeros que la mala suerte le entregaba y que arrojaba a sus perros (*Odisea*), y el proverbio griego «Te enviaré a Équeto, rey de Epiro», prueban lo inseguras y poco frecuentes que eran las comunicaciones entre la Grecia civilizada y Epiro. ¿No debería atribuirse este odio a los extranjeros a la acción del sacerdocio inhospitalario? Ciertas ceremonias que se practicaban en Dodona mucho después del triunfo del politeísmo griego parecen tener su origen en la antigua religión pelásgica. A Dione, por ejemplo, la madre de Venus, que ocupa un rango muy oscuro en la mitología homérica (*Ilíad.*, V, 370), se la adoraba en Dodona como esposa de Júpiter. La misma tradición reinaba en Tesalia (Diod., V, 72); y sabemos, por un pasaje de Demóstenes (*Contra Mid.*), que, en Dodona, se sacrificaba un toro a Júpiter y una vaca a Dione. Observad que Dione, en la cosmogonía fenicia, era una hija de Urano (el Cielo) y la mujer del Tiempo (Sanconiatón, *ap.* Euseb., *Praep. evang.*, I, 10); y en Apolodoro (I, 11), una de las Titánides, se llama Diónide. Otras tradiciones indican también que los sacerdotes de Dodona adoraban a un dios del agua, un Júpiter *pluvius*, explicado en la doctrina sacerdotal como el primer principio que crea o fecunda el mundo, y no es más que una interpretación científica del culto de los elementos. Un oráculo de Dodona ordenaba sacrificios al río Aqueloo, y varios pueblos sometidos a los sacerdotes arrojaban víctimas a los ríos. Las palomas de Dodona pudieron haber sido animales sagrados en la religión antigua y, después de la destrucción de esta religión, convertidos en los fetiches de los griegos que habían vuelto al estado salvaje. Esto habría sucedido sin duda

a los animales sagrados de Egipto si se hubiese destruido el régimen sacerdotal. Los calderos de cobre, cuyo sonido se transmitía de uno a otro cuando se golpeaba uno solo de ellos, podían haber sido, en la doctrina de los sacerdotes, la expresión del dogma de la metempsicosis (Creuzer, IV, 183).

26. Nombre particular de los sacerdotes de Dodona.

27. II, 243.

28. Mientras que Homero, como vimos, dice que los selos descendían de los pelasgos (Heeren, II, 459-462, y III, 110), los sacerdotes de este bosque hacían remontar la creación de su oráculo hasta Egipto; pero Heeren (*Ideen*, II, 462) indica y desarrolla, con gran intuición, el interés que tenían en atribuirse un origen egipcio. Tomamos de él algunos de sus argumentos.

CAPÍTULO 4

De la influencia de las colonias sobre el estado social y la religión de Grecia

1. El autor más juicioso y más prudente de cuantos trataron de los primeros tiempos de la civilización griega, el señor Heeren, mereció, hasta cierto punto, este reproche. «Aun cuando no tuviéramos», dice, «en ninguna prueba histórica, emigraciones egipcias y fenicias en Grecia, la cosa sería verosímil por sí misma. Pero nos faltan tan pocos indicios de este género que son, por el contrario, más numerosos y más detallados de lo que debíamos presumir [...] Numerosas tradiciones demuestran la influencia de estas colonias. Se atribuye a Cécrope la institución del matrimonio; la ciudadela de Atenas llevaba su nombre, como la de Tebas el nombre de Cadmo; y la denominación del Peloponeso muestra los acontecimientos memorables de la llegada de Pélope a esta comarca». En cuanto a la multiplicidad y exactitud aparente de los detalles transmitidos por los griegos sobre estas épocas remotas de su historia, esta misma multiplicidad y esta supuesta exactitud nos hacen más sospechosos estos detalles. Llevan la impronta de adiciones posteriores, a las que recurrían escritores que, partiendo de algunos hechos generales, se entregaban a su imaginación, para llenar vastas lagunas. Lo dijimos en otro lugar: en semejantes cuestiones, la afirmación es una razón de duda, y relatos minuciosos son necesariamente relatos inventados. En cuanto a la inferencia que el señor Heeren saca de los nombres extranjeros, impuestos en el Peloponeso y en Ática, bien pudiera suceder que tales nombres no fuesen extranjeros, y que los jefes de las colonias, o incluso de las tribus indígenas, hubiesen adoptado de los países en las que se establecían o donde vivían. La hipótesis de Rabaut (*Lettr. sur l'hist. prim. de la Grèce*) es, sin duda, tan falsa como todas las hipótesis que se basan en una sola idea. La mitología griega no es tanto un sistema de geografía como de astronomía. Pero existen en todas partes verdades parciales; es más probable que los lugares consagrados por costumbres —los ríos, por ejemplo, o las montañas— impusiesen sus nombres a los individuos notables de una época bárbara; menos probable es que estos individuos hayan cambiado arbitrariamente denominaciones empleadas.

2. Volveremos sobre este objeto cuando hablemos de las religiones sacerdotales, entre las que la religión egipcia ocupa un primer lugar. Nos basta, por ahora, recordar los hechos; no lo suficientemente conocidos para que sea nece-

sario apoyarlos con pruebas; y, en cuanto a las causas, las explicaremos en otro lugar.

3. Plutarco (*De Isid. et Osir.*) dice que, en su lengua sagrada, los egipcios llamaban al mar Tifón, porque el Nilo desemboca en él y así parece que se deshace en él. Sin embargo, los egipcios rendían a los peces los honores divinos (Heród., II, 117. Minucio Félix. Juvenal, XV). Schmidt (*De sacerd. et sacrif. Aegypt.*) explica esta contradicción aparente suponiendo que el culto de los peces, como el de las cebollas y el de los cocodrilos, era propio de ciertas provincias. También causó extrañeza que estos pueblos llevasen en barcos, durante sus fiestas públicas, a la mayoría de sus dioses. Pero esta práctica se debía a que a Egipto lo dividía el Nilo en miles de canales y se accedía a él en barcas, como a Venecia en góndolas. Por tanto, los dioses de Egipto aparecían en barcos, como los de los griegos sobre carros.

4. Plutarco, *Sympos. quaest.*, VIII, 8. Lo mismo sucede aún en la India. Huellas de esta prohibición aparecen en Diodoro, y vemos a dos brahmines degradados por haber atravesado el Indo (*As. Res.*, VI, 535-539). A nuestro entender, esto probaría que se buscó, sin razón, la causa de la aversión de los egipcios por el mar en una superstición particular en Egipto. Sus habitantes, se pensó, atribuían un gran valor al embalsamamiento de los cuerpos y odiaban el elemento que, engulléndolos en los abismos, hacía imposible encontrarlos de nuevo. Pero una opinión semejante en la India, donde no es habitual el embalsamamiento de los cuerpos, echa abajo esta explicación. El odio del sacerdocio por los extranjeros ofrece una más satisfactoria; y lo que nos parece decisivo es que la religión rechazaba las expediciones marítimas entre los persas, como entre los egipcios (Hyde, *De rel. Pers.*). El sacerdocio siempre quiso aislarse, para reinar en paz. Sólo gradualmente, cuando los intereses prevalecieron sobre las opiniones, es decir, cuando la civilización hubo hecho progresos, los egipcios, obligados a traficar en el mar Rojo y hasta en la India (cf. Heródoto y Diodoro; y, en su apoyo, la *Description de l'Égypte*, t. II, p. 63, y Champollion, *Système hiéroglyph.*, pp. 227 s.), forzaron a sus sacerdotes a transigir con las ideas nuevas y a remplazar las supersticiones antiguas por otras más apropiadas a la mentalidad de un siglo comercial. Convertido en teatro de expediciones lucrativas y en fuente de inmensas riquezas, el mar no podía permanecer sometido al mal principio. Tifón y Neftis, su hermana, su mujer, su émula en hostilidad contra la raza humana, cedieron el cetro a Isis Faria. Nuevos atributos caracterizaron a la divinidad nacional; llena de estas nuevas funciones, se acercaba al faro, con el sistro en una mano y una vela hinchada en la otra, para desarmar el elemento pérfido y obligarlo a llevar dócilmente el peso de los navegantes protegidos por ella.

5. Si hubo, como pretende el señor Creuzer (I, 263), colonias sacerdotales entre las que atracaron entre los griegos y los civilizaron, nunca los subyugaron. Se obligó a los sacerdotes a ocultar las doctrinas que repugnaban al genio nacional en los misterios que ellos establecieron. Así, el culto de Ceres, traído de Tracia o de Egipto a Eleusis, permaneció siempre en la religión secreta. La religión relativa a Júpiter Apatenor (Júpiter embustero), en la que el mismo autor (III, 540-543) encuentra la prueba de la influencia de una colonia sacerdotal salida de Egipto, se explica sin que haga falta su hipótesis. Las relaciones que menciona entre el dios griego y Júpiter Ammón resultarían igualmente recuer-

dos conservados por los emigrantes egipcios, sin que estos emigrantes hubiesen sido sacerdotes. Por otra parte, nada demuestra que la época de las Apaturias, celebradas en Atenas, se remonte al desembarco de las primeras colonias. Las comunicaciones posteriores de Egipto con Grecia pudieron introducir esta fiesta, como igualmente otras muchas, y esto es tanto más probable cuanto que la principal autoridad de Creuzer en esta ocasión es Pausanias.

6. Con satisfacción coincido en este punto con un filósofo alemán, del que no adopto todas las opiniones, pero a cuya inteligencia me gusta hacer justicia. «Los griegos», dice el señor Goerres (II, 782), «recibieron su civilización de colonias egipcias, guiadas probablemente, no por sacerdotes, sino por guerreros que tenían de los libros sagrados de su país sólo un conocimiento imperfecto». No debe llevarnos a engaño el término de guerreros. Seguramente existían hombres de la casta de los guerreros entre los colonos egipcios; pero sus expediciones no tenían por ello un carácter más belicoso. Buscaban una morada y no conquistas. Su pequeño número y la ferocidad de los indígenas las hacían imposibles. Si, al lado de las autoridades que presento, quisiera yo citar otras menos importantes, me apoyaría en la del señor Clavier, que, al atribuir a los fenicios lo que afirmamos de Egipto, añade que sus colonias no se proponían establecerse por la fuerza en los países adonde iban y no empleaban más que los métodos de la persuasión y el ascendiente que un pueblo ya civilizado tiene sobre los que no lo son, cuando él sólo las utiliza, en apariencia, para provecho de estos últimos (*Hist. des premiers temps de la Grèce*, I, 8). Pero el señor Clavier, pese a su erudición, es un autor de poca crítica; y, si no fuera por la datación de su libro, se creería que está escrito en una época en la que nuestra ignorancia del Oriente reducía las ideas de los eruditos que se ocupaban de las antigüedades griegas a conjeturas muy arriesgadas y, a la vez, muy limitadas.

7. El propio señor de Sainte-Croix reconoce que es difícil creer que los emigrantes de Egipto haya traído a Grecia la verdadera doctrina sagrada de su país. Admite que se puede dudar razonablemente de que se haya encontrado entre ellos miembros del orden sacerdotal, o sólo hombres lo suficientemente instruidos para propagar los dogmas que formaban el depósito confiado a los ministros del culto (*Rech. sur les myst.*, I, 403, ed. del señor de Sacyr).

8. *Fortunae, ut fit, obirati, cultum reliquerant deum* [irritados con su destino, como suele suceder, habían abandonado el culto a los dioses] (Tit. Liv., I, 31).

9. Los mismos nombres no fueron siempre egipcios; varios se tomaron de la lengua pelásgica: por ejemplo, las Carites, las Nereidas (cf. Heyne, *De Theog. Hesid.*).

10. Cf. la enumeración que Estrabón hace de las colonias, libro VII.

11. Los reyes de Tracia debían de estar iniciados en los misterios de los sacerdotes, igual que los de los egipcios y los de los persas.

12. A no ser que rechacemos el testimonio formal de Heródoto y tachemos de falsos todos los fragmentos de los filósofos más antiguos, no se puede negar la existencia de una doctrina religiosa llamada órfica y anterior al siglo de Homero. La autenticidad de los poemas atribuidos a Orfeo no tiene nada que ver con la cuestión. Orfeo era probablemente un nombre genérico en Tracia, como Buda en la India y Odín en Escandinavia. Los poemas que llevan su nombre son de una época bastante reciente, posterior incluso, según toda apariencia, al

tiempo de Pisístrato, aunque se haya acusado a su contemporáneo Onomácrito de haberlos falsificado. Parece que pertenecen a la literatura de Alejandría y no van más allá del establecimiento del cristianismo. Pero no es menos cierto que se había introducido entre los griegos, antes de Homero, una doctrina sacerdotal venida de Tracia y llamada órfica. Esta doctrina, según Heródoto, tenía una gran analogía con el culto de Baco, y sus dogmas físicos y metafísicos eran los mismos que los de los egipcios y de los pitagóricos (Heród., II, 81). También Aristóteles hace alusión a esta doctrina que cree egipcia, y que admite que la habían desarrollado los filósofos de Grecia. La mayoría de los sabios modernos la han considerado una parte de la religión griega y, por ello, sólo han estudiado sus relaciones con la mitología, en la que, pensaban, debía de haber dejado muchas huellas. Este modo de enfocarla sólo poseía una verdad parcial. Si, como varios hechos tienden a hacernos pensar, las colonias tracias trajeron a Grecia la doctrina órfica, ésta no se incorporó nunca a la creencia nacional; incluso se la olvida totalmente cuando se formó el verdadero politeísmo y nunca formó parte de su composición. Por el contrario, los primeros filósofos, sobre todo los de la escuela jónica, reunieron con mimo los menores vestigios y los amalgamaron con sus sistemas.

13. El señor Creuzer hace un reproche a los griegos. Antes de que los homéridas, dice, hubiesen fascinado a este pueblo todavía niño con sus fábulas siempre nuevas y con sus tradiciones seductoras, una raza de sacerdotes poetas había colocado a Grecia bajo la protección saludable de la religión. Un orden sacerdotal, venerable, poderoso, como en Egipto, por la música y la ciencia, mantenía bajo su tutela instructiva a la multitud profana; y, en esta educación nacional parece que se deslizó una clasificación metódicamente combinada (probablemente el autor hace alusión aquí a la división en castas). La metafísica del Oriente se enseñaba allí bajo sus formas simbólicas y proclamaba los grandes axiomas del alma del mundo, donde todo llega a perderse, de la doble armonía que penetra el conjunto y de la identidad de la vida y de la muerte (ed. al., I, 210). ¡Qué pena, en efecto, que la filosofía tracia no haya prevalecido en Grecia! Habríamos tenido como doctrina, en honor del símbolo, un panteísmo mezclado de ateísmo; como ritos, Bacanales, mutilaciones y orgías.

14. Cf. la obra de Clavier, *Hist. des premiers temps de la Grèce*. Cf. también, en el próximo capítulo, lo que decimos sobre el culto de Baco.

15. Nuestros lectores habrán observado que la diferencia de religión, de costumbre y hábitos nos llevó a hablar de Tracia como de una región totalmente aparte de Grecia, a pesar de la proximidad, que llevó a muchos escritores a confundirlas.

16. Cf. el capítulo anterior, en el que recordamos la opinión del señor de Sainte-Croix en su obra sobre los misterios.

17. El señor de Sainte-Croix, en su obra sobre los misterios, cita a Ovidio como autoridad, al hablar de los coribantes, p. 57.

18. El señor de Sainte-Croix.

19. El señor Creuzer (introd., p. 3, trad. de Guigniaut) saca de esta página de Heródoto un resultado diferente del nuestro. Se diría, según su exposición del sentido del autor griego, que los pelasgos adoraban a sus dioses anónimos de una manera colectiva, como poderes ocultos y sin ocuparse de su naturaleza; lo

que no sería fetichismo, sino un culto contemplativo y místico, muy por encima del estado salvaje. Después de haber releído el párrafo de Heródoto, incluso en la edición de Schweighaeuser, citada por el señor Creuzer, que señala con razón la inexactitud de Larcher, no encontramos en él nada que autorizase la suposición del autor alemán; y estamos sorprendidos de que este escritor que, desde las páginas siguientes, reconoce a Pausanias como una autoridad respetable, no haya encontrado en este compilador miles de pruebas del escaso fundamento de su hipótesis.

20. Heród., II, 52, 53.

21. La existencia de guerras religiosas en la antigua Grecia sólo es admisible si aceptamos dos suposiciones, ambas opuestas igualmente al sistema de los eruditos franceses. La primera es que estas guerras habrían tenido su origen en las rivalidades de los sacerdotes cuando Grecia estaba sometida al poder teocrático (cf. más arriba, cap. 2). El ejemplo de Egipto nos enseña que, entre los pueblos sacerdotales, las rivalidades de los sacerdotes entre sí pueden dar lugar a guerras encarnizadas, mientras que en ningún pueblo salvaje vemos que los juglares inciten a la guerra. Las tribus griegas, como los moradores de los nomos de Egipto, pudieron combatir entre sí por sus divinidades locales. Existen huellas de una lucha sangrienta entre el culto de Apolo y el de Baco (cf. Creuzer). Posiblemente, es a acontecimientos de este tipo a los que se refiere el famoso pasaje de la *Teogonía* (629-634), el más positivo de todos los que nos han llegado. La segunda suposición es que las tradiciones relativas a estas guerras aluden al derrocamiento de los sacerdotes por los guerreros (cf. más arriba, *ibid.*). Pero, entonces, estas guerras eran más bien antirreligiosas, puesto que tuvieron como resultado la expulsión de los sacerdotes y la destrucción del culto sacerdotal. En ambas hipótesis, estos acontecimientos precedieron a la recaída de los griegos en el estado salvaje. Al hacerlos descender a la época de la segunda civilización de Grecia por las colonias, inmediatamente antes de los tiempos heroicos, se cometió un anacronismo; y este anacronismo, a nuestro entender, arrastró a dos eruditos, los señores Fréret y de Sainte-Croix, por otra parte muy recomendables, a un sistema muy limitado, como todo sistema que parte de una sola idea. Al no ver, en las divinidades griegas, más que a los sacerdotes de estas divinidades, y, en sus leyendas, las circunstancias del establecimiento de su culto y de la oposición que pudo encontrar, recogieron, sin duda, a favor de esta hipótesis, hechos accesorios y descubrieron verdades parciales: pero presentaron también otros hechos secundarios inexplicables, y cayeron en errores parciales no menos numerosos. Así, para explicar la muerte de Cadmilo, en los misterios cabíricos, el señor de Sainte-Croix se contenta con afirmar que este relato se refiere, sin duda, al asesinato de algún antiguo sacerdote (*Des myst.*, ed. del señor de Sacyr, I, 55). ¡Craso error! La muerte de Cadmilo es una alusión astronómica, como la muerte de Adonis, de Osiris, etc. La identidad de las fábulas hubiera sorprendido al erudito francés si hubiese prestado atención a la identidad de las ceremonias.

22. Nuestros lectores se equivocarían si pensasen que desconocemos completamente la influencia de las colonias tracias o egipcias sobre la religión griega. Nos limitamos a decir que estas colonias no influyeron en esta religión hasta llegar a desviar a estos pueblos del camino natural para sustituirlo por el camino

sacerdotal. Su influencia fue más política que religiosa. Se le atribuyen varias instituciones sociales. Hasta ellas se remontan las familias reales, al menos por parte de las mujeres. Tales son las de las Atridas y de las Labdácidas. Algunos países, el Peloponeso, por ejemplo, llevan el nombre de sus jefes, o, lo que es más probable, los jefes toman el nombre de los países en los que se asientan. Pero todo esto no prueba más que la fusión de dos pueblos o de dos categorías del estado social. La religión, por su parte, entra en esta fusión, tanto y no más que el resto. Aparecen por doquier síntomas de transacción, y éstos son claros. Así, un sacerdote tracio a la cabeza de los moradores de Eleusis, y el rey de Atenas, Erecteo, comparten el sacerdocio y la realeza. El rey conserva su trono; el sacerdote obtiene para él y su familia las funciones sagradas (Sainte-Croix, ed. del señor de Sacyr, I, 115); pero estas funciones sagradas se modifican según las ideas griegas. Los Eumólpidas no gozan en Grecia de una autoridad semejante a la del tracio su fundador, y la religión pública no se resiente por conservar doctrinas exóticas.

23. «Si la religión egipcia se expandió por los continentes de Asia y de Europa, se la conoció no tanto por sus dogmas secretos como por sus leyendas y sus ritos» (Sainte-Croix, *Des myst.*).

24. No queremos decir que no haya existido alguna resistencia circunstancial. Se observa, en varios escritores, huellas de una especie de lucha entre el fetichismo y el politeísmo que lo remplazó. Ceneo, contemporáneo de Teseo, adoraba a su lanza y obligaba a los transeúntes a adorarla (Apolonio, *Argonaut.*, I, 56. Eustacio, *ad Iliad.*, I. Voss, *De orig. et progress. idolol.*, IX, 5). La victoria de Apolo sobre la serpiente Pitón bien podría haber sido una reminiscencia parecida, que, quizá, hasta puede remontarse más arriba, ya que el oráculo de Delfos, antes de la derrota de los focenses por los dorios, estaba consagrado —se dice— a la Tierra, divinidad del sacerdocio pelásgico. El éxito de los dorios consolidó la divinidad de Apolo, que se convirtió en el dios nacional de Fócida. Pero hay mucha diferencia entre estos hechos y las guerras generales entre los pelasgos y los extranjeros.

25. El lobo, por ejemplo, estaba consagrado a Apolo, precisamente como en la importante prefectura licopolitana de Tebaida.

26. Pausanias (*Fócida*, 32) menciona una capilla de Isis en Fócida que era claramente una de esas fundaciones de sacerdotes extranjeros. Nadie podía entrar sin ser invitado mediante un sueño. Un profano que había entrado sin permiso vio espectros terribles y murió en el acto. Este detalle es tan claramente egipcio que el autor griego añade: «La misma cosa aconteció en nuestros días en Egipto. El procónsul romano que gobernaba esta provincia animó a un hombre a que se ocultara en el templo de Isis. Al salir, el emisario contó lo que había visto; pero murió al concluir su relato». De este modo, las colonias pudieron transplantar a Grecia restos dispersos de sus antiguas supersticiones; pero estos restos, incluso echando raíces, conservaron su apariencia exótica y permanecieron siempre aislados.

CAPÍTULO 5

De los cambios que el espíritu independiente de Grecia realizó siempre
sobre lo que le llegó del extranjero

1. Asia Menor puede considerarse, dice Creuzer (II, 4-6), como el lugar de encuentro de todas las religiones, a causa de las revoluciones, del comercio y de la mezcla de pueblos. La observación de Estrabón (libro XII, *in init.*) sobre la multiplicidad y la confusión de las lenguas en Asia Menor puede aplicarse igualmente a los cultos.

2. Pausan., I, 18; IX, 27. Este escritor designa a Olén como nacido del país de los hiperbóreos u originario de Licia. Es falso que la tradición sobre la llegada de Olén a Delos sea, como se ha dicho, una invención de los nuevos platónicos. Se remonta hasta Heródoto; y Platón, al que no debe confundirse sobre esto con la secta que llevó su nombre en los primeros siglos de nuestra era, afirma que Hesíodo, entre los poetas, y Parménides, entre los sabios, tomaron de Olén sus nociones sobre el poder creador que preside el universo. No es indiferente observar que ninguno de los sacerdotes poetas, señalados como los órganos de las opiniones sacerdotales en Grecia, fueron griegos. Eumolpo, Orfeo, Támiris, Lino, personajes fabulosos o históricos, nombres genéricos o individuales, sólo designaban a extranjeros, en las dos hipótesis; el mismo Panfo, del que se afirma que compuso himnos para los atenienses, no era ateniense. La confesión formal y unánime de que estos poetas eran bárbaros tiene importancia en boca de un pueblo vanidoso, porque muestra una convicción más fuerte aún que la vanidad.

3. Heród., IV, 31 s.

4. Aristót. *ap.* escol. Apolon., I, 97.

5. Heród., VII, 6.

6. Cf. de Choiseul-Gouffier.

7. Pausan., *Arcadia*, 53.

8. El término cabiro significa en indio un filósofo consumado. Polier, *Mythol. des hindous*, II, 312.

9. Munter, *Erklärung einer griechischen Inschrift welche auf die samotracische Mythologie Beziehung hat.*

10. Clem. de Alej., *Strom.*, I.

11. Cf. también el escoliasta de Apolonio, *Argonautic.*, I, 1129.

12. Podríamos decir, sobre la isla de Creta y sobre la de Rodas, sobre los curetes, en la primera, y sobre los telquines, en la segunda, las mismas cosas que sobre Lemnos, Samotracia y los dáctilos. Encontramos en los primeros las fiestas ruidosas; en los segundos, trabajadores del metal, brujos y fabricantes de los primeros simulacros (Estrabón, XIV. Diod., V, 55), la adoración de la tierra y los sacrificios humanos (Sainte-Croix, 73. Creuz., II, 378). Diodoro (V, 55) y Estrabón (XIV) hablan de una familia de Helíades o hijos del sol que se establecieron en Rodas, y Pasífae, en Creta, es hija del Sol; el Laberinto recuerda a Egipto, y el Minotauro, por su nacimiento y por su figura monstruosa, nos aleja de Grecia y nos acerca a Oriente.

13. Estrabón, X.

14. Escalígero, *Not. in* Euseb.

15. Demuestra este uso un pasaje de Homero. «Este hermoso Escamandro, dijo Aquiles a los troyanos, al que inmoláis, desde hace mucho tiempo, numerosos toros y al que arrojáis caballos vivos, no os librará de mis manos» (*Ilíad.*, XX, 130).

16. Pausan., VII, 2.

17. Calímaco, *Himno a Diana.*

18. Cf. más adelante, Libro VI, el capítulo sobre las privaciones contra natura.

19. Eran eunucos, según podría parecer siguiendo a Estrabón.

20. Plinio, *Hist. nat.*, VI, 4.

21. Pausan., *Eliac.*, 15. Cita varios ejemplos de estas embajadas. Cf., sobre los vínculos del oráculo de Delfos con el extranjero, Heród., IV, 57. Los bárbaros, por su parte, tenían igual respeto por los oráculos griegos. Heródoto afirma (IV, 22) que los hiperbóreos enviaron presentes a los dioses a través del país de los escitas, hasta el golfo Adriático, y de ahí a Dodona, y hasta Delos.

22. A pesar de la adopción de los sistemas más opuestos, la evidencia obligó a los escritores de todas las opiniones a reconocer este intervalo. Dupuis, cuya autoridad ha respetado desde siempre Francia; Dupuis, que presenta la evolución de las ideas religiosas totalmente inversa de la que siguieron, exceptúa a los griegos de las explicaciones que propone para todas las fábulas. Considera las de éstos como recientes, y añade que, desde Hesíodo, las habían compuesto hombres que, habiendo perdido el hilo de las antiguas ideas, no habían conservado más que los nombres de seres fantásticos que no se vinculaban con el orden visible del mundo (Dupuis, *Orig. des cultes*). Hay errores de todo tipo en estas pocas palabras. Es precisamente Hesíodo, como veremos, quien arruinó la simplicidad de la religión griega, introduciendo en ella dogmas tomados de cultos sacerdotales, sin darle suficientemente el matiz y el colorido griego. Pero la distinción de Dupuis entre los seres fantásticos que no se vinculaban al orden visible del mundo y los seres simbólicos que sí se vinculan a él, indica en el escritor un sentimiento confuso de que los dioses del politeísmo sometidos a los sacerdotes eran fuerzas o abstracciones personificadas, mientras que los de los griegos eran las criaturas del espíritu humano entregado a sí mismo. Rabaut, que, igual que Dupuis, sólo ve en la religión astronomía con un poco de geografía, reconoce, no obstante, «que los griegos no prestaron ninguna atención a las verdades astronómicas envueltas en misterios religiosos, ya porque su espíritu no estuviese aún preparado para acogerlas, ya porque fuesen ignoradas por los extranjeros que se las traían». Un autor alemán, un tanto oscuro, pero muy ingenioso, Wagner (*Ideen zu einer allgemeinen Mythologie der alten Welt*) divide las formas religiosas en cuatro clases: 1) la búsqueda de la divinidad para confundirse y unirse a ella; 2) la distinción de la divinidad y del mundo, sometido a la dirección de la voluntad divina; 3) la contemplación de la divinidad en los objetos visibles, cuya acción es la más eficaz y cuya manifestación exterior es lo más sorprendente; 4) la adoración de la divinidad en las diversas partes de la naturaleza, considerada cada una de ellas aparte e individualizada en divinidades antropomórficas. Esta clasificación no es exacta. Parece que el autor piensa que, en todas las épocas, el hombre puede concebir la religión desde una u otra de estas formas indiferentemente. Pero esto no es así. Las dos

primeras, que, en el fondo, son el panteísmo y el teísmo, no pueden ser más que el resultado de largas meditaciones, y no pueden existir más que en una civilización bastante avanzada; pero las dos últimas son las que estudiamos aquí: de ellas, la tercera pertenece a las naciones sacerdotales, y la otra, la cuarta, a los griegos.

23. *Teogonía*, 126-132.

24. Esta observación responde, a mi parecer, a una observación del señor Creuzer y resuelve la dificultad que se presenta. «Cuesta», dice, «conciliar ciertas fábulas raras y a veces monstruosas con la simplicidad, no menos clara que pura, de la epopeya homérica: el carácter de estas fábulas es precisamente lo que domina en la mayoría de los mitos orientales. En ellos, la imaginación no tiene freno. Se abandona en libertad a las ficciones más extraordinarias, a las más maravillosas combinaciones». (El autor hubiera podido servirse de otro epíteto distinto de «maravillosa». Existe, por otra parte, inexactitud al presentar estas ficciones como obra de la imaginación en libertad. Son, por el contrario, el resultado de la esclavitud de la imaginación condenada a alimentarse de los símbolos artificiales y de las concepciones místicas de los sacerdotes.) «Siempre que la mitología de los griegos se sujetaba más al sentido religioso o filosófico que a la belleza de las formas, alumbraba monstruos semejantes». (Es decir, siempre que adoptaba el espíritu sacerdotal en lugar de rechazarlo.) «A las encarnaciones del Vishnú indio se puede oponer los mitos órficos, sobre todo aquellos que se relacionan con la cosmogonía; los símbolos filosóficos del antiguo Ferécides, totalmente del gusto de Oriente; en fin, en el propio Hesíodo, en la *Teogonía*, esa grande y terrible ficción del viejo Urano, privado del poder de engendrar por culpa de Crono, su hijo» (trad. fr., I. p. 49).

25. Pausan., *Beocia*, 13. Una de las puertas de Tebas llevaba su nombre: pero la misma ciudad tenía otra puerta con el nombre de la diosa egipcia. Jablonsky, *Panth. Aeg.*, p. 244.

26. Por eso, en el himno órfico 31, se llama a Minerva hombre y mujer al tiempo.

27. Clavier (*Hist. des premiers temps de la Grèce*) asegura, no sin cierta apariencia de razón, que el nombre mismo de Minerva en griego era egipcio. No se puede encontrar, dice, el origen de este nombre en la lengua griega, sin ir contra todas las reglas de la analogía; en cambio, se lo halla simplemente en el cambio del nombre egipcio *Neza, Azen*, al que se le añade la terminación en *a* o en *e*, según los diversos dialectos (I, 36).

28. Por eso, los griegos llamaban a Minerva Ergane o Tejedora.

29. Eliano, *Hist. anim.*, X, 15.

30. Kayser, *Ad Philitae fragm.*, p. 55. Böttiger, *Über die Erfindung der Flöte im attischen Museum*, I, 2, 334 s.

31. Heyne, *ad* Apolod., p. 297. De ahí, para Minerva, el sobrenombre de Tritogenia.

32. Heród., IV, 189.

33. El combate de Perseo contra Gorgona.

34. *Ilíad.*, V, 738. Hesíodo, *El escudo de Hércules*, 223.

35. En la ciudad de Alifera. Heród., I, 66.

36. En Egipto, donde es raro el olivo, no se podría pensar que Minerva

hubiera obsequiado con este árbol a la comarca que estaba bajo su protección (Heród., II, 39).

37. Sin embargo, perduran algunas tradiciones: los griegos admitían algunas veces una Minerva extranjera. Apolodoro (III, 1, 2, 3, ed. Heyne) dice que la Palas libia defendía la ciudad de Troya, atacada por la Minerva griega.

38. No pretendemos, al hablar así, decir que el culto de Apolo hubiera nacido en Egipto; sólo que es de ahí desde donde llegó a los griegos. Por lo demás, sus relaciones con la mitología india son innegables. La identidad de Apolo con Krishna aparece en todos los sitios. Los dos son inventores de la flauta (*As. Res.*, VIII, 65). A Krishna lo engaña la ninfa Tulasi, igual que Dafne a Apolo (*ibid.*). La victoria de Krishna sobre la serpiente Caliga Naga, a orillas del Yamuna, recuerda la de Apolo sobre la serpiente Pitón, y hay que observar que las serpientes vencidas compartían los honores tributados a los vencedores (Clem. de Alej. Paterson, *As. Res.*, VIII, 64-65).

39. Al lado de las estatuas y cerca de los altares del Apolo esminteo de Tróade (Eliano, *Hist. anim.*, XII, 5) o de Creta (escol. *ap. Ilíad.*, I, 39), se veía un ratón. Era también una imitación de la costumbre de los egipcios que colocaban cerca de los dioses los animales que les estaban consagrados. El ratón era, en Egipto, uno de los símbolos de la noche primitiva. A los pies de Apolo, significaba la victoria del día sobre la noche, y más tarde se vio en él una alusión a la facultad profética de este dios, que leía en el futuro, a pesar de las tinieblas que lo rodean.

40. Pausan., *Corinto*, 10. Diod., I, 88. Sinesio, *De Provid.*, I, 115. 1 Eusebio, I, 50.

41. Aristóteles, *Hist. anim.*, VI, 35. Eliano, *Hist. anim.*, IV, 4. La isla de Delos, en cuyo suelo movedizo la amante de Júpiter, perseguida por Juno, había colocado su preciosa carga (Píndaro, *Fragm. ap.* Estrab., X. Escol., *Odis.*, III), era una imitación de la isla de Chemnis, que los egipcios llamaban isla flotante (Heród., II, 156), y que había recibido a Isis cuando intentaba sustraer a su hijos de la persecución de Tifón. Esta fábula es posterior a la *Ilíada*, cuyo autor presenta el nacimiento de Apolo, no en Delos, sino en Licia (*Ilíad.*, XV, 514); lo que, dicho sea de paso, es una prueba de la escasa autenticidad del himno homérico a Apolo, himno compuesto, por otra parte, de dos poemas de épocas diferentes: el primero, dirigido al Apolo de Delos, y el segundo, que comienza en el verso 178, que contiene los elogios del Apolo vencedor de Pitón. Se afirma también que la propia Latona era una divinidad egipcia, llamada Leto o Lato. Poseía en Latópolis un oráculo muy frecuentado, y, en Butis, un soberbio templo, descrito por Heródoto. Pero no era, en Egipto, más que la nodriza de los niños de los que, en Grecia, era la madre. En la mitología astronómica, Latona se convirtió en la estrella del atardecer.

42. Cf., sobre las Dafneforias, Creuzer, II, 149-150.

43. Filocoro, *ap.* escol. Sóf., *Ed. Rey*, 21. *Antígon.*, 107. Heród., VIII, 134.

44. Homero, *Odisea*.

45. Hesíodo, *Teogonía*, 370.

46. Los poetas líricos, que pertenecen a una época en la que las nociones sacerdotales habían penetrado, no en la creencia, sino en la poesía y en la filosofía griega, cantan a Helios y Selene en términos que, en absoluto, recuerdan a Apolo o a Diana. El himno homérico 29 (se sabe que estos himnos son muy

posteriores al siglo de Homero) celebra a Helios, hijo de Hiperión y de Eurifaesia (Apolo debía su origen a Latona y a Júpiter). No se cansa, dice el poeta, de iluminar a los mortales y a los inmortales. El ojo chispeante del joven dios brilla bajo su casco de oro; rayos inflamados ciñen su cabeza, y sus cabellos rizados rodean con gracia su rostro resplandeciente. Se envuelve en un manto diáfano que los vientos tejieron con su aliento, y bajo él relinchan sus fogosos corceles, que descienden del cielo hacia el Océano. Helios, dice Estesícoro, sube a una caracola de oro y surca las olas hasta la morada sagrada de la Noche antigua, donde, cerca de su madre, de su joven esposa y de sus hijos que lo rodean, se pasea por bosquecillos de laurel. Por la noche, indolentemente echado sobre su lecho alado, obra de Vulcano, hecho del oro más puro, recorre la llanura líquida y llega junto a los etíopes; allí lo esperan su carro y sus corceles hasta la nueva salida de la aurora (Mimnermo, *Fragm.*, en Estobeo, libro VI). Se ve que Helios es únicamente el astro que ilumina al mundo, mientras que Apolo desempeña mil funciones diferentes; Helios está siempre o en su carro o sobre el Océano; Apolo está unas veces en el Olimpo, donde participa de los placeres de los dioses, y otras, en la tierra, donde se apasiona por los intereses de los hombres. Sólo hay de griego en la ficción de Helios la belleza de las formas, inseparable de la poesía en un pueblo que rechazaba los colores oscuros y las creaciones extrañas de los cuadros cosmogónicos. Sin embargo, el lecho alado nos parece una desviación de esta pureza de gusto que caracteriza a las producciones de Grecia; y reconocemos en él, como en los trípodes ambulantes que sirven a Vulcano (*Ilíad.*, XVIII, 373), el género fantástico del Oriente. El séptimo himno órfico lleva esta desviación mucho más lejos: Helios tiene cuatro pies, en alusión a las cuatro estaciones del año. Helios cuadrúpedo canta con su flauta la armonía de las esferas. Además, este himno acumula numerosos epítetos, propios también de los himnos sacerdotales.

Selene, por su parte, aparece reducida totalmente a los atributos de la luna. El trigésimo himno órfico nos la describe con alas. Una claridad celeste rodea la cabeza de Selene con sus alas extendidas; expande sobre la tierra una suave luz. De su diadema de oro surgen rayos de oro que disipan la oscuridad de la noche. Cuando, después de realizar su carrera, surge del Océano tras el baño, envuelta en un vestido de luz, aguija a sus caballos de soberbias crines y corta el cielo en todo su esplendor y dispensa a los mortales señales proféticas. En otro tiempo la amó Júpiter, y fruto de ese amor fue Esa, el rocío (Fragm. de Alcmeón en Plutarco, *Sympos.* Cf. también Macrobio, *Saturn.*, VII). El séptimo himno órfico une a los epítetos innumerables dirigidos a Diana, los de hermafrodita y de maléfica, que llevan una impronta sacerdotal reconocible.

47. Como padre de Circe (*Odisea*) y como quien revela a Vulcano la infidelidad de Venus. La filiación de Helios y de Selene, hijos del Titán Hiperión, ¿no indicaría que los griegos, en sus recuerdos, vinculaban a los Titanes, es decir, a un antiguo culto sacerdotal, estas divinidades astronómicas? Si fuera cierto que el nombre de Helas y de Helena hubiera sido la denominación primitiva de Grecia, y que a los sacerdotes de Dodona se los hubiera llamada *selos* por su antigua adoración del sol, el dios Helios, adorado independientemente y al lado de Apolo, no sería un dios nuevo, sino un retorno de los griegos, después de la formación de su politeísmo homérico, a nociones y a nombres que per-

tenecían al culto anterior. Puede consultarse sobre esto Creuzer, 1.ª ed. al., IV, 167-189.

48. Podríamos decir otro tanto de la función de presidir la medicina, al principio atribuida a Apolo, luego a Esculapio (Voss, *Mytholog. Briefe*. Creuzer, II, 154).

49. En la doctrina órfica, las musas no eran, primitivamente, más que las siete cuerdas de la lira de Apolo. En Grecia, se convirtieron en las nueve musas y, sólo gradualmente, llegaron a este número (Arnob., *Adv. gent.*, III. Tzetzes, *in* Hesíodo, *Los trabajos y los días*, V, I). La escuela órfica era originaria de Tracia, donde se hallan el monte Pieron y la ciudad de Pimplea. Los griegos hicieron a las musas hijas de Piero y de la ninfa Pimpleide; y, para naturalizarlas mejor, les asignaron como morada el pie del Parnaso cerca de Delfos, convirtiendo a Apolo Musageta en su conductor y guía.

Estaban al frente, igual que las Gracias y las Horas, de los astros y de las estaciones. Los griegos les quitaron estas funciones dejándoles sólo los atributos poéticos (Hug., *Rech. sur les fables des peupl. anciens*, pp. 241 s.). Aún se ve, en una piedra grabada, a las gracias desnudas danzando sobre la cabeza del toro celeste, y dos de ellas se vuelven hacia siete estrellas que ellas muestran con la mano (Borioni, *Collect. antiq. roman.*, fol. 1736, n.° 82. Passeri, *Thesaur. Gemm. Astrifer.*, I, tab. CXLIV). Es una alusión a su antigua relación con la astronomía.

Más tarde, cuando se introdujo la moral en la religión, las Gracias, que sólo presidían la belleza, adquirieron atribuciones morales. La primera fue la manera de conferir favores; la segunda, la de recibirlos; la tercera la de devolverlos (Aristóteles, *Ética a Nicómaco*, V, 8. Plutarco, *Philosoph. esse cum princip.*, cap. 3. Séneca, *De benef.*, I, 3).

50. Cicer., *De nat. deor.*, III, 13.

51. Cf., en Orfeo (*Argon.*, 868) y en Apolonio (*Argonautic.*, III, 386 s.), los toros que vomitan llamas, los dientes de dragón que se convierten en guerreros, fábula bastante parecida a la de los cabellos de Shiva o de Bhadrakali, que se convierten en monstruos, los gigantes de seis manos, etc. (Orf., *ibid.*, 515. Apolon., I, 993).

52. No hablamos de su más antiguo simulacro, que se ve aún en algunas medallas. Es un tronco casi sin pulir, caído del cielo, con una cabeza y pies, y que, según Plinio, está hecho de madera de ébano (*Hist. nat.*, XVI, 79), lo que haría de él una diosa negra, quizá egipcia. Pero luego se le levantó una estatua de oro (Jenof., *Anáb.*, V, 3-5), y esta última estatua merece un análisis más detallado. Está encadenada (Heród., I, 26. Eliano, V); y mostraremos en el Libro VI que esta práctica es propia de los sacerdotes, que daban de ella explicaciones diversas, unas veces rudimentarias y otras, sutiles. Por sus vestidos cubiertos de jeroglíficos, se parece a una momia (Gronov., *Thes. Antiq. Graec.*, VII, 360. Mus. Pio-Clement., I, 32). Tiene, como Cibeles y como la Dindima de los indios, una corona de torres. También tiene, en algunas medallas, el *modius* de Serapis sobre la cabeza. Las numerosas mamas que cubren su pecho son casi todas de animales. Están coronadas por una media luna o por un cruasán. Se ve, en la parte inferior de su pecho, cabezas de leones, de toros, de ciervos, abejas, un cangrejo, cabezas de panteras con cuernos y alas, cabezas de tigres con el

seno de una mujer, monstruos fabulosos, grifos, dragones, esfinges. Casi todos estos símbolos presentan alguna alegoría, alguna hipótesis científica, tomada de un culto sacerdotal. Se conoce suficientemente la significación astronómica del león, del toro, del cangrejo. Este último animal indica además alguna relación entre la Diana de Éfeso y la Derceto siria, divinidad marítima (cf. en este mismo capítulo el lugar en que recordamos que Caístro, padre del fundador del templo de Éfeso, había sido el amante de Derceto y había engendrado a Semíramis). La longevidad atribuida al ciervo lo hacía el símbolo de la eternidad (Spanheim, *ad* Callim., *Dian.*, p. 251). La abeja era el emblema de la civilización, el del estado social y de la atemperación de las costumbres. Recordaba a la raza más pura que había precedido a las generaciones actuales. Su zumbido sordo y continuo representaba el lenguaje secreto con que la divinidad se digna servirse para hacerse oír por sus favoritos. Un autor estudioso observa que este sentido misterioso no se perdió en las revoluciones de las creencias. Después de haber recorrido los misterios de Eleusis, se reprodujo en la Edad Media, y encontramos abejas en la sepultura de los monarcas francos (Creuzer, I, 375-377). Los grifos nos remiten a Persia; las esfinges, a Egipto. No se puede ignorar, en todos estos rasgos, la reunión de todas las divinidades, y los sacerdotes de Éfeso la adoraban como tal. Era para ellos, bien la Noche, primer principio de todo, bien Isis o la Naturaleza, varia, multiforme, hermafrodita, que contiene a todos los seres, que los saca de su seno y los llama a la vida. La inscripción colocada por los escultores en sus estatuas lo demuestra:

Φυσις παναίολος πάντων μήτηρ
[La Naturaleza multicolor, madre de todo].

53. Plutarco, *De Isid. et Osir.*
54. Macrob., *Saturn.*, I, 17.
55. Creuz., II, 158. Por la misma razón, Diana se convirtió en Hécate, muerta por Hércules y resucitada por Forcis (Creuz., IV, 121-123).
56. Cf. el artículo «Selene» en la nota 46.
57. Cf., más arriba, Libro II, caps. 2 y 7, pp. 102, 127.
58. La asociación de ideas por la que los griegos llaman algunas veces a Venus una de las Parcas, se debe a esta combinación de las nociones de la vida y de la muerte. La etimología del nombre de Proserpina la reducen los gramáticos a esta doble idea. Se dice a Proserpina (*Himnos órficos*, XXI, 15): «Eres, a la vez, la muerte y la vida; creas todo y destruyes todo».
59. Palefato, cap. 23.
60. Debemos explicar, a propósito del Hermes griego, un error aparente, que señaló perfectamente el traductor alemán del primer volumen de esta obra: «El autor me perdonará», dice en una nota, p. 225, «si su afirmación de que Mercurio o Hermes no era en Grecia, en tiempos de Homero, el conductor de las almas, y que esta función sólo se le asignó probablemente después de la introducción de las fábulas egipcias, por consiguiente, después de Homero, no se puede conciliar, a mi parecer, con el libro XXIV de la *Odisea*, en el que se ve a Hermes conduciendo a los infiernos las almas de los pretendientes». Esto se debe al error que cometimos al publicar esta obra por volúmenes. Cuando se

publique el que trata sobre la mitología homérica, se verá que no consideramos como realmente homérica más que la mitología de la *Ilíada*, que es muy diferente de la de la *Odisea*. Esta última lleva la huella de una civilización mucho más avanzada, salvo el libro XI, el cual, dicho sea de paso, contrasta, de modo sorprendente, con el XXIV. Indudablemente, la *Odisea* y la *Ilíada* son de dos autores y de dos épocas. Además, el libro XXIV de la *Odisea* es claramente, en más de una de sus partes, una interpolación aún posterior, que no pertenece al cuerpo del poema. Contiene, sobre la constitución política de Ítaca, sobre la autoridad limitada de los reyes, sobre el poder de las asambleas del pueblo, detalles poco compatibles con el estado social que la *Odisea* cuenta, y mucho más irreconciliables con el de los griegos de la *Ilíada*. Por eso, el célebre Aristarco no lo consideraba original. Hermes, al que ahí se le llama conductor de las sombras, no aparece en el libro XI, destinado especialmente a la descripción del imperio de los muertos. Probablemente, la fábula que le atribuía esta función se había tomado, como atestigua Diodoro (I, 2, 36), de los egipcios, y este fragmento de mitología egipcia, excluido del primer politeísmo griego, se había introducido durante el intervalo que separa el libro XI del XXIV de la *Odisea*: lo encontramos en todos los poetas posteriores, desde Sófocles (*Áyax*, 831-832) hasta Virgilio (*Eneida*, IV, 242-244). Dedicaremos varias páginas al examen de la autenticidad de las epopeyas homéricas. Esta cuestión es de máxima importancia, no sólo como problema literario, sino porque de su decisión depende todo el sistema que se debe adoptar sobre la marcha del género humano, desde su salida del estado salvaje; es, en cierto sentido, toda la historia de nuestra especie sobre la que se nos llama a pronunciarnos.

61.   La muleta de Saturno nos explica las alas de Mercurio: Saturno tiene una muleta porque necesita treinta años para acabar su revolución; Mercurio posee alas, le bastan ochenta y siete días para la suya.

62.   Dupuis, en un ensayo manuscrito al que hemos tenido acceso, asigna a esta atribución a Mercurio un origen rebuscado. A este dios se le confundía a veces, dice, con la constelación llamada Prometeo: esta constelación sólo aparece en el crepúsculo; su pequeñez, que a menudo la hace invisible, hizo decir que Mercurio era el patrono de los que desaparecen aprovechando la oscuridad y que sólo aparecen al comienzo o al final de la noche, hora propicia para los ladrones.

63.   Algunos son de una hilaridad grosera y repugnante; por ejemplo, el que describe la acción torpe que Dante atribuye a Satán.

64.   La diferencia del Hermes de las religiones sometidas a los sacerdotes y del Hermes griego se ve con claridad en Roma. Los romanos recibieron primero el Hermes sacerdotal, traído a Etruria por pelasgos anteriores a Homero; y como este primer Hermes estaba representado por una columna (Jablonsky, *Panth. Aeg.*, V, 5, 15), acabó siendo el dios Hermes. Pero cuando los romanos tuvieron conocimiento de los doce grandes dioses atenienses, al tiempo que de las leyes de Solón, adoptaron el Hermes griego con el nombre de Mercurio, conservando, sin embargo, el recuerdo de sus nociones precedentes:

> *Hermes, Martia saeculi voluptas,*
> *Hermes, omnibus eruditus armis, [...]*

Hermes omnia solus et ter unus.
(Marcial, V, ep. 25)

[Hermes, placer marcial de nuestra raza, / Hermes, instruido en todas las armas, / [...] Hermes, lo eres todo solo y tres veces uno].

65. Independientemente de las analogías que existen entre Hércules y Osiris, el señor Creuzer descubrió muy ingeniosamente otras no menos sorprendentes entre el mismo Hércules, Diemschid y Mitra. Como a estos dos objetos de los homenajes de Persia se los llama el ojo de Oromazo, a Hércules se le llama el ojo de Júpiter. Existe también gran analogía entre Hércules y el Rama indio. Se encuentra, en Hércules y los Cércopes, a Rama ayudado en sus combates por Hanuman y el ejército de los monos (cf. la trad. fr. de Creuzer y la ingeniosa nota del señor Guigniaut, p. 203. *Symbol.*, ed. al., II, 252-255, 274-277).

66. Este Hércules era nieto de Perseo, que poseía su templo en Chemnis, donde se celebraban juegos en su honor (Heród., II, 91). Por eso, en Olimpia, entre los fundadores de los grandes juegos cíclicos, se nombra a Hércules que descendía de Perseo.

67. Heród., IV, 82.
68. Jablonsky, *Interpret. Tab. isiac. opuscul.*, II, 237 s.
69. Eudoxo *ap.* Ateneo, IX.
70. Heród., II, 43.
71. Así, en el undécimo himno órfico a Hércules se le llama αἰολόμορφος, de diversas figuras. Pero los griegos, aunque familiarizados con las metamorfosis de los griegos, es decir, con sus disfraces accidentales con un objetivo particular, no concebían la idea mística de que todas las formas propias de la divinidad, ésta las reviste indiferentemente, no para ocultar, sino, al contrario, para mostrar en su esplendor a su majestad suprema. En consecuencia, mientras que el himno órfico, mediante el epíteto de αἰολόμορφος, hace alusión a una noción de panteísmo, los griegos lo explicaban por una suposición totalmente material y tomada de la vida humana. Hércules, decían, se mostraba unas veces con una maza y otras, con un arco y flechas, cubierto algunas veces de una piel de león y otras, de una armadura brillante.

72. Cf. la excelente exposición del señor Jomard sobre las minas de la ciudad de Anteópolis, *Descr. de l'Eg.*, II, cap. 12.
73. Macrob., *Saturn.*, I, 20.
74. Teócrito, *Idil.*, XXIV, 81. Luciano, *Hermotim.*, 7, y sus comentaristas. Esta fábula es una copia casi literal de la de Horus, que nos transmite Plutarco (*De Isid. et Osir.*).
75. Heród., IV, 44.
76. *Ilíad.*, VI, 130. *Odis.*, XI.
77. El nacimiento de Baco, sacado por un rayo del seno de Sémele y transplantado de modo extraño al muslo de Júpiter, muestra el carácter fantástico de la imaginación oriental. Cuando escapa del costado de su madre, brota una hiedra de una columna para protegerlo con su sombra (escol. Euríp., *Fenic.*); y la hiedra es en Egipto la planta de Osiris (Plut., *De Isid.*), y una *erica* (Plut.,

ibid.) que surge súbitamente de la tierra y cubre con su sombra el ataúd del dios egipcio. Baco y Osiris flotan igualmente sobre la ola en una caja. Ambos tienen cabeza de toro. De ahí el Baco Bugenes del que habla Plutarco.

78.   Si quisiéramos adentrarnos en las etimologías, veríamos la semejanza del nombre de Dioniso con Dionichi, sobrenombre de Shiva (Langlès, *Recherches asiatiques*, ed. fr., I, 278). Uno de los símbolos de Baco es un triángulo equilátero; es también el de Shiva. Los dos cultos tienen las mismas obscenidades, los mismos emblemas del poder generador (*As. Res.*, VIII, 50). A Shiva se le representa con la forma de un león en una gran batalla de los dioses. Se hace con el monstruo al que combate con sus dientes y sus garras, mientras que Durga lo traspasa con su lanza. La misma hazaña se atribuye a Baco, bajo la misma forma, contra el gigante Reco.

> *Rhoetum retorsisti leonis*
> *unguibus horribilique mala,*

[A Reto hiciste darse la vuelta con tus garras / y horrible mandíbula de león].

79.   Encontramos en la *Antisimbólica* de Voss, obra dirigida contra la *Simbólica* de Creuzer, y cuyo autor, que, sin duda, tiene razón sobre el tema en general, como veremos al final de este volumen, no ha evitado caer, al reprochar a su adversario sus excesivas sutilezas, en el exceso contrario y no ver más que el aspecto material de las mitologías, encontramos, decimos, en esta *Antisimbólica* (pp. 65-67) una excelente historia de la introducción de los progresos del culto de Baco en Grecia, desde la Olimpíada XX hasta la LX. Vemos que este culto se inicia con los misterios de Samotracia, proporciona a la escuela jónica elementos fenicios, se enrique con nociones asiáticas debido a la extensión del comercio; se adueña de los comienzos de la filosofía griega todavía muy en los principios, presenta los añadidos lidios y frigios como el fondo primitivo, proporciona un sentido oculto a las fiestas públicas de Olimpo; traslada a Egipto, bajo Samético, con colonias milesias y grandes desarrollos, lo que las colonias egipcias habían llevado a Grecia; se identifica con la doctrina órfica, pero sigue siendo siempre odioso y sospechoso, y censurado por los sabios de la época de Jenófanes y de Heráclito, como antes lo habían proscrito los reyes y rechazado los pueblos.

80.   Podría ser que, pese a lo que dice Creuzer, las leyendas de Baco se hubieran enriquecido por algunos detalles de las conquistas de Alejandro. Eurípides, que hace alusión al Baco indio (*Bacantes*, 14-18), no habla, en realidad, como observa Voss, más que de Media y de Bactriana. Pero estas adiciones no cambiaron el fondo de la fábula primitiva, y la identidad de Baco, de Osiris y de Shiva no es por ello menos clara.

81.   La parte de las ceremonias báquicas que consistía en llantos y en testimonios de dolor se introdujo más tarde en las fiestas de Adonis; pero inicialmente se la rechazó con aversión.

82.   La guerra de Perseo, rey de Micenas (Pausan., II, 16, 20, 22) y, sobre todo, la de Anaxágoras, rey de Élide, contra los partidarios de Baco. Una obra,

que ya citamos antes y que no podemos recomendar desde el punto de vista de la crítica (*Histoire des premiers temps de la Grèce*, de Clavier), contiene, sin embargo, detalles sobre la oposición que encontró el culto de Baco en la Argólida, en Beocia y en Ática (t. I, pp. 193-211). Parece claro que la lucha a la que esta oposición dio lugar sugirió a Sainte-Croix la idea de sus guerras religiosas. Generalizó hechos parciales, aplicó a toda Grecia lo que sólo era verdadero para Argólida y terminó por el más palpable de todos los errores, el de proclamar vencedores a extranjeros a menudo rechazados y, a lo más, tolerados con aversión y desconfianza.

83. *Ilíad.*, VI, 130. *Odis.*, XXIV, 74

84. Creuzer, III, 223

85. Heród., II, 16. Algunos eruditos afirmaron que este modo de concebir a Pan como el gran todo no pertenecía a la antigua religión egipcia, sino que sólo era un refinamiento posterior de los nuevos pitagóricos y platónicos (Tiedemann, *Mém. sur le dieu Pan*, en los de la Société des Antiquités de Cassel, I, 65, y Voss, *Mytholog. Briefe*). Pero Heródoto dice positivamente que los griegos y los egipcios tenían sobre este dios ideas muy diferentes, y que, mientras que los primeros lo consideraban como el más joven de todos los dioses, los segundos lo colocaban en el primer rango de sus ocho grandes divinidades. Píndaro, quien, por lo que afirma de la metempsícosis y de varios otros dogmas, parece haber tenido cierto conocimiento de las doctrinas extranjeras, llama a Pan, en el relato de Aristipo, el danzador y el más perfecto de los dioses, como conocen, dice, los sacerdotes egipcios; y se afirmaba que el dios, en reconocimiento de lo que Píndaro había llamado su antigua dignidad, le había escrito un poema y había bailado delante de él una de sus odas (Pínd., *Fragm.*, p. 50, ed. de Heyne). Se podría encontrar, pues, cierta analogía entre el Pan de los griegos y el Hanuman indio, el príncipe de los monos, hábil como Pan en el arte de la música.

86. Heród., II, 45.

87. Los árcades cuentan que este dios había tomado una vez la figura de un carnero y, de esta forma, atraído a un bosque a la luna, a la que violó. Se muestra aquí la energía fecundante unida a una idea astronómica: pero la alusión a la astronomía y a la cosmogonía había desaparecido; sólo había quedado la noción de los deseos desenfrenados de un dios impúdico.

88. Escol. Teócrito, I, 3. Serv., *ad* Virgil., *Églog.*, II, 31; X, 27. Silicio Itálico, XIII, 332. Macrob., *Saturn.*, I, 3.

89. En general, varias divinidades eminentes, en las religiones sacerdotales, descendieron en Grecia al rango de los héroes o de dioses muy inferiores. Volveremos a ver la misma metamorfosis en el politeísmo romano, en relación con las divinidades etruscas.

90. Aunque los himnos homéricos y los himnos órficos contengan a menudo las mismas doctrinas, no hay que olvidar que esta conformidad desaparece cuando se trata de este dios campestre. El himno homérico lo describe con rasgos rústicos que apenas sobrepasan la idea del pueblo. Pan, con pies de macho cabrío, con cuernos en su frente, cabellos rizados, hijo de Mercurio y de una ninfa, vaga al azar por los tupidos bosques de Pisa, subiendo las montañas y las cimas de todos los peñascos: unas veces se oculta en los matorrales, otras, aparece a la orilla de las fuentes, o, dotado de una mirada penetrante, alcanza con

sus flechas a los animales del bosque. Al volver de caza, encierra los corderos en las cavernas y tañe con su flauta aires melodiosos. Las Oréades habladoras cantan a coro sus alabanzas, que resuenan en forma de eco. Cubierto con su piel de lince, danza junto a una fuente límpida, en una pradera esmaltada de flores. Al ver a este dios de pelo erizado, su nodriza había huido. Pero su padre, encantado por sus ojos penetrantes, lo llevó al Olimpo y su presencia llenó de alegría a los dioses inmortales. El himno órfico le atribuye atributos mucho más misteriosos. Es el Júpiter cornudo, el inspirado, el terrible cuando se encoleriza, que envía a los humanos espectros terribles: primero, descansó en las grutas oscuras; luego, entre las estrellas que brillan en el cielo. Cuando canta con las ninfas, es la armonía del mundo. Es el dios de mil nombres, el poderoso, el universo, el creador y regulador de todas las cosas, el dispensador de la vida. Por él, la tierra salió de la nada; por él, el Océano la rodea y el aire y el fuego producen los seres, los elementos reunidos le obedecen, y la naturaleza multiforme alumbra las generaciones de los hombres.

91. Pausan., *Arcadia*, 37.

92. Escoliast. de Sófocl., *Áyax*, 707.

93. Cf., para más detalles, Creuzer, 1.ª ed. al., III, pp. 241-282.

94. Ηφαιστος de Ptah. El Ptah egipcio era, pues, el Vulcano griego; pero ¡qué diferencia! Cf. Wagner, *Ideen zu einer allgem. Myth. der alt. Welt*, p. 279.

95. Vulcano, primero arrojado al mar, en el que Tetis y Eurínome lo reciben y ocultan en su húmeda gruta (*Ilíad.*, XVIII, 395), y luego lanzado por Júpiter a la isla de Lemnos, donde los sintios salvajes (*Odis.*, V, 285-294) le muestran su hospitalidad, contiene sin duda alegorías que indican la fuerza generadora atribuida al fuego, al calor, a la humedad y al sol (Lydo, *De mensib.*, p. 85). Vulcano, engendrado por Juno sin el concurso de un esposo expresa el aire que engendra y contiene el fuego (Wagner, *Ideen*, pp. 402-403).

96. Los estoicos habían retornado a esta idea, o, por mejor decir, esta idea sirvió de fundamento al sistema de los estoicos.

97. No estaba fijado, en las religiones sacerdotales o en los misterios, el número de los Cabiros. Variaban según le necesidad que tenían los sacerdotes para expresar sus fuerzas cosmogónicas; pero estas variaciones no tienen nada en común con el punto de vista con el que las consideramos aquí.

98. Cambises, según Heródoto, no pudo contemplar sin reírse estas divinidades, desproporcionadas y diminutas (III, 37), imágenes de niños, con enormes vientres, una boca ancha, grandes ojos y enormes orejas. Aún se veían, en los tiempos de Pausanias, estatuas pigmeas de bronce, cuatro en total, de las que tres tenían como nombre el de Dioscuros; así se llamaban también los Cabiros (Pausan., *Laconia*, 14).

99. Varrón, *De ling. lat.*

100. Nigidio *ap.* Escol. *Germ. in imag. gemin.*

101. Diod., IV, 43.

102. Este huevo cosmogónico se encuentra en todas las religiones sacerdotales: la esfera dividida en dos es, por una analogía natural, el símbolo del universo.

103. Píndaro, *Olímp.*, III, 63-67.

104. Su combate contra Idas y Linceo (Pausan., III, 13).

105. Se los deificó cuarenta años después del combate, como se recuerda en la nota anterior, y cincuenta y cinco años después de la apoteosis de Hércules (Clem. de Alej., *Strom.*, I; Heyne, *ad* Apolod., III, 11, 2).

106. Estesícoro, *ap.* Tertuliano *in Spectacl.*, pp. 9 s.

107. No es éste el lugar ni el momento para esclarecer, cuanto es posible hacer o al menos intentar, esta fábula de los Cabiros, que es muy oscura. En Egipto, fueron cinco inicialmente, por los cinco días intercalares, necesarios para completar el año. Desde este punto de vista astronómico, tenían tres padres, el Sol, Hermes y Saturno (Plut., *De Isid. et Osir.*). En la transición de Egipto a Grecia, perdieron este triple origen; tres siguieron siendo fuerzas ocultas, hijos del Júpiter cosmogónico y de Proserpina, principio pasivo, tanto de la fecundidad como de la destrucción; los otros dos tomaron sus nombres griegos de Cástor y Pólux, y tuvieron por madre a Leda, amante del Júpiter olímpico (Cicer., *De nat. deor.*, III, 21), pues, en Egipto, su madre no era Leda, sino Némesis, una de las apelaciones de Atir, la noche primitiva. Por eso, los amores de Júpiter tienen un toque fantástico que se debilita en la fábula griega. No sólo Júpiter se transforma en cisne, sino que también ordena a Venus que lo persiga en forma de un águila, y se refugia en el seno de Némesis, a la que sorprende el sueño, haciendo fácil la conquista a su divino amante. Luego Hermes lleva el huevo a Esparta y Leda lo incuba. Al rechazar los griegos totalmente el personaje cosmogónico de Némesis, hicieron de Leda la verdadera madre, y los antiguos Cabiros se fundieron en la mitología nacional. Pero la escuela jónica, fiel a las filosofías sacerdotales, continuó llamándolos hijos del fuego eterno, Vulcano, y de la ninfa Cabiria, una de las Oceánidas, lo que los llevaba a la generación por el agua y el fuego. Cuando la astronomía llegó a ocupar el lugar de la religión griega, se convirtieron en la estrella de la mañana y la de la tarde. Se podría ver en Homero una alusión a esta idea (*Ilíad.*, III, 243. *Odis.*, XI, 302). Más tarde se convirtieron en gemelos.

108. *Ilíada.*

109. *Himno a Apolo*, 305-354.

110. *Odis.*, VII, 361. Sófocles, *Antígona*, 968-970. Eurípides, *Alcestis*, 502 Calímaco, *Delos*, 62. Antipater, *Sidon.*, XXXIV. *In* Brunck, *Analect.*, II, 15 Virgilio, *Eneida*, XII, 31. Estacio, *Theb.*, VII, 34 s.

111. *Orig. des cultes*, t. I, pp. 15, 251, 319, etc.

112. Canne, *Parenté des Allemands et des Grecs.*

113. El nacimiento del Marte tracio o fenicio difiere esencialmente del del mismo dios en Homero, aunque Tracia sea su patria y su morada habitual. Pero es hijo de Júpiter y de Juno, mientras que las leyendas sacerdotales, siempre impregnadas de nociones místicas sobre la generación, cuentan que nació sólo de Juno, que había respirado el perfume de una flor (Ovid., *Fast.*, V, 229). En tiempos de Ovidio, no se distinguían las tradiciones de los dos politeísmos, y los poetas las recogían todas, pues eran indiferentes a la creencia y sólo ambicionaban los adornos acumulados.

114. Apolod., *Fragm.*, p. 396.

115. Himno homérico a Marte.

116.   *Ogygidae me Bacchum vocant,*
         Osirin Aegypti putant,

Mysi Phanacem nominant,
Dionyson Indi existimant,
Romana sacra Liberum,
Arabica gens Adoneum,
Lucaniacus Pantheum.

(Ausonio, *Epig.*, 30)

[Los de Ogigia me llaman Baco, / Osiris me creen los egipcios, / los misios Fánax me nombran, / por Dioniso los indios me tienen, / la sagrada nación romana por Líber; / la arábiga, por hijo de Adonis; / los de Lucania, por Panteón (*i. e.*, por todos los dioses)].

117. Los griegos, que algunas veces querían gloriarse de la invención de las fábulas más claramente extranjeras y más contrarias a su mentalidad, sostenían ante los fenicios que el culto de Adonis era de origen griego. La vanidad nacional los engañaba, como la ortodoxia teológica engañó más tarde al sabio obispo de Avranches que quería que Adonis fuera Moisés.

118. Ya indicamos (Libro II, cap. 4) la singular conformidad de los misterios de Adonis y de la opinión de los iroqueses, que consideran, igual que los fenicios, como símbolo de la inmortalidad el grano de trigo que muere y que vuelve a nacer.

119. Pausanias (VII, 26) dice que las dos Venus eran adoradas en templos y con ceremonias diferentes. La tristeza de las fiestas de Adonis, observa Creuzer, repugnaba a los griegos, cuyas pompas religiosas, con escasas excepciones, eran brillantes y alegres. El escoliasta de Teócrito (*Idyll.*, V, 21) recuerda a este respecto una tradición preciosa. Hércules, afirma, habiendo visto en Macedonia una multitud de personas que volvía de las fiestas de Adonis, gritó indignado: No conozco ni un culto como éste ni a un Adonis entre los dioses (Creuzer, ed. al., II, 105).

120. Creuz., ed. al., IV, 99.

121. La fábula de Ceres y la de Isis son totalmente idénticas. El motivo de la búsqueda, el disfraz y el silencio de la diosa, sus medios misteriosos empleados en alimentar al niño que se le confía, todo es idéntico; y, en la fábula griega, se observan muchos vestigios de tradiciones sacerdotales; por ejemplo, el brebaje de agua y harina que Ceres utiliza en lugar del vino, como en los misterios, la purificación por el fuego de la hija de Metanira, la indecencia de las palabras y de los gestos de Yambe o de Baubo, que hace reír a Ceres, y que no casa con la elegancia de Cibeles y de Atis. Cuando se lee la fábula de Agdistis, que se confunde con los misterios de Cibeles, uno piensa que está recorriendo las leyendas más fantásticas de Oriente. Agdistis es un ser hermafrodita, nacido de un sueño de Júpiter cuando imaginaba que poseía a Cibeles. Los dioses, indignados por este nacimiento impuro, mutilan a Agdistis y, de las partes que le quitan, nace un almendro. La ninfa Nana, hija de un río, habiendo cogido algunos frutos de este árbol, los coloca en su seno y da a luz a Atis, cuya belleza cautiva a todas las mujeres. Agdistis, a quien la mutilación no le había dejado más que un sexo, se enciende por Atis y, en su celo enfierecido, le hace sufrir el mismo trato que los dioses le habían infligido a él (Pausan., VII, 17. Estrab., X, 3; XII, 2).

681

NOTAS

122. En los fragmentos de Orfeo (Clem. de Alej., *Strom.*, V), a Júpiter se le llama Metropator, en memoria de su cualidad de hermafrodita o de su doble fuerza creadora; pero los griegos se apresuraron a rechazar una noción tan poco conforme con sus ideas. No vuelve a aparecer, si nuestra memoria no se equivoca, en ninguno de los poetas verdaderamente griegos, por muy familiarizados que estuviesen con las cosmogonías sacerdotales.

123. Entre otras, Latona y Sémele.

124. Ío, hija de Ínaco.

125. Creuzer, trad. fr., I, 195.

126. Si elementos tan diversos concurrían algunas veces a la composición de una sola divinidad griega, también ocurría que una sola divinidad extranjera proporcionaba a Grecia materiales para varias divinidades. Así, la Titrambo egipcia es, unas veces, Diana, y otras, Ceres Erinia, violada por Neptuno metamorfoseado en caballo, y madre de una divinidad misteriosa cuyo nombre no se podía revelar.

127. A la mayor parte de las sacerdotisas de Hércules, de Minerva o de Diana se las obligaba a una continencia más o menos prolongada (Pausan., *Corinto. Cael. Rhodig.*, XXXIX, 22).

128. Plutarco, *Vida de Numa.* Pausan., *Beocia*, XXVI; *Acaya*, XIX, 25-26. Spanheim, *Ad Callim.*, 110.

129. Ateneo, IX, 13. Cf. las notas de Casaubon y de Schwighaeuser, nota 13.

130. Pausan., *Acaya*, 27.

Capítulo 6

Elementos verdaderos del politeísmo griego

1. Esta transformación no se realizó súbitamente, sino en diferentes tiempos y según las circunstancias. Los individuos conservaron algunas veces objetos de adoración privada, que no eran los de la comunidad de la que formaban parte. Heródoto nos ofrece un ejemplo; y, aunque sitúa en Sicilia el lugar de la escena y que el propio acontecimiento no tenga total certeza histórica, es precioso como prueba de un hecho que muestra los vestigios de una religión individual, después de la adopción de un culto público. «Una guerra civil se originó en Gela», dice; «el partido vencido se refugió en las inmediaciones. Uno de los fugitivos, *lleno de confianza en los dioses particulares*, se arriesgó a hacer volver a su patria, bajo la protección de estos dioses, a sus compañeros de exilio».

2. No se debe confundir estas apoteosis, que son propias de la religión griega, con las encarnaciones que encontraremos frecuentemente en las religiones sacerdotales: son dos cosas directamente opuestas.

En la apoteosis, se supone que los hombres pueden adquirir el rango de los dioses por sus hazañas y por sus efectos beneficiosos. En las encarnaciones, son los dioses quienes toman la forma humana, con un fin particular: o para crear este universo material, o para llevar a sus moradores al conocimiento de la verdad que olvidaron, o para redimirlos de las condenas a las que los exponen sus pecados. Cumplida su misión, estos dioses vuelven de nuevo a sus moradas

682

celestes. Los simples mortales nunca se convierten en dioses; son los dioses los que, a su elección, se hacen hombres o animales.

El principio de la encarnación interesa al sacerdocio; el de la apoteosis le perjudica. Es bueno para los sacerdotes que se admita que los dioses se encarnan para descender del cielo. Los sacerdotes pueden provocar a su capricho estos descendimientos maravillosos. Les sería inoportuno que los hombres pudiesen subir a los cielos. Podrían hacerlo por su propio mérito.

Nos parece necesaria esta observación porque algunos escritores modernos, engañados por ciertas expresiones de Diodoro, atribuyeron a las colonias egipcias la introducción de la apoteosis en Grecia. Pero Diodoro, partidario del sistema de Evémero, veía en todos los dioses, cualquiera que fuera la religión a la que perteneciesen, a hombres deificados. Por el contrario, es incontestable que los egipcios nunca elevaron a ningún rey al rango de dios. Ni siquiera Sesostris tuvo este privilegio. Si en la muerte de Osiris se contenía, como es posible, alguna reminiscencia de un acontecimiento histórico, relativo a las guerras de los pueblos pastores, el espíritu sacerdotal había borrado hasta la menor huella de este acontecimiento. Esto no ocurría con el espíritu griego, que conservaba cuidadosamente, en sus apoteosis, el recuerdo embellecido del camino mortal que los héroes habían recorrido. La muerte de Hércules se relaciona con sus amores y con los celos coléricos de Deyanira; la de Osiris no es más que un emblema de las revoluciones del sol.

Leibniz comete, respecto a los poetas, el mismo error que Diodoro con relación a los egipcios, al querer ver, basándose en una etimología, en el mito de Arimán, la apoteosis de un jefe de una tribu nómada. Mosheim (*Annot. ad* Cudworth, p. 238) afirmó también que Mitra no era más que un cazador deificado, porque, en los monumentos que nos han llegado, se le representa matando a un toro y seguido por un perro. Son interpretaciones que nada permiten hacer. Los persas nunca colocaron entre los dioses a sus hombres importantes; pero algunos escritores buscaron, de modo sistemático, a grandes hombres entre todos los dioses de la Antigüedad.

La distinción que Juliano establece entre las fábulas relativas a Hércules y las que los sacerdotes contaban sobre el nacimiento y las hazañas de Baco es lo suficientemente clara para ver la diferencia que separa las apoteosis del politeísmo independiente de los sacerdotes y las encarnaciones del politeísmo sacerdotal. «Hércules», dice, «aunque, desde su infancia, se manifestase en él una fuerza divina y sobrenatural, siempre permaneció dentro de los límites de la naturaleza mortal. Pero, en cuanto la mitología nos dice de Baco, ya no se trata de un hombre convertido en dios, sino de una esencia divina, emanada del Ser supremo y que se manifiesta en el mundo para el perfeccionamiento del género humano. Sémele, a la que se la llama la madre de esta divinidad, no era más que una de las sacerdotisas. Habiendo anunciado su aparición y habiéndola provocado demasiado pronto por su impaciencia, la consumieron las llamas que rodeaban al dios». Todo esto tiene una analogía notable con la mitología india, mientras que cuanto se refiere a Hércules es totalmente conforme con la mitología griega. Se debe observar que, en la edición de Spanheim, este pasaje de Juliano aparece desfigurado. Se creería que quiere mostrar que no existe ninguna diferencia entre el nacimiento de Hércules y el de Baco. Las ideas que siguen prueban lo contrario. Una ligera corrección en el texto y la adición de un punto de interrogación restablecen el sentido.

3. Dulaure, *Des cultes qui ont précédé et amené l'idolatrie.*

4. *Novus fabularum ordo et, nisi fallor, a ceteris diversus, Hellenicae stirpi propius versatur, circa genus Japeti* [Una nueva serie de fábulas y, si no me equivoco, distinta de las demás, se desarrolla más próxima a la raíz griega sobre la raza de Japeto] (Heyne, *De Theog. Hesiod.*).

5. La fábula de Venus saliendo de las olas, después de que Saturno hubiese arrojado al mar las partes que había tomado de Urano (*Teog.*, 190), se basaba en la hipótesis cosmogónica que hacía de lo húmedo el principio de todo. Los griegos la rechazaron, ya que designaron a Júpiter como padre de Venus (*Ilíad.*, V, 370); pero conservaron, como graciosa y poética, la imagen de Venus apareciendo sobre las aguas y mostrándose desnuda ante el universo encantado.

6. El sacrificio de un toro en Atenas, las ceremonias que le siguen y el juicio del sacerdote sacrificador, juicio en el que todas las partes se remiten la acusación hasta que ésta acaba cayendo sobre la espada instrumento de la muerte (Pausan., I, 28. Porfir., *De abst.*, II), son indicios claros de un culto anterior o extranjero, del que los atenienses sólo practicaban algunos ritos. En las fiestas de Ceres, entre los feneatas, en Arcadia, un sacerdote, revestido con una máscara de la diosa, golpeaba a los asistentes con bastones (Pausan., VIII, 5). Este rito significaba alegóricamente, dice Creuzer, que la diosa golpeaba la parte material, el envoltorio mortal del hombre, para liberar el alma del cuerpo. No rechazamos esta explicación. Todas las costumbres religiosas tenían diversos sentidos, y éste es totalmente conforme con las doctrinas sacerdotales enseñadas en los misterios. Pero el sentido oculto no lo conocía el común de los feneatas, que sólo veían en la pompa religiosa una herencia de los tiempos pasados.

7. Así, la historia de Ocnos (el cordelero al que una burra le roe la cuerda), símbolo, en el infierno de los griegos, de la desgracia que conlleva un esfuerzo inútil, estaba tomada, según Diodoro (I, 36), de una ceremonia egipcia, con sentido totalmente diferente.

8. Pausan., *Arcadia*, 8

9. Pausan., *Ática*, 21.

10. Pausan., *Corinto*, 28.

11. Pausan., *Ática*, 22.

12. Hesiquio, *s. v.* Βουζύγης.

13. Los tiempos heroicos de Grecia se contienen en cinco generaciones e incluyen a los héroes que combatían en el asedio de Troya, época en la que comienzan ya los tiempos históricos. La primera de estas generaciones es la de Perseo y de Pélope; la segunda, la de Anfitrión, padre de Hércules; la tercera, la de Hércules, contemporáneo de Neleo, padre de Eneo y Néstor; la cuarta, la de los Argonautas, de Tideo, hijo de Eneo, y de los guerreros que sitiaron Tebas. Pues un hijo de Jasón, que comerciaba con los griegos, acampaba junto a los muros de Troya (*Ilíad.*, VII, 467-469). Finalmente, la quinta generación es la de Aquiles y de Agamenón. Homero sitúa la fundación de Troya cinco generaciones antes que Príamo. Crea, así, cinco generaciones troyanas, para que se correspondan con las cinco generaciones griegas. Ciento cincuenta años no fueron suficientes para llevar a los griegos de una condición semisalvaje a

la que describe Homero. Vemos en los poemas que llevan su nombre grandes desigualdades de fortuna y de poder, principios revestidos de una autoridad reconocida y casi siempre respetada, y una población mucho más importante de la que podría admitir el estado salvaje. La vida puramente pastoral era ya tan ajena al autor de la *Odisea* que sólo la atribuye a la raza fabulosa de los Cíclopes (Fr. Schlegel, *Historia de la poesía griega*). Hércules, cuando recorría Grecia, encontraba a cada paso bandoleros o monstruos. A Teseo, cuando se dirigía de Trecenas a Atenas, lo asaltaban numerosos peligros. En cambio, a Telémaco, en su viaje de Pilos a Esparta, no lo amenaza peligro alguno. Pisístrato y él parten en un carro tirado por dos caballos, sin séquito y sin escolta, llevando consigo provisiones para un día. Llegan al atardecer a Feres, donde Diocles, uno de los grandes del país, les da hospitalidad; al día siguiente, llegan a Esparta; y su vuelta se realiza con igual tranquilidad que su viaje.

CAPÍTULO 7

Resultado

1. No repetiríamos lo suficiente que esta verdad fue percibida por aquellos mismos que tenían el máximo interés en negarla, ya que querían otorgar a la religión griega un sentido simbólico y profundo. «A pesar de todas las influencias que el espíritu griego recibió del extranjero», dice el señor Creuzer, «conservó en la religión su carácter propio. Así como los sacerdotes de Dodona no pudieron borrar la religión egipcia, los otros elementos tampoco pudieron destruir la impronta nacional [...] Cuanto tocaban los griegos adquiría un nuevo ser; y el antiguo símbolo, imbuido de las fábulas, las artes y la poesía de este pueblo, ya no se reconocía a sí mismo» (ed. al., I, 370, 280-281).

Otro escritor, Stutzmann, distingue entre el mundo y la historia de Oriente y el mundo y la historia del politeísmo clásico. Es, sin duda, la división entre los pueblos dependientes de los sacerdotes y los pueblos libres de este yugo. No sacaremos, sin embargo, de este hecho, como hace Hermann en sus *Lettres sur Homère* (pp. 64-68 y 141), la consecuencia de que uno se puede hacer una idea de la mitología griega sin salir de Grecia. Pensamos, por el contrario, que, para no vernos bloqueados continuamente por contradicciones o alusiones que serían inexplicables, se debe estudiar el Oriente, pero sin olvidar las modificaciones que Grecia hizo en lo que tomó o recibió de él.

2. Es tan cierto que la religión de Homero es totalmente distinta de la religión simbólica, que Creuzer se ve obligado a suponer que Homero omitió voluntariamente la significación simbólica de las fábulas que cuenta, y que, aunque se hayan conservado los ritos, desapareció su sentido. La poesía homérica, dice, hizo que no se apreciara la profundidad del símbolo. Homero conocía los secretos del sacerdocio, pero, como poeta, atribuye a los seres simbólicos, en las fábulas populares, acciones humanas. Presenta el cielo y el ejército celeste con el colorido con que solían concebirlos el pueblo, los reyes, los guerreros y el vulgo. Homero, como poeta nacional, y, por así decirlo, en su misión pública, debió mantenerse en el círculo de los conocimientos que poseían los griegos, a los que iban destinadas sus poesías. Voss (*Anti-Symbol.*, pp. 31, 65 s.) rechaza

con fuerza y razón esta opinión sin fundamento y que es desmentida, en cambio, por cuanto sabemos de autores diversos y de diversas épocas, cuyos cantos combinados componen las epopeyas homéricas.

3. Así, el dios Pan, del que hablamos anteriormente, y que, ya en tiempo de Heródoto, había perdido sus significaciones simbólicas, era, según este padre de la historia, un hijo adulterino de Penélope y de Mercurio; se convirtió, con la introducción de la filosofía de los bárbaros en los sistemas griegos, en un hijo de la Tierra y del Cielo, es decir, retomó un sentido cosmogónico (Escol. Teócrito, I, 123). Así también los griegos apartaron de su primer infierno a los jueces de los muertos, noción egipcia, porque la moral no penetró hasta más tarde en la religión (cf. *Odisea*, libro XI, y nuestras investigaciones sobre el politeísmo homérico); pero cuando la moral hubo penetrado en ella, los jueces y los juicios volvieron a introducirse en el imperio de los muertos (cf. Píndaro y los demás poetas).

4. Parecida melancolía reinaba entre los tracios salvajes (Pomponio Mela, II, 2; Solino, XV; Heród., V, 4) y entre los egipcios civilizados. Unos y otros profesaban la misma doctrina sobre la brevedad de la vida y sobre el infortunio de la existencia (Creuz., *Symbol.*, ed. al., III, 176). Los galos, los germanos y casi todas las tribus del Norte envolvían sus asambleas religiosas con las tinieblas de la noche (César, *De bell. Gall.*, VI, 18; Tácito, *Annal.*, I, 65; *Hist.*, IV, 14; *Ant. suevo-goth.*, cap. IV, p. 24). Los eruditos modernos que investigaron la razón de esta obra declaran que no encontraron nada en la religión de estos pueblos que pudiera motivarlo (Pellout., *Hist. des Celtes*, VIII, 143). Una comparación más cabal de sus opiniones con sus ritos habría resuelto este problema. Los marselleses, imbuidos de la doctrina de los druidas, mostraban su alegría en los funerales, y los nacimientos les costaban lágrimas (Val. Máx., II, 6). El *Bhagavad Gita* exhorta a los indios a considerar la tierra sólo como un lugar de miseria y de aflicción (cf. Schlegel, *Weisheit der Indier*). Sólo la influencia del sacerdocio puede explicar la disposición derrotista, oscura y apática de los moradores de Egipto, en el más bello clima, bajo el cielo más sereno y en la tierra más fértil.

5. El sacerdocio de la Edad Media caminó, en este sentido, sobre las huellas del de la Antigüedad. Junto a autos de fe, masacres, abstinencias y austeridades, la fiesta de los locos y las representaciones teatrales, conocidas con el nombre de misterios, recordaban, antiguamente, en el cristianismo, las orgías paganas. El carnaval es todavía hoy un vestigio oscurecido de estas solemnidades escandalosas. Por eso, se ha conservado en los países ajenos a la Reforma.

6. En el templo de Hierápolis, los sacerdotes de las dos divinidades que Luciano llama Júpiter y Juno se peleaban, y sus luchas eran un símbolo de la oposición del principio activo y pasivo, del día y de la noche, de lo húmedo y de lo seco, etcétera.

7. Luciano, *De dea syr.*

8. Ovidio observa (*De art. am.*, I, 77) la reunión del libertinaje con la tristeza en las fiestas de Isis, trasladadas a Roma (cf. Juvenal, VI. Schmidt, *De sacerd. et sacrif. Aegypt.*, p. 64). Propercio designa los misterios isiacos como solemnidades lúgubres (II, 24).

9. Creuzer, ed. al., II, 81.

10. Cf., sobre la alegría inherente a las fiestas griegas, Hesíodo, *Los trabajos y los días*, 735. Hesiquio y Suidas *in* ουδεν ιερον. Spanh., *ad* Callim., *Del.*, 324;

Meurs., *Graec. feriat.* Un escritor, que, nacido en África y alimentado en las costumbres griegas, podía juzgar con conocimiento de causa, observa que las divinidades egipcias eran adoradas con lamentaciones, y las griegas con danzas (Apuleyo).
11. Cicer., *De leg.*, II.
12. Al colocar al pueblo griego totalmente aparte y al distinguirlo de todos los demás pueblos de la Antigüedad, no decidimos nada sobre su origen. Estamos convencidos, por el contrario, que fue común a todos los otros. Tenemos pruebas de ello en abundantes tradiciones suyas y en numerosas manifestaciones de las mismas, que, en contraste con sus costumbres habituales, habían conservado, no obstante, sobre él una especie de imperio y ascendiente, y unas veces se mezclaban con sus instituciones, pese a su clara incompatibilidad, y otras se reproducían parcialmente, cuando circunstancias extraordinarias o terribles lo trasladaban hacia los recuerdos de una oscura Antigüedad. Pero no tenemos que buscar el origen de los griegos. Esta investigación, que exigiría varios volúmenes y que sólo conduciría a conjeturas, no nos concierne. La única verdad que nos importa es que, desde la época en que la historia nos permite conocer con alguna distinción a los moradores de Grecia, diferencias esenciales y fundamentales los separaban del resto de las naciones.
13. Rodeados como estamos de argumentadores sin buena fe, que trafican con su conciencia igual que con su pluma, y que, prestos a reprocharnos lo que ellos llamarían fanatismo, si el delirio del ateísmo volviese a dominar Francia, lo estarían igualmente hoy en acusarnos de impiedad, porque una facción poderosa no conoce más religión que la sumisión servil y los homenajes rendidos a su ambiciosa hipocresía; sentimos la necesidad de apoyarnos en autoridades más irreprochables, y lo menos sospechosas posible de opiniones irreligiosas, para demostrar que, antes de nosotros, en trabajos diferentes de los nuestros, y por caminos muy diferentes y opuestos, todo cuanto en Europa posee algún conocimiento de la historia, algún valor moral, alguna elevación espiritual, algún amor a la dignidad humana, emitió, con una voz unánime, el juicio que nosotros expresamos aquí. Dejemos, pues, hablar a un escritor célebre, cuyas intenciones no se pueden denigrar ni poner en duda su mérito. «La ausencia de un sacerdocio, como el de Egipto y de Oriente, tuvo para Grecia consecuencias muy importantes», dice el señor Heeren, uno de los eruditos más recomendables de Alemania, que ocupa un lugar eminente en el primer establecimiento literario de esta región y, por ello, más deseoso de agradar al poder que de atacarlo. «Ninguna clase se arrogó el monopolio de las ciencias ni la dirección de las facultades intelectuales; por eso, estos bienes preciosos, los más inestimables de los bienes, siguieron siendo en Grecia patrimonio de la comunidad. La religión no impuso ningún obstáculo a los esfuerzos libres e infatigables del espíritu investigador. La ciencia, al separarse de los dogmas religiosos, adquirió un carácter de progresión y de independencia, que se transmitió de los griegos a los pueblos de Occidente, de los que se convirtieron en maestros. Sus numerosas colonias expandieron por doquier la luz y, en todos los países en los que penetraron estas colonias (se cuentan unas cuatrocientas), una tendencia a la perfección, una elegancia, una altura moral que sólo se pueden atribuir a su influencia. Roma les debió su civilización. Las hordas que dividieron su imperio debieron la suya a los romanos. La superioridad de Europa sobre las demás

partes del globo, la de los modernos sobre los bárbaros que son sus antepasados, tuvieron, en gran parte, como primera causa la ausencia del poder sacerdotal entre los griegos» (Heeren, *Idées*, III, primera sección, «Des Grecs»).

Añadiremos que, en el pensamiento del señor Heeren, como en el nuestro, la ausencia del poder sacerdotal no implica la ausencia de cualquier sacerdocio. Lejos de nosotros oponernos a que hombres más entregados, ocupados habitualmente de las verdades que el sentimiento religioso revela, se encarguen especialmente de difundir estas verdades y hacerlas fecundas y comprensibles. Es el monopolio el que nos parece un azote. Reconocemos, sobre todo, en el cristianismo, que no consiste sólo en ritos exteriores, sino que tiene sobre las religiones de la Antigüedad esta ventaja, que crea entre Dios y el hombre tanto lazos de moral como de culto, la utilidad de un ministerio de amor y de paz. Si quisiéramos demostrar esta utilidad con ejemplos, los tomaríamos indistintamente, no sólo de la comunión nuestra, sin también de las otras comuniones cristianas. Si admiramos en nuestros pastores su vida tan pura, su celo tan ferviente, su espíritu tranquilo, reverenciamos también las virtudes de los Fénelon y de los Vicente de Paúl. Hacemos justicia a quienes, en cualquier creencia, se consagran a la más hermosa de las causas, a la que distingue al hombre del bruto y que une la tierra con el cielo. Nosotros combatimos ese privilegio exclusivo de poder, de ciencia, de luces, de predicaciones, de autoridad que es, para la mayor parte de la especie humana, una orden de proscripción, una condena a la ignorancia, a la bastardía y a la esclavitud.

14. ¿De verdad un gobierno, que no sea el de Argel ni el de Tombuctú, puede prohibir que aprendan a leer aquellos de sus súbditos que posean cierta facilidad? Los escitas saltaban los ojos a sus esclavos; pero los escitas eran bárbaros; no conspiraban contra la civilización: la ignoraban.

15. «¿Qué pretenden?», dice Voss en su *Antisimbólica*, al hablar de los partidarios de este nuevo sistema. «Hombres razonables, hombres tolerantes, que no queréis dudar del mal, fijad un objetivo a todos estos esfuerzos, si no es la resurrección, mediante el engaño y la fuerza, de la teocracia absoluta; de esa teocracia, en la que sólo el iniciado, aceptado en el santuario íntimo, podía contemplar la luz, mientras que el pueblo, en el crepúsculo o en la noche egipcia, disfrutaba de lo que ellos llamaban la paz de la religión, paz que, según dirán, verosímilmente, jamás fue perturbada durante la larga noche de Gregorio VII. La revuelta tras el perjurio, el ataque a los derechos de los monarcas, los anatemas lanzados desde lo alto de la cátedra, la sustitución del padre excomulgado por el hijo rebelde, los fraudes piadosos, las indulgencias venales, las orgías nocturnas, el veneno, el puñal, los calabozos, las hogueras, esa muerte tan dulce en la que se evita la efusión de sangre: todas estas cosas, os dirán, no eran más que medios para atajar la inquietud de una razón temeraria, la invasión de un pueblo siempre menor, en las regiones prohibidas de la ciencia; eran precauciones benévolas para mantener a este pueblo imbécil en esta paz semejante al sueño de Ulises, profundo, dice Homero, irresistible y poco diferente de la muerte [...] Pero, a pesar de estos partidarios de la *Simbólica*, nosotros, a los que felizmente nos iluminan las luces del Evangelio, pueblos y príncipes, protestamos y protestaremos siempre con altivez, por nosotros y por nuestros descendientes, contra esta paz de las tinieblas [...] ¿Por qué no estudian un instante la historia moder-

na en lugar de desfigurar las tradiciones antiguas? ¿Quién elevó los Estados y las comunas a la dignidad propia del hombre? La libertad de la inteligencia, ese don de Dios, que nos ha conducido desde el más bajo lugar del conocimiento humano hasta la más alta, sublime y profunda convicción, a la adoración pura y el presentimiento íntimo de la Divinidad. Apóstatas de la doctrina de nuestro divino maestro, que nos libró de los fariseos y de los escribas, intentáis atemorizar a los jefes de las naciones con las luces evangélicas. Pero responded: ¿en qué regiones nos presenta el mundo actual a los demagogos y a los oligarcas, a los ateos y a los teócratas que prosiguen sus sangrientas saturnales?» (Voss, *Anti-Symbol.*, pp. 111-114). Sería imprudente, por nuestra parte, seguir al autor alemán en sus excursiones cargadas de elocuencia. Hemos citado algunas frases para mostrar el punto de vista con el que presenta la admiración profesada por una clase de sabios por las corporaciones sacerdotales de la Antigüedad. Estamos convencidos, lo repetimos, que inculpa sin razón a Creuzer y a Goerres; pero reconoceremos con igual franqueza que nos sentimos menos seguros sobre las intenciones de varios escritores que siguen sus huellas. Cuando leemos en los escritos de uno de estos adeptos que *la sabiduría de los tiempos primitivos conservó su fondo de verdad en todas las edades y en todas las épocas, que no fue la impostura de los sacerdotes del paganismo la que creó las formas religiosas y sociales* (las formas sociales eran las castas, incluidos los parias), *las formas sociales y religiosas de la remota Antigüedad; que las animaba el espíritu de verdad, aunque corrompido y degenerado;* cuando vemos a *los brahmanes y a los gimnosofistas, a los magos, a los caldeos, la casta sacerdotal de Egipto, a los sacerdotes de los pelasgos y de los tracios, al senado religioso de Etruria, a los druidas, a los pontífices de Odín, descritos como sociedades de hombres de ideas prodigiosas, de un genio sublime, y todavía penetrados del espíritu divino;* cuando se nos dice que *hasta sus errores eran la derivación inocente o culpable de una gran verdad* (sabemos que así explican ellos los sacrificios humanos como efecto del vago presentimiento del sacrificio divino); en fin, cuando se proclama que *el pontificado y el antiguo orden social reflejaban los cielos*: no podemos dejar de pensar que se urde una conspiración para hacer la tierra semejante a ese cielo fantástico y tenebroso, y que existen hombres que sueñan con el reino de las castas, con la omnipotencia de un orden implacable, que envolvería de nuevo al género humano en sus redes inmensas, y con el embrutecimiento universal. Pensamos que este proyecto es tan absurdo como odioso; pero existe, y Voss no va descaminado al denunciarlo en Alemania, en Europa y en todo el mundo.

16. Voss, *Anti-Symbol.*, pp. 234-235.

17. Para demostrar de una manera evidente la imperfección y la insuficiencia de los conocimientos comunicados u ocultados a los pueblos por las corporaciones privilegiadas que los oprimían, habría que anticiparse a las investigaciones que serán objeto de nuestro tercer volumen, consagrado por entero a la exposición del politeísmo sacerdotal. Mientras tanto, citaremos a un observador imparcial, testigo ocular de los efectos de la religión de la India y de la legislación que los brahmanes han perpetuado. «Las leyes de Menu», dice el señor Buchanan (*As. Res.*, VI, 166), «leyes, por cierto, bastante convenientes para una monarquía absoluta, se convirtieron, en manos de los brahmanes, en el sistema de opresión más abominable y degradante que jamás haya existido

[...] Pervirtieron la moral y colocaron la autoridad del sacerdocio sobre las ruinas del Estado y a expensas de los derechos de los súbditos. No difundieron», prosigue, «ninguna luz en la nación y destruyeron totalmente los monumentos históricos». Y si este testimonio no bastase a nuestros lectores, los remitiremos a la excelente *Histoire de l'Inde*, de Mills (vol. I, pp. 139-400; y vol. II, pp. 22-204). En cuanto a Egipto, elegiremos una autoridad muy popular de un escritor al que no se le puede negar conocimientos muy amplios, y cuyas opiniones no coinciden con las nuestras. «Moisés», nos dice el señor Malte-Brun, «nos muestra en Egipto a un pueblo servil, sin propiedades, sin valor, dividido en tribus, en castas hereditarias, sin que nadie pueda abandonar el oficio de su padre; la multitud se contenta con la alimentación más vil, trabajando como esclava apara erigir monumentos de orgullo y de superstición; un déspota ignorante, sacerdotes entregados a la magia, leyes inhumanas; sin instituciones en las que el pueblo pueda intervenir, salvo en las fiestas del culto nacional, iy qué culto! No sólo se adora de modo estúpido a los objetos grandiosos y útiles de la naturaleza material, sino también a los animales y los reptiles más repugnantes, haciendo de los egipcios el hazmerreír de las demás naciones; y, al mismo tiempo, grandes edificios, ciudades muy pobladas, artes florecientes. ¿Cómo conciliar hechos tan contrarios?» Omitimos las conjeturas históricas del escritor y llegamos a la misma conclusión. «Para las ciencias morales, para las ideas filosóficas, para los dogmas religiosos, la casta sacerdotal, sin dejar de dominar la nación, debió permanecer detrás de los hebreos, de los griegos y de los romanos, en lugar de haber sido su maestra y su modelo. Cuando una casta quiere reservarse para sí sola las luces, se condena a un estado estacionario. Es la pena que conlleva el monopolio de la civilización. La inteligencia sólo se estimula mediante una emulación libre. El poder y la ciencia de los sacerdotes de Egipto desaparecieron en medio de las tinieblas con las que habían creído hacerse una muralla». Por lo demás, ¿no nos tomamos demasiada molestia en demostrar a nuestros adversarios lo que ellos conocen tanto como nosotros? No admiran las corporaciones antiguas por lo que sabían, sino por lo que impedían aprender al pueblo.

18. Cf. Bossuet, *Disc. sobre la hist. univ.*, parte III, cap. 3. No se pueden leer dos páginas de la historia de los egipcios del obispo de Meaux sin que sorprendan los errores y contradicciones que se reproducen en cada línea. Aquí Bossuet alaba la ley que asignaba a cada uno su empleo, que impedía ejercer dos al tiempo o que se cambiase. Afirma que, por este medio, todas las artes llegaban a la perfección, y más adelante dice que en Egipto todo se hacía siempre igual. Pero, si todo se hacía siempre de igual manera, nada se perfeccionaba. Alaba la habilidad de los egipcios en la medicina, y sabemos, por los testimonios de todos los antiguos, que se les prohibía utilizar los remedios que no aparecen en los libros de Mercurio Trimegisto (Diod., I, 2). Los médicos sólo se atrevían a ocuparse de un solo órgano (Heród., I, 84), lo que impedía la curación de cualquier enfermedad complicada. Cualquier descubrimiento se veía como un sacrilegio (Diod., I, 82). Degradados por esta servidumbre, los médicos de Egipto habían descendido al rango de los juglares. Su ciencia se componía de evocaciones, de conjuros y de plegarias. Atribuían las enfermedades a la influencia de los astros, al maleficio de los demonios (Orígenes, *Contr. Cels.*, VIII) e imploraban las

curaciones milagrosas de Isis, que se mostraba, dicen, a los enfermos durante su sueño: los médicos de Darío no pudieron librar a este príncipe, en siete días, de un mal que el griego Democedes curó en una hora (Heród., III, 129). Es cierto que Bossuet no ignoraba estos hechos, atestiguados por toda la Antigüedad. Pero se trataba de un pueblo gobernado por una corporación sacerdotal, y que no podía hacer el menor movimiento, permitirse una idea, satisfacer un deseo, por inocente que fuese, sin la aprobación de los sacerdotes. De ahí este aprecio fraternal del obispo de Meaux por Ammonio y Heliópolis.

Si de Bossuet pasamos a autores más modernos, vemos que éstos superaron sus exageraciones y agravaron sus errores. Ven todo a través de los hechos, como mensajeros ciegos que trastocan cuanto encuentran. Es tal su entusiasmo por la inmovilidad egipcia que ésta los hace indulgentes con todas las locuras, obscenidades y crueldades de Egipto. «Para crearse divinidades», dice uno de ellos (Ferrand), «el pueblo egipcio consultaba, no a sus pasiones, sino al reconocimiento. No rindió un culto cruel o infame a lo que había encendido su odio o su voluptuosidad». Olvida los sacrificios, presentes en todos los monumentos que nos quedan, y el culto del Falo, adorado bajo mil formas, cada una más escandalosa que la otra. Pero, sobre todo, es la división en castas lo que alaba y añora. «Esta regla observada constantemente», dice, «privó quizá a Egipto de algunos hombres importantes, o mejor dicho, de algunos hombres superiores; pero le proporcionó la continuidad de hombres útiles. Prescribía un caminar uniforme a estos espíritus inquietos que hubieran podido perturbar el Estado, al no tener como guía más que su imaginación; y esto dio a Egipto ese carácter de constancia y de solidez, origen de su felicidad. Un gran Estado nunca se halla en peligro por falta de talento; al contrario, cuando hay demasiado, intenta rebasar sus límites. Contemplad las revoluciones de todos los imperios: fueron obra de algunos hombres que quisieron rebasar sus profesiones». Y sin embargo, Egipto desapareció; este país tan bien organizado, tan hábilmente protegido contra la plaga del genio y del talento, cayó como los demás y aún con más ignominia que los demás. «Sucedió», dice el mismo autor, «porque la gente se apartó de los antiguos principios, de esos principios hereditarios que debían permanecer de generación en generación». En absoluto. Sucedió porque, cuando se priva de todos sus derechos a la mayoría de una nación, contrariada en todas sus facultades, condenada a languidecer en la ignorancia y padecer una doble esclavitud, en religión y en política, no encuentra interés alguno en defender a sus maestros contra el extranjero, porque el extranjero no es para ella un dueño más enojoso. Es tan poco cierto que Egipto haya perecido por haberse apartado de los antiguos principios, que éstos sobrevivieron a su caída, y se la mantuvo tan envilecida bajo sus dinastías griegas o sus procónsules romanos como bajo el yugo de sus sacerdotes y de sus reyes indígenas.

19. Paulin, *Syst. brahm.*, 147 s. Sonnerat, I, 169. Polier, *Myth. des hindous*, II, 144.

20. Este reproche no se dirige sólo a aquellos escritores de nuestros días que, por situación e interés, debían sentir desdén por el sacerdocio de la Antigüedad. Hombres, por otra parte, partidarios de las luces y que desean, como nosotros, el perfeccionamiento de la especie humana, no dejaron de prodigar los elogios hacia estas corporaciones opresivas. Ya dijimos anteriormente que

no compartimos las prevenciones que una parte de eruditos demasiado tenebrosos manifiestan contra el autor de la *Simbólica*; pero no podríamos dejar de lamentarnos, cuando lo vemos definir la constitución primitiva de las castas, el imperio del espíritu sobre la materia, de los poderes morales sobre los físicos. Es el imperio del fraude sobre la ignorancia el que se convierte en el imperio de la espada sobre el esclavo desarmado. Esta combinación, dice, que perpetúa la infancia de las naciones, prepara y silencia los gérmenes de las instituciones y de las doctrinas de las que se enorgullecerá su madurez (trad. fr., p. 144). Y las instituciones, y los descubrimientos, y las ciencias de los que se enorgullece la especie humana sólo adquirieron verdadero desarrollo en Grecia, y, sin Grecia, la presión de la casta usurpadora habría asfixiado todos los gérmenes del bien y de la belleza. ¿Qué extraña preocupación, qué extraña monomanía puede afligirnos de que el genio de Homero (y, en esta ocasión, es atribuir a una causa muy pequeña un grandísimo resultado) haya suplantado las orgías de Tracia? Y cuando se piensa que el triunfo de las fábulas y de la poesía griega venció a las ululaciones frenéticas de las bacantes, ¿alguien se atreve a considerar el encanto de esta poesía y de estas fábulas una seducción cargada de peligros?

21. En materia de tiranía, «el ridículo ataca todo y nada destruye. Todos creen haber conquistado, por el engaño, el honor de la independencia, y, contentos con haber renegado de sus acciones mediante las palabras, se encuentran cómodos desmintiendo con sus acciones sus palabras» (*De l'esprit de conquête et de l'usurpation*, p. 88).

22. «¿Por qué», dice el señor Frayssinous en sus *Conférences*, «parece suponerse que, según la doctrina católica, habrá hombres condenados a penas eternas, precisamente por no haber conocido una ley que no pudieron conocer? Esta suposición es quimérica [...] A nadie se le condenará ante el tribunal de Dios precisamente por haber nacido en las selvas del Nuevo Mundo ni por haber ignorado las virtudes cristianas. El nacimiento puede ser una desgracia: no es un crimen, y el desconocimiento involuntario de la revelación no es una falta punible [...] Si el infiel no tuvo ni puede tener medios para instruirse, entonces su ignorancia es invencible, su desconocimiento es excusable [...] La religión cristiana es una religión positiva, y es propio de una ley no ser obligatoria hasta ser publicada y conocida». Éste es el caminar rápido e inevitable de las ideas; lo que el señor Frayssinous establece como un principio evidente parecía a Lutero un pensamiento impío. Zuinglio expuso esta idea al hablar de los hombres virtuosos de la Antigüedad, y Lutero escribió que Zuinglio se había paganizado. ¿No es curioso ver al obispo católico más tolerante que al reformador enemigo del papa? (cf. *Parv. Conf. Luth. Hosp.*, pp. 2, 187).

23. Censura del *Emilio* por parte de la Sorbona. «Dios no castigará nunca al hombre que esté en la ignorancia invencible de las verdades de la fe, por no haber creído estas verdades. Ésta es la doctrina cristiana y católica» (Art. 26, p. 63). En cuanto a las comuniones separadas de la Iglesia, «los niños y los sencillos que viven en estas comuniones no participan ni en la herejía ni en el cisma, están excusados por su ignorancia invencible de las cosas [...] No es del todo imposible a quienes viven en comuniones separadas de la Iglesia católica llegar, en cuanto que es necesario para su salvación, al conocimiento de la revelación cristiana» (Art. 32, p. 103).

24. La misma censura del *Emilio* que acabamos de citar contiene estas palabras: «Quienes nunca conocieron la revelación cristiana no se salvarán, se condenarán» (Art. 32, p. 106). Se sabe que, por haber esperado la salvación de los paganos, a los que excusaba un error invencible, al autor de *Belisario* lo denunció la Sorbona, que recordó, con demasiada suavidad en esta ocasión, que el príncipe había recibido de Dios la espada material (Art. 4 de la censura de *Belisario*, prop. XV, p. 121). No se puede dejar de ver en estas dos doctrinas tan opuestas la lucha del espíritu sacerdotal contra el cristianismo.

LIBRO VI
DE LOS ELEMENTOS CONSTITUTIVOS DEL POLITEÍSMO SACERDOTAL

CAPÍTULO 1

De la combinación del culto de los elementos y de los astros
con el de los fetiches

1. Cf. más arriba, Libro III, cap. 4.

CAPÍTULO 2

De la parte popular del politeísmo sacerdotal

1. *Depromptae silvis lucisque ferarum imagines* [imágenes de animales salvajes tomadas de los bosques y de sus claros sagrados] (Tácito, *Hist.*, v. 22. Cf. Libro III, cap. 5, nota 20, con la cita de Gregorio de Tours).
2. Agatías, I.
3. Las capitulares de Carlomagno prohíben este culto (*Cap. Car. Magn.*, I. Tít. 63).
4. Ovid., *Fast.*, IV. *Monde prim.*, I, 8. Cf. sobre el *Lapis manalis* de los etruscos, Spanheim, *De veteris latii domestic. religionibus*, y Festo, *s. v. aquae licium.*
5. Dion. de Halic., I, 2.
6. Clem. Alej., *Cohort. ad gentes.* Arnob., VI. Spanheim, p. 11. Justino, XLIII, 33. Schwarz, *Bemerkungen ueber die Aeltest. Gegenst. der Verehr. bey den Roemern nach Varro.* Tit. Liv., I, 10. Serv. *ad* Virgil., X, 423. Lucan., *Fars.*, I, 136. Plin., *Hist. nat.*, XII, 1. *Eneid.*, XII, 766. Festo, *s. v. Fagutal.* Tibulo, I, *Eleg.*, 11.
7. La adoración de los árboles en el Lacio había dado origen a un uso que se pondría en duda, si varias autoridades irrecusables no se manifestasen en su favor. Cuando un fugitivo encontraba el medio de cortar una rama en el bosque de Aricia, cerca de Roma, bosque consagrado a Diana, la presentaba al sacerdote de la diosa, que estaba obligado a combatir con él, y, si le daba muerte, ocupaba su puesto (Lucan., III, 86; VI, 74. Ovid., *Fast.*, III, 271; *Metam.*, XIV, 331).
8. No se debe olvidar que Isis y Osiris habían sido dioses animales: Isis, la vaca; Osiris, el gavilán. Se verá en el capítulo 4 de este libro los diversos sentidos místicos que se agrupaban en torno a estos vestigios de fetichismo.

693

9. Heród., II, 82.
10. Libro II, cap. 3.
11. Diod., I, 1. Elian., *Var. Hist.* Ptolomeo, *De Afric.*, IV. Euseb., *Praep. evang.*, III, 4. Plutarco, *Sympos.*
12. Jablonsky, *Panth. Aeg.*, II, 60. Apis el representante de los toros; Anubis, de los perros; Bubastis, de los gatos.
13. Si los sacerdotes actúan así respecto al fetichismo, cuya naturaleza parece rechazar semejante generalización, con mayor razón toman precauciones análogas para impedir que los dioses superiores sean expuestos a comunicaciones demasiado fáciles. Este trabajo es importante en lo que se refiere al culto del fuego. Una vez descubierto, el fuego debe brillar en todas las chozas, servir para todas las necesidades de las familias, estar a disposición de cada individuo. Los sacerdotes crean un fuego sagrado del que sólo ellos son guardianes y depositarios y sin el cual no se permite ceremonia alguna. A menudo, incluso el fuego destinado a los usos más comunes de la vida debe ser encendido, en ciertas épocas, por manos sacerdotales con una llama traída del altar (Hyde, *De rel. Pers.*, p. 19. Maimónides, *Tract.*, VI, p. 16). Huellas de esta práctica pasaron a Grecia o se conservan allí, especialmente en Delfos, donde se concentraban todas las ceremonias llegadas del exterior y extrañas a la religión pública, y en los templos de Ceres y de Proserpina, divinidades misteriosas honradas con ritos distintos de los ordinarios (Pausanias).

Sin embargo, la inclinación inherente al espíritu humano resiste a este esfuerzo o, al menos, combina la resistencia y la sumisión. No rechaza al dios sacerdotal; pero no abandona su noción primera. Aunque Anubis tuviera en Kinópolis su templo como el representante de los perros, varios de sus semejantes tenían en la misma ciudad sus adoradores particulares (Estrabón, XVII).

CAPÍTULO 3

De la doctrina secreta de las corporaciones sacerdotales de la Antigüedad

1. La barbarie notoria de algunos pueblos que, como sabemos, fueron dominados por los sacerdotes, como los tracios, llevó a algunos eruditos a afirmar que ninguna doctrina científica pudiese ser propiedad de estos juglares de tribus casi salvajes (Jebb *ad* escol. Arist., I, p. 118). Al contrario, nada es más compatible que la asignación exclusiva de una ciencia misteriosa, concentrada en una corporación, y el último grado de embrutecimiento en todo lo que es rechazado de este ámbito.
2. Tales eran, entre los etruscos, los libros aquerónticos y rituales de Tages, que contenían preceptos de agricultura, de legislación, de medicina, reglas de adivinación, de meteorología y de astrología y una doctrina metafísica de la que hablaremos más adelante; tales eran los libros de Mercurio Trimegisto; tales son, entre los indios, los Vedas, los Puranas, los Angas y sus innumerables comentarios; tal era la sabiduría divina de los druidas en los galos.
3. Desde cierto punto de vista, estos relatos no eran imposturas; es incontestable, por ejemplo, que la agricultura en Egipto había dependido de los cálculos por los que el sacerdocio había determinado la periodicidad de las

inundaciones, y al ser las leyes teocráticas de la India, sin duda, obra de los sacerdotes, éstos podían reclamar el título de primeros fundadores de las leyes.

4. Como ningún esfuerzo humano consigue sobre las leyes naturales una victoria completa, el progreso aparece también en las religiones sacerdotales lentamente y por caminos torcidos. Pero entonces tiene esto de particular: que, al estar la inteligencia concentrada en una casta, el avance sólo se realiza en esta casta, y, al oponerse al progreso el interés de esta casta, lejos de jactarse de él lo oculta a todas las miradas, asegurando que siempre supo cuanto acaba de aprender. En las religiones libres, al realizarse cualquier modificación mediante la opinión que se modifica, es percibida incluso antes de que tenga lugar. Las nuevas ideas se muestran sin disfraz; todo ocurre con total claridad. En cambio, las religiones sacerdotales se modifican a puerta cerrada, en las tinieblas. Las formas, las expresiones, los ritos permanecen inmutables; todo es inmóvil hasta la destrucción completa de estas religiones (*Encyclopédie progressive*, art. «Religión»).

5. Filón, *De migr. Hebr.*, Sext. Emp., *Adv. math.*, V.

6. «Cualquier creencia religiosa posee un carácter que debe sorprendernos, es la falta de evidencia [...] La certeza no es la evidencia. Esta palabra, demasiado prodigada, designa una cualidad del objeto; el término certeza expresa con más particularidad el estado del sujeto. La evidencia está en la idea o en el hecho; la certeza está en el hombre que se pronuncia sobre este hecho o sobre esta idea [...] La evidencia es propia de la organización general y firme de la especie humana; la certeza depende, hasta cierto punto, del estado diverso y mudable de los individuos. Existen, pues, numerosas verdades sobre las que podemos obtener la certeza más satisfactoria, de las que no podríamos renegar sin mentir a nuestra conciencia y a nuestra razón y que, sin embargo, carecen del carácter de la evidencia. Entre estas verdades e incluso a la cabeza de las mismas se encuentran las que son objeto de las creencias religiosas» (A. Vinet, *Mémoire en faveur de la liberté des cultes*).

7. El panteísmo es el adversario natural del politeísmo: el politeísmo divide las fuerzas de la naturaleza; el panteísmo las reúne. El ateísmo es el adversario natural del teísmo: el teísmo divide todo en dos sustancias, el espíritu y la materia; el ateísmo niega la primera para no admitir más que la segunda. Por eso, muchos de los filósofos de la Antigüedad que se apartaron del politeísmo cayeron en el panteísmo, mientras que los modernos que rechazaron el teísmo se declararon ateos. El panteísmo es evidentemente más razonable que el ateísmo. El ateo, aunque forzado a reconocer la existencia de la inteligencia, sólo la considera el resultado de ciertas combinaciones parciales y pasajeras; para él, es el producto, el accidente de una organización, de una fermentación necesaria. Se podría pensar que si, en este sistema, desaparecieran del mundo todas las criaturas inteligentes, no por eso dejaría de subsistir el mundo. Hablamos aquí del ateísmo que argumenta como los materialistas, como el autor del *Sistema de la naturaleza*: sucede que este ateísmo no es, en el fondo, más que una reacción contra el espiritualismo dogmático; pero, aunque, en un primer momento, parece más positivo y más susceptible de pruebas, porque acude a la experiencia, es insuficiente para explicar muchos fenómenos y descansa en una suposición totalmente gratuita también. El panteísmo, al considerar la inteligencia como una parte esencial, indestructible, inseparable, como una condición *sine qua*

non de la existencia del universo, evita este escollo. En general, no se puede negar que, hasta ahora, los ataques al panteísmo han sido débiles y pueriles. El célebre artículo de Bayle contra Spinoza es de una metafísica que no firmaría hoy el estudiante menos dotado. Bayle se basa en la diferencia de la extensión y del pensamiento, como si conociésemos la extensión y como si supiésemos qué es el pensamiento. Saca objeciones miserables del hecho de que Dios, siendo todo, debe ser cada individuo, y cada cosa aparte: aquí, muerto; allí, vivo; aquí, triste; allí, alegre; aquí, frío; allí, caliente, como si hubiese ignorado que Spinoza distinguía entre la sustancia y sus modificaciones, entre la realidad y sus apariencias. No son más fuertes sus argumentos sacados de la coexistencia de la verdad y de los errores, de las perfecciones y de la felicidad de Dios. Bayle era, sin embargo, muy buen lógico; pero la lógica tiene nulo poder cuando sale de su esfera.

8. Comparación tomada del símbolo de los brahmanes.

9. Nos hubiera gustado que esta parte de nuestras investigaciones la hubiese precedido la historia de la filosofía en las naciones independientes de los sacerdotes, principalmente en los griegos. Cuanto decimos aquí sería más completo. El lector vería mejor cómo el espíritu humano llega sucesivamente a las hipótesis entre las que se decide. No se pueden distinguir las diversas épocas de las filosofías sacerdotales y sus avances graduales porque los sacerdotes, al ser los únicos filósofos, cubren su filosofía con el mismo velo que la religión. En Grecia, por el contrario, pese a los esfuerzos de algunos jefes de secta por imitar al sacerdocio oriental en la oscuridad en la que se envolvía, al ser la publicidad la regla, y el misterio, la excepción, se puede seguir fácilmente el progreso de las opiniones y la sucesión de las doctrinas; pero nos detuvo un obstáculo insuperable. La filosofía griega sólo nació tras la introducción de varias doctrinas sacerdotales en Grecia, y los principales filósofos de esta región, en particular los de la escuela jónica, se apoderaron de estas doctrinas para hacer de ellas la base de sus sistemas. Por tanto, el conocimiento de estos préstamos es indispensable a cualquier historia de la filosofía griega. Querer explicar ésta antes de haber expuesto los elementos extraños de los que se apropió hubiera sido entrar en un círculo vicioso.

10. Tai-Kie, en el panteísmo chino, es la materia primera, el caos infinito, inconcebible para el entendimiento, dotado de capacidad, de tamaño, de extensión, de fuerza, de identidad con todas las cosas, el cielo en el cielo, la tierra en la tierra, los elementos en los elementos, sin comienzo ni fin, que dirige todo, pero sin voluntad; que produce todo, pero sin inteligencia, sin movimiento real, en reposo en el fondo de su naturaleza, sólo dividido, aparentemente, en dos fuerzas, la activa y la pasiva, el Li y el Ki, o, según otra terminología, el Yang y el Yin (*Dialogue de Tchin*, en Du Halde. *Chu-King*, de Deguignes, p. 311). El autor del catecismo latino para Tonkín dice que los tonquineses suponen una sustancia material, sin inteligencia y sin vida, que llaman Thaieuc, de donde salieron otras dos sustancias, Am y Duam, el cielo y la tierra.

11. Esta categoría del teísmo era la que concordaba mejor con la parte científica de la doctrina de los sacerdotes. Explicaba la constante regularidad de los cuerpos celestes, su curso uniforme, sus revoluciones periódicas. Explicaba todas estas apariencias de necesidad que se ven en el universo material, y debía

satisfacer a la inteligencia sacerdotal, separada, como hemos dicho, del sentimiento religioso.

12. Hasta ahora, dice el autor del *Tratado sobre la sabiduría y la lengua de los indios*, entre las numerosas variaciones que se encuentran en sus libros, no se ha descubierto ninguno que contenga un verdadero sistema de escepticismo (Schlegel, *Weisheit der Indier*, p. 152).

13. El abate Dubois, *Mœurs, institutions et cérémonies des peuples de l'Inde*. Llama Nastica a esta secta (II, 98).

14. Heyne, *De Theog. Hesiod.*

15. Apuleyo, *Metam.*, II.

16. *Bhag. Gita*, trad. in., p. 90.

17. *Ibid.*, pp. 69-70

18. Lo que explica y, hasta cierto punto, lo que excusa a los escritores que cayeron en este error es que, filosóficamente hablando, todas las doctrinas, que tienden a fundirse en el panteísmo, tienen, por esto mismo, cierta similitud, al menos en el camino que siguen. El teísmo de leyes generales, el único que la lógica rigurosa puede admitir, sólo se distingue del panteísmo porque reconoce dos sustancias: una, inteligente y activa, y otra, inerte y sin inteligencia; y la lógica no encuentra ningún obstáculo, y saca, incluso en sus argumentaciones, más de un aliento para reunir estas dos sustancias. El dualismo, que proclama dos seres, uno bueno, y otro malo, es arrastrado a la fusión de estos dos seres en uno solo por la mezcla del bien y del mal y el modo como engendran y se compenetran entre sí. Tenemos la prueba de ello en China. El Yang (el cielo, el sol, el calor, el día, el género masculino, el fuego primitivo, la salud y la felicidad) es el principio bueno: es representado por la línea recta. El Yin (la tierra, la luna, el frío, la noche, el género femenino, el agua primitiva, la enfermedad, la desgracia) es el principio malo: se lo representa por la línea curva (*Yi-King*, Couplet, *Confucius Sinarum philosophus*). Pero casi al instante los dos principios se reúnen en el gran todo material, el Tai Kie. La doctrina de la emanación no es, en cierto sentido, más que un teísmo provisional, pues, aunque los seres separados del Ser supremo sean individuos mientras dura la separación, sin embargo, como la individualidad es un estado pasajero y contra natura y la tendencia de todos los seres parciales es la de reunirse en el gran todo, y que, realizada esta reunión, todo es absorbido en la misma sustancia y desaparece cualquier individualidad, semejante teísmo debe concluir en el panteísmo y apoyarse en él. El sistema de los atomistas, claramente opuesto al panteísmo, desemboca, sin embargo, también en este resultado. Átomos, infinitos en número y de una sutileza extrema, son una misma sustancia en la que la apariencia de la división no constituye la diversidad. Cuando el ateísmo se contenta con negar un primer principio de todo cuanto existe, sólo aborda el aspecto superficial de las cuestiones, pues no profundiza en el hecho del que rechaza una de las causas; y éste fue el error de la mayoría de los incrédulos del siglo XVIII. Por poco que el ateo vaya más lejos, es llevado a reunirse con aquella de las categorías panteísticas que, haciendo de la materia la sustancia real, considera el espíritu como una ilusión. No hay que disfrazárselo; dejado de lado el sentimiento religioso, el panteísmo es el último término de todas las doctrinas. Desde el fetichismo más rudimentario hasta el ateísmo más sutil,

vemos cómo abre sus inmensos brazos para apoderarse de ellos y absorberlos. Lo que puede salvar el sentimiento religioso de esta aberración metafísica es la necesidad que tiene de un objeto de adoración y de amor fuera de él mismo; pero no es la abstracción la que puede conducirlo a él. Veremos, al hablar de la decadencia del politeísmo, que Plotino, jefe de los nuevos platónicos, parte de la abstracción para llegar al conocimiento del Ser supremo, y, a pesar de su actitud entusiasta y sus sinceros esfuerzos, recae continuamente en el panteísmo, del que intenta librarse.

19. Nos congratulamos de que esta exposición responda plenamente a las objeciones de uno de los hombres de Francia cuyos conocimientos y buena fe apreciamos sobremanera. El señor Guigniaut nos ha reprochado *no tener suficientemente en cuenta esta observación espontánea, este estudio intuitivo y necesario de la naturaleza del mundo, del que nacieron una ciencia y una filosofía primitiva, contemporáneas de la formación de los sistemas religiosos.* «Todos, de cerca o de lejos, pertenecen», dice, «a la remota Antigüedad, en la que se confundían sentimiento y pensamiento, idea y creencia, ciencia y religión. Son los sacerdotes quienes hicieron, no la religión, pues es eterna, inherente a la naturaleza del hombre, como la razón, el bien, la belleza, sino las religiones que existieron en el mundo, adaptándose a las luces y las necesidades del tiempo y mezclándose con los errores y las pasiones de los hombres: y, sin embargo, los sacerdotes, siendo siempre los eruditos de cada época y, en general, los primeros legisladores de todos los pueblos, ¿no debieron de consignar, en los símbolos que proponían a la fe implícita de sus contemporáneos, los conocimientos relativos que, revelándose a ellos con el carácter de verdades absolutas, debían regir su propia creencia y parecerles la base más sólida del edificio religioso y político que querían levantar?» (IX nota sobre Creuzer, pp. 895-897). Estamos prestos a firmar, con algunas restricciones sobre la fecha de la introducción de la ciencia en la religión y sobre el sentimiento religioso de los sacerdotes, este juicio del señor Guigniaut, siempre que, por su parte, reconozca que los conocimientos sacerdotales no cambiaban nada en absoluto del carácter rudimentario de las supersticiones públicas y que la casta culta, por el hecho mismo de basar su poder en la ciencia, sólo se aprovechó de su ascendiente para alterar la proporción necesaria entre las creencias que recorren el mundo y las luces o las necesidades del tiempo.

20. Así, por ejemplo, para expresar la variedad de formas aparentes que toma la materia elemental y única, el alma de Fo pasa sucesivamente al cuerpo de numerosos animales, de un mono, de un dragón, de un elefante blanco; y la adoración de estos animales relaciona el fetichismo con el panteísmo.

21. No está de más observar que, en los pueblos más alejados unos de otros, estas leyendas tienen entre sí una gran similitud. Vemos por doquier el huevo cosmogónico. Los fenicios nos hablan del aliento (*pneuma*) que, preso de amor por sus propios principios, engendró la materia. La materia se transformó en un huevo, y de este huevo nacieron el viento Kolpia y su mujer Baau, cuyos nombres recuerdan el Kol-pi-jah y el Bohu del *Génesis*. Ellos dos engendraron el tiempo y el primogénito, la raza humana. En los egipcios, Cnef produjo el huevo, del que salió Ptah, el ordenador del mundo (Euseb., *Praep. evang.*, III. I. Olimpiodoro, *ad* Plat., *Fragm. Orphic.*, p. 510). En China, Panku se encierra

mil ochocientos años en un huevo, y las partes de su cuerpo, precisamente como las de Ymer en Escandinavia y como el huevo indio de Prajapati (cf. más adelante, cap. 5), se convierten en el sol, la luna, la tierra, los bosques y los ríos (*Cosmogonie de Taot-Zée*, en Couplet, *Tab. Chron. Monarch. Sin.*, p. 13). En todas partes también, los dioses cosmogónicos se unen incestuosamente; Brahm engendra a Bhavani, la naturaleza, el mundo visible; tiene tres hijos, Brahma, Vishnú y Shiva, y se transforma en tres hijas para casar a sus hijos. En los etruscos, Jano y Camasena son hermano y hermana, y marido y mujer (Lydo, *De mens.*, p. 57). En todas partes también, estos dioses se mutilan. Estas coincidencias demuestran que todas estas concepciones pertenecen a la misma época de la inteligencia y del lenguaje en el que el hombre de ese tiempo se ve obligado a expresarlas.

22.   Los sacerdotes de Egipto habían hallado el medio de aprovecharse de la indiscreción en vez de temerla. Después de haber transformado en símbolos sus nociones metafísicas, explicaban estos símbolos mediante fábulas, luego las confiaban a sus discípulos, no como recién aparecidas, sino como no reveladas hasta entonces. Su objetivo no era que la fábula así confiada permaneciera secreta; querían que se conociese gradualmente, como si siempre hubiesen formado parte·de la religión. Lo que les importaba no era el secreto de la fábula, sino el secreto de la fecha; y ésta no podía revelarse, pues nadie la sabía: de este modo, la indiscreción servía sus intereses. Esto se demuestra con los hechos. Las fábulas sobre Osiris, secretas en la época de Heródoto, se conocían desde los tiempos de Diodoro (Diod., I, 21); pero entonces nuevas fábulas eran objeto de nuevas confidencias y de secretos nuevos.

23.   A menudo, es imposible determinar si los ritos populares vienen de la doctrina secreta o si la explicación de tal o cual rito no sugirió tal hipótesis que forma parte de esta doctrina. Los sacerdotes de Tracia preferían la noche al día para sus ceremonias religiosas; ¿pero esta preferencia, manifestada en sus ritos públicos, tenía su origen en la idea misteriosa de una noche primitiva, principio de todo, idea admitida en su doctrina secreta, o esta idea misteriosa nacía de las prácticas anteriores cuya causa habían querido asignar? ¿El culto material del fuego dio lugar al sistema de la emanación, o este sistema introdujo en la religión el culto del fuego? Planteamos estas preguntas para indicar la influencia que una de estas cosas pudo tener sobre la otra.

24.   En el templo de Hiérapolis, los sacerdotes se peleaban entre sí para figurar la oposición del principio activo y del principio pasivo.

25.   Nombre genérico de los sacerdotes de Fo, llamados, en China, *seng* u *hoschang*; en Tartaria, lamas o *lama-seng*; en Siam, talapoins.

26.   La incredulidad, en las filosofías sacerdotales, no suprime ni la lengua religiosa, ni la observancia del culto. Sougat, filósofo ateo, que vivía en Kikof, en la provincia de Beca, unos dos mil años antes de Cristo (mil años después del inicio de la Edad de Hierro, de la que el año 4882 era el 1781 de nuestra era; cf. Wilkins, *As. Res.*, I, 129), no creía más que en las cosas invisibles. Escribió muchos libros contra la religión establecida; afirmaba que las acciones sólo hallan su castigo y su recompensa en esta vida. Pero no por eso dejaba de amenazar a sus adversarios con penas futuras; y, en el fragmento de uno de sus escritos que nos han llegado, describe a los muertos acordándose de su existencia anterior

y deseando volver a ver los reinos de la luz. Fo, dicen los budistas, después de haber enseñado durante toda su vida, marcada por mortificaciones terribles, dogmas revestidos, pese a su abstracción excesiva, de un colorido religioso, reunió junto a su lecho de muerte a los discípulos a los que honraba con una confianza particular, para decirles que sólo les había enseñado hasta entonces su doctrina exterior. «Mi doctrina secreta», continuó, «la verdad única, el fruto de todas las meditaciones de la inteligencia y cuanto ésta descubre mediante los esfuerzos más sublimes, es que nada existe: todo es ilusión; sólo hay real el vacío y la nada». Sus oyentes recibieron con respeto esta confidencia; se convirtió en su doctrina oculta; pero nunca dejaron de poner en la cabecera de sus obras la misma fórmula que los brahmanes, la palabra *om*, símbolo de los atributos de la Divinidad (*As. Res.*, IV, 175), ni de practicar ceremonias y entregarse a penitencias que sólo una fe viva puede tenerlas como un deber.

CAPÍTULO 4

Ejemplo de la combinación anterior en los egipcios

1. Se puede consultar, para una enumeración más completa, Des Brosses, *Culte des dieux fétiches*, pp. 31-32. Estrab., XVII. Eliano, *Hist. anim.*, X, 23.
Se veía aún, en tiempo de Maillet (*Descr. de l'Egypte*, p. 175), en los cuidados prestados a los animales en su alimentación y en el mantenimiento de los edificios consagrados a este uso. Plutarco (*De Isid. et Osir.*) afirma que los habitantes de Tebaida no adoraban a dioses que hubiesen sido mortales. Cnef, dice, era su único dios; por eso, no contribuían al mantenimiento de los animales sagrados. Algún hecho particular muy generalizado habrá motivado probablemente esta afirmación, contra la que se levantan otros muchos hechos.
2. Libro II, cap. 2.
3. Éste fue el error del señor de Paw, escritor dotado, sin embargo, de una notable sagacidad: «La utilidad de ciertos animales», dice (*Recherches sur les Egyptiens et les Chinois*, II, 119-120), «pudo motivar su culto en Egipto. Los turcos, muy alejados de este culto, no permiten, sin embargo, matar a los ibis. Algunas ciudades de Egipto adoraban al cocodrilo y, por eso, cuidaban de los canales necesarios para procurarles agua potable, y por los que estos animales llegaban hasta estas ciudades. La conservación de estos canales estaba, en cierto sentido, bajo el cuidado de la religión». Al escribir estas líneas, ¿cómo no se daba cuenta el señor de Paw que se refutaba a sí mismo? Los turcos, muy alejados del fetichismo, protegen a los ibis sin adorarlos; los egipcios, al matar a las serpientes, no habrían necesitado rendir culto a los cocodrilos para protegerlos, y sus homenajes religiosos hacia estos anfibios tenían otra causa.
4. Esta hipótesis la reprodujo Eneas de Gaza en el siglo v.
5. Libro II, cap. 4.
6. Dornedden, en una obra alemana titulada *Phaménophis*.
7. Tan incontestable es que existió una aplicación astronómica de los nombres de los dioses egipcios y que la mitología de Egipto se empleó como un calendario como sería poco razonable pretender que sólo se empleó para este uso. Cualquier sistema que quiere limitar la mitología a un solo objeto es, no precisamente

falso, sino parcial e incompleto. La mitología de un pueblo contiene el conjunto de conocimientos que pudo adquirir en su infancia, pero que sólo pudo expresar, como consecuencia natural de la pobreza de su lengua y de su escritura, mediante imágenes. Pero este caudal de conocimientos no se limita sólo a la astronomía. Los sacerdotes se ocupan, siempre que pueden, de todas las ciencias; las introducen en sus sistemas, les dan una terminología sagrada, y los nombres de los dioses que habían empleado para designar sus cálculos astronómicos les sirven para el mismo fin en otras ciencias. Si admitimos, pues, que, en el sistema astronómico de Egipto, Osiris era el año, Mendes, la semana, Taut el primer mes, no se sigue de ello que, fuera de este sistema, por otra combinación diferente, estos dioses no designasen cosas totalmente distintas. Limitarlos a una sola significación es actuar como un hombre que, no teniendo más que un solo libro, concluyese que las letras que hubiese encontrado ahí sólo habrían expresado las ideas contenidas en este libro. Esto puede probarse en los detalles con una evidencia incontestable. Este mismo Taut era, en otro sentido, el símbolo de la inteligencia; este mismo Mendes, el del mundo; este mismo Osiris, el de la agricultura (Heeren).

8. Vemos, dice Heeren (*Ideen*, II, 664), el culto de los animales desde Etiopía hasta el Senegal, en todos los pueblos totalmente salvajes. ¿Por qué buscarle otro origen en los egipcios?

9. Isis, decían los sacerdotes, había ordenado consagrar a Osiris un animal cualquiera, destinado a gozar de los mismos honores que el dios, ya durante su vida, ya después de su muerte.

10. Lo que presentamos aquí como una suposición es precisamente lo que aconteció. Señalamos, al hablar de la influencia de las colonias sobre el establecimiento del poder sacerdotal, aquellas que vinieron de Meroe a civilizar o, más bien, a esclavizar Egipto. Fueron numerosas e independientes entre sí, pero todas gobernadas y dirigidas por sacerdotes. Pero, como observa Heeren (*Ideen*, II, 569-575), era una regla de la casta sacerdotal etíope, allí donde dirigía sus colonias, ganarse a los indígenas adoptando una parte de su culto exterior y asignando a los animales que adoraban un lugar en sus templos, que se convertían en el santuario común y en el centro de la religión de todos.

11. Apis era de color negro, pero reluciente, y figuraba así el paso de las tinieblas a la luz; tenía sobre el hombro derecho una mancha blanca de forma redonda, emblema de la luna, y otra cuadrada en la frente, emblema del año; bajo la lengua, la imagen de un escarabajo cuyas antenas indicaban la media luna. Los pelos de su cola eran de trenzas dobles, como expresión del doble movimiento de la luna y del sol.

12. Gatterer, *De Theog. Aeg. Comm. Soc. Goett.*, VII, 1-16.

13. Creuzer, *Symbol.*, II, 323.

14. Zoega, *De obelisc., passim.*, y, sobre todo, p. 547. Era también el símbolo de Neit y de la casta de los guerreros (cf. más arriba Libro V, cap. 5). Veremos más adelante que cada símbolo tenía más de una significación.

15. Denon, pl. 97. Schlichtegroll, *Dactyl. stosch.*, II, 38.

16. La veneración de los egipcios por los árboles ha llegado hasta nuestros días. El señor Denon cuenta el escándalo que los soldados franceses dieron al abatir un viejo tronco, reverenciado desde tiempo inmemorial por los indígenas (*Voy. en Æg.*, I, 229).

17. Ol. Cels., *Hierobotan*, I, 534.
18. Diod., I, 34. Plin., *Hist. nat.*, XIII, 17.
19. Maurice, *Hist. of Indost.*, I, 60.
20. Plutarco, *De Isid. et Osir.*
21. Diod., *loc. cit.* Escol. Nicandro, *Therapeut.*, 764.
22. Kircher, *Oed. Aegypt.*, III, cap. 2.
23. No queremos demostrar verdades probadas; por eso, no nos extenderemos aquí sobre la importancia de la astronomía en la religión egipcia. Remitimos a los lectores que deseen conocer nuevos detalles a las obras que hablan de este tema, y, a quienes prefieren un corto y luminoso resumen, la nota 13 del libro III del señor Guigniaut, pp. 895-931.
24. Ningún pueblo del mundo ha estado más impregnado de aspectos locales que el egipcio, pues Egipto, casi en el mismo momento y en los mismos lugares, presenta los fenómenos más opuestos y los más apropiados para impresionar la imaginación: la más abundante fertilidad estalla junto a los desiertos más estériles; la naturaleza más muerta y árida, junto a una vegetación con una prodigalidad desconocida para los europeos. Esta influencia de los aspectos locales y particulares se fortaleció por el modo como Egipto fue poblado. Valle estrecho, atravesado por el Nilo, rodeado por ambos lados por una cadena de montañas, limitado al norte por el mar, al nordeste por un desierto arenoso, se formó del limo del río, y el trabajo del hombre debió conquistarlo gradualmente. El Alto Egipto, Tebaida, debió de ser habitable más pronto que el Bajo Egipto. Las colonias sacerdotales, al llegar, pues, allí en diversas épocas y a varios puntos, independientemente unas de otras, adoptaron como bases del culto popular los animales adorados por cada tribu salvaje, que no eran las mismas en todos los sitios. Los sacerdotes de estas colonias se ganaban así a estas tribus nómadas, las reunían en sus templos y se apoderaban de todo el poder de sus costumbres y de sus recuerdos.
25. Vogel, *Rel. der Aeg.*, 97-98.
26. Diod., I. El alma de Osiris pasó, a su muerte, al cuerpo del buey Apis y, sucesivamente, al de todos los toros que lo sustituyeron. Existe en esta noción alguna analogía con la de la divinidad y de la inmortalidad del lama. Al ser las necesidades de los sacerdotes las mismas en todas las religiones sacerdotales, las fábulas tienen frecuentemente una semejanza imposible de explicar, cuando se ignora la identidad de las posiciones y de los puntos de vista.
27. Eliano, II, 10. Igualmente Anubis, el manitú prototipo de los perros, se convierte, en la religión astronómica, en el horizonte; por eso es, a la vez, un dios del cielo y un dios subterráneo.
28. Heród., II, 128.
29. Zoega, *De obelisc.*, 302-373.
30. Macrob., *Saturn.*, I, 20. Por eso, se dibujaba a Isis, como a otras divinidades indias, rodeada de los símbolos de los cuatro elementos, de la salamandra, del águila, del delfín y de la leona.
31. Plutarco, *De Isid. et Osir.* Una prueba de que las hipótesis metafísicas, de las que el panteísmo es una de las principales, no se introducen sino después de la religión popular y la astronómica es que la inscripción de Sais es posterior a Heródoto, pues éste no habla de ella.

32. *Deus in statu non manifesto* [Dios en estado no manifiesto]. Damascio, *De princip. cep.* Wolff., *Annal. graec.*, III, 236. Euseb., *Praep. evang.*, III, 6 s. Jámbl., *De myst. Aeg.*, VIII, 5. De esta introducción del panteísmo en la doctrina egipcia nace otra consecuencia que desoló a los comentaristas por la confusión que originó. A cada dios, a su vez, se le representa como el gran todo: Osiris, en Diodoro; Isis, en Apuleyo; Neit que dice de sí misma: yo soy el pasado, el presente y el futuro (Proclo *in Tim.*); Serapis: su cabeza es el firmamento; el aire, las orejas; el mar, su cuerpo; la tierra, sus pies; las antorchas del cielo, sus ojos. Al Nilo, finalmente, dios local y restringido, se lo llama algunas veces el padre de todas las divinidades (Diod., I), y se lo representa por la serpiente circular, emblema de la eternidad.

33. Herm. Trim. § 12, *De Communi.*

34. *De regeneratione, hymnus*, § 1.

35. Poemander, § 2. Porfirio (*De antro nymphar.*) dice que los egipcios veneraban mediante el silencio el origen de todas las cosas, y que de ahí provenía la estatua misteriosa de Harpócrates, con el dedo en la boca. Pero aquí se repite también un ejemplo de las dobles significaciones que los sacerdotes vinculan a cada noción o personificación religiosa. Habían unido la de la adoración silenciosa a la astronomía: era la estrella que aparece en la cabeza del dragón en el hemisferio septentrional de la esfera griega. Arato habla de ella. Se sabe, dice, qué figura es ésta; se la llama ordinariamente el hombre de rodillas: parece que se cae al doblar las rodillas y levantar los brazos al aire (Arato, *Phaenomena*, v. 64. Cicer., *De nat. deor.*, II, 108).

Engonasin vocitant, genibus quia nixa feratur, [los griegos] suelen llamarla *Engonasin* [«La arrodillada»], porque se desplaza apoyada en sus rodillas.

Nixa genu species et Graio nomine dicta
Engonasis, cui nulla fides sub origine constat

[Una figura apoyada en sus rodillas y llamada por su nombre griego / Engonasin, de cuyo origen no hay ninguna constancia fiable].

(Manilio, V, 645-646)

Se ve esta figura en los obeliscos. Cf. Denon, Caylus, *Antiq. égypt. étrusq.*, etc., n.º II; pl. VII, n.º 4; VII, n.º 12. El objeto de su adoración es la lira, ante la que se prosterna. Los griegos la representaron de varias formas: como Teseo levantando la piedra donde se oculta la espada fatal; como Atlas o Hércules (Herman, *Myth. Handb.*, III), ya que la fábula contaba que Hércules había sustituido una vez a Atlas y sostenido el mundo en su lugar (Hyg., 2, *Fest. Avien., ad* Arat.).

36. Mens *ad* Mercur., § 11, Asclepiad., p. 121.

37. Herm. *ap.* Ciril. *adv.* Julian. 33-34. Cedren, *Chronolog.*, p. 26.

38. Herm. Trim. § 12.

39. Goerres, II, 425.

40. *Ibid.*, 422.

41. *Ibid.*, 427.

42. Plutarco.

43. Cuando es visible la crecida del Nilo, la gacela huye al desierto (Arato, *Phaen.*, v. 330).

44. Goerres, I, 291.

45. Si, desde el principio, a las divinidades intelectuales de Egipto se las había visto aparecer en los fetiches o en las divinidades populares, ¿cómo había ocurrido que, junto a estas divinidades populares, se hubiese adorado a divinidades intelectuales? Si Isis, en su forma de becerra, era ya la sabiduría divina, ¿a qué se debe que se rindiera homenaje a la sabiduría divina con el nombre de Neit? Esto sólo se explica suponiendo que los sacerdotes presentaban su doctrina secreta, unas veces de una manera y otras, de distinto modo, según lo exigieran las circunstancias. Decían a quienes veían ávidos de novedades y desengañados de algunos aspectos de la religión pública que su doctrina era diferente; a los demás, que aún respetaban el culto egipcio, presentaban sus abstracciones como una parte más sublime de este culto. La sabiduría divina aparecía, unas veces, con un nombre ajeno a la religión vulgar (el de Neit) y, otras, con el mismo nombre que Isis. Esta última conservaba sus partidarios, y los amantes de las ideas nuevas se sentían satisfechos.

46. Plut., *De Isid. et Osir.* Isis había tenido a Harpócrates de Osiris, después de que Tifón lo matara.

47. Es bueno observar que, incluso para expresar el teísmo, los egipcios se sirven de imágenes semejantes: sólo los dioses no procrean entre sí. El Ser eterno y único se engendra a sí mismo; es, alternativamente, su propio padre, su propio esposo, su padre y su hijo (Fírmico, *De error. profan. religion.*, p. 115).

48. El dualismo se expresa por la salida violenta de Tifón que, engendrado por la noche primitiva o, según otros, por la tierra, se lanza desde el seno materno desgarrándolo. Neftis, la mujer de Tifón, es también una expansión del dualismo. Unas veces hermana y seductora como la Mohanimaya de los indios, otras, repugnante y siniestra, como Mudevi o Budevi, se presenta como oposición a Isis, igual que ellas se oponen a Lackhmi, mujer de Vishnú; ella engaña, enajena, entristece, destruye.

49. Esta esfinge no tiene barba; aparece con el loto sobre su cabeza y cubierta con un velo que le llega hasta los pies; un cocodrilo invertido sale de su pecho; una serpiente repta cerca de él y un grifo, sobre su espalda, con una rueda, emblema del gran todo en varios pueblos.

50. Por ejemplo, la que se refiere a Marte (Heród., II, 64), es de la primera especie; la que se refiere a Rampsinito (*ibid.*, 122), es de la segunda. Esta observación pertenece al señor Heeren (*Afric.*, 499).

51. Una de las tres sectas que dividen el Japón, y precisamente la de Sinto cuyo pontífice es el dairi, por tanto la más sacerdotal, no rinde ningún culto al Dios supremo, pero sí lo hace a los genios inferiores de los que cita 33.333 a los que llama Kamis.

52. Cf. la excelente obra del señor Guigniaut, I, 801-803.

53. Los egipcios, al decir de Queremón, sólo reconocen como dioses a los planetas. Según Jámblico, independientemente de la armonía de las esferas, adoraban a inteligencias superiores y colocaban un reino de libertad moral por encima del de la necesidad material. Ambas hipótesis tenían su parte de verdad.

54. Es curioso comparar estas explicaciones con la de Sinesio y la de Diodoro. Sinesio sólo ve la historia revestida fabulosamente por las tradiciones sacerdotales. Isis, reina, y Osiris, rey de Egipto, son expulsados del trono por Tifón,

que, a su vez, también había sido derrocado por sus crímenes. El cetro cae entre las garras de animales feroces y los pájaros sagrados bajan su cabeza con tristeza. Pero los dioses castigan a los opresores con un terror pánico: Osiris resucita y trae de nuevo los tiempos dorados. En Diodoro se reconoce la introducción de las ideas griegas. Osiris es el inventor del vino. Le siguen Apolo y las Musas. El conquistador reparte ente sus favoritos las provincias griegas: a Macedón, Macedonia; a Maron, Tracia; a Triptólemo, Ática: son los sucesores de Alejandro trasladados a una época más remota.

55. Jablonsky, *Panth. Aeg.*
56. Vogel, p. 149.

CAPÍTULO 5

Ejemplo de la misma combinación en la religión de la India

1. Este capítulo no es una exposición de los dogmas o de los ritos de la religión india. Esa exposición tendrá su lugar en los libros siguientes. Aquí sólo debemos indicar los elementos de los que consta esta religión y el modo como estos elementos se combinan.

2. Todas las personas que han visitado la India o que poseen algunas nociones del carácter de los brahmanes, de la alta estima que tienen de sí mismos y de la distancia que mantienen del común de los mortales, habrán podido juzgar cuán difícil es familiarizarse con ellos o incluso acercarse a ellos. El desprecio que anida en su alma por cuanto es extranjero, sobre todo los europeos, la celosa inquietud con que intentan ocultar a la mirada de los profanos los misterios de su religión, los archivos de sus conocimientos y de su vida doméstica, levanta entre ellos y el observador una barrera casi imposible de superar (Dubois, *Mœurs, institutions et cérémonies des peuples de l'Inde*, prefacio, p. XXXI). Al citar al abate Dubois, no lo consideramos ni como un observador profundo ni como un juez ilustrado; pero confirma un hecho importante, pues de sus palabras se desprende que la dificultad con que se encontraban los antiguos, hace tres mil años, no ha desaparecido para los modernos.

3. A la cabeza de estos monumentos, hay que colocar a los Vedas, cuatro en total: el Rig Veda, que contiene himnos en verso; el Yajur Veda, que comprende diversas oraciones en prosa; el Sama Veda, en el que están los cantos religiosos; y el Atharvan o Athar Veda, lleno de fórmulas de expiaciones e imprecaciones, y que prescribe los sacrificios sangrientos e incluso los de las víctimas humanas. La autenticidad de este último Veda, discutida por Jones y Wilkins, la defendió Colebrooke (*As. Res.*). El señor Bentley, en la misma compilación, quiso probar, mediante observaciones de astronomía y por diferentes nombres de príncipes mahometanos, que ninguno de los Vedas había sido anterior a la invasión mahometana; pero estos nombres, como varias partes de los Vedas, pudieron ser interpolados. Nadie pretende que los Vedas existan hoy en su estado primitivo. Por otra parte, si la afirmación del señor Bentley tuviese fundamento y la redacción de los Vedas fuese moderna, no por eso serían menos antiguas las ideas dominantes. Independientemente de las oraciones (mantras), los Vedas contienen preceptos y tratados de teología. La colección de las primeras

se llama el Sanhita de cada Veda; la de los segundos, Brahmanas y Upanishads (Colebr., *As. Res.*, VIII, 387-388). Los himnos y las oraciones no se dirigen siempre a divinidades, sino a reyes, a los que los autores alaban o agradecen sus beneficios. Probablemente, cuando Calanus cantaba un himno parecido se prendió fuego delante de Alejandro (Arriano). Los Brahmanas y los Upanishads son la parte didáctica de los Vedas. Los Upanishads consisten, en su inmensa mayoría, en diálogos entre los dioses, los santos y los elementos; el Upnekat que nos proporcionó Anquetil-Duperron es un extracto de los Upanishads, y su título no es más que la misma palabra, pronunciada al modo persa. Después de los Vedas vienen los Puranas, atribuidos a Vyasa (más adelante expondremos los detalles sobre Vyasa). Estos Puranas son dieciocho; tratan de la creación del universo, de sus revoluciones, de su renovación, de la genealogía de los dioses, de las hazañas de los héroes, distribuyendo esta historia fabulosa entre las épocas de una cronología ideal; desde este punto de vista, ocupan, en la literatura de la India, el lugar que las teogonías ocupaban en Grecia.

Al lado de los Puranas, se presentan las dos grandes epopeyas indias, el *Ramayana*, en el que se celebran las hazañas de Rama, y el *Mahabarata*, que narra las guerras entre los héroes de las razas pandus y kurus. El *Bhagavad Gita* es uno de sus episodios. El señor Heeren, al hablar de estos poemas, quiso establecer entre la religión y la mitología indias una diferencia más sutil que sólida. Busca la primera en los Vedas, y la segunda, en las epopeyas; es como si buscase la religión griega en las compilaciones de Hesíodo, o en lo que nos llegó de los dogmas órficos, y que se rechazase los poemas de Homero. Las divinidades de los Vedas, dice el señor Heeren, son personificaciones de objetos o de fuerzas físicas que se pueden reducir a tres: la tierra, el fuego y el sol; y estas tres deben considerarse de nuevo como manifestación de un solo ser (Heeren, II, 430 s.). ¿Qué importa? La religión del *Mahabarata* y del *Ramayana* no deja de ser por ello la religión del pueblo; las tradiciones contadas en estos poemas dan lugar a fiestas y a ritos innumerables; y, además, se encuentra en los Vedas mismos invocaciones a las divinidades del *Mahabarata* y del *Ramayana*. Estas dos epopeyas no son las únicas que nos proporcionan informaciones sobre la religión india. Hubiéramos podido indicar el *Sisupala-Badha*, en el que se celebra la victoria de Krishna sobre Sisupala; el *Cirata-Juniya*, destinado a cantar las mortificaciones y, luego, las hazañas belicosas de Arjuna, discípulo de Krishna; el *Magaduta* de Calidasa, célebre autor del encantador drama de *Sakuntala*; el *Rhaguvansa*, que contiene los grandes hechos de Rama y varios más; pero estos poemas no están entre los libros santos; y aunque, al criterio de los críticos ingleses, superan en belleza poética al *Mahabarata* y al *Ramayana*, no poseen la autoridad religiosa de estos últimos.

Finalmente, entre las fuentes de nuestros conocimientos sobre la India, están los comentarios de las diversas sectas, teístas, panteístas, dualistas, ateas, los de la escuela de Vedanta, de los dos filósofos de Niaya, de los dos Mimansa y de los dos Sankhya, que se vinculan a los Vedas por la forma, mientras se apartan por el fondo. (Cf., más adelante, nuevos enfoques sobre estas diferentes sectas o escuelas.)

4. Kleucker, IV, 14. *As. Res.*, I, 466.

5. Cf. nuestras investigaciones sobre la autenticidad de los poemas homéricos al final del volumen (Libro VIII).

6. *As. Res.*, V, 321.

7. Es digno de destacar que el nombre de Vyasa significa compilador (*As. Res.*, III, 378, 392 y 488), y que, en una de sus acepciones, el de Homero expresa cosas puestas en común (Eurípides, *Alcestis*, 780). Esta cuestión, por lo demás, nos es indiferente. Si Vyasa fue un individuo, la tradición afirma que hubo varios discípulos y que tuvieron, a su vez, otros muchos. Si Vyasa no era más que un nombre genérico, hubo varios Vyasa, hasta el punto de que se crearon mil cien escuelas diferentes sobre la manera de interpretar y de enseñar los Vedas.

8. Cf. el *Mahabarata*, poema atribuido al propio Vyasa.

9. *As. Res.*, I, 162.

10. Heeren, *Ind.*, II, 440.

11. *As. Res.*, VIII, 251.

12. *Ibid.*, 203.

13. El autor del Neadirsen utiliza un gran número de razonamientos para distinguir el alma universal del alma vital. Esta necesidad de probar lo que se afirma anuncia una hipótesis filosófica y no una religión. Las religiones en vigor revelan, afirman, ordenan y no discuten.

14. «Quiero», dice Krishna a su discípulo Arjuna, «darte a conocer un secreto misterioso, a ti que no buscas censurar. El insensato me desprecia bajo esta forma humana. Nadie, excepto tú, pudo ver mi forma suprema, ni por los Vedas, ni por los sacrificios, ni por un estudio profundo, ni mediante ceremonias, ni por acciones, ni por las más severas mortificaciones de la carne [...] No puedo ser visto así más que mediante el culto que sólo se me ofrece a mí. El objeto de los Vedas es de triple naturaleza. Abandona cualquier otra religión, prostérnate ante mí y vendrás con seguridad a mí» (*Bhag. Gita*, trad. fr., pp. 40, 109, 110 y 151). ¿Quién puede no ver en estas palabras el deseo de que triunfe una doctrina nueva opuesta a los dogmas aún en vigor? Pero existe, en el mismo libro, un pasaje que revela con mayor claridad la intención y la posición del maestro ante su discípulo. Arjuna dice a Krishna: «Tus palabras no me sacian». Éste responde: «Desciendan sobre ti los favores celestes». Es una plegaria absurda y superflua en boca de un dios que dispone por sí mismo de los favores celestes; pero al reformador lo conmueve, como sucede a cualquier mortal, la sumisión de su oyente (*Bhag. Gita*, 96).

15. Aunque el autor del *Bhagavad Gita*, dice su traductor inglés (pref., p. XXXI), no se haya atrevido a atacar abiertamente los principios establecidos por el pueblo, ni la autoridad de los antiguos Vedas, no obstante, al ofrecer una felicidad eterna a cuantos adoran al Todopoderoso, mientras declara que la recompensa de los que adoran a otros dioses no será más que el gozo pasajero de un cielo inferior, durante un espacio de tiempo proporcionado a sus méritos, su intención era claramente destruir el politeísmo o, al menos, incitar a los hombres a creer en el Dios único presente en las imágenes ante las que se prosternaban y a considerarlo el único objeto de sus ceremonias y de sus sacrificios. Los más eruditos brahmanes de hoy son unitarios; pero se someten de tal modo a los prejuicios vulgares que siguen exteriormente todas las disposiciones de los Vedas, como las abluciones, etc. Esto presenta no pocas semejanzas con los filósofos que alegorizaron el politeísmo cuando se estableció el teísmo.

16. Batta, de la escuela brahmánica de Niaya, exterminó a muchos budistas en un levantamiento general que provocó contra ellos (cf. Libro IV, cap. 2), y se quemó a sí mismo en expiación por la sangre que había derramado. El brahmán Vegadeva terminó su obra: el pueblo veía en él al propio Vishnú luchando contra los impíos (*Lettres édifiantes*, XXVI, 218).

17. Es digno de destacar que las divinidades a las que se ofrecía especialmente sacrificios sangrientos e incluso víctimas humanas, eran las divinidades tutelares de las ciudades y de los pueblos, es decir, probablemente las primeras y las más próximas a los fetiches.

18. *Gita Govinda*, poema en honor de las encarnaciones de Vishnú.

19. Sonnerat, *Voyage aux Indes*, p. 180.

20. En el politeísmo independiente de los sacerdotes, no existe esta inversión de fechas, porque el espíritu humano que avanza al descubierto no oculta su modo de caminar. Así, Saturno exigía sacrificios humanos; Hércules los abolió.

21. La misma teoría de las encarnaciones se ve en cada página del *Bhagavad Gita*.

22. Las grandes encarnaciones de Vishnú son diez, y los indios esperan todavía la décima, aquella en la que el caballo blanco ponga su pie sobre la tierra y anuncie la señal de la destrucción del mundo; pero si se ponen juntas las diversas épocas en las que Dios se encarnó, sus encarnaciones son más bien numerosas. Volveremos, al final de este capítulo, sobre la teoría india de las encarnaciones, y sacaremos una consecuencia de esta teoría, a la que nadie, hasta hoy, ha prestado suficiente atención.

23. Casi todos los colaboradores de las *Asiatic Researches* publicadas en Calcuta.

24. Cf. Legentil.

25. Los partidarios de esta hipótesis se apoyan en un pasaje de Clemente de Alejandría, en el que Vatu aparece gozando en las Indias de los honores divinos. Clem. de Alej., I; cf. también san Jerónimo, *Adv. Jov.*, libro I.

26. Jones, *As. Res.*, II, 123. La hipótesis de los dos Budas la adoptó Georgi y los cachemirenses en general.

27. La dificultad se resolvería, si sólo se viese, con Georgi (*Alphab. Tib.*), en la palabra Buda, tomada erróneamente por un nombre propio, la designación utilizada antiguamente para cualquier sabiduría, virtud o santidad superior. El autor de un célebre diccionario sánscrito, llamado el *Amaracoscha*, corrobora esta opinión, al enumerar dieciocho interpretaciones de esta palabra, expresando todas alguna de estas ideas. El capitán Mahony, en su *Essai sur les doctrines bouddhistes*, dice que el término Buda significa, en la lengua pali y en la de Ceilán, conocimiento o santidad universal, un santo superior a todos los santos, un dios superior a todos los dioses (*As. Res.*, VII, 33).

28. Por ejemplo, la historia del arco que nadie podía tensar, y que valió a Rama la mano de Sita, como a Buda la de Vasutura (*Ramayana*, lib. I, sec. 53).

29. Los malos genios.

30. En la cosmogonía de los budistas, el mundo, compuesto de una infinidad de mundos semejantes entre sí, y que penetran uno en el otro, como las homeomerías de Anaxágoras, tiene como cima una roca sobre la que se sienta Buda (*As. Res.*, VIII, 406).

31. Al reunir todas las poblaciones que profesan el culto de Buda los dos Tíbet, Tartaria, China, Siam, Camboya, la Conchinchina, Japón, Corea, varios países situados más allá del Ganges y la isla de Ceilán, esta religión cuenta con unos cuatrocientos millones de fieles.

32. Montaña de la mitología fabulosa de los birmanos.

33. Bhagavati se llama Pockavadi, y Rama, Pra-Ram.

34. Los libros actuales de los indios, dice Fr. Schlegel (*Weish. der Ind.*, p. 196), son probablemente ensayos de reunión entre las diversas sectas opuestas, y quizá ninguno de ellos es totalmente conforme con la religión popular de ninguna época.

35. A las piedras de Vishnú las llaman los indios *salagramas*; pueden verse en un río del reino de Nepal. Son negras, redondas, con agujeros en algunos lugares. Se supone que Vishnú se introdujo en ellas como reptil. Cuando los indios creen descubrir en ellas alguna semejanza con una guirnalda de flores, o la huella de una vaca, dicen que Laksmi, mujer de Vishnú, se ocultó en ella con él. A las piedras en las que vive Shiva se las llama *banling* (*As. Res.*, VII, 240). Las rocas que los primeros cristianos llamaban *cunni diaboli*, porque creían que en ellas moraban las divinidades paganas, son adoradas en la India; los devotos atraviesan varias veces el agujero, cuando es bastante grande o introducen la mano o el pie, cuando el cuerpo no puede penetrar por él; es, dicen, una purificación (*As. Res.*, VI, 502).

36. Otro nombre de Shiva.

37. Semilla de una fruta agria (Sonnerat).

38. *As. Res.*, V, 304.

39. *Ibid.*

40. El coronel Pearse dijo a un indio que los egipcios adoraban a un toro y escogían a este dios según una marca en la lengua, y que adoraban también a pájaros y árboles. El indio le respondió que esa religión era la de todos sus compatriotas, que reconocían al toro divino de esa manera, y que rendían culto a diversos árboles y pájaros (*As. Res.*).

41. Dubois, I, 9.

42. *As. Res.*, VIII, 48.

43. Los *Itahasas* son una colección de relatos o de cantos mitológicos. Las imágenes de Bahula y de su hijo son adoradas en varios templos, y el día de su fiesta, se canta o lee solemnemente la parte de los *Itahasas* que corresponde.

44. La adoración de la vaca se conserva de tal modo en la India que, en 1808, los ingleses que iban a la búsqueda de los orígenes del Ganges vieron una llanura fértil y de una importante extensión, que un indio, que había matado una vaca por azar, había adquirido, sin reparar en gastos, para transformarla en un pasto expiatorio, donde las manadas de vacas pastaban en libertad (*As. Res.*, XI, 510).

45. El Garuda sólo es un pájaro fantástico, por sus formas y colores, en la mitología. El garuda real es un águila de la especie más pequeña, que mantiene con las serpientes una guerra encarnizada. Pero, por una asociación natural de ideas, este pájaro se aprovecha de la veneración de los indios por el Garuda fabuloso. Matarlo sería un sacrilegio, y los indios se reúnen para rendirle una especie de culto y arrojarle alimento, que atrapa hábilmente en el aire.

46. Los yainas que, como todos los disidentes, pretenden haber permanecido exclusivamente fieles a las ideas primitivas, no reconocen ni los Vedas, ni los Puranas ortodoxos; tienen Shastras y Puranas particulares. Su Shastra fundamental es el Agama-Shastra, que contiene la exposición de sus deberes religiosos. Divididos en cuatro castas, rechazan, como los demás indios, la quinta, los parias o *chandalas*; pero difieren de ellos en varios puntos, pues no rinden culto alguno a los muertos, ni permiten a las viudas quemarse sobre el cuerpo de sus maridos y sólo se les prohíbe las segundas nupcias. Sus opiniones sobre los dioses son bastante contradictorias. Por una parte, suponen que una encarnación divina está en el origen de su religión y que, hasta hoy, ha habido veinticuatro encarnaciones. Por otra, no admiten, al parecer, las apoteosis, como los budistas, y sólo ven, en las naturalezas divinas, a hombres deificados por efecto de una virtud superior. Adysuara es el más poderoso y el más antiguo de todos. Brahma y las demás divinidades indias sólo son para ellos seres secundarios, y los representan en sus templos siempre de rodillas delante de los simulacros que reverencian. A pesar de estas diferencias, la doctrina de los yainas lleva, como la de los indios, al panteísmo, por la unión del alma con Dios (*As. Res.*, IX, 244-322).

47. El toro es el de Rishabha; el elefante, el de Ajita; el caballo, de Sambhava; el mono, de Abhimandana; el loto, de Padmaprabha; la luna, de Chandraprabha; el rinoceronte, de Sreyansa; el búfalo, de Vasurula; el halcón, de Ananta; el jabalí, de Vimala; el relámpago, de Dharma; el antílope, de Santi; el macho cabrío, de Cunthu; el cántaro, de Malli; la tortuga, de Munisnorala; el lirio, de Nami; la serpiente, de Parsva; el león, de Vardhamana, etc. (*As. Res.*, IX, 304-311). Estos nombres son los de las veinte encarnaciones o apoteosis, que, en la mitología de los yainas, forman la gran cadena divina que desciende desde la creación del mundo hasta la época actual, y que debe prolongarse hasta la destrucción del universo.

48. Dubois, I, 92.

49. Cf., más adelante, el capítulo sobre la figura de los dioses.

50. Abraham Roger, *Paganisme indien*. Los cinco elementos indios son: la tierra, el agua, el fuego y el aire al que dividen en dos, el viento y el éter. En el Indra-Purana, se puede leer estas palabras: «Indra no es otra cosa que el viento; el viento no es otra cosa que Indra».

51. *As. Res.*, VIII, 379.

52. *As. Res.*, XI, 120-121.

53. Leed uno de los comentarios de Menu, Maditihi, citado por Colebrooke (*As. Res.*).

54. Paterson, *As. Res.*, VIII, 64. «¿No están en los cielos las verdaderas moradas de la mayor parte de los personajes que figuran en la mitología india? ¿No consiste su función en presidir el tiempo y sus diferentes divisiones, guiar el devenir del año, de los meses, de las estaciones y de los días? Y para los que moran en los infiernos, su exacta correlación, sus luchas perpetuas con los moradores de los cielos, esta misma oposición entre los hijos de la luz y los de las tinieblas, ¿no prueba que la astronomía pagó en gran parte los vidrios rotos del brahmanismo? (Guigniaut, pp. 258-260).

55. Cada brahmán, antes de que el sol haya aparecido por el horizonte, debe pronunciar la siguiente invocación: «Brahma, Vishnú, Shiva, Sol, Luna,

y vosotros todos, poderosos planetas, haced que nazca la aurora» (tomado del *Nittia-Carma, ou Grand Rituel des brames*).

56. El *homam*, sacrificio de arroz y de mantequilla líquida (Dubois, *Mœurs et coutumes de l'Inde*, II, 341).

57. Se titula Surya-Siddhanta, porque lo reveló el sol.

58. *As. Res.*, X, 56.

59. *As. Res.*, VI, 279.

60. *As. Res.*, VIII, 268. Es posible que Megástenes y Plinio el Viejo conocieran estos tratados (*Hist. nat.*, VI, 29).

61. *As. Res.*, IX, 458.

62. En la India, las estaciones constan sólo de dos meses cada una.

63. *As. Res.*, III, 72, 73.

64. *As. Res.*, VII, 205.

65. *Ibid.*, 203.

66. *Ibid.*, 204.

67. *Ibid.*

68. *As. Res.*, X, 390. Por el único hecho de que los brahmanes trataron, mal que bien, de todas las ciencias, pudieron encontrar fácilmente en la India todas las ciencias; y tomando al pie de la letra efusiones poéticas, se llegó a atribuir a los indios los descubrimientos más difíciles y los más recientes. Se postuló que toda la filosofía newtoniana y, sobre todo, el sistema de la atracción, estaban contenidos en los Vedas, que hablan del sol con un epíteto que expresa esta idea y también se utilizó el siguiente pasaje en apoyo, en el poema titulado *Schirin y Feridad*: «Una inclinación imperiosa penetra cada átomo, y arrastra las más imperceptibles partículas hacia algún objeto determinado. Examina el universo desde la base hasta la cima, desde el fuego hasta el aire, desde el agua hasta la tierra, desde los lugares sublunares hasta las esferas celestes: no hallarás ningún corpúsculo que no posea esta atracción natural. Es este impulso el que fuerza al hierro pesado y duro a lanzarse hacia la aguja imantada; a la paja liviana y ligera a unirse al ámbar oloroso. Él es el que imprime a cada sustancia la tendencia inmutable y la irresistible necesidad de unirse estrechamente al objeto que la atrae».

69. *As. Res.*, VIII, 270.

70. Schlegel, *Weisheit der Indier* y la *Cosmogonía* de Menu, traducida por el mismo.

71. Habláis de Dios como si fuera uno, dice a Brimha Narud la razón humana. Sin embargo, se nos revela que Ram, al que se nos enseña a llamar Dios, nació en la casa de Jessaret, en la de Bischo, y así de varios otros. ¿Cómo debemos entender este misterio? Y Brimha responde: Debéis considerar estos nacimientos como otras tantas manifestaciones particulares de la providencia de Dios para obtener algún gran fin. Así ocurrió con las mil seiscientas mujeres llamadas *golpi* cuando todos los hombres de Sirendiep (la isla de Ceilán) murieron en la guerra: las viudas se pusieron a rezar para conseguir marido. Sus deseos fueron atendidos una misma noche y quedaron todas embarazadas. Esto no significa que Dios, al que se introduce como agente en este acontecimiento milagroso, esté sujeto a las pasiones y fragilidades humanas, ya que, por su naturaleza, es incorporal y la pureza misma: puede al mismo tiempo mostrarse

en miles de lugares diferentes, con miles de nombres y formas, sin dejar de ser inmutable, en su esencia divina (primer capítulo del Dirm-Shaster).

72. Bagavadam, libro IV.

73. *Ibid.*

74. En otro lugar, el Bagavadam arranca al propio Vishnú, por una especie de suicidio, homenajes a la unidad de Shiva, unidad que priva a Vishnú de los honores divinos. Declara a los brahmanes por encima de los hombres, y a los *galigueuls*, por encima de los brahmanes; pero los *galigueuls* son sectarios que niegan la divinidad de Vishnú. Esta extravagancia se explica por la costumbre de los sacerdotes de la India, que hacen siempre de sus dioses los órganos de sus opiniones. En este caso, la costumbre los lleva a prestar a Vishnú una confesión por la que se pone en duda hasta su existencia misma. El Bagavadam, al lado de esta doctrina de teísmo, contiene una multitud de fábulas populares favorables al politeísmo, y las inculca a sus lectores como artículos de fe, claro indicio de ese doble movimiento del sacerdocio que quiere a la vez alegorizar o interpretar las tradiciones y conservarlas, sin embargo, intactas.

75. Sonnerat, I, pp. 129-131. Baldaeus, *Beschr. der Ostind. Küste*, 144-145.

76. Sonnerat había sospechado este fraude hacía tiempo; pero sólo el señor Ellis lo desenmascaró totalmente en el volumen XIV de *Asiatic Researches*. Anquetil-Duperron, que había consagrado varios años a estudiar los monumentos religiosos de la religión india, fue víctima total de esta impostura. El señor de Voltaire compartió su error (cf. *Siècle de Louis XIV*, cap. 29, en nota); pero su equivocación no tiene nada de extraño. Estaba muy lejos de tener los conocimientos requeridos, y su universalidad, por lo demás admirable, carecía de una crítica severa. Cuando un hecho servía a su hipótesis, lo adoptaba sin demasiado examen.

77. Los Rudras, en la religión astronómica, no son más que el sol considerado desde sus diferentes caras; pero las invocaciones populares hacen de él otras tantas divinidades aparte.

78. Los *saivas*, que tuvieron por fundador a Sankara-Acharya, uno de los más famosos comentaristas de los Vedas.

79. Los *vaishnavas*, cuyo origen se remonta a Madhava-Acharya y a Wakhaba-Acharya.

80. Los *ramanuj*, una rama de los *vaishnavas*, que sólo adoran a Vishnú en su encarnación de Rama.

81. *As. Res.*, VII, 279-282.

82. Cf. más arriba, sobre el poder que los indios atribuyen a la penitencia (Libro IV, cap. 2), donde explicamos las relaciones de esta opinión con el clima.

83. Cf. sobre esta fábula, Libro IV, cap. 2, nota 7.

84. Devendren sintió un violento amor por la bella Ahalia, mujer de un *mouni* (brahmán entregado a la vida contemplativa) y se presentó ante ella con la figura de su esposo, como Júpiter en casa de Alcmena. Ahalia, engañada por las apariencias, cedió sin escrúpulos a sus deseos. Pero el brahmán sorprendió a Devendren en medio de sus placeres ilícitos, y, con sus maldiciones, cubrió todo el cuerpo del dios de órganos semejantes a aquel del que acababa de abusar. Sin embargo, se dejó ablandar enseguida y remplazó los órganos por innumerables

ojos que cubrían todo el cuerpo de Devendren. ¿No debe producir esta fábula, en todos los indios, el mismo efecto que los amores de Júpiter y de Venus en los griegos? Por lo demás, se explica científicamente, como muchas otras. Devendren, en lenguaje astronómico, es el aire o el cielo visible, y los ojos que cubren su cuerpo expresan la transmisión de la luz. Lo veremos también reaparecer en la demonología sacerdotal, como jefe de los genios de segundo orden.

85. Hablamos antes del Ezurvedam como de un libro apócrifo, escrito por un misionero; pero prueba igualmente la existencia de la idolatría en la India. Si el teísmo hubiese dominado, el misionero no hubiese dirigido sus golpes contra la idolatría. Uno de los hombres más versados en la historia de la mitología y de la filosofía india, que, al mismo tiempo, abrazó una opinión totalmente opuesta a la nuestra, ya que supone que la religión primitiva de la India era una religión totalmente intelectual y abstracta, reconoce, sin embargo, que los sistemas establecidos en los Sastras y en los Puranas no fueron más que intentos de reunión entre una multitud de sectas diversas, y llevan la impronta de doctrinas irreconciliables que en vano se intenta amalgamar (Schlegel, *Weisheit der Indier*, p. 186). Su testimonio es tanto más precioso cuanto que milita contra su opinión favorita. Sólo la evidencia de los hechos pudo hacerle desistir de ella. Este homenaje tributado a la verdad honra su lealtad como erudito. Es una pena que esta lealtad haya desaparecido en el escritor político.

En el diálogo de un misionero y de Zaradobura, gran sacerdote de la religión de los rohannis en Ava, éste cuenta al cristiano que, cuando la desaparición del primer reino de mil años anunció la aparición de un nuevo dios, hubo seis falsos profetas. El primero enseñaba que un espíritu salvaje era la causa del mal; el segundo negaba la metempsícosis; el tercero afirmaba que todo acaba con esta vida; el cuarto proclamaba una necesidad eterna y ciega; el quinto limitaba a una duración pasajera la felicidad de los justos; el sexto decía que el mundo lo había creado un solo ser, y merecía los homenajes humanos. Godama (Buda) venció a estos seis impostores (Buchanan, *On the Religion of the Burmas*). He aquí, pues, el teísmo colocado a la altura de las doctrinas impías, y su apóstol, tratado como falso profeta.

86. Cuando entregamos estas páginas a la imprenta, nos llegan algunos escritos, ya antiguos en la India, pero poco conocidos en Europa, y parecen destinados a corroborar la verdad que nosotros establecemos. Estos escritos, el primero de los cuales apareció en 1817, obra de un brahmín, llamado Rammohun-Roy, quien, habiéndose declarado contra la idolatría y a favor del teísmo, fue perseguido por su casta y sería víctima de la intolerancia sacerdotal, si no hubiese estado protegido por el gobierno inglés. Siguiendo los mismos pasos que todos los reformadores, afirma, en primer lugar, que la doctrina que él recomienda es la religión que practicaron los ancestros de los indios actuales; que se enseña tanto en los Puranas y los Tantras, como en los Vedas; que muchos comentarios, escritos por los más célebres teólogos, Vyasa y Sankara-Acharya a la cabeza, proclaman la unidad del Ser invisible (*A Defense of the Hindoo Theism*, por Rammohun-Roy, Calcuta, 1817). Pero añade que, aunque varios brahmanes estén perfectamente convencidos de lo absurdo del culto a los ídolos, prevalecieron estas ideas erróneas; que los europeos que intentan paliar los rasgos escandalosos de la idolatría india, pretendiendo que todos los objetos de esta idolatría se con-

713

sientan como representaciones emblemáticas de la divinidad suprema, honran
extraordinariamente a sus compatriotas; que los indios de hoy creen firmemente
en la existencia real de innumerables dioses y diosas, que poseen, en sus funciones respectivas, un poder completo e independiente; que para granjearse el favor
de los ídolos y no del verdadero dios, se construyen templos y practican ceremonias diversas; que afirmar lo contrario se considera una herejía (*Translation of an
Abridgment of the Vedant*, prefacio, Calcuta, 1818). Sin duda, es una confesión
bien reciente, muy positiva y auténtica; es un brahmán el que la publica, un
brahmán partidario del teísmo, que se ruboriza por los errores de su país, que
afronta la persecución para iluminarlo. Concluye con estas palabras: «Al seguir
el sendero que me trazan mi conciencia y mi sinceridad, nacido como soy en la
casta de los brahmanes, y brahmán yo mismo, me he expuesto a las denuncias, los
reproches y amenazas de mis parientes más próximos; sus prejuicios son interesados; su bienestar temporal descansa en estos prejuicios; pero por muy acumulados que aparezcan mis peligros y mis sufrimientos, los soporto con tranquilidad;
llegará un día en el que todos mis esfuerzos se mirarán con justicia, con reconocimiento quizá, y, en todo caso, ¿qué importan los hombres si agrado al que contempla nuestras acciones y las recompensa?». Que nos hablen ahora del teísmo
puro, antiguo y constante de los brahmanes que persiguen el teísmo en 1818.
    87. En el Chandogya-Upanishad, que se refiere al Sama Veda, Asvapati cen-
sura a los sabios reunidos en torno a él por considerar el alma universal como
un ser individual. Esta alma, les dice, es todo lo que existe.
    88. Sonnerat, III, cap. 14.
    89. Oración de los brahmanes en los centros de formación de Timur.
    90. *Mohamadgara*, poema cuyo título significa «remedio contra las agita-
ciones del espíritu».
    91. *As. Res.*, I, 39-40.
    92. Bagavadam, de Guignes, *Mém. Acad. des inscr.*, XXVI, 793.
    93. *Bhag. Gita*, trad. in., p. 80. Añade luego: «El alma no es una cosa de la
que se pueda decir que fue, que es o que será; no tiene nacimiento; es constante,
incorruptible, inagotable, indestructible, universal, permanente, inalterable. Yo
fui siempre, como tú, como todo cuanto existe» (*Bhag. Gita*, trad. in., pp. 35-37).
Es digno de observar que, al afirmar así la inmortalidad del alma en el sentido del
panteísmo, el *Bhagavad Gita* siembra, al tiempo, sobre esta opinión, dudas que
declara imposibles de disipar. «Consideremos que contemplas el alma, dice Krishna, como de eterna duración, o que crees que muere con el cuerpo, no tienes motivo para la aflicción. ¿Para qué lamentarse de lo que es inevitable? El estado anterior de los seres lo desconocemos; sólo el estado presente es claro; no se puede
descubrir su estado futuro» (*Bhag. Gita*, trad. in., pp. 37-38). Esto confirma nuestras afirmaciones sobre las contradicciones propias de las filosofías sacerdotales.
    94. *As. Res.*, V, 247.
    95. Signos del zodiaco.
    96. Meru, la montaña santa de los indios, celebrada por todos sus poetas y
descrita en el *Mahabarata*, I, 16.
    97. Al mismo tiempo, el planeta de Júpiter.
    98. El monosílabo sagrado que pronuncian los indios de todas las sectas e
incluso budistas al comienzo de sus plegarias y que colocan al inicio de sus libros.

99. Por un singular efecto de la confusión que reina siempre en las fábulas indias, y que, en el fondo, no es más que el resultado del panteísmo, revestido de formas mitológicas, este jefe de los coros celestes, Kitrara, con el que aquí se identifica Krishna, es uno de los enemigos de Arjuna, y su derrota es un episodio poético del *Mahabarata*.

100. El árbol *pipal* (*Ficus religiosa*).

101. El brebaje de la inmortalidad, por cuya posesión los dioses y los gigantes libraron combates encarnizados, descritos en el *Mahabarata*.

102. La vaca de la abundancia.

103. Mal espíritu convertido por Krishna.

104. Encarnación de Vishnú y el héroe del *Ramayana*.

105. Pez fabuloso representado con la trompa de un elefante y, al tiempo, el signo de Capricornio.

106. Cuando el Ganges salió por vez primera de su manantial para dirigirse al Océano, sus olas perturbaron la devoción de Jahnu, que estaba rezando a la orilla del Mahadany. Jahnu, irritado, se bebió el río; pero su cólera se calmó y lo dejó salir por una incisión realizada en su muslo y, desde entonces, se le dio el nombre de la hija de Jahnu (*Ramayana*, libro I, sec. 35).

107. Manera de formar palabras compuestas en la lengua india.

108. Plegaria misteriosa de los indios y, además, el pivote sobre el que gira toda su creencia; pues es, a la vez, una plegaria y una divinidad, una fiesta y la fuerza creadora, un modo de adoración y la Trimurti, una invocación irresistible y la reunión de todos los dioses (cf., más adelante, hacia el final del capítulo, el análisis de esta combinación).

109. El mes de octubre en el que terminan las lluvias y disminuyen los calores.

110. Cf., más arriba, lo referido a Vyasa.

111. El transformador de los malos genios y, a la vez, el planeta de Venus.

112. *As. Res.*, II, 267.

113. *As. Res.*, IX, 126.

114. *As. Res.*, XI, 126.

115. *Ramayana*, libro I, o *Adi Kanda*, sec. 2, donde se dice: «El que lee esta sección, en medio de un círculo de sabios, será absorbido, a su muerte, en el seno de la divinidad».

116. Dime quién es grande y poderoso, que preserva los tres mundos, libro I, sec. 1. Ravana, célebre en los tres mundos, *ibid.* Dusharrata, célebre en los tres mundos, *ibid.*, sec. 6. Ravana, que perturba los tres mundos, *ibid.*, sec. 14. Dos fórmulas o plegarias; Bala y Utibala, poderosos en los tres mundos, *ibid.*, sec. 20. Bali, hijo de Vairocana, famoso en los tres mundos, *ibid.*, sec. 27.

117. El *sloka*, así llamado por la palabra india *schoka*, dolor, en memoria del dolor del pájaro cuya compañera había muerto. El señor Chézy publicó, sobre este ritmo, un pequeño tratado erudito e ingenioso.

118. El *Ramayana* nos ofrece un singular ejemplo en la sección 26 del libro I. Visvamitra da a Rama armas mágicas. Estas armas son a la vez todos los dioses y todas las fuerzas de la naturaleza. Después de su larga enumeración, el poeta añade: «Y estas armas invencibles, que repiten los mantras en la forma prescrita, se presentaron a Rama, con las manos juntas y le dijeron: 'Manda, oh hijo de Ragha, héroe de brazo poderoso'. Rama las examinó, las tomó en su mano y les

respondió: 'Marchad, y cuando oigáis mi voz, acudid'. Y estas terribles armas, bajando humildemente la cabeza, se retiraron». La incoherencia misma de la imagen muestra la lucha de la poesía y del panteísmo.

119. Al leer el *Ramayana*, el *cuttery* se convierte en un monarca; el *vaysia* obtiene todas las prosperidades comerciales; el *sudra*, el artesano, no tiene permiso para leerlo por sí mismo, pero puede escuchar la lectura (*Ramayana*, libro I, sec. 1, hacia el final).

120. El *Ramayana* es tan poco conocido en Francia, y tan difícil de hacerse con él, que, al presentar anteriormente las fábulas que se extraen de él, remitimos siempre a nuestros lectores a las *Asiatic Researches*, en las que se encuentran estas fábulas, porque pensamos que éste era el medio más adecuado para verificar nuestras citas; pero, en el capítulo que sigue, y donde se indican varias modificaciones particulares de la religión india, deberemos volver con todo detalle al poema de Valmiki.

121. El señor Guigniaut, a nuestro parecer, cometió, hasta cierto punto, este error. Un solo espíritu, una sola alma, una sola vida que proceden de un solo y mismo principio, se expanden por todo el universo, dice, y el universo no es otra cosa que una gran manifestación del Altísimo, en el que circulan miles de formas de la substancia única. El monoteísmo no es realmente, en la India, más que un panteísmo refinado (pp. 276-277). Es probable, suponiendo que los brahmanes sean siempre consecuentes con su lógica, que sea verdadera la afirmación del señor Guigniaut; pero no todos los espíritus llegan al último término de sus premisas, y se ha visto que varias escuelas brahmánicas se quedaron en el camino, perseverando en el teísmo, aunque el panteísmo pareciera atraerlos. El ingenioso escritor del que hablamos lo experimentó él mismo, pues, en la página 263, dice: Todos los dogmas más opuestos tienen en los Vedas, si no su fuente primera, al menos su sanción común. Por tanto, existía oposición en los dogmas que coexistían, y no existía doctrina exclusiva.

122. Cf., para el sistema de emanación, el extracto de las *Leyes de Menu*, por *sir* W. Jones (*As. Res.*, V y VII).

123. El señor Fr. Schlegel quiso probar que el sistema de emanación difería esencialmente del panteísmo en que, dice, el mal, en el primer sistema, permanece siempre separado de Dios. Admite, sin embargo, que la doctrina del *Bhagavad Gita* es un puro panteísmo, y Krishna declara en el *Bhagavad Gita* que los malos, los insensatos y las almas viles no entrarán en él. Esta aparente contradicción no significa otra cosa que, para llevar las diversas naturalezas parciales o más bien aparentes al ser universal y único existente, es preciso que estas naturalezas parciales se hagan homogéneas de este ser universal; pero cuando esta homogeneidad se produce, ya no hay individualidad. La evidencia fuerza al panteísmo a reconocer modificaciones diversas de la substancia única; pero todo sistema en el que estas modificaciones conducen a la destrucción de la individualidad y a la fusión completa de todos los seres en esta substancia, cualquier sistema como éste es un camino que lleva al panteísmo (*Weish. der Ind.*, p. 59).

124. Se verá más adelante, Libro X, en el capítulo que trata de las divinidades maléficas admitidas por todas las religiones sacerdotales, en qué sentido el teísmo recurre, para absolverse de la existencia del mal, a la doctrina de un ser perverso, ya sea igual, ya subordinado al principio bueno.

125. Esta parte de la mitología india tiene mucha semejanza con las ideas persas. Vishnú se muestra con los rasgos de los héroes Rustan y Feridun, cuyas grandes hazañas se celebran todavía. Friedrich Schlegel atribuye un origen persa al dualismo indio (*Weish. der Ind.*, pp. 134, 135). ¿Por qué, dice, ya que tantas cosas vinieron de la India, nada pudo retornar a ella con adiciones o modificaciones realizadas en otros países? Cualquiera que sea el valor de esta hipótesis, lo que está fuera de toda duda es que el dualismo es una de las doctrinas dominantes en los Puranas.

126. Cf., más arriba, Libro VI, cap. 3, nota 26.

127. Cf. Libro VI, cap. 3.

128. A pesar de lo que anotamos anteriormente como un ligero error del señor Guigniaut, él no pudo rechazar totalmente la verdad que establecemos. Su segundo capítulo sobre la India demuestra, quizá más de lo que él supuso, no la sucesión, sino la existencia simultánea del teísmo, del panteísmo, de la emanación y del dualismo en los sistemas indios.

129. Esta cosmogonía, muy abreviada, está tomada del Upnekat: se la podrá ver, con más amplitud, en el libro sobre la India de la excelente obra del señor Guigniaut. No teníamos necesidad de tratarla con tanta amplitud, ya que nuestro objetivo sólo era, en ese momento, constatar su identidad con las otras cosmogonías de los pueblos sacerdotales, y las investigaciones que seguían nos obligaban a volver sobre varios detalles.

130. Los indios llaman a este huevo Bramandha, y en una concesión de tierras, traducida por *sir* W. Jones (*As. Res.*, III, 45), se lo coloca entre los presentes que ofrece a los dioses el rey Viran-Risinha.

131. En sánscrito, Hiranyagarbha, el Vientre de Oro.

132. Bagavadam y Polier, *Mythologie des hindous*.

133. *Sketches to the Hist. Relig., etc., of the Hindoos*, I, 188.

134. Bagavadam.

135. Al realizar el *sandia*, purificación diaria del brahmán al levantarse, debe imaginarse a Brahma de un rojo brillante, sobre una oca llevando en sus cuatro brazos cien cosas maravillosas; a Vishnú, de color rojo, con cuatro brazos también, y llevado por el pájaro fantástico llamado Garuda; a Shiva, de un blanco triste y apagado, con tres ojos sobre cada una de sus cinco caras, y al que lleva Dherma, con la figura de un buey (cf., más adelante, sobre la figura de los dioses en el politeísmo sacerdotal). Pasando luego a la astronomía: Divino sol, dice el brahmán, vos sois Brahma, cuando aparecéis por el horizonte; Shiva, cuando irradiáis vuestro fuego en medio de vuestra carrera; Vishnú, cuando, más suave y menos resplandeciente, os acercáis a vuestro término (*Nittia-Carma ou Grand Rituel des brames*).

136. Un escritor que desnaturaliza todo, confunde todo y, podríamos decir, ignora todo, pues su manera de saber es, a la vez, tajante y superficial, quiere reducir la idea india del sol a pura noción abstracta (diario *Le Catholique*, XV, 527), porque en algunos pasajes de los Vedas, el sol es brahmán o espíritu puro. Sin duda, en la parte puramente metafísica. Pero también es el sol material, adorado por el pueblo en el sentido literal, y dios astronómico en su doctrina erudita. Dios nos guarde de quienes no quieren ver más que una sola idea allí donde todas las ideas se colocan unas junto a otras, y se contradicen sin excluirse, porque no se entrechocan.

137. Cf., más arriba, nota 108.

138. Este ritmo, llamado *gayatriyam*, se compone de una estancia de tres líneas, cada una de ocho sílabas, o más bien de una sola línea de veinticuatro, separadas por una cesura que sitúa dieciséis al comienzo y ocho al final (*As. Res.*, XIV, 49).

139. Georgi, *Alph. Tibet.*

140. Otra fábula atribuye el color rojizo de las aguas de este río a Rama, quien, obligado a cortar la cabeza de su madre, para evitar la maldición paterna, lavó en sus aguas su cimitarra ensangrentada.

141. El señor Guigniaut pregunta cómo se puede conciliar la idea de la caída primitiva y el panteísmo: no hay nada que conciliar allí donde las contradicciones pertenecen a la esencia misma de la cosa.

142. Con estos rayos precisamente Tvasta creó el fuego que sirve para todos los usos terrestres: hasta entonces, sólo había fuego en el sol; los hombres no podían alcanzarlo. Tvasta es, pues, en cierto sentido, el Prometeo de los indios; pero Prometeo fue castigado severamente por haber empleado la violencia y la astucia, mientras que Tvasta sólo cortó los rayos al sol con su palabra y, por eso, gozó legítimamente de su botín (*As. Res.*, XI, 68-69).

CAPÍTULO 6

De las causas que modificaron en la India esta combinación,
sin, por ello, prevalecer sobre la acción del sacerdocio

1. Cf. Libro IV, cap. 2.

2. Oh mi divino padre, dice Rischyasyringa a Vibanduka que le pregunta, jóvenes de mirada encantadora vinieron junto a mí. Ciñeron en mi pecho globos de forma sorprendente, hermosos para la vista y suaves al tacto, que decoran su seno. Estamparon en mis labios besos cargados de bálsamo. Cantaron canciones que me embriagaron y, danzando cadenciosamente, me cautivaron con miles de gestos variados e irresistibles (*Ramayana*, libro I, sec. 9).

3. *Ramayana*, libro I, sec. 20. No citamos el episodio encantador de la muerte de Yajnatabada, porque es conocido de todos los hombres instruidos o curiosos, por la elegante traducción del señor Chézy.

4. *Ilíad.*, XIV, 214.

5. *Ilíad.*, II, 6.

6. *Ramayana*, libro I, sec. 14.

7. *Ilíad.*, I, 345, 346.

8. *Ramayana*, libro I, sec. 42.

9. Plegaria o himno en honor de los dioses.

10. Probaremos, en un libro posterior, que la prolongación de los sacrificios humanos fue obra exclusiva, en todos los países, del sacerdocio.

11. *Ramayana*, libro I, sec. 48.

12. El algodonero.

13. Extractos de los Yajur y del Sama Veda.

14. Hablaremos, en el siguiente libro, de los ritos licenciosos introducidos en las religiones sacerdotales por la idea de sacrificio.

15. Nuestros misioneros, dirigiendo contra esta noción toda la fuerza de su lógica, fueron, más de una vez, mucho más lejos de lo que habrían querido. En el Sama Veda, obra apócrifa, compuesta probablemente por un jesuita, fundador de la misión de Madurai en 1620 (Roberto de Nobilibus o de Nobilis, pariente próximo de Marcelo II y sobrino del cardenal Belarmino); en el Sama Veda, decimos, el autor enseña que el Ser supremo no se encarna nunca; que nunca tuvo trato con las mujeres, y que es una impiedad el decirlo o pensarlo. Pero, pregunta el escritor inglés de quien tomamos estos detalles, si el misionero llega a convencer a su discípulo, ¿no sentirá cierta contrariedad y turbación por hacerle adoptar luego los misterios de la fe cristiana? (*As. Res.*, XIV).

16. Leed la frase del Bagavadam, citada en la p. 263. Siempre que la virtud pierde fuerza, y dominan el vicio o el error, acudo, dice Krishna, a proteger la justicia, castigar a los malvados y devolver al bien la energía que lo abandona (*Bhag. Gita*).

17. Esta noción singular es una de las principales causas de la oscuridad que envuelve la mitología india. Nunca se sabe si la encarnación actúa como hombre o como ser celeste; y lo que es aún más inexplicable, el conocimiento de su naturaleza divina no cambia nada de sus relaciones con los moradores de la tierra. Cuando, en el *Ramayana* (libro I, sec. 62), otro Rama, que no es el héroe del poema, viene a atacar a este último, Dasaratha, su padre, es preso de pavor; suplica al agresor que no mate a su hijo; y cuando este agresor, que reconoce al adversario al que desafió imprudentemente, por una emanación de Vishnú, se arroja a sus pies e implora su piedad, no por ello Dasaratha deja de ver en Rama a su hijo predilecto y teme por su vida siempre que se enfrenta a un nuevo peligro y de alegrarse siempre que evita, por su valentía y su fuerza, una muerte inminente.

18. Sonnerat, I, 139-140.

19. El origen y los progresos de esta secta, fundada por Nanac hacia el año 1590, los cuenta de un modo auténtico y muy interesante el coronel Malcolm, en las *Asiatic Researches* (XI, 197, 292). Es curioso observar el paso del espíritu pacífico y tolerante al espíritu guerrero y perseguidor, a medida que las probabilidades de éxito alimentan las esperanzas, o que las crueldades de los adversarios inflaman los odios. Es una prueba de que siempre que las opiniones toman cuerpo, enarbolan un estandarte, revisten, en una palabra, lo que hemos llamado una forma, sus peligros son los mismos, cualquiera que sea su naturaleza. Nada más puro, más delicado que el teísmo de Nanac. Descansa, como el cristianismo primitivo, en una bondad universal y en una perfecta igualdad. Nada más escandaloso que las barbaries ejercidas en nombre de este teísmo por Hargovind, cincuenta sucesor de Nanac, su hijo Tegh-Bahadur, su nieto Govindsinh y, sobre todo, el compañero de armas y de creencia de este último, el fanático Banda, quien, después de haber derramado torrentes de sangre, degolló a su hijo con sus propias manos, sin verter una lágrima, y murió desgarrado por tenazas ardiendo, sin lanzar el menor grito. La historia de esta secta nos hubiera proporcionado, si lo hubiéramos creído necesario, una demostración abundante de la adhesión de los indios al politeísmo, ya que nos muestra a este mismo Govindsinh, que siempre estaba presto a hacer prevalecer el teísmo mediante la espada y el fuego, obligado, sin embargo, a numerosas concesiones para con las tradiciones mitológicas y las antiguas divinidades, de las que sus seguidores se negaban a abjurar.

20. Cf., más arriba, p. 263.

21. «No se puede dejar de reconocer en la religión de Vishnú un alto desarrollo, a la vez poético y moral, que debió de ser el largo alumbramiento de los siglos y el resultado de un notable progreso en la civilización de los pueblos» (Guigniaut, p. 218).

22. Guigniaut, pp. 142, 143.

23. Libro I, cap. 9.

24. Guign., pp. 139-143.

25. Al enumerar, en la página 263 del capítulo anterior, las diversas revoluciones religiosas de la India, colocamos, según la costumbre, el brahmanismo antes del shivaísmo, porque no queríamos ir contra las ideas recibidas, antes de exponer cuáles eran nuestros motivos para adoptar otra cronología, que, por lo demás, trata más de la doctrina que de los hechos.

26. Esta progresión dio lugar a varias tradiciones de los brahmanes sobre la manera como los Vedas fueron revelados o transmitidos. Entre estas tradiciones existe una que habla claramente de una reforma revestida de una redacción mitológica. Vasampayana, discípulo fabuloso del fabuloso Vyasa, había enseñado el Yajur Veda a Yajnyawalcya. Pero al negarse este alumno a aceptar su parte de responsabilidad en una muerte cometida involuntariamente por su maestro, éste le ordenó que vomitara este Yajur, que fue enseguida ingerido por sus otros discípulos, transformados en perdiz. De ahí proviene el Yajur negro o mancillado. Sin embargo, Yajnyawalcya, en su desesperanza, invocó al sol. Una revelación le fue concedida, un nuevo Yajur bajó del cielo; es el Yajur blanco, que remplazó al Yajur impuro.

27. Se lee en Goerres (II, 556-558) observaciones muy interesantes sobre la reforma proyectada por Krishna, reforma que, sustituyendo los ritos sangrientos y las prácticas obscenas del shivaísmo por un culto más puro y menos violento, habría tenido como finalidad procurar a la India los beneficios que Europa recogió de la sustitución de la ley judaica por el cristianismo, aunque estemos lejos de comparar esta ley con el culto bárbaro y escandaloso de Shiva. Entonces se debía considerar a Shiva desde dos perspectivas: como reformador de un culto popular, y como filósofo que posee su doctrina oculta contenida en el *Bhagavad Gita*, vinculándola a las denominaciones y a las aventuras de las divinidades adoradas por el pueblo.

28. Existe también en Indostán, con el nombre de Oude, corrupción evidente del nombre primitivo.

29. Libro I, sec. 6.

30. Libro I, sec. 15.

31. Traducido literalmente.

32. Libro I, sec. 12. Habríamos podido citar miles de ejemplos. Dasaratha se arroja a los pies de su confesor (*Ramayana*, libro I, sec. 11). Los solitarios que rinden vista a Rama sólo se ocupan de él después de haber adorado a Visvamitra (*ibid.*, sec. 27). Rama y sus hermanos, después de una victoria, se prosternaron delante de él (*ibid.*, sec. 28). El rey Pramati actuó de igual manera (*ibid.*, sec. 37). Janacka no se acerca al santo hombre sino con las manos juntas, felicitándose de su presencia (*ibid.*, sec. 40). Lo llama su maestro y le pregunta qué desea de él (*ibid.*, sec. 53). Los brahmanes son nombrados siempre preceptores

de los reyes (*ibid.*, sec. 61). Y los dioses no muestran menos respeto por la casta sagrada. Krishna, visitado por un brahmán, estrecha sus rodillas, le lava los pies y le asigna un lugar por encima del suyo (*Bhag.* Purana).

33. Cf., más arriba, p. 287.

34. El *Ramayana* los llama pahlavas, nombre con el que se designaba a los antiguos persas.

35. *Ramayana*, libro I, sec. 43.

36. *Ibid.*, sec. 52.

37. *Ibid.*, sec. 63.

38. Los legisladores hindúes y los autores de los Puranas, dice Colebrooke (*As. Res.*, VII, 277), acumularon una multitud de preceptos ridículos por su minuciosidad y, a menudo, por su carácter absurdo: unas veces hablan de la dieta, prohíben totalmente varios alimentos y el consumo habitual de otros muchos; otras, regulan la manera de aceptar el alimento que se les presenta, la mano que debe ofrecerlo, la hoja sobre la que debe descansar, la hora de las dos comidas de la mañana y de la noche, los lugares en los que se permite estas comidas, aquellos en los que sería un crimen, y entre estos últimos se encuentran todos los navíos, lo que se debe quizá al odio al mar, carácter propio del sacerdocio, tanto en la India, como en Egipto. Indican los comensales cerca de los que se permite sentarse (el hijo pertenece a este número, mientras que a la mujer se la excluye), la actitud que se debe conservar cuando uno está sentado, el punto del horizonte que debe fijar las miradas, y, sobre todo, las precauciones que se debe tomar para evitar, cuando se está solo, cualquier contacto impuro. Veremos más adelante el efecto de estos preceptos multiplicados sobre la moral, a la que desnaturalizan y pervierten más de lo que se cree.

39. Definición de dios en el Upnekat: «Es grande, no es grande; abarca todo, no abarca todo; es luz, no es luz; tiene y no tiene el rostro en todos los lados; es y no es el que devora todo; es y no es terrible; es y no es la felicidad; hace inútil la muerte y muere; es y no es venerable; dice y no dice 'Yo estoy en todo'» (Upn., 50, n. 178). «El que dice 'lo entendí', no lo entendió; quien no lo comprende, lo comprende» (Upn., 36, n. 147).

40. *As. Res.*, V. *Prelim. Disc.*, IX, X. Si un hombre, arrastrado por la pasión, perjura por una mujer o por salvar su vida, o por no poder sus bienes, o por rendir servicio a un brahmán, se puede excusar la impostura (*Code des Gentous*, por Halhed).

41. *As. Res.*, V, 166.

42. Nos abstuvimos de invocar el testimonio del reverendo William Ward, a quien debemos, sin embargo, una obra bastante útil sobre la India (*A View of the History, Literature and Religion of the Hindoos*); pero este misionero es tan fanático, que no se puede recurrir a su autoridad. Aunque adoptemos en parte sus conclusiones sobre la religión india, no acusamos de paganismo a quienes las rechazan, y nada nos parece más ridículo que las lamentaciones del misionero sobre las traducciones de algunos himnos sánscritos realizadas por el caballero Jones. «Es una violación de la neutralidad», escribe, «una ofensa al Evangelio; ¿qué hubiera dicho el profeta Eliseo de semejante uso del tiempo y del talento?». El señor Ward fracasó en su vocación; no es al cristianismo, sino

al brahmanismo al que debería defender: se cree enemigo de los brahmanes, pero escribe y piensa como ellos.

43. Gangotri o Gangautri significa catarata. El Ganges tiene tres; y una de ellas dio su nombre a una ciudad bastante importante (Wilford, «Geography of India», *As. Res.*, XIV, 46).

44. Viaje del capitán Hodgson a las fuentes del Ganges (*As. Res.*, XIV, 118).

45. Queremos hablar de una escuela de reciente creación que busca en las teocracias de Oriente el modelo de teocracia que espera implantar en Europa, y cuyas intenciones son tan perversas como engañosas son sus afirmaciones y dogmático su tono. Esta escuela se introdujo en Francia aprovechando la metafísica alemana a la que comprende mal y la erudición alemana que no posee. Uno de los órganos de esta escuela es un hombre de espíritu, que posee conocimientos comunes a todos los estudiantes que han frecuentado las universidades germánicas, y que sabe utilizar este ligero bagaje con arte muy particular. Evita casi siempre citar cuando afirma y se apoya hábilmente en citas, a menudo falsas, sobre algunos puntos secundarios; por eso, emite opiniones tan tajantes que uno siente escrúpulo en discutir algo a un escritor tan convencido: sólo en una segunda lectura se da uno cuenta de su parecido con un gran señor, que disputa sobre un tema que conoce poco y que termina por decir: «Le doy mi palabra de honor que tengo razón». El objetivo de este escritor es el de constituir un gran poder intelectual, que sería el monopolio de la autoridad, es decir, que haría de Europa la parodia de Egipto. Los brahmanes, los druidas, todas las corporaciones que oprimieron a los hombres, son objeto de su admiración. Los sacrificios humanos, las orgías en las que el desenfreno se unía con el asesinato, le parecen misteriosas representaciones de un orden primitivo o impulsos religiosos hacia un orden nuevo: todo es bueno, siempre que la libertad no tenga nada que hacer en esto; todo es sublime, siempre que se proscriba la individualidad. Los griegos, que tuvieron la desgracia de liberarse del yugo de sus sacerdotes, sólo interesan al autor por los vestigios de la feliz época en que el dominio sacerdotal pesaba sobre sus cabezas. Pero ve en la creencia de la India un bien de mayor grandeza moral, y es este grado de grandeza moral el que quiere traernos. Su obra se lee poco; lo sentimos. Es curioso examinar los disfraces que utilizan los defensores de una causa perdida. Vencidos, en lo que es positivo, por los progresos de una civilización siempre creciente; vencidos, en lo que es abstracto, por los de la inteligencia, de la que sólo falta ya conocer sus límites, llaman en su ayuda a los errores y las opresiones de todos los siglos, arrodillándose ante los velos simbólicos con que cubren estos restos. ¡Impotentes arquitectos de un edificio cuyos planos se pierden en las nubes, y cuyos materiales se convierten en polvo!

46. Las principales cuestiones son: el carácter moral de los dioses que las religiones sacerdotales presentan a la adoración; la supremacía de uno de esos dioses sobre los demás; los atributos de este dios; la demonología, la introducción de dioses perversos por naturaleza, la caída primitiva, los dioses mediadores, la destrucción del mundo, la noción del sacrificio y de sus resultados, la inmolación de las víctimas humanas, las privaciones de los placeres de los sentidos, los ritos licenciosos, la santidad vinculada al dolor, la abdicación de las facultades intelectuales, etcétera.

Capítulo 7

Que podríamos encontrar ejemplos de la misma combinación
en todos los pueblos sometidos a los sacerdotes

1. Se consideró a los caldeos como una casta de adivinos o de sacerdotes; pero Cicerón dice, con los términos adecuados, que eran un pueblo: *Chaldaei, non ex artis, sed ex gentis vocabulo nominati* [los caldeos, así llamados no por el nombre de su profesión, sino por el de su nación] (*De divin.*, I, 2).

2. El gallo, con el nombre de Nergal; el macho cabrío, con el de Ashimá; el perro, con el de Nibjaz. *2 Reyes* 17. Selden, *De diis Syr. Syntagm.*, II, 8, 9.

3. Kircher, *Oedip. Aegypt.*, II, 177.

4. Apolodoro, *Fragm.*, ed. Heyne, pp. 408 s. Heladio, en Focio, p. 374.

5. Albufarage, *Hist. dynast.*, p. 2. Maimónides, *More nevoch.*, cap. 29.

6. Goerres, II, 435, 439, señaló que, a medida que la doctrina metafísica adquiría crédito, la astronomía, que era una doctrina oculta hasta entonces al pueblo, se convertía en una doctrina exterior, en comparación con las hipótesis metafísicas. Desarrollaremos esta idea al hablar de la marcha posterior de la religión.

7. Plinio, *Hist. nat.*,II.

8. Syncello, *Chron.*, p. 28.

9. Damascio, *De principiis*.

10. Selden, *De diis Syris*. Mignot, *Acad. inscr.*, XXXI, 137.

Religiosa silex, densis quam pinus obumbrat
frondibus.

[una roca sagrada a la que da sombra un pino / con su frondosidad]
(Claud., *De rapt. Proserp.*, I, 214)

11. Jenofone, *Anábasis*, I, 4, y la nota de Larcher. Cicer., *De nat. deor.*, III, 1, 5. Diod., II, 4. Porfir., *De abst.*, II, 61; IV, 15. Cita como testimonio al antiguo poeta cómico Menandro.

12. Tibulo, I, 8, 18, y la nota de Brockhuys.

13. Higinio, *Fab.*, 199. *Caes. germ.*, cap. 20. Teón *ad* Arato, 131.

14. Sénec., *Quaest. nat.*, II, 45. Cuanto sabemos de la filosofía de los etruscos nos llega casi únicamente de este escritor, a cuyas afirmaciones no podemos otorgarles una confianza total. Estoico celoso, pudo fácilmente prestar ideas estoicas a un sacerdocio cuya doctrina se remontaba a tiempos oscuros. No obstante, como el fondo de estas opiniones no entra en contradicción con hipótesis que el sacerdocio intenta concebir y ocultar con toda naturalidad, sería temerario rechazar el único testimonio que nos ha llegado a este respecto. Si lo admitiéramos, la doctrina etrusca habría fluctuado, como la egipcia y la india, entre el teísmo y el panteísmo.

15. Serv. *ad Aeneid.*, X, 198. Anisio, en Lydo, *De mens.*, p. 68.

16. Lydo, *De mens.*

17. *Deus Venus, Venus Almus*, Júpiter la madre de los dioses.

18. Izeschné, *Ha*, 10 y 25. Vendidad, frags. 10 y 11. Bundehesch, cap. 29.
19. Izeschné, *Ha*, 56-57.
20. Jescht-Sades, 89.
21. *Ibid.*, 84.
22. Bundehesch, 3, 4, 10, 14.
23. Sería demasiado prolijo detallar aquí los variados caracteres de Mitra, según pertenezca a la metafísica o al dualismo, a la cosmogonía o a un orden de ideas que desarrollaremos en otro lugar, y que transformaba a los dioses mismos en seres sufrientes y que morían por el hombre (cf. Libro XI, cap. 6), concepción singular, que se debe, por una parte, a la astronomía y, por otra, al misticismo, y, según el momento, hace de estos dioses que mueren la imagen del sol en invierno o víctimas expiatorias de la especie humana. Anquetil quiso distinguir a Mitra del sol; pero los libros Zend lo identifican con este astro (Vendidad, frag. 19). En otros lugares, es cierto, se considera a Mitra un intermediario entre el sol y la luna (Jescht-Sades) y entre Oromazo y la tierra, o entre Oromazo y Arimán. Esto no hace más que probar la complicación que indicamos y que se reproduce continuamente en la doctrina de los sacerdotes.
24. Vendidad, frag. 19.
25. Izeschné, *Ha*, 19.
26. El Martícoras, compuesto del león, del escorpión y del hombre; se vuelve a encontrar este símbolo en las ruinas de Persépolis.
27. Jescht-Sades, 94.
28. Cf. Libro IV, cap. 9.
29. *Iovem in duas dividunt potestates, naturam eius ad utriusque sexos transferentes et viri et feminae simulacra ignis substantiam deputantes* [Dividen a Júpiter en dos potencias, transfiriendo su naturaleza a ambos sexos y considerando sustancia del fuego tanto sus estatuas masculinas como femeninas] (Fírmico, *De err. prof. rel.*, I, 5).
30. Hammer, *Wien. Jahrb.*, X, 229 s.
31. Kleucker, *Anh. zum Zend.*, II, 3.
32. Sapandomad y Neriosingh.
33. Bundehesch.
34. Antes de Zoroastro o Zarades, dice Agatías, en el segundo libro de su *Historia*, los persas adoraban a Saturno, a Júpiter y a los demás dioses griegos. Esta afirmación de un historiador reciente sólo es interesante en cuanto atestigua la opinión universal, durante once siglos, sobre el politeísmo primitivo de los persas; pues se lee casi la misma cosa en Heródoto, y hay que desconfiar de la inclinación de los griegos a encontrar dioses en otros pueblos; el politeísmo de los persas era probablemente mucho más rudimentario que el de Grecia, y se asemejaba más bien al fetichismo de los salvajes que a la mitología homérica. Un pasaje de Porfirio muestra que los magos, en sus misterios, tomaban el nombre de algún animal (Porfir., *De abst.*, IV). Pero era una costumbre general en la Antigüedad que los sacerdotes tomasen, no sólo el nombre, sino también la figura de los dioses. En la explicación de diversos monumentos singulares que hace D. Martin, en la *Table isiaque*, y en las *Antiquités* del conde de Caylus, vemos a sacerdotes con cabezas de lobo, perro, gavilán, león; sin duda, la adopción de denominaciones análogas de estos disfraces tenía un motivo parecido.

Los magos dejaron a los persas, como los sacerdotes de Egipto a los egipcios, sus fetiches, combinándolos, de diversas maneras, con sus ritos misteriosos. 35. Esta adoración de los dioses extranjeros por parte de los reyes de Persia llevó a un célebre erudito de Alemania a un singular error. Piensa que Ciro, halagado por las profecías del Yahvé de los hebreos en su favor, y sorprendiéndose de haberlas cumplido, se convirtió al culto de los judíos, y que, dóciles a sus lecciones y a su ejemplo, sus súbditos y sus sucesores aborrecieron de sus ídolos. De ahí, dice este erudito, los ultrajes que Cambises lanzó contra los dioses de Egipto; de ahí la destrucción de los templos de Grecia por Darío. Pero si el conquistador de Asia, subyugado por la veracidad de los oráculos del dios de Israel, hubiera consultado a los sacerdotes de este dios celoso, el espíritu intolerante y austero de los levitas lo hubiera reducido enseguida a la alternativa de una sumisión o de una ruptura absoluta. Toda adoración compartida les hubiera parecido un insulto; cualquier transgresión, un sacrilegio. Apenas querían admitir prosélitos. La condescendencia imperfecta de Ciro apenas les habría satisfecho; quizá, hasta lo que sólo presentamos aquí como una conjetura conforme al carácter de los sacerdotes hebreos, posee un fundamento en la historia. Quizá, no quisieron dejarse tratar como vimos (Libro IV, cap. 9) que Ciro trató a los magos; y de ahí el descontento de este príncipe, descontento que interrumpió la construcción del templo de Jerusalén; pero, sea lo que fuere, si se atribuye al monarca persa una convicción suficientemente profunda para que el ateísmo de los judíos lo haya alejado de cualquier otro culto, nunca se explicará cómo no admitió, en toda su extensión, la ciencia revelada por Moisés y los ritos prescritos por este legislador. El efecto parecerá siempre demasiado restringido para la causa, y esta objeción adquirirá más fuerza cuando se vea a este mismo Ciro adoptar, sin repugnancia, el sacerdocio de otro pueblo sometido a su imperio. Que si no se trata más que de sacrificios, de algunas muestras de respeto hacia Yahvé, todos los conquistadores de la Antigüedad creían que debían homenajes a los dioses de los pueblos conquistados; pero era un principio de politeísmo, y no de teísmo. Ciro pudo, sin ser teísta, doblar la cerviz ante la divinidad nacional de los hebreos. Cambises mató al buey Apis y quemó el templo de Júpiter Ammón; pero, por una parte, Cambises era preso de demencia, y, por otra, estas violencias pudieron tener como causa las resistencias del sacerdocio egipcio al yugo extranjero. Los motivos de Darío fueron la venganza y la avaricia, y sus sucesores se apresuraron a llenar de ofrendas los altares de los dioses de Grecia ofendidos por él.

36. Heród., VII, 43.

37. Heród., VII, 91. Existe aquí una mezcla del culto de los elementos, culto indígena en Media, y la adoración de los dioses extranjeros.

38. Heród., VIII, 54.

39. El general se servía, en sus ceremonias religiosas, de un adivino, cuyo nombre ha llegado hasta nosotros; era Hegesístrato, de Elea. Era el adivino del ejército persa, ya que los griegos auxiliares de los persas tenían un adivino particular, Hipómaco, de Lámpsaco (Heród., IX, 36-37).

40. Heród., VI, 97.

41. Heród., VI, 118.

42. Tucíd., VIII, 109.

43. Cicer., *in Verrem*. Se intentó explicar este último hecho, suponiendo que el culto de Éfeso tenía muchas relaciones o un origen común con el de los persas. Esta hipótesis la estableció muy ingeniosamente un escritor moderno (Creuzer en su *Simbólica*); pero con esto sólo se probaría mejor el politeísmo de los persas.

44. Heród., VIII, 35.

45. Darío acusa a los atenienses de haber quemado los templos en Asia Menor (Heród., VIII, 8). ¿No indica este reproche que el incendio de los de Grecia no fue más que una represalia?

46. Eliano, *Var. hist.*, XII, 1.

47. Es a esta misma Venus asiria a la que los escritores griegos llaman, unas veces, Diana persa; otras, Venus Anaitis; otras, Juno o Minerva, y otras, Zaretis o Azara (Heród. Polib. Plut., *Vida de Artajerjes*. Estrab., XII y XIV). El culto de esta Venus Anaitis podría ser la amalgama de la astrolatría y de un culto extranjero. Al Ized o genio del planeta de Venus se lo llama Anahid en el Zend Avesta.

48. Plut., *loc. cit.* Polib., X, 24. Clem. de Alej., *Protrept.*, 575.

49. Hemos descrito con cierto detalle el politeísmo de los persas, porque es precisamente en este pueblo en el que se ha querido ver un teísmo puro. La religión de los persas es una religión sacerdotal. Entre los sistemas que estas religiones acogen, o, por mejor decir, acumulan, ya que ni los mezclan ni los concilian, debe encontrarse el teísmo puro; pues en ellas todo se encuentra. Pero nunca es como doctrina única, ni doctrina popular.

No se puede dejar de repetirlo suficientemente, si se quiere tener ideas claras sobre el desarrollo de la religión: las luces deben haber llegado hasta un punto bastante elevado, los conocimientos sobre las leyes de la naturaleza deben haber adquirido cierto grado de profundidad y de verdad para que sea posible la idea del teísmo.

Se objetará quizá que el pueblo de hoy apenas es un poco más culto de lo que era en las naciones antiguas, y el teísmo es, sin embargo, la religión pública.

Responderemos, en primer lugar, que a las clases inferiores de nuestros tiempos modernos, aunque aún se hallen en cierto servilismo, no se las puede comparar con esas castas condenadas en el pasado a profesiones invariables, alejadas de todos los conocimientos, ajenas al uso de las letras, que sólo accedían a la parte mecánica de las artes, y sometidas a mil subdivisiones arbitrarias, que no permitían ni combinaciones de ideas ni desarrollo de la inteligencia. Además, el pueblo de nuestros días recibe sus nociones de teísmo de las clases superiores; su propio juicio, sus propias meditaciones no participan en ellas para nada. Los ministros de la religión, lejos de rodearse de tinieblas como las corporaciones sacerdotales de la Antigüedad, lejos de ocultar a las masas de la nación la doctrina pura que poseen, se la comunican, se la enseñan, se la imponen. Si se pudiese dirigirles un reproche, no sería el de hacer el monopolio de sus opiniones inaccesible a los profanos, a semejanza de los sacerdotes del antiguo Egipto; sería, por el contrario, el de querer forzar a los profanos, demasiado a menudo, a participar en todas sus opiniones; y, sin embargo, las clases superiores se alejan sin cesar del rigor de las opiniones unitarias, invocan a santos, se escogen protectores, colocan, en una palabra, bajo un Dios único, la multiplicidad de los dioses. Si ésta es la relación necesaria de la ignorancia con un politeísmo a lo más disfrazado, incluso en las naciones a las que la enseñanza y las luces retienen en la creencia opuesta, con mayor razón debía de ser así cuando estas castas desdeñosas y celosas sólo se ocupaban de acrecer todas las distancias que las separaban de una muchedumbre ciega. No puede por menos de sorprendernos el celo que los teólogos muy religiosos empleaban en afirmar la autenticidad del teísmo sobre cualquier otro culto.

Estos defensores ardientes del cristianismo, del que nosotros también nos creemos ardientes defensores, trabajan, a mi juicio, sin saberlo ellos, por su propia hipótesis, en destruir la base de la creencia cuyo triunfo era su esperanza.

Si los persas, como supone Hyde, o los egipcios, como afirma Jablonsky, no habían adorado más que a un solo Dios, ¿cuál hubiera sido la diferencia entre estos pueblos y las tribus hebraicas? ¿Por qué Dios, en sus secretos eternos, habría separado a los judíos por invencibles barreras de naciones no menos fieles, y que le ofrecían homenajes no menos puros? Esta objeción se aplica, sobre todo, al sistema de Hyde, que afirma que los persas no se desviaron nunca del culto ortodoxo. ¿Cómo entonces no habrían sido el pueblo de Dios?

Ya lo dijimos, lo demostraremos seguidamente y no será, sin duda, uno de los temas menos interesantes que tendremos que estudiar: existe en el corazón del hombre una tendencia hacia la unidad y, por consiguiente, hacia el teísmo; pero esta tendencia, que, en todas las épocas, se manifiesta parcialmente y de diversa formas, sólo se declara y se desarrolla totalmente más adelante. Es el resultado de la desproporción del politeísmo y de la necesidad religiosa, modificada por las luces. Pero, para que esta desproporción se deje sentir, ¿no es preciso que existan las luces?

El autor de una obra notable sobre la marcha de las ideas filosóficas en la religión (Berger, *Gesch. der Relig. philos.*) intentó apoyar con razonamientos que le son propios la prioridad del teísmo. Esta creencia, dice, pudo ser, en algunos pueblos, la primera religión; no quiero decir que estos pueblos se hayan elevado, desde su infancia, a la idea de la unidad abstracta y metafísica, sino que se debe a la inclinación natural del hombre a crearse objetos de adoración conformes con su situación personal. En los pueblos nómadas, los jefes de familia, encargados de la dirección general de sus numerosos rebaños, de sus mujeres, de sus hijos y de sus esclavos, y siendo los únicos responsables de esta dirección, imaginaron un dios único, que gobierna el mundo, como ellos gobernaban a sus familias. Este escritor confunde, a nuestro entender, dos cosas dispares: algunas hordas nómadas podrían no adorar más que a un solo dios, por la razón que este autor alega; aún no conocemos ejemplo alguno de esto; pero, incluso en este caso, no consideraban a este dios como el único existente; conocerían a otros dioses, protectores de las naciones extranjeras, y a los que sólo ellas no adoraban. Pero no es la adoración sino la creencia exclusiva la que constituye el teísmo, y es esta creencia exclusiva la que no puede triunfar más que dentro de la civilización. Al razonar como este escritor, se podría ver hasta en el fetichismo una especie de teísmo, pues la mayor parte del tiempo, y en circunstancias ordinarias, cada salvaje sólo adora a un solo fetiche.

50. Quinto Curcio, III, 3.

51. Tácito, *Annal.*, III, 161-162. Vopisco cuenta que los persas del tiempo de Aureliano habían consagrado a Mitra o al sol, si no templos, al menos esta-

tuas. Nos enseña (*Vida de Aureliano*, cap. 5) que el rey de Persia regaló a este príncipe, antes de su llegada al trono, una copa de igual valor que la que se acostumbraba regalar a los emperadores y sobre la que se representaba el sol en el vestido que llevaba la madre de Aureliano, sacerdotisa de este dios.

52. La historia de la religión persa se divide en tres épocas. Hasta el tiempo de Alejandro, fue una mezcla de la doctrina de Zoroastro y de la religión anterior de Persia; desde Alejandro, estos dos elementos se combinaron con otras muchas ideas y prácticas tomadas de los griegos. Sólo bajo la dinastía de los Arsácidas y de los Sasánidas —la última de las cuales se creía originaria de Zoroastro mismo— se establecieron los dogmas del reformador tal como sus libros los enseñan. En esa época, los reyes de Persia, de común acuerdo con los magos, se esforzaron en rechazar de su religión cuanto de extranjero había penetrado en ella. Restablecieron en su antigua dignidad y en su antiguo poder a los magos, reducidos, bajo los griegos, a simples hechiceros despreciados y mercenarios. Destruyeron los templos de Venus Angitis; el nombre de esta diosa no se encuentra ni en Amiano Marcelino, ni en Procopio. Agatías habla de ella como de una diosa adorada en otro tiempo. Así, después de los Arsácidas, los persas no tuvieron más que dioses nacionales. Mitra, la luna, la tierra, el aire, el fuego, en fin, Oromazo y Arimán, cuyo culto sólo se había hecho público con las conquistas de Alejandro. Añadieron ceremonias ofensivas contra Arimán, pero, por lo demás, permanecieron fieles a su culto, a pesar de su sometimiento a los árabes y las persecuciones que sufrieron.

Estas persecuciones, que aún continúan, los acercaron al teísmo. Los guebros actuales, cuando se les pregunta por la adoración prodigada por ellos o por sus ancestros al fuego, o al sol, o a los demás planetas, responden que ellos no adoran a estos objetos como dioses; sino que les rinden sus homenajes dirigidos en realidad al Dios supremo y único (Hyde, *De rel. Pers.*): es que los persas, oprimidos hoy como idólatras por los mahometanos, tienen un vivo interés en librarse de cualquier inculpación de idolatría e intentan, para lograrlo, justificar incluso a sus antepasados. Rodeados, por otra parte, de naciones unitarias, son propensos a sutilizar sobre las creencias de las generaciones pasadas y a atribuirles artificios que éstas no conocieron y distinciones que no hicieron.

De este tipo es la veneración puramente civil, que, dicen ellos, comprometía a los antiguos persas a prosternarse delante del sol y del fuego, como ante los grandes y los reyes (Briss., *De reg. Pers. princ.*). ¿Qué significa una veneración puramente civil hacia seres con los que los hombres, desde el momento en que los personifican, no pueden tener más que relaciones religiosas?

53. Goerres (*As. Mytheng.*, I, 236-238) presenta unas observaciones interesantes sobre la insuficiencia de cualquier explicación parcial de la religión de los persas, y estas observaciones actúan contra las explicaciones parciales de cualquier otra religión. Sería fácil, dice este escritor, presentar el sistema de Zoroastro como una serie de personificaciones cronológicas: Zervan Akerene sería la eternidad; Zervan, la duración del mundo; los Amsaspendas, grandes períodos; Mitra, el año solar; los Izeds, los días; los Gaehs, las horas o las divisiones de los días. Se podrían encontrar también cálculos astronómicos: Oromazo sería el mundo; Mitra, el sol; el Toro misterioso, el toro equinoccial; los cuatro Pájaros, las zonas; los Amsaspendas, los planetas; los Izeds, las estrellas fijas; Albordi, el

zodíaco; Meschia y Meschiane, los gemelos; la introducción de Arimán en el mundo, el signo de la balanza, etc. Sería fácil deslizar incluso una interpretación geográfica: el Albordi sería el Olimpo persa, o la morada de Oromazo; Ixhordad, el Araxe y los lugares que baña; Schariver, el reino mineral; Sayandomad, los rebaños; Amerdad, la fertilidad; los Izeds, los dioses de las ciudades, de los ríos, de las montañas, los penates de las familias. En fin, no sería imposible una explicación metafísica: Zervan Akerene sería el infinito; Oromazo, la inteligencia; Mitra, el alma del mundo; los Izeds, las ideas; Arimán, la destrucción; Honover, la fuerza creadora. Cada explicación tendría su parte de verdad; pero, como cada una sería exclusiva, quedaría en cada una algo inexplicado que daría lugar a objeciones insolubles.

54. Se encuentra todos los hechos que prueban este culto grosero en la Germania, contados por Sulzer, *Allgem. Theor. der schoen. Künste*, vol. VI.

55. Gregorio de Tours, ya citado (Libro III, cap. 5, nota 20); y en Borlase (*Antiq. of Cornwall.*, pp. 121-122), las decisiones de los concilios. *Veneratores lapidum, accensores fabularum, et excolentes sacra fontium et arborum admonemus* [Amonestamos a los adoradores de estatuas, a los inventores de fábulas y a los practicantes de ritos de fuentes y bosques] (*Concilio de Tours*, 567 d.C.).

56. Tácito, *Germ.*, 45.

57. Bartholin, III.

58. Mallet, *Introd. à l'hist. du Dan.*, 184-185. Procop., *Vandal.*, I, 3. Am. Marcel., XXXI, 2. Cf. también, sobre el culto de las lanzas, Justin., XLIII, 3.

59. El sol, con el nombre de Odín; la luna, con el de Mana. Todo el mundo conoce la enumeración transmitida por Heródoto de los dioses elementales de los escitas; Tabiti, el fuego; Papeo, el alma del mundo o el cielo; Apia, la tierra; Etasiro, el sol; Artimpasa, la luna; Thamimasades, el agua (Heród., IV, 59).

60. Pelloutier, aunque demasiado sistemático, y habiendo considerado en la religión sólo su forma externa, se ve obligado, sin embargo, a convenir que las naciones que él llama celtas no consideraban los elementos como simples imágenes de una divinidad invisible, sino como divinidades también.

61. Adam de Bremen, cap. 224. Bula de Inocencio III, año 1199, *ap.* Gruber, *Orig. livon.*, p. 205: *Livones honorem Deo debitum, animalibus brutis, arboribus frondosis, aquis limpidis, virentibus herbis, et spiritibus immundis impendunt* [Los honores debidos a Dios los livones se los rinden a animales irracionales, a árboles frondosos, a fuentes claras, a hierbas lozanas y a espíritus inmundos].

62. Ragnars-Saga., cap. 8.

63. Dlugosz, *Hist. pol.*, t. I.

64. Hageck, *Boehm. Chron.*, p. 254.

65. El Hypanis de los antiguos.

66. Tanais.

67. Bartholin, III. Rüh, *Scandinavia*, p. 12.

68. *Archaeol. of Wales*, II, 21, 80.

69. *Ibid.*, II, 4, 72, 76.

70. «Que se lance, chisporrotee, estalle, en su carrera incontenible, el fuego rápido, el fuego que consume, el que adoramos, muy debajo de la tierra» (poema de Taliesin, bardo del siglo VI).

71. «El jefe elevado, el sol, está presto a remontar el horizonte, el soberano

glorioso, el señor de la isla bretona» (poema titulado *Los Gododinos*, por Aneurin el Northumbriano).

72. Poema de Cyndelw, en la obra titulada *Mitología de los druidas* (Londres, 1809). Es, por lo demás, una de esas producciones insensatas de vanidad nacional, en las que sólo se habla de un solo país, que se presenta como la cuna de toda religión y de cualquier ciencia; y, desde este punto de vista, su lectura sólo atrae a los que gustan ver hasta qué punto una idea exclusiva puede falsear el espíritu y hacer ridícula la erudición.

73. Estos fetiches se llamaban alrunas, y este nombre pasó de ellos a los sacerdotes, a los adivinos y a la escritura sacerdotal. *Magas mulieres quas ipse patruo sermone aliorumnas cognominavit* [Unas mujeres hechiceras a las que él (Filimer) dio en su lengua materna el nombre de aliorumnas].

74. Tácito, *Germ.*, 40. La ausencia de templos se presentó como prueba de las ideas sublimes sobre la divinidad, tanto para los pueblos del Norte, como para los persas. Ya demostramos la falsedad de esta afirmación respecto a éstos; y en cuanto a los primeros, preguntaremos si carros y cajas son moradas más convenientes para el Ser supremo y único que los templos de las demás naciones.

75. *Archaeol. of Wales.*

76. César, *De bello Gallico.*

77. Mallet, *Introd. à l'hist. du Dan.*, I, 109.

78. *Völuspá*, ed. Resenii.

79. Masius, *Antiq. Mecklemb.*

80. Dlugosz, *Hist. pol.*

81. Este Vladimiro, cuando aún era pagano, degolló a cristianos sobre el altar de sus ídolos. Tenía mil novecientas concubinas; y esto es lo que los analistas cuentan de él: *Uxoris hortatu christianitatis fidem suscepit, sed eam justis operibus non ornavit; erat enim fornicator immensus et crudelis* [A ruegos de su esposa aceptó la fe de la cristiandad, pero no la adornó de buenas obras, pues era un inmenso y cruel fornicador] (Analista Saxo, *Ad annum 1013*, p. 426, *s. v.* Thietmar Merseburgensis).

82. Cf. el príncipe Vladimiro y su Tabla redonda, cantos heroicos de la antigua Rusia (Leipzig, 1819).

83. *Edda, in initium.*

84. *Deus in statu abscondito* [Dios en estado escondido].

85. Cf. más arriba, Libro VI, cap. 4.

86. «Adoro al soberano, regulador supremo del mundo» (poema titulado *Despojos del abismo*).

87. Stur, *Abhand. ueber Nord. Alterthüm.*, Berlin, 1817, p. 74. *Wahn* significa aún hoy, en alemán, la ilusión, el delirio.

88. Rüh, *Finnland und seine Bewohner.*

89. Esta cualidad de hermafrodita se encuentra también en dos divinidades vándalas, Rugarth y Harevith, que tienen cada una cuatro cabezas de hombres y dos cabezas de mujeres (Frencel., *De Diis sor.*, p. 124). Potrimpos, la luna, es hermafrodita entre los lituanos.

90. *Fornierd.*

91. *Ager, Bare, Lage.*

92. *Völuspá.*

93. *Völuspá.*
94. Nott.
95. Dellingour.
96. Dagour.
97. *Archaeol. of Wales.*
98. *Cambrian Biography.*
99. Plinio, *Hist. nat.*
100. *Camden's Antiq.*

LIBRO VII
DE LOS ELEMENTOS CONSTITUTIVOS DEL POLITEÍSMO
INDEPENDIENTE DE LA DIRECCIÓN SACERDOTAL

CAPÍTULO 1

Que la combinación descrita en el libro anterior es ajena
al politeísmo que no está sometido a los sacerdotes

1. Añadimos estas palabras de propósito, porque tendremos que señalar algunas contradicciones incluso en el politeísmo independiente; pero estas contradicciones no se deben, como en las religiones sacerdotales, a la voluntad de mantener las ideas antiguas añadiendo las nuevas. Se deben al avance de la inteligencia, que, colocada entre sus progresos y sus prejuicios, se agita insegura durante algún tiempo, antes de otorgar la victoria a los primeros y librarse de los recuerdos que los segundos le legaron.

CAPÍTULO 2

Del estado de los griegos en los tiempos bárbaros o heroicos

1. La Grecia de los tiempos de Homero estaba dividida en un número mayor de Estados diferentes de lo que estuvo después. Sólo Tesalia comprendía no menos de diez Estados separados. Beocia tenía cinco reyes: los Minios cuya capital era Orcómeno; los locrenses, los atenienses, los focenses tenían cada uno su jefe; y los propios locrenses se dividían en dos reinos. En el Peloponeso, se contaba los de Argos, Micenas, Esparta, Pilos, el de los de Elea, gobernados por cuatro príncipes, y el de Arcadia. La mayoría de las islas tenían un rey particular. Ulises reinaba en Ítaca; Idomeneo, en Creta; Áyax, en Salamina, etcétera.
2. Cf. Libro V, cap. 2.
3. Ulises es el tipo de este carácter, incluso en la *Ilíada*. El bandidaje y la piratería parecen ocupaciones tan honorables que los reyes las ejercían públicamente; y cuando se otorgaba hospitalidad a los extranjeros, se les preguntaba, sin intención de ofenderlos, si eran piratas.
4. Libro III, cap. 2.

CAPÍTULO 3

De algunas cuestiones que se deben resolver antes de ir más lejos
en nuestras investigaciones

1. Sin embargo, no se debe confundir totalmente a los atenienses con la raza jónica; están, más bien, en el centro de las dos razas, acercándose mucho más a ésta. Su poesía muestra este rango poco más o menos intermedio. La epopeya pertenece a Jonia, y se distingue por la acción, el movimiento, algo de aventura y de pasión. El género lírico es dórico, moderado, sentencioso y moral. La tragedia es ateniense, y reúne, en Esquilo y en Sófocles, los dos caracteres, jónico y dórico, inclinándose hacia el primero.

2. Cf., en los *Dorios* de Ottfried Müller, observaciones tan justas como ingeniosas sobre el carácter serio de Apolo en Homero, quien, sin embargo, trata con bastante ligereza a los dioses amigos de los troyanos (*Dorier*, I, 293).

3. Hesiquio, Βάκχον Δι, ώνης.

4. Zenob., *Prov.*, 4, 21. Diógen., 5, 21.

5. Sin embargo, Sición y Corinto eran colonias dóricas; pero el lujo y el comercio de los extranjeros las habían despojado de su carácter primitivo.

6. En el *Segundo Alcibíades*.

7. Heeren, *Ideen. Grecs*, p. 117. La tradición que atribuye a Licurgo la primera colección de las poesías de Homero demuestra la importancia dada a estas poesías en el Peloponeso y en Ática.

8. Ottfr. Müller.

9. Ottfr. Müll., *Dorier*, I, 212. Este escritor cita un ejemplo que creemos obligación referir. En una antigua tradición de la Élide, estaban reunidos Alfeo y Diana; tenían un altar común (Pausan., 5. Escol. Píndaro, *Nemeas*, I, 3. *Olímpicas*, V, 10) y la gente contaba sus amores recíprocos; pero habiendo prevalecido el carácter virginal de Diana en la opinión general, la tradición local cedió: el amor de Diana se convirtió en desprecio.

10. Es tanto más necesario reconducir el politeísmo homérico a su simplicidad, o, si se quiere, a su rusticidad primitiva, cuanto que un trabajo en sentido inverso lo hicieron muy temprano los propios griegos, que los progresos de la moral llevaron naturalmente a suponer que ella había debido de formar parte de la religión. Viendo el respeto que rodeaba a los poemas de Homero, los filósofos intentaron atribuirle un sentido más conveniente y más puro. Teágeno de Regio, Anaxágoras, Metrodoro, Estesimbroto, siguieron este camino. El estoico Crates se entregó sobre todo a este género de interpretación (Eustacio, pp. 3, 40, 561, 614. Estrab., I, 31); y, durante largo tiempo, los nuevos platónicos Porfirio, Proclo, Simplicio, volvieron a empezar con mucho más refinamiento y audacia. Deben rechazarse todas estas sutilezas, como fruto de épocas posteriores y como en oposición directa con el genio de la época de los rapsodas homéricos. Tenemos a favor de nuestro rechazo a admitirlas, independientemente del razonamiento, la opinión de Jenofonte, de Heráclito (Dióg. Laerc., VIII, 21; IX, 1, 18), de Platón, quien, lejos de reconocer el sentido moral de Homero, lo expulsaba de su república; de Aristarco, que consideraba estas explicaciones fantasías; de Séneca, en fin, quien observa muy

justamente que, cuando todo se encuentra en un escritor, nada se encuentra en él (*Epist.*, 88).

11. *Eutifrón*. Cf., sobre las quejas de los antiguos filósofos contra Homero, Diógenes Laercio; y, sobre la escasa madurez del pueblo griego respecto a estas fábulas, el *Timeo*.

12. En todos sus diálogos y, sobre todo, en el *Gallo*.

13. Nos gusta apoyarnos en la autoridad de uno de los escritores más eruditos y más ingeniosos de Alemania. «Los dioses de Homero», dice Ottfried Müller (*Prolegom. zu ein. wissensch. Mythol.*, p. 27), «son los mismos dioses a los que los griegos habían levantado templos. Estos dioses actúan siempre según el carácter que les otorgan sus adoradores; y las fábulas griegas son la expresión de la creencia en los dioses del país, cualquiera que sea el origen de estos dioses y el sentido filosófico vinculado a estas fábulas».

14. Cuando Homero (*Ilíad.*, XXI, 34) hace luchar a Vulcano contra el Escamandro, eso es la doctrina órfica, dice Creuzer según Filóstrato (*Heroica*, p. 110). Pues, quizá, es la lucha de lo húmedo y de lo seco: ¿pero Homero veía en esto una cosa distinta de un combate real entre dos divinidades de partidos opuestos? Y, sobre todo, ¿no es únicamente desde este punto de vista como él presenta este hecho a sus oyentes?

15. Está demostrado que Hesíodo es posterior al autor o a los autores de las epopeyas homéricas. La tradición que supone una lucha, un desafío entre ellos es de una falsedad evidente. Hesíodo debe de haber vivido unos doscientos años después de la época en la que se suele situar a Homero, y probablemente hacia la XIX Olimpíada, pues alude a costumbres que sólo nacieron después de la XIV. Habla de carreras y de juegos en los que los atletas actuaban totalmente desnudos. Así, describe especialmente la carrera de Hipómenes y de Atalante; pero esta costumbre, así como el término γυμνάσιον, no se introduce hasta después de la XIV Olimpíada (Escol. Homer., *Ilíad.*, XXIII, 683. Dion. de Halic., VII, *vers. finem*. Voss, *Géogr. anc.*, pp. 16 y 20). Algunos modernos han querido concluir del hecho de que los poemas de Hesíodo sean más imperfectos que los que se atribuye a Homero que eran anteriores en el tiempo. Nosotros pensamos, al contrario, que llevan marcas bastante reconocibles de una especie de decadencia en la poesía épica, que proviene, por una parte, del estado en el que había caído Grecia, y, por otra, de que, desde la época de Hesíodo, los poetas, desanimados por no poder igualar a Homero, buscaban nuevos medios de efecto, lo que produjo siempre un deterioro. La degeneración de la epopeya data de la época de Hesíodo, como la de la tragedia se remonta a Eurípides. Es digno de destacar que, en Hesíodo, el siglo heroico se relega expresamente al pasado. Todo indica una situación de costumbres y de organización política que debía de corresponder al paso tormentoso de las monarquías degeneradas a repúblicas, que debían constituirse aún. La preferencia que Homero otorga al gobierno de uno solo (*Ilíad.*, II, 204) serviría, en caso de necesidad, de prueba de que Hesíodo es de un siglo posterior.

16. Por eso mismo, Hesíodo ha de tener mucho menos encanto que Homero. Aunque ciertamente, en el orden actual, que es mucho mejor que el que lo precedió, el trabajo sea la base de toda moral y de toda libertad, el paso de la vida guerrera a la vida del trabajo es todo menos poético. Parece sustituir, y,

733

en efecto, en la infancia del trabajo así ocurre, por una carrera de monotonía y de servidumbre, las desviaciones, las irregularidades, las violencias de los días heroicos, cosas funestas en verdad, pero embellecidas fácilmente por la imaginación y la distancia. Comparad *Los trabajos y los días* con la *Ilíada*, *El paraíso perdido* con *Las estaciones*, Tasso con Delille, y decid dónde se manifiesta con más brillantez el colorido mágico y maravilloso de la poesía.

17. Cf. el Libro VIII.

18. *Los trabajos y los días*, 200-209 y, sobre todo, 208.

19. Sólo conocemos de estos poemas algunos fragmentos y el nombre de los autores. Estasino de Chipre había compuesto los *Cantos ciprios* en once libros, que contenían los acontecimientos del asedio de Troya, antes de la querella de Aquiles y Agamenón. Se debían a Arctino de Mileto *La Etiópida o la muerte de Memnón* y la *Destrucción de Troya*, en dos cantos. Lesques de Mitelene había celebrado, en cuatro libros, la disputa de Ulises y Áyax y la astucia del caballo troyano. Eugamón contaba, en la *Telegonía*, las aventuras de Ulises desde su llegada; y los cinco libros de Augias estaban destinados a recordar los reveses que los griegos vencedores habían sufrido para reconquistar su patria.

20. *Pít.*, III, 27; IX, 45. *Nem.*, VII, 20.

21. Júpiter, en Eurípides, rara vez aparece como un dios individual; es, alternativamente, el éter, la necesidad, la naturaleza (*Troyanas*, 891).

22. Por eso, sigue a Píndaro en lo que cuenta de Pélope; a Estesícoro, en lo que dice de Helena.

23. «Escribo», dice Hecateo de Mileto, «lo que me parece verdadero, pues los relatos de los griegos son, en gran número, y varios, en mi opinión, ridículos» (*ap.* Demetr., περί ἑρμην, § 12).

24. Acesilaus el argivo hace del argivo Foroneo el primer hombre.

25. Apolod., III, 10, 3. Escol. Pínd., *Pít.*, III, 96.

26. Helánico había compilado, se dice, según las indicaciones recogidas por él en los poetas, una especie de diario en el que se fijaba la fecha de todos los acontecimientos del asedio de Troya (*Fragm.*, ed. Stürz., p. 77).

27. Heródoto, *passim*.

28. Cf. el comienzo de la *Historia* de Tucídides.

29. Evémero, etcétera.

CAPÍTULO 4

Del punto de vista con el que examinaremos el politeísmo
de los tiempos heroicos

1. Homero los cuenta, dice, como hechos, con toda convicción, sin aventurar los motivos ni explicación alguna; y da de ello un ejemplo lo bastante ingenioso como para que nos parezca conveniente mencionarlo. En el libro XII de la *Odisea*, las Sirenas, para atraer a Ulises a sus trampas, le cantan la felicidad del extranjero iniciado por ellas (v. 188) en el conocimiento de todas las cosas, γαρ τοι παντα. Estas palabras anuncian que ellas mostrarán ante sus ojos cuanto sucede en la tierra habitada de modo diverso, επι χθονι πολ υβοτειρη; ¿y qué le ofrecen enseñarle? La historia de las desgracias de Troya, que mejor

que nadie debía de conocer Ulises. ¿De dónde proviene esta desviación súbita de una ruta señalada? De que Homero no conocía las Sirenas más que por algunas informaciones confusas, que repetía sin atribuirles otro sentido que su significación literal. En las doctrinas orientales, la fábula de las Sirenas se basaba en esta idea fundamental de los sacerdotes: que la ciencia, revelada de modo distinto al suyo y bajo las condiciones impuestas por ellos, es un mal, un crimen que conlleva un castigo inevitable y severo; las Sirenas buscan la perdición de Ulises con la promesa del conocimiento del bien y del mal. Otras mitologías tomaron como base esta misma idea. Pero Homero no ve en las Sirenas más que monstruos pérfidos que cantan armoniosamente; y, después de haber anunciado, según la tradición que él no entiende, que ellas van a exponer los secretos del mundo, les hace hablar de lo que él entiende, de la guerra que narró y de las hazañas que celebró.

2. Pausan., II, 25, 3; VII, 25, 7.

3. Calcas, *Ilíad.*, I, 74, 83.

4. *Odis.*, III, 267.

5. Creuzer a Hermann, IV carta, pp. 48-49.

6. VI carta, p. 127. Esta correspondencia de dos hombres de erudición amplia y de una sagacidad incontestable forma un repertorio de gran interés. Cualquiera que sea nuestra admiración por el señor Creuzer, no podemos dejar de admitir que, en esta lucha, su adversario tiene muchas ventajas. Para que nuestros lectores puedan formarse una opinión justa sobre éstas, nos bastará con exponerles la definición de la mitología que nos ofrecen ambos antagonistas. La mitología, dice el señor Creuzer, es la ciencia que nos enseña cómo se expresa, mediante tales o cuales símbolos, la lengua universal de la naturaleza (Creuzer a Hermann, p. 97). La mitología, dice el señor Hermann, es la ciencia que nos da a conocer qué nociones y qué ideas concibe y representa tal o cual pueblo y mediante qué símbolos, imágenes o fábulas (Hermann a Creuzer, p. 1). Se ve enseguida cuán vaga e inaplicable es la primera definición, y cuán precisa y conforme a razón la segunda.

7. *Symbol.*, trad. fr., pp. 100-101.

8. Apenas queda ya un hombre en el mundo erudito, si es que forma parte de él, que persista en no ver en los poemas homéricos más que el desarrollo de un símbolo vasto y universal. Aquiles, si se le cree, no es, en la intención de Homero, un ser individual, sino una fuerza simbólica, como Mitra o Krishna. Los amores de Helena ya no son un hecho histórico o una ficción que la poesía habría tomado de las tradiciones fabulosas: es la lucha del frío y del calor, de la sequía y de la humedad, del día y de las tinieblas, del bien y del mal. ¡Suerte para él! ¿No asegura un erudito alemán que la burra de Balaam no es más que Orfeo? Cada uno es libre de soñar a su antojo siempre que se atenga a sueños sobre la Antigüedad. Nada hasta ahí más inocente; pero cuando se quiere aplicar estos sueños a los tiempos modernos y se cita, sin razón, las obras antiguas para forjar cadenas, en nombre del símbolo, a todos los pueblos, en beneficio de la casta que los ha oprimido desde hace cuatro mil años, la cosa es entonces un poco menos inocente.

CAPÍTULO 5

Embellecimiento de las formas divinas en el politeísmo homérico

1. Libro II, cap. 3.
2. Libro II, cap. 2.
3. Heyne, *Antiquar. Aufsätze*, I, 162. *Id.*, *Apollodor. et de form. invent. et de fabul.* *Homer. Comm. Soc. Goett.* Hermann, *Myth. Handbuch*, II, 168.
4. Pausan., *Élide*, 41.
5. Pausan., *Arcadia*, 42.
6. Creuz., *Symbol.*, IV, 85. En una mano sostenía una paloma, y en la otra, un delfín; a su alrededor había serpientes y otros animales.
7. Júpiter Patros o Trioftalmos. Pausanias hace remontar esta estatua al asedio de Troya, es decir, a una época incierta y fabulosa, y, si damos crédito a la tradición que la consideraba traída de esta ciudad misma, nos encontraremos en Frigia, país en el que dominaba el sacerdocio (cf. Creuz., I, 167). El mismo escritor que nos transmite estos detalles aventura, sobre esta figura de Júpiter, una explicación conveniente a su tiempo, pero inadmisible si se aplica a la época en la que la relata. Creo, dice, que el estatuario dio tres ojos a Júpiter, para indicar que un solo y mismo dios gobierna las tres partes del mundo, el cielo, el mar y los infiernos, que otros consideran que las comparten tres dueños diferentes (*Corint.*, 24). Es evidente que esta conjetura es la de un siglo en el que la tendencia general era hacia el teísmo. El Júpiter Trioftalmos tenía tres ojos por la misma razón por la que se asigna a varias divinidades indias un número parecido o un número mayor. Los tres ojos de Shiva (*As. Res.*, VIII, 60) expresan la agudeza de su mirada.
8. Pausan., *Laconia*, 19.
9. Pausan., *Élide*, 19. La región poseía una estatua antigua y tosca de Apolo; sus habitantes, como descendientes de los dorios, mantenían una gran relación con las más antiguas imágenes de los dioses.
10. Pausan., *Élide*, 19. *Arc.*, 42. *Corint.*, 24.
11. Pausan., *Corinto*, 27. Heyne, *De auctor. formar.*, p. 25.
12. Pausan., *Mesenia*, 22. Ottfr. Müller asegura que los epítetos Βοωπις para Juno y Γλαυκωπις para Minerva, son una reminiscencia del tiempo en que se adoraba a la primera como vaca, y a la segunda como búho (*Proleg. zu einer wissensch. Myth.*, p. 263).
13. Juan Diácono, *ad* Hesíod., *Escud. de Hérc.*, p. 219. Plut., *De sera num. vind.*
14. Cf., sobre la cuestión de las divinidades aladas en Grecia, las obras de Winckelmann y las *Cartas mitológicas* de Voss. A excepción de Mercurio (y la excepción podría discutirse también), a excepción, decimos, de Mercurio, que, en su calidad de mensajero de los dioses, conserva pequeñas alas casi invisibles, y que no lo desfiguran, todas las divinidades aladas, el Amor, Némesis (la buena fe), Diké (la justicia), son de la época alegórica y, por consiguiente, ajenas a la mitología real, a la que supone la creencia. Cuando la alegoría penetra en la religión, la figura de los dioses se modifica en un sentido inverso del que describimos actualmente. El antropomorfismo cambia el símbolo en atributo; la alegoría, por el contrario, cambia el atributo en símbolo.

15. Con el *modius* sobre la cabeza y, a sus lados, una triple cabeza de perro, de lobo y de león, con una serpiente rodeando su cuerpo.

16. Creuz., *Zoeg. numm. Aegypt.*, tab. III, n. 5; XVI, n. 8. Es probable que el espíritu del sacerdocio persa ejerciera sobre los griegos de Jonia, sometidos al dominio persa, una pesada influencia en cuanto a la representación de sus dioses. Varias estatuas que carecían de alas en el Peloponeso, eran aladas en Asia Menor. El señor de Paw atribuye esta diferencia al clima (*Rech. sur les Grecs*). Pero, sin duda, el espíritu y la acción del sacerdocio habían contribuido también a ello.

17. Hécate es la única divinidad adorada en Grecia que parece haber conservado su forma monstruosa; tiene tres caras, tres cuerpos, seis manos, armadas con una espada, un puñal, un látigo, cuerdas y antorchas, una corona y un dragón en su cabeza, serpientes en lugar de cabellos (Fírmico, *De error. prof. rel.*, p. 7). Recuerda a la Bhadrakali india, hija de Shiva, con sus ocho rostros, sus colmillos de jabalí, sus dos elefantes colgados de sus orejas, serpientes entrelazadas por todo vestido, y teniendo en sus dieciséis manos llaves, tridentes, armas de todo tipo. Por eso, Hécate no era griega. Eusebio hace notar cuán diferente es de las demás divinidades (*Praep. evang.*, V). Homero no habla de ella. Su nombre aparece por primera vez en Hesíodo. Los Centímanos, Tifoeo, Briareo, mencionados muy de paso en la *Ilíada*, no tienen ninguna relación con la mitología habitual; no se les rinde culto alguno; ningún suplicante los invoca.

18. La admiración de los griegos por la belleza de las formas era una pasión verdadera, que prevalecía, en su religión, sobre los usos y las tradiciones antiguas, y, en su política, sobre los odios nacionales más inveterados. Heródoto cuenta (V, 47) que los moradores de Egesto, en Sicilia, levantaron una capilla y ofrecieron sacrificios a Filipo de Crotona, hijo de Butácides, aunque hubiese venido con Dorieo para invadir su país y lo hubiesen matado. El historiador ve la cosa muy natural, porque este Filipo era el más bello de los hombres. En Ega, en Acaya, al más hermoso de los hombres se le nombraba sacerdote de Júpiter (Pausan., *Acaya*, cap. 24).

19. Sin embargo, es bueno observar que, en Grecia, el embellecimiento de las divinidades no se manifestó sobre las monedas. El arte no reclamaba las monedas como de su competencia. Baco aparece en varias con la forma de toro o de serpiente, estrechando a Proserpina con sus abrazos tortuosos, mientras que los pintores lo representaban revestido de una belleza celeste, entre los brazos de Ariadna, en Naxos (Creuz., III, 494, 495).

CAPÍTULO 6

Del carácter de los dioses homéricos

1. Heyne, *De Theog. Hesíod.*

2. Consideramos la mitología griega en el reino de Júpiter; toda la cosmogonía anterior le es ajena. Mostramos en el Libro V, cap. 5 la indiferencia con que la recibieron los griegos y con qué rapidez el genio griego la relegó a una esfera de la que la religión pública dejó de ocuparse. Considerad a Vesta, hija mayor de Saturno y de Rea, Εστια (*Teog.*, 454). Carece de atributos; ninguna

fábula tiene relación con ella. Se le ofrece de recuerdo un sacrificio antes de las demás divinidades; luego se la abandona; ella no actúa nunca.

3. Se tiende a ver fácilmente la alegoría allí donde no existe, cuando uno no se hace de la alegoría una idea suficientemente exacta. Cuando un pueblo se crea dioses, y les asigna funciones especiales, es muy lógico que a cada uno se le encargue de todo lo que tiene alguna relación con esas funciones. Así, Venus intervendrá en las pasiones y en las flaquezas amorosas; Marte suscitará las guerras entre los pueblos. Minerva presidirá los trabajos de los sabios y los consejos de las naciones. Pero si, junto a estas funciones determinadas, los dioses conservan un carácter individual que sea independiente de aquéllas, esto no es alegoría. Pero en la mitología griega, en la época de la que estamos hablando, Venus entrega su corazón al odio; Minerva se abandona a la cólera; no hay divinidad que, por sus acciones, no desmienta el empleo que ejerce y el puesto que ocupa. Los dioses no son, pues, alegoría; son individuos cuya profesión, si se puede hablar así, no les impide ni formar proyectos, ni alimentar pasiones, ni obedecer a intereses privados y personales.

Por desconocer esta verdad, los poetas, desde el renacimiento de las letras, pensaron que la alegoría remplazaría en sus obras a los personajes mitológicos. Pero cuando Júpiter aparece en la *Ilíada*, no sabemos lo que va a hacer; puede cambiar de parecer, enojarse, dejarse ablandar. Por el contrario, el fanatismo, la discordia, o la libertad personificada, deben actuar necesariamente en un sentido previsto con antelación. No puede haber incertidumbre en esto; por tanto, nada despierta la curiosidad, nada cautiva el interés. Por eso, la mitología antigua es lo que hay de más poético y animado; las alegorías modernas, sin exceptuar las de la *Henríada*, son de lo más aburrido y frío que hay.

4. *Odis.*, III, 436.

5. *Ilíad.*, XXII, 170, 172. Por eso, Príamo dice (*Ilíad.*, XXIV, 425-428) que los dioses se acordarán de su hijo, porque, mientras vivía, les prodigó los sacrificios.

6. *Odis.*, IV, 472-481.

7. *Ilíad.*, XXIII, 863-873.

8. *Ilíad.*, VIII, 238; X, 291; XV, 372-375; XXIV, 425-428. *Odis.*, III, 58-59; IV, 352-353; *ibid.*, 761-765; XIX, 363-368.

9. *Ilíad.*, XXIV, 33, 34. *Odis.*, I, 60-62.

10. Esto no se halla en contradicción con lo que afirmamos del perfeccionamiento progresivo de las ideas religiosas. Veremos la prueba de ello en el último capítulo de este mismo libro.

11. *Ilíad.*, IV, 101-102.

12. *Odis.*, I, 273-275.

13. Los vicios de los dioses se imprimían de tal modo en las ideas populares que de ellos nacían sobrenombres, apodos habituales, que expresaban la desconfianza de los hombres con estas pérfidas divinidades. Así, Pausanias nos enseña que, en la isla de Esferia, que dependía de Trecenas, se había consagrado un templo a Minerva Apaturia o embustera. Una antigua tradición motivaba este epíteto. Etra, madre de Teseo —se decía—, advertida en sueños por Minerva de que rindiese los últimos deberes a Esfero, inhumado en esta isla, había sido violada allí por Neptuno, y por resentimiento había dado a Minerva el nombre de

Apaturia. También se lo aplicaba a Venus, pero la fábula era diferente (Estrab., p. 495) y hacía alusión a la cosmogonía.

14. *Odis.*, 22-30.

15. *Ilíad.*, XX, 22.

16. *Ilíad.*, XXI, 389-390.

17. *Ilíad.*, VII, 478.

18. *Ilíad.*, V, 596-602.

19. *Ilíad.*, XIX, 91.

20. *Ilíad.*, XV, 136, 138.

21. *Ilíad.*, XXII, 224-247. Minerva se vanagloria ella misma de ser la más astuta de las divinidades (*Odis.*, XII, 287-299). Expresa de una manera formal su admiración por la mentira (*Odis.*, XIII, 287 s.). En un estado social, como el que nos describe Homero, el fraude y la astucia son naturalmente de gran estima. El honor sólo se adquiere con el avance de la civilización. Los salvajes no consideran vergonzoso ni engañar ni huir.

22. *Ilíad.*, X, 383-570.

23. *Ilíad.*, XXIV, 25-26.

24. *Ilíad.*, XVI, 785-790.

25. *Ilíad.*, XXIV, 602-609.

26. *Ilíad.*, IV, 40-63.

27. *Ilíad.*, VI, 200-202.

28. *Odis.*, XIX, 395-398.

29. Escol. Hom., *ad Ilíad.*, V, 412.

30. Escol. Teócr., *Idyll.*, I.

31. Cf. lo que dijimos sobre la alegoría al comienzo de este capítulo.

32. *Ilíad.*, III, 390-420.

33. *Ilíad.*, XXIV, 503.

34. Sófocles, *Filoctetes*, 981, 986.

35. *Ilíad.*, IV, *passim.*

36. Predicción de Calcas, *Ilíad.*

37. *Ilíad.*, IV, 439; *ibid.*, 507, 516; XX, 32.

38. *Ilíad.*, IX, 18, 25.

39. *Ilíad.*, XIII, 629 s.

40. *Ilíad.*, IX, 158 s.

41. Los lacedemonios tenían una estatua de Marte encadenado; los atenienses habían quitado las alas de la de la Victoria. Los primeros creían, dice Pausanias (*Lacon.*, 15), que Marte cargado de cadenas no podría abandonarlos, y los segundos, que la Victoria privada de sus alas permanecería siempre junto a ellos. Cuando estas nociones rudimentarias dieron paso a ideas más puras, los griegos imaginaron otras razones para encadenar a los dioses, o, para hablar con más exactitud, se explicaron de otra manera por qué ciertos dioses estaban encadenados. El arte, dicen, les dio la vida y el movimiento; y sólo con las cadenas se los puede retener (Jacobs, *Rede ueber den Reichtum der Griechen an plastischen Kunstwerken*, p. 17). Así, las primeras nociones desaparecen, las costumbres sobreviven; se encuentran nuevos motivos.

42. Heleno propone a los troyanos seducir a Minerva (*Ilíad.*, VI, 89).

43. *Ilíad.*, VII, 194-196. Añade luego: «O bien, orad en voz alta, pues nada

hay que temer». Este último movimiento es conforme con el carácter de Áyax, cuyo valor se lo representa siempre como impetuoso y temerario; pero la primera recomendación es análoga a los usos del tiempo. Veremos la misma precaución adoptada por los romanos, con una forma aún más regular.

44. Los eginetas, levantados contra los epidaurios, les robaron las estatuas de Damia y Anxesia, diosas tutelares de Epidauro, y las mismas que Ceres y Proserpina; las colocaron en el centro de su isla y trataron de ganarse su favor (Heród., V, 82, 83. Pausan., II, 32; VIII, 53. Festo, *s. v. Damium sacrif.* Macrob., *Sat.*, VII, 12). Esta venalidad de los dioses era una creencia tan universal que, al apoderarse de un país, la primera preocupación de los griegos era la de seducir a las divinidades. Solón, planeando la conquista de Salamina, comenzó por inmolar víctimas a los héroes Perifemo y Cicreo, que habían sido los jefes del país (Plut., *Solón*). Óxilo hizo lo mismo cuando invadió Élide (Pausan., *Élid.*, II). A esta opinión se unía una idea no menos desfavorable a la dignidad divina: que los dioses estaban obligados a seguir a sus simulacros, incluso cuando se los llevaban a la fuerza. Pero esta idea no es totalmente griega; es una concepción sacerdotal que explicaremos, y que probablemente había penetrado en Grecia.

45. La prueba de que no es una regla general es que, cuando Agamenón responde con un discurso de una ferocidad sin igual a las súplicas de Adraste inerme e impide que Menelao le conserve la vida (*Ilíad.*, VI, 55, 62), los dioses no desaprueban, en absoluto, esta crueldad.

46. *Ilíad.*, IX, 255, 256; XX, 110.

47. *Ilíad.*, IX, 636.

48. *Ilíad.*, VII, 455.

49. Esta noción de los celos de los dioses recorre todas las épocas sin desaparecer nunca del todo. Lucrecia, sin dejar de negar la Providencia, admite una fuerza celosa y maligna que se jacta de derrocar las grandezas humanas.

> *Usque adeo res humanas vis abdita quaedam*
> *opterit, et pulchros fascis saevasque secures*
> *proculcare ac ludibrio sibi habere videtur*

[Hasta ese punto las cosas humanas alguna fuerza misteriosa / tritura, y que las gloriosas fasces y las temibles segures / pisotear parece y que a chacota las toma].

50. Hay, entre los griegos modernos, un vestigio bastante curioso de esta antigua idea de que los dioses son celosos de cuanto es distinguido. Consideran que la alabanza puede atraer las mayores desgracias sobre la persona objeto de la misma o que es propietaria de la cosa que se admira; y piden insistentemente al panegirista indiscreto que mitigue el efecto de sus elogios mediante alguna señal de desprecio que desarme la furia celeste (Pouqueville, *Voy. en Morée*).

51. La idea de que los dioses sabían todo se prolongó entre los griegos mucho tiempo después de la época del politeísmo homérico. Jenofonte dice: «La mayoría de los hombres piensa que los dioses saben ciertas cosas e ignoran otras, pero Sócrates creía que los dioses sabían todo» (*Memorables*, I, 1; II, 19).

52. *Ilíad.*; *Odis., passim.*

53. *Ilíad.*, VIII, 51; XI, 81; XX, 22.
54. *Ilíad.*, XIII, 3, 16.
55. *Ilíad.*, XIII, 521.
56. *Ilíad.*, XV, 110, 112.
57. *Ilíad.*, XVIII, 366.
58. *Ilíad.*, II, 48, 59; XI, 1, 2. *Odis.*, III, 1, 2; V, 1, 2.
59. Todos los dioses dormían, excepto Mercurio. *Ilíad.*, XXIV, 677-678.
60. *Ilíad.*, II, 1, 2; XIV, 233, 253-254, 259; XV, 4-11; XXIV, 677-678.
61. *Ilíad.*, IV, 26-28.
62. El casco de Plutón hacía invisible al dios que lo llevaba (*Ilíad.*, V, 846).
63. *Odis.*, XXII, 297-298.
64. *Ilíad.*, XX, 437-438.
65. *Ilíad.*, XVIII, 362-367.
66. *Ilíad.*, XXII, 19-20.
67. *Ilíad.*, XV, 320-323.
68. *Odis.*, V, 211-218.
69. *Ilíad.*, V, 339.
70. *Odis.*, I, 96-98; V, 44-46.
71. *Ilíad.*, IV, 389, 390.
72. *Ilíad.*, II, 790-795; III, 121-124, y *passim.*
73. *Ilíad.*, III, 396-397; XVII, 322-323.
74. *Ilíad.*, XVI, 515-516.
75. *Ilíad.*, I, 591, 592; XVIII, 395, 398.
76. *Ilíad.*, XIV, 257, 258.
77. *Ilíad.*, V, 385.
78. *Ilíad.*, XV, 116, 118.
79. Cf. Hermann, *Abrégé de la mythologie grecque suivant Homère et Hésiode*, t. I. Larcher, *Not. sur Hérodote*, VI, p. 101.
80. Hesíod., 397.
81. *Odis.*, VII, 313.
82. Cf., sobre este presente de Anacalipteria, Diodoro, V, 1.
83. Algunas veces, los dioses de Homero viven simplemente del humo de los sacrificios; otras, parece que comen realmente lo que se les ofrece. Disculpemos a los griegos estas ideas materiales. Noé, dice el Génesis, ofreció sacrificios al salir del arca y el señor sintió un olor agradable (8, 20-21).
84. *Ilíad.*, I, 423, 425.
85. *Ilíad.*, XXIII, 205, 208.
86. *Odis.*, I, 26. Estos festines de los dioses que, como se ve, casi siempre tienen lugar entre los etíopes, podrían haber tenido relación con una ceremonia egipcia o etíope: cada año los etíopes venían a buscar a Tebas, en Egipto, la estatua de Júpiter Ammón y la llevaban a sus fronteras donde celebraban una fiesta en su honor (Diod., II; Eustacio, *ad Ilíad.*). Esta fiesta, que duraba probablemente doce días, ya que se supone que los dioses homéricos descansaban doce días en Etiopía (Neptuno se lamenta de no haberse dado un descanso más prolongado), tenía claramente una significación astronómica: los escoliastas de Homero así lo indican (cf. los escolios publicados por Villoison); pero Homero, o para hablar con más exactitud, los autores de la *Ilíada*, ni lo sospechaban. Se había olvidado

en Grecia el origen y el sentido misterioso de la fábula, y, en la opinión popular, sólo había sobrevivido el sentido literal.

87. *Ilíad.*, V, 385.

88. *Ilíad.*, IX, 555, 556.

89. *Ilíad.*, V, 130.

90. *Ilíad.*, XXI, 453, 455.

91. *Ilíad.*, V, 290-335; *ibid.*, 354-358.

92. *Ilíad.*, V, 858-885.

93. *Ilíad.*, V, 392.

94. *Ilíad.*, V, 395.

95. *Ilíad.*, V, 397.

96. *Ilíad.*, V, 407; VI, 130.

97. El señor de Chateaubriand señaló con claridad este carácter de los dioses homéricos. El paraíso, dice, está más preocupado por los hombres que el Olimpo (*El genio del cristianismo*, I, 481).

98. Son desiguales en fuerza, como los mortales. Neptuno dice a Juno que los dioses protectores de los griegos no necesitan atacar a los dioses auxiliares de los troyanos, porque éstos son mucho más débiles (*Ilíad.*, XX, 132, 135).

99. Homero expresa esta idea en dos versos característicos por su amargura. «Los dioses», dice, «asignaron a los míseros mortales la angustia y el sufrimiento; sólo ellos viven felices y descuidados» (*Ilíad.*, XXIV, 525-526).

CAPÍTULO 7

De las nociones griegas sobre el destino

1. *Ilíad.*, VIII, 69, 74.

2. *Ilíad.*, XXII, 209, 313.

3. *Odis.*, I, 82-87.

4. *Odis.*, IX, 532.

5. *Odis.*, V, 436.

6. *Ilíad.*, II, 155, 156.

7. *Ilíad.*, XVII, 321, 323.

8. *Ilíad.*, XV, 300-336; XXI, 515, 517.

9. *Odis.*, III, 236-238.

10. *Ilíad.*, XII, 402.

11. *Ilíad.*, XVI, 432-438.

12. *Ilíad.*, IV, 7-19.

13. *Ibid.*, 29.

14. *Ilíad.*, XVI, 441, 443; XXII, 181.

15. *Ilíad.*, VIII, 471.

16. *Ilíad.*, I, 516-526. Por eso, los griegos confunden algunas veces el destino y la voluntad de los dioses. La culpa no es nuestra, sino del odio de Júpiter y del destino (*Odis.*, XI, 561).

17. Luciano, en su diálogo titulado *Júpiter convencido*, explica muy bien las contradicciones que resultan de la doctrina del destino cuando se la quiere conciliar con la religión popular.

18. *Ilíad.*, II, 830, 834; *ibid.*, 858, 860.

19. *Ilíad.*, VI, 448; *ibid.*, 487; XIV, 464; XV, 610, 614; XVII 208; XXII, 5; *ibid.*, 360; *ibid.*, 366; XXIII, 78, 81; XXIV, 540, 542. *Odis.*, VIII, 196, 198.

20. *Ilíad.*, XXIV, 209, 210.

21. Júpiter se queja de Egisto, asesino de Agamenón, contra lo dispuesto por el destino. Los mortales, dice, se atacan y se destruyen a pesar de sus advertencias, y nos acusan luego de los crímenes cometidos (*Odis.*, I., 32-33).

22. Eurípid., *Las fenicias*, 19, 20. Sófocles nos ofrece varios ejemplos de un doble destino: uno, en *Áyax*, 778 s.; el segundo, en *Meneceo*, *ibid.*, 918, 921.

CAPÍTULO 8

De los medios que emplearon los griegos para conocer los secretos del destino

1. Libro V, cap. 1.

2. Cf. el discurso de Polidamas a Héctor en la *Ilíada*.

3. Se atribuía la fundación del de Delfos a Pagaso y al divino Agieo, hijo de los hiperbóreos (Pausanias). Cf., en cuanto a Dodona, nuestro segundo volumen.

4. El de la fuente de Tilfosa, cerca de la tumba de Tiresias y del monumento de Radamante. Esto confirma una de nuestras afirmaciones. El hombre siempre solicitó a los muertos la revelación de las cosas futuras, creyendo que el futuro pertenece a las razas del pasado, que no tienen ya nada de común con el presente (cf. Libro II, cap. 6).

5. Cf. Dicearco, en Cicerón, *Cartas a Ático*, VI, 2.

6. Heród., I, 46-55.

7. Heród., I, 66.

8. Pausan., *Arcad.*, cap. II.

9. Cf. también, en Pausanias, el oráculo pronunciado a los mesenios en la segunda guerra de Mesenia, y cuya ambigüedad descansaba en una palabra que significa a la vez macho cabrío e higuera salvaje. El oráculo de Ammón había predicho también a Aníbal que hallaría su muerte en Libia; pensaba, pues, volver a ver su patria después de haber derrotado a los romanos. Pero fue en el pueblo de Libia, en los Estados de Prusias que lo traicionaba, donde encontró la muerte. Todo el mundo conoce el oráculo que engañó a Pirro: *Aio te Aeacida, Romanos vincere posse* [que puede significar «Digo que tú, descendiente de Eaco, puedes vencer a los romanos»; pero también, «Digo que a ti, descendiente de Eaco, pueden vencerte los romanos» (Ennio, *Annal.*, VI)].

10. Así, se invocaba a Apolo Loxias, llamado de este modo por sus respuestas siempre ambiguas. Cuando la astronomía hubo penetrado en la religión griega, se explica este epíteto por la oblicuidad del curso del sol; explicación científica que no cambiaba en nada el sentido moral de la fábula popular. Suidas, *s. v.* Λοξίας. Macrob., *Saturn.*, I, 3, 17.

11. San Felipe, *Monarchie des Hébreux*, I, 44-45.

12. Rollin, *Hist. anc.*, I, 387.

743

CAPÍTULO 9

De las nociones griegas sobre la otra vida

1. *Odis.*, XI, 388-389.
2. *Odis.*, XI, 467-468; *ibid.*, XXIV, 15-27. El mismo Aquiles se casa en los infiernos con Helena y Medea. Tzetzes, *in* Licofrón. Libanio.
3. Pausan., *Foc.*, 30. Esta imitación de la vida después de la muerte no es exclusiva de esta época de la religión griega, aunque aparezca en ella con más claridad que en las épocas posteriores, porque la imaginación más joven describe con mayor viveza lo que acaba de inventar. Vemos todavía, en Heródoto, a Melisa, mujer de Periandro, salir de su tumba para quejarse de estar desnuda y tener frío (Heród., V). Las hijas de Cécrope continúan, en Eurípides, sus danzas favoritas (*Ión*, 495-496). Incluso en tiempo de Luciano, los griegos colocaban en la boca de los muertos una moneda de plata para que pudiesen pagar el paso de la Estix. Quemaban sus vestidos en hogueras y alojaban a sus esclavos cerca de sus tumbas (Luciano, *Nigrinus* y el *Mentiroso*). En este último diálogo, Eucrate habla de los adornos de su abuela, consumidos con ella. Filóstrato nos muestra la sombra de Protesilao ejercitándose para la carrera; y Virgilio, aunque su infierno sea frío y pedantescamente filosófico, no desdeña estos detalles (cf. los excursos de Heyne sobre el libro VI de Virgilio). Poseen siempre cierto encanto, vuelven a colocar nuestras costumbres en nuestras esperanzas y responden mejor al egoísmo que nos mantiene atados a la tierra que las descripciones más sublimes y refinadas.
4. Στυγεραι.
5. *Odis.*, XI, 540-541.
6. *Ibid.*, 616.
7. *Ibid.*, 471.
8. *Ibid.*, 390.
9. *Ibid.*, 391; *ibid.*, 451; XXIV, 21; *ibid.*, 95-97.
10. *Odis.*, XI, 542, 545.
11. *Ibid.*, 601-603.
12. *Ibid.*, 616.
13. *Ibid.*, 567-569.
14. *Ibid.*, 572-574.
15. *Ibid.*, 605-606.
16. Cf. más adelante, en el Libro XII, cap. 5, las modificaciones de la religión griega desde Homero hasta Píndaro.
17. *Odis.*, IV, 563-564. El Elíseo, en Homero, no es una morada de los muertos; es un lugar de recreo en una o varias islas del Océano occidental. Allí, cerca de las puertas del atardecer, un sendero conduce al cielo; allí, cerca del dormitorio de Júpiter, fluye la fuente de la ambrosía; allí, sin haber padecido la muerte, están los favoritos de los dioses entre los humanos; y Juno se pasea no lejos de esta mansión de delicias, en sus magníficos jardines llenos de frutos de un color brillante y de un sabor exquisito (Voss, *Alte Weltkunde*). Estrabón (libro III) sitúa el Elíseo cerca de España, en las islas Canarias (cf. los excursos de Heyne, ya citados).

18. Sólo en el himno homérico a Ceres se habla, por vez primera, de re-compensas después de esta vida; pero este himno, compuesto hacia la XIX Olimpíada para las nuevas Eleusinas, y, por tanto, destinado a la exposición de una doctrina misteriosa, no tiene, como es evidente, ninguna relación con la mitología de la que hablamos.

19. Pausanias afirma que Homero había tomado de la Tesprotia su topografía de los infiernos; que Aqueronte y el Cocito eran ríos de esta región; que Plutón era su rey, que su mujer se llamaba Proserpina y su perro Cerbero (*Ática*, 17). Pero esta afirmación, que se resiente del evemerismo del que Pausanias, pese a sus intenciones a veces devotas, sufría la influencia, al no modificar en nada la creencia pública ajena a todas las explicaciones históricas o geográficas, no tenemos por qué ocuparnos de ella. Hablaremos más adelante de las prácticas egipcias que se habían introducido en Grecia y habían influido en las opiniones griegas, relativas a la morada de los muertos, y tendremos ocasión de observar de nuevo cómo el espíritu griego reaccionaba contra todos estos préstamos para someterselos.

20. Los Titanes son arrojados al Tártaro sin estar muertos (*Ilíad.*, VIII, 477. Hesíod., *Teog.*, 717; 820): prueba de que los castigos del Tártaro no están reservados para la otra vida. ¿Por qué Júpiter, dice el *Prometeo* de Esquilo (154), no me arrojó al Tártaro?

21. *Ilíad.*, VIII, 479-480.

22. Apolodoro, escoliasta de Licofrón.

23. *Ilíad.*, VIII, 16. El decreto de Momo, en el diálogo de Luciano titulado *La asamblea de los dioses*, sosteniendo que los que, rechazados por la comisión encargada de depurar el Olimpo, se obstinasen en no abandonar el cielo serían arrojados al Tártaro, es una reminiscencia burlesca de la mitología griega más antigua.

24. *Odis.*, XI, 575-576. Igualmente Ixión estaba atado a una rueda por haber violado a Juno.

25. Homero no dice la causa del suplicio de Sísifo. La encontramos en Teognis. Había salido de los infiernos por un solo día, con el pretexto de que lo enterraran, y no quería volver de nuevo (cf. Sófocles, *Filoctetes*, 624-625). Pausanias (*Corint.*, 5) dice que Sísifo fue castigado por haber revelado a Esopo dónde se encontraba su hija Egina a la que Júpiter había raptado. Apolodoro (III, 12-16) dice la misma cosa. Esta tradición vendría aún mejor que la otra en apoyo de nuestra afirmación

26. *Odis.*, XI, 578-591. Se encuentra una tradición sobre el crimen de Tántalo en la primera *Olímpica* de Píndaro; otra, en el *Orestes* de Eurípides (410); y otra, en las *Corintíacas* de Pausanias; y una cuarta, en Higino. Éste dice que Tántalo fue castigado por haber divulgado lo que sucedía en el festín de los dioses. Esta tradición es de un siglo en el que el misterio parecía una parte esencial de la religión: Homero no dice nada parecido. Ovidio, contemporáneo de Higino, retoma la más grosera de estas tradiciones como pruebas de un progreso en las ideas, y diremos por qué Ovidio ignora o desdeña estos progresos.

27. *Odis.*, XI, 325-326.

28. *Ibid.*, 84-85; 151.

29. *Ilíad.*, XVII, 445-447.

30. *Ilíad.*, XVI, 855; XXII, 363.

31. *Odis.*, X, 521; *ibid.*, 536; XI, 29; *ibid.*, 49; *ibid.*, 404.

32. *Ibid.*, 206-207.

33. *Ibid.*, 221.

34. *Ibid.*, 43; *ibid.*, 632.

35. Proserpina sólo había conservado la inteligencia a Tiresias (*Odis.*, X, 494-495). Calímaco dice que fue Minerva (*Himno a Minerva en el baño*); pero la excepción confirma la regla. Elpenor tenía todavía conciencia, porque aún no había sido enterrado. Reconoce a Ulises sin haber bebido sangre (*Odis.*, XI, 51 s.).

36. *Odis.*, XI, 392.

37. *Ibid.*, 388. Existen otras muchas contradicciones en esta undécima rapsodia de la *Odisea*, a juzgar el estado de las sombras por lo que dice Anticlea a Ulises, ellas conocen cuanto ocurre en la tierra (*Odis.*, XI, 180-195). A juzgar por lo que dicen Aquiles y Agamenón, lo desconocen (*ibid.*, 457-459; *ibid.*, 492). Preguntan noticias de sus hijos a Ulises que bajó a los infiernos para saber algo de su padre.

38. *Odis.*, XI, 95; *ibid.*, 146-148; *ibid.*, 232-233.

39. Un autor moderno ha expresado perfectamente, en una pequeña obra en versos latinos, *El canto de los manes*, las ideas de los antiguos sobre el estado de las sombras.

Saltemus: socias iungite dexteras.
Iam Manes dubius provocat Hesperus;
per nubes tremulum Cynthia candidis
lumen cornibus ingerit. [...]

Nullus de tumulo sollicitus suo
aut pompae titulis invidet alteri:
omnes mors variis casibus obruit,
nullo nobilis ordine.

Nobis nostra tamen sunt quoque sidera,
sed formosa minus: sunt zephyri, licet
veris dissimiles, auraque tenuior,
cupressisque frequens nemus.

O dulces animae, vita quibus sua
est exacta, nigris sternite floribus
quem calcamus humum: spargite lilia.
fuscis grata coloribus.

Aptos ut choreis inferimus pedes!
Ut nullo quatitur terra negotio!
Dempta mole leves et sine pondere,
umbrae ludimos alites

Ter cantum tacito murmure sistimus.
Ter nos Elysium vertimus ad polum.
Ter noctis tenebras, stringite lumina,
pallenti face rumpimus.

Nos quicumque vides plaudere manibus;
Cantabis similes tu quoque nenias:
Quod nunc es fuimus, quod sumus hoc eris.
Praemissos sequere et vale.

[Dancemos: unid las diestras en alianza. / Ya a los Manes afuera llama entre dos luces el Véspero. / Por entre las nubes Diana al Lucero, de brillantes / cuernos, titilante, hace meterse. / [...] / Ninguno, por su túmulo preocupado / o por la pompa de su funeral, envidia al otro. / A todos la muerte con diversas desgracias sepulta, / famosa por [no guardar] orden ninguno. / Nosotros, empero, tenemos también estrellas nuestras, / pero menos hermosas; tenemos céfiros, / aunque a los verdaderos distintos, y un aura más tenue, / y de cipreses poblado, un bosque. / ¡Oh, ánimas queridas, cuya vida / se ha cumplido! De negras flores alfombrad / la tierra que pisamos, esparcid lirios / por sus oscuros colores gratos. / ¡Cómo de adaptados a los coros los pies llevamos! / ¡Cómo sin ningún trabajo se golpea el suelo! / Quitada la carga [del cuerpo], leves y sin peso, / como aves de las sombras jugamos. / Tres veces el canto con silencioso murmullo contenemos. / Tres veces hacia el cielo del Elíseo nos volvemos. / Tres veces las tinieblas de la noche —aguzad los ojos— / pálida la faz, rompemos. / Viéndonos estás, seas quien seas, aplaudir a los Manes; / Pero nenias similares cantarás también tú. / Lo que ahora eres hemos sido; lo que somos, esto serás. / A los enviados por delante sigue y que te vaya bien].

Capítulo 10

De los esfuerzos del sentimiento religioso para elevarse por encima de la forma religiosa que acabamos de describir

1. Cf. Libro II, cap. 2.
2. *Ilíad.*, V, 407; VI, 130.
3. *Ilíad.*, XIV, 197; XIX, 94, 125.
4. *Ilíad.*, I, 518, 521, 542-543, 565, 567; IV, 5-6, 20-22, 31, 36; V, 420, 765, 876, 881, 889; VIII, 360, 400, 407, 455; XV, 17, 30, 162, 167.
5. *Ilíad.*, V, 874, 875.
6. *Ilíad.*, *Odis.*, *passim.* En uno de estos lugares se dice que los dioses son felices en los momentos en que se dedican a hacer el mal a los hombres (*Odis.*, XVIII, 130-135).
7. Creuzer, *Fragm. hist. graec. antiquiss.*, I, 177.
8. Wood, *Genius of Homer.* Se podría probar, comparando las tradiciones que Homero expone y que se deben mirar, en consecuencia, como las tradiciones contemporáneas, con aquellas que alude como anteriores, que el Júpiter de Homero es mejor que el precedente. (Cf. Aristóteles, *Poética*, 25; y Wolf, *Prolegomena Homeri*, pp. 161-168.) Encontraréis ahí un ejemplo minucioso, pero singular, del modo como los griegos, cuando, por la introducción de la moral en la religión, el carácter de los dioses homéricos se hizo demasiado chocante, recurrieron a sutilezas gramaticales para desnaturalizar o reformar el texto de Homero.
9. Estrabón, VIII.

10. A Medea la expió Circe; ésta, aunque hubiese reconocido a su sobrina huyendo con Jasón de la casa paterna, no se atrevió ni a retenerla cautiva ni a permitirse ninguna violencia contra ella. La expiación era una cosa tan sagrada que los descendientes de los que habían expiado a Orestes se reunían todos los años para celebrar, con un festín, la memoria de esta expiación, el día y en el lugar donde había tenido lugar (Paus., *Corint.*). Los reyes expiaban a los culpables que eran de un rango distinguido. Copreo fue expiado por Euristeo; Adrasto, por Creso. (Cf. Heródoto y Apolonio.) Además, la religión había inventado ritos para preservar al criminal de su desesperanza, cuando no podía ser expiado en el momento mismo; cortaba entonces las extremidades de esta víctima y lamía su sangre tres veces, y creía que la venganza celeste se suspendía hasta que pudiese purificarse por las grandes ceremonias expiatorias.

11. Eurípides, *Hércules furioso*, 48.

12. Sainte-Croix, *Des anciens gouvernements fédératifs*, p. 115.

13. Pausan., IV, § 1. La anfictionía argiva subsistía aún en la LXVI Olimpíada. Condenó a Sición y a Egina a una multa de 500 talentos, por haber prestado al rey Cleomenes naves en su guerra contra Argos; pero, según parece, tuvo entonces como protector a Apolo.

14. Tucíd., I, 28.

15. Paus., I, 44. Pínd., *Nem.*, III, 17 s.

LIBRO VIII
DIGRESIÓN NECESARIA SOBRE LOS POEMAS ATRIBUIDOS A HOMERO

CAPÍTULO 1

Que la religión de la Odisea *es de una época distinta de la de la* Ilíada

1. *Odis.*, I, 8-9.
2. *Odis.*, XIV, 83-86.
3. *Odis.*, II, 135.
4. *Odis.*, I, 29-47.
5. *Odis.*, V, 8-12.
6. *Odis.*, VII, 315-316.
7. *Odis.*, XIV, 406.
8. *Odis.*, 1, 378; II, 68; *ibid.*, 148.
9. *Odis.*, IX, 174-175.
10. *Odis.*, VII, 165; XIII, 213-214; XIV, 57-58; *ibid.*, 284; *ibid.*, 389; XIX, 269-271; *ibid.*, 478-479.
11. *Odis.*, XVII, 485-487.
12. *Ibid.*
13. *Odis.*, XX, 241-247.
14. *Odis.*, VI, 42-46.
15. *Ibid.*, 329-331.
16. *Odis.*, VIII, 222-228.
17. *Ilíad.*, XVIII, 432-440.

18. *Odis.*, V, 118-119.
19. *Odis.*, XXIV.
20. *Odis.*, VII, 65-77.
21. *Odis.*, VI, 66-67.
22. *Ibid.*, 273-285.
23. *Ilíad.*, VI, 374-502.
24. *Odis.*, I, 356-360.
25. *Ilíad.*, VI, 454. *Odis.*, VIII, 526-530.
26. *Odis.*, I, 271, 305.
27. *Ibid.*, 360.
28. *Odis.*, II, 248-377.
29. *Odis.*, XXII, 424-425.
30. *Ilíad.*, XVIII, 382. Luciano, en su XV *Diálogo de los dioses*, considera, a la vez, a Venus y a Caris mujeres de Vulcano: una, en Lemnos; la otra, en el Olimpo. Sucede que Luciano se complacía en mostrar las contradicciones de Homero y que, por otra parte, en su tiempo, la indiferencia por la religión confundía todas las tradiciones sin la menor preocupación.
31. Luciano, en el XX de sus *Diálogos de los dioses*, imitó a Homero al presentar a Venus y Marte sorprendidos por Vulcano, y a los dioses riendo del esposo engañado; este cuadro se adaptaba más al siglo de Luciano que al de la *Ilíada*: por eso, esto sólo ocurre en la *Odisea*.
32. *Ilíad.*, I, 31, 112-115.
33. *Ilíad.*, XXIV, 130.
34. Se ha alabado mucho, siguiendo a Aristóteles, la unidad de la *Ilíada*. Este célebre crítico llevó, así y sin preverlo, a sus copistas modernos a un grave error. Sin duda, él estaba lejos de pretender que la *Ilíada* no contuviera nada que no fuese conforme a esta unidad, y que el interés no divergiera frecuentemente. Quería simplemente distinguir los poemas homéricos de los poemas cíclicos (cf. sobre estos poemas, de los que, por otra parte, ya hemos hablado, Fabricius, *Bibl. Graec.*, I; y Heyne, *ad* Virg., En. II, *Excurs.*, I; y sobre la falta total de unidad en estos poemas, Wolff, *Proleg.*, p. 126): estos poemas carecían de plan y de recorrido regular, de desarrollo progresivo y graduado. Pero sería de otro modo, que una consideración poderosa debería comprometernos a no creer en la palabra de un escritor que buscaba apoyos para una doctrina adoptada por anticipado. La unidad era el primero de los principios que Aristóteles quería que dominase. Veía que los poemas homéricos estaban reunidos en dos cuerpos de texto. Eran, con razón, objeto de admiración de los griegos; el autor los utilizaba como ejemplo y demostración a favor de su doctrina. Debía buscarla y encontrarla en las dos epopeyas nacionales. Esta necesidad lo hizo indulgente sobre muchos puntos. Es una especie de debilidad, o, mejor dicho, de inflexión bastante natural al espíritu humano, y de la que apenas se libran los mayores genios.
35. Hoy que hemos acordado considerar ya completa la *Ilíada*, tal como la tenemos, tratamos el anexo de Homero, realizado por un poeta posterior, de un intento ridículo y arriesgado, y encontramos inútil y fuera de lugar lo que este último cuenta. Diríamos lo mismo si la *Ilíada* hubiese concluido con el retorno de Aquiles al ejército y ahí terminase el tema anunciado por el poeta en la exposición. Si leyéramos en Quinto de Esmirna la *Teomaquia*, los juegos junto a

la tumba de Patroclo o los funerales de Héctor, rechazaríamos estas adiciones: la primera, por contraria a la mitología del resto del poema; la segunda, por describir las costumbres de una época distinta; y la tercera, por su estilo cansino y totalmente indigno de la epopeya. Si la enumeración del ejército no formase parte de nuestra *Ilíada* y se quisiese añadirla, clamaríamos contra el absurdo de colocar este frío catálogo en un poema épico; y sería fácil de demostrar que puede pertenecer a la historia, pero que debe permanecer ajeno a la poesía.

36. A. W. Schlegel, en su *Curso de literatura*.

CAPÍTULO 3

Que la composición de la Odisea *y, por consiguiente, su mitología, son de una época posterior a la de la* Ilíada

1. Los escoliastas de Venecia dicen expresamente que varios críticos antiguos asignaban a estos dos poemas autores diferentes. Estos críticos formaban una secta bastante numerosa como para designarlos con un nombre particular; se los llamaba corizontes (Fr. Schlegel, *Hist. de la poesía griega*). Séneca (*De brev. vit.*, cap. 13) reprocha a los griegos el haberse entregado siempre a investigaciones frívolas, y cuenta entre estas investigaciones las que intentaban determinar si la *Ilíada* y la *Odisea* eran obra del mismo poeta.

2. Heródoto, en verdad, hace remontar esta invención a Cadmo; pero se sabe que Heródoto, que sólo contaba lo que creía que era verdadero, adoptaba, sin examen, como verdadero cuanto se le contaba. Un erudito moderno (Wolff, *Proleg. Homeri*) lo llama ingeniosamente el amigo celoso de la verdad y el narrador apasionado de las fábulas; además, Heródoto sólo refiere este hecho como un rumor que él no garantiza en absoluto, ὡς ἐμοί δοκεῖν. Cita en otro lugar tres epigramas que considera próximos al tiempo de Cadmo y dice que los copió en el templo de Apolo Ismenio; pero los mejores críticos reconocen en estos epigramas una imitación del estilo de Homero.

Esquilo señala a Prometeo como inventor de la escritura; otros se remontan hasta Orfeo, Cécrope o Lino. A los griegos les gustaba colocar en los siglos más remotos el origen de las artes y no distinguían sus sucesivos avances.

Sin embargo, Eurípides, en un fragmento que nos conservó Estobeo, llama a Palamedes el autor del alfabeto, lo que haría este descubrimiento contemporáneo de la guerra de Troya. No es probable que Eurípides, con el teatro en pleno auge, hubiera sustituido a Cadmo por Palamedes, si esta hipótesis hubiera sido contraria a la opinión generalmente aceptada. Los griegos estaban tan poco adelantados en tiempos de Cadmo que la fábula de Anfión, que construye los muros de Tebas al son de la lira, es un siglo posterior. Pero esta fábula es evidentemente emblema de los primeros esfuerzos del genio social para reunir a los salvajes.

Se encuentran en Homero varios detalles que parecen anunciar que la escritura no existía en su tiempo. Todos los tratados concluyen verbalmente; sólo se conserva su memoria y sus condiciones por signos; y si existen dos pasajes de los que se quiso inferir el uso de las letras, el primero puede asociarse a diversos caracteres jeroglíficos grabados en madera, y el segundo serviría, en caso necesario, de prueba contraria (*Ilíad.*, VI, 167, 168). Leed, sobre este pasaje, las notas de Heyne, y los *Prolegomena* de Wolff, p. 76. Apolodoro, al hablar de la anécdota de Belerofonte, se sirve de la palabra ἐπιστολή, *mandatum*, y ἐπιγνωναι, que nunca se toma en griego por el verbo leer. La palabra ἐπιγραρας, que se encuentra en este pasaje, no prueba absolutamente nada. La significación de las palabras cambia con el avance de las artes. La palabra γραρειν, del tiempo de Homero, significaba esculpir: nada más natural. Los guerreros que pusieron una señal en el casco de Agamenón, para que la suerte decidiera sobre quién combatiría contra Héctor, no reconocieron la señal que el heraldo les presentaba: es evidente que no era un nombre escrito, pues cada uno hubiera podido leer el nombre de su competidor así como el suyo, sino una señal arbitraria que sólo podía reconocer el que la había colocado.

3. Eustacio dice formalmente que, en tiempos de Homero, el descubrimiento de las letras era muy reciente. Las primeras leyes escritas de los griegos fueron las de Zaleuco, setenta años antes de Solón (Estrab., VI. Cicer., *Ad Attic.*, cf. Escimno de Quíos, 313). Las leyes del propio Solón fueron grabadas, cuatro siglos después de Homero, sobre materiales muy poco portátiles.

4. Wolff, *Proleg.*, p. 69.

5. Un erudito francés (el señor de Sainte-Croix, *Réfutation d'un paradoxe sur Homère*) ha querido responder a este razonamiento. Los griegos, dice, habituados a la poesía, no pudieron decidirse, sino con lentitud y cierta repugnancia, a bajar hasta la prosa, y sus primeros prosistas fingieron un estilo poético. Esta observación, aunque fuese fundada, no explicaría cómo es que a todos estos primeros prosistas los separan de las epopeyas homéricas más de cuatrocientos años.

6. Ésta era la opinión en tiempos del historiador Josefo. Se asegura, dice, que Homero no hizo más que recitar sus poemas verbalmente, y que su redacción actual tuvo lugar muchos años después (Josefo, *Contr. Apion.*, I, 2, p. 439).

7. *Magnum numerum versuum ediscere dicuntur [...] neque fas esse existimant ea litteris mandare* [se dice que <los druidas> aprenden de memoria un gran número de versos [...] y no consideran que sea lícito confiarlos a la escritura] (César, *De bell. Gall.*, VI, 14. Pomponio Mela, III, 2).

8. *Histoire de Suède*, cap. 8. Existen, aún hoy, en Finlandia, campesinos cuya memoria iguala a la de los rapsodas griegos. Estos campesinos componen versos casi todos y algunos recitan largos poemas, que conservan en su recuerdo, corrigiéndolos sin escribirlos nunca (Rüh, *Finland und seine Bewohner*). Bergman (*Streifereyen unter den Calmucken*, II, 213) habla de un poema calmuco, compuesto de trescientos sesenta cantos, según se afirma, y que se conserva desde hace siglos en la memoria de este pueblo. Los rapsodas, a los que se les llama *dschangarti*, saben algunas veces de memoria veinte de estos cantos, es decir, un poema casi tan extenso como la *Odisea*, pues, por la traducción que Bergman nos proporciona de uno de estos cantos vemos que es casi tan largo como una rapsodia homérica.

9. *Voy. en Ital.*, p. 12.

10. Se debe observar, por otra parte, que no se quiere decir que el mismo individuo supiera de memoria los quince mil versos de la *Ilíada* o los doce mil de la *Odisea*, sino sólo tal o cual libro, tal o cual episodio particular.

11. El nombre de rapsodas parece posterior a Homero, pero ya existían cuando se compusieron las epopeyas. Femio y Demódoco son rapsodas en la

Odisea. Su profesión era muy honrada. Recitaban los versos siempre de memoria y conservaron esta costumbre, incluso después de la invención de la escritura y cuando las copias escritas de las poesías homéricas eran ya públicas. Al ser estos poemas el tema más frecuente de sus recitaciones orales, se los llamaba a veces los homéridas; lo que llevó a algunos eruditos a creer, contra toda razón, que había descendientes de Homero a los que se les llamaba así. El efecto de estos poemas debía de ser tanto mayor cuanto que se los recitaba de esta forma. Allí donde se emplea la escritura para conservar las poesías, éstas se convierten en objeto de estudio para la clase instruida, más que de entusiasmo para el vulgo. El efecto completo de la poesía sólo existe en la medida en que es inseparable de la declamación y del canto. Así fue como los poemas homéricos se grabaron en la memoria y en el espíritu de los griegos. Recitados en las asambleas del pueblo y en el seno de las familias, se convirtieron en una parte íntima de la existencia de todos y de cada uno, de la existencia nacional y doméstica. Incluso mucho tiempo después de que la escritura fuese habitual, los antiguos nos hablan del efecto prodigioso de estas poesías, declamadas delante de los griegos. Veo, dice un rapsoda a Sócrates, en uno de los diálogos de Platón (*Ión*), veo a los oyentes, unas veces llorar, otras gemir, otras estremecerse, otras lanzarse como fuera de sí mismos. Si los rapsodas podían ejercer semejante dominio cuando había desaparecido lo que de divino había en su arte, y que sólo cantaban por un salario, ¡cuál no debía de ser cuando eran el único medio de comunicación entre los poetas y el pueblo y que, no estando demasiado mancillados por ningún interés, eran, por así decir, los intermediarios entre la tierra y el cielo! Su profesión se envilece cuando se hace mercenaria. Es el destino de todas las que se relacionan con las facultades intelectuales. Sin embargo, aún existían rapsodas en torno a la LXIX Olimpíada; Cineto, contemporáneo de Píndaro, era un rapsoda.

12. Pisístrato, dice Pausanias (*Segundo viaje a Élide*, cap. 26), recopiló las poesías de Homero, dispersas por numerosos lugares. Es cierto que una tradición cuenta que los poemas homéricos los había llevado Licurgo anteriormente al Peloponeso; pero esto no está demostrado en absoluto. El primer autor en el que lo encontramos es Heráclides. Habla vagamente de la poesía de Homero, sin indicar de qué obras se componía esta poesía. Eliano añade que era toda la poesía homérica; pero no entra en detalles (*In Fragment.* Πολιτειων). Plutarco nos da algunos sobre los que no ofrece garantía alguna, y que, incluso si se admitieran, confirmarían nuestras dudas más que disiparlas. «En tiempo de Licurgo» dice (*in* Licurg.) «no estaba aún muy extendida la reputación de Homero. Un pequeño número de personas poseía algunos fragmentos de sus poesías, pero dispersos y diferentes unos de otros». Lo más probable es que Licurgo trajera de sus viajes a Grecia y a Asia algunas rapsodias o un conocimiento vago de los poemas homéricos, conocimiento que se perdió pronto; y que, trescientos años después de Licurgo, Pisístrato las hiciera reunir y copiar por letrados que vivían en la intimidad. El autor del *Diálogo de Hiparco*, falsamente atribuido a Platón, no asigna esta colección a Pisístrato, sino a sus hijos. Suidas parece insinuar que el intento de Pisístrato no fue el primero; y en sus *Historias diversas* (III, 14), Eliano no atribuye a Pisístrato, sino a Solón, el orden en que se colocaron estas rapsodias.

La Antigüedad estaba dividida, pues, tanto sobre los poemas que se debían atribuir a Homero, como sobre las partes que, en estos poemas, le pertenecían a él realmente. Heródoto, ya lo dijimos anteriormente, quitaba de la lista los *Cipriacos* y los *Epigonos* (Hérod., II, 117; IV, 32). Los antiguos afirmaban, nos dice Eustacio, que la *Doloneida* formaba un poema particular, que Pisístrato había insertado en el cuerpo de la *Ilíada*. Otros rechazaban el episodio de Glauco (Heyne, *ad Il.*, VI, 19. Escol. Venec. de Villois., p. 158). Y no es todo: la colección ordenada por Pisístrato no es la que poseemos. Después de este tirano, como antes de él, se hicieron alteraciones frecuentes, no sólo en el texto, sino también en el conjunto, en toda la disposición de los poemas homéricos. Los escoliastas de Homero, y en particular el de Venecia, nos hablan de una clase de críticos que llaman diaskeuastas, que habían trabajado sobre estas poesías. Se trataba seguramente de estos diaskeuastas, como de los que tomaban las tragedias como objetos de su trabajo. Pero sabemos por el escoliasta de Aristófanes (*Nubes*, 552, 591) que estos últimos cambiaban, añadían, suprimían, corregían, en una palabra, refundían las obras. El ejemplar que Alejandro recibió de Aristóteles había sido rectificado por varios eruditos y presentaba correcciones de la propia mano del vencedor de Arbelas (Plut., *Vida de Alejandro*. Estrab., XII). Se llamaba a este ejemplar el del cofrecillo. Calisténes y Anaxarco habían corregido la *Odisea*. Arato, que había ordenado y reorganizado un ejemplar de este último poema, fue invitado por Antíoco Soter, rey de Siria, a hacer lo mismo con la *Ilíada*, desfigurada por los rapsodas y los copistas (Suid., I, 309. *Auctor vetus vitae Arati in Petavii Uranologio* [autor antiguo de una vida de Arato, en Petavio, *Uranología*], p. 270).

No hay que olvidar que, en este tiempo, las rectificaciones hechas en un ejemplar de un poema sólo tenían una influencia muy limitada. La manera como las copias se multiplicaban en Grecia, por los cuidados de los particulares (οι κατσανδρα) o por los de las ciudades (άι κατα πολεις, αι των πολεων), hacía que las correcciones de un ejemplar, al no ser públicas, no cambiasen en nada los demás ejemplares.

Al admitir, pues, la realidad de una compilación ordenada por Pisístrato o por los pisistrátidas, esta compilación no habría podido servir de regla más que para un tiempo corto, y pronto se habrían introducido nuevas variantes o nuevas correcciones, según la fantasía de los copistas o de los propietarios de cada copia. Al parecer, los poemas homéricos sólo adquirieron su forma definitiva con los Ptolomeos, y su disposición actual es obra de los gramáticos de Alejandría (Wolff, *Proleg.*, p. 151), especialmente de Aristarco, que vivió bajo Filométor, hacia la CLXVI Olimpíada, y que, dicho sea de paso, él mismo ponía en duda, así como Aristófanes de Bizancio, crítico no menos hábil, la autenticidad del final de la *Odisea*. Además, según señala Heyne (*Homer.*, VIII), parece que los gramáticos de Alejandría no tuvieron otra intención, en la división de estos poemas, que procurar que los libros contuviesen casi la misma cantidad de versos y que fuesen el mismo número que las letras del alfabeto. Por eso, algunos libros terminan en la mitad de un relato; por eso también los versos inútiles o repetidos al final o al comienzo de cada libro.

13.   Eliano, *Var. Hist.*, XIII, 14. Píndaro llama a los rapsodas Παντων Επεων αοιδους, poetas de versos hilvanados.

14.   Heród., VII, 6. Pisístrato, para completar los poemas homéricos, promete recompensas a todos los que supiesen algunos párrafos de memoria, y que

se los comunicasen. Se cree que, sin duda, estas promesas debieron de provocar interpolaciones (Heyne, *Com. Soc. Goett.*, XIII, n.º 6).

15. Estas conjeturas, que el razonamiento autoriza, las confirman los hechos. Varios versos, citados por los antiguos, especialmente por Hipócrates, Aristóteles y Platón (Wolff, *Proleg.*, p. 37), no se hallan actualmente en ninguno de nuestros manuscritos de Homero. Pausanias presenta un pasaje de este poeta para probar que él reconocía la divinidad de Esculapio, ya que llama a Macaón, su hijo, el hijo de un dios (*Corint.*, 26): nada parecido se halla ni en la *Ilíada*, ni en la *Odisea*, tal como las conocemos hoy; en cambio, hay otros versos que se pueden leer tanto en Homero como en Hesíodo, por ejemplo, el verso 265 del primer libro de la *Ilíada*, que es el 182 del *Escudo de Hércules*. Dos célebres críticos, Aristarco y Zenódoto, rechazaban el catálogo de las Nereidas (*Ilíad.*, XVIII, 39-49) y consideraban que pertenecía más bien a Hesíodo que a Homero. Esto haría pensar que los rapsodas trasladaban algunos fragmentos de un poeta a las obras de otro. Es conocido el verso interpolado en el que Solón se apoyaba para establecer los derechos de Atenas sobre Salamina.

Estas interpolaciones eran, a la vez, inevitables y fáciles. Rapsodas, que recitaban poemas delante del pueblo, añadían naturalmente a estos poemas los cambios que creían agradables a sus oyentes.

Daremos un ejemplo. Hablamos anteriormente de un verso que se encuentra igualmente en el *Escudo de Hércules* y en el primer libro de la *Ilíada*. Este verso se refiere a Teseo, héroe por el que los atenienses tenían un afecto religioso, y cuya gloria, por tanto, querían celebrar los rapsodas con interés especial. Por eso existe otro, en el mismo sentido, en el libro XI de la *Odisea*, v. 630; y, en esta construcción y su escasa armonía con los que le preceden y siguen, los mejores críticos lo han visto como interpolado. Hubiese querido ver, dice Ulises, a los héroes Teseo y Peritoo. Apenas puede concebirse cómo Ulises, que había visto a casi todos los héroes y heroínas de los siglos pasados, y que elegía entre las sombras, no habría podido satisfacer este deseo. Pero se concibe que un rapsoda, queriendo recordar a Teseo para satisfacer a los atenienses, que llamaban con orgullo a su ciudad la ciudad de Teseo, y que habían enviado al hijo de Milcíades a buscar las cenizas de este héroe, cuya tumba se había convertido en un templo y en un refugio (Suidas. Hesiquio. Escoliasta Arist., *in* Plut., V, 627. Plut., *in* Miltiades y Cimón); se concibe, decimos, que un rapsoda haya introducido este verso en el texto, y lo que es más importante es que varios siglos después, Polignoto, en su cuadro del descenso de Ulises a los infiernos, haya colocado a Teseo y a Peritoo sobre tronos de oro: ésta es, a nuestro parecer, una progresión bastante sorprendente. El autor del libro undécimo de la *Odisea* no había nombrado a Teseo; un rapsoda, adulador del pueblo de Atenas, se siente dolido por este silencio y lo suaviza con un verso de pesar; un pintor aprovecha este verso; y Teseo, olvidado por el poeta, deseado por el rapsoda, aparece al fin en los pinceles del pintor. Es cierto que éste se aleja de la intención del rapsoda, pues presenta a Teseo encadenado en su trono, en castigo por el ultraje con el que se hizo culpable para con Plutón; pero esta circunstancia se debe a que el cuadro de Polignoto estaba destinado a Delfos y a Atenas. Cuando el mismo pintor consagra su paleta a los atenienses, les sacrifica sin dudar, no sólo la mitología, sino también la historia, y hace que Teseo esté presente en la batalla de Maratón (Paus., *Att.*, 15). Podríamos citar también otra interpolación menos feliz, ya que todos los críticos y traductores antiguos y modernos rechazaron unánimemente el verso interpolado. Homero no habla, en parte alguna, de los misterios; ni el nombre de Eleusis, ni el del tracio Eumolpo, fundador de los ritos eleusinos, aparecen ni una sola vez en sus dos poemas. Los partidarios de los misterios querían, sin embargo, apoyarlos en su autoridad. ¿Qué hicieron? Introdujeron, después del verso 551 del libro XVIII, donde se habla del escudo de Aquiles, un verso en el que el epíteto de eleusina acompaña al nombre de Ceres. Es probable que, cuando los rapsodas querían insertar en un poema que gozaba ya de la aprobación pública nuevas adiciones, colocaran las más importantes a continuación del poema. Un escoliasta afirma que el libro XXIV de la *Ilíada* terminaba con estos dos versos:

Así celebraron los funerales de Héctor:
Entonces vino la Amazona, hija de Marte, el gran destructor de los
[hombres.

Es claro que era una transición a un nuevo canto. El episodio de Marte herido por Diomedes, y el de Diana huyendo del combate, son probablemente también adiciones imitadas de la descripción mucho más elegante de la herida y huida de Venus.

Podríamos indicar, tanto en la *Ilíada* como en la *Odisea*, contradicciones tan claras que el mismo autor no pudo caer en ellas por mucha falta de atención que uno pueda suponer. En el libro V, v. 576, Pilémenes, rey de los paflagones, es muerto por Menelao; y, en el XIII, este mismo Pilémenes acompaña llorando el cuerpo de Harpalión, su hijo. La caída de Vulcano, arrojado a la isla de Lemnos, se narra en dos ocasiones, en circunstancias diferentes (*Ilíad.*, I, 589-595; XVIII, 395-405). En el libro XI de la *Odisea*, Ulises, Eumeno y los demás pastores se separan para entregarse al sueño; y en la mitad del XV, los volvemos a ver en el mismo festín ya concluido en el libro precedente. En fin, ¿no es probable que el poeta que, en el libro XIX de esta misma *Odisea* y en el XI de la *Ilíada*, no reconoce más que una Ilitía, hija de Juno, no sea el que reconoce varias en el XV y el XVI?

Hay en la *Ilíada*, como en la *Odisea*, transiciones torpes y cuyo origen se ve que es posterior (cf. *Ilíad.*, XVIII, 356-368. *Odis.*, IV, 620). Algunas veces, las mismas precauciones de los rapsodas los delatan. Se ve que quisieron responder por adelantado a las objeciones que temían oír.

Así, para explicar cómo no se encontraba ningún rastro del muro levantado por los griegos en torno a las naves, insertan dos pasajes (*Ilíad.*, VII, 443-464; XII, 4-40), donde narran por adelantado la destrucción de este muro por parte de Neptuno, que, celoso del orgullo de los hombres, dirige contra su obra la fuerza de todos los ríos sometidos a sus órdenes. Los escoliastas de Venecia y varios otros consideran estos dos pasajes como supuestos, y, sobre todo, el segundo, está claramente fuera de lugar. Interrumpe la narración de un combate, para entretener al lector con un acontecimiento alejado, sin relación con la acción. Igualmente, temiendo que se le reprochase al autor de la *Odisea* que hubiese hablado, con el nombre de Feacia, de un país inexistente, simularon el cierre de la entrada a esta isla a los navegantes mediante un barco convertido en un peñasco.

Se podría invocar sin motivo alguno, a favor de la autenticidad de los poemas homéricos, la autoridad de algunos autores antiguos, que no expresan ninguna duda, al menos sobre los dos poemas de la *Ilíada* y de la *Odisea*. Esta autoridad, bien examinada, se reduce a poca cosa.

El primero que habla de Homero es Píndaro (*Pít.*, IV, 493. *Nem.* VII, 29. *Ístm.*, IV, 63). Pero lo que Píndaro dice de Homero lo hubiera podido decir si este poeta hubiese escrito solamente la *Ilíada*. En ella canta a Ulises lo mismo que a Áyax. No hay que olvidar que Píndaro atribuía a Homero los *Cipriacos*, considerada como una supuesta obra (Eliano, *Var. Hist.* Cf., sobre los *Cipriacos*, Heyne, *Excurs. ad* lib. II *Eneid.*, p. 229). Por otra parte, ¿qué poeta moderno sentiría escrúpulo en nombrar a Ossian, sin indagar si existió realmente? Setenta años después de Píndaro viene Heródoto, que representa a Homero como habiendo vivido cuatrocientos años antes que él, y como autor de las epopeyas que llevan su nombre (Heród., II, 23, 53, 115; IV, 29, 32; V, 67; VII, 161). Pero ya recordamos la excesiva credulidad de Heródoto. Finalmente, treinta años más tarde, Tucídides cita a Homero como garante de los hechos que expone.

El nombre de Tucídides exige nuestro respeto. Merece nuestra confianza en todo lo que dice, no sólo sobre lo que él vivió y sobre lo que ocurrió en su tiempo, sino también en lo que se refiere a los acontecimientos, a las costumbres y a las instituciones de la Grecia civilizada; no sucede lo mismo cuando se adentra en las tradiciones tenebrosas de la Antigüedad. Nuestros mejores historiadores cuentan fábulas cuando se remontan al origen de los francos, de los galos y de los germanos. Citan a autores de dudosa veracidad; evocan personajes de existencia apócrifa.

Tucídides mostró tan poco espíritu crítico respecto a Homero que, en cierto lugar, atribuye, al parecer, uno de los himnos a Apolo (Tucíd., III, 104). Ahora bien, todos los eruditos admiten que los dos himnos en honor de este dios son muy posteriores a la *Ilíada* y a la *Odisea*.

En general, no debemos hacernos ilusión sobre el estado de la crítica entre los antiguos. La misma causa que proporciona tanto encanto a su literatura, hace su crítica muy imperfecta. Aceptaban las impresiones sin juzgarlas; adoptaban las tradiciones sin profundizar en ellas. En todas las ciencias, la duda es la última cualidad que el hombre adquiere.

16. Podríamos añadir que, a pesar de esta uniformidad aparente, los hombres más versados en la lengua griega creyeron ver un estilo diferente en las diversas partes de la *Ilíada*. El estilo de los primeros libros se distingue del empleado por el poeta cuando describe el combate cerca de las naves. La *Patroclea* difiere de la *Aquilea* propiamente dicha, y, sobre todo, los dos últimos libros parecen de una mano muy distinta de la de los veintidós libros anteriores.

17. Nonno mismo, tan diferente de Homero por su mitología impregnada de las alegorías y de las cosmogonías orientales, no se aparta en ningún momento de la manera de escribir homérica.

18. La que se atribuye a Heródoto es obra de algún sofista muy posterior a este historiador. Los dos tratados sobre el mismo tema, que se encuentran en las obras de Plutarco, el segundo de los cuales, según Gale, lo escribió Dionisio

de Halicarnaso, son seguramente creaciones de retóricos bastante modernos. El propio nombre de Homero es emblemático y susceptible de varias acepciones. Significa lo que se pone en común, una prenda o una garantía, en fin, un ciego (Licofrón). De estas tres significaciones, la primera concuerda con nuestras conjeturas sobre la reunión de las rapsodias homéricas; la segunda indica la confianza que se daba a los poetas; la tercera alude a una circunstancia que parece tanto más dudosa cuanto se quiso expresarla así por el nombre de un individuo.

19. Harald, de hermosos cabellos, daba a los escaldos el primer lugar en los bancos destinados a los oficiales de su corte (Torfeus, *Hist. Norweg.*). Varios príncipes les confiaban, en la guerra y en la paz, las misiones más importantes. Cuando los escaldos cantaban sus versos en la corte de los reyes casi siempre recibían anillos de oro, armas brillantes y ropa de gran valor. El escaldo Egyll se libró, por una oda, de la pena de un asesinato (Mallet, *Hist. du Dan.*).

20. Cf. Píndaro.

21. ¿Se va a acudir, como hace veinte años, al atentado contra la gloria de Homero? (*Réfutation d'un paradoxe sur Homère*, por el señor de Sainte-Croix.) La gloria de Homero no tiene nada que ver en esto. ¿Se pelean los sabios por la gloria de tal o cual nombre famoso, independientemente de la verdad, como los soldados por sus señores, independientemente de la patria?

22. Los siglos bárbaros tienden a reunir en un solo personaje todo lo que es eminente en un género. El bardo galo por excelencia, Taliesin, del que hablamos anteriormente, aparece en el siglo I; nace de la primera mujer, en la hoguera de Owen, en la que se forja el genio y la ciencia; canta, en el IV, al hijo de Edeyrin, príncipe famoso; y, en el VI, es el autor de los poemas que señalamos antes (Libro VI, cap. 7), y su nombre, como el de Homero, es emblemático; significa cabeza divina, cabeza resplandeciente (*Archaeol. of Wales*, pp. 17, 71).

23. Se encuentra en cosas que no están vinculadas con la mitología avances que indican un intervalo bastante largo, por ejemplo, la invención de la caballería. En la *Ilíada*, no se menciona esta invención; se combate a pie o se utilizan los carros. En la *Odisea*, Ulises aparece en un mástil y se lo compara con un hombre montado a caballo. En realidad, en la *Doloneida*, se habla de Diomedes, montado sobre uno de los caballos de Reso. Pero la *Doloneida* es una interpolación posterior al cuerpo del poema.

24. A. W. Schlegel piensa que la *Ilíada* se compone de tres poemas: el primero termina con el libro IX; el segundo, con el XIX, y el tercero comprende la muerte de Patroclo y la de Héctor. Considera composiciones aparte la *Doloneida* y el libro XXIV. Los últimos cantos, dice, salvo los treinta versos que cierran el conjunto, se acercan ya a la pompa y a la majestad premeditada de la tragedia.

25. Dijimos que esta opinión no era nueva, que había sido la de muchos críticos de la Antigüedad; añadiremos que se ha reproducido en los tiempos modernos. Bentley, uno de los hombres más eruditos del último siglo, dice, con cierta exageración, que los poemas homéricos son canciones dispersas (*Philelheuter Lips.*, p. VIII). Goguet se dio cuenta de la diferencia que separa a la *Ilíada* de la *Odisea*. «Sospeché durante mucho tiempo», dice el señor de Paw, «que la *Ilíada*, tal como debió de ser en su origen, se había compuesto para los juegos funerarios celebrados en Tesalia a la muerte de Aquiles [el autor hubiera

debido decir en memoria de la muerte de Aquiles] por príncipes que aseguraban descender de la familia de Peleo y de la raza de los centauros. Este tipo de juegos no eran siempre fiestas ocasionales, sino, muy a menudo, instituciones aniversario; de modo que la *Ilíada*, o mejor la *Aquilea*, pudo componerse en diferentes tiempos; y luego se fueron añadiendo tantos fragmentos que, si Homero pudiera volver a nacer, no reconocería su propia obra. Incluso había en Atenas escuelas de gramáticos en las que se entregaba a los niños una edición de la *Ilíada* compuesta por versos que hoy ya no existen, como el que citó Esquines contra Timarco». En fin, uno de los viajeros más distinguidos observó, sin intentar buscar la causa, que la *Ilíada* describía costumbres que se relacionaban más con las de los salvajes que con las de la *Odisea*. Encuentro, dice, en los griegos de Homero, *sobre todo en los de su* Ilíada, las costumbres, los discursos, los modos de vida de los iroqueses, de los delawares, de los miamis (Volney, *Tableau de l'Amérique*).

Hay ciertas aserciones cuya principal fuerza radica en la unanimidad con la que supuestamente se las adopta. Se supone esta unanimidad en todos los que, en cada siglo, quisieran combatir estas aserciones; y se podría creer que, a pesar de estas negaciones reiteradas, no por eso el asentimiento deja de ser unánime. Esto se parece a la astucia de ciertos gobiernos que se creen apoyados por el voto del pueblo y que oponen este voto masivo a las resistencias circunstanciales, como si cada una de estas resistencias no fuese una parte del voto nacional. Algunas veces, se llega, con este modo de razonar, a un punto en el que toda una nación aparece de un lado, y todos los individuos de esta nación, del otro.

26. Es digno de destacar que el amor de Ulises y de Calipso es totalmente físico, y se asemeja al de Agamenón por Criseida. Es incompatible con el orden de ideas que supone el pudor de Nausícaa, e incluso con la corrupción que domina en las bromas de Mercurio. Pues supone más bien la grosería que la corrupción. Calipso se contenta con el homenaje forzado de un amante que pasa sus días gimiendo en la orilla y al que ella obliga a consagrarle sus noches prometiéndole, como pago de este favor, el permiso de dejarla.

27. Jonsius, *Observ. de stylo Homeri*. Dawes, *Misc. crit.* Cf. también (Libro V, cap. 5, nota 60) las dudas de Aristarco sobre el libro XXIV de la *Ilíada*, y Heyne, *Exc. ad Il.*, XXIV, p. 670.

28. *Ilíad.*, XXIV, 463, 464.

29. Lo que nos reafirma en esta conjetura es que la mitología de este último libro es diferente de la de los anteriores desde otros puntos de vista. En los veintitrés primeros libros, es Iris la mensajera de los dioses; en el vigésimo cuarto, Mercurio la sustituye. Pero es sabido que esta función sólo se atribuyó a Mercurio en una segunda época de la mitología griega. (Cf. más arriba, Libro V, cap. 5, nota 60.) El autor de la *Odisea* y el de la *Teogonía* (v. 68) son los poetas de esta segunda epopeya; y el más antiguo de los trágicos griegos la caracteriza llamando a Mercurio el nuevo mensajero del nuevo señor de los dioses (Esquilo, *Prometeo*, 941).

30. Escuchemos, sobre esto, a uno de los más competentes comentaristas de Homero, *in libro XXI. Multa nova et peregrina nemo non qui ad carmen legendum accesit observare debuit, maxime concursu moxque conflictu deorum facto, inductis etiam diis qui, superioribus carminibus rerum Troianarum et Achiva-*

rum nullam curam habuerant. Pugna Achillis, παρα ποταμον, *ad Scamandrum fluvium, novi omnino generis est carmen, ut nec minus pugna deorum, quae manifesta habet vestigia alieni ortus et diversi ingenii. Magna sunt phantasmata, sed iudicium poetae parum severum, nec cum carmine reliquo Iliaco fabula est conglutinata* [Todo el que se ha acercado a leer el poema ha debido observar muchas cosas novedosas y extrañas, sobre todo después de tener lugar la reunión y, a continuación, el conflicto de los dioses, incluso con la intervención de dioses que en poemas anteriores no habían sentido ningún cuidado por los asuntos troyanos y aqueos. El combate de Aquiles *junto al río,* a orillas del río Escamandro, es un poema de un género absolutamente nuevo, como no lo es menos la lucha de los dioses, que tiene huellas manifiestas de un origen ajeno y de diverso carácter. Las imágenes son grandiosas, pero el juicio del poeta es poco severo y la leyenda no se compagina con el resto del poema de Troya] Heyne, *ad Il.,* XXIV. *Exc.,* II, p. 785).

31. *Ilíad.,* I, 396-406.
32. *Ilíad.,* VIII, 18.
33. *Odis.,* IV, 385, 480.
34. Diod., I, 20-24.
35. *Ibid.*
36. *Odis.,* X, 1-12. La cadena de oro de Júpiter, sus amenazas contra Juno, son claramente alegorías sacerdotales, que tienen una gran relación con las alegorías indias (Creuz., I, 116, 120). Por eso, los comentaristas que escribieron antes de que tuviésemos alguna noción de las tradiciones y de los dogmas de la India, encontraron estas imágenes totalmente ajenas al estilo de Homero, sin poder explicarse esta diferencia. Se distingue también vestigios de estas importaciones en lo que se refiere a Vulcano. Hablamos anteriormente (Libro V, cap. 5) de sus trípodes ambulantes que, a nuestro entender, están impregnados de la imaginación oriental. Hubiéramos podido hablar también de las vírgenes de oro que le ayudaban en sus trabajos (*Ilíad.,* XVIII, 376); de los fuelles que soplaban solos (*ibid.,* 470). Había forjado un perro de oro, vivo, que guardaba los bosques sagrados de Júpiter en Creta (Escol., *ad* XIX, 518). En fin, el escudo que prepara para Aquiles contiene el cielo, la tierra, el mar, el océano, los animales, las plantas, toda la naturaleza. Nada tiene más analogía con las representaciones de Brahma; pero el poeta griego sólo hace de ellas el objeto de una descripción poética, y Vulcano sigue siendo un dios grotesco. Lo que acabaría por demostrar, si fuera necesario, que Homero no entendía nada de sutilezas científicas o cosmogónicas, es la ausencia de cualquier personificación del amor. ¿Cómo el poeta, si se hubiese conocido esta noción, no la habría utilizado frecuentemente en las disputas y reconciliaciones de los dioses? ¿Y cuántas veces no habría sido el amor ocasión de cuadros brillantes o graciosos? ¿Cómo habría permanecido indiferente ante la herida de su madre o inactivo en los altercados de Paris y Helena? Pero Homero no habla ni del hijo de Venus, ni del Eros cosmogónico, invenciones posteriores recogidas por Hesíodo.

LIBRO IX
DE LAS RELIGIONES SACERDOTALES COMPARADAS
CON EL POLITEÍSMO INDEPENDIENTE

CAPÍTULO 2

De la figura de los dioses en las religiones sacerdotales

1. *De Providentia*, p. 73. Añade que los sacerdotes hacían jurar a sus reyes, al consagrarlos, que, bajo ningún pretexto, introducirían ninguna costumbre extranjera. Cf. también Platón (*Leyes*, II). En Egipto, observa un crítico alemán, una vez que los sacerdotes habían diseñado la figura de una divinidad, con sus atributos, o la representación de una fábula, en todas sus partes, los artistas trabajaban durante miles de años según este modelo sin cambiar el menor detalle, ni siquiera las actitudes de los personajes, de manera que, hasta el tiempo de los Ptolomeos, no se puede distinguir ninguna época de pintura, de escultura o de arquitectura.

2. Dion. de Halic., libro VII.

3. Starro, dios al que los frisones invocaban contra las inundaciones y las tempestades, no era más que un pedazo de madera (Sulzer, p. 291). El dios del aire, entre los mexicanos, Quetzalcóatl, era una serpiente cubierta de plumas verdes. El Mercurio de Fenicia, un pez con cabeza de jabalí, con una corona (Proclo, *in Tim.* Fírmico, libro II, cap. 7). Dagon tenía la misma forma, y Júpiter, la de un gavilán. Los Teusar-pulat, fetiches de la Bretaña pagana, perros u otros animales domésticos (Cambry, I, 72).

4.   *Simulacraque maesta deorum*
       arte carent, caesisque exstant informia truncis,

[y las tétricas estatuas de los dioses / carecen de arte y sobresalen horribles entre troncos cortados]
                              (Lucano, *Farsalia*, III, 412 s.).

Et robar numinis instar
barbarici,

[y la encina, símbolo de una divinidad / bárbara]
                    (Claudiano, *Consulado de Estilicen*, I, 230 s.).

5. Estas estatuas de oro existían antes de César (Polibio, II, 32). Se les acusó, con cierta probabilidad, de haber robado varias y de haber seducido a sus conciudadanos con el oro de la Galia (Suetonio, *Caes.*, 54).

6. Libro II, cap. 2.

7. Dos pasajes, uno de Porfirio (*De abstin.*, IV, 9) y otro de Eusebio (*Praep. evang.*, III, 4-12), parecen contradecir esta afirmación; pero, en primer lugar, estos autores restringen la adoración del hombre a una sola ciudad llamada Anabin; en segundo lugar, son de una época que da poco valor a su testimonio. Los sacerdotes de Egipto, según Heródoto (II, 142), negaban cualquier apari-

ción de los dioses en forma humana, durante las trescientas cuarenta generaciones de los Piromis, cuando los dioses gobernaban este universo directamente y por sí mismos. El ídolo de Anabin no era probablemente un hombre, sino un mono de la especie de los cinocéfalos (Paw, *Rech. sur les Egypt. et les Chinois*, I).

8. La inmortalidad, entre los escitas, era privilegio de los que morían de muerte violenta o sobre los altares. Se les consideraba mensajeros enviados a los dioses. Los griegos imbuidos de sus ideas de apoteosis vieron, en estas víctimas, a héroes deificados. Por eso, Luciano dice de Zamolxis que se convirtió en un dios después de haber sido un esclavo, lo que quería decir simplemente que este esclavo había sido inmolado. Cf. Heród., IV, 94-95.

9. Esta preferencia por su propia forma la atestiguan todas las mitologías. Dios hizo al hombre a su imagen (*Génesis*).

Os homini sublime dedit, etc.

[un rostro orientado a lo alto al hombre le dio]
(Ovidio, *Metamorfosis*, I, 85)

«Las divinidades que se movían en el seno del Océano suplicaron al creador que les concediese una forma. Él les mostró la del caballo, de la vaca y la de todos los animales sucesivamente: no quedaron satisfechos con ellas. Finalmente, les presentó la del hombre, y todas quedaron enseguida contentas» (Rig Veda).

10. Ya observamos anteriormente que la forma humana es el atributo de las últimas encarnaciones de Vishnú. La misma progresión nos sorprende en Siria. Derceto es primero mitad pez, mitad mujer. Luego es una mujer de los pies a la cabeza. Veremos que su figura se complica de nuevo, cuando se funden los dos politeísmos.

11. Se dijo anteriormente que los sacerdotes egipcios se colocaban, en sus fiestas, cabezas de lobos, de gavilanes, y que los magos, en sus misterios, revestidos de pieles de osos, leones y tigres, tomaban el nombre de estos animales.

12. Erlik-Khan, en la mitología de los lamas (Pallas, *Mongol. Voelkersch.*, II, 54); Vitzli-Putzli, entre los mexicanos (Clavijero, libro I), se componen del hombre y del animal; la Astarté fenicia tenía cuernos de toro; Saturno, una cabeza de mono y un rabo de jabalí; Prithivi que, entre los indios, está al frente de la agricultura, retoma frecuentemente la forma de una vaca. El sol, entre los caldeos, era un hombre con dos cabezas y un rabo (Beger *ad* Selden, 257). El Oannes de los fenicios era un pez con dos pies de hombre y una voz humana (Heladio, *ap*. Focio. Selden, *De diis Syris*, III). Los hijos de Shiva: uno es un elefante, y el otro, un mono. El Mitra de los persas tiene una cabeza de león (Luctacio, en Estacio, *Theb.*, I, 715). Anubis, de perro; Tifón, de cocodrilo (cf. sobre este dios, las investigaciones del señor Champollion). Ganesa, nieto del Himalaya, montaña tan célebre en la geografía, la mitología y la historia india (*As. Res.*, III, 40), tiene una cabeza de elefante como Pulear (Dubois, II, 421-422). El Ganges es, como Derceto (cf. más arriba, nota 10), mitad mujer y mitad pez. Los monos semidioses, aliados de Rama, son unas veces puros animales y otras, mezcla del animal y del hombre (Guigniaut, 202 y 719-725).

13. *As. Res.*, VI, 476-477. El autor del diario *Le Catholique*, que ordena

a su manera lo que compiló sobre la India, ve en esta fábula la reminiscencia de una lucha entre los dos cultos. Daksa, dice, pontífice de Brahma, fue degollado por Shiva. Hubo luego reconciliación, etc. (XXIV, 294). Esta hipótesis es tan falsa y tan absurda como la de Sainte-Croix sobre las guerras religiosas entre los griegos y las colonias. Hubo, sin duda, abolición del culto de Brahma y proscripción de los brahmines, en una época y en unas circunstancias que ignoramos; pero disfrazar de acontecimientos históricos y pormenorizados puras fábulas, que sobreviven al fetichismo y son revestidas luego de un sentido misterioso, es una temeridad de crítica que nada autoriza. Daksa, con forma de macho cabrío, había sido un fetiche; Daksa, suegro de Shiva, fue un dios popular; Daksa, sumiéndose en el gran todo, termina por ser un símbolo panteísta.

14. El Ganges.

15. Cf., para otras fábulas indias que deben su origen a la misma causa, Hamilton, *New Account of the East-Ind.*, I, 268-277; Sonnerat, I, 153-154; Kaempf, *Hist. du Japon*, trad. al., II, 310.

16. Cuando los dioses dejan de tener figuras de animales, se los ve en su séquito o sirviéndoles de montura. Cuando la adoración de las lanzas cayó en desuso entre los pueblos del Norte, se representó a los dioses con una lanza en la mano. En la India, Shiva aparece montado sobre un toro; Brahma, sobre un cisne (Paulin, *Syst. brahman.* Sonnerat, I); Cama, el amor, sobre un elefante (Colebrooke, *As. Res.*, IV, 415). En ambos casos, la figura del dios se convierte en el símbolo (Montfauc., *Ant. expl.*, I, 22) o en uno de sus atributos. Los indios de nuestros días están también tan imbuidos de estas ideas que, viendo a algunos santos del cristianismo acompañados de un animal, atribuyen a estos santos, como a sus propios dioses, transformaciones milagrosas.

17. Cf. Libro VII, cap. 5.

18. Porfirio, según Bardesanes (*De Styge, ap.* Estob., *Phys.*, I, 4. Paulin, *Syst. brahman.*, p. 27), nos da de Brahma una descripción que denota los esfuerzos del espíritu simbólico por expresar en los dioses todas sus funciones y todas sus fuerzas. A este creador del mundo se le representa, no sólo como hermafrodita, sino también rodeado de todos los objetos sobre los que se extiende su poder. A su derecha está el sol; a su izquierda, la luna; en sus dos brazos extendidos en cruz, se ven genios alados, estrellas, las diferentes partes del mundo, el cielo, la tierra, el mar, las montañas, los ríos, los animales, las plantas, toda la naturaleza. El Saturno fenicio tenía cuatro ojos delante y cuatro detrás, dos plumas sobre la cabeza, cuatro alas, dos de las cuales estaban plegadas y dos extendidas. El número de sus ojos significaba, decían los sacerdotes, la vigilancia ininterrumpida. Una de sus plumas indicaba su supremacía sobre el mundo intelectual; la otra, su autoridad sobre el universo físico. Sus alas extendidas y plegadas lo designaban como el principio del movimiento y del reposo. Diversas explicaciones sacerdotales de la misma sutileza podrían explicar la figura de los dioses en la mitología lamaica. Erlik-Khan, del que ya hemos hablado, tiene melena de león, símbolo de la fuerza, el rostro de un búfalo o de un macho cabrío y un enorme falo, emblema de la fecundidad, dos cabezas, para indicar la inteligencia, y cuatro brazos, signo del cumplimiento inevitable de su voluntad (Pallas, *Nachr. ueb. die Mongol. Voelkersch.*, II, 54). Dagon expresaba por su cola de pez la cualidad fecundante (Selden, *De d. S.*, 261-263. Guasco, *De l'usage des statues*). El indio

Ganesa, dios de la sabiduría, tenía una cabeza de elefante (Colebr., *As. Res.*, IV, 415). Skanda o kartikeya tiene seis brazos; Esvara, dieciséis; Durga, diez (Laflotte, p. 209); Bhavani, ocho, con los que sujeta sables, espadas, picas y hachas. Buda aperece con cuatro brazos ante sus protegidos. Agni o Agnini, el dios del fuego, el purificador, tiene el mismo número (Sonnerat, I, 157). A Brahma se le representa siempre con varios brazos y varias cabezas, como el Dschoeschik del Tíbet (Pallas, *loc. cit.*); y es tal la disposición de los sacerdotes a figurarse las inteligencias superiores como policéfalas que inventaron dioses de treinta y seis cabezas, formando tres pisos o tres rangos. El tibetano Chenrezy tiene once en forma de pirámide. La que forma la punta está rodeada de rayos, y tiene un rostro escarlata en cuyo derredor flota una cabellera de color azul. Tiene nueve brazos: cuatro llevan una flor, un arco, flechas y un jarrón lleno de agua; tres tienen un rosario, una rueda y un anillo; los dos últimos juntan las manos como para rezar (Pallas, *ibid.*). Esta inclinación a crearse divinidades policéfalas no es característica de los pueblos del Mediodía y de Oriente. Suentavith, el dios de la guerra, tenía siete rostros; Porevith, dos; y Porenetz, independientemente de su cabeza cuádruple, tenía un rostro en el pecho, y, apoyando su mano derecha en el mentón, tocaba las estrellas con la izquierda (Sajón Gramático, *Hist. Dan.*, XIV, 319-327).

19. Así, Mercurio, en Fenicia, recordaba, por el color blanco de uno de sus brazos y el negro del otro, la sucesión de los días y de las noches (Procl., *in Tim. Firmic., loc. cit.*). La piel de toro que cubría la cabeza de Astarté hacía alusión a la luna (Dupuis, III. Creuzer, II, 106), y los diez monstruos de los cingaleses tenían relación con diez constelaciones (Knox, pp. 30 y 76). Se puede ver en Goerres las explicaciones astronómicas de estas figuras diversas (I, 291-295).

20. *As. Res.*, 371-390.

21. Frenzel, *De diis Soraborum*, cap. 17. Sagittarius, *Antiq. gent.*, p. 6. Pfeffercorn, *Thüring. Gesch.*, p. 59. Nerreter, *Heiden-tempel*, p. 1084.

22. *Mahabarata*, episodio de Damayanti.

23. Cf. Libro IV, cap. 12; Libro VI, caps. 5 y 7. El rey de los pájaros, de mirada penetrante y plumaje dorado, el pájaro *garuda* o *garuva*, conjunción fantástica del hombre y del águila o del gavilán (*As. Res.*, I, 200; XIV, 467-468), la gran abeja azul (*ibid.*, I, 200), el caballo Urschirava de tres o cuatro cabezas. No debe olvidarse que los animales del *Apocalipsis* son totalmente semejantes a los de las religiones sacerdotales. En las ruinas de Persépolis, ciudad cuyos vestigios son testigos de un lujo llevado a la cima del refinamiento, no se encuentra ninguna forma pura y regular: el ojo aparece recargado en todos los lugares de combinaciones extrañas, de animales que tienen el cuerpo de un león, los pies de un caballo, alas, cabeza de un hombre de larga barba, adornada con una diadema y una tiara en su mano (*Voy. de Chardin*). Poco nos importa saber si estas figuras habían nacido en Media y en Persia, o si, para llegar allí, recorrieron las montañas que separan la Bactriana de la India. El espíritu sacerdotal dominaba igualmente en estos países diferentes (Heeren, *Ideen*, I, 295).

24. La Esfinge, la Gorgona, la Quimera, son claramente invenciones extrañas a Grecia.

25. Los moradores de Holstein tenían tal aversión a los simulacros y las iglesias cerradas por murallas que Carlomagno, queriendo construir una y le-

vantar ahí los símbolos de la fe, se vio obligado a construir un pueblo en el que colocó cristianos para que defendieran su iglesia. Pero este odio a los simulacros no era, como se ha creído, propio de los pueblos del Norte. El sentimiento religioso era el mismo en todos los sitios; por eso, siempre realizó los mismos intentos y los sacerdotes se prestaron a estos intentos, aprovechándose de ellos e interpretándolos. En Hierópolis, donde los demás dioses tenían estatuas, se veía dos tronos libres reservados al sol y a la luna. Cuando el autor del tratado sobre la diosa de Siria atribuido a Luciano se informó del motivo de esta diferencia, se le respondió que estas divinidades, siempre visibles en lo alto del cielo, no necesitaban ser presentadas ante la mirada de los hombres, mientras que se necesitaban simulacros para los dioses que el ojo humano no percibía en ninguna parte.

26. Para satisfacer a la vez al sentimiento religioso que rechaza los simulacros y a la imaginación que necesita de ellos, los dioses, dicen los cingaleses, no tienen ni carne ni huesos, ni cuerpos sólidos, aunque se crea ver cabellos en sus cabezas, dientes en sus bocas, y, sobre sus cuerpos, una piel brillante y luminosa como el sol. Todo esto que los hombres ven no es más que ilusión: no por eso los dioses dejan de ser invisibles e incorpóreos (*As. Res.*, VII, 35).

CAPÍTULO 3

Del carácter de los dioses en las religiones sacerdotales

1. Tácito, *Germ.*, 39.
2. Hagas lo que hagas, comas lo que comas, desees lo que desees, hazme una ofrenda, dice Krishna a su discípulo (*Bhag. Gita*, trad. fr., p. 92). Todas las astucias de los brahmanes y de las fábulas que cuentan para obtener los dones de los fieles descansan en la venalidad y la avidez de los dioses (cf. Dubois, II, 362). En la época del año en la que el Cavery desbordado inunda las llanuras ardientes y estériles que bordean su curso y expande el frescor y la fertilidad, hacia mediados de julio, los habitantes acuden en masa a sus orillas para felicitar al río y consagrarle ofrendas de todo tipo, dinero para sus gastos, telas para sus vestidos, joyas para su ornato, arroz, pasteles, utensilios de menaje, cestas, jarrones, etc. (Dubois, II, 301). Se podría pensar en una mujer venal o coqueta, concediendo favores a la adulación que la halaga o a la prodigalidad que la enriquece.
3. Uno de los apodos de Alfadur es Kerian, el destructor; otros, el de Nicar el vencedor, Vidar el devastador, Suidor el incendiario. A Odín se le confundió con Alfadur; por eso, se le llamó el dios de los combates (*Edda*, fábula 28), aunque, en realidad, era Thor quien estaba al frente de la guerra; pero la idea de un dios pacífico, que gobierna el universo, no podía admitirse en las tribus exclusivamente entregadas a expediciones de piratería y de pillaje. Hay, en la lengua escandinava, ciento treinta epítetos para expresar los atributos belicosos de Odín.
4. El monte Meru.
5. El *vunei* es una especie de pequeña arpa india que usan las castas superiores y, sobre todo, los brahmanes (Dubois, I, 72-73).

6. *Edda.* Varios rasgos de esta descripción se encuentran en los poemas de Ossian, en los que Escandinavia aparece con el nombre de Lochlin y Odín Loda.

7. *Edda*, fábula 8.

8. *As. Res.*, X, 150.

9. *As. Res.*, XI, 56.

10. *Edda*, fábula 12.

11. *Edda*, fábula 28.

12. Mallet, *Introd. à l'hist. du Dan.*, p. 272.

13. Mone, *Symbol.*, 421. Existe aquí, quizá, una idea cosmogónica, pero que no cambia nada en el efecto de la fábula. Ymer es el caos o la materia no organizada. Odín lo mata para formar el Universo con sus miembros. La muerte de Balder (el sol) es una de las revoluciones físicas que amenazan con trastornar la creación y traer el caos.

14. *Ramayana*, 270.

15. *Malaquías* 1, 12. *Números* 28, 2. *Ezequiel* 44, 67.

16. *Levítico* 2, 13.

17. *Ramayana*, 42, 179.

18. Antiguas poesías bohemias, publicadas en alemán por Wenzel (Praga, 1819). Cf., para otros numerosos ejemplos de esta imitación de las costumbres y hábitos, Dubois, II, 377 y 410.

19. *Ramayana*, 550.

20. Mallet, *Introd.*, p. 79.

21. *Ilíad.*, IV, 26-28.

22. *Edda*, fábula 5.

23. *Ibid.*

24. *As. Res.*, VII, 60-61.

25. *Ibid.*, 477.

26. *Ibid.*

27. *Edda*, fábula 14.

28. *Ramayana*, 396.

29. *4 Reyes* 17, 10; 23, 6.27.

30. Bagavadam, libro 8. Sonnerat, I, 134. Suplemento al *Bhagavad Gita* por Wilkins.

31. *Edda*, fábula 2.

32. Mallet, *Introd.*, p. 275.

33. *Edda*, fábula 8.

34. *Edda*, fábula 20. En los persas, es igualmente un cuervo el que aparece sentado en el hombro del padre de los dioses y le inspira la sabiduría (*Schahnameh* de Ferdoucy).

35. Sajón Gram., III, 65 s.

36. Mallet, *Introd.*, pp. 270-273.

37. *Edda*, fábula 8.

38. Prefacio del *Bhagavad Gita*, p. VIII.

39. La mitología india está plagada de anécdotas en las que los dioses son engañados por los mortales. Soane, enamorado de la bella Nasmada, otro nombre de Bhavani, pidió en matrimonio a esta diosa. Bhavani envió a su esclavo Johilla

a examinar el cortejo y la pompa que rodeaba a su amante. Johilla, asombrado de la belleza de Soane, se hizo pasar por Bhavani, quien, furiosa de esta infidelidad, desfiguró al esclavo culpable y precipitó a su amante a las olas. Las lágrimas de Johilla formaron un riachuelo que lleva su nombre (*As. Res.*, VII, 102-103).

40. *Lokasenna.*

41. *As. Res.*, XI, 103-104.

42. Sajón Gram., III.

43. *Gebrochen wurden Eide, Worte und Versprechungen* [Rotos juramentos, palabras y promesas]. Cf. sobre los perjurios de los dioses escandinavos, Mone, 380.

44. *Eloge* de Haquin.

45. *Ramayana*, 183.

46. *Ibid.*, 115.

47. Sajón Gram., VIII.

48. *Ramayana*, 532.

49. *1 Reyes* 2, 24-25.

50. *Éxodo.*

51. Esta semejanza se ve en varios pasajes del *Libro de los Reyes* y del de los *Jueces*. Dios reúne a sus ángeles para deliberar con ellos sobre Ajab al que quiere derrotar, arrastrándolo a una guerra contra los sirios. Después de una larga discusión, se presenta un espíritu de mentira, que dictará palabras llenas de embustes a los sacerdotes de Baal, para que seduzcan el corazón de Ajab con la promesa de una victoria (Reyes 22, 19-22). En otro lugar, enemigo de los filisteos, que vivían en paz, Dios inspira a Sansón el amor por Dalila. Sus padres se extrañaron de esta súbita pasión; pero, dice la Biblia, es que Dios buscaba pelea con los filisteos (*Jueces* 14, 4).

52. *Praestantissimus dolose agentium* [el más destacado de los que obran dolosamente] (Corán, cap. 3, v. 53; cap. 4, v. 156). Cf. Libro VII, cap. 6, nota 21. Ahí indicamos la causa natural de la admiración de las tribus salvajes por la astucia y la mentira. Aquí mostramos cómo el cálculo del sacerdocio se aprovechó de ello. Se dice en otro lugar del Corán: «Los arrojamos en la incertidumbre y les mentimos». En el catecismo de los drusos (*Monit.* del 9 de marzo de 1808), el instructor pregunta al alumno: ¿Cómo se dice en la epístola de Rhamar-Ebn-Djaich-el-Selimari que un hereje es hermano de Dios? Respuesta: Era una trampa que Dios tendía a Rhamar para engañarlo más fácilmente y quitarle la vida; y más adelante: La costumbre de Dios es engañar a unos e iluminar a otros. Kali, en el poema épico *Naidshadya*, de Sri-Harsa, gana en el juego, con engaño, el reino de Nala, rey de Nishada.

53. *Ramayana*, 180.

54. Laflotte, 172-180.

55. *As. Res.*, I, 156-157. La costumbre india de no felicitar nunca a nadie por su salud o sus éxitos, proviene de la idea del celo de los dioses. Dubois, 463, 464. Cf., sobre la misma costumbre en los griegos modernos, Libro VII, cap. 6, nota 50.

56. *Ilíad.*, XII, 4, 9.

57. Xifilino.

58. Diodoro.

59. Diod., XIII, 28; XVIII, 7.
60. Cf. Libro VII, cap. 6.
61. Es bastante curioso comparar estas explicaciones sacerdotales con las de los artistas griegos. Cf. más arriba Libro VII, cap. 6.
62. *Edda*, fábula 5.
63. El arco iris.
64. Mallet, *Introd.*, p. 173.
65. *Asiat. Mag.*, I, 131.
66. *Ramayana*, sec. 53, p. 549.
67. Viranrisinha.
68. *As. Res.*, III, 46.
69. Diod., I, 2. Rechazamos el uso que Diodoro quiere hacer de esta fábula, para explicar la adoración de los animales en Egipto; pero es preciosa, como dogma popular, porque corrobora la opinión adoptada sobre las relaciones de los dioses y los hombres.
70. Cf., sobre este poder de la lógica en los griegos, Libro VII, caps. 6, 10.

CAPÍTULO 4

De una noción singular de la que sólo se perciben, en la religión griega, algunos vestigios, pero que se halla desarrollada y reducida a dogma en las religiones sacerdotales

1. *Laconia*, cap. 15.
2. Tácito, *Annal.*, II.
3. Suetonio, *Vida de Augusto*, cap. 16.
4. *De Isid. et Osir.*
5. Heród., IV, 90.
6. *Ibid.*, 173.
7. Dubois, I, 427.
8. Vitringa, *De synag. veter.*, libro III. Orígenes, Περὶ εὐχῆς. Casaubon, *Exercit. anti Baron.*, XIV, 8. Correspondencia de Creuzer y de Hermann. Diod., II. Eusebio, *Praep. evang.*, IV, 1; V, 10.
9. Los mantras o mantrans son plegarias o fórmulas consagradas que tienen la virtud de encadenar a los dioses y que les imponen una obediencia de la que no pueden liberarse. El universo, dicen los indios, está en poder de los dioses; los dioses, en poder de los mantras; los mantras, en el de los brahmanes, por tanto, los brahmanes son más que dioses (Dubois, I, 168, 186-194). Menandro, hereje o más bien mago del siglo I, discípulo o rival de Simón el mago, forzaba, decía, a los genios creadores del mundo (Ireneo, *Adv. haeret.*, I, cap. 21). Se encuentra esta idea suavizada y depurada en el cristianismo primitivo. La oración, dice san Crisóstomo, apaga el fuego, amansa a los animales salvajes, trae la paz en la guerra, disipa las tormentas, expulsa a los demonios, abre las puertas del cielo, rompe los lazos de la muerte, cura las enfermedades, afianza la unidad de las ciudades, hace fracasar los complots (*De incomprehens. dei*, I, 489. Stauedlin, *Hist. de la morale*, 258). A medida que el cristianismo perdió su pureza y los sacerdotes lograron más poder, esta noción también degeneró

y los cristianos de la Edad Media tuvieron sobre la eficacia de la oración ideas poco diferentes de las de los indios sobre los mantras. (Cf. Meiners, *Cr. Gesch.*, 249-255, y *Vergleichung des Mittelalters*, vol. III.) Entre los judíos, el modo como Jacob descubre (*Génesis* 27), por una superchería, la bendición paterna, que, sin embargo, obtiene su efecto, recuerda el poder de las fórmulas indias, que fuerzan a los dioses.

10. *Ramayana*, 258. Cf., para otros ejemplos de invocaciones de los sacerdotes que fuerzan a los dioses, Guigniaut, 83. En el Atereya Brahmana del Rig Veda, el poder de los sacerdotes llega más allá del de los dioses. Ni la flechas divinas, se dice en él, ni los brazos de los mortales alcanzan el que los brahmanes instruidos consiguen cuando celebran la *abischeca*, ceremonia en la que se derrama, sobre el que es objeto de la misma, un licor compuesto de agua y miel (*As. Res.*, VIII, 407).

11. *As. Res.*, VII, 255-265.

12. *Ramayana*, p. 115.

13. Libro IV, cap. 2.

14. *Ramayana*, p. 276.

15. Dubois, II, 404.

16. *Ibid.*, 396.

17. Jámblico, o el autor pseudónimo que tomó el nombre de este filósofo, limita esta amenaza a los demonios, seres mixtos entre los dioses y los hombres. Cuantos más progresos hacen las luces, más se debe restringir esta noción extraña a poderes de un rango secundario.

18. Heród., VII, 35.

19. Plinio, III, *Hist. nat.*, XXX. Varios siglos después de Jerjes, uno de sus sucesores, Sapor II, el adversario de Juliano, en la guerra en la que pereció este príncipe, sospechando que sus dioses combatían a favor de los romanos en el asedio de Nisibis, lleno de cólera, les arrojó flechas (Juliano, *Orat.*, I y II. Teodoreto, II, 26. Zósimo, III).

20. Las singularidades del culto de la diosa Durga, en Bengala, ¿no serían un vestigio de la idea cuyo germen exponemos aquí? Su fiesta anual dura tres días. Durante los dos primeros se le prodiga las mayores muestras de respeto; el tercero, se le colma de injurias, y se la arroja finalmente a un río (Grandpré, *Voyage dans l'Inde*, Paris, 1801. Stauedlin, *Rel. mag.*, II, 148-153). Quizá existe, en el fondo de esta ceremonia, algo de la víctima propiciatoria de los hebreos.

CAPÍTULO 5

De las nociones sacerdotales sobre el destino

1. Libro VII, cap. 7.

2. Por más que bajemos al Naraka (el infierno), dicen los indios, fijemos nuestra mirada en la mansión de Brahma, o en el paraíso de Indra, por más que nos precipitemos en los abismos del mar, escalemos la cima de las montañas más altas, vivamos en los desiertos más horribles o en la ciudad más magnífica, nos refugiemos junto a Yama (el dios de los muertos), nos sepultemos en las entrañas de la tierra, afrontemos los peligros de batallas sangrientas, permanezcamos en

medio de los insectos más venenosos o nos elevemos hasta el mundo de la luna, no por eso dejaría de realizarse nuestro destino y sólo sucedería lo que no está en nuestro poder evitar (Dubois, II, 199). Nadie, dicen los sabios, muere antes de su hora. Nada es fortuito en este mundo. Un destino irrevocable regula todo (*Mahabarata*, en el episodio de Damayanti).

3. *Ramayana*.

4. Dios quiere que se le rece, dice el marqués de San Felipe, incluso por aquellos cuya reprobación él prevé, no porque quiera perdonarlos, ya que deben morir en la impenitencia final, sino porque encuentra su gloria en la confirmación del decreto que plasmó contra ellos.

5. ¿Queréis un ejemplo de estas sutilezas indias en autores cristianos? «Dios», dice San Felipe (*Monarchie des Hébreux*, I, 56-57), «abandonó a los gentiles para probar a Israel; no porque su presciencia necesite la experiencia para reconocer en un momento toda la eternidad, sino porque quiere dar ocasión al hombre de arrepentirse, si reconoce su falta, o para nuevos pecados, si se obstina en el mal; en una palabra, no perturba, en absoluto, el libre albedrío y actúa, conociendo el futuro, como si lo ignorase».

CAPÍTULO 6

De los medios de comunicación de los sacerdotes con los dioses
en las religiones sacerdotales

1. Libro III, cap. 10.

2. Libro VI, cap. 3.

3. Manuscrito de la biblioteca de Leyden, citado por Creuzer, *Symbol.*, I, 286-287.

4. Dubois, II, 53.

5. *Ibid.*, 226.

6. Quienes quieren pedir en matrimonio a una joven eligen un día en el que los augurios sean favorables y, de paso, prestan gran atención a los presagios que observan. Si una serpiente, un gato, un chacal se cruzan en su camino, renuncian a la unión que habían proyectado (Dubois, II, 294 y 397).

7. Los agricultores bajo la de Saturno; los sabios, los magistrados y los sacerdotes, bajo la de Júpiter; los guerreros y los nobles tenían a Marte como patrono; los príncipes y los grandes, al sol; los escultores, los pintores, los poetas y todos los artistas entre los cuales se hallaban las cortesanas, reconocían a Venus como divinidad tutelar. Mercurio velaba por los comerciantes, y, finalmente, la luna extendía su influencia sobre las clases inferiores.

8. «Los caldeos nombraban los planetas intérpretes de los dioses. Veneraban, sobre todo, el que, entre los griegos, lleva el nombre de Crono (Saturno). Les atribuían una facultad profética, porque, en lugar de estar fijos, como las demás estrellas, tienen un movimiento espontáneo, que anuncia, por su salida o su puesta, o por su color, lo que los dioses preparan. El sol proporciona las advertencias más importantes y numerosas. Estos planetas indican, por adelantado, todas las revoluciones del cielo y de la tierra. Los caldeos los llaman Βουλαίους Θεοὺς, *Dei consiliarios*, denominación que responde a los *Dii consentes* de los

romanos. La mitad de estas estrellas observa lo que ocurre en nuestro globo; la otra mitad lo que sucede en los cielos. Cada diez días, una estrella superior desciende hacia las inferiores, y una inferior sube hacia las estrellas superiores. Este movimiento es una orden eterna» (Diod., II, 21).

9. Los períodos mexicanos estaban compuestos por el número trece: trece días, trece meses, un ciclo de trece años, etcétera.

10. Vimos (Libro VII, cap. 8) cuánto desdeñaba la adivinación el politeísmo independiente; pero sólo la adivinación sistemática de los sacerdotes. En cambio, la que cada individuo obtiene de sus propias observaciones es muy apreciada. Como la religión es el impulso del hombre hacia el poder que está fuera de él, cualquier acción, cualquier acontecimiento que ocurre al margen de su voluntad lo inserta en la religión. Todo lo fortuito le parece mensaje del cielo.

11. Cf. Heyne, *Opusc.*, III, 198, 285 s., en las que explica la adivinación de los diversos pueblos, por la historia natural de su país, sobre todo entre los pueblos del Lacio.

12. Plutarco, *Conv. sept. sap.*, 33. Eliano, *Var. Hist.*, 11, 31.

13. Los árabes tenían flechas proféticas llamadas Acdah, antes de Mahoma. Él defendió esta práctica (Corán, sura 5. Pococke, *Spec. Hist. arab.*, p. 327. D'Herbel., art. *Acdah*. Sale, *Introd.*). Los mahometanos se resarcieron de ello aplicando los versículos del Corán incluso a la adivinación (Chardin, III, 205). Los griegos habían empleado para el mismo fin los versos de Homero, y los romanos, los de Virgilio (cf., sobre estas *Sortes Homericae, Euripideae, Virgilianae, etc.*, Van Dale, *De orac.*, p. 299).

14. Pelloutier, V, 33.

15. Mallet, *Introd.*, 92.

16. Libro II, cap. 6.

17. Los sueños, observa Meiners (*Cr. Gesch.*, II, 617-618), son, de todas las clases de adivinación, aquella en la que la Antigüedad y hasta los filósofos confiaban más. Por eso, los antiguos dormían en los templos.

18. Noticia del *Yi-King*, p. 410.

19. Libro IV, cap. 9.

20. Rüh, *Scandin. antiq.*, pp. 142-143. La vida azarosa de los escandinavos debía de vincular a todo tipo de presagios un interés sumo; cuantos más peligros afrontan los hombres y más se arriesgan en expediciones de resultados inciertos, más ansían conocer el futuro. Los fansikares, bandas de asesinos que infestan el sur de la India y el reino de Mysore, aunque casi todos musulmanes, recurren, en sus expediciones, a la adivinación india. Todos sus pasos siguen las indicaciones que obtienen del azar o de las convulsiones de las víctimas en los sacrificios (*As. Res.*, XIII, 263).

21. César, *De bell. Gall.*, I, 50.

22. Tácito, *Germ.*, cap. 8. Son célebres las profetisas de la Germania. Nornas de la tierra, su propio nombre (*weib*) provenía de una palabra que significaba *trenzar*, que designa, a la vez, los quehaceres domésticos y el hilo de las Nornas. Wizaga, profetisa, sobrevivió a la creencia en el lenguaje, convirtiéndose en el verbo *profetizar, weissagen* en alemán. ¿Quién no conoce la Weleda de los brúcteros?

23. Pelloutier, V, 23; VIII, 127. Silicio Itálico, III, 344. Lampridio, *in* Alex.
Sev. p. 927. Diod. Justino, XXIV, 4. Tit. Liv., V, 34. Tácito, *Germ.*, cap. 10.
24. César, *De bell. Gall.*, VI, 14.

25. No aparecen ídolos en Jacob, dice *Números* 23, 21-23; tampoco aparece la adivinación ni los sortilegios: es un pueblo que se fía del Señor, su dios, cuyo poder es invencible.

26. Libro IV, cap. 11.

27. Clem. de Alej., *Strom.*, I. Plinio, *Hist. nat.*, VIII, 56. Se puede ver la enumeración de los diversos géneros de adivinación empleados por los griegos en la *Simbólica* de Creuzer, I, 191-196.

28. Clem. de Alej., *loc. cit.* Lucan., I, 635. Serv., *ad En.*, VIII, 398. Cicer., *De divin.*, II, 50. Ovid., *Metam.*

29. Libro VII, cap. 8.

30. Jucios de Dios por el fuego, el agua, la cruz, el pan y el queso bendecidos, la eucaristía, los *caracteres sanctorum*, o *sortes apostolorum*, imitaciones de las *sortes virgilianæ*. El clero cristiano santificó las pruebas del duelo, a pesar de todas las reclamaciones (Pellout., VIII, 156-218).

31. Schonings, *Rikeshistor.*, II, 320. Dalin, *Hist. de Suède*, I, 162.

32. Sin embargo, se prefería de tal modo el combate singular que las leyes mismas sometían las demás pruebas a condiciones casi imposibles. En la del fuego, por ejemplo, el acusador debía alimentar el fuego con su propia mano, desde la época de la acusación hasta la de la prueba, es decir, catorce noches y catorce días ininterrumpidos. Por otra parte, podía, por una cantidad de dinero, permitir al acusado que se justificase invocando el juramento de sus allegados. La prueba del agua hirviendo sólo se imponía a los siervos, a los colonos o *lites*, esclavos a quienes los romanos daban la libertad, y a los hombres libres insolventes.

33. *As. Res.*, I, 389. Porfir., *De abst.*, IV, 17. *Mém. de l'Acad. des inscript.*, XXX, 113, donde se habla de diferentes pruebas. Prueba del Chyddy-Mandy, Dubois, II, 372-373, 546. *As. Res.*, IV, 60-61. Aún hoy, cuando se roba algún objeto en una casa y las sospechas recaen sobre alguien, lo conducen al templo de Ganesa y le sumergen la mano en mantequilla hirviendo. Si es inocente, no sufre ningún daño; si es culpable, se reduce su mano a cenizas (*As. Res.*, I, 389-404). Las *Leyes de Menu* contienen una singular aplicación de la idea que sirve de base a las pruebas. El testigo que, en los siete días siguientes a su comparecencia ante la justicia, sufre una desgracia o pierde a uno de sus padres, debe ser condenado como culpable de falso testimonio (*Leyes de Menu*, cap. 8).

34. El dios del fuego.

35. *Ramayana*, 22.

36. Agatías sólo aplica esta superstición a los muertos y a la vida futura. Los persas, dice, examinaban cuidadosamente si los animales salvajes desgarraban los cuerpos o los dejaban intactos. En el primer caso, felicitaban a las almas, por haber llegado a una morada de felicidad; en el segundo, las consideraban presa de Arimán (Agatías, II, p. 60). Según Steller, se ve la misma hipótesis entre los kamchadales, que rechazan como mancillados e indignos de vivir los que caen al mar o a un río sin ahogarse.

37. Cf. la Biblia en varios lugares, principalmente, *Números* 5, 11-31, y en otros, en los que se habla de las aguas de los celos.

38. Sófocles, *Antígona*.

39. La vestal Tuccia se justifica así de la acusación dirigida contra ella (Dion. de Hal., II, 69). Diversas pruebas del fuego tenían lugar en el santuario de Feronia (Tit. Liv., XXXII, 1. Serv., *ad Eneid.*, VIII, 564).

CAPÍTULO 7

De las nociones sobre la vida futura en las religiones dominadas por los sacerdotes

1. Diod., I.

2. Son conocidos los versos de Lucano sobre el desprecio de los galos por la vida y el amor por la muerte.

3. Era habitual entre los germanos, los eslavos y otros pueblos del Norte, que los héroes, cuando veían que sus fuerzas disminuían a causa de la edad, hicieran que sus amigos o sus sacerdotes traspasaran su corazón (Pellout., I, 441. Moehsen, *Gesch. der Wissensch.*, I, 44-50). Odín, amenazado de muerte por una enfermedad, se desgarró el cuerpo para ver correr su sangre en el último momento (Botin, *Hist. de Suède*, I, 6, 24). Nyort, su nieto, siguió este ejemplo, y, antes de expirar, se hizo varias heridas con una espada. Otros se lanzaban desde lo alto de una roca, para conquistar el Valhala. «Todos nuestros ancestros», dice la antigua saga de donde proviene esta tradición, «siguieron el camino de esta roca». Se la había llamado la roca de Odín. Plinio confirma esta costumbre: *Mors, non nisi satietate vitae epulatis delibutoque senio luxu, e quadam rupe in mare salientibus; hoc genus sepulturae beatissimum* [(buscaban) la muerte, no sin haber participado en el banquete de la vida hasta la saciedad y después de una vejez plagada de libertinaje, tirándose al mar desde cualquier acantilado: que ésta era (decían) la clase de sepultura más feliz de todas] (*Hist. nat.*, IV, 89). «Entre los islandeses», dice Solino, «cuando una mujer da a luz a un hijo, pide a los dioses que muera combatiendo» (cap. 25). Después de su conversión al cristianismo, que los obligó a renunciar al suicidio, los guerreros de esta parte del mundo se armaban de pies a cabeza al acercarse el instante fatal.

4. Schlegel, *Weish. der Indier*, p. 113.

5. La recompensa de los buenos, dice el *Bhagavad Gita*, es la de ser absorbidos en Dios y participar en la naturaleza divina inaccesible a cualquier emoción. Los indios, observa a este respecto el traductor de esta obra, hacen consistir el bien supremo en una insensibilidad, que equivale a la aniquilación. Siempre que hablan del alma reunida con Dios, la describen como en una impasibilidad perfecta, igualmente ajena a la pena y al placer.

6. Porque no te alabará el sepulcro, dice Ezequías al Eterno. La muerte no te celebrará. Los que descienden a la fosa ya no confían en tu lealtad (*Isaías* 38). Después de la muerte, ya no se piensa en Dios, ya no se le alaba, ya no se le da gracias (*Salmos* 30, 9-10; 118, 18). Los muertos ya no conocen la bondad de Dios; su morada es la tierra del olvido (*Salmos* 88). Me asemejo a esos muertos en los que tú ya no piensas y a los que retiraste tu protección. No hay ciencia ni sabiduría, ni proyectos después de la muerte (*Eclesiastés*). *Job* (7, 8-9; 14, 8-13) parece indicar, del modo más positivo, que no cree ni en la inmortalidad

del alma ni en la resurrección; y la secta de los saduceos negaba formalmente cualquier recompensa y cualquier castigo después de esta vida.

7.   Esta exageración data de Warburton, quien, como se sabe, quería encontrar un nuevo tipo de pruebas de la verdad del cristianismo en la hipótesis de que la doctrina de los hebreos no superaba los límites del mundo material, y que este pueblo rechazaba, o mejor dicho, ignoraba el mundo futuro. Seducidos por los razonamientos ingeniosos y la erudición, a veces importante, de un maestro que resultaba tanto más agradable cuanto más intolerante y apasionado era, los teólogos admitieron fácilmente un sistema, gracias al cual el cristianismo dejaba muy detrás de sí al judaísmo, su cuna; y los incrédulos no sintieron aversión contra él, contentos con encontrar, según la opinión de un ortodoxo erudito, al pueblo cuya ley, aunque resumida, sirve de base a la nuestra, ajeno a cualquier noción sobre la vida futura, y que rebaja como ellos, desde este punto de vista, la raza humana al rango de los animales.

8.   *Deuteronomio* 23, 11.

9.   La historia de la pitonisa de Endor demuestra que la opinión sobre la existencia de una morada donde vivían los muertos era una opinión vulgar. Isaías representa al rey de Babilonia entrando en su morada y acosado por mofas y escarnios de los que le precedieron (26, 19). Ezequiel compara el restablecimiento de los judíos en su antigua prosperidad a la resurrección. Se puede oponer al pasaje de *Job* citado en la nota anterior otro pasaje no menos positivo en sentido contrario (19, 25-27). Elías, al resucitar al hijo de la viuda, pide a Dios que haga volver el alma del hijo, y el alma vuelve a este cuerpo inerme (*Reyes* 17, 3). El *Eclesiastés*, junto a su materialismo, digno de Epicuro, dice que el polvo retorna a la tierra de la que salió, y el alma a Dios que la creó (12, 7). Daniel divide en dos categorías a los que duermen en el polvo: unos se levantarán para la vida eterna y otros para el oprobio y el castigo (12, 2-3). *Tobías* (2, 15-28) habla de la vida que Dios dará a los que tienen una fe firme y caminan en su sendero con confianza. Se habla, finalmente, en varios lugares de la Biblia, de Belial, el rey de las sombras, que gobierna a los que ya no existen. En tiempo de los Macabeos, los judíos rezan por sus muertos y les ofrecen sacrificios. Los Macabeos mueren con la esperanza de una vida mejor, y su madre los anima con esta esperanza (*Macabeos* 2. Josefo. Guénée, p. 86). Cf. el mismo, p. 94, sobre la morada de los muertos (*Sheol*) y más en Goerres, I, 499, 506, 519, 522, y en Stauedlin, *Relig. Magaz*. Este último atribuye a comunicaciones con Persia las ideas de resurrección y de juicio final que se hallan en Ezequiel y Daniel. Pero, en todos los casos, es evidente que las palabras de Jesucristo, en este sentido, aunque encierran un sentido espiritual y sublime, se fundan en nociones anteriores.

10.   El Amenthes, copia de la tierra, tenía sus dioses, sus habitantes, incluso sus animales. Dioniso y Ceres, que, según la explicación de Heródoto, no son más que Isis y Osiris, reinaban en ese mundo subterráneo, donde Dioniso lleva el sobrenombre de Serapis (Zoega, pp. 302-310). Este Serapis tenía su templo en el centro del Amenthes. Unos lobos protegían la entrada; por eso, se ve frecuentemente figuras de lobos sobre las tumbas.

11.   Diod., V, 20. Val. Máx., II, 6, 10. *Vetus ille mos Gallorum occurrit, quos memoria proditum est pecunias mutuas, quæ his apud inferos redderentur, dare [solitos], quod persuasum habuerint animas [hominum] immortales esse* [Viene

a la mente aquella antigua costumbre de los galos, de los que dice la tradición que daban dinero a crédito para que les fuera devuelto en los infiernos, porque tenían el convencimiento de que las almas (de los hombres) son inmortales]. Se encontró en la tumba de Chilperico I las armas de este rey de los francos, y los huesos del caballo que pensaba montar para presentarse al dios de la guerra. En un ataúd abierto cerca de Guben un germano había hecho enterrar con él utensilios para las comidas, frascos y copas de todos los tamaños. Los guerreros de Hialmar, al rendirle honras fúnebres, llevan oro que ocultan bajo tierra. Cf. el extracto de un poema en la *Introd.* de Mallet, p. 303.

12. Cf. la descripción que de Ciro hace Arriano, cap. 29. Los cortesanos del rey de los persas debían vivir cerca de la sepultura. Bagorazo, uno de ellos, abandonó las cenizas de su dueño y, por eso, lo castigó su sucesor; y Bagapatis, el inspector del serrallo de Darío, hijo de Histaspes, permaneció durante siete años, y murió, cerca del lugar en el que estaba enterrado este príncipe (Ctes., *Pers.*, 46; *ibid.*, 19. Heeren, I, 280). Los persas sacrificaban todos los meses un caballo sobre esta tumba. Luciano nos muestra al sátrapa Arsace, pidiendo que le dejaran montar su caballo en los infiernos porque este caballo fue enterrado con él. Chardin nos enseña que los guebros conservaron de sus antepasados la costumbre de enterrar con sus muertos todo cuanto les sirvió en este mundo.

13. Meiners, *Crit. Gesch.*, I, 306, 307.

14. Marigny, *Nouvelles des royaumes de Tonkin et de Laos*, pp. 249-250. «A media noche, el primer día del año, se dejan las puertas abiertas para que los muertos puedan entrar por ellas. Se coloca en el suelo tapices para que caminen sobre ellos, lechos para que se acuesten; se preparan baños, sandalias, cañas de bambú para que se apoyen. Las mesas se llenan de alimentos para que coman y, cuando se supone que se retiran, se los guía con reverencias y genuflexiones».

15. El *pranata*, o hálito que animó al muerto, viene, durante diez días, a beber y comer (Dubois, II, 209). Se provee para que no pase hambre ni sed, ni esté desnudo (*ibid.*, 332-333), y no renazca sordo, ciego o enfermo (*ibid.*, 213). Los hindúes, por precepto de los Vedas, deben ofrecer un pastel que llaman *pinda* a los manes de sus ancestros hasta la tercera generación. Los Vedas ordenan también llevarles agua todos los días, y este rito recibe el nombre de *tarpa*, la satisfacción, el sosiego. Cuando no se cumple, el alma es arrojada a los infiernos para entrar en el cuerpo de un animal impuro (*Bhag. Gita*, nota, p. 154). La astrolatría se suma a estas supersticiones, y los planetas participan en los homenajes rendidos a los muertos (Dubois, II, 220).

16. *As. Res.*, XIV, 441. Varias ceremonias destinadas a favorecer el viaje de las almas, y sin las que permanecerían errantes, entre los demonios y los malos genios, se copian igualmente de las costumbres terrestres. *As. Res.*, VII, 263.

17. Antes de que se cumpliese el destino de Balder (cf. más arriba, cap. del destino), Odín descendió al palacio de Hela (la muerte) para pedir la explicación de los sueños espantosos que lo perseguían. Contempló un banquete preparado, estrados adornados con diamantes, lechos deslumbrantes, copas rebosantes de hidromiel, en una palabra, cuanto caracteriza a los festines de la tierra. Balder apareció con su fiel esposa, se colocaron sobre dos tronos para contemplar la fiesta subterránea, semejante en todo a las que celebran los vivos (*Edda*, fábula 44).

CAPÍTULO 8

*De las moradas de los muertos y de la descripción de los suplicios infernales
en las religiones sacerdotales*

1. Cf. Libro VII, cap. 9.
2. *Bhagavad Gita*, p. 134.
3. Laflotte, p. 226.
4. Cf. Dubois, II, 309-326, 522-530. *As. Res.*, VI, 215-224. Estos pueblos relegan los infiernos a una tierra más allá del Océano, opinión fundada en un error de física y de geografía. Creen que algún continente debe rodear las aguas para que no caigan en el vacío. *As. Res.*, XI, 105.
5. El puente que conduce a los infiernos es común a los persas y a los escandinavos. Cf., sobre este puente, Wagner, 453 y Meiners, *Cr. Gesch.*, 771-772.
6. Los infiernos de los tibetanos son *gnielva, dang-scijangso* y *nasmé*. El *gnielva* se divide en dos zonas, la del frío y la del calor, divididas, cada una de ellas, en otras ocho. En esta última, los condenados están echados en una tierra cubierta de hierro candente; beben fuego líquido; son aplastados entre dos rocas y luego colocados en cucharas ardiendo, con las que los demonios remueven el hierro y el plomo fundidos; cortan a los réprobos en dos o los arrojan sobre espadas incandescentes; o los despiezan en cuatro, en ocho, en treinta o en sesenta partes (Georgi, *Alphab. Tib.*, 183, 265-266).
7. Hyde, *De rel. Pers.*
8. «Veré tu alma», dice a una de estas víctimas un bardo en sus versos sagrados; «veré tu alma, unas veces suspendida en las entrañas de una espesa niebla, y otras, arrojada a una húmeda nube, juguete desdichado de los vientos que te agitarán en el espacio en el que nunca brilla el sol» (*Gall. Altherth.*, I, 62-63). Esta poesía druídica recuerda estos versos de Voltaire:

> [...] y yo, predestinado
> Reiré cumplidamente cuando seáis condenado.

9. Bagavadam, libro V. Es tan cierto que estas torturas refinadas son inherentes al espíritu sacerdotal que algunos católicos celosos las reclaman cuando alguien se las discute. Un autor inglés llamado Sumner, deseoso, en su adhesión al cristianismo, de mostrar la superioridad de esta creencia sobre la de los pueblos paganos, la había alabado porque rechaza la horrible descripción de los suplicios del infierno. Enseguida le responde un católico ortodoxo: estoy realmente molesto con este innovador, pero estas pajas que el hijo del Eterno quemará con un fuego inextinguible, esa tortura del fuego merecida por quien ultraje a su hermano, esa cizaña condenada al fuego al final de los siglos, esos ángeles que reúnen a los culpables de los cuatro confines del mundo y que los arrojan a hornos ardiendo, esos llantos y crujir de dientes, esos malditos que estarán a la izquierda de Dios, y que él arrojará al fuego eterno, preparado para el Diablo y sus ángeles, todo esto está en el Evangelio (*Gaz. de France*, 18 de agosto de 1826). El mismo diario reprocha amargamente (21 de octubre

de 1829) al señor de Chateaubriand haber abierto a los paganos la puerta del purgatorio.

10. En la época en la que los drotes de Escandinavia introdujeron un segundo infierno y un segundo paraíso, ya no fue Odín el dispensador de los castigos y de las recompensas, sino un dios desconocido.

11. Indicaremos en otra parte de esta obra las diferencias que distinguen a estos dos infiernos y a estos dos paraísos. Aquí sólo nos ocuparemos de su número.

12. *As. Res.*, VII, 33.

13. Llaman también a este paraíso supremo Zabudeba (*As. Res.*, VI, 224, 233).

14. Cf., para más detalles sobre los paraísos de los indios, Dubois, II, 424, 505, y *As. Res.*, VI, 179; y, para las descripciones de los placeres de la otra vida, Lanjuinais, sobre el Upnekat, p. 83. A pesar de todas estas visiones de felicidad, prevalece el horror de la muerte. Los sacerdotes que presiden los funerales provocan repugnancia. Se les llama mahabrahmines (*Digest of Hindoo Laws*, II, 175. *As. Res.*, VII, 241).

15. Varrón, *De ling. lat.*, VIII; Festo, *s. v. Mania*.

16. Yama, como vimos, es para los indios el juez de los infiernos. A la entrada de cada infierno se colocan jueces birmanos. Todo el mundo conoce las célebres sentencias pronunciadas en Egipto, a orillas del río, imagen de aquel que atravesaban las sombras. Se sabe que, antes de proceder a la ceremonia fúnebre, un tribunal de cuarenta jueces examinaba la conducta del muerto y decidía si merecía el honor de la sepultura. En caso afirmativo, se invocaba a los dioses del mundo subterráneo, presididos por Serapis, que se muestra en el Museo Británico, y cuya explicación nos da Zoega (*De obelisc.*, 308). Un rollo de papiro, sepultado con una momia que nos proporcionó la expedición de Egipto, reproduce el mismo cuadro (Denon, *Voy. en Egypt.*, plancha 141). Este anticuario ingenioso, pero un tanto ligero, reconoce, sin ningún motivo, una iniciación. Osiris aparece con sus atributos ordinarios, con una flor de loto delante de él, símbolo de la vida eterna, y una leona. Sobre una gran balanza dos genios con cabezas de animales están pesando una pequeña figura humana: uno de ellos tiene cabeza de perro, en alusión a las inclinaciones materiales; el otro, de gavilán, emblema de la naturaleza divina. Los dos genios tienen una mano sobre la balanza y parecen abogar ante Osiris. Hermes, con cabeza de ibis, y un rollo en la mano, registra los vicios y las virtudes que deben motivar el fallo de Osiris. Heeren (*Afric.*, III, 681) cree que este juicio de los muertos es posterior a las nociones primitivas de Egipto; explica esta progresión casi como explicaremos nosotros la del politeísmo griego. Pero pensamos que lo equivocó una aparente analogía. Los sacerdotes, en Egipto, adelantaron la introducción natural de la moral en la religión y falsearon la primera esclavizándola a la segunda.

17. El que engaña a un brahmán renace como un demonio de rostro repelente: no puede ni vivir en la tierra ni en los aires. Relegado en algún tupido bosque, gime noche y día, y bebe, en un cráneo humano, a guisa de copa, el zumo fétido de la palmera mezclado con las heces del perro (Dubois, I, 240; II, 266, 379, 464). «¡Hata! ¡hata!», exclamó un día un mono, viendo un zorro que devoraba un cadáver. Cometiste, pues, crímenes inauditos, ya que estás

condenado a comer semejantes alimentos. ¡Ay!, respondió el zorro; fui hombre en otro tiempo: había prometido dones a un brahmán, falté a la palabra y éste es el castigo». Quienes, durante la vida, no dieron provisiones a los sacerdotes, quienes no los vistieron, los violentaron o injuriaron, son, en el otro mundo, víctimas del hambre, de la desnudez, del fuego y de tormentos de todo tipo. La muerte de un brahmán es un crimen mayor que el parricidio, y más vale haber matado a su padre que fomentar divisiones en el orden de los brahmanes. La incredulidad, el más imperdonable de los atentados para el sacerdocio, se castiga con más severidad aún. El fuego que consume a los impíos no se apagará nunca (*As. Res.*, VI, 215-220). El homicidio, en cambio, sólo se castiga temporalmente; luego, las transmigraciones ofrecen al pecador nuevas oportunidades de salvación (Holwel, trad. al., II, 51 s.).

18. A los budistas no los salvan sus buenas obras si no las santifican derramando agua sobre la tierra (*As. Res.*, VI, 215, 220).

Capítulo 9

De la metempsícosis

1. Libro II, cap. 4.

2. Los Vedas asignan este universo como purgatorio a las almas que conocieron su origen celeste; sumergidas en la materia, se encarnan en los cuerpos animados. Es el castigo de su infidelidad. Cf., sobre la metempsícosis de los indios, Dubois, II, 505. Tan pronto como el alma abandona el cuerpo, se presenta ante el juez de los muertos para recibir su sentencia; luego sube al cielo o desciende a los infiernos, o, según sus faltas, toma la forma de un pájaro, de un mineral o de un cuadrúpedo (*As. Res.*, I, 239-240). Los cingaleses piensan lo mismo; los muertos, dicen, son juzgados por uno de los dioses inferiores, Yammah Raya (su Yama), y renacen en virtud de este juicio, como hombres o como brutos: estos renacimientos continúan hasta su llegada y su morada definitiva en los Brahma-Loka o paraíso (*As. Res.*, VII, 35).

3. Cf., sobre la metempsícosis de los egipcios, Heród., II, 123; Guigniaut, 882-894; Dubois, II, 309-316; Creuzer, III, 176, quien asegura que las nociones egipcias eran comunes a los tracios; Goerres, 389-393. Las doctrinas egipcia e india difieren en que la primera es más científica y astronómica, y la segunda, más metafísica y moral.

4. Precisamente, en nombre de las almas dichosas, los egipcios pronunciaban, sobre la tumba de los muertos, la oración que nos presenta Porfirio: «Sol, señor de todos, y vosotros, dioses del universo, dispensadores de la vida, acogednos y hacednos compañeros de los dioses eternos» (*De abst.*, IV, 10; Goerres, II, 370).

5. Herder, *Phil. de l'hist.*, III, 42, 43. *Zerstrente Blaetter*, I, 218.

6. Diod., V, 20. Cés., *De bell. Gall.*, VI. Los pueblos del país de Gales, cuna de los druidas y, por tanto, de la religión gala, admitían igualmente la metempsícosis. Davies, 463-477.

7. Cf., sobre la metempsícosis en los persas, Guigniaut, notas, p. 700. Porfir., *De abst.*, IV.

8. Un pasaje de Josefo indica, por el contrario, que era la creencia al menos de una secta. Todas las almas son inmortales, dice, según la opinión de los fariseos. Las de los hombres virtuosos pasan a cuerpos nuevos; las de los criminales son condenadas a tormentos eternos. Así, lo que, entre los indios, sirve de castigo de los malos, sería, entre los judíos, la recompensa de los buenos.

9. Virgilio trasladó esta combinación a su *Eneida*. Anquises dice a Eneas que las almas permanecen mil años en el Elíseo, antes de pasar a un nuevo cuerpo. Pero en el estado en que estaban las creencias en tiempos de Virgilio, este poeta apenas se atenía a sus opiniones. Dice, en las *Geórgicas* (IV, 218), que las almas de los héroes, de los sabios y de los hombres virtuosos pasan inmediatamente a las estrellas. Los primeros Padres de la Iglesia, sin admitir la metempsícosis, tomaron de la doctrina egipcia la idea de una morada pasajera de las almas, antes de ser castigadas o recompensadas definitivamente. Descendían, decían, al mundo subterráneo: los justos presentían su felicidad; los malos, sus penas, y su destino se hacía realidad, después, en la resurrección. Sólo los mártires subían inmediatamente de la tierra a los cielos. Cf. *Traité de la créance des prêtres touchant l'état des âmes après cette vie*, por Blondel, 1661; Baumgarten, *Hist. doct. de statu animar. separat.*, 1754. San Agustín perfeccionó esta doctrina, haciendo de esta morada de las almas un lugar de purificación. Cesáreo, obispo de Arles, y Gregorio VI, la consagraron. De ahí, el purgatorio.

10. Esta observación se aplica igualmente a la religión india, y sirve de respuesta a las objeciones del señor de Paw. «No se puede pensar», dice, «que los indios pretendan unirse a sus esposas obligándolas a arder sobre sus hogueras, ya que sostienen que las almas viajan de un cuerpo a otro, de modo que el alma del marido podría encontrarse en el embrión de un ratón, y el alma de la mujer, en el de un gato» (*Rech. sur les Amér.*, II, 182). Las mismas objeciones podrían reproducirse contra la doctrina de los birmanos. Su creencia en la transmigración debería preservarlos del temor a los aparecidos, y, sin embargo, el hecho de que algunas personas de la embajada china hubieran muerto en Amarapura sembró el terror en el país porque se suponía que las almas de los extranjeros eran más dañinas que las de los indígenas (*As. Res.*, VI, 180). Al indicar la doble y complicada composición de las religiones sometidas a los sacerdotes, creemos que hemos allanado la dificultad.

31. La importancia que los egipcios daban a la conservación de los cuerpos y el cuidado que ponían en embalsamarlos (Heeren, II, 675) se debían al dogma del Amenthes en el que el estado de las almas destinadas a recomenzar su vida pasada dependía, como en la tierra, de la perfección de los órganos materiales. La metempsícosis servía de base a otros elementos del culto, al expresar simbólicamente nociones más abstractas.

LIBRO X
DE LOS DOGMAS PROPIOS DEL POLITEÍSMO SACERDOTAL

CAPÍTULO 2

De la supremacía de un dios sobre los otros en las religiones sacerdotales

1. Sobre todo, el discurso de Neptuno a Júpiter (*Ilíad.*, XV, 185-199).
2. Parecería, es cierto, que la supremacía de Júpiter es clara, incluso en la *Ilíada*, por el símbolo de la cadena de oro (VIII, 17). Pero este símbolo, como ya observamos antes (Libro VIII, cap. 3, nota 36), está tomado claramente de una religión sacerdotal. Se halla literalmente en el *Bhagavad Gita*; todos los que han estudiado a Homero se han quedado sorprendidos por el carácter extraño de esta fábula (cf. Creuzer, I, 120): es que no pertenecía a Grecia; provenía de Oriente.
3. En el cap. 38 del Rig Veda, los dioses eligen a Indra como el dios supremo. Su trono está construido con textos tomados de los Vedas, y las ceremonias de su instalación son en todo parecidas a la coronación de los reyes indios. Se ve por ello que el dios supremo de las religiones sacerdotales no es siempre el mismo. El mando se traslada de uno a otro, y esta variación es una de las causas de la oscuridad que reina en las antiguas mitologías. Cada dios aparece revestido sucesivamente de los atributos de todos.
4. Brahma, que es soberano en los libros sagrados, siempre ocupa el segundo rango en las fábulas. Es suplantado por Shiva o Vishnú, según las diversas sectas. Esto se debe a la abolición de su culto. Ya hablamos antes de ello.
5. Lo que prueba que es una progresión, en las nociones religiosas de los escandinavos, es que, en la *Edda*, Odín gobierna el cielo y la tierra con sus hermanos, y que es el más poderoso de los dioses (*Edda*, fábula 3); doctrina contraria a la de Alfadur, y que es más antigua, ya que es más rudimentaria. Se quiso considerar, ya lo sabemos, esta parte de las fábulas del Norte como una interpolación de los monjes cristianos; pero la aparición de las mismas ideas en todas las mitologías rebate esta suposición
6. Cicer., *De nat. deor.*, III, 2. Diod., I, 12. Arnob., *Adv. gent.*, I, 4. Jámblico, *De myster.*
7. Porfirio, *in* Eusebio, *Praep. evang.*, III, 9. Plutarco, *De Isid. et Osir.* Jablonsky, *Panth. Aeg.*, p. 93.
8. Vendidad, Izeschné, XIX. Goerres, *Asiat. myth. Gesch.*, I, 219-220.
9. *As. Res.*, II, 230.
10. Cf. Libro II, cap. 2.

CAPÍTULO 3

De los dioses inferiores o de la demonología sacerdotal

1. El *Ramayana* (p. 415) habla de seiscientos millones de Upsaras o ninfas celestes.
2. Orígenes, *Contra Celso.* Cf., por otra parte, para la demonología egipcia, Creuzer, III, 71, y Guigniaut, 447, 456.

3. Lactancio, *De falsa relig.*
4. Hermes, *ad* Tatium. Estobeo, Jámblico, *De myst.*
5. Jámblico, *ibid.*
6. Kircher, *Oed. Aeg.*
7. Goerres, II, 385.
8. Plut., *De Isid. et Osir.*
9. Porfirio, *ap.* Euseb., *Praep. evang.*, III.
10. Plut., *De Isid. et Osir.*
11. Heeren, *Ideen*, «Perses», 272.
12. Goerres, I, 26 s.
13. Dubois, II, 440, 442.
14. Goerres, II, p. 386, en nota. Polier, *Myth. des hindous*, I, 12, 13. Cf. también Wagner, 180. Upnekat, I, 215.
15. Goerres, II, 386.
16. A partir de esta cautividad, al dios de los judíos se le pintó rodeado de siete ángeles, como los siete amsaspendas, y llegó a parecerse totalmente al dios de Zoroastro. Daniel es de esta época.
17. Glasner, *Dissert. de Trin. Cabbal. et Rabbin. non christ. sed mere platon.*, Helmst, 1741. Brucker, *Hist. phil. judaic. cabbal.* Los cristianos, según Creuzer, tomaron su demonología, en parte de los hebreos y, en parte, de los filósofos platónicos. Cita, a este respecto, dos pasajes muy notables de Dionisio Areopagita y de san Basilio. Los gnósticos contaban en su demonología con trescientos sesenta y cinco clases de genios, conservando el número astronómico, cuyo sentido habían perdido (Creuz., III, 86-88).
18. *As. Res.*, XIII, 183. Lo que prueba que existe una relación entre la creencia religiosa y esta demonología inferior es que los brahmanes que penetran en los lugares habitados por estos espíritus presiden el futuro, la muerte y las revoluciones de los imperios.
19. Davies, *Myth. celt.*, 155-156.
20. Creuzer (*Symbol.*, 1.ª ed. al., III, 4) reconoce que los demonios, o héroes, como seres intermediarios, no se encuentran en la mitología homérica. El término *demon*, en la *Ilíada*, se aplica a los dioses. Palas asciende al Olimpo, donde se une a los demás demonios (*Ilíad.*, I, 22).
21. *Los trabajos y los días*, 8-9, 122, 251.
22. Cuanto aparece ordenado sistemáticamente en la religión persa, observa Creuzer con mucha sagacidad (*Symbol.*, 1.ª ed. al., III, 70), no es más que fragmentario e incoherente en Hesíodo. Las nociones importadas por este poeta eran tan poco análogas del espíritu griego que quienes vinieron después de él no hicieron el menor uso de ellas en los elementos maravillosos que emplearon.
23. Cita cuatro clases: los dioses, los demonios, los héroes y los hombres (Creuz., III, 14). Teopompo, en Eliano (*Var. Hist.*, III, 14), dice que Sileno es un ser por debajo de los dioses y por encima de la raza humana.
24. *De oracul. defectu.*

CAPÍTULO 4

De las divinidades maléficas

1. Cf. Libro II, cap. 2.

2. Cuando Arnobio quiere insinuar que los prodigios de los que se gloria-
ban los paganos eran obra de Satán: *Quisnam iste est unus? interrogabitis forte.
[...] Ne nobis fidem habere nolitis: Aegyptios, Persas, Indos, Chaldaeos, Armenios
interrogetis* [¿Quién es este ser único?, quizá preguntaréis. [...] No os fiéis de
nosotros, preguntad a los egipcios, persas, indos, caldeos, armenios...]. Prueba
evidente de que Arnobio sabía que estas naciones creían en un principio malo,
y que los griegos y los romanos no creían en él.

3. *De Isid. et Osir.*

4. En las fábulas homéricas, Circe es una divinidad maléfica, que intenta
degradar a los que el azar entrega a su poder; pero esta fábula nos remite a
Cólquida, y los habitantes de Cólquida eran una colonia de Egipto.

5. *Ilíad.*, II, 78. Hesíodo, *Teog.*, 820. El Tifón egipcio penetró más tarde
en la mitología griega. Varias fábulas de esta mitología procedían de él; la de
Adonis, por ejemplo, al que Marte persigue y mata en forma de jabalí (Licof.,
580), porque Tifón, al que se representaba algunas veces con esta forma, había
matado a Osiris. Nonno, en sus *Dionisíacas*, describe los combates de Júpiter
contra Tifón, en términos semejantes a los que emplean los sacerdotes para describir la lucha de los dos principios; pero Nonno es un mitólogo muy moderno,
imbuido de alegorías orientales (Moeser, *Anmerk. ad Nonni Dionys.*, VIII).

6. *Suplicantes*, 923.

7. Voss *ap.* Serv., *ad Eneid.*, III, 67.

8. Hesíodo afirma que Júpiter respetó todas las prerrogativas de las que
disfrutaba Hécate, antes de que hubiese usurpado el imperio. El señor de Sainte-
Croix, siempre afectado por las guerras de religión que habían sustituido, según
él, el culto de los Titanes por el de Júpiter, ve en este paraíso de Hesíodo la indicación de las penas futuras reservadas al crimen en el otro mundo por las dos
religiones que se sucedieron. Es más conforme con la verosimilitud admitir que
Hécate era una divinidad maléfica, llevada por Hesíodo a la mitología griega
y colocada detrás de las divinidades populares (cf. Libro VII, cap. 5, nota 17),
lo cual era natural, ya que éstas son siempre la generación presente (cf. Libro I,
cap. 9). Eso quería decir Hesíodo cuando afirmaba que Júpiter no había atentado contra el poder de Hécate. En efecto, la esfera a la que estaba relegada la colocaba fuera de cualquier contacto con las divinidades que actuaban realmente.
No se la menciona ni en *Ilíada*, ni en la *Odisea*, y su función, en el poema más
bien reciente de las *Argonáuticas*, es la de Proserpina en Homero. (Cf. Creuz.,
I, 158; II, 120 s. Goerr., I, 254-255. Hermann, *Handb. der Myth.*, II, 45; nota
87. Pausan., II, 30.) Jablonsky (*Panth. Aeg.*) considera a Hécate como la Titrambo egipcia. Su influencia sobre la naturaleza, sus atributos tan diversificados,
sus numerosas funciones, son una mezcla de física, de alegoría, de magia y de
tradiciones filosóficas sobre la fusión de los elementos y la generación de los
seres. A veces se la representaba con una cabeza de perro (Hesiquio *in* ἄγαλμα
Εκ.). Pausanias había visto una estatua parecida hecha por el célebre escultor

Alcameno (Pausan., II, 30). Hécate era la noche, y, por una extensión de esta idea, la noche primitiva, causa primera o motriz primera de todo. Era la luna, y por eso se vinculaban a ella todas las nociones accesorias, agrupadas en torno a la luna: era la diosa que trastorna la razón de los hombres, la que preside las ceremonias nocturnas y, por consiguiente, la magia: por eso se la identificaba con Diana en la mitología griega; con Isis, en la egipcia, y, de ahí también, todas sus cualidades cosmogónicas, atribuidas a Isis en Egipto.

9. Kali y Bhavani eran a la vez la luna y la fuerza destructora; sus adoradores peinaban una media luna sobre su frente. Cf. las relaciones de Kali con Artemisa, Creuzer, II, 123, 124.

10. Los drusos son el único pueblo que reconoce positivamente que Dios es el autor del mal y, para zanjar cualquier objeción, su catecismo añade: «El Señor dijo: mis criaturas me deben dar cuenta de lo que hacen, pero yo no les doy cuenta de lo que hago».

11. Cf. más arriba Libro IX, cap. 3.

12. Mientras queramos atenernos a la lógica, el dilema de Epicuro carecerá de respuesta. O Dios, decía, puede destruir el mal y no quiere, o quiere y no puede, o no puede ni quiere, o puede y quiere. Si quiere y no puede, carece de capacidad y poder; si puede y no quiere, carece de bondad; si no quiere y no puede, es, a la vez, malo y débil; si quiere y puede, ¿de dónde proviene el mal? (Lactancio, *De ira Dei*, cap. 13). Según las reglas de la dialéctica, nada es más evidente. La justicia humana está obligada a la felicidad como premio de la virtud. Si aplicáis la misma regla a la justicia divina, o la desgracia debe ser la prueba de un crimen oculto, o la existencia del mal se convierte en un problema insoluble. Aquí surge de nuevo el peligro del antropomorfismo. Confunde la justicia divina y la justicia humana. Establece entre el Ser supremo y los hombres las relaciones de un monarca con sus súbditos. Pero si las relaciones son las mismas, como un monarca debe su protección a aquellos de sus súbditos que obedecen sus leyes, Dios debe la felicidad al justo. Por cierto, rara vez se satisface la deuda. Por el contrario, si descartamos el antropomorfismo, si concebimos el Ser supremo como quien puso como fin en su criatura, no la felicidad, sino el progreso y mejoramiento, todo tiene explicación. Surge un nuevo horizonte. La felicidad y la desgracia no son más que medios: Dios no es injusto si los utiliza. Cualquier otra solución de la existencia del mal es insuficiente, y sólo descansa en sofismas. El dualismo, la más rudimentaria de estas soluciones, es todavía la mejor. Si nuestros lectores quisieran convencerse de la verdad de estas observaciones, les bastaría con leer una importante obra de una escuela a la que, por otra parte, nos hemos opuesto fuertemente: nos referimos a *Veladas de San Petersburgo*, del señor de Maistre. El autor, dotado de gran inteligencia, de una dialéctica irresistible, cuando tiene razón, y, al mismo tiempo, de una elocuencia que se funda en su sensibilidad, mezcla de desprecio y de amargura, como es siempre la del genio, se debate, casi con furor, contra el dilema que citamos antes, y, para librarse de él, fulmina, no sólo el sistema de las causas finales, sino también el de las leyes inmutables de la naturaleza, que declara incompatibles con cualquier religión y con cualquier culto; pero, cuando ha tronado lo suficiente contra estos dos adversarios, es empujado a dos conclusiones: la primera, que la oración puede suspender las reglas generales que gobiernan

el universo; la segunda, que la desgracia es siempre consecuencia del crimen. Con el primero de estos dos principios, no existe ciencia; con el segundo, ya no hay piedad. El curso del sol está a merced de las invocaciones de un sacerdote o de una mujer, y el inocente que muere en la rueda debe perecer reprobado por aquel mismo que conoce su inocencia, pues mereció su suplicio por algún crimen desconocido.

Sólo cuando el señor de Maistre, olvidando su propia teoría, es arrastrado por un impulso interior fuera de la esfera de la dialéctica, cuando se doblega al sentimiento religioso, sin intentar conciliarlo con el comercio que el interés sugiere al hombre, es decir, cuando abjura, sin saberlo, del antropomorfismo cuya defensa proclama en otros lugares, sólo entonces se hace sublime y razonable a la vez; lo que afirma, por ejemplo (t. I, p. 443), de la oración, liberándola de la eficacia pueril que le atribuía algunas páginas antes y describiendo su efecto moral sobre el que reza, como acto de sumisión, de confianza y de amor, es aplicable a todas las formas religiosas y admirable en todos los sistemas, excepto el ateísmo, aunque sólo sea el ateísmo dogmático, la más estrecha y presuntuosa de las doctrinas. Pero encadenado, desgraciadamente, a estos dogmas inamovibles, que él pretende hacer triunfar, el señor de Maistre no permanece mucho tiempo en esta atmósfera de emoción, de desinterés y de pureza. Pronto el sofista, entregado a una forma exclusiva, remplaza al hombre religioso. El pensamiento pierde su amplitud; el sentimiento, su hondura; el estilo, su elevación, su claridad y su fuerza. Sin embargo, el señor de Maistre es, con mucho, el más distinguido entre los hombres de esta escuela. El señor de Lamennais le sigue, el único discípulo digno de su maestro, pero inconsecuente, juguete de los vientos que soplan a ratos en su espíritu y muy poco temeroso de contradecirse. Los señores Ferrand, de Bonald, de Eckstein sólo tomaron de su sistema lo que tiene de falsedad. Es un galimatías sin inspiración, agitación sin calor; es, en los dos primeros, ignorancia presuntuosa, y absurdidez sin talento; y en el tercero, erudición superficial y un talento falseado por el deseo de ser trascendental y por la necesidad de ser agradable.

13. Los saduceos, creyendo que la felicidad era una recompensa y la desgracia un castigo, consideraban como un acto de religión no socorrer a los desdichados; inconveniente natural de la idea de justicia divina aplicada a los acontecimientos de esta vida.

14. Cf. Libro II, cap. 2.

15. La fábula de Loki indica la diferencia de los dos politeísmos. Como Prometeo, Loki es encadenado a una roca. Como él, es entregado a torturas siempre nuevas. En lugar del buitre que devora al hijo de Japeto, una serpiente arroja sobre el dios del Norte un veneno que lo abrasa (*Edda*, fábula 31). Pero, en la mitología griega, Prometeo es un dios vencido, un dios amigo del hombre. En los escandinavos, Loki es el principio malo.

16. Tifón era objeto de un culto particular en varias ciudades de Egipto. Templos cada vez más pequeños se levantaban al lado de templos magníficos. Se los llamaba Tifonios, Τυφωνεια (Estrabón, VII).

17. Plut., *De Isid. et Osir.*

18. Helmold, *Chron. Slav.*, cap. 15. Voss, *De orig. Idol.* Hagenberg., *Germ. med. Diss.*, 8.

19. *Mém. de l'Acad. des inscript.*, XXIV, 345. César, *De bell. Gall.*, VI.

20. Entre sus divinidades maléficas, Tlacatecololotl ocupa el primer rango; es un búho, dotado de inteligencia, que se complace en asustar a los hombres y que les hace daño.

21. Shastabade.

22. Cuatro nubes proporcionan la lluvia: Kambarta y Drona, las lluvias fecundas; Abarta y Pucará, las inundaciones y tempestades. Siete elefantes llevan las almas al cielo o a los infiernos: cuatro son acogedores y bienhechores; tres son maléficos y pérfidos. Siete serpientes reinan sobre todas las demás. Ahanta y Karkata son enemigos del hombre; Maha Padnia es amigo (Dubois, II, 50-52).

23. Se puede ver una exposición muy curiosa del desarrollo de este dogma en los hebreos en el comentario de Eichhorn sobre el Nuevo Testamento, II, 159-160.

24. *Juan* 14, 30. *Corintios* 4, 4.

25. Libro IV, cap. 9.

26. Cf. Hermipo, en Diógenes Laercio, I, 8.

27. Esto persuadió a escritores, por otro lado muy juiciosos, que la doctrina persa no admitía el dualismo de una manera absoluta, sino como forma accidental del teísmo. Esta doctrina, dice Guigniaut (p. 322), no se detiene en el dualismo. No, seguramente no se detiene, porque ninguna doctrina, sea religiosa, sea filosófica, se detiene. Todas obedecen a la ley eterna de la progresión; pero, por eso mismo, se debe admitir que la progresión tiene sus épocas, y que la del dualismo es distinta de aquella en la que el teísmo viene a remplazarlo.

28. *Edda*, fábula 27.

29. Jablonsky, *Panth. Aeg.*, V, 10-22.

30. Plut., *De Isid. et Osir.* Diod., 1-22.

31. *As. Res.*, XIV, 429.

32. Hyde, *De rel. Pers.*, cap. I. Afirma que aquellos de entre los magos que consideraban los dos principios como eternos no formaban más que una secta de herejes. Se la llamaba Thanavea, dualidad. Este testimonio es, por lo demás, un poco sospechoso. Hyde disponía los hechos, sin quererlo, en el sentido más favorable a su sistema de teísmo. Creuzer, menos parcial *(Symbol.*, 1.ª ed. al., II, 198-199), admitía dos doctrinas en los persas: la unidad, Zervan Akerene, creador de Oromazo y de Arimán, y el dualismo, u Oromazo y Arimán, primeros principios iguales. Pero hace de la primera de estas doctrinas el secreto de los sacerdotes, y, de la segunda, la creencia popular, e ignora así las fluctuaciones del sentimiento religioso.

33. «El Demonio», dice un escritor muy religioso (San Felipe, *Monarchie des Hébreux*, I, 137), «sólo puede algo por Dios, el único que puede y que le otorga, a través de visiones secretas, un poder tan limitado que no es libertad en el Demonio sino pura obediencia que le hace actuar. Es el instrumento invisible de los decretos de quien lo arrojó a los infiernos». Es curioso ver cómo los dualistas persas se debaten en este círculo sin poder salir de él. Sabedores de que, si la luz es eterna y las tinieblas creadas, éstas son el producto y, por consiguiente, el crimen de la luz, unos, los zervanistas, decían que la luz había creado a Zervan, el tiempo, del que habían emanado Oromazo y Arimán, achacando así a una segunda causa la culpa de la que pretendían eximir a la primera. Otros afirmaban que provenían de Dios la luz y las tinieblas, pero éstas, como la som-

bra que sigue al cuerpo necesariamente (Hyde, cap. I). Dios no las quiso, dice el traductor de Creuzer, interpretando su pensamiento (p. 324), sino que las toleró. Y otros más acusaban a Arimán de perversidad por su voluntad, no por su naturaleza (Izeschné, XXX, *Ha*). Sofismas vanos, para los que el reproche siempre recae en la omnipotencia, responsable, no sólo de los seres a los que ella confía su poder, sino también de la necesidad, término carente de sentido allí donde existe la omnipotencia.

34. Esta idea se reproduce en ciertas fábulas egipcias, de las que nos hablan los poetas griegos. Tifón era el enemigo de la armonía. Se complacía en contrariar a los dioses y en perturbar el orden del mundo. Hermes, inventor de la música, lo había vencido y, por eso, le perdonó la vida; pero hizo de sus nervios, después de arrancárselos, las cuerdas de su lira; de este modo, acordó lo que era discordante, y lo que se opone a la unidad lo hizo concurrir a ella (Pínd., *Pít.*, I, 25-31. Escol., *ibid.* Plut., *De Isid. et Osir.*, 55).

35. Zend Avesta, Izeschné, XXX; Bundehesch, p. 104.

36. Cf. Libro VI, cap. 5.

CAPÍTULO 5

Consecuencias de este dogma en las religiones sacerdotales

1. *Bhagavad Gita*, prefacio de Wilkins, p. XCII.

2. Hermes Trimegisto, 3, 10.

3. *Donec crearetur homo, non erat pro diabolo opus in mundo agendum* [Hhasta que se creara el hombre no había trabajo que hacer en el mundo como Diablo] (Hyde, *De rel. Pers.*, cap. 3, p. 81). Así, después de haber creado el Diablo para explicar la desgracia del hombre, los teólogos imaginaron que Dios había creado al hombre para tener ocupado al Diablo.

4. Es conocida la anécdota del amigo de san Bruno, condenado por haberse felicitado, al morir, de haber llevado una vida irreprochable.

5. Bundehesch, cap. 3. Kleucker, *Anhang zum Zendavesta*, II, 3, 172. En cambio, las divinidades bienhechoras, en las religiones sacerdotales, toman algunas veces figuras terribles.

6. En un bajorrelieve que puede verse en el museo del Vaticano, en Roma, las Furias son hermosas y jóvenes. Sólo se ve su misión terrible por las serpientes que entrelazan sus cabellos y las antorchas que sujetan con sus manos. Pero, en la mitología griega, las Furias no son divinidades maléficas, sino divinidades vengadoras.

CAPÍTULO 6

De la noción de una caída primitiva

1. Cf. sobre el germen de esta noción, Libro II, cap. 2.

2. En el *Crátilo*. Las almas que se entregan a los placeres de los sentidos, dice el autor en el *Fedón*, permanecen en la tierra y entran en nuevos cuerpos; las que se sacrificaron por quedar limpias de cualquier mancha se retiran, al mo-

rir, a un lugar invisible. Allí, continúa en el segundo *Timeo*, lo puro se une a lo puro, lo bueno a su semejante y nuestra esencia inmortal a la esencia divina. Cf. también la alegoría del reino de Saturno en el diálogo del *Político*. Los indios se expresan casi en los mismos términos. El alma unida a un cuerpo, dicen, es presa de la ignorancia y del pecado, como una rana en las fauces de una serpiente, hasta que, por la práctica de la contemplación y de la penitencia, se reúnen de nuevo y para siempre con la divinidad (Dubois, II, 85). La diferencia entre las doctrinas filosóficas y los sistemas religiosos consiste en que, de ordinario, los filósofos no suponen que, para la expiación del género humano, sea necesaria la asistencia divina salvo para proteger y defender la virtud, y para dar al hombre la fuerza para resistir a la tentación, mientras que las religiones sacerdotales imaginan una asistencia divina, de una naturaleza totalmente misteriosa, en la que el hombre carece de cualquier mérito, ya que la divinidad se encarga de la expiación respecto a ella misma. Cf., más adelante, el capítulo sobre la santidad del dolor (Libro XI, cap. 5).

3. La edad de oro, de bronce, de plata y de hierro se reproduce en el Tíbet (Pallas, *Sammlung*).

4. Cf., para la India, el prefacio inglés del *Bhagavad Gita*, p. LXXXIV; para la religión lamaica, Turner y Pallas. Goerres (II, 635-638) presenta un cuadro muy ingenioso del progreso que siguió, en varias religiones, el dogma de la caída primitiva. Cf., para Persia, Guigniaut, pp. 279-280.

5. En el Shastahbade, la rebelión de los Debtahs es el crimen que deben expiar animando nuevos cuerpos. En el Tíbet, el crimen de los ángeles es la unión de los sexos.

6. Los rabinos hablan de una inclinación innata al mal, herencia de Adán, que pesa sobre toda su raza.

7. Dayamanti, en el *Mahabarata*, perseguida por la caravana que los elefantes dispersaron, explica así la causa de su desgracia: «Debí de cometer, antes de mi existencia, en otra vida, algún crimen terrible».

8. Ésta es la doctrina de los maniqueos, que colocaban el mal en la materia, y distinguían del dios supremo al dios creador de esta naturaleza.

9. Creuzer (I, 339) ofrece observaciones muy interesantes sobre esto.

CAPÍTULO 7

De un dios mediador

1. Couplet y Duhalde.

2. Los persas, dice Plutarco (*De Ind.*), llaman a Mitra, Mesites, el intermediario entre Oromazo y Arimán. Fr. Schlegel (*Weish. der Ind.*, p. 129) asegura que Mitra era el intermediario entre el hombre y los dos principios. Kleucker (*Anh. zum Zendavesta*, III, 82) apoya la afirmación de Plutarco en varias autoridades. El Mitra astronómico, de doble rostro como Jano (Cayo Basso, *ap.* Lydo, p. 57), y que era, unas veces, el sol, y otras, un intermediario entre la tierra y el sol, estaba influido por la idea religiosa: llevaba las almas a Dios, siguiendo el curso del sol, a través del zodiaco (Guigniaut, 353 y 732).

3. Mallet, *Mytholog. celt.*, p. 127.

4. Hablaremos de Esquilo y de sus préstamos cuando nos ocupemos de los trágicos griegos.

Capítulo 8

De las divinidades triples o ternarias

1. La idea de la trinidad, dice Goerres (638-641, 652-659), tiene uno de sus orígenes en la noción del principio bueno y malo, y de un dios mediador. Presenta ejemplos de trinidad en todas las mitologías sacerdotales.

2. Wagner, 180-184. *Asiat. Mag.*, I, 852.

3. Cama, el amor, es el Eros de los órficos.

4. Upnekat.

5. *Leyes de Menu.*

6. El Trilinga.

7. *As. Res.*, XI, 112. Cf., para otros detalles sobre la trinidad india, Guigniaut, 176.

8. Dionisio Areopagita, *Epist.*, VIII.

9. Georgi, *Alphab. Tib.*, pp. 272-273. La trinidad tibetana es, algunas veces, más metafísica: el universo ya no forma parte de ella. Se compone de un dios único y triple, la inteligencia, el verbo y el amor, pero este dios no es por ello menos material; su sustancia es el agua más pura y transparente.

10. Cnef es la inteligencia; la imagen de Cnef es el mundo; la imagen del mundo es el sol (Mens *ad* Mercur., § 11). Había también una o varias trinidades físicas entre los egipcios: la tierra, el agua y el fuego; o, como en Fenicia, este último, considerado bajo tres formas, la llama, la luz y el calor.

11. Cf., sobre la trinidad en los escandinavos, el primer capítulo de la *Edda*.

12. El que es visible y al que los ojos no ven se llama Ki; al que se comprende y los oídos no oyen se llama Hi; el que es sensible y el tacto no siente se llama Ouei. Los sentidos nada pueden enseñarnos sobre estos tres; pero vuestra razón os dirá que no son más que uno; la sustancia de Fo es una, pero hay tres imágenes (Tchin, en Duhalde, III, 66). No hay más que tres dioses; pero Prajapati es el dios en el que estos tres se confunden. Es la unidad en la triplicidad (*Leyes de Menu*, cap. 2, p. 78). La sílaba *om* contiene a los tres dioses; pero en la realidad sólo existe un dios, Mahan Atma, la gran alma (glosario del Rig Veda).

13. Los tres Eones, o Azilot, que crearon el mundo: cf. el cap. 3 anterior y la nota sobre esto, además Eusebio, *Praep. evang.* (VII, 5; XI, 10) y Maimónides, *Bereschet Nabba.*

Capítulo 9

Del dogma de la destrucción del mundo

1. Libro II, cap. 2.

2. Cf. Boulanger, *Antiq. dévoil. par ses usages.*

3. En la metafísica india, la destrucción y la creación son una y la misma cosa. La creación no es, como en el politeísmo griego, efecto de la separación

787

del caos, que entra en fermentación y produce el universo, los dioses y los hombres. El dios supremo existe solo en su reposo inefable: sale de este reposo, se contempla, medita, se divide en dos partes y proyecta fuera de sí el mundo material, parte de sí mismo. De ahí resulta que, cuando regresa a su reposo, cuando deja de contemplarse en la universalidad de sus atributos, el mundo material que él contiene en su seno, permanece sumergido en la unidad misteriosa. El mundo material y temporal desaparece: la creación visible deja de estar animada por el aliento celeste, y cuanto no es dios se reduce a la nada. Es de mí de quien emana este universo, dice Krishna en el Bhavishya Purana; y es en mí donde se reducirá a la nada. En uno de los Upanishads, el dios creador siente un hambre devoradora y se come su obra, apenas termina de crearla. Por eso, esa lucha constante entre la vida y la muerte, lucha que origina la destrucción del mundo existente y su sustitución por otro nuevo. Wilson, en su voluminoso *Traité de la poésie théâtrale des Indiens*, impreso en Calcuta en 1827, habla de una obra escrita en ritmos sagrados, que representa la destrucción del mundo, cuando la tierra se hunde en los abismos y surge rejuvenecida y purificada.

4. El Maha-Pirli, la aniquilación del universo, termina, según el Bedang, con la absorción de todo en Dios.

5. Los indios llaman a estas revoluciones *menwanturas*. Sus yogas, que son épocas semejantes a las de la mitología griega, concluyen con un diluvio; sus *menwanturas* con un incendio universal. Varias sectas indias hablan de diez mil *menwanturas*. Es probable que diversas calamidades locales hayan acreditado, más de una vez, estas tradiciones. El gigante Nirinakeren, dicen los brahmines de Mahabalipuram, vecinos del lugar llamado las Siete pagodas, enrolló la tierra como una masa informe y la arrojó al abismo. Vishnú lo persiguió, lo mató y volvió a colocar la tierra en su posición primitiva. Según la descripción de las ruinas de Mahabalipuram realizada por Chambers, se ven en ellas huellas claras de un terremoto. Los brahmines del lugar generalizaron el acontecimiento parcial (*As. Res.*, I, 153-154).

6. Bagavadam, libro XII. Según otros libros sagrados, ya han sucedido seis mil y una revoluciones. El Shastabade sólo admite cuatro: tres veces, dice, fue destruida la raza humana: la tierra, cubierta de cadáveres, llevó el arrepentimiento al corazón del dios que había dado esta orden tan severa. Ahora estamos en la tercera edad; pero se acerca el momento en el que todos los cuerpos serán aniquilados, en el que Dios llamará a su seno a todas las almas (*As. Res.*, VI, 245).

7. *As. Res.*, VI, 246.

8. Clavijero, *Hist. de México*, I, 401-402. Humboldt.

9. *Viajes* de Turner y de Pallas.

10. Epifanio, *Adv. haer.* Cf., sobre el diluvio y la destrucción del mundo en los caldeos, Goerres, I, 268-272, y sobre este dogma tomado de ellos por los judíos, *ibid.*, II, 522. Stauedlin (*Hist. de la mor.*, II, 14) afirma que lo tomaron de los persas.

11. Ragnarockur.

12. Fimbulwetter.

13. Negelfare.

14. La Muerte.

15. El gigante Rymer.

16. El portero celeste.

17. Los buenos, el Gimle; los malos, el Nastrond.

18. En el Zend Avesta, como en el *Mahabarata*, son los cometas los que pondrán fin al mundo actual, cuando hayan cumplido el tiempo que les fue asignado (Zend., LXVII, *Ha*.).

19. Estrab., *Mém. de l'Acad. des inscript.*, XXIV, 345.

20. Cf. la Epístola de Bernabé, discípulo de san Pablo. Fija el fin del mundo en el año 6000. Stauedlin, *Hist. de la morale*, II, 14.

CAPÍTULO 10

Del Falo, del Lingam y de las divinidades hermafroditas

1. No sin repugnancia nos vemos obligados a hablar de estas divinidades obscenas y escandalosas; pero ocupan un lugar tan importante en las antiguas mitologías y en las religiones aún existentes de la India y el Tíbet que no habríamos podido silenciarlas sin dejar una laguna, que habría tenido como resultado inevitable arrojar grandes oscuridades sobre las otras partes de nuestra investigación. Hemos debido, pues, abordar este tema, con decencia y discreción. Se podrán ver detalles mil veces más libres en la obra del señor de Sainte-Croix sobre los misterios y en las *Mémoires de l'Académie des inscriptions*.

2. La adoración de los dioses de este tipo es una consecuencia totalmente natural de la noción de engendrar aplicada al mundo. Antes de la creación, el poder generador se encuentra únicamente en la inmensidad. Al crear, se divide de alguna forma: realiza la función del ser activo y del ser pasivo, del varón y de la hembra. Es la doctrina de los Vedas, y se establece con claridad en el Manara Darma Sastra. Cf. también las *Leyes de Menu* (*As. Res.*, V, 8).

3. El culto de Afrodita fue llevado a la isla de Chipre (Aristófanes). Loevino dice que su sexo es incierto, y Filocoro, en su *Historia de Ática*, lo confunde con la luna. Suidas habla también de la Venus con barba, que tenía los dobles órganos generadores, porque estaba al frente de cualquier generación y que era hombre de cintura para arriba y mujer de cintura para abajo.

4. Creuz., II, 12.

5. Heród., I, 105. Heinrich, *Hermaphroditorum origines et causae*, III. Salmasius, *Exercit. Plinian.* Jablonsky, *De lingua lycaonia, Opúsc.*, p. 64. Creuz., I, 350. Agdestis, héroe hermafrodita, que había aparecido en algunas fábulas poco conocidas y bastante recientes de la mitología griega, era hijo de Júpiter frigio y del gigante Agdal.

6. El Ptah de Egipto, dice Orfeo (himno V), el Protogono, el primer nacido, que recorre los aires sobre sus alas de oro, hermafrodita inefable, que disfrutaba del poder de los dos sexos, creó a los hombres y a los dioses. Creuz., I, 350-358. Minerva y Vulcano, Ptah y Neith, eran, según Horapollo, los únicos dioses hermafroditas en Egipto. No eran hermafroditas en Grecia.

7. Julio Fírmico, *De errore prof. relig.*, 1-5. Por eso, ciertos escritores griegos dicen que Júpiter era hermafrodita entre los magos (Goerr., I, 254). Kaiomorts, el primer hombre, era varón y hembra (Guign., 706). El árbol de la creación tenía la forma de un hombre y de una mujer, unidos entre sí (*ibid.*, 707).

8. Goerr., II, 574-575. En el acto de la generación, decían los bardos, el esposo se convierte en mujer (Mone, 372). Una leyenda escandinava podría, sin duda, ser una reminiscencia de los dioses hermafroditas. Thor duerme; Thrymer le roba su martillo en la noche del equinoccio. Thor, disfrazado de mujer, se casa con Thrymer. El matrimonio se consuma, y la falsa esposa mata a su marido con el martillo (Mone, 406). Esta fábula tiene también un sentido astronómico.

9. Wagner, 199.

10. Roger, *Pagan. indien*, II, 2.

11. Paulin, *Syst. brahman.*, p. 195. Porfir., *in* Estob., *Eclog. phys.*, I, 4.

12. A Shiva se le representaba con el seno de una mujer; por eso, Bardesanes, contemporáneo de Heliogábalo, lo tomó por una amazona. Heeren, *Inde*, 315. Wagner, 167.

13. Bagavadam. Wagner, 167.

14. Sonnerat, I, 148.

15. Colebrooke, *On the Relig. Cerem. of the Hindoos*, XV, 519.

16. Cf. más arriba, nota 8.

17. *Bhagavad Gita.*

18. Los ramanajages. Filóstrato, *Vida de Apolonio de Tiana*, III, 34.

19. Espartiano, *Vida de Caracalla*, cap. 7. Casaubon, *Not. ad eundem.*

Cf., en general, sobre todas las divinidades hermafroditas, Macrob., *Saturn.*, III, 3. Creuz., I, 350-363.

20. Es digno de destacar que esta noción haya penetrado en las reflexiones de los místicos cristianos. Antoinette Bourignon veía a Adán, dotado de los dos sexos, que se fecundaba a sí mismo, con goces inefables, cuando estaba inflamado del amor de Dios.

21. Los sacerdotes de Hércules, en la isla de Cos, los de Cibeles hermafrodita en la isla de Chipre. Macrobio (*Saturn.*, III, 8) añade que la estatua de esta diosa estaba desnuda cubierta con una gran barba; sus sacerdotes se disfrazaban de mujeres para sus sacrificios, y los fieles que asistían a los mismos se vestían con ropa del sexo opuesto al suyo.

22. Cf., para la adoración del Lingam, Guigniaut, pp. 145, 147, 149, y, para el Falo, erigido por Isis, en memoria de la mutilación de Osiris, *Id.*, p. 392. Luciano nos describe el Falo enorme que se podía ver en el vestíbulo del templo de Saturno en Hierápolis.

23. En Egipto, en las fiestas de Osiris, se llevaba en procesión estatuas de este dios, con Falos móviles de enorme tamaño (Heród., II, 48). Se mostraba también el Myllos, o el Ecteis, colgando del Falo. Arnobio explica con una anécdota el origen de este culto. Las mujeres egipcias colgaban de su cuello la imagen del Falo. En Hierápolis, había dos Falos de trescientos codos de altura, que Baco había ofrecido a Juno. El Osiris Arsafes era el Falo mostrando su energía productora (Kircher, *Oed. Aeg.*, I). Cf., sobre este culto, Jablonsky, *Panth. Aeg.* Zoega, *De obelisc.*, p. 213. Creuz., I, 319. Goerr., I, 24-25; II, 369. Sesostris hizo levantar diversos Falos en los lugares que conquistaba. Heródoto, imbuido del espíritu griego, explica este hecho diciendo que Sesostris expresa de este modo el coraje viril de sus guerreros y la laxitud afeminada de los pueblos que él había vencido (Schlegel, *W. d. Ind.*, p. 120). Varios escritores, muy religiosos, afirmaron que la cruz había sido tomada del simulacro del Falo (Jablonsky,

Panth. Aeg., V, 75. Lacroze, *Hist. du christ. des Indes*, p. 431. Carli, *Lettres améric.*, I, 499; II, 504. Larcher, *Not. sur Hérodote*, II, 260-272, última ed.). Puede verse, sobre las modificaciones progresivas del Falo, desde su unión a las piedras consagradas hasta su incorporación a las estatuas de Osiris, detalles muy curiosos en la obra de Dulaure *Le culte du Phallus*, p. 49. También en nuestros días, Denon habla del Falo presente en las Termas (*Atlas*, pl. CXXV, n.º 15).

24. Cf. Dubois sobre el Lingam de los indios, II, 420. Este culto tomó entre ellos tres formas diferentes. Una secta personificó la fuerza productora y eligió como símbolo las partes viriles; otra, las de la mujer; y la tercera las combinó en una sola representación (Paterson, *As. Res.*, VIII, 54-55). La adoración del Lingam está tan enraizada en las costumbres de la India que los misioneros se vieron obligados a transigir con esta idolatría y permitir a las mujeres que se convertían conservar la imagen junto a la de la cruz (Sonnerat, I, 2). Las mujeres indias la colocan en sus cabellos o la pintan sobre su frente (Roger, *Pag. ind.*, cap. 3).

25. Erlik-Khan, dios de los infiernos en la religión lamaica, representa, mediante un enorme Falo, la reunión de la reproducción y de la destrucción (Pallas, *Samml. hist. Nachr. ueb. die Mongol. Voelkersch.*).

26. *As. Res.*, V, 313.

27. Voss, *Anti-Symbol.*, p. 195.

28. Ya mostramos, en nuestros volúmenes anteriores, todas las divinidades andróginas aportadas en Grecia por los recuerdos de las colonias y despojadas de sus atributos por el espíritu griego (Libro V, cap. 5; Libro VI, cap. 7).

29. Alcifrón (III, 37) habla de una capilla de Atenas en la que Hermes y Venus estaban representados como unidos los dos. Se la llamaba la capilla de Hermafrodita, y las viudas colgaban allí sus coronas, como colgaban los guerreros en otros templos sus armas ya inútiles. Pero estas huellas de usos antiguos o extranjeros, en general, no cambian en nada nuestra afirmación.

30. Διφυσή, Himno órfico. Hermann, 23.

31. Wagner, 308.

32. Wagner, 348. Cf. en Selden, *De diis Syris*, p. 240, o en Henrich, *De hermaphr.*, p. 17, la antigua tradición sobre *lunus* y *luna*.

33. Himno órfico 29 y 41.

34. Cf., más arriba, Libro V, caps. 4 y 5.

35. El autor de las *Argonáuticas* hace del Eros andrógino el primer motor de su cosmogonía.

LIBRO XI

DEL PRINCIPIO FUNDAMENTAL DE LAS RELIGIONES SACERDOTALES

Capítulo 1

Exposición de este principio

1. Libro II, cap. 2. Hay en el sistema del señor de Maistre, sobre los sacrificios, cosas muy curiosas, que dan a conocer perfectamente la teoría sacerdotal que describimos aquí.

NOTAS

2. ¿Qué utilidad pueden tener para los dioses, pregunta Sócrates en el *Eutifrón*, los presentes que les ofrecemos?

3. En uno de los Sastras indios, la razón humana pregunta a la sabiduría divina de dónde nace la necesidad de los sacrificios. ¿Come y bebe Dios, dice, como los hombres? Dios, responde Brimha, no come ni bebe como los hombres; pero, al ser los bienes de este mundo objeto de todos los deseos, Dios quiere que le ofrezcan gustosamente el sacrificio de estas cosas (extracto del Dirm Sastra).

4. Esta perfección, este poder, esta felicidad, atribuidos a los dioses de las religiones sacerdotales, no están en contradicción, como se podría creer, con los vicios, las debilidades y los infortunios de estos mismos dioses. Ya explicamos anteriormente (Libro IX, cap. 3, y Libro X, cap. 4) los subterfugios que utilizan los sacerdotes, obligados a presentar a los dioses en sus fábulas como desdichados e imperfectos, mientras que los proclaman perfectos y felices en sus doctrinas.

CAPÍTULO 2

De los sacrificios humanos

1. Cf. Libro II, cap. 7.

2. Se pueden consultar, sobre los sacrificios humanos en los diversos pueblos, Eusebio (*Praep. evang.*, libro IV, p. 155), quien ofrece un extracto de Porfirio enumerando todas las naciones en las que eran habituales estos sacrificios; Heródoto (II, 4; IV, 103); Pausanias (*Ática*, 43); Pomponio Mela (II, 1); Solino (cap. 25); Luciano (*Diálogos*); Clemente de Alejandría (*Cohort. ad gent.*); Cirilo (*Adv. Julian.*, IV); Amiano Marcelino (XXV, 8); Ovidio (*Epist. ex Pont.*, III, 2-55); Estrabón (libro VII); Minucio Félix (*passim*); Meursius (*Graecia feriata*); Meiners (*De sacrif. hum. Comm. Soc. Goett.*, VIII, 68; IX, 63); Goerres (I, 42); para los hunos en particular, Menandro (*in Excerpt. legat.*, p. 64); para los islandeses, Procopio (*Goth.*, II, 15); para los godos, Jornandès (cap. 4).

3. Al reconocer al cristianismo este mérito inmenso, no nos apartamos de la idea fundamental cuya demostración constituye el objetivo de esta obra. El cristianismo es un progreso, el más importante, el más decisivo de los progresos que la especie humana haya hecho hasta hoy. En consecuencia, los términos que empleamos aquí se reducen a declarar que el hombre, al avanzar, se libera necesariamente de las opiniones y de los ritos que mancillaban las épocas de la barbarie y de la ignorancia.

4. Libro II, cap. 7.

5. Esta relación entre el poder del sacerdocio y los sacrificios humanos se hace notar desde el estado salvaje. De todos los negros, los de Whydah o Juidah son los que otorgan mayor autoridad a sus sacerdotes; por eso, son los más dados a estos sacrificios.

6. Robertson (*Hist. of Amer.*). A la consagración del gran templo de México por Ahuitzal, octavo rey de esta región, se sacrificaron entre sesenta y setenta mil prisioneros (Clavijero, IV, § 21-23). En otra ocasión, se degollaron cinco mil cautivos en un solo día. El número de víctimas humanas ascendía anualmente a

más de dos mil. Los mexicanos los comían en ciertas fiestas, después del sacrificio. Sacaban a bailar, ante la estatua de Centéotl a una esclava vestida con la ropa de la diosa, y luego la mataban. Ofrecían tres esclavos a Texcat-Zucat, el dios del vino; niños, a la diosa de las flores y los ríos; hombres y mujeres, a las montañas (Clavijero, *ibid.*). Los mismos ritos se practicaban en honor de Vitzliputzli. Los simulacros de varias divinidades se hacían de una pasta impregnada de sangre humana. Había enormes construcciones en las que se depositaba las cabezas de las víctimas. Los españoles hablan de ciento treinta y seis mil (López de Gomara, *Hist. general de las Indias y conquista de México*, cap. 82). Cierto número de cautivos, engalanados como el ídolo, morían sobre el altar de la diosa Huirturhaal, que presidía las salinas, y el sacrificador bailaba después, con sus cabezas en la mano (Gomara, *ibid.*).

7. *Mém. de l'Acad. des inscr.*, XXVI. Schlegel, *Weish. der Ind.*, p. 120. Plinio, *Hist. nat.*, VI, 2. Tenían simulacros de mimbre de un tamaño enorme, y los llenaban de víctimas para luego prenderles fuego (César, *De bell. Gall.*, VI, 16). En todas estas ceremonias, recurrían al ministerio de los druidas (Agust., *De civ. Dei*, VII, 15. César, *loc. cit.*).

8. Keysler, *Antiq. sept.*, 134.

9. A Lethra, en Selande, se sacrificaba, cada nueve años, a noventa y nueve hombres, otros tantos caballos y gallos. Dithm. Merseb., *Chron.*, I, 12. Keysler, 159-326. Mallet, *Introd. à l'hist. du Dan.*, 116.

10. Keysler, 133. Loccenius, *Antiq. Suewo-Goth*, 15. Bartol., pp. 323, 393, 394. Se intenta inútilmente, dice Rüh (*Einleit. zur Edda*, pp. 29-30), negar los sacrificios humanos de los escandinavos; testimonios unánimes lo atestiguan. Dithmar de Merseburg constata esta costumbre entre los daneses; Adam de Bremen, entre los suecos; varios otros escritores, entre los pueblos del Norte en general. Los historiadores lo prueban mediante monumentos y hechos positivos. En el templo de Thor, había un gran jarro de bronce, de forma redonda, destinado a depositar la sangre de los animales y de los hombres. Cerca de un templo existía una piedra, la piedra de Thor, Thorstein, en la que se rompían los riñones a las víctimas. Los islandeses, temiendo que se les obligara a convertirse al cristianismo, intentaron apartar este peligro reuniendo a numerosos extranjeros, cautivos e incluso a conciudadanos que escogían para masacrarlos al pie de los altares.

11. *Lucis propinquis [apud Germanos] barbarae arae, apud quas tribunos ac primorum ordinum centuriones mactavere* [(en territorio germano) en los vecinos claros del bosque (había) unos altares bárbaros en los que fueron inmolados los tribunos militares y los centuriones de los primeros rangos] (en el campamento de Varo; Tácito, *Annal.*, I, 61). Los germanos, dice el mismo autor, adoran, sobre todo, a Mercurio, sacrificándole hombres (*Germ.*, 10). Describe las ceremonias practicadas en honor de Herta, la Tierra; esclavos lavaban el simulacro de la diosa, y luego los ahogaban en un lago (*ibid.*, 40). Este lago estaba situado probablemente en la isla de Rügen, pues los moradores de esta isla cuentan aún hoy que sus ancestros habían consagrado vírgenes a los placeres del Diablo, y muestran el lago donde los arrojaban cuando ya no les servían.

12. Virgilio dice, al hablar de estos sacrificios:

Placabilis ara Palici

[el altar propiciatorio de Palico]

(*Eneida*, IX, 585)

porque se habían cambiado por otros que eran menos horrorosos (Servio, *ad eund. loc.*).

13. Diod., XIII, 24. Arrojó esta víctima al mar, lo que, al parecer, se debe al culto de los elementos. El mismo historiador nos habla también de una estatua de Saturno en Cartago, en cuyas manos se colocaba a los niños destinados al holocausto, y que los dejaba caer sobre ascuas encendidas. Por una de esas conformidades que harían creer que todos los pueblos tienen un origen común, existe en el palacio del samorín, rey de Calicut, un ídolo al que se ponía al rojo vivo mediante el fuego para colocar a algunos niños en su boca; y nuestros misioneros de China nos dicen que un príncipe, al que llaman Vu-yé, mandó construir una especie de robot que jugaba al ajedrez con las víctimas designadas a las que mataba si perdían la partida (Memorias del padre Amyot al señor de Guignes, incluidas en las *Observations sur le Chou-King*).

14. *Mém. sur les Chinois*, II, 400. Esto no contradice lo que dijimos sobre el ateísmo chino. Al ser indestructibles los temores religiosos, el fetichismo y sus prácticas se colocan bajo el ateísmo de los mandarines, así como bajo el panteísmo de los brahmanes (*As. Res.*, II, 378).

15. Ovington, *Voyage*, II, 52.

16. Sonnerat, II, 39.

17. Eusebio de Cesarea, Filón el judío.

18. Heród., VII, 114. El mismo autor cuenta (*ibid.*, 180) que los persas, habiéndose hecho con un barco griego, eligieron, entre los prisioneros, a un joven al que inmolaron sobre la tilla. Focio, en su *Biblioteca*, p. 1448, y Sozomeno, *Hist. eccl.*, III, 2, hablan igualmente de los sacrificios ofrecidos a Mitra.

19. *Voyage* de Chardin.

20. Heliodoro, *Las etiópicas* o *Teáganes y Cariclea*.

21. Cf., sobre la inmolación de las víctimas humanas en Egipto, Goerres, pref. XXXVIII, y Diodoro, I, 2, 32, con las notas de Wesseling sobre este pasaje. Eratóstenes sostiene que la tradición basada en que Busiris sacrificaba a todos los extranjeros que abordaban en Egipto, provenía de que se había atribuido a un solo hombre el crimen de toda la nación. Heródoto niega estos sacrificios. Pero Schmidt (*De sacerd. et sacrif. Aegypt.*, pp. 276-279) explica muy bien el error de Heródoto. (Cf. también Larcher, *Philos. de l'hist.*) Marsham, *Canon. chronol.*, p. 317, y Jablonsky, *Panth. Aeg.*, III, cap. 3, § 8, mostraron igualmente el error del historiador griego, y sus argumentos los confirman las pinturas de las ruinas de Dendera y los bajorrelieves del templo de Osiris en la isla de File (Denon, *Voy. en Eg.*). En la época en que los turcos se apoderaron de este país, se arrojaba aún al Nilo a una virgen para obtener del río una inundación favorable (Shaw, II, 148. Pococke, V, 27). Nicéforo Calixto (XIV, 37) y Sozomeno (*Hist. eccl.*, VII, 20) cuentan un hecho acaecido en tiempos de Teodosio y que demuestra el apego de los egipcios por estos sacrificios, y Plutarco narra otro más (*Libro de los ríos*); pero lo sitúa en una Antigüedad muy remota. Se ha

contestado estos últimos testimonios. Con todo, el relato de Sozomeno y, sobre todo, el de Nicéforo nos parecen verosímiles.

22. «Al tomar el hacha», dice el Kalika Purana, «se debe repetir dos veces la siguiente invocación: Salve, diosa del trueno; salve, diosa del cetro de hierro, diosa de terribles dientes; come, desgarra, destruye, corta con esta hacha, agarrota con estos hierros, coge, bebe la sangre, consume, consume». La propia diosa guía los golpes dados por el que la implora, y así se garantiza que los enemigos perderán. Dijimos ya (Libro IV, cap. 2, nota 11) que las palabras pronunciadas por el sacrificador atestiguaban la dulzura del carácter indio y la repugnancia que experimentaba, incluso condenándose, a practicar ritos sanguinarios. Pero al sacerdocio no le gusta que esta concesión, hecha a la disposición nacional, se extienda del hombre a sus dioses: si consiente que el primero se deje conmover por la piedad, a los segundos, en cambio, los mantiene en toda su ferocidad y exigencia.

23. *As. Res.*, IV, 424-434.

24. Porfirio.

25. Procopio, *De bello Pers.*, I, 28.

26. Evagrio, VI, 21. Pococke, *Spec.*, 72-86. Gibbon, cap. 50. Establecimos en nuestro segundo volumen (Libro III, cap. 6), que los árabes no estaban sometidos a los sacerdotes. Pero dijimos al mismo tiempo que los magos, dispersos después de las conquistas de Alejandro, habían llevado al desierto varias costumbres sacerdotales, entre otras, los sacrificios humanos. Un autor, de inmensa erudición (Creuzer), y que mezcló hipótesis muy sistemáticas con apreciaciones muy nuevas e ingeniosas, quiso, en su amor por los cultos simbólicos, hacer, en favor de la religión de Licia, una excepción poco fundada. Afirmó que este culto, que consiste en ofrendas de frutas y pasteles, nunca había sido manchado por sacrificios de criaturas vivas. Pero, para apoyar esta afirmación, se vio obligado a desmentir el testimonio de Platón que dice que, en Licia, se inmolaba a hombres (Minos), y sólo invalidó este testimonio proponiendo una corrección gramatical; triste y fácil recurso de los escritores guiados por suposiciones exclusivas.

27. Heród., IV, 72. Euseb., *Praep. evang.*, I. Jerónimo, *Adv. Jovin.*, II. Vales. *ex* Nicol. de Damasc. y Estobeo, p. 526. Dion. Crisóst., XIII, 219.

28. Heród., IV, 103.

29. Procopio, II, 14.

30. Esteban, *De urbib.*, p. 512.

31. *Nachtraege zu Sulzers Theorie der Schoenen Künste*, VI, 2, 289.

32. Helmold, *Chron. Slav.*, I, 53; II, 12.

33. Ateneo, IV.

34. Estrabón, III.

35. La leyenda de Ifigenia se asemeja a la de Jefté; se ven muchas parecidas en todas las naciones, pero siempre en la época fabulosa; por eso, carece de cualquier valor histórico. El sacrificio de Ifigenia tenía su origen en un voto que Agamenón había hecho a Diana, prometiéndole la ofrenda del fruto más hermoso del año, y, en ese año, Clitemnestra había dado a luz a Ifigenia (Eurípides, *Ifigenia en Táuride*, 20-24).

35. Agustín, *De civ. Dei*, XVIII, 17. Porfirio, I.

36. Pausan., *Acaya*, cap. 19.

795

38. Se puede consultar, sobre las reminiscencias de los atenienses sobre estos sacrificios, a Teofrasto (*ap.* Porfir., *De abst.*, II, 5); Eusebio (*Praep. evang.*, I); Platón (*Leyes*); Clemente de Alejandría (*Strom.*, VII); Aristófanes (*Paz*, 1020); Eliano (*Var. Hist.*, VII, 3).

39. Pausan., *Laconia*, 16.

40. Diod., XI, 22.

41. Baco alimentándose de carne cruda.

42. Creuzer, III, 342.

43. Porfir., *De non edend. animal.*, libro I.

44. Sainte-Croix, *Des mystères.*

45. Cf. Libro V, cap. 5.

46. Apolodoro, *Fragm.*, ed. Heyne, p. 402.

47. Suidas, *in* Licurg.

48. Luciano hace decir a Juno que Diana, al vivir entre los antropófagos, había adquirido sus costumbres y sus crueldades (*Dialogo de los dioses*, XXI). No puedo creer, dice Ifigenia en Eurípides, que una diosa disfrute viendo verter la sangre de los hombres (*Ifigenia en Táuride*, 385-391).

49. Paus., *Acaya*, 19.

50. *Id.*, *Arcadia*, 2.

51. Lactancio (*Inst. div.*, I, 21) afirma que, en Salamina, en la isla de Chipre, se inmolaba a un hombre, hasta el reino de Adriano, en memoria de un sacrificio parecido instituido por Teucer (Porfir., *De abst.*, II. Euseb., *Praep. evang.*, IV, 16). Pero la fecha misma que Lactancio asigna a la abolición de este sacrificio prueba que el hecho es falso: los romanos, que se opusieron, desde los tiempos de César, a los sacrificios humanos allí donde llegaron sus armas, no los habrían tolerado en Chipre más de un siglo después. Tácito, que habla de la construcción del templo de Salamina por Teucer, no dice nada de esta anécdota (*Annal.*, III), y san Cirilo (*in* Julian., IV) afirma que cesó en el reino de Dífilo, que sustituyó la víctima humana por un toro.

52. En la tragedia de Hécuba, tema nacional, en la que se trataba de la gloria de Aquiles, el héroe griego por excelencia, todo el interés recae en Polixeno, la indignación en sus verdugos.

53. Heród., II, 119. Cf. la nota de Larcher.

54. Plutarco, *Vida de Agesilao.*

55. Plutarco.

56. Pausan., *Acaya*, 20. El propio escritor señala esta mitigación progresiva. El rey de la salvaje Arcadia, Licaón, dice Pausanias, había vertido la sangre de un niño sobre los altares de su Júpiter. Cécrope mandó colocar dulces sobre el altar del Júpiter ateniense (*Arcad.*, 33).

57. Meursius, *Miscellan. Lacon.*, III, 4.

58. Paw, *Rech. sur les Grecs*, II, 337-338.

59. Pausan., *Bœot.*, 8.

60. Estrab., X, 311.

61. Ateneo, XIII, 2.

62. Plutarco.

63. Jenofonte, *Hist. griega*, III, 4, § 11.

64. Heród., VII, 134.

65. Tit. Liv., VII, 6.

66. *Ibid.*, V, 28.

67. Tertuliano, *Apolog.*, 9. Euseb., *Praep. evang.*, IV, 15-17. Lactancio, *Instit. divin.*, I, 21. Tácito, *Annal.*, XIV, 30. Suetonio, *Claudio*, cap. 30.

68. Lucano, *Fars.*, I, 150. Los francos, dice Procopio, conservan aún gran parte de sus antiguas supersticiones. Matan a los hombres en honor de los dioses y practican cosas execrables (*Goth.*, II, 15).

69. Grocio, *Hist. goth.*, p. 617.

70. Gregorio III, *Papae epist. ad Bonif.*, 122.

71. *As. Res.*, V, 26-29.

72. Libro III, cap. 10.

73. En todas las naciones sometidas a los sacerdotes, dice un escritor, quien, totalmente entregado a la causa de esta secta, expresa, sin embargo, algunas veces ideas notables, éstos enseñaron siempre que la tierra estaba manchada por el poder temporal, y, en los sacrificios humanos, llegaban al rey atravesando al hombre (*Catholique*, XI, 218 y 340).

74. *As. Res.*, I, 371-381.

75. Sonnerat, I, 189. Los albaneses, según cuenta Estrabón (IX), inmolaban también a sus sacerdotes, y se condenaba a muerte, sobre la tumba del rey de México, a su director espiritual (Acosta, *Hist. nat. y mor. de las Ind.*).

76. Paterson (*As. Res.*, VIII, 57-58) nos describe una antigua representación del tiempo que produce y destruye todo con el nombre de Mahacal. Tenía ocho brazos, de los que dos están rotos; con dos de los que quedan lanza un velo hacia el sol para apagar su luz. Sus otros cuatro brazos los utiliza para inmolar a una víctima humana: con una mano la sujeta; con otra blande una espada; con la tercera sujeta una vasija llena de sangre; y con la cuarta toca una campana que anuncia el sacrificio. También se degollaba a los hombres delante de Bhavani o Durga, que es igualmente el símbolo de la destrucción y de la fecundidad. Cf. Creuz., II 124-125, y Goerres, sobre el culto de Shiva, II, 557-559.

77. Cf. Libro X, cap. 10.

78. Cf. Libro V, cap. 7.

79. *Archaeol. of Wales.*

80. Cf. más adelante Libro XIII, en el que hablaremos de los misterios.

81. Los Vedas ordenan formalmente el sacrificio del hombre (*Purusha meda*), para rescatar el mundo manchado por el pecado.

82. Oigamos, a este respecto, a uno de los apóstoles más elocuentes y más entregados de la Iglesia ortodoxa. «Desde siempre, el hombre estuvo persuadido de que era culpable», dice el señor de Maistre (*Eclairciss. sur les sacrifices*, p. 372), «de que vivía sujeto a un poder irritado, y que sólo podrían apaciguarlo los sacrificios». Afirma luego que el hombre tiene dos almas, que el alma de la carne está en la sangre (p. 381), y de esto concluye que el hombre, al ser culpable por el alma que está en su sangre, es esta sangre la que se debe derramar. Cita el *Levítico* (13, 12), que afirma claramente: Os di la sangre para que sea derramada sobre el altar, para la expiación de vuestros pecados; y, aunque los hebreos no hayan concluido de ello que esta sangre debía ser la de los hombres, el señor de Maistre, sin dejar de rechazar la extensión del principio, encuentra bastante natural que todas las naciones hayan atribuido a la efusión de la sangre

humana una virtud expiatoria, que hayan creído que la remisión sólo podía obtenerse mediante esta sangre y que alguien debía morir para la felicidad de otro (p. 394). Agrada particularmente al señor de Maistre la eficacia de la sangre derramada; vuelve continuamente a ella. Al recurrir al tauróbolo, donde la sangre corría en forma de lluvia, una ceremonia repelente, la describe con cierta complacencia (p. 397); se deleita en la comunión por la sangre, «justa y profética en su raíz» (p. 471). Le agrada esta metáfora de san Agustín: «El judío convertido al cristianismo bebe la sangre que derramó» (p. 470); y concluye su sorprendente tratado con una solemne proclamación de la reversibilidad de los méritos de la inocencia que paga por el culpable, y, en letras mayúsculas, *de la salvación por la sangre* (p. 374).

Uno de sus alumnos, que ya citamos en una de las notas anteriores, dice, al defender la pena de muerte: El culpable es una víctima necesaria, cuyo sacrificio expiatorio es el único que puede realizar la reconciliación con Dios y restablecer la armonía destruida (*Cathol.*, VIII, 272). Y, en otro lugar, prosigue la misma idea, en su estilo místico: La doctrina de la expiación, dice, se manifiesta de la manera más sublime en esta legislación primordial. El sacerdocio estaba encargado de ella. El pontífice era un representante del género humano, cuyo pecado expiaba mediante el sacrificio, inmolándolo en la víctima al pie del altar. Se supone que ésta resucitaba y ascendía a la morada de los dioses, en medio de una llama purificadora. Se suponía así que el propio pontífice se elevaba hacia el empíreo, por medio de la víctima, y que la esencia corporal del ser sacrificado se convertía en el alimento del soberano señor de los dioses, lo que figuraba la absorción del alma del sacrificador en el seno de la divinidad (*ibid.*, III, 460). Estos escritores, el señor Ferrand y el señor de Maistre, están tan penetrados de la excelencia y de la necesidad del sacrificio que son propensos a excusar la antropofagia que, en ciertos pueblos, lo acompañaba. La definen como un intento del hombre por unirse a Dios.

83. Sajón Gram., X. Bartholin, 228.

84. Botin, *Hist. de Suède*, 2.ª ep., cap. 9.

85. *Ibid.*, y Bartholin, p. 700.

86. Esto demuestra el error de César (*De bell. Gall.*, 81), que afirma que los pueblos comenzaron por inmolar criminales y sólo cuando faltaron éstos, utilizaron a inocentes como víctimas. La sustitución de los segundos por los primeros fue, al contrario, un efecto bastante tardío de mitigación y suavización de las ideas; mitigación contra la que los sacerdotes lucharon siempre. El capítulo de sangre de los indios prohíbe expresamente sacrificar a ningún hombre enfermo o culpable de un crimen. «El ciego, el lisiado, el tullido, el enfermo, el hermafrodita, el deforme, el tímido, el leproso, el enano y quien cometió crímenes graves, como matar a un brahmán, robar oro, mancillar el lecho de su maestro espiritual, el que no tiene aún doce años, el que es impuro por la muerte de sus padres, todos estos no pueden ser ofrecidos en sacrificio; a pesar de todo, serían purificados» (Kalikapurana).

87. Diod., V.

88. Zárate, *Hist. de la conquista del Perú*, I, 52.

89. Estrab., VII. Mallet, notas sobre la fábula 8 de la *Edda*.

90. Estrab., XIII.

91. Heród., IV. Entre los eslavos, sólo al beberlos, los sacerdotes lograban una embriaguez que les revelaba el futuro.

92. «Cuando sacrificas a un hombre», dice el Kalikapurana, «si su cabeza cae al este, ésta te promete riqueza; al sur, algún motivo de terror; al sudoeste, el poder; al oeste, el éxito; al noroeste, un hijo. Si las lágrimas brotan de sus ojos, indican alguna revolución política; si la cabeza sonríe, separada del cuerpo, es para el sacrificador prenda de felicidad y de longevidad; si te habla, puedes creer en todas sus palabras» (As. Res., V, 371-391). En el Ramayana, Rama mata al terrible Kabandha y lo quema en una hoguera; éste toma enseguida una forma divina y revela a Rama cuanto quiere saber.

93. Creuz., II, 481; III, 28 y 341.

94. Garcilaso de la Vega, Hist. de las Ind., II, 26.

95. Porfir., De abst., II.

96. Se ve la misma costumbre en las tribus próximas a los judíos: los príncipes idólatras de Israel y Judá, Acaz y Manasés, hicieron que sus hijos atravesaran las llamas para consagrarlos a los ídolos (2 Reyes 16, 3 y 2, 6).

97. Porfir., in Euseb., Praep. evang., IV, 16. Teodoreto, De sacrific., cap. 8. En otros lugares, estos simulacros fueron remplazados por pasteles, como en América (Ateneo, IV. Marsham, Can. Chron., sec. XI. Meurs., De rep. ath., I, 9). Plutarco refiere que los sacerdotes marcaban a los animales con un sello en el que figuraba un hombre arrodillado, con las manos atadas y una espada pendiente de su cabeza (De Isid. et Osir.). Un erudito moderno ha reconocido fácilmente en estos rasgos una reminiscencia de los sacrificios en vigor en otro tiempo (Schmidt, De sacerd. et sacrif. Aegypt., p. 287).

98. Savary, I, 13. Sicart, Mém. sur l'Egypte. Lett. édif., p. 471. Es bastante curioso encontrar, entre los chinos, la misma progresión en la inmolación de los animales. El emperador Kaotze quiso que se los remplazara por pequeñas imágenes (Paw, Eg. et Chin., II, 212). Los moradores de Siam imitaron, por economía, lo que otras naciones hicieron por humanidad. Todas sus ofrendas son de papel recortado artísticamente, siguiendo la forma de los objetos sacrificados antiguamente al natural (Laloubère, I, 367).

99. Buda, la novena o la decimonovena encarnación de Vishnú, los proscribe de un modo más formal. Cf. Gita Govinda, o el himno de Jayadeva, en honor de las encarnaciones de Vishnú.

100. Ramayana, 412-513. Para más detalles, cf. más arriba Libro VI, cap. 6. El Aschameda, sacrificio del caballo; el Gomedha, sacrificio de la vaca, son manifestaciones más suaves y mitigadas del Puruschameda, sacrificio del hombre.

101. As. Res., I, 265. Ya no se ofrece a la diosa Bhavani, de la que hablamos antes, más que gallos y toros, en lugar de hombres. Vemos, en el Yajur Veda, huellas de esta suavización. Manda atar a estacas a ciento ochenta y cinco hombres de diferentes tribus, profesiones y castas; pero, después de un himno recitado en memoria de Nayarana (Vishnú, As. Res., VII, 251), se les suelta y pone en libertad. Con los animales sucede lo mismo. En la celebración de las bodas, o cuando se recibe a algún extranjero ilustre, se solía sacrificar una vaca y, en recuerdo de esta costumbre, al huésped se le llama todavía gohhna, matarife de vaca. Hoy, el huésped intercede, y la vaca, una vez junto al altar, es liberada (As. Res., VII, 290-293). Cf. más arriba, Libro VI, cap. 6.

102. Netzahualcóyotl, rey de Acohuacom.

103. La diosa de la fecundidad.

104. Cf. el hecho relativo a los cartagineses, Libro IV, cap. 7. Es tan cierto que el principio sacerdotal está en el fondo de todas estas nociones que los apologistas más celosos de la Iglesia lo reconocen claramente. «La teoría, igualmente consoladora e incontestable, del sufragio católico», dice el señor de Maistre, «se muestra en medio de las antiguas tinieblas, en la forma de superstición sanguinaria; y, como todo sacrificio real, cualquier acción meritoria, cualquier maceración, cualquier sufrimiento voluntario puede ser cedido verdaderamente a los muertos, el politeísmo, brutalmente desviado por algunas reminiscencias vagas y corruptas, derramaba sangre humana para aplacar a los muertos» (*loc. cit.*, 411).

105. *Ilíada*.

106. *Eneida*, VI, 214-221.

107. *Eneida*, X, 515-517, y también XI, 81-82.

108. *Hist. Norw. pass.* Olaus, Tryggues, *Sag.* Kaempf, *Antiq. Select.*, p. 147. Sigrida, reina de Suecia, se separó de Eric, su esposo, porque no tenía más que diez años de vida y se la hubiera obligado a enterrarse en la misma tumba (Barthol., *Ant.*, 506 s.). Brunilda, en la *Edda*, se echa a la hoguera de Sigfrido, y entona un canto de triunfo, quemándose con él.

109. Cf. más arriba, Libro II, cap. 4.

110. Jenofonte, *Ciropedia*, VII, 3. Diod., III, 4.

111. Acosta, *Hist. nat. y mor. de las Ind.*, V, 78. Se sacrificaba, además, a hombres deformes, para que, en el otro mundo, divirtiesen a sus dueños. Singular mezcla de religión, de bufonería y de crueldad.

112. Heród., IV, 71-72.

113. Procopio, *De Pers.*

114. *Rel. des voy. qui ont servi à l'établissement de la Compagnie holland. des Ind. orient.*

115. César, *De bell Gall.*, VI, 19. Pomponio Mela, III, 8.

116. Procopio, *Goth.*, III, 14. Solino, XIV. Cf. Pomponio Mela, II, 2, sobre otros pueblos.

117. Valerio Máximo, II, 6.

118. Diod., XIX, 10.

119. Herder, *Phil. de l'hist.*, III, 43. *As. Res.*, IV, 224.

120. *Histor. Fragm. of the Mog. Empire of the Marattoes, and of the English Concerns in Hindostan*, p. 126.

CAPÍTULO 3

De las privaciones contra natura

1. Libro II, cap. 2.

2. Vimos (Libro V, cap. 5), que estas divinidades eran una amalgama de nociones sacerdotales refundidas por el espíritu griego: quizá se debe a estas reminiscencias la consagración de vírgenes a los dioses.

3. Pausan., *Corinto*. (Cf., sobre las vírgenes sagradas en los griegos, Meur-

sius, *Lect. Attic.*, IV, 21.) La Pitonisa estaba obligada a la continencia. Eustato dice que el celibato de las sacerdotisas no se introdujo en Grecia hasta mucho después de los tiempos homéricos. En efecto, Teano, sacerdotisa de Minerva, era mujer de Antenor (*Ilíad.*, XXIV, 503), y la sacerdotisa de Vulcano, entre los troyanos, tenía dos hijos (*ibid.*). Es posible que los sacerdotes griegos, aunque sin influencia legal, hubiesen logrado introducir, en algunos aspectos de la disciplina religiosa, imitaciones parciales de costumbres sacerdotales. El Libro XIII nos mostrará esta imitación mucho más completa en los misterios.

4. Cf., sobre este tema, Creuz., I, 190, y las notas.

5. Sonnerat, I, 185.

6. Pueden llevar a sus mujeres a su soledad, pero sin tener relaciones con ellas.

7. Nadie, en la secta de Buda, llega al estado de felicidad fuera del celibato (*As. Res.*, VI, 48). Una de las sectas de la religión lamaica permite el matrimonio a sus sacerdotes; otra se lo prohíbe. Como es lógico, la más severa es la dominante.

8. Acosta, V, cap. 5.

9. Acosta, *ibid.*

10. Bundehesch, pp. 83-86. Goerres, 530-531.

11. Cf. lo que dijimos sobre la reforma de Zoroastro, Libro III, cap. 9.

12. Anquetil, 365-366.

13. El cristianismo desfigurado, decimos, pues san Pablo es mucho más moderado de lo que se fue después sobre el valor de la renuncia a los placeres de los sentidos. No constituye un mérito en sí mismo. No considera el celibato como un estado más elevado, más puro, que el matrimonio. El matrimonio, dice, es la regla; el celibato, la excepción (Eichhorn, *Nouv. Test.*, vol. I, pp. 130, 151, 158, 221, 228, 284, 285). Se debe destacar que todas las exageraciones, las abstinencias, las maceraciones excesivas habían sido desaprobadas, en los primeros siglos, por los cristianos, aún dóciles a la dirección de su divino jefe; de modo que se puede afirmar con toda verdad que, lejos de haber aumentado este delirio de la especie humana, el cristianismo ha intentado siempre moderarlo.

14. *El espíritu de las leyes*, XXV, 4.

15. Meiners, *Cr. Gesch.*, I, 239.

Capítulo 4

De los ritos licenciosos

1. Se puede consultar, para conocer las indecencias del culto egipcio, Heeren, *África*, p. 668; Heródoto (II, 60) sobre el de Isis en particular (*ibid.*, 51), y sobre el de Diana en Bubastis (*ibid.*) con las notas de Larcher (II, 267, 268). Cf. también los fragmentos de Píndaro en Estrabón (libro XVII). Los egipcios en Chemnis se entregaban a los abrazos del macho cabrío Mendes (Suidas *in Priapo.* Jablonsky., *Panth. Aeg.*, II, 7. Plutarco, diálogo titulado *Los animales son racionales*). Todavía se ven algunos restos de ritos licenciosos en Achmin, ciudad construida sobre las ruinas de Chemnis: se mantienen ahí grupos de muchachas, designadas con el nombre de jóvenes sabias y consagradas al placer.

2. Cf. nuestras observaciones sobre esto, Libro II, cap. 7. Meiners, *Cr. Gesch.*, I, 393; y Creuzer, II, 21, 22 y 55, 57, sobre los amores de los sacerdotes de Cibeles, después de la mutilación.

3. Creuz., II, 249.

4. Selden, *De diis Syris*, Synt. II, 7, p. 234. *Ac. inscr.*, XXVIII, 59. Agust., *De civ. Dei*, IV, 10. Allí se adoraba, igual que en Siria y Asiria, el Falo con el nombre de Peor o Fegor, y las jóvenes le sacrificaban su virginidad (Bayer, *ad Seld.*, 235 s. Michael, *Mos. Recht.*). Isis, durante sus carreras, permaneció diez años en Fenicia, según una tradición del país, haciendo el oficio de cortesana (san Epifanio, ed. Petav., t. II). ¿No serían las leyendas de María egipciaca la reminiscencia de las aventuras de Isis?

5. Cf. *Culte du Phallus*, de Dulaure, p. 170.

6. Belfegor, uno de los dioses de los idólatras enemigos de los judíos, tenía formas priápicas y se celebraban en su honor ritos licenciosos (Kircher, *Oed. Aeg.*, I, 333). Un pasaje de la Biblia nos llevaría a pensar que diversas prácticas del mismo género tuvieron lugar entre los judíos cuando la adoración del becerro (*Éxodo* 32).

7. *Ezequiel* 16, 16-17.

8. *2 Reyes* 23, 7.

9. *Ibid.* y *4 Reyes*.

10. Garcil. de la Vega, *Hist. de los Incas*, II, 6.

11. *Ramayana*, 637.

12. Se puede consultar a Meiners, *Crit. Gesch.*, I, 263; Hamilton, *New Account of the East-Indies*. La obscenidad de las figuras del templo de Shiva en Elefantina sobrepasa, dice Heeren, cuanto la imaginación más corrompida podía pensar (*Inde*, 322). Nada más licencioso que la historia de la diosa Mariathale; y el culto de Durga es una mezcla de ferocidad y de desenfreno (Schleger, *Weish. der Ind.*, p. 119).

13. Laflotte, p. 216. En algunas tribus indias (Moore, *Narrative of the Operations of Captain Little's Detachm. of the Mahratta Army*, p. 45; Meiners, *Cr. Gesch.*, II, 264), y en algunos templos de México (Kircher, *Oed. Aeg.*, I, 5. Laet, *Beschryr. van West. Ind.*, V, 5), en las fiestas solemnes se ofrecía la representación teatral de los placeres contra natura. Creuzer refiere un hecho semejante sobre los misterios de Samotracia. Antoinette Bourignon (*Vie continuée*) hace del pecado contra natura la encarnación del Diablo. ¿No será que, sin saberlo, y por la lectura de algunos místicos de los primeros siglos, imbuidos de tradiciones tomadas de las religiones sacerdotales, estas tradiciones se habían mezclado con la extravagancia de sus propias concepciones?

14. Oloff Tryggueson, *Saga*, y Bartholin, *Antiq. Danic.*, II, 5. La *Saga* sueca, que nos transmiten estos autores, es, en realidad, obra de un monje, que representa siempre a Frey como el Diablo, y que intenta hacer odioso el culto que el cristianismo había remplazado. Pero no es probable que haya supuesto lo que no era, aunque sea verosímil que exageró lo que era.

15. Ateneo, X, 10. Kleucker, *Anhang zum Zendavesta*, II, 3, p. 194.

16. Hubiéramos podido prolongar hasta el infinito esta enumeración. Los ritos licenciosos se encuentran entre los caldeos (Goerr., I, 270. *2 Paralipómenos* 15-16), los capadocios (Creuz., II, 22), los armenios (*ibid.*, 22-23) y en to-

das las islas a las que los navegantes habían llevado sus ritos, como Samotracia, Lemnos, Chipre, Sicilia (Ateneo, XIV, 647. Sainte-Croix, 217, 400).

17. Creuz., II, 33-47.

18. Los indios representan estas dos subdivisiones por dos caminos: el primero, lleva a la derecha; el segundo, a la izquierda. El de la derecha es un culto decente; el de la izquierda está lleno de obscenidades más o menos groseras. El camino de la izquierda lo desaprueban quienes no lo siguen, y sus tantras o libros sagrados son objeto de su rechazo y de su desprecio (Colebrooke, *As. Res.*, VII, 279-282).

19. Cf. Libro VI, cap. 6, nota 27.

20. Estrabón (libro VIII) cuenta que, en Corinto, algunas mujeres entregadas al culto de Venus traficaban con sus encantos y depositaban su precio en el erario del templo. Pero el oficio de estas mujeres, a pesar de este uso de su salario, podría no tener con la religión más que relaciones muy indirectas. Aún hoy, en un país católico como Francia, una parte del impuesto empleado en el desenfreno sirve para pagar a escritores religiosos, y quizá a semilleros de sacerdotes, sin que se pueda acusar al catolicismo de recomendar ritos licenciosos; y Estrabón llama a estas mujeres corintias hetairas, mientras que la prostitución de las mujeres babilónicas se extendía a todo su sexo.

21. Estrabón (libro XIII) coloca a Príapo entre las divinidades más recientes, desconocidas para Hesíodo. Según varias tradiciones, Príapo era el hijo de Adonis y de Venus, o más bien el fruto de un doble matrimonio de esta diosa con Adonis y Baco (escol. Apolon. Rod., I, 932). Pero tanto Adonis como Baco eran dioses extranjeros. Cuando los poetas buscaron alegorías en todos los sitios, explicaron este nacimiento de Príapo por el efecto que produce sobre los deseos físicos el vino que los hace más indomables y más groseros.

22. Cicer., *De leg.*, II.

23. Cicer., *De nat. deor.*, III, 23. Sainte-Croix, *Des myst.*, 437.

24. La misma desviación, en las nociones del sacrificio, sugirió a varios herejes de diversas épocas las prácticas más escandalosas. Los maniqueos afirmaban que, al provenir el espíritu del principio bueno, y la carne, del malo, había que mancharla de mil maneras, por odio a este último y para sacrificar la carne, y, con este pretexto, se entregaban a todo tipo de impureza (Bayle, art. *Manichéens*). Desde el siglo II, Pródico, y, en el XI, Taulero de Amberes, recomendaban como victoria sobre el instinto de la naturaleza el olvido más escandaloso de cualquier misterio en el placer (Teodoreto, *Haeret.*, I, 6, v. 27; X, 20). Inmediatamente después de la muerte de los apóstoles, la doctrina de la unión mística entre los fieles se representó simbólicamente por la unión de los sexos, llamada la iniciación. Los adamitas, los picardos, los anabaptistas se imponían la desnudez como un deber (Bayle, art. *Turlupins*). De ahí nacían las procesiones de los flagelantes, en las que los hombres y las mujeres, sin vestido alguno, recorrían las calles y los caminos. Estas prácticas duraron hasta el siglo XV. Por otra parte, parece que, independientemente de este modo de considerar el sacrificio, existe, entre la devoción exaltada hasta el exceso y la sed más desenfrenada de voluptuosidad, una relación bastante íntima (cf. el *Cantar de los cantares* y el *Gita Govinda* de los indios). Todos los místicos se dejaron llevar a actos, descripciones, alegorías e imágenes muy indecentes. Para conven-

cerse de esto, basta con leer a los místicos ingleses o franceses, Barrow, Madame Guyon, Antoinette Bourignon sobre todo, a la que el carácter más áspero y seco no la libró de este escollo. Todas las expresiones destinadas a describir los goces de la devoción están tomadas de los placeres físicos, y los detalles se hacen más libres a medida que la devoción se hace más ardiente.

Un autor, al que citamos con frecuencia en esta parte de nuestra obra, porque es el apologista constante, aunque más o menos directo, de todos los ritos sacerdotales y la expresión ingenua del espíritu sacerdotal de la Antigüedad que quiere introducirse en el cristianismo, ha escrito sobre esto páginas muy curiosas. Comienza por atribuir a un conocimiento profundo del corazón humano las fiestas burlescas y obscenas, colocadas al lado de las fiestas sagradas. Los hombres que establecieron estas fiestas burlescas, obscenas, impías en apariencia (él lo admite), sabían, dice, con qué habilidad se introduce el genio del mal para contrarrestar el poder angélico. Estas fiestas subsisten allí donde los pueblos siguen siendo religiosos y desaparecen a medida que el indiferentismo domina las creencias. Estas fiestas son proscritas, pues, como obscenas y groseras, como un atentado contra la virtud y un ultraje a las cosas santas; pero estas cosas santas se borran al mismo tiempo de todos los corazones y dejan de llenar los espíritus. ¿Y no renace el orden precisamente desde el interior de las convulsiones y del desorden? Igual ocurría con las saturnales: comenzaban con fiestas de orgías y terminaban con solemnidades. Pasando luego de la teoría a la aplicación e incluso a la imagen, nuestro autor nos ofrece el extracto del poema de Jayadeva, que se puede llamar el *Cantar de los cantares* de los indios. Krishna, dice, el dios pastor, se hace amar por las jóvenes pastoras, las Gopis o Gopalas, antes de que él mismo haya experimentado el amor. Sus juegos infantiles se mezclan con las descripciones místicas de una manera que, a menudo, asusta a la mojigatería de nuestras costumbres civilizadas [...] Finalmente, el fuego del deseo se enciende en el corazón del joven dios, y la descripción de este desarrollo del hombre joven presenta un carácter de alegría ingenua que seguramente no admitirían nuestras costumbres. Radha, la pastora elegida por Krishna, se alarma de las danzas con las otras compañeras. Es, dice el autor francés o alemán, como se quiera, el símbolo de la comunión espiritual del género humano que se inquieta por su divino salvador, por su amigo celeste. Las expresiones más brillantes de la poesía oriental sirven para describir, con el pretexto de una pasión terrenal, el celo de Radha [...] Hay en esto una misticidad carnal, que no debería contemplarse como únicamente terrestre e impura [...] Continuamente el amor celeste se viste de las expresiones más vivas del amor profano [...] Imagínese lo que el Cantar de los cantares presenta de más vehemente, cuanto de delirante existe en la expresión del deseo, y se tendrá alguna idea de los arrebatos de Radha, arrebatos ante los que palidece el frenesí de la propia Fedra [...] Llega Krishna y el pudor que había encontrado un último refugio en las negras pupilas de Radha desaparece finalmente. Parece que las pastoras, para ocultar su sonrisa maligna, ahuyentan los insectos alados que revolotean. Se alejan de la gruta y Radha se inclina, con lánguido abandono, sobre el lecho sembrado de hojas y flores nuevas [...] Renace la mañana, y el desorden de su compostura y la fatiga de sus ojos exteriorizan una noche de insomnio. El dios la contempla con deleite y medita sobre sus encantos. No puedo, dice, mirarla sin éxtasis, aunque sus cabellos aparezcan revueltos, esté marchito el resplandor de su rostro y ella intente ocultar con un pudor lleno de gracia el desorden de su guirnalda y el de su cinturón que no protegió convenientemente sus atractivos más secretos [...] Amado de mi corazón, le dice Radha, coloca sobre mi párpado, que oculta rayos más suaves que los dardos lanzados por el amor, estos polvos olorosos que darían envidia a la abeja; cuelga de mis orejas estos diamantes, cadena del amor, que esparce a lo lejos una claridad tan viva; que tus ojos, guiados por este resplandor, puedan recorrer mis encantos, como dos antílopes fugitivos, y perseguir a su dulce presa [...] Oh tú, de corazón tan tierno, coloca en orden mis vestidos, pon las joyas que me ornan en su lugar de siempre, y que mis campanillas de oro resuenen de nuevo alrededor de mi cintura armoniosa. Y después de este cuadro muy suavizado de las indecencias del autor indio, nuestro escritor concluye de nuevo que este poema tiene como tema la atracción del alma hacia su salvador. Este poema de Jayadeva sigue siendo todavía, después de dos mil años, objeto de una fiesta religiosa. Durante la noche, una pantomima igual representa las escenas del canto del pastor, y los espectadores recitan las odas de Jayadeva (cf. Paterson, sobre la danza de Rasijatra, *As. Res.*, XVII, 318-619).

CAPÍTULO 5

De la santidad del dolor

1. Cf. Libro II, cap. 2.
2. Lucrecio, *De nat. rer.*, II.
3. En Castabala, Capadocia (Estrab., XII), entre los samnitas y los sabinos (Spangenberg, *De vet. lat. relig.*, p. 48).
4. Se puede consultar, sobe estos hechos, a los filósofos de la Antigüedad, a los padres de la Iglesia, a los historiadores y viajeros modernos. Cf., sobre los ayunos religiosos en los antiguos, Morin (*Ac. inscr.*, IV, 29); sobre las torturas voluntarias entre los mexicanos, Robertson (*Hist. of Amer.*); sobre sus maceraciones, sus mutilaciones, sus abstinencias durante ciento sesenta y dos días, Mayer (*Myth. Lex.*, art. *Cammaxtle*); Clavijero (*Hist. de Méxic.*, I, 363); Meiners (*Crit. Gesch.*, II, 164). Durante meses enteros, se sacaban sangre de diferentes partes del cuerpo. Los egipcios se daban golpes a sí mismos durante sus fiestas misteriosas (Heród., II, 61. Müll., *De myster.*, 192). Se flagelaban públicamente en la fiesta de Isis (Mein., *Crit. Gesch.*, II, 165). *Aegyptii sacerdotes Saturno dicati, dice san Epifanio, ferreis collaribus se ipsos alligabant circulosque sibi naribus affligebant. Ab isto genere sacrorum non minoris insaniae judicanda sunt publica illa sacra, quorum alia sunt matris Deum, in quibus homines suis ipsi virilibus litant [...] alia virtutis quam eandem Bellonam vocant, in quibus ipsi sacerdotes non alieno sed suo cruore sacrificant. Sectis namque humeris et utraque manu destrictos gladios exercentes currunt, efferuntur, insaniunt* [Los sacerdotes egipcios consagrados a Saturno se encadenaban ellos mismos con unos collares de hierro y se aplicaban unos aros a la nariz. No menos demenciales que este tipo de ritos deben considerarse sus famosos ritos públicos, unos de los cuales son los de la Madre de los dioses (*Magna Mater*), en que los hombres hacen personalmente ofrenda de sus propias partes viriles [...] otros los de la

Virtud, la misma a la que llaman Belona, en que los propios sacerdotes celebran los sacrificios no con sangre ajena, sino con la suya propia. Porque, después de flagelarse la espalda y blandiendo en ambas manos espadas desnudas, corren, entran en trance, enloquecen]. Estas prácticas egipcias eran parecidas en todo a las de los *yoguis* y *saniassis* de la India (Queremón *adv.* Jovinian.). Es bastante célebre la mutilación de los sacerdotes de Siria (Luciano, *De Dea Syr.* Müller, *De myst.*, p. 59. Wagner, 210, 211, 216). Los persas a los que se iniciaba en los misterios de Mitra estaban sometidos a tormentos algunas veces mortales (Suidas, *Greg. Nazianz.*, cap. 4. Hyde, *De rel. Pers.*, 109). Los sacerdotes de Baal, en sus sacrificios, se desgarraban la carne mientras danzaban alrededor del altar, que rociaban con su sangre (*1 Reyes* 19, 28). Puede leerse especialmente el sacrificio que ofrecen en oposición a Elías (*2 Reyes* 18, 21). Los terapeutas de los hebreos consideraban cualquier goce físico, e incluso cualquier condescendencia hacia las necesidades del cuerpo, como obra de las tinieblas (Filón). Las vírgenes del Perú se desgarraban el seno y las mejillas. Los sacerdotes del mismo país se sacaban los ojos (Acosta, V, pp. 14, 15, 17. Zárate, *Hist. de la conquista del Perú*, I, 153). La religión popular de la India recomienda los sufrimientos voluntarios, ya como expiación de las faltas cometidas, ya como medio de obtener los favores solicitados. Las penitencias que dan al hombre los derechos que garantizan mejor la misericordia o la asistencia divina son las de exponerse al sol en las épocas más calurosas, caminar sobre cuatro hogueras ardiendo y arrojarse al agua helada en los períodos más fríos. «La sangre que un fiel extrae de su cuerpo para hacer una ofrenda», dice el Kalka Purana, «agrada a la divinidad según el tamaño del instrumento que emplea. Quien ofrece su sangre y su carne con celo y fervor ve que sus plegarias son escuchadas dentro de los seis meses; y quien se deja quemar pacientemente por una mecha encendida pronto se verá colmado de riqueza y de felicidad» (*As. Res.*, V, 371, 391). Cf. también *Leyes de Menu*, cap. 5 (Mills, *Hist. of Ind.*, I, 351-352). El señor Duncan (*As. Res.*, V, 37-52) habla de las maceraciones de dos faquires que había encontrado: uno, después de haber recorrido toda la India y toda Persia, había llegado hasta Moscú, manteniendo siempre los brazos cruzados sobre su cabeza; el segundo se había encerrado, en primer lugar, en una celda en la que había prometido soportar durante doce años las picaduras de los insectos que lo devoraban. Habiendo salido de la misma al cabo de un año, mandó construir un lecho erizado de puntas de hierro, sobre el que había pasado treinta y cinco años leyendo y meditando los libros sagrados, exponiéndose, además, durante cuatro meses de invierno, a la lluvia y a todas las intemperies de las estaciones. Los budistas y los seguidores de Fo, en China, no son menos bárbaros hacia sí mismos. Estas penitencias indias se remontan a la Antigüedad más remota. El Upnekat habla (I, 274) de un brahmán, Raja Brandratch, que fue al desierto y se mantuvo sobre un pie hasta su muerte, con su mirada fija en el sol, lo que Plinio cuenta, literalmente, de los antiguos brahmanes (*Hist. nat.*, VII). Según Cicerón, se revolcaban, totalmente desnudos, sobre las nieves del Cáucaso. Cf., para los ganchos de hierro de los que se colgaban, Roger (*Pag. ind.*); Ovington (*Voy.*, II, 74); Lacroze (*Christ. des Ind.*); Sonnerat (en el capítulo sobre los «Penitentes indios»).

5. San Godino, que murió en Inglaterra el año 1170, utilizó tres camisas de fuerza que llevaba desnudo. Ponía ceniza en su pan, sal en sus llagas, y rom-

pía el hielo para pasar noches enteras en los ríos (Pennant, *Tour in Scotland*, p. 30. Saint-Foix, *Essai sur Paris*, V, 88). Santa Catalina de Córdoba pacía como los animales, y los días de ayuno, menos que los demás días.

Pascal, según su hermana, llevaba un cinturón de hierro, lleno de puntas, y cuando sentía cierto placer en el lugar donde se encontraba, en la conversación o en cualquier otra cosa, trataba de expiarlo, redoblando la violencia de los pinchazos. Y que nadie se engañe, la fidelidad al principio de la santidad del dolor es propio del sacerdocio de todas las épocas; aún hoy, abrid la *Bibliothèque chrétienne* del abate Boudon, impresa hace tres años en París. A la hermana Angélica de la Providencia se la propone de modelo para las jóvenes. «Esta hermana tenía una inclinación extraordinaria por la limpieza [...]; por eso, tuvo que superar esta inclinación. ¿Y qué hacía? Vertía basuras e inmundicias en la casa de sus padres [...]». El asco nos impide continuar, y todos estos triunfos repugnantes de la hermana Angélica sobre su inclinación a la limpieza eran para ella el camino infalible para la salvación y son la admiración de su devoto biógrafo.

6. Cf. las cartas del padre Brito, en la colección de las *Lettres édifiantes*. Ignacio, en una carta a los fieles (*Epist. ad Rom. ap. Patr. apostol.*, II, p. 27), les ruega que no lo priven, por sus intercesiones, de la corona del martirio. San Basilio describe los deberes del monje, en un estilo que recuerda toda la austeridad del *saniassi* indio (Stauedl., *Hist. de la mor.*, p. 225).

7. *Ramayana*, 105-110.

8. *Ramayana*, 190.

9. *Ramayana*, 435.

10. *Ramayana*, 240-258. Vikramaditya, después de largas penitencias infructuosas, estaba dispuesto a cortarse la cabeza cuando se le apareció Kali. Obligados a escucharte, le dijo ella, los dioses te conceden un gran poder y una larga vida. Tendrás mil años de prosperidad, luego morirás a manos de un niño, nacido de una virgen (*As. Res.*, IX, 119, sacado del *Vikrama Charitra*). Puede verse, en una colección de fábulas titulada *Sucasaptati, o relatos del papagayo*, a un penitente que se corta la cabeza y la arroja a los pies de Kali, que siempre escucha su ruego (*ibid.*, 122).

11. *Ramayana*, 265.

12. *Ramayana*, 546-547.

13. Laflotte, *Essais historiques sur l'Inde*, p. 216. Los hedesquinos, los afeminados de los que habla la Biblia (2 *Reyes* 23, 7), eran eunucos que se habían mutilado por devoción (Selden, *De diis Syr.*, p. 237).

14. Cf., sobre los ritos a la vez indecentes y sanguinarios de los sacerdotes de Belona y de Cibeles, Lactancio (*Inst. div.*, I, 21), Bayle (art. *Comana*), Estrabón (libro X), Creuzer (II, 34). Los derviches, los santones y los *calender* turcos se someten, por una parte, a la operación dolorosísima de la infibulación y, por otra, buscan voluptuosidades de las que es mejor no hablar aquí (Locke, *Ensayo sobre el entendimiento humano*, I. *Voyage* de Baumgart., II, 1. Paw, *Rech. sur les Américains*, II, 121). Vemos, en un principado de Alemania, próximo al Rin, un castillo que habitaba hace un siglo una princesa de la casa que aún reina allí. En este castillo existe una habitación dedicada a las maceraciones. Se puede ver un lecho de hierro erizado de puntas sobre el que se acostaba la penitente real, la disciplina que llenaba de sangre sus delicados miembros y varios instrumentos de

tortura. La princesa dedicaba cuarenta días al año a mortificarse, y, cuando había expiado así sus faltas, buscaba nuevos motivos de expiación para el año siguiente.

15. Philaret., Oneisir. *ap.* Lucian.

16. En noviembre de 1801; *As. Res.*, V, 26-29.

17. Parece que esta idea fue la base de las creencias mexicanas. La naturaleza del hombre degradada antes de su nacimiento no podía remontarse a Vitzliputzli e identificarse con ese dios más que mediante torturas excesivas.

18. Se leen en la *Vie de madame Guyon, écrite par elle-même*, estas curiosas palabras: «Perdí en la misma semana a mi padre y a mi marido; Dios me hizo la gracia de no echar de menos ni a uno ni a otro».

19. Cf. más arriba, Libro IX, cap. 7.

20. Cf. un antiguo fragmento titulado *Le philosophe*, en el vol. 9 de las *Mémoires ecclésiastiques* de Tillemont, pp. 661-668.

21. Estas renuncias filosóficas se remontan incluso al tiempo de Sócrates: Estrepsíades, su supuesto discípulo en Aristófanes (*Nubes*, 38), se declara presto a sufrir cuanto quieran los filósofos: «Entrego gustoso», dice, «mi cuerpo al látigo, al hambre, a la sed, al frío; y cuando me despellejen vivo, no rehuiré, con tal de que me libren de mis acreedores».

CAPÍTULO 6

De algunos dogmas que pudieron introducirse en las religiones sacerdotales, como consecuencia de los que acabamos de señalar

1. Vogel, *Rel. der Aegypt.*, p. 175.

2. Diodoro. Esta virgen tenía de la cintura para abajo la forma de una serpiente o de un pez. El fetichismo se aliaba así con la idea mística. Heródoto, en lugar de suponerla virgen, le atribuye un comercio secreto con Hércules. Se ve en esto el espíritu griego, es decir, antisacerdotal, que intenta siempre domeñar las fábulas sacerdotales.

3. Cicer., *De divin.*, II, 23. Arnob., *Adv. gent.*, II, 62.

4. Georgi, *Alph. Tibet.*, pref., p. 16.

5. *Ramayana*, 368.

6. Roger, *Pagan. ind.*, II, 3. Creuz., III, 134. Antiguas imágenes de la virgen la representan como una mujer con los pies sobre una media luna y la cabeza coronada de estrellas; y en la mitología india, la madre de Krishna se representa de igual modo.

7. De ahí, quizá, entre los cristianos, las disputas sobre la concepción inmaculada.

8. Arnobio, V, 162. Nonno, libro XIV.

9. Libro V, cap. 5.

10. Libro II, cap. 4.

11. Cf. el Rig Veda, último capítulo del Aitareya Brahmana.

12. Buda es sacrificado de la misma manera, despedazado por los demonios, comido por su pontífice, quien, descubriendo que sirve de prisión al dios que adora, se mata por ponerlo en libertad; renace y resucita a su vez el pontífice que se inmoló por él.

13. *Mythologie phénicienne* (Wagner, 285-286).

14. Esta fiesta se conocía como la de Teocualo, la fiesta del dios que se come. Un hombre que se dedicó a comentar todas las ideas místicas de la teogonía india y a vincular todas las supersticiones a este misticismo, dice, a este respecto, cosas curiosas en cuanto que muestran un conjunto de sutilezas con cuya ayuda se sustituyó los sacrificios ofrecidos a Dios por el sacrificio de Dios mismo. «El hombre y la divinidad se encuentran sobre el altar. Ahí se realiza la misteriosa unión del alma con su creador. Es ahí donde el hombre sufre y se regenera en las llamas del holocausto. En la familia primitiva, el sacrificio era la comida. El sacrificador comulgaba con la divinidad; luego comulgaba con el género humano. Cada uno, al comer de la víctima sacrificada, se alimentaba de la sustancia del creador convertido en víctima y criatura. Se sacrificaba al hombre-dios, y quienes asistían a este sacrificio, como pontífices o como simples fieles, comulgaban con el mediador, se alimentaban de su divina sustancia. Estas ideas penetraron profundamente en el culto de Baco, dios del vino, que es la sangre del universo, y en el de Ceres, diosa del pan, que es la carne de este mismo universo» (*Catholique*, XXIII, 247).

15. Laloubère, II, 14.

16. Cf., sobre la historia de Esmun, Creuzer (II, 148); Wagner (286); Meiners (*Cr. Gesch.*, I, 70); y para las diversas leyendas sobre las mutilaciones de Atis, Wagner (238).

17. Cf., sobre los sufrimientos y las mutilaciones de Brahma, Roger (*Pag. indien*, II, 1). Sonnerat (I, 128-129). Anquetil (139), y Wagner (221-228).

18. Cf. las notas del traductor de Sakuntala, p. 294.

19. Esta expiación se designa, en la antigua religión china (Goerres, I, 146) y en la creencia lamaica (*ibid.*, 163-164), con el nombre de redención. Los brahmanes, en sus oraciones, piden al sol el sacrificio de Indra, que desciende del rango de creador al de la criatura, que muere y renace cada día para consumar de nuevo la muerte expiadora.

20. Es por la muerte, es por el sufrimiento del Logos, dicen los cristianos indianizantes de hoy, como el mundo debe ser reconciliado con su autor.

21. Pelloutier, VIII, 34. Ferrand, *Esprit de l'histoire*, I, 374. El señor de Maistre, como resultado de la misma idea, dice que «el género humano no podía adivinar qué sangre necesitaba» (*Eclairciss. sur les sacrif*, p. 455). Esperamos que no se vea en esta refutación de ideas que nos parecen arriesgadas o falsas un ataque contra la creencia, por la que hemos manifestado tan a menudo nuestro reconocimiento y nuestro respeto. El cristianismo, llevado de nuevo a su simplicidad primitiva y combinado con la libertad de examen, es decir, con el ejercicio de la inteligencia que el cielo nos concede, nada tiene que perder desprendiéndose de las sutilezas vacuas y, a veces, feroces con que lo envolvió la imaginación de sus comentaristas, y pensamos servir a esta doctrina celestial liberándola de los accesorios que le dan una semejanza engañosa con las religiones impuestas a los pueblos de la Antigüedad por corporaciones ambiciosas con las que el sacerdocio cristiano se indignaría, sin duda, de verse comparado.

CAPÍTULO 7

*Demostración de las afirmaciones anteriores, sacadas
de la composición del politeísmo de la antigua Roma*

1. Sería totalmente ajeno a nuestra investigación buscar el origen de las diferentes tribus primitivas de Italia. Remitimos a los lectores deseosos de profundizar en estas cuestiones difíciles a las obras de Plutarco, al tratado de Varrón sobre la lengua latina, y sobre la economía rústica a los *Fastos* de Ovidio, a los comentarios de Virgilio, Servio, Probo, Festo, etc., a la *Historia natural* de Plinio, a las *Cuestiones naturales* de Séneca, a las *Noches áticas* de Aulio Gelio; en fin, a los fragmentos de Porcio Catón, de Fabio Píctor, de Cincius Alimentus, reunidos en varias ediciones de Salustio; y para los modernos, al *Thesaurus antiquitatum Romanarum* de Graevius, a la *Etruria Regalis* de Dempster, a las disertaciones de Heyne en los *Comentarios* de Gotinga, a las obras de Winckelmann, a la *Simbólica* de Creuzer, y, sobre todo, al primer volumen de la *Historia romana* de Niebuhr. Sólo diremos que, al hablar del culto de Etruria, nos referimos al de toda Italia antigua, hasta la fundación de Roma; pues, aunque el culto del Lacio fuese diferente en algunos detalles, su espíritu no era menos etrusco. Los umbrios, los sabinos, los latinos habían dependido, durante largo tiempo, de Etruria y de su federación, formada por doce ciudades, de las que cada una tenía su jefe. La dieta o asamblea general de esta federación se reunía en Volsinio, en el templo de Vulcano (Dion. de Hal., II, 15 y 61). Los jefes políticos estaban sometidos a un pontífice común a todos los Estados federados, y que gobernaba todo el orden sacerdotal.

2. Esta casta tenía como nombre genérico el de Lucumón, que significaba primitivamente poseído o inspirado, y que, supuestamente, fue uno de los antepasados de Tarquinio el Viejo. Las enormes construcciones de Etruria, esas masas que parecía que ningún brazo mortal había podido levantar, y que, por eso, la Antigüedad llamó primeramente ciclópeas, para designarlas después con un nombre menos fabuloso, el de pelásgicas o de Tirreno, muestran los trabajos con que esta clase, como en Egipto, aplastaba a los pueblos. (Cf. más arriba, Libro III, cap. 8.) Por eso, los anales etruscos hablan de frecuentes revueltas, algunas de las cuales acabaron en la expulsión de los opresores. La familia de los Cilicios fue expulsada violentamente de Arretio (Tit. Liv., X, 3). Se conoce la insurrección de los esclavos de Volsinio. Esta tiranía sacerdotal contribuyó mucho a los éxitos de Roma. No siempre los esclavos son tan imbéciles como para luchar por sus señores. Se esclarece así, tanto en la historia etrusca como en la egipcia, algunas tentativas de los reyes contra los sacerdotes (cf. lo que se refiere a Mezencio, Libro IV, cap. 9).

3. Cicer., *De leg.*, X, 3.

4. Cf. lo que dijimos del clima de Etruria, Libro IV, cap. 5.

5. Había en la ciudad de Árdea una corporación de sacerdotes, llamados *saurani*, y consagrados al culto de la madre de los dioses (*Vulp. vet. lat.*, v. 209; Serv. *ad En.*); y, en varias otras ciudades itálicas, corporaciones del mismo tipo presidían los ritos de otras divinidades.

6. Al parecer, las corporaciones sacerdotales de los etruscos tenían co-

nocimientos amplios sobre astronomía. Este pueblo tenía, desde tiempo inmemorial, un calendario regular. Numa, que sustituyó el antiguo año lunar por el solar (Macrob., *Saturn.*, I, 13), se sirvió para esta rectificación de la ayuda de los sacerdotes toscanos, y el señor Bailly ha demostrado perfectamente (*Hist. de l'astron.*, VIII, p. 195) que no había podido recurrir a los griegos, entonces poco avanzados en esta ciencia.

7. Sólo los sacerdotes etruscos, como los egipcios, ejercían la medicina. Tenían, en este aspecto, la misma fama en Occidente que los egipcios en Oriente. Si a Egipto se lo llamaba el país de las plantas saludables, a Etruria se la llamaba la patria de los remedios (Marciano Capella, *De nupt. philos.*, cap. 6). Teofastro (*Hist. plant.*, IX, 15) cita un verso de Esquilo en honor de los toscanos, maestros en el arte de curar.

8. *Los Anales de los etruscos* eran una historia sacerdotal, como los Puranas indios (Niebuhr, I, 76). Esta historia, redactada por los sacerdotes toscanos, como la de los indios por los brahmanes, aparecía en un ciclo astronómico-teológico. Los acontecimientos debían cuadrar con los ocho períodos u ocho días cósmicos asignados al género humano. Cada pueblo debía durar uno de estos días cósmicos, es decir, diez siglos o mil cien años (Varrón *ap.* Censorino, cap. 17). Cf. más adelante la nota sobre las diez edades de los etruscos.

9. Tit. Liv., V, 27.

10. Cf., sobre la antigua religión del Lacio, Libro VI, cap. 2.

11. Pitisco, *s. v. Fontes*. La religión romana había conservado restos de este antiguo culto, en las fiestas del Tíber, en los meses de junio, de agosto y de diciembre (Ovid., *Fast.*, III y VI. Horacio, III, 13). Estas prácticas sobrevivieron a la introducción del cristianismo y se perpetuaron hasta el tiempo de Teodosio (Teod., *Cod. de pagan.*).

12. Hablamos antes (Libro VI, cap, 2) de los animales, de las piedras, de los árboles (Júpiter Fagutal, Jupiter Haya), de las lanzas y del pájaro carpintero en la emisión de los oráculos. Cibeles era una piedra (Ov., *Sat.*, IV); Vesta, un globo (*ibid.*, VI); la diosa buena, una piedra del monte Aventino. Plinio (*Hist. nat.*, II, 197) menciona una piedra milagrosa en Egnatia: Horacio (*Sat.*, V, 1) ya se había burlado de ella. Se afirma, dice Dionisio de Halicarnaso, que, en Matiena, antigua ciudad de los aborígenes, llamada Tiora o Matiera, había un oráculo de Marte muy antiguo. Era, poco más o menos, como el de Dodona, salvo que, en Dodona, era una paloma la que predecía el futuro desde lo alto de un roble sagrado; mientras que, entre los aborígenes, otro pájaro enviado por los dioses profetizaba desde lo alto de una columna de madera (I, 11). Si recuerdan nuestros lectores lo que dijimos anteriormente (Libro V, cap. 3) sobre la combinación del fetichismo y del poder sacerdotal en Dodona, verán que nuestras observaciones se aplican igualmente al oráculo itálico, del que habla aquí Dionisio de Halicarnaso.

13. Hirt., *Mythol. Bilderb.*, I, 22. Cicer., *De nat. deor.*, I, 29. Creuz., II, 385.

14. Ovidio le hace decir por esta razón que es diferente de todos los dioses griegos:

Quem tamen esse deum te dicam, Iane biformis?
Nam tibi par nullum Graecia numen habet.

[pero, ¿qué dios diré que eres tú, Jano bisexual? / Porque Grecia no tiene ninguna divinidad que se te parezca]

(*Fastos*, I, 89 s.).

15. *Eneida*, VIII, 564, y Servio, *ad eund. loc.*
16. Serv. *ad Æn.*, 1, 6. Amiano Marcelino, XXI, 1; XXVII, 10. Isidoro, *Orig.*, VIII, 8.
17. Heród., III, 37.
18. *Timeo, ap.* Dion. de Hal., I, 15.
19. Arnob., *Adv. gentes*, II, 62.
20. Según lo que dijimos sobre las múltiples significaciones de cada símbolo sacerdotal, uno no se extrañará de los numerosos atributos de Jano. Primero fue un dios astronómico, al que se adoraba al comienzo del año y en los solsticios, en un templo de cuatro frentes y doce altares y se le invocaba como el amigo de Saturno o del tiempo y esposo de la luna (Bailly, *Astron. anc.*, I, 99). Algunas veces se lo consideraba como el tiempo mismo (Fronticus, *ap.* Lyd., 57-58). Varios de sus atributos le son comunes con las divinidades de Persia y Egipto. Se le representaba con una llave en su mano izquierda (*clavemque sinistra*, Ovid., *Fast.*, I). Pero Mitra o el sol aparece con dos llaves en la *Antiquité expliquée* de Montfaucon (I, 2), y Spanheim observa que, en casi todos los pueblos, una o varias llaves caracterizan a las divinidades astronómicas (Spanh., *Observ. ad Callim.*, 591; Lydo, *De mens.*, p. 55). Jano aparece en varias medallas, con el *modius* de Serapis (Vaillant, *Familles romaines, passim*), porque conducía, como Serapis, las almas de los muertos a los infiernos (Lydo, *ibid.*). Autores antiguos no lo distinguen del Mercurio de Egipto, y Justino cree que su culto había pasado de Oriente a Etruria (*Hist.*, LXIII). Se ve en monedas romanas, en un lado, su doble cabeza y, en el otro, una proa:

> *Navalis in aere*
> *altera signata est, altera forma biceps.*

[en las monedas / una cara lleva grabada una figura naval, la otra una efigie bicéfala]

(*Fastos*, I, 229 s.).

Pero los egipcios, dice Porfirio (Euseb., *Pr. ev.*, III, 3), en sus imágenes del sol, lo colocaban de pie sobre una nave. Fabio Píctor da a Vesta o el fuego como esposa de Jano, en lugar de la luna. Era una combinación de la astrolatría y del culto de los elementos. Virgilio, que quería que todo girase en torno a su héroe, afirma que el fuego de Vesta lo había encendido Eneas en el hogar del templo de Ilión, y alimentado cuidadosamente durante la travesía. Lo llama fuego troyano (*En.*, II); pero Virgilio, que escribía en un tiempo de incredulidad religiosa, no es un intérprete fiel de las creencias antiguas, ni siquiera de las que sobrevivían. Jano es, además, el mundo (Serv. *ad Aen.*, VI, 610. Varr. *ap.* Lyd., IV, 2), las estaciones (Luctacio *ap.* Lyd., *ibid.*), el año, y así se explican sus dos caras: por la salida y la puesta del sol (Serv., *ibid.*, 607. Agust., *De civ. Dei*, VII. Heyne, *Excurs.*, V, *ad Aen.* VII. Cicer., *De nat. deor.*, II, 27), el principio de todo (Varr. *ap.* Cicer., *De nat. deor.*, II, 16), el caos, y sólo tomó forma cuando los elementos se separaron (Ovid., *Fast.* Festo, *s. v. Chaos*). Finalmente, es un personaje histórico, un rey del antiguo Lacio (Arnob., *Adv. gent.*, III, 147), del que casi todos los pueblos latinos se decían originarios (Plut., *Numa*, 19), que había enseñado a los hombres las ceremonias de la religión (Lydo, *De mens.*, 57) y engendrado dos hijos; a uno de ellos lo mataron en las orillas del río Tíber, al que dio su nombre, tradición que se pudo trasladar a la leyenda de Rómulo y Remo.

21. Jano, como hermafrodita, era al tiempo el sol y la luna (Macrob., *Sat.*, I, 7). Los etruscos tenían también su dios Venus y su Júpiter madre de los dioses (Creuz., II, 430-431).

22. Cf. Libro VI, cap. 7.

23. Según una tradición, a Jano lo mataron unos campesinos, a los que había enseñado el arte de cultivar la vid, y que se habían emborrachado (Plut., *Quaest. rom.*). Esta tradición tiene alguna relación con una fábula griega que ya mencionamos en otro lugar; pero esta fábula sólo produjo en Grecia una utilización fetichista. En Etruria, el mismo relato sirvió de envoltura a una tradición misteriosa, admitida en todas las religiones sacerdotales, la doctrina de la expiación del hombre por la muerte de un dios. Cf. el capítulo anterior.

24. El Júpiter etrusco, llamado Tina por los sacerdotes, ocupaba un rango aparte de todas las demás divinidades (Creuz., II, 440).

25. La doctrina metafísica de Tagés conducía, como todas las doctrinas sacerdotales, a la reunión de todas las divinidades, es decir, de todas las fuerzas de la naturaleza, en una sola divinidad o poder creador, conservador o destructor (Placid. Luctacio, *ad Stat. Theb.*, IV, 516).

26. La demonología de los etruscos estaba tan trabajada artísticamente como la de los egipcios, indios o persas. Su Júpiter tenía un consejo de doce genios, sometidos al nacimiento y a la muerte (Varr., *ap.* Arnob., *Adv. gent.*, III). Sus Penates estaban divididos en cuatro clases; los de la última, varones y hembras, protegían a los hombres en todo momento y a las mujeres, en su matrimonio, durante su embarazo y en sus partos (Creuz., II, 441, 449). Los genios femeninos se llamaron en un primer momento Junos: pero, como la mitología hizo a Juno mujer de Júpiter, esta denominación, aplicada a seres secundarios, cayó en desuso (Plin., *Hist. nat.*, II, 7. Heyne, *De vestig. domest. relig. in art. etrusc. oper. novi comment.*, VI). Los etruscos creían además que a cada dios se vinculaba un genio, que le estaba subordinado y le rendía servicios domésticos, cuidaba de su aseo personal, lo refrescaba con un abanico, etc. (Heyn., *Comment.*, II, 45).

27. El Plutón de la Italia antigua, llamado Jove o el destructor, el Júpiter vejovis o joven y malo (Creuz., II, 485), el Mantus de los sabinos (Serv., *ad Aen.*, X, 198), el Februus etrusco (Anisio, *ap.* Lydo, p. 68), poseen varios rasgos de semejanza con el Tifón de Egipto. Mantus era, en la doctrina sacerdotal, una personificación de la muerte y, por eso mismo, algunas veces, en lugar de Jano, conducía las almas de la tierra a los infiernos y de los infiernos al cielo. Se convertía, pues, en un dios bienhechor. Las divinidades que son maléficas en la religión pública toman frecuentemente, en la doctrina secreta, un sentido alegórico que modifica su carácter. Así, el dios de la destrucción, malo por naturaleza en la opinión popular, sólo lo es por necesidad en el sistema cosmogónico, y a menudo incluso deviene un ser bienhechor, cuando cuida de los renacimientos. Pero el pueblo se preocupa poco de estas sutilezas, y cuando los sacerdotes le hablan del Diablo, sólo se ata al sentido de las palabras.

28. Jano es, alternativamente, el dios supremo, en lugar de Tina, y un dios mediador, que lleva a las divinidades superiores las oraciones de los hombres y trae a éstos los favores de los primeros.

29. Cf. los versos ya citados de Marcial, Libro V, cap. 5, nota 64.

30. Las diez edades (γένη) de los etruscos se asemejaban a los yogas de los indios, aunque fuesen más cortas. Las ocho primeras sólo constaban de nueve siglos. El final de cada siglo estaba marcado por signos prodigiosos (Varr., *ap*. Cens., *De die nat*., 17. Plut., *Sulla*. Creuz., II, 436). Esta opinión se había perpetuado en Roma, ya que Servio (*ad* Virg., *Ecl*., IX, 47) nos relata una predicción del adivino Volcatius, que, en medio de los juegos que celebraba César, declaró que la décima edad acababa de comenzar. Las revoluciones físicas de Italia, la separación de Sicilia del continente, por ejemplo (Justino, IV, 1), había proporcionado a los sacerdotes de Etruria el medio de apoyar, como los brahmanes de Mahabalipuram, sus lúgubres predicciones sobre hechos históricos.

31. Toda Italia, antes de la llegada de las colonias griegas, ofrecía sacrificios humanos. Lactancio cuenta que Fauno inmolaba hombres a Saturno (*De fals. relig*., I, 22), y Plutarco añade que se sacrificaba a todos los extranjeros (*Parallei*.).Vemos, en Dionisio de Halicarnaso (I, 5), que los dioses de los pelasgos de Etruria exigen sus víctimas (cf. también al escoliasta de Píndaro, *Pit*., II), y las obtienen. No lejos de Roma, en el bosque de Aricia, el propio pontífice era sacrificado algunas veces (Lucan., III, 86; VI, 74. Ovid., *Met*., XI, 331; *Fast*., III, 271-272. Serv., *ad Aen*., II, 116). Se degollaba a los niños ante Larunda, la madre de los Lares (Macrob., *Saturn*., I, 7). Se quemaba a los hombres en honor de Vulcano (Festo), se sacrificaba a las muchachas en honor de Juno de las Falerias (Creuz., II, 471-472); trescientos soldados romanos fueron inmolados por los moradores de Tarquinia en el siglo IV de Roma (Tit. Liv., V, 15). Los etruscos rociaban con sangre el simulacro de Júpiter Latialis (Lactancio, I, 21. Tertuliano, *Contr. gnostic*., cap. 7). Ennio es testigo de esta práctica, que anuncia en este verso citado con frecuencia:

> *Poeni soliti suos sacrificare puellos,*

[los cartagineses acostumbran a sacrificar a sus propios hijos]

Los sabinos, cuando se hallaban en algún peligro, entregaban a Marte la producción de todo el año (*ver sacrum*), incluidos los muchachos y las muchachas que nacían (Dion. de Hal., I, 16; Estrab., V). Cuando los sacrificios humanos se mitigaron, estos pueblos se limitaron a enviar sus hijos así consagrados en colonia fuera de su país (Serv., *ad Aen*.). Se había inmolado vírgenes en el bosque consagrado después a Anna Perenna.

> *Et quod virgineo cruore gaudet*
> *Annae pomiferum nemus Perennae,*

[y el que goza con la sangre de las doncellas, / el fructífero bosque sagrado de Anna Perenna]

(Marcial, IV, 64, 16 s.).

Dis era honrado con los mismos ritos en el monte Soracte (Dion. de Hal., I, 4). Cf. también la nota de Servio sobre este verso de Virgilio:

Summe deus, sancti custos Soractis Apollo,

[sumo dios, custodio del sagrado Soracte, Apolo].

En las fiestas de la primavera, se arrojaba a treinta sexagenarios al Tíber (Pelloutier, V, 139). El sacrificio de estas treinta personas podría haber sido un resto de la costumbre de los salvajes de matar a los ancianos que no tenían fuerzas para seguirlos. Sería, pues, un ejemplo sorprendente de la tendencia del sacerdocio a perpetuar en la civilización las prácticas de la barbarie (Festo, *s. v. Sexagen.* Plut., *Quaest. rom.*).

32. La institución de las vestales era etrusca; se llevó a la ciudad de Roma desde la de Alba. El suplicio de Rea Silvia, madre de Rómulo, fabuloso o no, es la consagración de un rigor sacerdotal anterior al culto romano, pero que, desgraciadamente, se introdujo y se conservó en él.

33. Creuz., III, 337. El culto del Falo ya existía entre los etruscos, los sabinos y los umbrios y otros pueblos del antiguo Lacio. En Lavinia, durante las fiestas de Baco que duraban un mes, se paseaba diariamente con gran pompa un príapo de higuera (Festo, *s. v. Lucem facere.* Macrob., *Sat.*, III, 6. Dion. de Hal., I, 40). Se elegía a las matronas más irreprochables para coronarlo (Agust., *De civ. Dei,* VII, 21). Las orgías de este culto habían dado a Etruria una fama de corrupción que se había hecho proverbial (Niebuhr, I, 96). Los dioses *cómplices,* el consejo de Júpiter (cf. la nota anterior), tenían figura de Falo. Varias fábulas, mitad romanas y mitad etruscas, se relacionaban con este culto; cf., entre otras, la que concierne al nacimiento de Servio Tulio (Arnob., *Adv. gent.*; cf. Ovid., *Fast.*). En la fiesta de Anna Perenna, las jóvenes cantaban canciones obscenas. Los dioses que presidían las bodas entre los antiguos latinos eran de una indecencia que sufre a la vez la influencia del culto licencioso de las naciones sacerdotales y del espíritu alegórico del sacerdocio. Desde la diosa Virginensis, que desata el cinturón de la esposa, el dios Subigus, la diosa Pruna, la diosa Pertunda (Agust., *De civit. Dei,* VI, 9), el dios Mutunus Tutunus (Tertul., *Ad nat.*, II, 11. Creuz., 11, 487-488), los dioses o las diosas Anxia y Cincia (Arnob., *Adv. gent.,* III. Marciano Capella, II), la diosa Persica (Arnob., *ibid.,* IV), hasta Líber y Líbera (Agust., *loc. cit.*), todo se describe con la más sorprendente y escandalosa exactitud. El dios Mutunus poseía una total analogía con el Lingam, sobre el que, en la India, se coloca a caballo a las jóvenes casadas. Las mismas ideas llevaron a los brahmines y a los sacerdotes etruscos a las mismas prácticas. Estas divinidades del antiguo culto itálico desaparecieron con la formación del politeísmo en Roma, y sólo reaparecieron cuando los ritos sacerdotales inundaron el imperio.

34. Los sacerdotes etruscos se desgarraban los brazos, se hacían, en diferentes partes del cuerpo, profundas heridas o caminaban sobre carbones ardiendo (Estrabón, V); sus danzas, de las que estos ritos sanguinarios constituían una parte esencial, se asemejaban a las contorsiones frenéticas en medio de las cuales se mutilaban los coribantes y los curetes (Spangenberg, *De veterib. lat. religionib.*, p. 48).

35. Los augures toscanos habían dividido el cielo en dieciocho partes para observar con más exactitud el curso de los astros, el vuelo de los pájaros, la dirección de las nubes, el origen del rayo y el color de los relámpagos. Estos últimos fenómenos ocupaban un lugar importante en la disciplina etrusca. Lo que había anunciado un rayo era más seguro que lo que se predecía por cualquier otra vía. Cuando las entrañas de las víctimas o el vuelo de los pájaros presagiaban acontecimientos siniestros, un relámpago favorable disipaba cualquier temor: pero ningún presagio podía invalidar la autoridad profética de un relámpago (Cecina, *ap.* Sénec., *Quaest. nat.*, II, 34). Los relámpagos se dividían en varias clases: *fulmina postulatoria, monitoria, pestifera, fallacia, ostentanea, peremptalia, attestata, atterranea, obruta, regalia, inferna, hospitalia, auxiliaria* [relámpagos de petición, de aviso, funestos, engañosos, de falso peligro, de condonación, de confirmación, del interior de la tierra, acumulativos, de amenaza monárquica, infernales, de invitación (a Júpiter), de auxilio] (Sénec., *ibid.*, 49). Algunos de estos epítetos se explican por sí mismos. Los romanos dudaban sobre la explicación de algunos otros. Distinguían también los relámpagos en *publica* (que se relacionaban con asuntos del Estado) y *privata* (que concernían a los particulares); la influencia de los *fulmina familiaria* no se limitaba a un acontecimiento, sino que se extendía a toda la vida. Júpiter presidía especialmente los relámpagos (Sénec., *ibid.*, 45). Presentaba tres en su mano derecha (Festo, *s. v. Manubia*); el primero sólo se destinaba a advertir a los hombres; el segundo, que Júpiter sólo lanzaba después de haber consultado a los doce grandes dioses, era ya el comienzo del castigo; el tercero era el complemento del castigo merecido. Hería de muerte a los individuos y derribaba los imperios. Los dioses se velaban, y de ahí el epíteto de *dii involuti* (Sénec., *ibid.*, 41). El filósofo romano saca de esta tradición sacerdotal reglas morales que dirige a los poderes de la tierra. Cuanto más absoluta es la autoridad, dice, más moderada debe ser, y quien está revestido de ella sólo debe desplegar la severidad después de rodearse de consejos saludables (*ibid.*). Séneca pensaba más en Nerón que en Júpiter. Los principios de la adivinación por el vuelo de los pájaros o los augures entre los etruscos poseían una gran analogía con los de los persas. Sus pájaros proféticos (*alites praepetes et oscines*) recuerdan los cuatro pájaros celestes nombrados en los libros Zend (Izeschné, I. *Ha* 64; II, 89). Plinio observa que había sobre los bajorrelieves etruscos figuras de pájaros desconocidos en su tiempo, lo que nos lleva a los pájaros fantásticos de Persépolis y de Ecbatana (Plin., *Hist. nat.*, X, 15). Todos los demás modos de adivinación se empleaban en Etruria, y la piromancia se practicaba en Preneste, más o menos con los mismos ritos que en Oriente, y entre los hebreos, cuando violaban las prohibiciones de la ley mosaica (*Ester*, 3, 7; 9, 26.28-29, 31-32).

36. Los sacerdotes toscanos quitaban a Júpiter su rayo y lo bajaban del cielo cuando querían (Plin., *Hist. nat.*, II, 53). La tradición relativa a Tulo Hostilio se debe claramente a este poder misterioso del que se jactaban estos sacerdotes (Tit. Liv., I, 31).

37. Estrab., VII. Plut., *Quaest. rom.* Dion. de Hal., I, 11.

38. *Et aves deus movit.* Sénec., *Quaest. nat.*, II, 32.

39. Dion. de Hal., IX, 2. Los habitantes de Toscana, dice Diodoro (V, 27 y 40), se esmeraron en el estudio de las letras y de la filosofía, pero se entre-

garon particularmente al conocimiento de los presagios. A Tanaquil, mujer de Tarquinio el Viejo, la alaba Tito Livio por haber sido educada según las reglas de la disciplina tirrena: *Perita, ut vulgo Etrusci, caelestium prodigiorum mulier* [mujer entendida, como generalmente los etruscos, en los prodigios celestes]. No citamos aquí a Tanaquil como un personaje histórico; pero hechos parciales, verdaderos o falsos, demuestran siempre la opinión recibida, y la tradición, que se compone de fábulas, tiene como base una verdad que los detalles, inventados después, no pueden invalidar. La llegada de Eneas y de los troyanos al Lacio, observa Niebuhr (*Hist. rom.*, I, 126), es seguramente una ficción; pero sería absurdo negarle un fundamento histórico. Ciertamente, la toma de Ilión es fabulosa, pero hay historia en el fondo.

40. Niebuhr (*Hist. rom.*) rechaza las tradiciones sobre las colonias de Enotrio y Pencetio, pero no niega que algunas colonias griegas hayan ejercido la máxima influencia sobre Etruria y el Lacio. Admite que, constituidas en repúblicas y destruidas hacia el año 400 de Roma, habían florecido durante varios siglos; por tanto, eran anteriores a su fundación (*ibid.*, I, 105). En cuanto a la división de Niebuhr entre lo que hay de histórico y de fabuloso en los anales romanos, nosotros no podemos dejar de decir, sin por ello no hacer justicia a la importancia de las investigaciones y a la novedad de sus ideas, que hay mucha arbitrariedad en esta división. No se aclara nunca lo suficiente el motivo del autor para conceder a ciertos hechos la autoridad de la historia, y para negarla a otros, a menudo de igual naturaleza y casi de la misma época. Es el régimen del capricho trasladado a la ciencia.

41. La época de la llegada de la primera de estas colonias la fija la cronología ordinaria el año 1719 antes de Cristo.

42. La llegada de estos navegantes es posterior en cerca de siglo y medio a la salida de los primeros pelasgos hacia Italia.

43. Parecería incluso que, lejos de destruir la religión sacerdotal de Italia, estas colonias la enriquecieron con algunas nociones igualmente sacerdotales. Trajeron, por ejemplo, el culto de los Cabiros, del que hablamos anteriormente. Por lo menos, los nombres de Cabiros eran los mismos en Grecia y en Italia: Θεοὶ μεγάλοι entre los griegos, y *Dii potes, potentes*, según la explicación de Varrón (*De ling. lat.*, IV, 10), entre los romanos, sucesores e imitadores de los etruscos. Cf. también más arriba (Libro V, cap. 5, nota 64) el Hermes sacerdotal traído a Etruria por los pelasgos, representado por una columna, que se asocia con el dios Terme; luego queda este solo y el Mercurio griego sustituye a Hermes. Cf., finalmente, Libro VII, cap. 5, texto y nota 14.

44. Un poco menos de mil trescientos años antes de la era cristina.

45. Caere, Pisa, Saturnia, Alsión, Falerias, Fescenes y Larissa en Campania, así llamada por el nombre de la capital del Peloponeso. Dion. de Hal., I, 3.

46. Dion. de Hal., *ibid.*

47. Se dice que otro templo de Juno lo construyeron, en Lanuvio, compañeros de Diomedes, después de la guerra de Troya.

48. Cicerón dice que, desde los primeros siglos de Roma, se había adoptado allí el culto de Ceres; que se había tomado de los griegos, y que se traían de Nápoles o de Velia sacerdotisas para celebrarlo fielmente (*Orat. pro Balbo*, § 24; *in Verrem*. Valer. Máx., I, 1). El señor de Sainte-Croix cree que este culto de Ceres lo trajeron de Grecia los tarquinos (*Des myst.*, p. 504).

49. Dion. de Hal., I, 3.

50. *Ibid.*

51. Pausan., *Élide*, cap. 12.

52. Heyne, *De Etrusc. Comm. Soc. Goett.*, y Dempster, *Etruria Regalis*, principalmente sobre Baco y sobre Hércules. Sería absurdo negar, dice Niebuhr (I, 87), que el embellecimiento de las artes etruscas no sea debido a los griegos, aunque su arquitectura fuese especial. Añade que la literatura etrusca nunca fue mejorada por la griega (*ibid.*, 88), lo que es un efecto y una prueba de la lucha de la que vamos a hablar.

53. Niebuhr considera a Rómulo como el nombre genérico del pueblo romano, y Latino, padre de Rómulo, como el nombre genérico de los pueblos del Lacio (*Hist. rom.*, I, 148).

54. Cf. Niebuhr, sobre Tulo Hostilio. No es que exista seguramente mucha fábula en lo que concierne a este tercer rey de Roma, pues los historiadores, Dionisio de Halicarnaso, por ejemplo (III, 1), lo hacen hijo de Hosto Hostilio, general muerto en la guerra de los sabinos, es decir, que habría tenido ochenta años a su llegada al trono, y, sin embargo, se le atribuye inclinaciones guerreras y belicosas.

55. Cf. el lugar en que Tito Livio cuenta que Rómulo, tras despojar de sus armas al general enemigo, depositó este trofeo al pie de un viejo roble adorado por los pastores y consagró este lugar a una divinidad, que él llamó Júpiter Feretrio.

56. Varrón, IV. Dion. de Hal., I, 32, y II, 12. Ovidio (*Fast.*, VI) y Plutarco (*Vida de Numa*) atribuyen a este príncipe la introducción del culto del fuego en Roma con el nombre de Vesta; pero dado que Numa era sabino igual que Tatius, el resultado, para lo que afirmamos aquí, sería idéntico. Tatius introdujo también un dios guerrero en la forma de una danza. Tertuliano (*Apologet.*, 24) dice que era un dios de los faliscos.

57. Plutarco, *Vida de Numa.*

58. Ovid., *Fast.*, VI, 295. Plut., *Vida de Rómulo.* Varrón, *ap.* Agust., *De civit. Dei*, IV, 31-36. Se respetó durante mucho tiempo esta prohibición. Tito Livio, en la historia de los dos primeros reyes, no habla de ninguna imagen ni de ninguna estatua de los dioses.

59. Tit. Liv., XL, 29. Dice expresamente que el pretor afirmó por juramento que estos libros eran peligrosos para la religión y, por eso, instó al Senado a que se quemaran, y que sólo los veía tales porque eran contrarios al culto establecido. «Orfeo», dice Clavier (I, 86), «tenía, a ejemplo de los sacerdotes egipcios, sus maestros, una doctrina secreta que sólo comunicaba a sus discípulos escogidos y después de largas pruebas. Fue, sin duda, esta doctrina enunciada en los escritos que se encontró en la tumba de Numa la que escandalizó de tal modo a los pontífices romanos que ordenaron quemarlos. Es muy probable, en efecto, que Numa conociese esta doctrina de Orfeo, etc.». El conjunto de la hipótesis es muy arriesgado; pero tiene de verosímil que, al suprimir el nombre fabuloso de Orfeo para sustituirlo por el de la doctrina órfica, implica que la doctrina de Numa era una doctrina de sacerdotes.

60. Dionisio de Halicarnaso añade que Tatius honraba a dioses cuyos nombres eran difíciles de expresar en griego. Esta observación prueba la diferencia de las dos clases de divinidades.

61. Estos conjuros se los habían revelado Picus y Fauno a Numa, después de que Egeria le hubiese advertido que les iba a infligir un duro suplicio. Tenían el arte de forzar a los dioses a dar a conocer su voluntad por los relámpagos y el vuelo de los pájaros, signos que los mortales vulgares sólo obtenían por un favor que los dioses podían negarles (Niebuhr, I, 167).

62. *Tradunt volventem commentarios Numae, quum ibi quaedam occulta solemnia sacrificia Jovi Elicio facta invenisse, operatum his sacris se abdidisse: sed non rite initum aut curatum id sacrum esse nec solum ullam ei oblatam caelestium speciem, sed ira Jovis sollicitati prava religione fulmine ictum cum domo conflagrasse* [Cuentan que (el rey Tulo Hostilio), como al consultar las Memorias de Numa había encontrado allí ciertos sacrificios secretos celebrados solemnemente en honor de Júpiter Elicio, se encerró para celebrar estos sacrificios; pero que ese sacrificio no se preparó o no se desarrolló según el ritual, y que no sólo no se le presentó ninguna aparición de los dioses, sino que la ira de Júpiter, molesto por su falta de escrúpulos, lo hirió con el rayo y lo quemó junto con su casa] (Tit. Liv., I, 31, 8).

63. La tradición hace de Tarquinio el Viejo el nieto de un fugitivo de Corinto. Cuenta que su abuelo Demarato, de la raza de los Baquíades, viendo a su familia oprimida por la tiranía de los cipsélidos, había buscado asilo en Eleusia hacia la Olimpíada XXX y había traído con él a varios artistas griegos (Plin., *Hist. nat.*, XXXV, 3-5. Estrab., V). En efecto, algunos años después de la expulsión de los reyes, se establecían en Roma y dos de ellos, Damofilo y Gorgaso, trabajaron en la decoración de un templo de Ceres (Plin., *ibid.*, 12. Dion. de Hal., VII, 17. Tácito, *Annal.*, II, 9). Los ciento setenta años durante los cuales, según Varrón, los romanos no tuvieron estatuas de los dioses, terminan precisamente bajo el reinado de Tarquinio el Viejo, ya que, según la crónica varroniana, este príncipe murió el año 175 de Roma; y sabemos por Plinio (*Hist. nat.*, XXV, 12 y 45) que había ordenado colocar en el Capitolio una estatua de Júpiter y, en otro templo, una estatua de Hércules. Existe un pasaje en Tertuliano que indica que los romanos habían conservado el recuerdo de esta revolución: *Etsi a Numa concepta est curiositas superstitiosa, nondum tamen aut simulacris aut templis res divina apud Romanos constabat. Frugi religio et pauperes ritus et nulla Capitolia certantia ad caelum, sed temeraria de caespite altaria, et vasa adhuc Samia, et nidor exilis et Deus ipse nusquam. Nondum enim tunc ingenia Graecorum atque Tuscorum fingendis simulacris urbem inundaverant* [aunque Numa generó una escrupulosa religiosidad, sin embargo la cuestión religiosa todavía no se manifestaba entre los romanos con imágenes o con templos. Una religión sobria, unos ritos pobres y ni un solo templo monumental elevándose al cielo, sino altares al azar hechos de gasones, y vasijas todavía de arcilla, y un ligero olor a quemado (de las víctimas de los sacrificios), pero de Dios mismo, ni señal. En efecto, por aquel entonces aún no habían inundado la ciudad los artistas griegos y etruscos para esculpir estatuas] (*Apolog.*, 25, 12-13).

64. Principalmente de Velitri, colonia griega. Suetonio, *Vida de Augusto.*

65. El pasaje de Tito Livio (I, 55) prueba claramente la revolución operada en la religión por los Tarquinios: *Tarquinius [...] ad negotia urbana animum convertit; quorum erat primum ut Iovis templum in monte Tarpeio monumentum regni sui nominisque relinqueret: Tarquinios reges ambos patrem vovisse,*

filium perfecisse. Et ut libera a ceteris religionibus area esset tota Iovis templique eius quod inaedificaretur, exaugurare fana sacellaque statuit quae aliquot ibi, a Tatio rege primum in ipso discrimine adversus Romulum pugnae vota, consecrata inaugurataque postea fuerant [Tarquinio (el Soberbio) volvió su atención a los asuntos de la ciudad, el primero de los cuales era que un templo de Júpiter en el monte Tarpeyo dejara testimonio de su reinado y de su nombre: que ambos reyes Tarquinios (lo habían construido), que el padre lo había ofrecido en voto y que el hijo lo había terminado. Y para que, libre de las demás religiones, el área fuese toda ella de Júpiter y de este templo que se iba a edificar, decidió anular la consagración de algunos templos y capillas que el rey Tacio, había ofrecido primeramente como voto en el preciso momento decisivo del combate contra Rómulo y, posteriormente, había consagrado e inaugurado].

66. Plutarco, *Vida de Romulo.*

67. Tit. Liv., I, 35-38.

68. Mandó meter en un saco y arrojarlo al mar a un romano que había permitido copiar estos libros (Dion. de Hal., IV).

69. Dion. de Hal., IV, 14.

70. Cf. Libro I, cap. 4.

71. Creuzer, II, 315.

72. Creuzer, *ibid.*

73. La supresión de los sacrificios humanos se atribuye a Hércules en todas las tradiciones itálicas. Mató a Fauno que inmolaba a hombres (Plut., *Parallel. Min.*, n.º 35). Explicó a los sabinos el sentido de un oráculo, por cuya respuesta ofrecían víctimas humanas a los dioses, e hizo que renunciaran a esta práctica (Dion. de Hal., 1, 14. Esteban Biz., *in* Αβοριγ.). Es evidente que el nombre de Hércules es aquí un nombre genérico; este héroe ocupa continuamente el primer lugar en todas las leyendas latinas. Interviene en los acontecimientos o fábulas que se cuentan en Grecia sin hacer mención alguna de él; su recuerdo se mezcla con muchos ritos e instituciones del culto romano. Se ofrecía anualmente en Roma un sacrificio con ceremonias totalmente griegas en memoria de una tradición relativa a Hércules (Dion. de Hal., I, 9, y VI, 1), y se le consagraban las únicas familias sacerdotales que existían en la ciudad (Dion. de Hal., VIII). Dionisio de Halicarnaso nos habla de vestigios de templos y de altares en su honor, anteriores a la fundación de Roma, y en el mismo lugar en el que fue construida (*ibid.*). Creemos, pues, que el nombre de Hércules era la designación colectiva de varias de las colonias griegas. Esta conjetura concuerda perfectamente con la influencia de estas colonias, y cuando Dionisio de Halicarnaso (*ibid.*) nos dice que apenas se encontraría en toda Italia un lugar en el que no se rindiese a Hércules los honores divinos, demuestra claramente, a nuestro entender, la universalidad de esta influencia. Pero, al mismo tiempo, la abolición de los sacrificios humanos por las colonias griegas demuestra que estos sacrificios estaban ligados, al menos en cuanto a su prolongación, al espíritu sacerdotal. Las colonias griegas no estaban sometidas al poder del sacerdocio; ellas debilitaron o destruyeron este poder allí donde penetraron, y los sacrificios humanos desaparecieron con él. Sin embargo, una tradición particular atribuye esta abolición, no a Hércules, sino a un vencedor de los Juegos olímpicos. Uno de los compañeros de Ulises, arrojado en las costas de Italia, violó a una joven de Tecmesa y los ha-

bitantes lo lapidaron. Se convirtió en un genio malo, que daba muerte a cuantos encontraba. A los moradores de la ciudad, tras consultar al oráculo de Delfos, se les encomendó honrar la memoria del que habían matado, consagrándole un bosque, construyendo un templo y sacrificándole anualmente una virgen. Así lo hicieron hasta la época en la que un lacedemonio, Eutimo, que se había ganado una estatua por sus victorias en los Juegos olímpicos, movido de piedad y de amor por la víctima, ofreció combatir al mal genio y lo venció. Entonces se abolió el sacrificio (Elian., *Var. Hist.*, VIII, 18. Pausan., VI, 6). Se ve que siempre se atribuye a un griego esta abolición. Se dice que Saturno y Ops, afirma otra leyenda, habían comido carne humana: Júpiter había rechazado esta detestable costumbre (Macrob., *Sat.*, 1, 7. Arnob., *Adv. gent.*, II. Lactanc., I, 20). Ops y Saturno son divinidades itálicas; Júpiter es un dios griego (cf. Libro I, cap. 9).

74. Ovid., *Fast.* Cf. Serv., *ad Georg.*, I, 43. Pomp. Fest. Varrón, *De ling. lat.*, VI. Dion. de Hal., I.

75. *Ludi Compitalitii* [fiestas Compitales]. Pitisco.

76. Los conspiradores que querían llevar a Roma a los Tarquinios expulsados se habían comprometido recíprocamente por el sacrificio de una víctima humana (Plut., *in Vita public.*).

77. Plut., *Quaest. rom.*, n.° 83. La misma cosa tuvo lugar en tiempos de César (Plin., XXVIII, 2); pero no por eso es menos positivo el hecho de que estos ritos se habían prohibido en Roma, por una ley formal, el año 655 de esta ciudad.

78. *«Caede caput», dixit. Cui rex, «parebimus», inquit.*
«Caedenda est hortis eruta cepa meis».
Addidit hic, «hominis». «Sumes», ait ille, «capillos».
Postulat hic animam; cui Numa, «piscis», ait.
Risit

[«Corta una cabeza», dijo (Júpiter). A éste el rey, «obedeceré», contesta. / «Tendré que cortar, arrancada de mi huerto, una cebolla». / Añadió éste, «de hombre». «Recibirás», dice él, «su cabellera». / Exige éste que su vida; a lo cual Numa, «que la de un pez», contesta. / Se echó a reír] (*Fastos*, III, 339-343). Observad que, en este diálogo, Júpiter parece evocado por Fauno y Picus, dos divinidades del antiguo Lacio. Es inútil hacer observar a nuestros lectores que Ovidio atribuye a Numa, sin motivo alguno, una reforma que sólo fue completa más de un siglo después de él. Plutarco (*Vida de Numa*) comparte este error.

79. Cf. en Plinio (XXX, 1) el senado-consulto promulgado el año 657 de Roma, y que concernía principalmente a los galos.

80. Cicer., *Pro Balbo*, 43.

81. Plinio (VIII, 2) hace de la abolición de esta práctica un gran motivo de elogios para sus compatriotas: *Non satis aestimari potest quantum Romanis debeatur, qui sustulere monstra in quibus hominem occidere religiosissimum erat, mandi vero etiam saluberrimum* [No es posible valorar suficientemente cuánto se debe a los romanos, que han eliminado las monstruosidades en las que matar a un ser humano era lo más religioso y hasta lo mejor para la salud el comérselo].

82. *Italidas matres, inquit, sacer hircus inito* [Que el boque sagrado, dijo, fecunde a las matronas hijas de Ítalo] (*Fastos*, II, 441).

83. El decreto del Senado contra las Bacanales y las orgías en las que se lle-

vaba el Falo es del año 568 de Roma, ciento ochenta y seis años antes de Cristo, cien años después del sometimiento de Etruria a los romanos (cf. Heyne, *Monum. Etrusc. art. nov. Comm. Soc. Goett.*, V, p. 49). Los juegos florales, célebres por su obscenidad que obligó a Catón a retirarse, datan de la religión de Etruria. Varrón (*De ling. lat.*, IV) y Dionisio de Halicarnaso (I, 32) hacen remontar la institución de estos juegos a Tatius, rey de los sabinos. La tradición que la atribuye a una cortesana llamada Flora se basa en la semejanza del nombre, pero, por otra parte, muy poco verosímil. El Senado, que podía cerrar los ojos ante una costumbre antigua y consagrada, no habría permitido una innovación escandalosa.

84. El dios Mutunus Tutunus, del que hablamos anteriormente, y que había sido barrido de Roma en tiempos de la severidad aristocrática y de la efervescencia popular, de acuerdo sólo en el punto de la religión, reapareció en medio del delirio de los tiranos y de la abyección de los esclavos.

85. Fue Numa quien trasladó de Alba a Roma la institución de las vestales y quien eligió personalmente a las cuatro primeras (Tit. Liv., I, 20). En la ciudad de Alba, a las vestales culpables se las azotaba con varas hasta la muerte. Numa las condenó a la lapidación. Tarquinio el Viejo ordenó que se las enterrara vivas (Dion. de Hal., VIII, 14; IX, 10). Se ve ahí una concesión de este príncipe a los sacerdotes. Ya hablamos antes de ella.

86. Las leyes de las Doce Tablas prohibían expresamente a las mujeres desgarrarse las mejillas: *Mulieres genas ne radunto* [las mujeres no se arañarán las mejillas]. Era una costumbre etrusca, tomada de los sacrificios funerarios: *ut sanguine ostenso inferis satisfiat* [para dar satisfacción a los dioses infernales mostrando la sangre] (Varr., *ap.* Rosin. *Antiq. Rom.*, ed. Dempster, p. 442). Cuando, hacia finales del siglo V y, sobre todo, en el siglo VI de Roma, el culto de Cibeles llegó allí de regiones sacerdotales, los romanos prohibieron las danzas frenéticas de los coribantes, que se mutilaban (Lact., *De fals. rel.*, I, 21. Juvenal, IV. Propercio. Plut., *Pirro*. Tit. Liv., XXIX, 10, 11, 14. Apiano, *De bello Hannibal.*, XLV).

87. Diversos nombres etruscos se trasladaron a estas divinidades griegas. Palas Atenea, a la que los etruscos llamaban Menerva o Minerva, conservó este nombre (Micali, II, pp. 48 s.).

88. La música de la que se servían los romanos en sus pompas religiosas era la antigua música etrusca (Estrab., V. Plin., *Hist. nat.*, XV, 26. Virg., *Georg.*, II, 193, *ibiq. interpretes*).

89. Rómulo, es decir, el pueblo romano personificado (cf. más arriba). Rómulo, dice Dionisio de Halicarnaso (II, 7), tomó lo mejor de las instituciones griegas.

90. Cf. Libro V, cap. 5.

91. Cf. Libro I, cap. 9.

92. Lo personal de los pontífices se cambió; las formas de la legislación pontifical siguieron siendo las mismas (Niebuhr, I, 96).

93. El Senado envió seis hijos de las más ilustres familias a seis tribus diferentes de Etruria para aprender la adivinación. Labeón tradujo al latín los seis libros de Tagés sobre esta ciencia (Tit. Liv., IX, 36). La política romana vinculaba hábilmente la adivinación a la más antigua tradición nacional. Rómulo y Remo, se decía, al disputarse el imperio, habían acordado dejar la decisión a los augures. El que viese augurios favorables antes que su rival subiría al trono. Remo

vio seis buitres que volaban del norte hacia el sur; pero, al amanecer, Rómulo vio doce (Varr., I, 28, *ap.* Censorin., 17. Niebuhr, I, 156). Sabemos por Cicerón que la adivinación romana se dividía en dos grandes ramas, subdivididas a su vez en varias más. La primera estaba compuesta de lo que el hombre puede considerar como una manifestación directa de la divinidad: los presentimientos, los sueños, los éxtasis. La segunda consistía en signos a los que se vinculaba una significación arbitraria. Por eso, a la primera se la llamaba natural, y a la segunda, artificial (Cicer., *De divin.*, I, 6).

94. Niebuhr, I, 80.
95. Niebuhr, I, 96.
96. Las tradiciones y los dogmas etruscos o sacerdotales dejaron, en las nociones de los romanos, incluso ilustrados, vestigios aislados, pero notables. Cicerón, el alumno, el admirador, el crítico y el juez de las diversas filosofías griegas, estuvo tentado, para vengarse del ingrato y despiadado Octavio, de darse la muerte sobre el altar de un genio maligno, Aléstor o Alástor, que recogía el anatema de los labios de los que morían, y se ensañaba, armado con esta solemne maldición, con los que habían abusado de su poder (cf. Plut., *Vida de Cicerón*, 34, y *Decadencia de los oráculos*). Es una idea totalmente análoga de la doctrina india sobre el poder de las maldiciones.

LIBRO XII
DE LA MARCHA DEL POLITEÍSMO INDEPENDIENTE DE LOS SACERDOTES, HASTA SU PUNTO ÁLGIDO DE PERFECCIONAMIENTO

1. Hemos procurado proceder con rapidez en este libro. Grecia es más conocida que la India y menos enigmática que Egipto; por eso, hemos creído suficiente fiarnos de los conocimientos y de la sagacidad del lector.

CAPÍTULO 1

Cómo los avances del estado social introducen la moral en la religión

2. Cf. más arriba el pasaje sobre Hesíodo, Libro VIII, cap. 3.
3. Los dioses, dice Zaleuco en su preámbulo (cf. Heyne, *Legum Locris a Zaleuco scriptarum fragmenta*, *Opuscul.* II, 72 s.), no se complacen en los dones de los malos por ser hombres miserables, sino que quieren ser honrados por los sentimientos generosos y las acciones virtuosas.
4. Lo que defrauda a los mortales, dice Teognis (*Teog.*, 199 s.) es que los dioses no los castiguen en el instante en que cometen el crimen. El perjuro no se puede ocultar a los dioses, dice el orador Licurgo contra Leocrates (cf. Larcher, *Note sur Hérod.*, VI, p. 119), ni escapar a su venganza. Si él mismo no es el objeto del castigo, al menos sus hijos y su raza deben sufrir las mayores desgracias.

Capítulo 2

De las contradicciones que caracterizan esta época del politeísmo y de cómo desaparecen estas contradicciones

1. Un escritor sostiene que, cuando un pueblo ha admitido la moral en su religión, ya sólo permite a los dioses adorar como buenas las acciones virtuosas, y que, si les atribuye malas es porque no las considera como tales. Innumerables ejemplos, en todas las religiones, prueban lo contrario. El hombre tiene tal veneración por la fuerza que respeta en ella, durante largo tiempo, acciones que cree prohibidas a la debilidad. Sin embargo, la depuración se realiza poco a poco, y el autor, que no tenía razón, acaba por tenerla.

2. Es así como Ovidio justifica el incesto, por el ejemplo de Júpiter.

Iuppiter esse pium statuit quodcumque iuvaret,
Et fas omne facit fratre marita soror,

[Júpiter dejó establecido que es puro todo cuanto nos guste, / y todo lo hace lícito una hermana maridada con su hermano]

(*Heroidas*, 4, 133 s.).

Y mucho tiempo antes, en Esquilo, se deja entrever el mismo abuso de las fábulas antiguas. «Júpiter», dice Orestes, «protege la dignidad paterna; el propio Júpiter atentó contra su padre» (*Euménides*, 643-644).

Capítulo 3

Que los poemas de Hesíodo son contemporáneos de la revolución que estamos describiendo

1. Los dos poemas de Hesíodo son la *Teogonía* y *Los trabajos y los días*. *El escudo de Hércules* es probablemente un fragmento de la *Teogonía*, cuyos dos últimos versos anuncian que el autor va a hablar de las mujeres de los héroes y de sus hijos. Y es precisamente el hijo de una de estas mujeres el tema de *El escudo de Hércules*. Este fragmento, por alguna casualidad, se habría separado del cuerpo del poema. Sin embargo, el gramático Aristófanes no lo consideraba auténtico y lo declaraba muy inferior a la *Teogonía* propiamente dicha.

Se admite, en este último poema, partes tomadas de uno o varios sistemas sacerdotales, tenebrosos y místicos, cuyo conjunto no lo entendía el bardo que nos transmitía estos detalles dispersos. Las hipótesis físicas de Hesíodo sobre el origen de las cosas, el caos y la materia informe, sobre los hijos de Forcis y de Ceto, pertenecen a Fenicia. En general, sus alegorías son más bien fenicias que egipcias. En todas las cosmogonías egipcias se encuentra, como primer principio, el huevo misterioso que reaparece en las alegorías griegas tomadas de los egipcios, pero Hesíodo comienza por el caos, y los fenicios son el pueblo del Mediodía al que es más familiar la idea del caos. Las Gorgonas, que viven en Occidente, deben su origen a la costumbre de los escritores de la Antigüedad, que relegaban a esta parte del mundo, entonces desconocida, todos los monstruos y todos los prodigios. «Si se los cree», dice Voss (*Géogr. ancienne*), «el Norte y Occidente eran pueblos de magos y magas, que mandaban sobre los vientos y las tormentas, mataban o metamorfoseaban a los extranjeros; gigantes antropófagos, con tres cabezas y con un ojo; enanos de un codo de altura, que hacían la guerra a las grullas; grifos que custodiaban tesoros; ancianas con un solo diente; monstruos peludos, cuyo aspecto petrificaba a los espectadores; hombres sin cabeza o con cabeza de perro, con pies que les servían de sombrilla cuando estaban echados, o con orejas con las que se envolvían, como un manto durante la tormenta». La esfinge es una importación egipcia. Las tradiciones sobre el Amor (el Eros, el Amor cosmogónico, que no se debe confundir con el que los poetas posteriores presentaron como hijo de Venus); la creación del cielo, de las montañas y del Océano, la aparición de los Titanes, de los que Saturno es el más joven, son, por una parte, fragmentos de cosmogonía que Hesíodo no se molesta en clasificar, sino que acumula al azar, según se presenta ante él cada idea; y, por otra, el comienzo de una mitología histórica o narrativa, pues los Cíclopes o Centímanos son los hermanos de los Titanes. Pero los Centímanos y los Cíclopes son, en el lenguaje de un pueblo que se civiliza, la reminiscencia del estado salvaje.

Urano mutilado es también un resto cosmogónico; es la naturaleza que pierde su fuerza generadora. Encontramos ya este símbolo en varias religiones sacerdotales, con una diferencia: que es la base de todas sus ceremonias y está siempre presente en todas sus fábulas, mientras que el politeísmo griego, después de haberle rendido un estéril homenaje, lo descarta como un recuerdo que le molesta. De la sangre de Urano, derramada sobre la tierra, nacen los gigantes y las Erinias. Venus es la hija del cielo y de las olas (*Teogon.*, 187-206). Es la idea primitiva bajo nombres nuevos. Al Amor se lo había representado como hijo del caos, principio de todas las cosas; a Venus, que remplaza al Amor, se la llama hija del mar, convertida en el primer principio en cosmogonías más recientes.

Este nacimiento de Venus saliendo de las ondas, esta veneración por la mar, madre de todo, se debían, en parte, probablemente a algún conocimiento imperfecto de la filosofía de los bárbaros y, en parte, a los recuerdos de las colonias y a la memoria de sus expediciones marítimas. Las hijas del Océano llevan los nombres de las diversas partes del mundo, Europa, Asia, etc. Hesíodo dice que hay tres mil y se excusa de no poder citarlas todas, añadiendo que los que viven cerca de ellas saben bien sus nombres. Nereo, ese viejo profético, hace alusión a las leyes de la naturaleza, según las cuales se agita en invierno y se encalma en verano. Es claramente un emblema de las primeras observaciones de los navegantes sobre el orden de las estaciones.

Saturno, precipitado, a su vez, en el Tártaro con los Titanes, es la señal del triunfo de la verdadera mitología griega (cf. más arriba Libro V, cap. 6). Por eso, las alegorías de Hesíodo se hacen más claras, más agradables y elegantes; las Musas son hijas de la memoria; Harmonía debe su origen a los abrazos de Marte y de Venus, pero esta parte misma de la *Teogonía* sufre la influencia de los préstamos sacerdotales. Ya mostramos en otro lugar que Hesíodo introduce en la religión griega la demonología oriental.

Los trabajos y los días es una obra agronómica que abarca todo el estado social y en la que la religión se aplica a la vida humana mucho mejor que en la *Teogonía*. Estaba compuesta, igual que este último poema, de rapsodias más o menos largas, de las que cada una formaba un todo. Es un momento precioso de la civilización más antigua. Se ve, por así decir, que el espíritu humano, en su infancia, se desarrolla con una actividad serena y creciente, en los límites estrechos que le asignan sus trabajos aún recientes y su propiedad precaria, cerca de sus hogares recién construidos.

2. El célebre Heyne, en su disertación sobre la *Teogonía* (*Comm. Soc. Goett.*), muestra muchos pasajes claramente interpolados. Pausanias confirma con su testimonio la afirmación del erudito moderno. La tradición de que Esculapio era hijo de Alcínoe, dice, es un cuento imaginado por Hesíodo o por los que se tomaron la libertad de añadir sus versos a los del poeta (*Corint.*, 26). Pausanias va incluso más lejos en sus dudas; declara que, después de haber leído la *Teogonía* con atención, la da por supuesta (*Arcad.*, 18), y se apoya en la opinión de los beocios, que sostenían, según dice, que *Los trabajos y los días* era el único poema que escribió realmente Hesíodo; además, añade, estos pueblos suprimen el exordio o la invocación a las Musas (*Beoc.*, caps. 27 y 31). Esta invocación, en efecto, no está muy de acuerdo con el resto del poema. Las Musas que danzan sobre el Helicón alrededor del altar de Júpiter, y que alaban a este dios y a su esposa, la Juno de Argos; los epítetos individuales y característicos aplicados a cada divinidad, mientras que los sacerdotes sólo aplican a los suyos epítetos cosmogónicos y metafísicos, son imágenes y concepciones totalmente griegas. Pero no es un motivo para rechazar esta invocación a las Musas. Hesíodo podía y debía de confundir todos los géneros, como confundía todos los conceptos.

3. *Teogon.*, 32 s.

4. *Ibid.*, 163-164.

5. Cf. Libro VII, cap. 3.

6. *El escudo de Hércules*, 31-36.

7. *Ibid.*, 331-335.

8. *Ibid.*, 458-462.

9. *Teogon.*, 881-885.

10. *Ibid.*, 820-868.

11. *Ibid.*, 724-804.

12. *Ibid.*, 729-731.

13. *Ibid.*, 734-735.

14. *Ibid.*, 148-152.

15. *Los trabajos y los días*, 108.

16. Si nuestras investigaciones nos permitieran acceder a todos los detalles de las mitologías, veríamos que la de Hesíodo se acerca más a la *Odisea* que a la *Ilíada*. Mercurio, por ejemplo, es siempre el mensajero de los dioses y remplaza a Iris, lo que fue posterior, como observamos anteriormente, a la opinión acreditada por el cantor del asedio de Troya.

17. *Teogon.*, 563-568.

18. *Los trabajos y los días*, 104.

19. *Ibid.*, 16.

20. *Ibid.*, 81-82.

21. *Ibid.*, 85-88.

22. *Ibid.*, 224-235.

23. *Ibid.*, 7.

24. *Ibid.*, 274-277.
25. *Ibid.*, 254-260.
26. *Ibid.*, 250-253. Estos dioses son demonios o seres intermediarios. Se puede ver lo que dijimos, en el Libro X, sobre la demonología de Hesíodo.
27. *Los trabajos y los días*, 800-802.
28. *Ibid.*, 236-245; 325-332.
29. *Ibid.*, 282.
30. *Ibid.*, 301-308.
31. *Ibid.*, 319-324.
32. *Teogon.*, 535.
33. *Ibid.*, 550 y 561
34. *Ibid.*, 551-552.
35. *El escudo de Hércules*, 156-162.
36. *Teogon.*, 904.
37. *Ibid.*, 218-219.
38. Se podría comparar, en ciertos aspectos, la persistencia de los antiguos en conservar las tradiciones que atribuían a los dioses acciones culpables con la de los cristianos quienes, en una religión de dulzura y de humanidad, no dejaron de conservar, durante largo tiempo, las tradiciones judías sobre el carácter celoso y cruel de Yahvé.
39. *Teogon.*, 389-397.
40. *Ibid.*, 775-776.
41. *Ibid.*, 223.
42. *Los trabajos y los días*, 198. Hay incluso dos Eris: una buena, y otra, mala. La mala es la más antigua, pues es hija de la Noche. La Eris buena es la más moderna; Júpiter es su padre (*Teogon.*, 226. *Los trabajos y los días*, 17).
43. *Teogon.*, 195-202.
44. *Ibid.*, 219-225. Es innegable que la Afrodita de la que habla Hesíodo, en el verso 195, y la Noche, en el 219, son una y la misma divinidad. Tenemos la prueba de ello en el tercer himno órfico en el que a la noche madre se la llama también Cipris, epíteto que Hesíodo le da, y en el himno 55, en el que a Afrodita se la nombra como la Nocturna, unas veces resplandeciente y otras, invisible, νυκτεριν, φαινομενη τ'αφαυης τε.
45. *Teogon.*, 296.
46. *Ibid.*, 298-299. Observad que, en Hesíodo, este monstruo no tiene padre: es mucho más tarde cuando Apolodoro le asigna como padres a la Tierra y al Tártaro. Se ve, pues, aquí la mezcla de dos ideas sacerdotales, una relativa a la figura de los dioses, y la otra, a las concepciones milagrosas, independientes de la unión de los sexos. Pero Hesíodo relega a Equidna lejos de las miradas de los dioses y de los hombres (v. 384). Parece que se dio cuenta de que todas estas imágenes eran rechazadas por la miología en curso.

Capítulo 4

De Píndaro

1. Nuestros lectores no deben extrañarse si pasamos rápidamente de Hesíodo a Píndaro. Escrutamos escrupulosa y minuciosamente a los poetas que

llenan un intervalo de cerca de cinco siglos, pero apenas encontramos algunos síntomas casi imperceptibles del progreso que intentamos explicar. Tirteo y Estesícoro no nos ofrecieron nada; los fragmentos de Estesícoro están llenos de tradiciones y de imágenes órficas o sacerdotales; las odas escasamente auténticas de Anacreonte apenas tienen peso; Focílides y Teognis nos presentan un pequeño número de sentencias dignas de atención, por eso los citamos algunas veces. Pero la revolución religiosa que nos ocupa sólo se percibe de un modo claro y evidente en las obras de Píndaro; también se deben separar sus alusiones misteriosas a doctrinas extranjeras o filosóficas, que conocía o aparentaba conocer.

2. *Olímpicas*, VIII, 28 y 29.

3. *Píticas*, I, 79-82.

4. *Ístmicas*, III, 7-10.

5. *Olímp.*, I, 55-57. *Pít.*, III, 27; IX, 45. Se puede ver en la *Edda* algo parecido: No reveléis vuestros destinos a los hombres, dice la esposa de Odín a los dioses escandinavos; ocultadles lo que hicisteis en el origen de los tiempos. Aun cuando Thor hubiera tenido, dice la *Edda*, la peor parte en algún encuentro, no habría que hablar de ello, ya que todo el mundo debe creer que nada puede resistir su poder.

6. Estesícoro le había dado ya este ejemplo al pedir perdón honorable de lo que había dicho sobre Helena, pues los poetas se esmeraban en realzar el carácter de los héroes como el de los dioses.

7. *Olímp.*, I, 47.

8. *Ibid.*, 28.

9. *Nem.*, VII, 20.

10. *Olímp.*, X, 82-102.

11. *Pít.*, VIII, 108-111.

12. Focílides, en los versos que cita Estobeo, dice, como Píndaro, que no existe ninguna envidia entre los dioses.

13. *Nem.*, VI, 1-9.

14. *Pít.*, 79-87.

15. *Olímp.*, IX, 15, 62.

16. Cf. más arriba, cap. 3.

17. *Olímp.*, VIII, 144.

18. Pensamos que Herder no interpretó bien el epíteto de διχόβουλον. No es, en absoluto, expresión de una disposición malévola; es Némesis la que cambia de disposición, y es una advertencia a Alcimedón de no merecer este cambio, al abusar de una prosperidad de la que entonces no sería digno.

19. *Electra*, 793.

20. Pausan., *Ática*, 33.

21. Mesomedes era contemporáneo de Adriano, pero, como todos los líricos de esta época, había recogido y conservado las ideas morales de la religión griega.

22. *Anthol. grecq.*, II, 347. Se observará fácilmente en esta oda la degeneración de la poesía y del arte. La afectación de Mesomedes al repetir tres veces el epíteto «alada» muestra que el gusto se había deformado y había perdido su antigua sencillez. Pero era necesario recordar el fondo de las ideas.

CAPÍTULO 5

Del infierno de Píndaro, comparado con el de Homero y de Hesíodo

1. Cf. Libro VII, cap. 9.
2. Pínd., *Olímp.*, I, 105-145.
3. Esto es una alusión a la filosofía pitagórica.
4. Píndaro destierra así del Elíseo la agricultura y la navegación, dos de las ocupaciones más habituales de la vida; intento loable, pero ineficaz, por no hacer del mundo futuro una copia de éste. Si el éxito no responde a la intención del poeta, puesto que, por otra parte, sólo asigna a los que gozan de la felicidad placeres imitados de la tierra, el intento no deja de ser por ello expresión de un progreso.
5. *Odis.*, IV, 564.
6. Platón, en la *Apología*, para mejor nacionalizar este tribunal, coloca, al lado de los tres jueces de los infiernos, a Triptólemo, el favorito de Ceres, que fue el primero en dar a los atenienses la agricultura y, con ella, las leyes y la vida social.
7. Pínd. *ap.* Clem. de Alej., *Strom.*, IV, 640, y Teodoreto, *Serm.*, VIII, 599.
8. Esquines, *Epist.* 4, p. 207.
9. Pausan., X, 24.
10. Pausan., IX, 20.
11. Pausan., I, 8.
12. Este rey de Siracusa que Píndaro celebra es Hierón I, al que todos los historiadores y, sobre todo, Diodoro de Sicilia representan como un mal príncipe.
13. *Ístm.*, II, 15.
14. *Pít.*, XI, 76.

CAPÍTULO 6

Que la misma progresión se observa en los historiadores

1. Heród., II, 122.
2. Heród., V, 86.
3. Heród., V, 96. No me atrevo a contradecir a los oráculos y no estoy de acuerdo en que otros lo hagan (Heród., VIII, 77). Prueba de la credulidad de Heródoto y de la incredulidad naciente.
4. Heród., VIII, 129.
5. Heród., I, 13-14.
6. Heród., I, 66-68.
7. Heród., VII, 142.
8. Heród., I, 87.
9. Heród., VII, 197.
10. Heród., IX, 64. Cf. también VI, 27; IX, 99.
11. Heród., II, 45.
12. Heród., I, 147.
13. Cf. la justificación de Heródoto, por el abad Geinoz, *Mém. de l'Acad. des inscript.*, XIX, 163.
14. Heród., I, 32.
15. Heród., I, 34.

16. Heród., VII, 10.
17. Heród., VII, 46. Cf. Larcher, *Notes sur Hérod.*, I, 79, y las observaciones de Wesseling y de Walkenaer, en su edición del autor griego, sobre este celo de los dioses.
18. Platón, en *Fedón*.
19. Cf. Plutarco. *Non posse suaviter vivi, secundum Epicuri decreta* [Que no es posible vivir apaciblemente siguiendo los decretos de Epicuro], en *Morales*, 1086C-1107C. Plutarco se alza con fuerza contra la malignidad de Heródoto en lo que este último dice del celo de los dioses.
20. XIV, 17.
21. Heród., I, 91.
22. Cf., en este sentido, Cicer., *De nat. deor.*, III, 38.
23. Heród., I, 159-160.
24. Heród., VI, 76.
25. Heród., VI, 86. La historia de Glauco, dice Heródoto, prueba dos cosas: la primera, que los dioses castigan, no sólo a los culpables, sino también a sus descendientes; la segunda, que la intención se castiga con tanta severidad como la acción misma. Esto es lo que dice más adelante Juvenal (XIII, 208).

Has patitur poenas peccandi sola voluntas

[este castigo sufre la sola voluntad de pecar].

26. Heród., I, 160.
27. Cf., sobre esta anécdota de Cleomenes, Meiners, *C. G.*, I, 486.
28. Heród., IV, 205.
29. Heród., VI, 24.
30. Heród., IV, 165.
31. Heród., IV, 205.
32. El oráculo había prohibido a Arcesilao que se cociesen los jarrones de tierra, que encontraría en el horno; prendió fuego a una torre en la que se habían refugiado algunos rebeldes, y, de este modo, desobedeció al oráculo sin comprenderlo. Este hecho viene en apoyo de lo que dijimos sobre la naturaleza de los oráculos entre los griegos.
33. Heród., VII, 197.
34. *Hist. gr.*, libro V.
35. Jenof., *Hist. gr.*, III, 4, § 11.
36. Jenof., *Expedición de los diez mil* [*Anábasis*], III, 1, § 14.
37. Jenof., *Hist. gr.*, V, 4, § 1.
38. Heród., V, 44.
39. Ateneo, *Deipnos.*, XII, cap. 4.
40. Heród., III, 40-43, 125.
41. Diod., I, 95.
42. Filipo de Macedonia y Antíoco, rey de Siria, dice en otro lugar Diodoro, emprendieron guerras injustas y cometieron varios sacrilegios y otras acciones bárbaras; por eso, la cólera de los dioses se extendió por sus Estados. En cambio, los romanos sólo emprendieron desde entonces guerras justas y se mantuvieron fieles a sus juramentos y a sus tratados; no sin razón, parecía que los dioses favo-

recían siempre sus proyectos y empresas (Diod., *Fragm.*, XXVI). Esto es seguramente una adulación para los romanos, pues ningún pueblo fue más injusto en sus guerras; pero esta adulación descansa en las ideas recibidas, y eso nos basta.

CAPÍTULO 7

De la misma progresión en los trágicos griegos

1. Cf. más arriba, Libro XI, cap. 4.
2. Cf. el libro siguiente sobre los misterios.
3. Libro V, cap. 5.
4. Libro VII.
5. Esquilo, según Cicerón, se inclinaba por la secta pitagórica. La doctrina de Pitágoras influyó probablemente en la concepción de las Furias protegiendo a Orestes en el santuario y acogiéndolo de nuevo cuando quiere abandonar este asilo religioso.
6. *Edipo en Colono.*
7. *Euménides*, 684-713.
8. *Edipo en Colono*, 901-902-961-966-1155-1007.
9. El entusiasmo de los atenienses por Teseo les hacía tolerar los absurdos anacronismos. En el cuadro del combate de Maratón pintado por Polignoto, Teseo esta presente en esta batalla (Pausan., *Átic.*, 15). Un hecho que muestra cuánto desfiguraban los trágicos la historia para complacer al vulgo lo tenemos en Menelao: grave, prudente, valeroso en Homero, y cobarde y cruel en todas las tragedias atenienses; es un efecto del odio de los atenienses contra Esparta. Y para completar la evidencia, las obras en las que se injuria continuamente a Menelao están llenas también de invectivas contra las costumbres lacedemonias (cf. la *Andrómaca* de Eurípides, 595-601, 445-453). El poeta, para hacer más mordaces estas alusiones, comete un anacronismo.
10. Esquilo, *Prometeo*, 9-11-28-82-83-120-123-238-233-944-945.
11. *Ibid.*, 304-306-734-737-893-905-1090-1093.
12. *Ibid.*, 149-151-310.
13. *Ibid.*, 403-406.
14. *Ibid.*, 199-203-909-911.
15. *Ibid.*, 1003.
16. *Ibid.*, 149-151.
17. *Ibid.*, 34-35.
18. *Ibid.*, 162-166.
19. *Ibid.*, 199-223.
20. *Ibid.*, 937-939.
21. *Ibid.*, 980.
22. *Ibid.*, 955-958.
23. *Ibid.*, 909-914.
24. *Ibid.*, 759-967-906-926.
25. *Ibid.*, 967-968.
26. *Los Siete contra Tebas*, 105-107-172-176.
27. *Los Persas*, 93-101.
28. *Los Siete contra Tebas*, 223-224.

29. *Ibid.*, 76-77-186-187-309-310.

30. Fue vencido por Sófocles, en el juicio de Cimón y de los nueve generales, sus colegas, llamados por el primer arconte para emitir sentencia entre los dos rivales (Plutarco, *Vida de Cimón*).

31. Se prohibió la presencia de las mujeres en los teatros de los antiguos. Sin embargo, la anécdota que relatamos, un pasaje de Platón (*De leg.*), en el que se habla del gusto apasionado de los atenienses por la tragedia, y el artículo de Pólux sobre las *espectadoras*, prueban que no estaban excluidas. Probablemente lo estaban de la comedia.

32. *Las coéforas*, 949-951. *Suplicantes*, 365.

33. *Agamenón*, 378-381.

34. *Suplicantes*, 28-29-386-389.

35. *Las coéforas*, 858-859.

36. *Ibid.*, 398-402. *Suplicantes*, 418-421.

37. *Ibid.*, 118-119.

38. *Suplicantes*, 536-537. Hubiéramos podido multiplicar las pruebas hasta el infinito. La Furia Erinia castigó el crimen (*Las coéforas*, 649-650). Erinia castigó lentamente a los raptores (*Agamenón*, 58-59). Los dioses no olvidan a los autores de los asesinatos. Las negras Furias persiguen al final al que se alegró del crimen (*Agamenón*, 469-470). Si os entrego, a vosotros que os refugiáis en los templos de los dioses, siento temor de excitar contra mí a un vengador terrible que no me abandonará, incluso después de mi muerte, en los infiernos (*Suplicantes*, 418-421).

39. Los atenienses decían, a este respecto, que Esquilo había ganado más premios después de su muerte que en vida.

40. Esta impresión debe de ser muy profunda, ya que el señor de La Harpe, el más ajeno de todos los críticos al sentido moral de la Antigüedad, no pudo dejar de sentirla.

41. *Las traquinias*, 38. Si, como varios críticos han pensado, *Las traquinias* no eran más que una obra atribuida falsamente a Sófocles, esta circunstancia explicaría aún mejor la ligera dificultad que podría desconcertar al lector.

42. Libro VII, cap. 10.

43. *Electra*, 472-515.

44. *Ibid.*, 175-178.

45. *Ibid.*, 1064-1065.

46. *Ibid.*, 110-115.

47. *Edipo rey*, 865-868.

48. *Ibid.*, 863-910.

49. *Edipo en Colono*, 1370-1371.

50. *Las coéforas*, 437.

51. *Electra*, 445-446.

52. *Edipo rey*, 1371-1373.i

53. *Alcestis*, 844-845.

54. *Eneida*, VI, 495-497.

55. Incluso los describe en un lugar que repugna a los dioses y a los hombres. Se ve en esto la mitología confusa y de doble sentido de Hesíodo.

56. El templo de las Furias se construyó en Atenas en tiempos de Solón, por

orden de Epiménides (Dupuis, *Des mystères*, 120-189). Atenas era la ciudad de Grecia donde más se veneraba a las Furias, quizá porque allí se desarrolló la religión más rápidamente y se unió a la moral de un modo más íntimo que en otros lugares. Las Furias eran las protectoras del Areópago y ocupaban, en la veneración del pueblo, un lugar inmediatamente después de Júpiter liberador y de Apolo (Stauedl., *Rel. Magaz.*, 491-492).

57. *Las coéforas*, 321-326-379-380.

58. *Antígona*, 80-82.

59. Plutarco (*Vida de Pompeyo*) nos conservó de él estos dos versos: «Quien no huye de los palacios de los reyes puede entrar libre, pero permanece esclavo».

60. Después de haber comparado a Homero con los poetas que le sucedieron, podríamos compararlo con los pintores que tomaron de sus poemas el tema de sus obras. Encontraríamos nuevas pruebas de la modificación de las opiniones. Aunque se haya hablado, en el libro XI de la *Odisea*, de Pirítoo y de Teseo, no se dice en él que sufrieran algún castigo; pero Polignoto, en su cuadro del discurso de Ulises (cf. más arriba Libro VIII, cap. 3, nota 15), nos pinta a estos héroes que expían su impiedad y sus pasiones adúlteras, encadenados en un trono de oro (Pausan., *Fócida*, 28-29 y 30). El cuadro de Polignoto estaba expuesto en la *lesque* de Delfos (la *lesque* era el lugar en el que, en cada ciudad, se reunían los ciudadanos). El mismo pintor, en el mismo cuadro, representa, en la barca de Caronte, a varios culpables condenados, y, al no encontrarse nada parecido en el poeta antiguo, sólo las ideas de su tiempo pudieron sugerir al pintor estas adiciones.

CAPÍTULO 8

De Eurípides

1. 873-900.

2. 901-931.

3. 1002-1080.

4. Los corintios, por ejemplo, si damos crédito a antiguos escoliastas, lo sedujeron y lo incitaron, por cinco talentos, a echar la culpa a Medea del asesinato de sus hijos, a los que los ciudadanos de esta ciudad habían lapidado (escol. Eurípid., *in Medeam*, 9. Elian., *Var. Hist.*, V, 21. Pausan., *Corint.*, 3).

5. Aulio Gelio, *Noct. att.*, XVII, 4.

6. Agatón, por ejemplo.

7. En la corte de Arquelao, rey de Macedonia

8. Cf. Libro VII, cap. 3.

9. Ideas sobre la vida y sobre la vejez; Eurípides, *Supl.*, 1064-1097-1080-113; digresión sobre la juventud, *Hérc. fur.*, 637-652-627-254.

10. *Suplicantes*, 1094-1093-1181-1182.

11. *Ibid.*, 734-738-744-749-864-865-879-880.

12. *Ibid.*, 339-343-350-353-471-493.

13. *Bacantes*, 249-252-270-271.

14. *Hécuba*, 254-257.

15. *Ibid.*, 592-602.

16. *Ión*, 1595-1596-1621-1622.

17. *Helena.*

18. *Electra,* 263-290.

19. Los antiguos creían que se había aprovechado abundantemente de una obra de Esquilo sobre el mismo tema, obra que no nos ha llegado.

20. Cf. toda la escena de Baco con Penteo, *Bacant.*, 910-974.

21. Plutarco nos relata una anécdota, muy apropiada para convencernos de la indiferencia de Eurípides por las opiniones que él prestaba a sus personajes y de la escasa relación que intentaba establecer entre estas opiniones y su papel. Había comenzado la tragedia de *Menalipo* con unos versos que parecían poner en duda la divinidad de Júpiter. Como los atenienses expresasen su desaprobación con murmullos, Eurípides cambió enseguida los versos por otros que expresaban una creencia totalmente opuesta (Plut., *in Amat.*).

22. *Hipólito,* 486-487.

23. *Orestes,* 885-952.

24. *Andrómaca,* 92-94.

25. *Hécuba,* 814-832.

26. *Alcestis,* 629-670.

27. Sófocles sólo cae una vez en este fallo: cuando, en *Edipo rey,* el coro pregunta en un himno, por lo demás muy bello, qué dios dio la vida a Edipo, ya que no es hijo de Pólibos, mientras que todo demuestra que es el de Layo.

28. Cf., sobre todo, vv. 315-345.

29. *Medea,* 215-224.

30. Varios críticos aseguran que *Reso* no es de Eurípides. Pero esta tragedia, si no es suya, es, sin duda, de su escuela. Tiene los mismos defectos que las suyas, algunas de sus virtudes, y su composición sigue los mismos principios.

31. *Ifigenia en Áulide,* 1185-1190.

32. *Troyanas,* 971-982.

33. *Hércules furioso,* 1341-1346.

34. *Orestes,* 419-420.

35. *Andrómaca,* 1161-1165.

36. *Troyanas,* 469-471.

37. *Fenicias,* 1374-1385.

38. *Reso,* 456-458.

39. *Orestes,* 340-344.

40. *Fenic.*, 1717-1718.

41. Llamada también *Las coéforas.*

Capítulo 9

Algunas palabras sobre Aristófanes

1. Tragedia de Esquilo (cf. Fabricius, *Bibliotheca Graeca*), o de Eurípides, según el padre Brumoy, t. VI, p. 70.

2. Cf. los fragmentos de Eurípides, en la edición de Leipzig, t. II, p. 481. Belerofonte aparece a caballo sobre Pegaso; Trigeo, sobre un escarabajo; Júpiter se apodera del escarabajo y de Pegaso; ni Trigeo ni Belerofonte llegan hasta los dioses, porque éstos se han retirado a lo alto del Olimpo.

3. Bergler, en su comentario sobre Aristófanes, indica los pasajes de los trágicos que parodió. La costumbre de estas parodias duró mucho tiempo después de Aristófanes y la reforma de la comedia antigua, como nos muestra un fragmento de *Timocles*, en Estobeo.

4. La voracidad de Hércules se toma de estos dos poetas. Cf. Píndaro, *Olímp.*, I, 82, y el pasaje de *Alcestis*, 747-760, en el que el intendente de Admeto calcula cuánto vino bebió y cuánta carne comió Hércules.

5. Se lee en Plutarco, *Vida de Nicias*, que los griegos prisioneros en Sicilia sabían de memoria las tragedias de Eurípides.

6. Cuando Aristófanes, en *Las nubes*, presenta a Sócrates abandonando a los dioses del Estado y adorando sólo al caos, al aire y las nubes que invocan al Éter, su padre (v. 568), los atenienses reconocen enseguida la alusión a Eurípides, que nombra al Éter con un epíteto que Aristófanes refuerza, para hacerlo más ridículo (*Helena*, 872). Cuando presenta a Baco (*Las ranas*, 1469-1471) protegiendo el perjurio, era otra alusión al conocido verso por el que se había perseguido a Eurípides.

7. Los atenienses habían ordenado actuar contra los impíos (γραφὴν ἀσέβειας, Pólux, VIII, 40) y contra los ateos (ἄθεον). Esta actuación se llevaba ante el segundo arconte, encargado de todo lo relacionado con el culto, y llamado el arconte rey, porque, en otro tiempo, la administración del culto era una prerrogativa real (Pólux, *ibid.*, 90). El arconte sometía la acusación al tribunal de los heliastas. Pero las leyes contra la impiedad sólo alcanzaban a los que negaban a los dioses o divulgaban los misterios. Las obras dramáticas no les estaban sometidas, y los autores introducían sin peligro palabras impías, siempre que apareciese en boca de sus personajes y no en la parte del poema considerado como perteneciente al poeta, por ejemplo, en los coros.

8. Walkenaer y Beck., sobre Eurípides, III, 272. Barthélemy, *Anacharsis*, VI, cap. 71.

9. *Pluto*, 1122.

10. *Las nubes*, 1456.

11. Se ha puesto en duda la influencia de la comedia *Las nubes* en el proceso y la muerte de Sócrates. Creemos que el señor Cousin (*Fragm. phil.*, pp. 151-159) ha aclarado perfectamente esta cuestión. La influencia no fue ni repentina ni directa. La muerte del filósofo no entraba probablemente en la intención del poeta; pero sus ataques prepararon los espíritus, y no creemos que se le pueda absolver del resultado que aquéllos trajeron. Lo que se ha comprobado es que él permaneció como espectador apacible e indiferente ante el acontecimiento del que él mismo era parte. Sócrates murió mucho antes que él, sin que intentase salvarlo. La cosa no es sorprendente. Aristófanes era en Atenas lo que son, en nuestros días, los hombres que quisieran que los siglos retrocediesen. Pero los mejores de esta opinión ven con indulgencia lo que hacen los malos. Inaccesibles a las ideas, se ensañan con las personas, creyendo siempre que, si tal hombre no existiese, ya no sería posible el triunfo de semejante idea. La muerte de un individuo les parece la muerte de un sistema. Por eso, más que por una perversidad natural, no socorren ni perdonan a ningún enemigo. Perdonémoslos: la naturaleza actúa contra ellos como querrían actuar contra nosotros. Sólo hay que esperar. Desaparecen sin hacer nuevos adeptos.

CAPÍTULO 11

De las relaciones de la moral con las dos formas religiosas

1. *Edipo en Colono*, 233-236; *ibid.*, 256-257.
2. *Odis.*, XIII, 146.
3. *Odis.*, 151.
4. Esquilo, *Las coéforas*, 902.
5. Heród., V, 63.
6. Euríp., *Orest.*, 415-418. Hay que observar, en este diálogo de Orestes y de Menelao, que no se dice que el orden de los dioses legitime la acción que ordena. Se les obedece como a la fuerza, no como a la moral.
7. *Saepe premente deo, fert deus alter opem* [a menudo, cuando un dios acosa, otro dios viene en ayuda] (Ovidio, *Tristes*, I, 2, 4).
8. Dion. de Hal., X, 6.
9. *Victrix causa deis placuit, sed victa Catoni* [La causa vencedora plugo a los dioses, pero la vencida, a Catón] (*Farsalia*, I, 128).
10. Cf. el prefacio del *Bhagavad Gita*. Los atenienses tenían un libro profético y misterioso: lo ocultaban con tanto cuidado que ningún pasaje ha llegado hasta nosotros. Dinarco es el único autor que habla de él, en su arenga contra Demóstenes, al que acusa de haber faltado al respeto a este volumen, del que dependía, según él, la salvación del Estado (Reiske y Paw, *Rech. sur les Grecs*, II, 205). Pero nada anuncia que este libro contuviese preceptos de moral; prescribía, probablemente, ritos, ceremonias y oraciones. El doctor Coray cree que los atenienses consideraban que guardaba el secreto de sus destinos, secreto confiado a Teseo por Edipo (Chard. de la Roche, *Mélanges*, II, 445-451). El escoliasta de Teócrito (*Idyll.*, IV) menciona también los libros que llevaban las mujeres en las Tesmoforias; pero la observación que acabamos de leer se aplica igualmente a estos volúmenes sagrados. Los libros de los pontífices que Flavio, secretario de esta corporación, divulgó y que Ovidio puso en verso en sus *Fastos* no contenían preceptos morales, sino la indicación de los días de fiesta y las leyendas de la antigua Roma.
11. Es cierto que, en esta creencia, la protección de los dioses justifica el crimen, que los bandidos indios, los Phansigars, de los que ya hablamos una vez, se creen inocentes y religiosos, cuando siguen las reglas prescritas en un código titulado *Chaudra Vidya*, ciencia de los ladrones. Se encuentra en una comedia india (el *Mrichhatti*) el formulario un poco encubierto de las oraciones que los bandoleros dirigen al dios que los protege.
12. Varias leyes de los judíos, dice un erudito muy piadoso (Cunaeus, *De Rep. Hebr.*, II, 24), no las dicta ni la razón, ni la naturaleza, sino la inexplorable voluntad de Dios. Se sirve incluso de la expresión *incerta numinis voluntate* [la inestable voluntad de la divinidad]; y, con este término, *incerta*, indica que, por la voluntad de Dios que cambia, las cosas prohibidas y, por tanto, las malas, se harían permitidas y, por consiguiente, buenas.
13. Hyde I. Estrabón.
14. Diod., I, 2.
15. Prefacio del *Bhagavad Gita*, p. LXII.

16. *As. Res.*, IV, 35-37.

17. Tournefort, *Voyage au Levant*, II, 167. Es sorprendente, dice Spencer, que Dios, en su pueblo, hubiese vinculado la pena de muerte con la menor violación de los ritos, mientras que el rapto, el robo o el asesinato eran castigados con menor severidad: *Proclive est observare Deum cuilibet legi rituali, supplicium extremum statuisse, quum tamen peccatis sua natura gravioribus, fornicationi, furto, proximi mutilationi, et ejusmodi poenas longe mitiores dedisse* [es una obviedad observar que Dios ha establecido el máximo castigo para cualquier ley ritual, cuando sin embargo para pecados más graves por su propia naturaleza, la fornicación, el hurto, la mutilación del prójimo y cosas por el estilo, ha decretado penas mucho más suaves] (*De leg. ritual. Hebr.*, p. 48). Cita como prueba: *Levítico* 6, 2-4; 7, 20-21.25.27; 10, 1-2; 11, 44-45; 18, 2-4-5-20-21-22-23-30; todo el cap. 19; 20, 7-8; 22, 3; 23, 22-29-30; 24, 19; 25, 36-38-39-43; 26, 34. *Deuteronomio* 5, 10; todo el cap. 6; 10, 12; 11, 26-27-28; 17, 12; 26, 13-14-16-17 y 18; 27, 10; 28, 1.15; 30, 8-10. *Éxodo* 22, 1; 23, 22; 30, 33-38; 31, 14-15. *Josué*, 8, 24. Si un hombre ofende a otro hombre, Dios podrá ser aplacado; pero si ofende a Dios directamente, ¿quién intercederá por él? (1 *Samuel* 2, 24-25).

18. Taube, *Descript. d'Esclavonie*, I, 76.

19. Chardin, IV, 157.

20. *Bhag. Gita*, v. 124.

21. *Los trabajos y los días*, 725-758.

22. A Spencer, autor de una obra de una erudición inmensa y de una intencionalidad muy ortodoxa, lo llevó la buena fe que luchaba en él contra su condición de teólogo a reconocer este carácter arbitrario en el estilo imperioso de la ley mosaica. No ve ninguna explicación que explique su causa, o moral o natural. Reconoce que estas palabras que preceden y que siguen a casi todas las leyes: «Yo soy el Eterno, vuestro dios, guardad mis mandamientos», sólo pueden traducirse por esta paráfrasis despótica: «Estos mandamientos pueden pareceros fútiles o contrarios a vuestras ideas del bien y del mal; básteos saber que yo soy su autor, yo vuestro maestro» (Spencer, *De leg. ritual. Hebr.*, p. 613.) Spencer reconoce finalmente que, en todos los tiempos, los judíos habían considerado las leyes divinas como emanadas de un poder discrecional (*ibid.*, p. 7). Enfocando su religión desde este punto de vista, los judíos consideraron sacrílego el examen de los motivos que habían guiado a la Divinidad (cf. el libro titulado *Coseri*, *in* Buxtorfio, parte I, § 26). En efecto, este examen lo prohíben sus propias leyes (*Números* 15, 39). «No cederéis a los caprichos del corazón y de los ojos». Los comentaristas de los hebreos añaden: «La curiosidad pervierte y desnaturaliza la ley. ¿Quién puede querer, sin impiedad, penetrar en los secretos de su dios? Si la razón de un precepto fuera como la de un hombre, ¿dónde estará la gloria de la obediencia? (cf. el libro de la *Gemara* y el rabino Schem-Yobh, en Spencer). Cuando el hombre descubre la finalidad de lo que se le prescribe, está más dispuesto a cumplir con ello. Este conocimiento le facilita la ejecución del precepto; y el espíritu imbuido a la vez del orden y de la razón que lo motiva, pierde ya el mérito de una servidumbre plena». Existe, en esta manera de concebir las relaciones del Ser supremo con el hombre, un singular antropomorfismo. Dios aparece entonces como los déspotas de la tierra, que quieren que se les obedezca sin preguntas ni lamentos, que se jactan de que se

cumplan sus voluntades, sin ser comprendidas. Si se comprendieran o aprobasen, su autoridad sufriría menoscabo; perderían en poder lo que ganasen en aprobación. Bochart (De animal. sacris, libro II, 491) cayó en tal antropomorfismo que llama autocracia a la autoridad de Yahvé.

23. Montesquieu, El espíritu de las leyes, XXIV, 14.

24. Resulta muy curioso de leer, a este respecto, a un autor al que ya citamos algunas veces anteriormente, aunque no se haya distinguido ni por su erudición ni su talento, sino porque manifiesta en sus razonamientos un candor rebuscado, que le impide ocultar las consecuencias de las premisas que adopta. Siempre que refiere algún rasgo de piedad o de clemencia por parte de los reyes judíos hacia los vencidos dice: «Los hombres hubieran juzgado esta acción como virtuosa, pero era un crimen, por ser contraria a la voluntad de Dios» (San Felipe, Monarchie des Hébreux. Cf. el relato de la indulgencia de Acab hacia Benhadad y otros muchos pasajes). Cuando nos describe al altivo Asá, amenazando a su madre con el último suplicio sigue diciendo (ibid., II, 305): «A un príncipe cuando se trata de la religión, ninguna relación lo ata a los hombres. No es ni hijo ni padre; sólo es el lugarteniente de Dios, cuyo poder representa y al que sustituye para ejercer su justicia». En fin, cuando narra el asesinato de Sísara por Jahel (ibid., I, 128) dice: «Existe grandeza y nobleza en respetar en un enemigo la confianza que nos muestra; pero la religión se interesa por nuestra conducta, la generosidad ya no es oportuna. El amor a la religión movió el brazo de Jahel. La religión es el primer deber de los hombres. Jahel pudo, en conciencia, emplear todo tipo de medios, invitar a Sísara con un semblante amistoso, cubrirlo con su abrigo, matarlo durante el sueño. Por eso el ángel que anunció la encarnación no pudo encontrar, en honor de María, expresiones más gloriosas que las que los hebreos habían empleado para celebrar la victoria de Jahel» (Cf., también, en la misma obra, el relato del asesinato de Aglon por Aod.) «Si fuera cierto», dice Sozomeno, al hablar de la muerte de Juliano, de la que se acusaba a los cristianos, «que alguien, para el servicio de Dios y de la religión, se hubiese armado de un valor parecido al de los antiguos libertadores de la patria, difícilmente se le podría condenar» (Hist. eccles., VI, 12).

25. As. Res., IV, 36. En un pasaje del Bhagavad Gita, los principios religiosos sobre la inmortalidad del alma se utilizan para paliar o justificar el homicidio.

26. Gesen, ap. Prateol.

27. Possev., Bibl. Select., X.

28. Salmo 19.

29. Corintios 4, 4. Ya hablamos del compañero de san Bruno que, habiéndose felicitado, al morir, de no haber pecado nunca, fue condenado a los infiernos eternos, en castigo por la confianza en sí mismo. Pero considerad cuán complicados son los teólogos: Prudencio, poeta cristiano, no se permite esperar que su alma se salve; sólo aspira a no ser arrojado a lo más profundo de los abismos; y los mismos autores que encuentran equitativo que el compañero de san Bruno sea condenado, por haberse creído demasiado seguro del paraíso, declaran impía la humilde petición de Prudencio, que sólo desea que se le mitiguen los sufrimientos del infierno (Bayle, art. Prudence).

30. Los católicos cayeron algunas veces en este error. Conozco uno que,

aún hoy, reprocha a los protestantes su celo por la moral y su tibieza por la fe (*Le Catholique*, n.º V, p. 230).

31. Un indio, cualquiera que haya sido su conducta, se salva si muere en un lugar santo, o si sujeta con la mano el rabo de una vaca, o si es arrojado al morir, o después de la muerte, al Ganges, o, en fin, si se rocía con una rama de árbol bañada en el agua de este río (Roger, *Pagan. ind.*).

32. El nombre de Vishnú, pronunciado sin intención, tiene el poder de borrar todos los crímenes.

33. Las ceremonias y las abluciones prescritas purifican al hombre de las acciones más culpables, dicen los brahmanes en sus oraciones expiatorias (*As. Res.*, V, 360). Es uno de los inconvenientes de las ideas de impureza y de purificación. El hombre pasa fácilmente de la noción de purificación a la idea de que estas purificaciones lo absuelven de sus faltas.

34. En una inscripción sánscrita, encontrada cerca de Gya, se lee estas palabras: «Amara Deva construyó el santo templo que purifica del pecado. Un crimen, como tantos otros, será expiado con sólo mirar a este templo; un crimen, como otros miles, con sólo tocarlo; y un crimen, como otros miles, mediante la adoración» (*As. Res.*, I, 286). El perdón de todos los pecados se vincula a la visita al templo consagrado a Rama en la isla de Ceilán (Paulin, *Syst. brahman.*).

35. Basta con ver el *kolpo*, o el *tulochi*, para ser perdonado de todos sus pecados.

36. Ya hablamos de la eficacia de las aguas del Ganges; los moribundos a los que se les humedece los labios con el agua de este río son purificados de todos sus pecados (pref. del *Bhag. Gita*, LXII, LXX). La opinión de los cristianos de los primeros siglos sobre la eficacia del bautismo no difiere mucho de la de los indios. Se sabe que el bautismo se demoraba con frecuencia hasta el momento de la muerte, como medio seguro para borrar todos los pecados cometidos durante la vida. Los Padres de la Iglesia censuraban este cálculo, pero no negaban el efecto del bautismo (Crisóstomo, *in Epist. ad Hebraeos, Homil.* 13. Chard., *Hist. des sacrem.*).

36. Las sílabas *om, am, um*, componen una plegaria muy eficaz para el perdón de todos los pecados. Los brahmanes atribuyen también un poder expiatorio a ciertas palabras repetidas cientos o miles de veces seguidas, contándolas con sus rosarios (*As. Res.*, V, 356). Cuando las palabras misteriosas se pronuncian sobre la víctima, dice el capítulo sobre la sangre que citamos en otro lugar, Brahma y todas las otras divinidades se reúnen en ella y, a pesar de algún pecado que haya cometido el sacrificador, se hace puro e irreprochable (*As. Res.*). La repetición de una sentencia de los Vedas absuelve de los pecados más graves (*Leyes de Menu*, XI, 260). Los chinos que profesan la religión de Fo creen que, repitiendo las palabras *omito-fo*, obtienen una absolución total.

38. «Una donación de tierras a hombres piadosos, para peregrinaciones santas o para fiestas solemnes, es el medio, dicen los brahmanes, para atravesar el océano sin fondo de este mundo. Una donación de tierras por los soberanos es el verdadero puente de justicia [...] El que, por avaricia, atenta contra estas donaciones, se hace culpable de cinco grandes crímenes y vivirá largo tiempo en la morada del castigo [...] El donador de tierras permanece en el cielo durante sesenta mil años; el que se apodera de ellas permanece el mismo tiempo

en los infiernos» (extracto de una donación de tierras, trad. del sánscrito; *As. Res.*, I, 363-367). Los parsis que no saben o no pueden realizar por sí mismos las ceremonias prescritas pagan a un sacerdote para que lo haga en su lugar; y estas ceremonias, hechas por procuración, tienen la misma eficacia (Anquetil, *Voy. aux Indes*. Bundehesch, I). La idea de penitencia ha sufrido, en general, en las religiones sacerdotales, una modificación singular respecto a la moral. Los talapoins (cf. Laloubère, *Relat. de Siam*) y los sacerdotes de los drusos (Niebuhr, *Voy. en Arab.*, II, 429) declaran que la penitencia es necesaria; pero que los profanos, en lugar de hacerla ellos mismos, deben contar con los sacerdotes a los que pagan. Con esta precaución pueden cometer impunemente pecados que otros expían válidamente en su lugar.

CAPÍTULO 12

De las verdaderas relaciones de la religión con la moral

1. Montesquieu.

LIBRO XIII
QUE LOS MISTERIOS GRIEGOS FUERON INSTITUCIONES
TOMADAS DE LOS SACERDOCIOS EXTRANJEROS, Y QUE,
SIN DEJAR DE CONTRADECIR A LA RELIGIÓN PÚBLICA,
NO LA MODIFICARON EN SU PARTE POPULAR

CAPÍTULO 1

De cuántas dificultades está erizado el tema de este libro

1. Para conocer a fondo los misterios, habría que considerarlos desde tres puntos de vista distintos: 1) como lugar en el que se depositan los dogmas y ritos extranjeros; 2) como transacción del sacerdocio con las opiniones que se formulaban progresivamente y que éste adoptaba para desarmarlas; 3) como causas de la decadencia y declive de la religión pública. Pero los dos primeros enfoques son los únicos que nos interesan actualmente. Los lectores que quieran profundizar más en el estudio detallado de los hechos, encontrarán en Meursius (*Graecia feriata*), en Sainte-Croix (*Des mystères*), en Heyne (*Notas sobre Apolodoro*) y en Creuzer (*Simbólica*) la indicación de las fuentes que deberán consultar.

CAPÍTULO 2

De lo que eran los misterios en las naciones sometidas a los sacerdotes

1. τελετη. *Etym. Magn.*
2. Jámblico, *De comm. mathem.* Villoison, *Anecd. Graeca*, p. 216. Clem. de Alej., *Strom.* Cf. Eschenbach, *De poesia orphica.*
3. Gale, *Opuscula mythologica.*

4. Clem. de Alej., *Strom.*
5. Cf. Thiers, *Expos. du saint sacrement*, libro I, cap. 8, y Pellicia, *De eccles. christ. primae, mediae, et noviss. aetat. politia*, I, 2 s.
6. Diod., XVII.
7. Diógenes Laercio, I, 6.
8. Suidas, art. *Ferecides.*
9. Heród., *passim.*
10. *De bello Gallico*, VI.
11. Fírmico.
12. Basnage, *Hist. des Juifs.* Buxtorfio, *Bibl. rabbin.*, p. 184. Hottinger, *Bibl. orient.*, p. 33. Maimónides, *More Nevoch.*
13. Cf. Libro VI, cap. 3.
14. *Ibid.*
15. Heród., II, 171.

CAPÍTULO 3

Cómo se trasladaron estos misterios a Grecia y lo que fue de ellos

1. Sainte-Croix, pp. 77-86. Müller, *De hierarchia*, p. 104.
2. Diod., III, 55.
3. Heród., II, 171; IV, 172.
4. Heród., II, 49. Apolodoro, *Bibl.*, I, 9; II, 12. Los misterios de la Ceres cabírica en Beocia tenían también un origen fenicio. Navegantes fenicios habían construido allí un templo dedicado a esta diosa.
5. Eurípides, *Bacantes*, 460-490. Pueden verse, en Wagner (p. 330), pruebas de que los misterios de Baco se introdujeron en Tebas desde el extranjero.
6. Fundamentalmente, según Pausanias, en la *Argólida.*
7. Pólux la llama la danza pérsica (*Onomast.*, IV); otros, la danza misiena (Jenofonte, *Anáb.*, VI, 1-5).
8. Creuzer, III, 360-363. Cf., sobre el origen extranjero de los misterios de Baco, incluso según los griegos, Heeren, *Asie*, 439-440.
9. Existe, en Goerres (II, 379, nota), una exposición de las procesiones, de los misterios y de la significación simbólica de estas procesiones, con curiosas observaciones sobre la conformidad de las diversas mitologías.
10. Plut., *De Isid. et Osir.* Escol. Apolon., I, 917. Lactancio, *De fals. rel.*, pp. 119-120. Diod., I, 2, 36.
11. Los fundadores de los misterios en Grecia intentaban añadir a la fidelidad de las imitaciones la celebración en lugares semejantes a los de su antigua patria. Parece, por un pasaje de Aristófanes (*Ranas*, 209 s.), que los misterios de Baco en Atenas tenían lugar a las orillas de un lago, porque los de Osiris se habían celebrado en el lago Sais. Los misterios de la ciudad de Lerna, consagrados al mismo dios, tenían como teatro, en la Argólida, las orillas del Alción. Creuzer (IV, 50-55) refiere una costumbre de las matronas romanas, tomada de una tradición griega que, a su vez, era extranjera en Grecia. Cf. también detalles sobre el culto de Damia y de Anxesia.
12. Ceres, en los misterios, Axieros; la reina de los infiernos, en la India,

Asyoruca; Proserpina, Axiocersa; la hija de la divinidad india, Asyoturscha (*As. Res.*, pp. 299-300).

13. *Conx, om, pax.*

14. Leclerc, *Bibliot. univ.*, VI, 74. Court de Gébelin, *Monde prim.*, IV, 323.

15. El primero, κογξ, sánscrito, *cansha*, significa objeto del deseo; el segundo, *om*, el monosílabo consagrado del que los indios se sirven al comienzo y al final de todas sus oraciones; el tercero, παξ, sánscrito, *pascha*, significa la Fortuna; y no se debe olvidar que los etruscos colocaban la Fortuna entre los Cabiros (Serv., *ad Aen.*, II, 325). No eran las únicas palabras extranjeras trasladadas a los misterios. Creuzer (III, 486) cita otras muchas. Se podría formar, dice, una especie de vocabulario de las expresiones y de las fórmulas adaptadas.

16. Plin., *Hist. nat.*, IV, 23.

17. Apolod., *Argonáut.*, I, 915-918.

18. Valerio Flaco, II, 435-440.

19. Pausan., *Corinto*, 4. Apuleyo, *Metam.*, XI.

20. «Homero y Hesíodo», observa Heeren (*Grecs*, 92), «no hablan de los misterios; y, suponiendo, lo que es probable, que los misterios fuesen más antiguos que estos poetas, no tenían en su tiempo la importancia que adquirieron después».

21. Libro V, cap, 1.

22. Los extranjeros, fundadores de los misterios, debieron de ser los primeros sacerdotes, aunque no hubiesen ejercido, en su antigua patria, las funciones sacerdotales, y los descendientes de estos extranjeros continuaron siendo revestidos de una dignidad que poseían de sus ancestros. Los Eumólpidas, en Eleusis, representaban a los sacerdotes superiores; los Cerices, a los pastóforos de Egipto. Pero los Cerices, de origen ateniense, no eran más que sacrificadores subalternos (Ateneo, VI y XIV), y los cuatro primeros ministros de los misterios, el hierofante, etc., debían de ser todos de la misma familia de los Eumólpidas (Heeren, *Grecs*, p. 97). Si el espíritu nacional de los atenienses dio la superintendencia de los misterios a un arconte (Lisias, *Contra Andócides*) y a dos administradores elegidos por el pueblo (se los llamaba *epimeletes*, Pólux, *Onomast.*, VIII, 9, § 90), todos los demás sacerdotes del culto misterioso debían de pertenecer a familias sacerdotales (Arístid., *Eleus.*).

23. Creuzer, en su cuarto volumen (pp. 186-237), analiza con una sagacidad notable este trabajo del sacerdocio, aplicándolo especialmente a Ceres y a Proserpina y examinado con detalle los nombres y sobrenombres dados en los misterios a estas dos divinidades.

24. Pausan., *Beocia*, 24.

25. Había, en Grecia, varias estatuas que sólo los sacerdotes tenían derecho a ver: la Minerva de Atenas, la Diana de Éfeso, etc. Se decía que habían caído del cielo.

26. Esta reticencia sobre los nombres de los dioses formaba parte de los misterios de Egipto, y es digno de destacar que la *Edda*, al hablar del nacimiento del gigante Ymer, evita llamarlo el dios por cuyo poder este gigante fue formado (*Edda*, fábula 2).

27. Cf. el jarrón antiguo de la colección de Lanzi.

28. Por la misma razón, contra nuestra regla habitual, citamos algunas veces a autores de una Antigüedad muy remota. Sólo ellos conocieron los misterios, tal como habían resultado de esta confusión y esta mezcla.

CAPÍTULO 4

Conformidad de los dogmas misteriosos de Grecia con los ritos y los dogmas sacerdotales

1. Libro III, cap. 6.

2. Cf. Nonno y otros. Dioniso Zagreo, con cabeza de toro, era hijo de Júpiter y de Persófone. Se habla de este Baco deforme en Pausanias, citado por Eusebio (*Praep. evang.*, V, 36). Baco retomaba también sus alas en los misterios, con el nombre de Baco Psitas. También se le ve en los monumentos de Herculano. Estos dos atributos, que recordaban la infancia del arte expresaban, el primero, una noción astronómica; el segundo, la regeneración del alma y su retorno al cielo. Ceres, en los misterios, aparecía armada con una espada, como en Persia Diemschid con un puñal. El Saturno o Hércules órfico tenía igualmente una cabeza de león o de toro, con alas y cuerpo de hombre.

3. En las Panateneas, un sacerdote representaba a Baco. Esta adopción del vestido y, al tiempo, del nombre de los dioses por parte de los sacerdotes, produjo una gran confusión, tanto en las fábulas de la religión pública como en los misterios. Es casi imposible distinguir a los sacerdotes de sus dioses, la historia de los dioses de la de sus sacerdotes. En los misterios ideos, por ejemplo, Jasión es un dios; en los de Samotracia, es un sacerdote. Una fábula posterior reúne las dos tradiciones, dando a Jasión como mujer a Ceres y como dote la apoteosis.

4. Otro nombre de Mitriacas.

5. Porfir., *De abst.*, IV, 16.

6. A veces, aunque raramente, estos disfraces pasaban de los misterios a los ritos públicos. El escoliasta de Arístides (*Orat. Panath.*, ed. Iebb., p. 96) observa que, en las Bacanales, un sacerdote realizaba la función de Baco; otro, la de un sátiro. En Valerio Flaco (*Argonáut.*, II, 264 s.), Hipsípila viste a su padre con el vestido de Baco. Estas costumbres fueron transportadas a Roma, en los Cerealia y en las Isíacas. El propio Cómodo apareció en una fiesta con la cabeza de Anubis (Lampridio, *Vida de Cómodo*, cap. 9), y se lee en las notas de Casaubon unos versos dirigidos a un cónsul que se había mostrado así públicamente en una ceremonia.

Teque domo patria pictum cum fascibus ante,
Nunc quoque cum sistro faciem portare caninam,

[y (dicen) que tú, anteriormente, en tu casa paterna, te engalanabas con las fasces, / pero que ahora también llevas, a la vez que el sistro, la cara del perro (Anubis)] (*Oda a un senador*, 31 s.).

7. Cicer., *De nat. deor.*, III, 19. Ovid., *Fast.*, VI, 545.

8. Sócrates, *Hist. eccles.*, II, 2.

9. *De abst.*, II, 56.

10. Focio, *Bibl.*, 1446.

11. Euríp., *Fenicias*, 860-861. Pausan., *Ática*, 38. Cf. también Creuzer para los sacrificios humanos en las Mitriacas (II, 219).

12. Lampridio, *Vida de Cómodo.*

13. Gori, *Mus. Etrusc.*, I. Pausan., *Beocia*, 20.

14. Virgilio, *Eneida*, VI. No acostumbramos citar a autores romanos como prueba de costumbres griegas; y, por ejemplo, nos guardaríamos mucho, como ciertos eruditos franceses, en apoyar en la autoridad de Virgilio, nuestras afirmaciones sobre el infierno de Homero. Pero se sabe que todo lo que dice Anquises a Eneas en el libro VI de la *Eneida* es una descripción de los misterios establecidos en Grecia.

15. Todas estas ceremonias se debían a un dogma propio de las religiones sacerdotales, y que, como veremos después, se convierte en la base y el principio fundamental de los misterios, el del retorno al cielo de las almas purificadas. Dioniso era, de ordinario, el gran purificador. Este dogma era, en efecto, el más necesario para el poder de los sacerdotes. Se conoce el gran partido que la Iglesia romana sacó de él hasta la Reforma. Para inculcarlo más, se representaba los castigos del alma en los infiernos.

16. Diod., II, 4. Pausan., I, 38. Átic., 37.

17. Apul., *Metam.*, X. Pausan., *Arcad.*, 15. Porfir., *De abst.*, IV, 16. Los dulces de la sorpresa proscritos en Egipto los rechazaban las Eleusinas. En Exon, villa de Ática, nadie se atrevía a comer cierto pescado, porque los misterios lo consideraban sagrado.

18. Cf. Libro VI, cap. 7.

19. Diodor., II, 4. Pausan., I, 38.

20. Arriano, *Vida de Epicteto*, III, 21. Bebía cicuta para hacer menos rigurosa esta privación. A los sacerdotes de Diana, en Éfeso, se les obligaba a permanecer castos y en ayunas durante un año. En Arcadia, los sacerdotes y las sacerdotisas de Diana Hymnia se sometían a las mismas obligaciones durante toda su vida (Pausan., *Arcad.*, 13).

21. Demóstenes, *contra Neaeram*. Este juramento no se imponía sólo a las sacerdotisas, sino a todas las mujeres admitidas a los misterios de Baco.

22. Probablemente de nueve días.

23. Hesiquio, *s. v.* κνεωροί. Plin., *Hist. nat.*, XIV, 9. Dioscor., I, 136. Elian., *De animal.*, IX, 26. Escol. Teócr., *Idyll.*, IV, 25. Plut., *De Isid.*, 69.

24. Expresiones propias de Lucano, quien, para resaltar este hecho, las opone a las hetairas, que traficaban con sus encantos.

25. Tertuliano (*De praescrip.*, 140). Creuzer establece una distinción entre las Mitriacas introducidas en Roma y los antiguos misterios de Mitra en Persia (II, 214-217). Las primeras, según Hyde (*De rel. Pers.*), nunca se celebraron en esta comarca. Los romanos sólo las conocieron después de la victoria de Pompeyo sobre los piratas de Asia Menor (Plut., *Pompeyo*); e incluso las inscripciones que hablan de ellas se remontan no más allá de Constantino (Fréret, *Ac. inscr.*, XVI, 267 s.). Los Padres de la Iglesia no veían en las Mitriacas más que ceremonias tomadas del cristianismo para sostener el politeísmo que moría. Al contrario, era una religión sacerdotal llevada a Roma bajo la forma de misterios, antes del triunfo del cristianismo, y que no dejó de influir en esta creencia.

26. Apul., *Metam.*, XI.
27. Sileno, por ejemplo.
28. Heród., II, 51.
29. Teodoreto, *Serm.*, VII y XII.
30. Teodor., *Therapeut. disput.*, I.
31. Teodor., *Serm.*, VII.
32. Plut., *Artajerjes.* La higuera estaba consagrada a Mitra en sus misterios. Se sacrificaba un cerdo, como en Egipto.
33. Pausan., *Corinto*, 37.
34. Creuz., *Dionys.*, pp. 236 s.
35. Teócrit., *Idil.*, XV.
36. Por no haber distinguido el culto popular y los misterios, un erudito, muy recomendable por otra parte, pudo escribir estas palabras tan injustas: «El helenismo no consistía, en general, más que en tradiciones absurdas y escandalosas, en ritos impíos o impuros, en fiestas de voluptuosidad o de placer» (Sainte-Croix, *Recherches sur les myst. du pag.*, ed. de Sylvestre de Sacy, I, 375).
37. *De art. amand.*, I, 75. Para explicar cómo citamos aquí a Ovidio, recordamos al lector la nota 14.
38. Juvenal, VI.
39. Clemente de Alejandría y otros. La *Aulularia* de Plauto gira en torno a las aventuras de una joven que queda embarazada en una fiesta misteriosa. La elevación del Falo, empleado en los misterios, era un rito egipcio, traído a Grecia por Melampo (Sainte-Croix, *Des myst.*, p. 17). Las indecencias del culto de Baco en Sición (Bayle, art. *Bacchus*), la obscenidad del de Ceres y Proserpina en Sicilia (Diod., V, 4), donde se exigían palabras soeces, porque así, se decía, se arrancaba una sonrisa a la diosa de la desesperación, la infamia de los misterios sabacios (Cicer., *De nat. deor.*, III, 13. Sainte-Croix, 437-439), son hechos auténticos. La fábula de Pasífae, representada en los misterios de Samotracia, era la traslación de los placeres contra natura que ya vimos que formaban parte de los cultos sacerdotales. «Lo que los misterios de Eleusis tienen de más santo», dice Tertuliano (*Adv. Valent.*), «lo que se oculta con todo esmero, lo que no se da a conocer más que muy tarde, es el simulacro del Falo». Un pasaje de Clemente de Alejandría, en Eusebio, prueba que estas instituciones, en las que los modernos han buscado el progreso de la moral y la pureza del teísmo, reunían la ferocidad y la licencia. «¿Quieres ver», dice, «las orgías de los coribantes? Sólo verás en ellas asesinatos, lamentos de los sacerdotes, las partes naturales de Baco degollado, presentadas en una caja para su adoración. Pero no te sorprenda si los toscanos bárbaros tienen un culto tan escandaloso. ¿Qué puedo decir de los atenienses y de los demás griegos, en sus misterios de Deméter?». Observad que el autor habla del culto de los toscanos en general, por consiguiente, de su culto público, y que, en cuanto a los griegos, sólo habla de sus misterios.
40. Lydo, *De mens.*, 65.
41. El Baco sabacio. Arístides, *Orat. in Baccho.* Filóstrato, *Vida de Apolonio*, III, 34. Se ve, en Millin (*Peint. des vas. antiq.*, I, 77), a Baco como hermafrodita alado. En la isla de Cos, se lo adoraba como hermafrodita con el sobrenombre de Briseis.

42. Clem. de Alej., *Protrept.*, 2. Los modernos, observadores más exactos, han reducido el privilegio de la liebre a facultades no menos deseables, pero menos milagrosas.

43. Lydo (*De mens.*, 92) dice que, en los misterios de Hércules, los sacerdotes utilizaban vestidos de mujeres, y refiriéndose a Nicómaco, que había escrito sobre las fiestas egipcias, indica que esta costumbre venía de Egipto. Por una singular extensión de esta noción mística, a una de las plantas que servían en las Tesmoforias, el asfódelo, se la consideraba hermafrodita (Dioscórid., II, 199).

44. Libro VI, cap. 3.

45. Si no hubiéramos temido ser demasiado detallistas, hubiéramos indicado, en los misterios, desviaciones del culto público, destinadas siempre a hacer más precisa la imitación de los ritos sacerdotales. Así, para citar sólo un ejemplo, el macho cabrío era la víctima ordinaria de Baco; pero los misterios remplazaban el macho cabrío por el cerdo, porque ésta era la costumbre en Egipto. Los egipcios, dice Heródoto (II, 47-48), consideran estos animales como impuros, y sólo los ofrecen en sacrificio a Baco y a la luna.

46. Varrón, *ap.* Agustín, *De civ. Dei*, VII, 20-24.

47. Diod., V, 48. Conon, *Narrat.*, XXI. Tzetzes, *ad* Licofrón, 73.

48. Diod., V, 64.

49. Euríp., *Bacant.*, 139.

50. Diod., V, 75. Clem. Alej., *Cohort.* Orígenes, *Contra Celso*, IV. Epifan., *Adv. haeres.* Macrob., *Somn. Scipion.*, I, 12.

51. Ceres Tesmoforia y Tesmotetes. Hesiquio, *s. v.* Θεμιστες. Virgilio llama a Ceres Legífera. El nombre de Tesmoforias recuerda el establecimiento de las leyes.

52. Eusebio, *Praep. evang.*

53. Uno de los Cabiros era Esculapio. La invención de la medicina se atribuía a los dioses en los misterios, como en Egipto a Isis.

54. Wagner, 333.

55. Ceres era la tierra de los Titanes, los vendimiadores que pisaban y cocían las uvas; Rea, que reunía los miembros rotos del niño divino, era el vino compuesto del zumo de los diversos racimos. Diodoro adopta este sentido simbólico, y después de él Cornutus *(De nat. deor.*, cap. 10). Pero no olvidemos nunca que todos estos símbolos tenían varias significaciones. El propio Diodoro, en el lugar citado, añade que otras interpretaciones de la misma fábula se ocultaban a los profanos. Así ocurría con el sentido astronómico. Baco dividido en siete trozos hacía alusión a los siete planetas. Lo que lo demuestra es que, según los dogmas órficos, este dios estaba al frente de cada uno de ellos con un nombre diferente; de la luna, con el de Liknites; de Mercurio, con el de Sileno; del sol, con el de Trietérica; de Marte, con el de Basareus; de Júpiter, con el de Sabacio; de Saturno, con el del Onfietes (Girald., *De musis*). La misma leyenda era también uno de los emblemas de la caída primitiva. Júpiter, se dice, fulmina a los Titanes, después de que éstos hicieran pedazos y devorasen a Baco. Sus cuerpos inanimados produjeron la materia, y de esta materia se formaron los hombres. De aquí proviene la violencia, lo soez y feroz de nuestras pasiones. Nacidos de la carne de los Titanes, nuestros cuerpos han conservado sus inclinaciones culpables. Hay que castigarlos por su falta anterior, subyugarlos y

hacerlos sufrir (Plut., *De esu carnium.* Olimpiodoro, *in Fragm. Orph.*, p. 509). Aquí se ve, introducida de nuevo por la eficacia expiatoria de la penitencia, la noción de mérito religioso del dolor.

56. Plut., *De orac. def.*, 10. Los sacerdotes de Eleusis desempeñaban en los misterios la función de las divinidades astronómicas, como los sacerdotes egipcios en las fiestas de Egipto. El hierofante representaba al Demiurgo; el daduco, al sol; el epibomo, a la luna, etc. La astronomía se unía, como siempre, a la astrología. Los planetas son llamados, en el himno órfico, dispensadores y anunciadores de los destinos. En general, todos los símbolos de la doctrina órfica fijan el pensamiento en la adoración de los cuerpos celestes. La tradición decía que Orfeo había declarado el sol el primero de los dioses. Las siete cuerdas de la lira órfica, que no difiere de la lira egipcia de Thot o de Hermes (Spanheim, p. 117. Hemsterhuis *ad* Lucian. II. Foerkel, *Gesch. der Musik*), representaban los siete planetas. Sus relaciones con el destino eran una consecuencia natural de la unión de la astrología con el culto de los astros.

57. La misma combinación se halla en los misterios consagrados a Hércules entre los atenienses. Hércules era a la vez el dios del sol y el que presidía la purificación de las almas por el fuego y la luz (Lydo, *De mens.*, p. 93).

58. Volveremos sobre la demonología de los misterios, cuando tratemos de la de los nuevos platónicos, porque estos filósofos se adueñaron de ella y quisieron hacer de ella una parte esencial y el apoyo del politeísmo que refundían.

59. Nonno, *Dionys.*, VIII, XI, XIII. Por eso, Pausanias habla de una estatua de Orfeo sobre el Helicón, a cuyo lado se veía la de Telete; pero no añade ningún detalle, y parece que no observó la personificación muy natural, que colocaba la iniciación al lado del supuesto fundador de los misterios (Pausan., *Beocia*, 80).

60. *Stromata*, V, 724.

61. Plut., *De Isid. et Osir.*

62. Proclo, *in Plat.*

63. Cels. *ap.* Orig., VI. Porfir., *De abst.*, IV, 16.

64. Arístid., *in Bac.*, p. 29.

65. Cf., en Creuzer, detalles sobre la introducción de las seis edades del mundo en las cosmogonías órficas. Al frente de cada una de estas edades estaba un dios diferente: Fanes, la Noche, Urano, Saturno, Júpiter y Dioniso. Se reconoce en Júpiter un punto en el que se encuentran, pero sin mezclarse, la religión popular y la cosmogonía órfica (Creuz., III, 325-327).

66. La cosmogonía órfica enseñada en los misterios proviene totalmente de las cosmogonías sacerdotales. En el principio era el caos, inconmensurable, increado (Clem., *Recogn.*, XI). Con él moraba el tiempo eterno, principio de todas las cosas (Simplicio, *in Phys.* Arist.). Él contenía el germen de todos los seres, de todas las cualidades, de todos los elementos, pero en una masa informe. De ahí nació el Éter (Suidas, *s. v. Orph.*) al que, hasta entonces, la noche envolvía por todas partes, y que, elevándose desde el abismo sin fondo, hizo brillar en la naturaleza un rayo de una claridad inefable. Este rayo, el más antiguo, el más sublime de los seres, es el dios al que nadie puede conocer, que contiene todo en su sustancia, y al que se da el nombre de inteligencia, luz y vida; tres palabras

que no designan más que una esencia única. El caos tomó entonces la forma redondeada de un huevo monstruoso del que salió, después de muchos siglos, Fanes, el gran todo, el resplandeciente Hermafrodita, con la figura de un dragón y dos cabezas de león y toro. De las dos partes del huevo roto por Fanes, una se convierte en el cielo, y la otra, en la tierra (Atenágoras, *Pro christ.*). Estos dos gemelos se unen y engendran las tres Parcas y el Destino. Aquí se sitúan las fábulas de los Centímanos, de los Cíclopes, de los Titanes y de la mutilación de Saturno, y se aclara la relación de esta cosmogonía con la mitología de Hesíodo, ya que Saturno es expulsado por Júpiter. Pero esta mitología, a pesar de los nombres griegos que se introducen en ella, sólo es griega en su espíritu. Júpiter viola a Rea, su madre, bajo la forma de una serpiente: de este incesto nace Perséfone, con sus cuatro ojos, su cabeza de animal y sus cuernos. Un segundo la une a su padre y engendra a Dioniso. He aquí, sin duda, varios caracteres sacerdotales reunidos: 1) el caos; 2) la noche primitiva, la Atir de los egipcios; 3) las figuras monstruosas; 4) el tiempo sin límites o el Zervan Akerene de los persas; 5) la trinidad; 6) los dioses hermafroditas; 7) su generación por el incesto, etc.; 8) el huevo cosmogónico que ya encontramos en todas partes. En los himnos órficos (*Himno órfico a Proserpina*, XXXI, 15), Proserpina es invocada a la vez como la muerte y la vida, que crea todo y destruye todo. Es precisamente lo que los indios afirman de Bhavani. En otra cosmogonía, el Demiurgo crea con Maya, la ilusión sobre la formación del universo, a la que se opone Ofión, el dios serpiente, el equivalente de Arimán. Aquí tenemos lo persa y lo indio combinados. En una tercera cosmogonía, los períodos del mundo se corresponden con los yogas de los indios, y la destrucción del fuego es también una doctrina india. Los himnos órficos son la expresión de todo el pasaje de las alegorías y cosmogonías sacerdotales; no decimos en el politeísmo popular, pues no penetraron en él nunca total y activamente, sino en la poesía teológica de los misterios griegos. Estos himnos se cantaban en los ritos misteriosos y se asemejaban claramente a las oraciones que aparecen en el libro de Zoroastro y que Heródoto llama Επῳδαί (Pausanias, II, y Heeren, *Grecs*, p. 156). El propio Heródoto dice que las doctrinas órficas eran originarias de Egipto. Estas doctrinas, por tanto, introdujeron en los misterios cuanto existía en Egipto: las ideas sobre la metempsícosis, la tristeza de la vida, los cambios pasados y futuros de la naturaleza física y las orgías, las fiestas licenciosas, algunas veces sangrientas, el culto del Falo, las danzas frenéticas, las mutilaciones. La vida órfica no difería en nada de las de los sacerdotes egipcios. Los himnos cantados en los misterios están impregnados de los mismos caracteres e indican el mismo origen que los Vedas, los Puranas, los libros Zend o la *Völuspá*. Existen, incluso, rasgos parecidos a las poesías de los bardos de los que ya hablamos en otro lugar (Libro VI, cap. 7).

67. Clemente, *Protrept.*, p. 15.
68. Fírmico, *De error. prof. relig.*, cap. 12.
69. Aristófanes, *Ranas*, 154-321-390.
70. Platón, *Fedón*.
71. Se las llamaba las almas nuevas, νεοτελεῖς.
72. Celso en Orígenes, VIII.
73. Plotino, *Enéadas*, IX, 3, 12. Proclo, *in* Plat., *Tim.*
74. Macrobio, *Somn. Scip.* Creuzer, *Dionys.*, I, 90.

75. Platón, *Fedón*. Plotino, *Enéadas*, IV, 1-8.

76. Hermias, *ad* Platón, *Fedón*.

77. Proclo, *De Amina et Daemone*.

78. Plotino, *Enéadas*, IV, 3-12.

79. Su antiguo mal, su inclinación por la individualidad, término técnico en los misterios.

80. Quienes bebieron en esta copa, dice Hermes Trimegisto (*Monas*, § 4), aunque nacidos mortales, se hacen inmortales. Su espíritu se apodera de lo que hay en la tierra, en los mares, por encima del cielo. Contemplan el bien y, como eligieron lo mejor, se convierten en dios.

81. Puede recordarse que Píndaro exige tres transmigraciones para que las almas lleguen a la felicidad (*Olímp.*, II, 23).

82. Conocemos por Proclo (*in* Plat., *Tim.*) la oración órfica, que tiende a cerrar el círculo, a respirar después de la angustia, es decir, a no volver a entrar en un cuerpo mortal.

83. Un detalle bastante singular y que merece alguna atención es que se encuentra en la mitología del país de Gales el equivalente de la copa de la unidad, en la que el Demiurgo tritura los elementos del universo; la copa de Ceridwen reúne las sustancias que forman todos los seres. Pudiera ser que la copa del Santo Grial que contenía la sangre de Cristo, y que es célebre en nuestras novelas de caballería, fuese una reminiscencia de las copas místicas.

84. Porfir., *De abst.*, IV, 16.

85. Apul., *Metam.*, XI.

86. Pausan., *Arcad.*, 15.

87. Heród., II, 61.

88. Juliano, citado por Wagner, p. 239.

89. Justino mártir, *Apologet.*, I, 86. Nonno, *ap.* Gregorio Nacianceno, pp. 131-145. Cf., para otros detalles sobre estas mortificaciones, *Mém. de l'Ac. des inscr.*, V, 117-122.

90. Cf., para el dios que se mutila en los misterios de Samotracia, Creuz., II, 336.

91. Clem. de Alej., *Protreptr.*

92. Meursius, *in Creta*.

93. Esta pretensión de los cretenses fue el origen del conocido proverbio de que los cretenses son mentirosos.

94. Stauedlin, *Rel. Mag.*, II, 167-198.

95. Si pudiésemos comparar, con suficiente amplitud, la muerte de Baco Zagreo y la de Osiris, el lector se sorprendería de la perfecta identidad de todas las fábulas y de todas las prácticas. Pero esta comparación se compondría de tantos detalles que nos vemos obligados a dejarla de lado. Pueden verse varios de estos detalles en Creuzer, III, 355-360. A este escritor, sin remontarse a la causa de todas las leyendas, le sorprendió el hecho que les sirve de base. «Había en todos los misterios», dice, «divinidades que habían participado en la condición humana, y que eran seres que sufrían y morían» (IV, 302-303). En otro lugar, se expresa de una manera aún más positiva. «Baco», dice, «nacido de Júpiter, despedazado por los Titanes, y que subía de nuevo al cielo después de que Apolo hubiese unido de nuevo sus miembros, es un dios que bajó a la

tierra, que sufrió, murió y resucitó, y, desde este punto de vista, es totalmente una encarnación india».

96. Clem. de Alej., *Protrept.*, 15. Nonno, *Dionys.*, VI.

97. La lectura de Plutarco resulta curiosa a este respecto. Los iniciados en los misterios de Mitra, dice, esperaban una república universal y el retorno de la edad de oro. Todo el género humano debía convertirse en una sola familia. Debía reinar una igualdad fraterna; debía existir comunidad de bienes y unidad de lenguaje.

98. *Ap.* Agust., *De civ. Dei*, VII, 5.

99. Diodoro. Crisóstomo, *Orat.*, 12. Temístocles, *Or.*, 2. Todas las fábulas de los misterios, dice Creuzer, hacen alusión, entre otras cosas, a la lucha del bien y del mal (IV, 37).

100. *Orat.*, V.

101. Nonno, *Dionys.*, XXIV.

102. *Mém. de l'Ac. des inscr.*, XXXI, 421-422. *Act. disput. Archel.* Manet, *ap.* Zacagni *Monum.*, *Eccles. Gr. et Lat.*, pp. 62-63.

103. El señor de Sainte-Croix rechaza la idea de que la unidad de Dios se enseñó en los misterios; pero todos sus argumentos sólo tienen fuerza si se supone que están dirigidos contra una única y misma doctrina. No van contra el teísmo, revelado separadamente y sin entrañar la exclusión de revelaciones totalmente diferentes. El teísmo, dice este escritor, enseñado secretamente, al estar en contradicción con la religión pública, habría terminado por derribar los altares. Por eso, los misterios contribuyeron a esta destrucción. Cree que el teísmo no se introdujo sino después del nacimiento del cristianismo; pero en la época del establecimiento del cristianismo, el teísmo era la tendencia universal. ¿Cómo los misterios habrían escapado a esta tendencia? (Sainte-Croix, *Des myst.*, 1.ª ed., pp. 353, 359).

104. Había, en los misterios de Hermíone, cuyos ritos, que nos transmite Pausanias (II, 35), indican un origen totalmente sacerdotal, y que eran tan antiguos que los griegos habían olvidado su sentido, un dogma fundamental, según el cual todas las divinidades que se adoraban en ellos, Ilitía, Minerva, Baco y Venus (Isis, Deméter, Plutón, Serapis y Proserpina), no eran más que un solo dios, con diferentes atributos masculinos y femeninos y, en el fondo, la noche elemental y primitiva de los egipcios (*ibid.*, 47). *In mysteriorum doctrina esoterica*, dice Villoison (*ap.* Sainte-Croix, pp. 227-228), *quae tota physica innitebatur theologia, ea tradebantur, quibus mythica et civilis ita funditus everteretur theologia, ut velum superstitioni abductum, poetica suavitate ornatum, et potenti eorum qui respublicas administrabant manu sustentatum, penitus removeretur, et sola natura, unica theologiae physicae dea, secum habitans, et orbi, tanquam altari insidens, ac subjecta pedibus falsorum vulgi numinum simulacra proterens, sese oculis offerret* [En la doctrina esotérica de los misterios, que se basaba por entero en la teología física, se enseñaba aquello con lo que subvertir la teología mítica y ciudadana tan profundamente como, una vez quitado, se eliminaría de raíz el velo de la superstición (lleno de encanto poético y sostenido por la mano poderosa de los gobernantes de las naciones), y sólo la naturaleza se daría a ver como la única diosa de la teología física, encerrada en sí misma y asentándose en todo el orbe como en un altar, y pisoteando las imágenes de los falsos dioses

del pueblo arrojadas a sus pies]. La muerte del joven Baco, de la que ya hemos hablado a menudo, era también la separación aparente de las partes del gran todo, partes que forman los elementos, los cuerpos, las plantas, los animales. Por eso, este Dios, en Nonno (*Dionys.*, VI, 174 s.), antes de caer bajo los golpes de los Titanes, se metamorfosea en fuego, en todo tipo de elementos y de naturalezas. Plutarco (*De Ei ad. Delph.*) dice que todas las leyendas que hablan de un dios muerto o que desaparece, resucita o se vuelve a encontrar, significan siempre las revoluciones del gran ser que contiene la totalidad de lo que existe; de ahí el complemento de esta especie de drama. Apolo reúne los miembros dispersos de Baco y los entierra en su templo en Delfos, es decir, recompone el gran todo, reuniendo todas sus partes (Plut., *De Isid. et Osir.*). Ésta es, pues, una nueva explicación de la creonomía. Significaba a la vez la fabricación del vino, el curso de los astros, la mancha originaria del hombre, su triunfo sobre sus pasiones y sentidos, las convulsiones del universo físico, el paso del estado salvaje al estado social y la absorción de todas las cosas por el ser infinito. En esta explicación panteística de los misterios, Apolo representaba la unidad (Plut., *De Ei ad. Delph.* Procl., *in* Plat., *Alcib. Orph fragm.*, ed. Herm., p. 580); Baco, la diversidad que nace de la unidad misma. Por tanto, todas las ceremonias y las representaciones de los misterios se interpretaban en este sentido. Apolo aparecía siempre de la misma forma, la de un joven perfecta y eternamente hermoso, porque en él nada cambiaba. Baco tenía mil formas diferentes; y, bajo la figura humana, era unas veces un niño, otras, un adolescente, un hombre maduro, un anciano. El tipo de los poemas consagrados a estas dos divinidades era significativo de estas dos ideas. El himno que se cantaba en honor de Apolo y que los griegos llamaban el peán, era grave, de un ritmo uniforme, que componía un todo regular y siempre con la misma cadencia. Baco prefería el ditirambo, fogoso, desordenado, confuso y sin norma (Plut., *De Isid. et Osir.*). Algunas veces, el gran todo no es Apolo, sino Vulcano (Hefesto, el Ptah de Egipto) que es el gran todo. Hay, en los símbolos panteísticos de los misterios, imágenes totalmente indias. Júpiter escondiendo a Baco en su pierna, cuando ocurre la muerte de Sémele, significaba la causa primera que contenía la idea prototipo de todas las cosas. Se contaba en las Dionisíacas que Júpiter, el Demiurgo, se había comido a Fanes que contenía en sí todo el universo y que, de este modo, todas las partes del universo se habían hecho visibles. Igualmente, en el *Bhagavad Gita*, todas las cosas residen en Krishna, y las muestra Yasada, su nodriza, abriendo su boca. Fanes era lo mismo que Baco, y este último, por su unión con Júpiter, era absorbido en la esencia de este dios. Júpiter, padre de todo, dice Proclo (*in* Plat., *Tim.*), las creó, y Baco las gobierna después. Júpiter y Baco no son más que uno, dice Arístides (Orat., *in Bach.*). Esta contradicción, o mejor, esta fluctuación, por la que Júpiter y Baco son, unas veces, dos divinidades separadas, aunque en íntima relación entre sí, y, otras, la misma divinidad, es idéntica a lo que se lee en los libros sagrados de los hindúes.

105. Por libre que parezca la opinión de cada uno, dice un hombre de mucho sentido común, el señor de Bonstetten, a la larga es arrastrada en la dirección de la de todos.

106. Recuerdo, en esta ocasión, un artículo insertado en el *Publiciste* hace unos cuantos años por uno de los hombres más espirituales de nuestra época,

y que luego adquirió una importante reputación literaria. Me refiero al señor de Barante, quien, en un análisis de las obras del abad de Boismont, destacó, con una sagacidad admirable y una aguda ironía, la manera como el sacerdocio mismo pedía perdón a la filosofía, cuando hablaba en nombre de la religión, tratando de proporcionarle una acogida más cortés, encubriéndola con el nombre de caridad e insinuando que, en el fondo, no era más que otra forma de filantropía.

107. Tit. Liv., XLV, 5.

108. Se les inculca sabios preceptos durante la ceremonia de la iniciación (Agust., *De civ. Dei*, II, 6).

109. San Justino, *Adv. Tryph.*, 3, 70.

110. Había que dirigirse al *koes*, sacerdote llamado así para indicar que su función era la de escuchar. El *koes* pide a Lisandro que declare su mayor crimen: «¿Quién lo pide, dice él, los dioses o tú? ¿Los dioses? Que me interroguen ellos mismos». Antálcidas respondió más brevemente aún: «Ellos lo saben» (Pseudo Plat., *Apopht. Lacon.*).

111. Clem. Alej., *Strom.*, V.

112. Agust., *De civ. Dei*, VII, 24.

113. Com. *in Pol.* Platón. Cf. también Plotino, *Enéadas*, I, libro VI. Jámblico, *De myst.* Juliano, *Orat.*, V.

114. III, 21.

115. *Ranas*, 773.

116. *In Axiocho*.

117. *De audiend. poet.*

118. Arist., *Orat. Eleus.*

119. Los vasos de las Danaides reciben el nombre de ὑδρίαι ἀτελεῖς (Esquines, *Axiochus*), y se reconoce en él el término griego que designa la iniciación.

120. Pausan., *Fócida*, 36.

121. Aristófanes, *Ranas*, 362-368.

122. Donato, *ad* Terencio, *Phorm.*, acto I, 15.

123. Escol. Teócr., *Idil.*, II, V, 12-36-37.

124. Plut., *De Isid.*, cap. 3.

125. Apuleyo, *Metam.* Estobeo, *Or.*, 199. Wyttenbach, *De sera numin. vindicta.* Plut., *De oracul. defect.* Una parte de los misterios, según Jenitsch, era la exposición de las reliquias o cosas sagradas, y la venta de las indulgencias. Stauedlin, *Mag.*, II, 129.

126. Platón, *República*, II. El epitafio grabado en la tumba de un joven iniciado, cuya inscripción ha llegado hasta nosotros, atestigua esta noción. «Las almas de los muertos se dividen en dos grupos: el primero vaga sin cesar angustiado alrededor de la tierra; el otro comienza la danza divina con los astros brillantes de la esfera celeste. A este ejército pertenezco yo. El dios de la iniciación fue mi guía».

127. Sainte-Croix, 582.

128. Diógenes Laercio, VI, 2-6.

129. Sainte-Croix, p. 417.

130. En la religión de los lamas, los suicidas, así como los que incurrieron en la maldición de los sacerdotes, se agitan sin cesar, en una angustia dolorosa, sin que sus almas puedan entrar en un cuerpo (Pallas, *Nachrichten*).

131. Platón, en *Fedón.*

132. *Impetu quodam et instinctu procurrere ad mortem commune cum multis, deliberare vero et causas eius expendere, utque suaserit ratio, vitae mortisque consilium vel suscipere vel ponere ingentis est animi* [Lanzarse corriendo a una muerte común con una multitud por algún impulso y por instinto es propio de las almas grandes, pero también lo es reflexionar y sopesar sus motivos y, según aconseje la razón, o aceptar o abandonar la decisión de vivir o morir] (Plinio el Joven, *Cartas*, I, 22, 10). *Quidquid horum tractaveris, confirmabis animum vel ad mortis vel ad vitae patientiam. In utrumque enim monendi ac firmandi sumus, et ne nimis amemus vitam et ne nimis oderimus. Etiam cum ratio suadet finire se, non temere nec cum procursu capiendus est impetus. Vir fortis et sapiens non fugere debet e vita sed exire* [En cuanto a todo lo que de esto hayas tratado, reforzarás tu espíritu tanto para la muerte como para el sufrimiento de la vida. Porque hemos de estar avisados y fortalecidos para estos dos extremos: no sólo para que no amemos demasiado nuestra vida, sino también para no odiarla en exceso. Incluso cuando la razón aconseja que acabe uno, no debe tomarse la decisión ni a la ligera ni con precipitación. El hombre fuerte y sabio no debe huir, sino salir de la vida] (Séneca, *Cartas a Lucilio*, III, 24, 24 s.).

CAPÍTULO 5

Del espíritu que reinaba en los misterios

1. *De oracul. defect.*
2. Comentario al *Político* de Platón.
3. Plut., *De Isid. et Osir.* Atenágoras, *Legat.*, § 25.
4. Trad. fr., p. 91.
5. Porfir., *De antro Nymph.*, 10-12. Plotino, *Enéadas* I y IV.
6. Creuzer, I, 341-342.
7. Χαιρειν.
8. De ahí una expresión proverbial, para expresar la rápida sucesión de estos dos estados contradictorios (cf. Suidas, *s. v.* Βακχης τροπων, αδου Βακχος, αδου Βακχη).
9. Gigon, en los misterios cabíricos; Baubé, en los de Ceres; Sileno, en los de Baco. Momo, en Luciano, es una diosa de la burla, anterior a los dioses del Olimpo y sin lugar alguno entre ellos. ¿Es una reminiscencia de un culto sacerdotal en Grecia? ¿Un préstamo de los griegos de una costumbre sacerdotal extranjera? ¿Una parodia de los misterios?
10. Eustacio, *ad Odis.*, XX.
11. Apolodoro, *Bibl.*, I, 4.
12. Juliano en sus *Césares.*
13. Creuz., II, 298.
14. Lexifanes.

853

Capítulo 6

Resumen sobre la composición de los misterios griegos

1. Diodoro (libro V) dice claramente que los misterios traídos de Creta habían sido, en esta isla, el culto público. Varios dioses extranjeros, observa el señor Heeren (*Grecs*, p. 92), obtuvieron de los griegos un lugar en los misterios, aunque estos dioses no tuviesen en su patria ningún culto misterioso.

2. El Logos, como hijo de Dios y mediador, aparece con claridad en todos los misterios (Goerres, II, 354 y las citas).

3. Mostramos antes la trinidad en la unidad de las cosmogonías órficas. Fírmico hace alusión a esta trinidad, mientras se dirige al Ser supremo: «Eres igualmente el padre y la madre de todas las cosas, y eres, además, tu propio hijo».

4. Encontramos en los misterios de Samotracia: 1) un sistema de emanación muy parecido al de la India: Axieros, el primero de los Cabiros, era la unidad de la que emanaban todos los dioses y todos los seres; 2) un sistema astronómico, en el que se divinizaba a los astros, y que posiblemente había venido de Egipto; 3) una combinación de este sistema con piedras animadas por los astros y sometidas a su acción, noción etrusca, que establecía entre la astrolatría y la adoración de las piedras un vínculo semejante al que, en Egipto, unía los astros a los animales; 4) una jerarquía de seres intermedios, desde la unidad suprema hasta el hombre; 5) en fin, una doctrina de castigos y de recompensas futuras.

5. Clem. de Alej., en Eusebio, *Praep. evang.*, 9.

6. Cf. lo que dijimos de los Cabiros, Libro V, cap. 5.

7. Macrob., *Sat.*, I, 21. Dupuis, *Orig. des cultes*, III, 471.

8. Amiano Marcelino, XIX, 1. Escol. Teócr., *ad Idyll.*, III, 48.

9. *Juan* 12.

10. Dión Crisóst., *Or.*, 12. Temíst., *Or.*, 2. Cf., en Pausanias (*Acaya*, 22), las diferentes explicaciones de las antorchas de los misterios.

11. *Orat.*, 12.

12. «Los misterios introdujeron entre los griegos, y conservaron, todas las ideas orientales, que elevaron a veces por encima del razonamiento la filosofía de este pueblo dado por naturaleza a la dialéctica» (Wagner, *Ideen, etc.*, p. 76). Y a mí también me gusta que el sentimiento religioso se eleve por encima de la dialéctica; pero quiero que sea libre, y no que una autoridad exterior lo desvíe de su ruta y lo desnaturalice.

Capítulo 7

De las iniciaciones graduales, como imitación de la jerarquía sacerdotal

1. Un escoliasta de Aristófanes (*ad Plut.*, acto IV, escena 2, 23) dice que los pequeños misterios no eran más que una preparación para los grandes. Había igualmente tres clases de Dionisíacas (Ruhnken, *ad Hesych.*, *s. v.* Διονος y Wyttenbach, *Bibl. Crit.*, VII, 51; XII, 59). Se distinguía, además, los misterios anuales de los misterios trianuales o trietéricas. Sainte-Croix, 428, Apuleyo (*Metam.*, XI) y Teón de Esmirna (Voss, *De orig. et progr. idolol.*, pp. 828-829)

dicen que había cinco grados. El primero consistía en una purificación prepara-
toria; el segundo, en la comunicación de los preceptos sagrados; el tercero, en la
contemplación del espectáculo; el cuarto, en la participación como actor en las
ceremonias: el iniciado cogía en su mano la antorcha sagrada; el quinto grado
confería al iniciado la inspiración y la felicidad completa. Las iniciaciones graduales y las doctrinas filosóficas no se comunicaban al conjunto de los iniciados.
A los iniciados en los pequeños misterios se los llamaba μύσται, y los iniciados
en los grandes misterios, ἐπόπται. Los primeros permanecían en el vestíbulo del
templo; los segundos penetraban en el santuario.

2. Agust., *De civ. Dei*, IV, 27.

3. *Eleusin servat quod ostendat revisentibus* [Eleusis se guarda algo que
mostrar a quienes vuelven a visitarla] (Sénec., *Quaest. nat.*, VII, 30, 6).

4. Pausan., *Fócid.*, 31.

5. Apul., *Metam.*, XI.

6. *Ibid.*

7. Apsin., *De art. rhet.*

8. *Ibid.*

Capítulo 8

Del objeto real del secreto de los misterios

1. «Me avergüenzo», dice Momo en la asamblea de los dioses de Luciano,
«de hacer inventario de los monos, de las cigüeñas, de los machos cabríos y de
tantas otras cosas más absurdas todavía, que los egipcios encumbraron, no sé
por qué, hasta el cielo. ¿Cómo podéis suponer, vosotros, los otros dioses, que se
adore a estos seres ridículos, con tanto o más respeto que a vosotros? Sin duda,
responde Júpiter, lo que afirmas de los egipcios es vergonzoso; sin embargo,
varias de estas cosas encierran enigmas de los que los profanos no deben mofar-
se. Ciertamente, replica Momo, no necesito de los misterios para saber que los
dioses son dioses, y que los que tienen cabeza de perro son perros». Este pasaje es
importante, 1) porque presenta la figura de varias divinidades en los misterios, y
2) porque se ve las burlas dirigidas contra los misterios y contra el culto público.

2. Arriano, en Epicteto, censura a un hombre que justificaba su doctrina
afirmando que él no enseñaba más que lo se enseñaba en los misterios. Sí, le
responde, enseñas las mismas cosas, pero en otro lugar, sin las ceremonias, sin
la solemnidad, sin la pureza, sin el respeto religioso que las hacen útiles. Séneca
(*Epist.*, 95), al comparar la filosofía con la iniciación, dice que los preceptos
eran conocidos por los profanos, pero que las ceremonias más santas se reservaban únicamente a los adeptos. Quizá por eso se les enseñaba algunos nombres
diferentes dados a los dioses.

3. Aristófanes, *Aves*, 1073-1074. Escol., *ibid.* Lisias, *Contr. Andócid.* Ate-
nág., *De legat.*

4. Escol. Aristóf., *Nub.*, 828.

5. Plut., *in Alcib.*

6. Andócid., *De myst.*

7. Dióg. Laerc., V, 1-5.

CAPÍTULO 9

De las explicaciones que se han dado sobre los misterios

1. Libro I, cap. 9.
2. Libro VI, cap. 4.
3. Si el lector quisiese encontrar nuevos estudios para unirlos a los que hemos presentado sobre la diversidad de explicaciones que los sacerdotes daban simultáneamente, pero a las diversas clases de iniciados, podría consultar Schmidt, *De sacerd. et sacrif. Ægypt.*, p. 78.
2. Platón, *Gorgias*.
3. Agust., *De civ. Dei*, VII, 28.
4. Diod., I, 22.
5. Plut., *De or. def.*, 13-15; *De fac. in orb. lun.*; *De Isid.*, 45.
6. Plutarco cita los misterios como medio de enseñar los castigos de las almas impuras y las recompensas progresivas de las almas purificadas en esta vida.
7. ¿No sabemos, dice Cicerón (*Tuscul.*, I, 12-13), que todo el cielo está ocupado por el género humano?, ¿que los dioses del primer orden subieron de la tierra al cielo? No olvides, puesto que eres iniciado, lo que los misterios enseñan.

CAPÍTULO 10

Que sólo nuestra manera de enfocar los misterios explica la disposición de los griegos, a menudo contradictoria, hacia estas instituciones

1. Lisias, *Contr. Andoc.*
2. Lisias, *ibid.* Escol. Aristóf., *Aves*, 1073; *Ranas*, 323; *Nubes*, 828.
3. Aristóf., *Nub.*, 828.
4. De los de Ceres, Elian., *Var. Hist.*, V.
5. Tito Livio, XXXI.
6. Sainte-Croix, p. 412.
7. Deméter, dice Isócrates (*Panegír.*), enriqueció a nuestros antepasados con dos inestimables tesoros: el trigo, gracias al cual nos elevamos por encima de los animales, y la iniciación, que llenó de gratas esperanzas sobre el fin de la vida y sobre la existencia del hombre a quienes reciben su favor. Como los dioses están por encima de los héroes, las Eleusinas están por encima de todas las instituciones creadas por los hombres (Pausan., X, 31). En general, siempre que los oradores, los hombres importantes y los sabios de la Antigüedad hablan de la inmortalidad del alma, tomada en el sentido más elevado, o de la unidad de la primera causa, aluden a los misterios de Eleusis.
8. Demóstenes, *Contr. Ctesifón*.
9. Bergler, *Not. in* Aristóf., *ad Ran.*, v. 218. *Pluto*, vv. 846-847.
10. Al arconte rey le correspondía la inspección de los misterios de Baco y nombraba a sus sacerdotes. Su mujer los presidía.
11. Sócrates no quiso nunca aceptar la iniciación.
12. Tit. Liv., XXXIX, 15 y 16.
13. Valerio Máximo, III, 3.

14. Hesequio, *s. v.* Εὐνοῦκος.

15. La oposición de los misterios al genio de los griegos sorprendió siempre a los espíritus observadores. «Que los bárbaros», dice Clemente de Alejandría, «tengan semejantes misterios, magnífico; ¡pero los griegos!...».

LIBRO XIV
DE LA RELIGIÓN ESCANDINAVA Y DE LA REVOLUCIÓN QUE SUSTITUYÓ EN ESCANDINAVIA EL POLITEÍSMO INDEPENDIENTE POR UNA CREENCIA SACERDOTAL

CAPÍTULO 1

Observación preliminar

1. Cf. Libro IV, cap. 2.
2. Cf. Libro VI, cap. 2.

CAPÍTULO 2

Cómo los escandinavos pasaron del fetichismo al politeísmo

1. Tácito llama Germania a estas regiones, y varios de los hechos que relata deben aplicarse tanto a los escandinavos como a los germanos. No obstante, cuando entra en contradicción con autores de autoridad acreditada, se debe preferir el testimonio de éstos, como lo indicó, antes que nosotros, un historiador no carente de mérito, y restringir lo que él dice a las regiones de Germania más conocidas por los romanos.

2. Cf. Libro VI, cap. 7.

3. Habitante entre el Ponto Euxino y el mar Caspio (Mallet, *Introd.*, p. 53).

4. Entre el Tanais y el Boristenes, el Don y el Dniéper

5. *De orig. Germanor.*

6. Dejamos de lado la cuestión insoluble de la época de la invasión de Escandinavia por parte de Odín. Quienes fijan la fecha setenta o cien años antes de nuestra era confunden el primer Odín con los que le sucedieron. Es muy probable que el más antiguo de todos viviese en tiempos o antes del tiempo de Darío, hijo de Histaspes. Descartamos igualmente cualquier investigación sobre la patria del primer Odín. Según Snorri, reinaba sobre los asios, pueblos de Asia, y de ahí el nombre de Asgard, por su capital. Botin, en su *Histoire de Suède*, reconoce en él a Sigge, que, dice, atravesó Estonia y Dinamarca. Eckard asegura que Odín no vino de Asia, y que el error que lo hace originario de ese continente tuvo su origen en el nombre de Asios, dado a sus compañeros, y que significaba señor.

7. No hablamos aquí, ni de los que, queriendo evitar cualquier complicación, toman el camino más cómodo rechazando totalmente la existencia de cualquier Odín, aunque no pueden apoyarse en ninguna prueba, ni de los que aventuraron las conjeturas más absurdas pretendiendo que Odín era Príamo, Antenor o Ulises, y que Asgard, su capital, era Troya.

8. Este tipo de revolución concuerda muy bien con la hipótesis probable de que el primer Odín fue anterior al segundo quinientos años; pues los cimbros

de Escandinavia, a los que subyugó el segundo Odín, estaban ya en el segundo período del estado social, en la barbarie, y, por consiguiente, ya no tenían como religión el fetichismo puro.

9. El paganismo del poeta se demuestra por el desprecio que siente por la religión cristiana. Escribía en un tiempo en el que esta religión intentaba establecerse y recogía con gran fidelidad las más antiguas leyendas del politeísmo antiguo.

10. Cf. Libro VI, cap. 6.

11. En otras fábulas, por el contrario, Regnar Lodbrok es poseedor de la vaca Sibilia, que contribuye a sus victorias (cf. más arriba Libro VI, cap. 7). Pero esta vaca no por eso deja de ser una divinidad, un fetiche.

12. Algunos mitólogos observaron que era raro que, en una nación tan belicosa como los escandinavos, el dios de la guerra propiamente dicho no haya ocupado el primer rango. Es que Odín lo ocupaba. A Thor se le consideraba su hijo (Rüh, *Scandin.*, pp. 32-33).

13. Loki, raptado por un gigante transformado en águila, sólo se libraba de la muerte si prometía entregar a la diosa Iduna que rejuvenecía a los dioses (*Edda*, fábula 51). Odín y otros dos dioses viajaban juntos. Mataron al hijo del gigante. Los hermanos del muerto se hicieron con ellos y los obligaron a reparar su crimen. Es cierto que los dioses perjuraron.

14. Thor y Loki habían penetrado en el país de los gigantes. El rey de este país los invita a medirse con sus súbditos. Loki se jacta de que engullirá todos los manjares que se le presenten; pero el gigante que se le opone devora a la vez las carnes y los huesos de los animales colocados en la mesa real. Thor no puede terminar una copa que se había propuesto vaciar de un tirón. En vano intenta levantar a un gato que, pese a sus esfuerzos, permanece inmóvil; y Thialf, compañero de Thor, es vencido a la carrera por un rival que lo deja muy lejos de él. Todas estas victorias eran prestigios. El competidor de Loke era el fuego que consume. La copa en la que bebía Thor estaba en contacto con el mar del que bombeaba las olas. El corredor, más ligero que Thialf, era el pensamiento; el gato era el mundo. Después de haber convencido de este modo a los dioses de su debilidad e impotencia, el gigante desapareció para eludir su cólera.

15. El clima de Escandinavia debía de ser en otro tiempo más severo aún que hoy. Los bosques no habían caído bajo el golpe del hacha, ni las marismas se habían convertido en llanuras cultivadas. A falta de agricultura, los únicos medios de subsistencia eran la caza y la pesca, y, por una transición natural, la pesca llevó a los escandinavos a la piratería y de ello se derivó la ferocidad de sus costumbres.

16. Esta diferencia se manifiesta en los más pequeños detalles. El primer diluvio de los escandinavos, a la muerte de Ymer, es de sangre en lugar de agua (Mone, *Symbol.*, p. 319).

Capítulo 3

Revolución en el politeísmo escandinavo

1. Este segundo Odín nació, dicen las crónicas, aproximadamente un siglo y medio antes de Cristo, a orillas de Tanais. Se llamaba Sigge; era hijo de Fridulf.

Los motivos de su emigración a Escandinavia fueron las derrotas en sus guerras con los romanos o con Mitrídates (Rüh, pp. 5-37).

2. Cf. Torfoeus y Saxo Gramático.

3. Este nombre de Gylfe es causa de grave confusión en las tradiciones. Se da unas veces al jefe del gobierno temporal, derrocado por el segundo Odín, y otras, al presidente del senado de los dioses. Es evidente que se habló de dos individuos con este mismo nombre, o que pasó de uno a otro, sin que los historiadores los hayan distinguido.

4. Un escritor danés, el señor de Wedel Jarsberg, en su *Essai sur l'ancienne histoire des Cimbres et des Goths scandinaviens* (Copenhague, 1781), afirma, como nosotros, que el segundo Odín (para él el tercero) era un gran sacerdote que destronó a Gylfe, el jefe del gobierno. Basa su opinión en numerosas autoridades, sacadas de las crónicas.

5. Sajón Gram., I.

6. Sajón Gram., III.

7. *Ibid.*

8. La división del orden sacerdotal, entre los escandinavos, según la institución del segundo Odín, se parecía en todo a la de los druidas. Los drotes, propiamente dichos, como los druidas superiores, estaban encargados exclusivamente de cuanto concernía a la religión, la doctrina misteriosa y la justicia. Los escaldos, como los bardos, cantaban los himnos y las hazañas de los héroes, y los turspakurs, igual que los eubagos de Estrabón, revelaban el futuro. Freya tenía también sacerdotisas que custodiaban el fuego sagrado. Mallet (*Introd.*, p. 67) asegura que todo el orden sacerdotal era hereditario. El tribunal de los drotes residía en Sigtuna, ciudad hoy destruida, entonces la capital de la provincia en la que se alza Estocolmo.

9. Rüh, pp. 123-124.

10. Cf. Libro XI, cap. 2.

11. Dijimos en otro lugar que un noruego fue condenado al destierro por haber negado la divinidad de la diosa Frigga (Mallet, *Introd.*, 98).

12. Este impuesto se llamaba *nefgioeld, naeskatt* (Snorri-Sturluson).

13. Se ha visto con frecuencia la semejanza entre la religión de los escandinavos y la de los persas. Si el segundo Odín fue un escita, pudo conocer fácilmente algunos dogmas de Zoroastro (Wharton, «On the Orig. of Romantic Fiction in Europe», *in the first vol. of his Hist. of Engl. Poetry*). Sin embargo, si los dogmas y las prácticas presentan grandes semejanzas, el objetivo y el espíritu difieren. La religión de Zoroastro está imbuida de paz; la de Odín, de guerra. La primera anuncia el retorno de una felicidad perdida; la segunda promete una felicidad futura. Esta oposición se debe probablemente a que la revolución religiosa de los escandinavos es, en cierto modo, la revolución persa retornada. Odín vencedor dio su religión a los vencidos. Los medas vencidos dieron la suya a los vencedores.

14. Reproducimos aquí en pocas líneas algunos hechos que aparecen ya en el tercer volumen, pero cuyo recuerdo nos ha parecido fundamental. Haremos lo mismo con la demonología.

15. Cf. Libro III, cap. 5, nota 8.

16. La fábula de Iduna, de la que hablamos en otro lugar (Libro IX, cap. 3), posee también su sentido astronómico. En forma de una golondrina, Loki va en

NOTAS

búsqueda de la manzana maravillosa cuya privación condenaba a los dioses a las enfermedades de la vejez. La golondrina era el símbolo de la primavera. La primavera proporciona a los dioses su primera fuerza, ya que reanima la naturaleza abatida por los rigores del invierno.

17. Cf. más arriba, para los dioses hermafroditas de los escandinavos, Libro VI, cap. 7 y Libro X, cap. 10. Loki tiene hijos como hombre y como mujer; es el padre de Hela, de la serpiente Mitgard y del lobo Fenris, al que engendra con la gigante Augustabode. Él es la madre de Sleipner al que procrea con Svaldifari. Freya, por una sorprendente analogía con Cibeles, es hermafrodita, aunque mujer de Odín.

18. La virginidad tiene una protectora especial entre las diosas, Gefiona, llamada también la Bienaventurada. Heimdal, el portero celeste, es el hijo de nueve vírgenes a la vez (*Edda*, fábula 25).

19. Rüh, *Scandin*. Expusimos en otro lugar (Libro VI, cap. 7) la cosmogonía escandinava; la omitimos aquí.

20. Cf. Libro X, cap. 9.

21. Mone, *Symbol.*, 479.

22. Libro X, cap. 2.

23. Libro X, cap. 4.

24. Libro X, cap. 7.

25. Los dioses que, fuera del Raguarokur, caminan a una muerte segura, para combatir a Loki, varias mitologías los consideran como si se inmolaran para destruir el mal.

26. Alfsheim, *Grimnismal*, estr. 5.

27. *Nueva Edda*, fábula 15.

28. *Ibid.*, fábula 13. *Völuspá*, estr. 10.

29. Esta demonología posee también su sentido científico. Los enanos que trabajan el metal son el reino mineral; las vírgenes que salen de la raíz del árbol Igdrasil son el reino vegetal.

30. *Edda*, fábula 7.

31. Libro XI, cap. 2. A los sacerdotes y las sacerdotisas que presidían estos sacrificios se los llamaba hombres y mujeres de sangre (Mone, *Symb.*, p. 236); para saber si debían inmolar víctimas humanas, recurrían a un modo particular de adivinación. Consultaban a un caballo sagrado, y, según que levantase un pie u otro, decidían si la ofrenda era aceptada o no. Esta costumbre salvó la vida a un misionero, a pesar de la resistencia del sacrificador, que acusaba al dios de los cristianos de dirigir, invisible, el caballo sobre el que estaba sentado (Mone, *ibid.*, p. 70).

32. Libro XI, cap. 4.

33. *Quo evenit ut Dani pleraque causarum iudicia eo experimenti genere constatura decernerent, controversiarum examen rectius ad arbitrium divinum quam ad humanam rixam relegandum putantes* [Resultó por ello que los daneses decidieron que la mayoría de las causas judiciales se reforzaran con este tipo de experimento, considerando más justo dejar su examen al arbitrio divino que a la discusión humana] (Sajón Gram., X, 294). Poppo el danés, en presencia del pueblo, se puso un guante de hierro enrojecido al fuego.

34. «La gente estaba persuadida de que Odín recorría el mundo en un abrir y cerrar de ojos, mandaba sobre el aire y las tempestades, tomaba todo tipo de

formas, resucitaba a los muertos, presidía el futuro, dejaba sin fuerza, mediante sus encantamientos, a sus enemigos, descubría los tesoros ocultos en la tierra, abría las llanuras y las montañas y, por su acción, las sombras salían de los abismos» (Mallet, *Introd.*, p. 43). Estos prestigios del segundo Odín no causarán asombro a nuestros lectores, si recuerdan que, en una época más grosera, los juglares ya disponían de la habilidad necesaria para servirse de medios parecidos.

35. Cf. Libro I, cap. 9.
36. Libro VI, cap. 7.
37. *Ibid.*
38. Libro IX, cap. 7.
39. *Völuspá.*
40. *Havamal*, estr. 77-78.
41. Cf. lo que dijimos sobre la descripción de las moradas de los muertos, Libro IX, cap. 8.
42. *Edda*, fábulas 1 y 6.
43. Cf. Libro VI, cap. 5.
44. *Ibid.*
45. Un erudito alemán, llamado Graeter, autor de un interesante diario (*Bragur y Hermode*) sobre las antigüedades islandesas, observa, en el sentido cosmogónico de las fábulas escandinavas, varios rasgos de semejanza con las doctrinas de los filósofos griegos, principalmente Heráclito y Meliso, y concluye de ello que el segundo Odín había conocido a los sabios de Grecia; pero, además de que este sistema necesitaría siempre la hipótesis que presentamos, para explicar la traslación de estas doctrinas a Escandinavia, sólo descansa en analogías que debieron de nacer en todos los lugares de la observación de los fenómenos más ordinarios, ya que todas se relacionan con la oposición entre el frío y el calor. Otro anticuario, el señor de Suhm, se apoyó en las alegorías físicas, interpoladas en las *Eddas*, para enfocar toda la mitología del Norte como un sistema de física. Es el error de Varrón sobre la teología griega y romana.
46. Cf. más arriba, Libro X, cap. 9. Un autor, al que hemos consultado más de una vez (Rüh, *Scand.*, pp. 268-269), sorprendido de la oposición de este dogma con las ideas fundamentales del primer politeísmo de los escandinavos, supuso que se introdujo después del establecimiento del cristianismo por monjes cristianos. Esta conjetura demuestra suficientemente que no se puede estudiar las antigüedades del Norte sin tener en cuenta doctrinas de épocas diferentes. Pero el Ragnarok no necesita esta explicación. Debió de ser el resultado de la revolución que hizo triunfar al genio sacerdotal. El mismo razonamiento nos lleva a rechazar, con mayor razón, la idea de que las *Eddas* hayan sido obra de los misioneros. Nadie duda de que hayan existido interpolaciones o fraudes piadosos; pero cualquier mitología, creada para reírse de ella, es una hipótesis ridícula. Las semejanzas de la mitología del Norte con el cristianismo no son más sorprendentes que las de la misma mitología con las leyendas de la India. Vemos en ellas, por ejemplo, la fábula de la *amrita*, que los cristianos no pudieron introducir allí, ya que la desconocían (Rüh, p. 135).
47. Libro XII, cap. 11.
48. Casi todos sus preceptos contradicen los ejemplos y las promesas del primer Odín a sus compañeros: el pillaje es su vida; la embriaguez, su deleite; y

el *Havamaal* prohíbe el pillaje y condena la embriaguez (Mall., *Hist. du Dan.*, II, 280).

49. Cf. Bartholin, *De caus. contempt. mortis*, III, p. 193. Gebh., *Hist. Dan.*, I, 35.

50. Mallet (*Hist. du Dan.*, II, 33) sólo habla de tres; pero es porque rechaza la *Lokasenna*. Se verá que erróneamente.

51. Estas subdivisiones son numerosas y arbitrarias. Para simplificarlas, reunimos en la *Völuspá*, propiamente dicha, al ser de la misma época, el *Vaftrudnismal*, o el combate de Odín contra un gigante; el *Grimnismal*, o la disputa de Odín y de su mujer Freya por el imperio del mundo; el canto de Alvis el enano; el *Thrymsguida*, o la historia de Thor, de Loki y del gigante Thrymer; el *Hymisguida*, o el relato cosmogónico sobre el gigante Ymer; las tres leyendas narran la lucha de Thor contra un enano al que no puede vencer; los amores del dios Freyr, y los enigmas resueltos por Svipdagr; la muerte de Balder; la genealogía de los héroes, hijos de los dioses, o el paso de la raza divina a la raza heroica; el canto del cuervo, que consiste principalmente en predicciones sobre la destrucción del mundo.

53. El *Heldenbuch*. Este *Libro de los héroes*, más reciente que los *Nibelungos*, y atribuido a Enrique de Ofterdingen, poeta del siglo XIII, está también lleno de tradiciones parecidas a las leyendas antiguas del Norte.

54. Según Torfoeus, transcurrieron mil cien años desde Odín hasta el primer historiador islandés, Isleif, obispo de Scalholt, que murió en 1080 (Mallet, *Introd.*, p. 46), y el Odín del que habla Torfoeus no es el primero, sino el segundo Odín.

55. *Edda* significa poética, arte de la poesía. Las *Eddas* son, pues, una colección de poemas para formar poetas, y no un libro religioso. Los aprendices escaldos conservaban en sus poemas las ficciones de la antigua mitología, aunque estuviese destruida (Mall., *Hist.*, II, 25-26). La afirmación de que los compiladores de las *Eddas* sólo se interesaban por la poesía es una fábula burlesca evidentemente interpolada, y es una burla contra los malos poetas. Odín tomó el brebaje poético y se elevó en forma de un águila; perseguido por uno de los gigantes guardianes de este tesoro, dejó escapar una parte del mismo, que, así mancillado, se convirtió en bebida de los malos poetas.

CAPÍTULO 4

Que la cuestión de saber si hubo en Escandinavia
una tercera revolución religiosa es ajena a nuestra investigación

1. Vimos, en una nota anterior, la atribución del nombre de Gylfe a dos individuos de situaciones totalmente opuestas. Se diría que se asignó el mismo hecho a la historia de los dos, presentándolos como los depositarios, no sólo del poder temporal, sino también de la autoridad sacerdotal.

2. Wedel-Jarlsberg, pp. 173-175-176-269-272.

LIBRO XV
RESULTADOS DE LA OBRA

CAPÍTULO 1

Cuestión por resolver

1. Libro I, cap. 6.
2. Carta 640, ed. de Grouvelle.
3. *For me I know nought, nothing I deny,*
   Affirm, reject, contend, and, what know you?

[Yo mismo no sé nada, nada niego ni afirmo, / rechazo ni sostengo; y, di, ¿qué sabes tú?]

(Lord Byron)

4. Cf. Libro II, cap. 6.
5. Cf. más arriba, Libro XII, cap. 11, nota 22, en la que recordamos que un teólogo, al hablar de las leyes hebraicas, dice que Yahvé decidía sobre el mérito de las acciones, en virtud de su derecho de *autocracia*.

CAPÍTULO 2

De los inconvenientes del principio estacionario, incluso en las religiones
que no otorgan al sacerdocio más que un poder limitado

1. Esos, dice su discípulo (*De leg.*, libro X), son impíos hacia los dioses, que creen que los culpables los aplacan con sacrificios.
2. Traducción de Platón, por V. Cousin, *Argument de l'apologie*, pp. 56 y 59. Creemos que esto responde perentoriamente a aquellos adversarios del cristianismo que, para colocarlo por debajo de las religiones antiguas, atribuyeron a estas últimas el mérito de la tolerancia. La tolerancia del politeísmo, incluso en los griegos o los romanos, descansaba en el respeto debido por la sociedad a las opiniones de los individuos. Los pueblos, tolerantes entre sí, como agrupaciones políticas, reconocían igualmente este principio eterno: cada uno tiene el derecho de adorar a su dios como mejor le parezca. Los ciudadanos, en cambio, debían conformarse con el culto de la ciudad. Las leyes de Triptólemo y de Dracón prohibían, bajo pena de muerte, cualquier desviación de la religión pública (Porfir., *De abst.*, IV, donde cita a Hermipo, *De legislator.*, I, II. Josefo, *Contra Apión*, II, 37), y los atenienses juraban someterse a esta disposición (Isócrates, *Panath.* Estobeo). Nadie tenía libertad para adoptar un culto extranjero, aunque este culto fuese autorizado para los extranjeros que lo practicaban. Estos mismos extranjeros debían permanecer fieles a la creencia de sus ancestros. Juliano, en una carta a los habitantes de Alejandría, establece este principio del politeísmo. Lo que reprocha más amargamente a los cristianos es haber abandonado la religión de sus padres. Los llama falsos hebreos sublevados, y juzga a los judíos con más indulgencia. Platón declara legítimas las acusaciones de impiedad. Afirma

863

que no se debe tolerar a los incrédulos. Hasta aquí, conocemos a más de un moderno que será de este parecer; pero añade: se deberá rendir culto a los planetas, y a quienes se atrevan a sostener que los planetas no son dioses se les deberá castigar como impíos. En esto, los inquisidores de nuestros días se alejarán de Platón. Esto sucede a todos los hombres que adoptan la legitimidad de la intolerancia. Concuerdan en la persecución de las opiniones contrarias a las suyas y se dividen sobre aquella en cuyo nombre quieren perseguir. Los romanos no eran más tolerantes. *Separatim nemo habessit deos neve novos, neve advenas,nisi publice adscitos* [No tendrá nadie dioses por separado, ni desconocidos ni extranjeros, salvo los admitidos oficialmente] (*Ley de las Doce Tablas*, en Cicerón, *De leg.*, II, 19). *Ne qui nisi Romani dii, neu quo alio more quam patrio colerentur* [que no se diera culto a ningún dios más que a los romanos, ni con ningún otro rito que el patrio] (Tito Livio, IV, 30, 11). *¿Quotiens, dice el cónsul Postumio, hoc patrum avorumque aetate negotium est magistratibus datum, ut sacra externa fieri vetarent [...], omnem disciplinam sacrificandi, praeterquam more romano, abolerent?* [¿Cuántas veces en tiempos de nuestros padres y abuelos se dio a los magistrados este encargo: que prohibieran la celebración de cultos foráneos [...], que abolieran toda enseñanza de los sacrificios, excepto los de rito romano?] (*Id.*, XXXIX, 16, 8). Los primeros filósofos que adoptaron los principios de la nueva tolerancia son los nuevos platónicos. Sucede que la religión positiva tocaba a su fin. No podemos por menos, al terminar esta nota, de felicitarnos por el servicio que nos rindió uno de nuestros críticos más hostiles, al reconocer que nuestro modo de enfocar la religión es idéntico en el fondo al del señor Cousin. El autor del *Catholique* (XXXIII, 351-358), al analizar el curso de filosofía de este ilustre profesor, se expresa con estas palabras: «La religión natural no es el instinto de la naturaleza que recorre el mundo y se lanza hasta Dios. El sistema del señor Constant se encontraría al final de esta teoría. El culto, dice el señor Cousin, es la realización del sentimiento religioso. Es precisamente lo que el señor Constant, en su odio contra el sacerdocio, afirmó no hace mucho». Sin embargo, el señor Cousin y nosotros habíamos partido de bases muy diferentes. Él admira las grandes corporaciones sacerdotales de la Antigüedad; nosotros las detestamos. Pero los hombres de buena fe terminan por encontrarse siempre.

3. Una anécdota curiosa muestra al sacerdocio romano, incluso en un tiempo en el que las luces combatían su influencia, ejerciéndola a expensas de los afectos más queridos y los deberes más sagrados. Sila celebraba juegos en honor de Hércules. Metela su mujer cayó enferma peligrosamente. Los sacerdotes declararon que no le estaba permitido, en el momento en que se ocupaba de una ceremonia religiosa, ni ver a su mujer ni dejarla morir en su casa. La repudió, la llevaron fuera mientras expiraba y luego realizó funerales extraordinarios en su honor.

CAPÍTULO 3

Que la pureza de la doctrina no disminuye en nada los peligros del principio estacionario en la religión

1. Toda religión positiva, toda fórmula inmutable, conduce directamente a la intolerancia, si se razona consecuentemente. «La intolerancia», dice un autor

italiano, «la intolerancia que quienes quieren tolerar el error llaman una doctrina terrible, y el deseo de convertir a todas las naciones, son los dos caracteres más hermosos del cristianismo, y, a pesar de los clamores de los profanos irritados, no tenemos motivos para sonrojarnos de ello. Quisiera saber cómo alguien se atreve a negar que, puesto que finalmente se ha descubierto la verdad que constituye la felicidad de esta vida y de la otra, es una noble, humana y social empresa el difundirla, transplantarla a todos los sitios y defenderla contra la trapacería y los ataques de sus enemigos, primero por la persuasión y, luego, cuando la persuasión no consigue su objetivo, por la fuerza del magistrado y de las leyes. Éste es el espíritu de conversión y de intolerancia del cristianismo; si es justo corregir, reprimir y castigar a los que proponen doctrinas contrarias al Estado, ¿por qué sería injusto y cruel hacer otro tanto por el bien del cristianismo; que, según los testimonios de los propios escritores profanos, es el mayor bien que los hombres puedan dar o recibir, el mejor de todos los sistemas e, incluso para esta vida, la fuente más pura y verdadera de la felicidad terrestre y social?» (*Histoire critique des révolutions de la philosophie dans les trois derniers siècles*, por Apiano Buonafede, general de los celestinos, con el nombre de Agatopisto Oromazziane, t. V, p. 55).

2.   La Carta constitucional francesa, incluso mejorada, no está exenta de este defecto. Al declarar que la religión católica es la de la mayoría de los franceses, o declara un hecho que era inútil declarar, o se propone dar a esta religión una supremacía indirecta sobre las demás, lo cual constituye un peligro eventual. Felizmente, más tarde declara la igualdad de los cultos, lo que hace de los derechos de la mayoría algo ilusorio e inofensivo.

3.   En la Edad Media, dice un historiador, el clero echaba sus proclamas desde el púlpito contra el movimiento comunal: decía que era execrable. Se indignaba de que, contra todo derecho, algunos esclavos se sustrajesen forzosamente de sus dueños, lo que prueba que, si la religión cristiana suprimió la esclavitud, sus ministros apenas la ayudaron en esta obra de caridad. He aquí lo que un escritor del tiempo cuenta del obispo Guilbert: *Inter missas sermonem habuit de exsecrabilibus communiis, in quibus contra jus et fas violenter servi a dominorum jure se subtrahunt* [Durante sus misas pronunció un sermón sobre las execrables comunas, donde, contrariamente al derecho humano y divino, los siervos se sustraen a la jurisdicción de sus señores]. El término *comuna* le parece una palabra inaudita y detestable, *novum ac pessimum nomen* (Ducange, *Gloss., s. v. Communia*).

4.   Los autos de fe, dice el autor de *Le Catholique*, se celebraban con una pompa que nos parece horrible. La Inquisición fue nacional en España; no apagó el genio castellano, no fue obstáculo para que los grandes poetas, los grandes historiadores florecieran en la Península, no perjudicó a la industria (es decir, que, desde la expulsión de los árabes y, sobre todo, desde Felipe II, la población de España disminuyó en dos tercios); los españoles nunca se lamentaron de ello; en general, no se pronunció contra los ateos y contra los impíos más que cuando intentaron hacer proselitismo; nunca atormentó las conciencias y sólo castigó *el contagio del crimen* (*Cathol.*, XV, 423-424). Por lo demás, ni una palabra de piedad para Arnaud de Bresse; satisfacción de que Servet expíe sus errores en la hoguera, de que Savonarola perezca en las llamas, de la aprobación del gobier-

no de Polonia prohibiendo la secta de los socinianos (*Cathol.*, VI, 412-421-426-432); y el señor de Maistre quien, al hablar de la Inquisición y de sus suplicios, los llama la ejecución legal de un pequeño número de hombres, ordenada por un tribunal legítimo, en virtud de una ley anterior, cuyas disposiciones podía evitar la víctima con total libertad, y suputa con desdén las gotas de sangre culpable, ¡vertidas de tarde en tarde por la ley! (*Des sacrifices*, pp. 428 y 429).

5. «Leer debería ser la prerrogativa de estas inteligencias versadas, que, después de haber comprendido perfectamente, enseñarían lo que ellas mismas hubieran aprendido así. Los espíritus demasiado débiles para entregarse a estudios serios se deterioran al leer; es un acto de locura entregar los tesoros de la inteligencia a merced de una multitud ávida, que los malgasta y no sabe utilizarlos para su provecho. Es uno de los mayores crímenes que se pueda cometer iniciar al vulgo en la lectura de escritos sofisticados, de los que sólo puede obtener criminales inspiraciones» (*Cathol.*, VIII).

¿Qué se puede decir de un mago o de un brahmán, intentando verter aceite hirviendo en la boca de los que hablan o romper la cabeza de los que leen?

6. Oración fúnebre de la reina de Inglaterra.

7. *Catholique*, XIX, 86.

ÍNDICE ANALÍTICO Y ALFABÉTICO*

ABARTA, proporciona las inundaciones y las tempestades: 784[22]

ABDALAH, mandó quitar la piedra negra y llevarla al santuario de la Kaaba: 604[10]

ABDUL-MOTHALEB, abuelo de Mahoma, iluminado por una revelación milagrosa, encuentra la piedra negra de la Kaaba: 604[10]

ABEJAS, encontradas en la sepultura de los monarcas francos: 674[52]. Sentido misterioso vinculado a su zumbido: *ibid.* Eran el emblema de la civilización: *ibid.* Cf. también 32, 94, 673[52]

ABENAQUI: 580[30], 581[32]

ABHIMANDANA: 710[47]

ABIATAR: 176. Cf. *Salomón*

ABIMÉLEK: 368

ABIPONES (cada familia entre los), cambia de nombre cuando pierde a uno de sus miembros: 114, 589[3]

ABISCHECA, ceremonia india en la que se derrama sobre el que es objeto de la misma un licor compuesto de agua y miel: 768[10]

ABRAHAM, cf. *Adán*

ABRIL, pez de. Cf. *Huli*

ABUDAD, el toro cosmogónico de los persas, que contiene el germen de todas las cosas: 299

ACAJOU, novela realizada sobre troqueles destinados a otra obra: 569[17]

ACAMAPICHTLI: 169

ACARNANIOS: 512

ACAYA: 201, 225, 414, 416

ACAZ: 176, 799[96]

ACDAH: 770[13]

ACERBI (*Voyages d'*): 576[5], 585[15], 589[2], 605[12]. Cf. *Lapones*

ACESILAUS EL ARGIVO: 734[24]

ACHMIN, residuo de los ritos licenciosos: 801[1]

---

* El índice original ha sido completado y ampliado por el traductor. Los números volados a continuación del número de página indican nota. [*N. del T.*]

ACOLHUACAN: 800[102]

ACOSTA, *Historia natural y moral de las Indias*: 610[2], 610[6], 800[111], 801[8, 9], 806[4]

ACTEÓN: 336

ADAM DE BREMEN: 793[10]

ADÁN, según los rabinos, tenía la misma alma que Abraham, David y el Mesías: 562[7], 786[6], 790[20]

ADERBIDJAM, provincia del Imperio persa, que favorecía el poder sacerdotal por sus fenómenos físicos: 174

ADI SAKTI. Fuerza originaria: 279. La energía que crea: 280

ADIDI, fuerza productora: 282

ADISESCHEN, la serpiente de mil cabezas: 406

ADITI, hija de Daksa, hijo de Brahma: 601[12]. Cf. *Aditias*

ADITIAS, los descendientes de Aditi: 282. Cf. también 273, 275, 280, 282, 601[12]

ADIVINACIÓN. Afán del hombre por conocer el futuro: 124. Cuán funesto le sería este conocimiento: *ibid.* Poder que, en este sentido, proporciona a los sacerdotes su supuesta ciencia: *ibid.*, 377. La revelación del futuro atribuida siempre a los muertos: 124. O a los genios maléficos: *ibid.* Cf. *Sacrificios humanos.* La adivinación, una consecuencia del culto de los elementos. Piromancia entre los persas, consecuencia del fuego: 598. Cf. *Elementos (culto de los).* La adivinación, una ciencia desdeñada en los tiempos heroicos: 553. Pruebas: *ibid.* Sólo goza de crédito en una segunda época de la religión griega: *ibid.* Crédito ilimitado en Esparta: *ibid.* Por qué: *ibid.* Se componía, a la vez, de la interpretación de los fenómenos y del sentido arbitrario dado a los accidentes más habituales: 376. Los diversos modos de adivinación que cambian según los climas: *ibid.* Lo que era entre los etruscos: *ibid.* Entre los frigios y los cilicios: *ibid.* Entre los egipcios y los babilonios: *ibid.* En otros pueblos: 377. Cómo explica Heyne la adivinación de los diversos pueblos: 861. Todos los fenómenos materiales que tienen un sentido profético. Ejemplos: 399s. Versículos del Corán aplicados por los mahometanos a la adivinación: 770. Versos de Homero aplicados para el mismo uso por los griegos: *ibid.* Los de Virgilio, por los romanos: *ibid.* De todas las clases de adivinación, la de los sueños, en la que más confiaba la Antigüedad: *ibid.* Persas que unen la piromancia a la astrología y a la adivinación: 377. Sacerdotes escandinavos que interpretan el graznido de los cuervos: *ibid.* Fansikares del reino de Mysore que recurren a la adivinación india, aunque no profesan ninguna religión: 770. Germanos que dan una importancia extrema a las palabras de las mujeres: 377. Por qué: *ibid.* Druidas, cuya única ocupación es el estudio de los signos: *ibid.* Joven nobleza gala que emplea veinte años en comprenderlos e interpretarlos: *ibid.* Las profetisas germanas, las Nornas terrestres: 770. Derivación de su nombre: *ibid.* Pueblo judío, por sus leyes, ajeno a estas supersticiones: 377. Los griegos, deudores de la adivinación a los frigios y a los carios. Los romanos, a los etruscos: 378. Por qué se encuentran menos huellas en Homero que en los escritores posteriores, y más en los poetas que en los historiadores: *ibid.* Pruebas o juicios de Dios, aplicación de los medios adivinatorios a las relaciones que existen entre los hombres: *ibid.* El clero cristiano santifica las pruebas mediante el duelo: 771[30]. Estas pruebas admitidas entre los escandinavos y los germanos: 378. Preferencia que estos pueblos daban al duelo: *ibid.* Admitían las demás pruebas, pero con condiciones casi imposibles: 771[32]. Indios que someten sus divinidades a estas pruebas: 378. Ejemplos: *ibid.* Prueba de la mantequilla hirviendo, aún hoy en uso entre ellos: 771[33]. Costumbre de los persas sin relación alguna con esta idea: 378. Agatías solo aplica esta superstición a los muertos y a la vida futura: 771[36]. La misma hipótesis existe, según Steller, entre los kamchadales: *ibid.* Opinión de los hebreos sobre estas pruebas: 371. Que los griegos sólo ofrecen un resto de prácticas semejantes. Que se puede ver en este hecho una alusión a costumbres extranjeras: 378-379. Rara vez se admiten estos medios de justificación entre los romanos: *ibid.* La vestal Tuccia: 772[39]. Prueba del fuego en el santuario de Feronia: *ibid.* Contradicción evidente que resulta de todas estas hipótesis: 379. Causa de su nacimiento: *ibid.*

ADIVINOS GRIEGOS, que difieren de los sacerdotes y no son miembros del sacerdocio: 655[40]. Cf. *Jenofonte*

ADMETO: 217, 469, 835[4]

ADONÍAS: 176

ADONIS: 221. Amalgama de las tradiciones de diversas comarcas: *ibid.* Cómo las modificaron los griegos: *ibid.* Las mujeres sirias le ofrecen su castidad: 231. Adonis es el mismo que Moisés, según Huet: 681[117]. Tristeza de las fiestas de Adonis, que repugnan al espíritu griego: 681[119]-682[122]. Tradición que pone en boca de Hércules que él no conoce ni la divinidad ni el culto de Adonis: 681[119]

ADONIS DE SIRIA. Reunión de los dos sexos: 409

ADRASTE: 464, 745[10]

ADYSUARA: 710[46]

ÁFACA: 627[2]

ÁFRICA (sacrificios humanos entre los habitantes de la costa de): 592[5]. Interés de los negros de África por la religión: 165

AFRODITA. Reúne los dos sexos: 409. Su culto fue llevado a la isla de Chipre: 789[3]

AGAG, muerto por Samuel: 184, 443

AGAMENÓN, lleva consigo la daga para los sacrificios: 194. Inmola un jabalí al sol y otro a la tierra: 656[8]. Cf. también 195, 286, 308, 322, 326, 331, 336, 337, 345, 351, 460, 469, 519, 654[40], 656[6], 658[21], 684[13], 743[21], 746[37], 751[2], 831[33] y *Griegos*

AGATÁRQUIDES, describe las hordas africanas tal como son en la actualidad: 78, 564[2]

AGATÍAS: 615[39], 724[34]. Sólo aplica la superstición a los muertos y a la vida futura: 771[36]

AGATOCLES, cf. *Sacrificios humanos*: 169

AGATÓN: 833[6]

ÁGAVE, atormenta a su hijo Penteo: 221

AGDAL, padre de Agdestis: 789[5]

AGDESTIS, héroe hermafrodita: 789[5]

AGDISTIS, fábula oriental introducida en los misterios: 681[121]. Hermafrodita: *ibid.*

AGESILAO, alabado por Plutarco: 416. Cf. también 456, 504, 796[54]

561[7]. Rechazado como impío: *ibid.* Profesado en Alemania en 1812: *ibid.* Se asemeja, desde cierto punto de vista, a la doctrina india de las encarnaciones: *ibid.* Algo análogo puede verse entre los judíos: *ibid.*

ALÉSTOR: 823[96]

ALFADUR, ALLVATER, dios supremo de la religión sacerdotal de los escandinavos: 83. Cf también 524, 764[3,] 779[5]

ALFEO: 732[9]

ALÍFERA: 670[35]

ALLAT, ídolo de los árabes, simulacro de piedra: 603[9]

ALMA, los salvajes suponen que es semejante al cuerpo: 112. Cuando se mutila el cuerpo, también se mutila el alma: *ibid.* Cf. *Vida (otra), Groenlandeses, Angekoks, Patagones, Chile, Gran Espíritu.* Las almas viven errantes alrededor de las habitaciones de los hombres: 114. La desdicha que experimentan las hace maléficas: *ibid.* Cf. *Caribes.* Idea de los patagones sobre el alma: 586[24]. Pasaje de los libros judíos que podría hacer pensar que, según ellos, el alma renacía en el cuerpo: 586[27]. Que las ideas griegas y las indias son ambas opiniones extremas sobre el estado de las almas después de la muerte: 381. Son seres individuales en el infierno de Homero, y simples abstracciones entre los indios: *ibid.* Ley mosaica, que guarda sobre la inmortalidad del alma un silencio absoluto: *ibid.* Los profetas, al parecer, sólo prevén la nada más allá de la tumba: *ibid.* Pasajes que lo prueban: 772[6]. La secta de los saduceos negaba formalmente cualquier recompensa o castigo después de esta vida: *ibid.* Que, sin embargo, se exageró mucho la carencia de cualquier dogma sobre la existencia del alma en la religión judía: 381. Que esta exageración data de Warburton, quien arrastró detrás de él a numerosos teólogos: 773[7]. Moisés habla, en el Deuteronomio, de la evocación de los muertos: 381. Alusiones frecuentes de los escritores sagrados a la inmortalidad del alma: *ibid.* Pasajes que prueban, de modo incontestable, que este dogma no le era extraño: 773[9]. Cómo conciliar esta contradicción aparente: 381-382. Hecho general, incontestable, la imitación de la vida real es la base de la vida futura: *ibid.* El alma del mundo formada en la copa de la unidad: 547[5]. Almas parciales, condenadas al nacimiento, salen de la copa de la división: *ibid.* Por qué estas últimas no pueden librarse de la individualidad: *ibid.* En qué se convierten cuando ponen sus ojos en el espejo misterioso: *ibid.* Copa de la sabiduría en la que beben y que erradica su extravío: *ibid.* Entonces se hacen inmortales, según Mercurio Trimegisto: 849[80]. Número de migraciones que exige Píndaro para que lleguen a la felicidad: 849[81]. Plegaria órfica, transmitida por Proclo, que tiende a cerrar el círculo, es decir, a no volver a entrar en un cuerpo mortal: 849[82].

ALOIDAS, encadenan a Marte: 325

ALRUNES, cartas sagradas de los escandinavos. Tanto los dioses como los sacerdotes tenían este mismo nombre. Se dedicaban a la magia: 730[73]

ALURA. En Arabia, la tribu de los koreichitas sacrificaba mujeres jóvenes a esta divinidad: 414

ALVIS EL ENANO: 862[51]

ALZIRA y *ZAIRA* (Voltaire): 468

AM Y DUAM, el cielo y la tierra: 693[10]

AMALTEA, nodriza de Júpiter: 565[6]

AMARA DEVA, construyó el templo que purifica el pecado: 839[34]

AMAZONAS, (las) vírgenes. Ofrecían a Ártemis víctimas humanas, y se parecían mucho a una nación o a una institución sacerdotal: 212

AMAZONAS (moraban en las orillas del río de las): 105. Cf. *Loango*

AMBALISCHEN, unido a Vishú por sus peticiones: 623[4]. Cf. *Dolor (santidad del)*

AMBOINA (insulares de), piensan sobre los muertos lo mismo que los moradores de Nueva Holanda: 114. Sus juglares consultan a los nitos: 124. Cf. *Holanda (Nueva), Nitos*

AMENOFIS: 636[12]

AMENTHES, otro mundo de los egipcios, copia de éste: 390, 773[10]. Cf. también 773[10], 778[31]

AMERDAD, la fertilidad: 769[53]

AMERICANOS, mostrando la osamenta de sus padres y negándose a abandonarla: 130. Creen en una segunda muerte: *ibid*. Poca influencia de los juglares en ellos: 130-131. Cf. *Juglares*

AMESTRIS, la reina anciana, mandó matar a catorce vástagos de las familias más ilustres: 430

AMIANO MARCELINO, considera la caída de los grandes como un acto de la justicia celeste: 454. Cf. también 610[2], 614[33], 632[19], 728[52], 792[1], 812[16]

AMICLES: 320

AMIDAL, indiferente al mundo: 388. Cf. también 426, 481, 543

AMÍLCAR o HIMILCÓN, general cartaginés: 413. Cf. *Sacrificios humanos*

AMMONIO (colegio de sacerdotes en), que acogían las caravanas de comerciantes: 168, 212, 218, 596[5], 691[18]

AMOR. Se podría razonar contra él, como contra el sentimiento religioso: 548[7]

AMORCA, la horrible, dividida en dos por Belus: 295

AMOSIS, mandó arrojar a una hoguera simulacros de cera: 418, 419

AMRITA, brebaje de la inmortalidad: 565[6]. Cf. también 269, 275, 367, 565[6], 860[46]

AMSASPENDAS, con figura de animales, que presiden los siete planetas: 299, 728[53]. Servidores de Oromazo: 610[1]. Grandes períodos: 728[53]

ANACARSIS: 654[40]

ANFIARAO, cómo consigue el don de profecía: 194. Cf. también 194, 331

ANAHID, el genio del planeta de Venus, en el Zend Avesta: 726[47]

ANÁHUAC. En este país moraban gigantes: 369

ANAITIS (Venus). Sus altares servidos por numerosos esclavos: 152. Su culto entre los persas, una amalgama de la astrolatría y de un culto extranjero: 723[47]

ANANÍAS, cf. *Asá*

ANAXÁGORAS: 50. Citado por Lamennais: 657[2]. Exiliado de Atenas por sus opiniones sobre la inmortalidad de los dioses: 537. Cf. también 51, 230, 466, 476, 537, 567[2], 677[82], 708[30], 732[10]

ANAXARCO: 753[12]

ANAXIMANDRO: 650[1]

ANDANI: 425

ANDÓCIDES: 507, 841[22]

ANFIARAO: 191, 193, 196, 331

ANFICTÍONES: 343, 655[40]
ANFICTIONÍAS: 344
ANFÍLOCO: 193, 196
ANFIÓN: 750[2]
ANFITRIÓN, padre de Hércules: 684[13]
ANGAS: 260, 694[2]
ANGEKOKS, sacerdotes groenlandeses que reconcilian las almas: 112
ANIMALES. Es propio del hombre adorarlos: 95. Cf. *Salvajes, Trogloditas, Serpiente*. Que no se ocupan, como el hombre, de su destino después de la muerte. Hay, entre el hombre y los animales, una especie de parentesco. Explicación del culto de los animales, según diversos autores: 251-253. Escaso fundamento en las explicaciones de Diodoro: 252. Exceso de sutileza en las de Plutarco: *ibid.* Las de Porfirio: 252-253. Ridiculez de las explicaciones modernas: los animales adorados como calendario o como alfabeto: 253
ANIMALES FABULOSOS, entre los chinos: 188. Pájaros fantásticos, Garuda y Aruna, entre los indios: 267. Rescatados de la astrolatría. Figuran los astros entre los persas: 246. Animales fabulosos introducidos en todas las religiones sacerdotales: 363-364
ANIO, la realeza y el sacerdocio se confunden en su persona: 652[10]
ANNA PERENNA, según Ovidio, algunas veces, la luna; otras, Temis: 656[6]. Alimenta a los romanos en el Monte Sagrado: *ibid.* Conformidad de su leyenda y la de Anna Purna Devi: *ibid.* Cf. *Anna Purna Devi*. Paterson compara la Anna Perenna de Ovidio con la Anna Purna de los indios: 814[31]
ANNA PURNA DEVI, alimenta a Viasa Muni y a sus diez mil pupilas: 565[6]. Es la mujer de Vrishna Isvara, dios de la justicia: *ibid.* Lleva una media luna: *ibid.* Nodriza de Shiva: *ibid.* Cf. *Anna Perenna, Shiva*
ANQUISES. Sus pompas fúnebres: 651[10]. Dice que las almas permanecen mil años en el Elíseo: 778[9]. Cf. también 844[14]
ANTÁLCIDAS: 852[110]
ANTENOR, su mujer era sacerdotisa de Minerva: 801[3], 857[7]
ANTEÓPOLIS: 676[72]
ANTICLEA, madre de Ulises: 339, 746[37]
ANTÍGONO GONATAS, atacado por los galos: 222
ANTÍOCO SOTER, rey de Siria: 753[12]
ANTOINETTE BOURIGNON: 787[20], 802[13], 804[24]
ANTROPOMORFISMO. Cf. *Salvajes, Vida (otra)*. Dioses del antropomorfismo con vicios y virtudes al tiempo: 395. Mejoran gradualmente: *ibid.* Ninguno hace el bien desinteresadamente; pero ninguno hace el mal por el mal: *ibid.* Cf. también 72, 111, 116, 203, 267, 281, 298, 332, 342, 391
ANUBIS. El Mercurio Anubis, conductor de los signos ocultos bajo el hemisferio y de las almas en los infiernos: 574[25]. En Egipto, a la vez el prototipo de los perros y el horizonte: 694[12]. Cf. también 694[13], 672[27], 842[6]
ANXIA Y CINCIA: 815[33]
APARICIONES. Credulidad de los salvajes en esto: 123-124. Compartida con los españoles: 591[32]
APATURIAS: 664[5]

víctimas humanas: 603[9]. Otras divinidades de los árabes, la acacia, el león, el águila, el caballo: 554[1]. Los magos fugitivos les trajeron ritos sacerdotales, probablemente, entre ellos, los sacrificios humanos: 144, 414. Historia de la piedra negra de la Kaaba: 603[10]. Cf. también 355, 547, 585[16], 591[22], 603[7, 9, 10], 670[13]

ARATO: 753[12]

ARAUCANOS. Creen en un dios malo: 99

ARAXE: 729[53]

ARBELAS: 753[12]

ÁRCADES. Lo que cuentan del dios Pan, una alusión astronómica: 197, 678[87]

ARCADIA: 222, 415, 498, 661[15], 683[6], 796[56], 843[20]

ARCESILAO, rey de Cirene: 455, 830[32]

ARCONTE. El arconte rey encargado de la administración del culto de Atenas no era sacerdote, sino designado por sorteo: 654[40]. Cf. también 832[30], 835[7], 842[22]

ÁRDEA. En esta ciudad había una corporación de sacerdotes, los *saurani*: 810[5]

ARDHANARI, otro nombre de Shiva: 409

ARDUIZUR. Entre los persas, agua virgen y primitiva: 299

AREÓPAGO: 325, 459, 475, 537, 831[56]

ARES. Cf. *Marte*

ARETE, mujer de Alcínoo: 348

ARGENS (el marqués de): 71

ARGIVOS: 197, 414, 453, 467, 653[40]

ARGÓLIDA: 197, 226, 311, 495, 678[82], 841[6, 11]

ARGONÁUTICAS: 410, 771[8], 791[35]

ARICIA (bosque de). Consagrado a Diana: 693[7]. Nacido por la costumbre de adorar los árboles: *ibid.*, 814[31]

ARIMÁN. Leibniz sobre este mito iranio: 683[2]. Y Oromazo: 724[23], 728[52]. La destrucción: 729[53]. Cf. también 784[32], 785[33], 786[2]

ARISTÁGORAS: 510

ARÍSTIDES: 843[6], 851[104]. Cf. *Lamennais*

ARISTODICO: 453

ARISTÓFANES. Demuestra que los griegos no adoraban los astros: 650[3]. Se debe estudiar no menos que los trágicos: 472. Descripción ultrajante que hace de los dioses de Grecia: 473. Causas que explican esta singularidad: *ibid.* Sus obras, son, en su mayoría, parodias de alguna obra trágica y, sobre todo, de las obras de Eurípides: 474. Ejemplos: *ibid.* Berger sobre este tema: 835[3]. Parodia también algunas veces a Píndaro: 473. Efecto que estas parodias producían en los espectadores: *ibid.* Lo que Plutarco cuenta de los atenienses prisioneros en Sicilia: 835[7]. Alusiones de Aristófanes a diferentes versos de Eurípides: *ibid.* La progresión de las ideas religiosas, una de las causas de la indulgencia de los atenienses hacia sus sarcasmos: 473. Cómo lo demostramos: *ibid.* Que nuestras explicaciones sobre esta indulgencia son más naturales y satisfactorias que las que se dieron hasta ahora: *ibid.* Por qué: *ibid.* Otra explicación que damos sobre la contradicción que existe entre la conducta de los atenienses hacia el poeta y la que tuvieron con algunos filósofos culpables de las mismas insolencias: 503. Hábiles subterfugios que utilizaba Aristófanes contra las severidades legales:

ASTROLATRÍA. Una de las dos formas primitivas de la religión: 797-798. Proporciona al sacerdocio un poder ilimitado: 140-141. Conduce a la astrología: *ibid.* El poder del sacerdocio se acrecienta con ella: *ibid.* A menudo, va unida al culto de los elementos: 140. Error de los sabios que atribuyeron la astrología a todos los pueblos e hicieron de ella el único culto: 597-598. Se combina a menudo con el puro fetichismo: *ibid.* La adoración de los astros mezclados con otras divinidades no constituye astrolatría: 597. En ésta, los astros son los primeros de los dioses; pero, allí donde los astros no están entre los dioses, sólo son divinidades secundarias: *ibid.* Prueba de ello, Apolo y Diana entre los griegos, distintos de Helios y de Selene: *ibid.* Cf. *Persia, India, China, México, Cartago, Hebreos.* Que, en las naciones ajenas a la astrolatría y al culto de los elementos, el sacerdocio tuvo poco poder. Cf. *Griegos.* Su poder y su extensión a las religiones sacerdotales: 375-376, 398-399. Su aplicación se extiende hasta la medicina: 376. Libros escritos en Alejandría exponen las relaciones de las constelaciones con las plantas: *ibid.* Las mismas supersticiones existían entre los indios: *ibid.* Ejemplos: *ibid.* Igualmente, entre los caldeos: *ibid.* Las diversas profesiones colocadas bajo la protección de los astros: *ibid.* Dubois y Diodoro sobre esto: 777[2-6]. Sacerdotes mexicanos vinculados igualmente a la astrología: 376. Sus períodos compuestos del número trece: 770[9]

ASTROLOGÍA. Se debe, por una parte, a la ciencia sacerdotal y, por otra, a la creencia popular: 298. Compañera de la astronomía: 268, 847[56]. Su poder en manos de los sacerdotes egipcios: 376. Entre los sacerdotes mexicanos: 376, 379. Unida a la adivinación y la piromancia: 376. Sirve de base a la religión: 521. Cómo nace: 573[19]. Arte de engaño y charlatanería: 598[6]

ASTRONOE: 499

ASTRONOMÍA. Toda la religión de Egipto fundada en la astronomía: 156, 598[6]. Poder que se deriva de ella para los sacerdotes de Egipto: *ibid.* Volney da demasiada importancia a la impostura en cuanto dice sobre esto: 598[6]. Cf. *Egipto, Etiopía, Sirios, México.* En todas las religiones, hay varias significaciones, además de la astronomía: 700-701. La adoración silenciosa, símbolo místico vinculado por los indios a la astronomía: 703[35]. El dragón Rahu, causa de los eclipses: 269. Cálculos astronómicos contados como las acciones de los inmortales entre los caldeos: 298. Cf. también *255, 268, 269, 282, 283, 303, 348, 541, 571[19], 598[6]*

ASURAS: 265

ASVAPATI, rey indio versado en las cosas divinas: 562[12], 714[87]

ASWATTA: 275

ASYORUCA, reina de los infiernos, en la India: 842[12]

ATALANTE, como Hipómenes, actuaba desnudo en las carreras: 733[15]

ATALÍA. Cf. *Joad.* Consolida el culto de los dioses extranjeros: 639

ATALÍA: 469

ATEÍSMO (superioridad lógica del) sobre la creencia: 242. Cf. *Panteísmo.* Tipo de lucha que existe entre el ateísmo y el teísmo: 695[7]. El ateísmo tiende a reunirse en el panteísmo material: 697[18]. Que se encuentra en las religiones sacerdotales de la India: 278, 279. Cf. también *25, 29, 38, 52, 59, 63, 250, 271, 278, 296, 382, 501, 507, 563[1], 665[13], 687[13], 695[7]*

ATENAS. Sus sacerdotes fueron los primeros en romper la unión entre el politeísmo y la filosofía: 77. Los atenienses instituyen el culto de Pan antes de la batalla de Maratón: 104. Se sitúan entre las dos razas de los jonios y de los dorios: 732[1]. Su entusiasmo por Teseo, permitiéndoles los anacronismos más absurdos: 831[9]. Eran el pueblo de Grecia en el que más se veneraba a las Furias: 832[56]. Conjeturas a este respecto: 933[60]. Cf. también 202, 225, 300, 385, 414, 464, 465, 538, 562[8], 758[25]

ATENEO: 494, 632[22], 657[11]

ATHARVAN o ATHAR VEDA: 705[3]. Cf. también *Vedas*

ATIBALA, con esta fórmula los mantras atraen a los inmortales: 373

ÁTICA: 193, 310, 311, 314, 662[1], 678[82]

ATIR, la noche primitiva de los egipcios, el gran todo: 255, 257, 622[1], 680[107], 848[66]

ATIS: 423, 430, 499, 681[121], 809[16]

ÁTOMOS (sistema de los o atomismo), conduce al panteísmo, a pesar de las apariencias contrarias: 697[18]

ATREO: 286, 336, 461

ATRI, uno de los primeros padres de la raza humana: 280, 297

ATRIDAS: 223, 667[22]

AUDUMBLA, la vaca fecunda: 523

AUGIAS. Sus libros recordaban los reveses de los griegos en la reconquista de su patria: 733[19]

AUGUSTABODE, la gigante escandinava: 859[17]

AULULARIA, de Plauto, narra las aventuras de una joven embarazada en una fiesta misteriosa: 844[39]

AUNO: 418

AUSONIO: 681[116]

AUSTERIDADES. Historia de Erunia Kasyapa, del privilegio que arrancó a los dioses y de como Vishnú eludió este privilegio: 623[7]. Cf. *Dolor (santidad del)*. Santo que, para ir a ver a Buda, atraviesa el aire por la fuerza de sus penitencias: 264. Austeridades que contribuyen a la creación del mundo: 281. El Zend Avesta, que defiende expresamente los ayunos, las privaciones, las abstinencias: 421. Obscenidades místicas unidas a las austeridades por parte de los faquires de la India: 422. Sus pruebas vergonzosas, pruebas renovadas por los cristianos de la Edad Media: *ibid.* San Pablo más moderado con respecto a los placeres de los sentidos de lo que luego fueron los cristianos después de él: 801[13]. Todas estas exageraciones rechazadas en los primeros siglos del cristianismo: *ibid.*

AUTÓLICO: 325

AUXESIA (fiestas de Damia y): 225

AVARIS: 636[12]

AVATAR: 171, 264, 265, 266. Nombre de las encarnaciones indias: 606[21], 628[1]. Cf. *Encarnaciones*

AVENTINO: 811[12]

AXIEROS, reina de los infiernos, en la India: 841[12]

AXIOCERSA, la hija de la divinidad india: 841[12], 854[4]

ÁYAX: 326, 337, 463, 583[2], 734[19], 740[43]

ÁYAX: 463, 679[92], 743[22]

AYODHYA, la ciudad opulenta: 293

AYUNOS. Cf. *Salvajes, Guayana, Abipones.* Acompañados de torturas: 120. Necesarios, entre los abipones, para llegar a ser sacerdotes: 589[3]. Cf. también 251, 271, 421, 423, 498, 579[28], 580[30]. Cf. *Dolor (santidad del)*

AZARA: 726[47]

AZARÍAS. Es expulsado del templo por los levitas: 152. Fuerza las puertas del templo: 176. Prohíbe el culto de los dioses extranjeros: 639[19]

AZILOT. Los Eones eran once, y Azilot su nombre: 393, 787[13]

BAAL (el sol). Dios de los cartagineses: 602[17, 18]. Le estaba consagrado el elefante: *ibid.* Por qué: *ibid.*

BAAU: 698[21]

BABILONIA, BABILÓNICAS (prostitución de las): 127, 205, 553[1], 574[23], 651[4]

BACANALES: 495, 512, 843[6]

BACO, su culto de origen indio: 220, 221. Regiones que recorre para llegar a Grecia: *ibid.* Modificación de sus fábulas: *ibid.* Su identidad con Osiris: *ibid.* Con Shiva: *ibid.* Progresión de este culto según Voss: 677[79]. Sus ritos no se incorporaron nunca a la religión pública de Grecia: *ibid.* Guerras y desgracias causadas en Grecia por la introducción de este culto: 220, 221. Delirios, suicidios, asesinatos que tienen la misma causa: *ibid.* Homero habla de Baco una sola vez: *ibid.* Cf. también 311, 320, 329, 414, 416, 417, 429, 458, 493, 495, 496, 497, 498, 499, 507, 512, 614[31], 617[67], 660[1,9], 665[14], 676[77], 674[79], 677[77]

BACO BUGENES, con cabeza de toro: 677[77]

BACO CADMEO, era un tronco engastado en bronce: 660[9]

BACO, hermafrodita alado: 845[41]

BACO PSITAS: 843[2]

BACO SABACIO: 845[41]

BACTRIANA. Opiniones de este antiguo imperio atribuidas a los persas bárbaros: 83. Religión sacerdotal de esta región, consagraba la división en castas y la autoridad del sacerdocio: 172. Ciro deslumbrado por sus pompas. El clima de Bactriana favorecía el poder sacerdotal: 174, 595[3], 631[17], 677[80]

BAGAPATIS: 774[12]

BAGAVADAM. Es el Bhagavad Purana: 263. Predominio en él del teísmo: 274. Cf. también 712[72, 74], 714[92], 717[132], 719[16], 790[13]

BAGIRADEN: 623[4]. Cf. *Dolor (santidad del)*

BAGORAZO: 774[12]

BAHULA: 267, 709[43]

BALA, fórmula india que tiene el poder de atraer a los dioses a la tierra: 373, 291, 715[116]. Cf. *Atibala*

BALARAMEN o BALA RAMA: 291

BALBO, sus errores sobre el origen de la idolatría: 574[29]

BALDER, dios de los escandinavos, dirigía el carro del sol: 518. Cf. también 522, 527, 765[13], 774[17], 862[51]

BALI: 715[116]

BANDA, fanático de la secta de los sikh, derrama torrentes de sangre: 719[19]. Degüella a su hijo con sus propias manos: *ibid.* Muere desgarrado por tenazas candentes, sin lanzar un gemido: *ibid.*

BERGER, autor alemán; su opinión sobre la prioridad del teísmo: 727[49]. Su relato sobre California, *Relation de Californie*: 546[3]. Afirma erróneamente que los californianos no tienen religión: *ibid.* Cf. también 619[86]

BETEL, piedra adorada por los hebreos, huella de fetichismo: 578[15]

BETILOS, piedras animadas: 237

BETSAMITAS: 611[12]

BHADRAKALI, divinidad india, hija de Shiva: 777[17]. Su analogía con Hécate: *ibid.* Su figura monstruosa: *ibid.*

BHAGAVAD GITA: 82, 568[5]. El objetivo de su autor, según el traductor inglés, era el de derrocar el politeísmo de los Vedas: *ibid.* Sus principios de tolerancia: 626[13]. Cf. *Clima*. Es un sistema de panteísmo: 261, 262. Pasajes que lo demuestran: *ibid.* El traductor inglés lo reconoce: 707[15]. Dudas en el *Bhagavad Gita* sobre la inmortalidad del alma: 162, 273. Cf. también 505, 604[5], 623[4], 686[4], 706[3], 707[15], 714[93], 716[123], 720[27], 772[5], 836[10], 851[104]

BHAGAVATI: 266, 709[33]

BHAGARATI: 394

BHAVANI, divinidad india; varios de sus ritos se ven en las naciones del Norte: 565[6]. Nace de Brahm: 699[21]. Engendra a Brahma, Vishnú y Shiva: *ibid.* Cf. también 273, 280, 447, 493, 763[18], 763[19], 797[76]

BHAVISHYA PURANA: 788[3]

BHIMA: sus viajes, como las andanzas de Ulises: 288, 289

BIARCON: 370

BIBLOS: 229, 627[2]

BIFROST: 521, 525

BIGOIS, ninfa etrusca, sus libros astronómicos: 299

BISSAO (negros de), se fabrican ellos mismos sus divinidades: 576[5]

BOCHART: 597[5], 619[86]

BOHEMIOS. Emigrados de la India: 608[33]. Su fuego sagrado: 302. Presentaban sus recién nacidos al fuego sagrado: *ibid.*

BOHU del *Génesis*: 698[21]

BOLINGBROKE: 69. Posee todos los defectos de los filósofos franceses: *ibid.*

BOMILCAR: 369

BONAPARTE, su posición sobre el clero católico, la misma que la de Ciro sobre los magos: 564[5]

BONZOS, nombre genérico de los sacerdotes de Fo: 251, 699[25]. Su ateísmo: *ibid.* Muchos emperadores se rodearon de bonzos: 189. Y libertinaje: 481. Cf. también 582[34], 645[13], 648[19], 649[19]

BOR, padre de Odín: 610[7]

BOREAS: 657[11]

BORGOÑONES. Cf. *Sacerdocio*

BORISTENES: 857[4]

BORNEO, cf. *Ceremonias*

BOSSUET, más bien un juez que condena que un observador que examina o un historiador que cuenta: 557[3]. Algunas veces, defensor de la libertad a su pesar: *ibid.* Su *Política deducida de las propias palabras de la Sagrada Escritura*, un código de despotismo: *ibid.* Frases de este autor que parecerían de los Vedas: 611[13]. Alaba a los reyes judíos exterminadores de sus propios padres por causa

BOTIN

de herejía: *ibid.*, 641[20]. Alaba a Samuel por haber degollado a Agag: *ibid.*, 184.
Cf. también 15, 64, 65, 68, 184, 443, 540, 552, 560[3], 611[13], 670[18]
BOTIN, rey de los vándalos, *Histoire de Suède*: 517, 857[6]
BOULANGER, autor de la *Antiquité dévoilée par ses usages*: 547[4], 591[25], 787[2]
BRAGI, el primero de los poetas: 525
BRAHM. La unidad absoluta crea el mundo por sus penitencias: 623[4]. Cf. *Santidad del dolor*
BRAHMA: 142-148. Crea cuatro hijos, troncos de las cuatro castas en la India: 605[18]. Revela a Brahm, uno de ellos, los Vedas emanados de sus cuatro bocas: *ibid.*, 605[18]. Su nacimiento: 161. No puede resistir las penitencias de Bagiraden: 623[4]. Cf. *Visvamitra*. Otorgado a Erunia Kasyapa el privilegio de ser invulnerable: 248, 623. Cf. *Arjuna*. Recibe la ley divina, la transcribe al sánscrito y forma con ella los cuatro Vedas: 261-262, 264-265. Cf. *Buda*. Piedra en la que se supone que reside: 266-267. Cf. *India*. Su hija, así como Sarasvati, comunica a los hombres el arte de la música: 270-271. Cf. *Teísmo*. Es invocado en las ceremonias nupciales: 273. Sus plegarias consiguen que Vishnú saque la tierra del abismo en el que la había metido el gigante Eruniaschken: 273-274. Es toda la raza humana: 275. Se une a Sarasvati; familia que nace de este incesto: 281. Crea el fuego: *ibid.* Encarnándose, se convierte en un *chandala* impuro, que se alimenta mediante el robo o el asesinato: 292. Pero se alza enseguida al primer rango de los poetas y de los inspirados: *ibid.* Se convierte en Valmiki, y se condena a celebrar a Vishnú: *ibid.* Analogía de sus representaciones con el escudo de Aquiles: 759[36]. Descripción simbólica que da de ellas Porfirio: 762-763. Se hace culpable de robo: 367. Castigo que sufre: *ibid.* El dios supremo de los libros sagrados es suplantado, en las fábulas, por Shiva o Vishnú, según las diversas sectas: 779[4]. Que esto se debe a la abolición de su culto: *ibid.* Cf. también 148, 152, 161, 248, 260, 263, 264, 265, 267, 268, 271, 273, 275, 278, 279, 280, 281, 291, 299, 368, 375, 403, 404, 405, 601[12], 605[18], 623[4], 717[135], 762[18], 768[2], 809[17]
BRAHMA-LOKA: 777[2]
BRAHMÁN: 261, 708[16]
BRAHMANAS: 706[3]
BRAHMANES: 25, 28. Cf. *Castas*. Presiden todas las fiestas religiosas de los indios: 152. Fijan los días felices o funestos: *ibid.* Enseñan las oraciones: *ibid.* Si otro cualquiera las revelase, se rompería su cabeza. Se reservan la adivinación: *ibid.* Briznas de paja bendecidas por un brahmán necesarias a quienes se bañen en el Ganges: 152-153. Piedras que deben a la invocación de los brahmanes su naturaleza sagrada: 144. Presencia de la Divinidad en los objetos materiales: 612. Admitida por los griegos y los romanos: *ibid.* Esta opinión profesada por los nuevos platónicos y consagrada en los misterios: 153. Doce brahmines que gobiernan en nombre del rey de los maratos: 613[31]. Cf. *Excomunión*. Los brahmanes son herederos, si no existen padres: 155. No se les puede dar muerte con efusión de sangre. Por ello, los suplicios que se les aflige resultan más crueles: 155. Cf. *Clima*. Brahmines degradados por haber atravesado el Indo: 663[4]. Presentan a la luna sus hijos de ocho días para conseguirles la absolución de sus faltas: 482
BRAHMANISMO: 262

882

CABÍRICOS (misterios): 508, 666²¹, 853⁹
CABIROS (figura de los), divinidades disformes: 211. Las dos grandes fuerzas de la naturaleza en expresión de los sacerdotes: 222-223. Su número indeterminado: 679⁹⁷. Su figura sacerdotal deforme: 222-223. Algunas veces son hermafroditas: *ibid.* Son llevados así a Samotracia: *ibid.* Su culto se basaba en orgías: *ibid.* Modificados por el espíritu griego: *ibid.* El huevo cosmogónico se convierte en el huevo de Leda: *ibid.* Confusión, en todas las fábulas, en torno a los Cabiros: 679⁹⁸, 680¹⁰⁷. Aspecto oriental de la fábula de Júpiter y de Leda: *ibid.* Cf. también 490, 854⁴
CACHEMIRENSES: 708²⁶
CADMILO, dios que muere y renace: 490, 499, 666²¹
CADMO: 215, 662¹, 750²
CADMO DE MILETO: 355
CAFTÁN, vestido de los medos, prenda de corte: 632²³
CAÍDA PRIMITIVA (noción de una): 401. Su origen proviene de la oposición del bien y del mal en el interior del hombre: *ibid.* Huellas que se encuentran en todas las mitologías: 401. Esta hipótesis sólo adquiere importancia y duración en las religiones sacerdotales: *ibid.* Esta noción había penetrado en los sistemas filosóficos: *ibid.* Platón sobre este tema: *ibid.* Sus ideas sobe el estado de las almas: 785². Son muy parecidas a las de los indios: *ibid.* Discípulos de Orfeo consideran el cuerpo como una prisión: 402. Diferencias que existen entre las doctrinas filosóficas y los sistemas religiosos: *ibid.* Que esta noción, aceptada en los misterios, sólo aparece, en la creencia pública de los griegos, con algunas huellas bastante confusas: *ibid.* Ejemplos: *ibid.* Las expiaciones no tienen relación con una depravación natural: *ibid.* Delito anterior a nuestra raza imaginada por el sacerdocio: *ibid.* En el Shastabade, la rebelión de los Debtahs: 786⁵. En el Tíbet, la unión de los sexos, el crimen de los ángeles: *ibid.* Interés de los sacerdotes por acreditar esta idea: 402. Suposición de una caída ocurrida a la misma Divinidad: *ibid.* Por ejemplo, Brahma: *ibid.* Doctrina de los maniqueos que colocaban el mal en la materia: 786⁸. Combinación de esta idea con la de la metempsícosis: 402. Cf. también 426, 718¹⁴¹, 722⁴⁶, 786⁴, 846⁵⁵
CAÍSTRO, hijo de la amazona Pentesilea, es padre de Semíramis: 212. Cf. *Derceto, Éfeso*
CALANDOLA, primer pontífice de los giagos: 141
CALANUS: 706³
CALASIRIOS, casta militar: 608³⁷
CALCAS: 195, 319, 519, 654⁴⁰, 658²¹, 735³, 739³⁶
CALDEOS, su necesidad ciega: 241. Casta de adivinos o de sacerdotes: 723¹. Colocaban las diversas profesiones bajo la protección de los astros: 376. Según Cicerón, no son una casta, sino un pueblo: 723¹
CALENDER turcos. Se someten a la operación de la infibulación: 807¹⁴
CALIAS. Combate en Maratón con los distintivos del sacerdocio: 654⁴⁰
CALICRÁTIDAS: 416
CALIDASA: 706³
CALIFORNIA. Californianos. Cf. *Berger*
CALIGA NAGA, la gran serpiente: 269, 671³⁸
CALÍGULA: 33, 372, 636⁷

CALÍMACO. Su alegoría para indicar la superioridad del sentimiento sobre la razón: 563². Cf. también 746³⁵

CALIPSO: 347, 348, 758²⁶

CALÍSTENES, con Anixarco, había corregido la *Odisea*: 753¹²

CALMUCO: 107. Utiliza su fetiche como testigo en las circunstancias solemnes: *ibid.* Su opinión sobre los adivinos: 136

CAMADEVA. Ardor desenfrenado de Lakmi por él: 368

CAMASENA: 299, 699²¹

CAMBISES. Los magos le decían que su voluntad estaba sobre las leyes: 28. Se debía preferir a los sacerdotes antes que a él: 187. Ultrajes contra los dioses de Egipto: 725. Cf. también 28, 173, 658⁷, 630¹⁶, 659²⁶, 725³⁵. Cf. *Egipto*

CAMPANIA, así llamada la capital del Peloponeso: 817⁴⁵

CANADÁ (salvajes del), adoran a los castores: 576⁵. La fábula de Orfeo y de Eurídice se halla entre sus fábulas: 584⁶

CANDAULES. Los dioses legitiman su asesinato: 453

CANÉFORAS DE LAS DIONISÍACAS. Llevaban en su canastilla sagrada el falo que acercaban a los labios del recipiendario: 494-495

CAN-HI (el emperador): 645¹². Ley por la que prohíbe los sacrificios humanos: *ibid.*

CANTOS CIPRIOS, compuestos por Estasino de Chipre: 734¹⁹

CANUTO: 142. Prohíbe la idolatría: *ibid.* Definición de idolatría: 603²¹

CAOS: 214, 258. Germen de todas las cosas: 644⁴

CAPILUPI. Gentilhombre del papa Gregorio XIII, autor de una apología de la Noche de San Bartolomé: 642²⁷, 643³¹

CAPITULARES DE CARLOMAGNO: 121, 693³. Cf. *Sajones*

CARÁCTER NACIONAL. Su influencia sobre el poder de los sacerdotes. Los pueblos activos les están menos sometidos: 159. Cf. *Egipto*, *Escandinavos*, *Cartago*

CARANGUA y sus trescientas vírgenes: 421

CARIBES: 105. Cf. *Loango y Funerarias (ceremonias)*. Creen que las almas toman la forma de reptiles o de demonios maléficos: 114. Cf. *Almas*. Ayunan y se maceran después de la muerte de sus hijos: 580³²

CARIOS, adoraban a trozos de madera: 200. La adivinación de los griegos proviene de ellos: 378

CARIS: 351, 749³⁰

CARITES, LAS, nombre de origen pelásgico: 664⁹

CARLOMAGNO. Sus capitulares: 121. Cf. también 154, 157, 355, 366, 693³, 763²⁵ y *Sajones*

CARLOS II. Uno de sus medios para destruir la libertad fue el de ridiculizar la religión: 68

CARLOS IX. Dirigido, según la corte de Roma, por la voluntad de Dios: 184. Su hipocresía hacia Coligny y los protestantes, considerada, por Capilupi, como un don de Dios: *ibid.*, 642²⁷

CARLOS V: 58. Su ínterin semejante al concordato del emperador chino Iong-Lo: 189

CARNATIC. En sus montañas subsiste el fetichismo en su integridad: 267

CARNICOBAR (insulares de). Consideran un sacrilegio cualquier uso de los objetos consagrados a los muertos: 111
CARNO, muerto por uno de los Heraclidas: 195
CARONTE: 506, 833[60]
CARSEOLES, ciudad del Lacio: 565[6]. Cf. *Sansón*
CARTAGO. Su culto sanguinario: 554[1]. Despotismo de su sacerdocio: 142. Basado en el culto de los elementos: *ibid*. Sacrificaban a sus hijos: 421, 602[17]. Su tratado con Filipo de Macedonia demuestra su adoración de los elementos: 602[18]. Víctimas humanas sacrificadas por Halmílcar: *ibid*. Su espíritu mercantil luchaba contra la autoridad de su sacerdocio: 167-168. Cf. *Sacrificios humanos*
CASANDRA, hija de Príamo: 194, 333, 469
CASAUBON: 682[129], 767[8], 790[19], 843[6]
CASIO: 60. Su última conversación con Bruto: *ibid*.
CASTAS (división en), tuvo como causa una idea religiosa: 145. Las demás causas, secundarias o dudosas: *ibid*. Heeren y Klaproth la atribuyen a la conquista: 604[8], 605[8]. Pero esta división debió de tener otra causa en la región en la que tuvo su origen: 145. Atribuida sin fundamento a Sesostris por Aristóteles: *ibid*. Atribuida sin mayor motivo por los indios a la necesidad de salir de la anarquía: 146. Deber de esclavitud impuesto al *sudra*: *ibid*. No tiene el mismo principio que el gobierno militar: *ibid*. Reyes indios conquistadores, que no pudieron penetrar en la casta de los brahmanes: *ibid*. Una única excepción, según Niebuhr: *ibid*. Hipótesis de Meiners sobre el origen de la división en castas: 604[8], 605[8]. Tiene su origen en la disposición natural del hombre y, por tanto, no es una invención sacerdotal: 146. El hombre es propenso a perpetuar las funciones de padre a hijo: *ibid*. Agricultores y cazadores hereditarios entre los iroqueses y los algonquinos: *ibid*. Jueces hereditarios entre los turcos: *ibid*. Magos hereditarios ente los lapones: *ibid*. Médicos y poetas hereditarios entre los escoceses. Sin embargo, la verdadera causa de que continúe la división en castas se debe al cálculo sacerdotal: 147. Efecto del clima sobre las ideas de mancha: *ibid*. Lugar que ocupan estas ideas en las religiones sacerdotales: *ibid*. Arbitrariedad en estas ideas, prueba del cálculo sacerdotal: *ibid*. Parte que puede tener el sentimiento religioso en la división en castas: *ibid*. Profesiones que implican la mancha y la deshonra: *ibid*. Esenios, entre los hebreos, divididos en cuatro clases: 606. Partido que saca el sacerdocio de las ideas de mancha: *ibid*. La división en castas se establece con mayor claridad y solidez en los países astrólatras y sometidos a los sacerdotes. Historia mitológica de su establecimiento por Brahma: *ibid*. En Egipto la establece Isis; en Persia, Diemschid; en Asiria, Mahabad: *ibid*. Adhesión a esta división por parte del sacerdocio: 567[2]. Persecución, en la India, de los budistas, que querían abolirla: 606[21]. Esta división se reproduce, entre los mismos budistas, en la isla de Ceilán: *ibid*. Las subdivisiones de las castas bastante uniformes: 148. Su número indeterminado en la India: *ibid*. Los indios inmundos obligados a apostatar: 149. Prohibidos los matrimonios entre las castas: *ibid*. Los parias, casta proscrita: *ibid*. Los parias se declaran inmundos entre sí. Castas en Egipto: 149-150. Los sacerdotes, la primera, como en la India: 149. Los pastores de rebaños, los parias de Egipto: 608[39], 609[39]. La división en castas, más administrativa y menos religiosa en Egipto que en la India: 159. Causa del desprecio de los egipcios por

los porqueros: 608[39]. La parte política exagerada por Heeren: 609[40]. Casta de intérpretes formada por Samético: *ibid.* Rechazada por los nacionales: *ibid.* Cf. *Etiopía, Egipto, India, Persia.* La división en castas impide que los hombres se comuniquen entre sí: 164. Cf. *Bactriana.* Teseo, según algunas tradiciones, estableció en Grecia algo parecido a la división en castas: 197. Ferrand, su entusiasmo por las castas: 691[18]

CASTIDAD (votos de). Entre los hurones: 102. Entre los negros: *ibid.* Su mérito proviene de la idea del refinamiento en el sacrificio: 127. Cf. *Sacerdocio*

CASTIGO DE LOS DIOSES: 102. Cf. *Salvajes, Fetiches.* En los chinos. Ejemplo traído por Lecomte: 581[34]. En los cristianos de la Edad Media: 582[35]. En los napolitanos, en 1793 y en 1804: *ibid.,* 372

CÁSTOR Y PÓLUX. Convertidos en hermosos Tindáridas: 223. No eran dioses; en eso consistía uno de los secretos de los misterios: 508. Cf. también 680[107]

CATÁSTROFES y alteraciones físicas. Cómo los sacerdotes, incluso en el estado salvaje, saben aprovecharse de ellas: 122-123. Que estos cambios no son, sin embargo, la causa principal del acrecentamiento del poder sacerdotal: 138. Poder instantáneo que estos acontecimientos proporcionan al sacerdocio: 137. Causados, según los sacerdotes indios, por la disminución del respeto hacia el orden sacerdotal: 171. En una de estas catástrofes, destruida por completo la casta de los guerreros, y el gobierno entregado a la casta de los brahmines, en la persona de Rama: *ibid.* Fiestas que recuerdan por doquier estas temibles catástrofes: 405. Diferentes, no obstante, en las naciones sacerdotales y en las naciones que no están sometidas a los sacerdotes: *ibid.* Los ritos de las primeras, a la vez, conmemorativos de antiguas desgracias y proféticos de nuevas: *ibid.*

CATÓN: 504, 560[2], 562[8], 821[83]. Cf. *Lamennais*

CAVERY. Los habitantes acuden a este río con ofrendas: 764[2]

CAYLUS: 703[35], 724[34]

CECAYA: 601[12]. Cf. *Asvapati*

CÉCROPE: 226, 320, 662[1], 750[2]

CÉLEO, tomaba la medida de la tierra: 492

CELIBATO (mérito vinculado al), entre los salvajes: 101. Cf. también 131, 421, 422, 801[13]

CELTO: 565[6]. Cf. *Polifemo*

CENEO: 667[24]. Adoraba su lanza y obligaba a los transeúntes a adorarla: *ibid.*

CENSORINO, cónsul romano. Delegados del clero de Cartago que van a su encuentro, en el último asedio de Cartago, para conocer la voluntad del Senado: *ibid.,* 602[17]

CENTÉOTL. Sus sacerdotes, obligados al celibato: 421. Cf. también 793[6]

CENTÍMANOS, monstruos fabulosos: 215, 237[17], 825[1], 848[66]

CERBERO: 407, 745[19]

CEREALIA: 843[6]

CEREMONIAS. Una de las causas de su multiplicidad: 164-166. Cf. *Fertilidad del suelo*

CERES. Sus aventuras, imitación de las de Isis: 681[121]. Identidad de sus fábulas: *ibid.* Restos de tradiciones sacerdotales en la fábula griega de Ceres: *ibid.* Cf. también 201, 224, 320, 347, 366, 453, 490, 498, 506, 684[6], 694[13], 745[18], 755[15], 809[14], 817[48], 841[4], 846[55]

libertad: *ibid.* Cf. *Castigos de los dioses.* Culto de los elementos en China. Imperio de los sacerdotes: 142-143. Rabaut, sobre China: 601[14]. La antigua religión de China, una religión sacerdotal: 188. Cf. *Cosmogonías, Trinidad, Figura de los dioses, Incestos de los dioses, Virginidad, Dualismo, Animales fabulosos, Sacrificios humanos.* La autoridad sacerdotal destruida en China, acontecimientos cuyos detalles ignoramos: 188-189. Resultado de esta victoria del poder temporal: *ibid.* Contradicciones, supersticiones, materialismo, opresión, magia, que remplazan a la religión: *ibid.* Sistema chino sobre el estado de las almas después de la muerte: no existe ninguna individualidad. Secta que admite la inmortalidad del alma: *ibid.* Definición material del espíritu por los chinos: 647[16]. Cf. *Confucio.* Ejemplo reciente de crueldad china: 648[18]. Brebaje de inmortalidad buscado por los emperadores chinos: 189. Algunos mueren por haberlo bebido: *ibid.* Esfuerzos inútiles de algunos emperadores para reanimar la creencia: *ibid.* China, en cierto sentido, una teocracia de ateos: *ibid.* Consideraba el nacimiento de Fo-Hi como milagroso, porque no tenía padre: 428

CHINNUNG, dios chino, inventor de la agricultura: 644[6]. Tenía cabeza de buey, cuerpo humano y frente de dragón: *ibid.* Su victoria sobre Tchi-Yeu: *ibid.*

CHIQUITOS DEL PARAGUAY, masacrados todos juntos: 137

CHI-TSONG: 648[19]. Colma de riquezas a los bonzos de las dos sectas enemigas de Fo y de Lao-Tsé: *ibid.*

CHU-KING: 645[9], 696[10]

CHUN-YUNG: 647[16]

CHYDY-MANDY: 771[33]

CIBELES. Su culto y sus mutilaciones, de origen frigio: 212, 223. Identidad de sus fábulas y de las de Ceres: 426, 681[121], 822[86], 811[12]

CICERÓN. Los romanos vinculados al politeísmo querían que se quemasen sus libros: 550[5]. Citado por Lamennais: 657[2]. Cf. también: 614[32] y *Comana*

CÍCLICOS (poetas). Sólo nos enseñan de la religión griega lo que nos enseña Homero: 315

CÍCLOPES: 209, 215, 346, 348, 685[13], 825[1], 848[66]

CICREO. Solón le inmola (junto a Perifemo) víctimas: 740[44]

CIENCIAS, cuyo monopolio se reservaban los sacerdotes: 156, 615[17], 701[7]. En Egipto: 158. Siguen la suerte del orden sacerdotal: 200. El sacerdocio atribuye a los dioses la invención de todas las ciencias: 277. Cf. *Sacerdocio*

CIENTÍFICAS (explicaciones): 83. Su utilidad: 71. Error de los eruditos que nos dieron estas explicaciones: *ibid.* Sólo adoptaron una y excluyeron las demás: 83-84. Cf. *Mundo primitivo, Veturia.* Se introdujeron en todas las religiones sistemas científicos; pero, de un sistema científico no se formó nunca una religión: 84. Estos sistemas no tienen nunca una relación directa con los efectos morales de las creencias: *ibid.* Cf. *Hércules, Júpiter, Marte, Venus, Alegoría, Símbolo.* No constituyen la única religión de los filósofos y de los sabios: 86. Cf. *Sócrates, Jenofonte, Platón.* Las explicaciones científicas de la religión romana no excluían las conmemoraciones históricas: 569[16]. A pesar de la conformidad de la explicación científica, los dioses griegos o romanos son muy diferentes de los egipcios o babilonios: 754[23]. Error de cualquier sistema que limite la religión a una sola idea: 700[4]. Diversidad de explicaciones de los sacerdotes egipcios: 704[45]

CILICIOS, moradores de las montañas: 373. Expulsados violentamente de Arretio: 810[2]

CIMA: 453

CIMBROS, disecaban a sus víctimas para leer en sus entrañas: 418, 857[8]

CIMODOCEO: 565[1]

CIMÓN: 754[15], 830[30]

CINCIA: 815[33]

CINCIUS ALIMENTUS: 810[1]

CINETO, rapsoda, contemporáneo de Píndaro: 752[11]

CINGALESES. Lo que dicen de los dioses: 764[26]. Qué afirman de los muertos: 777[2]

CIPRIACOS: 753[12], 756[15]

CIPRIS, la noche madre: 827[44]

CIPSÉLIDOS: 819[63]

CIRATA-JUNIYA, destinado a cantar las mortificaciones y, luego, las hazañas belicosas de Arjuna: 706[3]

CIRCE: 348, 672[47], 747[10], 781[4]

CIRCUNCISIÓN. ¿No provendría de la idea de impureza atribuida a la unión de los sexos?: 581[32]

CIRENE. Su rey Arcesilao: 455

CIRILO: 792[2], 796[51]

CIRO. Cf. *Bonaparte, Agradato*. Su arenga para levantar a los persas contra los medos: 172. Su victoria sobre este pueblo afeminado: *ibid*. Ascendiente de la civilización griega sobre él: *ibid*. Modo como acoge la religión de los medos, haciéndola reformar por Zoroastro: *ibid*. Rodea la realeza de honores divinos: 173. Cf. *Persia*. Error de Michaelis sobre Ciro: cree que se había convertido al culto de los judíos: 725[35]. Cf. también 630[16], 632[21], 774[12]

CIRO EL JOVEN: 301. Su politeísmo: *ibid*. Aspasia, su concubina, levanta una estatua a Venus: *ibid*. Se convierte en sacerdotisa a la muerte de su amante: *ibid*.

CIROPEDIA, de Jenofonte: 632[20, 24]

CITERÓN. Los moradores de esta montaña adoraban un tronco de árbol: 201

CITÍSORO: 453

CLAUDIO, emperador. Sus supersticiones: 550[6]. Cf. también 143, 437, 492

CLAVIJERO: 602[16], 761[12], 792[6], 805[4]

CLEARCO: 456

CLEMENTE DE ALEJANDRÍA (axioma tolerante de): 595[3], 600[9], 618[75], 619[82], 708[25], 782[2], 845[39], 856[15]. Citado por Lamennais: 567[2]. *Stromata*: 618[75], 619[81], 796[38]

CLEOMENES, sacrifica un toro al mar: 197. Cf. también 455, 748[13], 830[27]

CLEOSTRATO: 650[1]

CLIMA. Sólo secundariamente pudo contribuir a la autoridad del sacerdocio: 137-138. El sacerdocio tuvo la autoridad más ilimitada en todos los climas: 137. Cf. *Conformidades*. En climas totalmente análogos, existió mucho poder o poco. Cf. *Castas*. Que Helvétius se equivocó al negar la influencia del clima: 160. Comparación de la influencia del clima de Groenlandia y del de la India: *ibid*. Comparación de la mitología india y de la mitología escandinava, desde este punto de vista: 160-161. Influencia del clima en las fábulas de los indígenas de Santo Domingo: 621[1]. Sobre las de Groenlandia: 622[1]. Diferencias de las fiestas de Italia y de Egipto, según el clima de estos dos países: *ibid.* Acción del clima sobre las fábulas kamchadales: *ibid.* Cf. *Ganga.* Exceso de calor y de frío, igualmente contrario al desarrollo de las facultades; pruebas, esquimales y pueblos del Labrador: 161. Los sacerdotes sólo tuvieron influencia en el Norte por las colonias: *ibid.* Efecto del clima del Mediodía sobre el sacerdocio: *ibid.* Las raíces de su poder menos profundas en el Norte que en el Mediodía: 161-162. El de los brahmanes, afectado sólo ligeramente por los extranjeros; el de los druidas, destruido por los romanos en dos siglos: *ibid.* Facilidad con la que los pueblos del Norte cambiaron de creencia; tenacidad de los indios en este aspecto: 162. Medios de los indios y de los escandinavos para influir en sus dioses por causa del clima: 163. Cf. *Maldiciones.* Austeridades, oraciones, efecto estacionario de los climas del Mediodía: *ibid.* Favorecen la poligamia: 164. Cf. *Poligamia.* Al extender el poder del sacerdocio, la suavizan. Los druidas siempre feroces; los brahmanes, algunas veces humanos: *ibid.* Inculcan el perdón de las injurias: 624[10]. Poetas indios y persas, Sadi, Hafiz, sobre el perdón de las injurias: *ibid.* El clima de la India inspira tolerancia: 164. Principios de tolerancia en el *Bhagavad Gita*: 625[13], 626[13]. El enemigo de Dios muerto por él se salva por eso mismo: 626[13]. Sin embargo, el sacerdocio triunfa algunas veces sobre la benignidad del clima: 164. Atrocidad en la persecución de los budistas: *ibid.* Oposición del clima de Persia y de Bactriana respecto al poder sacerdotal: 173. Variedad de climas del Imperio persa probada por las figuras de las ruinas de Persépolis: 632[27]. La disposición a la pereza y a la apatía en los indios, fruto del clima, influye en sus fábulas. Los seres encargados por el Dios supremo de crear el mundo se niegan a ello, para entregarse a la contemplación: 281. Encanto del clima de la India: 285. Influencia en sus ceremonias: 288-289. Esfuerzos de los brahmanes contra el clima: 292

CLITEMNESTRA: 349. Mutila el cuerpo de Agamenón: 463. Cf. también 471, 478, 795[35]

CLITIDAS: 653[33]

CLITO: 56. Asesinado por Alejandro: *ibid.*

CNEF, dios supremo de los egipcios: 389. Engendrado por Atir: 257. El huevo cosmogónico salido de su boca produjo a Ptah, antes el primer principio: *ibid.* Cf. también 258, 390, 698[21], 700[1], 787[10]

COCITO. El muerto no enterrado vaga por sus orillas: 339, 742[19]

COÉFORAS, LAS: 461, 831[32]

COLCOS. Sus habitantes descendían de una colonia de Egipto: 302

COLEBROOKE: 271, 705[3], 710[53], 721[38], 762[16], 790[15], 803[18]

COLLINS, incrédulo inglés: 68. Autor del *Account of New Wales*, asegura erróneamente que los habitantes de Nueva Holanda no tienen ninguna religión: 546[3]

COLONIAS. Que todas las naciones vinculan su origen o su civilización a alguna colonia: 138. Que se debe distinguir, en la Antigüedad, cuatro clases de colonias: 138. Colonias meramente conquistadoras: *ibid.* Puramente sacerdotales: *ibid.* Ni sacerdotales ni conquistadoras: *ibid.* Conquistadoras y sacerdotales: *ibid.* Ninguna de estas colonias pudo ser la causa primera del poder sacerdotal: 139. Que se ha exagerado la influencia de las colonias sobre Grecia: 204. Error en este sentido: *ibid.*, 662[1]. Este error, favorecido por los propios escritos griegos. Por qué: 204. Las colonias egipcias no se componían de sacerdotes: 205. Deben dividirse en dos categorías: unas, que llegaron a Asiria por tierra, etc. Y establecieron allí el poder sacerdotal; otras, no sacerdotales, llegaron a Grecia por mar: *ibid.* Goerres, sobre estas últimas: 664[6]. Sólo conocían la parte externa de la religión egipcia: 205. Sainte-Croix tiene, sobre esto, la misma opinión que yo: 664[7]. Escaso intervalo entre las luces de estas colonias y las de los griegos indígenas: 205. Esta circunstancia favorable a la civilización de los griegos: 206. Condición para que una colonia civilice a los salvajes: *ibid.* Diferencia de las lenguas facilita el acercamiento aparente de las opiniones: 206. Ejemplo sacado de China: *ibid.* Que existieron colonias tracias, igual que egipcias: 207. Ideas falsas de los modernos sobre las colonias: 208. Colonias sacerdotales de Meroe que civilizan y esclavizan Egipto: 701[10]. Norma de estas colonias egipcias para adoptar, identificándose con él, una parte del culto externo de los indígenas: *ibid.* CÓLQUIDA. Los griegos comerciaron con esta colonia: 212. Un río llevaba el nombre de Isis: *ibid.* Cf. también 217

COMANA (el pontífice de), estaba en condiciones de resistir al rey con las armas: 614[32]. Pompeyo y César unen las funciones pontificales a las reales: *ibid.* Cf. *Sacerdocio*

COMEDIA: 473-474. A qué debe su nacimiento en Grecia: *ibid.* Cf. *Aristófanes.* Su semejanza en los primeros tiempos con las obras llamadas misterios por los cristianos: 473. Idea profunda que puede haber presidido estas imitaciones, impías en apariencia: *ibid.* Que existe en la alegría y, sobre todo, en la ironía algo que se acerca al vicio: *ibid.* La broma, una necesidad para el pueblo de Atenas: *ibid.*

COMETO. Abolición de los sacrificios humanos: 415

CÓMODO. Apareció en una fiesta con la cabeza de Anubis: 843[6]

COMOSICO, soberano pontífice de los godos: 153

COMUNAS, MOVIMIENTO COMUNAL: 315, 689[15]

COMUNIÓN, en ciertas épocas, precede al asesinato: 29. Cf. también 688[13]

CONFESIÓN, en ciertas épocas, sigue al asesinato: 29. San Crisóstomo dice que uno debe confesarse a Dios y no a los hombres: 551[12]

CONFORMIDADES en las cosmogonías, las tradiciones, las costumbres, los ritos de todos los pueblos: 79. Cf. *Pueblo primitivo, Anna Purna Devi, Anna Perenna.* En las pruebas impuestas a los juglares y en las de los misterios: 119-120. En la admisión de los sacerdotes entre los moradores de las montañas de la India y en la de los juglares: *ibid.* Entre los magos, los druidas, los sacerdotes de Egipto, los brahmanes y los drotes de Escandinavia: 137. Costumbre, común a los griegos y a los árabes, de rociar con aceite y vino las piedras que adoraban: 144

CONFUCIO. Sus obras poco favorables a la dignidad o a la libertad de la especie humana. Su moral trivial, su política servil: 647[17]. Es el autor del *Yi-King o Libro de los cambios*: 648[17]

CONGO (país del). Cf. *Fenómenos físicos*

CONSTANTINO. Masacres religiosas que siguieron a su conversión: 551[11]. Cf. también 154, 844[25]

CONSTITUYENTE (Asamblea). Sus decretos imprudentes, por lo que se refiere al clero: 77

CRISA

definición de la mitología comparada con la de Hermann: 735[6]. Reconoce dos doctrinas en los persas: la unidad y el dualismo: 784[32]. Pero admite las fluctuaciones del sentimiento religioso: *ibid.* Cf. también: 12, 73, 174, 292, 318, 562[9], 786[9], 802[213], 810[81], 830[1], 841[11], 842[15], 844[11], 844[25], 847[65], 849[95]

CRISA, una de las Cícladas, célebre por las desdichas de Filoctetes: 211. Huellas de su desaparición percibidas por el señor de Choiseul-Gouffier: *ibid.*

CRISEIDA, más bella que Clitemnestra: 351. El amor de Agamenón: 758[26]

CRISES: 453, 658[21]

CRISTIANISMO. Su excelencia, cuando se presenta en toda su pureza: 232. Su perfectibilidad: *ibid.* Modificaciones que admiten, sin saberlo, incluso los católicos: *ibid.* Cita de Frayssinous: *ibid.* Apenas formado, los cristianos separaron la parte pública del culto de la secreta: 488. Cf. también 527, 548[2], 561[7], 665[12], 688[13], 767[9]

CRISTIANOS: 34. Primeros cristianos desprecian las pompas paganas, no levantan altares ni veneran simulacros: 54-55. Amigos de la libertad: 558[1]. Considerados rebeldes por los paganos: *ibid.* Vopisco les reprocha no estar nunca contentos: *ibid.* Cf. también 33, 121, 231, 408, 417, 473, 488, 493, 503, 565[1], 730[81]

CRÍTICOS y compiladores (*diaskeuastas*), que, según los escoliastas de Venecia, trabajaron en los poemas de Homero: 753[12]

CRONO, hijo de Urano: 670[24]. El tiempo: 769[8]. Precede, en apariencia, a las divinidades reales: *ibid.* No es objeto ni de esperanza, ni de temor, ni de invocación: 83. Cf. también 85, 281

CROTONIATAS: 457

CTESIAS: 631[17]

CUARESMA. Manera como se ha explicado en nuestros días esta institución: 252

CUCIS. Moradores de las montañas de Tipra; aunque fetichistas y muy feroces, adoran a un Gran Espíritu: 97. Cf. *Bengala, Tipra.*

CUDWORTH. Sus explicaciones de Mitra: 569[18]. Cf. *Mitra*

CULTO. Necesario al hombre para demostrarse que existe con sus semejantes una comunidad de creencia: 548. Cf. también 575[32], 576[5], 577[11], 578[15], 584, 588[1], 589, 595[3], 596[5], 597[5], 600[11], 603[10], 632[20]

CUNAEUS, *De republica Hebraeorum*: 835[12]

CUNTHU, una de las encarnaciones o apoteosis en la mitología de los yainas: 710[47]

CURETES: 209, 495, 668[12], 815[34]

CUTTERIES. Casta de los guerreros en la India; socavan la autoridad de los brahmines: 171. Son derrotados y exterminados por los brahmines dirigidos por Parasurama: 628[1]. Cf. *Lucha del poder temporal contra el poder espiritual, Bein.* La casta de los guerreros destruida totalmente en una de las catástrofes físicas del mundo: 171. Cf. también: 596[3], 607[33], 628[1]

CUTTERY. En el *Ramayana*, se convierte en un monarca: 716[119]

DABISTÁN. Libro indio: 606[20]

DÁCTILOS. Causaron admiración por sus conocimientos superiores: 225, 495, 668[12]. Adoraban los elementos: *ibid.* Combinaban la metalurgia y la astronomía: *ibid.*

DADUCO: 654[40]. Representaba el sol: 846[56].

DAFNE: 217, 671[38]

DAFNEFORIAS: 217, 671[42].

DAG, el undécimo sucesor de Odín: 418

DAGON: 760[3]. Su cola de pez expresaba la cualidad fecundante: 762[18]

DAIRI. Jefe de lo espiritual en el Japón: 649[21]. Está subordinado al *koubo*, jefe del poder temporal: *ibid.*

DAKSA. Abuelo de Shiva: 362. Cf. *Maldiciones, Shiva.* Termina por ser un símbolo panteísta: 762[13]. Cf. también: 271, 362, 366, 601[12], 623[6] y *Aditias*

DAMASCIO, *De principiis*: 723[9]. Cf. *Persia*

DAMAYANTI: 363, 398, 763[23], 769[2]

DAMIA Y AUXESIA: 223, 740[44], 840[11]

DAMO. Condición con que Pitágoras, su padre, le deja sus obras: 488

DAMÓFILO: 819[63]

DANAIDES: 503, 852[119]

DÁNAO: 198. Sus hijas fundaron las Tesmoforias: 489

DANG-SCIJANGSO, uno de los infiernos de los tibetanos: 775[5]

DARÍO. Cf. *Persia*

DASARATHA: 285, 286, 287, 293, 294, 425, 719[17], 720[32]

DATIS, general de Darío: 301

DAUROS. Llevan a sus muertos alimentos: 109. Afirman que son todos sacerdotes y adivinos: 593[15]

DAVID. Cf. *Adán.* Pretende la amistad de Hannón, rey de los amonitas: 176. Cf. también 562[7], 578[15]

DAYAMANTI, perseguida por la caravana que los elefantes dispersaron: 786[7]

DEBTAHS: 400, 786[5]

DECAN, signo que preside cada una de las provincias de China: 601[14]

DECANES o dioses etéreos, los demonios, según los egipcios: 392

DECÉBALO. Embajada a Trajano: 614[34]. Cf. *Getas*

DECIO: 416

DEIFONO, realizaba en el ejército las funciones de adivino: 196

DEÍFORO, mutilado por los griegos: 463

DELAWARES. Su himno de combate; impregnado de espíritu religioso: 105. Atribuyen su civilización a los animales: 576. Su tradición sobre los honores divinos tributados a la lechuza: 577[11], 758[25]

DELFOS. Circunstancias que eran favorables a la exaltación religiosa: 210. Cf. *Griegos.* Homero no hace ninguna mención de Delfos. Cf. *Tracios.* Cf. también 216, 301, 317, 328, 333, 336, 344, 433, 455, 477, 654[40], 694[13], 743[3], 832[60]

DELOS. Las ceremonias que se practicaban allí eran diferentes de los ritos populares de Grecia: 211, 217, 669[21], 671[41]

DEMARATO, de la raza de los Baquíades: 453, 819[63]

DEMÉTER, enriqueció a los antepasados con el trigo y la iniciación: 856[7]. Cf. también 657[16], 845[39], 850[104]

DEMIURGO, el gran todo, el firmamento: 221. Cf. también 497, 498, 849[83], 851[104]

DEMOCEDES, cura enseguida una enfermedad: 691[18]

DEMÓCRITO. Uno de los que dicen que el sentimiento religioso no es más que un gran error: 14. Cf. también 547[4]

DEMÓDOCO, rapsoda en la *Odisea*: 751[11]
DEMONOLOGÍA: 391-392. Procedencia de esta inmensidad de dioses subalternos, de genios y de intermediarios que pueblan las creencias sometidas a los sacerdotes: *ibid.* Demonios egipcios llamados Decanes: seis, según Celso: *ibid.* Tres vinculados a cada dios superior. Cada uno de ellos al frente de las inteligencias inferiores, lo que eleva su número a trescientos sesenta: *ibid.* Su actividad: *ibid.* Pureza de sus acciones benéficas; protección que otorgan a los mortales. Tienen como jefe a Osiris: *ibid.* Impureza de los demás; su malignidad revelada por una cola de serpiente: *ibid.* Vencidos por Horus; su sangre mezclada con la tierra produce la vid: *ibid.* O tienen como jefe a Tifón: *ibid.* La noción de las divinidades malas ajenas al politeísmo independiente, que forman siempre parte del politeísmo sacerdotal: *ibid.* Jerarquía instituida en los infiernos como en el cielo: 392-393, 415. Se identifica, por un lado, con la religión popular, y, por otro, forma parte de la doctrina científica: *ibid.* Sentido astronómico vinculado a esta noción: *ibid.* Tifón se convierte en Serapis, el sol en invierno: *ibid.* Es el dios de los infiernos en la creencia del pueblo: *ibid.* Lo mismo sucede con la demonología de los persas: *ibid.* Pruebas: *ibid.* Los *fervers*, ideas prototipo concebidas en el espíritu del primer ser, que se convierten en criaturas vivas: *ibid.* Estos *fervers*, la fuente de todo bien y de toda perfección: *ibid.* Cada ser, en la naturaleza, tiene su *ferver*: *ibid.* Demonología india poco diferente de la egipcia: *ibid.* Varios millones de Devetas, demonios subalternos: *ibid.* Que los hebreos tuvieron también su demonología, sobre todo después de la cautividad de Babilonia: 393. Sus ángeles, semejantes a los devetas indios: *ibid.* Dios rodeado de siete ángeles, como los siete amsaspendas: 780[16]. Esta demonología fundada principalmente en el sistema de las emanaciones: 393. Eones, semejantes a los seres intermedios de las escuelas órficas, pitagóricas y platónicas: *ibid.* Tres crean el mundo y comunican a los hombres los decretos divinos: *ibid.* Cristianos, según Creuzer, tomaron su demonología, en parte de los hebreos y en parte de los platónicos: 780[17]. Autoridades que cita en su apoyo: *ibid.* Demonología inferior de las naciones sacerdotales: 393. Espíritus del aire, de los ríos, de los bosques, etc. En Alemania: *ibid.* Caprichosos más que malos: *ibid.* Genios de las fuentes de Bagarati, en la India: *ibid.* Raptan a los adolescentes de los dos sexos, que se hacen semejantes a ellos: *ibid.* Historia de un niño que cae en sus lazos: *ibid.* Relación entre la creencia religiosa y esta demonología inferior, probada por la facultad de predecir el futuro, otorgada a los brahmanes que penetraban en los lugares habitados por estos espíritus: 780[18]. La palabra *demon* significa dios en la *Ilíada*: 780[20]. Que la demonología sólo apareció en Grecia, con el nombre de *magia*, cuando decayó el politeísmo independiente: 394. Que Hesíodo, que habla de los demonios, había sacado estas ideas de las tradiciones meridionales: *ibid.* Creuzer sobre esto: 780[23]. Que lo mismo sucedió con los filósofos: 393-394. Que la creencia popular de los griegos rechazó durante mucho tiempo estas adiciones exóticas: 394. Que, incluso cuando se admitieron dioses secundarios, estos dioses no formaron nunca más que una multitud anárquica e incoherente, sin consistencia, sin jerarquía: *ibid.* Debtahs destinados a seducir a las criaturas que deben ser probadas: 400. Almas corrompidas entre los egipcios, que arrastran al mal a los nuevos cuerpos en los que entran: *ibid.* Los dioses, entre los griegos, instigadores algunas veces de los crímenes, pero

para su interés personal: *ibid.* La hipótesis de espíritus que se consagran al mal, por el solo placer de hacerlo, pertenecen únicamente a las religiones sacerdotales: *ibid.* Contradicciones de los teólogos sobre el Diablo: 401. Suposición de uno de ellos: *ibid.* Influencia molesta de esta idea sobre la moral: *ibid.* Anécdota del amigo de san Bruno: 785[4]

DEMPSTER, *Etruria regalis*: 810[1], 822[86]

DERCETO. Su historia y la de Semíramis entre los sirios. Primero, mitad mujer y mitad pez: 761[10]. Luego, mujer desde la cabeza a los pies: *ibid.* Su figura se complica de nuevo: *ibid.* Cf. también 212, 300, 674[52], 761[12]

DERVICHES. Se someten a la operación de la infabulación: 807[14]

DES BROSSES, *Culte des dieux fétiches.* Sobre este culto: 603[7], 661[23], 700[1]

DESATIR, manuscrito indio: 600[11], 606[20]

DESTINO. Esta noción, una explicación o una excusa, cuando los dioses no cumplen el tratado que la religión supone: 330-331. Contradicciones inevitables en esta noción: *ibid.* Modos opuestos como los hombres la enfocan: *ibid.* Hechos en su apoyo: *ibid.* Los propios dioses la invocan para justificarse: 331. Luciano se explaya sobre estas contradicciones: 742[17]. Las mismas contradicciones en las relaciones de los hombres sobre el destino: 331, 332. Ejemplos: *ibid.* Que una fatalidad absoluta destruiría cualquier culto: *ibid.* Los pueblos se creen fatalistas; los mahometanos, por ejemplo, defienden unas opiniones que desmienten con sus actos: *ibid.* Que la unidad de Dios hace más insoluble el problema: 332. La cuestión sólo puede resolverse abjurando cualquier antropomorfismo: 332. Que el problema es tan insoluble en las religiones sacerdotales como en las creencias libres: 374. Que los sacerdotes intentan sólo eludirlo mediante sofismas más complicados y sutilezas más ininteligibles: *ibid.* Destino inmutable que pesa sobre los dioses y los hombres: *ibid.* Ideas de los indios sobre esto: 768[2]. Rapto de Sita, a pesar de los inmortales: 374. Fatalidad tibetana que rige, mediante leyes inmutables, todos los acontecimientos, desde el comienzo de los seres hasta su fin. Los dioses de Escandinavia intentan en vano oponerse al decreto que condena a muerte a Balder: *ibid.* Este dios, protegido por Freya, muere por la espina que la diosa había olvidado solicitar. Contradicciones que contiene este relato: *ibid.* Que los dioses tienen algunas veces autoridad sobre el destino, pero, cuando se han pronunciado sobre él, ya no pueden volver sobre sus propios decretos. Brama inscribe en la cabeza de cada individuo que nace la suerte que le espera y juzga luego a cada uno según sus obras. Inconsecuencia que se reproduce en todos los sitios: *ibid.* Relaciones de Odín con el destino: *ibid.* Gloria de los dioses que ocupa algunas veces el lugar del destino: *ibid.* San Felipe sobre esto: 769[4]. Que esta gloria, en el fondo, no es más que un límite a su poder: 375. Presciencia divina, otra dificultad: *ibid.* Lo que es en el politeísmo homérico: *ibid.* Mucho más extensa en el *Bhagavad Gita*: *ibid.* Que no se puede concordar la presciencia de los efectos con la ignorancia de las causas: *ibid.* Sutilezas de san Felipe sobre esto: 769[4-5]. Lógica impotente de los sacerdotes: 375. No tienen más que un privilegio, el de prohibir el examen: 375

DEUCALIONIDAS, familia sacerdotal de Delfos: 653[33]

DEVENDREN, jefe de los semidioses. Cf. *Maldición.* Sus amores ilegítimos y su castigo: 270. Explicación astronómica de esta fábula: 712[84]. Jefe de los genios del segundo orden, en la demonología sacerdotal: *ibid*: 623[6]. Cf. también 273, 297, 623[6], 712[84], 713[84]

DEVETAS indios, de rostro monstruoso: 293, 623[13]

DEYANIRA: 683[2]

DHARMA SASTRA: 269

DIAGONDAS, prohíbe en Tebas las fiestas obscenas: 421

DIÁGORAS, no pudo contener la incredulidad de Atenas: 63

DIANA. Olén canta en sus himnos su historia: 211. Poder cosmogónico en Delos: 217-218. Feroz entre los escitas: *ibid*. Monstruosa por sus formas: *ibid*. Su figura sacerdotal en Éfeso: *ibid*. Descripción de su estatua: 673[52]. Es muy diferente en la mitología griega: 217-218. Diosa de la caza en Grecia, porque Isis, al frente de una jauría, había buscado el cuerpo de Osiris: *ibid*. La luna, porque Isis era la luna: *ibid*. Malhechora, porque se identificaba con Titrambo: 218. Los griegos la separaron luego de la luna: *ibid*. Su virginidad, una idea sacerdotal: *ibid*. Preside los partos y es origen de las enfermedades y de la muerte de las mujeres. Combinación del poder que crea y del que destruye: *ibid*. Su carácter dorio; sus inclinaciones viriles: 311. Alada: 320. Los hijos de Acaya depositan a sus pies coronas de espigas: 416. Hermafrodita, en el séptimo himno órfico: 671[46]. Se convierte en Hécate: 674[55]. Cf. también 301, 323, 328, 343, 396, 413, 421, 429, 598[1], 732[9], 795[35]

DIANA DE ÉFESO, enigmática, inmóvil y encadenada: 218. Cf. también 674[52], 841[25]

DIANA HYMNIA. Actuación de sus sacerdotes y sacerdotisas: 844[20]

DICEARCO, en *Cartas de Cicerón a Ático*: 743[5]

DIEMSCHID. Divide en cuatro clases a los habitantes de Bactriana: 148, 676[65], 843[2]

DÍFILO. En este reino se sustituye la víctima por un toro: 796[51]

DIKÉ, la justicia: 736[14]

DINARCO: 835[10]

DINDIMA, diosa india con una corona de torres: 673[52]

DIOCLECIANO: 547[2]. Que somos, guardando las proporciones, casi tan corruptos como los romanos de su tiempo: *ibid*.

DIOCLES: 685[13]

DIODORO. Enfermedades de las hordas africanas que subsisten en nuestros días como él las describe: 79. Citado por Lamennais: 567[2]. Distingue entre el sacerdocio de los caldeos y egipcios y el de los griegos: 651. Partidario del sistema de Evémero: 683[2]. Sus explicaciones sobre Osiris y Baco. Se ve que pensaba en Alejandro y en sus sucesores: 704[54]. Motivo que atribuye al rey de Egipto Amasis, para romper con Polícrates, tirano de Samos, más moral que el de Heródoto: 457. Escribió en una época de la religión más avanzada que este último: *ibid*. Comparación que hace de la justicia de los romanos en sus guerras con la injusticia de Filipo de Macedonia y de Antíoco, rey de Siria: 830[42]. Esta comparación, un halago: *ibid*.

DIÓGENES LAERCIO: 600[9], 617[64], 650[1], 660[1], 733[11], 841[7]

DIOMEDES: 216, 324, 325, 329, 351, 415, 519, 566[1], 755[15], 757[23], 817[47]

DIÓN CASIO, citado como prueba de las supersticiones romanas: 550[6], 657[14]

DIÓN CRISÓSTOMO. Describe los misterios como un espectáculo: 508. Cf. también 567[2], 614[34]. Cf. *Persia*

DIONE, adorada como madre de Venus en Dodona. En la cosmogonía fenicia, hija de Urano y mujer del Tiempo: 661[25]

DIÓNIDE, una de las Titánides: 661[25]

DIONISÍACAS. Llegaron a Grecia por los fenicios o los lidios: 490. Tres clases de Dionisíacas: 853[1]. Cf. también 494, 495, 496, 506, 781[5], 851[104], 854[1]

DIONISÍACAS, de Nonno: 875[5]

DIONISIAS: 493, 495, 496, 512

DIONISIO AEROPAGITA: 780[17]

DIONISIO DE HALICARNASO. Sobre las supersticiones romanas: 550[4]. Cf. también 343, 434, 478, 479, 811[12], 814[31], 818[54, 60], 820[73], 821[83], 822[89]

DIONISO. Semejanza del nombre con el de Dionichi, sobrenombre de Shiva: 677[78]. Reinaba en el mundo suberráneo de Amenthes: 773[10]. El gran purificador: 844[15]

DIOSCUROS: 428, 495, 679[98]

DIOSES. Por qué sus vicios no siempre corrompen a sus adoradores: 56, 558[4]. Carácter público y carácter privado de los dioses: 56-57. Cf. *Castigos de los dioses*. Los juglares afirman que pueden violentar a los dioses. Es una pretensión de los sacerdotes en todas las épocas: 122. Su figura mantenida repelente por el sacerdocio: 128. Los de Egipto y de la India siempre monstruosos. Los de Grecia, de una belleza ideal: 593[12]. No tienen denominaciones distintivas en el fetichismo. Las toman en el estado de barbarie: 135. Dioses animales, Apis, Anubis, Bubastis: 238. Su carácter en las religiones sacerdotales: 364. Rasgos distintivos de los dioses homéricos: 365. Los del sacerdocio no menos mercenarios y soberbios y mil veces más caprichosos, etc.: *ibid.* Por qué: *ibid.* Los dioses, instrumentos de una corporación, deben querer lo que ésta quiere: *ibid.* Modos de adoración, la humillación y el sometimiento: *ibid.* Que no se podía penetrar en los bosques de Germania sin cadenas: *ibid.* Venalidad y codicia de los dioses: 764. Astucias que utilizan los brahmanes para atraerse dones: *ibid.* Los dioses del sacerdocio tienen, como los dioses de Homero, las costumbres de los pueblos que los veneran: 365. Pruebas: 365 s. Diferentes apodos de estos dioses: 764[3]. Las diosas tienen más crédito en el Valhala que en el Olimpo: 366-367. Dioses que se hacen expiar por los asesinatos que cometieron: *ibid.* Sus alimentos preparados según el modelo de los de los hombres. Su voracidad: *ibid.* El altar, llamado la mesa de Dios entre los hebreos: *ibid.* Dioses hambrientos entre los moradores de Bohemia: *ibid.* Sus fuerzas limitadas: *ibid.* Sus achaques: 389. Sus infortunios: *ibid.* Lago formado por las lágrimas de Shiva y Vishnú. Pueden sentir pavor. Ejemplos: *ibid.* Se hacen viejos: *ibid.* Una manzana los rejuvenece: *ibid.* Su vista débil y limitada: *ibid.* Yahvé se despierta por la noche y se levanta por la mañana para vigilar a los profetas: *ibid.* Están expuestos a la muerte: *ibid.* Límites de sus facultades morales: *ibid.* Cuervos de Odín: *ibid.* Sus celos contra un gigante: *ibid.* Origen de la ciencia: *ibid.* Mimis la guarda: *ibid.* Odín lo corrompe, dejándole uno de sus ojos en prenda: *ibid.* Comparte a menudo el error de estos dioses: *ibid.* Por sus pasiones, se asemejan a los dioses de la *Ilíada*: *ibid.* Ejemplos: *ibid.* Anécdotas en las que los dioses son víctimas del engaño: *ibid.* Sus perjurios: *ibid.* Nula semejanza del dios de los judíos con los dioses de Homero: 368. Que el sacerdocio otorga, con cierta frecuencia, un mérito a estos dioses del artificio y del engaño: *ibid.* Mahoma llama a Dios el más admirable de los embusteros: *ibid.* Kali, mediante el fraude, gana en el juego el reino de Nala, rey de Nishada: 766[52]. El emir hace sufrir a estos dioses: 369. El orgullo es, para ellos, el mayor de los crímenes: *ibid.* Reyes castigados por su prosperidad: *ibid.* Cf. *Griegos modernos.* Gigantes del país de Anáhuac, heridos por el rayo. Por qué: *ibid.* Historia de Zernojewitch y de la hija del *dux* de Venecia: *ibid.* A la envidia y a la impostura se une la traición: *ibid.* Precauciones absurdas que se toma para evitarla: *ibid.* Apolo encadenado por los tirios. Liberado por Alejandro. Significación misteriosa de esta costumbre: *ibid.* Doble sentido que el sacerdocio le daba a esta costumbre: *ibid.* Lo más vulgar dominaba en la religión pública: *ibid.* Veneración poco sincera que estos dioses inspiran a sus adoradores: *ibid.* Fábulas que muestran a los hombres prestos a levantarse contra ellos: 369-370. Que estas fábulas prueban el ascendiente de la lógica sobre los sacerdotes y sobre el pueblo. Cómo: 370-371. Opinión de que los dioses pueden ser castigados por los hombres, inherente al fetichismo, pero que se debilita a medida que progresa el politeísmo: 371. Aquiles reconoce su impotencia para vengarse de Apolo: 372. Pausanias sólo ve demencia en la acción de Tíndaro, que manda cubrir la estatua de Venus, para castigarla por el desenfreno de sus hijas: *ibid.* Que, sin embargo, el hombre civilizado vuelve, algunas veces, a esta idea en las calamidades imprevistas: *ibid.* Ejemplos: *ibid.* Que este furor sacrílego, que no es más que un movimiento en el politeísmo independiente, se convierte, en las religiones sacerdotales, en un dogma consagrado: *ibid.* Sacerdotes de Egipto que inmolan animales consagrados en las grandes calamidades: *ibid.* Tracios que lanzan, durante la tormenta, flechas contra el cielo para castigar al dios del trueno: *ibid.* Psylles declara la guerra a la divinidad que dirigía el viento del mediodía: *ibid.* Indios que llenan a sus dioses de injurias y cierran sus templos con haces de espinas: *ibid.* Todos los pueblos sometidos a los sacerdotes creyeron que se podía forzar a los dioses: 373. Talismanes de los sabeos: *ibid.* Doctores judíos enseñan medios para coaccionar a Yahvé: *ibid.* Cf. sobre esto *Mantras, Bala, Guigniaut,* así como Menandro y san Crisóstomo: 767[9]. Poder de los sacerdotes en el Attereya Brahmana del Rigveda, muy por encima del de los dioses: *ibid.* Sacerdotes, en las ceremonias funerarias, hacen bajar a los dioses y luego los despiden: 373. Sus adoradores pueden poner como pretexto un olvido o una mancha, si estos dioses no se muestran dóciles: *ibid.* Maldiciones en boca de los sacerdotes, dotadas de una influencia tan grande como la oración. Cf. *Maldición, Clima.* Buda, maldecido por una de sus amantes, es abandonado por todos sus adoradores: *ibid.* La hija de Taruka es transformada en monstruo por el anatema de un sabio: *ibid.* A Parvati se la priva de su culto por las imprecaciones de un penitente al que había ultrajado: *ibid.* Dioses de Egipto expuestos a los mismos peligros: *ibid.* Amenazas que les dirigen sus sacerdotes: *ibid.* Que esta jurisdicción revela la causa de un hecho célebre en la historia griega: 374. De dónde provenía la extrañeza de los griegos sobre esto: *ibid.* Este hecho muy explicable para nosotros: *ibid.* Que las comunicaciones inmediatas de los dioses con los hombres son mucho menos frecuentes en las religiones independientes. Por qué: 375-376. Los dioses de Grecia primitivamente iguales: 398. Que el símbolo de la cadena de oro en la *Ilíada* no demuestra nada a favor de la supremacía de Júpiter: 779[2]. Esta fábula tomada claramente de Oriente: *ibid.* Que no sucede lo mismo en el politeísmo sacerdotal: 389. Dioses superiores entre los indios, Shiva, Indra y Brahma: *ibid.* Entre los persas, Zervan Akerene: *ibid.* Entre los escandinavos, Alfadur: *ibid.* Entre los egipcios, Cnef: *ibid.* Esta supremacía se traslada, a menudo, de uno a otro: 779. Causas que imprimen este carácter a las religiones sacerdotales: 390 s. Este dios supremo difiere de los del vulgo: 390. El dios del *Bhagavad Gita*, inmutable, ajeno a cualquier diversidad: 391. Amida, en el Japón, separado de todos los elementos, sin compartir en absoluto las agitaciones del mundo: *ibid.* Sommonacodom entre los siameses, inmersos en un reposo imperturbable: *ibid.* Sus esfuerzos para obtener esta impasibilidad: *ibid.* Que esta noción no está tan desarrollada en los pueblos del Norte: *ibid.* Por qué: *ibid.* Sin embargo, su dios supremo no desempeña ninguna función en su mitología: *ibid.* El oscuro Alef, dios supremo de los rabinos, diferente del Yahvé de los hebreos: *ibid.* Unión íntima de estas concepciones sobre la impasibilidad de Dios con el panteísmo: *ibid.* Dios supremo, situado fuera del mundo: *ibid.* Que el sentimiento religioso no puede alcanzarlo: *ibid.*

DIRM SASTRA: 271, 274, 792[3]

DIS: 815[31]

DITE, esposa de Vishnú, se entrega a terribles penitencias: 430

DJEMSCHID, entre los persas, el año solar, el inventor de la ciencia y un conquistador: 230

DNIÉPER: 857[4]

DOCTRINA SECRETA DE LOS SACERDOTES: 239. Tradiciones orales, conservadas en el santuario. Libros ocultos a la multitud: *ibid.* La doctrina secreta dividida en dos partes. La segunda, la más misteriosa: 240. Cf. *Sacerdocio, Indios, Egipto, Magos.* Sistemas dominantes en la doctrina secreta, panteísmo, ateísmo, teísmo, sobre todo el teísmo abstracto: 241. Explicación de la ausencia de religión en la doctrina secreta: *ibid.* Varios modernos han observado como nosotros que la incredulidad formaba parte de la doctrina secreta de la Antigüedad: 243. Se han equivocado al pensar que esta incredulidad componía toda la doctrina secreta: *ibid.* Esta doctrina carecía de unidad: *ibid.* Era el lugar en el que se depositaban todos los conocimientos que el sacerdocio adquiría de modo progresivo: *ibid.* Cuán poco importaba al sacerdocio la unidad de la doctrina secreta: 244. Que la diversidad de las hipótesis le servía en sus explicaciones respecto a los extranjeros: 245. Todas las doctrinas teístas, ateas, escépticas, confundidas dentro de la doctrina secreta: 246. Error de quienes vieron, en la doctrina secreta, tal o cual sistema exclusivamente. Todos estaban en ella: 249. Los conocimientos depositados en la doctrina secreta no cambiaban en nada el aspecto grosero y rudimentario de la religión pública: 697[18], 489. Los sacerdotes comunicaban gradualmente su doctrina secreta a los extranjeros: 259. Ellos habían exigido el secreto de Heródoto. Ya no exigían el de Diodoro: *ibid.* En tiempo de los Ptolomeos, los sacerdotes no estaban de acuerdo en que su doctrina secreta fuese separada de la religión pública, ni en que se admitiesen ideas nuevas; afirmaban que cuanto enseñaban había estado siempre en su doctrina, y que esta doctrina había formado siempre parte de la religión popular: *ibid.*

No se rechazaba la irreligión, sino que se aceptaba como cualquier otro sistema, y respetando siempre la condición del misterio: 249. El teísmo, el dualismo, incluso el escepticismo junto al teísmo y al panteísmo, formaban parte de esta doctrina: 245. Puntos de acercamiento entre los diversos sistemas, el teísmo, el dualismo, el panteísmo: 250. Ciertas fábulas, al principio secretas, son reveladas sucesivamente y remplazadas por otras que, a su vez, son secretas: 699[22]. Cada divinidad, en la doctrina secreta, el símbolo de todas las doctrinas incluso las más discordantes: 275. Todas las hipótesis coexisten en esta doctrina: 259. A medida que ciertas ciencias se hacen públicas, otras acceden a la doctrina secreta, por ejemplo: cuando los conocimientos astronómicos se hubieron expandido fuera del santuario, las hipótesis metafísicas los remplazaron: 298. La admisión de los iniciados al conocimiento de lo que el sacerdocio llamaba misterios no implicaba la enseñanza de las doctrinas secretas. Cf. *Misterios* DODONA (sacerdotes de). Cómo los describe Homero: 202, 215. En Grecia, quizá un resto de una corporación sacerdotal: *ibid.* Estos sacerdotes, los juglares de los griegos: 203. Se mutilaban: *ibid.* Sus abstinencias: *ibid.* Su desprecio por la mitología popular de Grecia: *ibid.* Por qué se atribuían un origen egipcio: *ibid.* Divinidades sacerdotales adoradas en Dodona: 661[25]. Cf. también 333, 659[22], 743[3], 811[12]

DOGMAS. Influyen por los recuerdos que dejan, incluso cuando parecen más desacreditados: 87. El apego a los dogmas perjudica a todas las investigaciones históricas: 68. Que la oposición del bien y del mal dio lugar al dogma del principio malo: 401. Dogmas extraños, que tienen su origen en la inclinación del hombre a atribuir a los dioses sus inclinaciones, sus sentimientos y sus aventuras: 428. Nacimientos milagrosos de los dioses en las diferentes naciones sometidas a los sacerdotes: *ibid.* Tagés nacido de una virgen, descrita por Diodoro: *ibid.*, 808[2]. Aventura que le atribuye Heródoto: *ibid.* Xaca, en el Tíbet; Mexitli y Vitzli-Putzli, en México, nacidos de una virgen: 428. Dióscuros indios nacidos de una yegua fecundada por los rayos del sol. Otos ejemplos sacados de la religión india: *ibid.* Origen de esta idea: *ibid.* Similitud de algunas imágenes antiguas de la virgen con la madre de Krishna: 808[6]. La unión de los sexos reprobada en los cielos y en la tierra: 428. Ficciones de los sacerdotes, más indecentes que la noción vulgar: 428. Por qué: *ibid.* Amogha, Andani, Hanuman: *ibid.* Que no se observa nada parecido entre los griegos, en la época en que su mitología se convierte en un sistema regular: *ibid.* Excepciones sacadas de Hesíodo y de Nonno no concluyen nada contra nosotros: 429. Motivo que damos de ello: *ibid.* De dónde proviene, en varias naciones, el dogma del sacrificio de un dios: *ibid.* Que esta idea conllevaba, en el politeísmo sacerdotal, la suposición de que los dioses no están libres de la muerte: 429. Cosmogonías indias, fundadas en el panteísmo, en las que la creación es un sacrificio: *ibid.* Leyenda de Baco despedazado por los Titanes: *ibid.* De Osiris, en Egipto; de Mitra, en Persia; de Chenrezy, en el Tíbet: *ibid.* Buda despedazado por los demonios: 808[12]. Los dioses que sacrifican algunas veces a sus hijos: 429. Extraña costumbre a la que había dado lugar esta idea en México: 430. Cosas curiosas que afirma un autor a este respecto: 808-809[14]. Otro dogma, mérito del dolor entre los dioses: 430. Dioses en los infiernos durante quinientas generaciones: *ibid.* Dioses y diosas, en varias naciones, que se mutilan y hacen penitencia: *ibid.* Sus maceraciones;

su muerte: *ibid.* La hipótesis de la caída primitiva, el nudo de este drama: *ibid.* La purificación del hombre se realiza a través de los tormentos del dios mediador: *ibid.* Esta expiación se designa en China y en el Tíbet con el término de *redención*: 809[19]. Opinión de los cristianos indianizantes de hoy: 809[20]. Del señor de Maistre en particular: 809[21]. Nada parecido en las religiones independientes: 430, 456. Que no debe verse en nuestra refutación un ataque dirigido contra la creencia que respetamos: 809[21]

DOLÓN: 324

DOLONEIDA. Poema particular insertado por Pisístrato en la *Ilíada*, según algunos antiguos: 753[12]. Cf. también 757[23, 24]

DOLOR (santidad del). Cf. *Salvajes, Sacrificio, Florida, Belli.* Mutilaciones de los sirios: 142. 150. Cf. *Sirios.* El poder, vinculado al mérito del dolor, es el motivo de las increíbles austeridades de los indios: 162, 426. Eficacia de los ayunos de Druwen: 622[4]. Los dioses se arredran y ceden ante él: *ibid.* Poder de las austeridades de uno de los siete *rishis*, de Bagiraden y de Visvamitra: *ibid.* Mismo relato sobre Ambalischen: 623[4]. El mundo creado por las penitencias de Brahm: 623[7]. Cf. *Brahm.* Austeridades y dolores a los que el espíritu de cuerpo somete a los miembros del sacerdocio: 251, 426. Austeridades que contribuyen a la creación del mundo: 429-430. Mutilaciones de los dioses en las religiones sacerdotales: 698[21]. Que la tendencia a las maceraciones está en el corazón del hombre: 424. El hombre mejora precisamente por el dolor: *ibid.* Efectos que produce en nosotros: 425. Que el sentimiento religioso lo busca algunas veces para dar nueva energía a su pureza o a su fuerza: *ibid.* Enfoque falso y deplorable que el sacerdocio imprime a este movimiento: *ibid.* Numerosos autores que se puede consultar sobre las austeridades de lo sacerdotes en las diversas naciones: 805-806. Admiración que se tenía en otro tiempo por Simeón Estilita y Francisco de Asís y por otros santos parecidos: 425. Penitencia de san Godin: 806. De santa Catalina de Córdoba: *ibid.* Cinturón de hierro, lleno de puntas, que llevaba puesto Pascal: 426. *Bibliothèque chrétienne* del abad Boudon: *ibid.* Ahí se propone a sor Angélica como modelo para las jóvenes: *ibid.* Lo que hizo para ganar el cielo: *ibid.* Misma ansia de sufrimiento manifestada en las cartas de los misioneros de China y Japón: 425. Resolución desesperada del penitente Vikramaditya: 807[10]. Kali se le aparece: *ibid.* Los dioses escuchan sus ruegos: *ibid.* Otro penitente dispuesto a cortarse la cabeza, y su oración es escuchada: *ibid.* La menor relajación quita el mérito de las mortificaciones: 425. Ejemplo de Visvamitra: *ibid.* Los hédeschins, eunucos mutilados por devoción: 807[13]. Ritos licenciosos que se combinan con las maceraciones y las penitencias: 426. Ejemplos: 381-426. Princesa de Alemania que, durante cuarenta días de cada año, se mortifica y prepara luego nuevos motivos de expiación para el año siguiente: 807[14]. Refinamiento en las torturas llevado hasta la muerte: 426. Ejemplos: *ibid.* Influencia de la idea de una caída primitiva sobre el mérito vinculado al dolor: *ibid.* Esta idea, base de las creencias mexicanas: 808[17]. Precepto del Neadirsen: 426. Palabras curiosas de *madame* Guyon: 808[18]. Noción sobre la división en dos sustancias que refuerza igualmente la inclinación del hombre a las maceraciones: 426. Cómo: *ibid.* El dogma de la santidad del dolor, causa de los refinamientos en los sacrificios humanos: *ibid.* Ejemplos en los mexicanos: *ibid.* Que este dogma necesitó del clima: *ibid.* Que no se deben confundir las maceraciones de los pueblos del Mediodía con los suicidios en el Norte: 427. Por qué: *ibid*. Observación precisa del señor de Montesquieu sobre la contradicción que existe entre la molicie del Mediodía y el modo como sus habitantes se enfrentan a la muerte: 427. Que sólo vio las causas secundarias de esta contradicción: *ibid*. Que los griegos rechazaron siempre las maceraciones en su religión pública: *ibid*. Filósofos que, hasta el siglo II de nuestra era, creían que los solitarios de la Tebaida estaban trastornados: *ibid*. Diferencia entre los estoicos y los solitarios: *ibid*.

DORIEO: 737[18]

DORIOS. Cf. *Griegos*

DRAGÓN. Sus leyes, y las de Ptolomeo, prohibían, bajo pena de muerte, cualquier desviación de la religión pública: 862[2]

DRAGONADAS: 65, 557. Impunidad de sus autores: *ibid*.

DRONA. Con Kambarta, proporciona las lluvias fecundas: 784[22]

DROTES, magistrados y sacerdotes escandinavos, investidos tardíamente de un grandísimo poder: 83, 521. Sacerdotes y jueces a la vez: 154. Su semejanza con los druidas superiores: 858[8]. Su tribunal tenía su sede en Sigtuna, ciudad hoy destruida: *ibid*. Se apoderaron de la poesía y esclavizaron a los escaldos: 521. Cf. también 137, 168, 520, 521, 614[34], 776[10], 859[8]

DRUIDAS: 25. Perseguidos por Tiberio y Claudio: 143. Los nobles podían pertenecer a esta orden, dice César. Todos podían ser admitidos, dice Porfirio: 150. Esta última afirmación la niega Diodoro: *ibid*. Sólo explican los presagios: 151. Pronunciaban y hacían ejecutar los juicios criminales: 153, 154. Cf. *Sacerdocio, Excomunión*. Inmensas propiedades y templos a cuyo servicio estaban destinados seis mil esclavos: 155. Exentos de la profesión de las armas: 155. Cf. *Clima*. Su sabiduría divina, es decir, sus tradiciones y sus secretos: 694-695. Cf. también 521, 559[2], 603[3], 610[8], 611[5], 614[34], 615[38], 615[42], 686[415], 722[45], 730[72], 777[69], 859[8]

DRUIDAS GALOS. Gran poder desde el interior de los bosques: 137, 143

DRUSOS. Su anatema contra cualquier profano que conociese sus libros sagrados: 618[77], 766[52]

DRUWEN. Cf. *Dolor (santidad del)*

DSCHANGARTI, los rapsodas del Norte: 751[8]

DSYE, genio malo, es una adolescente de una belleza sin tacha: 401

DUALISMO. Su origen. Intentos de los filósofos por resolver el origen del mal: 99. Cf. *Salvajes, Sentimiento religioso*. El dualismo de los persas da al buen principio la primacía sobre el malo: *ibid*. El sacerdocio favorece la idea de dioses esencialmente maléficos: 128. Cf. *Fertilidad del suelo*: 165. Dualismo entre los chinos: 188, 189. El dualismo puede presentar dos formas: 1) suponer que los dos principios son iguales; 2) admitir la inferioridad definitiva del malo: 246. Dualismo en China; los dos principios reunidos en el gran todo: 697[18]. Lucha de los sacerdotes para figurar la oposición de los dos principios: 251. Dualismo figurado en Egipto por Tifón y el doble carácter de Neftis: 704[48]. Dualismo indio: 278. Vishnú combatiendo el mal bajo diversas formas: 278. Dioses a la vez buenos y malos: ejemplo, Varuna, en la India: *ibid*. Semejanza del dualismo persa y de sus fábulas con el dualismo indio y las suyas: 717[125]. Dualismo en los caldeos: 298. Oromazo y Arimán en los persas, algunas veces, dos principios iguales: 299. La concepción de dioses maléficos, fruto del interés entre los salvajes: 395. Dioses del antropomorfismo llenos de vicios y virtudes. Por qué: *ibid.* Que no se encuentra ninguna divinidad esencialmente mala en el politeísmo griego: 395, 396. Regiones de Grecia, según Plutarco, que reconocen dos principios opuestos: *ibid.* Que de ellos no se puede concluir nada contra nuestra aserción: *ibid.* Tampoco de la fábula de Circe y de la de los Gigantes: *ibid.* Motivos que damos de ello: *ibid.* Fábulas de la mitología griega derivadas de la de Tifón: 781. Nonno sobre esto: 781[5]. Sus divinidades infernales tienen, sin duda, algo malévolo y oscuro: 395. Pruebas: 396. Pero estas divinidades actúan muy rara vez en la tierra: *ibid.* Hécate, una divinidad extranjera, que deja de ser maléfica por la acción del genio griego: *ibid.* Error de Sainte-Croix sobre un pasaje de Hesíodo sobre esta divinidad: 781[4]. Diversas causas que concurren a la prolongación del culto de las divinidades maléficas en las religiones sacerdotales: 396. Kali y Vahaban, a la vez la luna y la fuerza destructora: 781[5]. Los drusos, el único pueblo que reconoce positivamente que Dios es el autor del mal: 782[10]. Cita sacada de su catecismo: *ibid.* Denominaciones honrosas que los sacerdotes dan a las disposiciones crueles o caprichosas de sus divinidades: 396. Dilema de Epicuro sin respuesta mientras uno deba mantenerse en la lógica: 782[12]. Peligro del antropomorfismo: *ibid.* Que todo se explica si se piensa que el ser supremo marcó a su criatura como objetivo, no la felicidad, sino la mejora y el perfeccionamiento: *ibid.* Cualquier otra solución de la existencia del mal es insuficiente: *ibid.* Leer, para convencerse de ello, las *Veladas de San Petersburgo*, del señor de Maistre: *ibid.* Peligro que habría en considerar siempre las calamidades que pesan tanto sobre los fieles como sobre los impíos como el castigo de alguna falta oculta: 396. Que se debe asignar al mal una causa distinta de la justicia divina: *ibid.* El principio malo, una explicación momentáneamente satisfactoria: *ibid.* Este dogma, un resultado inevitable de las perfecciones divinas: *ibid.* Filósofos griegos que se acercan al dualismo: 397. Esta tendencia visible en las obras de los platónicos: *ibid.* Máximo de Tiro, sobre el origen del mal: *ibid.* Circunstancias locales y acontecimientos particulares que debieron de favorecer el dualismo: *ibid.* Otro camino por el que el dogma del principio malo se introdujo en la religión: *ibid.* La mujer, siempre su víctima o su agente, o ambos a la vez: *ibid.* Ejemplos: *ibid.* Loki, el principio malo entre los escandinavos: *ibid.* Comparación de la fábula que habla de él con la de Prometeo: 783[15]. Tifón entre los egipcios: 397. Templos que se le levantaban. Influencia maléfica de dos planetas entre los caldeos: 397. El búho Tlacatecololotl de los mexicanos: 784[20]. Moisasur, jefe de los rebeldes entre los indios, extiende su imperio sobre una mitad de la naturaleza: 378. La idea de una divinidad maléfica, no ajena a la religión judía: *ibid.* Eichhorn, sobre esto: 784[23]. El cristianismo mal comprendido le otorga un lugar eminente: 398. Nombres que los cristianos le dan: *ibid.* Oscuridad que envuelve estas nociones entre los persas: *ibid.* A qué se debe: *ibid.* Este dogma, en la orden de los magos, durante largo tiempo: *ibid.* Manera como se manifiesta su publicidad: *ibid.* Por qué los sacerdotes dejan que ronde siempre sobre este misterio la duda y la incertidumbre: 399. El mal, según los magos, tiene sólo una duración pasajera: *ibid.* A quienes, entre ellos, consideraban los dos principios como eternos, se los trataba como herejes: 784[32]. Surge un nuevo inconveniente: 399. Vanos

EFTALITOS. Encerraban a ciertos guerreros en las tumbas de sus generales muertos en combate: 420

EGERIA: 819[61]

EGESTO. Sus moradores ofrecieron sacrificios a Filipo de Trotona: 737[18]

EGIALEA: 325, 328

EGIDIO, *De rebus gestis Eliae.* Cf. *Elías*

EGINA, raptada por Júpiter: 745[25]. Cf. también 748[13]

EGINETAS. Robaron a los epidauros las estatuas de Damia y Anxesia: 740[44]

EGIPCIACA, MARÍA. Sus leyendas ¿reminiscencia de las aventuras de Isis?: 802[4]

EGIPTO: 22. Dioses monstruosos de Egipto introducidos en el politeísmo romano en su decadencia: 53, 57, 60, 78, 79, 82, 88. Sus jeroglíficos: 618[75], 671. Épocas de la religión egipcia: 1) con Cambises, que invadió Egipto; 2) con Alejandro y sus sucesores: 568[7]. Diferentes causas asignadas por Plutarco y Heródoto a la costumbre egipcia de afeitarse el cuerpo: 569[10]. Cf. *Tifón, Astronomía, Progresión, Castas.* División en castas entre ellos: 146. La inmolación de una víctima no marcada por el sello sacerdotal se castigaba con la muerte: 151. Reyes obligados a entrar en el orden sacerdotal: 153. Elegidos por los sacerdotes y los soldados, pero mucho más por los sacerdotes: *ibid.* Sometidos en todo a los sacerdotes: *ibid.* Censurados por ellos: *ibid.* Santificados por ellos en su agonía: *ibid.* Estatuas de los sacerdotes al lado de las de los reyes: 613[27]. Deferencia de Jerjes por el gran sacerdote Vulcano: *ibid.* Cf. *Sacerdocio.* Los sacerdotes de Egipto no pagaban ningún tributo: 155. Poseían la tercera parte del territorio: *ibid.* Probablemente, al principio poseyeron su totalidad: 571. El orden de las cosas se modificó después: *ibid.* Faraón despojó a sus súbditos, pero no a los sacerdotes: 155. Los sacerdotes, los únicos historiadores en Egipto: 156. Himnos cantados en las fiestas egipcias en un lenguaje que nadie entendía: 618[74]. Los egipcios poseían dos o tres tipos de escritura: 166. Los jeroglíficos no eran la escritura hierática o sagrada: 618[73]. La escritura prohibida al pueblo: 156. División en clases en la jerarquía del sacerdocio egipcio: *ibid.* Cf. *Thot, Hermes, Mercurio egipcio.* Las ciencias alcanzan cierto grado de perfección, luego se detienen: 158. Opinión equivocada del señor Champollion sobre esto. Cf. *Chemnis, Clima, Kefrén, Trabajo (necesidad del), Fenómenos físicos.* El carácter de los egipcios siempre pacífico: 167. Este carácter, favorable a la autoridad sacerdotal: *ibid.* Cf. *Sesostris.* Se suceden trescientos treinta y dos reyes en Egipto, sin que uno solo se distinga de los demás: 168. Cf. *Migraciones.* El reino de los dioses termina después de dieciocho mil años en la persona de Horus: 629[4]. Rebeliones contra los reyes de Egipto, a causa de su impiedad, según Diodoro: *ibid.* Menes limita el poder de los sacerdotes, y éstos ordenan a Teknatis grabar en su tumba diversas imprecaciones: *ibid.* Sabacon se niega a masacrar a los sacerdotes, siguiendo las instrucciones de un sueño: *ibid.* La seguridad de Egipto dependía de la exactitud de los cálculos astronómicos: 193. De ahí el poder de los sacerdotes: *ibid.* La doble religión de Egipto: 205. El mar, el principio malo entre los egipcios: 205. Se prohibía a los sacerdotes cualquier viaje por mar: *ibid.* Guerras en Egipto por animales sagrados: 207. Malte-Brun sobre Egipto: 690[17]. Errores de Bossuet sobre esta región: 619[18]. Admiración de Ferrand por los egipcios: 619[18]. Todas las fiestas egipcias consagradas a los dioses animales: 237. Manera como los sacerdotes de Egipto cambiaban sus explicaciones con

Heródoto, Platón, Diodoro: 245. La combinación de los elementos del politeísmo sacerdotal se ve claramente en Egipto: 251. Enumeración de los animales
que se adoraba: *ibid.* Vestigios de este antiguo culto, en tiempos de Maillet:
700[1]. El culto de los negros muy semejante al culto exterior de los egipcios:
253. Heeren, exactitud de sus ideas sobre esto: 701. La doctrina secreta de los
sacerdotes egipcios se componía de varios sistemas incoherentes: 240. Cf. *Doctrina secreta.* Indicación de los animales adorados en Egipto y de su significación
simbólica: 253-254, 701[11]. Cada símbolo tenía más de una significación: *ibid.*
Lo mismo ocurría con los árboles: 254. Influencia de cada lugar en esta región:
ibid. Modo como se pobló Egipto e influencia de este modo en la religión: 701-
702. Identidad de la doctrina egipcia, sobre el paso del alma de Osiris a todos
los Apis sucesivamente, con el tipo de inmortalidad del lama: 702[26]. El teísmo egipcio cae en el panteísmo: 256. Cosmogonías y teogonías egipcias: 257.
Contradicciones de los antiguos sobre la religión egipcia, y explicación de estas
contradicciones: 258. La figura de sus dioses, estacionaria: 383. Imposibilidad
de distinguir en Egipto ninguna progresión en pintura, arquitectura o escultura
hasta los Ptolomeos: 760[1]. Que los egipcios nunca situaron al hombre entre sus
divinidades: 362. Error de Porfirio y de Eusebio sobre esto: 760[2]. Creían que
Apis había nacido de una becerra fecundada por el sol: 428
EGISTO. Presenta a los dioses ofrendas, precio de su adulterio: 324. Asesina a
Agamenón para casarse con su mujer: 345, 743[21]
EGNATIA (piedra milagrosa en): 811[12]
EGYLL, escaldo: 757[19]. Una oda lo libró del castigo por un asesinato: 757[19]
EL ESCUDO DE HÉRCULES. Probablemente, un fragmento de la *Teogonía*: 824[1].
Cf. también 825[6], 827[35]
EL ESPÍRITU DE LAS LEYES (Montesquieu). Todos los seres tienen sus leyes: 37.
Sólo habla de la religión accidentalmente: 67. Cf. también 546[1], 838[23]
ELDAD. Con Medad, profetiza en el campamento: 636[4]
ELEANOS. Algunas de sus familias se arrogaban, de padres a hijos, el don de
predecir y curar enfermedades: 653[33]
ELEAZAR, padre de Finés. Cf. *Elías*
ELEFANTA. Sus esculturas recuerdan la imagen de Kali Purana, cerca de Bom-
bay: 414
ELEFANTINA (en), se adoraba a los animales: 252, 596[5]. Figuras obscenas del
templo de Shiva en esta ciudad: 802[12]
ELEMENTOS (culto de los), una de las formas primitivas de la religión: 140.
Poder que da al sacerdocio y por qué: 140, 141. Estudios que necesita: *ibid.*
Conduce a la adivinación: *ibid.* Dominio de la adivinación y, por ello, del sacerdocio: *ibid.* Este culto se une a menudo a la idolatría: 597[1]. Cf. *Persas, India,
China, Sacrificios humanos, México, Cartago, Galia, Germanos.* Que el sacerdocio tuvo poco poder en los países en los que no existió astrolatría ni culto de
los elementos: 193. Cf. *Griegos.* En la adoración de los elementos, los troyanos arrojaban caballos vivos al río Escamandro: 212. El fetichismo de la India,
combinado con el culto a los elementos: 268. Templo dedicado a los cinco
elementos: *ibid.* Los Vedas, fruto de los elementos: *ibid.* Transformados así en
divinidades: *ibid.*
ELEUBÚTADAS. Tenían la superintendencia de los misterios: 653[33]

ELEUSIA: 819[63]

ELEUSINAS. Divididas en grandes y pequeños misterios: 509. Estaban por encima de todas las institucones creadas por los hombres: 585[7]. Cf. también 490, 505, 509, 512, 654[40], 745[18], 844[18]

ELEUSIS (los misterios de): 494, 595[3], 653[39], 654[40], 663[5], 667[22], 674[52], 753[15], 842[22], 847[56], 855[3], 856[7]

ELFOS. Hijos de la luz y brillantes como el sol, pueblan un reino que lleva su nombre: 522

ELÍ, a la vez, juez y gran sacerdote: 175. Cf. también 368, 634[13]

ELIANO: 614[37], 657[11], 660[11], 661[19], 670[29], 671[41], 752[12], 780[23]

ELÍAS, el profeta, el mismo, según los judíos, que Finés, hijo de Eleazar: 562[7], 591[34], 773[9], 806[4]

ÉLIDE (la). No podía ser nunca el teatro de la guerra. Por qué: 364. Cf. también 212, 311, 320, 346, 653[33], 677[82], 732[9], 740[44]

ELÍSEO (el), en Homero. No una morada de los muertos, sino un lugar de recreo: 744[17]. Estrabón lo coloca cerca de España, en las islas Canarias: *ibid.*

ELISEO, manda ungir en secreto al usurpador Jehú: 176. Cf. también 176, 338, 450, 503, 721[42]

ELPENOR: 743[35]

EMANACIÓN (el sistema de). Un teísmo provisional que debe desembocar en el panteísmo: 690[18]. En Egipto, la emanación iba unida al teísmo y al panteísmo: 256. Relación de esta doctrina con los dioses astronómicos y los ídolos del pueblo: *ibid.* Ejemplo de esta relación en varias divinidades egipcias: *ibid.* La emanación en la India toma las mismas formas que en Egipto: 277, 278. Dioses que emanan de la fuente primera: al principio, son puros; luego se deterioran y se convierten en hombres: *ibid.* Mezcla de panteísmo y de teísmo en este sistema: *ibid.*

EMPÉDOCLES: 82. Intento de identificar sus hipótesis con lo que él llama la teología más antigua: *ibid.*

ENCARNACIONES (las) indias de las épocas de reforma: 263, 290. Guigniaut reconoce esta verdad. Palabras explícitas del Bagavadam a este respecto: 263. La teoría de las encarnaciones indias es casi razonable: 290-291. Cuán favorable es esta noción, tal como la conciben los indios, para la marcha progresiva de la religión: 291-292. Manera como los brahmanes, sin contestar la divinidad de las encarnaciones, eluden las reformas: 295. Analogía de su conducta, en este sentido, con la de los reformadores cristianos: 295

ENDOR. El mito de su pitonisa: 382, 773[9]

ENEAS: 64, 81, 217, 330, 651[10], 700[4], 778[9], 812[20]

ENNIO. Sus versos sobre los sacrificios humanos: 814[31]

ENÓMAO: 653[29]

ENONE, mujer de Paris, posee el don de profetizar: 194

ENRIQUE DE OFTERDINGEN, poeta del siglo XIII. Se le atribuye el *Heldenbuch* o *Libro de los héroes*: 862[53]

ENRIQUE III: 65. Su asesinato había levantado la opinión contra el asesinato religioso: *ibid.*

ENRIQUE IV (el emperador). Desnudo sobre la nieve, esperó que un papa quisiera absolverlo: 187

ENRIQUE VIII: 68. El protestantismo se estableció por la fuerza en Inglaterra bajo su reinado: *ibid.*

ÉOLO. Entrega a Ulises el óleo con los vientos contrarios: 202, 358

EÓN. Los tres Eones, o Azilot, crearon el mundo: 787[13]

ÉPAFO: 224

EPAMINONDAS, muere cerca de Mantinea: 334, 504

EPIBOMO. Representaba a la luna: 846[56]

ÉPICARMO. Citado por Lamennais: 567[2]

EPICTETO. Citado por Lamennais: 567[2]

EPICURO, expresa la tendencia del sentimiento religioso: 15, 51. Los recuerdos se parecen a sus átomos: 91. Cf. también 60, 565[1], 773[9], 782[12]

EPIDAURO: 740[44]

EPIGONOS: 753[12]

EPIMELETES. Ayudaban al arconte rey en la administración del culto. Eran cuatro, dos sacados de la clase del pueblo: 654[40]. Administradores de los misterios: 841[22]

EPIMÉNIDES purifica Atenas: 416, 502, 832[56]

EPIMETEO: 445

ESPIRITUALIDAD de los salvajes: 97-98. Manera como conciben la espiritualidad: *ibid.* El aire les sugiere la idea material: *ibid.* Esta idea se robustece con la lucha que el hombre observa en sí mismo: 98. Cf. *Iroqueses, Sentimiento religioso*

EPIRO (el). Lugar casi siempre ajeno al resto de Grecia por sus hábitos, sus ritos y sus costumbres: 661[25]

ÉPOCAS (confusión de las), de las religiones antiguas por los eruditos modernos: 81. Necesidad de distinguir estas épocas: 86. Lo que sucede en la época del paso del estado bárbaro al estado civilizado: 442-443

ÉQUETO, rey de Epiro. Fábula que habla de él: 661[25]

EQUIDNA, virgen de admirable belleza: 446, 827[46]

ERATÓSTENES: 794[21]

ÉREBO (el), dignidad cosmogónica. Precede, en apariencia, a las divinidades reales: 83. En él reina la noche eterna: 450

ERECTEO, rey de Atenas: 414, 493, 667[22]

ERGÁMENES. Manda masacrar a todos los sacerdotes de Meroe en el templo: 171

ERGANE o Tejedora. Nombre que los griegos daban a Minerva: 670[28]

ERIC: 800[108]

ERÍFILA. Tiene la misma morada que la madre de Ulises: 339

ERINIAS (las). Nacen de la sangre de Urano, derramada sobre la tierra: 825[1]

ERIS. Hay dos: 827[42]

ERLIK-KHAN, dios del Tíbet, es un compuesto del hombre y del animal: 761[12]. Su figura simbólica: 762[18], 791[25]

ERUDITOS. Su desdén poco fundado contra la mitología popular. Cf. *Villoison.* Los antiguos se equivocaron igual que los modernos: 760, 761[12], 791[25]

ERUNIA KASYAPA, gigante indio. Cf. *Austeridades.* Se impuso penitencias extraordinarias: 623[7]

ERUNIASCHEN, gigante. Su triunfo sobre los dioses y los hombres reunidos: 273

ESA, el rocío: 672[46]

ESCALDOS, poetas del Norte. Su rango distinguido: 757[19]. Desde el primer Odín cantaban las acciones de los dioses y las hazañas de los valientes: 521. En sus actuaciones ante los reyes, recibían anillos de oro, armas brillantes y ropa de gran valor: 757[19]. Cf. también 160, 304, 355, 526, 862[55]

ESCAMANDRO. A sus orillas, Jerjes inmola mil bueyes a la Minerva troyana: 300. Otras inmolaciones: 669[15], 730[14]

ESCANDINAVOS. Apariencia engañosa de la evolución de su mitología tomada al pie de la letra: 83. Cf. *Mallet, Clima*. Su lucha contra los sacerdotes, una consecuencia de su carácter belicoso: 168. Cf. *Wedel-Jarlsberg*. Tuvieron como ídolos a animales: 302, 516-517. Sus tres grandes fiestas astronómicas: 321. Sus enanos, personajes mitológicos, en total treinta y seis; significaciones astronómicas de estos enanos: *ibid.* Estos enanos entregados a la metalurgia: *ibid.* El Ginnugagap de los escandinavos, parecido al Zervan Akerene de los persas: 304. Sacrificios humanos que ofrecían a Odín: 413. Cuando celebraban la memoria de los héroes, informaban de ello a sus manes mediante mensajeros a los que asesinaban sobre sus tumbas: *ibid.* Ni siquiera se libraban los reyes: *ibid.* Rüh, a propósito de estos sacrificios: 793[10]. En el templo de Thor, gran jarro de bronce, de forma redonda, destinado a depositar la sangre de los animales y de los hombres: *ibid.* Piedra de Thor, su uso: *ibid.* Observación preliminar: 515. Por qué sólo hablaremos de la composición y del devenir del politeísmo del Norte de un modo general: 516. Comarcas que forman Escandinavia: *ibid.* Cómo las designa Tácito: 856[1]. Los escandinavos pasan del fetichismo al politeísmo, de igual manera que los griegos, por la llegada de una o varias colonias: 517. Las más antiguas sólo tenían como guías a jefes guerreros: *ibid.* Sin embargo, existía una diferencia entre estas colonias y las que civilizaron Grecia: *ibid.* El primer Odín las guía: *ibid.* Oscuridad que envuelve la historia de este jefe: *ibid.* Reúne todos los fetiches que los escandinavos adoraban de modo aislado: 518. Su Olimpo: *ibid.* Sus funciones: *ibid.* Que esta revolución no tuvo lugar tan pacíficamente como en Grecia: *ibid.* Guerras encarnizadas contra los adoradores de las vacas y de los toros, a los que alude la leyenda de Regnar Lodbrok. Semejanza de los dioses de la *Edda* con los de Grecia: 518-519. Fábula de Loki raptado por un gigante: 858[13]. Otra fábula de Loki y de Thor que demuestra la debilidad e impotencia de estos dioses: *ibid.* Que si existe alguna diferencia entre el politeísmo de los griegos y el de los escandinavos, se debe atribuir a la diferencia de los climas de ambos pueblos: 519. Por lo demás, todo idéntico en las dos religiones: *ibid.* Pruebas: *ibid.* Diversas maneras con que los autores cuentan la introducción del poder sacerdotal entre los escandinavos: 519-520. Historia del rey Gylfe: *ibid.* Su lucha contra Odín, según Sajón Gramático: *ibid.* Que, en esta lucha, se reconoce un esfuerzo del politeísmo libre contra la tendencia sacerdotal: *ibid.* El senado de los dioses, una corporación semejante a las de Persia y Egipto: 520. La religión escandinava cambia de naturaleza, sin perder su impronta belicosa: *ibid.* El sacerdocio introduce en ella todas las doctrinas, todos los ritos y símbolos que aparecen en las religiones sometidas a los sacerdotes: *ibid.* Esta revolución religiosa de los escandinavos es, de alguna forma, el retorno de la religión persa: 859[13]. La astrolatría, base de esta religión: 521. Pruebas: *ibid.* Antiguas fábulas que se resienten de este carácter nuevo: *ibid*. Manzana maravillosa cuya privación condenaba a los dioses a las enfermedades de la vejez: 858[16]. Divinidades hermafroditas: 522. Cosmogonías extrañas y tenebrosas: *ibid*. Respeto por la virginidad: *ibid*. La diosa Gefiona es su protectora: 860[18]. Alumbramiento de las vírgenes: 522. Heimdal, el portero celeste, es el hijo de nueve vírgenes a la vez: 860[18]. La creación, una simple alusión en algunas partes de las *Eddas*: 522. Dualismo: *ibid*. Dios mediador: *ibid*. Dios que muere para expiar al mundo: *ibid*. Su carácter pacífico lo excluye del Valhala: *ibid*. Demonología, no menos regular que la de Egipto o Persia: 522. Los woles: *ibid*. Los elfos: *ibid*. Los enanos: *ibid*. Sus funciones: *ibid*. El oro, en las fábulas escandinavas, ocupa el lugar que tienen las mujeres en las ficciones indias: *ibid*. Trinidad: *ibid*. Metempsícosis: *ibid*. Ritos crueles: *ibid*. Sacrificios humanos: *ibid*. Cualificación de los sacerdotes y sacerdotisas que los presidían: 860[31]. Modo particular de adivinación al que recurrían para saber si debían inmolar víctimas humanas: *ibid*. Inmolaciones funerarias: 523. Juicios de Dios: 860[31]. Eficacia de las imprecaciones, de los talismanes, etc., proclamada por el segundo Odín: 523. Discurso que pronuncia en el *Hamaval*: *ibid*. Poder de los runas. Historia de Freyr y de la bella Gerd: 524. Alocución teísta del presidente del senado celeste: *ibid*. Introducción de la moral en la religión escandinava: *ibid*. El Gimle y el Nastrond, una creación del sacerdocio: *ibid*. Error de los eruditos sobre el Nifleim: *ibid*. El Nastrond es el lugar de castigo de los muertos: 525. Estrofas del *Havamal* que se refieren a esto: *ibid*. Es el infierno de Píndaro: *ibid*. Descripción del palacio de Hela: *ibid*. Otras conformidades de las *Eddas* con los libros sagrados de las demás naciones sometidas a los sacerdotes: *ibid*. Contradicciones que nos sorprenden en la lectura de las *Eddas*; cómo se explican: 525. Conjeturas de dos sabios sobre las fábulas escandinavas: 860. De Rüh a propósito del dogma de la destrucción del mundo: 861[46]. Que los escandinavos no tuvieron historiadores hasta el siglo XI: 527, 528. Isleif, obispo de Scalholt, es el primero: 861[54]. Estaba prohibido el uso de la escritura: 527. Saedmund Sigfuson, el primero que se atrevió a poner por escrito las sagas y las *Eddas*: 528. Snorri Sturluson abrevió su colección: *ibid*. Confusión que reina en estas compilaciones: *ibid*. Cómo se debe remediar: 528. Varios escritores piensan que la religión escandinava sufrió una tercera revolución: *ibid*. Hecho que podría dar alguna verosimilitud a esta suposición: 529. Pero esta cuestión no nos concierne: *ibid*. Que las dos revoluciones del politeísmo escandinavo confirman nuestras afirmaciones sobre la naturaleza y las diferencias de los dos politeísmos: 529 ESCEPTICISMO, opuesto al espíritu del sacerdocio; sin embargo, no siempre fue ajeno a su doctrina secreta: 246. Dubois asegura que existe en la India una escuela de filosofía escéptica: *ibid*. Cf. también 52, 53, 243, 317, 557, 697[12]

ESCÉVOLA: 574[29]

ESCHEM, entre los persas, monstruo enemigo de los hombres: 299

ESCHENBACH, *De poesia orphica*: 839[2]

ESCILA, monstruo terrible para los navegantes: 320

ESCIMNO DE QUÍOS, *Periegesis*. Sobre las primeras leyes escritas de los griegos: 751[3]

ESCITAS. Decían que descendían de Targitaus que había tenido tres hijos: 565. Sacaban los ojos a sus esclavos: 688[14]. Culto de los elementos: 729[59]. La inmortalidad, privilegio de los que morían de muerte violenta o sobre los altares:

761[8]. Los consideraban mensajeros enviados a los dioses: *ibid.* Idea de los griegos sobre esto: *ibid.* Zamolxis, según Luciano, se convertía en dios, después de haber sido esclavo: *ibid.* Relacionaba su origen con una virgen encinta, por un prodigio, de un niño al que llamaban Escita: 428. Cf. también 217, 413, 418, 420, 455, 565[6], 658[19], 669[21], 761[8]

ESCITIA: 218, 224, 658[19]

ESCLAVITUD. Cf. *Independencia*

ESCOLIASTA o ESCOLIADOR. Apolodoro, escoliasta de Licofrón: 745[22]. Cf. también 658[20], 668[11], 681[19], 753[12], 813[31], 835[10], 842[6], 853[1]

ESCRITORES. No son más que los órganos de las opiniones dominantes: 48. Confunden, a menudo, las opiniones de su tiempo con las que pretenden describir: 461-462

ESCRITURA. ¿Se utilizaba en tiempos de Homero?: 354. Probabilidades contra esta opinión: 354-355

ESCULAPIO. Al frente de la medicina: 499, 673[48]. Uno de los Cabiros: 485[53]

ESDRAS, redactor de los libros de los judíos, después de la cautividad de Babilonia, cuando el retorno de los judíos a Jerusalén: 183. Más cruel que Moisés, por estar más imbuido del espíritu sacerdotal: *ibid.*

ESFERIA: 738[13]

ESFINGE (descripción de la): 703[49], 824[1]. Extraña a Grecia: 763[24]

ESLAVOS. Adoraban a los ríos: 143. Gran poder de los sacerdotes: 614[34]. Cf. también 799[91], 772[3]

ESMERDIS: 173. Cf. *Magos*

ESMINTEO, APOLO: 671[39]

ESMUN: 430, 499, 809[16]

ESÓN. Lo resucita Medea cociéndolo en una caldera: 417

ESPARTANOS: 217, 311, 455, 456, 653

ESPÍRITU (GRAN) de los salvajes, el germen del teísmo: 105. Cf. *Salvajes, Manitú, Teísmo.* Reunión de las almas con el Gran Espíritu: 114. Nunca lo ultraja el salvaje, como a los fetiches: 588[3]. Los juglares alejan a los salvajes de la idea del Gran Espíritu: 125. Nombres que le dan los salvajes y que implican su supremacía: 679[25]. Lo hacen intervenir siempre que la moral está de por medio: *ibid.* Nunca está expuesto a los castigos que infligen a sus fetiches: 588[3]. Cf. también 107, 114, 117, 123, 579[25], 588[3]

ESPÍRITU HUMANO. Que se muestra más inconsecuente, menos razonable, menos religioso incluso, cuando una clase de hombres se arroga el privilegio de guiarlo que cuando él sigue su camino natural en libertad: 374, 375

ESQUILINO (monte): 437

ESQUILO: 459. Citado por Lamennais: 567[2]. Se inclinaba por la secta pitagórica, según Cicerón: 830[5]. Sus esfuerzos por situar a Atenas por encima de Delfos: 458, 459. Sus elogios del Areópago, no exigidos por el tema de la obra. Florecía casi en el mismo tiempo que Píndaro: 459. Que, sin embargo, la religión aparece mucho menos mejorada en sus tragedias que en las odas del segundo: *ibid.* Que su *Prometeo* nos hace retroceder hasta la *Ilíada.* Por qué: *ibid.* Semejanza de los dioses con los hombres en esta obra: *ibid.* Júpiter, considerado como un tirano: *ibid.* Lenguaje de Prometeo, el de un jefe de una facción vencida en una revolución política: *ibid.* Los dioses en sus otras tragedias, siempre prestos a traicionar a sus adoradores: *ibid.* Sus añagazas, sus mentiras, sus defecciones, sus celos: *ibid.* Que, para juzgar a Esquilo con conocimiento de causa, no debe olvidarse su carácter personal: *ibid.* Impetuosidad de su genio que le lleva a describir preferentemente las épocas tormentosas: 460. Esta disposición natural, acrecentada por las circunstancias en las que se encontró: 460, 461. Su odio hacia la esclavitud y su amor por la libertad: *ibid.* Su exilio voluntario de Atenas, después de ser derrotado por Sófocles: 460, 830[30]. Carácter de su estilo: 460. Pompas con que acompañó sus representaciones teatrales: 461. Terrible efecto producido por su obra *Las Euménides: ibid.* Esta anécdota demuestra que las mujeres no estaban excluidas de los teatros en los antiguos: 832[31]. Concesión que está obligado a hacer a su siglo: 461. Que es necesaria la reunión de varias de sus tragedias para formar un todo completamente regular: *ibid.* Sus trilogías: *ibid.* Una expresión clara de la marcha del politeísmo griego: *ibid.* Pasajes que lo prueban: *ibid.* Otra explicación de las diversas máximas que se encuentran en su obra, según cuenta Quintiliano: 462. Palabras de los atenienses sobre esto: 832[39]. Su Minerva, el modelo del carácter ideal de los dioses: 462. Cf. *Sófocles* y 460, 461, 462, 463, 469, 472, 567[2], 660[2], 661[21], 745[20], 750[2], 824[2]

ESQUIMALES: 43, 192, 622[2]. Cf. *Clima*

ESQUINES, *Axiochus*: 851[119]; *Epist.:* 828[8]. Cf. también 716, 758[25]

ESTACIONES, LAS: 734[16]

ESTASINO DE CHIPRE, *Los cantos ciprios*, once libros con los acontecimientos del asedio de Troya: 734[19]

ESTEBAN DE BIZANCIO: 661[23]

ESTERILIDAD. Cf. *Fertilidad*

ESTESÍCORO: 315, 672[46], 734[22], 680[106], 734[22]

ESTESIMBROTO: 732[10]

ESTIGIA, divinidad incorruptible: 446

ESTIX (el juramento de la). Se suponía que sus aguas eran mortales para los dioses: 328, 744[3]

ESTOBEO: 147, 762[46], 750[2], 780[4], 795[27], 835[3], 852[125], 863[2]

ESTRABÓN. Habla de los dominios inmensos de los druidas: 155. Los sacerdotes de Capadocia y Ponto tenían numerosos esclavos: 616[51]. Sitúa el Elíseo en las islas Canarias: 744[17]. Llama hetairas a las mujeres corintias que traficaban con sus encantos: 803[20]. Cf. también 604[11], 617[67], 627[1], 668[1, 12], 694[13], 683[16]

ESTREPSÍADES. Dispuestos a sufrir cuanto digan los filósofos: 808[21]

ESVARA. Enamorado de Parvati, le dio la mitad de su cuerpo y se convirtió en mitad hombre y mitad mujer: 432. Tenía dieciséis brazos: 763[18]

ETASIRO, el sol: 729[59]

ETÉOCLES: 201, 472, 500

ETIOPÍA: 27. Su religión totalmente astronómica, que esclavizaba el país a los sacerdotes de Meroe: 142. Los etíopes, uno de los pueblos en los que se ve con más claridad la división en castas: 150, 171. Cf. *Castas, Astronomía.* Sacerdocio que destrona a los reyes o los condena a muerte: 153. Que decide sobre la guerra y la paz: *ibid.* Apología de los sacerdotes de Meroe, por el señor de Paw: 613[29]. El comercio, que limitaba la autoridad sacerdotal en Cartago, la favorecía en Etiopía: 168. Cf. *Migraciones, Ergámenes,* 57, 79, 142, 171, 198, 253, 328, 420, 488, 354, 596, 604[8], 605[8], 608[34], 741[86]

ETIÓPICAS (Las) o Taganes y Claridea (de Heliodoro): 793[20]
ETOLIOS. Desprecian a Diana, quien les envía un jabalí furioso: 323
ETRA, madre de Teseo: 738[13]
ETRURIA. Cf. *Fenómenos físicos, Mezencio.* Fetichismo de los etruscos: 237. Su demonología astronómica y metafísica: 299, 449 Fluctuación de su doctrina entre el teísmo y el panteísmo: 432. Federación etrusca compuesta de doce ciudades: 810[1]. Volsinio, el lugar en el que se reunía la dieta general: *ibid.* Los jefes políticos sometidos a un pontífice común: *ibid.* Casta opresora, semejante a la casta sacerdotal de Egipto, a la que obedecía la nación: 431. Nombre genérico de esta casta: 810[2]. Trabajos con los que abrumaba a los pueblos: *ibid.* Causas de varias revueltas: *ibid.* Colegio de sacerdotes: 431. Su poder ilimitado: *ibid.* Les estaba reservado el estudio de la medicina y de la astronomía: 811[6]. Poseían, en estas dos ciencias, conocimientos bastante extensos: *ibid.* Ayuda que Numa obtuvo de sus luces: *ibid.* Su fama en todo Occidente: *ibid.* Sólo historiadores: 431-432. Sus anales, como los Puranas indios, una historia sacerdotal: 811[8]. Esta historia contenida en un ciclo astronómico-teológico: *ibid.* Cf. *Astrolatría, Sacerdocio, Elementos (culto de los), Fetichismo, Dioses malos.* Oráculo de Marte, en Matiena, semejante al de Dodona. Dioses de los etruscos de figuras monstruosas: 431, 457. Numerosos atributos de Jano, al principio un dios astronómico: 812[20]. Su templo: *ibid.* Su analogía con Mitra: *ibid.* Tiene como esposa a Vesta: 432. Tradición que lo concierne: *ibid.* Sirve de envoltorio a la doctrina misteriosa de la expiación del hombre por la muerte de un dios: *ibid.* Su Júpiter Tina, su dios supremo: *ibid.* Su demonología: *ibid.* Divinidades maléficas que figuran: *ibid.* Sus diez edades semejantes a los *yogas* de los indios: 814[30]. La décima, según el adivino Vulcacio, comenzó en la mitad de los juegos que celebraba César: *ibid.* Sus profetas: 432. Sus ritos obscenos: *ibid.* Sus sacrificios humanos: *ibid.* Lactancio sobre esto: 814[31]. Versos de Ennio sobre esta bárbara costumbre: *ibid. Idem* de Marcial sobre una antigua costumbre de los sabinos: *ibid.* Fiestas de la primavera: 815[31]. La institución de las vestales, una institución etrusca: 815[32]. Rea Silvia. Rómulo: *ibid.* Culto del Falo: 815[33]. Orgías de este culto que dieron a los etruscos una fama de corrupción que luego se hizo proverbial: *ibid.* Muchachas jóvenes cantando canciones obscenas en la fiesta de Anna Perenna: *ibid.* Indecencia de los dioses que presidían las bodas entre los antiguos latinos: *ibid.* Analogía del dios Mutunus con el Lingam: *ibid.* Austeridades, maceraciones de los sacerdotes toscanos: *ibid.* La adivinación llevada hasta el grado más elevado entre los etruscos: 432. Origen antiguo que le atribuyen: *ibid.* Sus augures habían dividido el cielo en dieciocho partes: 816[35]. Autoridad profética que daban a los relámpagos: *ibid.* Los dividían en varias clases: *ibid.* De dónde procede el epíteto de *dii involuti*: *ibid.* Reglas morales que Séneca saca de esta tradición sacerdotal: *ibid.* Pensaba más en Nerón que en Júpiter: *ibid.* Otros modos de adivinación utilizados por los etruscos: 816[35]. Cf. *Fenómenos, Catástrofes físicas, Adivinación.* Celebridad de los augures y de los arúspices toscanos: 433. Historiadores que alaban su habilidad: *ibid.* Juliano consultaba también a estos arúspices en el siglo III de nuestra era: *ibid.* Influencia de las colonias griegas sobre Etruria y el Lacio: 433 s. Opinión de Niebuhr sobre esto: 817[40]. Ideas sacerdotales que estas colonias aportan: 817[43]. Ciudades que construyen: 433. Templos que levantan: *ibid.* Cultos, ceremonias,

Su *Cíclope*, la *Juana de Arco* de los griegos: 470. Razón por la que nosotros lo juzgamos más favorablemente de lo que lo hacían sus contemporáneos: *ibid.* Por qué era indispensable nuestra digresión sobre este autor: *ibid.* Su inexactitud tanto en las pequeñas cosas como en las grandes: 471-472. Ejemplos: *ibid.* Deteriora lo que Sófocles ennoblece: *ibid.* Que, analizando, sin embargo, con atención sus obras se pueden ver en ellas pruebas incontestables de los progresos de la religión: 471. Pruebas: 471-472. Sus obras, las primeras en las que la incredulidad revistió formas públicas y populares: 472. Resumen de cuanto hemos dicho sobre este autor: *ibid.*

EURÍPILO: 412

EURISTEO: 748[10]

EUSEBIO. *Historia eclesiástica*: 550[11]. *Preparación evangélica*: 637[15], 737[17], 760[7], 792[2], 842[2]. Cf. *Persia*

EUSTACIO: 751[3], 753[12], 801[4]

EUTIFRÓN: 471, 733[11], 792[2]

EUTIMO: 820[73]

EVÉMERO: 44. Tanto él como sus imitadores sólo pueden servirnos para la historia de la decadencia del politeísmo: 252, 500, 511, 683[2], 734[29]

EXCOMUNIÓN. Sus efectos en los pueblos del Norte: 154. Menos terrible entre los indios y los persas por la dominación extranjera: *ibid.* Los magos y los brahmanes la suplen mediante amenazas: *ibid.* Efecto de la excomunión que expulsa a los indios de una casta superior a otra inferior: *ibid.*

EXON. En esta ciudad de Ática, nadie comía cierto pescado porque los misterios lo consideraban sagrado: 843[17]

EXPIACIÓN: 482-483. El sacerdocio se arroga el privilegio de la misma: *ibid.* Su eficacia, cuando descansa en la disposición interior y en la conducta futura del culpable: *ibid.* Que esto no sucede así en las religiones sacerdotales: *ibid.* Prácticas minuciosas a las que se vincula la absolución de los crímenes más negros: 483. Indio salvado que, al morir, sujeta con su mano el rabo de una vaca: 839[31]. Nombre de Vishnú, pronunciado sin intención, que tiene el poder de borrar todos los crímenes: 839[32]. Abluciones que purifican al hombre de las acciones más culpables, según los brahmanes: 839[33]. Templo construido por Amara Deva, cuya contemplación purifica del pecado. Templo de Rama, en Ceilán: con sólo mirarlo se perdonan todos los pecados: 839[34]. Eficacia de las aguas del Ganges para el perdón de los pecados: 839[36]. La opinión de los cristianos de los primeros siglos, sobre la virtud del bautismo, muy poco diferente de la de los indios: *ibid.* Esta ceremonia se demoraba a menudo hasta el momento de la muerte: *ibid.* Por qué: *ibid.* Sílabas, entre los indios, que componen una oración muy eficaz para el perdón de los pecados: 839[37]. Otras supersticiones semejantes: *ibid.* La expiación se convierte algunas veces en objeto de un tráfico vergonzoso: 483. Opinión de los brahmanes sobre la eficacia de las donaciones de tierras: 839[38]. Sacerdotes de los drusos y de los talapoins que se hacen cargo de la penitencia de los profanos: 840[38]. Que existen expiaciones como derecho de gracia con gobiernos absolutos y con gobiernos constitucionales: 483. Eficacia de las expiaciones en los misterios: 503. Se compraban algunas veces de una manera que recuerda la venta de las indulgencias: *ibid.* Ejemplos: *ibid.*

EXPLICACIONES HISTÓRICAS. Error de los historiadores que reducen todo a una sola explicación: 569[16], 745[19]

EXTISPICIOS. Menos importantes y menos arraigados en Grecia que en los etruscos: 659[22]

EZEQUÍAS: 578[15], 772[6]. El primer rey judío que prohibió el culto de la serpiente de bronce: 578[15]

EZURVEDAM (el). No es un libro sagrado de los indios; se supone que lo escribió un misionero: 273

FABIO PÍCTOR: 810[1]

FÁBULAS POPULARES. Cambian porque expresan ideas que varían: 86. Constituyen la influencia real de la religión: 87. Sirven, en cierta época, de apología a los culpables: 442-443. Ejemplos sacados de Ovidio y de Esquilo: 824[2]. También los partidarios del teísmo las consagran: 275. También el Bagavadam contiene multitud de ellas favorables al politeísmo: 712[74]

FALERIAS. En ese lugar existía un templo de Juno; sacerdotisas oficiaban según los ritos griegos: 432. Cf. también 814[31], 817[45]

FALISCOS: 818[56]

FALO, tanto en Tirinto y Micenas, como en Egipto: 197. Este simulacro perdió en Grecia su forma indecente: 321. Repugnancia que sentimos al hablar de él: 408, 788[1]. Consideraciones que nos ayudan a superarla: *ibid.* Que las religiones independientes de los sacerdotes, sólo a su pesar, se mancharon en sus ritos secretos, y los rechazaron siempre en los ritos públicos: 408, 432. Se encuentra en todas partes: 409. Falo colosal del templo de Saturno descrito por Luciano: 790[22]. En Egipto, el de Osiris, de enorme tamaño, llevado en las fiestas de este dios: *ibid.* También se mostraba el Myllos, o Cteis. Anécdota de Arnobio, que explica el origen de este culto: 790[23]. Mujeres egipcias llevaban colgada en su cuello la imagen del Falo: *ibid.* Falo en Hierópolis, de trescientos codos de alto: *ibid.* Osiris. El Osiris Arsafes era el Falo mostrando su energía productora: *ibid.* Explicación de Heródoto, a propósito del Falo que Sesostris mandaba levantar allí donde entraba vencedor: 790[22, 23], 791[23]. Detalles muy curiosos en la obra de Dulaure, sobre el culto que se le tributaba: 791[23]. Erlik-Khan, dios de los infiernos en la religión lamaica, representa, mediante un enorme Falo, la reunión de la reproducción y de la destrucción: 791[25]. Que, en muy raras ocasiones, profanó los templos públicos de los griegos: 410

FANES. En las cosmogonías órficas, al frente de cada una de las seis edades estaba un dios diferente; uno de ellos, Fanes: 847[65]. El gran todo: 848[66]. Cf. también 851[104]

FARIA: 663[3]

FARSALIA: 478, 592[34]

FASTOS: 810[1], 836[10]

FAUNO, inmolaba hombres a Saturno: 814[31], 820[73]. Plutarco nos lo muestra, junto a Picus, como dioses médicos de la antigua Italia, asombraban a todos con los prodigios que realizaban mediante encantamientos y medicinas elementales: 617[67], 821[78]

FEACIA: 754[15]

FEACIOS: Neptuno se irrita contra ellos por ser humanitarios con Ulises: 477. Alcínoo preside sus ceremonias religiosas: 194

FEBO. Píndaro le promete diversos ganados si secunda su perfidia: 324. Cf. también 329, 310, 471

FEBRUUS, etrusco, posee rasgos parecidos al Tifón egipcio: 813[27]

FEDERICO II: 70. Su incredulidad. Su influencia sobre Alemania: 70-71

FEDÓN: 785[2], 830[18], 848[70], 849[75]

FEDRA, devorada por un funesto amor: 226. Como otras mujeres de los tiempos heroicos, se hace culpable de asesinatos y traiciones diversas: 349, 804[24]

FEDRO: 619[88]

FEGOR o PEOR, otro nombre del Falo en Siria, al que las jóvenes le sacrificaban su virginidad: 802[4]

FELIPE AUGUSTO, declara al papa Inocencio III un usurpador, cuando este papa puso en entredicho su reino; pero cuando Inocencio III depone, en su provecho, a Juan, rey de Inglaterra, Felipe Augusto reconoce los derechos que antes impugnaba: 643[2]

FELIPE II: 68, 865[4]

FEMIO, rapsoda en la *Odisea*: 319, 751[11]

FENEATAS. Pueblo de Arcadia: 660[9], 684[6]. Su manera de celebrar las fiestas de Ceres: *ibid.*

FÉNELON. Las leyes, límite y fundamento del poder del monarca: 25. Su teoría del amor, expresión del sentimiento religioso que intenta acomodarse a los dogmas inmutables: 51. Su manera de considerar la religión: 67. Cf. *Inocencio XII*

FENEO, ciudad de Arcadia. En las solemnidades de Ceres eleusina, el hierofante golpeaba con fuerza a los asistentes: 498-499

FENÓMENOS FÍSICOS. Cf. *Clima*. Sólo sugieren al hombre la idea del poder: 106. Para su observación, se necesita atención y estudio: 140. Fenómeno de la fecundación de Egipto, como un milagro anual: 166. Emanaciones dañinas que se originan en el Bajo Egipto, sobre todo cerca del lago Serbonis, contribuyendo al dogma del mal principio: 626[1]. Meteoros y otros fenómenos, una de las causas de la religión sacerdotal de Etruria: 166. Cf. *Sacerdocio*. Terremotos frecuentes en Etruria: 626. Lago en Egipto, cerca del templo de Venus Afakitis: *ibid.* Terremotos, inundaciones, epidemias en el país de Congo; de ahí el gran poder de los sacerdotes en este país: 626[3]

FENRIS. Este lobo sólo ofrece, bajo sus colores extraños, repelentes imágenes: 160. Devora a Odín y cae bajo la espada de Veidar: 407. Cf. también 269, 407, 860[17]

FERÉCIDES, uno de los primeros autores en prosa: 355. Obtenía sus opiniones de los misterios de Fenicia: 488. Cf. también 670[24], 841[8]

FERETIMA, madre de Arcesilao, rey de Cirene: 455

FERETRIO JÚPITER: 818[55]

FERONIA. Prueba de fuego en su santuario: 431, 772[39]

FERTILIDAD. Que la fertilidad o la esterilidad del suelo modifica el poder sacerdotal: 159. El negro, siempre activo, porque su suelo es estéril; el indio, por la razón contraria, siempre perezoso: 165. La actividad, un obstáculo al poder sacerdotal; la inactividad le es favorable: *ibid.* La riqueza del reino vegetal aumenta el poder de los sacerdotes como médicos: *ibid.* Efecto de la fertilidad del suelo sobre la multiplicidad de las ceremonias: *ibid.* Partido que saca de ello el sacerdocio: *ibid.* La fertilidad sugiere la idea del principio bueno; la esterilidad, la del malo: *ibid.* Cf. también 380, 702[24], 729[53], 764[2]

FERVERS, ideas prototipo, se convierten en criaturas vivas: 393

FESCENES: 817[45]

FESTO: 740[44], 780[15], 810[1], 814[31]

FETICHISMO. Cf. *Salvajes.* En China, en la que los mandarines son ateos, el pueblo es fetichista. En las almas corrompidas, la religión se convierte en mero fetichismo: 96, 97. Luis XI era fetichista, cuando requería seducir a Nuestra Señora de Cléry mediante presentes: 103. Cf. *Kamchadales.* El fetichismo, la religión en la época más salvaje del espíritu humano: 104. El sentimiento religioso en su primera forma: *ibid.* Cf. *Malabar, Juramento.* Maldad de los fetiches según los juglares: 125. Fetichismo prohibido a los hebreos, sólo bajo Ezequías: 578[15]. Nombres que les daban ciertas tribus salvajes: *ibid.* Castigos infligidos a los fetiches por diferentes tribus salvajes: 103. Los ostiakos, los lapones, los pueblos de Uechib, los habitantes del Congo y de la bahía de Hudson: 580[33]. Fetichismo de Luis XI: 570. Cf. *Groenlandés.* Traficantes de esclavos europeos que aprovechan el fetichismo para pervertir a los negros: 584[9]. Multiplican el número de sus fetiches en las ocasiones importantes: 593, 594. Cf. *Bárbaro (el estado).* Los fetiches de los salvajes se encargan de todo para uno solo; los dioses del estado bárbaro, de una sola cosa, para todos: 135. Huellas de fetichismo se hallan en todas las religiones, ya sacerdotales, ya independientes, y en todas las épocas de estas religiones: *ibid.* Se perpetúa incluso en el teísmo. Los negros mahometanos adoran el Mumbo-Jumbo: 594[3]. Huellas de fetichismo ente los modernos, san Javier, las madonas: 201-202. El fetichismo se sitúa naturalmente bajo el culto de los elementos y de los astros: 237. Las comunicaciones con los fetiches, más frecuentes que con los astros o los elementos: 238. Individuos que comparten fetiches en Egipto y en la India: *ibid.* Manera como los sacerdotes modifican el fetichismo para hacer de él un instrumento: *ibid.* Fetiches reunidos en cuerpos: *ibid.* Fetiche arquetipo: *ibid.* Apis, Anubis, Bubastis: *ibid.* El espíritu humano conserva los fetiches individuales bajo los fetiches genéricos: *ibid.* Porfirio atribuye el fetichismo al sentimiento religioso que busca a Dios en todas partes y que lo adora donde cree encontrarlo: 253. Embellecimiento de los recuerdos del fetichismo en la religión india: 267. El fetichismo subsiste en su integridad en diversas regiones de la India: *ibid.* Los dioses populares más cerca siempre de los fetiches que de las divinidades simbólicas: 258. Fetichismo entre los caldeos: 298. Sus fetiches, símbolos de los planetas: *ibid.* Los árboles son moradas de las divinidades que presiden las estrellas: *ibid. Sirios.* El sol adorado como astro del día y que mora en la tierra en una piedra redonda: *ibid. Etruscos.* Su amalgama de la adoración de Tina, la causa primera, hipótesis metafísica, con el culto de los árboles, de las piedras, de las lanzas: 299, 317. Se prolonga hasta la civilización en las religiones sacerdotales: 362. Hechos que lo prueban: 373. Singularidades del culto de la diosa Durga, en Bengala, que sirve de apoyo a nuestra opinión: 768[20]

FIDIAS: 106, 343, 410, 448

FIGALIA: 320

FIGURA DE LOS DIOSES. Monstruosa entre los chinos: 188-189. La fábula india que cuenta que un tigre y un toro obtuvieron, por las oraciones de un *rishi* o penitente, la figura humana, es un homenaje a la preeminencia de esta figura: 266. La figura de Vishnú en sus encarnaciones, se asemeja progresivamente a la forma humana: 292. Figuras de los dioses entre los caldeos: 298. Su embellecimiento progresivo en el politeísmo homérico. Antiguas figuras, monstruosas o de animales, atribuidas a los dioses más antiguos de Grecia: 320. Cf. *Griegos*. Influencia del sacerdocio persa sobre la figura de los dioses griegos: 321. Que la figura de los dioses permanece estacionaria en las religiones sacerdotales: 361. Starro, dios de los frisones, un pedazo de madera. Lucano y Claudio en lo referente a esto: 760. Quetzalcóatl, dios del aire entre los mexicanos, una serpiente: *ibid*. El ídolo de Anabin, no un hombre, sino, probablemente, un momo de la especie de los cinocéfalos. Que el sacerdocio cede, tarde o temprano, a la inclinación del hombre por la figura humana: 362. Vestigios de las formas de animales en las divinidades que toman la figura humana en las religiones sacerdotales: 761. Figuras monstruosas de los dioses sacerdotales: 362. La diosa Ganga: *ibid*. El sentido misterioso de las formas de los dioses, el principal, en las naciones sacerdotales, lo contrario entre los griegos: *ibid*. Cuádruple huella que presenta la figura de los dioses en las religiones sacerdotales, fetichismo, espíritu simbólico, alegorías científicas, deseo de sorprender: 362-363. Cuando estos dioses dejan de tener la figura de animales, se los ve en su séquito o sirviéndoles de montura: 762[16]. Indios de nuestros días, imbuidos de tal forma de estas ideas que, viendo a algunos santos del cristianismo acompañados de un animal, atribuyen a estos santos transformaciones milagrosas: *ibid*. Figura simbólica de estos dioses: 762-763. Divinidades policéfalas: *ibid*. Figura de Chandica: 363. Puestrich de los vándalos: *ibid*. Las divinidades griegas sencillas y elegantes. Las divinidades de los bárbaros sobrecargadas de adornos y dorados: *ibid*. Diferencia de la figura de los dioses y de la de Nala en el *Mahabarata*: *ibid*. Influencia que tiene en los artistas la costumbre de los sacerdotes de no ofrecer a la adoración pública más que formas raras: 363-364. Multitud de animales imaginarios que introducen en las mitologías sacerdotales: *ibid*. Que no sucede lo mismo entre los griegos: *ibid*. Semejanza de los animales del Apocalipsis con los de las religiones sacerdotales: 763[23]. Que no se ve ninguna forma pura y regular en las ruinas de Persépolis: *ibid*.

FILE (isla de): 252, 605[8], 794[21]

FILEIDES: 653[33], 654[40]. Cf. *Hierofantas*

FILIPO DE CROTONA, hijo de Butácides: 737[18]

FILIPO DE MACEDONIA: 602[18]. Emprendió guerras injustas y cometió varios sacrilegios: 629[42]

FILOCORO, *Historia de Ática*: 671[43], 789[43]

FILOCTETES, solicita venganza contra Ulises a las rocas, a los bosques de Lemnos: 325

FILOMETOR: 753[12]

FILÓN, el judío. Semejanza de las costumbres de los hebreos con las de Egipto: 637[15]. Cf. también 794[17], 806[4]

FILÓSOFOS GRIEGOS. Su admiración por cuanto les llegaba del extranjero. Por qué: 204-205. La escuela jonia fiel a las tradiciones sacerdotales, por ejemplo, en la fábula de los Cabiros: 680[107], 696[9]. Por qué aún no hemos hablado de la filosofía griega: 696[9]. Las interpretaciones filosóficas de los poemas de Homero, mucho más refinadas: 312. Los filósofos griegos se oponían al politeísmo popular: lo querían modificar o combatir: 317. Intentaron, durante mucho tiempo, conciliarlo con la moral o depurarlo: 557-558. Sus esfuerzos sólo consiguieron el hundimiento de la creencia pública: *ibid.* Problema que siempre ha puesto en aprieto a los filósofos: 485. Semejanza de los axiomas de los estoicos de Roma con los discursos de los héroes de Homero: *ibid.* Filósofos que, en las religiones basadas en el teísmo, dan a la moral el nombre de religión: *ibid.* Lo que era el estoicismo: 486. Clase de esfuerzo que hacía su influencia menos saludable y duradera: *ibid.* Idea que le da la vida y el calor que le faltan: *ibid.* Parte oculta de las filosofías de la Antigüedad, designada en griego por la misma palabra que los misterios de la religión: 488. Cf. *Pitágoras.* Secretos que los filósofos antiguos sólo comunicaban a sus discípulos después de pruebas muy semejantes a las iniciaciones: *ibid.*

FILÓSTRATO: 733[14], 744[3]. *Vida de Apolonio de Tiana*: 790[18]

FINÉS, hijo de Eleazar. Cf. *Elías*

FINLANDESES, su cosmogonía. El dios creador que se engendra a sí mismo en el vacío: 304-305. Su fuego sagrado alimentado por sus sacerdotes: 302. Ofrecían víctimas a los lagartos: *ibid.*

FRIGGA. Noruego condenado al destierro por negar su divinidad: 859[11]

FÍRMICO: 560[10], 704[47]. *De errore profanarum religionum*: 789[7], 848[68]. Alude a la trinidad órfica: 854[3]. Cf. también 841[11], 848[68]

FLÉCHIER: 28

FLIUNTE: 194. En el Peloponeso, culto a los animales: 201

FLORIDA. La misma opinión entre sus habitantes que entre los otaitianos. Cf. *Otaitianos.* Sus sacrificios humanos: 126. Mujeres que se flagelaban y mortificaban sus carnes. Cf. *Dolor (santidad del).* Adoradores de los astros, y sometidos a los sacerdotes, utilizan ritos licenciosos y sacrificios humanos: 211

FO, numerosos animales a los que pasa su alma. Unión del fetichismo y del panteísmo: 698. La confidencia a sus discípulos no los aparta del culto exterior: 278, 279, 699[26]. Ateísmo en su doctrina: 278. Enseñanzas contrarias promulgadas por sus seguidores al pueblo: *ibid.* Cf. también 278, 282, 428, 643[6], 698[34], 699[25], 700[26], 787[12], 806[4], 839[36]

FOCENSES: 667[24], 731[1]

FÓCIDA. Apolo, su dios nacional: 667[24]. Cf. también 667[24, 26]

FOCIO: 723[3], 844[10]. *Biblioteca*: 794[18]

FO-HI, dios chino. Era una serpiente con cabeza de hombre: 644[6]. Su hermana era, al mismo tiempo, su mujer: 644[7]. Cf. también 403, 428, 644[8]

FORCIS. Resucitó a Hécate, muerta por Hércules: 674[55]. Cf. también 824[1]

FORDICULAS, fiestas romanas. Su analogía con ciertas costumbres hebreas: 565[6]

FORMAS RELIGIOSAS. Necesidad de distinguir entre ellas y el sentimiento: 49. Que el hombre necesita una forma estable: *ibid.* De ahí, una forma positiva proporcionada al estado de cada época: 50. Pero esta forma lucha contra el sentimiento que se desarrolla y finalmente la rompe: *ibid.* Cuando logra surgir una forma exigida por la época, todo se vincula a ella: 54. Las formas religiosas pueden crear un poder enemigo de la libertad: 59. Ventaja de las formas nuevas sobre las antiguas: 61. Cf. *Plan de la obra*. La forma religiosa, el medio que el hombre utiliza para ponerse en comunicación con las fuerzas desconocidas. Cf. *Sentimiento religioso*. Por qué son necesarias al hombre: 50. Cf. *Culto*. Rechazo por parte del sentimiento religioso del yugo de las formas: 54. Cf. *Tertuliano, Gregorio Nacianceno*. Opinión de los alemanes sobre las formas del judaísmo y del cristianismo: 561. Toda forma religiosa tiene sus degradaciones y presenta en pequeño la historia del progreso religioso en general: 104-105. Que la segunda mitad de nuestras investigaciones abarcará la caída de la primera forma religiosa que el hombre se haya dado: 531. Que mostraremos una forma nueva que triunfa sobre la que se rompió y que aglutina cuanto queda de sentimientos generosos, de esperanzas consoladoras: *ibid*. Las formas religiosas son de dos clases: unas, sometidas a corporaciones que las mantienen estacionarias; las otras, independientes de cualquier corporación y que se perfeccionan progresivamente: 563-564. ¿Podemos vivir sin ninguna? *ibid*. No: *ibid*. Pruebas: 564

FORONEO. Arcesilao hace de este argivo el primer hombre: 734[24]

FORTUNA DE LAS MUJERES: 84. Cf. *Veturia*. Considerada por Court de Gébelin únicamente como la fiesta del sol vencedor del invierno: 84-85

FRANCISCO I: 68

FRAYSSINOUS, *Conferencias*: 692[22]. Su refutación de la doctrina de que fuera de la Iglesia no hay salvación: *ibid*. Más tolerante que Lutero: *ibid*.

FRÉRET: 73. Conformidades que encuentra entre las diversas costumbres de los pueblos: 565[5]. Cf. *Sainte-Croix*

FREY. Sucumbe ante los golpes de Sutur: 407. Cf. también 423, 802[14]

FREYA, diosa de los escandinavos, que preside los sufrimientos y los placeres del amor: 518. Hermana y mujer de Odín: 366. Hermafrodita también: 409. La luna: 321. Cf. también 304, 367, 374, 375, 409, 521, 859[8], 860[17], 862[51]

FREYR, según la *Edda*: 523, 861[51]

FRIDULF: 857[1]

FRIGIOS. Enseñaron el arte de trabajar los metales: 211. Claramente una nación sacerdotal: 212. Indagaban el futuro en el canto de los pájaros: 376, 378

FRISONES. Numerosos niños morían junto a los altares: 413. Invocaban al dios Starro contra las inundaciones y las tempestades; era un trozo de madera: 560[3]

FRIXOS: 453

FUEGO (culto del). Manera como los sacerdotes se sirven de este culto creando un fuego sagrado: 694[13]. Cf. también 612[18], 620[88], 656[7], 679[95], 680[107], 694[13]

FUNERARIAS (ceremonias). Cf. *Vida (otra)*. Esclavos enterrados con sus dueños, prisioneros con sus vencedores, mujeres con sus maridos, entre los negros, los natchez, los caribes: 112. Los habitantes de la isla de Borneo matan a los que encuentran, para tener esclavos en el mundo futuro: *ibid*. Víctimas voluntarias entre los natchez se matan sobre la tumba de sus jefes: 587[42]. Cf. también 373, 637[14]

FU-PAO. Queda embarazada cuando aparece una nube brillante: 644[8]. Alumbra a Huang-ti: *ibid*.

FURIAS. Salen del infierno para castigar el perjurio: 445, 451. Su descripción: 463. En un bajorrelieve, en Roma, aparecen hermosas y jóvenes. No son maléficas, sino vengadoras: 785[6]. La Furia Erinia castiga el crimen: 832[38]

GABAA, y sus moradores: 335

GAEHS. Representan las horas o las divisiones de los días: 728[53]

GAHURY, uno de los nombres de Pavarati, mujer de Shiva: 276

GALATEA. Cf. *Polifemo*

GALBA: 30

GALE, *Opusc. mythol.*: 756[18], 840[3]

GALERIO, su vacilación en la persecución de los cristianos: 564[5]. Sus medidas recuerdan la revocación del Edicto de Nantes: *ibid.*

GALIA: 25. Cf. *Teutates, Clima.* Culto de los elementos en la Galia, atestiguado por Gregorio de Tours: 602[20]. Fuegos de la Noche de san Juan, vestigios de este culto: *ibid.* Sacrificios humanos: 142, 413. Los galos, al morir, legaban sus bienes a los sacerdotes: 155. Sus sacerdotes, los únicos poetas, los únicos maestros de la juventud: 156. Los únicos médicos. Solemnidades con las que recogían el *samolus* y la *selago*: 156. La figura de los dioses estacionaria entre los galos: 361. Rusticidad de sus simulacros hasta los tiempos de César: 362. Sin embargo, poseían estatuas de oro de su tiempo: *ibid.* Simulacros de mimbre que llenaban de víctimas humanas para prenderles fuego: 793[7]

GALO. Cf. *Polifemo*

GALOS, sus toros sagrados: 302. Adoraban el aire, el fuego, el sol: *ibid.* Alusiones frecuentes a la astronomía por sus bardos: *ibid.*, 303. Su huevo cosmogónico, huevo de serpiente de los druidas: 305. Influencia de los fenicios sobre los galos: 139. Al morir, legaban sus bienes a los dioses y a sus ministros: 155. Los bardos galos estudian los cuerpos celestes: 303. Cf. también 380, 382, 394, 413, 420, 521, 553, 554

GANDHARVA: 289

GANESA. Nieto del Himalaya: 761[12]. Dios de la sabiduría, tenía una cabeza de elefante: 763[18]. Conducen los ladrones a su templo e introducen su mano en mantequilla hirviendo: 771[33]

GANGA o VAHABANI, diosa de la India, la tejedora de la naturaleza: 278

GANGA, EL GANGES. Manantial de agua caliente en su nacimiento. La diosa del Ganges, a la vez, agua y fuego divinos: 622[1]. Influye en las fábulas indias: *ibid.* Jahnu, irritado, se bebió el río: 715[106]. El Ganges, hijo de Jahnu: 273. Virtudes de sus aguas: 152, 838[36]. Mitad mujer y mitad pez: 761[12]. Cf. también 416, 468, 542, 621[1], 623[4], 609[31]

GANGOTRI o GANGAUTRI, significa catarata. El Ganges tiene tres: 722[43]

GANIMEDES, copero de Júpiter: 224

GARCILASO DE LA VEGA, *La florida del Inca*: 599[2]

GARMUR, el Cerbero del Norte: 407

GARUDA. El sol en todo su esplendor, la verdad, la montura de Vishnú: 267. Pájaro fantástico, por sus formas y colores: 709[45], 717[135]

GARUDA PURANA: 382

GAUTAMA. Así se designa a Buda en Siam: 265

GAYATRI, su definición: un ritmo, un lenguaje, una diosa y mil otras cosas: 282,

715[10]. Es la Trimurti: una invocación irresistible y la reunión de todos los dioses: 715[108]. Cf. también 292, 433

GAYATRIYAM, ritmo y lenguaje sagrado, una diosa...: 282, 718[138]

GAYURVEDA. En sus plegarias, se invoca a los elementos, aislados o unidos a los dioses: 591[12]

GEDEÓN. Sólo el Señor será el jefe de los judíos: 633[5]. Hace de los despojos de los vencidos paramentos sacerdotales; los judíos hacen de ellos un objeto de culto: 639[19]

GEFIONA, la Bienaventurada. Protectora, entre las diosas, de la virginidad: 860[18]

GELA. Familia sacerdotal: 650[33], 682[19]

GEMARA, libro de la: 836[22]

GEOGRAFÍA DE LOS ANTIGUOS, progresiva: 81-82

GERD. Su esplendor se expandía por todo el universo: 523. Historia de Freyr y de Gerd: 524

GERMANOS, tienen como autor a *Mannus*, hijo de *Tuisto*. Adoraban los elementos; sacrificaban hombres a Herta, la tierra: 565[6], 142. Según César, sólo adoraban a dioses visibles, los astros: 143. No tenían ni templos, ni sacerdotes, a pesar de su astrolatría: *ibid.* Según Tácito, tenían un sacerdocio poderoso y sacrificaban a hombres: *ibid.* Manera como se ha querido conciliar esta contradicción: *ibid.* La explicación no es satisfactoria: *ibid.* El poder de los sacerdotes germanos se remonta a un tiempo inmemorial: *ibid.* Fetichismo de los germanos: 302-303. Adoraban también a los astros: 302. Transportaban sus dioses nacionales en cajas y carros: 303. Sus bosques, de tiempos de los romanos, objeto de terror para los viajeros: 413. Vírgenes arrojadas al lago de Rügen: 793[11]

GETAS: 138, 151, 386. Los sacerdotes estaban por encima de todas las demás clases: 614[34]. Embajada de Decébalo a Trajano: *ibid.*

GIAGOS. Castigos de las mujeres que dan a luz: 580[32]. Quizá, son una secta, no una tribu: *ibid.* Adoradores de los astros y esclavizados por los sacerdotes: 141. Cf. *Calandola*

GIALLAR, PUENTE. Por él se llega al Niflein, según las *Eddas*: 524

GIBBON. Su erudición: 69. Su parcialidad: *ibid.* Cf. también 585[16], 603[6]

GIGANTES, monstruos enemigos de los dioses: 395

GIGES, con Coto y Briareo, guardián del Tártaro: 445. Asesina a Candaules: 453. Engendrado por el Cielo y la Tierra: 565. Cf. *Briareo*

GIGON, en los misterios cabíricos: 853[9]

GIMLE, entre los escandinavos, sigue al Valhala: 384. Lugar de recompensas: 524, 526, 789[17]

GINNUGAGAP, el espacio infinito de los escandinavos: 304

GITA GOVINDA. Poema en honor de las encarnaciones de Vishnú: 708[18]. O himno de la Jayadeva: 799[99], 803[24]

GITIO: 201

GLAUCO: 455. En el fondo del mar, atrae hacia sí las conchas, las piedras... que terminan aplastándolo: 498, 830[25]

GLOBO (catástrofes en el): 122. Muy frecuentes: *ibid.* Que el sentimiento religioso se complace en zambullirse en la contemplación de estas grandes catástrofes: *ibid.* Ventajas que sacan de todo esto el poder sacerdotal y los juglares: *ibid.* Cf. también 137, 143, 218, 298, 305, 404, 405, 406, 431, 528

GNÁ, mensajera de los dioses nórdicos: 367

GNIELVA, uno de los infiernos de los tibetanos: 775[6]

GODAMA (Buda): 713[85]

GODODINOS, poema de Aneurin el Northumbriano: 730[71]

GODOS. Cf. *Sacerdocio*

GODWIN: 69

GOERRES: 78. Manera ingeniosa como muestra que la religión persa puede explicarse de infinitas maneras: 599, 758[53], 763[19]. Cf. también 787[1], 809[19], 841[9]

GOMEDHA, el sacrificio de la vaca: 799[100]

GONATAS (ANTÍGONO): 222

GOPALAS. Krishna, el dios pastor, se deja amar por las jóvenes pastoras, las Gopis o Gopalas: 804[24]

GOPIS (fábula de las). Mujeres de Sirendiep (isla de Ceilán), unas mil seiscientas, todas embarazadas en la misma noche, por una intervención divina: 711[71]

GORGONA, combate contra Perseo: 670[33]. Cf. también 215, 824[1]

GOVINDSINH: 292, 719[19]

GRACIAS (las). Fábula que las concierne: 673[49]. Sus atribuciones morales: *ibid.*

GRAETER, erudito alemán, autor del diario *Bragur y Hermode*: 861[45]

GRAEVIUS, *Thesaurus Antiquitatum Romanarum*: 810[1]

GREGORIO DE TOURS, sobre el culto de los elementos en Germania y en Galia: 602[20], 693[1], 729[59]

GREGORIO NACIANCENO, sobre la libertad religiosa. Todo cristiano debe disfrutar de ella sin sujetarse a las formas: 550[9]

GREGORIO VII: 27. Lanzando sus anatemas contra los tronos: *ibid.*

GRIEGOS: 26, 86. En qué sentido siempre les fue ajeno el culto de los astros: 568[9]. Cf. *Clima*. Los sacerdotes tuvieron siempre poco poder en Grecia: 137. Su adoración de los astros no fue nunca mera astrolatría: 597[1]. La astronomía les era poco necesaria: 193. Sus progresos en esta ciencia no llegaron muy lejos: *ibid.* Cf. *Platón, Aristófanes.* Rango subalterno que los sacerdotes ocupan entre ellos: 194. Todas las funciones sagradas realizadas por los ancianos y los padres: *ibid.* Cf. *Sacerdocio.* El sacerdocio griego adquiere gradualmente más influencia, pero ésta nunca es total: *ibid.* Sus hombres eminentes poseen el don de la profecía, sin ser sacerdotes: *ibid.* Lo mismo sucede entre los troyanos, ya que Homero atribuye a los troyanos las costumbres de los griegos: *ibid.* Malos tratos a los que se exponen los sacerdotes Teoclímeno, Leyodes y Calcas: 195. Homero los coloca en igualdad con profesiones poco importantes: *ibid.* Enumeración de las familias sacerdotales de Grecia: 653[33]. Estas familias son, en general, de origen extranjero: 196. Sólo dominaban en los misterios y tenían pocas relaciones con la religión pública: *ibid.* Cf. *Misterios.* La época del mayor poder del sacerdocio en Grecia, el tiempo de Sófocles: 654[40]. Cf. *Sófocles.* Incluso entonces, los sacerdotes no formaban un cuerpo independiente ni tenían ningún poder civil, político o judicial: 654[40]-655[40]. Las funciones del sacerdocio eran temporales. Quienes las ejercían entraban luego en la clase de los simples ciudadanos, debían hacer el servicio militar y seguían estando sometidos a los tribunales ordinarios: *ibid.* Cf. *Calias, Eumólpidas, Heliastas, Pausanias general espartano, Agesípolis, Éforos, Adivinos, Jenofonte, Sócrates.* El pueblo revisaba, en Atenas, los juicios del Areópago sobre la religión. Los reyes de Esparta eran sacerdotes de Júpiter: 655. El sacerdocio, más subalterno en Esparta que en Atenas: *ibid*. El conocimiento de las respuestas de Apolo de Delfos, reservado a los reyes de Esparta: *ibid*. Hechos que harían pensar que, en una época anterior a los tiempos heroicos, los griegos estuvieron gobernados por corporaciones sacerdotales: 196. Los sacerdotes mencionados por Homero como anteriores al asedio de Troya, más poderosos que los de esta época: 197. Cf. *Tiresias*. Vestigios del culto de los elementos y de los astros en algunos templos antiguos: *ibid*. Cf. *Cleomenes, Titanes*. Fuego sagrado que arde en el Pritaneo de Atenas: *ibid*. Altar de la tierra: *ibid*. Adoración del mar, distinta de Neptuno: *ibid*. Sacrificios de caballos por los argivos: *ibid*. Vientos adorados por los turios y los atenienses: 657[11]. Culto de los arcadios que tienen relación con la astronomía: 197. Formas repugnantes de antiguas divinidades griegas: 657[13]. Revolución antisacerdotal en Grecia, indudable; pero se desconocen los detalles: 197. Ni Homero ni Heródoto nos dan ningún detalle sobre esto: 197. Escasa necesidad que los griegos tenían de la astronomía: 198. Circunstancias que se oponían al poder sacerdotal en Grecia: *ibid*. La tradición de las Danaides, quizá un recuerdo de una masacre de sacerdotes por los guerreros: 198, 211. Cf. *Pirro, Titanes*. Prometeo, una tradición de la victoria del culto griego sobre el culto de los pelasgos: *ibid*. Combates de los sacerdotes de Apolo y de Baco, en Argos: *ibid*. Opinión de Schlegel sobre la revolución antisacerdotal de Grecia: 658[21]. Recaída de los griegos en el fetichismo: 200. Hechos que lo prueban: 200-202. Conformidad de las ceremonias griegas conservadas del fetichismo con las costumbres de las salvajes: 201. Dioses maltratados por los griegos, como por los salvajes: *ibid*. Castigo de los dioses, según Hesíodo: 201. Amalgama de las reminiscencias de las colonias y del fetichismo griego: 205. Influencia limitada de las colonias egipcias sobre el fetichismo griego: 206. Permiso otorgado a los griegos para consultar a su oráculo: 207. La religión griega, en absoluto la misma que la de las colonias: 208. Instituciones fundadas en Grecia por las colonias. Dinastías reales: 659[22]. En Atenas, Erecteo y un sacerdote tracio comparten la realeza y el sacerdocio: *ibid*. Situación geográfica de Grecia favorable a la introducción de los dogmas y ritos extranjeros: 211. Los poetas que transmitieron a los griegos los dogmas sacerdotales fueron siempre extranjeros: 668. Oráculos sacerdotales consultados por los griegos: 212, 213. En cada divinidad griega, hay una mezcla de ficción y de doctrina sacerdotal: *ibid*. Victoria del espíritu griego y refundación de estas ficciones: *ibid*. Relatos cosmogónicos de los griegos, parecidos a los de las religiones sacerdotales; pero apenas les daban importancia, porque estos relatos no se mezclaban con su religión popular: 214. En los griegos, las divinidades cosmogónicas no son objeto de ningún culto nacional: 215. Institutos sacerdotales en Delfos, Olimpia, etc.: 210. Los griegos conocieron la Cólquida, poblada por una colonia de Egipto: 212. Las divinidades sacerdotales trasladadas a Grecia se convirtieron frecuentemente en dioses secundarios, o semidioses: 222. El trabajo del espíritu griego se observa en todas las divinidades tomadas del exterior: 224. Ritos introducidos en Grecia del extranjero: 224, 225. Continencia impuesta en Grecia a ciertas sacerdotisas, pero menos restringida que en otros lugares: *ibid*. Primer elemento de la religión griega, el fetichismo: 225. Segundo elemento, reunión de los fetiches en dioses nacionales por las colonias: *ibid*. Individuos que conservan objetos de adoración privada: 682[1]. Anécdota de Heródoto sobre esto: *ibid.* Ceremonias y ritos cuyo sentido se había olvidado, pero traídos a Grecia por las colonias: 226. Tradiciones y fábulas griegas añadidas a las de las colonias: 226. Cronología ideal en la que se concentran todas estas tradiciones amalgamadas: 227. Los tiempos heroicos, reflejados en cinco generaciones: 684[13]. Este espacio de tiempo demasiado concentrado. Tenemos la prueba de ello en la comparación de los viajes de Hércules y de Teseo con el de Telémaco: *ibid.* Elementos verdaderos del politeísmo griego: 227. Homogeneidad y espíritu uniforme en la religión griega, a pesar de la diversidad de elementos: 227. Los jueces del infierno que la religión griega no admite en su primera época, penetran en ella cuando la moral se hace parte de la religión: 686[3]. Mal que habría resultado para la especie humana si los griegos hubiesen permanecido sometidos al poder sacerdotal: 228. Contraste de las fiestas sacerdotales y de las griegas: 229. Heeren, sobre las felices consecuencias de la independencia de los griegos: 687[13]. Introducción del culto del fuego en Grecia: 687[13]. Estado de los griegos en los tiempos bárbaros o heroicos: 308. Separación de la población de Grecia en dos razas: 310. Estas dos razas, los jónicos y los dorios, podrían subdividirse aún: *ibid.* Regiones habitadas por estas dos razas: *ibid.* Caracteres de los dorios: *ibid.* De los jónicos: *ibid.* Que la oposición del carácter de estas dos razas sólo influyó ligeramente en la creencia de los tiempos homéricos: *ibid.* Semejanza de todos los griegos de Homero, según Heeren: 311. Admiración de los griegos por la belleza: 321. Anécdota de Filipo de Crotona: 737[18]. El símbolo, siempre sacrificado a la belleza por los griegos: 321. Dichosa influencia del amor a la belleza sobre la moral: *ibid.* Los festines de los dioses entre los griegos, quizá introducidos en la mitología siguiendo el ejemplo de alguna ceremonia egipcia o etíope. Estos festines siempre situados en Etiopía: 328, 741[86]. Tenían una significación astronómica: 741[86]. Que para hacernos una idea precisa de su primer politeísmo, dejamos de lado cualquier explicación simbólica: 318. Que los eruditos alemanes más razonables llegaron a nuestra opinión: 318-319. Hermann demuestra que Homero no entendió el sentido simbólico de las fábulas que cita: 318, 735[6]. Por ejemplo, habla de las Sirenas, sin comprender la significación sacerdotal de esta fábula: *ibid.* La Minerva Glaucopis y la Juno Boopis de los griegos, reminiscencias de la vaca y del búho: 320. Acción del espíritu griego sobre la figura de los dioses en las religiones sacerdotales; ejemplo, Serapis: 321. Las formas de los dioses griegos no fueron embellecidas sobre las monedas: 737[19]. Los dioses de la *Ilíada*, mercenarios: 323. El lenguaje de los griegos dirigido a sus dioses, parecido al de los salvajes a sus fetiches: *ibid.* Los dioses homéricos secundan las empresas criminales, en razón de los sacrificios: 324. Su perfidia: *ibid.* Sobrenombres que expresan sus vicios: 738[13]. Hospitalidad violada por los dioses. Hércules mata a su huésped: 324. Son los instigadores del crimen: 325. Por qué los griegos invocaban, a favor de la moral, a dioses tan corruptos: *ibid.* Los dioses griegos no siempre castigan el perjurio: *ibid.* Opinión negativa que expresan los griegos sobre los dioses: 326. Precauciones injuriosas que toman contra ellos: *ibid.* Dioses encadenados: 739[41]. Explicación de los simulacros encadenados: *ibid.* Dioses seducidos por dádivas: 326. Anécdota sobre los Eginetes y las estatuas de Damia y Anxesia: 740[44]. Dioses obligados a seguir sus simulacros: *ibid.* Sus celos: 326. Idea de los griegos modernos sobre los celos de los dioses: 740[49]. Degradación de los atributos metafísicos de los dioses: 326, 327. Límites de sus facultades físicas: *ibid.* Su visión limitada: *ibid.* Ignorancia en la que se hallan sobre lo que más les interesa: *ibid.* Están expuestos al sueño y a la fatiga: *ibid.* Cambian de formas, pero se los reconoce a pesar de sus disfraces: 327. Por qué oyen de todas partes: *ibid.* Sufren las flaquezas de la vejez: *ibid.* Pueden morir: 328. Imitan las costumbres de los hombres: 328. Desprecio que los hombres sienten a su pesar por tales divinidades: *ibid.* Combates de los mortales contra los dioses: 329. Que estas luchas no son alegorías: *ibid.* Los dioses de los griegos se desvían de su destino primitivo: *ibid.* Cuál era la esperanza de los hombres al crearlos, y cómo se frustró esta esperanza: *ibid.* La sociedad de los dioses griegos se ocupa de sí misma y no de los hombres: *ibid.* El primer infierno de los griegos, una copia exacta de la vida terrestre: 336. La moral, en esa época, era totalmente ajena a las nociones de los griegos sobre la otra vida: 337. Todas las fábulas en las que hay moral, juicios de los muertos, etc., son posteriores a los tiempos homéricos: *ibid.* Causa del error de los escritores a este respecto: 337-338. Sólo existen recompensas después de esta vida en el *Himno a Ceres*, por vez primera; pero esta obra es mucho menos antigua que la *Ilíada* y la *Odisea*: 745[19]. Los suplicios en los infiernos no son actos de justicia, sino venganzas personales de los dioses: 338. El trabajo inútil, la mayor desgracia para los griegos de los tiempos heroicos: 338-339. Los griegos despojan de toda moral las fábulas sobre la otra vida que toman de Egipto: 339. Dos errores sobre el politeísmo griego: el primero, que no existió una verdadera religión; el segundo, que, en esta religión, sólo había despropósitos y aspectos absurdos: 343-344. Ventajas de la religión griega, sus fiestas: 343. Sus treguas: *ibid.* La Élide, consagrada a la paz: *ibid.* La religión griega calma el odio mediante las expiaciones: *ibid.* Cuán sagradas eran estas expiaciones: 748[10]. Abre de par en par los asilos: 344. Estos asilos son una prueba de que la utilidad depende de las épocas. Una ventaja en los tiempos bárbaros; un inconveniente cuando las leyes reinan: *ibid.* Anfictionías creadas por la religión: *ibid.* Todo lo que es querido por el hombre se vincula al politeísmo griego: *ibid.*

GRIMNISMAL, o la disputa de Odín y de su mujer Freya por el imperio del mundo: 861[51]

GROCIO presenta las masacres que relatan los libros de los hebreos como ejemplos a seguir: 640[20]. Cf. también 611[12], 797[69]

GROENLANDESES, tienen, sobre la muerte, las mismas opiniones que los de Guinea: 110. Cf. *Guinea.* Creen que, durante el sueño, el alma caza o viaja: 112. Cf. *Alma, Angekoks.* Entierran con sus hijos perros destinados a servirles de guía y creen en la metempsícosis: 113. Cf. *Juglares.* Creen que sus fetiches están expuestos a la muerte: 583[42]. Cf. *Clima*, 622[1]

GUASCO, *De l'usage des statues*: 660[14], 763[18]

GUAYANA, misma costumbre de los padres que en Paraguay al nacimiento de sus hijos: 580[32]. Cf. *Paraguay, Sexos (unión de los)*

GUEBROS: Su respeto por el fuego y el agua: 600[9]. Ofrecían sus hijos al fuego sagrado: 418. Enterraban con sus muertos cuanto habían usado en este mundo: 774[12]

GUIGNIAUT. Mérito de su traducción de Creuzer: 562[9]. Reproche poco fundado que nos hace: 698[20]. Considera, demasiado exclusivamente, el panteísmo

175. Aparición formal del poder temporal en la petición de un rey: *ibid.* Resistencia del sacerdocio: *ibid.* Cuadro de la realeza por Samuel: 633⁹. Lucha clara en la historia de Saúl y Samuel: 175. ¿Era Samuel sacerdote?: 634¹³. Esfuerzos contradictorios de Saúl por dominar o desarmar al sacerdocio: 175. Masacre de ochenta y cinco sacerdotes: *ibid.* Caída de Saúl: 176. Lucha continua, a partir de esta época, entre los reyes y los sacerdotes: 176-177. Revolución sacerdotal de Jehú parecida a la de Saúl y David: 187. Jehú ordena matar a Jorán, Jezabel, los hijos de Acaz, los hermanos de Ocozías, los sacerdotes de Baal: *ibid.* Alianzas extranjeras, buscadas por los reyes contra el poder de los sacerdotes: *ibid.* Inclinación de los reyes judíos a la idolatría, como medio de luchar contra los sacerdotes: 177. Carencia de profundidad en los escritores del siglo XVIII, que trataron a los judíos con tanto desprecio: *ibid.* Su religión, superior a todas las demás, no sólo en cuanto a las doctrinas, sino también en cuanto a los ritos: 180. Nada de sacrificios humanos ni de ritos obscenos: *ibid.* Prohibida la adivinación: 635³. Reconocimiento de los derechos del pueblo en la legislación de Moisés: *ibid.* Germen de la abolición del monopolio sacerdotal. Anécdota de Eldad y Medad: 636⁴. La pureza del teísmo judío puede explicarse por el razonamiento: 180. Dos cosas que se deben distinguir en los libros hebreos y en la legislación de Moisés: por una parte, la doctrina de la unidad de Dios y la moral; por otra, las circunstancias y las barbaries, motivadas, en un estado poco avanzado de la civilización, por estas circunstancias: 180. La empresa de la liberación de los judíos por parte de Moisés, puramente humana, aunque él la creyese una inspiración divina: *ibid.* Pero esta empresa que da origen a acciones cargadas de ferocidad, a masacres, no debe atribuirse a la misma fuente que la moral y la doctrina: *ibid.* Los judíos, considerados inmundos por los egipcios: 636⁷. Historia de Moisés: 192. Salida de Egipto, contada por Josefa y Diodoro: *ibid.* Peligros que amenazaban a Moisés y a su pueblo: *ibid.* Costumbres egipcias contraídas por los judíos: 181-182. Esfuerzos de Moisés contra estas costumbres: *ibid.* Sus esfuerzos a menudo infructuosos: 181. Semejanza entre las costumbres de los hebreos y las de los egipcios: 637-638. Esfuerzo de Moisés por aislar a su pueblo: 181. De ahí sus leyes bárbaras: *ibid.* La necesidad les sirve de una especie de excusa: 638¹⁷. Él mismo suaviza sus leyes: *ibid.* Los pontífices posteriores a Moisés, mucho más crueles que él: *ibid.* Al admitir la revelación de Moisés, se debe reconocer que no tiene nada de común con sus medios de gobierno y de conquista: 182. Que no calibró suficientemente la desproporción de su doctrina con las luces de su pueblo: *ibid.* Nota que contiene el cuadro de la lucha de los judíos contra el teísmo: 638-640. Yahvé, dios nacional: 638¹⁹. La idolatría reaparece continuamente: *ibid.* Los reyes le son favorables: 639¹⁹. En Judá, de veinte reyes, catorce son idólatras; en Israel, del mismo número, diecinueve: 640¹⁹. Pregunta: ¿habría llegado el espíritu humano al teísmo sin una ayuda sobrenatural?: *ibid.* El ejemplo de los nuevos platónicos parece anunciar lo contrario: *ibid.* Que Moisés, adelantándose a su siglo, se vio obligado a rigores excesivos: 182. Que creó un sacerdocio demasiado poderoso y que abusó de su poder: *ibid.* Al considerar como divinos, los libros judíos, tanto los actos como las doctrinas, se cayó en una confusión deplorable: *ibid.* Las masacres y los incendios no eran cosas divinas: *ibid.* La legislación mosaica, más equitativa que cualquier otra, respecto al esclavo y

al extranjero: 641[21]. Manera como se redactaron los anales hebreos: 641[22]. Todos los libros sagrados, quemados por un general de Nabucodonosor: *ibid.* Recompuestos por Esdras según copias que no eran auténticas ni completas: *ibid.* Opinión de los albigenses de que el Antiguo Testamento era obra del principio malo: 642[27]. Apología de la Noche de San Bartolomé por parte de Calipuli, según los ejemplos de los libros hebreos: 642[27]-643[27]. Jehú, colocado en el trono —él y las cuatro generaciones que debían seguirle— por haber matado a traición a los sacerdotes de Baal: 643[28]. Beneficios que, en conjunto, debe el mundo a la legislación de Moisés: 184-185. Que los anales hebraicos atestiguan el despotismo total e incontestado de los sacerdotes hasta el establecimiento de la monarquía: 381

HÉCATE. La única divinidad monstruosa de Grecia: 737[17]. Es, según Jablonsky, la Titrambo egipcia: 781[8]. Sus atributos, sus innumerables funciones, una mezcla de física, de alegoría, de magia, etc.: *ibid.* Representada, algunas veces, con cabeza de perro: *ibid.* La noche primitiva: 782[8]. La luna: *ibid.* Su identidad con Diana y con Isis: *ibid.* Sus cualidades cosmogónicas: *ibid.* Cf. también 296, 645[8], 674[55]

HECATEO DE MILETO: 608[36], 734[23]

HECHICEROS. Cf. *Magia*

HÉCUBA, reina y esclava: 309. Poema nacional en el que se trata la gloria de Aquiles: 796[52]. Cf. también 831[14], 834[25]

HEFESTO, el Ptah de Egipto: 851[104]

HEGESÍSTRATO de Elea, adivino: 725[39]

HEIMDAL. En Escandinavia, es el portero celeste, el hijo de nueve vírgenes a la vez: 860[18]

HELA, reina del Niflein: 524. Su palacio es el dolor: 525. Palacio de la muerte: 774[17]. Su padre es Loke: 860[17]

HELDENBUCH o *Libro de los héroes*, lleno de tradiciones como las leyendas del Norte: 862[53]

HELENA: Culpable de asesinatos, adulterios...: 349. Su infidelidad: 351. ¿Helas y Helena, denominación primitiva de Grecia?: 672[47]. El mismo Aquiles se casa con ella en los infiernos: 744[2], 848[36]

HELÉNICAS (*Historia griega*), de Jenofonte: 456. Atribuye la suerte a la cólera de los dioses: *ibid.*

HELENO. Posee el don de profetizar: 94. Soldado y augur: 519, 739[42]

HELESPONTO. Jerjes mandó encadenarlo después de haberlo azotado: 374. Cf. también 658[21]

HELIASTAS. Tribunal en el que todos los atenienses de treinta años podían ocupar asiento en el Senado y pronunciar el fallo, en última instancia, sobre las causas religiosas: 655[40]

HELICÓN. Las Musas danzan sobre él, alrededeor del altar de Júpiter: 326[2], 847[59]

HELIODORO, *Las etiópicas o Teáganes y Cariclea*: 616[55], 794[20]

HELIOGÁBALO: 790[12]

HELIÓPOLIS. Para sus sacerdotes, el culto era un oficio: 241. Prostitución de las mujeres griegas en su culto: 424. El tribunal de los Treinta estaba compuesto por diez de sus sacerdotes: 615[37]. Cf. también 618[80], 627[2], 691[18]

HELIOS, distinguido de Apolo. Un dios nuevo realiza las funciones del sol: 217.

Descripción sacerdotal de Helios en los poetas líricos: 671[46], 672[47]. Posee cuatro manos: 672[46]. Sin culto entre los griegos: 217. Quizá sea una reminiscencia de su antiguo poder sacerdotal: 672

HELVÉTIUS: Principal fundador del sistema del interés bien entendido: 545[1]. Es mucho menos inconsecuente que sus sucesores: *ibid.* Cf. también 160, 532

HENRÍADA de Voltaire: 646[14], 738[3]

HERÁCLIDES PÓNTICO, discípulo de Platón y Aristóteles: 457. Causa que asigna a la destrucción de Síbaris por los crotoniatas: *ibid.* Cf. también 752[12]

HERÁCLITO: 548. Trata de identificar sus hipótesis con lo que él llama la más antigua teología: 82. Cf. también 677[79], 731[10], 861[45]

HERCULANO: 843[2]

HÉRCULES, el sol, y sus doce trabajos, el zodíaco: 86. Pero estos dogmas científicos son ajenos a las opiniones populares: *ibid.* Origen extranjero de las fábulas de Hércules: 219. Analogía de Hércules con Osiris, Rama, Djemschid y Mitra: 676[65]. En Tebas, Egipto, el sol: 219. Sus leyendas sacerdotales: *ibid.* Heródoto declara que es en Egipto donde hay que buscar el sentido de todas las tradiciones que hablan de Hércules: 220. Grecia ve en Hércules, en lugar del sentido misterioso, el literal: *ibid.* El Hércules *aiolomorfos* del himno órfico: 676[71]. Cómo los griegos materializan el Hércules *aiolomorfos: ibid.* El Hércules egipcio, incorporado a la Divinidad mediante la contemplación; el griego se consume en una hoguera: 220. Fábula única sobre Hércules: este dios, a la vez, asciende al cielo y baja a los infiernos: *ibid.* Suprimir los sacrificios humanos en Italia: 820[73]. Su nombre, un nombre genérico: *ibid.* Sacrificio que se ofrece todos los años en Roma en su honor: *ibid.* Le estaban consagradas las únicas familias sacerdotales que pudieran existir en esta ciudad: *ibid.* Templos y altares en su honor que existían antes de la fundación de Roma: *ibid.*

HÉRCULES FURIOSO: 748[11]. Digresión sobre la juventud: 834[33]

HERDER, *Ideas sobre la filosofía de la historia de la humanidad.* Cree en el perfeccionamiento progresivo de la religión: 564[4]. Sobre la permanencia de los hebreos en Egipto: 637[12]. Sobre el lujo de los troyanos: 652[15]. Cf. también 577[7], 594[21, 22 y 24], 598[2], 604[6], 607[32], 611[18], 622[1y 2], 637[12], 777[5]

HEREJÍA. Considerada como voluntaria y tratada como un crimen: 64. Se utiliza algunas veces, en gran parte, por los primeros escritores del cristianismo: 550[11]. Cf. también 642[27], 692[23], 714[86]

HERGHES. Rey de Malva en el *Mahabarata*, vencido por los brahmines: 628[1]

HERILO, hijo de Feronia, la Proserpina de los sabinos: 432

HERMAFRODITAS (dioses). En Egipto, el Ser eterno se engendra a sí mismo; es, a la vez, esposo y esposa, padre e hijo: 703[47]. En los caldeos: 295. En los etruscos: 299. El dios supremo hermafrodita entre los persas: 300. El fuego y el agua, hermafrodita o de sexos diferentes: *ibid.* Mitra hermafrodita: *ibid.* Kaiomorts, el primer hombre hermafrodita: *ibid.* Odín y el sol hermafroditas entre los escandinavos: 304. Divinidades hermafroditas de los vándalos: *ibid.* La luna hermafrodita entre los lituanos: *ibid.* El gigante Ymer entre los escandinavos: *ibid.* El culto que se tributa, consecuencia natural de la noción de engendrar: 789[2]. Dioses hermafroditas en diversas naciones: 408. Culto de Afrodita transportado a la isla de Chipre: 789[3]. Confundido con la luna: *ibid.* Idea de los bardos sobre el acto de la generación: *ibid.* Leyenda escandinava, una reminiscencia de los dioses hermafroditas: *ibid.* Esta noción penetró en las reflexiones de los místicos cristianos: 790[20]. Antoinette Bourignon veía a Adán dotado de los dos sexos: *ibid.* El Adonis hermafrodita de los sirios sólo era en Grecia un joven hermoso: 410. Capilla de Atenas en la que Hermes y Venus eran representados como unidos entre sí: *ibid.* Viudas que colgaban de ellos sus coronas: *ibid.*

HERMES. Cf. *Mercurio egipcio.* En Egipto, todas las obras sobre la religión y las ciencias llevan el nombre de Hermes: 157. Era la personificación del orden de los sacerdotes: 619[88]. El dios del comercio: *ibid.* Otras numerosas significaciones de Hermes: 619-620[88]. Cf. *Thot.* Lo que era en la religión egipcia: 218-219. Contradicción sobre Hermes en el libro XXIV de la *Odisea,* cuando se compara este pasaje con otros detalles sobre este dios, en la mitología homérica: 674-675[60]. Atributos y mitos sacerdotales ajenos al Hermes o Mercurio griego: *ibid.* Cf. *Mercurio.* Analogía de las leyendas del Hermes órfico con las leyendas indias, especialmente de Krishna: 219. El Hermes sacerdotal en Etruria se convirtió, en los romanos, en el dios Terme. Los romanos adoptaron luego el Hermes griego: 675[64]

HERMES FÁLICO, no egipcio, sino pelásgico, según Heródoto: 196-197

HERMES TRIMEGISTO: 785[2], 849[80]

HERMÍONE, sus misterios de origen totalmente sacerdotal: 850[104]

HERMIPO: 784[26], 863[2]

HERMÓPOLIS, ciudad consagrada al dios Pan: 221

HERMOTIBIOS. Componían, con los calasirios, la casta militar: 608[37]

HERÓDOTO: 567. Ignora lo que Homero entiende por el Océano: 85. Sobre los escitas: 604. Cómo lo cita Lamennais: 607. Cf. *Egipto.* Por sus ideas religiosas, se corresponde bastante bien con la época representada por Hesíodo: 452. Su politeísmo mucho menos depurado que el de Píndaro, aunque sea posterior en el tiempo a este poeta: *ibid.* Razón de este retraso en sus opiniones: *ibid.* Hombre, a la vez, curioso, crédulo y tímido: *ibid.* Su respeto por todas las creencias: *ibid.* Su objetivo. Parece que hace total abstracción de cualquier juicio individual: *ibid.* Su superstición: *ibid.* Ejemplos: 453. Es el Hesíodo de la historia: *ibid.* Que aparece en sus relatos, en primer lugar, el carácter de los dioses homéricos: *ibid.* Pruebas: 453-454. Vuelve con frecuencia sobre la envidia y los celos de los inmortales: 481. Plutarco lo censura fuertemente por esto: *ibid.* Comparación de esta opinión de Heródoto con las de Platón, de Plutarco y de Amiano Marcelino sobre el mismo objeto: *ibid.* Ofrece casi siempre una doble explicación de los hechos que cuenta: *ibid.* Otras semejanzas con Hesíodo: *ibid.* Ejemplo: *ibid.* Que, en varios de sus relatos, la religión se perfecciona por el desarrollo de las ideas humanas: *ibid.* Dioses que reciben lecciones de moral a las que deben acomodarse, o que castigan a sus adoradores por haberlos supuesto, por sus plegarias indiscretas, malos o mercenarios: *ibid.* Ejemplos: 454-455. Anécdota del lidio Pactias: *ibid.* Otra anécdota de Cleomenes, rey de Esparta: 455. Historia de Glauco: *ibid.* Lo que demuestra, según Heródoto: *ibíd.* Conducta de los habitantes de Quíos: *ibid.* Lo que, a nuestro entender, denota realmente: *ibid.* Causa que nuestro historiador asigna al frenesí de Cleomenes: *ibid.* Considera la muerte de Arcesilao, rey de Cirene, y de Feretima, su madre, como castigo de los dioses: *ibid.* Lo que debe verse en estas afirmaciones contradicto-

HIEROFANTAS, sacerdotisas de los misterios de Eleusis, llamadas por las matronas de Atenas, dentro de la familia de los Fileides: 654[40]

HIEROFANTE, ministro de los misterios de Eleusis: 506, 510, 841[22]. Representaba al Demiurgo, al daduco, al sol: 847[56]

HIEROMNEMONES, sacerdotes encargados de las ceremonias religiosas en la asamblea de los anfictíones, tenían preferencia sobre los demás miembros: 655[40]

HIERÓN I, rey de Siracusa, mal príncipe: 829[12]

HIERÓPOLIS. Allí se adoraba al toro: 266. Cf. también 229, 593[9], 564[25]

HIGINIO [GAYO JULIO]: 650[1], 745[26]

HIMALA, blanqueado por las nieves: 164. Bhavani, la diosa de la India, es su dominadora: 278

HIMILCÓN o ALMÍLCAR. Sacrificó víctimas al mar: 602[18]

HIPARCO (DIÁLOGO DE), falsamente atribuido a Platón: 752[12]

HIPERBÓREOS: 448. Envían presentes a los dioses a través del país de los escitas: 669[21], 743[3]

HIPÓCRATES: 753[15]

HIPÓMENES, como Atalante, participaba desnudo en las carreras: 733[15]

HIPOTES, uno de los Heraclidas, mata al divino Carno: 195

HIPÓMACO, adivino: 725[39]

HIPSÍPILA viste a su padre con el vestido de Baco: 843[6]

HIRAM, REY DE TIRO: 173

HIRANYAGARBHA, el vientre de oro: 717[131]

HISTASPES, padre de Darío: 631[17], 774[12], 856[6]

HISTORIADORES GRIEGOS. No pensaban mejor que nosotros sobre la religión de los tiempos heroicos: 316. Que carecemos de historiador griego, contemporáneo del politeísmo homérico: 452. Que Heródoto, por sus ideas religiosas, se corresponde bastante bien con la época de Hesíodo: *ibid.* Cf. *Heródoto.* Que se observa, entre Heródoto y los historiadores que le sucedieron, el mismo intervalo que entre Hesíodo y Píndaro: 456. Cf. *Jenofonte.* Que los escritores posteriores a Heródoto asignan causas morales a los acontecimientos a los que él no había asignado ninguna causa: 457

HOANG-TI. Nace de Fu-Pao, que queda embarazada cuando aparece ante ella una nube brillante: 644[8]

HOBBES: 68. La religión le parecía un medio de tiranía, y la trataba con miramiento, pero sin creer en ella: *ibid.*

HODGSON. Viaja a los orígenes del Ganges: 722[44]

HOLANDA (Nueva). Sus habitantes acusan a los muertos de beber la sangre de los vivos a los que sorprenden dormidos: 114. Según Collins, no adoran a ningún ser visible o invisible: 546[3]

HOLBACH (barón de): 69. Su metafísica superficial reproducida por Thomas Paine: *ibid.*

HOLSTEIN. Sus moradores, gran aversión por los simulacros: 763[25]

HOM, a la vez árbol y profeta, morada del alma de Zoroastro: 299. Cf. también 670[43], 739[29]

HOMAM, en la India, sacrificio de arroz y mantequilla: 711[56]

HOMEOMERÍAS de Anaxágoras: 708[30]

HOMÉRICOS (poemas). Importancia de la autenticidad de estos poemas para la historia de la especie humana: 675. El libro XXIV de la *Odisea* es, evidentemente, una interpolación: *ibid*. La religión de la *Ilíada* es diferente de la de la *Odisea*: 345. En ésta, la moral es una parte esencial de la religión: *ibid*. Los efectos de la religión aparecen más diversificados en la *Odisea* que en la *Ilíada*: 346. No existen ni en la *Odisea* ni en la *Ilíada* luchas de los mortales contra los dioses: 347. Las diferencias entre la *Odisea* y la *Ilíada* se extienden a muchos otros objetos distintos de la religión: *ibid*. La *Ilíada* describe el estado bárbaro; la *Odisea*, la civilización naciente, los primeros intentos del comercio, etc.: 347-348. Diferencia de la situación de las mujeres en estos dos poemas: 348. Nausícaa, su pudor: *ibid*. Penélope, la única mujer virtuosa de los tiempos heroicos: 349. Helena, casi respetable en la *Odisea*: *ibid*. Error en el sentido dado a un discurso de Telémaco a su madre: *ibid*. Por qué el destino de los cautivos es el mismo en la *Odisea* que en la *Ilíada*: 350. El episodio en el que Mercurio bromea sobre la infidelidad de Venus demuestra una civilización más avanzada que la de la *Ilíada*: 351, 749[31]. La hospitalidad, más acogedora en la *Odisea*: 351. Diferencias literarias entre la *Ilíada* y la *Odisea*: 351, 749[34]. Unidad en la *Odisea*: *ibid*. Escasa en la *Ilíada*: 749[35]-750[35]. La *Odisea*, menos brillante y menos poética: 352. Las diferencias entre la *Odisea* y la *Ilíada* no se explican por la suposición de una diferencia de edad en el autor: 352. Hipótesis de Longino poco satisfactoria: 353. La única manera de explicar estas diferencias es la de asignar a la *Ilíada* y a la *Odisea* dos épocas y dos autores: 750. La autenticidad de los poemas homéricos pareció dudosa a críticos de todos los tiempos: 354. La existencia de la escritura en la época en la que se sitúa a Homero no decidiría en absoluto a favor de la autenticidad de sus epopeyas: 750[2]-751[2]. Se transmitieron durante largo tiempo de forma oral y de memoria: 354-355. Los rapsodas las cantaron en las plazas públicas, hasta el tiempo de Pisístrato, que fue el primero en reunirlas: 355. Que estos rapsodas debieron de confundir las composiciones de diversos autores: *ibid*. Que los poemas de Homero debieron de sufrir numerosas interpolaciones: 355-356. Contradicciones que aparecen en ellos: 755-756. Uniformidad del estilo y del colorido poético común a todos los poetas de esa época: 356. Diversidad de estilo, incluso en la *Ilíada*: 756[16]. Resultados sobre las epopeyas homéricas: 357. Aparecen tres tipos de mitología: 1) mitología popular; 2) mitología perfeccionada en la *Odisea*: *ibid*. Desproporción de la descripción del estado de los muertos con la creencia: *ibid*. Acrecimiento de la dignidad de los dioses en el libro XXIV de la *Ilíada*: 358; 3) mitología cosmogónica y alegórica: *ibid*. Ésta, de origen sacerdotal: *ibid*. Muy incompleta y muy confusa: *ibid*. Comentaristas, extrañados de encontrarla en Homero: 759. Resumen: 359
HOMERO: 50, 80, 81, 85. Su infierno, mal conocido por Leclerc de Septchênes: 567[2]. Cf. *Progresión*. Algunas veces, parece favorable al sacerdocio, aunque lo describa como un estado subordinado, y por qué: 195. Autoridad religiosa de los poemas que llevan su nombre: 312. El representante y el órgano del politeísmo popular: 317. Wood observa que Homero es mejor que su Júpiter: 343, 747[8]. Los héroes de Homero son superiores a sus dioses: 343. Nuestra ignorancia sobre su vida: 356. Diversas acepciones de su nombre: *ibid*. Quizá, un nombre genérico: 357. No habla de los misterios: 491

HONOVER, el verbo, la palabra poderosa proferida por Ormuz: 299. La fuerza creadora: 729[53]

HORACIO. Citado por Lamennais: 567. Menciona una piedra milagrosa en Egnatia: 811[12]

HORAPOLLO, a propósito de los dioses hermafroditas, tanto en Egipto como en Grecia: 789[6]

HORUS. Un dios de tercera clase para los egipcios: 258. El reino de los dioses terminó en Egipto en la persona de este dios, hijo de Osiris: 629[4]

HOTENTOTES. Mutilan a sus hijos: 580[32]. Cf. *Sexos (unión de los)*

HOTHER. A este dios de la India se le priva de la luz del día: 366

HOTTINGER, *Bibl. orient.*: 841[12]

HUANG-TI. Cf. *Fu-Pao*

HUEVO cosmogónico. Lo encontramos en todos los sitios: 698[21], 280. Huevo caído en el mar, según los sirios. Venus nace de él. Relación de este huevo con el cosmogónico: 299. Cf. también 305, 497, 679[102], 848[66]

HUFRASCHMODAD, gallo simbólico, pájaro celeste, vencedor de Eschen, centinela del mundo, terror de los malos genios: 299

HUGONOTES, arrastrados en parrillas o condenados a galeras: 188. Cf. *Mandelot*

HUIRTURHAAL. En México, ciertos cautivos morían sobre el altar de esta diosa, que presidía las salinas: 793[6]

HULI. Fiestas indias de la inocentada, se celebran el primero de abril: 565[6]

HUME. Cuán indigna del tema es su *Historia natural de la religión*: 69. Cf. también 15, 547[4], 588[2]

HURD: 68. Posee el espíritu dominador de Bossuet, sin tener su genio: *ibid.*

HURONES. Cf. *Castidad, Muerte*

HUSHANG. Antiguo rey medo, a quien se le atribuye el Gyavidan-Chrad, o tratado de la sabiduría eterna: 631[17]

HUSITAS. Vengan a su jefe entregado a las llamas, por la violación de las promesas imperiales: 187

HU-SU. Llamada la flor esperada, o la hija del Señor: 644[8]. Lo que le sucede en las riberas de un río: *ibid.* Trae al mundo a Fo-hi, al cabo de doce años: *ibid.*

HYMISGUIDA, relato cosmogónico sobre el gigante Ymer, entre los escandinavos: 862[51]

ÍCARO. Altares levantados a su perro: 202

IDA. Sobre este monte se coloca Júpiter para observar al tiempo a los troyanos y a los griegos: 327

IDAS, arma su arco contra Apolo: 329. Cf. también 679[104]

IDEAS INNATAS (que el sentimiento religioso no tiene nada que ver con el sistema de las): 548[6]

IDUNA, la diosa de las *Eddas* que rejuvence a los dioses: 367, 857[13]. Su sentido astronómico: 858[16]

IFURIN, región de los galos impenetrable a los rayos del sol: 383

IGDRASIL. Las vírgenes que nacen de la raíz de este árbol son el reino vegetal: 860[29]. Él es el primero de los árboles: 525

ILA, hija de Manu y mujer de Buda: 409

ILÍADA: 81. Los dioses de la *Ilíada*, lejos de ser los de los poetas romanos o de los líricos y trágicos griegos, no son ni siquiera los de la *Odisea*: *ibid*. Los dioses, totalmente egoístas en el politeísmo de la *Ilíada*: 86. Sus ficciones, comparadas con los relatos de los negros y de los kamchadales: 124. ¿Nos presenta la *Ilíada* la descripción fiel de la creencia de las edades que su autor quiso describir?: 310. Respuesta afirmativa: 312. Cf. también 203, 286, 310, 322, 323, 330, 343, 346, 347, 348, 351, 352, 367, 738[3], 755[15], 780[20]

ILIÓN. Eneas enciende el fuego en su templo: 812[20]

ILIRIOS. Cf. *Polifemo*

ILISO. Los atenienses construyen un templo a Boreas, diosa de los vientos, en las orillas de este río: 657[11], 657[6]

ILITÍA, hija de Juno: 755[15], 850[104]

IMPRECACIONES. Cf. *Maldiciones*

ÍNACO: 224, 682[124]

INCESTOS DE LOS DIOSES, relatados en la cosmogonía china: 644[7]. Los mismos incestos en los indios y en Etruria: 697[21]. Y en Egipto: 257. Incesto de Ady Sakty, para dar a luz a los tres dioses: 279. De Brahma y de Sarasvati, su hija: 281. Incesto de Omorca en los caldeos, para engendrar el mundo visible: 298. Incesto cosmogónico de Janus y de Camasena, en los etruscos: 299. Freya, mujer e hija de Odín: 304. Ceridwen, la necesidad, objeto del amor del Toro, su hijo, en los galos: 305

INCREDULIDAD. Aparece siempre cuando la forma religiosa ha durado cierto tiempo: 50. No es efecto del ascendiente o de la voluntad de algunos individuos: *ibid*. Fanatismo de incredulidad que la persecución origina: 51. Su combinación con el despotismo: 59-60. Que la opresión religiosa puede hacer incrédulos a los hombres más distinguidos: *ibid*. Lucha de su alma contra esta doctrina: *ibid*. Error de los incrédulos que creen que se puede extirpar cualquier sentimiento religioso: 63. La incredulidad era censurada en Francia, incluso por la opinión, bajo Luis XIV: 64. Los incrédulos del siglo XVIII, dignos de estima desde muchos puntos de vista: 65. Sublevados contra la religión por una indignación justa de las persecuciones religiosas: *ibid*. Crisis de incredulidad que siguen a la destrucción de las formas religiosas: 75. La incredulidad, el más imperdonable de los atentados, a los ojos del sacerdocio: 777[17]. La incredulidad dogmática, imposible para el conjunto de la especie humana: 533. Que no la confundimos con la duda: 534. Ésta no excluye el sentimiento religioso: *ibid*. Cf. también 40, 52, 55, 69, 70, 71, 73, 296, 316, 317, 333, 443, 447, 468, 469, 502, 533, 564[5], 699[26]

INDEPENDENCIA (que la), o el sometimiento al extranjero, modifica el poder sacerdotal: 159

INDIA: 25, 27. Su lengua sagrada: 122. Cf. *Lingam, Huli, Sacerdocio, Sol*. Relaciones de las fábulas indias con la astronomía: 650. Invocación de los elementos en el Gayurveda: *ibid*. Cf. *Teísmo, Castas*. Arraigo profundo de la división en castas: 145. Cf. *Clima*. Energía interior de los indios que, sin hacerlos capaces de actuar, los hace capaces de soportar todo: 162. Recurren a este medio contra sus enemigos, sus situaciones adversas y sus acreedores: 163. Y contra los dioses: *ibid*. Anécdotas recientes sobre esto: 624[8]. El suicidio, fácil para los indios: 163. Esta disposición, favorable al poder de los sacerdotes: *ibid*.

Dulzura de los indios, incluso en los sacrificios humanos: 164. Palabras que el sacrificador dirige a la víctima: *ibid*: 625[11]. Ritos que demuestran su rechazo a la efusión de la sangre: 680. Estos ritos, lo contrario de los de los pueblos del Norte: *ibid*. Cf. *Lucha del poder temporal contra el poder espiritual, Cutteries*. Consecuencias funestas de la religión india: 689[17]. Buchanan, sobre esta religión: *ibid*. La doctrina secreta de los sacerdotes indios contenía varios sistemas de metafísica: 241. Cf. *Doctrina secreta*. La misma combinación del politeísmo sacerdotal, aunque menos fácil de reconocer, en la religión india que en la egipcia: 260. Odio de los indios a los extranjeros: *ibid*. Dubois, sobre este odio: 705[1]. Los monumentos sobre la religión india no forman un conjunto: 260. Enumeración de estos monumentos: 705-706. Distinción sutil, pero falsa, que Heeren quiere establecer entre la religión y la mitología india, entre los Vedas, por una parte, y el *Ramayana* y el *Mahabarata*, por otra: 706[3]. Enumeración de epopeyas indias que no pertenecen a los libros sagrados: *ibid*. Carácter de los poemas sagrados de la India. Cuatro, o incluso cinco, revoluciones de la religión india: 262. Monumentos que las demuestran. Templos considerados como consagrados a los genios malos: *ibid*. Schlegel reconoce que ninguno de los libros de los indios actuales es conforme a la religión popular de ninguna época: 709[43]. Los elementos de la religión india no son los mismos que los de la egipcia: 266. Estos elementos, el fetichismo, la astronomía, las hipótesis metafísicas, las cosmogonías: *ibid*. El culto de los árboles, de los pájaros, de los cuadrúpedos, de las piedras, asociado al de los dioses superiores que residen en ellos: 267. Piedras de Vishnú, de Shiva: 709[35]. Adoración de una piedra negra en las grandes calamidades: 276, 709[35]. Toros indios marcados como los egipcios: 267. Adoración de la vaca en la India en 1808: 709[44]. La religión científica de los indios fundada en la astronomía y en la astrología: 268. Las hipótesis metafísicas, más sutiles en la India que en Egipto: 271. Fábulas populares favorables al politeísmo, narradas en el Bagavadam, junto a la doctrina del teísmo: 712[74]. La religión de la India, aunque semejante, en muchos aspectos, a todas las religiones sacerdotales, es superior desde más de un punto de vista: 284. Es más benévola, más abierta, más dulce, más accesible a la piedad: *ibid*. Dos causas de esta diferencia: 285. La primera, el clima: *ibid*. Cf. *Clima*. La segunda, las encarnaciones. Cf. *Encarnaciones*. Contradicciones de los indios en sus ideas sobre las encarnaciones. El dios encarnado se ignora a sí mismo: 292. Prolongación de estas ideas hasta nuestros días: *ibid*. Cf. *Sikh*. Aunque, en los relatos indios, el brahmanismo precede al shivaísmo, éste es, sin duda, más antiguo: 292. Resumen sobre la religión india, tal como la hicieron los brahmanes: 295. Colebrooke, sobre la legislación de los indios: 721[38]. Minuciosidad y multitud de preceptos religiosos: *ibid*. Carácter absurdo de los dogmas: 295. Definiciones ininteligibles de Dios en el Upnekat: 721[39]. Juicio del señor Jones, sobre los indios: 296. De Buchanan, sobre los brahmanes: 296. Preguntas fundamentales sobre la religión india: *ibid*. Su solución afirmativa: 297. Carácter de las ceremonias indias, a la vez delicadas y brillantes: 289. Fiestas de las serpientes y de las vacas en la India: 297. La inmortalidad del alma, una convicción absoluta para los indios: 380. El bien supremo consiste en una insensibilidad que equivale a la aniquilación: 772[5]

INDO: 231. Brahamines degradados por atravesarlo: 663[4]

INDRA. Cf. *Excomunión*. Algunas veces, escogido por los dioses como su jefe supremo: 779[3]. Su trono, construido con textos sacados de los Vedas: *ibid*. Ceremonias de su instalación, semejantes a la coronación de los reyes indios: *ibid*. Cf. también 265, 297, 368, 710[50], 779[3]

INDRATUYMEN. Su carro corría más que el rayo del cielo y la tierra: 623[6]. Cf. *Maldiciones*

INFIERNO (cuadro del), por Polignoto: 336-337, 831[9]

INGLATERRA: 58. Situación de las investigaciones religiosas en Inglaterra: 68-70. Comparten el dogmatismo y la incredulidad: 70

INDRID, como Haquin, soldado y augur: 519

INICIACIONES. La única ventaja que poseían los iniciados en las religiones sacerdotales: 488-489. La iniciación es una condición indispensable para la felicidad después de esta vida: 502. Su finalidad, según Epicteto: 503. Aristófanes, Esquines y Sófocles, sobre la felicidad de los iniciados: *ibid*. Sólo ellos podían esperar recompensas en otro mundo: *ibid*. Cuadro de Polignoto que representa a dos mujeres condenadas a un suplicio eterno, por no haber sido aceptadas en los misterios de Ceres: *ibid*. Que esta idea dio origen al axioma de que fuera de la Iglesia no hay salvación: *ibid*. Atenienses, que se creen obligados a la iniciación antes de morir: *ibid*. Muertos revestidos con los hábitos de iniciados: *ibid*. Representaciones dramáticas a las que se acudía, para grabar esta opinión más profundamente en las almas: *ibid*. Un iniciado, siempre un hombre justo en el lenguaje de los sacerdotes: *ibid*. Los filósofos se levantan con fuerza contra esta parte de los misterios: *ibid*. Palabras de Diógenes sobre su carácter absurdo: 504. Voltaire pone en verso la objeción de Diógenes: *ibid*. Por qué son importantes estos testimonios: *ibid*. Diferentes órdenes de iniciados: 508, 509. Eleusinas divididas en grandes y pequeños misterios: *ibid*. En estos últimos, casi todos los griegos estaban iniciados: *ibid*. En qué consistían: *ibid*. Contenían cinco grados: 853. Las iniciaciones a los grandes misterios se prodigaban menos, y no se comunicaban en una vez sola: 509. Los iniciados, más o menos instruidos según los grados que habían alcanzado: *ibid*. Ninguno se creía seguro de estarlo completamente: *ibid*. Por qué: *ibid*. Subdivisiones de los grandes y de los pequeños misterios: *ibid*. Diferencia de doctrina en cada una de estas subdivisiones: *ibid*. No destruían en absoluto, en el espíritu de los iniciados, el respeto y la confianza: *ibid*. Por qué: *ibid*. Pretexto que habían encontrado los sacerdotes para suspender la iniciación y prolongar las pruebas: 509. Comparaban la iniciación prematura con el suicidio: *ibid*. Sueño de Apuleyo: *ibid*. Vende sus vestidos para subvenir a los gastos de una iniciación: *ibid*. Que se consideró erróneamente las iniciaciones como un medio de riqueza para el sacerdocio: *ibid*. Lo que se debe admitir más bien en estas condiciones pecuniarias: *ibid*. Cf. también: 521, 589[1], 589[7]

INJURIAS (perdón de las). Cf. *Clima*

INOCENCIO XII. Su breve contra Fénelon: 549[3]

INSENSATOS (adoración de los), por los salvajes: 122. Supuestamente inspirados por algo divino, entre los turcos, los persas y los árabes: 591[22]. Cicerón atribuye esta opinión a Aristóteles: *ibid*. Niños epilépticos escogidos como alumnos por los sacerdotes: 591[23]

INTERÉS. Rol que desempeña en la formación de las religiones: 100. Rebaja la forma religiosa a su nivel: *ibid.* Intervención del interés en la noción del sacrificio: 102. La religión se convierte en un tráfico: *ibid.* Su manifestación sobre las nociones de una vida futura: 110. Su influencia sobre la idea de sacrificio: 125. Cf. también 33, 42, 53, 62, 82, 91, 100, 102, 103, 105, 106, 108, 109, 116, 118, 124, 165, 205, 206, 246, 249, 340, 345, 554[1], 637[12]

INTERÉS BIEN ENTENDIDO: 29. ¿Basta para la moral? *ibid.* Que, sin duda, la religión fue origen de tantos crímenes como el interés: *ibid.* Pero, al escuchar sólo el interés bien entendido, la especie humana abdica de sus más hermosas facultades: *ibid.* Mata tanto lo que es sublime como lo que es vicioso: 30. Afirmar que nos lleva a la virtud, para gozar de nuestra aprobación interior, es un juego de palabras: *ibid.* Lo que ha hecho el interés bien entendido desde hace treinta años: 31. Ha defendido el orden y traicionado la libertad: *ibid.* Degradado la inteligencia, al darle impulso: *ibid.* Rebajado las virtudes: 31-32. Cuán terrible en medio de las tormentas: 33. Sólo hace del hombre el más hábil de los animales: *ibid.* Gobernó el mundo dominado por el Bajo Imperio: 545-546. Cf. también 553[1]

ÍO, HIJA DE ÍNACO: 682[124]. Cf. *Anna Perenna*

IÓN, diálogo de Platón: 752[11]

IONG-LO, emperador chino: 189. Cf. *Carlos V*

IRENEO (san). Su carta al papa Víctor, para comprometerlo en la tolerancia: 550[11]

IRESCH. Así se llama Mitra degollado por sus hemanos: 429, 455

IROQUESES. Dan a sus hijos los mismos consejos que Sócrates a sus discípulos: 98. Creen en un dios malo: 99. Son tan inconsecuentes como los groenlandeses sobre la metempsícosis: 113. Atribuyen su civilización a los animales: 576[6]. Cf. *Manitú, Muerte, Castas*

ISAÍAS. Murió de un horrible suplicio por orden de Manasés: 639[19]

ISIACOS (sacerdotes de Isis). Su delirio: 52. Propercio ve, en estos misterios, solemnidades lúgubres: 686[8]

ISIS. Su capilla en Fócida: 667[26]. Anécdotas de Pausanias sobre esta capilla. Sus andanzas para encontrar el órgano regenerador de Osiris: 257. Sentido astronómico de Isis y de Osiris. Estas dos divinidades, fetiches al mismo tiempo: *ibid.* Cf. también 224, 253, 257, 845[53], 849[104]

ISIS FARIA, o navegadora, preside la navegación en Egipto: 663[4]

ISIS TITOREO. Su templo sólo se abría a los llamados por un sueño: 509

ISLEIF, primer obispo islandés: 862[54]

ISMENA: 464

ISÓCRATES: 421, 689[22]. *Panegírico de Atenas*: 856[7]

ÍSTMICOS, JUEGOS: 229

ÍTACA: 330, 347, 349, 477, 675[60]

ITAHASAS, colección de relatos o cantos mitológicos: 709[43]

ITALIA. Cf. *Clima*

IXIÓN, estaba atado a una rueda por haber violado a Juno: 745[24]

IZED. A este genio del planeta Venus se le llamaba Anahid en el Zend Avesta: 725[47]. Los Ized eran los días: 728[53]

IZESCHNÉ: 598[3], 779[8], 785[33, 35], 816[35]

JABLONSKY, *Pantheon Aegyptiorum*: 781[8], 784[29], 790[32], 794[21], 801[8]. Su sistema del teísmo egipcio, fundado en el trastocamiento de las ideas y de una serie de hechos: 259

JABMEL. Así llaman los lapones al Gran Espíritu: 579[25]

JACKAL, chacal, gato: 769[6]

JAHEL: 838[24]

JAHNU, se traga el Ganges, pero lo deja salir de nuevo por una incisión hecha en su muslo: 276, 715[106]

JAKUTOS: 112

JÁMBLICO. Citado por Lamennais: 567. Admiración que le inspiraba el misterio, lleno de oscuridad, en el que se sumergían los sacerdotes egipcios: 156. Cf. también 566[2], 612[19], 619[82, 88], 704[53], 768[17], 839[2]

JANO. Lo que era para los etruscos: 299. Cf. *Etruria*

JAPONESES, están en el mismo estado religioso que los chinos: 649[21]

JASIÓN. En los misterios ideos es un dios; en los de Samotracia, un sacerdote: 843[3]. Júpiter fulmina a Jasión por haber contraído con Ceres un himeneo ambicioso: 347

JAYADEVA. Su himno, dedicado a las encarnaciones de Vishnú: 799[99]. Se puede llamar el Cantar de los cantares de los indios: 804[24]. Aún hoy, después de dos mil años, este poema es objeto de una fiesta religiosa: 805[24]

JEHÚ. Una revolución sacerdotal: 176. Alabado por Dios por haber dado muerte a los sacerdotes de Baal: 642[20]. Cf. también 643[28]

JENÓFANES. Su panteísmo: 567[2], 602[18]. Cómo lo cita Lamennais: 567[2]

JENOFONTE. Sigue, en su comportamiento, a los oráculos: 87. Invita a todos los adivinos que se encontraban en su ejército a asistir a los sacrificios: 655. Escribió su *Historia griega* unos cien años después de Heródoto: 414. Sus opiniones sobre los dioses: *ibid.* Los considera protectores de la moral: *ibid.* Ejemplos que da de ello: *ibid.* Era, de todos los hombres, el más sumiso a los dogmas y a las prácticas de la religión de su país: 456. Cf. también 301, 398, 732[10], 740[51]

JERJES: 369, 374, 613[27], 657[11]

JEROGLÍFICOS. Cf. *Egipto*. Cómo los jeroglíficos introducen fábulas en la religión: 258. Cf. también 618[75], 673[52], 750[2]

JEZABEL: 176

JOAD, el gran sacerdote. Manda matar a Atalía: 176. Joás, colocado por él en el trono, lo acusa de dilapidación, y hace lapidar a su hijo Zacarías: 639[19]

JOAQUÍN. Castiga a Urías con el último suplicio: 176

JOÁS. Cf. *Joad*. Retorna al culto de los ídolos: 639[19]. Es asesinado por los sacerdotes: 176

JONADAB: 643[28]

JONES (el caballero). Su dilema sobre el Génesis: 561[6]. Cf. también 157, 296, 716[122], 717[130], 741[22]

JÓNICOS. Cf. *Griegos*

JORÁN, retorno al culto de los dioses extranjeros: 639[19]

JORMUNGANDR. La serpiente escandinava, que mezcla su veneno con el agua primitiva: 304

JOSÉ II. Mal causado por sus reformas intempestivas: 77

JUVENAL, sobre las supersticiones romanas: 550[6]. Cf. también 63, 495, 550[7]
JUVENALES, fiestas de la juventud: 84. Instituidas por Nerón el día en que se cortó la barba: *ibid.* Court de Gébelin las considera únicamente la representación del cambio de las estaciones: 569[15]

KABANDHA. En el *Ramayana*, es muerto por Rama, quien lo quema en una hoguera: 799[92]
KAILASA. Sobre este monte descansa Shiva, el benefactor: 278. Ahí nacio Kumasi, la virgen divina: 404
KAIOMORTS, el primer hombre, goza del atributo de los dos sexos: 300, 789[9]
KALIYUGA, época de corrupción e impiedad: 426
KALI. Esta joven permaneció virgen después de haber dado a luz: 261. En su culto van unidos los sacrificios humanos, los goces ilícitos y los cantos obscenos: 423. Cf. también 278, 363, 766[51], 807[10]
KALIKA PURANA. Preceptos y ritos de sangre. Las esculturas de Elefanta cerca de Bombay recuerdan esta imagen: 414, 417. Presagios que los sacerdotes sacaban de los signos o convulsiones de las víctimas: 798[86, 92]. Cf. también 725[22]
KAMADUK. Krishna es el alma del cuerpo contenida en todos los seres. Entre los animales, es la vaca Kamaduk: 275
KAMBARTA. Junto a Drona, es la nube que proporciona las lluvias fecundas: 784[22]
KAMCHADALES. Adoradores de los perros, a los que entregan sus muertos: 96. Sus diosas, como los ídolos de todas las tribus fetichistas, imitan las costumbres de los hombres: 104. Perversidad caprichosa: 125. Cf. *Fetichismo, Kutko.* También aparece en sus fábulas una mezcla de voluptuosidad y amor sensual: 622[1]. Cf. también *Sacerdocio, Clima,* y 593[17], 863[36]
KAMCHATKA. Sus hordas fetichistas, entre las más rudimentarias de todas: 597[1]
KAOSALYA. En su seno quiere encarnarse Vishnú: 286
KAOTZE, quiso que se remplazara la inmolación de animales por pequeñas imágenes: 799[98]
KASYAPA. Los aditias de la India son hijos de esta divinidad, que representa el espacio infinito: 282
KEFRÉN. Persigue al sacerdocio: 626[2]. No se atreve a ser enterrado en la pirámide que había hecho construir: *ibid.*
KEOPS. Hace construir las mayores pirámides: 681[7]. No se atreve a ser enterrado en ellas: *ibid.*
KERIAN, el destructor, apodo dado a Alfadur: 764[3]
KHANDIKA o Kali. En la India es llamada la diosa de los dientes terribles: 363
KI. En el panteísmo chino, representa a la fuerza pasiva, junto a Li, la fuerza activa: 696[10]
KIKOF. En esta ciudad, provincia de Behac, vivía Sougar, filósofo ateo: 699[26]
KILIN, animal fabuloso de los chinos: 645[10]. Anuncia los grandes bienes y los grandes males: *ibid.* Su aparición en las orillas de un lago, bajo el reinado de Yao: *ibid.* Terrible diluvio que origina: *ibid.* Anuncia a la madre de Confucio la gloria de su hijo: *ibid.*
KIMUR. En esta montaña descansaron Rama y su fiel esposa: 366
KINÓPOLIS. En esta ciudad tenía Anubis su templo, dedicado a los perros: 694[13]

KITRARA, jefe de los coros celestes, con el que aquí se identifica Krishna, es uno de los enemigos de Arjuna: 715[99]

KNOCKERS, genios que trabajan en las minas y en cuya existencia aún siguen creyendo los irlandeses: 577[11]

KOES. Sacerdote así llamado para indicar que su función era la de escuchar: 852[110]

KOLPO. Se supone que en él moran Brahma, Vishnú y Shiva: 267

KOREICHITAS. En Arabia, esta tribu sacrificaba mujeres jóvenes a su divinidad, Alura: 414

KORHOLT. Justifica contra los paganos, en su *Paganus obtrectator*, el amor a la libertad de los primeros seguidores del cristianismo: 558

KORIAK. Plegaria que dirige a su ídolo: 105

KRIEMHILD. Su rapto por un monstruo, en los *Nibelungos,* presenta a la mujer principio de todos los males humanos: 397

KRISHNA. Revela verdades ya anunciadas a los hombres, pero olvidadas. Antigüedad avalada por todos los reformadores: 82. Cuando abre su boca bermeja, muestra todas las maravillas del universo: 161. Su tolerancia: 164. Su identidad con Apolo: 671[38]. Cf. *Apolo.* Descripción de Krishna por Arjuna: 248. Cf. *Arjuna.* Se define a sí mismo: 249, 274. Libra las almas de las mujeres del anatema que pesaba sobre ellas: 262. Discurso que dirige a su discípulo Arjuna: 707[14]. Es la octava o la decimoséptima encarnación de Vishnú: 263. En su infancia hurtaba a las ninfas la leche de sus rebaños: 276. Su historia totalmente astronómica: 268. Sus esfuerzos contra las prácticas licenciosas: 292. Cf. también 247, 248, 262, 263, 276, 282, 423, 428, 671[38], 707[14], 714[93]

KSHATRYAS. Cf. *Cutteries*

KUBO. Cf. *Dairi*

KUMARIL-BHATTA. Perseguidor de los budistas: 164. Cf. *Clima*

KUMASI, en los Puranas, la virgen divina: 404

KUTKO, dios perverso de los kamchadales: 125

LA ETIÓPIDA O LA MUERTE DE MEMNÓN, el canto de Arctino de Mileto: 734[19]

LA FLORIDA DEL INCA, de Garcilaso de la Vega: 599[2]

LAMENNAIS. Niega erróneamente la existencia del sentimiento religioso antes del cristianismo: 548[2]-549[2]. Refutación de su sistema de autoridad: 551-552. Y de sus afirmaciones contra el sentimiento religioso: *ibid.* Sobre los judíos: 559-560. Se indigna de que se honre la memoria de Sócrates, de Aristóteles o de Catón: *ibid.* Cita, sin discreción ni miramiento, a autores de todas las épocas: 567[2]

LA METTRIE: 71. Audaz por orden, impío por culto al poder: *ibid.*

LABAT (el padre). Sus enseñanzas sobre los negros: 579[20]. Sutilezas que les atribuye cuando adoran a una serpiente: *ibid.*

LABDÁCIDAS (familia de los), de origen real, con más influencia política que religiosa: 667[22]

LABEÓN, tradujo al latín los seis libros de Tagés sobre la adivinación: 822[93]

LABRADOR (pueblos del). Cf. *Clima*

LACTANCIO. Citado por Lamennais: 567. Cf. también 780[3], 796[51], 814[31], 841[10]

LAKMI: mujer de Vishnú: 704[48]. Cf. también 297, 709[35]

LAMPRIDE, *Commodo*. Sacrificios sin efusión de sangre: 493. Cf. también 842[6]

LANUVIO, JUNO DE, lleva cuernos y una piel de cabra: 431, 817[47]

LAOCOONTE, intenta obtener la confianza del pueblo: 352. Elegido sacerdote de Neptuno: 651[10]

LAÓGONO, posee el don de profetizar: 194

LAOMEDONTE, amenaza a Febo y a Neptuno con desterrarlos a una isla lejana: 329

LAPONES: 105-111. Esperan en el otro mundo una especie mejor de renos: 113. Llaman a sus sacerdotes *noaids*: 119. Piedras, que adoran, que tienen una forma parecida a la del hombre: 576[5]. Cf. también 579[25], 593[17], *Noaids, Sacerdocio, Castas*

LARCHER, *Notes sur Hérodote*: 613[29], 618[75], 637[15], 741[99], 791[23]

LARES, ante su madre, Larunda, se degollaba a los niños: 814[31]

LARUNDA, la madre de los Lares: 814[31]. Junius Brutus sustituyó por cabezas de adormidera a los hijos inmolados a ella: 436

LARUNDA MANIA. En Etruria, conducía a sus pálidos súbditos por entre los vivos, tres veces al año: 385

LATINO, padre de Rómulo, según Niebhur, y nombre genérico de los pueblos del Lacio: 818[53]

LATONA. En su origen, quizá una divinidad egipcia: 216. La estrella del atardecer en la mitología astronómica: *ibid*. Cf. también 324, 671[41], 672[46], 682[123]

LATÓPOLIS. Latona poseía en este lugar un oráculo muy frecuentado: 641[41]

LAVINIA. Sus Penates son pequeños caduceos: 431. Durante las fiestas de Baco, se paseaba diariamente, con gran pompa, un príapo de higuera: 815[33]

LAYO. Tenía libertad para tener hijos, pero, en caso afirmativo, este hijo debía ser parricida: 331, 333

LECLERC DE SEPTCHÊNES. Cita muchos autores indistintamente y sin preocuparse de su datación: 567

LEDA, la amante de Júpiter olímpico: 223, 677[107]. Cf. *Cabiros*

LEMNOS. Camino por el que llegaron a Grecia las religiones sacerdotales: 211. Júpiter arroja a Vulcano a esta isla, donde lo acogen los sintios salvajes: 679[95], 753[15]. Cf. también 323, 658[21], 668[12]

LENGUAJE. Sólo debe buscarse en la naturaleza del hombre: 44. El lenguaje del valor y de la conciencia: 58. La religión, en boca de Bossuet, hablaba un lenguaje digno y noble: 64. Su ausencia en los animales los hace enigmáticos: 95, 270. En la antigua Asiria, Mahbad es el primer rey, el inventor del primer lenguaje: 148. Lenguaje y ritos simbólicos entre los griegos: 613. El Dios supremo confió a Brahma la ley divina en un lenguaje celeste: 260. Krishna es un ser misterioso, un lenguaje sagrado: 282. Cf. también 283, 286, 310, 312, 318, 323, 375, 460, 467, 485, 503, 548, 570[19], 598[5]. El zumbido sordo y continuo de la abeja representaba el lenguaje secreto de la divinidad: 674[52]

LEÓN X. Su inflexibilidad trajo la Reforma: 77

LEÓN XII: 27. Que ningún soberano de nuestros días querría ver, en manos de León XII, los anatemas que Gregorio VII lanzaba contra los tronos: *ibid*.

LEONIDAS, los. Proveían a los sacerdotes inferiores: 653[33]

LIDIOS. Junto con los babilonios y los medos, se repartieron Asia: 171

LINGAM (danzas de las indias delante del): 553. Se encuentra por todas partes: 409. Tres formas que tomó el culto del Lingam entre los indios. Adoración del Lingam, arraigada de tal modo en la India que los misioneros se ven obligados a permitir a las mujeres convertidas a conservar su imagen: *ibid*. Esta adoración no contenía en su origen ninguna idea de indecencia: 409-410. Relato de los brahmanes de la pagoda de Perwattum: 410. Este culto, rechazado por los pueblos independientes de los sacerdotes: *ibid*. No se admitió nunca en la religión pública de los griegos: *ibid*. Otra cosa distinta ocurrió en los misterios: *ibid*. Cf. también 221, 265, 290, 295, 408-410, 417, 553, 789-791

LÍRICOS (poetas), escribían en una época de la religión más avanzada que la época homérica: 316. Modificaban las tradiciones religiosas: *ibid*.

LISIAS, *Contra Andócides*: 841[22], 853[3]

LITES o LETOS, esclavos a quienes los romanos daban la libertad: 771[32]

LIVENT-SONG. Este emperador murió, en el siglo XI, como consecuencia de la poción de inmortalidad: 649[20]

LIVONIOS. Su dios principal, un pájaro que es al mismo tiempo el dios del día: 302

LOANGO (negros de): 105. Sus ídolos de arcilla, de piedra, de madera o de tela y con forma humana: *ibid*. Cf. *Insensatos*

LOCHLIN. Con este nombre aparece Escandinavia, según los poemas de Ossian: 765[6]

LODA. Cf. *Lochlin*

LOEVINO, afirma que el sexo de Afrodita es incierto: 789[3]

LÓGICA. Lo que exige al hombre en sus nociones religiosas: 99-100. Sugiere al hombre salvaje la idea de dioses buenos y de dioses malos. Cf. *Dualismo*. Su impotencia en el momento en que sale de su esfera: 563-564. Su ascendiente sobre las nociones religiosas del hombre: 329. Ascendiente de la lógica sobre los sacerdotes: 370. Cf. también 50, 99, 178, 185, 247, 335, 370, 553, 696[7]

LOKASENNA. Es la cuarta parte de las *Eddas*: 526. Es el banquete en el que Loki consulta a los dioses enojados por haber dado muerte a Balder: 527. Cf. también 766[40], 862[50]

LOKFAFNISMAL o canto de la sabiduría: 526

LOKI, dios del mal, divinidad hermafrodita de los escandinavos: 859[17]. Es el padre de Hela, de la serpiente Mitgard y del lobo Fenris, y la madre de Sleipner: *ibid*. Cf. también *Lokasenna*: 783[15]

LOS TRABAJOS Y LOS DÍAS. Su composición: 314. Contenido: 445, 824[1]. Obra agronómica: 825

LUCHA entre el cristianismo naciente y el politeísmo en su decadencia: 61-62. Del poder político y militar contra el poder sacerdotal: 170-190. Cf. *Sacerdocio, Cutteries, India, Egipto, Persia, Hebreos*

LUCIANO. Y Voltaire: 50. El incrédulo: 567. *Asamblea de los dioses*: 745[23]. Cf. también 749, 774, 790. Cómo lo cita Lamennais: 567

LUCRECIO: 44. Proclama la mortalidad del alma: *ibid*.

LUCUMÓN. Casta de Etruria, que tenía este nombre genérico, que significaba inspirado o poseído: 810[2]

LUIS DE DÉBONNAIRE. Hace penitencia a los pies de un legado: 187

LUIS IX: 50
LUIS XI: 47. Reúne, en su lecho de muerte, las reliquias de toda la tierra: 104.
Cf. *Fetichismo*. Esperaba corromper a Nuestra Señora de Cléry, pero nunca se dirigía a Dios mismo: *ibid.*, 582[37], 588[3]
LUIS XIV, preparó Francia a la irreligión por su austeridad y la hipocresía de su corte: 63, 65-68. Sus persecuciones hicieron mucho daño: 77
LUISIANA (los salvajes de), no creen que uno pueda vivir sin alimentos en el otro mundo: 110
LUI-TZU, madre de Chao-Hao, queda embarazada al contemplar una estrella: 644[8]
LUPERCALES. Fiestas de Roma, en las que jóvenes desnudos golpeaban, con correas de piel de cabra, a las mujeres que se colocaban delante: 437
LUTERO. Sólo quería reformar los abusos de la Iglesia romana, y no separarse de ella: 77. Cf. también 692[22]
LYDO, *De mensibus*: 845[40]. Dice que, en los misterios de Hércules, los sacerdotes usaban vestidos de mujeres: 846[43]

MACERACIONES. Cf. *Dolor (santidad del)*
MACPHERSON, reunió canciones dispersas con el nombre del hijo de Fingal: 355
MADITIHI, uno de los comentarios de Menu, citado por Colebrooke: 710[53]
MADURAI. Cf. el Sama Veda, obra apócrifa, compuesta probablemente por un misionero jesuita, fundador de esta misión: 719[15]
MAGADHA (reyes de). Proscritos por los brahmanes por haber permitido que los letrados de su corte divulgaran la ciencia entre el pueblo: 270. Cf. también 628[3]
MAGADUTA. Epopeya de Calidasa: 706[3]
MAGIA, hechiceros, rivales de los sacerdotes y de los juglares: 119-120. No es más que la religión reducida a las ideas que el interés sugiere al hombre: *ibid.* Persecución de los hechiceros por los sacerdotes: 121. Los ministros de los cultos venidos a menos, siempre proscritos como hechiceros: *ibid.* Desempeñan entre los salvajes las mismas funciones que los juglares: 121. Los salvajes confunden a los hechiceros y a los sacerdotes: *ibid.* Hechiceros castigados con la muerte por los salvajes indios o negros: 121. Anegados en el reino de Issini: 589[6]. La magia, atribuida a las mujeres: 590[9]. Cf. también 189, 262, 326, 327, 527, 546, 590[7], 648[17], 782[8]
MAGOS: 28. Cf. *Persas*. Amenazados o proscritos con frecuencia por los reyes, pero siempre poderosos: 142. Llevan sus costumbres a Arabia, cuando se refugian en ese país: 144. Cf. *Castas*. Estaban encargados de todas las ofrendas, de todas las invocaciones y de la consagración de todas las víctimas: 151. Cf. *Excomunión*. Los únicos responsables de la educación en Persia: 156. Resistencia que los persas oponían a los magos. Ciro les conserva su dignidad, pero no su poder: 173. Según Jenofonte, Ciro los introduce por vez primera en el imperio que había fundado: *ibid.* Esfuerzos de los magos por reconquistar su antiguo poder: *ibid.* La usurpación del falso Esmerdis, una de sus tentativas: *ibid.* Otras manifestaciones de esta lucha bajo el gobierno de Darío: *ibid.* Masacres de los magos: *ibid.* Suplicios de varios de ellos, bajo Cambises y Darío: *ibid.* Su doc-

trina secreta contenía varios sistemas diferentes e incluso opuestos: 241. Cf. *Doctrina secreta.* Utilizaban en sus misterios, según afirma Porfirio, el nombre de algún animal: 724[34]. Cf. también 488, 518, 564[5]

MAHA PADNIA, una de las siete serpientes que dominan a todas las demás; ésta es amiga del hombre: 784[22]

MAHABAD, el primer legislador, el primer rey de la antigua Asiria: 148. Cf. *Lenguaje*

MAHABALIPURAM: su rey es Malecheren: esta ciudad esplendorosa fue sumergida por los dioses, pues rivalizaba con su mansión celeste: 369. Cf. también 788[5], 813[30]

MAHABARATA. Gran poema épico de los indios, creado por Vyasa: 261. Claridad de la doctrina panteísta: 277. Doctrina de la encarnación del principio divino: 402. Expresa la religión del pueblo: 706[3]. Descripción del brebaje de la inmortalidad: 715[101]. Sus puntos de semejanza con la *Odisea*: 288

MAHACAL, representación del tiempo que produce y destruye todo: 797[76]

MAHADEVA o SHIVA, el dios de la destrucción en la religión india: 279

MAHAMAYA, bella mujer del rajá Sutah, monarca de Ceilán: 264. Mujer pérfida, al tiempo está adornada con los encantos más seductores: 401

MAHAN ATMA. Sólo existe este dios, la gran alma: 787[12]

MAHOMA, el sol, según Dupuis: 85. Regenera a los árabes: 547. Cf. *Árabes.* No quiere sacerdotes: 558[2]. Y las mujeres: 547[5]. Cf. también 603[8, 9, 10], 631, 770

MAHONY. Este capitán afirma que el término Buda significa, en lengua pali y en la de Ceilán, conocimiento o santidad universal: 708[27]

MAIMÓNIDES. Grandes semejanzas entre las costumbres de los hebreos y las de los egipcios: 637[15]. Cf. también 787[13]

MALABAR (los hindúes del). Utilizan su fetiche como testigo en los momentos solemnes: 114. Cf. *Juramento.* Rechazan el Neadirsen: 262. Subsiste aún el fetichismo entre ellos; eligen como fetiche el primer objeto que encuentran: 267. Descripción de esta costa: 607[29]

MALDICIONES. Su poder entre los indios: 171. Indratuymen, transformado en elefante por las maldiciones de un ermitaño: 623[6]. Devendren expulsado del cielo por las de otro: *ibid.* Maldiciones recíprocas de Shiva y de Daksa que se cumplen: *ibid.* Cf. *Dioses*

MALLET. Sobre el teísmo de los escandinavos: 587[1]. Cf. también 614[34], 729[58], 757[19], 765, 767, 770, 774[11], 857[3], 859[8], 862[50], 862[54]

MANA, piedra informe, ídolo de los árabes: 603[9]. O la luna: 729[59]

MANASÉS, restablece el culto de los ídolos con todos sus honores: 639[19]

MANCHAS e IMPUREZAS. Climas y profesiones que sugieren esta idea: 147. Cf. *Castas*

MANDARINES (desprecio de los) por los bonzos: 645[13]. Los expulsan de sus pagodas cuando quieren albergar en ellas a toda su corte: *ibid.* Opinión errónea de Voltaire sobre esto: 643[14]. Ejercen impunemente sobre sus inferiores la más caprichosa arbitrariedad: *ibid.*

MANDELOT, gobernador de Lyón, alabado por Calipuli por la destreza con que dio muerte a veinte mil hugonotes: 642[27]

MANITÚ, prototipo de los salvajes de América: 97, 105. Gran Manitú de la tierra, entre los delawares: 105. Los iroqueses llaman así a sus fetiches: 578[16].

Anubis, el Manitú prototipo de los perros, se convierte, en la religión astronómica, en el horizonte: 702[27]

MANNUS, padre de los tres hijos a quien los germanos atribuyen su origen: 565[6]. Cf. *Tuesto*

MANTINEA. El río que transcurre cerca de esta ciudad se llama Ofis; una serpiente sirvió de guía a sus habitantes en la búsqueda de una patria: 226

MANTÓ, hija de Tiresias; de ella procedía Mopso: 196

MANTRAS. Atraen a los inmortales sobre sus vidas: 373. Plegarias o fórmulas consagradas que tienen la virtud de encadenar a los dioses, y que les imponen una obediencia de la que no pueden librarse: 705[3], 767[9]. Opiniones de los indios sobre esto: *ibid.* Las de los cristianos de la Edad Media sobre la eficacia de la oración, poco diferentes: *ibid.* Cf. también 623[4], 715[118], 767[9]

MANTUS, personificación de la muerte en la doctrina sacerdotal: 813[27]

MARATÓN: 101, 222. Antes de la batalla que lleva su nombre, los atenienses instituyeron el culto de Pan: *ibid.* Esquilo, que había luchado en esta ciudad, proclama en sus versos el amor por la libertad: 460. Calias, daduco de las Eleusinas, luchó también revestido con las insignias sagradas: 654[40]

MARÍA de Inglaterra: 68. Gracias a sus crueldades, el protestantismo se identificó con la constitución que fue, durante mucho tiempo, el orgullo de Inglaterra: *ibid.*

MARÍA egipciaca. Sus leyendas, una reminiscencia de las aventuras de Isis: 802[4]

MARIANAS (habitantes de las islas). No vinculan la felicidad y la desgracia de la otra vida a castigos o recompensas: 111

MARÓN, sacerdote de Apolo, vivía con su familia en un bosque consagrado a este dios: 653[34]

MARSELLESES. Mostraban su alegría en los funerales, y lloraban en los nacimientos: 686[4]

MARTE. Sus amores con Venus, alegorías físicas sin relación con el culto público: 86. El Marte de Fenicia, tipo del Ares de Homero. Nace sólo de Juno, que había respirado el perfume de una flor: 680[113]. Es una idea india. Ovidio recuerda esta tradición: *ibid.* Sus modificaciones griegas: 223-224. Cf. también 56, 327, 328, 329, 351, 445, 587[1], 680[113, 115], 739[41], 755[15], 811[12], 814[31]

MARTÍCORAS (el), está compuesto del león, del escorpión y del hombre. Este símbolo se vuelve a encontrar en las ruinas de Persépolis: 724[26]

MASFAT (victoria de), lograda por Samuel sobre los filisteos: 186. Causa de la elevación de Samuel: 634[13]

MASSILLON: 28 Sus lecciones a los monarcas: *ibid.*

MATAMBA (mujeres negras de): 114. Se sumergen en el mar para ahogar el alma de sus maridos que podrían ensañarse con ellas: *ibid.*

MATIENA o TIORA. En esta antigua ciudad de los aborígenes, había un oráculo de Marte muy antiguo: 811[12]

MÁXIMO DE TIRO. El mal no puede provenir del cielo, donde no existen naturalezas perversas: 397. Citado por Lamennais: 567[2]

MAYA india, diosa de la ilusión. Se halla en el Vanaheim de los escandinavos: 304. Hermes nace de la unión de Júpiter con Maya, cuyos nombres nos recuerda la diosa de la India: 219. La embustera, el deseo de Brahma, el amor eterno: 279. Cf. también 304, 498

MEDAD. Cf. *Eldad*

MEDEA. En las fábulas griegas, resucita a Esón cociéndolo en una caldera: 418. Expiada por Circe: 747[10]

MEDEA. Obra maestra: 466. Cf. también 832[4], 833[29]

MEDIADORES (dioses). Se hallan en todos los pueblos sometidos a los sacerdotes: 403. Fo-Hi, dios mediador en China: *ibid*. Mitra, en Persia: *ibid* Diferentes autores sobre este tema: 404. Encarnaciones de un dios mediador entre los indios: *ibid*. Thor, considerado algunas veces un mediador en la religión de los escandinavos: *ibid*. Politeísmo griego, que no admite dioses mediadores propiamente dichos: *ibid*. Hércules, sin embargo, en la tragedia de Prometeo, una especie de dios mediador: *ibid*. Pero esta tradición, tomada de fuentes extranjeras: *ibid*. Cf. también 722[46]

MEDIODÍA (climas del). Cf. *Clima*

MEDUSA. Minerva lleva sobre su égida la cabeza de esta diosa: 416. Da a luz a Equidna, virgen de admirable belleza: 446

MEINERS. Ve el fetichismo en todas partes, y en la religión, la parte más grosera: 575[32]. Sistema ingenioso sobre el origen de las castas: 604[8]. Funciones de los sacerdotes egipcios: 611[4]. Sobre cualquier clase de adivinación, los antiguos confiaban sobre todo en los sueños: 770[17]. Cf. también 586[25], 597[5], 604[8], 605[8], 610[6], 617[57], 619[86], 630[17], 638[19], 659[25], 774[13], 775[5], 802[2], 805[4]

MELAMPO. A la vez sacerdote y médico: 617[67], 845[39]. Cf. *Sacerdocio*

MELKARTH. Cf. *Baal*

MENANDRO. Antiguo poeta cómico: 723[11]. Hereje o mago, del siglo I, forzaba a los genios creadores del mundo: 767[9]

MENDES, en Egipto, la semana, el mundo y la fuerza productiva: 701[7]. El macho cabrío: 252, 254

MENELAO: 323, 325, 338, 351, 416, 467, 471, 478, 740, 753

MENES, primer rey de Egipto: 629[7]. Cf. *Progresión*, *Egipto*

MENFIS: 25. (Danzas impúdicas de las mujeres de): 127, 229. Cf. también 127, 204, 230, 231, 574[23], 618[74]

MENU. Segundo redactor de los Vedas: 261. Despotismo y sacerdocio, apoyo mutuo: 296. Sus leyes sancionan la proscripción de los parias: 607[32], 611[14]. Su código no pudo ser obra de un solo hombre, ni de un solo siglo: 261. Cf. también 628, 689, 710, 711

MERCURIO egipcio. Diálogo que se le atribuye falsamente: 82. Cf. *Anubis*. No es, en Homero, el conductor de las almas: 574[25]. Multitud prodigiosa de obras que se le atribuyen: 619[82]. Varias, reservadas a las clases superiores: 157. La división de sus libros, semejante a la de los Vedas: 619[83]. Cf. *Thot*, *Hermes*. El atributo de protector del comercio dado a Hércules por los griegos procedía de los consejos dados por los sacerdotes egipcios a las caravanas; pero, en Grecia, esta función se convirtió en objeto de burla: 218-219. Origen rebuscado que Dupuis asigna a esta atribución: 675[62]. Sus libros: 694[2]. Mercurio fenicio recuerda, por el color blanco de uno de sus brazos y el negro del otro, la sucesión de los días y de las noches: 763[19]

MEROE. Sus sacerdotes desposeían a los reyes de su corona o los asesinaban: 28, 171. Etiopía, célebre por el poder absoluto de estos sacerdotes: 142. Sus colegios, situados en los oasis dispersos por sus desiertos arenosos: 168. Se elegía al rey de entre la casta sagrada: 169, 613[29]. Cf. *Etiopía, Ergámenes*. Enviaban colonias que hacían triunfar, de grado o por fuerza, el culto de sus dioses en los nuevos asentamientos: 596[5], 701[10]

MERU. La montaña santa de los indios: 275, 714[96], 764[4]

MESCHIA y Meschiane: fábula obscena de los persas: 300, 729[53]

MESCHIANE. Cf. *Meschia*

MESENIA: 311, 652[10], 743[9]

MESÍAS. Cf. *Adán*

MESITES, así llaman los persas a Mitra: 786[2]

MESOMEDES: 444, 888[21, 22]

METELA: 864[3]

METEMPSÍCOSIS. Parece inconciliable con otra vida parecida a ésta: 113, 386. Es una idea bastante natural: 113. Es rápidamente abandonada, o es separada de todas las consecuencias que se derivan de ella: *ibid.* Cf. *Groenlandés, Iroqués*. Que no la encontramos ni en el culto público de los griegos, ni en el de los romanos, aunque haya penetrado en sus sistemas filosóficos y en sus misterios: 386. Pero se utilizó siempre de la manera más positiva en todas las religiones sacerdotales: *ibid.* Se combina, no sólo con abstracciones metafísicas, sino también con cálculos de astronomía: *ibid.* Vedas que asignan este universo como purgatorio a las almas que desconocieron su origen celeste: *ibid.* Opinión de los cingaleses semejante a las que se contienen en los Vedas: *ibid.* Cómo la ayudan los climas del Mediodía: *ibid.* Transplantada probablemente al Norte por las colonias: 386. Se conservó en todos los sitios: *ibid.* Por qué: *ibid.* Había penetrado en la religión de los galos, de los persas, de los getas, y no siempre fue ajena a la mitología de los hebreos: *ibid.* Pasaje de Josefo que así lo indica: 778[8]. Era para ellos la recompensa de los buenos, en lugar de ser el castigo de los malos: 386. Que la prolongación de este dogma junto a los dogmas que hubieran debido excluirlo confirma lo que dijimos en otro lugar sobre la doble doctrina de los sacerdotes: *ibid.* Combinación de la metempsícosis con un mundo subterráneo, por los sacerdotes de Egipto. Sistema, a la vez metafísico y científico: *ibid.* Que Virgilio llevó esta combinación a su *Eneida*: 778[9]. Los primeros Padres de la Iglesia la tomaron de la doctrina egipcia: 778[9]. San Agustín perfeccionó esta doctrina: *ibid.* Respuesta a las objeciones del señor de Paw sobre la metempsícosis en la religión india: 778[10]. Que la multitud creía alternativamente en la metempsícosis y en el Amenthes, sin darse cuenta de la oposición de las dos opiniones: 387. Cf. también 252, 402, 496, 523, 542, 662[25], 678[85], 713[85], 777

METROPATOR. Nombre dado a Júpiter por su cualidad de hermafrodita, o por su doble fuerza creadora: 682[122]

MEURSIUS: 792[2], 796[57], 840[1]

MÉXICO, MEXICANOS. Cf. *Vitzli-Putzli*. Sus sacrificios humanos: 413, 553, 556. Su adoración del sol; el poder sin límites de sus sacerdotes: 142. Culto de los elementos en México: 601[16]-602[16]. Tumbas de los reyes, que eran al tiempo observatorios: 602[16]. Astrología cultivada por los reyes: *ibid.* Gran número de sacerdotes mexicanos: *ibid.* Su jerarquía: *ibid.* Sacerdocio hereditario entre los mexicanos: 150. Cf. *Migraciones*. Comían las víctimas humanas que inmolaban: 792-793. Sus diosas Centéotl y Huirturhaal: 793[6]. Su Texcat-Zucat, dios del vino: *ibid.* Cf. también 79, 169, 170, 420, 421, 610[6], 612[2]

MEXITLI, nació de una joven ajena al himeneo: 428

MEZENCIO, rey de Etruria. Lo que se cuenta de este príncipe indica una lucha entre la realeza y el sacerdocio: 171, 810[2]

MIAOTSE, pueblos sometidos por el emperador Kien-long: 648[18]. Descripción del suplicio de sus príncipes: *ibid.*

MICÁ, toma un levita a su servicio, para incensar a los dioses extranjeros: 639[19]

MICERINO, rey de Egipto: 481

MIGRACIONES. Su efecto sobre el poder sacerdotal: 159. Lo debilitaron en Grecia y, probablemente, en México: 169. Las colonias sacerdotales de Etiopía no establecieron el poder de los sacerdotes en Egipto de forma tan completa como en su país: *ibid.* La migración judía tuvo un efecto contrario: 169-170. Cf. también 227, 498, 517, 627

MILAGROS. Deben dejarse de lado, dicen los teólogos innovadores de Alemania: 561[7]. Cf. *Alemania protestante*, y 62, 270, 282

MINERVA. Cf. *Calímaco*. Sus elementos sacerdotales, modificados por el espíritu griego: 215-216. Confundida con Onga, divinidad fenicia, la inteligencia del universo. ¿Por qué nació sin madre? Porque Onga era tanto virgen como hermafrodita: *ibid.* Minerva llamada hombre y mujer a la vez en el XXXI himno órfico: *ibid.* Preside los trabajos de las mujeres, porque la Neith egipcia trabajaba en el tejido místico de la naturaleza: *ibid.* Nombre de Minerva, quizá de origen egipcio: 670[27]. ¿Por qué la diosa de la guerra? Porque Neith presidía la casta de los guerreros: 216. ¿Por qué inventora de la flauta? Porque las divinidades sacerdotales presidían la armonía de las esferas: *ibid.* ¿Por qué lleva la cabeza de Medusa? Porque había tomado este atributo de la Palas libia: *ibid.* A pesar de todos estos elementos, Minerva es muy griega: *ibid.* Los griegos admitían una Minerva extranjera. La Palas libia defendía la ciudad de Troya atacada por la Minerva griega: 671[37]. Minerva Tejedora: 670[28]. Minerva Tritogenia: 670[31]. Minerva Apaturia o embustera: 738[13]. La más astuta de las divinidades: 739[21]. Cf. también 300, 322, 327, 330

MINIOS. Entre los cinco reyes de Beocia, estaban los Minios, cuya capital era Orcomano: 731[1]

MINUCIO FÉLIX: 570[10]. Cf. *Orígenes*

MISIONEROS. Creencia que otorgan a los milagros de los juglares: 589[7]. Cf. también 206, 425, 579[23], 589[7], 719[15], 791[24]

MISTERIOS: 26. Fueron el depósito de las doctrinas, de las tradiciones y de las ceremonias extranjeras. Por qué: *ibid.* Puntos de vista con que se los debe considerar para conocerlos a fondo: 839-840. Autores que se puede consultar para los hechos pormenorizados: 839[1], 488. Que existen misterios en todas las naciones: 488. Los magos de Persia celebraban los suyos en antros oscuros: *ibid.* Los de los hebreos, en su cábala: *ibid.* Por error, se creyó que los misterios se componían de la doctrina secreta de los sacerdotes en las religiones sacerdotales: 488. En qué consistían los que se revelaban mediante la iniciación: 489. Heródoto, admitido en los misterios de los egipcios, no adquirió ningún conocimiento de su teología oculta: *ibid.* Dice formalmente que estos misterios eran la representación nocturna de las aventuras de los dioses: *ibid.* Lo que el pueblo veía en estas representaciones: *ibid.* Orígenes extranjeros de los misterios griegos: 489-490. Diferentes tradiciones sobre esto: *ibid.* Se compusieron de ceremonias, de procesiones en el interior de los templos, de pantomimas: 490. Goerres sobre esto: 841[9]. Plutarco, sobre las semejanzas de los relatos egipcios sobre Isis y Osiris con los relatos griegos sobre Ceres: 490. Fundadores de los misterios en Grecia intentaron añadir a la fidelidad de la imitación la celebración en lugares semejantes a los de su antigua patria: *ibid.* Misterios de Baco en Atenas: 841[11]. *Idem,* del mismo en Lerna: *ibid.* Estos misterios fueron al principio representaciones de fábulas conocidas: 490. Luego, de fábulas secretas: *ibid.* Denominaciones, fórmulas ininteligibles traídas a Grecia con los misterios: *ibid.* Analogía de Ceres y de Proserpina con la reina de los infiernos entre los indios: *ibid.* Las tres palabras misteriosas, tres palabras sánscritas, con las que, al final de las grandes Eleusinas, se despedía a los iniciados: *ibid.* Creuzer, referente a esto: 842[15]. Extranjeros fundadores de los misterios: añadían a sus reminiscencias locales la conmemoración de los peligros inherentes a las lejanas navegaciones: 490. Tradiciones que lo demuestran: *ibid.* Cómo cambiaron de naturaleza los misterios: *ibid.* Sus primeros sacerdotes: 842[22]. Los Cérices de origen ateniense, simples sacrificadores: *ibid.* Los cuatro primeros ministros de los misterios se elegían siempre entre la familia de los Eumólpidas: *ibid.* Su multiplicidad: 492. Causa que dio lugar a ello: *ibid.* Su futilidad y vaciedad: *ibid.* Estatuas de los dioses que, según se decía, descendían del cielo y que sólo los sacerdotes tenían el derecho de ver: 842[25]. Reticencia sobre los nombres de los dioses que formaban parte de los misterios de Egipto: *ibid.* Tesmoforias: 492. En qué consistían: *ibid.* Los hombres estaban excluidos de ellas: *ibid.* Fiestas de la diosa buena de Roma; cómo se hicieron famosas: *ibid.* Todas las hipótesis, todas las prácticas sacerdotales se hallan en los misterios: 492. Dos cosas que, sin embargo, deben tenerse en cuenta para comprender bien esta relación: *ibid.* Por qué citamos algunas veces a autores de una Antigüedad tan remota: 843[28]. Figura monstruosa de los dioses en los misterios: 493. Baco, con el nombre de Zagreo, aparecía con una cabeza de toro y con alas, bajo el de Psitas: 843[2]. Los sacerdotes vestían como sus dioses: 493. Confusión que ese uso produjo: 843[6]. Estos disfraces pasaban algunas veces de los misterios a los ritos públicos: *ibid.* Ejemplos: *ibid.* Doble carácter de algunas divinidades misteriosas: 493. Sacrificios humanos en los misterios, negados sin ningún motivo: *ibid.* Pruebas y autores que citamos como prueba: *ibid.* Adriano se ve obligado a prohibirlos en las Mitriacas: *ibid.* La afirmación de Lampride, si es cierta, no deja de probar por eso su conformidad con el politeísmo sacerdotal: *ibid.* Purificaciones empleadas en los misterios, de igual naturaleza y género que en las naciones sometidas a los sacerdotes: *ibid.* Ejemplos: *ibid.* Dogma sobre el que se fundaban: 844[15]. Partido que la Iglesia romana sacó de él hasta la Reforma: *ibid.* Prohibición de ciertos alimentos: 494. Animales considerados como sagrados, prohibidos para la alimentación: *ibid.* Motivo que los sacerdotes daban para la abstinencia del pescado entre los sirios: *ibid.* Renuncia a los placeres de los sentidos, uno de los deberes prescritos, tanto a los iniciados, como a los hierofantes: 494. El de Eleusis: *ibid.* Brebaje que se tomaba para hacer menos rigurosa la privación: 844[20]. Abstinencia de los sacerdotes de Diana, en Éfeso: *ibid.* De los sacerdotes y sacerdotisas de Diana Hymnia, en Arcadia: *ibid.* Juramento que debían prestar las sacerdotisas de las Dionisias en Atenas: 494. Privación recomendada a las atenienses que se preparaban para las Tesmoforias: *ibid.* Hierbas de las que se servían para soportarla mejor: *ibid.* Celibato ordenado en los grados más elevados de las Mitriacas: *ibid.* Distinción de Creuzer a propósito de estos misterios: 844[25]. Lo que los Padres de la Iglesia veían en estas ceremonias: *ibid.* Estaban en un error: *ibid.* Dioses honrados en los misterios, nacidos de una virgen: 494. Adoración de los órganos generadores: *ibid.* Canéforas de las Dionisíacas que llevaban en la cestilla sagrada el falo que se acercaba a los labios del recipiendario: *ibid.* Cómo era: *ibid.* De dónde procede la costumbre de plantar el falo sobre las tumbas: *ibid.* Ceremonias licenciosas que acompañaban a este culto secreto: *ibid.* El desenfreno que mancillaba estas fiestas, descrito con complacencia por Ovidio, y con amargura por Juvenal. La *Aulularia* de Plauto: 845[39]. Palabras de Tertuliano y de Clemente de Alejandría sobre estas ceremonias: *ibid.* Divinidades hermafroditas en los misterios. Baco como hermafrodita alado: *ibid..* La liebre, su símbolo: 495. Adonis invocado como una joven virgen y un adolescente: 495. Sacerdotes según Lido, que vestían prendas de mujeres en los misterios: 846[43]. Incesto cosmogónico, base de las Dionisíacas: 495. Sacerdotes de los misterios, que proporcionan a la religión el mérito de cuanto hay de útil en los oficios, de hermoso en las artes, de sabio en las leyes: *ibid.* Los misterios de los coribantes representaron la invención de la agricultura: *ibid.* Los de los curetes, los primeros intentos de la navegación: *ibid.* Los de los dáctilos, la fusión de los metales: *ibid.* Ritos repelentes y groseros, transformados en símbolos profundos y sublimes: *ibid.* Delirio de las bacantes: *ibid.* Comida horrible: *ibid.* Sentido que se daba a todo esto: *ibid.* Festín parecido de los iniciados de las Dionisíacas: *ibid.* Lo que valió a Ceres el epíteto de legisladora: *ibid.* Otros emblemas y símbolos: *ibid.*, 846[55]. Tenían varias significaciones: *ibid.* Ejemplos sacados de la leyenda de Baco: *ibid.* Rango que ocupaba la astronomía en los misterios: 496. Danzas sabacias: *ibid.* Escala de ocho puertas: *ibid.* Sacerdote de Eleusis, desempeñando en los misterios la función de las divinidades astronómicas: 847[56]. La astrología se unía a la astronomía: *ibid.* Los planetas, en el VI himno órfico, los dispensadores de los destinos: *ibid.* Misterios consagrados a Hércules, en los que él era a la vez el dios del sol y el que presidía la purificación de las almas por el fuego y la luz: 847[57]. Que también aparecía la demonología: 496. Séquito de Baco, genios intermediarios: *ibid.* La iniciación, personificada en el nombre de Telete: *ibid.* Pausanias, sobre esto: 847[59]. Himno órfico cantado en las Dionisíacas: 496. Tradiciones orientales que contienen: *ibid.* La metempsícosis, una de las doctrinas que se revelaban con mayor solemnidad en los misterios: *ibid.* Cómo se la designaba en las Mitriacas: *ibid.* Emblema que describe las convulsiones de la naturaleza: *ibid.* Revoluciones físicas; cómo se las representaba: *ibid.* Las seis edades del mundo: 847[65]. Dioses que las presidían: *ibid.* Fragmentos de teogonía y de cosmogonía se unían a los dogmas científicos: 497. Cosmogonía órfica enseñada en los misterios, tomada de las cosmogonías sacerdotales: 847[66]. Citas que lo prueban: *ibid.* El huevo cosmogónico produce a Fanes o el gran todo: 497. Trinidad samotraciana: 497. Símbolo de las copas y del espejo, que resalta aún mejor la identidad de estos dogmas y de los de las naciones sacerdotales: 497. Carácter de estos objetos: *ibid.* Influencia que tienen en el destino de las almas: *ibid.* Que se encuentra en el país de Gales el equivalente de la copa de la unidad: 849[83].

La copa del Santo Grial, una reminiscencia de las copas místicas: *ibid.* Austeridades, tormentos voluntarios que se imponían los iniciados: 498. Ochenta tipos de pruebas se necesitaban para participar en las Mitriacas: 499. La crueldad y duración de estas pruebas ponían, con frecuencia, en peligro la vida de los candidatos: *ibid.* Que estas prácticas recuerdan el dogma de la santidad del dolor: *ibid.* Dioses en los misterios, como en las religiones sacerdotales, que aspiran a la santificación por las torturas: 530. Júpiter que se mutila a sí mismo; por qué: *ibid.* Esmun abjura de su sexo y se convierte en el octavo de los Cabiros: *ibid.* Pretensión de los cretenses, que da origen al proverbio que afirma que los cretenses son mentirosos: *ibid.* Dioses, en los misterios, que mueren y resucitan, otra conformidad con las religiones sacerdotales: *ibid.* Creuzer, a propósito de esto: 849[95]. Quejas tumultuosas y lamentos furibundos, calcados escrupulosamente de los ritos extranjeros, anunciaban la muerte de estos dioses; alegría inmoderada con que se celebraba su resurrección: 499. Ideas políticas que mezclaron con estos dogmas en Grecia: *ibid.* Plutarco sobre esto: 850[97]. Cómo los diferentes sistemas de filosofía se convirtieron en parte de los misterios: 500. Que la irreligión se introdujo con ellos: *ibid.* Pruebas: *ibid.* El dualismo, una de las explicaciones de los misterios: *ibid.* Juliano y Creuzer, citados como pruebas: *ibid.*, 849. Fábula sobre Venus, que muestra la corrupción de la materia que se revela ante la mano del Creador: 501. Que el teísmo, el panteísmo e incluso el ateísmo se convirtieron en parte de la revelación misteriosa: *ibid.* Esta última comunicación sólo se hacía a un reducidísimo número de elegidos y con grandes precauciones: *ibid.* Sainte-Croix rechaza sin razón la idea de que la unidad de Dios fue enseñada en los misterios: 850[103]. Explicaciones de las fábulas panteísticas sobre Baco: 850[104]-851[104]. Estas hipótesis irreligiosas, presentadas a los iniciados con toda la pompa de la religión: 501. Doble motivo que incitaba a los sacerdotes a admitirlos en su doctrina oculta: *ibid.* En qué época penetró la moral en los misterios: 502. Tribunal de origen sacerdotal en Samotracia: *ibid.* Crímenes sobre los que se pronunciaba: *ibid.* Preceptos inculcados a los recipiendarios durante la ceremonia de iniciación: *ibid.* Estaban obligados a hacer una confesión general: *ibid.* Se excluía a los culpables: *ibid.* El suicidio, condenado en los misterios: 504-505. Del espíritu que reinaba en ellos: 505. Melancolía profunda: *ibid.* Ceremonias tristes y fúnebres: *ibid.* Gemidos de las mujeres en las Tesmoforias: *ibid.* Hasta su danza anunciaba el descorazonamiento y el dolor: *ibid.* La infelicidad de la vida, un dogma inculcado en todos los misterios órficos: *ibid.* Curiosa observación de un erudito moderno sobre el objeto que nos ocupa: 505-506. Las bufonadas ruidosas pasaron igualmente a los ritos misteriosos. Ejemplos: 506. Anécdota curiosa de Ceres: *ibid.* Juliano se creía obligado a burlarse de los dioses en las fiestas Saturnales: *ibid.* Que se ve también el odio y los celos de cualquier distinción personal: *ibid.* Ateniense llevado a la justicia por haber nombrado al hierofante: *ibid.* Resumen: 506. Que los misterios contuvieron a la vez el culto público y las doctrinas secretas de las religiones sacerdotales: *ibid.* Que fueron al tiempo el Apocalipsis y la Enciclopedia: *ibid.* Objeción que podría hacérsenos: *ibid.* Cómo la resolvemos: 507. Fueron propiedad del sacerdocio en el politeísmo del que el sacerdocio no era propietario: 507. Que todos los dogmas y los ritos que los componían coexistían juntos, por contradictorios que fuesen. Pruebas:

píritu de las leyes, una forma didáctica: 91. Sólo de paso pudo hablar de la religión: 67. Cf. también 91, 427, 480, 532, 838[3]
MOPSO, procedía de Mantó, hija de Tiresias: 196. Era un guerrero valiente y adivino de profesión: 652[10]
MORAL. Cf. *Religión, Juramento, Salvajes, Fetichismo, Vida (otra), Gran Espíritu.* La moral sacerdotal, totalmente facticia: 385. En qué época se convierte en el centro de la mayor parte de los intereses: 440. Los dioses le prestan una asistencia sobrenatural: *ibid.* Opinión de Zaleuco sobre las ofrendas: 823[3].
Época de la introducción de la moral en la religión: 441. Se identifica más con esta última a medida que la civilización avanza: 422, 467. Los dioses se hacen menos interesados: 468. Error de un escritor respecto a esto: 823[1]. La moral purifica y mejora la religión que la sanciona: 442. Curiosa observación que debe hacerse sobre los hombres que, en esa época, se obstinan en recordar las tradiciones degradantes: *ibid.* Voltaire y Bossuet, sobre la masacre de Agag por parte de Samuel: 443. La incredulidad se acerca siempre al triunfo completo de la moral en la religión: *ibid.* Por qué: *ibid.* La moral, pues, una especie de piedra de toque a la que se somete todas las ideas religiosas: *ibid.* La introducción de la moral en la religión coloca todos los hechos bajo una luz nueva: 457. Se introduce gradualmente en el politeísmo independiente: 505. Sin embargo, todavía sigue siendo sacrificado a los caprichos y exigencias de los dioses: *ibid.* Ejemplos: 477. Pero permanece independiente en el principio general: 477. Pruebas: 478. Dos cosas necesarias para que eso no ocurriese: *ibid*: 1) dioses todopoderosos; en estos dioses, voluntades unánimes: *ibid.* Que estas dos cosas no pueden existir: *ibid.* Razones que damos de ello: *ibid.* Circunstancia en la que la religión se somete a la autoridad de la moral y se declara dependiente de ella: *ibid.* Palabras importantes del cónsul Horacio, referidas por Dionisio de Halicarnaso: *ibid.* Los dioses, pues, una especie de público más imparcial y más respetado que el vulgo: *ibid.* Ventajas que resultan de este estado de cosas: *ibid.* La moral, un cuerpo de doctrina dentro del politeísmo sacerdotal: 478-479. Códigos de leyes que la contienen en diversas naciones sometidas a los sacerdotes: 479. Nuestras conjeturas sobre un libro misterioso de los atenienses del que ningún pasaje ha llegado hasta nosotros: 835[10]. Por qué esta moral es más imperfecta que la de las religiones independientes: 479. Puede cambiar según el capricho de los dioses: *ibid.* Ejemplos sacados del código de los Phansigars y de las leyes judías: 835[11]. Conmoción que de ello resulta en las ideas: 479. Delitos facticios castigados con más rigor que los verdaderos: *ibid.* Ejemplos tomados de diferentes pueblos: *ibid.* Violación de los ritos que implican la pena de muerte entre los judíos: 836[12]. Bandidos ilirios que matan a su jefe, porque había bebido leche un día de ayuno: 479. Que no se ve nada igual en el politeísmo griego: 480. Excepciones poco numerosas y poco concluyentes sacadas de Hesíodo: *ibid.* Arbitrariedad y despotismo de las leyes judías probados por varias citas: *ibid.* Spencer sobre esto: 837[22]. Peligro de las leyes que muestran como necesario lo que es indiferente: 480. Poseen, sin embargo, su ventaja: *ibid.* El mal sólo comienza cuando se convierten en propiedad de una clase de hombres: *ibid.* Abusos que ella comete con estas leyes: *ibid.* La crueldad contra los impíos colocada en el rango de los deberes más sagrados, y la perfidia respecto a ella, una virtud:

ibid. San Felipe, sobre esto: 838[24]. Micerino, rey de Egipto, castigado por su blandura y su benevolencia: 481. Crímenes cometidos en nombre y por orden de los dioses, seguidos de una recompensa: *ibid.* Otros inconvenientes de la moral religiosa así concebida: *ibid.* Que las consecuencias prácticas de este cambio de ideas no son, en teoría, siempre iguales a sus peligros: *ibid.* Por qué: *ibid.* La moral natural amenazada continuamente por una moral facticia: 482. Esta moral, a la vez, inexorable y caprichosa: 510-511. Inventa el dogma del pecado original: *ibid.* El hombre con ella no está nunca seguro de su inocencia: 482. Ejemplos: *ibid.* Esta incertidumbre puede ser un bien en una religión muy perfeccionada: *ibid.* En qué sentido: *ibid.* Y una causa de abatimiento y desesperanza en un culto imperfecto: *ibid.* Recursos extraños a los que el hombre recurre para librarse de él: *ibid.* Error de quienes escribieron sobre las relaciones de la moral con la religión: 483. Distinción que se debiera haber hecho: *ibid.* Su introducción en los misterios: 502. Reviste en ellos los mismos caracteres que en los cultos sacerdotales: *ibid.* Está contenida totalmente en el *Havamal* de los escandinavos: 526. Pasaje de una saga que lo demuestra: *ibid.* Cf. también 30, 46, 53, 54, 55, 56, 59, 63, 71, 74, 75, 76, 86, 99, 103, 106, 108, 182, 213, 228, 230, 231, 296, 310, 315, 323, 325, 337, 339, 345, 346, 349, 357, 364, 370, 385, 412, 440, 441, 443, 460, 461, 462, 463, 471, 524, 527, 555[1], 560[4], 572[19], 567, 573[49]

MOSHEIM. Su hipótesis sobre Mitra: 569[18]. Cf. también 547[9], 551[11], 569[18], 683[2]

MOUKDEN: 648[18]

MUDEVI o BUDEVI, repugnante o siniestra: 780[48]

MUERTE. El centro de todas las conjeturas religiosas: 109. En realidad, el hombre no cree en ella: *ibid.* Cuanto más cerca se halla del estado salvaje, menos cree en ella: *ibid.* Cf. *Paraguay, Sentimiento religioso.* Lo que la idea de la muerte lleva al salvaje a hacer para sí mismo en la otra vida es egoísmo. Lo que hace por los muertos que le preceden es sentimiento religioso: 111-112. Contradicciones de los salvajes en sus sentimientos respecto a los muertos: 115. Cf. *Animales.* Siempre se los consulta sobre el futuro: 124. Cf. *Adivinación.* Fiesta de los muertos entre los hurones y los iroqueses: 586[40]. Ardor de los salvajes en los honores que tributan a los muertos: 587[43]. Los salvajes y los pueblos bárbaros, los griegos, por ejemplo, se ocupan mucho de la muerte: 336. En la muerte de Adonis, mezcla de ciencia y obscenidades, imágenes místicas de muerte y resurrección: 224. La muerte de Osiris, emblema del sol de invierno: 255, 257. Su idea se aleja pronto de las conjeturas del hombre sobre la esencia divina: 327. Los griegos y la muerte: 336-338, 381, 383. Entre los escandinavos: 339, 367, 374

MUERTOS (moradas de los): 383. El politeísmo homérico sólo habla de una: *ibid.* Esta morada no es un lugar de castigos reservados al crimen: *ibid.* Numerosos infiernos de las religiones sacerdotales: *ibid.* La *Edda* enumera dos: el Nifleim y el Nastrond; los indios, tres, catorce y hasta ochenta: *ibid.* Los persas, siete: *ibid.* Los sitúan más allá del Océano: *ibid.* Los birmanos, cinco: *ibid.* Los japoneses, treinta y tres: *ibid.* Los tibetanos, tres, subdivididos en diecinueve regiones en las que existen diversos castigos: *ibid.* Sus nombres: 775[6]. Castigos que sufren los condenados: *ibid.* Infiernos de los libros Zend situados a la orilla de una ola fétida, negra como una pez: 383. El Ifurin de los galos, una región impenetrable a los rayos del sol: *ibid*. Suplicios que experimentan los condenados: *ibid*. Versos de un bardo a uno de estos últimos, recordando dos versos de Voltaire: 775[8]. Los indios, pese a su dulzura natural, tienen también infiernos no menos terribles: 384. Castigos que se sufre en ellos: *ibid*. Estas torturas refinadas inherentes al espíritu sacerdotal: 775[9]. Prueba sacada de un católico ortodoxo: *ibid*. Que se reprochó al señor de Chateaubriand haber abierto a los paganos la puerta del purgatorio: *ibid*. Que la multiplicidad de infiernos revela el deseo de hacer más profunda la impresión producida por el temor del futuro: 384. Los sacerdotes, para presidir las sentencias, hacen comparecer un dios nuevo: 384. Mezclan también la esperanza con el terror, y multiplican los paraísos y los infiernos: *ibid*. El Gimle, el paraíso de los escandinavos: *ibid*. Los habitantes de Ceilán cuentan con veintiséis: *ibid*. Cómo llegan allí los justos: *ibid*. Paraíso inferior de los indios, destinado a los placeres materiales: *ibid*. Sus paraísos superiores, consagrados a placeres más puros. En su Chattia-Logam, el más elevado de todos, el alma se incorpora a la Divinidad: *ibid*. Diversos medios empleados por los sacerdotes para provocar la liberalidad de los fieles: 385. Ancestros que asisten invisibles a las comidas y a los sacrificios: *ibid*. Manes que se sientan en torno al hogar paterno: *ibid*. Fiesta de Apherina Ghan, en Persia: *ibid*. La moral no decidía en absoluto, sobre el estado de los muertos, en el politeísmo homérico: *ibid*. Su influencia en las religiones sacerdotales: *ibid*. Motivo de esta diferencia: *ibid*. Jueces colocados a la entrada de cada infierno de los birmanos: 776[16]. Juicio de los muertos en Egipto: *ibid*. Tumba egipcia colocada en el Museo Británico: *ibid*. Error de Denon a propósito de un rollo de papiro traído de Egipto: 776[16]. Heeren, sobre el juicio de los muertos: *ibid*. Castigo para el que engaña a un brahmán: 776[17]. Historia de un zorro, en otro tiempo hombre: *ibid*. Incredulidad castigada más severamente que el homicidio: *ibid*.

MÜLLER (Ottfried). Su opinión sobre los dioses de Homero totalmente como la nuestra: 733[13]. Cf. también 583[4], 532[2], 732[8], 736[12], 806[4], 840[1]

MUMBO JUMBO, uno de los antiguos fetiches que conservan los negros mahometanos: 594[2]. Cf. *Fetichismo*

MUNDO (destrucción del): 405. La destrucción del mundo y su creación, una y la misma cosa en la metafísica india: 787[3]. Dios creador, en uno de los Upanishads, que engulle su obra apenas acaba de producirla: *ibid*. Obra india que representa la destrucción del mundo: *ibid*. El panteísmo que combina la destrucción del mundo con el ser infinito, colocado por encima de todos los demás dioses: 405. Brahma, al final de doce mil años que componen uno de sus días, se duerme, y cuanto había creado desaparece: *ibid*. Muere al cabo de cien años, y arrastra a todos los seres en su destrucción: *ibid*. Nombres que los indios dan a estas revoluciones: 788[5]. Sus *yogas*, edades similares a las de la mitología griega: *ibid*. El gigante Nirinakeren de los brahmines de Mahabalipuram: *ibid*. Descripción de la destrucción del mundo en el Bagavadam: 788[6]. Estas revoluciones, en total seis mil, según algunos libros sagrados: *ibid*. El Shastabade sólo admite cuatro, y estamos aún en la cuarta revolución: *ibid*. Ser misterioso, entre los birmanos, cuya aparición sobre la tierra presagia la destrucción del mundo: 406. De las cuatro edades de los mexicanos, ya han pasado tres: *ibid*.

El final de la cuarta no está lejos: *ibid.* Lo que hacen, mientras tanto, cuando concluye cada siglo: *ibid.* La duración del mundo dividida en cuarenta y nueve períodos, según los tibetanos: *ibid.* Sus siete incendios se renuevan siete veces: *ibid.* Incendio universal de los egipcios debe ocurrir cada tres mil años, en el equinoccio de primavera o en el del otoño: *ibid.* No es tanto una destrucción como una renovación de la naturaleza. Fiesta solemne que recuerda y anuncia estas revoluciones: *ibid.* Descripciones no menos lamentables de los libros sagrados del Norte: *ibid.* Crepúsculo de los dioses, o Ragnarok: 407. Que, en este cuadro, se combinan todas las ideas sacerdotales: *ibid.* Persas que esperan un incendio universal; druidas que anuncian una inundación general: *ibid.* Los cometas, en el Zend Avesta, como en el *Mahabarata*, pondrán fin al mundo actual: 789[18]. Pasajes relativos a esta catástrofe, en los escritos de los cristianos: 407. Que el dogma de la destrucción del mundo mantiene a toda la especie en una larga agonía: *ibid.*

MUNDO PRIMITIVO, de Court de Gébelin: 84, 587[1], 589[1], 842[14]

MUSAS. Cf. *Calímaco.* En la doctrina órfica, no eran más que las siete cuerdas de la lira de Apolo: 673[49]. En Grecia, covertidas en las nueve musas: *ibid.* Labor del espíritu griego en la fábula que les concierne: *ibid.*

MUSEO (poeta). Museo representa la felicidad celeste, nos dice Platón, de una manera mucho más sensual que Heródoto y Hesíodo: 356, 659[1]

MUSPELLSHEIM, con el Nitfleim, constituían, en los nórdicos, dos reinos diferentes: 304

MUTUNUS TUTUNUS. Dios latino, de escandaloso parecido con el Lingam de la India. 815[33], 822[84]. Cf. *Lingam*

NABUSARDÁN, general de Nabucodonosor, quema el templo de Jerusalén: 641[22]

NAGA, rey de las serpientes, al lado de Sakya, entre los brahmanes: 265

NAGARA PANCHAMI. Su fiesta en honor de las serpientes, en la India: 297

NAIDSHADYA. Poema épico de Sri-Harsa, en el que Kali gana el reino de Nala: 766[52]

NALA, rey de Nishada: 363, 398. Cf. *Naidshaya*

NAMI, el lirio: 710[47]

NANAC. Dulzura de su ateísmo: 719[19]. Sus puntos de semejanza con el cristianismo primitivo: *ibid.* Crueldades ejercidas en su nombre por sus sucesores: *ibid.* Cf. *Buda*

NANDHA, rey de Magadha, muerto por un brahmín que coloca en el trono a otra dinastía: 628[3]

NANNI, dios malo de los negros: 125

NANTES (edicto de): 65, 564[5]. Cf. *Galera*

NAPOLITANOS. Cf. *Castigo de los dioses*

NARADA. Encuentro a orillas de un lago: 268. Enseña que los Vedas son dioses: *ibid.*

NARAKA, el infierno: 392, 768[2]

NARED, inventor de la lira, es hijo de Brahma: 270

NASMADA, la bella, es otro nombre de Bhavani: 765[39]. Cf. *Bhavani*

NASMÉ, es uno de los infiernos de los tibetanos: 775[6]

NASTROND, uno de los infiernos tibetanos, junto al Niflheim. Lugar de castigo de los muertos: 383, 384, 524. Es, con los colores sacerdotales, el infierno de Píndaro: 525

NATCHEZ (los). Víctimas voluntarias, se matan sobre la tumba de sus jefes: 587[42]. Cf. *Funerarias (ceremonias)*

NAUSÍCAA. Diferencia de situación de las mujeres en la *Ilíada* y en la *Odisea*; el pudor de Nausícaa es un ejemplo: 348, 758

NEADIRSEN, Sastra sagrado de la India, que contenía un sistema de teísmo posterior a la religión popular: 262. Considerado por los hindúes de Bengala como un Sastra sagrado, y rechazado por los del Decán, de Coromandel y del Malabar: *ibid.* Es un puro sistema de metafísica: *ibid.*

NEANDER, autor de un ensayo *Sur Julien et son siècle*: 548[19]

NEARCO, almirante de Alejandro, describe las hordas que visitó como son hoy: 78

NEFGIOELD (impuesto), entre los escandinavos: 859[12]

NEFTIS. Mujer o concubina de Tifón: 258, 663[4]. 728[4]. Mujer de Tifón, una expansión del dualismo egipcio: 704[48]. Sus semejanzas con la Mohanimaya y con la Budevi de los indios: *ibid.*

NEGROS. Cf. *Castidad.* Hacen expiar a los niños recién nacidos, con dolorosas operaciones, el pecado de la unión de los sexos de sus padres: 102. Creen que la muerte es un acontecimiento extraordinario: 109. Cf. *Muerte.* Negro que sólo pedía una cosa, dejar de ser esclavo de un blanco: 110. Cf. *Vida (otra), Ceremonia, Alma, Juglares, Insensatos, Fetichismo, Nanni, Bissao, Labat, Serpiente*

NEITH. Egipto. Ptah le había entregado el lienzo de la naturaleza y ella tejía esta tela misteriosa: 215, 216, 789[6]. Con Ptah, los únicos dioses hermafroditas en Egipto: 789[6]

NÉMESIS. En la *Teogonía* de Hesíodo, es la hija de la Noche, el azote de los mortales: 446. Progresión de la religión griega hacia la bondad, a través de esta diosa alada de Píndaro: 449. Cf. también 680[110]

NEPTUNO. Cf. *Saturno*

NEREIDAS. Nombre pelásgico: 664[9], 754[15]

NEREO, el viejo profético: 825[1]

NERGAL, el gallo: 723[2]

NERÓN: 34, 549[2], 558[1], 814[35]. Funda las Juvenales el día en que, por vez primera, se corta la barba: 84

NETZAHUALCÓYOTL, rey de Alcohuacom: 800[102]

NETZAHUALPILLI, rey de Alcohuacom, de la época de la conquista de México por los españoles, era famoso por sus progresos en la ciencia de la astrología: 602[16]. Moctezuma, asustado por presagios funestos, recurrió a él para que se los explicara: *ibid.*

NIAYA. Escuela brahmánica: 706[3], 708[16]

NIBELUNGOS: 397, 523, 526, 527, 861[53]

NIBJAZ, el perro: 723[2]

NICAR, EL VENCEDOR, uno de los apodos de Alfadur, entre los escandinavos: 764[3]

NICÉFORO CALIXTO, *Hist. roman.*: 622[3], 794[21], 795[22]

NICOLAI: 71. Autor alemán, forma parte de la escuela filosófica del siglo XVIII: *ibid.*

NICÓSTRATO, un argivo que imitó la tradición persa levantando, en sus comidas, un altar al genio del rey: 632[22]

NIEBUHR, *Viaje árabe*: 564[1]. *Historia romana*: 658[21]. Cf. también 604[28], 613[31], 810[1], 817[39, 40], 818[53], 819[61], 822[92]

NIFLHEIM (el). Reino del frío y de las tinieblas entre los escandinavos: 383. Recoge a las mujeres, los niños, los ancianos que llegaron sin esfuerzo al final de una vida oscura: *ibid.* Allí conservan sus rangos, y comienzan otra vez una nueva carrera, que terminan con una batalla: 524-525. No es un lugar de castigos para los muertos: 524

NIGRICIA (en), en el reino de Juidah, las ofrendas al fetiche nacional, una serpiente, se hacen a los sacerdotes, únicos con derecho a entrar en el templo: 594[19]

NIRINAKEREN. Según los brahamines de Mahabalipuram, este gigante enrrolló la tierra como una masa informe y la arrojó al abismo: 788[5]

NITOS, divinidades maléficas de la isla de Amboina: 124. Consultadas sobre el futuro por los juglares: *ibid.* Cf. *Amboina, Juglares*

NITTIA-CARMA, o gran ritual de los brahmanes: 711[55]

NIU-KUA. Cf. *Niu-va*

NIU-VA. La más célebre de las madres vírgenes en China, llamada la soberana de las vírgenes: 644[8]. Su sobrenombre: *ibid.* Sus plegarias le conceden los partos milagrosos: *ibid.* Podía revestir setenta formas diferentes en un día: *ibid.* Sus relaciones con la Badracaly india y la Hécate griega: *ibid.*

NIX. Huella del culto de los ríos en Alemania: 237

NOAIDS. Cf. *Lapones.* Instruidos metódicamente en el oficio sacerdotal. Así llaman a los sacerdotes los lapones: 119, 589[2]

NOÉ. Sus tres hijos: 563[6]

NOMOS, de Egipto: 608[37], 666[21]

NONNO, *Dionisíacas*, donde describe la lucha entre Júpiter y Tifón: 781[5]. Cf. también 842[2], 808[8]

NORNAS. Su nombre significa *trenzar*: 770[22]. Parcas de los escandinavos: primero, fetiches; luego, seres alegóricos: 83

NORTE (pueblos del). Cf. *Clima*

NORUEGOS. Adoraban a los caballos: 302

NUBES, LAS, que invocan al Éter, son otra parodia de Helena: 474. Cf. también: 835[6, 10, 11]

NUKU-HIVA (isla de). Todas las leyes y toda la policía descansan en la religión: 108. La propiedad, consagrada por una ceremonia sacerdotal: *ibid.* Las cosas y las personas así consagradas, llamadas Tabú: *ibid.*

NUMA. Se atribuye a este príncipe la introducción del culto del fuego en Roma: 818[56]. Su doctrina era propia de sacerdotes: 818[59]. Trasladó de Alba a Roma la institución de las Vestales, y condenó a la lapidación a las culpables: 822[85]

NYORT, nieto de Odín: 772[3]

OANNES, a la vez dios y legislador de los caldeos: 298. El de los fenicios tenía forma de pez con dos pies de hombre y una voz humana: *ibid.*, 761[12]

OCNOS. Un asno roe su cuerda, sin que pueda evitarlo: 338, 684[7]. Su historia: *ibid.*

OCOZÍAS, rey de Judá. Sus hermanos muertos por orden de Jehú: 176

ODÍN, dios supremo de la religión popular de los escandinavos: 83. Quiere hacerse con el aguamiel: 565[6]. Cf. *Amrita.* Es el hijo de Bor: 610[7]. Confundido con el sol hermafrodita: 304. Se une a Freya, su hija: *ibid.* Sus amores: 367-368. Es privado del imperio durante diez años: 368. Fundamento histórico sobre el que descansa esta tradición: *ibid.* Hubo varios Odín: 517. Odín o Wodan, un nombre genérico: *ibid.* Aparece en medio de las tinieblas de la mitología septentrional, como una gran sombra: *ibid.* Todas las tribus del Norte afirmaban que su origen estaba en él: *ibid.* Le atribuían la invención de todas las artes: *ibid.* Error en el que cayeron la mayoría de los escritores a este respecto: *ibid.* Erróneamente hicieron de él un Mahoma, armado para fundar una religión: *ibid.* Circunstancia particular que colocó a este guerrero a la cabeza de los dioses escandinavos: 518. Lo que resultó de ello: *ibid.* Opinión del señor Wedel Jarsberg, semejante a la nuestra, sobre el segundo Odín: 858[4]. Era, al mismo tiempo, guerrero y gran sacerdote: *ibid.* Su lucha contra Gylfe: *ibid.* Su triunfo: 519-520. El recuerdo de esta lucha pasó de la historia a la mitología: 520. Prueba: *ibid.* Preside los nacimientos, los matrimonios, la muerte: 520. Sus prestigios: 859[34]. Fracaso de la obra de sus predecesores: 525. Por qué los escaldos atribuían el *Havamal* al primer Odín: 526. Que, sin duda, podría haber existido un tercer Odín, que habría aniquilado la autoridad del senado de los dioses y dado muerte a Gylfe, que presidía este senado: 528. En las *Eddas*, en los poemas de Ossian, Escandinavia aparece con el nombre de Odín Loda y con el de Lochlin: 765[6]. Cf. también: 774[17], 858[12, 13], 859[3, 4, 8, 13], 860, 861

ODÍN, THOR o THIS. Alfadur es su nombre: 524

ODISEA: 81. Que su religión es distinta de la de la *Ilíada*: 358. Que es de una época posterior: 345-353, 358-359

OFIS: 226. Cf. *Mantinea*

OLÉN, jefe o nombre genérico de una colonia sacerdotal: 211. Platón dice que Hesíodo tomó las doctrinas de Olén: 668[2].

OM u HOM. El árbol de vida entre los persas: 299

OMBURISCHA. Historia de este rey y del sacrificio humano que quiere ofrecer: 286-287, 419. Cf. *Sacrificios humanos*

OMORCA. Belus le da muerte y sus dos mitades forman el mundo: 205. Incesto de este dios, entre los caldeos, para engendrar el mundo visible: 298. Cf. *Belus*

ONDERAH: 398. Cf. *Moisasur*

ONGA. De Fenicia, tanto virgen, como hermafrodita: 215. Cf. también: 213, 216, 429

ONOMÁCRITO: 356, 663[12]. Amigo de Pisístrato, falsificó las poesías de Orfeo y de Museo: 356

OPS, con Saturno, divinidades itálicas: 821[73]

ORACIÓN. Sus efectos según los indios: 163. Cf. *Clima, Dioses*

ORÁCULOS. Traídos a Egipto por los dioses animales: 333. Colocados cerca de las fuentes, en el interior de los bosques, cerca de las tumbas: *ibid.* Su poder, a pesar de los epigramas: *ibid.* El de la fuente de Tilfosa: 743[4]. Su ambigüedad en Grecia: 314. Causas de esta ambigüedad: *ibid.* Esta ambigüedad aumenta con la perfección de los dioses: *ibid.* Hechos posteriores a los tiempos heroicos, sobre la ambigüedad de los oráculos: *ibid.* Que las mismas inconsecuencias sobre las predicciones de los dioses se reprodujeron en épocas más depuradas que el politeísmo: 335. San Felipe sobre los moradores de Gabaa y sobre san Bernardo: *ibid.* Confusión y malestar de los cristianos sobre la veracidad de los oráculos paganos: *ibid.* Rollin, a este respecto: *ibid.*

ORCOMENOS. Profesaban gran respeto por las piedras caídas del cielo y recogidas, según ellos, por Etéocles: 201

ORÉADES, las habladoras. Cantan a coro las alabanzas del dios Pan: 679[90]

ORESTES: 472, 834[23, 34, 39]

ORFEO. Citado por Lamennais: 553-554. Sus himnos apócrifos: *ibid.* La fábula de Orfeo y de Eurídice se halla también entre los salvajes de Canadá: 584[6]. Fábulas groseras acreditadas por Orfeo: 659-660[1]. Un nombre genérico en Tracia: 664[12]. Sus poemas bastante recientes: *ibid.* Cf. también 211, 336, 356, 394, 401, 567[2], 668[2], 682[122], 735[8], 789[6], 818[59], 847[56]

ÓRFICA (doctrina). Su metafísica sutil y escándalo de sus orgías: 664[12]. Sus dogmas, los mismos que los de los egipcios: 664-665, 847[66]. Esta doctrina, ajena al politeísmo popular de Grecia: 665[12]. Olvidada cuando se formó el politeísmo: *ibid.* Los filósofos griegos se apoderan de ella: *ibid.* La escuela órfica, originaria de Tracia: 673[49]. Que se puede oponer los mitos órficos a las encarnaciones de Vishnú: 670[24]

ÓRFICOS (poemas). Que no podemos consultarlos sobre la religión de los tiempos heroicos: 313. Los himnos órficos, expresión del pasaje completo de las alegorías y cosmogonías sacerdotales en la poesía teológica de los misterios griegos: 848[66]. Se asemejaban, de modo claro, a las plegarias que se hallan en los libros de Zoroastro: *ibid.* Proserpina invocada, a la vez, como la muerte y la vida: *ibid.* Expresión de las cosmogonías y alegorías sacerdotales: *ibid.* Cf. también: 410, 678[90]

ORÍGENES, afirma que la primitiva Iglesia no quería ni templos ni altares: 550[10]. Cf. también 637[15], 767[8], 779[2]

ORINOCO: 101. Que sus orillas son el teatro de penitencias tan rigurosas como las que asombraron en otro tiempo a los desiertos de Tebaida: 101, 236. Los sálivas de este río hacen a los recién nacidos incisiones muy graves que, a veces, les causan la muerte: 580[32]

OROMAZO, el Verbo encarnado, el primero en nacer de la simiente del Eterno: 300. Uso de este nombre por el de Ormuz: 35. A veces, infinito, como la luz: *ibid.* Alternativamente, el águila y el gavilán, como Zervan Akerene: *ibid.* En los persas, es Brahma: 404. Para los libros Zend, Mitra es el sol; y el Zend Avesta llama a este astro el Ojo de Oromazo: 600[11], 676[75]. Su corte como la del rey: 632[21]. Cf. también 632[21], 724[23], 728[52, 53]

OSEAS: 177, 634[32]

OSÍAS, depuesto por los levitas. Bossuet alaba esta acción de los levitas: 184. Durante su mandato, se admite el culto de Príapo en el reino de Judá: 423

OSIRIS. El sol según Dupuis: 85. A la vez el año y la agricultura: 701[7]. Su muerte, quizá la conmemoración de un acontecimiento real: 255. Emblema de un sol de invierno: *ibid.* Este dios, algunas veces una momia. Se habla de sus tumbas. De las de Isis, nunca: *ibid.* Explicación histórica de las leyendas de Osiris por

parte de Sinesio: 705[54]. Inventor del vino: *ibid*. En Egipto, durante sus fiestas, se llevaba en procesión a este dios, con Falos móviles de enorme tamaño: 790[23]
OSIRIS ARSAFES. Era el Falo mostrando su energía productora: 790[23]
OSSIAN. Bardo, sus cantos sorprenden por su uniformidad: 356. En ellos, Escandinavia aparece con el nombre de Lochlin y de Odín Loda: 765[6]
OSTAR, en los mitos escandinavos, nos recuerda la Astarté sacerdotal: 521
OSTIAKOS. Toman a sus fetiches como sus testigos en las circunstancias solemnes: 103. Cubren con sangre sus fetiches: 201. Después de una caza fallida, los azotan con varas y luego se reconcilian con ellos: 581[33]. Cf. *Starryks*
OTAITI: 114
OTAITIANOS. Distinguen el dios supremo de la materia creada por él: 99. Creen que, en el otro mundo, encontrarán a sus mujeres y tendrán nuevos hijos: 110. Cf. *Nueva Holanda*
OTHAR y Biarcon, retan al combate a todo el Olimpo del Norte y al propio Odín: 370
OTO y Efialtes, arrojan a Marte en una cárcel para que se consuma allí más de una año: 329
OVIDIO: 81. Dice que se consideraba a Anna Perenna, según los momentos, como la luna, Temis, como Ío, etc.: 565[6]. Cf. *Anna Perenna*. En tiempos de Ovidio, no se distinguían las tradiciones de los dos politeísmos: 680[113]. Justificación del incesto, como en Júpiter: 824[2]. Cf. también 745[26], 761[9], 810[1], 811[14], 821[78], 836[10]
OWEN: 302, 757[22]

PABLO (san). Reconoce que Dios permitió que las naciones lo buscasen por sus propias fuerzas: 547[5]. Rechaza las abstinencias y las privaciones arbitrarias: 551[13]
PACTIAS, lidio sublevado contra Ciro: 454
PADMAPRABHA. Los djainas asocian a cada uno de sus santos un animal como emblema; el loto es el de esta apoteosis: 710[47]
PADRES de la Iglesia. Su tolerancia: 55. Sobre la metempsícosis: 778[9]. Sobre el bautismo: 839[36]. Sobre las Mitriacas: 844[25]. Cf. *Clemente de Alejandría, san Crisóstomo, san Justino*
PAFLAGONES. Su rey es muerto por Menelao: 755[15]
PAFOS. Su Venus es una piedra: 201
PAHLAVAS. Así los llama el *Ramayana*. Con este nombre se designaba a los antiguos persas: 721[34]
PAINE (Thomas): 69. No ha hecho más que reproducir, en un estilo trivial y a menudo grosero, la metafísica superficial del barón de Holbach: *ibid*.
PALABRA: 48. Su impotencia para expresar lo que se refiere al alma: *ibid*. Cf. también 151, 187, 205, 207, 281, 283, 294, 298, 299, 523
PALAMEDES. Descubridor del alfabeto, según Eurípides: 750[2]
PALAS ATENEA conservó el nombre etrusco. Este pueblo la llamaba Menerva o Minerva: 822[87]
PALI. En esta lengua, la palabra Buda significa conocimiento o santidad universal: 708[27]
PALICOS, en Sicilia, hijos de una ninfa y de Júpiter: 413
PAN. El Pan astronómico de los romanos que designa el sol: 85, 221-222. Sólo es un dios subalterno en el culto público: *ibid*. Cf. *Atenienses*. El gran todo en

Egipto: 678[85]. Su analogía con el Hanuman indio: *ibid.* Cómo lo modifica la mitología griega: 222. Su templo en Arcadia: *ibid.* Su lugar junto al Júpiter Olímpico: *ibid.* Cf. *Atenienses.* Ayuda a los macedonios a triunfar sobre los bárbaros: *ibid.* Viene en ayuda de Antígona Gonatas, atacado por los galos. Despojado de sus atributos cosmogónicos cuando entra en la religión popular de Grecia, los retoma en la época de los misterios y de la filosofía: 686[3]. Cf. también *Árcades, Maratón, Píndaro,* y 678[90], 686[3]

PAN-CHEU o Panku, cuya cabeza formó las montañas. Es creado por el caos. Descripción de este dios chino: 644[4]

PANDITS, sabios brahmanes: 269

PANDU (los cinco hijos de). Deben su origen a la eficacia de una oración mágica: 163

PANDUS. El *Mahabarata* narra las guerrras entre los héroes de esta raza y los de los kurus: 706[3]

PANINI, famoso gramático, es alabado en los Puranas como inspirado y profeta: 270

PANKU, o Pan-Cheu, es creado por el caos. Descripción de este dios chino: 644[4]. Cf. *Pan-Cheu, Ymer.* Se encierra mil ochocientos años en un huevo: 698-699. Otra semejanza con Ymer y el huevo indio de Prajapati: *ibid.*

PANTEAS. Estatuas llamadas así: 53

PANTEÍSMO. Argumentos engañosos a su favor. Se presenta con apariencias más seductoras: 242. Su lucha contra el politeísmo: 695[7]. Es más razonable que el ateísmo: *ibid.* En el panteísmo desembocan la misticidad en la religión y la abstracción en la filosofía: *ibid.* Destruye cualquier religión: 242-243. Estaba aliado con el espiritualismo en el antiguo Egipto; y lo sigue estando en la India moderna: 245. Es aliado del materialismo en el Tíbet, en Ceilán y en China: *ibid.* Panteísmo chino: *ibid.* Panteísmo material en Tonkín: 696[10]. Panteísmo atomista: 245. Contradicción que nace de la lengua simbólica e inevitable en el panteísmo: 249. Ejemplo de esta contradicción en el *Bhagavad Gita: ibid.* El panteísmo, el último término de todas las doctrinas religiosas, cuando el sentimiento no se opone a él: 698[18]. Descripción del panteísmo egipcio por Apuleyo, y del indio, por Krishna: 247. Inscripción panteísta del templo de Sais, en Egipto: 255. Esta inscripción, posterior a Heródoto: 702. Isis, Osiris. Neith, Serapis, el Nilo: considerados, alternativamente, en Egipto como el gran todo: *ibid.* Panteísmo contenido en varios libros sagrados de los indios: 274. Comentaristas panteístas de los Vedas: *ibid.* Panteísmo en la filosofía vedantista, en el símbolo de los brahmanes, en el Bagavadam: 274-275. Manera como los panteístas vinculan a su sistema las fábulas populares: 275. Discurso de Krishna: *ibid.* Fábula panteísta de Krishna y de Yasoda, su nodriza: 276. Fábula de Trivicrama, que termina con una profesión de fe panteísta: 276. Panteísmo que se introduce en el politeísmo mediante sutilezas. Razonamientos de los brahmanes para conciliar, con el panteísmo, la adoración de las partes separadas de la Divinidad: *ibid.* Adoración, a la vez, panteísta y politeísta en la India de cuanto sirve al culto y a las profesiones: *ibid.* El panteísmo aparece en el *Ramayana,* bajo formas de politeísmo, aunque las divinidades, semejantes en apariencia a las de Homero, acrediten la pluralidad de los dioses: 277. Profesión de fe panteísta de los indios seguida de adoraciones politeístas: *ibid.* El panteísmo de la India es más animado y, en cierto sentido, más religioso que el de China y el Tíbet: 290

PAPAEUS, dios elemental de los escitas, el alma del mundo o el cielo: 729[59]

PAPAS, que razonan como los negros sobre la validez de los juramentos en los infieles: 584[10]

PARAGUAY (salvajes del). Buscan entre los matorrales las almas de los muertos: 109. Fustigan a los padres para castigarlos por haber tenido hijos: 580[32]. Cf. también 136, 110, *Unión de los sexos*

PARASURAMA, sexto avatar de la raza de la luna, llena con su sangre lagos enteros: 628[1]. Cf. también: *Cutteries*

PARCAS: son tres, y presiden el pasado, el presente y el futuro: 83. Cf. *Nornas*, y 331, 444, 446, 522, 674[58], 848[66]

PARIAS, adoran a los animales y a los árboles: 96. Cf. *Castas*. Antiguamente, se los podía matar sin castigo: 149. Son los ejecutores de los criminales condenados a muerte: 607[33]. Se alimentan de cadáveres: 608[33]. Cf. también 288, 399, 604[2], 606[21], 607[32], 608[33], 689[15], 710[46]

PARVATI. Por la pérdida de esta bella diosa, Shiva y Vishnú lloraron desconsoladamente: 367. Consecuencias de estas lágrimas: *ibid.* Declive de su culto: 373. Esvara se enamora de ella: 409

PASÍFAE, fábula extranjera, restringida por el espíritu griego: 224. Cf. también 668[12], 844[39]

PATAGONES. Creen que las almas moran en pájaros que silban tristemente: 114. El alma, para ellos, la imagen transparente del hombre vivo: 586[24]. Cf. también *Temporal (poder)*, y 590[10]

PATANJALI. Esta serpiente fijó las leyes de la gramática en su *Mahabhasya*: 270

PATERSON. Cf. *Anna Perenna*

PATROCLEA: 756[16]. Diferencia con la *Aquilea*: *ibid.*

PATROCLO: 323, 324, 347, 351, 419, 750[35], 757[24]

PATROS, JÚPITER, o Troftalmos: 736[7]

PAULIN, *Système brahmanique*: 691[19], 762[16, 18], 790[11], 839[34]

PAUSANIAS, general espartano, que inmola las víctimas: 655[40]. Citado por Lamennais: 567[2]. Sobre el templo de Pan: 222. Viajero curioso e investigador infatigable: 317. Narra el origen y abolición de los sacrificios humanos en Arcadia: 415. Cf. también 320, 372, 415, 416, 652[11], 664[5], 666, 667[26], 694[13], 738[13], 739[41], 743[9], 745[19], 745[25], 752[12], 781[8], 846[6]

PAW: 564[4]. Quiere que un pueblo pueda perfeccionar su religión como sus leyes: *ibid.* Su error sobre el culto de los animales en Egipto: 700[3]. *Recherches sur les Américains*: 778[10]. En Egipto, todo hace alusión a la astronomía: 560[7]. *Recherches sur les Égyptiens et les Chinois*: 613[29], 619[84], 700[3], 761[7]. *Recherches sur les Grecs*: 737[16], 796[98]. Cf. también 650[22], 757[25]

PEARSON. Comentario sobre el símbolo de los apóstoles: 551[11]

PEDRO (san). El menos tolerante y el más judaico de los apóstoles: 550[11]. Renuncia a las abstinencias prescritas por la ley judía, después de una visión milagrosa: 551[13]

PEHLAVES, tribu de los medos cuya lengua se llama pelvi: 628[3]

PELASGOS, que ofrecen sacrificios humanos: 197. En los primeros pelasgos, se ven ritos y costumbres que caracterizan a los cultos sacerdotales: 196, 415. Y sacrificios humanos: 197. Caído su sacerdocio, sólo profesaban un fetichismo salvaje: 207. Los telquinos, antiguos pelasgos, adoraban a la tierra y le ofrecían hombres en sacrificio: 656[6]. Habían venido de Escitia: 658[19]. Cf. también 658[21], 659[22], 662[28], 665[19], 667[24], 814[31]

PELLOUTIER, autor de una *Histoire des Celtes*: 602[20]. Cf. *Gregorio de Tours*

PELÓPIDAS. Antes de la batalla de Leuctra, propusieron que se aplacara a los dioses con víctimas humanas: 416

PELOPONESO: 817[45]. En su ciudad de Fliunte, encontramos el culto de los animales: 201. Los dorios se instalaron en él: 310. La famosa guerra: 467, 476. Cf. también 662[1], 667[22], 731[1], 732[7], 737[16]

PENATES DE LAVINIA. Son pequeños caduceos: 431

PENTEO. Atormentado por su padre Ágave: 221. A su muerte, feroz ironía y alegría sanguinaria de las Bacantes, según Eurípides y Ovidio: *ibid.*, 834[20]

PENTESILEA: 212. Se arma con un arco y viste la piel del leopardo: 337. Cf. *Caístro*

PEOR o FEGOR. En Siria, se adoraba el Falo, con estos nombres, y las jóvenes le sacrificaban su virginidad: 802[4]

PERICLES. Progresión regular de la religión griega desde Homero hasta Pericles: 599[6]. Cf. *Progresión*. Cf. también 75, 134, 464, 474

PERIEGESIS: 751[3]. Cf. *Escimno de Quíos*

PERIFEMO. Solón inmola víctimas a este héroe (y a Cicreo), jefes en otro tiempo del país: 740[44]

PERRUNA, la Tetis de Polonia: 303

PERSECUCIÓN. Sus efectos: 51. Provoca la rebelión: 40. La religión, perseguida: 67, 532. Cf. también 558, 564[5], 606[21], 639[19], 671[41], 864[2]

PERSÉFONE. Nace del incesto de Júpiter con su madre, Rea: 848[66]. Tiene cuatro ojos, cabeza de animal y cuernos: *ibid.*

PERSEO. Su combate contra Gorgona: 670[33]. Poseía un templo en Chemnis: 676[33]. Hércules, su nieto: *ibid.*

PERSÉPOLIS. Destruida por los mahometanaos, en sus cimientos se descubrió una piedra preciosa, llamada *tutya*: 596[5]. Ruinas, testigos de un gran refinamiento: 763[23]

PERSIA: 60, 83. Cf. *Dualismo, Zoroastro*. Error de los escritores que citaron al azar todo tipo de autores sobre la religión de los persas: 567[2]. Su religión, fundada en la astrolatría y el culto de los elementos: 142. De ahí, el gran poder de los magos: *ibid.* Cf. *Magos*. La división en castas, desnaturalizada entre ellos por el efecto del poder real; pero el sacerdocio o el orden de los magos sigue siendo, con todo, la primera casta y hereditaria: 150. Cf. *Castas*. Efecto, sobre la religión de los persas, de la conquista de Media por los persas bárbaros: 171-172, 174. Los persas conservaron sus antiguos dioses, incluso después de la reforma de Zoroastro: *ibid.*, 172. Composición de su politeísmo: 299, 301. Su politeísmo popular, invocado por los reyes, adoptado en público por los magos: 300. Hechos que corroboran su politeísmo: 724[34]-725[34]. Tres épocas de la religión persa: 728[52]. Impronta sacerdotal de esta religión: 301-302. La vaca Purmaje, resto de su fetichismo: 299

PERWATTUM. El dios de su pagoda no es más que una piedra informe: 267. Relato de los brahmanes de esta pagoda: 410

PESCHEREYS, tribus del extremo de América meridional, que no tienen sacerdotes, los más embrutecidos de los salvajes: 594[22]

971

PESINUNTE, en Frigia: 614[32]

PHANSIGARS. Ejemplos sacados del código de los Phansigars sobre el cambio de la moral a capricho de los dioses: 836[11]

PIBRAC. Su carta sobre los asuntos de Francia, una excusa sobre la Noche de San Bartolomé: 643[31]. Como Calipuli, invoca el ejemplo de la historia judía: *ibid.*

PICUS. Se hace remontar la adivinación hasta este rey de los aborígenes: 432. Cf. *Fauno*

PIERO. Las ninfas, sus hijas: 673[49]

PIMPLEA. Esta ciudad se halla en Tracia, de donde proviene la escuela órfica: 673[49]

PIMPLEIDE, ninfa. Cf. *Piero*

PÍNDARO: 447. Sus dioses no son los mismos que los de Homero: 81. Llama a Pan el danzador y más perfecto de los dioses: 678[85]. Recompensa que recibe por esto: *ibid.* Razones por las que pasamos de Hesíodo a Píndaro: 827[1]. Escribía cerca de quinientos años después del primero: *ibid.* Casi nunca cae en las inconsecuencias que abundan en éste: 447. Sus ideas sobre los dioses: 447-448. Erige como principio la necesidad de depurar la mitología en el sentido de la moral: *ibid.* Quiere que se rechacen las fábulas desfavorables a los dioses y a los héroes: 447. Opinión parecida de la esposa de Odín en la *Edda*: 828[5]. Que esta crítica moral desemboca, en último término, en la incredulidad: 447. Sus esfuerzos por hacer más decentes y honestas las ficciones populares: *ibid.* Carácter instructivo y moral que atribuye a Némesis: 448. La progresión de la religión griega aparece con claridad en esta idea de Némesis: *ibid.* Pasaje de Mesomedes, contemporáneo de Adriano, en el que celebra las alabanzas de esta diosa: 449. Descripción que Píndaro hace del infierno: 450. Destierra del Elíseo la agricultura y la navegación: 829[4]. Un progreso: el intento de no hacer del mundo futuro una copia de éste: *ibid.* Comparación de su infierno con el de Homero: 450. Reflexión sobre la situación de los poetas que la lectura de Hesíodo ya nos sugirió y que la de Píndaro corrobora: 451. Error del autor de *Anacarsis* a este respecto: *ibid.* Píndaro, multado por sus conciudadanos: 452. Corina lo vence cinco veces: *ibid.* Sus elogios de Hierón, rey de Siracusa: *ibid.* Sus quejas: 452. Cf. también: 372, 410, 459, 464, 678[85], 745[26], 753[13], 756[15], 827, 849[81]

PINGALA NAGA. Ser fabuloso, en la India: 270

PIROMANCIA. Cf. *Adivinación*

PIRRO, hijo de Aquiles, ataca el oráculo de Delfos: 198. Oráculo que lo engañó: 743[9]

PISA. Por sus tupidos bosques vaga al azar el dios Pan: 678[90], 919[45]

PISÍSTRATO: 355, 356. Fue el primero en hacer una recopilación de las poesías de Homero: *ibid.* Opinión de Plutarco: 752, 753. Autores que piensan de otro modo: *ibid.*

PITÁGORAS. Citado por Lamennais: 567[2]. Sus supuestos versos dorados: *ibid.* Expulsa de su escuela a Hiparco, a causa de algunas indiscreciones, y lo remplaza por una columna: 488. Condición con la que deja sus obras a Damo, su hija: *ibid.*

PITIA: 87, 334, 455, 592[34]. Cf. *Sócrates.* La Pitia, en Delfos, se elegía entre las mujeres de la ciudad: 654[40]

PÍTICAS: 829[14]

PÍTICOS (juegos): 229
PITISCUS: 811[11]
PITÓN, la serpiente: 325, 635[3], 667[24], 671[38]
PLAN de nuestra obra: 74. Las formas religiosas, necesariamente proporcionadas a la situación de los pueblos: 75. Progresión de estas formas: *ibid.* Primera época, creación de la forma: 75. Segunda época, desproporción y lucha: *ibid.* Tercera época, destrucción de la forma: 76. Nacimiento de una nueva forma: *ibid.* Por qué comenzamos por las religiones sacerdotales: 89. Época en la que nos detuvimos: 90. Que será fácil ir más allá, siguiendo las consecuencias de nuestros principios: *ibid.* Que no hemos hecho una historia detallada de la religión: *ibid.* Dos caminos a seguir: uno, *a priori*; el otro, *a posteriori*; por qué escogimos el segundo: 93
PLATEA. Pausanias, en esta batalla, presidía los sacrificios e inmolaba las víctimas: 655[40]
PLATÓN. Atribuye sus hipótesis a la teología más antigua: 82. Atribuye a los primeros griegos el culto de los astros: *ibid.* Admite la adivinación: 87. Citado por Lamennais: 567[2]. Sin él, es posible que el cristianismo sólo hubiera sido una secta judía: 185. Su error en el *Cratilo*, sobre el primer culto de Grecia: 193, 650. Pese a su respeto hacia Egipto, no deja de sembrar su desconfianza hacia el estado sacerdotal: 653[27]. Cf. también: 204, 245, 311, 312, 398, 410, 457, 503, 511, 512, 608[35], 630[16], 660[1], 732[10], 752[11], 829[6], 848[70], 849[75]
PLATÓNICOS (nuevos): 217, 243, 546[3]. Huellas del sentimiento religioso que se observan en estos filósofos: 549. Intentaron, inútilmente, fundar una religión: 640. Cf. también 678[85], 698[18], 732[10], 847[58], 864[2]
PLINIO EL VIEJO, sobre los trogloditas: 96. Declara que sólo el Universo es Dios: 567, 568[2]
PLOTINO, *Enéadas*: 698[18], 848[73], 849[78], 852[113]
PLUCHE (el abad). Su error, según el traductor de Warburton: 569[11]. Cf. *Warburton*
PLUTO, Aristófanes: 475, 835[9], 856[9]
PLUTARCO, *Isis y Osiris*: 613[24], 700[1]. *Vida de Nicias*: 835[5]. Honrado escritor, perseguido por la incredulidad contemporánea: 52. Descripción de los hombres: 53. Exceso de sutileza en sus explicaciones: 252. Con los dioses de Egipto, sólo se equivoca cuando acepta una significación sobre los demás: 258. Alaba a Agesilao: 416. Semejanza de los relatos egipcios y los griegos: 490. Citado por Lamennais: 548-549. Cf. *Lamennais.* Los sacerdotes egipcios se afeitaban el cuerpo: 569[10]. Sus contradicciones sobre la religión egipcia. Cf. *Egipto.* Los habitantes de Tebaida no adoraban a dioses que hubiesen sido mortales: 701[1]. Cf. también 786[2], 794[21], 799[97], 814[31], 833[59], 850[97]
PLUTÓN. Cf. *Saturno*
POCKAVADI. Otro nombre de Bhagavati: 709[33]
POCOCKE: 603[7], 794[21], 795[26]
POLACOS. Cada uno de sus pueblos tenía sus dioses particulares, de forma monstruosa: 285
POLIBIO: 602[18]. Refiere que, antes de su reunión con Escipión, los embajadores cartagineses adoraron a la tierra: *ibid.*
POLÍCRATES. Para Heródoto, la trágica muerte del tirano de Samos es un efecto de la envidia de los dioses: 457

POLIDAMAS. En la *Ilíada*, habla con desdén del vuelo de los pájaros: 333. Es soldado y augur: 519. Su discurso a Héctor en el poema: 743[2]

POLIENO: Anécdota de Cosinga en Polieno, entre los tracios: 614[35]

POLIFEMO. De su unión con Galatea, había engendrado a Celto, Ilírico y a Galo: 565[6]. Cf. *Ilirios*

POLIGAMIA. Sus efectos, según Heeren: 624[9]. Cf. *Clima*

POLIGNOTO. Cf. *Infierno*. Describe a Teseo en los infiernos, encadenado en un trono de oro: 754[15]. Lo presenta luchando en la batalla de Maratón: *ibid*. Cf. también 339, 503, 831[9], 833[60]

POLINICES: 462. Pide a los dioses el terrible triunfo de matar a un hermano: 472

POLITEÍSMO. Reúne los fetiches en un cuerpo: 104. Cf. *Fetichismo*. Los pueblos politeístas cambian de dioses cuando los suyos no los protegen eficazmente: 206. Diferencia de la tolerancia del politeísmo antiguo y de la tolerancia moderna: 207. El politeísmo independiente u homérico, a pesar de sus contradicciones, es un sistema que el hombre perfecciona, y que, a su vez, perfecciona al hombre: 342-343. El hombre ganó por el paso del fetichismo al politeísmo: *ibid*. El politeísmo reúne a los individuos que aísla el fetichismo: 363-364. Que, en el politeísmo independiente, el antropomorfismo remplaza al fetichismo: 343. Que no sucede lo mismo en las religiones sacerdotales: *ibid*. Que cuanto, en el politeísmo independiente, sólo llama la atención de la imaginación de una manera vaga y pasajera, se lo queda el politeísmo sacerdotal: 387. Que para juzgar al politeísmo en su infancia, hay que detenerse en la *Ilíada*; pero que, para conocerlo en su perfección, se debe acudir a Sófocles: 465

POLITEÍSMO sacerdotal. Su intolerancia: 206. Su efecto sobre el sentimiento religioso: 228-229. Tristeza de todas las religiones sacerdotales: *ibid*. Indecencias y crueldades de los cultos sacerdotales: *ibid*. Que no estamos tan seguros como se cree de una vuelta al poder sacerdotal: 688. Voss. Cita de su *Antisimbólica*: 688[15]. Admiración de ciertos autores de las corporaciones sacerdotales: 688-689. Los dioses del politeísmo sacerdotal, en cuanto objeto de la adoración popular, son de la misma naturaleza que los de los salvajes: 237. Este politeísmo consagra el culto de las piedras, de los animales, de los árboles. Nada, en este politeísmo, se dirige al sentimiento religioso para purificarlo o ennoblecerlo: *ibid*. Composición del politeísmo sacerdotal: 250. En lo alto, astrolatría y culto de los elementos; abajo, el fetichismo: *ibid*. Por encima de este culto, doctrina científica perfectible por parte del sacerdocio y oculta a las clases dominadas: *ibid*. Hipótesis filosóficas y metafísicas: *ibid*. Estas hipótesis existen cada una por su lado: *ibid*. Terminología simbólica que envuelve todo: *ibid*. Lo que expresan estas terminologías: *ibid*. Identidad de los elementos del politeísmo indio y egipcio: 278. Manera como los diversos elementos de las religiones sacerdotales se combinan y unen entre sí: 283-284. Diferencias entre el politeísmo sacerdotal y el independiente; en éste, no hay fetiches, ni abstracción, ni cosmogonías, ni alegorías, de doble o triple sentido, ni monopolio de ciencia, de misterios, de panteísmo: 307. Todo es desproporcionado en el primero, y proporcionado en el segundo: 307-308. Los dioses invisibles e inmateriales del politeísmo sacerdotal son más viciosos que los dioses visibles e inmateriales del politeísmo libre: 364. Los primeros valen menos que los dioses de Homero: 365. Exigen modos de adoración humillantes: *ibid*. Ofrendas numerosas: *ibid*. Imitan las costumbres de los hombres: *ibid.* En ambos politeísmos, exigen la expiación de sus crímenes: 366. Sus fuerzas físicas son limitadas: *ibid.* Están expuestos a las enfermedades: 366. A la vejez: *ibid.* Al error: 367. Su inmortalidad no está clara: 367. Facultades morales limitadas: *ibid.* Fábula de Johilla y de Bhavani: 765[39]. Vicios de los dioses sacerdotales: 367-368. Amor adúltero de Lakmi por Camadeva: *ibid.* Veleidades de Odín que originan su expulsión del Valhala por parte de los dioses: *ibid.* Fraudes, robos y castigo de Brahma: *ibid.* Estos dioses no retroceden ante el perjurio: *ibid.* Están llenos de vicios: 368. Sus traiciones: *ibid.* Luchas de los hombres contra los dioses: 369. Los sacerdotes hablan elogiosamente de estos dioses, cosa que desmienten los hechos: 370-371. Muchas más contradicciones en el politeísmo sacerdotal que en el independiente: *ibid.* Los vicios del politeísmo sacerdotal, una prueba de que el hombre necesita una creencia: *ibid.*

POLIXENO: 467, 796[52]

PÓLUX. Con Cástor, convertido en hermoso Tindárida: 223. No eran dioses; en eso consistía uno de los secretos de los misterios: 508

POMPONIO MELA: 617[64], 792[2], 800[115]

PONGOL, (el) de las vacas sigue siendo actualmente una solemnidad en la que los fieles se postran ante estos animales: 297

POPE. Sobre las esperanzas de los salvajes respecto a la otra vida: 585[8]

POPPO, el danés, se puso ante el pueblo un guante de hierro enrojecido al fuego: 860[33]

PORENETZ. Esta divinidad india, de cabeza cuádruple, tenía un rostro en el pecho: 763[18]

POREVITH, el dios de dos rostros: 763[18]

PORFIRIO: 253, 567. Atribuye a los samoneos un régimen monástico como el de los sacerdotes budistas: 595[3]. Los dumacianos, en Arabia, inmolaban cada año a un joven que enterraban junto al altar: 603[9]. Cf. también 600[11], 703[35], 724[34], 760[7], 777[4], 792[2], 812[20]. Citado por Lamennais: 567[2]

POTRIMPOS, la luna, es hermafrodita entre loa lituanos: 730[89]

PRAJAPATI, el dios de las naciones en la India: 275. Engendrado por Haranguer Beah, es, a la vez, generación primera, figura del mundo y representantre del año: 280. De él nace la tierra: 281. Dueño de todo lo creado: 404. Cf. también 699[21], 785[12]. Cf. *Yajur Veda*

PRANATA, o hálito: 774[15]

PRAPITAMAHA, el poderoso ancestro de los indios: 273

PRENESTE. Herilo, rey de esta ciudad, debe a su triple cuerpo el honor de ser cantado por Virgilio: 431. Allí se practicaba la piromancia, con los mismos ritos que en Oriente: 816[35]

PRESENCIA REAL. Cf. *Brahmanes*

PRÍAMO. Palabras de este príncipe en Homero indican desconfianza y desprecio por los sacerdotes: 195, 325. Cf. también 330, 358, 684[13], 738[5], 857[7]

PRÍAPO. Durante la apostasía de Osías, rey de Judá, se introdujo el culto en el reino: 423. Hijo de Adonis y de Venus: 803[21]

PRIE (señora de), ocupa, bajo el Regente, el lugar de la señora de Maintenon bajo Luis XIV: 65. Consecuencias: *ibid.*

PRINCIPIO (malo). Cf. *Dualismo.* Mantus y Vedius, dioses maléficos de los etruscos: 299. Eschem, divinidad mala de los persas: *ibid.* Loki, entre los escandinavos, y Tifón, entre los egipcios, principios malos: 397. En la religión judía y en el cristianismo: 398. La oposición entre el bien y el mal, origen del principio malo: 401. Cf. también 408, 473, 525, 579, 697[18]

PRINCIPIO DESTRUCTOR. Por qué el teísmo indio otorga casi siempre preferencia al principio destructor: 272. Shiva, siempre la divinidad principal en las guerras de los dioses contra los gigantes: *ibid.*

PRITHIVI, que, entre los indios, toma frecuentemente la forma de una vaca, está al frente de la agricultura: 761[12]

PROCLO. Según él, los misterios sacan al alma de este cuerpo material y mortal: 503. Cf. *Nuevos platónicos*

PROCOPIO: 728, 792[2], 797[68]

PROCRUSTO: 485

PROFECÍAS, PROFETAS. El acto de profetizar, siempre considerado un acto penoso: 124. Las profecías, descartadas por los teólogos innovadores de Alemania. Cf. *Alemania protestante*. Profetas judíos: 176-177. En los griegos, el don de profecía, a menudo unido a la realeza: 194. El don de profecía, considerado por los griegos algunas veces como hereditario: 195-196. Cf. también 561[7], 725[35].

PROGRESIÓN. Reconocida en Alemania, rechazada durante largo tiempo en Francia: 70. Cf. *Plan de la obra*. Es la fuente de todo bien. El mal no está nunca en lo que existe naturalmente, sino en lo que se prolonga o se restablece mediante la astucia o la fuerza: 130. Progresión regular en la religión griega, desde Homero hasta Pericles. Ninguna, en Egipto, de Menes a Samético: 599[6]. No se ve progresión en la religión india: 292. Que cualquier progreso es un crimen en las religiones sacerdotales: 534. Que el estado progresivo, incluso en Grecia, el más noble y digno para la religión, no lo vemos libre de obstáculos y dificultades: 536. La progresión es el principio más querido y más precioso que la especie humana debe defender: 542. Cf. también 687[13], 720[26], 761[10], 776[16], 779[5], 784[27], 829, 831

PROGRESO del hombre hacia la religión. Cf. *Plan de la obra*. Obstáculos que se oponen a este avance: 75. Obstáculos interiores: 76. Obstáculos exteriores: *ibid.* Sin embargo, sólo puede ser retrasado: *ibid.* Dos caminos: el que sigue el hombre, tras sus propios impulsos, o llevado por el sacerdocio: 136

PROMETEO: 85. Cf. *Científicas (explicaciones)*

PROSERPINA. Tenía cabeza de animal, cuatro ojos y cuatro cuernos: 320. Júpiter, su padre, le otorga la isla de Sicilia: 328. En los misterios de las Tesmoforias, Plutón la rapta: 490. Su nombre, entre los cabiros, es igual que el de la reina de los infiernos y el de su hija entre los indios: *ibid.* Como creadora o nodriza de los seres individuales, se la llama también Maya: 498. La etimología de su nombre significa la muerte y la vida, crea todo y destruye todo: 674[58], 847[66]. Principio pasivo, tanto de la fecundidad como de la destrucción: 680[107]. Cf. también 746[35], 781[8], 842[23], 845[39], 846[66]

PROTESILAO, ejercitándose para la carrera: 774[3]

PROTESTANTISMO. Preservó a Europa de la monarquía universal: 58. Inglaterra le debe su constitución: *ibid.*, 68. Carácter absurdo del dogmatismo en el protestantismo: 68. Lo que era en otro tiempo en Alemania: 70. Cambio de espíritu de investigación por efecto de la incredulidad de Federico: *ibid.* Pero sus defensores lo tratan, cada uno, a su manera, y abandonan ciertas partes para mejor defender las otras: 71. Declarados enemigos del cristianismo por los ortodoxos: 71. Sistema de cristianismo creado por los innovadores protestantes de Alemania: 561[7]. Bellezas e imperfecciones de este sistema: 71-72. Cf. *Enrique VIII*

PROTOGONO (el), el Path de Egipto, el primer nacido, hermafrodita inefable, creador de los hombres y de los dioses: 789[6]

PSITAS, otro nombre de Baco en los misterios: 842[2]

PTAH. Con Neith, según los sacerdotes egipcios, formaba la fuerza y la inteligencia; no eran seres separados, sino la manifestación de un ser universal: 255. Ambos toman indistintamente el nombre de Osiris: 257, 789[6]. Cf. también 679[94], 698[21], 851[104]

PUBLICACIÓN (modo de), de esta obra: 25. Objeto de varias críticas fundadas: *ibid.* Motivo que nos ha hecho escogerlo: *ibid.* Objeciones que se nos podrá hacer: 25-26. Tristeza que experimentaríamos, si se nos confundiera con esos escritores poco escrupulosos, que se lanzan sobre todos los objetos de respeto que el género humano se creó: 26. Sin embargo, obligado por la evidencia a ser severo: *ibid.* Acusaciones contra el sacerdocio de los antiguos, inaplicables a los sacerdotes de las religiones modernas: *ibid.* Razones diversas que damos de esto: 26-27. Nuestra censura contra el sacerdocio de algunos politeísmos, mucho menos severa que el juicio emitido contra él por los Padres de la Iglesia, o por los teólogos que siguieron sus huellas: 27. Nuestra reprobación del sacerdocio y del despotismo no alcanza al cristianismo. Por qué: 28. Nuestra determinación: *ibid.* Valor que nos sugiere: *ibid.* Hombres afectados por los peligros del sentimiento religioso, y en cuyo nombre se cometieron innumerables crímenes, desconfían de las emociones religiosas y querrían sustituirlas por los cálculos del interés bien entendido: 28-29. Funestas consecuencias de semejante sistema: *ibid.* Cf. *Sentimiento religioso*

PUDOR natural del hombre, pudo vincular una idea de crimen a los goces del amor: 102. Cf. *Sexos (unión de los)*. Cf. también 127, 409, 410, 420, 421

PUEBLO PRIMITIVO. Su existencia parece indicada por las conformidades que se ven entre todos los pueblos: 78-79. Investigaciones necesarias para remontarse a este pueblo: 79-80. Que, después de haberlo descubierto, estaríamos en el punto en que estamos: *ibid.*

PURANAS. Comentarios de los brahmanes insertados en uno de los Upangas: 261. Vyasa es su autor: *ibid.* En varios de ellos, se reserva una sección especial a la geografía: 270. Panini es alabado como profeta y como inspirado: *ibid.* El gigantesco Atri, uno de los primeros padres de la raza humana, se somete a rigurosa penitencia: 280. Revelación de la naturaleza de diversos dioses: 404. Los Vedas y los Puranas: 706[3]. El dualismo domina en ellos: 717[125]. Cf. también 721[38], 811[9], 848[66]

PURO (hijo de Buda). Pasa de un sexo al otro varias veces en un mes: 409

QARMATAS. Saquearon La Meca: 604[10]

QUEREMÓN. Según este autor, los egipcios sólo reconocen como dioses a los planetas: 704[53]. Cf. también 636[12]

QUETZALCÓATL, el dios del aire entre los mexicanos, era una serpiente cubierta de plumas verdes: 760[3]

QUIMERA (la), igual que la Gorgona y la Esfinge, son invenciones ajenas a Grecia: 763[24]

QUINTO DE ESMIRNA, *Teomaquia*. Su estilo apenas difiere del de Homero: 356, 746[35]

RABAUT, cayó en los mismos errores que Dupuis: 669[22]. Cf. también 601[14], 662[1]

RADAMANTE. Mora en el Elíseo, que no es lugar de los muertos: 450. Una ley suya permitía a los cretenses jurar por los animales sagrados y no por las divinidades superiores: 660[12]. Cf. tambien 338, 743[4]

RADEGAST, el Apolo de los vándalos: 303

RADHA. Los adoradores de Vishnú rinden culto, al tiempo, a esta diosa, una de sus favoritas: 273. La pastora elegida por Krishna se alarma por las danzas con otras compañeras: 804[24], 805[24]

RADIS o RADIAS, parias de la isla de Ceilán: 606[21]. Cf. *Castas*

RAGAS (ficción agradable de los seis), seres intermediarios entre dioses y hombres: 270

RAGNAROK, o crepúsculo de los dioses en la religión de los escandinavos: 523. Cf. también 525

RAGU VANSA. En él nos narra poéticamente Kalidasa la historia de la vaca Nandini: 267

RAHU (fábula del dragón). Monstruo terrible al que Vishnú le cortó la cabeza: 269. Causa de los eclipses: *ibid*. Sus relaciones con el Fenris de los escandinavos: *ibid*.

RAJA BRANDRATCH. El Upnekat habla de este brahmán que, en el desierto, se mantuvo sobre un pie hasta su muerte, con la mirada fija en el sol: 806[4]

RAJMAHALL (habitantes de las montañas de). Creen en la metempsícosis y hacen del cuerpo de los animales la morada de las almas degradadas: 113. Cf. *Magia*. Condenan a los hechiceros también a la muerte: 589[6]. Su *maungy* o jefe político oficia en los ritos religiosos: 593[17]

RAMA. Sus aventuras en el *Ramayana*: 264. El rey Trisanku, uno de sus ancestros, pretende subir vivo hasta la mansión celeste: 283. El boscaje en el que descansó de sus viajes cubre todavía con su sombra la montaña de Kimur: 366. En sus fiestas figuraban los animales, mitad dioses, mitad hombres: 458. Analogía entre Hércules y Rama: 676[65]. Visvamitra le da armas mágicas: 715[118]. Cf. *Catástrofes físicas*

RAMANUJ. Son una rama de los *vaishnavas*, que sólo adoran a Vishnú en su encarnación de Rama: 712[80]

RAMAYANA. Encanto de esta epopeya india: 286, 287, 718. Descripción de las cortesanas por Rischysiringa: 718[2]. Discurso de Dasaratha comparable, por su patetismo, con la descripción de los dioses de Héctor y Andrómaca: 286. Sería interesante comparar el *Ramayana* con la *Ilíada*: *ibid*. Oposición de la poesía homérica y de la poesía india: 287-288. Cf. también 291, 402, 419, 615[44], 706[3], 715[115], 716[119], 718-721

RAMMOHUN-ROY, brahmán teísta de nuestros días, prueba que el politeísmo sigue reinando en la India: 713[86]

RAPSODAS: 328. Su profesión, muy honrada: 751-752. Algunas veces, llamados homéridas: *ibid*. Error de los eruditos a este respecto: *ibid*. Dominio que ejercían sobre sus oyentes: 752. Su profesión se deterioró al hacerse mercenaria: *ibid*. Cf. también 397, 443, 732[10], 751[8], 755[15]

RAVANA, héroe, genio o encarnación rebelde: 425, 715[116]
REA SILVIA, madre de Rómulo: 815[32]
RECO. Hazaña de Baco contra este gigante: 677[78]
REGNAR LODBROK. Llevaba con él la vaca Sibilia, que ponía en fuga a los enemigos: 302. Leyenda compuesta por un escaldo pagano: 518
RELIGIÓN (supuesto origen de la): 38. Se agranda el círculo del que la religión se aleja; retrocede, pero no desaparece: se coloca siempre, por así decirlo, en el límite de lo que los hombres saben: 38-39. De dónde proceden los ataques dirigidos contra ella: *ibid.* Que buscamos por todas partes consuelo, y casi todos ellos son religiosos: *ibid.* Que se ha desnaturalizado la religión: 40. Que ya pasó la época de la intolerancia: *ibid.* Inmensidad de la investigación: 41. Que, hasta ahora, sólo se ha considerado la parte exterior de la religión: *ibid.* El miedo no es su único recurso: 41-42. Ni la ignorancia de las causas: *ibid.* Ni la superioridad de la organización: *ibid.* Incluso, cuando se la considera como una ilusión, sería, en todo caso, ilusión propia de la especie humana: 43. La superioridad de la organización humana sería una causa de irreligión, si el sentimiento humano no existiera: *ibid.* Que no hay que intentar ni destruirlo, ni mantenerlo: 44. El fondo, indestructible; las formas, perecederas: *ibid.* Que la incredulidad no prueba que el hombre no quiere la religión, sino que no quiere la que tiene: 44. Cuán envilecida durante el despotismo imperial: 57. Enfoque erróneo por las tres partes que se han ocupado de ella: 479. Caída de la religión, después de Luis XIV: 63. Cómo se la consideraba antes del comienzo del siglo XVIII: 64. Se la degrada cuando se le quiere aplicar el principio de la utilidad: 66. Filósofos alemanes que la conciben como la lengua universal de la naturaleza: 72-73. Utilidad de este enfoque, para penetrar en el sentido simbólico de las mitologías: *ibid.* Esta hipótesis debe remplazar momentáneamente en Francia el sistema de Dupuis: 73-74. Objeciones contra este sistema: *ibid.* La religión renace con más hermosura después de la destrucción de cada una de sus formas: 75. Una nación no tiene, al final de un siglo, la misma religión que al comienzo: 81. Incluso cuando las religiones adquieren un sentido científico, no pierden su sentido literal: 83. El conjunto de los hombres toma la religión tal como se presenta: 85. Distinción entre las religiones sacerdotales y las que son independientes del sacerdocio: 39, 87. Cf. *Sacerdocio.* Por no tener en cuenta esta distinción, se han seguido caminos equivocados: 89. Las religiones no sacerdotales, las más humanas y puras: *ibid.* Cf. *Interés.* Que la moral puede ser ajena a la religión: 106. Que el sentimiento religioso la introduce en ella: *ibid.* Que la religión toma bajo su custodia el interés común: *ibid.* Todas las crisis religiosas han hecho bien: 547. La religión está naturalmente aliada con la libertad: 65. Debe poder perfeccionarse: 76. Cf. *Paw.* Cada religión se divide en varias épocas: 82-83. Para los eruditos, la religión no es más que la ciencia; para los incrédulos, la impostura; para los creyentes, Dios o el Diablo. Nadie vio, en todas las creencias, el corazón humano: 575[34]. Por qué comenzamos por el análisis de las religiones sacerdotales: 89. La religión, inmutable en cuanto al fondo; histórica, en su desarrollo: 575[36]. La revolución que se opera en la religión por el paso del estado salvaje al estado bárbaro; el equivalente de la división del trabajo, división introducida entre los hombres por el desarrollo de la sociedad: 135. Problema que hay que resolver: 364-365. Dos clases de religión: la primera, el

resultado de todos los errores de una multitud ignorante; la segunda, obra de la elite de la especie humana: *ibid.* Que la segunda no merece la preferencia, como alguien podría creer: 365. Las religiones sacerdotales, mucho más extravagantes que las independientes: *ibid.* Contradicciones más numerosas y más palpables en las religiones sacerdotales que en las creencias sencillas y rudimentarias que crea el espíritu humano: 370-371. Por qué: *ibid.* Que el carácter absurdo de ciertas formas religiosas, lejos de ser un argumento contra la religión, es una demostración que no podemos dejar de lado: *ibid.* Dos causas por las que el sacerdocio mantiene en la religión prácticas ofensivas para la Divinidad: 373: 1) su persistencia en todas las costumbres antiguas; 2) porque, al ser el único intermediario entre el cielo y la tierra, es, de alguna forma, responsable de la conducta de los dioses: *ibid.* La religión, en sus relaciones con la moral, siempre situada entre dos escollos: 483. Cuáles: *ibid.* Son mucho menos molestos en las religiones libres que en las sacerdotales: *ibid.* La dignidad de la religión, siempre ignorada: 484. Error por hacer de la religión un código penal: *ibid.* La religión no puede cambiar nada del mérito de las acciones de los hombres: *ibid.* Es, al mismo tiempo, un recurso contra la imperfección de la justicia humana, y una sanción de las leyes generales que esta justicia tiene como objetivo mantener: *ibid.* Situación de la religión en Francia hace sesenta años: 532. Intolerancia y frivolidad del clero: *ibid.* Sus efectos: 532-533. Los de la Revolución, contrarios a lo que se esperaba: 533. Nuevas sectas que surgen de todas partes: *ibid.* Rarezas y extravagancias de algunas: *ibid.* Prueban, sin embargo, que el germen religioso no está destruido: *ibid.* Que se debe volver a uno de los estados compatibles con nuestra naturaleza, la religión impuesta, la religión libre: 534. Cuál es el mejor: *ibid.* La India, Etiopía, Egipto, Persia, ofrecen el ejemplo del primero: *ibid.* Resumen de lo que dijimos de él: 534-535. Objeción que nos han hecho algunos hombres ilustres: 535. Sólo tuvieron en cuenta un aspecto de la cuestión: *ibid.* Inconvenientes del principio estacionario, incluso en las religiones que sólo otorgan al sacerdocio un poder limitado: 537. En Grecia, por ejemplo: 537-538. Exilio de Anaxágoras: 537. Muerte de Sócrates: *ibid.* Opinión del señor Cousin sobre este atentado: *ibid.*, 862-863. Es una respuesta a los detractores del cristianismo: *ibid.* Evidencia que se desprende de ella: 538. El principio estacionario consagrado en Roma con mucha más solemnidad que en Grecia: 539. Sus consecuencias: *ibid.* Anécdota de Sila: 864[3]. Por qué la religión romana perdió su principio de vida, de perfectibilidad: 538. Que la pureza de la doctrina no disminuye en nada los peligros del principio estacionario en la religión: 539. Ejemplos sacados de las diferentes sectas que nacieron del cristianismo: *ibid.* Toda religión positiva conduce a la intolerancia: 863[1]. Pasaje de Appiano Buonafede sobre esto: *ibid.* Consecuencias inevitables de la alianza de la autoridad política con el celo religioso para la perpetuidad de la fe: 540. Conducta del clero hacia las comunas, en la Edad Media: 865[3]. Lamentaciones de algunos autores de nuestros días, sus apologías, sus llamadas a la inquisición: 539. Sus iras contra la independencia del pensamiento y la libertad de discusión: 540. Cuán funesto es, incluso para la religión, cualquier obstáculo que se oponga a su perfectibilidad progresiva: 541. Pruebas: *ibid.* Que es la primera interesada en que se le aplique esta facultad progresiva: 542. Por qué: *ibid.* Cómo entendemos nosotros esta progresión: 542. Que no perjudica en absoluto a la divinidad de la religión: *ibid.* El carácter estacionario en las creencias, lo más opuesto al sentimiento religioso: *ibid.* Pruebas: 543. Que nuestro sistema no excluye en absoluto las comunicaciones sobrenaturales: 543. La libertad, fuente de toda perfección en la religión: 544

RELIGIÓN NATURAL. Sistema de sus partidarios: 64. La del salvaje: 141

REVELACIÓN universal: 36. Que Dios puede presentar al hombre la revelación de una manera sobrenatural y darse ella también de una manera sobrenatural: 547[1]. Que nuestro sistema sobre la sucesión de las formas religiosas no lleva a negar la revelación: *ibid.* Cf. *Sentimiento religioso.* Relaciones afortunadas que establece este sistema entre la Providencia y los hombres: 562. Cómo se debe considerar las revelaciones sobrenaturales: 178

REVOLUCIÓN FRANCESA. Su acción sobre la religión: 67. Persecución execrable que trajo consigo: *ibid.* Reacción que se siguió: 68

REVOLUCIONES POLÍTICAS. Que modifican el poder sacerdotal: 159, 168

RHAGUVANSA. Contiene los grandes hechos de Rama y otros más: 706[3]

RHODE, *Ueber Alter und Werth einiger morgenlaendischer Urkunden.* Sus observaciones sobre las consecuencias científicas de la excesiva sumisión a los dogmas: 561[6]. Distingue entre dos sistemas religiosos y se acerca, sin suficiente profundización, a nuestra división de las religiones sacerdotales y de las libres: 594[3]

RIG VEDA. Nació del fuego: 268. O Vishnú: *ibid.* Contiene himnos en verso: 705[3]. En el capítulo 38, los dioses eligen a Indra como el dios supremo: 779[3]

RISHI (los siete), o penitentes: 261, 266, 616[44]. Cf. *Dolor (santidad del)*

RITOS licenciosos, originados por el refinamiento en el sacrificio: 127-128. Combinados con nociones exageradas sobre la castidad: *ibid.* Cf. *Juidah.* Corporación de sacerdotes, entre los negros, que cantan himnos obscenos: *ibid.* Cf. *Babilónicas, Menfis.* Que estos ritos pertenecen al sacerdocio: *ibid.* Cf. *México, Vitzli-Putzli, Lingam.* Los ritos licenciosos de los misterios, ajenos a la verdadera religión griega, y una importación de las religiones sacerdotales: 508. Las explicaciones científicas de los ritos licenciosos, parte de las filosofías sacerdotales, no cambian en nada el sentido popular: 509. Cf. *Florida, Sirios.* Obscenidades con que se mezclan las ceremonias indias: 289-290. Meschia y Meschiane, fábula obscena de los persas: 300. Egipcias que organizan danzas lascivas en torno al toro de Licópolis: 422. En Chemnis se entregan a los abrazos del macho cabrío Mendes: 801[1]. Reuniones de muchachas entregadas a la voluptuosidad en Achmin, residuo de los ritos licenciosos: *ibid.* Falo en Siria, con el nombre de Peor o Fegor, al que las jóvenes sacrificaban su virginidad: *ibid.* Profetas judíos que se lamentan con frecuencia de que los falsos dioses seducían a los israelitas con prácticas impúdicas: 442. Belfegor, dios de los idólatras, tenía formas priápicas; ritos licenciosos que se celebran en su honor: 801[1]. Falo erigido con pompa en el templo de Yahvé: 423. Culto de Príapo admitido en el reino de Judá, con Osías: *ibid.* Josías lo suprime: *ibid.* Ritos licenciosos entre los mexicanos: *ibid.* Danzas obscenas de las jóvenes indias delante de las pagodas: *ibid.* Jóvenes casadas que ofrecen las primicias de su virginidad a estas imágenes: *ibid.* Obscenidades de las figuras del templo de Shiva en Elefantina: 802[12]. Historia licenciosa de la diosa Mariathal: *ibid.* Culto de Kali: 423. Representación teatral de los placeres contra natura, en India y México: 802[13]. El pecado contra natura, la encarnación del Diablo, según Antoinette Bourignon: *ibid.* Excesos a los que se entregaban los escandinavos en la fiesta de Thor: 423. La religión persa, más circunspecta: *ibid.* Que, no obstante, se pueden ver algunos restos de ritos licenciosos en la permisión que tenía el rey de Persia de emborracharse el día de la fiesta de Mitra: *ibid.* Otros pueblos en los que estos ritos eran habituales: 802. Explicaciones científicas de estos ritos: 423. Sectas indias que rendían homenaje a los órganos generadores, que se dividían en dos ramas. Cómo los indios representan estas subdivisiones: 901. Que no se ve nada parecido en las religiones independientes: 423. Fiestas en Grecia, sin embargo, en las que algunas mujeres aparecían desnudas; pero estas mujeres eran cortesanas: 424. Mujeres en Corinto entregadas al culto de Venus, según Estrabón: 901. Nombre que recibían: *ibid.* Que, de esto, no se puede concluir nada contra nuestra aserción, y tampoco de las danzas de las jóvenes de Esparta con los jóvenes: 424. Las prácticas licenciosas introducidas en Grecia se vinculaban siempre con dioses extranjeros: *ibid.* Cómo explican los poetas el nacimiento de Príapo: 803[21]. Proscripción de las fiestas obscenas en Tebas, por parte de Diagondas: 424. Propuesta que hace Aristófanes en una de sus comedias: *ibid.* Prácticas escandalosas de los herejes de diversas épocas: 803[24]. De los maniqueos: *ibid.* De los adamitas, picardos y anabaptistas: *ibid.* Procesiones de los flagelantes: *ibid.* Descripción, alegorías, imágenes indecentes de los místicos: *ibid.* Antoinette Bourignon: *ibid.* Pasajes curiosos de un autor sobre los ritos licenciosos: 804[24]. Extracto que da del poema de Jayadeva: 804-805. Cf. también 412, 718[14], 722[46], 801, 802[6], 803[20]

ROBERTO DE NOBILIBUS o DE NOBILIS, sobrino del cardenal Belarmino: 719[15]

ROBERTSON. Inexactitud sobre los viajeros que cita: 546[2], 805[4]. Cf. *Sereros*

ROBOAM. Los reinos de Israel y de Judá se separan bajo su reinado: 639[19]. Se entrega al culto de los ídolos: *ibid.*

RODAS (isla de). Una de las rutas por las que las religiones sacerdotales llegaron a Grecia: 668[12]. Cf. también 600[7], 652[10], 656[6]

ROHANNIS en Ava: 713[85]

ROMANO (politeísmo). Duración de la lucha del espíritu sacerdotal contra el espíritu griego, en este politeísmo: 431. Estado de Etruria en el momento de la fundación de Roma: *ibid.* Cf. *Etruria.* Autores que se puede consultar sobre el origen de las diversas tribus de Italia: 810[1]. Fiestas del Tíber, un resto del culto de las fuentes: 811[11]. Los romanos copian igualmente de la religión de la Italia antigua y de la de Grecia: 434. Niebuhr sobre Rómulo y Tulio Hostilio: 818[53, 54]. Rómulo, según él, el nombre genérico del pueblo romano: 818[53]. Todo lo que es sacerdotal en la religión romana desciende de Etruria; cuanto pertenece al politeísmo independiente, de Grecia: 434. Hechos que lo prueban: *ibid.* Libros atribuidos a Numa; libros entregados a las llamas cuatrocientos años después de su muerte: *ibid.* Nuestras conjeturas sobre esto: 818[54]. Tito Livio y Clavier, sobre el mismo hecho: *ibid.* Resistencia de Tulio Hostilio al sacerdocio: 434. Oculta a los sacerdotes sus conjuros, revelados a Numa por Pico y Fauno: 819[61]. Manera como los sacerdotes lo castigan por ello: *ibid.* Origen que se atribuye a Tarquinio el Viejo: 819[63]. Rechaza la religión etrusca: *ibid.* Llama Roma a diversas familias griegas: *ibid.* Pasajes de Tito Livio sobre él y sobre su hijo: *ibid.* Toma de los toscanos sus juegos sagrados y algunas ceremonias

RÜH: 729, 730[88], 751[8], 770[20], 793[10], 858[12], 859[9], 861[46]
RUSOS (campesinos). Toman los santos de sus vecinos, cuando la cosecha es mala: 104. Cf. *Fetichismo*. En las tribus próximas a Rusia, los chamanes o juglares tienen escasa influencia: 129. Cf. *Juglares, Lévêque*. Tienen a san Nicolás entre sus fetiches: 583[39]. Antiguos fetiches de los rusos: 302. Su Wolkow, príncipe del país, tiene la figura de un cocodrilo: 303. Su Vladimiro, su rey y su sol: *ibid*. Sus hazañas, semejantes a las del Apolo griego: 303
RYMER, el gigante: 788[15]

SABACIOS (misterios). Deplorados por los Padres de la Iglesia: 495. Cf. también 845[39]
SABACÓN, etíope que llegó a ser rey de Egipto: 685[7]. Cf. *Egipto*
SABALA (vaca). Versos de Valmiki dedicados a esta vaca quejumbrosa y amenazadora: 287. Hace surgir numerosas falanges para la lucha: 294
SABEOS. Concentraban en simulacros la influencia de los astros para que los escucharan: 373
SACERDOCIO. Siempre intentó hacer de la religión el enemigo de la libertad: 57, 58. Obstaculiza el progreso natural de la religión: 76. Cf. *Religión*. El poder del sacerdocio debe ser ilimitado cuando existe como cuerpo desde la formación de las sociedades: 87. Por qué posee escaso poder en el estado salvaje: *ibid*. Su acción sobre la religión: 88. Que no se debe exagerar esta acción: *ibid*. No crea, pero coordina y se aprovecha de lo que existe: *ibid*. Cf. *Sacrificio*. Abusa de la inclinación del hombre al sacrificio: 102, 103. Cf. *Abstinencia*. Tiende a formar un cuerpo desde el estado salvaje: 119. Cf. *Juglares, Magia, Dioses, Catástrofes, Sueños, Adivinación, Nitos*. Consecuencias de su aparición en el culto de los salvajes: 125. Cómo los juglares se apoderan de la idea del sacrificio: *ibid*. Sus fetiches malos: *ibid*. El sacerdocio, autor de la prolongación de los sacrificios humanos: 126. Ritos licenciosos: 127. Acción del sacerdocio sobre la figura de los dioses: 128. Favorece la idea de dioses maléficos: *ibid*. Lucha contra la independencia del sentimiento religioso: 549-550. Asociaciones de sacerdotes entre los salvajes de América: 634. Monopolio de todas las funciones por orden de los sacerdotes en varias tribus salvajes: *ibid*. Cf. *Conformitades, Belli*. Los sacerdotes acompañan sus operaciones de misterios, de convulsiones y de alaridos: 590[13]. Cf. *Dauros*. Entre los lapones, los indios, los kamchadales, quien se considera un genio puede declararse sacerdote: 129. Cf. *Chamanes*. Algunas circunstancias extienden el poder del sacerdocio incluso hasta el fetichismo. Cf. *Juidah*. Que el sacerdocio, en algunas tribus salvajes, obliga a los placeres del amor: 130. Causas secundarias que pudieron contribuir a la autoridad del sacerdocio: 136. Cf. *Sentimiento religioso, Clima, Catástrofes físicas, Colonias, Temporal (poder)*. Los chiquitos del Paraguay, los calmucos y los lapones odian a sus sacerdotes: *ibid*. Cf. *Griegos, Galos*. Causas verdaderas que dieron al sacerdocio un poder ilimitado, la astrolatría y el culto de los elementos. Por qué: 139. Cf. *Germanos*. La organización del sacerdocio se puede reducir a dos grandes categorías, las castas hereditarias y las corporaciones electivas: 144. Herencia del sacerdocio en los persas: 150. Cf. *Persia, Mexicanos, Hebreos, Druidas*. El poder del sacerdocio, sea por efecto de la división en castas, sea por la forma de las corporaciones, igualmente despótico: 151. Extensión de las funciones sacerdo-

tales en todos los pueblos sometidos a los sacerdotes: *ibid.* Primer lugar y presidencia exclusiva en todas las ceremonias religiosas, los sacrificios, etc: *ibid.* Cf. *Magos.* El sacerdocio de la Antigüedad comprendía, según Heeren, a la clase ilustrada en todos los campos: sí, pero con un espíritu sacerdotal: 610[1]. El sacerdocio, geta, germano, bretón sólo entregaba a la muerte a los enemigos: 152. Cf. *Egipto, Etiopía, Brahmanes.* Poder sacerdotal en el Norte y en Occidente: 153. Entre los borgoñones, la destitución, posible contra los jefes políticos y no contra los sacerdotes: 614[33]. Entre los godos, unidos el sacerdocio y la realeza: 154. Astucias de los sacerdotes para hacerse obedecer. Anécdota de Cosinga en Polieno, entre los tracios: 614[35]. Los reyes, víctimas en los sacrificios humanos: 154. Los sacerdotes poseían en casi todos los lugares el poder judicial: *ibid.* En Egipto: *ibid.* El tribunal de Trento: 615. Cf. *Drotes.* El sacerdocio cristiano, heredero de los privilegios del sacerdocio de las naciones sometidas a los sacerdotes en la Antigüedad: 154. Semejanza de las druidas con las órdenes monásticas: *ibid.*, 615[42]. Cf. *Excomunión.* Dios en los infiernos, en el Tíbet, por haber herido a un sacerdote: 615[44]. Cf. *Anaitis, Moisés.* Medios que utiliza el sacerdocio para conservar sus privilegios y sus propiedades: 155-156. Sacerdotes, en todas las naciones que les estaban sometidas, exentos de llevar armas y de ser condenados a muerte: 155. Estos dos privilegios, reclamados por el sacerdocio cristiano: *ibid.* Razonamientos de los sacerdotes para justificar su inmenso poder: *ibid.* Austeridades increíbles: *ibid.* Se arrogan la enseñanza de todas las ciencias: *ibid.* Ejercen exclusivamente la medicina: 156. Apenas comunicaban su ciencia a los extranjeros: *ibid.* Cf. *Eudoxo, Jámblico, Vedas, Drusos.* Desconfianza y precauciones de los sacerdotes contra sí mismos: *ibid.* Cf. *Mercurio egipcio.* Ningún sacerdote podía escribir en su propio nombre sobre la religión o la filosofía: 157. Las funciones del sacerdocio no se confiaban nunca a un solo individuo: *ibid.* La historia no nos transmite el nombre de ningún individuo distinguido dentro de las castas sacerdotales: *ibid.* Cf. *Sanconiatón.* Riesgos que el sacerdocio percibía en cualquier preeminencia individual: *ibid.* Que el sacerdocio moderno no ha podido plegarse a este cálculo, porque hoy la individualidad es demasiado poderosa: 620[90]. Que, en las corporaciones sacerdotales, todo era monótono e inamovible: 158. Que, en las naciones sacerdotales, el poder sacerdotal no siempre fue el mismo: 159. Causas que lo han modificado: *ibid.* Cf. *Clima, Fertilidad, Esterilidad, Carácter nacional, Independencia, Esclavitud, Revoluciones políticas, Trabajo (necesidad del), Fenómenos físicos, Migraciones.* Sacerdocio trasplantado a Etruria por colonias de pelasgos: 167. Resumen de nuestras investigaciones sobre el sacerdocio: 190-191. Que, a pesar de las diferentes formas, siempre sobrevivió el poder sacerdotal: 190. Que, si rindió servicios a la especie humana, en la infancia de las sociedades, fue un obstáculo para su perfeccionamiento: 190-191. El sacerdocio no interviene en la purificación general del ejército de los griegos: 194. Fraternidad natural entre todos los sacerdocios: 204. Cf. *Politeísmo sacerdotal.* Daño que hizo al hombre el sacerdocio de la Antigüedad: 228. Imitación del sacerdocio de la Antigüedad por el de la Edad Media: 757. Impotencia de la civilización de la industria, de las ciencias y de la filosofía contra la opresión sacerdotal. Nuestra verdadera salvaguardia, el sentimiento religioso: 231-232. Admiración absurda de la filosofía del siglo XVIII por las naciones sometidas a los sacerdotes: 231. El sacerdocio, al seguir donde reina una marcha uniforme, no tuvo, en su origen, un plan determinado: 235. Posición hostil a cualquier monopolio: *ibid.* El sacerdocio, obligado a buscar las causas de los hechos que observa: 240. Preguntas que se ve obligado a plantear: *ibid.* Los sacerdotes, sin perder el espíritu de sacerdotes, devienen metafísicos y filósofos: 240. Pruebas del monopolio de la ciencia por parte del sacerdocio en la religión india: 269. El Surya Siddhanta, el más antiguo tratado de astronomía, considerado como una revelación: *ibid.* Esfuerzos de los sacerdotes por conciliar sus descubrimientos sucesivos con la infalibilidad de sus primeras enseñanzas: *ibid.* La legislación, parte de los Sastras: 269-270. La medicina, el presente de un dios: *ibid.* La anatomía, contenida en uno de los Upanishads de los Vedas: 269-270. La geografía en los Puranas: *ibid.* La música bajo la protección de siete divinidades: *ibid.* Relato indio sobre la invención de la música: *ibid.* La astronomía, asociada a la música: *ibid.* La gramática, que tiene como autores a Patanjali y Panini, inspirados y profetas: *ibid.* Huellas del sistema de la atracción en poemas indios: 711[68]. El *Ramayana* muestra, en cada página y con elogio, la servidumbre de los indios al sacerdocio: 293. Hechos que lo demuestran: 293-294. Presentes de Dasaratha a los brahmanes que afirman que su misión no es de este mundo: *ibid.* Brahmanes preceptores de los reyes. Los reyes y los dioses abrazan las rodillas de los brahmanes. Consejos de Dasaratha a su hijo, sobre el respeto y la sumisión que debe a los brahmanes: 294. Entre los griegos de los tiempos heroicos, los poetas eran más favorecidos que los sacerdotes: 318. Sacerdotes egipcios, que hacían jurar a sus reyes, al consagrarlos, que no introducirían, bajo ningún pretexto, ninguna costumbre extranjera: 760[1]. Motivo por el que los sacerdotes, en las religiones sacerdotales, no permiten innovación alguna en la figura de los dioses: 361. Todo intento de este tipo, considerado como un sacrilegio: 362. Picas y troncos de árboles, entre los galos, contemplados con más veneración que las estatuas de oro de sus dioses: *ibid.* Sacerdotes egipcios que niegan cualquier aparición de los dioses con una forma humana: *ibid.* En sus ceremonias, se colocaban cabezas de animales: 761[11]. El sacerdocio muestra algunas veces el deseo de revestir a los dioses de una belleza superior: 363. Que el hombre está muy lejos de haber logrado alguna ventaja de su sumisión al sacerdocio: 370-371. La esclavitud, el error y el terror, el único fruto conseguido: *ibid.* Que el sacerdocio corteja a la vez al sentimiento religioso, al interés y a cierto afán de abstracción que se apodera algunas veces de las cabezas humanas: 391. Que, después de haber proclamado la existencia de dioses maléficos, siente la necesidad de confortar al hombre contra esta creación: *ibid.* Tendencia que tienen los sacerdotes a combinar siempre la parte popular de los cultos con sus hipótesis y sus descubrimientos: 489. Que el sacerdocio sólo tuvo en Grecia un poder limitado: 490-491. Por qué: *ibid.* Esfuerzo que hace para adquirir cada vez mayor importancia: 491. Creuzer, a este respecto: 841[23]. Introduce en los misterios cuanto rechazaba el espíritu independiente del culto nacional: 491. Imposibilidad de describir sus esfuerzos sobre cada objeto: *ibid.* Intenta, por política, enrolar a la irreligión bajo sus estandartes: 502. El amor propio favorecía esta transacción: *ibid.* La incredulidad profesada por los ministros mismos de los altares, hacia el final del último siglo: *ibid.* El señor de Barante, a este respecto: 851[106]. Que el sacerdocio de la Antigüedad pudo actuar algunas veces de buena fe: 535

SACRIFICIO. Idea del sacrificio, inseparable de la religión: 100. Como del amor: 101. Los amantes y los místicos se lo imponen: *ibid.* Cf. *Salvajes.* La idea del sacrificio, al principio exento de refinamiento, se hace gradualmente más complicada: *ibid.* Tendencia del hombre a buscar el mayor refinamiento en el sacrificio, no observada lo suficientemente por los filósofos: *ibid.* Atribuyeron estos refinamientos a los sacerdotes, mientras que el principio estaba en la naturaleza del hombre: *ibid.* Cf. *Salvajes, Castidad, Virginidad, Sexos (unión de los).* Doble movimiento del hombre respecto al sacrificio: uno, desinteresado; el otro, egoísta: 125. Refinamientos en el sacrificio, admirables, cuando los dicta el sentimiento; horrorosos, cuando el cálculo se apodera de ellos: 126. Progresión funesta en el refinamiento de los sacrificios: *ibid.* Cf. *Sacrificios humanos, Castidad, Ritos licenciosos.* El refinamiento en los sacrificios se volvía algunas veces en contra de los sacerdotes. Buriatos que sacrifican a los suyos en los grandes peligros: 592[4]. El sacerdocio no pierde nunca de vista su interés. Cuando se trata de purificaciones que reconcilian al hombre con la divinidad, los medios purificadores son siempre la liberalidad y la sumisión a los sacerdotes: 245-246. Los sacrificios se suavizan con el tiempo, incluso en las religiones sacerdotales: 290. Cf. *Dioses.* Nuevo punto de vista con el que el sacrificio se presenta al hombre civilizado: 411. Sócrates, sobre esto: 792[2]. Respuesta de Brimha a la sabiduría divina sobre la necesidad de los sacrificios: *ibid.* Que esta manera de considerar los sacrificios no tiene más que ventajas en las religiones independientes: 411-412. Que no sucede lo mismo en las religiones sacerdotales: *ibid.*

SACRIFICIOS HUMANOS. Se reintroducen en el politeísmo en su decadencia: 52. Sus diversas causas: 126. Cautivos inmolados. Sacrificios funerarios: 126. Reyes o jefes que inmolan a hombres para prolongar su propia vida, o como mensajeros: *ibid.* Indagación del futuro: *ibid.* La causa principal, el refinamiento del sacrificio. Cf. *África, Florida, Castidad, Ritos licenciosos.* Estos sacrificios, prolongados por el sacerdocio: 127. Cf. *Vitzli-Putzli, Teutates.* Sacrificios de niños por parte de sus padres: provienen del refinamiento en el sacrificio. Cf. *Florida.* Niños arrojados a los ríos en China, vestigios del culto de los elementos: 601[15]. Cf. *Cartago, Galia, Germanos, Sacerdocio, India.* Los cartagineses, asediados por Agatocles, restablecen los sacrificios humanos: 179. Esta práctica, utilizada en China: 645[12]. Historia del rey Omburischa y del sacrificio humano que quiere ofrecer: 288. Valmiki, sin dejar de contar cómo los dioses no quieren este sacrificio, no lo censura y alaba la piedad de Omburischa: *ibid.* Sacrificios humanos ofrecidos en Rusia por Vladimiro: 303-304. Autores que se puede consultar sobre los sacrificios humanos en los diversos pueblos: 791-800. Cf. *Cartago, Galia, Germanos, México, Escandinavos.* Ídolo en el palacio del *samorín*, rey Calicut, al que se ponía al rojo vivo mediante el fuego para colocar a algunos niños en su boca: 794[13]. Autómata, en China, jugando al ajedrez con víctimas a las que se condenaba a muerte si perdían la partida: 891. Persas, en la invasión de Grecia, que enterraban vivos a nueve muchachos y a nueve chicas: 413. La reina Amestris, ordenando sacrificar a catorce vástagos de las familias más ilustres: *ibid.* Figuras que se ven en las ruinas de Persépolis: *ibid.* Etíopes que sacrifican hombres al sol y a la luna: *ibid.* Egipcios, a Tifón: 414. Opinión de Eratóstenes sobre la tradición que acusaba a Busiris de sacrificar a los extranjeros: 794[21]. Error de Heródoto manifestado por varios autores:

ibid. Virgen arrojada al Nilo, para obtener una inundación favorable: *ibid.* Diferentes sacrificios de los indios: 414. Mayor o menor placer que proporcionan a la divinidad, según la calidad y el número de las víctimas: *ibid.* Preceptos y ritos del capítulo de sangre del Kalika Purana: *ibid.* Esculturas que presentan su imagen: *ibid.* Invocación del sacrificador: 795[22]. Rey cautivo, degollado por el jefe de los sarracenos a sueldo de los romanos: 414. El padre de Mahoma y él mismo, entregados a este tipo de muerte. Excepción poco fundada que Creuzer quiere hacer a favor de Licia: 795[26]. Sacrificador de los sármatas, que bebía la sangre de las víctimas: 414. Sacrificio de Ifigenia y de las hijas de Erecteo relegado al rango de las fábulas: *ibid.* Leyenda de la primera, parecida a la de Jefté: 795[35]. Sacrificios humanos, entre los griegos de los primeros tiempos: 414. Estas prácticas bárbaras, rechazadas por ellos muy pronto: *ibid.* Vuelven a ellas algunas veces, influidos por el ascendiente de las supersticiones antiguas: *ibid.* Tres jóvenes príncipes, parientes del rey de Persia, inmolados antes de la batalla de Salamina: 414-415. Estos sacrificios se prolongan en Arcadia más que en otras regiones de Grecia: 415. Por qué: *ibid.* Detalles de Pausanias sobre esto: *ibid.* Octavo trabajo de Hércules, quizá una tradición desfigurada de la abolición de estos sacrificios: *ibid.* Anacronismo en el que descansa: *ibid.* Error de Lactancio a propósito de los sacrificios humanos en la isla de Chipre: 796[51]. El horror de los griegos por estas costumbres aparece en todos los relatos de sus historiadores: 415-416. Ejemplos: 416. Ritos menos sanguinarios que las remplazan: *ibid.* Actos de abnegación entre los griegos y los romanos, que tienen una falsa analogía con los sacrificios humanos: *ibid.* Estos actos, efecto accidental y espontáneo de un patriotismo digno de admiración, incluso en sus extravíos: 416. Esos sacrificios siguen subsistiendo entre los galos, a pesar de la severidad de las leyes romanas: *ibid.* Se prolongan, entre los francos y los godos, hasta el siglo VIII: *ibid.* Procopio, sobre esto: 797[68]. Cristianos que les venden esclavos para ser inmolados: 417. Indios que, en nuestros días, a pesar de los ingleses, arrojan hombres al Ganges para que sean devorados por los tiburones: *ibid.* Familias que se comprometen a restituir a los dioses el quinto de sus hijos que habían recibido: *ibid.* Brahmanes, por un pasaje del Kalika Purana, libres de estos sacrificios: *ibid.* Excepciones: *ibid.* Director espiritual del rey, inmolado sobre su tumba en México: 797[75]. Alegorías científicas y cosmogónicas que contribuyeron a la prolongación de los sacrificios humanos: 417. Paterson, sobre una antigua representación del tiempo, con el nombre de Mahacal: 797[76]. Culto del Lingam que origina el asesinato: 417. Otros ejemplos en los diferentes pueblos: *ibid.* Dogma de la caída primitiva que motivó estos terribles ritos: 418. Vedas a propósito de esto: 797[81]. De Maistre y sus alumnos: 895-896. Simple analogía en las palabras, o deseo de imitación que producen algunas veces efectos igualmente funestos: 418. Reyes en el Norte que inmolan a sus propios hijos: *ibid.* Error de César sobre la cualidad de las víctimas que se inmolaba en estos sacrificios: 798[86]. Presagios que los sacerdotes, en diferentes pueblos, sacaban de los signos o de las convulsiones de la víctima: *ibid.* El Kalika Purana sobre esto: *ibid.* Sacrificios que se suavizan en las religiones sacerdotales y ritos menos feroces que los remplazan: 418. Imágenes de cera que remplazan a la víctima en diferentes naciones: *ibid.* Vaca del sacrificio en la celebración de los matrimonios, en la India, que se deja libre: 897-898. Obstinación del sacerdocio en mantener estos sacrificios: 419. Opinión del señor de Maistre a este respecto: 800[104]. Sacrificios funerarios que aparecen de modo gradual entre los griegos: 419. Hechos dispersos de los que no se puede sacar ninguna conclusión a favor de la permanencia de esta costumbre: 419-420. Se mantiene en las naciones sometidas al sacerdocio: 420. Esclavos masacrados en los funerales de los príncipes escandinavos: *ibid.* Mujeres enterradas o quemadas con ellos: *ibid.* Las de los caciques de Santo Domingo sufrían la misma suerte: *ibid.* Conducta de Sigrida, reina de Suecia, con Eric, su esposo: 800[108]. Branhilda, en la *Edda*, se echa a la hoguera de Sigfrido, y entona un canto de triunfo, quemándose con él: *ibid.* Otros ejemplos en diferentes pueblos: 420. Hombres deformes, sacrificados en México para divertir a sus dueños en el otro mundo: 800[111]. Mujeres de Benarés y de Bombay que se queman aún hoy sobre la tumba de sus maridos: 420

SADI, poeta persa, sobre el perdón de las injurias: 625[10]. Cf. *Clima*

SAEDMUND SIGFUSON fue el primero que se atrevió a poner por escrito las sagas y poemas que forman las *Eddas*: 528

SAGITTARIUS, *Antiq. gent.*: 763[21]

SAINTE-CROIX. Momias disecadas, sus escritos sobre Grecia y Oriente: 73. *Des Mystères*: 568, 653[33], 656[6], 658[19], 661[20], 667[23], 796[44], 803[23], 839[1], 844[39], 849[103]. Ridiculez de sus detalles anecdóticos sobre Prometeo: 665. Pasaje de Heródoto, totalmente contrario a las hipótesis de Sainte-Croix, sobre las guerras religiosas: 665[19]. Estas guerras sólo pueden admitirse como luchas entre divinidades locales, o entre los sacerdotes y los guerreros, pero no entre las colonias y los indígenas: 666[21]. Errores de Fréret y de Sainte-Croix: *ibid.*, 853[1]

SAIS: 215, 229, 702[31], 840[11]. Inscripción panteísta del templo de Sais en Egipto: 255

SAIVAS. Tuvieron como fundador a Sankara-Acharya, uno de los más famosos comentaristas de los Vedas: 712[78]

SAJONES. Sus dioses convertidos en diablos, en las capitulares de Carlomagno: 121

SAKUNTALA (heroína del célebre). Su presencia en el jardín de las delicias: 161. Cf. también 160, 809[18]. Cf. *Clima*

SALAGRAMAS. Así llaman los indios a las piedras de Vishnú: 709[35]

SÁLIVAS. Salvajes de las orillas del Orinoco. Heridas que hacen a sus recién nacidos: 580[32]. Cf. *Sexos (unión de los)*

SALOMÓN. Destierra al pontífice Abiatar: 176. Se casa con la hija de Faraón: *ibid.* Levanta a los ídolos numerosos altares: 639[19]

SALVAJES (supuesto ateísmo de algunas tribus): 38. ¿El estado salvaje es el estado primitivo?: 78. Ligereza con la que los filósofos del siglo XVIII se pronunciaron sobre esta cuestión: *ibid.* Vicios de sus razonamientos: *ibid.* El hombre salvaje, estacionario: *ibid.* No consideramos el estado salvaje como el primero, sino el más rudimentario: 79. Quizá, el efecto de una caída: *ibid.*, 133. Cf. *Sacerdocio*. Situación de las tribus salvajes que conocemos: 94. Unas, en un estado casi bruto: *ibid.* Otras, un poco por encima: *ibid.* Acción del sentimiento religioso sobre el salvaje: *ibid.* Que el temor no es la primera causa de su disposición religiosa: *ibid.* Ni el interés: *ibid.* Adora cuanto encuentra, porque debe adorar algo: 95. Cree que allí donde hay movimiento hay vida: *ibid.* Coloca siempre la religión en lo desconocido: *ibid*. Allí donde cree que hay vida, supone una intención que lo concierne: *ibid*. Se considera el centro de todo. El azar decide sobre los objetos de su adoración: *ibid*. Le es muy natural la adoración de los animales: *ibid*. Observación de Heeren: 576[6]. Circunstancias fortuitas que mueven al salvaje en sus homenajes religiosos: 96. La idea de utilidad constituye, por poco que sea, uno de los motivos de la adoración de los animales: *ibid*. Que el hombre no es nunca objeto de adoración del hombre: *ibid*. El culto del salvaje, la adoración de los animales, de los árboles, de las piedras: *ibid*. Se lo llamó *fetichismo*: 578[16]. Por encima del fetichismo está siempre la noción de un Gran Espíritu: 97. Cf. *Cucis, Manitú, Espiritualidad, Iroqueses.* El salvaje cree en dioses buenos y en dioses malos. Cf. *Dualismo*. El salvaje cree que el principio bueno es más poderoso que el malo: 99. Cf. *Interés*. Finalidad del culto en el salvaje: *ibid*. Supone que el objeto que adora es semejante a él mismo: 100. Con la idea de los dioses surge enseguida ante él la del sacrificio: *ibid*. Se impone como sacrificio el celibato o la virginidad: 101. Cf. *Celibato, Castidad, Virginidad, Sexos (unión de los)*. El salvaje castiga a su fetiche: 103. Los fetiches de un salvaje se convierten en los enemigos de los fetiches de sus enemigos: *ibid*. Los salvajes multiplican sus fetiches en los grandes peligros: *ibid*. Cf. *Kamchadales, Gran Espíritu, Hurones, Ostiakos, Koriak, Delawares, Sentimiento religioso*. Aproximan, lo más que pueden, sus ídolos a la figura humana: 105. Cf. *Lapones, Otahitianos, Loango, Zelanda (Nueva), Amazonas, Caribes, Teleutes, Tártaros, Juramento*. Respeto de los salvajes por los enviados de las tribus enemigas: 107. Cf. *Muerte, Paraguay, Dauros, Americanos, Groenlandeses, Guinea*. Anécdota sorprendente de dos salvajes que habían perdido a su hijo: 112. Cf. *Alma, Natchez, Borneo*. Ideas de los salvajes sobre la metempsícosis: 113. Sobre la tristeza de la vida futura. Cf. *Patagones, Chile, Tcheremises, Matamba*. Salvajes que no se atreven a pronunciar el nombre de los muertos, ni hacer ruido por miedo a despertarlos: 114. Cf. *Abipones*. Que las nociones religiosas de los salvajes se componen a la vez del fetichismo y de ideas vagas del Gran Espíritu: 588[3]. Tan pronto como el salvaje tuvo la idea de seres que adora, busca otros seres que le sirvan de intermediarios con estos seres: 119. Cf. *Juglares, Magia*. Adoran a los insensatos y a los epilépticos: 122. Cf. *Sueños, Adivinación, Nitos*. Que todas las ideas que se encuentran en todas las épocas de la religión están en germen en el espíritu del salvaje: 131-132. Por qué hemos consultado sobre los salvajes a los viajeros más antiguos: 575[1]. Salvaje contemplando una carta como a un ser animado que había revelado un secreto: 576[4]. Que existe, en el culto de los salvajes, algo más que fetichismo: 576[5]. Su adoración del sol. Cf. *Sol, Monseys, Serpiente de cascabel*. Rinden culto al principio malo, pero creen que el bueno será vencedor: 579[24]. Sus severos ayunos: 579[28]. Sus mutilaciones: 580[29]. Cf. *Florida, Teísmo, Belli*. Cf. también 25, 37, 40, 41, 42, 78, 94, 97, 99, 109, 110, 125, 126, 128, 133, 138, 140, 141, 142, 174, 177, 200, 201, 202, 206, 209, 252, 253, 322, 323, 336, 518, 535, 573, 583[42], 584[9], 589[7], 591[32], 598[6], 617[60], 656[1], 661[16], 686[4], 739[21], 766[52], 815[31]

SAMA VEDA, poema indio. Nació del sol: 268. O Shiva: 268. Es uno de los, en el que están los cantos religiosos: 705[3]. El ser suspremo no se encarna nunca: 719[15]. Cf. también 289, 601[12], 714[87]

SAMANEOS. Pueblo del Norte al que los indios deben su civilización: 138. Colonia china, según algunos; secta de filósofos, según otros, o reformadores religiosos, discípulos de Buda, expulsados de su patria y triunfadores en otras regiones: 595[3]

SAMÉTICO. Quiso *grecizar* su país, Egipto: 609[40]. Cf. también 599[6], 609[40], 677[79]. Cf. *Progresión, Castas*

SAMOLUS y SELAGO. Solemnidades en las que se recogían el *samolus* y la *selago*, secretos de medicina entre los galos: 156. Cf. *Galos*

SAMOTRACIA. Ruta por la que se acercaron a Grecia las religiones sacerdotales: 211. Fenicios que llegan a Samotracia: *ibid.* Sus misterios, modelo para casi todos los de Grecia: 489, 491. Consagran la trinidad: 497. Tribunal que fallaba sobre los crímenes: 502

SAMOYEDOS. Llaman *tadiles* a sus sacerdotes: 119, 191

SAMUEL. Cf. *Hebreos, Agag*

SANCONIATÓN. Citado por Lamennais: 567[2]. Nombre genérico, anexado a supuestos libros: 157, 567

SANGITA-RATNAKARA: 270

SANIASIS (los) y los *yogis*, entre los sacerdotes de la India, hacen voto de continencia: 421

SANKARA ACHARYA, fundador de los *saivas*, fue uno de los más famosos comentaristas de los Vedas: 712[78]. Cf. *Saivas*

SANSÓN (los zorros de), en una fiesta de Carseoles, ciudad del Lacio: 565[6]

SANTO DOMINGO. Cf. *Clima*

SAPOR II, uno de los sucesores de Jerjes, arrojó flechas contra los dioses: 768[19]

SARASVATI. Hija de Brahma: 270. Del incesto de Brahma y su hija nacen los cien hijos: 281, 300, 523. Creadora de todos los elementos: 289. Perdida en el desierto y perseguida por los demonios: 367

SÁRMATAS. Su sacrificador bebía la sangre de las víctimas: 414

SASÁNIDAS: 600[11], 728[52]. Dinastía de los persas: *ibid.*

SASANKA, la luna, entre los indios: 275

SASTRA: 262, 269. Cf. *Neadirsen*

SATURNO. Casi nunca objeto de invocación: 85. Es el Tiempo, producido por el Cielo: 214. Sus ritos sangrientos, traídos por los fenicios: 415. Preside el tribunal del Infierno, según Píndaro: 451. Tiene tres hijos, Júpiter, Neptuno y Plutón: 565[6]. Por qué los poetas lo presentan con una muleta: 675[61]

SAÚL. Compromisos que adquiere con el sacerdocio a su llegada al trono: 152. Cf. *Hebreos*

SAJÓN GRAMÁTICO: 766[42, 47], 859[2], 860[33]

SCHIRIN Y FERIDAD, poema de los Vedas: 711[68]

SEDECÍAS. Manda arrestar a Jeremías: 176

SELAGO. Cf. *Galos*

SELANDE. En esta ciudad, se sacrificaba a Lethra noventa y nueve hombres y diversos animales: 793[9]

SELENE. Reducida a los atributos de la luna: 672[46]. Distinta de Diana entre los griegos: 598[1], 671[46]

SELOS. Algunos afirman que descendían del oráculo de los etruscos: 659[22]. Según Homero, de los pelasgos: 662[28]

SÉMELE. Baco nació de su seno mediante un rayo: 676[77]. Cf. también 682[123], 683[2], 850[104]

SEMÍRAMIS. Cf. *Derceto*

SEMNAI, vírgenes sagradas que observaban los astros y el futuro: 421

SÉNECA el filósofo. Conoció el sentimiento religioso: 549[2]. Cf. *Lamennais*. Citado por Lamennais: 567[2]. Que no podemos conceder una confianza absoluta a sus afirmaciones sobre los etruscos, a causa de su vinculación con el estoicismo: 723[14]. Cf. también 485, 549, 550[6], 567[2], 627[2], 673[49], 732[10], 750[1], 810[1], 816[35], 853[132], 855[2]

SENTIMIENTO RELIGIOSO: 29-31. Si se lo quiere sofocar y reprimir, se deben sofocar todas las emociones involuntarias, la piedad, el amor, y renunciar a la libertad: *ibid*. Este sentimiento, uno de los caracteres de la especie humana: 37. Se identifica con nuestras necesidades, nuestros intereses y nuestras pasiones: 37-38. Que se puede formar una idea del sentimiento religioso, independientemente de sus formas: 45. Cuanto, en lo físico, se relaciona con lo infinito, lo moral, el sacrificio, se vincula al sentimiento religioso: 46. Contradicción de este sentimiento con nuestra aparente finalidad sobre esta tierra: *ibid*. Todas nuestras pasiones son inexplicables: 47. ¿Nace esta contradicción del recuerdo de una caída, o es el germen de un perfeccionamiento futuro?: 47. El sentimiento religioso, la respuesta a las necesidades del alma: *ibid*. Que todo lo que se refiere a nuestros sentimientos íntimos es vago y carece de definición: *ibid*. Que la vaguedad del sentimiento religioso no enuncia nada contra la realidad de lo que revela: 48. Que guarda proporción con todos los estados del hombre: *ibid*. Combatido por los sacerdotes de todas las religiones: 51. Cuando este sentimiento deja de existir, la tierra se hace más inhabitable: 54. Su indiferencia por las ceremonias: 55. Su tolerancia: *ibid*. Proclama al hombre libre de cualquier obligación facticia: *ibid*. Sirve de contrapeso a las fábulas corruptoras, mientras anima la forma religiosa: 57. Su ausencia favorece todas las pretensiones de la tiranía: 58. Cuando desaparece, los pueblos se vuelven esclavos: *ibid*. Nace de la necesidad que tiene el hombre de comunicarse con la naturaleza que lo rodea y con las fuerzas desconocidas que le parecen animar la naturaleza: 93. Cf. *Salvajes*. Se eleva a la noción del Gran Espíritu, incluso desde el seno del fetichismo: 97. Se apodera, con ardor, de la idea de espiritualidad: 98-99. Modifica la del dualismo, de modo que el buen principio tiene la supremacía sobre el malo: 99. Cf. *Fetichismo*. Esfuerzo del sentimiento religioso por embellecer los ídolos del salvaje: 105. Que contribuye a que la moral penetre en la religión: 106, 108. Cf. *Vida (otra)*. La idea de la muerte recibe con él nuevo impulso: 109-110. Y en la otra vida, coloca la fuerza de la moral: 111. Cf. *Muerte*. Hace de la metempsícosis un modo de purificación gradual: 113. Que la diferencia del hombre y de los animales, sobre la previsión de la otra vida, es una prueba del sentimiento religioso: 115. Acción de este sentimiento sobre las nociones relativas a la muerte: 116. Su influjo sobre la idea de sacrificio: 125-126. Que no se lo debe acusar de los desvíos que provienen del refinamiento del sacrificio: 128. Aceptó la ley judía y se apartó de ella: 547[5]. Cf. *Lamennais, Plutarco, Séneca, Platónicos (nuevos)*. Lucha de los sacerdotes contra el sentimiento religioso: 51. Su rechazo del yugo de las formas: 55. Cf. *Formas religiosas*. Defensa del sentimiento religioso contra Lamennais. Cf. *Byron*. No pudo ser la principal causa de la autoridad de los sacerdotes: 136-137. Cf. *Castas*. El sentimiento religioso llega a ser necesariamente ajeno a las corporaciones sacerdotales: 242. Tendencia del sentimiento religioso hacia el panteísmo: 242. El sentimiento religioso, al apoderarse algunas veces de las corporaciones sacerdotales o de los iniciados, disfraza entonces las doctrinas más irreligiosas con expresiones llenas de entusiasmo: 247-248. Las palabras entusiastas no cambian en nada el fondo de la doctrina: 249. El sentimiento religioso respecto a los dioses. Primero, los eleva hasta él; de ahí las semejanzas. Luego, los hace superiores; de ahí las diferencias: 319-320. El sentimiento religioso mejora el carácter de los dioses; el interés se opone a esta mejora: 322. Contradicciones que nacen de esta lucha: *ibid.* Cómo este sentimiento intenta elevarse por encima de la forma homérica: 339-340. Que sin estos esfuerzos el hombre poco habría ganado con pasar del fetichismo al politeísmo: *ibid.* Pero el sentimiento actúa en sentido inverso de los dogmas consagrados: 340. Declara invisibles a los dioses: *ibid.* Inmortales: *ibid.* Castiga a quienes levantan el brazo contra ellos: 341. Los declara dichosos: *ibid.* Hace del Olimpo una morada etérea: *ibid.* Transforma el Tártaro en un lugar de castigo para los crímenes: *ibid.* Ejemplo de cómo se aleja de las fábulas recibidas: *ibid.* Saca partido incluso de la venalidad de los dioses y hace de ella un medio de fraternidad entre los hombres: 342. Hace de la reunión de los dioses, viciosos individualmente, un conjunto perfecto y admirable: *ibid.* Acoge a menudo dogmas sacerdotales de apariencias engañosas. Al reunir a los dioses en un cuerpo, prepara el teísmo: *ibid.* Admite la ambigüedad de los oráculos para no acusar a los dioses: *ibid.* Siente, a veces, la necesidad de rechazar cualquier simulacro: 373. Los que se hacen con este movimiento para gobernarlo a su antojo: *ibid.* Aversión de los moradores del Holstein por los simulacros: 763[225]. Esta aversión no es propia de los pueblos del Norte: *ibid.* Explicaciones dadas por los sacerdotes de Hierópolis sobre los dos tronos vacantes, reservados al sol y a la luna: *ibid.* Que los sacerdotes prefieren romper el sentimiento religioso antes que modificar una tradición: *ibid.* No puede alcanzar al dios supremo que colocó demasiado alto: 391. Es incapaz de restablecer entre este ser y él los lazos que su sed de perfección ha roto: 392. Que estos lazos se reconstituyen por sí mismos en las religiones independientes: *ibid.* Pero no sucede lo mismo en las religiones en las que manda el sacerdocio: *ibid.* Por qué: *ibid.* Consecuencias que se derivan de ello: *ibid.* Esfuerzos del sentimiento religioso por rechazar el dogma del principio malo: 399. Intenta dar al bueno la primacía que el dualismo le critica: *ibid.* Introduce en el carácter de los dioses maléficos modificaciones que mitigan sus malas inclinaciones: 400. Por qué es indispensable: 484. Que purifica en vez de coaccionar; ennoblece, en lugar de castigar: 485. Cf. también 28, 29, 30, 100, 228, 231, 232, 235, 238, 243, 247, 318, 322, 370, 395, 399, 444, 474, 485, 486, 534, 536, 546, 547[5], 548, 549[2], 553, 558, 559, 575, 583, 587, 747, 784[32], 853[12]

SERAPIS, dios egipcio, el gran todo: 321. El sol de invierno, frío y pálido; el dios del infierno, el Amenthes, el mundo subterráneo: 393. Dioniso lleva este sobrenombre: 773. Su templo estaba en el centro del Amenthes: 773[10]. Allí conduce las almas de los muertos: 812[20]

SEREROS, tribu de negros: 546[2]. No rinden homenaje, según Robertson, a ninguna divinidad: *ibid.*

SERPIENTE. Por qué ocupa un lugar importante en todas las mitologías: 96. Cf. *China*. La de Mitgard, de repelentes colores: 160. La ciudadela de Atenas tenía una como dios protector: 201. El río de Mantinea se llama Ofis: 226. Fiesta de Nagara Panchami, en la India, en honor de las serpientes: 297. La serpiente Jormungrand, que mezcla su veneno con el agua primitiva: 304. El huevo de serpiente de los druidas: 305. Serpiente de cascabel adorada por tribus salvajes: 577. Quetzalcóatl, entre los mexicanos, era una serpiente cubierta de plumas verdes: 760³. Serpiente de bronce levantada por Moisés, adorada por los hebreos: 758¹⁵. Su culto tolerado por David, Josafat y Jonatán: *ibid*. Cf. *Exequias, Labat*. Cf. también 320, 328, 366, 392, 406, 407, 578¹⁵, 594, 617¹⁷, 644⁸, 667²⁴, 703³², 710⁴⁷, 737¹⁹, 783¹⁵, 848⁶⁶

SESOSTRIS, autor de la división en castas, según Aristóteles: 145. Sus conquistas, objeto de escándalo para los sacerdotes: 167. Hizo levantar diversos Falos allí donde llegaba como conquistador: 790²³

SETOS: 629. Sacerdote egipcio, que se apodera del trono y despoja de sus bienes a la casta militar: 169

SEXOS (unión de los): 101. Misterio vinculado a esta unión: *ibid*., 409. Cf. *Pudor, Negros*. Idea de impureza que se le asocia desde el estado salvaje: 101. Maceraciones que los salvajes se infligen a sí mismos, a sus mujeres y a sus hijos, en castigo por la unión de los sexos: 580³². Maridos que hacen penitencia cuando sus mujeres dan a luz: *ibid*. Continencia prescrita a las recién casados, entre los salvajes, durante un año: *ibid*. Cf. *Giagos, Caribes, Paraguay, Guayana, Salivas, Hotentotes, Circuncisión*. Metáforas cosmogónicas, tomadas de la unión de los sexos: 247, 250. Efecto de estas metáforas para dar a los sistemas más opuestos una falsa semejanza: 698. Empleo de estas metáforas indiferentemente, en el teísmo, en el panteísmo y en el ateísmo: 247, 250. Obscenidades de las cosmogonías por efecto de los símbolos tomados de la unión de los sexos: 257. Que la unión de los sexos debe atraer toda la atención del hombre, en cuanto reflexione sobre sí mismo: 408. Todo lo que se relaciona con él, enigmático e inexplicable: *ibid*. Politeísmo sacerdotal que se apoya en el pudor, para imponer al hombre la renuncia a los placeres de los sentidos: 420-421. Que el politeísmo independiente sancionó algunas veces estas conminaciones rigurosas: 421. Sacerdotisas de Hércules, de Diana, de Minerva y de Ceres, en Grecia, obligadas a una continencia más o menos larga: *ibid*. Que los griegos, de ordinario, suavizaban estas privaciones: *ibid*. Las únicas sacerdotisas de Hércules, en Tespis, sometidas a una virginidad perpetua: *ibid*. Eustato sobre esto: 800³. El politeísmo sacerdotal, más severo: 421. Diferentes sectas entre las cuales no se permitía el matrimonio a los sacerdotes: *ibid*. La infracción de esta ley, castigada con la muerte en Siam y en el Tíbet: *ibid*. Japoneses, en sus peregrinaciones, obligados a abstenerse de los placeres del amor, incluso con sus esposas legítimas: *ibid*. Conocimiento del futuro vinculado a la castidad: *ibid*. Jóvenes peruanas entregadas a la virginidad: *ibid*. Castigos terribles que les esperaban si violaban sus votos: *ibid*. Religión persa que, al parecer, es una excepción; sin embargo, algunos pasajes del Bundehesch presentan la unión de los sexos como la causa primera de la caída del hombre y de la depravación de su naturaleza: *ibid*. Explicación de esta contradicción: *ibid*. Montesquieu, sobre la diferencia que existe, a este respecto, entre el Norte y el Mediodía: 422. Razones que aportamos de esta diferencia: *ibid.* Cf. también 214, 257, 281, 408, 428, 429, 803, 827[46]

SEXTO EMPÍRICO: 547. Dijo que el sentimiento religioso sólo era un gran error: *ibid.*

SHAFTESBURY. Incrédulo inglés: 69

SHASTABADE, afirma que el Eterno permite a los Debaths rebeldes acceder a este mundo: 400. Este libro sagrado sólo admite tres revoluciones: 788[6]. Cf. también 784[21]

SHIVA, alimentado por Anna Purna: 565[6]. Por haber preferido a Vishnú, condena a la indigencia a Viasa Muni y a sus dos mil pupilos: *ibid.* Cf. *Maldiciones.* No puede resistir a las austeridades de Bagiraden: 623[5]. Maldiciones recíprocas de Shiva y Daksa, que tienen su efecto: 623[6]. Sus cabellos se convierten en monstruos: 673[51]. Su identidad con Baco: 677[78]. Piedras en las que supuestamente mora: 267. Cf. *India, Teísmo.* Es casi siempre la divinidad principal en las guerras de los dioses contra los gigantes: 273. Se le invoca en las ceremonias nupciales: *ibid.* Shiva, a la vez, bueno y malo: 278. Cf. también 267, 269, 271, 272, 273, 276, 278, 279, 280, 404, 406, 565[6], 677, 720, 761[12], 802[12]

SIAM: 616[44]. Thevallat, hermano de Sommonacodom, enviado a los infiernos, porque, habiendo consentido en adorar a las dos palabras místicas, *Putang* (Dios) y *Thamang* (Verbo de Dios), se negó a adorar a la tercera, *Sangkhang* (imitador de Dios o sacerdote): *ibid.* El propio Sommonacodom, castigado por haber herido a un talapoin: *ibid.* El *Rama-Kien* de los siameses sólo es, al parecer, una traducción del *Ramayana*: 266

SÍBARIS, ciudad destruida por los crotoniatas: 457

SIBERIA (las hordas de). Al parecer, distinguen a Dios de la materia: 99. Piensan sobre la muerte como los negros: 109. Cf. *Negros, Muerte.* Creen, cuando están enfermos, que el fuego al que adoran está encolerizado: 579[26]

SIBILIA (la diosa). Vaca que el conquistador Regnar Lodbrok llevaba consigo en todas las batallas y cuyos terribles mugidos hacían que sus enemigos se hirieran con sus propias espadas: 302. Su nombre recuerda la que, en la India, puso en fuga a los guerreros de Visvamitra: 518, 858[11]

SICIÓN, colonia dórica: 732[5]. Los fundadores de sus muros pudieron ser sacerdotes: 318. Culto de Baco en esta ciudad: 844[39]

SIGFRIDO, el de los *Nibelungos*, sólo puede ser herido entre los dos hombros: 525. Recuerda a uno de los Odín, entre los escandinavos: 527. En la *Edda*, Branhilda se quema con él: 800[108]

SIGLOS. Descripción de los tres primeros de nuestra era: 52-54

SIGRIDA, reina de Suecia. Su conducta con su esposo Eric: 800[108]

SIKH. Secta india. Su jefe, una encarnación en el siglo XVIII: 291

SILENO. Nacido de una virgen: 221. Cómo se modifica en la mitología popular de Grecia: *ibid.* Por debajo de los dioses y por encima de la raza humana: 780[23]

SÍMBOLOS. Cf. *Alegorías*

SIMPLICIO. Uno de los nuevos platónicos: 732[10], 846[66]

SIMULACRO. En medio de la plaza de Fliunte, en el Peloponeso, se levantaba el simulacro divino de una cabra: 201. Mahoma destruye un simulacro querido por el pueblo: 603[8]. Los etruscos rociaban con sangre el simulacro de Júpiter

Latialis: 814[31]. El sentimiento religioso, dispuesto a rechazar cualquier simulacro: 364. Cómo intentan los sacerdotes aprovecharse de este esfuerzo del sentimiento religioso: *ibid*. Sin embargo, no existe ningún ejemplo de un pueblo que no haya tenido alguna vez simulacros: *ibid*. Errores de varios escritores a este respecto: *ibid*. Opinión de los cingaleses sobre los simulacros de sus dioses: 764[26]. Cf. también 303, 410, 494, 594, 790[23], *Allat*

SINTO, secta del Japón, cuyo pontífice es el *dairi*: 704[51]

SÍPILO, en Grecia: 226. Una roca, cerca de este monte, se asemeja a una mujer encorvada; es Níobe: 226

SIRENAS. Cf. *Griegos*

SIRENDIEP, isla de Ceilán. Lo que ocurrió tras la muerte de los hombres en la guerra: 711[71]. Cf. *Gopis*

SIRIOS. Adoraban al sol y a la luna con los nombres de Aglibolos y de Malacbel: 142. Orgías y mutilaciones del sacerdocio de Siria: *ibid*. Su huevo cosmogónico: 298-299. Que todos los sistemas se encuentran en su religión, como en las de Egipto y en las de la India: *ibid*. No comían pescado: 494. Cf. *Derceto*

SÍSIFO, castigado por haber querido hacer trampa a la muerte y retornar a la vida: 338. Fábula de la piedra y la montaña: *ibid*., 745[25]

SITA, esposa de Rama, en la India: 273. Rapto: 374. Se precipita en una hoguera: 378. Su rapto por parte de Ravana: 397. Historia del arco: 708[28]

SKANDA o KARTIKEYA, en la religión india, tiene seis brazos: 763[18]

SKOEL, en Escandinavia, la estrella del anochecer: 521

SKRIMNER, jabalí devorado por los guerreros muertos, a quienes sirven las Valquirias: 383

SLOKA, ritmo indio. Fábula graciosa sobre el mismo: 715[117]

SNAKTI, hija de Daksa, mujer de Shiva. Fábula que la concierne y que desemboca en el teísmo: 271

SNORRI STURLUSON, publicó abreviadas las *Eddas*: 528. Cf. también 857[6], 859[12]

SÓCRATES: 51. Consultando a Pitia: 87. Cf. *Iroqueses, Gran Espíritu, Lamennais*. Pagó con su vida la desaprobación de la mitología popular: 512. Creía que los dioses sabían todo: 740[51]. Su muerte es una prueba de la influencia, aunque no de la autoridad del sacerdocio: 537, 538, 655, 656[1], 835[11]

SÓFOCLES. Cómo lo cita Lamennais: 567[2]. Hace hablar a Tiresias de modo muy distinto a como Homero hace hablar a Calcas: 653-654[40]. Llama a la tierra la diosa más grande: 656[8]. Presenta en sus tragedias, sobre todo, lo que honra a los atenienses: 459. Consagra una de sus tragedias a celebrar las loas de Teseo, el héroe favorito de Atenas: *ibid*. Lo que se siente al pasar de Esquilo a él: 461. Es el poeta más religioso de la Antigüedad: *ibid*. Posee toda la gracia de la India, y toda la pureza y el gusto de Grecia: 462. Impresión que se recibe al leer su *Edipo en Colono*: *ibid*. Sus esfuerzos para suavizar las tradiciones injuriosas para los dioses: *ibid*. El coro en sus tragedias: *ibid*. Su moralidad: *ibid*. A veces, parece retroceder hacia opiniones menos depuradas: *ibid*. Pero este retroceso se aplica más bien a los ritos que a las máximas: *ibid*. Pruebas: 463. Lección moral dada a los griegos por Ulises en el *Áyax*: *ibid*. Diferencia en la descripción de las Furias en Esquilo y en Sófocles: *ibid*. Sus ideas sobre la justicia de los dioses, mucho más puras que las del primero: *ibid*. Pruebas: 464. Esquilo, el Antiguo Testamento del politeísmo. Sófocles es su evangelio:

ibid. Ambos emplean medios diferentes, aunque su objetivo sea el mismo: *ibid.* Sófocles, intérprete siempre fiel de su siglo: *ibid.* Su carrera, digna en todo de su talento: *ibid.* Rechaza las invitaciones de los reyes bárbaros: *ibid.* Su feliz vejez: *ibid.* Ingratitud de sus hijos: *ibid.* Los dioses le evitan el espectáculo de la decadencia de su patria: 465. A veces, cambia el carácter de los antiguos héroes para mejorarlos: 471. Cf. también 316, 325, 378, 379, 410, 459, 462-464, 465, 466, 468, 469, 470, 471, 472, 503, 515, 654[40], 656[8], 732[1], 743[22], 832[30], 834[27]

SOL. La adoración del sol por parte de los salvajes es diferente de la astrolatría: 576[5]. Secta india que no admite otro dios que el sol: 601

SOLÓN, filósofo y legislador: 502. Y la conquista de Salamina: 740[44]. Sus leyes: 751[3]

SOMMONACODOM. Encarnación india: 265. Entre los siameses, sumergido en un reposo imperturbable: 391. Desciende a los infiernos: 430, 616[44]. Cf. *Siam.* Dios supremo de los siameses: 668

SOPHS, libros sacerdotales, escritos muy antiguos, según los persas: 631[17]

SORBONA (la). Su censura del *Emilio*: 692[23], 693[24]. Contradicciones que aparecen en ella: *ibid.*

SOUGAT, filósofo ateo, vivió en Kikof, en la provincia de Béhac, unos dos mil años antes de Cristo: 699[26]. Sólo creía en las cosas visibles: *ibid.* Escribió contra la religión, pero no por eso dejaba de amenazar a sus adversarios con penas futuras: *ibid.*

SOZOMENO, *Historia eclesiástica*: 610[2], 794[18], 791[21], 838[24]

SPINOZA: 69. Toland le debe todo su mérito: *ibid.* Cf. también: 696[7], *Bayle*

STARRO, dios de los frisones, un pedazo de madera: 760[3]

STARRYKS. Nombre que los ostiakos dan a sus fetiches: 758[16]

STELLER: 577[8], 592[2], 597[1], 622[1], 771[36]

STROMATA (Clemente de Alejandría): 551[11], 619[81], 796[38]

SUCASAPTATI o relatos del papagayo. Fábulas diversas: 807[10]

SUDRAKA, célebre brahamán, príncipe y poeta: 426

SUENTAVITH, el dios de la guerra: 763[18]

SUEÑOS. Que sólo la costumbre nos familiariza con este fenómeno: 123. Respeto y obediencia de los salvajes por los sueños: *ibid.* Poder que obtienen de ellos los sacerdotes en su interpretación: 123-124. Los salvajes eligen como fetiches los objetos que ven en sus sueños: 576[5]

SUETA DEVI, la diosa blanca de los Puranas: 404

SUICIDIO. En China, groseras supersticiones: 142. También los hebreos: 182, 377. Entre los indios: 376. Todas las religiones sacerdotales lo condenan: 504. Por qué: *ibid.* Es, a menudo, un crimen; casi siempre, una debilidad, y algunas veces una virtud: *ibid.* Los misterios lo condenan: *ibid.* Lo que se piensa de los suicidios en la religión lamaica: 852[130]. Los romanos veían en él más un signo de fuerza y de magnanimidad que un crimen: 505. Pruebas: 853

SUIDAS: 603[9], 686[10], 743[10], 752[12], 754[15], 789[3], 806[4], 847[66]

SULZER: 729[54], 760[3]

SUPERSTICIONES, delirantes y feroces, a la caída del politeísmo: 52-53. Cf. *Juvenal, Tibulo, César, Claudio, Plutarco.* No formaban parte de la religión pública; al contrario, venían a remplazarla: 559[1]. Los marineros, más supersticiosos que los demás hombres: 205. Cf. también 557, 568[5], 635[3], 639, 646, 659[22], 774[14], 797[68]

SUR (insulares del mar del). Cf. *Insensatos*

SURA, el perro que vigilia desde los cielos: 300. También en El Corán, Mahoma defendió esta práctica: 770[13]

SURANAH o SURANU, mujer del sol entre los chinos: 273

SURYA SIDDHANTA (el). El más antiguo tratado de astronomía de los indios; considerado como una revelación: 269. Se llama así porque lo reveló el sol: 711[57]

SVANTEVIT, el inmutable, el eterno, que todo lo absorbe: 304

TABITI, dios escandinavo del fuego: 729[59]

TABÚ, término que designa en Nuku-Hiva a las personas y cosas inviolables: 108. Cf. *Nuku-Hiva*

TACIO, rey de los sabinos: 434

TÁCITO: 33. Cree en los oráculos: 574[31]. Poseía, sobre el interior de la Germania, nociones más exactas que César: 144. Cf. *Germanos*. Cf. también 574[31], 610[9], 615[38], 693[1], 727[51], 730[74], 770[22], 793[11], 796[51], 819[63], 857[1]

TADILES. Los samoyedos llaman así a sus sacerdotes: 119. Cf. *Samoyedos*

TAGÉS, autor de los libros aquerónticos, es un dios enano: 431. Nacido de la tierra aún virgen: 432. Surge ante el pueblo repentinamente del surco: *ibid.* Contenido de sus libros: 694[2]

TAI KIE. La materia primera en el panteísmo chino: 696[10]

TAKIF (la tribu árabe de), adoraba a la luna: 603[88]. Mahoma destruye su simulacro: *ibid.* De ahí, quizá, el origen de la media luna de los turcos: *ibid.*

TALAFORIAS. Ramos llevados en estas fiestas: 508

TALAPOINS. Son drusos y afirman que la penitencia es necesaria, siempre bajo el control sacerdotal: 840[38]

TALES. Citado por Lamennais: 567[2]

TALIESIN, bardo galo: 757[22]. Su origen: *ibid.* Su nombre, un nombre genérico, como el de Homero: *ibid.* Cf. también 304, 729[70]

TANAIS. A orillas de este río nació el segundo Odín: 858[1]

TANAQUIL, mujer de Tarquinio el Viejo: 816[39]

TÁNTALO: 338. Diversas tradiciones sobre su crimen: 745[26]

TAO, esencia triple e inefable, crea el cielo y la tierra, dividiéndose en tres personas, etc.: 644[5]

TAOTI HUACOM (las pirámides de), en México, estaban consagradas al Sol y a la Luna: 602[16]

TARGITAUS: 565. Cf. *Escitas*

TARQUINIA. Soldados romanos muertos en esta ciudad: 814[31]

TARQUINIO EL VIEJO: 434, 816[39], 819[63], 822[85]

TARQUINIOS. Una de las explicaciones de la huida del rey de los sacrificios. La conmemoración de su expulsión: 84, 817[48]. Cf. *Explicaciones científicas*

TARTARIA. Según Lévêque, en su *Historia de Rusia*, ahí nacieron todas las religiones: 569[16]. Gran poder de sus chamanes: 137, 236. Los tártaros llaman a sus sacerdotes chamanes: 127

TÁRTARO, prisión de Estado para los rivales y los enemigos personales de los dioses: 341

TÁRTAROS. Cf. *Tartaria*

TÁTAROS. Cf. *Teleutes, Attai*

TATIUS. Sabino como Numa: 818[56]. Introdujo un dios guerrero: *ibid.* Rey de los sabinos: 821[33]

TAURÓBOLO: 52. Remplaza las prácticas ordinarias que son ya insuficientes para la superstición que se ha hecho bárbara: *ibid.*

TAUT (o TOT), el primer mes: 701[7]. Era, en otro sentido, también el símbolo de la inteligencia: *ibid.*

TAUTH. Con Apasón, constituyen el principio activo y pasivo, marido y mujer, que engendran el mundo: 298-299

TA-VANG (el emperador): 645[12]. Mujeres estranguladas en sus funerales: *ibid.*

TCHEREMISES. Rodean las tumbas para que los muertos no puedan salir de ellas: 114. Escasa influencia de los juglares en ellos: 129. Cf. *Juglares*

TCHIEN-LONG: 189. Se proclama Buda encarnado: *ibid.*

TCHI-YEU, según el Chuking. Su figura; era el jefe de los malos genios: 645[9]. Cf. *Chinnung*

TEÁGENO DE REGIO: 732[10]

TEANO, sacerdotisa de Minerva, vive en su templo: 194, 801[3]

TEBAIDA. Filósofos que, hasta el siglo II, creían que los solitarios de la Tebaida estaban trastornados: 427, 573. Sus desiertos: 101. Sus habitantes no adoraban a dioses mortales: 700[1]

TEBAS. Allí, las comadrejas tenían honores celestes: 201. Adoración del águila y del gavilán: 252. Antes de la batalla de Leuctra, los adivinos quisieron aplacar a los dioses con víctimas humanas: 416

TECHNATIS. Cf. *Egipto*

TEÍSMO. Su germen en el Gran Espíritu, o manitú de los salvajes. Cf. *Gran Espíritu, Manitú, Salvajes*. No fue nunca, en su pureza, la religión de los salvajes: 117. Error de los teólogos que se lo atribuyeron: *ibid.* Que todos los testimonios de la historia rechazan esta hipótesis: *ibid.* Debilidad de los razonamientos con que quisieron defenderla: 117-118. Argumentos contrarios a la prioridad del teísmo: 118. Que estos argumentos no llegan a excluir alguna idea de teísmo de las nociones del salvaje: *ibid.* Tendencia de los salvajes al teísmo: pescadores adorando juntos al dios de la pesca; cazadores, al de la caza: 584[5]. Cf. *Mallet*. Fábula india que habla del culto de los elementos y lleva al teísmo: 601[12]. El teísmo se divide en dos categorías: el teísmo inmutable y sin Providencia particular, y el teísmo con Providencia particular: 245-246. La primera clase de teísmo concuerda con la parte científica de la doctrina de los sacerdotes: 696[11]. El teísmo se combina con la emanación, por la hipótesis de las criaturas emanadas de Dios y que se remontan a su origen gracias a depuraciones sucesivas: 246. Es el teísmo egipcio: *ibid.* El teísmo se encuentra en casi todos los libros sagrados de la India: 271. Combinado, en las leyes de Menu, con una fatalidad absoluta: *ibid.* Teísmo en Egipto. Discurso de Hermes Trimegisto totalmente teísta: 255. Fábula que proclama el teísmo en el Bagavadam: 271. Otra fábula: reto de Vishnú y Brahma. Astucia de éste. Es privado de su culto en castigo por su fraude, y la fábula concluye con una profesión de teísmo: 271. El teísmo no constituye por sí solo la doctrina brahmánica: 273. Los relatos, incluso interpretados metafísicamente a favor del teísmo, igual que las ceremonmias simbólicas, acreditan el politeísmo en el espíritu del pueblo: 273-274. Los teístas indios adoran siempre a más de una divinidad, y cada uno, al menos, a la mujer del dios único: 273. El teísmo es enseñado como un misterio en el Upanayana: 274. Y también como una herejía: 712. Teísmo entre los caldeos: 298. Inconsecuencia de Hyde, como hombre religioso, en sus esfuerzos por atribuir a los persas un teísmo puro: 727[49]. Berger sobre la prioridad del teísmo: *ibid.*

TELEGONÍA. En este poema se cuentan las aventuras de Ulises desde su llegada: 734[19]

TELETE, hija de Baco y Nicea; en ella se personifica la iniciación: 496

TELEUTES. Visten sus fetiches como oficiales de dragones: 108

TELIADAS (los), familia sacerdotal en Gela (Grecia): 653[33]

TELQUINOS. Sacerdotes de Rodas, antiguos pelasgos: 656[6]. Su adoración del cielo y la tierra, y sus sacrificios humanos: *ibid.*

TEMIS. Cf. *Anna Perenna*

TEMPORAL (lucha del poder temporal contra el espiritual). Rey de los paragones que ordena masacrar a todos los sacerdotes: 590[10]. Cf. *Rajmahall.* Esta lucha demuestra que no se puede considerar el poder temporal como la causa del aumento del poder de los sacerdotes: 136-137, 170. Ejemplo de esta lucha en la India: 171. En Egipto: *ibid.* En Etiopía: *ibid.* En Etruria: *ibid.* En Escandinavia: *ibid.* En Persia: 172-174. Modo como se forma el poder temporal, incluso allí donde el sacerdocio reina sólo al principio, por delegación del poder administrativo y militar: 170-171. Cf. *Cutteries.* La lucha de los guerreros contra los sacerdotes en la India constiuye un episodio del *Mahabarata: ibid.* Bein o Vena expulsa a los brahmines y luego éstos lo maldicen y matan: 628[2]. Cf. *Egipto.* Triunfo de la autoridad espiritual inevitable, una vez que se admite que el sacerdocio tiene una misión exclusiva y especial: 185. Que sólo se puede resistir a las usurpaciones del sacerdocio dejando la religión totalmente libre y confiada a cada cual: *ibid.* Es absurdo que los reyes quieran que los pueblos se sometan a los sacerdotes en todo lo que les concierne, y oponen resistencia cuando se trata del poder temporal: 186-187. Que la opinión y el sentimiento estuvieron siempre a favor de los sacerdotes cuando el poder los atacó: 187. Que es mejor la sumisión al poder sacerdotal que el despotismo, porque, al menos, existe convicción: *ibid.* Escasa simpatía que sentimos por el emperador Enrique IV, o por Luis de Débonnaire, atormentados por el sacerdocio: *ibid.* Cf. *Chinos.* Que el axioma que afirma que es mejor prevenir los crímenes que castigarlos es una fuente inagotable de vejaciones, cuando la autoridad temporal quiere actuar según este axioma: 485. Cf. también 644, 649[21], 797[73]

TENOCHCAS. En México, tribu que eligió como jefe a Acamapichtli: 169

TEOCLES, adivino de los mesenios: 652[11]

TEOCRACIA. Hace a su dios enemigo de todos los demás: 104. Escuela teocrática que quería introducirse en Francia: 722[45]. Cf. también 145, 153, 175, 189, 251, 321, 382, 540, 578[15], 629[4], 633[9], 688[15]

TEODORETO: 768[19], 799[97], 803[24], 828[7]

TEOGNIS: 745[25], 823[4]

TEOGONÍA: 824[1]. Cf. también 315, 446, 447, 666, 670, 758, 824[1], 825[1], 826[2]

TEOGONÍAS. Entre los persas, poder irresistible: 151. Teogonías y cosmogonías egipcias: 250, 251. Egipcias: 257. Griegas: 497, 529. En la India: 706³

TEOMAQUIA, de Quinto de Esmirna: 749³⁵

TEÓN DE ESMIRNA: 607⁷, 854¹

TEONOE, hija de Proteo: 194

TEOPOMPO, discípulo de Isócrates: 398, 632²², 780²³

TERTULIANO. No quiere sacerdocio; todos somos sacerdotes: 55. Ni abstinencias arbitrarias: 551¹³. Cf. también 12, 550, 552, 797⁶⁷, 818⁵⁶, 819⁶³, 844²⁵, 845³⁹

TESEO. Héore ateniense por excelencia: 311, 459, 754¹⁵. Cf. *Castas, Atenas, Sófocles*. Cuadro del combate de Maratón en el que, según Polignoto, asiste a esta batalla: 831⁹

TESMOFORIAS. Se mostraba la representación del Cteis: 494. Divesos ayunos precedían a su celebración: 498. Las mujeres lanzaban gritos lastimeros: 505. El asfódelo, planta utilizada en estas fiestas, era considerado hermafrodita: 846⁴³. Su nombre recuerda el establecimiento de las leyes: 846⁵¹

TESPIOS. Adoraban a una rama: 200

TEUSAR-PULAT, fetiches de la Bretaña pagana: 760³

TEUTATES. Honrado por los galos: 413. Sacrificaban víctimas humanas: 553. Instigados por los sacerdotes: *ibid*. Cf. *Galia*

TEXCAT-ZUCAT, dios del vino al que los mexicanos ofrecían tres esclavos: 793⁶

THAMIMASADES, dios escita del agua: 729⁵⁹

THIALF, compañero de Thor, vencido en la carrera: 858¹⁴

THIERS, *Exposition du saint sacrement*: 841⁵

THOR, dios de los escandinavos, presidía las hazañas guerreras: 518, 764³. En su templo había un jarrón para depositar la sangre de los animales y de los hombres: 793³. Considerado hijo de Odín: 857¹²

THOT (o TOT), otro nombre de Hermes: 157, 619⁸⁸. También genérico: *ibid*. Significa asamblea de sabios, orden sacerdotal: *ibid*. Cf. *Hermes, Mercurio egipcio*. En Egipto (Taut), a la vez, el primer mes y la inteligencia: 701⁷

THRYMER, el gigante escandinavo, disfrazado de mujer, se casa con Thor: 790⁸

THRYMSGUIDA, o la historia de Thor: 862⁵¹

TÍBET (*gellongs* o sacerdotes del). Iguales a los reyes: 614³². Los médicos y los astrónomos proceden de esta clase: 617⁶⁷. Panteísmo: 290. Y los infiernos: 383. Chenrezy se rompe la cabeza con una roca para crear el mundo: 429

TIBULO. Sobre las supersticiones romanas: 550⁶, 693⁶, 723¹²

TIFOEO. Juno lo crea sola, sin concurso de su esposo, con cien brazos y cien cabezas: 223

TIFÓN. Dios vinculado a la ciencia; es Mercurio: 257. Toma también nombre de animal, el cocodrilo: *ibid*. Para los egipcios, un dios de segunda clase: 258. Dios del mal, origen del vicio y de la impureza: 395, 397. Coaligado con Aso, mata a Osiris: 499. Las emanaciones dañinas del Bajo Egipto eran el aliento de este dios: 626¹. Por qué llamaban al mar Tifón: 663³. Penetró más tarde en la mitología griega: 781⁵. Enemigo de la armonía: 785³⁴. Jefe de los genios malos: 392. La victoria de los dioses sobre Tifón era, en la doctrina secreta de los sacerdotes egipcios, no sólo el símbolo de la expulsión de los reyes pastores, sino también el de la desecación del Bajo Egipto: 569[11]. Engendrado por la noche primitiva o, según otros, por la tierra, se lanza desde el seno materno desgarrándolo: 704[48]. Su mujer es Neftis: *ibid.*

TIFONIOS. En Egipto, templos pequeños levantados junto a otros grandes dedicados a Tifón: 783[16]

TILLOTSON: 68. Posee el espíritu dominador de Bossuet, sin tener su genio: *ibid.*

TIMEO, fábula de Platón: 733[11], 786[2]

TINA. Así llaman los sacerdotes al Júpiter etrusco: 813[24]

TINDALL: 68. Incrédulo inglés: *ibid.*

TINDÁRIDAS. Cf. *Cabiros*

TINIA. Entre los etruscos, su dios supremo, la naturaleza, la causa primera: 299

TIORA. Cf. *Matiera*

TIPRA. En estas montañas, en el oriente de Bengala, viven los cucis, salvajes feroces: 97. Cf. *Cucis*

TIRESIAS. Lleva un cetro de oro como los reyes: 196. Cf. también 743[4], 746[35]

TITANA. Allí se adoraba a los vientos: 197

TITANES: 85. Cf. *Explicaciones científicas.* Profesaban el culto de los elementos y de los astros: 198. Júpiter adorando a los dioses de los Titanes: *ibid.* Los Titanes expulsados de Grecia; victoria de los guerreros sobre los sacerdotes: *ibid.* Arrojados del Tártaro sin estar muertos: 745[20]. Cf. también 223, 325, 395, 429, 461, 493, 507, 510, 781[8], 825[2]

TITRAMBO EGIPCIA. La luna maléfica: 218. En Grecia, unas veces Diana, y otras, Ceres Erinis: 682[126]. Cf. *Hécate*

TLACATECOLOLOTL. En México, divinidad maléfica: 784[20]. El búho de los mexicanos: *ibid.*

TOLAND: 69. Debe todo su mérito a Spinoza: *ibid.*

TOLERANCIA. Cf. *India, Clima.* Lo que era entre los griegos y los romanos: 862-863. Leyes de Triptólemo y de Dracón que le eran contrarias: *ibid.* Reproche que Juliano hace a los cristianos: 863[2]. Intolerancia de Platón: *ibid.* Leyes de las Doce Tablas que prohibían a los romanos adorar a dioses extranjeros: 864[2]. Los nuevos platónicos, los primeros que adoptaron los principios de la verdadera tolerancia: *ibid.* Por qué: *ibid.* En los libros religiosos de toda la India: 164. Sus límites: 476. En la Iglesia primitiva: 550[11]. Tolerancia del politeísmo: 863[2].

TONGUSES. Cubren con sangre sus fetiches: 201. Plantan un poste y colocan en él la piel de un zorro o de cebellina para adorarla: 576[5]

TONKÍN (fetichismo en): 382. Se envenena a los hijos: 413. Panteísmo material: 696[10]

TOPITZQUI, sacerdotes de México: 602[16]. Había seis mil en un solo templo de la capital: *ibid.* Y en todo el imperio, se contaba cuatro millones: *ibid.* Tenían al frente dos sumos sacerdotes: *ibid*:

TORFOEUS: 859[2], 862[54]

TORO (sacrificios del), en Atenas: 684[6]

TOT. Cf. *Thot*

TOULMIN: 68. Incrédulo inglés: *ibid.*

TRABAJO (que la necesidad del), modifica el poder de los sacerdotes: 159. Su necesidad en Egipto: 166. Los trabajos necesarios conllevan los trabajos inútiles: 626[2]. La opresión sacerdotal justificada por la necesidad del trabajo: *ibid.* Da a la religión egipcia un carácter más sombrío que el de la religión india: 166. Sustituye la conquista por el intercambio: 439. Idea dominante en Hesíodo: 313

TRACIA. Se distingue por su culto bárbaro y sus ritos fanáticos: 207-208 TRACIOS. Cf. *Sacerdocio.* Culto bárbaro de Tracia: 207. Cf. *Colonias.* El sacerdocio tracio, más poderoso que el de Egipto: 207-208. Colonias sacerdotales de Tracia llegadas a Grecia: *ibid.* Lucha del espíritu griego contra las importaciones de estas colonias: *ibid.* Los jefes de las colonias griegas odiaban a las colonias tracias: 208. Colonias de sacerdotes tracios que se fijan en Delfos: 209. La ignorancia de los tracios no debe alegarse contra la doctrina científica y secreta de sus sacerdotes: 694. Cf. también 210, 223, 327, 658, 663, 664, 665[15], 673[49], 699[23]

TRADICIONES (analogía de las), de casi todos los pueblos sobre su origen: 79. Cf. *Escitas, Germanos, Targitaus, Manaus, Tuisto, Polifemo, Saturno, Briareo, Noé.* Cf. también 73, 79, 80, 84, 23, 130, 137, 138, 194, 196, 207, 212, 214, 216, 217, 220, 258, 266, 288, 303, 328, 343, 355, 428, 442, 507, 520

TRÁGICOS GRIEGOS. Cómo modificaban los dogmas de la religión: 315-316. Que en ellos se observaba la misma progresión que en Homero, Hesíodo, Píndaro, Heródoto y Jenofonte: 457-458. La tragedia, en Grecia, al principio, una composición religiosa igual que en la India: 458. Los primeros ensayos de los griegos en este género, impregnados del espíritu sacerdotal: *ibid.* Pronto se rechaza esta alianza: *ibid.* Casi todos los temas, sacados de la mitología: *ibid.* Frecuentes alusiones de los trágicos a los misterios: *ibid.* Depuran su parte moral: *ibid.* Razón por la que no podemos detenernos en las grandes investigaciones respecto a sus fuentes: *ibid.* Por qué deben de existir más contradicciones sobre el carácter de los dioses en la tragedia que en la epopeya: 459. El carácter de los dioses: práctico en la epopeya, y teórico en la tragedia: *ibid.* Otra circunstancia que hace el testimonio de los trágicos más o menos sospechoso: sus frecuentes alusiones a los asuntos cotidianos: *ibid.* Ejemplos: 459. Cf. *Esquilo, Sófocles.* Hecho que muestra cuánto desfiguraban la historia para complacer a la multitud: 831[9]. Sus injurias contra Menelao, un efecto del odio de los atenienses contra Esparta: *ibid.* Cf. también 81, 202, 457, 465, 457, 465, 470, 758, 787, 831

TRAQUINIAS, LAS: 832[41]

TRIANUALES o TRIETÉRICAS. Se distinguían de los misterios anuales: 853[1]

TRIGEO: 650[3], 651[3], 834[2]

TRILOKYA. La filosofía vedantista no admite esta trinidad de mundos: 274

TRIMEGISTO. Cf. *Mercurio Trimegisto*

TRIMURTI INDIA. La aritmética india es la misma que en todos los sitios: 56. Los tres dioses reunidos en un solo cuerpo, engendrados por Adi Sakti: 279-280. La diosa blanca, engendrada por los tres dioses, una de las formas de la Trimurti: 280. Cf. también: 269, 404, 715[108]

TRINIDAD, en los chinos: 644[5]. El Júpiter Trioftalmos, de tres ojos, quizá una huella de la trinidad, pero sin que los griegos le atribuyesen esta idea: 736[7]. Esta idea, según Goerres, tiene uno de sus orígenes en el principio malo y el bueno, y en un dios mediador: 787[1]. Formas diversas en las que se reproduce esta idea entre los indios: 403-404. Su dios desconocido: *ibid.* Su Trimurti se compone de dios, del amor y del mundo: *ibid*. Ideas semejantes entre los persas: *ibid*. Mitra absorbe a Oromazo y Arimán en su triple esencia: *ibid*. Trinidad en Fenicia, la luz, el fuego y la llama: *ibid*. En Egipto, la inteligencia, el mundo y la imagen del mundo, Amun, Ptah y Osiris: *ibid*. Algunas veces la tierra, el agua y el fuego: *ibid*. Trípode de los chinos: *ibid*. En el Tíbet, la trinidad es totalmene metafísica: *ibid*. Dioses triples que se reúnen en uno solo: *ibid*. Fo, en China, absorbe a Ki, Hi y Uei: 787[12]. Prajapati, la unidad entre los indios: *ibid*. La ley de Moisés no presenta ninguna huella de trinidad: 404. Esta idea se introduce más tarde entre los hebreos por su demonología: *ibid*. Que el politeísmo griego no conoce ninguna de estas sutilezas: *ibid*.

TRIOFTALMOS (JÚPITER): 736[7]

TRIPTÓLEMO: 492, 705[54], 829[6], 863[2]

TRIPURAS. En la religión india, tres gigantes feroces: 265

TRISANKU: 280. Transformado en paria por el anatema de un brahmán: 616[44]

TRITOGENIA. Sobrenombre de Minerva: 670[31]

TRIVICRAMA: 276. Historia que le concierne: *ibid*.

TROGLODITAS. Por qué adoran a las tortugas: 96. Cf. *Plinio el Viejo*

TROYANOS. Tenían la misma religión que los escitas: 212. Arrojaban caballos vivos al río Escamandro: *ibid*. Apolo, su dios titular: 217. Homero los ve afeminados: 349. Trata con ligereza a los dioses amigos de los troyanos: 73[2]

TUCCIA (la vestal): 772[39]

TUCÍDIDES, historiador griego, indiferente a las opiniones religiosas: 456. Para él, los nombres de pelasgos y etruscos designan al mismo pueblo: 659[22]. Cf. también 209, 317, 658[21], 734[28]

TUISTO. Cf. *Germanos*

TULASI, NINFA. Engaña a Krishna: 671[38]

TULO HOSTILIO: 816[36]. Niebuhr sobre él: 818[54]

TURCOS. Su aversión a caminar: 560[4]. Cf. *Castas*

TUSARÉ, piedra negra y cuadrada, etc., ídolo de los árabes: 603[10]. Cf. *Árabes*

TVASTA. Dios indio: 283, 718[142]

TYRSPAKURS: 858[8]. Profetas de los escandinavos: *ibid*.

TZETZES: 673[49], 744[2], 846[47]

UFRASCHMODAD. Cf. *Persia*

ULISES. Baja a los infiernos para conocer el futuro: 124. Con Diomedes, consagra a Minerva los despojos de Dolón: 324. Cf. también 325, 326, 328, 343, 345, 346, 347, 348, 349, 350, 351, 352, 463, 467, 477, 731[3], 734, 746, 754

UMBRIOS. Antiguos pueblos del Lacio: 810, 815[33]

UPANAYANA. El teísmo es enseñado como un misterio: 274

UPANISHADS (de los Vedas): 270, 706[3]. Consisten, en su mayoría, en diálogos entre los dioses, los santos y los elementos: 706[3]. En uno de ellos, el dios creador se engulle su obra antes de concluirla: 788[3]

UPNEKAT. Un extracto de los Upanishads: 706[3]. Definición ininteligible de dios: 721[39]. Cf. *Raja Brandacht*

UPSARAS o ninfas celestes: El *Ramayana* habla de seiscientos millones de Upsaras o ninfas celestes: 779[1]

URANIA, entre los dioses andróginos: 409, 602[18]. Cf. *Astarté, Baal*

URANO: 85. Cf. *Explicaciones científicas*. La historia de su mutilación, sin efecto en la religión popular: *ibid*.

URÍAS: 176. Joaquín lo castiga con el último suplicio. Cf. *Joaquín*

URSCHISRAVA. En la religión de la India, un caballo de tres o cuatro cabezas: 763[23]

UTILIDAD. La necesidad de utilidad, el vicio inherente al espíritu francés: 66

VAHABAN. Diosa de los indios: 799[101]. A la vez luna y fuerza destructora, como Kali: *ibid*.

VAISYA. Nació de la pierna derecha de Brama. De él proviene la casta de agricultores y comerciantes: 806[18]

VALDENSES, que sólo pedían ejercer tranquilamente su culto en sus valles: 187

VALERIO FLACO, *Argonáuticas*: 843[6]

VALHALA, el Olimpo de los dioses escandinavos: 162, 384, 366, 382. Cf. *Sacerdocio, Escandinavos*

VALMIKI. Se le atribuye el *Ramayana*: 261. Imaginación exuberante: 286. La historia de Vishnú: 281. Contradicciones de los indios sobre él y Vyasa: 261. Cf. *Vyasa*

VARRÓN. Su física sagrada: 239. Cf. también 500, 511, 653[33], 817[43], 819[63], 821[83]

VASAMPAYANA, discípulo fabuloso del fabuloso Vyasa: 720[26]

VAYU, el dios de los vientos entre los indios: 275

VEDA SAROVARA o lago de los Vedas: 268

VEDANTA (escuela de). Fuente de información sobre la religión y la vida de los indios: 706[3]

VEDAS: 28. Su lectura sólo se permitía a los brahmanes: 157. Debía echarse aceite hirviendo en la boca de quien desafiase esta prohibición: *ibid*. Cf. *Mercurio egipcio*. Libros sagrados de los indios, semejantes a todos los libros sagrados de las naciones sacerdotales: 694[2]. Los Vedas originales, perdidos, según afirman los brahmanes: 260-261. Refundidos varias veces: *ibid*. Relato de los brahmanes sobre la transmisión de los Vedas: *ibid*. Su doctrina sobre los tres mundos: 274. Los Vedas ordenaban los sacrificios humanos, rechazados posteriormente por los pueblos de la India: 263. Cf. *Elementos (culto de los)*. Relato de Narada sobre la divinidad de los Vedas: 268. Admiración que profesan por los Vedas hombres que querrían servirse del Evangelio como los brahmanes se sirven de los Vedas: 297. Cf. también 157, 231, 260, 261, 263, 267, 268-269, 270, 274, 281, 282, 287, 293, 294, 295, 430, 568, 705[3], 707, 713, 716, 777[2], 789[2]

VEGOIA: 299. En los libros de esta ninfa, descripciones de astrología y astronomía: *ibid*.

VEIDAR. Debe su vuelo rápido, como Mercurio, a unas sandalias milagrosas: 366

VENDIDAD, poema de los persas: 479. Cf. también 724[18, 23, 24], 779[8]

VENTRÍLOCUOS. Quizá los hubo entre los juglares: 122

VENUS. Cf. *Marte*. Alguna vez se la llama una de las Parcas, combinación del poder destructor y creador: 674[58]. Separación de la Venus griega y de la Venus siria: 224. Las ceremonias de estas dos diosas, diferentes, según Pausanias: *ibid*.

Venus asiria: 301. Esparta tiene su Venus armada: 311. Ideal de la belleza: 322. Historia de los amores de marte y de Venus: 351. Como la Bhavani india, tiene dos caracteres: 446. Fábula que la describe saliendo de las olas: 684[5]
VENUS AFAKITIS. Cerca de su templo, en Áfaka, había un lago del que brotaban extrañas llamaradas: 627[2]. Cf. *Fenómenos físicos*
VENUS ANAITIS: 726[47]
VERDAD. Que no existe verdad absoluta: 555. Cf. también 43, 59, 61, 62, 70, 79, 83, 87, 89, 90, 133, 279, 305, 438, 467, 471, 474, 593, 558[2]
VESTA. Hija mayor de Saturno y de Rea: 737[2]. El fuego: 818.
VETURIA. Su embajada ante Coriolano, una de las significaciones de la fortuna de las mujeres: 84
VIAJEROS modernos. Homenajes a su valor y a su paciencia: 78, 80. Cf. también 575[1], 805[4]
VÍCTOR, papa. Cf. *Ireneo (san)*
VIDA (otra). Que la lucha del sentimiento religioso y del interés se sitúa en las ideas de otra vida: 109. Cf. *Paraguay, Dauros, Interés.* La vida futura, una imitación de ésta: 110. Cf. *Luisiana, Guinea, Groenlandeses, Americanos.* Las modificaciones locales y accidentales no cambian en nada este principio fundamental: *ibid.* Resultado enojoso de este antropomorfismo para la moral: 111. Cf. *Marianas, Sentimiento religioso.* Precauciones de los vivos para subvenir a las necesidades que tendrán en la otra vida: *ibid.* Cf. *Carnicobar, Muerte.* Funestas consecuencias de la idea de que la vida futura se parece a ésta: 112. Manera como el salvaje intenta embellecer la otra vida: 113. No obstante, y a su pesar, la concibe llena de tristeza: 114. Cf. *Patagones, Chile, Gran Espíritu, Caribes, Tcheremises, Matamba, Abipones.* Imitación, en la otra vida, de las costumbres de ésta. Árabes que sacrifican un camello sobre sus tumbas: 585[16]. Hombres sacrificados para ser esclavos en la otra vida: *ibid.* La imitación de la vida después de la muerte está siempre impreganda del rechazo del hombre a su destrucción. Todo es más triste en la otra vida: 337. Hércules, feliz en el Olimpo, triste en los infiernos: *ibid.* Homero nos describe la otra vida: 339. Poema latino de un autor moderno sobre la situación de las sombras: 746[39]. La vida futura, dominio del sacerdocio: 379. Egipcios que sólo dan importancia a la vida que sigue después de la muerte: *ibid.* Galos y escandinavos que consideran la muerte como la finalidad de la vida: 380. Versos de Lucano sobre el desprecio de los galos por la vida y el amor por la muerte: 772[2]. Guerreros que se dan la muerte cuando no pueden encontrarla en la lucha: 380. Costumbre que existe entre los pueblos del Norte: *ibid.* Esta costumbre, trasladada a sus dioses: *ibid.* Roca llamada la roca de Odín, desde cuya cima se arrojaban: 772[3]. Diferentes autores sobre esta costumbre: *ibid.* Que no existía entre los griegos: 380. Que, sin embargo, la vejez era muy apreciada entre ellos: *ibid.* Indios que piensan, sobre esto, igual que los escandinavos y los egipcios, pero esta opinión tomaba entre ellos otra forma: *ibid.* Su único deseo, el de no volver a este mundo; en cambio, es ésta la esperanza más viva de los pueblos que luchan aquí abajo contra un destino riguroso: *ibid.* De dónde procede esta diferencia: *ibid.* Que este deseo modifica, en la literatura de los indios, hasta las obras que son ajenas a la religión: *ibid.* Ejemplos: 381. Siempre es feliz el desenlace de sus dramas: *ibid.* El miedo a la vida futura es, para los sacerdotes, una cuestión secundaria: *ibid.*

La vida futura, imitación de ésta: *ibid*. Mujeres egipcias que hacían enterrar con ellas diversos colores y pinceles, para avivar el brillo de su tez o maquillar sus ojos: 382. Galos que escriben a los amigos que les quitaba la muerte y entregan sus cartas a las llamas: *ibid*. Aplazando, para su reunión después de esta vida, el ajuste de las cuentas con sus acreedores y deudores: *ibid*. Diodoro sobre esto: 773[11]. Armas encontradas en la tumba de Chilperic I, con las que debía presentarse ante el dios de la guerra: *ibid*. Otros ejemplos de los persas: 774[12]. Descripción de la tumba de Ciro por Arriano: *ibid*. Guebros que entierran con sus muertos cuanto tuvieron en este mundo: *ibid*. Culto de los ancestros en China: *ibid*. Habitantes du Tonkín en la fiesta que celebran todos los años: preparan su casa para recibir a los muertos: 382. Marigny sobre esto: 774[14]. Indios que colocan frutos y leche junto a los ataúdes: 382. Hindúes obligados, por un precepto de los Vedas, a ofrecer un pastel a los manes de sus ancestros hasta la tercera generación: 774[15]. Viajes de los moradores del otro mundo, imitación de los de éste: 382. Las almas, según el Garuda Purana, reducidas a la diminuta estatura de una pulgada, son llevadas a través de los aires, por los servidores de Yama, por las montañas en las que permanecen un mes: *ibid*. Luego caminan a pie, por las orillas del Océano occidental: *ibid*. Se detienen dos veces durante el camino para tomar alimento: 406. Ceremonias destinadas a favorecer sus viajes: 866. Riquezas de los guerreros escandinavos quemadas en una hoguera: 382. Bienes que este sacrificio les proporciona: *ibid*. Su dignidad en el Valhala depende de los tesoros que conquistaron antes: *ibid*. Combates que libran: 383. Sus festines: 383, 774[17]. Descenso de Odín al palacio de Hela: *ibid*.

VIDAR, el devastador, entre los escandinavos: 764[3]

VILLOISON (error de), que coloca la teología física de los antiguos antes de las creencias vagas y rudimentarias: 568[3]. *Anecd. graeca*: 840[2]

VINCENT, traductor del *Periplo* de Nearco: 564[1]

VINET. Su distinción muy justa entre la evidencia y la certeza: 695[6]

VIRGILIO: 81. Citado en apoyo del infierno de Homero: 566[2]. Su inadvertencia al trasladar las costumbres de su tiempo a épocas anteriores: 651[10]. Algunas veces, fiel a las costumbres homéricas: *ibid*.

VIRGINIDAD. Vírgenes sagradas entre los iroqueses: 102. Admiración de los salvajes por la virginidad: *ibid*. Vírgenes madres entre los chinos: 644[8]. El salvador prometido por Vishnú debe encarnarse en el seno de una virgen: 291

VISHNÚ. Cf. *Amrita, Shiva, Buda, Encarnaciones, Excomunión*. Nace del cáliz de una flor: 161. Venga a Druwen de su madrastra y le entrega el reino de su padre: 622[4]. No puede negar ninguna petición a su adorador Ambalischen: 678. Da muerte al hermano de Erunia Kasyapa. Lo que sucede por esto: *ibid*. Los indios lo honran con la abolición de los sacrificios sangrientos: 263. Las diez grandes encarnaciones: 708[22]. Piedras llamadas *salagramas*, en las que reside supuestamente: 267. Su supuesta eficacia contra las enfermedades: 267. Cf. *Teísmo*. Sus astucias para vencer, en forma de jabalí, al gigante Eruniaschken: 273. Es el duodécimo de los Aditias, noción astronómica: 282. Es uno de los dioses más activos de la mitología popular: *ibid*. Su encarnación en el seno de KaosaLya, mujer de Dasaratha: 286. Sólo después de la destrucción de los gigantes se acuerda de que es un dios: 291. Formas que toma en sus diferentes encarnaciones: 292. Su doctrina, más pura que la de Shiva, demuestra el avance de la civilización: *ibid.* La forma humana, el atributo de sus últimas encarnaciones: 761[10]. Vishnú conserva; Shiva destruye: 404. Su encarnación más gloriosa: 428. Cf. también 263, 272, 278, 286, 291, 409, 623, 708, 712, 717, 799

VISHNUÍSMO: 262

VISVAMITRA, vencido por las imprecaciones de un ermitaño: 616[44]. Crea el proyecto para hacerse brahmán: *ibid.* Cf. *Santidad del dolor.* Lanza a Trisanku al cielo por la fuerza de sus austeridades: 283. Crea, por sus mortificaciones, un nuevo firmamento y nuevos astros: *ibid.* Esta historia indica, bajo sus formas mitológicas, descubrimientos astronómicos. Historia de Visvamitra. Superioridad del brahmán sobre el guerrero: 293. Sus penitencias le granjean el favor de los dioses contra un brahmán: 294. Sus mortificaciones ponen el mundo en peligro y obligan a los dioses a otorgarle la cualidad de brahmán: 294. Cf. también 294, 623

VITZLI-PUTZLI. En México, los sacerdotes le inmolaban a sus hijos de tierna edad: 553[1]. Cf. también 761[12]

VLADIMIRO, primer rey convertido al cristianismo, llamado el brillane sol: 303, 304. Todavía pagano, degolló a cristianos sobre el altar de sus ídolos: 730[81]. Cf. *Rusos*

VOLNEY. Refutación de sus hipótesis: 572-573, 757[25]. Cf. *Astronomía*

VOLSINIO. Lugar en que se reunía la dieta de Etruria: 810[1]. Insurrección de los esclavos: 810[2]

VOLTAIRE: 44, 50. Dice que es mejor golpear fuerte que en el blanco: 65-66. No puede estar de acuerdo con Federico II: 70. Debilidad de sus razonamientos contra la realidad de los ritos licenciosos de los antiguos: 592[9]. Su error o mala fe sobre los sacrificios humanos de los chinos: 645[14]. Su elogio pomposo y mal fundado de China: *ibid.* Cf. también 44, 50, 65, 70, 177, 316, 467, 468, 504, 532, 592[9], 593, 635, 645[14], 645, 646, 775[8]

VÖLUSPÁ. Uno de los libros sagrados del Norte: 407, 526. Coexistencia de varias doctrinas: 527. Cf. *Eddas*

VOPISCO: 558[1], 727[51]. Cf. *Cristianos*

VRISHNA ISVARA: 565[6]. Dios de la justicia: *ibid.* Cf. *Anna Purna Devi*

VULCACIO, adivino: 814[30]

VULCANO. Su nombre griego nos lleva a Egipto: 222. Era, en su origen, el Ptah egipcio: 679[94]. Contiene alegorías cosmogónicas: *ibid.* Nacido de Juno, sin participación de un hombre: *ibid.* Es, entre los griegos, un dios ridículo: 222

VYASA, autor del *Mahabarata* y comentarista de los *Vedas*, quizá un nombre genérico: 261. Contradicciones de los indios sobre Vyasa y Valmiki, autor del *Ramayana*, separados entre sí, según una tradición, por un gran intervalo, y, sin embargo, se dice que se reunieron y consultaron sobre la redacción de sus poemas: *ibid.* Vyasa, una regeneración de Brahma: *ibid.* Una encarnación de Vishnú en el seno de la joven Kali, virgen después de haberlo engendrado: *ibid.* Cf. también 275, 706, 707[7], 720

VYASA MUNI. Cf. *Anna Purna Devi, Shiva*

WAGNER. Cae en los mismos errores que Dupuis y Rabaut: 669[22]. Su división de las religiones en cuatro clases: *ibid.* Cf. también 575[35], 679[94], 806[4], 808[13], 809[16], 841[5]

WARBURTON: 68. Cf. *Pluche*. Los dos orígenes que asigna a la fábula: 573[20]. Cf. también 11, 511, 773[7], 569[11]

WEDEL-JARLSBERG, autor erudito pero sistemático: 629[11]. Sus hipótesis sobre la religión escandinava: *ibid*. El segundo Odín, un gran sacerdote que destronó a Gylfe: 859[4]

WIELAND: 71. Se acerca, por sus doctrinas, a los filósofos franceses del siglo XVIII: *ibid*.

WILA. Diosa de los serbios, de larga cabellera, que siembra rosas y recoge nubarrones: 400

WILFORD. Cómo lo engaña un *pandit*. Este hecho da idea de las falsificaciones que pudieron sufrir los Vedas: 261, 722[43]

WILLIAM WARD. Escribió una obra bastante útil sobre la India: 721[42]

WIZAGA, profetisa, sobrevivió a la creencia en el lenguaje: 770[22]

WODAN u ODÍN, un nombre genérico: 517

WOLES (los). Intérpretes de las letras rúnicas: 522

WOLKOW, antiguo príncipe ruso, adorado por los que viven cerca del Volga, en la figura de un cocodrilo: 303

WOOLSTON: 68. Incrédulo inglés: *ibid*.

WYTTENBACH, *De sera numin. vindicta*: 852[125]. *Bibl. crit.*: 854[1]

XACA, en el Tíbet, nació de una joven sin la participación de hombre: 428
XIFILINO: 569[14], 766[57]

YAINAS, herejes indios, detestados por los brahamanes: 267. Sus ritos y sus opiniones: 710[46]. Su doctrina lleva al panteísmo: *ibid*.

YAJUR VEDA. Los Vedas tienen como referente los elementos; éste nació del aire: 268. Historia de Yajur, negro, o impuro, remplazado por el Yajur blanco, o puro. Prueba de la refundición de los Vedas: 720[26]. Comprende diversas oraciones en prosa: 705[3]

YAMA. Entre los cingaleses, juez de los infiernos: 275, 276, 776[16]. Juicio de los muertos: 382, 384. Dios de los muertos. 768[2]

YAMIDAS: 653[33]

YAMMAH RAYA, un dios inferior, juzga a los muertos: 772[2]

YANG (el), el principio bueno entre los chinos, se le representa mediante la línea recta: 696[10], 697[18]. Se reúne en el gran todo material, el Tai Kie: *ibid*.

YI-KING o *Libro de los cambios*: 408, 648[17], 698[18], 770[18]

YIN (el), el principio malo entre los chinos, es figurado por la línea curva: 696[10], 697[18]

YMER (el gigante), en la *Edda* escandinava: 305, 644[4]. Semejanza de la fábula que habla de él con la cosmogonía china: *ibid*. Dotado de un doble sexo: 305. Sus relaciones con el huevo cosmogónico de los indios: *ibid*. Deviene el mundo visible y el globo terrestre: *ibid*. Odín le da muerte para formar el universo con sus miembros: 765[13]. A su muerte, el diluvio es de sangre: 858[16]

YORK (duque de), condena a muerte a los escoceses que no quieren prestar el juramento del Test: 187

ZABUDEBA. Así se llama, en la mitología india, el paraíso supremo: 776[13]

ZACARÍAS. Cf. *Joad*

ZAIRA: 469

ZALEUCO. Las primeras leyes escritas de los griegos fueron las suyas: 751[3]. Opinión de los dioses sobre las forendas: 823[3]

ZAMOLXIS. Esclavo inmolado, considerado un hombre deificado por los griegos: 761[8]

ZARADES o ZOROASTRO: 724[34]

ZARADOBURA, gran sacerdote de la religión de los Rohannis en Ava: 713[85]. Su diálogo con un misionero es una prueba del politeísmo de los indios: *ibid.*

ZELANDA (Nueva): 105. Cf. *Loango*

ZEND AVESTA. No fue nunca el libro nacional de los persas: 630[17]. Nota sosbre la autenticidad del Zend Avesta: *ibid.* Que su contenido no responde a la sabiduría atribuida a Zoroastro: *ibid.* Supuestos escritos más antiguos: *ibid.* Cf. también 421, 598[3, 10, 11], 612[18], 631[17], 789[18]

ZENOBIO, *Cent. prov.*: 600[7]

ZERNOJEWITCH, su historia: 369

ZERVAN AKERENE, el tiempo sin límites de los persas: 300. Su doble carácter: poder generador y símbolo astronómico: *ibid.* Cf. también 304, 389, 390, 728[53], 784[32], 848[66]

ZOEGA: 617[67], 701[14], 773[10], 776[16], 790[23]

ZOROASTRO: 99. Su religión, un convenio de corte: 603. Prescribe formalmente la división en castas: 150. Reforma que realiza en la religión persa: 609[1]. Cf. *Zend Avesta*. Zoroastro era medo: 631[17]. No pudo vivir bajo Darío, hijo de Histaspes, ni tomar de los persas, aún rudimentarios y sin cultivar, los elementos de su reforma: 630-631. Su religión no fue nunca la religión del pueblo: 172. Zoroastro sometido a Ciro, obediente a Ciro déspota, pero conservando siempre el espíritu sacerdotal, lo mejor que podía: 632[21]. Cf. también 724[34], 728[52, 53], 848[66], 859[13]

ZÓSIMO: 627[2], 768[19]

ZUINGLIO: 692[22]

HISTORIA DE LA OBRA

Étienne Hofmann

Las investigaciones sobre la religión acompañaron a Benjamin Constant durante más de cuarenta años, a pesar de las inevitables interrupciones, debidas a la existencia agitada del hombre político, del periodista y del pensador, que vivían en una Europa presa de considerables convulsiones ideológicas e intelectuales. Estos cambios profundos influyen, sin duda, en el avance de su trabajo. Precisamente, de este vasto estudio, emprendido al final de las Luces y concluido en pleno Romanticismo, esperaba Constant la gloria, que obtuvo, paradójicamente, de títulos a los que él mismo daba mucho menos importancia: *Adolfo* o los demás relatos más personales y no destinados a la publicación, como *Ma vie* (*Le Cahier rouge*), *Cécile*, incluso el *Diario íntimo*[1].

Digamos enseguida que no es fácil recorrer la historia de un libro cuya génesis es tan prolija como tortuosa. Existen, sin duda, los testimonios que el autor ofrece a través de toda su correspondencia y en su diario. Sin embargo, no se debe olvidar que estas informaciones no son siempre tan explícitas como uno pudiera desear; su frecuencia permite,

1. La ausencia de una reedición, hasta ahora, de los volúmenes sobre la religión, hoy inaccesibles, contribuyó, sin duda, también al desconocimiento, tanto de la obra, como del hombre. Esto explica el título del libro de Pierre Deguise, *Benjamin Constant méconnu. Le livre «De la religion»* (Genève, Droz, 1966), que sigue siendo el guía más claro y seguro para la comprensión de la obra de Constant. Se inicia con una aclaración contra Sainte-Beuve, ya que el criterio negativo y superficial del autor de Port-Royal había influido grandemente en los estudios constantianos. Pierre Deguise es también el editor del segundo volumen de *De la religión*, publicado este año [1999] en las *Œuvres complètes* en la editorial Niemeyer de Tubinga. Los trabajos del llorado Patrice Thompson aportaron también una luz sugestiva y vigorosa sobre él.

al menos, descubrir, en la vida del autor, los períodos que dedicó, más o menos totalmente, a su investigación sobre las religiones. Pero numerosas alusiones a su «gran obra» pueden remitir algunas veces a sus tratados políticos, y varios comentaristas cayeron en la trampa. La utilidad de la correspondencia y del diario reside sobre todo en la indicación de las lecturas de Constant y de las conversaciones que mantuvo con filósofos o eruditos. Estas fuentes informan también sobre la situación y espíritu del escritor: unas veces, profundamente desilusionado ante la amplitud de la tarea; otras, aliviado por el hallazgo de una labor que puede distraerlo de los numerosos desengaños de su carrera o de los sobresaltos de su vida sentimental. Pero, cuando uno evoca estos documentos, no se debe olvidar que el conocimiento que aportan sólo es seguro desde hace relativamente poco tiempo: el texto auténtico del diario sólo se editó a comienzos de los años cincuenta [del siglo XX], y la publicación de la correspondencia general sólo se inició en 1993; ¡aún hoy sólo llega al año 1794[2]! Muchas cartas aparecen, pues, dispersas en revistas o en obras, o permanecen todavía inéditas en numerosas bibliotecas.

Sin duda, el recurso más fecundo para conocer la evolución de la obra hasta su publicación reside en los fondos manuscritos de Lausana y de París, que rebosan de redacciones, esbozos, notas, extractos y planes. Pero no siempre es fácil desenmarañar este embrollo: tal fragmento, que el documento o la escritura permiten datar, sin duda, en 1804, por ejemplo, puede no ser más que una copia de un texto desaparecido, redactado varios años antes, como podría descubrir una crítica interna sensible a la influencia de tal lectura o de tal idea anteriores. Por eso, incluso un estudio minucioso de los papales dejados por el autor, cuya colección, por otra parte, está llena de lagunas, no es garantía de una cronología absoluta, y numerosas incertidumbres siguen existiendo sobre el desarrollo preciso de esta larga gestación. En fin, tampoco es fácil de establecer[3] la concordancia entre las huellas manuscritas y las alusiones del diario o de la correspondencia.

Sea lo que fuere de estas dificultades, gracias a los pacientes esfuerzos de Pierre Deguise y de Patrice Thompson, es hoy posible hacerse

2. *Œuvres complètes. Correspondance générale*, bajo la dirección de C. P. Courtney, t. I: 1774-1792; t. II, 1793-1794, Tübingen, Niemeyer, 1993 y 1998. Es inminente la aparición del tomo III, 1795-1799.

3. Patrice Thompson, *Les Écrits de Benjamin Constant sur la religion. Essai de liste chronologique*, Paris, H. Champion, 1998, y Étienne Hofmann, *Catalogue raisonné de l'œuvre manuscrite de Benjamin Constant*, Genève, Slatkine, 1992. Estas dos obras aparecieron en la colección «Travaux et recherches de l'Institut Benjamin Constant» (Universidad de Lausana).

una idea más justa del apasionante recorrido intelectual de Constant sobre la cuestión religiosa.

¿Provendría su interés por la religión de su origen hugonote y del protestantismo valdense? Se ha dicho que el calvinismo de la Suiza de lengua francesa no era ajeno a una especie de introspección natural en los escritores de este país (Rousseau, Constant, Amiel, hasta Chessex). Es posible; pero se debe ser prudente ante este tipo de explicación. Una cosa es cierta: ni la educación volteriana del joven Benjamin, ni su formación cuasi autodidacta (nunca frecuentó escuela alguna, ni cursó ninguna carrera universitaria completa) lo orientaron particularmente hacia las cuestiones religiosas. ¿Frecuentaba la iglesia siendo niño? ¿Practicaba algún culto en la Chablière, en el Désert (donde vivió su familia)? ¿Leía la Biblia? Es probable, pero no deja de ser curioso que no nos haya llegado ningún testimonio a este respecto. La ausencia de su madre, muerta en el parto, está presente, para muchos, en esta aparente carencia de piedad que rodeó la juventud de Constant. Tampoco influyó en él el ejemplo de su prima Rosalie, muy creyente, con la que mantiene una amistad fraternal durante toda su vida. Veremos más adelante que dos cortas y tardías experiencias (una, pietista, y otra, iluminista) modificaron su juicio a priori muy intelectual y muy abstracto. Pero, fuerza es reconocerlo, nada predisponía a Constant a emprender bruscamente, a los dieciocho años, una carrera de historiador o de sociólogo de las religiones.

De las primeras versiones, entre 1785 y 1794, nada llegó hasta nosotros. El propio Constant afirma, en 1811, en su autobiografía, que se trataba en principio de un trabajo al hilo de los «principios de la filosofía del siglo XVIII y, sobre todo, de las obras de Helvétius». Añade también que quería demostrar, siempre siguiendo al mismo autor, que «la religión pagana era preferible, con mucho, al cristianismo»[4]. Es posible que esta idea lo acompañase durante algunos años. Luego, el hastío que le causa el Terror reorientó sin duda su juicio, cuando ve los excesos de una descristianización o los intentos robespierristas de introducir el culto del Ser supremo. Al mismo tiempo, no es nada despreciable la influencia de la señora de Charrière, a la que permanece unido de 1787 a 1794: pudo incitarlo a revisar ciertas ideas demasiado apresuradas y animarle a profundizar más en sus conocimientos. Quizá, la idea del primer libro atestiguado, De l'esprit des religions, tuvo su origen durante estas conversaciones. Helvétius sigue presente, pero ahora comienza a despuntar sin duda Montesquieu. En efecto, durante todas sus investigaciones, a Constant le obsesionará continuamente el modelo meto-

---

4. *Ma vie*, en *Œuvres complètes*, III, 1, pp. 314-315.

dológico que presentan *El espíritu de las leyes* y la conocida fórmula de su Prefacio: «Planteé los principios y vi que los casos particulares se plegaban a ellos por sí mismos; que las historias de todas las naciones sólo son una consecuencia de ellos, y cada ley va unida a otra ley o depende de otra más general». La redacción de *De la religión* no es más que la continua vacilación entre dos concepciones: una exposición de los hechos propios de cada pueblo, o una «filosofía» general de la cuestión religiosa. Durante mucho tiempo, Constant intenta «plantear los principios», pero, desgraciadamente para él, los casos particulares se niegan a menudo y a veces obstinadamente a plegarse a ellos «por sí mismos». Por eso, a pesar de su afán por un enfoque filosófico de los problemas, se dejará arrastrar más bien hacia la historia, y, en el prospecto en el que anuncia la publicación, en 1823, dirá: «Examiné los hechos y ellos me guiaron». El escollo de caer o en la acumulación de detalles, o de generalizar en exceso, constituye el reto más estimulante y el obstáculo más descorazonador a sus investigaciones. De ahí provienen sus continuos cambios de planes, como lo demuestran el diario, la correspondencia y, claro está, los propios manuscritos que rayan en la manía.

¿Cuáles son, pues, las principales etapas de su trabajo desde 1794, fecha en la que disponemos de los primeros datos seguros? Para simplificar, en sumo grado, una génesis muy compleja, se puede separar la redacción de la obra en dos períodos distintos: primero, de 1794 a 1812-1813, es decir, hasta la confección de un manuscrito muy importante, que Constant designaba con el nombre de «gran *quarto* azul» y que, a menudo, se llama la «copia azul». Luego, de 1823 a 1830, años durante los cuales prepara, volumen tras volumen, la publicación de la obra, partiendo esencialmente de los materiales acumulados en el manuscrito de 1812-1813. Este esquema, por reductor que parezca, posee la ventaja de corresponder, grosso modo, a dos caras diferentes de la vida del autor. Aunque la concordancia de las fechas no sea absoluta, es fácil observar, en la primera parte, un período coppetiano, durante el cual Constant escribió mucho, pero publicó poco: lo esencial de su obra política, por una parte, desde el folleto del Directorio hasta los *Principios de política*, de 1806, pasando por la traducción de Godwin (1799) y su tratado *La Possibilité d'une république en France* (1800-1803); por otra parte, las obras literarias ya mencionadas y bien conocidas, a las que hay que añadir *Wallstein*, así como una serie de artículos. En cambio, la segunda parte se presenta más bien como el momento en el que Constant es quizá menos fecundo, pero en el que publica mucho, utilizando precisamente lo que había redactado en el período anterior. De 1814 hasta su muerte, se le conoce, sobre todo, como «el maestro de escuela de la libertad», que lucha contra los ultras en la Cámara y en la prensa (*Le Mercure*, *La Minerve*, *La Renommée* o *Le Globe*). Entre los dos períodos, se sitúan el declive y la caída del Imperio, precedidos, por poco, en cuanto concierne a nuestro autor, por la lenta ruptura con Madame de Staël, el distanciamiento de Coppet y su marcha a Gotinga (1808-1811). Entre 1814 y 1823, Constant abandona, en parte, sus investigaciones sobre las religiones: lo acaparan la primera Restauración, los Cien días, la segunda vuelta de los Borbones, sin olvidar su pasión por Juliette Récamier, su estancia en Bélgica y en Inglaterra, en fin, la publicación de *Adolfo* y de las *Mémoires sur les Cent-Jours*.

Si se examina ahora, desde más cerca, el primer tramo (de 1794 a 1812-1813), se percibe cierta indeterminación hasta los años 1804-1805. En un viaje a Alemania con Madame de Staël, Constant frecuenta o lee a varios pensadores alemanes, como Schelling, Herder o los hermanos Schlegel. En términos generales, se debe afirmar que la obra debe mucho a las numerosas estancias de Constant en Alemania: en 1794, en Brunswick, ya había redactado una versión importante; su estancia en Weimar, en 1804, es determinante, como lo será la de Gotinga entre 1811 y 1813. Este país le proporciona, en general, la tranquilidad necesaria para la reflexión, el contacto estimulante con pensadores y eruditos competentes y excelentes bibliotecas. En torno a los años 1804-1805, pues, Constant adopta, al menos, dos tesis fundamentales, que serán, en el futuro, el centro de su pensamiento. En primer lugar, renuncia a desarrollar lo que concierne al teísmo, para poder dedicar sus investigaciones fundamentalmente al politeísmo. A partir de ahí, designa sus manuscritos con la siguiente expresión: «mi politeísmo». Para él, el teísmo sucede necesariamente al politeísmo. En efecto, las ideas religiosas siguen una marcha progresiva: cada forma nueva es superior a la precedente, según el esquema de una perfectibilidad de la especie humana, que Constant heredó de pensadores como Turgot o Condorcet (y también Godwin y Priestley). El abandono del teísmo tenía la ventaja de dejar de lado el cristianismo, que planteaba numerosos problemas, no tanto históricos como ideológicos: con la Revolución o el Directorio, la religión cristiana ya no era tabú; pero, a partir del Concordato de 1802, el asunto se volvió delicado; la dificultad para hablar de él se reforzará aún más con la Restauración. Aunque Constant no aborda abiertamente el cristianismo, no obstante, sigue estando presente en su obra, pero con medias palabras, de manera indirecta o mediante alegoría, como afirma sutilmente Patrice Thompson[5]. El segundo elemento que aparece en este momento crucial de 1804-1805 es la importante distinción entre religiones sacerdotales y no sacerdotales. Constant dis-

---

5. «Benjamin Constant: l'allégorie du polythéisme»: *Annales Benjamin Constant* 12 (1991), pp. 7-18.

tingue el sentimiento religioso, inherente a la especie humana y susceptible de perfeccionamiento, de las formas que adoptaron las religiones positivas en el curso de la historia. Estas formas tuvieron tendencia a fijar el sentimiento religioso en ritos, símbolos o creencias dominados por los sacerdotes. Es la supremacía del sacerdocio la responsable del declive de una religión dada, hasta que otra nueva viene a suplantarla. Así se pasó del fetichismo al politeísmo, y de éste al teísmo. En el politeísmo, Constant pone de relieve la religión griega, casi totalmente libre, según él, de cualquier influencia sacerdotal, mientras que el politeísmo romano se presenta como sometido a los sacerdotes y, por tanto, decadente, lo que provoca su sustitución por el teísmo cristiano. Este punto de vista supone que el cristianismo, aunque llegó en su momento oportuno y supuso un progreso claro en la historia de la humanidad, no deja por ello de ser más que una etapa, destinada a ser remplazada a su vez por una forma aún más depurada. Por tanto, es fácil pensar por qué Constant prefirió dejar de lado todos los aspectos relativos al teísmo: los cristianos de cualquier creencia no podían admitir sin más semejante relativismo.

Entre las numerosas huellas manuscritas que demuestra la evolución del trabajo durante este primer período, se encuentran dos títulos; el primero, atestiguado únicamente por un plan que data de 1806: *De la marche de l'esprit humain dans les idées religieuses jusqu'à la décadence du polythéisme*; el segundo, por un legajo de quinientas setenta y ocho páginas autógrafas que datan de 1809: *Recherches historiques sur les religions de l'Antiquité*. Una pequeña parte de la sustancia de la primera obra pudo pasar al Libro VIII, «De la liberté religieuse», de los *Principios de política*, que Constant redacta el mismo año de 1806. Pero nada es seguro y, por tanto, no se puede comparar las dos etapas, de 1806 y de 1809, a no ser por los títulos bastante reveladores. En efecto, lo que de entrada llama la atención es el enfoque filosófico del primero opuesto a la tendencia claramente historicista del segundo; se ve una continua indecisión de Constant, que no acaba de determinarse por un método dado.

Entre los dos importantes hitos de 1806 y de 1809, Constant atraviesa una crisis sentimental tan grave que lleva a este hombre, considerado, sin embargo, escéptico y agnóstico, a recurrir al consuelo de una especie de misticismo. Su unión tormentosa con Madame de Staël es una carga para él desde hace varios años; intenta librarse de este yugo, a pesar de las ventajas intelectuales y financieras que le proporciona la compañía de Germaine. La dama de Coppet, viuda en 1802, se negó al matrimonio que él le proponía; por eso busca una esposa menos célebre, menos brillante, menos comprometedora respecto al poder imperial, y que le proporcionase un cariño sin sobresaltos, que él cree propicio a sus investigaciones. Coppet lo estimula mucho, pero cansa enormemente. Pero, a finales de 1806, reencuentra a Charlotte de Hardenberg, con la que había coincidido en Alemania trece años antes. Su idilio terminó en un matrimonio secreto en 1808. Madame de Staël se entera un año después: furiosa, exige que Constant vuelva a su lado y que el matrimonio permanezca en secreto. Durante todo este embrollo, Benjamin demuestra una debilidad culpable; sin poder complacer las exigencias de Germaine, hace sufrir a las dos mujeres con sus dudas. Esta penosa situación dura dos años más y, en mayo de 1811, Constant abandona definitivamente a Madame de Staël y parte para Alemania.

Esta crisis sentimental, acentuada aún más por una relación conflictiva con su padre, afectó profundamente al escritor. Dos remedios se le presentan: la escritura, por un lado, y la religión, por otro. *Adolfo*, *Cécile*, *Ma vie* y el *Diario* son, sucesiva o simultáneamente, tentativas para ver con claridad y analizar, tan fríamente como sea posible, una situación inextricable. Durante el verano de 1807, se siente atraído por el pietismo de la secta de las «Almas interiores», que dirige uno de sus primos, el marqués de Langallerie. En las reuniones de oración, se entrega a la voluntad del Todopoderoso y encuentra, gracias a lo que hoy llamaríamos una terapia de grupo, un sosiego y un consuelo oportunos. Se exime de cualquier decisión penosa, pues, en su vida diaria, como en su pensamiento, le cuesta elegir entre varias opciones; la indecisión es aún libertad, y odia cualquier alienación de su libertad. Sin embargo, el sufrimiento que inflige a los que le rodean se hace intolerable. El dilema es angustioso y la solución pietista podía tener incontestablemente efectos mitigantes, sin llegar a resolver el fondo de los problemas.

Se ha hablado mucho sobre esta experiencia religiosa: ¿era sincero Constant? ¿No había más bien, detrás de esta repentina conversión, una mascarada y una hipocresía sórdidas? Se trata de saber si su «Politeísmo» sufrió las consecuencias de esta experiencia. ¿La obra escrita con la mentalidad de la filosofía de las Luces se habría convertido en la de un creyente? Pierre Deguise ha mostrado perfectamente que, en el examen de esta delicada cuestión, había que desconfiar de las confesiones de Constant en su correspondencia y en su diario: «Puede silenciar su razón momentáneamente, en un momento de crisis pasajera, pero no puede renunciar a lo que fue; Constant no se convirtió. Pero conserva de esta experiencia una convicción: que el hecho religioso existe y que él cree haberlo experimentado»[6]. Lejos de cambiar totalmente el enfoque del problema, la crisis pietista lo confirma en su hipótesis de que el sentimiento religioso es el principio fundamental de cualquier religión.

6. Pierre Deguise, *op. cit.*, p. 95.

Lo que el devenir de la historia ya había demostrado es apoyado por un camino más íntimo: el empirismo consolida el razonamiento.

«*Italiam, Italiam*». El exergo de *Cécile*, retomando el grito de Eneas ante la tierra prometida, expresa la esperanza de encontrar finalmente la serenidad después de tantas tormentas. Pero es en Alemania donde encontrará la calma a la que aspiraba desde hacía tanto tiempo. El tedio acecha también a este hombre tan contradictorio y enseguida vuelve a echar de menos a Madame de Staël. Sin embargo, un ambiente confortable, una sociedad carente de encanto pero poco agobiante, y, sobre todo, las bibliotecas alemanas hacen que su obra avance considerablemente. Varias redacciones se escalonan de 1811 a 1813, que llevan a la «copia azul», grueso manuscrito de cuarenta y cuatro libros, de los que sólo la mitad subsiste hoy, pero de los que se posee el plan y una copia completa más tardía. Esta versión tiene todas las huellas de una obra en marcha; Constant no consideraba todavía su trabajo como definitivo, sino como una base, que reunía todos los materiales acumulados a lo largo de sus anteriores investigaciones. El título, en este estadio, es: *De la religion depuis sa forme la plus grossière jusqu'à la plus épurée*, o más sencillamente: *Des religions dans l'Antiquité*. El contenido de la «copia azul» muestra, en principio, la conciliación entre la filosofía de las Luces y el respeto por el sentimiento religioso. En efecto, ¿cómo pensar que el hombre se liberó progresivamente de la superstición y afirmar, a la vez, que el sentimiento religioso pertenece como propio a nuestra especie y que constituye una de sus especificidades más nobles y auténticas? En resolver esta dificultad trabaja Constant durante esta etapa alemana. Cree que la solución se halla en este «avance natural» de las religiones que se depuran y purifican en el transcurso de la historia; así lo había visto ya desde 1804-1805. Pero ahora admite que esta perfectibilidad no tiende a la supresión de la religión, sino al reconocimiento del sentimiento religioso como ontológico, es decir, formando parte integrante de nuestra condición humana. En octubre de 1811, declara a Prosper de Barante: «Esta tendencia del hombre a perfeccionar su religión en virtud de las luces, lejos de ser una prueba de que la religión no es más que una quimera que el hombre modela según su fantasía, demuestra que la religión es su fin y su destino primitivo». Sabedor de que se dirige a un creyente convencido, Constant tensa quizá aquí la cuerda: cuando afirma que la religión es el fin del hombre, no se refiere evidentemente a la religión positiva con sus dogmas, sus ritos y sus instituciones, sino más bien al sentimiento religioso, mucho más vago e íntimo y que no supone sumisión alguna a cualquier fe. Constant cultiva, pues, cierta confusión cuando se dirige a ciertos amigos a los que no quisiera disgustar. A Hochet, en la misma época, le cita la fórmula de Bacon: «Un poco de ciencia lleva al ateísmo; más ciencia, a la religión», que podría dar a entender que se convirtió y que hizo tabla rasa de sus antiguas convicciones agnósticas. De hecho, como dice Deguise, «no se trata de conversión, sino de evolución[7]». Este cambio en su pensamiento es el resultado, a la vez, de su experiencia pietista y de su voluntad de buscar en la historia las huellas y las pruebas que presenta. Entre 1811 y 1813, acentúa, pues, esta tendencia que lo lleva de la filosofía a la historia.

De la batalla de Leipzig a la campaña de Francia, la caída inminente de Napoleón despierta al antiguo opositor excluido del Tribunado en 1802, y lo anima a luchar de nuevo a favor de la libertad. Desde finales de 1813, se compromete a trabajar al lado de Bernadotte, abandona Alemania, después de haber redactado con cierta premura *Del espíritu de la conquista*, retomando capítulos enteros del manuscrito de los *Principios de política*. Habiendo fracasado la «candidatura» de Bernadotte, se adhiere a la Carta constitucional otorgada por Luis XVIII, en la medida en que ésta garantiza un régimen constitucional que, para él, salvaguarda lo esencial de las libertades fundamentales. La Carta, bien interpretada, podría contener la voluntad ultra de una Restauración absolutista y liberticida. La lucha política, pues, lo absorbe totalmente: los retos son de envergadura y ya no es el momento de la investigación histórica y erudita, sino de la acción. Constant dejó a su mujer y sus manuscritos en Alemania. En París, intenta negociar el apoyo liberal a Luis XVIII, siempre que se respete la constitución, cuando, en marzo de 1815, llega la noticia del desembarco de Napoleón en el golfo Juan. Constant intenta reunir una mayoría silenciosa en torno a la monarquía, pero ésta se desmorona, el rey huye y el Águila retoma el poder. Sin embargo, el régimen bonapartista sabe que debe encontrar un compromiso con una élite burguesa y liberal decepcionada por los Borbones, pero extremadamente recelosa respecto a él. ¿Qué mejor que llamar a Constant a colaborar en una nueva constitución más liberal aún que la Carta? Se ha dicho todo sobre las razones que habrían llevado al antiguo tribuno a aceptar esta ardua tarea tan comprometedora para su reputación: sus *Mémoires sur les Cent-Jours* pusieron en claro todo esto, pero no convencieron ni a sus contemporáneos ni a varios de sus biógrafos. Además del arribismo y la codicia, se quiso ver la influencia de Madame Récamier, de la que Constant se había enamorado locamente. Pero Juliette no se deja conquistar, y surge una nueva crisis sentimental, que lo lleva esta vez al salón de Madame de Krüdener. La inspiradora —según se dice— de la Santa Alianza trae a Constant los auxilios de la oración, en un momento en el que se halla muy desanimado. Pero, como ocurrió

---

7. *Ibid.*, p. 160. Las citas de las cartas a Barante y a Hochet se toman igualmente de este capítulo.

en la crisis pietista de 1807, tampoco aquí se convirtió realmente. El episodio no tendrá consecuencias sobre sus opiniones religiosas, pero contribuye, sin ninguna duda, a madurar al personaje, que, a partir de esta aventura sentimental e iluminista, contempla con más severidad su pasado. Una muestra interesante de esta evolución moral es la publicación de *Adolfo*, acompañada de un prefacio, de la «Opinión del editor» y, finalmente, de la «Respuesta». Estos comentarios, añadidos tardíamente, pueden interpretarse como la voluntad del autor de cerrar una época de su vida y de independizarse de un personaje con el que el público lo asocia demasiado abiertamente.

Sólo en 1815 Constant se vuelve a encontrar con su mujer y con su «Politeísmo», pero, sólo a partir de 1821, se pondrá a trabajar seriamente en él. En efecto, cree preferible alejarse de París después de la Segunda Restauración, cuando diversas amenazas pesan sobre quienes se adhirieron a la causa del emperador. Vuelve a Francia en 1816; desde ese momento, la política le ocupa la mayor parte de su tiempo, y es elegido diputado de la Sarthe en 1819. Una grave caída en 1821 lo obliga a guardar cama, y este reposo forzado le permite retomar al fin su eterna obra; pero es más su fracaso en las elecciones de 1822 el que le proporciona, al menos momentáneamente, el tiempo libre necesario para proseguir sus trabajos. Por tanto, desde 1823 a su muerte, el 8 de diciembre de 1830, se consagra a la publicación por partes sucesivas: en mayo de 1824, aparece el primer volumen, seguido del segundo en octubre de 1825, del tercero en agosto de 1827, y los dos últimos póstumos en abril de 1831. Para ello, retoma la «copia azul» de 1813, pero la modifica considerablemente. Varios elementos explican que no pudiese publicar esta versión. En primer lugar, Constant se da cuenta de que, después de diez años, la documentación no está al día y debe completar sus informaciones. Por eso, lo vemos inmerso en nuevas lecturas que le obligan a modificar numerosos detalles o a refutar varias teorías. En segundo lugar, su manía respecto a los planes lo obliga a interminables modificaciones en la disposición de los capítulos y de los libros. En fin, el clima ideológico y el endurecimiento de la política ultra le obligan a reescribir numerosos pasajes, matizándolos por prudencia: la censura está muy atenta a cuanto puede tocar a los dogmas católicos, y su «panteísmo» hostil al sacerdocio puede interpretarse en este sentido. Hasta tal punto que no dudará en cubrirse con el manto del protestantismo, cuando sus teorías pueden escandalizar también a los reformados; pero quizá sea mejor pasar por un hugonote que por un ateo. La apariencia protestante, aunque muy discreta, es más adecuada a la obra, sobre todo teniendo en cuenta que el autor llegó a ser diputado del Bajo Rin en 1827 y que sus electores alsacianos son, en su mayoría, reformados. Para entender mejor las modificaciones aportadas a la obra entre

1825 y 1830, no se debe olvidar dos circunstancias. Al ser escalonada la publicación de los volúmenes, el autor utiliza entregas sucesivas para replicar a las críticas suscitadas por cada uno de los tomos anteriores. Así actúa, por ejemplo, para responder a las críticas ultracatólicas del barón de Eckstein. Por otra parte, la evolución de la coyuntura política, de Luis XVIII a Carlos X, y sobre todo, después de la revolución burguesa de julio, modifica velozmente las perspectivas de la publicación. Sin dejar de ser esencialmente el resultado de una investigación histórica, realizada con objetividad y seriedad (Constant no estuvo nunca en la escuela alemana), *De la religión* es también la obra de un activo y hábil opositor liberal. La mala suerte estriba en que la tradición liberal, sea de izquierda o de inspiración jacobina, o doctrinaria, no aprecia demasiado esta obra, cuya eficacia política no llega a ver. Constant, en el momento en que la publica, cae, en cierto sentido, en la trampa: quiere, a toda costa, dar una forma definitiva a lo que él considera la obra de su vida; por eso, se ve obligado a publicarla en el peor momento. Las circunstancias, como su método de trabajo, lo obligan a profundas remodelaciones en un período de su vida en el que se ve sumergido de nuevo en la actividad política; desde 1824, carece del tiempo y de la tranquilidad necesarios para esta ingente tarea. Además, el público no está preparado para acoger esta obra, que no se corresponde con la imagen que tiene del autor.

La diferencia entre el manuscrito de 1813 y la obra impresa no se debe sólo a las remodelaciones de las que acabamos de hablar. Constant recortó gran parte de su trabajo: la parte relativa al politeísmo romano. Después de su muerte, su viuda confió a Jacques Matter la publicación de lo que, se creía, era la continuación de los cinco volúmenes. Pero el *Politeísmo romano*, aparecido en 1833 en dos volúmenes y transcrito, muy probablemente, a partir de la versión de la «copia azul» que desapareció después, no corresponde, en absoluto, con lo que Constant habría querido hacer. Por una parte, Matter no se dio cuenta de que el autor había publicado ya ciertos pasajes, que, por tanto, se utilizan dos veces; por otra, tampoco vio que la copia de 1813 no estaba destinada a la publicación, sino que era una reserva de materiales, cuyo orden y redacción necesitaban una revisión completa. ¿Por qué Constant renunció, al menos provisionalmente, a publicar esta parte importante? No se debe olvidar, sin duda, la importancia y amplitud de la tarea sobrehumana: no es exagerado decir que Constant trabajó hasta la extenuación para poder publicar *De la religión*. Pero, sobre todo, la decadencia del politeísmo, como se ha visto, abordaba cuestiones mucho más delicadas de tratar en el contexto de la Restauración, pues habría hecho falta revelar con más detalle ciertas posiciones hostiles al cristianismo. Bajo la monarquía de Julio, en cuanto el régimen de Luis Felipe se lo hubiese permitido, Constant habría retomado probablemente esta parte, que le había exigido tanto esfuerzo de investigación; pero, evidentemente, es imposible saber qué forma le habría dado.

Así pues, la obra fracasó. Resultado de innumerables tergiversaciones conceptuales y modificaciones formales, no es seguro que la forma publicada represente la idea final y definitiva del autor. Sin embargo, a pesar de las huellas visibles de su compleja elaboración, *De la religión* permite comprender mejor cómo se formó, en el momento crucial de los siglos XVIII y XIX, una antropología de las religiones. Constant es, en efecto, un hito muy importante en la historia de la mirada crítica dirigida al fenómeno religioso, considerado en su dimensión social e histórica. «El fracaso relativo del racionalismo de la *Aufklärung* procede de que confundía la forma y la esencia de cualquier fenómeno religioso, pues no puede haber conocimiento científico de lo sagrado más que en el análisis de las formas históricamente vividas. Esta es la idea que, con un talento innegable y una constancia sorprendente, desarrolló en Francia Benjamin Constant». Este homenaje de Michel Meslin no proviene, por una vez, de un constantiano, siempre presto a defender la originalidad de su autor predilecto, sino de un gran especialista de la historia de las religiones[8]. La ventaja de Constant sobre muchos de sus contemporáneos estriba en haber podido garantizar la transición entre la aportación de la filosofía alemana y la crítica de la herencia de las Luces. A caballo entre dos épocas y a gusto en las culturas alemana, inglesa y francesa, Constant supo aportar, tanto en política como en la religión, una mirada nueva y penetrante.

---

8. En el capítulo que cierra la *Histoire des religions* bajo la dirección de H.-Ch. Puech, Paris, Gallimard, 1976, t. III/2, p. 1289.

ÍNDICE GENERAL

DE LA RELIGIÓN
CONSIDERADA EN SUS FUENTES, FORMAS Y DESARROLLO

LIBRO I [INTRODUCCIÓN GENERAL]

LIBRO V. DEL ESCASO PODER DEL SACERDOCIO EN LOS PUEBLOS QUE NO ADORARON NI A LOS ASTROS NI A LOS ELEMENTOS

LIBRO VI. DE LOS ELEMENTOS CONSTITUTIVOS DEL POLITEÍSMO SACERDOTAL

NOTAS